le Guide du routard

Directeur de collection et auteur
Philippe GLOAGUEN

Cofondateurs
Philippe GLOAGUEN et Michel DUVAL

Rédacteur en chef
Pierre JOSSE

Rédacteurs en chef adjoints
Amanda KERAVEL et Benoît LUCCHINI

Directrice de la coordination
Florence CHARMETANT

Directeur de routard.com
Yves COUPRIE

Rédaction
Olivier PAGE, Véronique de CHARDON,
Isabelle AL SUBAIHI, Anne-Caroline DUMAS,
Carole BORDES, Bénédicte BAZAILLE,
André PONCELET, Marie BURIN des ROZIERS,
Thierry BROUARD, Géraldine LEMAUF-BEAUVOIS,
Anne POINSOT, Mathilde de BOISGROLLIER,
Gavin's CLEMENTE-RUÏZ, Fabrice de LESTANG,
Alain PALLIER et Fiona DEBRABANDER

ALLEMAGNE

Hachette

Avis aux hôteliers et aux restaurateurs

Les enquêteurs du *Guide du routard* travaillent dans le plus strict anonymat, afin de préserver leur indépendance et l'objectivité des guides. Aucune réduction, aucun avantage quelconque, aucune rétribution ne sont jamais demandés en contrepartie. Face aux aigrefins, la loi autorise les hôteliers et restaurateurs à porter plainte.

Hors-d'œuvre

Le *GDR*, ce n'est pas comme le bon vin, il vieillit mal. On ne veut pas pousser à la consommation, mais évitez de partir avec une édition ancienne. D'une année sur l'autre, les modifications atteignent et dépassent souvent les 40 %.

Spécial copinage

Le Bistrot d'André : 232, rue Saint-Charles, 75015 Paris. ☎ 01-45-57-89-14. Ⓜ Balard. À l'angle de la rue Leblanc. Fermé le dimanche. Menu à 11 € servi le midi en semaine uniquement. Menu-enfants à 7 €. À la carte, compter autour de 22 €. L'un des seuls bistrots de l'époque Citroën encore debout, dans ce quartier en pleine évolution. Ici, les recettes d'autrefois sont remises à l'honneur. Une cuisine familiale, telle qu'on l'aime. Des prix d'avant-guerre pour un magret de canard poêlé sauce au miel, rognon de veau aux champignons, poisson du jour... Kir offert à tous les amis du *Guide du routard*.

> Pour que votre pub voyage autant que nos lecteurs,
> contactez nos régies publicitaires :
> fbrunel@hachette-livre.fr
> veronique@routard.com

ON EN EST FIER : www.routard.com

Tout pour préparer votre voyage en ligne, de A comme argent à Z comme Zanzibar : des fiches pratiques sur 125 destinations (y compris les régions françaises), nos tuyaux perso pour voyager, des cartes et des photos sur chaque pays, des infos météo et santé, la possibilité de réserver en ligne son visa, son vol sec, son séjour, son hébergement ou sa voiture. En prime, *routard mag*, véritable magazine en ligne, propose interviews de voyageurs, reportages, carnets de route, événements culturels, dossiers pratiques, produits nomades, fêtes et infos du monde. Et bien sûr : des concours, des *chats*, des petites annonces, une boutique de produits voyages...

Mille excuses, on ne peut plus répondre individuellement aux centaines de CV reçus chaque année.

Le contenu des annonces publicitaires insérées dans ce guide n'engage en rien la responsabilité de l'éditeur.

© **HACHETTE LIVRE (Hachette Tourisme), 2004**
Tous droits de traduction, de reproduction
et d'adaptation réservés pour tous pays.

© **Cartographie** Hachette Tourisme.

TABLE DES MATIÈRES

COMMENT Y ALLER?

- EN AVION 15
- LES ORGANISMES DE VOYAGES 16
- EN BUS 22
- EN TRAIN 26
- EN VOITURE 27

GÉNÉRALITÉS

- CARTE D'IDENTITÉ 28
- AVANT LE DÉPART 28
- ARGENT, BANQUES, CHANGE . 32
- ACHATS 33
- BOISSONS 33
- BUDGET 35
- CLIMAT 37
- CUISINE 37
- DROITS DE L'HOMME 39
- ÉCONOMIE 40
- FÊTES ET JOURS FÉRIÉS 41
- HÉBERGEMENT 42
- HISTOIRE 44
- INFOS EN FRANÇAIS SUR TV5 57
- LANGUE 57
- LIVRES DE ROUTE 60
- MÉDIAS 60
- PATRIMOINE CULTUREL 61
- PERSONNAGES 67
- POLITIQUE 72
- POPULATION 73
- POSTE 74
- POURBOIRE 75
- RELIGION 75
- SANTÉ 75
- SAVOIR-VIVRE, COUTUMES .. 75
- SITES INTERNET 76
- TÉLÉPHONE 76
- TRANSPORTS INTÉRIEURS .. 77
- TRAVAIL BÉNÉVOLE 79

BERLIN ET LE BRANDEBOURG

- BERLIN 80

Le long de la Havel, de Grünewald à Wannsee

- Grünewald • Teufelsberg • Museumsdorf Düppel • Wannsee .. 164

Le nord de la Havel berlinoise

- Tegel • Spandau 165

Le long de la Spree, de Treptower Park à Köpenick

- Treptower Park • Museum der Verbotenen Kunst • Britzer Garten • Le château de Köpenick .. 166

Au nord-ouest de Berlin

- Le mémorial de Sachsenhausen 167

Au nord-est de Berlin

- Buckow • L'abbaye de Chorin et Niederfinow 167

TABLE DES MATIÈRES

EXCURSIONS EN BRANDEBOURG À PARTIR DE BERLIN

- **POTSDAM, LE VERSAILLES PRUSSIEN** 169
  - Le parc et les châteaux de Sans Souci • Le Neuer Garten Am Heiliger See • Babelsberg
- **LA SPREEWALD AU FIL DE L'EAU** 174
  - Lübbenau
- **DE CLOCHERS EN DONJONS** 176
  - Brandenburg • Lehnin • Wiesenburg • Raben
- **LE BRANDEBOURG ET SES HOMMES DE LETTRES** 179
  - Rheinsberg • Neuruppin

LE NORD DE L'ALLEMAGNE

LA CÔTE BALTIQUE — LE LAND DE MECKLEMBOURG-POMÉRANIE-OCCIDENTALE

- **SCHWERIN** 181
  - Schloß Ludwigslust • Zippendorf
- **WISMAR** 186
  - L'île de Poel
- **DE WISMAR À ROSTOCK** 189
  - Doberaner Münster • Le Mecklembourg en train à vapeur
- **ROSTOCK** 190
- **WARNEMÜNDE** 194
- **DE ROSTOCK À STRALSUND** 196
  - La Darß
- **STRALSUND** 197
  - Hiddensee • Rügen • Les Stubbenkammer à Konigstühle • Kap Arkona • La plage de Tromper Wiek • Usedom
- **HAMBURG (HAMBOURG)** 203
- **LÜNEBURG (LUNEBOURG)** .. 225
- **BREMEN (BRÊME)** 228
- **LÜBECK** 233
  - La station balnéaire de Travemünde • Les plages de la mer Baltique • Le parc naturel de la Holsteinische Schweiz
- **HUSUM** 237
  - Emil Nolde Museum à Seebüll

LES ÎLES DE LA FRISE DU NORD

- **LANGANESS** 240
- **HOOGE** 241
- **SYLT** 243

LE NORD-OUEST DE L'ALLEMAGNE

LA BASSE-SAXE

- **HANNOVER (HANOVRE)** 250
- **HAMELN** 262
- **HILDESHEIM** 265
- **CELLE** 268
- **BRAUNSCHWEIG** 270
- **WOLFENBÜTTEL** 271
- **GOSLAR** 273
  - La mine de Rammelsberg • Le massif du Harz • Hahnenklee

TABLE DES MATIÈRES

LA RHÉNANIE

- MÜNSTER 277
- DÜSSELDORF 279
  - Benrath Schloß • Neuss • Warner Bros Movie World à Bottrop
- SOLINGEN 289
- WUPPERTAL 290
- LA RÉGION DE LA RUHR 290
- DUISBURG 291
- OBERHAUSEN 292
- ESSEN 293
- BOCHUM 294
- HAGEN 295
- AACHEN (AIX-LA-CHAPELLE) 295
  - Monschau
- KÖLN (COLOGNE) 303
  - Le château de Brühl
- BONN 326
- ALTENAHR 335
- BAD MÜNSTEREIFEL 336
- L'ABBAYE DE MARIA LAACH 337
- MAYEN 337
  - Le château de Bürresheim
- KOBLENZ (COBLENCE) 339
  - Le château Burg Eltz

LA HESSE

- LIMBURG AN DER LAHN (LIMBOURG) 344
- MARBURG 346
- FULDA 350
- FRANKFURT AM MAIN (FRANCFORT-SUR-LE-MAIN) 351
- WIESBADEN 373
  - Kloster Eberbach

LA RHÉNANIE-PALATINAT

- MAINZ (MAYENCE) 379
  - Oppenheim

La vallée du Rhin de Mainz à Koblenz (Mayence à Coblence)

- RIVE GAUCHE (DU SUD AU NORD) 387
  - Bingen • Les ruines d'Ehrenfels (rive droite) • Burg Rheinstein • Bacharach • Oberwesel • Sankt-Goar • Burg Rheinfels • Boppard
- RIVE DROITE (DU NORD AU SUD) 394
  - Braubach et Marksburg • Les châteaux des frères ennemis : Liebenstein et Sterrenberg • Burg Maus • Sankt-Goarshausen • La Lorelei • Pfalz • Rüdesheim

La vallée de la Moselle de Koblenz à Trier (Coblence à Trèves)

- Cochem • Traben-Trarbach • Bernkastel-Kues
- TRIER (TRÈVES) 403

LE PALATINAT (PFALZ)

- WORMS 411
- DEUTSCHE WEINSTRASSE (LA ROUTE ALLEMANDE DES VINS) 412
  - Bad Dürkheim • Deidesheim • Neustadt an der Weinstrasse • Hambacher Schloss (château d'Hambach) • Schloß-Villa Ludwigshöhe (château-villa de Ludwigshöhe) • Burg Trifels (château de Trifels) • Landau
- SPEYER (SPIRE) 416

LE BADE-WURTEMBERG

- **HEIDELBERG** 419
  - Mannheim • Le château de Schwetzingen • La vallée du Neckar
- **BAD WIMPFEN** 429
- **KARLSRUHE** 431
  - L'abbaye de Maulbronn

LA FORÊT-NOIRE

- **BADEN-BADEN** 432
  - Le château de Rastatt • Le château de la Favorite (Schloß Favorite)
- **GENGENBACH** 436
  - Schwarzwälder Freilichtmuseum Vogtsbauernhof
- **FREUDENSTADT** 437
- Schwarzwald-Hochstrasse
- Kinzigtal
- **TRIBERG** 439
- **FREIBURG IM BREISGAU (FRIBOURG-EN-BRISGAU)** 440
  - Europa-Park • LeTitisee
- **DONAUESCHINGEN** 445

LE LAC DE CONSTANCE (BODENSEE)

- **KONSTANZ (CONSTANCE)** ... 446
  - L'île Mainau • L'île de Reichenau
- **MEERSBURG** 450
  - Pfahlbaumuseum Unteruhldingen • Salem
- **LINDAU AM BODENSEE** 452
  - Zeppelin Museum à Friedrichshafen

STUTTGART ET SES ENVIRONS

- **STUTTGART** 454
  - Ludwigsburg • Esslingen
- **TÜBINGEN** 465
- **SCHWÄBISCH HALL** 468
- Groß-Comburg
- **ULM** 469
  - Wiblingen • Blaubeuren

LA BAVIÈRE

MUNICH ET SES ENVIRONS

- **MÜNCHEN (MUNICH)** 473
  - Bavaria Filmstadt à Geiselgasteig • Dachau • Buchheim Museum à Bernried • Le château de Schleißheim à Oberschleißheim • Flugwerft Schleissheim à Oberschleißheim • Freising

LA BAVIÈRE ORIENTALE

- **LANDSHUT** 516
- **BURGHAUSEN** 517
- Les églises de Marienberg et Raitenhaslach

- **PASSAU** 518
  - Le quartier de Hals
- **STRAUBING** 521
- **REGENSBURG (RATISBONNE)** . 523
- Donaudurchbruch • Weltenburgkloster • Le Walhalla • La Bayerischer Wald et l'Oberpfälzer Wald

LA FRANCONIE

- **NÜRNBERG (NUREMBERG)** .. 530
- **DE NÜRNBERG À BAYREUTH** 540
  - La Suisse franconienne : Forchheim, Streitberg, Gößweinstein, Pottenstein
- **BAYREUTH** 541
  - Altes Schloß • Fichtelgebirge
- **BAMBERG** 544
  - Coburg (Cobourg) • L'église des Quatorze-Saints • Le château de Pommersfelden
- **DE BAMBERG À WÜRZBURG** 549
  - Le Steigerwald
- **WÜRZBURG (WURTZBOURG)** 549

LA ROUTE ROMANTIQUE

- **ROTHENBURG OB DER TAUBER** 555
  - Detwang • Schillingfürst • Feuchtwangen
- **DINKELSBÜHL** 560
- **NÖRDLINGEN** 562
  - Oettingen, Wallerstein et Bopfingen • Harburg • Donauwörth
- **AUGSBURG (AUGSBOURG)** .. 563

LA ROUTE ALLEMANDE DES ALPES

- **FÜSSEN** 570
- **LES CHÂTEAUX DE LOUIS II DE BAVIÈRE** 574
  - Hohenschwangau et Neuschwanstein • Linderhof • Schachen
- **OBERAMMERGAU** 578
  - Le château de Linderhof • Ettal et son abbaye • L'église de Wies
- **GARMISCH-PARTENKIRCHEN** . 584
  - Le Zugspitze • L'Alpspitze • Mittenwald
- **LE CHIEMSEE** 588
  - Wasserburg • Le musée de l'Imaginaire • Balades en bateau sur l'Inn
- **BERCHTESGADEN** 592
  - Enzianbrennerei Grassl à Unterau • Kehlstein • Dokumentation Obersalzberg • Le Königssee

LA THURINGE

- **JENA (IÉNA)** 597
  - Le mémorial 1806 à Cospeda
  - Les châteaux de Dornburg
- **WEIMAR** 599
  - Schloß Belvedere
- **BUCHENWALD** 604
- **ERFURT** 605
  - Arnstadt
- **RUDOLSTADT** 609
  - La vallée de la Schwarza, Schwarzburg et Sitzendorf • La route de crête
- **GOTHA** 610
- **EISENACH** 611

TABLE DES MATIÈRES

LA SAXE

- **DRESDEN (DRESDE)** 615
  - Le château de Pillnitz • Excursions en bateau sur l'Elbe • Piste cyclable le long de l'Elbe • La route du Vin
- **MORITZBURG** 629
- **MEISSEN** 631
- **LEIPZIG** 634
- **DESSAU** 644
  - Schloß Mosigkau • Le parc et le château de Wörlitz • Le château de Luisium
- **HALLE** 647
- **LA SUISSE SAXONNE** 648
  - La forteresse de Königstein • Le château fort de Hohnstein • Le Bastion
- **GÖRLITZ** 650
  - Bautzen

- **INDEX GÉNÉRAL** 666
- **OÙ TROUVER LES CARTES ET LES PLANS?** 671

LES LÄNDER

NOS NOUVEAUTÉS

PARIS SPORTIF (paru)

Se baigner dans une piscine classée Monument historique. Courir sur la piste du record du monde du 100 m. Monter à cheval ou jouer au foot au pied de la tour Eiffel. Danser dans un hôtel particulier du XVIIe siècle. Le tout nouveau *Guide du routard Paris sportif* regorge de sites inattendus et de clubs ouverts à tous pour pratiquer les arts martiaux, l'athlétisme, le basket-ball, la danse, l'équitation, l'escalade, l'escrime, le football, le golf, le handball, le jogging, le karting, les sports de glace, les sports en piscine, le roller, le skate, le rugby, la musculation et le fitness, les sports nautiques, le squash, le tennis, le tennis de table, le badminton et le volley-ball.

Enfants, amateurs, pro, et mêmes femmes enceintes seront surpris de découvrir la richesse des activités sportives dans la capitale... Mais faire du sport, c'est aussi trouver la bonne adresse pour s'équiper ou un bon pub pour suivre un Grand Prix ou un match sur grand écran. Bons tuyaux, réductions et conseils avisés pour les routards sportifs ! Dorlotez votre corps et laissez-vous surprendre par le sport à Paris.

MALTE (avril 2004)

Quelle est l'origine du célèbre faucon maltais ? Qui ne rêve de marcher sur les traces des chevaliers ou de l'énigmatique Corto ? Le *Guide du routard,* tel Ulysse, a succombé aux charmes de la Calypso et s'est laissé enivrer par ce joyau, posé entre Orient et Occident. Des temples préhistoriques aux fastes de la co-cathédrale, Malte se déguste entre arts et histoire au gré des influences siciliennes, nord-africaines et anglaises *(of course !),* qui ont façonné l'archipel depuis l'aube des temps.

Car si ce mélange de cultures donne à Malte tout son attrait et toute son originalité, ses petites îles, tour à tour culturelle (Malte), bucolique (Gozo) et sauvage (Comino), lui offrent une diversité et une richesse d'une densité inégalée dans le monde méditerranéen. Rien que ça !

LES GUIDES DU ROUTARD 2004-2005

(dates de parution sur **www.routard.com**)

France

- Alpes
- Alsace, Vosges
- Aquitaine
- Ardèche, Drôme
- Auvergne, Limousin
- Bourgogne
- Bretagne Nord
- Bretagne Sud
- Châteaux de la Loire
- Corse
- Côte d'Azur
- Franche-Comté
- Hôtels et restos de France
- **Île-de-France (nouveauté)**
- Junior à Paris et ses environs
- Junior en France
- Languedoc-Roussillon
- Lyon
- Marseille
- Midi-Pyrénées
- **Montpellier (mars 2004)**
- **Nice (avril 2004)**
- Nord, Pas-de-Calais
- Normandie
- Paris
- Paris balades
- Paris exotique
- Paris la nuit
- **Paris sportif (nouveauté)**
- Paris à vélo
- Pays basque (France, Espagne)
- Pays de la Loire
- **Petits restos des grands chefs (mars 2004)**
- Poitou-Charentes
- Provence
- Restos et bistrots de Paris
- Le Routard des amoureux à Paris
- Tables et chambres à la campagne
- Toulouse
- Week-ends autour de Paris

Amériques

- Argentine
- Brésil
- Californie
- Canada Ouest et Ontario
- Chili et île de Pâques
- Cuba
- Équateur
- États-Unis, côte Est
- Floride, Louisiane
- Guadeloupe, Saint-Martin, Saint-Barth
- Martinique, Dominique, Sainte-Lucie
- Mexique, Belize, Guatemala
- New York
- Parcs nationaux de l'Ouest américain et Las Vegas
- Pérou, Bolivie
- Québec et Provinces maritimes
- Rép. dominicaine (Saint-Domingue)

Asie

- Birmanie
- Cambodge, Laos
- Chine (Sud, Pékin, Yunnan)
- Inde du Nord
- Inde du Sud
- Indonésie
- Israël
- Istanbul
- Jordanie, Syrie
- Malaisie, Singapour
- Népal, Tibet
- Sri Lanka (Ceylan)
- Thaïlande
- Turquie
- Vietnam

Europe

- Allemagne
- Amsterdam
- Andalousie
- Andorre, Catalogne
- Angleterre, pays de Galles
- Athènes et les îles grecques
- Autriche
- Baléares
- Barcelone
- Belgique
- Crète
- Croatie
- Écosse
- Espagne du Centre (Madrid)
- Espagne du Nord-Ouest (Galice, Asturies, Cantabrie)
- Finlande, Islande
- Grèce continentale
- Hongrie, Roumanie, Bulgarie
- Irlande
- Italie du Nord
- Italie du Sud
- Londres
- **Malte (avril 2004)**
- Moscou, Saint-Pétersbourg
- Norvège, Suède, Danemark
- **Piémont (fév. 2004)**
- Pologne, République tchèque, Slovaquie
- Portugal
- Prague
- Rome
- Sicile
- Suisse
- Toscane, Ombrie
- Venise

Afrique

- Afrique noire
- Égypte
- Île Maurice, Rodrigues
- Kenya, Tanzanie et Zanzibar
- Madagascar
- Maroc
- Marrakech et ses environs
- Réunion
- Sénégal, Gambie
- Tunisie

et bien sûr...

- Chiner autour de Paris
- Le Guide de l'expatrié
- Humanitaire
- Internet et multimédia

NOS NOUVEAUTÉS

PIÉMONT (févr. 2004)

Trop souvent traversée par les touristes fonçant vers le sud de l'Italie, ou évoquée au hasard d'une discussion à propos de ses usines FIAT, cette région tend les bras dès le passage de la frontière. Elle mérite d'ailleurs qu'on s'y arrête...
De jolies cimes enneigées, idéales pour les sports de glisse et abritant des villages anciens tout de pierre et de bois, de petites églises romanes perchées sur les collines ensoleillées. Et de magnifiques lacs... Voilà à quoi ressemble le Piémont!
Sans oublier les *antipasti,* le *fritto misto,* la *bagna cauda,* le tout arrosé d'un délicieux *barolo.* Une cuisine typique qui ravira les gourmands. L'amateur de curiosités culturelles trouvera son bonheur à Turin, capitale du royaume de Savoie, et qui recèle bien des secrets. D'ailleurs, c'est là qu'en 2006 se dérouleront les prochains JO d'hiver.
Même si Capri ce n'est pas fini, le Piémont reste une formidable destination.

PETITS RESTOS DES GRANDS CHEFS (mars 2004)

Douce France, qui nous permet de découvrir toutes ces petites tables, poussées à l'ombre des grandes. Des tables sympathiques, sans prétention, et dont le chef est allé à bonne école : chez les plus grands, ceux qui ont su faire évoluer la cuisine de notre temps. Ou bien encore de jeunes chefs, qui ont déjà la tête dans les étoiles, mais qui gardent les pieds sur terre. Ces nouveaux talents qui éclatent un peu partout, et qui remettent à l'honneur des produits oubliés devenant, sous la patte du chef, des plats mémorables.
On aime autant l'établissement repris par un jeune couple que le 2e ou 3e resto d'un grand chef, qui place là ses éléments les plus méritants. À condition, bien sûr, que les prix sachent rester raisonnables.
On ajoute, à chaque fois, un hôtel croquignolet pour dormir dans de beaux draps. Et, pour la première fois, on se met à la photo !

Nous tenons à remercier tout particulièrement François Chauvin, Gérard Bouchu, Grégory Dalex, Michelle Georget, Carole Fouque, Patrick de Panthou, Jean-Sébastien Petitdemange et Alexandra Sémon pour leur collaboration régulière.

Et pour cette chouette collection, plein d'amis nous ont aidés :

Caroline Achard
Didier Angelo
Barbara Batard
Astrid Bazaille
Jérôme Beaufils
Loup-Maëlle Besançon
Thierry Bessou
Cécile Bigeon
Fabrice Bloch
Cédric Bodet
Philippe Bordet
Nathalie Boyer
Florence Cavé
Raymond Chabaud
Alain Chaplais
Bénédicte Charmetant
Geneviève Clastres
Maud Combier
Nathalie Coppis
Sandrine Couprie
Agnès Debiage
Tovi et Ahmet Diler
Claire Diot
Émilie Droit
Sophie Duval
Hervé Eveillard
Pierre Fahys
Flamine Favret
Pierre Fayet
Alain Fisch
Cédric Fischer
Cécile Gauneau
David Giason
Adrien Gloaguen
Clément Gloaguen
Stéphane Gourmelen
Isabelle Grégoire
Claudine de Gubernatis
Xavier Haudiquet

Bernard Houliat
Lionel Husson
Catherine Jarrige
Lucien Jedwab
Emmanuel Juste
Florent Lamontagne
Blandine Lamorisse
Jacques Lanzmann
Vincent Launstorfer
Francis Lecompte
Benoît Legault
Jean-Claude et Florence Lemoine
Valérie Loth
Philippe Melul
Kristell Menez
Josyane Meynard-Geneste
Anne-Marie Minvielle
Thomas Mirante
Anne-Marie Montandon
Xavier de Moulins
Jacques Muller
Alain Nierga et Cécile Fischer
Martine Partrat
Jean-Valéry Patin
Odile Paugam et Didier Jehanno
Laurence Pinsard
Jean-Alexis Pougatch
Xavier Ramon
Jean-Luc Rigolet
Thomas Rivallain
Dominique Roland
Pascale Roméo
Ludovic Sabot
Jean-Luc et Antigone Schilling
Abel Ségretin
Guillaume Soubrié
Régis Tettamanzi
Claudio Tombari
Christophe Trognon
Isabelle Vivarès
Solange Vivier

Direction : Cécile Boyer-Runge
Contrôle de gestion : Joséphine Veyres
Direction éditoriale : Catherine Marquet
Responsable de collection : Catherine Julhe
Édition : Matthieu Devaux, Stéphane Renard, Magali Vidal, Luc Decoudin, Amélie Renaut, Caroline Brancq, Sophie de Maillard et Éric Marbeau
Secrétariat : Catherine Maîtrepierre
Préparation-lecture : Elizabeth Guillon
Cartographie : Cyrille Suss, Fabrice Le Goff et Nicolas Roumi
Fabrication : Nathalie Lautout et Audrey Detournay
Direction commerciale : Michel Goujon, Dominique Nouvel, Dana Lichiardopol et Lydie Firmin
Informatique éditoriale : Lionel Barth
Relations presse : Danielle Magne, Martine Levens et Maureen Browne
Régie publicitaire : Florence Brunel

LES QUESTIONS QU'ON SE POSE LE PLUS SOUVENT

▶ *Pourquoi les Français sont-ils aussi réticents à visiter l'Allemagne ?*

L'histoire récente des deux pays a sans doute pas mal contribué à installer durablement quelques préjugés. Alors que nos voisins ont effectué quelques incursions pas vraiment touristiques dans cette « douce France » qu'ils affectionnent tant, nos parents et grands-parents ont toujours eu quelques réticences à passer des vacances au-delà du Rhin.
Heureusement, les choses changent et les jeunes (après *Astérix chez les Goths*) sont de plus en plus nombreux à séjourner en Allemagne pour se familiariser avec la langue de Goethe, s'émerveiller des châteaux en Bavière et construire l'Europe avec nos partenaires à présent incontournables.

▶ *Y fait-il toujours gris et froid ?*

Encore un cliché qui a la vie dure. Pour sa plus grande partie, l'Allemagne jouit d'un climat continental, donc très contrasté entre l'été et l'hiver. Si la neige y dure plus longtemps que chez nous, les mois d'été peuvent être chauds et secs. Et allez donc faire un tour du côté de la Baltique en juillet, vous serez plutôt surpris !

▶ *La vie y est-elle chère ?*

Les Allemands disposent de salaires confortables et s'il est vrai que, globalement, le coût de la vie y est plus élevé, il y a moyen malgré tout de voyager à l'économie en fréquentant les pensions, les chambres chez l'habitant et les auberges de jeunesse et, vu la taille des portions servies sur l'assiette, on peut facilement se passer d'entrée au restaurant.

▶ *Mange-t-on gras et lourd en Allemagne ?*

Voilà encore une idée reçue pêchée dans une inépuisable liste de poncifs. Si, à la base de la cuisine, on retrouve souvent le cochon sous toutes ses formes, sachez que les Allemands sont les plus grands voyageurs du monde et que, aux quatre coins de la planète, ils ont appris à apprécier toutes les cuisines exotiques. Vous trouverez donc une très grande diversité dans l'offre culinaire.

▶ *N'y boit-on que la bière ?*

C'est vrai que l'Allemand moyen ingurgite facilement ses 150 litres annuels. Mais certains vins produits (surtout les blancs) pourront étonner les plus fins palais gaulois. En revanche, le *sekt* (mousseux) ne fera jamais oublier le champagne...

▶ *L'allemand est-il une langue difficile ?*

Si, au lycée, vous avez passé du temps à côté du radiateur pendant que le prof s'échinait à vous inculquer les subtilités des déclinaisons, vous aurez un peu de mal à demander votre chemin. En revanche, vous serez étonné du nombre d'Allemands qui, eux, se débrouillent en français. Et puis, comme partout ailleurs, il restera l'anglais pour débroussailler le terrain.

▶ *Et la culture dans tout cela ?*

Alors là, pas de souci (comme le château homonyme à Potsdam) ! Vous allez vous régaler : des châteaux en pagaille, des musées fabuleux et pas trop chers, des expos pointues, des concerts classiques à gogo, des festivals de rock, des scènes alternatives...
En Allemagne, le mot *Kultur* ne rime jamais avec pénurie.

COMMENT Y ALLER ?

EN AVION

Les compagnies régulières

▲ **AIR FRANCE**
– *Paris* : 119, av. des Champs-Élysées, 75008. Renseignements et réservations : ☎ 0820-820-820 de 6 h 30 à 22 h. • www.airfrance.fr • Minitel : 36-15, code AF (tarifs, vols en cours, vaccinations, visas). Ⓜ George-V. Et dans toutes les agences de voyages.

➢ Air France dessert au départ de Roissy : Munich (8 vols quotidiens), Francfort (9 vols par jour), Düsseldorf, Stuttgart et Cologne avec 5 à 6 vols par jour, Hanovre (4 vols quotidiens) et Nuremberg (3 vols par jour).
Liaisons directes également au départ de Lyon pour Francfort (2 à 3 vols par jour), Düsseldorf (2 vols par jour) et Berlin avec 1 vol quotidien. Sans oublier Marseille-Francfort en direct avec 3 vols par jour.
Air France propose une gamme de tarifs attractifs accessibles à tous : de *Tempo 1* (le plus souple) à *Tempo 4* (le moins cher). *Tempo Jeunes* est destiné aux moins de 25 ans. Pour ceux-ci, la carte de fidélité « Fréquence Jeune » est nominative, gratuite et valable sur l'ensemble des lignes nationales et internationales d'Air France. Cette carte permet d'accumuler des *miles* et de bénéficier ainsi de billets gratuits.
Tous les mercredis dès 0 h, sur Minitel 36-15, code AF (0,20 €/mn) ou sur • www.airfrance.fr •, Air France propose les tarifs « Coups de cœur », une sélection de destinations domestiques et européennes à des tarifs très bas pour les 12 jours à venir.
Sur Internet également, tous les 15 jours, le jeudi de 12 h à 22 h 100 billets sont mis aux enchères. Un second billet sur le même vol au même tarif est proposé au gagnant.

▲ **LUFTHANSA**
☎ 0820-020-030 (n° Indigo) et dans les bureaux de l'agence *Star Alliance*, au 106, bd Haussmann, 75008 Paris. • www.lufthansa.fr • Ⓜ Saint-Augustin. Ouvert du lundi au vendredi de 9 h à 18 h, le samedi de 10 h à 17 h.
Lufthansa propose 609 vols directs par semaine entre la France et l'Allemagne.

➢ ***Départs depuis la France :*** Paris (Charles-de-Gaulle), Lyon, Nice, Marseille, Toulouse, Bordeaux, ainsi qu'une liaison en bus jusqu'à Francfort au départ de Strasbourg.

➢ ***Les destinations directes en Allemagne :*** Berlin, Brême, Cologne, Dortmund, Düsseldorf, Francfort, Hambourg, Hanovre, Munich, Münster-Osnabrück, Nuremberg, Stuttgart.

Les compagnies *low cost*

Ce sont des compagnies dites « à bas prix ». Une révolution dans le monde du transport aérien ! De nombreuses villes de province sont desservies, ainsi que les aéroports limitrophes des grandes villes. À bord, c'est service minimum. Réservation par Internet ou par téléphone (pas d'agence et pas de « billet-papier », juste un numéro de réservation).
Quand les prix sont au plus bas, ça vaut vraiment le coup. Par contre, les pénalités en cas de changement d'horaires sont assez importantes et les taxes d'aéroport rarement incluses. Ne pas oublier non plus d'inclure le prix

du bus pour se rendre à ces aéroports, souvent assez éloignés du centre-ville.

▲ GERMANWINGS
- www.germanwings.com • ☎ 01-55-21-25-10.
➤ Vols vers Cologne au départ de Paris-Charles-de-Gaulle, Nice et Zurich. Correspondance trois fois par jour vers Berlin.

▲ DBA
- www.flydba.com •
➤ Vols quotidiens vers Berlin-Tegel, Hambourg et Stuttgart au départ de Nice.

▲ BERLIN JET
- www.berlinjet.com •
➤ Un vol quotidien entre Beauvais et Berlin-Schönefeld.

▲ HAPAG LLOYD EXPRESS
- www.hlx.com • ☎ 0825-026-071.
➤ Vols vers Cologne au départ de Marseille et Genève et vers Hanovre au départ de Nice.

▲ RYANAIR
- www.ryanair.com • ☎ 0892-555-666.
➤ Vols vers Francfort au départ de Montpellier et Perpignan.

LES ORGANISMES DE VOYAGES

Encore une fois, un billet « charter » ne signifie pas toujours que vous allez voler sur une compagnie charter. Bien souvent, vous prendrez le vol régulier d'une grande compagnie. En vous adressant à des organismes spécialisés, vous aurez simplement payé moins cher que les ignorants pour le même service.
Ne pas croire que les vols à tarif réduit sont tous au même prix pour une même destination à une même époque : loin de là. On a déjà vu, dans un même avion partagé par deux organismes, des passagers qui avaient payé 40 % plus cher que les autres... Authentique ! De plus, une agence bon marché ne l'est pas forcément toute l'année (elle ne peut être compétitive qu'à certaines dates bien précises). Donc, contactez tous les organismes et jugez vous-même.
Les organismes cités sont classés par ordre alphabétique, pour éviter les jalousies et les grincements de dents.

EN FRANCE

▲ ANYWAY.COM
☎ 0892-892-612 (0,34 €/mn). Fax : 01-53-19-67-10. • www.anyway.com • Minitel : 36-15, code ANYWAY (0,34 €/mn). Du lundi au vendredi de 8 h à 20 h et le samedi de 9 h à 19 h.
Depuis 15 ans, Anyway.com s'adresse à tous les routards et négocie des tarifs auprès de 420 compagnies aériennes et l'ensemble des vols charters pour garantir des prix toujours plus compétitifs. Pour réserver, Anyway.com offre le choix : Internet et téléphone. La disponibilité des vols est donnée en temps réel. Anyway.com, c'est aussi la réservation de plus de 500 séjours et de week-ends pour profiter pleinement de ses RTT ! De plus, Anyway.com a négocié jusqu'à 70 % de réduction sur des hôtels de 2 à 5 étoiles et la location de voitures partout dans le monde.

▲ GO VOYAGES
– *Paris* : 22, rue d'Astorg, 75008. Réservations : ☎ 0825-825-747.
• www.govoyages.com • Ⓜ Saint-Augustin ou Miromesnil. Et dans toutes les agences de voyages.

Go Voyages propose un des choix les plus larges de vols secs, charters et réguliers à tarifs très compétitifs, au départ et à destination de n'importe quelle ville du monde. Le voyagiste propose également des forfaits vol + hôtel, du *B & B* au palace en passant par les petits hôtels de charme, qu'on peut réserver simultanément et en temps réel.

▲ HOTELS.COM
Renseignement et réservation avec un seul numéro gratuit : ☎ 0800-804-085 du lundi au samedi de 9 h à 23 h, le dimanche de 11 h à 23 h et/ou sur Internet : • www.hotels.com •

Une solution simple et rapide pour réserver vos chambres d'hôtels partout dans le monde en 3 clics dans plus de 8 000 hôtels de qualité du 2 au 5 étoiles à des tarifs compétitifs, même en période chargée ou à la dernière minute. Le système est simple et la réservation est instantanée et sans frais, de plus, vous bénéficierez d'un paiement complètement sécurisé. Vous recevrez votre confirmation par e-mail. Des conseillers de voyages sont à votre disposition pour toute réservation par téléphone.

▲ NOUVELLES FRONTIÈRES
– *Paris* : 87, bd de Grenelle, 75015. Ⓜ La Motte-Picquet-Grenelle.
– Renseignements et réservations dans toute la France : ☎ 0825-000-825 (0,15 €/mm). • www.nouvelles-frontieres.fr •

Plus de 30 ans d'existence, 1 600 000 clients par an, 250 destinations, une chaîne d'hôtels-clubs et de résidences *Paladien* et une compagnie aérienne, *Corsair*. Pas étonnant que Nouvelles Frontières soit devenu une référence incontournable, notamment en matière de tarifs. Le fait de réduire au maximum les intermédiaires permet d'offrir des prix « super-serrés ». Un choix illimité de formules vous est proposé ; dont des vols sur la compagnie aérienne de Nouvelles Frontières au départ de Paris et de province, en classe Horizon ou Grand Large, et sur toutes les compagnies aériennes régulières, avec une gamme de tarifs selon confort et budget. Sont également proposés toutes sortes de circuits, aventure ou organisés ; des séjours en hôtels, en hôtels-clubs et en résidences, notamment dans les *Paladien*, les hôtels de Nouvelles Frontières avec « vue sur le monde » ; des week-ends, des formules à la carte (vol, nuits d'hôtel, excursions, location de voitures...).

Avant le départ, des réunions d'information sont organisées. Les 9 brochures Nouvelles Frontières sont disponibles gratuitement dans les 180 agences du réseau, par téléphone et sur Internet. Nouveau : des brochures thématiques : plongée, rando, trek, thalasso.

EN BELGIQUE

▲ NOUVELLES FRONTIÈRES
– *Bruxelles* (siège) : bd Lemonnier, 2, 1000. ☎ 02-547-44-22. Fax : 02-547-44-99. • www.nouvellesfrontieres.com •
– Également d'autres agences à *Bruxelles, Charleroi, Liège, Mons, Namur, Waterloo, Wavre* et au *Luxembourg.*

30 ans d'existence, 250 destinations, une chaîne d'hôtels-clubs et de résidences *Paladien*. Pas étonnant que Nouvelles Frontières soit devenu une référence incontournable, notamment en matière de prix. Le fait de réduire au maximum les intermédiaires permet d'offrir des prix « super-serrés ».
(Voir texte dans la partie « En France ».)

Téléphonez de l'étranger !

A PRIX ROUTARD

NOUVEAU

- Allemagne
- Belgique
- Canada
- Espagne
- Etats-Unis
- France
- Irlande
- Italie
- Pays-Bas
- Portugal
- Royaume-Uni

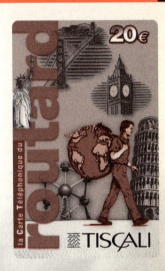

Découvrez
La Carte Téléphonique du
routard

◾ Utilisable depuis n'importe quel téléphone*

◾ Partez tranquille en commandant avant votre départ sur www.routard.com

* Selon restrictions techniques.

TISCALI

▲ ZUIDERHUIS (BELGIAN BIKING)
– *Gand* : H.-Frère-Orbanlaan, 34, 9000. ☎ 09-233-45-33. Fax : 09-233-55-49. • zuiderhuis.be •

« Maison de voyage » installée en Flandre qui centralise les propositions de *Vreemde kontinenten, Cariboo, Te Voet,* mais qui développe aussi, et c'est son originalité, ses propres programmes de vacances cyclistes, individuels ou en groupe, avec réservations d'étapes et assistance logistique en Belgique, en Europe et dans le monde.

EN SUISSE

▲ NOUVELLES FRONTIÈRES
– *Genève :* 10, rue Chantepoulet, 1201. ☎ 022-906-80-80. Fax : 022-906-80-90.
– *Lausanne :* 19, bd de Grancy, 1006. ☎ 021-616-88-91. Fax : 021-616-88-01.
(Voir texte dans la partie « En France ».)

▲ STA TRAVEL
– *Bienne :* 4, General Dufeustrasse, 2502. ☎ 032-328-11-11. Fax : 032-328-11-10.
– *Fribourg :* 24, rue de Lausanne, 1701. ☎ 026-322-06-55. Fax : 026-322-06-61.
– *Genève :* 3, rue Vignier, 1205. ☎ 022-329-97-34. Fax : 022-329-50-62.
– *Lausanne :* 20, bd de Grancy, 1006. ☎ 021-617-56-27. Fax : 021-616-50-77.
– *Lausanne :* à l'université, bâtiment BFSH2, 1015. ☎ 021-691-60-53. Fax : 021-691-60-59.
– *Montreux :* 25, av. des Alpes, 1820. ☎ 021-965-10-15. Fax : 021-965-10-19.
– *Nyon :* 17, rue de la Gare, 1260. ☎ 022-990-92-00. Fax : 022-361-68-27.
– *Neuchâtel :* 2, Grand-Rue, 2000. ☎ 032-724-64-08. Fax : 032-721-28-25.

Agences spécialisées dans les voyages pour jeunes et étudiants. Gros avantage en cas de problème : 150 bureaux STA et plus de 700 agents du même groupe répartis dans le monde entier sont là pour donner un coup de main *(Travel Help)*.

STA propose des voyages très avantageux : vols secs *(Skybreaker)*, billets Euro Train, hôtels, écoles de langues, voitures de location, etc. Délivre les cartes internationales d'étudiants et les cartes Jeunes Go 25.

STA est membre du fonds de garantie de la branche suisse du voyage ; les montants versés par les clients pour les voyages forfaitaires sont assurés.

AU QUÉBEC

Revendus dans les agences de voyages, les voyagistes québécois proposent une large gamme de vacances. Depuis le vol sec jusqu'au circuit guidé en autocar, en passant par les voyages sur mesure, la réservation d'une ou plusieurs nuits d'hôtel, ou la location de voitures, tout est possible. Sans oublier l'économique formule « achat-rachat », qui permet de faire l'acquisition temporaire d'une voiture neuve en Europe, en ne payant que pour la durée d'utilisation (en général, minimum 17 jours, maximum 6 mois). Ces grossistes revendent également pour la plupart des cartes de train très avantageuses pour l'Europe, notamment l'*Eurailpass* (accepté dans 17 pays).

À signaler aussi : les réductions accordées pour les réservations effectuées longtemps à l'avance et les promotions nuits gratuites pour la 3e, 4e ou 5e nuit consécutive.

hotels.com
VOS DESTINATIONS AUX MEILLEURS PRIXˢᴹ

jusqu'à **-70%***

Berlin, Munich, Hambourg, Cologne, Francfort...
Des prix "schön" pour vos hôtels !
de 30 à 50 € /nuit

+ de 10 000 hôtels du 1★ au 5★★★★★

Appel gratuit 7j/7
0 800 80 40 85
www.hotels.com

*prix ttc / pers en base double à partir de - Réduction selon dates et disponibilités

---

LOCATION DE VOITURES EN ALLEMAGNE et plus de 93 pays

"Auto Escape: la location de voitures au meilleur prix !
Arrivée remarquée dans le monde de la location de voitures pour la société Auto Escape qui nous fait désormais profiter de tarifs ultra négociés avec les plus grands loueurs.
Son secret ? Une location de gros volumes à l'échelle mondiale qui lui permet d'obtenir de véritables prix de gros.
Résultat : Pas de frais de dossier, pas de frais d'annulation (même à la dernière minute !), une grande flexibilité, des conseils, des informations précieuses en particulier avec les assurances)... Bref, des prestations de qualité au meilleur prix du marché !"

- Tarifs très compétitifs
- Service et flexibilité
- Kilométrage illimité
- Service à la clientèle

5% de réduction sup. aux lecteurs du GDR

AUTO ESCAPE
Worldwide car rental
Location de voitures dans le monde entier

appel gratuit depuis la France **0 800 920 940**
tél: +33 (0)4 90 09 28 28
fax: +33 (0)4 90 09 51 87
www.autoescape.com

- Réservez avant de partir, car disponibilité limitée. Autre avantage: vous souscrirez ainsi à un produit spécialement étudié pour les clients européens. Vous ferez aussi de grosses économies (tarifs négociés inférieurs à ceux trouvés localement).
- Pour éviter tout désagrément et bénéficier d'un service assistance en cas de problème, privilégiez les grandes compagnies.
- Renseignez-vous sur les assurances souscrites et les surcharges locales.
- Ne partez pas sans un bon prépayé (dans le jargon "voucher"), décrivant précisément le contenu de votre location.
- Pour retirer votre véhicule, il vous faudra: carte de crédit internationale (au nom du conducteur), permis de conduire national et voucher prépayé.

▲ TOUR MONT ROYAL-NOUVELLES FRONTIÈRES

Les deux voyagistes font brochures communes et proposent une offre complète sur les destinations et les styles de voyages suivants : Europe, destinations soleils d'hiver et d'été, circuits accompagnés ou en liberté. Au programme, tout ce qu'il faut pour les voyageurs indépendants : location de voitures, cartes de train, bonne sélection d'hôtels et de résidences, excursions à la carte... À signaler : l'option achat-rachat Renault ou Peugeot (17 jours minimum, avec prise en France et remise en France ou ailleurs en Europe ; ou encore 17 jours minimum sur la seule péninsule Ibérique), ainsi que Citroën (minimum 23 jours, prise en France, remise en France ou ailleurs en Europe). Nouveauté : des vols entre Montréal et les villes de province françaises (Nice, Nantes, Toulouse, Lyon et Marseille) avec Air Transat ; alors que les vols à destination de Paris sont assurés par la compagnie Corsair. Depuis le rachat de NF par une entreprise allemande, le voyagiste n'offre cependant plus le monde au départ de Paris.

▲ TOURS CHANTECLERC

Tours Chanteclerc publie différents catalogues de voyages : *Europe, Amérique, Asie + Pacifique sud* et *Soleils de Méditerranée*. Il se présente comme l'une des « références sur l'Europe », avec deux brochures : groupes (circuits guidés en français) et individuels. « Mosaïques Europe » s'adresse aux voyageurs indépendants (vacanciers ou gens d'affaires), qui réservent un billet d'avion, un hébergement (dans toute l'Europe), des excursions, la location d'une voiture.
Spécialiste de Paris, le grossiste offre une vaste sélection d'hôtels et d'appartements dans la Ville lumière.

▲ TOURS MAISON

Spécialiste des vacances sur mesure, ce voyagiste sélectionne plusieurs destinations soleil et offre l'Europe à la carte toute l'année. Également : vaste sélection de compagnies de croisières. Au choix : transport aérien (vols secs réguliers), hébergement (variété d'hôtels de toutes catégories ; appartements dans le Sud de la France ; maisons de location et condos en Floride), location de voitures partout dans le monde (luxueuses berlines, mini économiques, fourgonnettes familiales), cartes de train, réservations de spectacles...

▲ VACANCES TOURBEC

Vacances Tourbec offre des vols vers l'Europe, l'Asie, l'Afrique ou l'Amérique. Sa spécialité : la formule avion + auto. Vacances Tourbec publie également une petite brochure *France,* avec chambres d'hôte dans des maisons centenaires, location de chalets ou de maisons de charme, ainsi que des itinéraires découvertes. Vacances Tourbec suggère aussi des forfaits à la carte et des circuits en autocar pour découvrir le Québec. Pour connaître l'adresse de l'agence Tourbec la plus proche (il y en a 26 au Québec), téléphoner au : ☎ 1-800-363-3786. Vacances Tourbec est membre du groupe Transat A.T. Inc.

EN BUS

Il n'y a pas que l'avion pour voyager. À condition d'y mettre le temps, on peut se déplacer en bus – on ne dit pas « car », qui a des relents de voyage organisé. En effet, le bus est bien moins consommateur d'essence par passager/km que l'avion. Ce système de transport est fort pratique à l'intérieur de l'Europe, à condition de ne pas être pressé ni à cheval sur le confort. Il est évident que les trajets sont longs (24 h pour le Portugal, 48 h pour Athènes...) et les horaires élastiques. On n'en est pas au luxe des *Greyhound* américains où l'on peut faire sa toilette à bord. En général, les bus

LIAISONS RÉGULIÈRES EN CAR SUR 28 PAYS ET 1500 DESTINATIONS EUROPÉENNES

eurolines

Allemagne
Autriche
Belgique
Biélorussie
Bulgarie
Croatie
Danemark
Espagne
Estonie
Finlande
Gde-Bretagne
Hongrie
Irlande
Italie
Lettonie
Lituanie
Maroc
Norvège
Pays-Bas
Pologne
Portugal
Roumanie
Russie
Serbie Monténégro
Slovaquie
Suède
Suisse
Tchéquie
Ukraine

Bon voyage !
La prochaine destination ?

Exemples de tarifs AR

PARIS-BERLIN	117 €*
PARIS-MUNICH	94 €*
LYON-BERLIN	138 €*
STRASBOURG-BERLIN	100 €*
LILLE-BERLIN	90 €*
TOULOUSE-BERLIN	166 €*
TOURS-BERLIN	142 €*

Possibilités d'hébergement à Berlin et Munich et beaucoup d'autres destinations en Allemagne. Renseignez-vous !

RENSEIGNEMENTS :
08 92 89 90 91 (0,34€/min)
www.eurolines.fr

Pas de frontières entre nous !

NOUVEAUTÉ

NICE (avril 2004)

Plages de galets gris, palmiers ébouriffés de la Promenade des Anglais, casinos et palaces : voilà pour Nice version « carte postale ». Mais *Nissa*, la belle Méditerranéenne, ne se livre vraiment qu'à ceux qui sauront trouver le chemin de son cœur ; le chemin de cette vieille ville où le vaste cours Saleya vibre toujours au rythme des marchandes des quatre-saisons, où un labyrinthe de ruelles tortueuses conduit directement en Italie, où de la gueule des fours ouverts sur la rue sortent d'avenantes parts de *socca*, l'un des plats symboles d'une cuisine qui n'appartient qu'à Nice.

Une vieille ville où boutiques et bars branchés témoignent qu'il n'y a pas que des retraités à Nice ! Il faut aussi pousser la porte des musées passionnants pour constater que, de Matisse à Yves Klein, l'art du XXe siècle s'est largement inventé ici. Et grimper sur les collines boisées de Cimiez où d'invraisemblables villas ont été oubliées par de richissimes touristes du XIXe siècle.

affrétés par les compagnies sont assez confortables : air conditionné, dossier inclinable (exiger des précisions avant le départ). En revanche, dans certains pays, le confort sera plus aléatoire. Mais, en principe, des arrêts toutes les 3 ou 4 h permettent de ne pas arriver avec une barbe de vieillard. N'oubliez pas qu'avec un trajet de 6 h, en avion on se déplace, en bus on voyage. Et puis en bus, la destination finale est vraiment attendue ; en avion, elle vous tombe sur la figure sans crier gare, sans qu'on y soit préparé psychologiquement. Prévoyez une couverture ou un duvet pour les nuits fraîches, le *Thermos* à remplir de liquide bouillant ou glacé entre les étapes (on n'a pas toujours soif à l'heure dite) et aussi de bons bouquins.
Enfin, c'est un moyen de transport souple : il vient chercher les voyageurs dans leur région, dans leur ville. La prise en charge est totale de bout en bout. C'est aussi un bon moyen pour se faire des compagnons de voyage.

Organismes de bus

▲ CLUB ALLIANCE
– *Paris* : 99, bd Raspail, 75006. ☎ 01-45-48-89-53. Ⓜ Notre-Dame-des-Champs.
Spécialiste des week-ends (Londres, Amsterdam, Bruxelles) et des ponts de 3 ou 4 jours (Berlin, Barcelone, Copenhague, Venise, Vienne, Prague, Budapest, Florence, les châteaux de la Loire, le Mont-Saint-Michel...). Circuits de 1 à 16 jours en Europe, y compris en France. Brochure gratuite sur demande.

▲ EUROLINES
☎ 08-92-89-90-91 (0,34 €/mn). • www.eurolines.fr • Vous trouverez également les services d'Eurolines sur • www.routard.com • Minitel : 36-15, code EUROLINES (0,34 €/mn). Présent à Paris, Versailles, Avignon, Bordeaux, Calais, Dijon, Lille, Lyon, Marseille, Metz, Montpellier, Nantes, Nîmes, Perpignan, Rennes, Strasbourg, Toulouse et Tours.
Leader européen des voyages en lignes régulières internationales par autocar, Eurolines permet de voyager vers plus de 1 500 destinations en Europe au travers de 28 pays et de 80 points d'embarquement en France à destination, entre autres, de Berlin, Cologne, Dresde, Düsseldorf, Essen, Francfort, Hambourg, Hanovre, Munich, Stuttgart, Weimar, etc.
– *Eurolines Travel* (spécialiste du séjour) : 55, rue Saint-Jacques, 75005 Paris. ☎ 01-43-54-11-99. Ⓜ Maubert-Mutualité. En complément du transport, un véritable tour-opérateur intégré qui propose des formules transport + hébergement sur les principales villes allemandes, notamment Berlin, Munich, Dresde et Weimar en été.
– *Pass Eurolines :* pour un prix fixe valable 15, 30 ou 60 jours, vous voyagez autant que vous le désirez sur le réseau entre 24 villes européennes. Le *Pass Eurolines* est fait sur mesure pour les personnes autonomes qui veulent profiter d'un prix très attractif et désireuses de découvrir l'Europe sous toutes ses coutures.
– *Mini pass :* ce billet, valable 6 mois, permet de visiter deux métropoles européennes en toute liberté. Le voyage peut s'effectuer dans un sens comme dans un autre.

▲ GULLIVER'S REISEN
☎ 00-800-48-55-48-37 (n° Vert). • www.gullivers.de • Assure des voyages quotidiens entre Paris et Berlin via Hanovre : départ de Paris à 20 h, arrivée à Hanovre à 6 h et à Berlin à 9 h ; départ de Berlin à 20 h (23 h 30 de Hanovre) et arrivée à Paris à 9 h. Dessert également Hambourg (via Hanovre) tous les jours, au départ de Paris. Tarifs réduits pour les enfants de moins de 12 ans, les étudiants et moins de 26 ans et les plus de 60 ans. Offres et conditions spéciales pour les groupes à partir de 10 personnes.

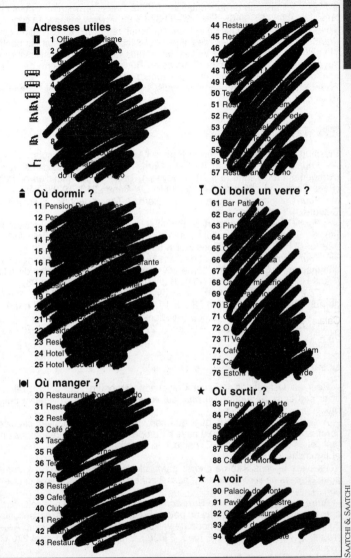

www.rsf.org

N'attendez pas qu'on vous prive de l'information pour la défendre.

▲ VOYAGES 4A

– *Nancy* : 1 bis, rue de la Primatiale, 54000. Renseignements et réservations : ☎ 03-83-37-99-66. Fax : 03-83-37-65-99. • www.voyages4a.com •
Voyages 4A, des voyages en autocar sur lignes régulières à destination des grandes cités européennes, des séjours et circuits Europe durant les ponts et vacances, le carnaval de Venise, les grands festivals et expositions, des voyages en *Transsibérien,* des séjours en Russie à la découverte de Moscou, de l'Anneau d'Or, de Saint-Pétersbourg, du Baïkal...
Formules tout public au départ de Paris, Lyon, Marseille et autres grandes villes de France.

EN TRAIN

Plusieurs trains quotidiens relient Paris à l'Allemagne. Par exemple :
➤ *Pour Berlin :* au départ de Paris-Nord. 5 aller-retour quotidiens avec changement à Cologne (9 h 20 de voyage). 1 aller-retour quotidien de nuit (Paris-Berlin Ost : 20 h 46-8 h 15 ; Berlin Ost-Paris : 21 h 19-9 h 14) ;
➤ *Pour Cologne :* au départ de Paris-Nord. 7 *Thalys* quotidiens, arrivée à Cologne 4 h plus tard ;
➤ *Pour Francfort :* au départ de Paris-Est, 3 aller-retour quotidiens de jour (en 6 h environ) et 1 aller-retour quotidien de nuit (Paris-Francfort : 22 h 58-7 h 01 ; Francfort-Paris : 22 h 58-7 h 01) ;
➤ *Pour Hambourg :* au départ de Paris-Nord. 5 aller-retour quotidiens avec changement à Cologne (8 h 20 de voyage). 1 aller-retour quotidien de nuit (Paris-Hambourg : 20 h 46-7 h 20 ; Hambourg-Paris : 22 h 36-9 h 08) ;
➤ *Pour Stuttgart :* 3 aller-retour quotidiens de jour (en 6 h) et 1 aller-retour de nuit (Paris-Stuttgart : 22 h 58-6 h 19 ; Stuttgart-Paris : 23 h 36-7 h 03) ;
➤ *Pour Munich :* 3 aller-retour quotidiens de jour (8 h 30 de voyage) et 1 aller-retour de nuit (Paris-Munich : 22 h 58-8 h 54 ; Munich-Paris : 20 h 54-7 h 03).

Les réductions

– Pour les destinations de Berlin, Cologne et Hambourg, vous pouvez bénéficier des tarifs **Séduction** ou **Mini** qui vous permettent de voyager à petit prix.
– Avec la carte **Inter Rail,** quel que soit votre âge, vous pouvez circuler librement en 2e classe dans 29 pays d'Europe. Ces pays sont regroupés en huit zones dont une (la zone C) englobe le Danemark, l'Allemagne, la Suisse et l'Autriche.
Vous avez la possibilité de choisir parmi plusieurs formules (*pass* 1 zone pour 22 jours de libre circulation, *pass* 2 zones pour 1 mois de libre circulation...).
– Autre possiblité : la formule **Eurodomino** vous permet, quel que soit votre âge, de circuler librement dans un pays d'Europe de 3 à 8 jours, consécutifs ou non, et ceci dans une période de validité de 1 mois. L'*Eurodomino* Allemagne 2e classe coûte 180 € (pour 3 jours), 216 € (pour 5 jours) et 270 € (pour 8 jours).

Pour obtenir plus d'informations sur ces réductions et acheter vos billets

– *Ligne Directe :* ☎ 08-92-35-35-35 (0,34 €/mn), tous les jours de 7 h à 22 h.
– *Internet :* • www.voyages-sncf.com •
– *Minitel :* 36-15 ou 36-16, code SNCF (0,21 €/mn).

– Dans les gares, les boutiques SNCF et les agences de voyages agréées. En achetant votre billet par téléphone, par Minitel ou par Internet, vous pouvez vous le faire expédier sans frais à domicile. Il vous suffit de régler par carte bancaire (1 € minimum) et de passer votre commande au moins 4 jours avant le départ (7 jours si vous résidez à l'étranger).

EN VOITURE

Ceux qui ont bien suivi leurs cours de géographie savent sans doute que l'Allemagne est un pays limitrophe de la France. Ceux qui étaient à cette époque entre le radiateur et la fenêtre peuvent encore consulter une carte pour constater cette réalité. En tout cas, vous l'avez compris, ce n'est pas si loin ! De plus, après Strasbourg les autoroutes sont nombreuses, gratuites et l'essence à peine moins chère. Que demande le peuple ?

➢ Pour rejoindre le nord de l'Allemagne, l'itinéraire passera par la Belgique. Autoroute du nord A1 puis A2 et E42 vers Liège et Cologne.

➢ Pour le centre et le sud de l'Allemagne, A4 vers Metz et Saarbrücken, puis vers le nord-est direction Francfort/Main, ou vers le sud-est vers Stuttgart et la Forêt-Noire via Strasbourg.

GÉNÉRALITÉS

Après la Chute du Mur (avec des majuscules, comme tout événement historique), on avait découvert une ex-Allemagne de l'Est étonnante, riche d'un passé méconnu. La réunification nous a fatalement poussés à y adjoindre sa grande sœur de l'Ouest. Et le résultat est également surprenant : un pays riche en villages de charme, en petites cités médiévales préservées, en paysages pleins de douceur et en traditions fortes. Du folklore bavarois aux forêts du Bade-Wurtemberg, des petites routes de Rhénanie aux rives du Danube, des centres de remise en forme aux festivals musicaux (thème de l'année 2004), une Allemagne « profonde » et paisible existe bel et bien, loin de l'industrie lourde et des villes tentaculaires engendrées par le XXe siècle.

Et puis, l'Allemagne recèle des musées parmi les plus beaux du monde, des cathédrales et des châteaux, des fêtes « kolossales » et des maisons de poupées. Enfin, et ce n'est pas la moindre de ses qualités, une jeunesse dont l'originalité et la liberté vous surprendront...

CARTE D'IDENTITÉ

- **Superficie :** 357 030 km^2.
- **Population :** 82,4 millions d'habitants.
- **Densité :** 230,8 hab./km^2.
- **Taux de chômage :** 8,9 %.
- **Espérance de vie :** 78,3 ans.
- **Capitale :** Berlin.
- **Religions :** protestantisme luthérien, catholicisme.
- **Langue officielle :** allemand.
- **Monnaie :** l'euro.
- **PIB par habitant :** 25 350 US$.
- **Régime politique :** État fédéral, démocratie parlementaire.
- **Chef du gouvernement (chancelier) :** Gerhard Schröder (SPD) réélu en septembre 2002, pour 4 ans.

AVANT LE DÉPART

Adresses utiles

En France

Office national allemand du tourisme (ONAT) : 47, av. de l'Opéra, 75002 Paris. ☎ 01-40-20-01-88. Fax : 01-40-20-17-00. • www.allemagne-tourisme.com • gntopar@d-z-t.com • Renseignements sur Minitel : 36-15, code ALLEMAGNETOUR. Ⓜ Opéra. Renseignements par téléphone du lundi au mercredi de 9 h à 17 h 30 et du jeudi au vendredi de 9 h à 17 h.

Très compétent. Demander les brochures : *À la rencontre des villes allemandes*, *Bonjour l'Allemagne* et *L'Allemagne à prix malins*.

■ *Office franco-allemand pour la jeunesse :* 51, rue de l'Amiral-Mouchez, 75013 Paris. ☎ 01-40-78-18-18. • www.ofaj.org • Ⓜ Glacière. L'OFAJ dispose de nombreuses informations utiles dont une brochure très complète sur toutes les possibilités de contacts avec l'Allemagne (stages, formations, voyages, rencontres...). Il attribue aussi des bourses dans certains cas.

■ *Institut Goethe :* 17, av. d'Iéna, 75016 Paris. ☎ 01-44-43-92-30. • www.goethe.de/paris • Ⓜ Iéna. Réception ouverte de 9 h à 21 h (sauf le week-end). Bibliothèque ouverte de 14 h à 20 h (sauf le week-end), cinéma, expositions, etc. Toute la culture allemande. Succursales à Bordeaux, Lyon, Toulouse, Strasbourg, Nancy, Lille, Dijon, Montpellier, Rennes, Aix-en-Provence et Nantes.

■ *Office allemand d'échanges universitaires (DAAD) :* 24, rue Marbeau, 75016 Paris. ☎ 01-44-17-02-30. Fax : 01-44-17-02-31. • www.daad.de/paris • L'Office est chargé de la coopération franco-allemande dans le domaine de l'enseignement. Il s'adresse aux étudiants désireux de poursuivre leurs études ou recherches en Allemagne. Vous y trouverez des informations sur l'organisation de l'enseignement supérieur allemand, ses voies et conditions d'accès et la reconnaissance de vos diplômes.

■ *Centre d'information et de documentation de l'ambassade d'Allemagne :* 24, rue Marbeau, 75116 Paris. ☎ 01-44-17-31-31. Fax : 01-45-00-45-27. • www.amb-allemagne.fr • Ⓜ Porte-Dauphine. Ouvert du lundi au vendredi de 10 h à 17 h.

■ *Ambassade d'Allemagne :* 13-15, av. Franklin-Roosevelt, 75008 Paris. ☎ 01-53-83-45-00. Fax : 01-43-59-74-18. • www.amb-allemagne.fr • Minitel : 36-15, code ALLEMAGNE. Ⓜ Franklin-Roosevelt.

■ *Consulats d'Allemagne :*

– *Paris :* 28, rue Marbeau, 75116. ☎ 01-53-83-45-00. Fax : 01-40-67-93-53. • service.consulaire@amb-allemagne.fr • Ⓜ Iéna. Ouvert de 9 h à 11 h.

– *Lyon :* 33, bd des Belges, 69458 Lyon Cedex 06. ☎ 04-72-69-98-98. Fax : 04-72-43-06-94.

– *Bordeaux :* 77, bd du Président-Wilson, 33021 Bordeaux Cedex. ☎ 05-56-17-12-22. Fax : 05-56-42-32-65.

– *Marseille :* 338, av. du Prado, 13295 Marseille Cedex 8. ☎ 04-91-16-75-20. Fax : 04-91-16-75-28.

– *Strasbourg :* 15, rue des Francs-Bourgeois, 67081 Strasbourg Cedex. ☎ 03-88-15-03-40. Fax : 03-88-75-79-82.

■ *Librairies Allemandes :*

– *Der Buchladen :* 3, rue Burq, 75018 Paris. ☎ 01-42-55-42-13.

– *Marissal :* 42, rue Rambuteau, 75003 Paris. ☎ 01-42-74-37-47.

– *Info Buch :* 23, rue des Blancs-Manteaux, 75004 Paris. ☎ 01-48-04-04-47.

En Belgique

🛈 *Office national allemand du tourisme :* Val d'Or, 92, Bruxelles 1200. ☎ 02-245-97-00. Fax : 02-245-39-80. • gnto-bru@d-z-t.com •

■ *Ambassade d'Allemagne :* av. de Tervueren, 190, Bruxelles 1150. ☎ 02-774-19-11. Fax : 02-772-36-92.

En Suisse

🛈 *Deutsches Verkehrsbüro :* Talstrasse, 62, 8001 Zürich. ☎ 01-213-22-00. Fax : 01-212-01-75. • gnto-zrh@d-z-t.com •

■ *Ambassade d'Allemagne :* Willadingweg, 83, 3006 Bern 16. ☎ 359-41-11. Fax : 359-44-44.

Au Canada

■ **German National Tourist Board :** 480, University Avenue, Suite 1410, Toronto, Ontario M5G-1V2. ☎ (416) 968-16-85. Fax : (416) 968-05-62. • www.cometogermany.com •

■ **Ambassade d'Allemagne :** 1, Waverley Street, Ottawa, Ontario K2P-0T8. ☎ (613) 232-11-01. Fax : (613) 594-93-30.

Formalités

– Une *carte d'identité* en cours de validité ou un *passeport* français, belge ou suisse, même périmé depuis moins de 5 ans, suffisent pour entrer en Allemagne. Les Canadiens doivent se munir de leur passeport mais sont exemptés de visa.
– Pour les conducteurs : *permis de conduire, carte grise* et *assurance*.
– Les toutous et les matous doivent être munis d'un certificat de vaccination anti-rabique traduit en allemand. Modèle bilingue disponible à l'Office national allemand du tourisme.

Carte internationale d'étudiant (carte ISIC)

Elle prouve le statut d'étudiant dans le monde entier et permet de bénéficier de tous les avantages, services, réductions étudiants du monde, soit plus de 25 000 avantages concernant les transports, les hébergements, la culture, les loisirs... C'est la clé de la mobilité étudiante !
La carte ISIC donne aussi accès à des avantages exclusifs sur le voyage (billets d'avion spéciaux, assurances de voyage, carte de téléphone internationale, location de voitures, navette aéroport...).
Pour plus d'informations sur la carte ISIC : • www.carteisic.com • ou ☎ 01-49-96-96-49.

Pour l'obtenir en France

Se présenter dans l'une des agences des organismes mentionnés ci-dessous avec :
– une preuve du statut d'étudiant (carte d'étudiant, certificat de scolarité...) ;
– une photo d'identité ;
– 12 €, ou 13 € par correspondance incluant les frais d'envoi des documents d'information sur la carte.
Son émission est immédiate.

■ **OTU Voyages :** ☎ 0820-817-817. • www.otu.fr • pour connaître l'agence la plus proche de chez vous.

■ **Voyages Wasteels :** ☎ 0892-682-206 (audiotel ; 0,33 €/mn). • www.wasteels.fr •

En Belgique

Elle coûte 9 € et s'obtient sur présentation de la carte d'identité, de la carte d'étudiant et d'une photo auprès de :

■ **Connections :** renseignements, ☎ 02-550-01-00.

En Suisse

Dans toutes les agences STA Travel, sur présentation de la carte d'étudiant, d'une photo et de 20 Fs.

■ **STA Travel :** 3, rue Vignier, 1205 Genève. ☎ 02-23-29-97-34.

■ **STA Travel :** 20, bd de Grancy, 1006 Lausanne. ☎ 02-16-17-56-27.

Il est également possible de la commander en ligne sur le site • www.carteisic.com •

Carte FUAJ internationale des auberges de jeunesse

Cette carte, valable dans 62 pays, permet de bénéficier des 6 000 auberges de jeunesse du réseau *Hostelling International* réparties dans le monde entier. Les périodes d'ouverture varient selon les pays et les AJ. À noter, la carte des AJ est surtout intéressante en Europe, aux États-Unis, au Canada, au Moyen-Orient et en Extrême-Orient (Japon...).

Pour adhérer à la FUAJ et s'inscrire en France

Par correspondance

■ **FUAJ (Fédération unie des auberges de jeunesse) :** 27, rue Pajol, 75018 Paris. Bureaux fermés au public. Envoyer une photocopie recto verso d'une pièce d'identité et un chèque correspondant au montant de l'adhésion (ajouter 1,15 € de plus pour les frais d'envoi de la FUAJ). Une autorisation des parents est nécessaire pour les moins de 18 ans.

Sur place

■ **FUAJ (Fédération unie des auberges de jeunesse ; antenne nationale) :** 9, rue de Brantôme, 75003 Paris. ☎ 01-48-04-70-40. Fax : 01-42-77-03-29. Ⓜ Rambuteau ; ou RER : Les Halles (ligne A). Présenter une pièce d'identité et 10,70 € pour la carte moins de 26 ans et 15,25 € pour les plus de 26 ans (tarifs 2003).
– Inscriptions possibles également dans toutes les auberges de jeunesse, points d'information et de réservation FUAJ en France.
• www.fuaj.org •

On conseille de l'acheter en France car elle est moins chère qu'à l'étranger.
– La FUAJ propose aussi une *carte d'adhésion « Famille »,* valable pour les familles de deux adultes ayant un ou plusieurs enfants âgés de moins de 14 ans. 22,90 €. Fournir une copie du livret de famille.
– La carte donne également droit à des réductions sur les transports, les musées et les attractions touristiques de plus de 60 pays mais ces avantages varient d'un pays à l'autre, ce qui n'empêche pas de la présenter à chaque occasion, cela peut toujours marcher.

En Belgique

Son prix varie selon l'âge : entre 3 et 15 ans, 3,50 € ; entre 16 et 25 ans, 9 € ; après 25 ans, 13 €.
Renseignements et inscriptions :

■ **LAJ :** rue de la Sablonnière, 28, Bruxelles 1000. ☎ 02-219-56-76. Fax : 02-219-14-51. ● www.laj.be ● info@laj.be ●

■ **Vlaamse Jeugdherbergcentrale (VJH) :** Van Stralenstraat, 40, Anvers 2060. ☎ 03-232-72-18. Fax : 03-231-81-26. ● www.vjh.be ● info@vjh.be ●

Les résidents flamands qui achètent une carte en Flandre obtiennent 7,50 € de réduction dans les auberges flamandes et 3,70 € en Wallonie. Le même principe existe pour les habitants wallons.

En Suisse

Le prix de la carte dépend de l'âge : 22 Fs pour les moins de 18 ans, 33 Fs pour les adultes et 44 Fs pour une famille avec des enfants de moins de 18 ans.
Renseignements et inscriptions :

■ **Schweizer Jugendherbergen (SJH) :** service des membres des auberges de jeunesse suisses, Schaffhauserstr., 14, Postfach 161, 8042 Zurich. ☎ 01-360-14-14. Fax : 01-360-14-60. ● www.youthhostel.ch ● bookingoffice@youthhostel.ch ●

Au Canada

Elle coûte 35 $Ca pour un an et 175 $Ca à vie (tarifs 2003). Gratuit pour les enfants de moins de 18 ans qui accompagnent leurs parents. Pour les juniors voyageant seuls, compter 12 $Ca. Ajouter systématiquement les taxes.
Renseignements et inscriptions :

■ **Tourisme Jeunesse :** 4008, Saint-Denis, Montréal CP 1000, H2W-2M2. ☎ (514) 844-02-87. Fax : (514) 844-52-46.
■ **Canadian Hostelling Association :** 205, Catherine Street, Bureau 400, Ottawa, Ontario, Canada K2P-1C3. ☎ (613) 237-78-84. Fax : (613) 237-78-68. ● www.hihostels.ca ●

ARGENT, BANQUES, CHANGE

Argent

Union européenne oblige, le Deutsche Mark n'a plus cours depuis février 2002. Vive l'euro ! Petite anecdote : c'est à cause des Allemands que la monnaie européenne ne s'est pas appelée ECU : c'était trop proche de *kuh* qui veut dire « vache » ! De même, c'est à leur demande que l'on a créé la grosse coupure de 500 €. Cela correspond à leur ancien billet de 1 000 DM.
Sur les pièces allemandes figurent au verso la feuille de chêne, la porte de Brandebourg ou l'aigle de la démocratie. À côté de la date, une lettre indique où la pièce a été frappée : A pour Berlin, D pour Munich, F pour Stuttgart, G pour Karlsruhe et J pour Hambourg.

Banques

Ouvertes en semaine, en général de 8 h 30 à 13 h et de 14 h 30 à 16 h ou 17 h 30. Attention, elles sont fermées les samedi et dimanche. Les commissions ne varient que très peu d'une banque à l'autre.

Change

Pour nos amis suisses et canadiens, dans les aéroports, aux frontières et dans les gares des grandes villes, se trouvent des bureaux de change qui sont le plus souvent ouverts de 6 h à 22 h, même le week-end !

Cartes de paiement

Aucune difficulté pour retirer de l'argent en Allemagne. Toutes les villes disposent de distributeurs acceptant les principales cartes de paiement. Dans une immense majorité, les stations-service, hôtels, restos et commerçants les acceptent également. Chez les petits commerçants, on paie de préférence en liquide.
– La carte **MasterCard** permet à son détenteur et à sa famille (si elle l'accompagne) de bénéficier de l'assistance médicale rapatriement. En cas de problème, contacter immédiatement le : ☎ (00-33) 1-45-16-65-65. En cas de perte ou de vol (24 h/24), composer le : ☎ (00-33) 1-45-67-84-84 en France (PCV accepté) pour faire opposition 24 h/24 et tous les jours. À noter que ce numéro est aussi valable pour les cartes Visa émises par le *Crédit Agricole* et le *Crédit Mutuel*. ● www.mastercardfrance.com ●
– Pour la carte **American Express,** téléphoner en cas de pépin au : ☎ 01-47-77-72-00. Numéro accessible 24 h/24, tous les jours. PCV accepté en cas de perte ou de vol.
– Pour la carte **Visa,** contacter le n° communiqué par votre banque.
– Pour toutes les cartes émises par **La Poste,** composer le : ☎ 0825-809-803 (pour les DOM : ☎ 05-55-42-51-97).
– Également un numéro d'appel valable quelle que soit votre carte de paiement : ☎ 0892-705-705 (serveur vocal à 0,34 €/mn).

ACHATS

L'Allemagne imite ses voisins européens et autorise désormais les magasins à rester ouverts jusqu'à 20 h en semaine mais souvent jusqu'à 16 h le samedi et de toute façon jusqu'à 18 h pendant les quatre semaines précédant Noël. En revanche, l'ouverture dominicale reste aléatoire et dépend beaucoup de la réglementation de chaque Land.
– À l'Est, les **porcelaines** de Saxe ou de Meissen.
– Les **Birkenstockschuhe :** genre de sandales orthopédiques, très à la mode chez nos amis allemands. Ils en ont tous ! Elles sont très confortables, existent dans toutes les couleurs, se portent avec tout et durent toute une vie !
– Dans les villes de l'Est, les germanophiles se jetteront sur les **livres** (surtout à Leipzig), bon marché, et les mélomanes sur les **partitions,** réputées pour leur qualité.
– Les foulards de **soie** et, pour ceux qui aiment, les célèbres **chopes à bière** (chères) de Munich.
– Pour les plus gros budgets, les **pierres taillées** de la région du Palatinat.

BOISSONS

Autant le savoir, en Allemagne, « eau » s'entend presque toujours gazeuse. Si vous ne supportez pas les bulles, insistez pour avoir de la *stilles Wasser* (eau non gazeuse) ou demandez de l'eau du robinet *(Leitungswasser)*.

La bière

Noé, l'inventeur du vin, se soûlait en égoïste. Chez les anciens Germains, on buvait de la bière *(Bier)* sans excès, et toujours entre *Kameraden*. N'est-ce point pour réconcilier deux groupes de dieux que Kvasir, le poète, tira une boisson alcoolisée de leurs crachats mélangés ? C'était l'hydromel, la boisson d'immortalité du paradis des guerriers. Ce sera, pour la gent commune, la bière : après l'avoir brassée de ses mains, la maîtresse de maison la présente dans de grandes cornes (d'aurochs, précise César) à ses invités, venus au banquet par amitié, ou pour fêter le solstice d'hiver. « Des chanteurs jouaient de la harpe, raconte un moine du VIe siècle. Leurs auditeurs tenaient des coupes de bière en érable et portaient continuellement des toasts. Quiconque ne les imitait pas se déconsidérait. » Cette convivialité de la bière, présente dans toute l'Allemagne, prend toute sa dimension à Munich, où on la boit du matin jusqu'au soir dans ces cabarets monumentaux que sont les grandes brasseries, comme la *Hofbräuhaus* (près de 1 000 personnes). Les *Mass,* chopes d'un litre, glissent en fanfare d'un bout à l'autre des longues tables en bois. Selon l'époque, elles débordent de *Starkbier,* une bière forte de printemps inventée pour revigorer les moines durant le carême, ou de la *Maibock* de mai, plus ronde et plus légère. En été vient le temps des *Biergärten,* ces jardins à bière où des milliers de chopes peuvent trinquer sous les châtaigniers, et dont Munich, là encore, s'est fait une spécialité. Sans oublier la fameuse *Oktoberfest,* toujours à Munich, grande kermesse qui se termine début octobre, où le tempérament bavarois se déchaîne en beuveries, flonflons, chansons et autres gargantuesques ripailles.

En vérité, c'est toute l'Allemagne qui, avec ses 150 litres annuels par tête de pipe – les canettes font un demi-litre –, se pose en patrie de la bière. Chaque région, chaque ville, chaque abbaye a la sienne et la défend contre toutes les autres ! Ici, c'est une petite brasserie familiale. Là, un couvent en pleine fermentation, comme celui où l'on produit la *Salvator,* une brune de Bavière qui n'est brassée que quelques jours par an. Si Munich s'en tient aux chopes, Cologne boit la sienne, légère, dans un verre long comme la tour de sa cathédrale. Berlin savoure dans une grande coupe à pied sa *Berliner Weisse,* une bière blanche de froment *(Weizen),* mousseuse et un brin amère, relevée avec de la framboise ou du citron. Dortmund, enfin, abrite de puissantes brasseries.

Au XVe siècle, l'Allemagne comptait au moins 113 bières diverses, souvent aromatisées : safran, cannelle, muscade, gentiane, opium même... Elles disparurent avec le *Reinheitsgebot* de 1516, qui limitait strictement les composants de la bière : orge, eau, houblon. Encore maintenant, cet « édit de pureté » garde force de loi, interdisant en Allemagne, en théorie du moins, ces bières légères de maïs si communes en Hollande et en France. Aujourd'hui, les recettes de famille et les secrets de brasserie sont un peu noyés par la standardisation. La fermentation haute, où les levures « attaquaient » la cuve par le haut, a quasiment disparu au profit de la fermentation basse. Elle produit des bières blondes moins typées, du genre *Pils.* Les *Pils,* qui doivent être tirées en sept minutes pour obtenir le bon « faux-col » de mousse, sont les plus répandues. Viennent ensuite les *Export,* plus légères, et les *Alt* ou *Dunkle,* c'est-à-dire les brunes à l'ancienne.

Les vins

Allemagne mousseuse contre France pinardière ? Vite dit. Le vin *(Wein)* allemand a ses crus, ses lieux, et sa vogue progresse : il plaît. Certes, l'Allemagne est dépourvue de terroirs trois étoiles. Elle privilégie la qualité de masse (la législation allemande est l'une des plus strictes au monde) aux dépens du caractère de ses vins. Pourtant, si la bière rythme le quotidien, c'est le vin, plus coûteux, qui le distingue. Dans toute l'Allemagne, on trouve des bars à vin : *Weinstube, Weinkeller, Weinrestaurant, Schneckenhaus* et autres *Kneipen,* où on le boit dans des verres bombés, dressés sur un gros

pied de couleur verte, le *Schoppen* (canon), avec de petits plats chauds. Dans les régions viticoles, en revanche, le vin règne dans toutes les auberges, on le sert sous la tonnelle en *Schoppen* ou en *Viertel* (quart).
Ce vin est le plus souvent blanc (les rouges sont moins intéressants), gai, fruité, subtil. Bref, un peu alsacien. Pas étonnant, les cépages (riesling, pour les meilleurs, mais aussi sylvaner, traminer, etc.) et le climat sont en gros les mêmes. Avec une particularité, la douceur. En effet, la loi autorise à sucrer légèrement le moût pour conférer au vin cette agréable suavité dont les Allemands raffolent. Comment choisir ? En vérifiant le sigle : *Tafelwein* pour le courant, *QBA* pour les vins d'appellation contrôlée, *QMP* pour les crus exceptionnels, et *Naturrein* (pureté naturelle) pour tous, car les fraudes sont fréquentes.
Le vignoble allemand – plus d'une centaine de milliers d'hectares – se cantonne dans le centre et le sud du pays, où il s'atomise en petits crus. Les plus fameux sont les vins du Rhin, comme l'illustre **la route du Vin** qui s'étire de Karlsruhe à Spire, en passant par la Rheinhau, autour de Rüdesheim, Bad Dürkheim (avec la plus grande fête du vin au monde : 500 000 visiteurs à la mi-septembre) et le long défilé après Bingen. Dans la foulée, il faut goûter leurs voisins du Palatinat, les *Pfälzer*, doux, puissants et complexes, et ceux, secs et racés, des vallées de la Sarre et de la Moselle. Les crus du sud-ouest sont remarquables, en premier lieu ceux du Kaiserstuhl, près de Fribourg-en-Brisgau, marqués par leur terroir volcanique, ainsi que leurs compères de la Forêt-Noire, les *Markgräfler* (près de Baden-Baden), et de Franconie (Franken), secs comme les Tübingen. Une pensée pour les vins bavarois (Rothenburg et Würzburg), très clairs, très secs, très élégants, conservés dans des bouteilles à ventre rond et plat, dérivées des outres (*Bocksbeutel*, « sac de bouc »). La Thuringe aussi a ses crus : les vins des vallées de la Saale et d'Unstrut. Les bordeaux traditionnellement importés par les villes hanséatiques jouissent à Lübeck d'un curieux traitement : on les cuit, on les sucre, on les revend aux Scandinaves sous le label *Lübischer Rotspon* !
Enfin, sachez que *Sekt* est l'appellation générique pour champagne : c'est en fait du mousseux, généralement correct.

Les alcools

Dans ce climat froid, on a bien besoin d'eux. Aussi sont-ils nombreux. *Schnaps* est leur nom générique. Il y a des *schnaps* à tout. Aux fruits dans la Forêt-Noire : cerise, quetsche, framboise... Blancs en Westphalie, comme le *Steinhäger*. Au cumin dans le Schleswig-Holstein, comme pour l'« aquavit » nordique. Plus spécial, le *Weinbrand* de Mayence ou Wiesbaden, imité du cognac. Le *Kümmel* de la Baltique et le *Dantziger Goldwasser,* frère de la vodka aux paillettes d'or de Pologne. Le bizarre *Jägermeister* et le redoutable *Ratzeputz* du Nord, mixture incendiaire à base de gingembre conçue pour résister à des froids de – 30 °C. À toujours boire avec un peu de bière, le verre collé à la chope. En levant le coude, le schnaps coule précisément dans la zone de bière que l'on s'apprête à boire. Les moins sportifs se contentent de mélanger les deux.
Dans l'ex-RDA, l'alcool le plus fréquent reste la vodka. On peut aussi goûter au *Korn,* eau-de-vie de grain au goût curieux.

BUDGET

S'il fallait ne retenir qu'une des vertus de l'euro, ce serait celle de la démystification ! Le Deutsche Mark, présenté comme une menace terrible pour les portefeuilles, a terrorisé des générations de touristes potentiels. Certes, la monnaie allemande était très forte et les salaires de nos voisins comptent parmi les plus élevés au monde, mais le coût de la vie n'a rien de prohibitif. Manger au resto revient globalement moins cher qu'en France. Vu la générosité des portions, les Allemands se contentent habituellement d'un plat. Aucun serveur ne vous imposera une entrée, un plat et un dessert. Les boissons sont également meilleur marché, à moins évidemment de choisir un vin français. L'hébergement demeure effectivement onéreux, mais les campings et les AJ (envahies par les seniors) constituent une bonne alternative !

Hébergement

Compter de 15 à 20 € par personne pour une nuit dans les adresses figurant en catégorie « Bon marché » (auberges de jeunesse et campings).
Pour les adresses à « Prix moyens », compter de 30 à 40 € par personne.
Les quelques adresses classées « Plus chic » commencent à 45 € par personne.

Restaurants

En ce qui concerne les restaurants, un repas en resto U ou dans un *Imbiß* (une variété de snack-bar avec plats à emporter mais sans sandwichs) vous coûtera environ 3 €. Pour un repas au restaurant, compter de 9 € dans une adresse « Bon marché » à 15 € dans une adresse « Prix moyens ». À partir de 20 € dans une adresse « Plus chic ».

Transports

Les transports en commun sont plus chers qu'en France, sauf le train et l'avion, dont les prix sont comparables à ceux pratiqués en France.

Réductions

En bref, profiter de toutes les **réductions** possibles : les étudiants sont particulièrement bien lotis avec des réductions jusqu'à 50 % sur les musées et les spectacles... Vous pouvez faire établir une « carte franco-allemande d'étudiant » pour 2,29 € auprès du CROUS : • www.crous-paris.fr • Elle permet aux étudiants français d'être considérés comme des étudiants allemands. Carte imprimée bilingue : aucune contestation possible. Mais il existe également des avantages dont chacun peut profiter : billets de théâtre et d'opéra à 50 % le soir même, offres spéciales de la *Deutsche Bahn* (voir la rubrique « Transports »), logement en résidence universitaire (quand il y a de la place), etc. De plus, pratiquement chaque ville présentant un intérêt touristique propose une carte journalière ou pour 3 jours, offrant la gratuité des musées et des transports, et des réductions sur les concerts et spectacles. En vente entre 8 et 18 € dans les offices du tourisme.

Musées

Prévoir un gros budget : leur tarif est raisonnable, mais ils sont nombreux... et fabuleux ! Dans certaines grandes villes (Berlin, Munich), on trouve des musées sur tous les sujets imaginables, des nounours aux pots de chambres. Les collections de peinture du pays (de sculpture aussi, d'ailleurs) sont d'une richesse époustouflante. Prévoir, donc, pas mal de temps pour la visite de certaines villes. Musées généralement très bien organisés, avec plans détaillés, consignes, cafétéria, etc.
– Bon à savoir : ils accordent toujours des réductions pour étudiants (ne pas oublier sa carte ; sinon, la carte des auberges de jeunesse peut faire l'affaire si le caissier est cool), pour enfants, familles, personnes âgées, militaires, personnes handicapées, etc.

Enfin, les musées d'État sont en général gratuits les dimanche et jours fériés.

CLIMAT

L'hiver n'est pas la meilleure saison pour voyager en Allemagne : entre le froid et la brume dans le Sud, le vent et l'humidité dans le Nord, la neige fréquente à Berlin (parfois jusqu'en avril !), il y a de quoi hésiter. Mais surtout, sachez que certains établissements ferment à cette période.

L'idéal est donc de partir entre mai et septembre (plutôt chaud dans le Nord – climat continental à Berlin –, carrément chaud dans le Sud), même si l'hébergement pose un vrai problème. Un dernier conseil : pour faire face à la fraîcheur des soirées et aux averses orageuses, n'oubliez pas votre petite laine et surtout un bon imper. Mais surtout, RÉSERVEZ LE PLUS TÔT POSSIBLE avant votre départ pour ne pas vous retrouver à la rue.

Attention aux villes où sont organisées des foires *(Messe)* ! Il est important, disons même impératif, d'éviter certaines villes lors de ces manifestations. Les prix augmentent de 50 à 100 %, et il est quasiment impossible de trouver la moindre chambre. On peut obtenir la liste et les dates des congrès et foires de toutes les villes auprès de l'Office national allemand du tourisme à Paris (voir, plus haut, « Avant le départ »).

CUISINE

Où manger traditionnel ?

Si c'est votre première découverte de l'Allemagne, vous ne pourrez manquer *les Ratskeller* qui se situent en centre-ville en dessous de tous les *Rathaus* (les mairies) et où l'on trouve toujours à boire et à manger ! C'est pas génial mais typique et facile à repérer. Caractéristiques usuelles : lieu historique, grandes salles où tout le monde se mélange, nourriture régionale, prix raisonnables et service sans état d'âme. Après deux ou trois essais, vous aurez fait le tour de la question.

Les auberges de campagne comme les restos de quartier que l'on ne cite pas mais où l'on trouve toujours une table accueillante et une nourriture correcte. Il suffit de regarder ce que prennent les autres. S'il n'y a personne, mieux vaut ne pas insister...

Du lard ou du cochon ?

On retrouve du porc dans toutes les assiettes et quelles que soient les régions, sous des formes prouvant l'imagination débridée des charcutiers : saucisses, saucissons, lardons, jambons, jarrets, abats ou simples côtelettes...

Saucisses à gogo

On en trouve partout dans les rues, dans de petites baraques commerçantes, les *Imbiß stuben*, à des prix dérisoires. Grâce à notre ouvrage de référence *(Larousse gastro)*, tâchons de distinguer les grandes tendances. La *Weisswurst,* sorte de boudin blanc, est de loin la meilleure (surtout servie au curry). La *Bockwurst* a une peau trop dure. La *Plockwurst,* aux airs de knack rosie, contient aussi du bœuf. La *Bierwurst,* sorte de salami, accompagne la bière. La *Bratwurst,* originaire de Nuremberg, servie grillée, vient de faire, en 2003, son entrée dans le club très select des AOP (appellations d'origine protégée). La *Schinkenwurst,* fumée mais à grains épais, n'a

pas l'air engageant. La *Leberwurst*, au foie, peut être tartinée et la *Knackwurst* est la moins passionnante ! Nous ne nous étendrons pas sur leurs consœurs : *Wiener, Brägen, Zungen* et autres *Würste* plus rares.
Cela dit, on vous laissera vous faire une opinion par vous-même.

L'homme à tête de chou

Pour accompagner saucisses et viande de porc (plus rarement volaille, gibier ou poisson), deux légumes omniprésents : la pomme de terre *(Kartoffel)* et le chou *(Kohl)*. De quoi se demander si l'ancien chancelier Helmut ne doit pas son succès à son nom... Les patates se mangent sous toutes leurs formes : salade, purée, frites, etc. Le chou, rouge et aigre en entrée, donne aussi la fameuse choucroute *(Sauerkraut)*, moins présente dans le pays qu'on le croit. Elle accompagne surtout le *Eisbein*, jarret de porc fumé et bonne spécialité berlinoise.
Les *Knödel* sont également fréquents dans tout le pays. Ces grosses boulettes de pâte, à base de mie de pain ou de pommes de terre, ne sont pas vraiment ce que la cuisine d'Europe centrale a donné de meilleur. Un bon plat hongrois que l'on trouve dans tout l'est de l'Allemagne : le goulasch, soupe de bœuf aux oignons et au paprika.

Ça ne mange pas de pain...

Se régaler en Allemagne ? Qu'on s'en tienne au pain, absolument exquis, tant les *Weissbrot* (blanc), *Schwarzbrot* (noir), *Vollkornbrot* (aux céréales), *Brötchen* (petits pains), que le *Pumpernickel*, pain noir dont les fines tranches compactes sont, comme en Scandinavie, conservées sous papier alu. Sur ce pain, posez un *hareng Bismarck*, ou ces charcuteries dont les Allemands sont les maîtres : *Leberwurst*, jambon de Westphalie, etc. Et pour finir, prenez le temps du *Kaffee-Kuchen* à l'heure du goûter et attaquez un gros gâteau crémeux à étages *(Schwarzwälder Kirschtorte)*, ou une lichette de ces pâtisseries géantes, type *Strudel*, dont les ménagères étalent la pâte sur leur plaque de four. Voilà un repas de roi-paysan, calorique et sain.

Spécialités régionales

Pourtant, la gastronomie allemande existe, il y en a même plusieurs. Avec les mêmes produits paysans (chou, porc, gibier, bœuf, volaille, agneau...), chaque province a créé son répertoire. On fait bouillir les viandes, on fabrique des charcuteries. Mais les saucisses n'ont pas le même goût selon qu'on les mange à Nuremberg (grillées) ou à Munich. Voici un petit aperçu du grand éventail régional.
– **Berlin et Brandebourg :** ici règne la pomme de terre prussienne, *Pellkartoffel*. *Schlachtplatte* : boudin noir et saucisse de foie, pied et viande de porc. *Aal grün* : anguille sauce aux choux. *Bockwürstchen* : petite saucisse de porc. *Eberswalder Spritzkuchen* : gâteau au saindoux du Mardi gras. *Hackepeter* : hachis de porc assaisonné, à tartiner. *Warmbier* : bière blanche battue avec du jaune d'œuf, du lait et du sucre, puis chauffée.
– **Hambourg et Schleswig-Holstein :** la Hanse ayant ouvert le Nord au vaste monde, cette cuisine mêle, sur fond de poisson (harengs et maquereaux fumés...), aigre-doux exotique et sucré-salé scandinave. Un bœuf de premier ordre et des agneaux de prés-salés exquis. Hambourg est la première ville gourmande du pays. *Ente Vierländer Art* : oie grasse fourrée aux pommes. *Grünkohl Hamburger Art* : chou vert à la saucisse et aux joues de porc fumées, servi sur pommes de terre. *Labskaus* : viande et poisson salés, purée de pommes de terre, servis avec des œufs frits. *Marzipan* : le fameux massepain de Lübeck.
– **Mecklembourg et Poméranie :** une cuisine de l'Est aux accents baltes et russes. *Bärenfang* : hydromel relevé d'épices et d'alcools forts. *Betenbarsch* : le « borchtch » local. *Gänseschwarzsauer* : blanc d'oie préparé avec le sang

mêlé à une sauce douce, accompagné de boules de pommes de terre. Sans oublier le poisson, mariné ou fumé, comme l'anguille et le hareng.
– **Westphalie et Basse-Saxe :** où le jambon de Westphalie et le hareng de Brême règnent en maîtres... *Altbierbowle :* bol de bière brune glacée aux fruits. *Würstebraut und Liäberbraut :* purée de saucisses épicées, rôties au saindoux et servie avec des rondelles de pommes cuites. *Stolzer Heinrich :* saucisse à cuire en anneau, mijotée avec de la crème et des pommes de terre. *Friesische Bohnensuppe :* boisson chaude avec brandy, rhum, raisins secs et sucre candi.
– **Rhénanie-Palatinat :** sous le signe du vin. *Ähzezupp :* soupe de gros pois aux oreilles et pieds de cochon. *Hämmchen met soore Kappes :* choucroute à la purée de haricots. *Sauerbraten :* rôti de bœuf mariné. *Kochkäse :* fromage blanc fermenté et cuit avec du cumin, du lait et un œuf. *Leberwurst Muzen :* gâteau du Mardi gras au saindoux.
– **Francfort et la Hesse :** la patrie du *Bretzel* et du *Rippchen* (petit salé). *Betmännchen :* boulettes de massepain garnies d'amandes. *Frankfurter grüne Sauce :* sauce aux herbes mêlées d'huile et de jaune d'œuf. *Spansau :* cochon de lait fourré aux tripes et aux pommes de terre.
– **Saxe et Thuringe :** *Bemme.* Ce sont des tranches de pain avec garnitures diverses. *Gewürzfleisch :* bœuf aux oignons, aux tubercules et aux épices. *Leipziger Allerlei :* petits légumes de printemps aux morilles et autres champignons. *Meissner Fummel :* un gâteau délicat et friable. *Thüringen Topfbraten :* servi, entre autres, à Weimar et composé d'abats cuits puis étuvés avec une sauce à l'oignon. Enfin, les saucisses grillées aux fines herbes.
– **Bade-Wurtemberg :** *Salbeiküchlein.* Sauce fraîche cuite avec des jaunes montés. *Spargel :* asperges, souvent accompagnées de jambon de Forêt-Noire ou alors servies dans des *Pfannkuchen* (sorte de crêpes locales). *Gugelhopf* et *Bäckeoffe :* les mêmes qu'en Alsace. *Spätzle :* pâtes faites maison. *Maultaschen :* sorte de raviolis. Sans oublier d'excellents plats de gibier (*Wild*).
– **Franconie :** *Gwerch.* Salade de tête de bœuf avec saucisse de Nuremberg et emmenthal. *Hechtenkraut :* choucroute de brochet. *Coburger Rostbratwurst :* rôti grillé avec des aiguilles de sapin. *Bauchstecherle :* nouilles de pommes de terre.
– **Bavière :** *Bifflamot.* Bœuf à la mode façon Munich. *Kartoffelknödel :* *Knödel* aux pommes de terre. Le *Knödel* est une boule de mie de pain farcie cuite au bouillon. *Preßsack :* boudins blancs et noirs. *Schlachtplatte :* assiette de saucisses de foie, boudin noir, tripes, saucisses diverses, *Knödel* au foie et choucroute.
– **Et encore :** *Nürnberger Bratwurst.* Ce sont de minuscules saucisses grillées. *Backers :* délicieuses galettes de pommes de terre. *Haxn :* jarret (de porc, dinde ou veau) généralement servi grillé. Sans oublier les pâtisseries propres à certaines villes, comme les *croissants de Bamberg !*
Voilà pour la tradition et les clichés. Cela dit, les Allemands sont de grands voyageurs et leur sol a accueilli des immigrés de toutes origines. L'offre culinaire s'est beaucoup diversifiée et les Allemands (surtout les Allemandes) ont appris à tenir compte des aspects diététiques de l'alimentation pour se trouver, l'été venu, à leur avantage sur les plages de Ténériffe ou des îles grecques. On trouvera donc de plus en plus de cartes variées et savoureuses (mais plutôt chères), plus soucieuses d'équilibre pondéral que de gavage d'estomac. Le hic, c'est que la bière, elle, s'ingurgite toujours à coup de chopines d'un demi-litre.

DROITS DE L'HOMME

À trop se focaliser sur le terrorisme islamiste radical, les autorités allemandes ont failli négliger une menace plus ancienne mais au moins aussi dangereuse. Un groupuscule néonazi intitulé le « Bureau d'action de la camaraderie sud » projetait en effet de commettre plusieurs attentats contre des cibles juives et musulmanes. Le plus spectaculaire devait avoir lieu lors de la pose de la première pierre du futur Centre de la communauté juive de Munich, le 9 novembre 2003 (jour anniversaire de la sinistre Nuit de Cristal). Le projet a échoué, mais l'arrestation de 11 membres de cette organisation et la découverte de leur « plan d'action » sur les mois à venir ont provoqué un émoi considérable en Allemagne.

Selon l'Office de protection de la Constitution (les RG allemands), il existerait en Allemagne plus de 160 « Camaraderies » de ce type, et le nombre de militants d'extrême droite « violents » serait en augmentation constante, pour s'élever aujourd'hui à plus de 10 700 individus. Sans aller jusqu'à commettre des attentats de ce type, les actes de malveillance antisémites et xénophobes (injures, graffitis, profanations de cimetières...) se multiplient et les rassemblements néo-nazis se banalisent presque. Ces phénomènes se vérifient surtout dans les Länder de l'Est, où les problèmes sociaux liés au chômage continuent de provoquer des ravages.

Mais la violence raciste n'est pas le seul apanage de jeunes néo-nazis désœuvrés et/ou imbibés. Amnesty dénonce en effet également les abus des forces de l'ordre à l'encontre de détenus étrangers (rapport annuel 2003).

D'autre part, les autorités allemandes se sont engagées dans un processus de plus en plus restrictif en matière d'immigration. Une série d'accords bilatéraux signés en 2001 prévoyait ainsi la reconduite de près de 50 000 personnes originaires de l'ex-Yougoslavie. Sans atteindre ces chiffres, plusieurs Tchétchènes ont été renvoyés à Moscou en 2002, alors qu'ils risquaient d'y être soumis à des mauvais traitements et un certain nombre d'entre eux sont aujourd'hui sous le coup de procédures d'expulsion.

La récente loi adoptée au Bundestag en mars 2002 a en outre encore durci les conditions d'entrée et de séjour dans le pays. Cette loi instaure une politique de « quotas » à double tranchant : le nombre de travailleurs qualifiés (détenteurs de la « Green Card ») autorisés à s'installer est certes important, mais les réfugiés plus « traditionnels » doivent accomplir des démarches qui ressemblent de plus en plus à une « opération Kafka » où les procédures diffèrent même suivant les Länder (cf. l'article de Wladimir Kaminer, écrivain d'origine russe *in Die Zeit,* juin 2003).

Enfin, le Bundestag a légalisé, en décembre 2001, l'exercice de la prostitution. Les prostituées qui ont la nationalité allemande peuvent désormais passer des contrats de travail, et prétendre ainsi aux prestations sociales et à la retraite. Les Eros Center se multiplient donc, mais la situation précaire des prostituées « irrégulières », majoritairement originaires de l'Est n'a cessé, depuis, de se dégrader.

Pour en savoir plus, n'hésitez pas à contacter :

■ *Fédération internationale des Droits de l'homme :* 17, passage de la Main-d'Or, 75011 Paris. ☎ 01-43-55-25-18. Fax : 01-43-55-18-80. • www.fidh.org • fidh@fidh.org • Ⓜ Ledru-Rollin.

■ *Amnesty International (section française) :* 76, bd de la Villette, 75940 Paris Cedex 19. ☎ 01-53-38-65-65. Fax : 01-53-38-55-00. • www.amnesty.asso.fr • info@amnesty.asso.fr • Ⓜ Belleville ou Colonel-Fabien.

N'oublions pas qu'en France, les organisations de défense des Droits de l'homme continuent de se battre contre les discriminations, le racisme et en faveur de l'intégration des plus démunis.

ÉCONOMIE

Au sortir de la Seconde Guerre mondiale, malgré la défaite, l'Allemagne fait un bond économique remarquable, sa production industrielle s'emballe, les salaires augmentent, et bien vite le niveau de vie allemand devient l'un des plus élevés du globe. En 1989, la RFA tient la quatrième place parmi les plus grandes puissances économiques. Le dynamisme de son industrie et la stabilité du Deutsche Mark (soutenue par la *Bundesbank*) sont les deux piliers de cette réussite.

L'industrie fait vivre près d'un Allemand sur deux, et installe le pays aux avant-postes de l'économie mondiale : premier producteur de construction mécanique, troisième dans le secteur automobile... La chimie est également l'un des fleurons de l'économie puisque les deuxième, troisième et quatrième places mondiales sont détenues par des groupes chimiques d'outre-Rhin.

Peu à peu, le produit allemand s'associe aux labels de qualité et de fiabilité. On achète allemand parce que c'est du solide ! Les exportations marchent bien, tellement bien que l'Allemagne devient premier exportateur mondial devant le Japon !

À la fin des années 1990, pourtant, il faut se rendre à l'évidence : l'annexion à la hussarde de l'ex-RDA n'en finit pas de peser sur l'économie. La compétitivité s'essouffle, les entreprises licencient, le chômage grimpe. Une spirale bien connue ailleurs... En 2001, l'Allemagne entre officiellement en récession, avec plus de 4 millions de chômeurs, soit 10 % de la population active. Et, en 2002, tout en transférant leur capitale dans un Berlin réunifié, les Allemands font le sacrifice du symbole de leur réussite : le Deutsche Mark cède sa place à l'euro, alors que la croissance fait du sur-place avec 0,2 % de progression.

En 2003, baisses d'impôts massives, projets multiples de réforme d'un État-providence hérité de la fin du XIXe siècle : l'Allemagne semble décidée à redonner du souffle à une économie plongée dans la léthargie depuis plusieurs années. Le moteur des réformes se met lentement en marche. La fin du marasme est annoncée pour bientôt.

Après de longues hésitations, la première économie de la zone euro paraît avoir pris la mesure de ses difficultés. Dans un pays régulièrement vilipendé pour sa pression fiscale et conscient du danger pour l'activité économique, le gouvernement (social-démocrate !) procède à un changement de cap budgétaire important : priorité désormais à la relance, avec une accélération en 2004 d'un programme de baisses d'impôts. En 2002, le déficit public allemand avait grimpé à 3,6 % du PIB et l'Allemagne était passée (tout comme la France) sous les fourches caudines du Pacte de stabilité européen sur les déficits publics.

Le gouvernement de Gerhard Schröder s'est fixé en 2004 un taux de croissance de 2 % pour ramener son déficit public sous la limite de 3 % du PIB, norme requise par les instances de Bruxelles.

FÊTES ET JOURS FÉRIÉS

Les *magasins, musées, établissements publics* sont fermés les jours suivants (mais renseignez-vous avant pour les musées, car il y a beaucoup d'exceptions) : 1er janvier, Épiphanie (dans le Bade-Wurtemberg, en Bavière et en Saxe-Anhalt), Carnaval (dans le Bade-Wurtemberg, en Bavière du Sud, en Rhénanie-Palatinat et Rhénanie-Westphalie), Vendredi saint, dimanche et lundi de Pâques, 1er mai, Ascension, dimanche et lundi de Pentecôte, Fête-Dieu, Assomption (dans les régions de tradition catholique), *Fronleichnam* (le 2e jeudi suivant la Pentecôte), fête de la Réforme (31 octobre), jour de Pénitence et de Prière à la mi-novembre (en Saxe), Toussaint (régions catholiques) et 25 et 26 décembre. Qui a dit que les Allemands étaient des fous du travail ?

– **Fête nationale :** le 3 octobre, date de la réunification. Tout est fermé ce jour-là.

- **Oktoberfest :** grande fête de la Bière, de la mi-septembre au premier dimanche d'octobre (voir le chapitre « Munich »).
- **Frühlingsfest** *(fête du Printemps)* **:** manifestation la plus gaie et la plus importante de l'ex-RDA. A lieu le 1er mai de chaque année.
- **Weihnachtsmärkte** *(marchés de Noël)* **:** dans de nombreuses villes, durant tout le mois de décembre : artisanat, vin chaud à la cannelle, saucisses à profusion, pains d'épice...
- **Carnavals rhénans et alémaniques :** en février, à Düsseldorf, Cologne, Bonn, Mayence.
- **Le Rhin en flammes :** entre mai et septembre, les rives et coteaux du Rhin romantique, Bonn et Mayence s'embrasent, sous les lumières des bateaux illuminés.

HÉBERGEMENT

Voilà le problème principal, aussi bien à l'Est qu'à l'Ouest ! Nous insistons : RÉSERVER chambres d'hôtel, AJ et, si possible campings, LE PLUS TÔT POSSIBLE avant de partir. Nous indiquons un maximum d'adresses, car il est plus prudent de réserver par écrit ou par e-mail.

À noter qu'en règle générale, se loger à l'Est coûte au moins aussi cher qu'à l'Ouest. Il vaut mieux trouver un hébergement aux environs des grandes villes, surtout si l'on a une voiture. Cela dit, en été, les Allemands partent massivement en vacances à l'étranger. On trouve donc de la place dans les grandes villes. Passez par les offices du tourisme qui font généralement très bien leur boulot.

Chez l'habitant

Une solution qui en sauvera plus d'un. D'abord, c'est trois à six fois moins cher qu'un hôtel, et surtout on en trouve partout, aussi bien en ville qu'à la campagne où la formule est assez répandue. Guetter les pancartes « Zimmer frei » sur les routes ou demander aux offices du tourisme locaux les adresses des habitants prêts à accueillir les touristes. Dans les campagnes, il faut compter environ entre 25 et 30 € pour deux personnes pour une chambre avec petit déj'. Celui-ci (généralement compris dans le prix) est souvent copieux. Dans les villes, ce sera un peu plus cher.
– *Sites internet en allemand :* • www.homecompany.de • et • www.bed-and-breakfast.de •

Auberges de jeunesse

En Allemagne, les AJ (plus de 640) existent sous deux formes : la *Jugendherberge* et la *Jugendgästehaus*. La seconde est un peu plus chère que la première ; les deux exigent la carte des AJ et pratiquent le couvre-feu (généralement à 23 h ou minuit). Hors saison, elles sont essentiellement utilisées par les groupes scolaires. Leurs règlements varient parfois d'une région à l'autre ; renseignez-vous avant de partir. *Attention :* les auberges de jeunesse sont interdites aux plus de 26 ans en Bavière, alors qu'on n'observe aucune restriction de ce genre dans le reste du pays. À l'inverse, et particulièrement dans le Nord de l'Allemagne, elles sont assidûment fréquentées par les seniors. Les AJ allemandes ne sont pas toutes mixtes (ne rêvons pas !), mais certaines proposent des chambres « familiales » (à petits lits). Le petit dej' est généralement inclus dans le prix de la nuit. Il est rare qu'on puisse y faire sa cuisine, mais la plupart servent des repas chauds (à heures fixes, généralement tôt par rapport aux habitudes françaises !) bon marché. On y trouve presque toujours de nombreuses infos pour les routards (horaires de trains et bus, excursions, visites...) et toutes sortes d'activités sportives. Mais, dans la plupart, les « corvées » (du genre : donner un coup

de balai) sont obligatoires, comme en Grande-Bretagne ! À noter que quasi toutes les AJ allemandes sont fermées quelques jours autour de Noël et du Jour de l'An. Bien se renseigner au coup par coup.
- *Sites internet :* • www.djh.de •

On dénombre également une trentaine d'*hostels* indépendants, proches des *backpackers* anglo-saxonnes. Situation centrale, pas de carte de membre obligatoire, pas de limite d'âge, service 24 h/24, tous les jours. Plus de lits disponibles aussi que dans les AJ officielles, plus de services, etc. On y trouve une ambiance moins rigide mais parfois aussi un confort et un entretien plus aléatoires.
- *Sites internet* pour plus d'infos : • www.backpackernetwork.de • et • www.european-hostels.de •

À l'Est, les avantages issus du « socialisme démocratique » sont indéniables. Il n'est pas rare de retrouver des châteaux (Dresde, Hohnstein...) ou de magnifiques propriétés transformées en AJ, où il est, là encore, impératif de réserver. Mais, pas de favoritisme, on trouve à l'Ouest des AJ tout aussi étonnantes. La carte y est également obligatoire. Se la procurer en France (se reporter à la rubrique « Avant le départ »).

Campings

Terrains souvent bien situés, en bordure de lac ou de forêt, voire les deux. Bien équipés également. Inconvénient : parfois loin des villes intéressantes (surtout à l'Est). Se procurer la carte des campings d'Allemagne (il y en a environ 2 200) dans les centres d'informations des grandes villes ou à l'Office national allemand du tourisme à Paris (voir « Avant le départ »). Sinon, beaucoup de cartes d'État ou régionales les mentionnent. Bien que certains terrains soient assez vastes pour espérer y trouver une place sans réserver (certains alignent plus de 1 000 emplacements !), il est plus prudent de téléphoner avant de s'y rendre. Pour avoir un ordre d'idée, les tarifs varient de 3 à 5 € par personne et par nuit et autour de 5 € par emplacement.

Attention douches, eau chaude, électricité et PQ parfois payants ! La *Fédération allemande du camping* (DDC) et l'*Automobile Club allemand* (ADAC) peuvent vous renseigner sur le camping-caravaning en Allemagne. Le guide camping de l'ADAC est en vente notamment à la librairie *L'Astrolabe,* 46, rue de Provence, 75009 Paris. Ⓜ Chaussée-d'Antin.
- *Sites internet :* • www.camping-club.de • et • www.adac.de •

Vacances à la ferme

Envie d'un séjour à la campagne dans une vraie ferme, avec la bonne odeur du foin et les doux effluves du lait tout frais sorti du pis de la vache ? Essayez le tourisme rural, c'est économique et, à défaut d'avoir le sourire de la fermière, vous aurez la garantie d'une tranquillité absolue loin de la trépidation des grandes villes.

Le guide des fermes sélectionnées est édité en allemand par **DLG-Verlag** (• www.dlg-verlag.de •). Il propose un grand choix de location d'appartements et de chambres avec petit déjeuner. Disponible en France par correspondance au prix de 16 € en appelant : ☎ 01-42-23-77-17. • www.allemagne-service.com •
- *Sites internet en allemand :* • www.landtourismus.de • et • www.landurlaub.de •

Hôtels

L'hôtellerie allemande est assez chère, et parfois insuffisante au regard de la demande. Repérez les adresses qui vous tentent dans les pages suivantes

et écrivez au moins 2 mois à l'avance, et même jusqu'à 6 mois en saison. Pour éviter toute erreur de parcours dans les Länder de l'Est, vous pouvez passer par une agence. C'est pratique, mais bien sûr plus cher, d'autant qu'elles travaillent avec des hôtels de chaînes. Vastes, chers et modernes, ils sont restés longtemps réservés aux étrangers. Les chaînes du groupe *Accor* sont bien représentées à l'Est. Force est de reconnaître qu'il s'agit souvent du meilleur rapport qualité-prix malgré leur standardisation. À noter : les chambres doubles *(Doppelzimmer)* ont presque toujours 2 lits jumeaux ; le lit double est une denrée rare en Allemagne ! Attention, pas de confusion ; dans les brochures et sur les sites internet, les prix sont souvent indiqués par nuit et *par personne.* Bien faire préciser le prix à la réservation.
À noter également : l'intéressante initiative de l'Office national allemand du tourisme qui propose la brochure ***L'Allemagne à prix malins,*** avec des références d'hôtels et de pensions où l'on parle le français. Prix à partir de 18 € et jusqu'à 40 € par personne. La liste est disponible sur le site de l'Office national allemand du tourisme.

HISTOIRE

Au début, les Germains ne faisaient pas d'étincelles… Ils ne savaient pas encore qu'ils étaient germains et batifolaient dans la steppe kazakhe avec leurs cousins indo-européens. Vers 2000-1500 av. J.-C., bougeotte générale. Les Hellènes vont en Grèce, les Italiotes en Italie, puis les Celtes font un chahut de tous les diables de l'Anatolie jusqu'au Portugal. Entre autres, ils occupent le Sud de l'Allemagne (oui, il y a du sang gaulois, là-bas) et laissent le Nord à des cousins de la froide Scandinavie : ce sont les Germains, arrivés entre-temps. D'abord discrets, ces gaillards vont faire parler d'eux vers 105 av. J.-C., et en mal : chassés du Danemark par un refroidissement climatique, Cimbres, Teutons et Ambrons partent dévaster la Gaule. Le Romain Marius raccompagne ces clandestins aux frontières. Mais le pli est pris. Quarante ans plus tard, César doit recommencer avec les Suèves, les Usipètes et les Tenctères. Tous des Germains… Qui sont-ils, au fait, ces Barbares qui, loin de tout, traînent une existence itinérante sous des cieux toujours plombés ? *Germani,* en latin, c'est comme *Sueboz* (les Souabes) : « ceux du même sang ». Un sang plutôt robuste, puisque leurs territoires s'étendent maintenant du Rhin à la mer Noire.
Ils habitent un empire sans villes, d'orge et d'avoine, de seigle et de froment, de haricots et de navets. Ils vendent l'ambre et les peaux de la Baltique pour s'offrir des articles de luxe. Mœurs strictes, hospitalité proverbiale, fidélité à toute épreuve (comme au Japon, on se suicide quand le chef meurt au combat). Les hommes libres prennent leurs décisions en conseil. Ils adorent Wodhanaz le Borgne (Wotan-Odin), le dieu-roi nécromant à qui les ennemis sont sacrifiés par pendaison ; Thonar le Boiteux (Donar-Thor), le tonnerre, Hercule boiteux à barbe rousse armé d'un marteau ; Teiwaz le Manchot (Tyr) et Fro l'Incestueux, qui donnent la fécondité. Tous ces éclopés divins sont promis au « crépuscule des dieux »… Pas très optimistes, les Germains ! Cette mythologie expliquerait-elle la « part obscure » de l'âme allemande ?

Des guerriers en vêtements collants

Les Romains, dommage pour eux, ignorent tout ça quand ils entreprennent la conquête de la Germanie. Auguste en a confié la pacification à un certain Varus. Le pauvre ! Des tribus conduites par un Germain ex-officier romain, Arminius-Herrmann, le surprennent près de Detmold, dans la forêt de Teutoburg. De ses trois légions on ne retrouvera que des crânes cloués aux arbres. Herrmann deviendra le premier héros national allemand. Passablement choqués, les Romains campent sur la frontière Rhin-Danube. C'est là qu'ils construisent leur ligne Maginot, le *Limes*, et des camps : Colonia Agrippina (Cologne), Augusta Treverorum (Trèves), Mogontiacum (Mayence), Castra Regina (Ratisbonne), Augusta Vindelicum (Augsbourg), Confluentes (Coblence) ou Vindobona (Vienne)... Ça contiendra un moment la poussée des Saxons (Bas-Rhin), des Marcomans (Haut-Rhin), des Suèves (Tyrol), Hérules et Goths (Orient). Alléchés par les récits des voyageurs, ces barbus blonds ont très envie de croquer des villes. Il faut en payer certains, afin de protéger l'Empire contre les autres. Attaques, retraites, razzias, expéditions punitives... Durant trois siècles, c'est la même routine. Mais voilà qu'en 375 la chaudière explose. Poussés par les Huns, presque tous les peuples germains sont en marche. Les plus civilisés, c'est-à-dire les Goths, en tête. Dans Rome qu'ils assiègent, on découvre avec effroi ces guerriers en vêtements collants, dont « la large chevelure rousse descend jusqu'au front tandis que la nuque reste à découvert ». Rome prise, les Germains s'éparpillent en Gaule, en Espagne et jusqu'en Afrique du Nord, reviennent piller Rome... Par la conquête, les voici dépositaires de l'Empire romain : quand les Huns arrivent, ils se joignent au reste des Romains pour battre Attila. Et bientôt, tout le monde s'installe. En Allemagne même, les Thuringen prennent la Thuringe, les Sueboz le pays souabe, les Marcomans la Bavière, les Francs la Franconie, les Saxons la Saxe et les Alamans le Sud. Le puzzle prend forme.

Qui va le rassembler ? Un peuple du Rhin, les Francs. La Gaule tombe entre leurs mains, puis, en 511, la majeure partie de l'Allemagne. Sous leur férule, des États surgissent : le Nord forme le royaume de Saxe, le Sud et l'Est l'Austrasie. En 751, une nouvelle dynastie franque, les Carolingiens, porte l'Empire à son apogée, avec de cruelles campagnes contre les Saxons qui repoussent les frontières de l'est. Barbe fleurie ou non, Charlemagne reste un Franc, il porte un nom germain (Karl der Grosse), habite en Germanie (Aix-la-Chapelle) et y est enterré (à Münster). Mais d'ailleurs, n'est-ce pas toute l'Europe qui se germanise ? Au IXe siècle, huit « Français » sur dix portent des noms germaniques...

Le premier Empire allemand

Bientôt, c'est à nouveau la dislocation. Une succession de guerres et de partages entre héritiers carolingiens aboutit, au Xe siècle, à la constitution de duchés nationaux. Deux ensembles pré-nationaux : la France et l'Allemagne. Quand s'éteignent les Carolingiens, les grands des « quatre nations » (Souabes, Francs, Bavarois et Saxons) se réunissent pour élire le souverain de Germanie. La couronne va à un Franconien, puis passe à des Saxons – les Othons – avant de revenir aux Franconiens. Entre-temps, Othon le Grand, le vainqueur des tribus hongroises, a recréé l'empire de Charlemagne qui, amputé de la France, devient, sous le nom de Saint Empire romain germanique, une pure entité allemande.

Quadrillée par de grands archevêchés – Mayence, mais aussi Trèves, Cologne, Brême... –, la Germanie paraît stabilisée. L'empereur est le premier souverain d'Occident – pour autant qu'il se maintienne sur le trône, car il n'est qu'un élu. Pour la puissance, il égale le pape. Et c'est là le problème. Entre Guelfes (papistes) et Gibelins (impériaux), la course à la prééminence produira cinquante ans de guerres, de dépositions et d'excommunications, d'anti-papes et d'anti-rois. Là-dessus, les Hohenstaufen souabes reprennent aux Francs le trône et ses marottes. Deux grandes figures sont à l'œuvre : Frédéric Barberousse le terrible, et son petit-fils Frédéric II, l'ami des musulmans.

Mais les Germains n'ont pas terminé leurs voyages. Entre une France puissante, une Angleterre insulaire, une Scandinavie dangereuse (les Vikings avaient détruit Hambourg), où aller, sinon en Italie du Centre et du Nord, sur laquelle l'empereur a d'ailleurs des droits – pas d'Empire romain sans Rome.

Il ne peut que s'y heurter au pape. Pendant qu'il s'y épuise, ses compatriotes du Nord colonisent l'Est. En Poméranie, en Silésie, dans le Mecklembourg, les princes réclament de bons paysans allemands pour développer le pays : le roi Ottokar de Bohême fonde ainsi plus de soixante villes allemandes dans son royaume. Cette colonisation prend un tour brutal sous l'impulsion des chevaliers teutoniques, l'un des ordres créés à Jérusalem : les chevaliers en noir et blanc se croisent contre les populations slaves. Pour les seconder, ils ont la Hanse, cette puissante ligue portuaire qui, profitant du repli maritime sur l'Atlantique (l'Orient qui avait enrichi Venise était devenu dangereux), contrôle avec ses deux cents villes tout le commerce de l'Europe du Nord. Côté culture, cette Allemagne rayonne. La cathédrale de Cologne, de pur gothique français, et les poèmes courtois des Minnesinger qui remplacent les chansons de geste...

L'« embourgeoisement » des villes allemandes

En 1250, les Hohenstaufen s'éteignent et l'empire est à l'encan. Le roi de France est candidat, mais on le juge trop puissant. Les électeurs héréditaires – trois archevêques, le roi de Bohême, le margrave de Brandebourg, le prince de Saxe et le duc de Bavière – choisissent un modeste seigneur du nom de Habsbourg dont la famille reviendra en 1458 pour occuper le trône durant près de cinq siècles. Mais les temps sont durs pour l'empereur. Il a perdu en puissance. Les princes grandissent. Les villes soignent leurs affaires : pour Nuremberg, les mines, pour Lübeck, les salines de Lüneburg. Déjà riche de fer et d'argent, l'Allemagne du Sud devient un carrefour économique dont témoigne l'essor des foires de Leipzig et de Francfort-sur-le-Main, ou l'extension européenne de la Grande Société d'Allemagne (à Ravensburg), pendant germanique de la puissante compagnie commerciale des Médicis. Au XIVe siècle, la morosité s'accentue. Rongée par les rivalités entre villes rhénanes et ports baltes, et par la jalousie envers la ville maîtresse, Lübeck, la Hanse va s'écrouler peu à peu. C'est l'époque de la peste noire, qui tourmentera le talent des artistes...

Le XVe siècle est celui de la décomposition. De petits seigneurs prétendent ne dépendre que de l'empereur, c'est-à-dire de personne. Les particularismes s'accentuent. En Bohême, les disciples de Jan Hus sont portés par la vague du « nationalisme » tchèque. Ils n'en réagissent pas moins contre la décadence spirituelle de l'Église et de la papauté. L'ardente spiritualité allemande a soif d'absolu. Elle est mûre pour le mysticisme de Luther et l'empire universel de Charles Quint.

L'avènement de Charles Quint

En juin 1519, les électeurs de la diète de Worms réunis à Francfort désignent le successeur de Maximilien Ier d'Autriche. Quatre candidats (dont François Ier et Henri VIII d'Angleterre, qui veut probablement s'offrir un pied-à-terre sur le continent) sont en lice, mais c'est Charles Ier, roi d'Espagne, qui est choisi. Ce Habsbourg, petit-fils de l'ancien empereur de surcroît, règne déjà sur l'héritage bourguignon. Mais il a surtout de solides appuis financiers (en l'occurrence, le banquier Fugger, le plus important de l'époque) qui lui permettent de s'attirer les bonnes grâces de certains électeurs... On n'a rien sans rien : cette « élection » lui coûte la bagatelle de 850 000 florins ! Pour le même tarif, il peut se permettre de changer de nom et se fait désormais appeler Charles V, dit « le Quint ».

Sa grand-mère étant la fille de Charles le Téméraire, il a bénéficié à Gand, sa ville natale, d'une solide éducation dispensée par son précepteur, Adrien d'Utrecht (qui deviendra pape), et d'un grand respect pour les ambitions de son aïeul, à savoir rebâtir et agrandir l'ancienne Lotharingie. Des ennuis avec la couronne de France sont donc à prévoir.

La maison de Valois voit d'un très mauvais œil les ambitions d'un Charles Quint disposant désormais d'une puissance jamais égalée en Europe. Mais si, en effet, François Ier n'arrête jamais de lui mettre des bâtons dans les roues, notamment en s'alliant avec Henri VIII, puis avec le sultan Süleyman (dit « le Magnifique », empereur des Turcs), c'est de l'intérieur que Charles Quint est le plus violemment contesté. La cause de cette déstabilisation ? Un « petit moine »...

Luther, moine révolutionnaire

Fils d'un mineur de Saxe qui le traita sévèrement, roué de coups par ses maîtres d'école (du vrai Zola !), Martin Luther (1483-1546) entre tôt dans les ordres, vocation qui le prend après une violente tempête dans la forêt. Il devient moine augustin à Erfurt où, l'esprit tourmenté par le doute, il est en proie tantôt à des visions paradisiaques, tantôt aux tentations du Démon !
Dès 1508, ses supérieurs se débarrassent de ce moine instable en l'envoyant enseigner à Wittenberg où, bercé par les vents de la Renaissance et de l'humanisme, le prince électeur de Saxe vient de créer une université. C'est là que tout commence, lorsque Luther apprend qu'un moine dominicain démarche dans cette région et pratique ce qu'on appelle le « trafic des indulgences », permettant à un représentant dûment accrédité de vendre le pardon de l'Église à domicile. À l'origine, le prétexte invoqué est la couverture des frais occasionnés par la reconstruction de la basilique Saint-Pierre de Rome. Cette pratique ne peut donc qu'être encouragée par le pape. Mais il devient vite de notoriété publique qu'une bonne partie des fonds collectés l'est au profit de quelques ecclésiastiques indélicats, notamment le prince archevêque de Mayence, qui règle ainsi les dettes contractées auprès des banquiers Fugger (encore eux !). Cet état de choses ne peut plus durer et une réforme (d'où le nom du vaste mouvement qui allait suivre) de l'Église catholique se doit donc d'être entreprise.
Au passage, notons que Luther sait tout de suite se servir du fantastique potentiel de cette invention alors toute nouvelle : l'imprimerie. Il en fait un usage plus que généreux tout au long de sa vie. Pour commencer, il placarde d'affiches les portes de l'église de Wittenberg pour exposer ses « 95 thèses » accusatrices. Puis il va de ville en ville haranguer les passants. Il se fait un ami du prince électeur Frédéric de Saxe (dit « le Sage »), rallié à ses idées, troublant au passage les convictions d'autres membres de la noblesse. Commence alors une série de longues controverses avec, entre autres, un envoyé du pape. Ce n'est plus seulement le dogme catholique que Luther remet en question, mais bel et bien l'autorité temporelle de l'Église tout entière, y compris celle du souverain pontife ! Léon X réagit en 1520 par une bulle condamnant tous les écrits de Luther et le menaçant d'excommunication. Luther rédige alors un communiqué dans lequel il traite le pape d'Antéchrist ! Harcelé par l'Église, Charles Quint se décide à convoquer Luther. L'empereur lui rappelle qu'il est l'héritier et le dépositaire de traditions séculaires qui ont lié à jamais la monarchie au catholicisme, et qu'il « ne peut tolérer qu'un seul petit moine vienne pervertir le peuple ». En mai 1521, la promulgation de l'édit de Worms met Luther au ban de l'Empire. Déguisé en chevalier, il se réfugie alors dans le château de la Wartburg, à Eisenach, et traduit le Nouveau Testament. Transposant le texte biblique d'une langue morte à une langue vivante, il jette un pavé définitif dans la mare fangeuse des privilèges du clergé catholique. Grâce à lui, la connaissance des textes sacrés n'est plus un privilège réservé à l'élite.

Révoltes et répressions

Volontiers frondeuses, les grandes villes sont les premières à adopter les idées du petit moine, suivies par une partie de la noblesse et de la bourgeoisie qui y voient un excellent prétexte pour mettre la main sur les biens du clergé. Puis le peuple tout entier prend parti. Si l'humanisme et les idées réformistes génèrent des penseurs comme Zwingli (Suisse), Calvin ou John Knox (Écosse), on voit aussi apparaître une foule de prédicateurs en tout genre, certains peut-être farfelus mais d'autres semeurs de troubles. Des soulèvements secouent Mulhouse, Bâle, la Bavière, Francfort et toute la Franconie, puis la Westphalie. Les princes et les seigneurs (considérablement enrichis par la confiscation des biens du clergé) s'empressent de réprimer l'agitation. Tout cela se termine, notamment en 1525 puis en 1535, dans un immense bain de sang paysan...

La Contre-Réforme

Dans la crainte de se retrouver en état d'infériorité, l'Église entreprend une vaste campagne de restauration, qui prend le nom de Contre-Réforme. Celle-ci se solde par le concile de Trente, qui siège près de 20 ans ! Tout en restant ferme sur les dogmes et les enseignements catholiques, le concile révise les points gênants soulevés par Luther. L'Église en ressort avec un peu plus d'humilité et moins d'avidité... Une des innovations suscitées par ce mouvement est la création d'un ordre animé d'un formidable esprit militant, les jésuites (soldats de la Compagnie de Jésus), ordre fondé par Ignace de Loyola.

Découragé par le manque d'unité politique et religieuse de son empire, rongé par la goutte, Charles Quint abdique en 1556, donnant l'Espagne et les Pays-Bas à son fils Philippe II et confiant l'Empire germanique à son frère Ferdinand. Puis il se retire dans un couvent en Espagne, où il meurt en 1558.

La guerre de Trente Ans (1618-1648)

Celui qui avait tant désiré instaurer une monarchie héréditaire dans une Allemagne enfin unifiée laisse derrière lui un pays encore plus profondément divisé que lors de son élection. Même au sein de la Réforme, les dissensions se sont accentuées entre luthériens et calvinistes, entraînant de nombreuses persécutions. Pendant un demi-siècle, villes libres, petits royaumes et principautés jouent au jeu dangereux des alliances avec des pays étrangers. Une histoire de succession met le feu aux poudres, plongeant bientôt la plus grande partie de l'Europe dans les guerres.

En mai 1618, le peuple de Bohême se soulève à l'annonce de la fermeture de plusieurs temples protestants. Il dépose son souverain, l'empereur Ferdinand II de Habsbourg, lui choisissant comme successeur un protestant, Frédéric V. Aidé par son cousin d'Espagne, Ferdinand reprend possession de son trône et entame une campagne de représailles qui décime la noblesse protestante de Bohême. Il rétablit le catholicisme dans ses États.

Le roi du Danemark et celui de Suède interviennent pour aider les princes protestants allemands. Puis l'Espagne, profitant des troupes envoyées pour soutenir Ferdinand, mate les Hollandais protestants qui appellent l'Angleterre à la rescousse. Pour finir, la France de Richelieu saute sur l'occasion pour contrer les Habsbourg : d'abord secrètement, en fournissant l'argent dont ont besoin les armées danoises et suédoises ; puis en soutenant ouvertement Venise et la Savoie (toutes deux catholiques) qui veulent se libérer de l'Empire, et en engageant des troupes aux côtés des princes protestants.

Les derniers sursauts du Saint-Empire romain germanique

Au fur et à mesure que la coalition protestante reprend le dessus sur Ferdinand II, la situation apparaît sous un angle nouveau : il y a décidément beaucoup d'étrangers sur le sol allemand ! La famine et les épidémies s'en mêlent : on estime à plus d'un tiers (douze à treize millions d'habitants !) les pertes subies par la population allemande pendant cette période. Dans ces conditions, il n'est pas surprenant que l'offre faite par l'empereur pour obtenir le soutien des Allemands des deux confessions contre les Suédois et les Français soit reçue avec intérêt. Pendant ce temps, Turenne se rend maître de l'Alsace et du Palatinat. À la mort de Ferdinand II, en 1637, son fils Ferdinand III hérite d'un pays à genoux au milieu de voisins hostiles... En 1644, il demande une trêve et des négociations s'engagent. Elles aboutissent en 1648 au traité de Westphalie, signé à Munster. Désormais, la souveraineté des Habsbourg se limite à l'Autriche et à la Bohême. La France reçoit une partie de la vallée du Rhin. Et surtout, ce traité modifie profondément les rapports entre l'Église et les pouvoirs temporels. Le pape Innocent X a beau le déclarer « nul, injuste et sans valeur », aucun des participants aux négociations ne lui prête attention ! Enfin, le traité de Westphalie va peser lourd sur le destin de la nouvelle Europe : la Prusse commence à prendre forme sur les ruines encore fumantes de l'empire des Germains...

L'irrésistible ascension de la Prusse

Autant l'Autriche – jusqu'à présent pierre d'angle de l'Empire – avait lié son histoire à celle des pays proches de l'Atlantique et de la Méditerranée, autant le Brandebourg – comme d'autres provinces allemandes – vivait au rythme de ses relations avec la Suède, la Pologne et la Grande Russie. Cela explique les profondes différences culturelles et sociales entre ces peuples. C'est Frédéric-Guillaume de Hohenzollern (1640-1688) qui pose les bases de la puissance prussienne. Héritier d'une province ruinée par les guerres et les soulèvements, il redresse la situation en imposant un appareil d'État inflexible, entièrement dévoué à son souverain. Il réorganise son armée et « anesthésie » par la même occasion la noblesse brandebourgeoise en distribuant des charges d'officier et des privilèges. Le peuple, lui, reste contraint au servage ; mais pour l'État et non plus pour un seigneur. Quant à la bourgeoisie, elle est libre d'évoluer... sous l'étroite surveillance de la police. Pour ce qui est de la politique extérieure, Frédéric-Guillaume pratique une diplomatie retorse où la volte-face tient un rôle majeur.
Ses successeurs consolident l'œuvre entreprise. Frédéric II le Grand (1740-1786) s'impose comme monarque incontesté parmi ses pairs. Il porte son armée à plus de 140 000 hommes et entreprend une campagne de réformes inspirée par sa correspondance avec Voltaire : il rend l'enseignement obligatoire et réorganise douanes et finances en créant une classe de hauts fonctionnaires choisis parmi la noblesse, la mettant ainsi à sa botte. Il développe aussi le commerce et, en « despote éclairé » mais sans toutefois accorder une réelle liberté à la presse, encourage la littérature. Il a une certaine idée de la justice, abolit la torture et, bien qu'athée, il prêche la tolérance religieuse. À la fin de son règne, en 1786, la Prusse en pleine expansion est devenue l'une des plus grandes puissances européennes.

Un antagonisme profond entre l'Autriche et la Prusse

Si, en tant qu'électeurs, les Hohenzollern ont encore des comptes à rendre à l'Empire, il devient évident qu'ils recherchent l'affrontement ouvert avec les Habsbourg d'Autriche. Demeurés officiellement gérants du Saint Empire romain germanique, ces derniers n'ont en effet qu'un but : faire accéder leur pays au rang de grande puissance indépendante. Le premier pas est franchi avec la défaite des Turcs près de Vienne en 1683. La menace ottomane désormais écartée, les Autrichiens peuvent reporter leur attention sur ce qui se passe à l'ouest. Le second pas est franchi au traité d'Utrecht (1713-1715) : en mettant fin à la guerre de Succession d'Espagne et en remodelant la carte de l'Europe, les accords reconnaissent la Prusse-Brandebourg comme royaume à part entière, mais n'en consacrent pas moins l'Autriche comme nouvelle « superpuissance » en donnant à son souverain Charles VI les anciens Pays-Bas espagnols (l'actuelle Belgique), une partie de la péninsule italienne et la Sardaigne.

Enfin, le dernier pas est accompli lorsque Charles VI promulgue la *Pragmatique Sanction* – destinée à régler sa succession en faveur de sa fille Marie-Thérèse –, ce qui lie pour un bon moment les destinées de la Bohême et de la Hongrie à celle de l'Autriche. Charles VI meurt en 1740, peu après l'avènement de Frédéric II. Aussitôt, ce dernier s'empresse de se joindre à la vague de contestation que soulève l'héritage de Marie-Thérèse et s'empare de la Silésie, au nom d'un ancien accord entre le Brandebourg et la Pologne. Après cinq ans d'une « guerre de récréation » à laquelle tous les pays d'Europe participent, le problème de la succession d'Autriche est enfin réglé : l'époux de Marie-Thérèse, François de Lorraine, obtient le titre d'empereur en 1745. En échange de quoi, la Silésie devient prussienne...

Un autre conflit se dessine quand la Prusse et l'Angleterre s'entendent pour éloigner des affaires allemandes la France et la Russie. L'Autriche avait déjà entrepris le rapprochement avec une France d'autant plus conciliante que le mariage de Marie-Thérèse avait mis fin au monopole des Habsbourg sur le trône impérial. La Russie les rejoint et un traité est signé. Cet accord implique l'électeur de Saxe (qui est aussi roi de Pologne) en lui promettant une partie des territoires de Frédéric II. Bien entendu, lorsque ce dernier l'apprend, sans crier gare, il attaque la Saxe, ce qui lui vaut d'être mis au ban de l'Empire.

La guerre de Sept Ans (1756-1763) manque de sonner le glas des ambitions prussiennes : malgré quelques succès, les armées de Frédéric subissent de graves défaites, que ses ennemis ne savent pas exploiter : quand l'impératrice de Russie, Élisabeth, tombe malade, entraînant le retrait de ses troupes hors du conflit, les Prussiens reprennent le dessus. Lorsque la paix est signée, début 1763, les armées prussiennes ont prouvé enfin leur valeur. Ainsi en position de force, Frédéric II récupère définitivement toutes ses possessions, y compris la Silésie, et se permet même un beau geste en rendant la Saxe à son légitime propriétaire. La Prusse entre ainsi la tête haute dans le club des grandes nations...

L'Allemagne de Napoléon

La Révolution française a peu de retentissement au sein de l'Empire. Seuls les États rhénans s'intéressent vraiment aux idées nouvelles. En revanche, les réactions sont vives chez les aristocrates, qui assurent leur solidarité envers la famille royale française. Mais les menaces restent sans effet et, malgré quelques défaites peu significatives, le peuple français parvient à contenir les armées d'une Europe liguée contre lui. Mieux, il repousse les limites de la France en s'emparant notamment de l'Alsace-Lorraine, avec la bénédiction des habitants ! Un certain Bonaparte va donner à la France ses limites actuelles...

Une fois couronné empereur des Français (déclenchant ainsi la fureur de Beethoven, qui lui vouait jusqu'alors une admiration sans bornes), l'ex-petit caporal entreprend la difficile tâche de devenir Maître du Monde... Et s'il échoue comme beaucoup avant lui, il n'en reste pas moins qu'en instaurant la Confédération du Rhin, en 1806, il sème les graines de la future Allemagne. Il s'offre même le luxe de proposer au roi de Prusse, alors son allié, le titre d'empereur d'Allemagne du Nord ! Le 6 août 1806, François II d'Autriche dépose la couronne impériale : le Saint Empire romain germanique a vécu.

La Prusse a bien un dernier sursaut de révolte devant l'« Usurpateur », mais le formidable rouleau compresseur que Napoléon a mis en branle lui ouvre les portes de Berlin. Cela n'empêche pas la Prusse d'essayer de le flouer par tous les moyens : Napoléon exige l'épée de Frédéric II ? On lui en donne une fausse. Il veut limiter l'armée prussienne à quarante mille hommes ? Aussitôt on décrète le service militaire obligatoire et on incite les riches *Junkers* à créer leur propre milice ! Aussi, quand les survivants de la campagne de Russie reviennent sur leurs pas en 1812, ils rencontrent non pas une nation secourable mais de vrais ennemis organisés. Après les Cent-Jours et Waterloo, le congrès de Vienne de 1815 voit la Prusse et l'Autriche se disputer âprement la dépouille de l'Europe napoléonienne. La Prusse obtient la Westphalie et la Rhénanie, conforte ses positions envers la Pologne (déjà mise à mal par la Russie et la Suède) et se permet de réclamer l'Alsace et la Lorraine. Bref, toutes les guerres futures résulteront de ce partage d'influence. Sans parler du fait que les soldats français avaient transporté les acquis et les espoirs de la Révolution dans leur paquetage...

Le modèle français

Après 1815, et jusqu'en 1862 (année où Bismarck devint Premier ministre du roi de Prusse Frédéric-Guillaume IV), l'Allemagne traverse une période trouble. La disparition du Saint-Empire romain germanique la laisse en proie à ses divisions. La Ligue du Rhin, sous Napoléon, a laissé de profondes empreintes. Autour de 1820, plusieurs petits États du Sud et du Centre se dotent d'une constitution démocratique au sein de la récente Confédération germanique. Quand éclate le soulèvement révolutionnaire de mars 1848 – qui suit de peu celui de la France –, la Prusse semble perdre pied et une Assemblée nationale se forme à Francfort. Mais quand le Parlement propose une constitution au printemps 1849, Frédéric-Guillaume IV se fâche et réprime violemment dans la Saxe, le Bade et le Palatinat tout ce qui ressemble à un élan démocratique. Paradoxalement, l'Autriche prend alors systématiquement parti contre la Prusse. Une crise se dessine quand Bismarck est appelé au poste de Premier ministre : il porte le service militaire de 3 mois à 3 ans et s'impose militairement au Danemark et à l'Autriche à Sadowa en 1866. Il met fin à la Confédération germanique pour la remplacer, en 1867, par celle d'Allemagne du Nord, bien sûr sous tutelle prussienne. Mettant en œuvre son talent diplomatique, Bismarck mène une politique extérieure – dont la France fera les frais en 1870 – pour remettre en selle l'idée d'un Empire allemand. Le vieux rêve d'unité reprend corps, cette fois-ci marqué du sceau de la discipline et de la rigueur prussiennes. Mais, en 1890, brouillé avec son nouvel empereur, Guillaume II, Bismarck démissionne.

La guerre de 1914-1918 : ingrédients d'une cuisine explosive

Si Bismarck met tout en œuvre pour isoler la France, surtout après 1870, Guillaume II ruine ce projet par une politique extérieure brutale et hésitante qui finit par le discréditer aux yeux des autres puissances. Le seul pays que Guillaume II ne se mette pas à dos est l'Empire austro-hongrois (en proie à la montée des nationalismes dans les Balkans), auquel il promet aide et assistance en cas d'extension des conflits.
Le 28 juin 1914, à Sarajevo, le Serbe Gavril Princip assassine l'archiduc François-Ferdinand d'Autriche et son épouse : la Première Guerre mondiale éclate alors ; elle impliquera 25 États et leurs 1 345 millions d'habitants, c'est-à-dire plus de la moitié de la planète à l'époque !
À la lumière des documents qui furent révélés par la suite, on sait que la Russie et l'Allemagne auraient toutes deux pu éviter le déclenchement de la guerre si elles avaient vraiment voulu assurer un rôle de médiation entre la Serbie et l'Autriche. Il apparaît maintenant que Guillaume II souhaitait ce conflit et l'aurait même probablement provoqué si l'affaire serbe n'avait pas éclaté !

L'Allemagne s'était considérablement enrichie grâce aux 25 milliards de francs-or versés par la France à titre de « dédommagement » après sa défaite en 1870. Un tel capital n'engendra pas seulement un formidable « boom » industriel. L'exode rural qui suivit prit des dimensions insoupçonnées, l'industrie allemande préférant embaucher des étrangers payés deux à trois fois moins. Ils furent plus de 500 000 Italiens, Croates et Polonais, sans parler des 800 000 Slaves qui venaient régulièrement faire les travaux agricoles pénibles dont les paysans allemands ne voulaient plus s'occuper. Entre 1870 et 1914, la population passa de 40 à 67 millions d'habitants! Ainsi, les problèmes sociaux et un taux de chômage galopant firent germer dans certains esprits allemands la notion très prussienne de « pangermanisme ». Un concept dont le principe était clair : la domination mondiale par l'efficacité, la discipline, et le mépris de l'individu face aux intérêts de la Nation! Au début, cette volonté ne dépassait pas le cadre de l'industrie et du commerce, mais la tentation d'user de la force pour s'imposer détermina la politique extérieure de Guillaume II et les orientations de l'industrie elle-même : la priorité fut donnée à l'armement. Le vide diplomatique qui se créa alors autour de la nouvelle Allemagne ne fit que renforcer le sentiment que tout le monde se liguait contre elle. Sentiment que Guillaume exploita afin de justifier la guerre aux yeux de son peuple...

Le retour de manivelle

Bon, les taxis de la Marne, Verdun, cela appartient déjà à la légende! Précisons simplement qu'en 1918, et malgré ses 2 millions de victimes (!), la France a effacé l'humiliation de 1870. Défaite, l'Allemagne se voit imposer un traité (signé à Versailles en juin 1919) qu'Hitler ne tardera pas à surnommer « Diktat ». Le territoire national est réduit de 15 %, au profit notamment de la France (Alsace-Lorraine) et de la Pologne (le fameux corridor de Dantzig, qui ne sera pas étranger au déclenchement de la Seconde Guerre mondiale). Partiellement occupée, désarmée, contrainte de payer des réparations (sur le papier du moins, car la réalité fut tout autre), l'Allemagne est mise au ban des nations.

L'éphémère république de Weimar

La chute du régime impérial laisse la place aux libéraux. Le socialiste Ebert est nommé chancelier. Force politique dominante, le SPD paraît en même temps le meilleur rempart contre la révolution bolchevique qui gronde. Les spartakistes, autour de Karl Liebknecht et Rosa Luxemburg, ont en effet fondé en janvier 1919 le KPD (parti communiste) et préparent une insurrection, qui éclate à Berlin. Le Grand Soir, brisé par les chars, se transforme vite en « semaine sanglante ».
Après l'éviction de cette aile gauche révolutionnaire, les forces de progrès modérées remportent haut la main les élections (où les femmes ont voté, notons-le!) et forment la coalition de Weimar.
Mais, économiquement, le pays est laminé. L'État s'est considérablement endetté pour financer l'effort de guerre et la reconstruction exige de nouvelles dépenses. En 1923, l'inflation s'engage sur une pente vertigineuse : les timbres-poste valent des milliards de marks, les ouvriers touchent leur paie deux fois par jour. Mais c'est sur le plan social que la guerre laisse le plus de séquelles. La défaite, ce « coup de poignard dans le dos », laisse des militaires et des anciens combattants frustrés, obsédés par l'idée d'une revanche. Weimar, régime né de cette défaite et démocratie parlementaire plutôt molle, cristallise les haines de tous les déçus et autres nationalistes. Or, cette démocratie, avec son gigantesque marasme économique, est imposée par les alliés. Ceci est fondamental car Hitler réussira à convaincre que la démocratie est le mal absolu. On connaît les conséquences qui s'ensuivent.

Et, déjà, les tendances extrêmes s'affirment. L'extrême droite, dont le bastion se trouve en Bavière, franchit une étape décisive avec le putsch manqué de Munich (voir le chapitre « Munich »).

La crise de 1929, fossoyeur de la République

Le « jeudi noir » de Wall Street frappe de plein fouet l'Allemagne. Brutalement, la source de capitaux américains se tarit, plongeant le pays dans la crise. Les classes moyennes, les plus touchées, voient leur planche de salut dans un petit caporal autrichien : Adolf Hitler. Le NSDAP (parti national socialiste des travailleurs allemands) dispose depuis les années 1920 d'un programme (pangermanisme, racisme), d'une force paramilitaire (les Sections d'Assaut ou SA), d'organismes satellites divers (Hitler-Jugend – Jeunesses hitlériennes –, entre autres) et d'un chef charismatique. Il lui manque l'appui des masses, que la crise lui apporte. Face à un paysage politique éclaté, à une social-démocratie déconsidérée, Hitler mène le jeu, et l'effet boule de neige fonctionne à merveille. Les premiers succès électoraux du NSDAP lui rallient les classes dirigeantes.

Si Hindenburg est réélu en 1932, Hitler conquiert une honorable place de second avec plus de 11 millions de voix. Et, le 30 janvier 1933, le vieux général président appelle Hitler à la chancellerie. C'est ainsi en toute légalité que le futur « Führer » arrive au pouvoir. La dictature n'est pas loin. L'incendie du Reichstag, perpétré par les SA mais imputé aux communistes, lui fournit le prétexte pour dissoudre le KPD.

Puis tout se précipite en moins d'un an : suppression des libertés individuelles, interdiction de tous les partis et syndicats. Pour satisfaire la Reichswehr, dont il a besoin pour affirmer son pouvoir, le chef du NSDAP (officiellement parti unique) n'hésite pas à faire massacrer les SA par les SS lors de la « nuit des Longs Couteaux » (juin 1934).

À la mort d'Hindenburg, quelques mois plus tard, Hitler devient le maître absolu. La dictature est en place.

L'idéologie nazie

Culte du Führer, exaltation de la « race aryenne » : pour diffuser sa propagande obscène, Hitler crée la « Chambre culturelle du Reich », dont Goebbels est le grand prêtre. La fanatisation des masses se fait au moyen de la censure, de l'endoctrinement systématique, des grandes parades de Nuremberg et Berlin. Ils inventent les premiers grands shows politiques.

Les opposants sont muselés par la manière forte. À la tête de la Gestapo et des SS, Himmler fait régner la terreur. Dès 1933, les premiers camps de concentration sont ouverts. Ils accueilleront pêle-mêle militants de gauche, « asociaux », condamnés de droit commun, homosexuels, tsiganes et juifs. Le racisme nazi repose sur une théorie pseudo-scientifique de la hiérarchie des peuples qui place l'aryen au pinacle. Tout en bas de l'échelle : le Slave, le Noir et, surtout, le juif. La discrimination à l'égard de ce dernier prend d'abord la forme du boycott des magasins. En 1935, les lois de Nuremberg lui interdisent la plupart des professions (commerce, banque, édition, etc.), le privent de la citoyenneté allemande, lui imposent le port de l'étoile jaune. À partir de 1938, la persécution devient systématique. Lors de la nuit de Cristal, les magasins et appartements des juifs sont pillés. Beaucoup d'entre eux doivent quitter l'Allemagne mais, pour ceux qui restent, les SS ne tardent pas à réclamer la « solution finale ». Le sachant, beaucoup d'hommes politiques s'abstiendront pourtant d'intervenir, tout comme les dirigeants de la Croix-Rouge.

Vers la guerre

Le nazisme ne sort l'Allemagne de la crise de 1929 que pour mieux la précipiter dans la guerre. L'économie redémarre grâce à la politique de réarmement et le pays devient la deuxième puissance industrielle du monde.
Parallèlement, Hitler applique à la lettre le programme inscrit dans *Mein Kampf* (eh oui, tout était écrit ; il suffisait de lire !) : le Reich se réarme, clandestinement d'abord, puis Hitler annonce le rétablissement du service militaire pour enfin remilitariser la Rhénanie. Quelques mois plus tard, la guerre d'Espagne lui offre l'occasion d'une répétition générale. Il renforce ses alliances en signant un pacte avec Mussolini, un autre avec le Japon. En mars 1938, c'est l'annexion de l'Autriche *(Anschluss)*. En septembre 1938, ce sont les accords de Munich qui abandonnent au Reich les Sudètes. Mollement défendue par ses alliés, la Tchécoslovaquie ne résiste pas aux coups de boutoir des nazis. Le pays est démembré, la puissance allemande accentuée. Les démocraties occidentales ouvrent – enfin – les yeux : Hitler n'est pas un gentleman !
Lorsque le Reich étend ses serres d'acier sur la Pologne, Britanniques et Français se réveillent et déclarent la guerre à l'Allemagne.

La Seconde Guerre mondiale

Grâce au pacte signé avec Staline en 1939, Hitler est tranquille sur son front oriental. Il commence donc par régler son sort à la France en passant encore une fois par la Belgique. L'offensive est foudroyante (*Blitzkrieg :* guerre éclair), terrassant l'adversaire en quelques semaines. Armistice, occupation... on ne va pas vous faire un dessin. Bref, jusqu'en 1941, les nazis ont le vent en poupe. Mais, bientôt, Hitler va trouver à qui parler : l'URSS (après la rupture du pacte) et les États-Unis joignent leurs forces pour anéantir le monstre. Bataille de Stalingrad, débarquement allié en Normandie, poussée soviétique à l'est : pris en tenailles, le pays est ensuite laminé par les bombardements alliés. Le 30 avril 1945, le rêve du « grand Berlin » s'achève, enseveli sous les décombres (on voit de saisissantes images de la ville en ruine dans le film de Rossellini, *Allemagne Année Zéro*), et l'Allemagne accepte enfin de capituler. Jusque dans sa chute, Hitler est resté théâtral : l'ultime émission de la radio nazie s'achève sur la diffusion du *Crépuscule des dieux* de Wagner. Le dictateur se suicide dans son bunker ; Goebbels l'imite, avec sa femme et ses sept enfants.

La Shoah

En 1945, l'Europe compte ses morts et découvre l'horreur. L'ouverture des camps d'extermination nazis ébranle les consciences. 5 à 10 millions de victimes ? On ne pourra jamais fixer précisément l'ampleur de cet anéantissement (*Shoah,* en hébreu), le plus grand crime contre l'humanité jamais perpétré.
Dès 1942, l'application de la « solution finale » à l'égard des juifs a transformé les camps en véritables villes-mouroirs (10 000 habitants, pour certains). La perversité des tortures dépasse l'entendement. Pendaisons publiques, « laboratoires d'expériences médicales », chambres à gaz – et le typhus, qui décima ceux que la bête immonde n'avait pas encore exterminés (à ce sujet, deux films mémoire, à voir et à revoir : *Nuit et Brouillard,* d'Alain Resnais, et *Shoah,* de Claude Lanzmann). Le procès de Nuremberg tentera de faire le procès du nazisme (voir le chapitre « Nuremberg »). L'Allemagne, débarrassée de la gangrène qui la rongeait, réapprend la voie de la démocratie.

HISTOIRE

L'axe berlinois

Après l'effondrement du nazisme, Russes et Alliés, réunis à Potsdam (mais ils avaient tout préparé à Yalta!) se partagent Berlin, puis l'Allemagne, puis l'Europe, puis la planète en zones d'influence. Proclamée le 23 mai 1949, la république fédérale d'Allemagne (de l'Ouest) redevient – comme son nom l'indique – un amalgame de petits États dans l'État dont l'avenir est très vite associé à celui de l'Europe, tant dans l'esprit d'opposer un troisième bloc face à l'URSS et aux États-Unis que dans celui d'essayer de rendre impossible une troisième guerre mondiale. Traumatisée par un passé récent épouvantable, cette Allemagne se consacre entièrement à sa reconstruction économique tout en se rachetant une conduite : on parle de « miracle économique allemand ». À l'Est – l'ancienne Prusse des Hohenzollern –, les choses évoluent différemment.

Le jeune État de RDA

La République démocratique allemande commence à balbutier le 8 mai 1945, après la capitulation du IIIe Reich de sinistre mémoire. Tout d'abord zone soviétique d'occupation, la partie orientale de l'Allemagne vaincue se lance dans la « dénazification », puis dans la nationalisation de l'industrie et les réformes agraires. Il faut reconstruire un pays en ruine : les antagonismes politiques viendront plus tard.
Tandis qu'à l'ouest du pays s'organise une république fédérale sous l'égide des États-Unis, l'Est devient officiellement RDA le 7 octobre 1949. Le président du gouvernement, Wilhelm Pieck, est également responsable du SED, parti socialiste unifié (entendez communiste). La « période d'édification des bases du socialisme » commence avec le premier plan quinquennal au début des années 1950. À la mort de Staline, une augmentation intensive de la production (non rémunérée) aboutit aux émeutes de juin 1953, stoppées par l'intervention des chars soviétiques à Berlin.
Les deux Allemagnes se retrouvent dans des blocs militaires rivaux. En 1958, Khrouchtchev remet en question le statut de Berlin pour amener les Occidentaux à reconnaître la RDA. La guerre froide s'accentue tandis que le plan septennal échoue, provoquant une vague d'exode chez les paysans. Ils sont suivis par des milliers de personnes passant à l'Ouest chaque semaine à cause des difficultés de ravitaillement.
Le 13 août 1961, à 2 h du matin, policiers, militaires et milice ouvrière édifient une ligne de barbelés autour de Berlin-Ouest. Elle est ensuite remplacée par un mur. Le gouvernement de RDA est couvert par le pacte de Varsovie et peut se pencher sur son nouveau système économique pour résoudre la crise. Les résultats vont enfin se faire sentir, plaçant le pays au cinquième rang des puissances industrielles d'Europe dans les années 1970. Mais bon, il n'y a pas que l'industrie dans la vie : le peuple regarde la télé de l'Ouest et rêve de la fée Consommation, dansant avec un Père Noël sans tunique rouge.

« Ils ont cassé le Mur! »

Une fois Gorbatchev à la tête de la destinée du bloc soviétique, en 1985, les événements se précipitent, exténuant les journalistes du monde entier.
– *12 juin 1987 :* ça commence en musique. Bowie joue à Berlin-Ouest. 3 000 gosses de l'Est braillent : « Gorby! Le Mur doit tomber! »
– *21 juin 1988 :* on remet ça avec Michael Jackson. 4 000 gamins au pied du Mur. Les Vopos s'excitent.
– *2 mai 1989 :* la Hongrie montre l'exemple. Plus de frontière austro-hongroise!
– *25 septembre :* Leipzig se réveille en premier. 8 000 personnes dans les rues pour réclamer la législation du Nouveau Forum d'opposition.

– **6 octobre :** Gorby vient fêter les 40 ans de la RDA. Drôle d'anniversaire : les manifs tournent mal.
– **16 octobre :** boule de neige à Leipzig. Il sont 150 000 dans la rue !
– **18 octobre :** Honecker démissionne. Egon Krenz le remplace à la tête du SED.
– **23 octobre :** Leipzig enfonce le clou. 300 000 manifestants !
– **31 octobre :** paniqué, Krenz s'envole vers Gorby. L'entretien moscovite entraîne des démissions en cascade au sein du pouvoir est-allemand.
– **4 novembre :** deux événements d'un coup. Un habitant sur trois dans les rues de Berlin-Est. Est-ce tout ce beau monde qui incite le gouvernement à autoriser les habitants à passer enfin à l'Ouest ?
– **9 novembre :** le Mur est pris d'assaut ! Chacun y va de son petit coup de pioche. Les policiers font mieux : ils viennent avec des bulldozers ! Les copains de l'Ouest apportent le champagne. Le monde entier est devant sa télé. On a tous le tournis : le Conseil des ministres aura pris tout son temps, mais les frontières sont enfin ouvertes !
– Dans la foulée, les flics de la terrible *Stasi* rendent leurs armes, les partis d'opposition peuvent faire table commune avec le gouvernement. Hans Modrow remplace Krenz, déconnecté. La démocratie chrétienne triomphe aux premières élections libres du **18 mars 1990** et l'unification s'accélère, avec la décision de détruire les vieux billets de la RDA... Enfin, le **3 octobre 1990,** réunification définitive.

L'Allemagne depuis la réunification

Depuis 1989, l'Est connaît un changement extraordinaire, avec une croissance de 5 à 8 % par an, et les écarts de productivité avec l'Ouest réduits de 70 à 40 %. Tout cela en partie grâce aux énormes transferts d'argent de l'Ouest – 140 milliards de marks par an – dont les Wessies (ex-Allemands de l'Ouest) estiment supporter seuls le lourd « sacrifice ». En face, les habitants des nouveaux Länder se sentent encore « inférieurs » et quelque 1,7 million d'ex-Allemands de l'Est sont passés depuis la réunification à l'Ouest, terre promise du confort économique et social. Helmut Kohl a pu éviter une plus grande migration en décidant l'union monétaire immédiatement après la réunification et en acceptant d'aligner les salaires très bas de l'Est sur ceux de l'Ouest, alors que la productivité était loin d'être identique.
Ensuite, les chantiers de construction s'achèvent, une véritable reconversion s'accomplit, les grands conglomérats font place aux PME, entraînant un énorme changement de culture économique, déjà profondément marqué par les privatisations...
Pourtant, 10 ans après, le bilan apparaît mitigé : le taux de chômage atteint 17 % des personnes actives à l'Est (il est inférieur de moitié à l'Ouest) ; un chiffre qui explique en partie la défaite d'Helmut Kohl aux élections législatives de septembre 1998 (la CDU y a obtenu son pire résultat depuis 1949). Avec Gerhard Schröder, la création d'emplois apparaît comme l'implacable défi lancé au nouveau chancelier obligé de chercher le salut de son pays dans une « social-démocratie » résolument moderne, « dépassant les dogmes de droite et de gauche... » Toutefois, sa politique ne semble pas faire l'unanimité malgré le tandem avec Joshka Fisher, son ministre des Affaires étrangères issu des *Grüne* et qui semble bien fonctionner. En face, chez les chrétiens-démocrates de la CDU, Helmut Khol, abattu par le scandale du financement de son parti, a cédé la place à une présidente : Angela Merkel (une première en Allemagne). L'Allemagne est aussi la 1re puissance industrielle à renoncer à l'énergie nucléaire pendant les 20 ans à venir. Joshka Fisher a lancé un ambitieux projet de constitution européenne et Berlin a retrouvé son statut de capitale. Un bilan économique assez morose (croissance en panne, caisses publiques à sec, chômage en hausse – plus de 4,5 millions – et stagnation à l'Est) risque de fragiliser la

coalition rouge-verte reconduite en septembre 2002 malgré des élections remportées de justesse. La tâche du chancelier Schröder sera de s'atteler à la réforme des retraites, au système des prestations de santé et de l'emploi. Comme en France, en somme ! En refusant de participer à la guerre en Irak, l'Allemagne s'est émancipée de la tutelle américaine pesant sur l'alliance Atlantique et s'est, de ce fait, rapprochée de la France et de la Russie.

INFOS EN FRANÇAIS SUR TV5

La chaîne TV5 est reçue dans la plupart des hôtels du pays. Pour ceux qui souhaitent s'y installer plus longtemps ou qui voyagent avec leur antenne parabolique, TV5 est reçue par satellite en réception directe via Eutelsat II F6 (Hotbird 1), 13°Est en analogique clair, et via Astra 19,2°Est et Eutelsat Hotbird 6 (13°Est) en numérique clair, ainsi que sur les principaux réseaux câblés.

Les principaux rendez-vous Infos sont toujours à heures rondes où que vous soyez dans le monde mais vous pouvez surfer sur leur site • www.tv5.org • pour les programmes détaillés ou l'actu en direct, des rubriques voyages, découvertes...

LANGUE

Tout comme le français, la langue allemande doit se défendre contre l'envahissement de l'anglais. Les universités se sont senties obligées de mener campagne contre l'anglicisation de la vie quotidienne.

Assez doués pour les langues, les Allemands de l'Ouest parlent souvent l'anglais, plus rarement le français. À l'Est, en revanche, on parle plus volontiers le russe (passé récent oblige !) que la langue de Shakespeare. Plus curieux, une bonne partie des professionnels du tourisme ne comprennent rien d'autre que l'allemand ! On peut toujours se débrouiller avec les indications suivantes.

Prononciation

La prononciation et l'intonation sont très importantes pour se faire comprendre en Allemagne. Aucune lettre n'est muette, elles doivent toutes être prononcées (sauf le « h » dans certains cas).

e	se prononce *é*	y	se prononce *u*
g	se prononce *gué*	z	se prononce *tse*
j	se prononce *yeu*	ä	se prononce *è*
q	se prononce *qveu*	ö	se prononce *œ*
u	se prononce *ou*	ü	se prononce *u*
v	se prononce *f*	au	se prononce *ao*
w	se prononce *v*	eu	se prononce *oï*

Attention, derrière des voyelles fortes (a, o, u), le couple de consonnes « ch » se prononce « r » (exemple : *Buch* se prononce « bour », alors que *Bücherei* se prononce « buchéraï »).
– Autre particularité : Le « ß » (appelé « estset ») est une lettre qui n'existe que dans l'alphabet allemand. Il se traduit par le double s, et se prononce de la même façon. Exemple : *Straße* = Strasse.

Un peu de grammaire

Très structurée, la langue allemande est riche, tellement riche que sa grammaire est la hantise principale de tous les cancres au lycée. En effet, elle ne

laisse aucune place au hasard : tout se décline, comme en latin. Les verbes, les adjectifs, les articles et les pronoms, c'est à en perdre son allemand ! Cela dit, comme le couple franco allemand se trouve être le fer de lance de la construction européenne, nous aurions tout intérêt à nous atteler à la tâche...
– Dans la phrase simple : le verbe occupe toujours la deuxième place. Exemple : *Er **spielt** mit dem Ball* (il joue avec la balle).
– Dans la subordonnée : le verbe est renvoyé en fin de phrase, ce qui complique l'affaire : *Er spielt mit dem Ball, der rot **ist*** (il joue avec la balle qui est rouge). La virgule devant le pronom relatif (ici, *der*) est indispensable.
– Attention, en allemand, les noms communs prennent toujours une majuscule. Exemple : *der Ball* (la balle). Ne confondez donc pas une carte de restaurant avec une liste d'invités !

Vocabulaire

Conversation générale

Oui	*ja*
Non	*nein*
Je ne comprends pas	*Ich verstehe nicht*
Parlez-vous français ?	*Sprechen Sie französisch ?*
Bonjour	*Guten Tag*
(le matin jusqu'à midi)	*Guten Morgen*
(toute la journée)	*Grüss Gott* (dans le Sud)
Bonsoir	*Guten Abend*
Bonne nuit	*Gute Nacht*
S'il vous plaît	*Bitte* (prononcer le « e » !)
Merci	*Danke* ou *danke schön*
Pardon !	*Entschuldigung !*
Avez-vous... ?	*Haben Sie ?*
Je voudrais	*Ich möchte*
Où se trouve... ?	*Wo ist... ?*
Comment s'appelle... ?	*Wie heißt... ?*
Combien ?	*Was kostet das ?* ou *wieviel ?*
Au revoir	*Auf Wiedersehen*
Ciao	*Tschüß* (très fréquent)
Seulement	*nur*
Possible	*möglich*

En voyage

La gare	*der Bahnhof*
Le train	*der Zug*
Le billet de train, le ticket de métro	*die Fahrkarte*
Le départ	*die Abfahrt*
L'arrivée	*die Ankunft*
L'entrée	*der Eingang*
La sortie	*der Ausgang*
L'aéroport	*der Flughafen*
L'avion	*das Flugzeug*
Le tramway	*die Straßenbahn*
La voiture	*der Wagen*
À droite	*rechts*
À gauche	*links*
Où sont les toilettes ?	*Wo sind die Toiletten ?*
Fermé	*geschlossen*
Louer	*mieten*
La bicyclette	*das Fahrrad*

À l'hôtel, au restaurant

L'auberge de jeunesse	die Jugendherberge
L'hôtel	das Hotel
L'auberge (restaurant qui propose quelques chambres)	der Gasthof
Complet ou occupé	voll belegt ou besetzt (on l'entend souvent!)
Une nuit	eine Nacht
Deux nuits	zwei Nächte
L'addition	die Rechnung ou zahlen
Avez-vous une chambre?	Haben Sie ein Zimmer frei?
Une chambre à 2 lits	ein Doppelzimmer ou Zweibettzimmer
J'ai réservé (la phrase clé!)	Ich habe vorbestellt/reserviert
Le menu/La carte	das Menü/die Speisekarte
Le petit déjeuner	das Frühstück
Le snack	der Imbiß
Pain/beurre	Brot/Butter
Le cendrier	der Aschenbecher
Sel/poivre/moutarde	Salz/Pfeffer/Senf
Un verre	ein Glas
Eau	Wasser
Vin	Wein

Calendrier

Lundi	Montag
Mardi	Dienstag
Mercredi	Mittwoch
Jeudi	Donnerstag
Vendredi	Freitag
Samedi	Samstag ou Sonnabend
Dimanche	Sonntag
Hier	Gestern
Ce matin	Heute Morgen
Ce soir	Heute Abend
Aujourd'hui	Heute
Demain	Morgen

Chiffres

Un	eins
Deux	zwei (ou zwo – familier)
Trois	drei
Quatre	vier
Cinq	fünf
Six	sechs
Sept	sieben
Huit	acht
Neuf	neun
Dix	zehn
Onze	elf
Douze	zwölf
Vingt	zwanzig
Vingt et un	einundzwanzig

Trente	dreißig
Quarante	vierzig
Cinquante	fünfzig
Cent	hundert
Deux cents	zweihundert
Mille	tausend

Si vous êtes intéressé par un séjour linguistique, demandez la brochure *Vacances linguistiques en Allemagne*, disponible à l'Office national allemand du tourisme à Paris.

LIVRES DE ROUTE

– **Berlin, Alexanderplatz :** roman d'Alfred Döblin (Folio n° 1239). Ce livre est à la fois une réflexion sur la maîtrise que l'homme peut avoir de son destin, et un hymne violent et désespéré à cette ville phare des années 1920.
– **L'Espion qui venait du froid :** polar de John Le Carré (Folio n° 414). Dans un Berlin dévasté par la guerre, coupé en deux par le Mur, un espion anglais tente d'élucider la disparition d'un réseau patiemment constitué à l'Est.
– **Portrait de groupe avec dame :** roman de Heinrich Böll (Éd. du Seuil, coll. « Points » n° 164). La dame, c'est Léni, « une Allemande de 48 ans. Elle mesure 1,71 m et pèse (en négligé) 68,800 kg, donc, à 300 ou 400 g près, le poids idéal correspondant ». Le groupe, ce sont les gens qui gravitent autour de Léni et, au-delà, la société allemande tout entière.
– **Le Tambour :** roman de Günter Grass (Éd. du Seuil, coll. « Points » n° 347). Décidé à n'être en aucun cas un politicien comme Adolf, ni même un marchand de produits exotiques comme son père, Oskar Mabzerath a résolument cessé de grandir le jour de ses 3 ans. Du haut de ses 90 cm, il devient l'observateur du Dantzig des années 1920 à 1950.
– **Les Buddenbrook :** roman de Thomas Mann (Le Livre de Poche, coll. « Biblio » n° 3192). La saga d'une grande famille bourgeoise dans le Lübeck du XIXe siècle. Mann décrit merveilleusement ce milieu auquel il appartient, et fait graviter autour des Buddenbrook une foule de personnages caractéristiques de la société hanséatique.
– **Le Roi des Aulnes :** roman de Michel Tournier (Folio n° 656). Ce gros livre troublant, prix Goncourt 1970, baigne dans une atmosphère de conte germanique. Son héros, Abel Tiffauges, est garagiste à Paris au début de la Seconde Guerre mondiale. Adorant les enfants, ce géant myope décide de se vouer à eux. Il finira recruteur de cadets militaires dans une école du IIIe Reich !
– **Le Sauteur de mur :** essai de réalité-fiction de Peter Schneider (Grasset). Le Berlinois Peter Schneider qui fut, dans les années 1960, l'un des fers de lance du mouvement contestataire étudiant, visite les deux parties de sa ville, interroge l'identité allemande et bâtit sa réflexion sur le récit parabolique d'un certain M. Kabe : un Ouest-Allemand qui saute délibérément du côté Est (!) parce qu'il est le seul à avoir gardé ce réflexe instinctif de l'enfant : « sauter par-dessus un mur pour voir ce qu'il y a de l'autre côté ».
– **Le Bonheur allemand :** essai de Pascale Hugues (Éd. du Seuil). Les petites joies quotidiennes de la vie allemande, tout le bonheur de ce livre, si l'on sait le lire en oubliant son francocentrisme.

MÉDIAS

La presse

C'est l'une des plus puissantes d'Europe ; plus de 30 millions de quotidiens sortent des imprimeries allemandes chaque jour ! Les quotidiens locaux et régionaux se taillent la part du lion et ont une influence réelle sur les faiseurs d'opinion politiques et économiques. Plus des deux tiers des journaux sont vendus par abonnement, le reste étant vendu au numéro. Le *Bild*, populaire et populiste (proche des *tabloids* anglais), tiré à plus de 5 millions d'exemplaires, est le plus important. Pas un sujet de la presse à scandale ne lui échappe, et vu la place qu'y tiennent les photos, ça se lit en 10 mn. Autres quotidiens plus convenables à retenir : *Die Welt, Die Frankfurter Allgemeine Zeitung, Die Zeit, Die Süddeutsche Zeitung*, etc. En ce qui concerne les hebdomadaires, le *Spiegel* se démarque nettement (par sa qualité) du *Stern* ou du *Bunte* qui s'apparentent davantage à des journaux à scandale. Dans les gares, et dans certains kiosques des villes importantes, vous trouverez les quotidiens nationaux français (*Le Monde, Libération, Le Figaro*, etc.).

La radio, la télévision

Elles ne sont pas entre les mains de l'État, mais des Länder, donc beaucoup de programmes radio et télé sont régionaux. L'*ARD* et la *ZDF* sont les deux chaînes de télévision principales parmi celles qu'on reçoit sans câble. Elles participent toutes deux aux programmes d'*Arte*. Il est possible de capter *Radio France Internationale*, ainsi qu'*Europe 1* sur 182 kHz (GO 1648) et *France Inter* sur 164 kHz (GO 1829). La télévision câblée est très développée outre-Rhin et certaines chaînes du câble figurent parmi les plus regardées (RTL, SATA...). On reçoit *TV 5* (chaîne francophone) et, bien sûr... *Arte* !

PATRIMOINE CULTUREL

Peinture et architecture

Au début du XVIe siècle, Augsbourg devient la première place financière d'Europe. L'influence italienne, par la Lombardie, se fait sentir en Allemagne. À Nuremberg, Albrecht Dürer (1471-1528), fils d'orfèvre, devient le maître de la gravure sur bois. Son contemporain, Matthias Grünewald, est surtout célèbre pour son **Retable d'Issenheim**, exposé à... Colmar et que Huysmans admirait. Lucas Cranach l'Ancien (1472-1553) produit essentiellement des œuvres de commande pour les électeurs de Saxe, et se lie d'amitié avec Luther dont il fait un portrait célèbre. Albrecht Altdorfer (1480-1538), avec son chef-d'œuvre halluciné, **La Bataille d'Alexandre** (1529, Munich), utilise l'espace et la lumière avec une grandeur épique toute wagnérienne. Enfin le Souabe Hans Baldung Grien (1484-1545) se découvre un faible pour les Vénus et les Ève bien en chair... Un sacré coquin ! Hans Holbein le Jeune (1497-1543) s'ennuie beaucoup à Bâle : il émigrera à la cour de Londres et deviendra un portraitiste très recherché par les princes, mais ce virtuose n'a pas l'âme tourmentée de ses prédécesseurs.

Le XVIIe siècle, avec sa guerre de Trente Ans (1618-1648), sera une période sombre pour l'Allemagne. Au XVIIIe siècle, l'architecture surtout marquera sa suprématie. Chaque prince veut faire bâtir son Versailles. La Bavière catholique développe un *baroque* influencé par l'Italie. Le théâtre de la Cour (1750-1753) à Munich est un joyau de l'art rococo, ainsi que l'église Saint-Jean Népomucène. En Saxe, l'une des œuvres majeures est le **Zwinger de Dresde**, commencé en 1711. Les parcs oscillent entre le style à l'italienne (à Wilhelmshöhe près de Kassel) ou à la française (à Schwetzingen et Nymphenburg) ou encore à l'anglaise (à Wörlitz près de Dessau).

La réaction contre le baroque se fera dans le goût *néoclassique* de Palladio. Berlin et Munich se couvriront d'édifices froids et rigides à la gloire de ce nouveau culte de l'Antique.

Le retour à la « grande » peinture n'aura lieu qu'à la fin du XIXe siècle avec la découverte des arts océaniens ! Si les romantiques Otto Rünge et Caspar

David Friedrich traduisent le fantastique romantisme d'un Hoffmann ou d'un Novalis, Emil Nolde (1867-1956) sera le premier à traduire la modernité en peinture. À sa suite, le groupe expressionniste *Die Brücke* est fondé à Dresde en 1905. Les plus célèbres, Erich Heckel et Ludwig Kirchner, produisent un expressionnisme proche de Gauguin et Van Gogh. Dans le même temps, à Munich, le Bavarois Franz Marc et le Rhénan August Macke créent, avec le Russe Kandinsky, *Der Blaue Reiter* (« Le Cavalier Bleu ») en 1912. Après la Première Guerre mondiale, Otto Dix et Georg Grosz, par leur critique violente de la société de Weimar, seront de vrais peintres punks avant la lettre. Max Ernst, s'il commence sa carrière auprès des dadaïstes allemands, émigre vite en France (le plus grand collectionneur de Max Ernst est sans conteste... Daniel Filipacchi ; et il s'y connaît !). À l'heure actuelle, une nouvelle génération de peintres, dont Baselitz, Kiefer et Polke, connaît un succès sur le marché international de l'art contemporain.

En architecture, on retiendra surtout les noms de Walter Gropius (1883-1969), fondateur du Bauhaus en 1919 à Weimar, puis en 1925 à Dessau, où peintres, architectes et sculpteurs entendent « concevoir et créer le nouvel édifice du futur », et de Mies van der Rohe (1886-1969) qui, exilé aux États-Unis, va couvrir Chicago de buildings.

Littérature

Il y avait bien les runes, un alphabet légué par le dieu Wotan. Mais leur pouvoir magique était trop puissant pour inspirer autre chose que des malédictions. À l'époque romaine, donc, les forêts de Germanie pratiquaient une activité littéraire réduite : on s'y souciait avant tout d'émigrer et de conquérir. Quand tous ces héros ont enfin pu se calmer, c'est-à-dire sous l'Empire carolingien, les occupants des nouveaux monastères ont commencé à tailler leur plume. Mission n° 1 : copier la Bible. Mission n° 2 : la commenter. Mission n° 3 : la traduire dans la langue du pays, le *thiudisk* (Deutsch), cette *lingua theodisca* encore mal fixée qui s'opposait à la *lingua romana* de la Francie. C'était facile : longtemps avant, Ulfilas l'avait fait pour les Goths et il existait à ce moment des lexiques latin-germain. Et c'était nécessaire : même Charlemagne parlait mieux germain que latin.

Depuis Abélard et saint Bernard, le rayonnement français contamine les Allemands. L'oncle de l'empereur rapporte chez lui des traités d'Aristote et le goût de la scolastique. Jongleurs et étudiants errants font circuler le savoir. Dès 1160, Heinrich von Melk pose le premier jalon de l'idéal courtois qui donnera bientôt le *la* de la chevalerie. On joue les premières chansons de geste. L'*Hildebrandslied* carolingien fut le premier à héroïser les Germains des Grandes Invasions – avec Attila en *guest star*. On retrouve ces braves gens en 1204 à propos du conflit entre Burgondes et Huns sur les deux fleuves cultes de la Germanie, le Rhin et le Danube. Même le cycle celte de la Table ronde passe à la moulinette germanique : c'est le *Tristan* de Gottfried de Strasbourg et le *Parsifal* de Wolfram von Eschenbach.

Au XIVe siècle, l'Allemagne a rejoint le concert des lettres européennes : de nouvelles universités y permettent d'économiser le stage à la Sorbonne. Sa scolastique rayonne avec Albert le Grand, maître du futur Thomas d'Aquin, et surtout Maître Eckhahrt qui, en traduisant le bonheur de l'âme unie à Dieu, jette les fondements de la mystique allemande.

Les Lumières

À partir de 1750, à Hambourg, Leipzig puis Berlin, les idées des Lumières se diffusent : c'est l'*Aufklärung.* Mais l'Allemagne se cherche un modèle historique original. Wieland, précepteur du futur duc de Weimar, s'enthousiasme pour la Grèce antique. Lessing ne jure que par Shakespeare.

Le mouvement **Sturm und Drang** (« Tempête et Passion »), qui apparaît vers 1760, exalte le lyrisme échevelé. Les jeunes Schiller et Goethe y font leurs premières armes. Ce dernier signe en 1774 la « bible » du mouvement : *Les Souffrances du jeune Werther,* roman qui transformera toute l'Europe en un torrent de larmes...

Mais quand Goethe arrive à Weimar, un an plus tard, il songe déjà à ce qui deviendra le classicisme allemand. C'est l'idéal de « l'honnête homme » que forge l'expérience de la vie. Puis la Révolution française enflamme les esprits, et ceux qui deviendront les grands romantiques allemands trouvent un peu courte la philosophie de la vie selon Goethe.

Le romantisme

À Iéna, vers 1800, autour du très jeune Novalis, on cultive l'ironie (le **Witz**) mais on se passionne pour le merveilleux, la magie, le magnétisme animal. On redécouvre un Moyen Âge très stylisé. Novalis ouvre la porte à Nerval, Lautréamont et aux surréalistes.

Après la chute de Napoléon, une « seconde génération » romantique apparaît. Sur le Rhin, l'atmosphère est plus mystique qu'à Berlin.

Dès 1890, l'agitation sociale va imposer un style naturaliste. Frank Wedekind signe au théâtre de violentes satires. Une première génération expressionniste prophétise l'apocalypse de 1914 : elle y disparaîtra elle-même...

Du Reich aux ruines

Après 1918, c'est l'apothéose de Berlin et de ses cabarets, la « Babylone » de Brecht et des *expressionnistes* qu'Alfred Döblin immortalisera juste avant fermeture dans son grand roman : *Berlin Alexanderplatz* (1929). Tandis qu'Erich Maria Remarque et Ernst von Salomon tirent plutôt froidement les conclusions de l'effondrement de l'Empire, Ernst Jünger et Thomas Mann portent un regard sibyllin de grands bourgeois désabusés sur un avenir encore plus sombre. Au théâtre, Brecht s'engage politiquement très à gauche, avec *Tambours dans la nuit* (1922) puis *L'Opéra de quat'sous* (1928). La poésie se fait macabre, avec Gottfried Benn, médecin à la morgue, ou « concrète » (et dadaïste) avec le loufoque Kurt Schwitters. En 1933, pour beaucoup, c'est l'exil, parfois même le suicide, ou encore « l'exil intérieur » dont Ernst Jünger sera le symbole. La génération suivante produit ce que l'on appellera « la littérature des ruines » !

Malgré les tentatives de faire « table rase », avec le « *Groupe 47* », les écrivains allemands de l'après-guerre, en dehors des figures que sont Heinrich Böll ou Günter Grass, voire Peter Handke, restent coincés, par la droite et par la gauche, dans une liberté restreinte et surveillée.

1999 : prix Nobel de littérature à Günter Grass.

Philosophie

La philosophie allemande a toujours eu un appétit d'ogre ! Est-ce un bien ou un mal ? En deux siècles, en tout cas, nombreux sont les auteurs qui, si on les comprend bien, ont tout résolu, et même le reste.

– **Leibniz :** né en 1646, étudie la philosophie à Leipzig, les maths à Iéna, et vient à Paris s'imprégner de Pascal, puis va en Hollande bavarder avec Spinoza. Génie touche-à-tout, s'il fait la synthèse entre Aristote et Descartes, il a tout de même un dada : unir l'Occident chrétien. Mais il meurt solitaire et oublié en 1716.

– **Kant :** né en 1724 à Königsberg, il accomplira une « révolution copernicienne » dans la philosophie. Ce petit bonhomme un peu maniaque et assez bossu n'est pas seulement l'auteur de chevet de Kador, le chien des Bidochons, mais celui qui, en plaçant le sujet au centre de la philosophie (avec sa *Critique de la raison pure,* 1781), ouvre la voie à l'idéalisme.

GÉNÉRALITÉS

— S'en réclameront Fichte, Schelling, et surtout **Hegel** (1770-1831), sans lequel le monde moderne n'aurait sans doute pas été la foire d'empoigne que l'on sait. Ancien séminariste, puis paisible professeur à Iéna et à Nuremberg, l'auteur de la *Phénoménologie de l'esprit* (1806), avec sa conception de l'État total, n'a fait qu'écrire tout bas ce que dans le même temps Napoléon réalisait tout haut. Embaumé dès son vivant, il sera alors la cible des « hégéliens de gauche », dont Stirner, Bauer et le jeune Karl Marx.
— **Marx :** renversant l'idéologie hégélienne, il créera ce bon vieux « matérialisme historique ». Né à Trèves en 1818, Marx n'en connaîtra guère (de trêves) au cours de sa vie d'exil miséreux, à Paris dès 1845, puis à Londres, où paraît, en 1867, le premier tome du *Capital*. Jusqu'à sa mort, en 1883, « Old Nick » travaillera aux tomes II et III de ce même *Capital* dont sa femme se plaignait « qu'au lieu de l'écrire, il ferait mieux de le gagner » !
— **Schopenhauer :** né à Dantzig en 1788. Il est à contre-courant de tout : avec son ouvrage phare, *Le Monde comme volonté et comme représentation* (1818), il aboutit à un pessimisme égoïste et douloureux qui inspirera l'anti-humanisme de Friedrich Nietzsche.
— **Nietzsche :** ce célèbre moustachu, né en 1844, sera l'enfant terrible de la philosophie. Il fut hélas « récupéré » par les nazis (tout comme Hegel et Schopenhauer), et il a fallu attendre les années 1950 pour que le « vrai » Nietzsche soit correctement découvert...
— **Husserl** (1858-1938) et **Heidegger** (1889-1976), en revanche, bunkérisés dans leur langage de spécialistes de la « phénoménologie transcendantale » (ce qu'Adorno appelait « le jargon de l'authenticité ») s'inscrivent en réaction au style vivant et imagé de Nietzsche...
— **L'école de Francfort :** créée dans les années 1920 par Max Horkheimer et Theodor Adorno, elle est sans doute la pensée philosophique (mélange de Freud, de Marx et de sociologie) la plus intéressante de cette époque. On y trouve *Wilhelm Reich* et *Herbert Marcuse*, qui émigreront aux États-Unis en 1933 et deviendront les deux grands théoriciens de la libération sexuelle chez nos amis les hippies *(La Fonction de l'orgasme, Éros et Civilisation)*. Aujourd'hui, *Jürgen Habermas* (*Raison et légitimité*, 1973) perpétue l'esprit de l'école de Francfort : sorte de Baudrillard allemand, il reste en quelque sorte le dernier philosophe dérangeant outre-Rhin.

Musique

L'art instrumental reste timide jusqu'au XVIIe siècle. Mais le Nordique Dietrich Buxtehude (1637-1707), « le plus grand classique de l'orgue si Bach n'eût pas existé », avait un tempérament romantique et fougueux. À l'opposé, Johann Pachelbel (1653-1706), d'origine méridionale, opte pour l'équilibre et le classicisme latins. De son côté, Johann Kuhnau (1660-1722) annonce déjà la « musique à programme ».
Avec *l'Aufklärung*, apparaît en Thuringe la dynastie des Bach. Le plus célèbre, Johann Sebastian (1685-1750), s'il est un excellent organiste, développe aussi le domaine vocal, de nouvelles formes et jeux d'écriture qu'il expose dans *L'Art de la fugue*. Pendant la même période, Georg Friedrich Haendel sera infiniment plus célébré de son vivant. Né à Halle, il émigre vite en Angleterre où il compose de splendides musiques de cour.
Le *mouvement préclassique* regroupe deux des fils de Bach, Wilhelm Friedmann et Carl Philip Emmanuel, ainsi que Georg Philip Telemann et Johann Mattheson, qui, plus modernistes, considèrent Bach et Haendel comme des hommes du passé... Arrive alors Ludwig van Beethoven (1770-1827) dont Einstein dira : « Beethoven préfère écrire contre son temps que pour lui ». Fasciné par le tumulte de l'histoire, admirateur ambigu de Napoléon, le plus célèbre sourd échevelé du romantisme meurt misanthrope et miné par une cirrhose, après avoir laissé derrière lui 9 symphonies qu'on n'a pas fini d'entendre...

Le *romantisme* s'exprime aussi avec Carl Maria von Weber (1786-1826) et son grand opéra fantastique : le *Freischütz* (1821). Mais c'est surtout Robert Schumann (1810-1856) qui incarnera le mieux, au travers de ses *Lieder*, l'âme romantique du XIXe siècle. Paralysé de la main droite à 22 ans, il voit sa carrière de virtuose brisée. De dépressions en tentatives de suicide, la destinée de Schumann s'achève à l'asile d'Endenich, tempérée par l'amitié de Mendelssohn et du jeune Brahms, qui prolongeront l'esprit du Maître. Richard Wagner (1813-1883) va, lui, faire table rase et s'enfermer dans un univers fantastique et somptueux dont ses nombreux créanciers ne parviendront jamais à le tirer ! À partir de l'opéra *Tannhäuser* (1845), le style mégalo de Wagner ne cesse d'alimenter les controverses. Protégé de Louis II de Bavière, grand ami puis grand ennemi de Nietzsche, récupéré par Hitler qui pleurait en écoutant ses œuvres, Wagner ne laisse personne indifférent !
Mais *l'époque moderne* arrive. On s'attaque à la construction même de la phrase musicale : « atonalité », « dodécaphonisme », « sérialisme » représentent en musique l'équivalent de la révolution cubique puis abstraite en peinture. En Allemagne, Paul Hindemith et Carl Orff sont les meilleurs représentants de cette tendance « expressionniste », tandis que Richard Strauss (1864-1949), à l'écart de toutes les évolutions, maintiendra le cap d'un romantisme tour à tour impressionniste, mystique (quatre derniers *Lieder*) et grandiloquent *(Also sprach Zarathoustra)*. Enfin, après la dernière guerre, Karlheinz Stockhausen (né en 1926), élève de Milhaud et de Messiaen, développe la théorie du « hasard guidé » et la « technique sérielle ponctuelle » (*Kontrapunkte*, 1953). Parallèlement, Hans Werner Henze (né la même année) enrichit la musique concrète.

Le rock allemand

Il y a bel et bien un rock allemand, bien distinct, historiquement, de la scène traditionnelle anglo-saxonne. Les Américains lui ont même trouvé une étiquette inévitable : le « Kraut rock », ou rock-choucroute...
Une poignée de groupes phares, tous plus originaux les uns que les autres, issus de la mouvance contestataire des *mid-Sixties*. Les musiciens d'**Amon Düül II**, formé en 1968 à Munich, sont des dissidents d'une communauté artistico-anar. Inspirés par Zappa, Sergeant Pepper, Terry Riley et la musique modale, ils se lancent à fond dans une musique répétitivo-planante (revisitée par l'esprit wagnérien), soutenue par deux batteries et un chant récitatif !
Dans la foulée, un autre groupe mythique de la scène alternative pacifiste : **Ashra Temple,** originaire de Berlin. Son influence reste également prépondérante. Le groupe se distingua notamment en donnant des concerts à la gloire du LSD, en compagnie du « prophète » en la matière, Timothy Leary ! Tout aussi intéressante, la bande d'allumés de **Faust**, premier groupe de rock allemand à signer avec la prestigieuse Deutsche Grammophon. Faust faisait tout pour se démarquer des groupes « classiques », publiant le premier disque transparent, puis un autre emballé dans une pochette toute noire.
Le plus célèbre des groupes allemands des *Seventies*, **Tangerine Dream,** fut créé à Berlin en 1969. Influencé par les Floyd, Zappa, Debussy et Bowie, il considérait que les meilleurs endroits pour donner des concerts « planants » étaient les cathédrales ! Lui emboîtant le pas, **Popol Vuh**, qui fit les musiques de films de Werner Herzog, popularisait le mouvement. De son côté, Edgard Froese (ex-Tangerine Dream) travailla avec Fassbinder.
La mousseuse et pulpeuse **Nina Hagen,** fille zazou d'une cantatrice fort célèbre en Allemagne de l'Est, exercera ses charmes sur de jeunes punks innocents, en concoctant des mélanges de pré-world-music dont seule sa voix jaculatoire émergera pour l'histoire. Sale et provoc à ses débuts, elle deviendra bouddhiste après moult acides.

Mais pour ceux qui en veulent plein les oreilles, le plus connu est encore **Scorpions,** groupe hard-rock orthodoxe, sévissant en Europe et au Japon depuis 1978. Fans de **Ted Nugent** et d'**Iron Maiden,** ils ont démontré au monde que l'Allemagne pouvait aussi avoir son noyau hard FM... et tant pis pour l'originalité.

Reste le groupe **Kraftwerk,** précurseur de la techno-pop, que certains traitent avec volupté de fasciste, créé à Düsseldorf en 1969. Ces « hommes-machines », inventeurs de la musique « Kling Klang », poursuivent aujourd'hui encore leurs recherches industrielles en matière de son, la turbine largement au-dessus de toutes les modes. Nous sommes en présence de lascars fascinés par les autoroutes et la radioactivité qui, peut-être (et faut-il dire hélas ?) représentent l'Allemagne de demain, efficace, humanoïde, et sans états d'âme. Quoique...

Malgré quelques irréductibles toujours fans de musique rock, les musiques anglo-saxonnes et américaines ont envahi, ici aussi, les ondes, et les jeunes n'oublient pas de se brancher sur la chaîne musicale allemande *Viva*. La techno connaît également un vif succès outre-Rhin. La **Love Parade,** qui a lieu chaque année à Berlin en juillet (mais avec moins de succès en 2003), attire des foules immenses (700 000 personnes) et est considérée comme la plus importante fête techno dans le monde.

Cinéma

Inspirés d'abord par le fantastique d'Hoffmann, les cinéastes allemands vont vite adopter l'*expressionnisme*. *Le Cabinet du docteur Caligari* (1919), avec l'acteur fou Conradt Veidt, lance le genre, entre grand guignol et *delirium tremens*. Friedrich Murnau tourne en 1922 son *Nosferatu,* sous-titré sobrement « Une symphonie de l'horreur ».

Avec le redressement économique apparaît la « *nouvelle objectivité* » dont G. W. Pabst est l'auteur le plus illustre : *La Rue sans joie* (1925), où une inconnue du nom de Greta Garbo crie misère, *Lulu* (1929), où Louise Brooks est divinisée par la critique, et *L'Opéra de quat'sous* (1928), en collaboration avec Brecht. De son côté, Ernst Lubitsch, avant de filer à Hollywood, donnera dans le grand spectacle avec *Madame du Barry* (1919) et *Anne Boleyn* (1920).

L'apparition du parlant marque la fin de l'âge d'or, à quelques exceptions près, dont *L'Ange bleu* (1930) de Joseph von Sternberg, avec la révélation de Marlène Dietrich, ou le très bolchevique *Ventres glacés* (1932) de Slatan Dudow. Seul Fritz Lang surfera génialement sur divers styles, depuis *Les Trois Lumières* (1921) jusqu'au *Testament du docteur Mabuse* (1932).

Après que le sosie de Charles Chaplin aura achevé en sous-sol son macabre tour de piste, l'Allemagne se passera pendant 20 ans de faire du cinéma... Seuls émergent dans ce désert *Les Assassins sont parmi nous* (1946) de Wolfgang Staudte, et *Un homme perdu* (1951) de l'ancien acteur fétiche de Lang, Peter Lorre.

L'exemple de la « *nouvelle vague* » française réchauffera les jeunes imaginations vers 1963-1964. Dans le sillage de Volker Schlöndorff (avec *Les Désarrois de l'élève Törless,* 1965), et Peter Fleischmann (*Scènes de chasse en Bavière,* 1969), une nouvelle génération se hisse vite à un niveau mondial en cultivant un style décadent et un humour nihiliste. L'inépuisable Rainer Werner Fassbinder en est l'âme punkoïde, tandis que Werner Herzog, avec *Aguirre* (1972), cultive un certain mysticisme et que Wim Wenders, à partir de *L'Ami américain* (1977), stylise sa fascination pour les *road movies*... Comme nous ! Signalons en 2003, le fabuleux succès de *Good Bye Lenin* film culte de l'Ostalgie et *Rosenstrasse* de Margarethe von Trotta, l'histoire d'une révolte de femmes sous le régime nazi, qui fut primé à la Nostra de Venise.

PERSONNAGES

— **Jean-Sébastien Bach** (1685-1750) : choriste à Saint-Michel de Lüneburg, violoniste à la cour de Weimar, puis compositeur à Leipzig, Jean-Sébastien Bach (« Ruisseau » en français) devient « Konzertmeister » dans cette ville, où il est enterré. De ses deux femmes, il eut vingt enfants... histoire de repeupler la musique classique. Les petits ruisseaux font les grandes rivières ! En 1749, ne voyant presque plus, il subira deux opérations qui le rendront totalement aveugle (le même chirurgien refera le coup deux ans plus tard à Haendel). Il fallut attendre le XIXe siècle – grâce surtout à Mendelssohn – pour qu'on réalise qu'il avait du génie !

— **Franz Beckenbauer** (1945) : né à Munich 4 mois après la fin de la guerre, il possède un palmarès incomparable avec 103 sélections en équipe d'Allemagne de football et une victoire historique en Coupe du monde en 1974. Son charisme et son rôle de leader lui ont valu le surnom de « Kaiser » (empereur). Il représentera à jamais, sur un terrain, l'élégance et le courage, ayant dû disputer en 1970 une demi-finale de Coupe du monde contre l'Italie avec une clavicule luxée. Il a parfaitement réussi sa reconversion dans le football, puisqu'il a mené la sélection allemande au titre de champion du monde en 1990. Depuis, il a pris la direction du plus grand club allemand, le *Bayern* de Munich.

— **Ludwig van Beethoven** (1770-1827) : atteint de surdité dès 1795, il voyage entre Bonn (où il naquit), Dresde et Berlin pour exercer ses talents de pianiste virtuose. On le dit méfiant et querelleur. Il communique par le truchement de ses fameux « carnets de conversation » dont on découvrira après sa mort que certains étaient des faux ! Malheureux en amour, victime d'un neveu bon à rien, il n'aura pas même la consolation de voir une foule immense assister à ses obsèques...

— **Heinrich Böll** (1917-1985) : enfant de Cologne, il refuse à 15 ans de s'engager dans les Jeunesses hitlériennes (« pour des raisons morales mais aussi esthétiques : je n'aimais pas leur uniforme » !). Les ruines de l'après-guerre en font un désabusé. Quand on lui reproche d'être négatif, il rétorque : « Pourtant, je me trouve souvent trop positif »... Ennemi juré de la presse à scandale du groupe Springer, critique envers le capitalisme autant que le communisme ou la religion, il connaît pourtant un grand succès populaire avec ses derniers romans (*L'Honneur perdu de Katharina Blum, Portrait de groupe avec dame*). Prix Nobel de littérature en 1972, ce sceptique pacifiste reste le plus lu des auteurs allemands de l'après-guerre.

— **Johannes Brahms** (1833-1897) : natif d'Hambourg, il dédia sa vie entière à la musique : en plus de son enfance ponctuée des accords de son contrebassiste de père, il fera des rencontres décisives, comme celle avec Schumann. Concertos pour piano, cantates, musique de chambre, symphonies... La question du célèbre roman de Françoise Sagan se pose toujours : « Aimez-vous Brahms ? »

— **Bertolt Brecht** (1898-1956) : né à Augsbourg, mobilisé en 1918, il décrira son expérience dans *La Légende du soldat mort*. Ce dramaturge, mais aussi poète et romancier, fut d'abord l'élève de Max Reinhardt et collaborateur de Piscator. Très tôt acquis aux thèses marxistes, c'est avec l'adaptation du *Beggar's Opera* de John Gay, intitulé *L'Opéra de quat'sous*, qu'il deviendra très populaire. Dénonciateur coriace du nazisme et théoricien du théâtre « didactique » prolétarien, il ne lui reste plus qu'à faire ses valises en 1933. De retour des États-Unis à la fin de la guerre, il choisit l'Allemagne de l'Est, où il fonde en 1948 le « Berliner Ensemble ». Personne n'est parfait : on lui décerna le prix Staline en 1953.

— **Daniel Cohn-Bendit** (1945) : leader charismatique de mai 68, il a su exploiter toutes les ficelles de la politique-spectacle. Exemple : alors qu'un ministre de l'époque vient inaugurer la piscine de la fac de Nanterre – où il est inscrit en sociologie – « Dany le Rouge » surgit de la foule des journalistes pour lui demander du feu et le sommer de discourir sur la jeunesse et la sexualité. À quoi le ministre, devenu cramoisi, répondra : « Avec la tête de frustré que vous avez, allez plutôt vous rafraîchir dans la piscine ! » Novice en matière d'engagement politique (sa seule référence : ses parents, juifs allemands exilés en France puis devenus résistants), Cohn-Bendit s'affirme surtout par son insolence. Citoyen allemand bien que né à Montauban, il est expulsé du territoire français en 1968 pour avoir vociféré à la fac de Berlin que le drapeau tricolore était « fait pour être déchiré et transformé en drapeau rouge ». Revenu de ses idéaux révolutionnaires, c'est un « vert » qui a occupé – en bon démocrate – le poste d'adjoint au maire de Francfort, chargé des relations multiculturelles, et participe régulièrement à une émission d'actualités sur la chaîne Arte. En 1999, il est élu au parlement européen où il milite activement pour l'unité européenne. En France, sa présence dans les débats intérieurs auprès des Verts lui vaut toujours une audience considérable.

– **Lucas Cranach l'Ancien** (1472-1553) : artiste-vedette de Saxe et de Thuringe. Il n'y a pas une ville de ces deux régions qui ne possède un ou plusieurs tableaux de lui. Peintre officiel de la cour de Saxe, il est proche de Luther et des idées de la Réforme. Son style, très expressif au début, devint par la suite plus linéaire. Ses thèmes favoris : les nus, la mythologie et la Bible. L'important atelier qu'il créa à Wittenberg fut, à sa mort, repris par son fils, Lucas Cranach le Jeune (1515-1586), lui aussi très présent dans les musées et églises d'Allemagne.

– **Marlene Dietrich** (1902-1992) : de son vrai nom Maria Magdalena von Losch, elle explose en 1930 avec le rôle de Lola dans *L'Ange bleu* de Josef von Sternberg (qui l'avait créé de toute pièce !). Le succès lui ouvre les portes d'Hollywood, où l'on cherchait une créature diabolique et sexy à opposer à l'iceberg Garbo. Marlène devait ensuite tourner avec les plus grands (*La Belle Ensorceleuse*, de René Clair ; *Témoin à charge*, de Billy Wilder ; *La Soif du mal*, d'Orson Welles, etc.). En 1978, elle fait encore du charme à David Bowie dans *Just a Gigolo* de David Hemmings.

– **Otto Dix** (1891-1969) : avec lui les horreurs de la guerre ne sont plus un vague mot. Sa peinture en est comme obsédée. Mais aussi par le sexe, la violence, la déchéance, etc. Bref, un type assez génial pour que Hitler dise de lui : « Il est dommage qu'on ne puisse pas enfermer ces gens-là ! » Dadaïste à ses débuts, Dix s'installe à Berlin et rallie la « Nouvelle Objectivité ». Sorte de Fassbinder en peinture, il finira tout de même sa vie comblé d'honneurs, lui qui pendant longtemps fut le prototype de « l'artiste dégénéré ».

– **Albrecht Dürer** (1471-1538) : ce visionnaire fut véritablement le propagateur des idées de la Renaissance italienne dans l'Europe du Nord qui se révèle dans un attachement au détail, visible dans ses célèbres gravures, portraits et allégories, tous empreints de religiosité.

– **Rainer Werner Fassbinder** (1946-1982) : il commence par créer l'« Antitheater », à Munich, et parvient à le faire fermer par la police en 1968 (bon signe). Il s'oriente alors vers le cinéma. Dans la période 1969-1971 il réalise pas moins de 10 films ! Fasciné à la fois par l'histoire de l'Allemagne, l'homosexualité et les marginaux, il tourne aussi bien de vrais succès commerciaux *clean* (comme *Querelle*) que des films glauques et ultra-décadents (évidemment les meilleurs).

– **Johann Wolfgang von Goethe** (1749-1832) : il naît à Francfort-sur-le-Main où il vivra jusqu'en 1765. Étudiant à Leipzig, il se plonge dans l'occultisme et l'alchimie, et dans diverses amours tumultueuses qui lui inspireront son fameux *Werther* (1774). Il est alors invité à s'installer à Weimar par le grand-duc Charles Auguste qui lui offre un coquet pavillon. Conseiller secret, botaniste, géologue, il découvre même l'os intermaxillaire chez l'homme ! Mais il sera plus connu pour son œuvre littéraire... L'auteur de *Faust* et des *Affinités électives* mourra à Weimar en prononçant un « mot de la fin » particulièrement discuté depuis : « De la lumière ! » Allez comprendre...

PERSONNAGES

- ***Georg Wilhelm Friedrich Hegel*** (1770-1831) : ami d'Hölderlin, disciple de Schelling (entourage qui va le stimuler à sortir de sa petite vie ennuyeuse de précepteur et à mettre en place son propre système de pensée) et prof modèle tout au long de sa carrière, il triomphe à 48 ans grâce à son « best-seller », une encyclopédie des sciences philosophiques ! Grâce à cette dernière mais également à sa célèbre *Phénoménologie de l'esprit*, on accourt de tout le pays pour assister à ses cours. Et Goethe fait des pieds et des mains pour le rencontrer. Appelé dans la prestigieuse université de Berlin, l'ancien petit fonctionnaire de province (il fut même rédacteur d'une gazette) achève la création de la méthode dialectique et de la philosophie de l'histoire. Mais s'il a inventé la dynamite, il manquait le détonateur : celui-ci s'appellera Karl Marx. On se demande encore comment l'enseignement de la philo en France, jusqu'en 1945, a pu s'arrêter à Kant...
- ***Frédéric II Hohenstaufen*** (1194-1250) : premier empereur moderne d'Allemagne, il est le plus fascinant de tous. Il passe sa jeunesse en Sicile sous la protection de son tuteur, le pape Innocent III, puis part conquérir l'empire et se fait l'ami des sarrasins. Le premier prince de la chrétienté ne serait-il pas un peu musulman ? Pris d'un doute, le pape exige qu'il se croise. Il se croise... les bras. Il est excommunié. Ayant trahi Saint Louis en dévoilant son plan de bataille au sultan, il obtient Jérusalem, Nazareth et Bethléem ! Après avoir organisé l'Allemagne, fondé des universités et fait chanter sa gloire en vrai mégalo, il tente la conquête de l'Italie, en vain. Quand on l'enterre, c'est en Sicile. Avec, à son côté, un sabre sarrasin...
- ***Friedrich Hölderlin*** (1770-1843) : le plus grand poète allemand est devenu fou exactement au milieu de sa vie. Admirateur de la Révolution française, il séduit à Francfort une certaine Suzette, malheureusement épouse de banquier. Le scandale qui l'oblige à fuir donne à ce grand amateur de marche l'occasion de faire le chemin Nurtingen-Bordeaux (où un poste de précepteur l'attend) par le seul moyen de la locomotion naturelle. À peine arrivé, il décide de rentrer. Il revient en Allemagne, brisé : « Je peux bien dire qu'Apollon m'a frappé. » Dès lors, il sombre dans l'incohérence, et finit sa vie chez un menuisier dans une petite tour sur les bords du Neckar.
- ***Emmanuel Kant*** (1724-1804) : le plus grand philosophe de l'histoire était bossu, maniaque et hydrocéphale. Il ne changea qu'une fois dans sa vie l'ordre de sa promenade quotidienne : pour aller au-devant du facteur qui lui apportait le journal annonçant la Révolution française. Il passa toute son existence à Königsberg, où il se trouvait fort bien. Mais le papa de la *Critique de la raison pure* se prit au mot : il sombra dans une folie douce et retrouva l'âge mental d'un enfant de cinq ans. Il avait trop tiré sur la corde.
- ***Helmut Kohl*** (1930) : natif de Ludwigshafen (Rhénanie-Palatinat), il fut élu chancelier en 1982. Sa stature imposante a longtemps symbolisé la puissance économique d'une RFA dominatrice en Europe : on se souvient de la photo du « géant » Kohl tenant par la main le « petit » Mitterrand lors d'une cérémonie du souvenir à Verdun. Mais c'est la Chute du Mur de Berlin et son rôle moteur dans la réunification allemande qui ont fait entrer Helmut dans l'Histoire jusqu'à son abandon de la présidence de la CDU. En 2000, à la suite de la révélation du versement de fonds secrets colossaux versés par... François Mitterrand à son parti, le brave Helmut a été forcé de faire amende honorable et de présenter des excuses avant de prendre une retraite peu glorieuse.
- ***Fritz Lang*** (1890-1976) : cet ancien élève en architecture, né à Vienne, plaque tout pour un tour du monde (sans *GDR*). Il en vient à écrire des scénarios pour se distraire... mais passe vite à la mise en scène. *Metropolis* sera le film le plus coûteux réalisé en Allemagne et *M le maudit* un signe avant-coureur de la montée du nazisme. Pourtant, en 1933, Goebbels lui offre la direction du cinéma allemand « rénové » : le lendemain matin, Lang passe la frontière suisse ! Il s'installe aux États-Unis où il devient une légende vivante. Dix ans avant de s'éteindre, il fait une apparition dans *Le*

Mépris de Godard, où il discute en parfait érudit un passage obscur d'un poème d'Hölderlin.

— **Ernst Lubitsch** (1892-1947) : né à Berlin dans une famille juive, il réalisa ses premières comédies en Allemagne dès 1914. Mais c'est à Hollywood, à partir de 1923, qu'il obtint la reconnaissance internationale d'un talent qui est plus que jamais consacré aujourd'hui. Ses films reposent sur une mise en scène légère, brillante, caustique (la « Lubitsch's touch »), qui fait une grande part à l'ellipse : Lubitsch est ainsi resté célèbre pour filmer des portes closes, derrière lesquelles le spectateur peut imaginer toutes sortes de scènes. Il est aussi l'unique réalisateur à avoir fait rire Greta Garbo (dans *Ninotchka*) ! Parmi ses 80 films, beaucoup de chefs-d'œuvre, dont *The Shop Around The Corner*, *L'Homme que j'ai tué*, *Haute Pègre*, *Le Ciel peut attendre* et le fameux *To Be Or Not To Be*, satire du régime nazi. Il reste en tout cas le contre-exemple parfait du cliché de l'Allemand lourdaud.

— **Rosa Luxemburg** (1870-1919) : née en Pologne, s'installe en Allemagne en 1898. Première grande figure féminine du militantisme (avant Arlette), « Rosa la Rouge » (que Lénine comparait à un aigle) passa sa vie entre les congrès et les prisons (elle en profitait pour écrire). En 1916, elle crée la Ligue Spartakus (avec son fidèle ami Karl Liebknecht), qui deviendra le parti communiste allemand. Révolutionnaire mais antimilitariste, harangueuse de foule et romantique à la fois, intellectuelle pure mais proche des prolétaires, Rosa marque son époque par sa personnalité hors du commun. Elle meurt lâchement assassinée à Berlin par les forces de l'ordre : son corps est jeté dans les eaux de la Spree.

— **Thomas Mann** (1875-1955) : ce grand Nobel allemand incarnait ce que les nazis détestaient le plus, c'est-à-dire la grande bourgeoisie du Nord, éclairée, intello, libérale et, de plus, sociale. Fils d'un négociant de Lübeck, il a décrit dans sa saga des *Buddenbrook* la vieille aristocratie commerçante et ses états d'âme. À Berlin, en 1930, il plaide pour l'alliance du socialisme et des « exigences de bonheur bourgeoises comme la liberté, l'esprit, la culture ». Un groupe de SA en smoking l'expulse de la salle ! Sans être aussi menacé que son frère Heinrich (l'inspirateur du film *L'Ange bleu*), Mann doit émigrer. Et c'est en Suisse, puis en Amérique, qu'il poursuit son œuvre : *Mort à Venise*, puis son second chef-d'œuvre, *La Montagne magique*.

— **Karl Marx** (1818-1883) : « La bourgeoisie se souviendra longtemps de mes varices », disait celui qu'on appelait « le Diable de Trèves » ou « Old Nick ». Ce collaborateur de *La Gazette rhénane*, qui renverse la philosophie de Hegel pour en tirer le « matérialisme historique », devra vite s'exiler. Il se fixe à Londres, avec son épouse, une aristocrate ruinée qui regardait d'un mauvais œil les théories de son barbu de mari. Vie de misère : *Das Kapital* sera écrit sur un coin de table poussiéreuse, pendant que Madame Marx allait mettre l'argenterie au clou.

— **Friedrich Nietzsche** (1844-1900) : étudiant à Bonn, puis professeur à Bâle, l'inventeur du « surhomme » fut d'abord fasciné par Schopenhauer et Wagner. De santé fragile, celui qui prôna « la philosophie à coups de marteau » détestait cordialement l'esprit allemand et vécut surtout en Italie. Sa liaison avec la sulfureuse Lou Andréas Salomé (qui deviendra plus tard la maîtresse de Freud) tournera court et le portera vers l'opium. C'est à Turin, en 1889, sur la place Carlo-Alberto, que l'Antéchrist moustachu disjonctera en se jetant au cou d'un cheval battu. Se prenant dès lors pour Dionysos *himself*, il ne recouvrera jamais la raison.

— **Novalis** (1772-1801) : né lors d'une éclipse de soleil, mort de phtisie, Friedrich von Hardenberg (de son vrai nom) est un peu le Rimbaud du romantisme. Passionné de sciences naturelles, de chimie et de mathématiques, il gère les mines de sel de Weissenfels que possédait son père, tout en écrivant des odes à la nature. Sa fiancée, Sophie von Kühn, meurt à 14 ans. Le moins qu'on puisse dire est qu'il ne s'en remettra pas, allant jusqu'à comparer fréquemment la jeune morte au Christ dans une synthèse mystique.

PERSONNAGES

– **Wilhelm Reich** (1897-1957) : l'homme qui a fait découvrir aux hippies où était leur sexe fut d'abord un élève appliqué de Freud. Découvrant le marxisme, il crée à Berlin dans les années 1930 la « ligue pour une politique sexuelle prolétarienne » *(Sexpol)*! Réfugié aux États-Unis après son pamphlet d'économie sexuelle *(Psychologie de masse du fascisme)*, il développe la théorie de l'origine bioélectrique du cancer liée aux frustrations sexuelles. Personnage fantasque et dérangeant, il sera alors systématiquement calomnié jusqu'à sa mort, survenue mystérieusement en prison...

– **August Sander** (1876-1964) : ce photographe s'est toujours attaché à étudier la réalité des choses et des gens, la fixant à travers son objectif. On retiendra de lui son idée d'immortaliser un grand nombre d'hommes de toutes les classes de l'Allemagne de Weimar, « Hommes du XXe », en une vaste fresque humaine. Quand la photo se met au service d'une idéologie, elle devient un réel témoignage.

– **Gerhard Schröder** (1944) : il présente le profil type du *self-made man*. Il est né quelques jours avant la mort de son père sur le front de l'Est. Sa mère fait des ménages pour élever ses cinq enfants et, à 14 ans, Schröder abandonne ses études pour devenir apprenti-quincaillier. Animé d'une forte ambition et d'une grande volonté, il suit les cours du soir pour obtenir l'*Abitur* (l'équivalent de notre baccalauréat). Il poursuit ses études en travaillant et devient avocat dix ans plus tard. Ces années difficiles lui permettront d'avoir le parler vrai et le ton juste auprès des classes populaires tout au long de son aventure politique... Après avoir commencé sa carrière politique à l'extrême gauche du SPD, il modère ses pensées et, dans la lignée de Tony Blair, propose la modernisation de l'économie et un assouplissement de l'État-providence... Un style nouveau, un pragmatisme à toute épreuve, un appel au réalisme devant la globalisation de l'économie, irritent les syndicats mais séduisent les déçus d'Helmut Kohl. Il restait à Schröder à atténuer les états d'âme du SPD, toujours très fidèle aux principes de l'État-providence alors que, par exemple, le système de financement des retraites pose de sérieux problèmes devant le vieillissement de la population.

– **Michael Schumacher** (1969) : né à Hürt-Hermülheim (mais domicilié à Monte-Carlo, tiens pourquoi donc ?), Schumi a grandi au sein d'une famille de fous du volant : papa possède une piste de kart et petit frère Ralf roule maintenant sur les traces de son talentueux aîné. Depuis 1996, le champion de F1 a regagné la célèbre Scuderia pour redorer le blason de l'écurie italienne qui n'avait pas été sacrée depuis 1979. Objectif enfin atteint au terme de la campagne de 1999. En 2003, Schumi ne laisse que des miettes à ses adversaires : en raflant son sixième titre de Champion du monde, il surpasse Juan-Manuel Fangio dans la légende de la course automobile.

– **Richard Wagner** (1813-1883) : son oncle Adolf (ça ne s'invente pas) fit sa première éducation culturelle, puis il fut élève à Dresde et à Leipzig. Chef d'orchestre à Riga de 1837 à 1839, il dut précipitamment quitter la ville, poursuivi par une meute de créanciers... C'est durant sa fuite en bateau vers Londres, après un naufrage où il faillit se noyer, qu'il eut l'idée du *Vaisseau fantôme*. En exil pendant dix ans à cause de ses activités révolutionnaires (combats du printemps 1849), il développe alors l'univers mythologique de sa future *Tétralogie*. Admiré par Baudelaire, Nietzsche et Tolstoï, il deviendra le protégé de Louis II de Bavière qui fit construire pour lui l'opéra de Bayreuth dès 1872. La représentation de *Parsifal* en 1882 marquera l'apothéose du génie (mégalo ?) créateur de *L'Or du Rhin* et de *La Walkyrie*.

– **Wim Wenders** (1945) : né à Düsseldorf, cet enfant de l'après-guerre s'est imposé comme le chef de file du nouveau cinéma allemand à la fin des années 1970. Refusant les conventions de la narration traditionnelle, adepte de dialogues rares et décalés, fan de rock underground, Wenders est souvent qualifié de cinéaste intellectuel, ce qui n'a pas empêché ses films de faire une carrière internationale. Célébrant l'errance sur les routes *(Au Fil du temps)* ou dans des villes hostiles *(Paris, Texas* puis *Les Ailes du désir,* tourné à Berlin), il illustre parfaitement la « routardise » de l'âme allemande, cette soif de découvrir des émotions « jusqu'au bout du monde » comme à Cuba notamment, avec l'émouvant film-documentaire *Buenavista Social Club*.

POLITIQUE

Les institutions

La constitution de 1949 a été rédigée dans le souci de ne pas réitérer les erreurs qui ont conduit la république de Weimar au désastre. Un maximum de dispositions ont été prises pour établir un nouveau régime parlementaire stable. Les pouvoirs sont essentiellement partagés entre le *Bundestag* (l'assemblée fédérale) et le chancelier, chef du gouvernement, le président de la République n'ayant qu'un pouvoir représentatif très limité. Le chancelier est élu par les députés, eux-mêmes élus au suffrage universel. Le parlement dispose ainsi d'un véritable pouvoir de contrôle sur le gouvernement, et joue de plus un important rôle législatif.

Le fédéralisme est un aspect important des institutions allemandes. Il résulte de l'histoire même du pays. Avant 1871, date de l'unification, l'Allemagne n'était qu'un ensemble de petits royaumes, de duchés et de villes libres autonomes. Cette tradition s'est perpétuée, étant donné qu'aucune de ces petites unités n'acceptait un centralisme à la française. Aujourd'hui, les petits États sont devenus des *Länder* (en français, « pays »), et disposent de réels pouvoirs. Si les relations extérieures, la défense, les télécommunications, les transports et la monnaie sont des domaines réservés au pouvoir fédéral, l'éducation, la police et l'organisation communale relèvent des Länder (au nombre de 16 depuis la réunification).

Les partis

« Les partis coopèrent à la formation de la volonté politique du peuple. Leur fondation est libre. Leur organisation interne doit répondre aux principes démocratiques. Ils doivent rendre compte publiquement de la provenance de leurs ressources. » (Article 21 de la Loi Fondamentale de 1949.)

Les six partis du Bundestag sont, depuis 1990 : la *CDU* (Union démocrate chrétienne), droite parlementaire et son alliée traditionnelle la *CSU* (Union sociale chrétienne), branche bavaroise du CDU ; le *FPD* (parti libéral), au centre droit ; le *SPD* (parti social-démocrate) à gauche, le *PDS* (parti du socialisme démocratique), et *Allianz 90* (Verts, parti écologiste entré sous ce nom au Bundestag en 1993).

Les grands partis allemands sont favorisés aux élections législatives. En effet, une loi exclut de la représentation parlementaire les partis qui obtiennent moins de 5 % des voix. C'est que les Allemands ont tiré des leçons de l'histoire : cette loi est censée éviter le blocage des décisions politiques par un trop grand nombre de petits partis au parlement, et a pour effet direct d'éliminer les extrêmes (surtout de droite !).

Mais il existe quelques exceptions : ainsi les Verts, qui n'atteignaient pas 5 % en 1990, ont pu refaire une nouvelle liste associés à l'Alliance, et entrer de nouveau au Bundestag. De même la clause des 5 % n'est pas appliquée aux minorités nationales.

Problèmes sociaux

En 1989, c'était l'euphorie ! Le Mur venait de tomber. À l'Est, on croyait à la liberté, à l'Ouest on embrassait ses frères. Mais les « Ossies » ont vite compris que tout n'était pas si simple : être libre, c'est bien, mais être

chômeur, c'est moins drôle ! De plus, on leur apporta d'un seul coup toute une gamme de produits issus d'une société de consommation qu'ils n'avaient jamais connue et dont ils ne jouiraient sûrement pas tout de suite. Le sentiment de liberté fit place à l'envie, et l'envie à la frustration. À l'Ouest, on accueillait à bras ouverts les premiers immigrants, mais on se rendit vite compte qu'ils prenaient de la place et que les loyers augmentaient ; bref, un racisme germano-germanique larvé et inattendu. Chômage et crise, deux mots qui étaient totalement inconnus des Allemands, deux mots qui sont souvent à la base même de l'intolérance et du racisme lorsque les solutions manquent. Des actes crapuleux contre des émigrés turcs ou vietnamiens ont défrayé la chronique.
Devant ces manifestations d'intolérance, le gouvernement allemand prenait enfin la décision « choc » d'interdire un groupuscule d'extrême droite : le « front nationaliste » (réputé pour ses thèses néo-nazies et ses actes de violence).

Balayons devant notre porte !

Qui n'a pas en effet assimilé « les Allemands » aux « nazis » à cause des films de guerre ? Pourtant, même si la fascination qu'éprouvaient les Allemands pour Hitler à l'époque est indéniable, on oublie souvent de préciser que le parti national-socialiste n'obtint pas la majorité absolue aux élections de 1933. Rappelons aussi qu'une résistance allemande s'est formée et qu'Hitler a échappé à plusieurs attentats... dans son propre pays. Le pouvoir nazi ne s'est maintenu en Allemagne que grâce à une dictature féroce, une censure totale et un endoctrinement radical. Précisons aussi (mais ça, c'est plus dur à digérer !) que les Français n'ont pas tous été clairs pendant cette période.... Rappelons enfin que les autorités françaises ne se sont pas privées de faire de sacrés « cadeaux » aux nazis, parfois sans qu'on ne leur demande rien. Certains ont donc la mémoire courte !
Il est toujours plus facile (et moins vexant pour notre patriotisme) de réveiller les vieux démons allemands, quitte à « oublier » que la France est aujourd'hui le seul pays d'Europe à avoir vu un candidat d'un parti nationaliste d'extrême droite arriver jusqu'au deuxième tour des présidentielles.
Bref, balayons devant notre porte et « cessons de projeter nos faiblesses, nos peurs et notre mauvaise conscience sur le Grand Satan allemand », comme le dit si bien l'anthropologue Emmanuel Terray. La « bête immonde » ressurgit rarement là où on l'attend. Et la jeunesse allemande actuelle, élevée dans le culte du pacifisme, arbore bien plus souvent des cheveux longs que des crânes rasés. Elle a encore beaucoup de choses à nous apprendre.
« Give peace a chance ! »

POPULATION

La population allemande compte 82 millions d'habitants, mais c'est l'une des plus vieillissantes d'Europe. Le taux de natalité est assez faible et était presque catastrophique en RDA jusqu'au début des années 1980. L'Allemagne compte aussi parmi les plus grands pays d'accueil du monde : aujourd'hui, plus de 7 millions d'étrangers y vivent (9 % de la population totale). Les particularismes provinciaux sont très forts et les Allemands y sont attachés. Évitez de confondre un Souabe avec un Badois, ou un Bavarois avec un Hambourgeois, vous vous feriez des ennemis.
Dans l'ex-RDA, il existe une minorité ethnique : les Sorabes. Au nombre d'environ 100 000, ils vivent au sud-est de Berlin, notamment dans la *Spreewald*. D'origine slave, les Sorabes sont autorisés depuis la fin de la dernière guerre à perpétuer leurs traditions, leur langue et leur culture.

L'âme allemande

Contrairement à ce que l'on croit souvent, les Allemands ne manquent pas d'humour. En revanche, s'il est une chose dont ils manquent certainement, c'est de détachement face à la vie ; car leur soif d'absolu les empêche de plaisanter sur les événements graves.

Si les Britanniques, eux, mettent un point d'honneur à tourner en dérision les avatars les plus dramatiques, leur manière d'en sourire laisse les Allemands en général très mal à l'aise, tout comme, dans un autre registre, les Français sont d'une susceptibilité maladive et incapables de se moquer d'eux-mêmes.

« Les Allemands, disait Goethe, compliquent tout... à la fois pour eux-mêmes mais aussi pour les autres. » Dès qu'un sujet important fait surface dans une conversation, ils adorent en débattre pendant des heures, animés d'une ferveur tourmentée. Les valeurs et les institutions démocratiques sont très récentes dans l'histoire allemande, alors que les Anglais aiment faire remonter leur démocratie à la signature de la Magna Carta au XIIIe siècle et que les Français se gonflent d'orgueil dès qu'il s'agit de valeurs républicaines. Les Allemands savent que le meilleur moyen de sauvegarder leur démocratie est de la consolider avec des lois qui puissent guider leur comportement. Voilà pourquoi la société allemande peut, à certains moments, paraître guindée, conformiste et très réglementée. Cette auto-discipline leur est essentielle pour brider les pulsions irrationnelles qui hantent leur mémoire collective.

Ostalgie, quand tu nous tiens...

La nostalgie des ex-camarades. Avec le temps, dans l'Est, les attraits de la société occidentale ont perdu de leur éclat et le culte du bon vieux temps – où tout était pris en charge par l'État – a fait son apparition, sous le joli nom d'*Ostalgie*. On recherche les bistrots au look d'autrefois, les sodas de l'enfance, le café Gold, les savons Florena, les pâtes à tartiner Nudossi, le chocolat Schlager qui colle toujours au palais et ce subtil mélange de cornichons et tomates des temps difficiles, définitivement remplacé par un zeste d'orange... Retour à l'enfance, pour beaucoup, tout simplement... mais aussi souvenir du temps béni où les crèches et les soins de santé étaient gratuits, où l'emploi à vie (même à ne presque rien faire) était quasi garanti et où la solidarité dans les HLM sordides n'était pas un vain mot... même sous l'œil vigilant des indics de la *Stasi*.

Après la sortie du film *Good Bye Lenin* (6 millions de spectateurs) et le succès de la société *Ossiversand* qui vend par correspondance des produits de l'Est (recréés) comme les cornichons sucrés de la Spreewald et l'infect mousseux *made in RDA*, on annonce à la fin 2003 l'ouverture d'un parc à thème à Köpenick (banlieue est de Berlin), sorte de Disneyland version goulag où le visiteur encadré de Vopos patibulaires est conduit en Trabant vers des magasins aux rayons vides entre deux pans de mur.

POSTE

Les bureaux de poste sont en principe ouverts du lundi au vendredi de 8 h à 18 h et le samedi de 8 h à 12 h. Dans les gares des grandes villes et dans les aéroports, ils restent ouverts plus longtemps et parfois même le dimanche.

Les tarifs d'expédition « pour l'intérieur » s'appliquent également aux pays de l'Union européenne, ainsi qu'à la Turquie, la Suisse et l'Autriche. En 2003, l'affranchissement d'une lettre est de 0,56 € et celui d'une carte postale de 0,51 €. Les tarifs « pour l'étranger » sont plus élevés, précisez donc bien le pays destinataire.

POURBOIRE

Le service est toujours compris dans l'addition, et le pourboire n'est pas une obligation. Cela dit, il est bien vu d'arrondir la note plus ou moins largement en fonction de la qualité du service ou du sourire de la serveuse. Le serveur vous demandera si vous êtes plusieurs, *zusammen oder getrennt* (ensemble ou séparé), et même si vous êtes quinze, chacun pourra régler séparément. Indiquez alors le montant du pourboire en payant, car on ne le laisse jamais sur la table. Précisez : *stimmtso* (on prononce « chtimtzo ») si vous laissez la monnaie.

RELIGION

L'État garantit la pleine liberté de confession et le libre exercice du culte. En théorie, chaque Allemand appartient à une Église, et doit verser un impôt *(Kirchensteuer)* à l'État qui le redistribue au culte choisi. Pour échapper à cette taxe, beaucoup d'Allemands se déclarent athées !
Contrairement aux idées reçues, les catholiques sont légèrement majoritaires dans les Länder de l'Ouest (27,1 millions contre 27 millions de protestants), et se concentrent au sud du pays, en particulier en Bavière. Au nord et surtout dans l'ex-RDA, les adeptes des thèses luthériennes ne se comptent pas. Les musulmans (3 millions) représentent 2 % des fidèles. Moins de 0,2 % des Allemands sont juifs (ils étaient plus d'un demi-million en 1936...).

SANTÉ

Pour faciliter les remboursements par la Sécurité sociale en France, pour des soins reçus en Allemagne, demandez à votre centre le formulaire E-111 plusieurs semaines avant le départ.
Vous trouverez l'adresse de médecins d'urgence ou de garde dans la rubrique « Adresses utiles » de certaines grandes villes. Les médecins consultent en général de 8 h à 12 h et de 16 h à 18 h, sauf les mercredi, samedi et dimanche. En cas de pépin, on peut toujours appeler le consulat de France qui fournira une liste de médecins. En urgence, demander l'*Ärztlicher Notdienst*.

SAVOIR-VIVRE, COUTUMES

Bien qu'il n'y ait pas de différences fondamentales entre les mœurs de nos voisins et les nôtres, il faut savoir que les Allemands sont d'une nature plutôt disciplinée. Certaines des attitudes latines des Français, si elles ne sont pas freinées, peuvent les amuser ou parfois même les heurter. Alors agissons en personnes civilisées...
– Ne vous ruez pas sur la première Allemande qu'on vous présente en l'embrassant sur les deux joues comme si vous la connaissiez depuis toujours. Calmez vos ardeurs et serrez-lui la main (sans la broyer, de préférence). En Allemagne, on n'embrasse que les personnes que l'on connaît bien (dommage !).
– Traversez la rue lorsque le feu pour piétons est au vert, et ce, même quand il n'y a pas de voiture en vue. On vous expliquera en effet que c'est un très mauvais exemple pour les enfants qui pourraient vous regarder ! Faire le contraire pourrait vous attirer les remarques de mères de famille, ou de policiers. Cela pourrait même vous coûter une amende.
– Évitez d'aborder le thème du IIIe Reich avec un inconnu ou une connaissance trop récente. Traumatisés par leur passé, les Allemands (même jeunes) restent très susceptibles sur ce point et pourraient croire à une mise en accusation directe de votre part. Faites preuve de tact et de diplomatie !

Et dites-vous bien que la génération actuelle n'est pas responsable des crimes du passé...
– Évitez d'arriver 45 mn en retard à vos rendez-vous, les Allemands sont d'une ponctualité très suisse !

SITES INTERNET

- *www.routard.com* • Tout pour préparer votre périple, des fiches pratiques, des cartes, des infos météo et santé, la possibilité de réserver vos prestations en ligne. Sans oublier *routard mag,* véritable magazine avec, entre autres, ses carnets de route et ses infos du monde pour mieux vous informer avant votre départ.
- *www.ifrance.com/Germania* • Deux Françaises démystifient les préjugés de leurs compatriotes à l'égard du monde germanique. Salutaire et tonique.
- *www.messe.de* • Le calendrier des grandes foires commerciales. Juste pour éviter de séjourner à ces moments-là !
- *www.welt.de* • Le site du plus grand quotidien allemand (aussi en anglais).
- *www.leader-city.com/allemagne* • De bons conseils pour ceux qui voudraient travailler et s'établir en Allemagne.
- *www.abrege.com/lpv/allem.htm* • Tout savoir sur la production viticole allemande.
- *www.hco.hagen.de/vlmp/vlmp-fr* • La liste complète des musées allemands.
- *www.bavaria.com/index_fr.html* • Réflexions bavaroises devant une bière. Très sympa.
- *www.roadstoruins.com/index.html* • Tout sur les ruines médiévales et les châteaux allemands.

TÉLÉPHONE

– *Allemagne → France :* 00 + 33 + n° du correspondant à 9 chiffres (on ne compose pas le 0).
– *Allemagne → Belgique :* 00 + 32 + indicatif de la ville + numéro.
– *France → Allemagne :* 00 (tonalité) + 49 + indicatif de la ville + n° du correspondant.
– *Belgique → Allemagne :* 00 + 49 + indicatif de la ville + numéro.
– *Allemagne → Allemagne :* pour téléphoner d'une localité à l'autre de l'Allemagne, il faut composer le 0 devant l'indicatif de la ville.
– *Renseignements nationaux :* ☎ 01-188.
– *Renseignements internationaux :* ☎ 00-118 (depuis l'Allemagne) et ☎ 00-33-12 + code pays (49 pour l'Allemagne), depuis la France.
– *Appel en PCV :* ☎ 013-08-000 + 33 (pour la France).
– *Urgences* (de n'importe quel poste, dans tout le pays) *: appel de secours,* ☎ 110.
– *Sapeurs-pompiers :* ☎ 112.

Carte téléphonique

Pour téléphoner sans souci depuis l'étranger, vous pouvez vous procurer la **carte téléphonique du Routard** avant votre départ. Développée en partenariat avec *Tiscali,* elle est utilisable depuis 10 pays (Allemagne, mais également Belgique, Canada, États-Unis, Irlande, Pays-Bas, Portugal, Royaume-Uni). D'une valeur de 20 €, elle vous permet de joindre vos correspondants en France et dans le monde entier.

Simple d'utilisation, vous pouvez appeler depuis n'importe quel téléphone à touches (d'une cabine, de chez des amis, d'un restaurant, d'un hôtel, de l'aéroport...) en bénéficiant de tarifs très avantageux.
Grâce à cette carte sans abonnement, vous terminerez le crédit non consommé lors de votre retour en France.
Comment vous la procurer ? Une seule adresse : • www.routard.com • Votre carte sera envoyée directement à votre domicile (frais de port offerts).

TRANSPORTS INTÉRIEURS

Le stop

Pas toujours évident à pratiquer : les BMW roulent souvent trop vite et, de plus, le stop est interdit sur l'autoroute. Cela dit, dans des régions touristiques, comme autour de Heidelberg ou entre Stuttgart et le lac de Constance où les étudiants sont nombreux, ou encore à la veille des week-ends et des vacances scolaires lorsqu'ils rentrent chez eux, vous resterez moins longtemps sur le bord de la route.
En revanche, le « stop organisé » (avec participation) est très développé et reste très économique : au moins une agence *(Mitfahrzentrale)* par ville : ☎ 194-44 (pour toute l'Allemagne). Moins chers encore, les trajets proposés par l'intermédiaire de petites annonces par les étudiants dans les restos universitaires : il existe des panneaux prévus à cet effet, où l'on peut aussi passer une annonce.

Le train

Excellent réseau ferroviaire, horaire cadencé (un train toutes les heures) entre les grandes villes, avec correspondances pour les régions. Une certaine complexité dans l'organisation si l'on ne parle pas l'allemand ou l'anglais, mais les quais sont indiqués sur les fiches horaires, que vous pouvez demander, en français, pour votre trajet, au « Service Point », comptoir d'information dans les grandes gares. Par contre, la ponctualité, vertu germanique par essence, est toujours au rendez-vous.
Les billets « tarif normal » ne sont pas toujours bon marché. Cependant, la *Deutsche Bahn (DB)* propose de nombreuses possibilités de réduction *(Eurodomino, BahnCard, Sparpreisticket, Mitfahrer...)* ; renseignez-vous avant de partir, sur Internet, auprès de leur bureau de Paris ou sur place au Service Point ou aux guichets des gares. Il est parfois utile de réserver, cependant, pas de réservation obligatoire pour les trains nationaux de jour. Pour les grandes liaisons intérieures, faible différence de prix entre le train au tarif normal et les offres promotionnelles en avion.
Si vous vous baladez le week-end, demandez un billet *Schönes Wochenende* à 28 €. Ce ticket est valable sur tout le réseau allemand, et ce, toute la journée du samedi OU du dimanche, pour maximum 5 personnes mais uniquement dans les trains régionaux.
En semaine, le *Länder-Ticket* est une formule intéressante qui permet à 5 personnes maximum de voyager dans les trains régionaux d'un Land (par exemple, la Bavière) pendant toute une journée à partir de 9 h, pour 21 €.

■ **DB France :** 4, rue Daunou, 75002 Paris. ☎ 01-44-58-95-40. Fax : 01-44-58-95-57. • www.dbfrance.fr • train@dbfrance.fr • Ou sur place, dans les gares. Par ailleurs, *DB France* ne vend pas « que » des billets de train mais est aussi un excellent spécialiste de l'organisation du voyage en Allemagne en individuel ou en groupe.

La voiture

L'Allemagne possède l'un des meilleurs réseaux routiers d'Europe (11 500 km d'autoroutes gratuites), mais les travaux omniprésents à l'Est ralentissent considérablement l'allure. L'essence est presque aussi chère qu'en France. La ceinture de sécurité (avant et arrière) est obligatoire dans l'ensemble du pays. Il est conseillé de ne pas dépasser 130 km/h sur autoroute (bien qu'il ne soit pas interdit de le faire) ; vitesse limitée à 100 km/h en dehors des agglomérations et attention, en ville, de bien respecter la vitesse de 50 km/h ou 30 km/h, selon les zones, car il y a souvent des radars fixes ; le taux toléré d'alcool dans le sang est de 0,5 g.

– En ville, n'oubliez pas les tramways. Ils peuvent surprendre l'automobiliste distrait. Sachez qu'ils doivent toujours être dépassés par la droite et jamais à l'arrêt. Cette règle peut vous éviter un homicide involontaire !

– Se garer en agglomération relève souvent de l'exploit. Pratiquement toutes les villes possèdent un grand centre piéton où, contrairement aux centres français similaires, l'accès en voiture est impossible. N'hésitez pas à utiliser les nombreux parkings souterrains disséminés autour de ces quartiers. Pratiques, ils évitent bien des soucis.

– Bon plan : l'*ADAC* est un service de dépannage présent dans presque toutes les villes. La main-d'œuvre est gratuite, seuls les frais de pièces doivent être remboursés. Les dépanneurs sont souvent très sympas et méritent un bon pourboire. Appeler le : ☎ 0180-2222-222 (ne composez pas le 0180 depuis un portable). • www.adac.de •

La location de voitures

Les sociétés *Sixt, Hertz, Europcar, Avis* et autres louent des voitures de différents types pour toutes durées. Bureaux de location dans tous les aéroports, les gares principales et les villes. Tarif week-end du vendredi 12 h au lundi 9 h.

■ *Auto Escape :* ☎ 0800-920-940 (numéro gratuit). ☎ 04-90-09-28-28. Fax : 04-90-09-51-87. • www.autoescape.com • Vous trouverez également les services d'Auto Escape sur • www.routard.com • L'agence *Auto Escape* propose un nouveau concept dans le domaine de la location de voitures : elle achète aux loueurs de gros volumes de location, obtenant en échange des remises importantes dont elle fait profiter ses clients. C'est un vrai central de réservation (et non un intermédiaire), qui propose un service très flexible. Surveillance quotidienne du marché international permettant de garantir des tarifs très compétitifs. Il faut réserver avant le départ, et le plus tôt possible pour garantir la disponibilité du véhicule et éviter les augmentations de tarif. 5 % de réduction supplémentaires aux lecteurs du *Guide du routard* sur la plupart des destinations.

La bicyclette

Moyen de locomotion économique et écologique, la bicyclette est particulièrement appréciée des étudiants allemands. Dans certaines villes, on en voit partout ! Pour un peu on se croirait en Chine... De nombreuses pistes cyclables ont été aménagées dans presque toutes les grandes agglomérations. Piétons, prudence ! Dessinées sur les trottoirs, ces pistes sont exclusivement réservées aux cyclistes, qui foncent sans toujours avertir. Ce sont d'ailleurs les mêmes qui portent... des casques. Avertissement aux automobilistes : en ville, les cyclistes font partie intégrante de la circulation et sont donc respectés par les conducteurs de véhicules. De ce fait, les cyclistes ont tendance à être moins vigilants (par exemple, quand ils ont la priorité). Soyez prudents et ne faite pas n'importe quoi quand vous partagez la route avec eux.

Pour visiter l'Allemagne à vélo : l'Office national allemand du tourisme (voir « Avant le départ ») publie une brochure sur les pistes cyclables en Allemagne, soit 40 000 km de routes recensées par régions, avec les curiosités, les cartes et des infos pratiques...

■ *ADFC :* ● www.adfc.de ● On peut y commander des cartes et des itinéraires de cyclotourisme.

■ *Bund Deutscher Radfahrer :* ● www.bdr-online.org ● Le site de la Fédération cycliste allemande.

Les taxis

Ils ne sont pas moins chers qu'en France. Le taximètre est obligatoire. Les tarifs peuvent varier d'une ville à l'autre et se composent d'une prise en charge et d'un prix au kilomètre parcouru.
Dans la plupart des grandes villes, il existe des taxis pour les femmes qui ont peur toutes seules la nuit. On peut les appeler après 21 h en précisant qu'on veut un *Frauen-Taxi*. Les tarifs sont équivalents à ceux des trajets en bus.

Les péniches et bateaux

■ *Locaboat Plaisance :* quai du Port-au-Bois, BP 150, 89303 Joigny Cedex. ☎ 03-86-91-72-72. Fax : 03-86-62-42-41. ● www.locaboat.com ● Location de pénichettes (sans permis).

TRAVAIL BÉNÉVOLE

■ *Concordia :* 1, rue de Metz, 75010 Paris. ☎ 01-45-23-00-23. ● www.perso.wanadoo.fr/concordia-association ● Ⓜ Strasbourg-Saint-Denis. Logés, nourris. Chantiers très variés ; restauration du patrimoine, valorisation de l'environnement, travail d'animation... Places limitées. Attention : voyage à la charge du participant.

BERLIN ET LE BRANDEBOURG

BERLIN

Près de quinze ans après la Chute du Mur, les cicatrices sur les pierres, les corps et les âmes s'effacent lentement. L'ex-RDA se reconstruit, invente sa nouvelle identité, pas toujours avec sérénité d'ailleurs. Et pourtant, dans ce climat de sinistrose, l'Allemagne est frappée d'une vague d'« ostalgie », jeu de mots entre nostalgie et *ost* (signifiant est) : parc d'attractions dédié à la vie quotidienne en RDA, show télévisé présenté par Katarina Witt, films comme *Good Bye Lenin,* qui sont déjà culte... L'Allemagne se réapproprie son histoire ! Les Allemands s'élancent à la conquête de l'Est comme vers un territoire du temps retrouvé. Les provocations d'une fraîche liberté se mettent en scène dans des décors déglingués et chaotiques. Il reste quelques témoignages du régime passé qu'il faut avoir vus avant qu'ils ne disparaissent totalement, comme de curieux monuments à la gloire du peuple ou des quartiers de HLM dans la plus pure tradition socialiste. Mais la vraie richesse de Berlin, c'est sa culture. Avant 1989, la ville servait de vitrine à l'idéologie des « deux Grands » qui se faisaient face là, mieux que nulle part ailleurs. L'Ouest a ainsi bénéficié d'importantes subventions destinées notamment au rayonnement culturel. Dans Berlin réunifié, on recense ainsi 150 théâtres, 300 galeries et quelque 170 musées ! Il reste de ces années un dynamisme artistique et culturel qui ne tarit pas, même si de nombreuses salles de spectacles doivent aujourd'hui faire face à une diminution sensible des aides de l'État. Tandis que, grâce à des investissements considérables, les musées berlinois sont rénovés de fond en comble et présentent un nouvel attrait culturel. Si les Berlinois éprouvent de la fierté pour leur ville, c'est davantage pour sa vitalité (ses parcs, ses lacs, sa culture), que pour son passé impérial. Dans les nouveaux Länder, l'histoire est omniprésente : cités médiévales et cathédrales gothiques, châteaux rococo et musées Renaissance. Européenne avant l'heure, la culture allemande est également la nôtre : de Bach à Goethe, de Luther à Wagner et de Brecht au Bauhaus. Voilà ce que l'on ira chercher dans l'ex-zone communiste, derrière les ruines du Mur, les richesses d'un passé culturel partagé avec des cousins germains que l'on a plaisir à retrouver.

BERLIN   3,4 millions d'hab.   IND. TÉL. : 030

Successivement « Athènes du Nord », centre des années folles de la Prosperity, modèle d'« ordre et de progrès »... la gigantomachie tragique de 1945 met un terme au Berlin des modèles.
Le 9 novembre 1989, l'indéfinissable « air berlinois » emporte, à nouveau, tout sur son passage... Le 20 juin 1991, les députés du Bundestag décident, à l'issue d'un vote très serré, par 338 voix contre 320, de quitter Bonn pour revenir dans la capitale historique de l'Allemagne. Le gouvernement, puis le Bundesrat prennent dans la foulée la même décision. Ainsi, depuis septembre 1999, chancelier, ministres et parlementaires sont en place à Berlin, même si l'installation un peu pharaonique des institutions fédérales n'a pas emporté tous les suffrages. La coupole de verre du Reichstag est le symbole de ce renouveau politique de Berlin. Pour des raisons de coût, la facture du déménagement s'élevant déjà à quelque dix milliards d'euros, la plupart des ministères se sont installés dans des bâtiments datant du IIIe Reich ou de la RDA. Cette solution a été finalement

LE NORD-EST DE L'ALLEMAGNE

LE NORD-EST DE L'ALLEMAGNE

choisie, même si certains ministres auraient préféré intégrer des bâtiments moins chargés d'histoire. La seule construction importante, mais elle est symbolique, est celle de l'imposante chancellerie, qui met un terme à la discrétion longtemps voulue par les autorités et répond clairement à une question que tout citoyen allemand se pose : pouvons-nous, en tant qu'Allemands, nous permettre ces signes extérieurs de pouvoir sans être montrés du doigt ?

Berlin est une ville qui surprend, non seulement par son étendue (9 fois la superficie de Paris) et par la juxtaposition de ses divers styles, mais surtout parce qu'il s'agit d'une ville en ébullition, en complète métamorphose. Le centre est éventré par les bulldozers. Des trous béants, des immeubles en construction, des camions transportant des gravats ou acheminant du béton font désormais partie du paysage, encore pour quelque temps...

Berlin capitale, ce n'est pas seulement un nouveau rendez-vous des Allemands avec eux-mêmes, c'est aussi un rendez-vous de l'Europe avec son avenir.

UN PEU D'HISTOIRE

Deux villages de pêcheurs sont à l'origine de la ville : Berlin et Cölln, habités depuis le XIIe siècle par la tribu slave des Wendes. Les souverains de Brandebourg en font une cité importante, en particulier le Grand Électeur qui offre, en 1685 (après la révocation de l'édit de Nantes, dont vous retrouverez la date...), l'asile à plus de 6 000 protestants français. Leur influence sera prépondérante. En fait, après la guerre de Trente Ans (1618-1648), il n'a guère le choix : la population, décimée, est inférieure à 6 000 habitants !

Le premier roi de Prusse, Frédéric Ier (qui règne de 1701 à 1713), réunit les cinq communes de la ville et fait de Berlin sa résidence et la capitale de la Prusse (construction de Charlottenburg, de l'arsenal ou du Palais royal). Frédéric II (1740-1786) entreprend la construction de fastueux monuments (opéra, bibliothèque royale, université, église catholique, etc.), et la porte de Brandebourg est érigée peu de temps après sa mort. Deux noms à retenir pour cet aménagement : Carl Gotthard Langhans et Georg Wenzeslaus von Knobelsdorff. De 1650 à 1789, la population passe de 10 000 à 150 000 habitants.

Berlin devient par la suite capitale du Reich allemand sous Bismarck (déjà 2 millions d'habitants en 1905), puis capitale de la république de Weimar. Après la réforme territoriale de 1920, le « Grand Berlin » voit le jour avec la fusion de ses arrondissements, des sept villes environnantes et des 59 villages. Les 860 km et les 4 millions d'habitants de la métropole en font ainsi la plus grande ville industrielle du continent ! Sa célèbre université, les architectes du Bauhaus et le dramaturge Bertolt Brecht (voir la rubrique « Personnages ») participent alors à son rayonnement culturel, hélas interrompu par la crise économique de 1929 (plus de 600 000 chômeurs à Berlin) qui favorise l'accession d'Adolf Hitler au pouvoir en 1933... Après l'incendie du Reichstag qui lui fournit un prétexte pour éliminer les communistes et les socialistes, la répression du chancelier nazi bat son plein : arrestations en masse d'intellectuels et d'opposants, autodafé de 20 000 livres sur l'ancienne Opernplatz (actuelle Babelplatz), « semaine sanglante de Köpenick », incendie des synagogues, puis déportation et assassinat de 60 000 Berlinois d'origine juive !

Après la Seconde Guerre mondiale, les bombardements des Alliés et la prise de la ville par l'Armée Rouge, Berlin n'est plus que ruines : on évacue 75 millions de mètres cubes de décombres... En juin 1945, l'ancienne capitale devient le siège du Conseil de contrôle allié. On partage la ville en quatre secteurs d'occupation : soviétique pour la zone orientale (près de la moitié de la superficie totale), américain, français et britannique pour le reste. Mais des dissensions apparaissent entre les Alliés : en 1948, les Soviétiques coupent les voies d'accès à Berlin-Ouest. Les Américains organisent alors un pont aérien qui permet de ravitailler la population pendant près d'un an ! Les liaisons téléphoniques entre les deux Berlin sont interrompues en 1952 par décision de l'Est. Un mouvement de mécontentement se propage dans toute la RDA ; il culmine en juin 1953 et pousse les troupes soviétiques à intervenir pour rétablir le calme. Des centaines de milliers d'Allemands de l'Est passent alors à l'Ouest, fuyant le nouveau régime. Pour mettre fin à cette hémorragie, le Mur est érigé en 1961. Il ne tombera que le 9 novembre 1989. Les faits marquants de ces dernières années sont, sans conteste, le départ des forces militaires alliées le 8 septembre 1994, l'« emballage » très symbolique du Reichstag par Christo en juillet 1995 et sa rénovation achevée par la construction d'une coupole de verre. Ces trois événements ont en effet profondément modifié la perception que les Berlinois ont de leur ville.

Le transfert des institutions fédérales de Bonn à Berlin a suscité bien des polémiques... Berlin, capitale de l'Allemagne, certains y voient un rapprochement trop fort vers l'Est, et l'éloignement de son ancrage occidental... C'est le rappel de Berlin capitale du Reich en 1871 et plus tard de la dictature

nazie... Berlin évoque, plus loin dans l'histoire encore, la Prusse et son autoritarisme... Et les sinostalgiques de Weimar, capitale de la république de l'après-guerre de 1914, et de Bonn, capitale de la nouvelle république fédérale d'Allemagne, en 1949, choisie parce que proche des autres pays européens de l'Ouest, d'aligner les arguments. Berlin représenterait le centralisme, oubliant le fédéralisme, par ailleurs parfois remis en question.
Berlin demeure pourtant une capitale théorique. Sa population, sans se soucier des sempiternelles discussions idéologiques, a démontré récemment que l'histoire n'est pas une science exacte. Alors que le spectre du communisme s'était pratiquement évanoui depuis la réunification, les électeurs ont voté en masse en janvier 2002 pour le PDS, l'héritier du SED de la RDA. Le choix des néo-communistes s'explique par la déroute financière de Berlin. Largement subventionnée pendant la guerre froide, la ville n'a pas su gérer correctement son indépendance économique. Avant d'être une capitale administrative, Berlin demeure une ville en même temps qu'un Land... ce que les électeurs ont confirmé en imposant 3 communistes parmi les 8 membres du conseil. Un pied de nez historique prévisible.
Toutefois, et ce malgré les divergences politiques, chacun s'accorde pour enrayer le chômage, investir dans les infrastructures à l'Est pour les mettre au niveau de celles de l'Ouest, et conforter Berlin dans son rôle de « capitale de la culture ». Mais Berlin a vu grand, trop grand peut-être : la ville est au bord de la faillite. En 2002, elle accusait une dette de 46 milliards d'euros. Pourtant, le gouvernement fédéral ne semble pas décidé à aider la ville à sortir de ce gouffre financier. Résultat : des immeubles et bureaux vides sont vendus pour 1 € symbolique, des postes de fonctionnaires sont supprimés, les budgets alloués à la culture sont diminués... Certes, Berlin se cherche encore, mais la capitale de l'Allemagne est résolument tournée vers l'avenir.

Arrivée à l'aéroport

✈ *Aéroport de Tegel* (TXL ; plan d'ensemble, B2) : ancien aéroport militaire, il est situé au nord-ouest de Berlin. ☎ 0180-500-01-86. • www.berlin-airport.de • Arrivée des vols d'Air France (☎ 0180-583-08-30).

■ *Point infos :* dans le hall principal. Ouvert de 5 h à 22 h 30. Accueil sympa mais peu de brochures.
■ *BVG Service :* de 7 h 15 à 20 h. Vente de billets de bus, de plans et renseignements pour trouver son hôtel. Bureau des objets trouvés.
✉ *Poste :* dans le hall principal. Ouvert en semaine de 7 h à 21 h, les week-end et jours fériés de 8 h à 20 h.
■ *Change :* à la *Berliner Bank*, en face du point infos, de 6 h à 22 h. Les dimanche et jours fériés, jusqu'à 21 h. Distributeurs de billets aux portes 4, 10, 11 et 15.
■ *Consigne à bagages :* de 5 h à 22 h 30. Compter 3 € par jour par bagage.

➤ *Pour rejoindre le centre-ville : taxis* chers (compter environ 15 €) et *métro* éloigné. Le meilleur moyen est d'emprunter le *bus* n° 109 ou X9, direction Zoologischer Garten ou bien le n° 128, direction Kurt-Schumacher-Platz. Compter environ 30 mn pour rejoindre Berlin. L'arrêt du bus est tout de suite à gauche après la sortie. Ils circulent de 5 h à 23 h. Passages très fréquents en journée. Distributeurs automatiques de tickets. Muni de monnaie, vous pourrez aussi acheter votre titre de transport auprès du conducteur. Prix du billet à partir de 2,10 € selon la zone.
La ligne de bus express *TXL* est certes très pratique si vous êtes pressé, mais le billet coûte presque trois fois plus cher qu'un ticket normal. Elle dessert le U-Bahn Turmstrasse, le Reichstag, la Potsdamer Platz, la Französische Strasse, la Friedrichstrasse et Unter den Linden.

✈ **Aéroport de Tempelhof** (THF; *plan d'ensemble, C2*) : également ancien aéroport militaire (il suffit de regarder l'architecture). ☎ 0180-500-01-86. ● www.berlin-airport.de ●
➤ L'aéroport est desservi par le U-Bahn 6, station Platz der Luftbrücke, et dessert la Friedrichstrasse. Également le bus n° 119 qui marque un arrêt au Kurfürstendamm ou encore les n°s 104, 184 et 341. On rejoint Berlin en 20 mn.

✈ **Aéroport de Schönefeld** (SXF; *plan d'ensemble, C3*) : ancien aéroport de Berlin-Est, il devrait devenir l'aéroport principal vers 2005-2007. ☎ 0180-500-01-86. ● www.berlin-airport.de ● En restructuration.
➤ Navette gratuite jusqu'au S-Bahn. Prendre le S-Bahn 9 ou 45 jusqu'au terminus Berlin-Schönefeld, puis bus 171. Nombreux vols à destination des pays de l'Est.

Adresses et infos utiles

Préparatifs

● **www.berlin.de** ● Ce site internet propose de nombreuses infos sur la ville. La culture, les affaires économiques et politiques y sont abordées en allemand et en anglais. Mais cela ne vous dispense pas de vous munir de votre *Guide du routard*, indispensable sur place !

Offices du tourisme

🅸 ***Bureau central de renseignements et d'infos dans Europa Center*** (*plan II, E5*) : Budapesterstrasse 45. ☎ 00-49 (700) 86-23-75-46 de l'étranger ou 01-90-0-16-316 d'Allemagne. Fax : 25-00-24-24. ● www.berlin-tourist-information.de ● Ouvert tous les jours de 8 h 30 à 20 h 30 (les dimanche et jours fériés, de 10 h à 18 h 30). Vente du plan de la ville (0,50 €) et du magazine trimestriel bilingue allemand-anglais, *Berlin-Das Magazin*, contenant des infos sur les manifestations de la ville. Site Internet très complet en français. Possibilité de réservation d'hôtels et de spectacles : ☎ 25-00-25.
🅸 ***Autre centre d'informations*** : Am Brandenburger Tor, aile latérale (Pariserplatz ; *plan IV, M11*) de 9 h 30 à 18 h ou bien à la Fernsehturm (tour de la télévision à Alexanderplatz, Panoramastrasse 1 ; *plan IV, O11*) de 10 h à 18 h.

Représentations diplomatiques

■ ***Ambassade de France*** (*plan IV, M11, 1*) : Pariser Platz 5, 10117 Berlin. ☎ 590-03-90-00. Fax : 590-03-91-10. ● www.botschaft-frankreich.de ● Réinstallée depuis septembre 2002 à son emplacement d'origine dans un bâtiment conçu par Christian de Portzamparc (voir plus loin « Unter den Linden ») ; l'ambassade regroupe la chancellerie diplomatique, la section consulaire (☎ 590-03-90-00 ; fax : 590-03-90-67 ; ● consulat.berlin@diplomatie.gouv.fr ●) et l'ensemble des services officiels français comme le comité pour l'emploi (● www.emploiberlin.de ●) et les services culturels. En cas de difficultés financières, le consulat peut vous indiquer la meilleure solution pour que des proches puissent vous faire parvenir de l'argent ou encore vous assister juridiquement en cas de problèmes.
■ ***Ambassade de Belgique*** (*plan IV, N11, 2*) : Jägerstrasse 52-53, 10117 Berlin. ☎ 203-520. Fax : 203-52-200. ● www.diplobel.org ●
■ ***Consulat de Suisse*** (*plan II, F4, 3*) : Otto-von-Bismarck-Allee 4A, 10557 Berlin. ☎ 390-40-00. Fax : 391-10-30. ● www.botschaft-schweiz.de ●

BERLIN / ADRESSES ET INFOS UTILES

■ **Consulat du Canada** (plan IV, N11, 4) : Friedrichstrasse 95, 10117 Berlin. ☎ 203-12-0. Fax : 203-12-590. • www.kanada.de • Dans la tour du centre d'affaire international.

Poste et télécommunications

✉ **Poste principale** (plan II, E5) : Joachimsthalerstrasse 7. ☎ 018-02-33-33. Ouvert de 8 h à minuit du lundi au samedi et de 10 h à minuit les dimanche et jours fériés. C'est là que l'on peut retirer le courrier en poste restante (qui doit porter la mention *Hauptpostlagernd* ou *Bahnhofspostlagernd*). Les horaires d'ouverture des autres bureaux sont en général : du lundi au vendredi de 8 h à 18 h, samedi de 8 h à 12 h.

– **Téléphone :** le numéro des renseignements est le ☎ 11-8-33. Pour téléphoner à l'étranger, les *Tele Center* proposent des tarifs plus avantageux.

■ **Tele Center :** Hardenbergplatz 2, juste en face de la gare de Zoo. Ouvert du lundi au samedi de 10 h à 23 h et le dimanche jusqu'à 22 h. Il y en a aussi plusieurs dans Kreuzberg.

■ **Tele Café :** Adalbertstrasse 91 ou Kottbusserdamm 25-26. Ouvert tous les jours de 9 h à minuit.

@ **Easy Everything Berlin Store** (plan I, D2-3, 7) : Kurfürstendamm 224, Berlin-Charlottenburg. ☎ 88-70-79-70. À l'angle avec la Meinekestrasse. U-Bahn : Kurfürstendamm. Un des cafés internet les moins chers, ouvert tous les jours 24 h/24. Le prix varie en fonction de l'heure de la journée.

@ **Kopier-Bar** (plan IV, O10) : Rosenthalerstrasse 71, Berlin-Mitte. ☎ 28-59-81-16. U-Bahn : Rosenthaler Platz. Ouvert en semaine de 13 h à 1 h et le samedi de 16 h à 1 h. Lorsque des fêtes sont organisées, on peut surfer gratuitement à partir de 23 h.

Argent, change

■ **Bureaux de change :** à la gare du Zoo (plan II, E5) et à Alexanderplatz (plan IV, O10-11) ainsi qu'à Ostbahnhof (hors plan IV par P12). Sinon, pratiquement tous les distributeurs acceptent les cartes *Visa* et *MasterCard*.

Transports

■ **Service de renseignements de la Bundesbahn** (gare ferroviaire) : ☎ 018-05-99-66-33. Tous les jours 24 h/24, sinon, directement dans une des gares : Zoologischer Garten (plan I), Friedrichstrasse, Alexanderplatz et Ostbahnhof (plan IV).

🚌 **Gare routière principale** (Zentrale Omnibusbahnhof Berlin ou ZOB ; plan I, A2) : Masurenallee 4-6, Charlottenburg ; S-Bahn : Witzleben. Près de la Funkturm (tour de radio). Bureau de renseignements : ☎ 302-53-61. Réservation : ☎ 301-03-80. Ouvert de 9 h à 18 h tous les jours.

■ **Confirmation des vols au Tegel :** Air France (☎ 41-01-27-15) ; Lufthansa (☎ 018-03-80-38-03) ; Swiss (☎ 41-01-26-15).

■ **Taxi :** pour réserver 24 h/24 un taxi, ☎ 26-10-26 ou 44-33-22.

Location de voitures

■ **Hertz :** aéroport de Tegel, ☎ 41-01-33-15. Fax : 413-44-88. Spandauerstrasse 5, ☎ 242-44-40 ; et Budapesterstrasse 39, ☎ 261-10-53. Réservations internationales : ☎ (01805) 33-35-35. • www.hertz.de •

■ **Europcar :** aéroport du Tegel

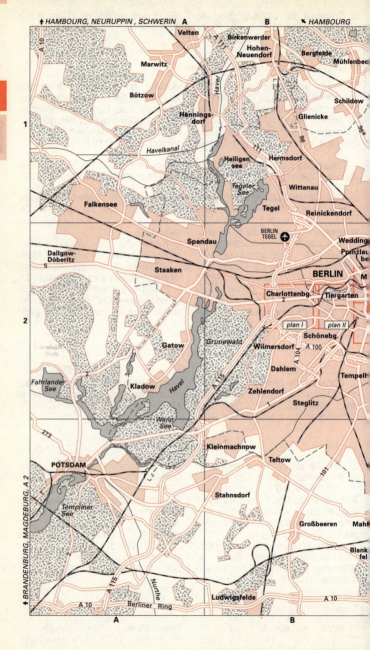

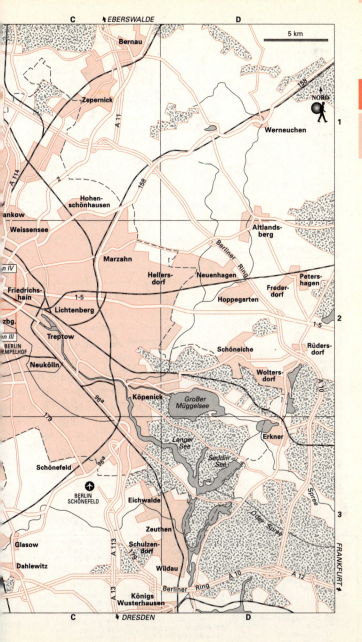

BERLIN – PLAN D'ENSEMBLE

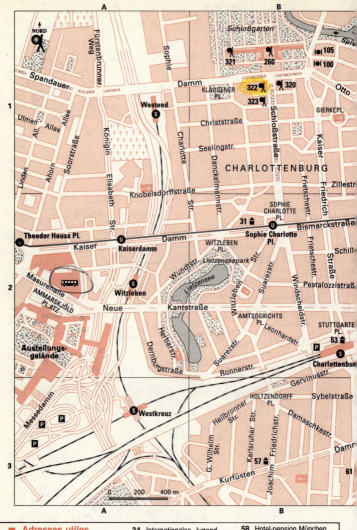

Adresses utiles

- Gare ferroviaire
- Gare routière principale
- **6** Maison de France
- **@ 7** Easy Everything Berlin Store

Où dormir ?

- **30** Jugendgästehaus am Zoo
- **31** Jugendhotel
- **33** Jugendgästehaus Central
- **34** Internationales Jugendcamp Fliesstal
- **36** Jugendgästehaus Am Wannsee
- **49** Pension Galerie 48
- **50** Hotel-pension Funk
- **51** Pension Peters
- **52** Hotel Bogota
- **53** Hotel Charlottenburger Hof
- **54** Pension Viola Nova
- **55** Hotel-pension Élite
- **56** Hotel-pension Savoy
- **57** Ku'damm 101 Hotel
- **58** Hotel-pension München
- **59** Pension Güntzel
- **60** Pension Elton
- **61** Propeller Island

Où manger ?

- **90** Resto U de la TU
- **91** Cafétéria de la TU
- **92** Soup Kultur
- **93** Zwölf Apostel
- **94** Diener
- **95** Bleibtreu
- **96** Yahham
- **97** El Borriquito

BERLIN – CHARLOTTENBURG (PLAN I)

- 98 Good Friends
- 99 Der Ägypter
- 100 Luisen-Bräu
- 101 Diekmann
- 102 Ottenthal
- 103 Dressler
- 104 Florian
- 105 Samowar

|●| Où bruncher ?
- 148 Tomasa

▼ Où boire un verre ?
- 160 Cafe im Literaturhaus
- 161 Bovril
- 162 Café Kranzler
- 163 Gainsbourg
- 164 Julep's
- 165 Hefner
- 166 Bar du Paris Bar
- 167 Loretta's Biergarten
- 168 Die Dicke Wirtin
- 169 Schwarzes Café

♪ Où sortir ? Où écouter de la musique ?
- 204 Quasimodo
- 225 Deutsche Oper

🞽 À voir
- 260 Schloß Charlottenburg
- 320 Ägyptisches Museum
- 321 Museum für Vor- und Frühgeschichte
- 322 Berggruensammlung
- 323 Bröhan Museum
- 324 The Story of Berlin
- 325 Käthe-Kollwitz Museum
- 326 Erotik Museum

⊛ Shopping
- 8 Humana
- 12 Confiserie Leysieffer

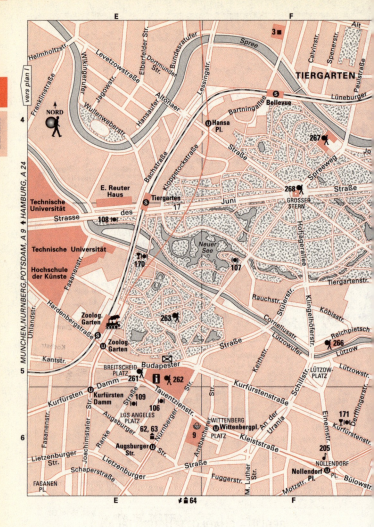

- **Adresses utiles**
  - **i** Bureau central des renseignements à l'Europa Center
  - **3** Consulat de Suisse

- **Où dormir ?**
  - **35** Jugendgästehaus Nordufer
  - **37** Jugendherberge Berlin international
  - **62** Hotel-pension Nürnberger Eck
  - **63** Pension Fischer
  - **64** Hotel Arco
  - **65** Hotel du Centre français de Berlin

- **Où manger ? Où bruncher ?**
  - **106** Imbiss Schlemmer-Pylon
  - **107** Cafe am Neuen See
  - **108** Cap'tn Schillow
  - **109** Heising

- **Où boire un verre ?**
  - **170** Schleusenkrug
  - **171** Einstein Café
  - **172** Caffè e Gelato

- **Où sortir ? Où écouter de la musique ?**
  - **203** 90 Grad

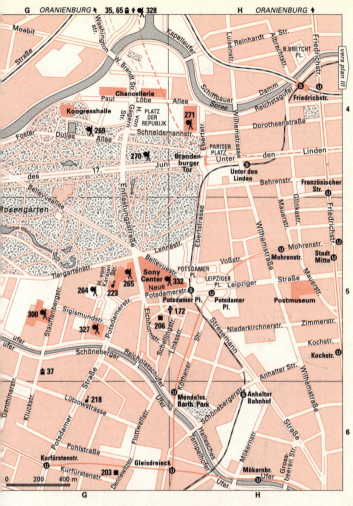

BERLIN – TIERGARTEN (PLAN II)

- 205 Metropol
- 206 Casino
- 218 Kumpelnest 3000
- 223 Philharmonie

🎭 À voir

- 261 Kaiser-Wilhelm-Gedächtniskirche
- 262 Europa Center
- 263 Zoologischer Garten
- 264 Kulturforum
- 265 Musikinstrument Museum
- 266 Bauhaus-Archiv
- 267 Schloss Bellevue
- 268 Siegessäule
- 269 Le Carillon
- 270 Mémorial en l'honneur des soldats soviétiques tombés lors de la Seconde Guerre mondiale
- 271 Reichstag
- 300 Mémorial de la Résistance allemande
- 327 Neue Nationalgalerie
- 328 Hamburger Bahnhof, Museum für Gegenwart
- 332 Film Museum Berlin-Deutsche Kinemathek

🛍 Shopping

- 9 KaDeWe

	67 Hotel am Hermannplatz	112 Mokkabar
■ **Adresses utiles**	68 Hotel-pension Gross-beerenkeller	113 Cucina Casalinga
5 Laverie automatique	69 Hotel Riehmers Hof-garten	114 Sale e Tabacchi
11 E & M Leydicke		115 Kafka
	74 Berliner City Pension	116 Abendmahl
🏠 **Où dormir ?**		117 Café Jolesch
38 Die Fabrik Hostel	🍴 **Où manger ?**	118 Joe Peña's
41 Hotel Transit	68 Grossbeerenkeller	
43 BaxPax Hostel	110 Al Kalif	🍴 **Où bruncher ?**
46 Globetrotter Hostel Odyssée	111 Türkisches Restaurant Hasir	144 Senti
66 Pension Kreuzberg		145 Café am Ufer
		146 Morgenland

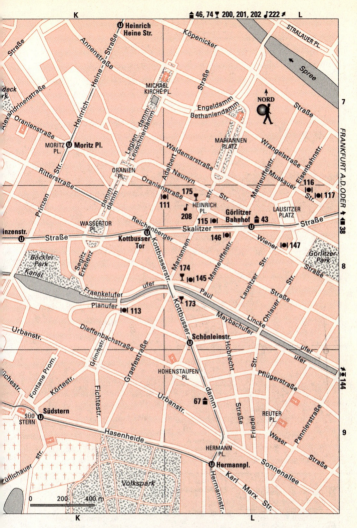

BERLIN – KREUZBERG (PLAN III)

147 Morena	202 Dachkammer	233 Theater am Hallesches Ufer
▼ **Où boire un verre ?**	♪ ∞ **Où sortir ? Où écouter de la musique ?**	🏃 **À voir**
173 Ankerklause	207 Junction Bar	272 Viktoria Park
174 Cena	208 SO 36	299 Topographie des Terrors
175 Bateau ivre	209 Berliner Kino Museum	333 Mauermuseum
176 Yorckschlösschen	222 Matrix Club	334 Checkpoint Charlie
177 Adler	230 Mehringhof	335 Deutsches Technikmuseum Berlin
178 Golgatha	232 Hebbel-Theater	336 Judisches Museum
200 Astro-Bar		
201 Comnux		

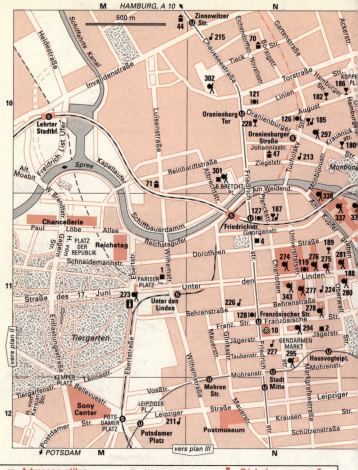

■ **Adresses utiles**	71 Künstlerheim Luise
ℹ Bureau de renseignements de la porte de Brandebourg et de la tour de la télévision	72 Art'otel Berlin Mitte
	🍴 **Où manger ?**
	119 Resto U de la Humboldt Universität
🚆 Gare ferroviaire Ostbahnhof	120 Piccola Italia
1 Ambassade de France	121 Imbiß Dada Falafel
2 Ambassade de Belgique	122 Alt Berlin
4 Consulat du Canada	123 Monsieur Vuong
	124 Barist
🏠 **Où dormir ?**	125 Brazil
32 ABC Appartement Berlin City	126 Keyser Soze
	127 Nolle
39 Circus The Hostel	128 Bocca di Bacco
40 Circus The Hostel	129 Raabe Diele
44 Mitte's Backpacker Hostel	130 Zum Nußbaum
	131 Zur Rippe
47 Club House Hostel	
70 Hotel Honigmond	🍴 **Où bruncher ?**
	143 Barcomi's

🍷 **Où boire un verre ?**

179 Café Cinéma
180 Assel
181 Zucca
182 Strandbad Mitte
183 Frida's Schwester
184 Kilkenny Irish Pub
185 Zosch
186 Ici
187 Deponie
188 Operncafé
189 Tadschikische Teestube
190 Greenwich
191 Riva Bar
228 Tacheles

🎵 **Où sortir ? Où écouter de la musique ?**

179 Chamäleon Varieté

BERLIN – MITTE (PLAN IV)

- 210 Sage Club
- 211 Tresor
- 212 WMF
- 213 Steak House
- 214 Kurvenstar
- 215 Hafenbar
- 216 Le Boudoir
- 217 Cox Orange
- 220 Roter Salon et Grüner Salon
- 224 Staatsoper
- 226 Komische Oper
- 227 Konzerthaus Berlin
- 229 Pfefferberg
- 231 Im Eimer

🏃 À voir

- 1 Ambassade de France
- 224 Staatsoper
- 227 Konzerthaus
- 273 Brandenburger Tor
- 274 Bibliothèque Nationale
- 276 Université Humboldt
- 277 Ancienne bibliotheque
- 278 Cathédrale Sainte-Edwige
- 275 Neue Wache
- 279 Mémorial de l'Autodafé
- 280 Kronprinzenpalais
- 281 Deutsches Historisches Museum
- 282 Berliner Dom
- 283 Palast der Republik
- 284 Ancien Staatsrat
- 285 Bibliothèque des Archives municipales
- 286 Altes Museum
- 287 Marienkirche
- 288 Das Rote Rathaus
- 289 Fernsehturm
- 290 Maison de l'Enseignant
- 291 Église Saint-Nicolas
- 292 Palais Ephraim
- 293 Volksbühne
- 294 Französischer Dom
- 295 Deutscher Dom
- 297 Nouvelle Synagogue
- 298 Hackesche Höfe
- 301 Berliner Ensemble
- 302 Dorotheenstädtischer Friedhof
- 337 Pergamonmuseum
- 338 Bode Museum
- 339 Alte Nationalgalerie
- 342 Märkisches Museum
- 343 Deutsche Guggenheim

🛍 Shopping

- 10 Les Galeries Lafayette

(☎ 417-85-20), sur Budapesterstrasse (près de l'Europa Center) et sur Spandauerstrasse (à l'angle de la Karl-Liebknechtstrasse). • www.europcar.de •

Location de vélos

■ *Berlin by bike-Fahrradstation :* location de vélos à partir de 5 € et possibilité de tour de ville guidé d'avril à octobre les samedi et dimanche à 10 h et 14 h. Central de réservation : ☎ 01805-10-80-00. Plusieurs points de location : Rosenthaler Straße 40/41, à l'intérieur des Hackeschehöfe *(Mitte)*, à la gare Friedrichstrasse *(Mitte)* ou Bergmannstrasse 9 *(Kreuzberg)*. Ouvert du lundi au vendredi de 10 h à 19 h, le samedi jusqu'à 16 h.
■ *City Bike Service :* Uhlandstrasse 106a, Berlin-Wilmersdorf. ☎ 861-52-37. S-Bahn : Heidelberger Platz et U-Bahn : Blissestrasse. Ouvert en semaine de 9 h à 19 h, le samedi de 10 h à 14 h et le dimanche de 11 h à 12 h. Location de vélos et de scooters.

Spectacles, loisirs, sorties...

– Acheter dans les kiosques le bimensuel *Zitty* ou le *Tip* (environ 2,50 €). On y trouve tout : concerts, théâtre, cinéma, expos et manifs en tout genre... de même le *Berlin Programm*, l'équivalent du *Pariscope*.
– Se procurer le magazine gratuit *030*, dans les cafés, pour les infos essentielles sur la vie nocturne aussi bien pour les homos que pour les hétéros.
– Les revues gratuites *Siegessäule* et *Sergej* fournissent toutes les infos sur la vie gay à Berlin.
– Dans les cafés, boîtes, boutiques branchées et cinés, vous trouverez des *flyers,* signalant les soirées *off,* qui ne figurent pas forcément partout.

Réservations (théâtre, concerts, manifestations sportives...)

Voici, quelques points de vente :

■ Directement aux *offices du tourisme de l'Europa Center* et *de la porte de Brandebourg :* voir au début de cette rubrique « Adresses et infos utiles ».
■ *Hekticket :* Karl-Liebknechtstrasse 12, à côté d'Alexanderplatz *(plan IV, O10)*. ☎ 243-12-43. Ouvert du lundi au jeudi de 11 h à 19 h, le vendredi jusqu'à 20 h, le samedi de 16 h à 20 h et le dimanche de 15 h à 18 h. Et Hardenbergstrasse 29A à Charlottenbourg *(plan I, D2)*. ☎ 230-99-30. Fax : 230-98-230. Ouvert du lundi au vendredi de 9 h à 22 h, le samedi de 10 h à 20 h et le dimanche de 16 h à 20 h. Deux endroits pour acheter des billets de théâtre avec réduction (jusqu'à 50 %).
■ *Wildbad-Kiosk (plan I, D3) :* Rankestrasse 1, Charlottenbourg. Près de l'église du Souvenir. Il s'agit d'un kiosque qui est installé sur le trottoir, à côté de la *Dresdner Bank.* ☎ 881-45-07.
■ *KO-KA 36 (plan III, K7) :* Oranienstrasse 29, Kreuzberg. ☎ 615-88-18.
■ Possibilité de réserver de Paris (pour des spectacles au théâtre de la Renaissance et à l'Opéra-Comique de Berlin) au 19, rue des Mathurins, 75009 Paris. ☎ 01-42-65-39-21. Ils sont très aimables et disposent des programmes longtemps à l'avance.

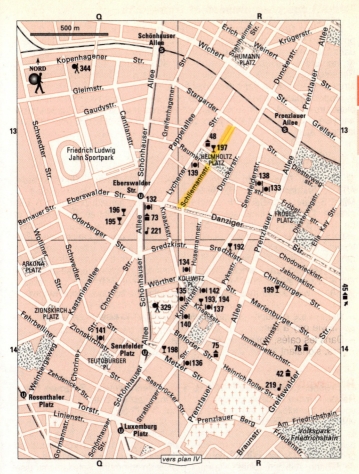

BERLIN – PRENZLAUER BERG (PLAN V)

🛏 Où dormir ?
- 42 Hotel Transit Loft
- 45 Generator Berlin
- 48 Lette' M Sleep 7
- 73 Eastside-Pension
- 75 Acksel Haus
- 76 Hotel Greifswald

🍴 Où manger ?
- 132 Konnopkes Imbiss
- 133 Miro
- 134 1900
- 135 Gugelhof
- 136 Metzer Eck
- 137 Pasternak
- 138 Offenbach Stuben
- 139 Drei
- 140 Zander

🍴 Où bruncher ?
- 141 Café Maurer
- 142 Istoria

🍷 Où boire un verre ?
- 192 Kaffeehaus sowohl als auch
- 193 Café Anita Wronski
- 194 Li(bi)do
- 195 Schwarz Sauer
- 196 Biergarten Prater
- 197 Das Wohnzimmer
- 198 Scotch und Sofa
- 199 Fluido

🎵 Où sortir ? Où écouter de la musique ?
- 219 Knaack-Klub
- 221 Kulturbrauerei

🚶 À voir
- 329 Jüdischer Friedhof
- 344 Vitra Design Museum

Réductions pour musées et transports

– **Welcome Card :** compter 19 €. Idéale pour les familles. Valable 3 jours pour 1 adulte et 3 enfants jusqu'à 14 ans. Permet de voyager gratuitement dans tous les transports en commun. Offre jusqu'à 50 % de réduction dans de nombreux musées, théâtres, visites, attractions... à Berlin, Potsdam et Babelsberg. En vente à l'office du tourisme, dans les bureaux de vente des titres de transport et dans certains hôtels.

– **Museumpass :** carte intéressante pour ceux qui ont l'intention de visiter plusieurs musées. Pour 10 €, elle permet d'entrer dans les 60 Musées nationaux de la ville pendant trois jours consécutifs. Seulement 5 € pour les scolaires et étudiants.

Librairies et autres lieux culturels

■ **Librairie Dussmann** (plan IV, N11) : Friedrichstrasse 90, Berlin-Mitte. S-Bahn et U-Bahn : Friedrichstrasse. Ouvert du lundi au samedi de 10 h à 22 h. Il s'agit plus d'un espace culturel que d'une simple librairie. On y trouve outre des livres, des CD, CD-Rom, cassettes vidéo...

■ **La Maison de France** (plan I, D3, 6) : Kurfürstendamm 211. ☎ 885-90-30. • www.kultur-frankreich.de/if/berlin • U-Bahn : Uhlandstrasse. Ouvert du lundi au vendredi de 11 h à 20 h et le samedi jusqu'à 16 h. Elle héberge l'Institut français de Berlin et une médiathèque, où l'on peut consulter la presse francophone. Propose un accès à Internet, mais pas d'accès à votre courrier électronique. L'Institut français propose aussi différentes manifestations culturelles : spectacles, concerts, conférences...

– **Radio :** les nostalgiques peuvent capter *Radio France International (RFI)* en FM sur 106.0 (dans un rayon de 80 km). De très bonnes émissions, un peu le *Courrier International* de la radio !

Urgences, divers

■ **Urgences médicales :** ☎ 10-031. Rappel : avant le départ, munissez-vous du formulaire E 111 auprès de votre centre de Sécurité sociale.

■ **Consignes :** dans les gares principales du Zoo, de Lichtenberg, Friedrichstrasse, Ostbahnhof et à la gare de S-Bahn, Alexanderplatz. À la gare de Zoo, consigne automatique pour 24 h (1 €) et consigne à bagages avec un dépôt autorisé jusqu'à 4 semaines (2 € par jour et par bagage).

■ **Laveries automatiques :** *Wasch Center*, Leibnizstrasse 72, à Charlottenburg (ouvert de 6 h à 22 h). Une autre adresse à Kreuzberg : Bergmannstrasse 109 (plan III, J9, 5). Ouvert de 6 h à 23 h.

■ **Objets trouvés :** *Zentrales Fundbüro,* Platz der Luftbrücke 6, Tempelhof. ☎ 699-5. Ouvert le lundi de 7 h 30 à 14 h 30, le mardi de 8 h 30 à 16 h, le jeudi de 13 h à 19 h et le vendredi de 7 h 30 à 12 h. *BVG Fundbüro* (objets perdus sur le réseau de transports en commun), Potsdamerstrasse 180/182, Schöneberg. ☎ 256-23-040. Ouvert du lundi au jeudi de 9 h à 18 h, le vendredi de 9 h à 14 h. *Fundbüro Deutsche Bahn* (objets perdus dans le train et le S-Bahn), Hackescher Markt, Mitte. ☎ 29-72-96-12. Ouvert les lundi, mercredi et jeudi de 10 h à 16 h, le mardi de 10 h à 18 h, le vendredi de 8 h à 12 h.

Conseils utiles

– Attention aux nombreux couloirs de pistes cyclables ! Ils ne se trouvent pas sur la chaussée mais sur les trottoirs (peints en rouge, le plus souvent).

Évitez absolument d'y marcher, car les cyclistes ont tendance à foncer et à vous avertir trop tard. Vigilance aussi pour les automobilistes, les vélos sont prioritaires !
– Hormis pour l'hôtellerie, Berlin reste une des capitales les moins chères d'Europe. Mais pour éviter les mauvaises surprises, sachez que tout est plus cher à Charlottenburg. À « l'ouest », le quartier le plus abordable reste Kreuzberg. Malgré une tendance à l'uniformisation entre l'Est et l'Ouest, l'Est demeure moins onéreux.
– Contrairement à quelques clichés bien ancrés, il est bon de rappeler que Berlin est une des capitales européennes les plus sûres. La petite criminalité y est assez faible.

Quand partir ?

Le climat de Berlin s'apparente à celui de l'Est de la France : chaud et ensoleillé en été (sans la chaleur étouffante de l'Europe centrale grâce aux lacs) et froid (très froid même) en hiver.
Températures moyennes (en °C) :

janv.	fév.	mars	avr.	mai	juin	juil.	août	sept.	oct.	nov.	déc.
0,5	0,1	3,8	8,8	13,6	16,7	18,4	17,3	14	9	4,5	0,9

Par ailleurs, évitez de vous rendre à Berlin lors de foires ou congrès. Sachez également que de nombreuses salles de spectacles sont fermées en été.

Comment comprendre le berlinois ?

Exagération, humour et bavardages sans fin sont les caractéristiques du berlinois. Beaucoup d'expressions sont dérivées du français (apport des huguenots) et également du yiddish. Quelques termes typiques :
– *Molle* : une bière grand format.
– *Destille* : un bistrot du coin, type *Kneipe* mais devenu rare.
– *Weisse mit Schuss* : bière blanche amère et jus de framboise (ou d'aspérule) que l'on boit à la paille.
– *Knallkopp !* : idiot ! (à prendre avec philosophie...).
– *Szene* : lieu branché, souvent « off ».
– *Meschugge* : débile.

Comment se repérer ?

– Étendue sur 891 km² (9 fois Paris, dont 30 % de lacs et de forêts, ça fait du bien !), Berlin est divisée en 12 arrondissements (*Bezirken*), possédant chacun leur propre caractère.
– Le centre historique, arrondissement du **Mitte**, qui se trouve sur l'ancien territoire de Berlin-Est, est aujourd'hui le cœur battant de Berlin, avec son *île des musées*, sa très longue rue commerçante *Friedrichstrasse*, sa tour de la télévision, ses bars et restos animés du quartier du *Scheunenviertel* et la très symbolique avenue *Unter den Linden* au bout de laquelle se trouve la porte de Brandebourg.
– Plus à l'est, le quartier de **Prenzlauer Berg**, symbole de l'époque communiste, est devenu l'un des épicentres de la vie nocturne berlinoise et de la création artistique. La *Kollwitzplatz* et le *Wasserturm* (château d'eau) seront un passage obligé de vos virées.
– Le grand parc du *Tiergarten*, qui a donné son nom au quartier, reste pour tous les Berlinois le poumon de la ville, traversé par l'avenue du 17-Juin, avec en point de mire la colonne de la victoire, *Siegessäule*. Ce quartier est

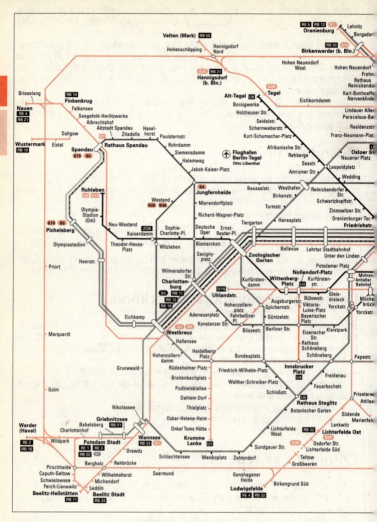

devenu aussi le symbole du renouveau de Berlin avec la nouvelle Potsdamer Platz.
– Quant au quartier de **Kreuzberg,** baigné par le *Landwehrkanal*, il est le lieu par excellence du *Multi-kulti*. Une promenade dans l'Oranienstrasse et autour du canal s'impose.
– À l'ouest du Tiergarten, on rejoint le **Kurfürstendamm,** ou *Ku'damm* pour les intimes, en quelque sorte, les Champs-Élysées locaux, vitrine de l'Ouest à l'époque du Mur. Le Ku'damm constitue un autre point de repère dans le quartier bourgeois de **Charlottenburg.** Ce quartier tire son nom du château des Hohenzollern, situé à son extrême ouest.
– À Berlin, le système de *numérotation des immeubles* est différent du

LE MÉTRO DE BERLIN 101

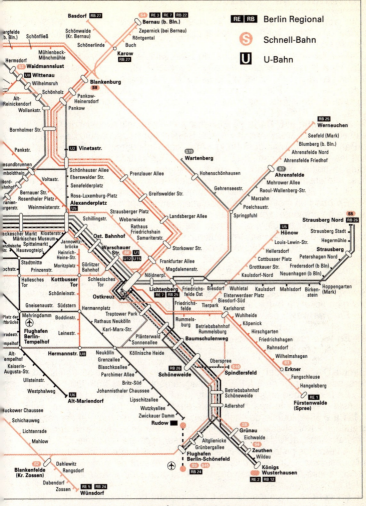

LE MÉTRO DE BERLIN

nôtre : ATTENTION, il n'existe pas toujours un côté pair et un côté impair, mais souvent un classement continu en boucle. Exemple : le trottoir de gauche va du n° 1 au n° 50 et (en face du 50) les numéros du trottoir de droite repartent en sens inverse, du 51 au 100... Normalement, les plaques des rues situées aux carrefours indiquent les numéros pour chaque tronçon de rue.

– *Orientation :* le plan le plus complet et le plus vendu est le *Falk*. Le plan *Hallwag* est aussi tout à fait satisfaisant. Attention, plusieurs rues portent le même nom ; c'est pourquoi il faut toujours se faire préciser le quartier où se situe la rue. Ayez un plan récent, car la vague des changements de noms n'est pas encore achevée.

Comment se déplacer ?

Nous vous recommandons l'achat d'une *Tageskarte* (6,10 €), qui vous donne une totale liberté sur les transports en commun du réseau berlinois *(BVG)*.
D'autres formules sont possibles, du billet valable 2 h (*Einzelfahrausweis*, 1,20 €) à la carte hebdomadaire (*7-Tageskarte*, 22 €), en passant par la *Welcome Card* (19 €) valable 3 jours sur le réseau des transports urbains et autour de Berlin (Potsdam compris), avec des réductions sur les visites culturelles. Pour tous ces titres de transport, se renseigner dans un des kiosques du *BVG*, ☎ 19-449.

➢ *En S-Bahn et U-Bahn :* le RER et le métro berlinois circulent de 4 h à 1 h en semaine. Le week-end, il y a trois S-Bahn par heure la nuit. La ligne de U-Bahn U12 et la ligne de S-Bahn S7 fonctionnent comme la journée toute la nuit les vendredi et samedi. La ligne de U-Bahn U9 fonctionne également toute la nuit le week-end, non plus sous-terre mais est remplacée par un bus. Intéressant : le transport de bicyclette est autorisé de 9 h à 14 h et après 17 h 30 (toute la journée les samedi et dimanche et dans le S-Bahn).

➢ *En bus :* un moyen de transport intéressant. À partir de 20 h, il est obligatoire de présenter son ticket au conducteur. Les bus de nuit (fréquents et très nombreux) circulent au tarif normal mais ont souvent des trajets spéciaux (plan disponible dans les stations de U-Bahn). Leurs numéros de ligne sont précédés d'un N *(Nachtbus)*. Attention, ceux précédés d'un X *(Expressbus)* ne s'arrêtent que très rarement.
Le bus n° 100 qui relie le zoo à Alexanderplatz présente l'avantage de desservir de nombreux monuments berlinois : *Gedächtniskirche, Siegessäule, Schloß Bellevue, Reichstag, Deutsche Staatsoper, Berliner Dom*... Pour le prix d'un ticket de bus, c'est tout Berlin qui défile devant vos yeux !

➢ *En tramway :* seulement à l'Est. Nombreux départs de Hackeschermarkt et Alexanderplatz. Demander le plan du réseau au kiosque du *BVG*.

➢ *En vélo-taxi :* de courageux jeunes gens promènent les touristes dans des « vélos-taxis », vélos équipés d'une petite remorque à deux places. D'avril à octobre. Trois parcours établis (Adenauerplatz-Wittenbergplatz, Europa Center-Pariser Platz, Parizer Platz-Alexanderplatz) ou trajets à la demande. Compter de 3 à 8 €. Renseignements : ☎ 443-58-990.

➢ *En taxi :* à peu près le même tarif qu'à Paris pour les longs trajets, mais il existe une formule très intéressante pour les parcours jusqu'à 2 km : un forfait à 2,50 €, quelle que soit l'heure jusqu'à 4 personnes. Annoncez au chauffeur « Kurzstrecke ». Pratique pour rentrer des soirées bien arrosées, mais attention, au-delà de 2 km, le compteur accélère rapidement !

➢ *À vélo :* les pistes cyclables étant très bien aménagées à Berlin, surtout à l'Ouest (voir « Conseils utiles »), il est intéressant de louer un vélo pour visiter la ville et la belle campagne avoisinante (voir « Adresses et infos utiles »).

➢ *En voiture :* tous les Berlinois se plaignent de la circulation dans leur ville, mais aucune comparaison avec Paris ! La largeur des axes principaux garantit la fluidité du trafic. Le problème majeur demeure le stationnement en centre-ville.

➢ *En bateau :* le réseau fluvial sur la Spree et la Havel est très développé ; plus d'une trentaine de stations entre Brandenburg à l'Ouest et Bad Saarow à l'Est. Tout est possible, des trajets simples aux excursions à la journée. Brochures disponibles aux offices du tourisme de la ville. Vous pouvez par exemple contacter la compagnie *Stern und Kreis Schiffahrt*, Puschkinallee 15. ☎ 536-36-00. Ou bien la compagnie *Reederei Riedel*, qui propose quotidiennement des balades variées sur les canaux à travers le Berlin historique. Départs à partir des *Hansabrücke, Kottbusserbrücke, Corneliusbrücke, Potsdamerbrücke* ou *Märkisches Ufer*. ☎ 691-37-82. • www.reederei-riedel.de •

Où dormir ?

L'hébergement demeure le point noir de Berlin. Surtout pour les routards : les hôtels sont assez chers et les pensions sont prises d'assaut toute l'année. Les *Backpacker's*, souvent décorés par de jeunes artistes, demeurent une excellente formule pour se loger. Précisons que l'offre est plus grande côté Ouest. Dans l'ex-Berlin-Est, il reste encore beaucoup à reconstruire.

En revanche, les établissements de catégorie moyenne et supérieure deviennent abordables en période creuse. Sachez qu'il existe des tarifs préférentiels le week-end et à certaines périodes de l'année, comme en juillet et août. N'hésitez pas à marchander, surtout si vous restez plusieurs jours. Les prix d'hôtels indiqués correspondent aux prix standard, petit dej' compris. Par ailleurs, il est utile de signaler que les campings sont éloignés et difficiles d'accès et qu'il est prudent de réserver vos places dans les AJ. Vous ne direz pas qu'on ne vous a pas prévenu...

Pour connaître la somme que vous devrez débourser pour une chambre, il vous faudra donner la date exacte de votre séjour. Lors des foires et salons (*Messe* en allemand), la hausse des prix devient vertigineuse. À éviter en particulier, la *Grüne Woche* (l'équivalent de notre salon de l'Agriculture), 2e quinzaine de janvier, l'ITB, la Foire internationale du Tourisme, début mars, et la Foire internationale des Médias *(Ce Bit)* tous les deux ans, les années impaires, en septembre. Renseignez-vous auprès de l'office du tourisme.

Un site intéressant pour choisir un logement : ● www.hrs.de ● Liste d'adresses permettant de réserver avant votre départ, voire de tenter votre chance au dernier moment...

Chambres chez l'habitant et appartements

Pour les adeptes du *Home sweet home,* il est également possible de louer des appartements :

■ **ABC Appartement Berlin City** (hors plan IV par O10, *32*) : Rheinsberger Strasse 78, 10115 Berlin-Mitte. ☎ 443-76-70. Fax : 44-37-67-49. ● www.abc-world.de ● S-Bahn : Nordbahnhof ; ou U-Bahn : Bernauer Strasse. Bureau d'information ouvert de 8 h à 20 h, le samedi de 8 h à 13 h et le dimanche de 9 h à 11 h. Compter 89 € pour une chambre double et à partir de 119 € pour un appartement pour deux personnes (minimum de 2 nuits). Prix attractifs pour les étudiants. Propose des chambres doubles et des appartements de 1 à 3 pièces dans Berlin-Mitte. Les appartements, qui ne manquent pas de charme, possèdent une cuisine séparée très bien équipée. Linge fourni. Formule très intéressante le week-end : si, lorsque l'on réserve, on annonce « Long Weekend bei ABC » et que l'on paie *cash,* la nuit du dimanche au lundi est offerte. Propose également des appartements familiaux jusqu'à 5 personnes à 115 €, si l'on paie *cash* également.

■ **Bed & Breakfast Berlin :** Ahlbeckerstrasse 3, 10437 Berlin-Prenzlauer Berg. ☎ 44-05-05-82. Fax : 44-05-05-83. ● www.bed-and-breakfast-berlin.de ● Bureau d'information ouvert du lundi au vendredi de 9 h à 18 h. Propose des chambres chez l'habitant à Berlin et ses environs. Compter de 44 à 64 € pour une double. Deux nuits minimum.

En cas de séjour prolongé, on peut s'adresser à des *Mitwohnzentralen,* qui proposent des **appartements** ou des **chambres** à louer. On vous facturera une commission proportionnelle au prix de la location.

■ **Home Compagny :** Joachimstalerstrasse 17, 10719 Berlin-Charlottenbourg. ☎ 19-445. Fax : 88-26-69-40. • www.homecompagny.de • Bureau ouvert en semaine de 9 h à 18 h et le samedi de 11 h à 14 h.

Campings

Pour tous les campings de la ville, réserver en écrivant au *Landesverband Deutscher Camping Club Berlin* ou en téléphonant. Les tarifs sont les mêmes partout.

■ **Landesverband Deutscher Camping Club Berlin :** Geisbergstrasse 11, 10777 Berlin. Ou appeler le : ☎ 218-60-71 ou 72.

⚐ **Campingplatz Krossinsee :** Wernsdorfer Strasse 38, Köpenick, sur le lac Krossin. ☎ 675-86-87. À 35 km de la ville, au sud-est. Prendre le S-Bahn jusqu'à Grünau, puis le tramway n° 68, puis le bus jusqu'à Schmöckwitz (dernier arrêt) en direction de Ziegenhals. Ouvert toute l'année.

⚐ **Internationales Jugendcamp Fliesstal** *(hors plan I par C1, 34)* **:** Ziekowstrasse 161, 13509 Berlin-Tegel. ☎ 433-86-40. Fax : 434-50-63. • www.touristik.freepage.de/fliessal • U-Bahn : Alt-Tegel, puis bus n° 222, direction Alt-Lübars. Camping ouvert uniquement de mi-juin à fin août. Assez loin du centre, petit et sans charme, il faut bien le dire. Mais le prix est de loin le plus avantageux. Compter 5 € la nuit pour les routards de 14 à 27 ans. Tentes communes d'une vingtaine de places, matelas et couvertures fournis. Utilisation des douches comprise. Le soir, feu de camp. Propose également une formule AJ, souvent complète et de préférence pour les groupes. Compter 19 € la nuit. Chambres de 3 à 8 lits. Pas de réservation à l'avance.

Auberges de jeunesse

Pour la plupart des auberges de jeunesse, la carte de la Fédération internationale des auberges de jeunesse est *indispensable* (et l'âme prussienne n'est pas particulièrement connue pour être flexible)... Pour plus d'infos, s'adresser au *Deutsches Jugendherbergswerk Berlin-Brandenburg*. Mais il existe aussi plusieurs AJ indépendantes, où la carte n'est pas nécessaire.

■ **Deutsches Jugendherbergswerk Berlin-Brandenburg :** Tempelhofer Ufer 32, 10963 Berlin. ☎ 26-49-520. Fax : 26-20-437. • www.djh-berlinbrandenburg.de • Ouvert de 10 h à 16 h les lundi, mercredi et vendredi ; de 13 h à 18 h les mardi et jeudi.

■ **Jugendherberge Berlin international** *(plan II, G5, 37)* **:** Kluckstrasse 3, 10785 Berlin-Mitte. ☎ 261-10-97. Fax : 265-03-83. • www.hostel.de • U-Bahn : Kurfürstenstrasse ; bus n° 129. Réception ouverte 24 h/24. Nuitée à 19 € pour les moins de 27 ans et autour de 23 € pour les autres. L'AJ la plus proche du centre et certainement la plus pratique. Bien située, près d'un canal, entre la Nationalgalerie et le Bauhaus Archiv. Il vaut mieux réserver 10 jours avant par téléphone ou plus d'un mois à l'avance au bureau central de réservation (adresse ci-dessus). Chambres (non mixtes) de 4 à 5 lits, douche et w.-c. à l'étage. Repas le soir.

■ **Jugendgästehaus Am Wannsee** *(hors plan I par D3, 36)* **:** Badeweg 1, 14129 Berlin-Zehlendorf. ☎ 803-20-34. Fax : 803-59-08. • jh-wannsee@jugendherberge.de • Au bord d'un lac, au sud-ouest de la ville. Pour y aller, S-Bahn S1 ou S7 jusqu'à Nikolassee. Prendre la passerelle Rosemeyerweg qui enjambe l'autoroute, tourner à gauche dans Kronprinzessinenweg puis à droite dans Badeweg (c'est fléché). Les bus nos 118, 318 et N 16 assurent la liaison jusqu'au S-Bahn Wannsee. Fermé entre 10 h et 13 h. Accueil jusqu'à 1 h. Compter 18,50 € la nuit pour les moins de 27 ans, 26 € pour les plus âgés. Chambres à 4 lits, douche à partager entre 2 chambres avec w.-c. à l'étage. Draps fournis. AJ très bien située, au calme. Grand jardin au bord du lac. À 15 mn à pied de la plage de Wannsee (voir rubrique « Où se baigner ? »), mais loin des chaudes soirées berlinoises.

🛏 *Jugendgästehaus Central* (hors plan I par D3, **33**) : Nikolsburger Strasse 2-4, 10717 Berlin-Wilmersdorf. ☎ 873-01-88. Fax : 861-34-85. • www.jugendgaestehaus-central.de • U1 Hohenzollernplatz ou U9 Güntzelstrasse ; bus nos 115, 249 et N9. Prévoir 23 € par personne. Supplément de 5,50 € pour les chambres simples. Pas de carte des AJ nécessaire. Douche et w.-c. à l'étage, sauf pour les chambres de 6 lits. Location de draps offerte à partir de 3 nuits. Chambres de 1 à 6 lits. Seules les cloches de l'église voisine brisent la quiétude de l'établissement. Miraculeusement, ses fenêtres ouvrent sur une impasse épargnée par le vrombissement des voitures. Elles desservent une batterie de chambres simples mais pratiques, que le patron sympa fait visiter dans un français hésitant.

🛏 *Jugendgästehaus Nordufer* (hors plan II par G4, **35**) : Nordufer 28, 13351 Berlin-Wedding. ☎ 451-99-112. Fax : 452-41-00. Accessible du Zoo : U9 jusqu'à Leopoldplatz, puis U6 jusqu'à Seestrasse et enfin bus n° 126. AJ uniquement réservée aux moins de 27 ans. Compter 20 € la nuit et 23 € en demi-pension. Chambres de 1 ou 7 lits, douche et w.-c. à l'étage. Calme et bon marché, mais un peu loin du centre.

🛏 Deux AJ indépendantes (pas besoin de carte), plus chères, mais très centrales, à Charlottenburg : *Jugendgästehaus am Zoo* (plan I, D2, **30**), Hardenbergstrasse 9A, 10623 Berlin-Wilmersdorf. ☎ 312-54-30. Fax : 31-25-50-30. U-Bahn : Ernst-Reuter-Platz et S-Bahn : Zoologischer Garten. Compter environ 18 € par nuitée en dortoir de 4 et 8 lits. Chambres doubles à 44 € avec douche et w.-c. à l'étage. Petit dej' uniquement pour les groupes.
Et *Jugendhotel* (plan I, B2, **31**), Kaiserdamm 3, 14057 Berlin-Charlottenburg. ☎ 322-10-11. Fax : 322-10-12. • www.sportjugend.de • U-Bahn : Sophie-Charlotte-Platz ou S-Bahn : Witzleben. Chambres à 3 lits avec douche, w.-c., nuitée à 25 €, réservées aux moins de 27 ans. Location de draps gratuite à partir de la 3e nuit. À partir de 27 ans, chambres doubles à 72 €.

Backpackers hotels

🛏 *Die Fabrik Hostel* (hors plan III par L8, **38**) : Schlesische Strasse 18, 10997 Berlin-Kreuzberg. ☎ 611-71-16 ou 617-51-04. Fax : 618-29-74. • www.diefabrik.com • U-Bahn : Schlesische Tor. Nuitée en dortoir à 18 €. Compter 25 € par personne en chambre double avec douche et w.-c. à l'étage. Petit dej' à payer en plus, plus cher le week-end. Dans le quartier de Kreuzberg, une ancienne fabrique rénovée et très joliment décorée à l'ambiance légèrement alternative. Un peu plus cher que les autres AJ indépendantes, mais beaucoup plus de charme car la déco des chambres est personnalisée. Agréable cour intérieure aménagée. Petit plus écolo, l'eau chaude est fournie par des panneaux solaires. Chouette site avec vidéo marrante. Une bonne adresse.

🛏 *Circus The Hostel* (plan IV, O10, **39** et plan IV, O10, **40**) : deux bâtiments à deux adresses différentes à Berlin-Mitte, l'un à Rosa-Luxemburg-Strasse 39 (U-Bahn : Rosa-Luxemburg-Strasse) et l'autre à Weinbergsweg 1A (U-Bahn : Rosenthaler Platz). ☎ 28-39-14-33. Fax : 28-39-14-84. • www.circus-berlin.de • De 15 à 24 € la nuitée du dortoir de 8 lits à la chambre double, avec douche et w.-c. à l'étage. Location de draps payante. Appartements à 75 € pour 2 personnes et à 130 € pour 4. Adresse que l'on conseille vivement non seulement pour sa situation, mais aussi pour l'agrément de la décoration de ses chambres aux couleurs vives. Coup de cœur pour les 11 appartements de 2 ou 4 lits du Weinbergsweg 1 A. Tous sont décorés dans le style d'une marque suédoise bien connue de tous (!) et possèdent une salle de bains indépendante, une cuisine et, le fin du fin, une terrasse.

🛏 *Hotel Transit* (plan III, I9, 41) : Hagelberger Strasse 53-54, 10965 Berlin-Kreuzberg. ☎ 789-04-70. Fax : 789-04-777. • www.hotel-transit.de • U-Bahn : Mehringdamm ou Hallesches Tor. Situé dans une ancienne manufacture de tabac. Au fond d'une deuxième cour, au 4ᵉ étage. Compter entre 50 et 60 € la chambre double et entre 19 et 26 € en dortoir. Chaque chambre possède une douche, mais w.-c. à l'étage. Un ascenseur décoré de néons colorés conduit directement à la salle commune. Dès la réception, le ton est donné : bar en guise de bureau d'accueil, musique d'ambiance rock, mobilier moderne et métallique. Très propre. Atmosphère routarde. Copieux buffet au petit dej'. Une partie du personnel parle le français. Chèques de voyage acceptés.

🛏 *Hotel Transit Loft* (plan V, R14, 42) : Greifswalder Strasse 219, 10405 Berlin-Prenzlauer Berg. ☎ 48-49-37-73. Fax : 44-05-10-74. • www.transit-loft.de • U-Bahn : Senefelder Platz. Attention, l'entrée se fait par une rue perpendiculaire : Immanuelkirchstrasse 14. Compter 30 € par personne en dortoir de 3 à 6 lits. Pour une double, compter 69 €. Très bien située à deux pas du quartier très animé de Prenzlauer Berg, cette AJ est installée dans une ancienne fabrique de la fin du XIXᵉ. Chambres lumineuses et fonctionnelles, qui possèdent toutes douche et w.-c. Une adresse sympathique, surtout lorsque l'on veut profiter des nombreuses sorties offertes aux alentours. Copieux buffet au petit dej', servi jusqu'à midi (pratique pour les fêtards !).

🛏 *BaxPax Hostel* (plan III, L8, 43) : Skalitzer Strasse, 104, 10997 Berlin-Kreuzberg. ☎ 695-18-322. Fax : 695-18-372. • www.baxpax.de • U-Bahn : Görlitzer Bahnhof. De 15 à 18 € par personne en dortoir, ou compter de 20 à 30 € par personne pour une double. L'escalier de l'arrière-cour n'est pas le meilleur ambassadeur du *BaxPax*. Mais une fois la porte poussée, la salle commune chaleureuse avec son billard et ses fresques rassure sur la qualité de l'hébergement. Les chambres sont irréprochables, tout comme l'accueil. Cuisine équipée, TV, Internet café, bar et location de vélos.

🛏 *Mitte's Backpacker Hostel* (plan IV, M10, 44) : Chausseestrasse 102, 10115 Berlin-Mitte. ☎ 283-90-965. Fax : 283-90-935. • www.backpacker.de • U-Bahn : Zinnowitzer Strasse. Nuitée de 15 à 18 € par personne en dortoir, ou prévoir de 20 à 30 € par personne pour une double. Location de draps à 2,50 €. Une chouette résidence à l'atmosphère festive communicative. Chambres à la déco originale et dortoirs bien tenus répartis sur 2 étages. Cuisine équipée, TV, Internet café, bar et location de vélos.

🛏 *Generator Berlin* (hors plan V par R14, 45) : Storkower 160, Berlin-Prenzlauer Berg. ☎ 417-24-00. Fax : 41-72-40-80. • www.generatorhostels.com • S-Bahn : Landsberger Allee. Compter à partir de 16 € en dortoir de 4 à 8 lits. Chambres doubles à 46 €, 54 € avec douche et w.-c. Située à quelques minutes d'Alexander Platz, cette AJ se caractérise par sa taille : elle peut accueillir jusqu'à plus de 800 personnes ! Malgré ce gigantisme, une attention particulière a été apportée à la déco du hall à l'ambiance futuriste. Chambres impeccables.

🛏 *Globetrotter Hostel Odyssee* (hors plan III par L7, 46) : Grünbergerstrasse 23, 10243 Berlin-Friedrichshain. ☎ 29-00-00-81. • www.hostel-berlin.de • S-Bahn : Warschauer Strasse ou U-Bahn : Frankfurter Tor ; bus n° 240 ou 147, arrêt Grünberger Strasse depuis l'Ostbahnhof. Lits en dortoirs à partir de 13 €, draps compris. Caution pour les draps. Restauration et petit dej' en plus. AJ indépendante à l'est dans le quartier de Friedrichshain. Ce n'est certes pas le confort, mais l'ambiance plutôt jeune y est très bonne. Cuisine à disposition.

🛏 *Club House Hostel* (plan IV, N10, **47**) : Kalkscheunenstrasse 2, 10117 Berlin-Mitte. ☎ 280-979-79. ● www.clubhouse-berlin.de ● De la gare du Zoo, S-Bahn jusqu'à Friedrichstrasse, de l'Ostbahnhof idem, ensuite franchir le pont sur la Spree, prendre la première à droite puis la suivante à gauche. Lits en dortoirs à partir de 14 €, petit dej' non compris. Chambres doubles à 23 €. Location de draps sur place. AJ indépendante installée dans le centre culturel de la Kalkscheune. Elle s'illustre plus par la qualité de son emplacement à proximité de l'Oranienburgerstrasse, que par sa propreté, qui laisse parfois à désirer. Fée du logis, passez votre chemin....

🛏 *Lette' M Sleep 7* (plan V, R13, **48**) : Lettestrasse 7, 10437 Berlin-Prenzlauer Berg. ☎ 447-33-623. S-Bahn : Schönhauser Allee. ● www.backpackers.de ● (site avec webcam) Dans une grande bâtisse au cœur du quartier du Prenzlauer Berg. Nuitées de 13 à 18 € en dortoirs de 3 à 6 lits. Chambres doubles à 44 €. Draps à louer. Mieux vaut réserver, car il y a peu de chambres. Cuisine en self-service.

Dans le quartier de Charlottenburg *(plan I)*

Prix moyens

On trouve de nombreuses pensions dans les immeubles bourgeois du quartier huppé de Charlottenburg... mais ce type d'hébergement reste onéreux et il est fortement conseillé de réserver dès que possible. Les chambres étant souvent très grandes, il est possible de partager une chambre à 4, ou même à 6 parfois, il suffit de le préciser lors de la réservation.

🛏 *Pension Galerie 48* (plan I, C3, **49**) : Leibnizstrasse 48, 10629 Berlin. ☎ et fax : 324-26-58. S-Bahn : Savignyplatz. Doubles avec ou sans douche de 50 à 60 €. Au 1er étage d'un immeuble bourgeois, 8 chambres simples. Celles avec douche sont plus agréables, mais ne craignez pas d'utiliser la salle de bains commune, l'aimable propriétaire veille sur la propreté.

🛏 *Hotel-pension Funk* (plan I, D3, **50**) : Fasanenstrasse 69, 10719 Berlin. ☎ 882-71-93. Fax : 883-33-29. ● www.hotel-pensionfunk.de ● U-Bahn : Uhlandstrasse ou Kurfürstendamm. Doubles avec lavabo à 69 €, avec douche et w.-c. de 79 à 89 €. La pension *Funk* n'est pas une pension comme les autres. Elle offre un voyage dans le temps, une incursion dans le passé du Berlin des années 1920. Rien ne semble avoir changé, ni les meubles Jugendstil, ni l'ambiance feutrée de cet appartement au charme désuet, où demeurait Asta Nielsen, vedette du cinéma muet. À chaque coin de couloir, on semble apercevoir la silhouette de Charlie Chaplin, qui lui rendait régulièrement visite. Routards nostalgiques et romantiques, laissez vagabonder votre imagination à la recherche du temps perdu...

🛏 *Pension Peters* (plan I, D2, **51**) : Kantstrasse 146, 10623 Berlin. ☎ 312-22-78. Fax : 312-35-19. ● www.pension-peters-berlin.de ● S-Bahn : Savignyplatz. Doubles avec lavabo à 68 €, avec douche et w.-c. à 78 €. On aime bien cette pension, qui offre une déco à l'image de son accueil : chaleureux et dynamique. Elle séduira jeunes et moins jeunes avec ses chambres claires, pour certaines très vastes, ses salles de bains impeccables et surtout son accueil très attentif. Très bien située à deux pas des nombreux cafés et restos de Savignyplatz.

🛏 *Hotel Bogota* (plan I, C3, **52**) : Schlüterstrasse 45, 10707 Berlin. ☎ 881-50-01. Fax : 883-58-87. ● www.HotelBogota.de ● U-Bahn : Uhlandstrasse. S-Bahn : Savignyplatz. Doubles avec douche et w.-c. à 98 €, avec lavabo à 69 €. Le *Bogota* est un symbole à lui seul du tumultueux passé de Berlin. Alors que dans les années 1930, Oskar Skaller, riche collectionneur d'art, accueillait dans ses salons, artistes et hommes politiques et que la célèbre photographe de mode YVA formait Helmut Newton dans son atelier au 4e étage, le *Bogota* ouvre une page noire de son histoire en abritant à partir de 1942 le bureau de Hans Hinckel, chef de la « culture » du Reich. Le *Bogota,* depuis devenu hôtel, renoue avec son histoire en organisant fréquemment des expositions, offrant un cadre inhabituel aux résidents. En revanche, les chambres, bien que très confortables, mériteraient un brin de fantaisie. Une bonne adresse tout de même, à deux pas du Ku'damm.

▲ ***Hotel Charlottenburger Hof*** *(plan I, B2, 53)* **:** Stuttgarterplatz 14, 10627 Berlin. ☎ 32-90-70. Fax : 323-37-23. • charlottenburger.hof@t-online.de • S-Bahn : Charlottenburg et U-Bahn : Wilmersdorfer Strasse. Bus n° 109. Réception au 1er étage. Chambres doubles à 80 €, sans le petit dej'. Chambres à 4 lits, intéressantes, à partir de 90 €. Petit dej' en plus, que l'on prend au café *Voltaire,* à côté. Dispose de 45 chambres à l'aménagement moderne et coloré. Parking payant.

▲ ***Pension Viola Nova*** *(plan I, D2, 54)* **:** Kantstrasse 146, 10623 Berlin. ☎ 315-72-60. Fax : 312-33-14. • www.violanova.de • S-Bahn : Savignyplatz. Bus : n° 149. Doubles sans douche à 65 €, avec douche et w.-c. à 85 €. Le petit dej', servi dans le hall d'entrée, est facturé 5 € (il est offert, si vous réservez plus de 2 nuits consécutives). Chambres à l'abri de l'agitation de la rue, au décor moderne, très fonctionnel, mais sans charme particulier. Bon plan : possibilité de chambre à partager à 5 personnes. Pour les insomniaques, les bars branchés du quartier sont juste à côté.

▲ ***Hotel-pension Élite*** *(plan I, D3, 55)* **:** Rankestrasse 9, 10789 Berlin. ☎ 881-53-08. Fax : 882-54-22. • eliteberlin@gmx.de • U-Bahn : Kurfürstendamm. Si vous n'avez pas fixé d'heure d'arrivée, sachez que la réception n'est ouverte qu'à partir de 18 h. Une adresse très centrale. Au 4e étage d'un immeuble cossu. Chambres doubles avec douche à 65 €, avec douche, w.-c., téléphone, radio et TV à 85 €. Pension très bien tenue, au style un peu vieillot. Salles de bains entièrement rénovées. Sans réservation, vous risquez de trouver porte close. Accueil attentionné de la propriétaire des lieux. Garage payant.

Plus chic

▲ ***Hotel-pension Savoy*** *(plan I, D3, 56)* **:** Meinekestrasse 4, 10719 Berlin. ☎ 884-71-610. Fax : 882-37-46. • www.hotel-pension-savoy.de • U-Bahn : Kurfürstendamm. Bus n° 109 ou 129. Chambres doubles tout confort de 90 à 109 €. Ne pas confondre avec l'hôtel *Savoy* quatre étoiles de la Fasanenstrasse. Merveilleusement bien situé, au cœur du Ku'damm, au 1er étage d'un immeuble de caractère. Admirez le hall d'entrée, avec ses hautes colonnes et ses grandes peintures murales. Chambres un peu kitsch mais spacieuses, salles de bains particulièrement soignées. Accueil sympa. Bon rapport qualité-prix.

▲ ***Ku'damm 101 Hotel*** *(plan I, B3, 57)* **:** Kurfürstendamm 101, 10711 Berlin. ☎ 52-00-55-0. Fax : 52-00-55-555. • www.kudamm101.com.de • À l'angle avec Joachim Friedrichstrasse. S-Bahn : Charlottenburg ou U-Bahn : Adenauerplatz. Doubles avec douche et w.-c. à partir de 118 €. Petit dej' assez cher, mais vaut le coup d'œil. Si l'on réserve sur Internet, possibilité de tarifs très intéressants en fonction de la période, jusqu'à 40 € moins cher. Ceux qui sont séduits par les décors contemporains, sagement épurés, seront ici à leur affaire : chaises style Jacobsen, meubles TV dessinés par deux jeunes designers allemands, couleurs des chambres – brun, gris ou pourpre – choisies selon le concept de Le Corbusier... Le hall, tout en courbe, est une bonne entrée en matière. La signature de l'hôtel, résolument tendance, se prolonge dans le soin apporté au petit dej' : mini-brochettes de poulet au curry, enchiladas de saumon, yaourts de toutes les couleurs joliment présentés. Rien n'y manque, même pas le spa au rez-de-chaussée...

Dans le quartier de Wilmersdorf (plan I)

Prix moyens

♠ *Hotel-pension München* (hors plan I par D3, **58**) : Güntzelstrasse 62, 10717 Berlin. ☎ 857-91-20. Fax : 857-91-222. ● www.hotel-pension-muenchen-in-berlin.de ● U-Bahn : Güntzelstrasse. Situé au 3e étage. Compter de 70 à 80 € pour une double avec douche, w.-c., TV et téléphone. Une adresse coup de cœur, à proximité de Charlottenburg sans l'inconvénient de ses prix. Heureuse inspiration de la décoratrice des lieux, Renate, qui est également artiste : chaque chambre a fait l'objet d'un soin particulier et les parties communes abritent une exposition permanente de ses gravures et sculptures. Pour ne rien gâter, la propriétaire est sympathique. Loue également un appartement décoré avec beaucoup de goût pour 2 ou 4 personnes (comprenant une chambre, une salle de bains et une cuisine). Compter alors 75 €. Garage payant (5 €).

♠ *Pension Güntzel* (hors plan I par D3, **59**) : Güntzelstrasse 62, 10717 Berlin. ☎ 857-90-20. Fax : 853-11-08. ● www.hotel-pension-guentzel.de ● U-Bahn : Güntzelstrasse. Installée dans le même immeuble que la pension *München*, à l'étage au-dessous. Compter de 59 à 69 € pour une chambre double avec douche ; de 69 à 79 € avec les w.-c. en plus. Ristourne si l'on reste plus de 6 nuits. Chambres correctes, sans charme particulier. Accueil plein de gentillesse du propriétaire, qui parle le français. Garage payant à 5 €.

♠ *Pension Elton* (plan I, D3, **60**) : Pariserstrasse 9, 10719 Berlin. ☎ 883-61-55. Fax : 883-61-56. ● www.pension-elton.de ● U-Bahn : Spichernstrasse. Au sud du Ku' damm, à la limite de Charlottenburg. Au 4e étage, 6 chambres doubles avec douche de 65 à 80 € selon la taille, w.-c. à l'étage. « Ici, c'est comme à la maison », affirme le sympathique patron, un Hollandais polyglotte et, de surcroît, francophone. Une adresse particulièrement conviviale. Réservez et annoncez l'heure de votre venue, si vous ne voulez pas vous retrouver devant un interphone désespérément muet. Possibilité de location d'un appartement.

Plus chic

♠ *Propeller Island* (plan I, B3, **61**) : Albrecht Achilles Strasse 58, 10709 Berlin. ☎ 891-90-16 de 8 h à 12 h ou 0163-256-59-05 de 12 h à 21 h. Fax : 892-87-21. ● www.propeller-island.de ● S-Bahn : Charlottenburg ou U-Bahn : Adenauer Platz. Attention, le *check-in* s'effectue entre 8 h et midi, sinon il faut fixer un rendez-vous. Prévoir de 115 à 180 € pour une double avec ou sans douche et w.-c. Petit dej' à 7 €. Possibilité de chambres à partager à 4. L'un des derniers-nés de la folie créatrice berlinoise ! Et lorsqu'on parle de folie, le mot est faible... On est loin de ces chaînes hôtelières sans saveur, ici, toutes les chambres sont différentes, marquées par le talent du décorateur Lars Stroschen. Un cachot attend les apprentis-bagnards, une pyramide précolombienne fait office de lit, une pièce inversée avec des meubles fixés au plafond désorientera les adeptes de l'attraction terrestre. De quoi dynamiser les rêves, « bercés » par une composition sonore made in *Propeller* !

Dans le quartier de Tiergarten (plan II)

Prix moyens

🏠 *Hotel-pension Nürnberger Eck* (plan II, E6, 62) : Nürnbergerstrasse 24A, 10789 Berlin. ☎ 235-17-80. Fax : 23-51-78-99. • nuernberger-eck@t-online.de • U-Bahn : Augsburger Strasse ou Wittenbergplatz. À 2 mn de l'Europa Center. Au 1er étage. Doubles à 92 € avec douche et w.-c., à 70 € avec lavabo. Une relique. Les bombes ont épargné le vaste appartement aujourd'hui reconverti en pension. Les moulures et le mobilier désuet confèrent aux chambres spacieuses une délicieuse atmosphère berlinoise d'avant-guerre. Une résidence de charme au cœur de la capitale. Excellent accueil.

🏠 *Pension Fischer* (plan II, E6, 63) : Nürnbergerstrasse 24A, 10789 Berlin. ☎ 21-91-55-66. Fax : 21-01-96-14. • hotelpensionfischer@t-online.de • U-Bahn : Augsburger Strasse ou Wittenbergplatz. Au 2e étage. Chambres doubles avec douche à partir de 60 €, avec douche et w.-c. à partir de 70 €. Idéal pour se loger à prix doux dans le centre de la capitale. Spacieuses, les chambres aux couleurs fraîches sont toutes différentes, pour certaines aménagées avec un coin salon. Salles de bains entièrement rénovées. Distributeur de boissons. Accueil expéditif. Parking payant à 6 €.

🏠 *Hotel Arco* (hors plan II par E6, 64) : Geisbergstrasse 30, 10777 Berlin-Schöneberg. ☎ 23-51-480. Fax : 21-47-51-78. • www.arco-hotel.de • U-Bahn : Wittenbergplatz. À seulement 10 mn du Ku'damm. Chambres doubles de 75 à 92 €, au style sobre et moderne, toutes équipées de la TV satellite et de la radio. Les prix sont à la hausse pendant les grands événements berlinois. Ils diminuent après 5 nuitées. Les patrons parlent le français.

Dans le quartier de Wedding

🏠 *Hotel du Centre français de Berlin* (hors plan II par G4, 65) : Müllerstrasse 74, 13349 Berlin. ☎ 417-290. Fax : 452-98-60. • www.hotel-centre-francais.de • U-Bahn : Rehberge. Entre l'aéroport Tegel et le centre de Berlin, compter environ 15 mn de métro pour rejoindre le Ku'damm. Doubles au confort 3 étoiles à 85 €. Pour les étudiants de moins de 27 ans, sur présentation de leur carte d'étudiant, la double est à 52 €, auxquels il faut ajouter de 4 à 10 € pour le petit dej'. Trois studios avec kitchenette à 125 €. Installée dans des bâtiments utilisés jusqu'en septembre 1994 par le gouvernement militaire français de Berlin, cette structure hôtelière offre des prix très intéressants surtout pour les étudiants et les groupes. Chambres très bien équipées. Le seul hic est l'emplacement de l'hôtel assez éloigné du centre, mais très bien relié par le métro.

Dans le quartier de Kreuzberg (plan III)

Prix moyens

🏠 *Pension Kreuzberg* (plan III, I8, 66) : Grossbeerenstrasse 64, 10963 Berlin. ☎ 251-13-62. Fax : 251-06-38. • www.pension-kreuzberg.de • U-Bahn : Mehringdamm ou Möckernbrücke. Ouvert de 8 h à 22 h. Arrivée jusqu'à 14 h et départ avant 11 h. Dans le quartier turc de Kreuzberg. Douze chambres à un prix intéressant. Compter 52 € pour une double avec douche et w.-c. à l'étage. Salle commune claire et moderne. Petit dej' de 8 h à 10 h. Pension, installée dans une maison début XXe, typique du *Gründerzeit*. Très bon rapport qualité-prix. Offre un point de chute idéal pour partir à la découverte de ce quartier animé multiculturel. Accueil décontracté.

🛏 *Berliner City Pension* (hors plan III par L7, 74) : Proskauer Strasse 13, 10247 Berlin-Friedrichshain. ☎ 42-08-16-15. Fax : 42-08-16-14. • www.berliner-city-pension.de • S-Bahn : Frankfurter Allee ou Storkower Strasse ou U-Bahn : Samariterstrasse ou Frankfurter Tor ; tram n° 21. Doubles avec lavabo à 40 €, avec douche et w.-c. à 52 €. Draps à 3 €. Certainement une des pensions les moins chères de Berlin, offrant un bon rapport qualité-prix. Certes, sa situation n'est pas centrale, mais le quartier de Friedrichshain, « relique » de l'architecture communiste, est en passe de devenir un des hauts lieux de la branchitude berlinoise.

🛏 *Hotel am Hermannplatz* (plan III, L9, 67) : Kottbusser Damm 24, 10967 Berlin. ☎ 695-91-30. Fax : 694-10-36. • www.hotel-am-hermannplatz.de • U-Bahn : Hermannplatz. Pour une double avec douche, w.-c. et TV, compter 70 €. Petit dej' à 6 €. Petit hôtel à prix raisonnable. Entièrement rénovées, les chambres sont impeccables. Accueil attentionné.

🛏 *Hotel-pension Grossbeerenkeller* (plan III, I8, 68) : Grossbeerenstrasse 90, 10963 Berlin. ☎ 251-30-64 ou 742-49-84. Fax : 742-39-30. U-Bahn : Möckernbrücke ou Mehringdamm. Congés annuels : 3 semaines en juillet. Immeuble contigu au restaurant du même nom (voir rubrique « Où manger ? »). Chambres doubles à 65 €. À chaque étage cohabitent une chambre simple et une double, qui doivent se partager la salle de bains. Ensemble correct, même si la déco est tristounette. N'y cherchez surtout pas le confort dernier cri. Clientèle d'habitués.

Plus chic

🛏 *Hotel Riehmers Hofgarten* (plan III, I8, 69) : Yorckstrasse 83, 10965 Berlin. ☎ 780-98-800. Fax : 780-98-808. • www.hotel-riehmers-hofgarten.de • S-Bahn : Yorckstrasse ou U-Bahn : Mehringdamm. Chambres doubles de 120 à 160 €, promotions intéressantes en été. Installé dans une cité résidentielle de la fin du XIXe, cet élégant hôtel à l'opulente façade néo-Renaissance, propose des chambres aérées, souvent décorées de tableaux prêtés par une galerie voisine. Confortable et cosy, il est une valeur sûre du quartier. Copieux buffet au petit dej'. Accueil professionnel sans être guindé. Prix attractifs en période creuse, n'ayez pas peur de négocier.

Dans le quartier du Mitte (plan IV)

De prix moyens à plus chic

🛏 *Hotel Honigmond* (plan IV, N10, 70) : Tieckstrasse 12, 10115 Berlin. ☎ 28-44-550. Fax : 28-44-55-11. • www.honigmond-berlin.de • U-Bahn : Oranienburger Tor. Situé à l'angle de la Borsigstrasse. Chambres doubles avec lavabo à 70 €, avec douche et w.-c. de 87 à 97 € selon la taille. Coup de cœur pour cet hôtel, installé à deux pas de la très animée Oranienburgerstrasse. Son nom, « Lune de miel », présage de la douceur de l'endroit : couleurs chaudes, parquets et boiseries contribuent à ce que l'on s'y sente immédiatement bien. Point trop n'en faut, le mobilier n'est pas d'une extrême fantaisie et pourtant il s'en dégage une atmosphère particulière. Impression sûrement renforcée par la qualité de l'accueil. Le succès aidant, une annexe, le *Honigmond Garten Hotel*, vient d'ouvrir à 200 m au n° 122 de l'Invalidenstrasse (☎ 28-44-55-77).

Les chambres un peu plus raffinées sont également plus chères (115 €) et s'ouvrent sur un jardin très bien aménagé, une véritable oasis en plein centre de Berlin.

Plus chic

🛏 *Künstlerheim Luise* (plan IV, M10, **71**) : Luisenstrasse 19, 10117 Berlin. ☎ 28-448-448. • www.kuenstlerheim-luise.de • U-Bahn/S-Bahn : Friedrichstrasse. Prévoir de 125 à 139 € pour une double avec bains, de 79 à 88 € sans. Très bon petit dej' à 7 €. D'emblée, le palmipède perché au-dessus du comptoir annonce la couleur : la déco est le cheval de bataille de l'hôtel ! Le « foyer d'artistes » a donné carte blanche à une trentaine de virtuoses, chacun aménageant une chambre au gré de son inspiration. Certaines sont amusantes, d'autres intrigantes, mais toutes assurément originales. Un conseil : pour éviter les surprises, sélectionnez votre chambre sur Internet avant de réserver.

🛏 *Art'otel Berlin Mitte* (plan IV, O11, **72**) : Wallstrasse 70-73, 10179 Berlin. ☎ 240-620. Fax : 240-62-222. • www.artotel.de • U-Bahn : Märkisches Museum. Chambres doubles à partir de 155 €. En période creuse, réduction accordée. Façade et hall d'entrée résolument modernes. Les chambres, au confort 4 étoiles et à la déco épurée, sont fonctionnelles. Son originalité : l'immeuble au design hyper contemporain enserre en fait un palais rococo. L'ensemble artistique de l'hôtel est dédié à Georg Baselitz. Pas moins de 130 œuvres du peintre allemand ornent les murs ! Comme nous, vous adorerez sans doute le ravissant atrium dans lequel est servi le petit dej'-buffet. Une opportunité de charme moderne dans le quartier de Mitte. Un seul reproche : pourquoi les chambres sont-elles si exiguës ?

Dans le quartier de Prenzlauer Berg *(plan V)*

Prix moyens

🛏 *Eastside-Pension* (plan V, Q13, **73**) : Schönhauser Allee 41, 10435 Berlin-Prenzlauer Berg. ☎ 43-73-54-86. Fax : 43-73-54-85. • www.eastside-pension.de • U-Bahn : Eberswalder Strasse. Doubles avec douche et w.-c. à 66 €, studio avec kitchenette à 72 €. Ne sert pas le petit dej'. Ne ratez pas la réception, qui se trouve dans un magasin. Chambres simples, mais confortables, à quelques encablures de tous les bars et restos de Prenzlauer Berg.

🛏 *Acksel Haus* (plan V, R14, **75**) : Belforter Strasse 21, 10405 Berlin-Prenzlauer Berg. ☎ 44-33-76-33. Fax : 441-61-16. • www.ackselhaus.de • S-Bahn : Prenzlauer Allee ou U-Bahn : Senefelder Platz. Appartements pour 2 personnes comprenant salle de bains et kitchenette à 86 €, pour 3-4 personnes à 106 €. Le prix comprend le petit dej'. Tout simplement charmant ! Voilà ce qu'inspire cette maison, où sont proposés six appartements meublés avec beaucoup de goût. Cet hôtel est un vrai îlot de sérénité, avec ses tons ocre et dont l'ambiance se poursuit dans le jardin, très agréable dès les beaux jours. Accueil courtois.

🛏 *Hotel Greifswald* (plan V, R14, **76**) : Greifswalder Strasse 211, 10405 Berlin-Prenzlauer Berg. ☎ 44-35-283. Fax : 44-27-898. • www.hotel-greifswald.de • S-Bahn : Greifswalder Strasse ou U-Bahn : Senefelderplatz. Chambres doubles avec douche et w.-c. de 70 à 88 € selon la période. Au fond de la deuxième cour. Petit hôtel familial au calme garanti. Chambres bien tenues et salles de bains au fur et à mesure modernisées. En été, le petit dej' (servi jusqu'à 13 h) se prend dans une charmante cour. La patronne veille sur ses hôtes avec une gentillesse bourrue très *ossi*, surnom donné aux Allemands de l'Est, réputés pour leur franc-parler.

Où manger ?

– Pour les petits budgets, on conseille les nombreux **Imbiß** (fast-foods locaux, où l'on mange toujours debout), qui proposent, parfois 24 h/24, des *Döner Kebabs* (mouton grillé présenté dans un pain *pitta*), des saucisses, des *Boulettes* (boulettes de viande hachée avec des épices et des oignons, dont le nom a été donné par les huguenots), mais aussi la non moins célèbre *Curry-Wurst*, inventée en 1949 par Herta Heuwer dans son *Imbiß* de Stuttgarter Platz pour remplacer les *spare-ribs* au ketchup que son mari avait mangés pendant sa captivité. La viande étant rare après-guerre, elle découpa et grilla en tranches des saucisses, qu'elle recouvrit de ketchup et de curry. Depuis, la tradition se perpétue...
– En plus des restaurants indiqués ci-dessous, les **Kneipen** (cités dans la rubrique « Les cafés berlinois ») ont la particularité de servir des petites choses à grignoter sur le pouce. Inversement, dans tous les restos qui suivent, on peut aussi ne boire qu'un verre.
– D'autre part, vous noterez très vite que nous citons beaucoup de restos de cuisine du monde, reflétant le caractère cosmopolite de Berlin. Ce n'est en effet pas ici que vous dégusterez le plus couramment de la cuisine traditionnelle allemande. Alors laissez-vous aller à ce voyage culinaire. Les saveurs ne connaissent pas de frontières.
– Sachez enfin, que les restaurants, hormis les restos gastronomiques, servent des plats chauds en continu de 11 h à minuit.

Dans le quartier de Charlottenburg (plan I)

Bon marché

Pour les fauchés chroniques, possibilité de manger dans les **restos universitaires** *(Mensa)* sur présentation de la carte d'étudiant.

|●| ***Resto U de la TU*** *(Technische Universität ; plan I, D2, 90)* **:** Hardenbergerstrasse 34, au niveau de la Steinplatz. U-Bahn : Ernst-Reuter-Platz. C'est le bâtiment à gauche de la *Hochschule der Künste* (école des arts). Ouvert en semaine de 11 h à 14 h 45.
|●| ***Cafétéria de la TU*** *(plan I, C1-2, 91)* **:** Ernst-Reuter-Platz 7. Au 20ᵉ étage, dans l'immeuble de la TU. U-Bahn : Ernst-Reuter-Platz. Ouvert du lundi au vendredi de 8 h 30 à 16 h 15. Petits sandwichs pour 1 €, plats chauds simples autour de 3 €. Moins de choix qu'au resto U, mais on y va pour le magnifique point de vue sur le Tiergarten, la Siegessäule et la tour de la télévision.

Prix moyens

|●| ***Soup Kultur*** *(plan I, D3, 92)* **:** Kurfürstendamm 224, entrée au début de la Meinekestrasse. ☎ 65-76-27-80. U-Bahn : Kurfürstendamm. Ouvert en semaine de 12 h à 20 h, le samedi de 12 h à 16 h. Fermé le dimanche. Compter de 3 à 5 €. Rien de mieux qu'une soupe, surtout quand elle est faite maison. Froide ou chaude en fonction de la saison, à déguster sur le pouce dans cet *imbiß* nouvelle génération à la déco pop. Vous n'aurez que l'embarras du choix : soupe aux carottes, mexicaine ou encore indonésienne, une de nos préférées à base de curry, mangue,

poulet et gingembre frais. À vos cuillères ! Autre filiale : Kantstrasse 56a.

|●| Zwölf Apostel *(plan I, C2, 93)* : Bleibtreustrasse 49, dans le Savigny-passage, le long du S-Bahn Savignyplatz. ☎ 312-14-33. S-Bahn : Savignyplatz. Ouvert 24 h/24. De 5 € (prix du plat du jour à midi) à 15 €. Pizza à moitié prix entre 12 h et 16 h. Toujours plein à craquer et service à la chaîne. Mais il faut bien reconnaître qu'on trouve sûrement ici les meilleures pizzas au feu de bois de Berlin. Très fréquenté par les Berlinois, qui affectionnent tout particulièrement ce genre de bistrot italo-germanique. Réservation vivement conseillée. Il existe une autre adresse : Georgenstrasse 2 (Berlin-Mitte ; à côté de l'université Humboldt).

|●| Diener *(plan I, D2, 94)* : Grolmannstrasse 47, presque sur Savignyplatz, le long du S-Bahn. ☎ 881-53-29. S-Bahn : Savignyplatz. Ouvert tous les jours de 18 h à 3 h. Plats de 5 à 13 €. Ne vous y trompez pas, derrière cette façade tristounette, se cache un resto de cuisine traditionnelle allemande bien connu, où se croise un public varié. On y sert de bonnes vieilles recettes, des plats qui nourrissent leur homme, comme les *Boulettes*, les *Bratkartoffeln* (pommes de terre sautées), les *Leberknödel* (quenelles de foie) ou encore les *Kasseler Rippe* (côtes de porc bouilli), à déguster voracement autour d'une mousse bien fraîche. Avec ses murs tapissés de photos, son cadre rustique, ses lampes démodées et son ambiance enfumée, le temps semble s'y être arrêté, certainement la recette de son succès jamais démenti.

|●| Bleibtreu *(plan I, C2, 95)* : Bleibtreustrasse 45. ☎ 881-47-56. S-Bahn : Savignyplatz. Ouvert tous les jours de 9 h 30 à 1 h ; les vendredi et samedi, jusqu'à 2 h 30. Plats de 5 à 10 €. Bistrot à la devanture toute rouge et au décor *Sixties* : miroirs, banquettes en moleskine et cabine téléphonique *British*. Propose quelques plats pour grosse fringale à budget serré, comme des pâtes, omelettes et autres plats bourratifs bien connus des étudiants. Buffet-petit dej' le week-end à 6 € (de 9 h 30 à 15 h 30), idéal si on loge dans le coin.

On peut y consulter le programme des manifestations de la ville, ainsi que toute la presse.

|●| Yahham *(plan I, C3, 96)* : Bleibtreustrasse 47. ☎ 88-68-15-85. U-Bahn : Kurfürstendamm ou S-Bahn : Savignyplatz. Ouvert tous les jours de 12 h à 2 h. Plats de 5 à 15 €. *Turkisch Finger Food,* tel est le slogan de ce petit resto turc à l'ambiance familiale, qui s'octroie quelques fantaisies dans sa déco. Murs violine, lumière tamisée d'ambiance et fontaine résolument tendance s'écoulant au sol sous une vitre. À la carte, les grandes assiettes de *mezze* côtoient des plats traditionnels plus élaborés. La gentillesse du service et la saveur des plats semblent avoir séduit le cœur des Berlinois du quartier.

|●| El Borriquito *(plan I, C2, 97)* : Wielandstrasse 6. ☎ 312-99-29. U-Bahn : Wilmersdorfer Strasse ou S-Bahn : Savignyplatz. Ouvert tous les jours de 19 h à 5 h ! Paella, plats à base de porc, bœuf, mouton ou poisson de 9 à 14 €. Le charme de ce resto se manifeste dès que l'on franchit le pas de la porte et que le personnel vous accueille avec amabilité. Les serveurs participent efficacement au folklore espagnol proposé tous les soirs. Joyeuse animation. Murs décorés d'objets hétéroclites (guitares, assiettes, pichets, gousses d'ail, maïs...). Excellentes spécialités de poisson. Bon choix de vins ibériques. Il est recommandé de réserver si vous ne voulez pas manger au comptoir.

|●| Good Friends *(plan I, C2, 98)* : Kantstrasse 30. ☎ 313-26-59. S-Bahn : Savignyplatz. Tous les jours de 11 h 30 à 2 h. À l'angle de la Schlüterstrasse. Plats végétariens, de viande ou de poisson entre 7 et 17 €. Formule à midi à 6,50 €. Décor sans chichis, un peu ambiance néon blafard, pour ce resto chinois, qui est probablement l'un des meilleurs de la ville. Forte affluence de clientèle asiatique. Les plats ne sont pas tous bon marché mais succulents et copieux.

|●| Der Ägypter *(plan I, C2, 99)* : Kantstrasse 26. ☎ 313-92-30. S-Bahn : Savignyplatz. Ouvert de 18 h à minuit (1 h le week-end). Plats végétariens ou non entre 8 et 20 €. Au-dessus du bar, le buste de Néfertiti, de Toutankhamon et les statuettes de chats veillent sur la maison. Décor, musique et senteurs d'Orient. Cuisine raffinée... et épicée, avec comme spécialités les *foul* et *falafel*. On ne sait pas toujours ce que l'on commande, mais les surprises sont délicieuses !

|●| **Luisen-Bräu** (plan I, B1, **100**) : Luisenplatz 1 ; à côté du château de Charlottenburg. ☎ 341-93-88. U-Bahn : Richard-Wagner-Platz ou Sophie-Charlotten-Platz ; puis marcher 10 mn. Ouvert tous les jours de 9 h à 1 h, jusqu'à 2 h le week-end. Plats de 2,50 à 7 €. Certes, vous auriez pu le trouver tout seul, mais on vous l'indique quand même, car malgré sa situation, face au château, cette brasserie n'a rien d'un attrape-touristes ! Admirer les cuves en cuivre et les tuyaux qui s'entremêlent, et n'hésitez pas à goûter la bière maison. Plats du jour, *Schnitzel* (escalope) et ribambelles de saucisses à prix très raisonnables, et ma foi, copieux et goûteux. Pause agréable entre deux visites. Grande terrasse.

Plus chic

|●| **Diekmann** (plan I, D3, **101**) : Meinekestrasse 7. ☎ 883-33-21. U-Bahn : Kurfürstendamm ou Uhlandstrasse. Ouvert du lundi au samedi de 12 h à 1 h et le dimanche à partir de 18 h. Formule à midi (un plat, une boisson, un café) à 10 €. Plats autour de 15 €. Le soir, le prix des menus monte en flèche, compter de 35 à 41 €. Avec son atmosphère d'épicerie coloniale, ce bistrot chic propose une carte déclinée au gré du marché et des saisons. Les plats à la présentation recherchée prennent leur source dans un mélange bien orchestré de cuisines allemande et française. Intéressante formule à midi. Seul regret, les portions sont parfois un peu légères.

|●| **Ottenthal** (plan I, D2, **102**) : Kantstrasse 153. ☎ 313-31-62. S-Bahn : Savignyplatz. Ouvert tous les jours de 18 h à 1 h. Plats de 10 à 18 €. Menu à 23 €. Ce restaurant élégant s'avère être la meilleure ambassade de la gastronomie autrichienne à Berlin. *Knödel* (boulettes variées), *Wiener Schnitzel* (escalope panée), *Kaiserschmarren* (crêpes sucrées découpées en lamelle, accompagnées de raisins secs) et *Apfelstrudel* sont ici à l'honneur, servis au rythme de la vieille horloge centenaire, tout droit ramenée d'Ottenthal, village situé à 60 km de Vienne. Large carte de vins, proposant également des vins du propriétaire du restaurant, vigneron à part entière dans son village d'origine en Autriche. Service et accueil courtois.

|●| **Dressler** (plan I, D3, **103**) : Kurfürstendamm 207-208. ☎ 883-35-30. U-Bahn : Kurfürstendamm ou Uhlandstrasse. Ouvert dès 8 h. Cuisine chaude de 11 h à minuit. Plats autour de 20 €, petite restauration autour de 7 €. Brasserie à l'allure presque parisienne, avec ses colonnades sang de bœuf et son style Art déco. Située juste à côté du *Theater Am Kurfürstendamm*. Plats savoureux, avec comme spécialités le filet de sandre (*Zanderfilet*), le foie de veau (*Kalbsleber*) et les côtelettes d'agneau (*Lammkotelett*). Grand choix de fruits de mer, goûtez notamment aux huîtres de Sylt. Bon choix de desserts. Plats de bonne qualité, mais pas donnés.

|●| **Florian** (plan I, D2, **104**) : Grolmanstrasse 52. ☎ 313-91-84. S-Bahn : Savignyplatz. Ouvert de 18 h à 3 h. Plats de 13 à 22 €. L'un des restos les plus courus du quartier de la Savignyplatz, où vient se montrer une clientèle aisée. Cadre agréable sans ornements superflus. Prix raisonnables pour peu que l'on ne s'égare pas du côté du loup de mer ou du carré d'agneau. Carte pas très longue mais cuisine de qualité. Bonne carte de vins. Terrasse.

|●| **Samowar** (plan I, B1, **105**) : Luisenplatz 3. ☎ 341-41-54. U-Bahn : Richard-Wagner-Platz ou Sophie-Charlotte-Platz ; puis marcher 10 mn. Ouvert tous les jours de midi à minuit. Horaires réduits en janvier et février. Plats entre 9 et 17 €, menu à 32,50 €. Ne pas s'arrêter à l'aspect extérieur de ce restaurant russe. Cuisine solide, spécialités de gibier. On ne se lasse pas de l'excellent bœuf Strogonoff, accompagné de ses pommes de

terre frites en filaments. La patronne a des allures de petite poupée russe, les rondeurs en moins, et décline avec un fort accent la carte des vodkas. Certains soirs, des musiciens entonnent à votre table des ballades aux accents nostalgiques. On se croirait dans *Docteur Jivago* ! Terrasse.

Dans le quartier du Tiergarten *(plan II)*

De bon marché à prix moyens

I●I Imbiss Schlemmer-Pylon *(plan II, E6, 106)* : au début de Marburgerstrasse, sous les escaliers au milieu de la rue. U-Bahn : Kurfürstendamm ou Wittenbergplatz. Ouvert de 5 h 30 à 21 h. Fermé le dimanche (pour cause de messe, *dixit* le panneau !). Facilement reconnaissable à sa structure bizarroïde et à sa façade délirante. Grand choix de salades originales, de soupes, de charcutailles allemandes et de cocktails de fruits frais à déguster debout. Un *Imbiß* que l'on conseille vivement.

I●I Café am Neuen See *(plan II, F5, 107)* : Lichtensteinallee 2. ☎ 254-49-30. Juste derrière le zoo, dans le Tiergarten, au bord du lac. S-Bahn et U-Bahn : Zoologischer Garten. Café ouvert tous les jours de 10 h à 23 h ; en hiver, seulement le dimanche de 10 h à 20 h. Plats de 8 à 13 €. Immense *Biergarten* très agréable, ouvert dès les premiers rayons du soleil. Plats très simples, bon marché, d'inspiration italienne (enfin, n'exagérons rien !). Un des endroits préférés des Berlinois pour boire quelques bières et refaire le monde après une journée de travail. *Brunch* sympathique le week-end. Location de barques de mars à octobre.

I●I Cap'tn Schillow *(plan II, E5, 108)* : Strasse des 17. Juni, péniche amarrée juste après la porte de Charlottenburg, à droite en allant vers la Siegessäule. ☎ 31-50-50-15. S-Bahn : Tiergarten. Ouvert de 11 h à minuit et le dimanche de 10 h à 23 h. Fermé les lundi et mardi de janvier à mars. Plats de 7 à 14 €. Péniche amarrée. On vient ici pour le cadre : l'hiver, on préfère l'ambiance intime et romantique à l'intérieur de la péniche et l'été, son pont ensoleillé. On peut aussi juste y prendre un verre. *Brunch* le dimanche autour de 13 €, boissons comprises, buffet copieux. Dans la semaine, petits dej' à l'assiette.

Très, très chic

I●I Heising *(plan II, E6, 109)* : Rankestrasse 32. Pour réserver, appeler en journée le : ☎ 302-55-15, ou en soirée le : ☎ 213-39-52. U-Bahn : Kurfürstendamm ou Wittenbergplatz. Ouvert de 19 h à 23 h. Fermé le dimanche. Un seul menu à 49 €. Derrière une façade qui ne paie pas de mine, un très bon établissement. Dans une atmosphère très feutrée néo-rococo (rideaux, tapis, mobilier ancien et lumières tamisées), le propriétaire en personne vous servira une cuisine gastronomique, préparée par des cuisiniers français. Une courte carte des vins, mais des portions copieuses. Ambiance chic. Assez cher tout de même, portefeuille garni requis.

Dans le quartier de Kreuzberg *(plan III)*

Bon marché

I●I Al Kalif *(plan III, J9, 110)* : Bergmann Strasse 105. ☎ 694-47-34. U-Bahn : Gneisenaustrasse. Ouvert tous les jours de 11 h à minuit. Un *Imbiß* amélioré, façon arabe. Au programme, une douzaine de mets végétariens à partir de 4,50 €. Plats de viande pour moins de 10 €. On se déchausse avant de s'asseoir sur les banquettes autour de tables basses en cuivre jaune. Peu confortable mais ça change des classiques *Kneipen*! Ambiance intime, douce musique orientale. On peut aussi se contenter d'un jus de mangue.

|●| ***Türkisches Restaurant Hasir*** *(plan III, K-L8, 111)* : Adalbertstrasse 10. À l'angle de l'Oranienstrasse, dans le quartier dénommé « SO 36 ». U-Bahn : Kottbusser Tor. Ouvert 24 h/24. Excellent *Döner Kebab* à 6,50 € à l'assiette, sinon 2 € à emporter. Le plat le plus cher (8 €) est à base d'agneau. Ici, on fait la queue pour déguster des *Döner Kebab*, des entrées froides ou chaudes, des brochettes ou des aubergines farcies. Dans la salle du fond, nombreux sont les Turcs qui viennent y prendre leur repas. Rue très animée en soirée. Très bon accueil.

|●| ***Mokkabar*** *(plan III, J9, 112)* : Gneisenaustrasse 93. ☎ 694-88-68. U-Bahn : Gneisenaustrasse. Ouvert de 10 h à 2 h. À midi, formule à 5,50 € comprenant un plat au choix plus un café. Sandwich de 3,50 à 6 €. On n'y vient pas exprès mais halte repas plaisante dans un décor moderne. Endroit fréquenté par les gens du coin. Sandwichs et pains toastés, salades. Également quelques mets plus élaborés d'inspiration italienne. Ambiance plus enflammée le soir avec de délicieux cocktails à prix tout à fait raisonnables. *Happy hours* (2 cocktails pour le prix d'un) de 18 h à 20 h et de minuit à 1 h.

Prix moyens

|●| ***Cucina Casalinga*** *(plan III, K8, 113)* : Grimmstrasse 30, à l'angle avec la Planufer. U-Bahn : Kottbusser Tor ou Schönleinstrasse. Ouvert tous les jours de 12 h à minuit. Pizzas de 5 à 8 €. Lovée au bord du canal, cette pizzeria attire une clientèle nombreuse. Dans ce brouhaha sympathique et bouillonnant, des pizzas variées – plus de 40 au choix – défilent quelle que soit l'heure. Grande terrasse très convoitée dès les beaux jours.

|●| ***Sale e Tabacchi*** *(plan III, J7, 114)* : Kochstrasse 18. ☎ 252-95-003. U-Bahn : Kochstrasse. À partir de 9 h, 10 h le week-end. Cinq menus de 8,50 à 12,50 €. Pour un plat de viande, compter autour de 17 €. Ex-cantine du *TAZ, Tageszeitung*, journal qui reste coûte que coûte fidèle à son style irrévérencieux forgé dans la mouvance du mouvement alternatif des années 1970. Mais le journal a dû, depuis peu, se résoudre à accepter des pages de pub ! La cantine s'est reconvertie en café-restaurant proposant une cuisine à l'italienne de bonne qualité dans un cadre élégant sans être guindé. À midi, employés et patrons du quartier forment le gros de la clientèle. Très prisé pour ces menus à midi. Patio.

|●| ***Kafka*** *(plan III, L8, 115)* : Oranienstrasse 204. ☎ 612-24-29. U-Bahn : Görlitzer Strasse. Ouvert tous les jours de 12 h à 2 h. Plats de 7 à 12 €. À midi, formules de 5 à 8 €. Le soir, 5 menus de 13 à 18 €. Bistrot situé dans la très animée Oranienstrasse et possédant un cadre chaleureux aux accents ensoleillés. Cuisine de bonne facture aux influences méditerranéennes, à prix modérés. Charmant *Biergarten*, ouvert dès les beaux jours. On a bien aimé le copieux *brunch*-buffet à 8 € tous les week-ends de 10 h à 16 h et le *Schlemmer Menu* du dimanche (choix à la carte d'une entrée, d'un plat, d'un dessert et un café, accompagné d'une bouteille de vin pour 2 personnes) servi de 17 h à 22 h au prix de 18 €. Dans ce menu, les enfants de moins de 12 ans ont droit à un plat de pâtes gratuit.

|●| ***Grossbeerenkeller*** *(plan III, I8, 68)* : Grossbeerenstraße 90. ☎ 251-30-64. U-Bahn : Möckernbrücke ou Mehringdamm. Ouvert du lundi au vendredi de 16 h à minuit, le samedi à partir de 18 h. Fermé le dimanche et les jours fériés. Même localisation que l'hôtel. Comptez 10 € pour un plat unique mais copieux. Créée en 1862, alors que Bismarck était président, la salle en sous-sol a su garder ce quelque chose de son atmosphère d'antan. Musique d'ambiance, murs en bois couverts de

photos d'acteurs, bougies et fleurs sur les tables. Un décor de charme qui attire habitués et touristes. Cuisines berlinoise et silésienne de respectable pension de famille. Les portions sont généreuses, dommage que les desserts soient très moyens. Pour vous prouver que vous êtes à la bonne adresse, la patronne met en évidence des coupures de presse honorant son établissement !

Plus chic

|●| **Abendmahl** (plan III, L8, 116) : Muskauerstrasse 9. ☎ 61-25-170. U-Bahn : Görlitzer Bahnhof. Ouvert tous les jours de 18 h à 1 h. Plats de 10 à 16 €. Voilà une adresse à retenir, surtout par ceux qui apprécient particulièrement les plats végétariens et de poissons de qualité. Avis aux gourmands et aux gourmets, on sert ici une cuisine qui allie saveur et créativité, saupoudrée d'une pincée de style dans la présentation. Une audace récompensée par une réputation sans faille que reconnaît un public séduit aussi par son décor intime. Service attentionné.

|●| **Café Jolesch** (plan III, L8, 117) : Muskauerstrasse 1. ☎ 612-35-81. U-Bahn : Görlitzer Bahnhof. Ouvert de 10 h à minuit. Plats de 8 à 18 €. Formule à midi à 8 €. Le soir, menus autour de 23 €. Cuisine d'inspiration autrichienne proposant des plats bien mitonnés. C'est l'adresse du bon goulasch, du délicieux *Schnitzel*, du *Tafelspitz* et de l'*Apfelstrudel* sans déception. Avec ses banquettes de cuir rouge, ses murs vert bouteille et ses lustres, ce resto attire une clientèle variée à la recherche d'une ambiance conviviale. Service souriant.

|●| **Joe Peña's** (plan III, J9, 118) : Marheinekeplatz 3. ☎ 693-60-44. Situé à côté de l'église. U-Bahn : Gneisenaustrasse. Ouvert de 17 h à 2 h. *Happy hours* de 17 h à 20 h. Plats de 10 à 15 €. Réputé comme l'un des meilleurs mexicains de Berlin. Sa grande salle jaune s'anime lors des soirées musicales *live* du mardi. Le dimanche, *Fajita Night* à 12 € et le lundi, *happy hours All the Night*. Mais, au fait, savez-vous pourquoi nombreux sont les restos mexicains qui s'appellent *Joe Peña's* ? Joe Peña's était en fait le premier joueur d'origine mexicaine sélectionné dans l'équipe nationale américaine de base-ball dans les années 1940. Grande terrasse.

Dans le quartier du Mitte *(plan IV)*

Mitte est certainement le quartier le plus animé de Berlin pour sortir. Toujours en effervescence, c'est aussi le plus créatif. Il suffit de tourner les talons quelques jours pour voir surgir ici de nouveaux restos, bars ou boîtes. Malgré les efforts du quartier pour limiter les implantations de cafés et restaurants, Mitte compte plus de 700 établissements de ce genre.

Bon marché

|●| **Resto U de la Humboldt Universität** (plan IV, N11, 119) : Unter den Linden 6 ; entrée sur l'arrière, sur Dorotheenstrasse. U-Bahn : Friedrichstrasse. Demandez la *Mensa*. À gauche, la *Mensa* étudiante et à droite, la *Mensa* des professeurs, vrai resto, encore très bon marché. Il faut quand même savoir que ça n'a rien d'une adresse gastronomique...

|●| **Piccola Italia** (plan IV, O10, 120) : Oranienburgerstrasse 6. ☎ 283-58-43. S-Bahn : Hackescher Markt. Ouvert de 12 h à 1 h (3 h le week-end). Pâtes et pizzas à manger sur le pouce ou à emporter de 2 à 5 €. Sans conteste l'*imbiß* italien le plus connu des jeunes Berlinois. Pour preuve, la file ininterrompue devant le four, qui ne connaît pas les RTT !

|●| **Imbiß Dada Falafel** (plan IV, N10, 121) : Linienstrasse 132, donne sur la Oranienburgerstrasse. U-Bahn : Oranienburger Tor. Ouvert tous les

jours de 10 h à 2 h, le week-end jusqu'à 4 h. *Falafel* et assiettes autour de 3 €. Un endroit idéal pour déguster en plein cœur du quartier un *falafel* libanais (boulettes de purée de pois chiches présentées dans un pain avec de la salade et de la sauce au yaourt). Jetez votre dévolu sur le *falafel Schawarma Bronwin*, agrémenté de poulet mariné dans du sirop de grenade. Les aubergines frites ne sont pas mal non plus. Accueil plein de gentillesse.

|●| *Alt Berlin* (plan IV, O10, **122**) : Münzstrasse 23. ☎ 281-96-87. U-Bahn : Weinmeisterstrasse. Ouvert tous les soirs, sauf le dimanche, à partir de 20 h. Quelques plats de 0,80 à 3 €. C'est une des nouvelles tendances de la jeunesse branchée berlinoise : réinvestir quelques lieux traditionnels, rustiques à souhait, triés sur le volet, pour s'empiffrer autour de plats qui tiennent bien au corps, comme des œufs durs au vinaigre, des saucisses ou des boulettes. Carte très restreinte, mais ambiance copain-copain de bon aloi, où il faut jouer des coudes pour se frayer un passage.

Prix moyens

|●| *Monsieur Vuong* (plan IV, O10, **123**) : Alte Schönhauserstrasse 46. ☎ 30-87-26-43. U-Bahn : Rosa-Luxemburg-Platz ou Weinmeisterstrasse. Ouvert de 12 h à minuit. Fermé le dimanche. Deux plats du jour à 6,40 €. Il vous faudra parfois vous armer de patience aux heures de pointe afin d'obtenir un bout de table et de banc, tellement le succès de ce restaurant, hip branché, de cuisine indochinoise est grand. Quelques plats bien assaisonnés, des soupes vietnamiennes, des jus de fruits frais, des milk-shakes tous préparés minute sous le regard perçant de Monsieur Vuong en personne, qui ne quitte pas la salle de ses yeux... bridés. C'est simple, délicieux, efficace et ça marche !

|●| *Barist* (plan IV, O10, **124**) : Hackescher Markt 13-14, sous les arcades du S-Bahnbögen de la gare Friedrichstrasse. ☎ 24-72-26-13. Ouvert tous les jours de 10 h à 3 h. Plats de 7 à 15 €. Café-bistrot-bar agréable quelle que soit l'heure de la journée. Cuisine internationale sans prétention, qui satisfera les appétits bien aiguisés. Large éventail de plats servis dans une salle style brasserie mêlant lustres et grandes glaces. Le soir, le service est rythmé par de la musique jazz *live*, contrebasse et piano. Grande terrasse très convoitée.

|●| *Brazil* (plan IV, O10, **125**) : Gormannstrasse 22. ☎ 28-59-90-26. U-Bahn : Weinmeisterstrasse ou Rosenthaler Platz. Ouvert tous les jours de 18 h à 2 h. Plats de 5 à 16 €, servis généreusement, qui sentent bon le soleil du Brésil. À la carte : brochettes flambées accompagnées de haricots, poissons assaisonnés à l'orange et à l'avocat, manioc au lait de coco, galettes fourrées à la morue. Plongez-vous dans l'ambiance de Berlin-sur-Rio en sirotant une caïpirinha dans l'agréable *Biergarten,* c'est ça la magie du *Multi-kulti...*

|●| *Keyser Soze* (plan IV, N10, **126**) : Tucholskystrasse 33. ☎ 28-59-94-89. U-Bahn : Oranienburger Tor. Ouvert tous les jours de 8 h à 3 h (le dimanche à partir de 10 h). Plats de 5 à 10 €. Vous pensez certainement : pourquoi ce bistrot plutôt qu'un autre du quartier ? Et bien, parce que le *Keyser Soze* se démarque des autres par son ambiance bon enfant un poil tendance, son équipe joyeuse et sa cuisine sincère, qui fleure bon la *Deutsche Küche*. Les *Käsespätzle* (pâtes allemandes aux oignons et fromage) sont un délice ! Voilà pourquoi les habitués du quartier en ont fait leur repaire.

|●| *Nolle* (plan IV, N11, **127**) : Georgenstrasse 203, sous les arcades du S-Bahnbögen de la gare Friedrichstrasse. ☎ 208-26-45. U-Bahn et S-Bahn : Friedrichstrasse. Ouvert de 11 h 30 à minuit, seulement jusqu'à 20 h le dimanche. Plats autour de 8 €. Vaste salle sous les arcades de la gare. Brasserie à la déco élégante dans le style des années 1920. Cuisines berlinoise et internationale : goûtez à l'*Ofenkartoffel mit Kräuterquark* (pomme de terre cuite au four, accompagnée d'un fromage blanc

aux fines herbes). Le fréquent passage des trains peut déconcentrer les plus affamés. Adresse qui ne plaira pas forcément à ceux qui recherchent le contact avec des autochtones...

Plus chic

|●| *Bocca di Bacco* (plan IV, N11, *128*) : Friedrichstrasse, 167-168. ☎ 20-67-28-28. S-Bahn : Friedrichstrasse. U-Bahn : Französischer Strasse. Ouvert du lundi au samedi de 11 h à minuit, à partir de 18 h le dimanche. À la carte, prévoir 35 € environ sans les vins. Menus de 18 à 44 €. Le temple de la gastronomie italienne ! Lorenzo Pizzetti ne se disperse pas dans d'audacieuses créations, mais accède à l'excellence en livrant à ses convives une cuisine classique toute en saveurs. Tout est parfait, depuis les *spaghetti vongole* délicatement relevés ou la pièce de veau parfaitement saisie, jusqu'à la riche sélection de vins aromatiques. Du même coup, les rangs des fidèles grossissent dans cet établissement aux lignes contemporaines et élégantes. Songer à réserver.

|●| *Raabe Diele* (plan IV, O11, *129*) : Märkisches Ufer 10, dans Ermeler-Haus. ☎ 240-620. Ouvert tous les jours de 12 h à 2 h. Restaurant aux allures de bistrot chic. L'ensemble a bonne mine, mais il faut facilement payer 20 € par personne. Salle au sous-sol, décorée avec goût d'objets divers. Cuisine régionale à la fois rustique et sophistiquée. Clientèle diverse. Jeunes serveurs sympathiques. Pour le dîner, les routards fortunés grimperont jusqu'au premier étage. L'un des restos les plus réputés de la ville les y attend du mardi au samedi, à partir de 18 h. Ses somptueuses salles baroques valent à elles seules le déplacement. Une idée pour terminer votre voyage en grande pompe.

Autour du Nikolaiviertel, spécialités du vieux Berlin

Dans ces auberges patiemment rénovées du *Nikolaiviertel,* on a peine à trouver la fameuse *Gemütlichkeit* berlinoise. Peu de Berlinois se rendent dans ce quartier, qui semble avoir été artificiellement maintenu pour nous, pauvres touristes. Allez quand même jeter un coup d'œil dans une de ces *Gaststätte* (auberges), où l'on mange l'*Eisbein,* jarret de porc salé sur son lit de choucroute. Littéralement « jambe de glace », cette spécialité vieille de six cents ans s'est vu attribuer le nom donné autrefois aux patins à glace des enfants, confectionnés dans l'os le plus solide du porc !

|●| *Zum Nußbaum* (plan IV, O11, *130*) : Am Nussbaum 3. ☎ 242-30-95. U-Bahn : Alexander Platz. Tous les jours de 12 h à 2 h. Spécialités autour de 7 €. C'est une des plus anciennes auberges, datant de 1571, qui fut reconstruite après la guerre. Boiseries, gravures, tables épaisses en bois, atmosphère sombre, le charme opère et offre une bonne occasion de goûter quelques spécialités allemandes comme les *Rollmops* (filets de hareng marinés) ou les boulettes de viande accompagnées évidemment d'une *Berliner Weisse mit Schuss* (bière amère adoucie avec du sirop de framboise ou d'aspérule à boire à la paille). Petite terrasse aux premiers rayons de soleil.

|●| *Zur Rippe* (plan IV, O11, *131*) : Poststrasse 17. ☎ 242-42-48. U-Bahn : Alexander Platz. À l'angle de Gertrauden-Mühlendamm, entre Nikolaikirche et les quais. Cuisine chaude de 11 h à 23 h. Spécialités autour de 10 €. Resto dispensant sa volée de bons p'tits plats classiques, tels les *Berliner Eisbein, Sauerkraut, Erbspüree, Salzkartoffeln.* Murs vert amande surchargés de photos du Berlin d'autrefois. Atmosphère détendue et service agréable.

Dans le quartier de Prenzlauer Berg *(plan V)*

Prenzlauer Berg est devenu en quelques années *The place to be*. Une virée nocturne dans ce quartier est devenue incontournable. Vous n'y couperez donc pas ! Vous trouverez un grand choix de restaurants et de *Kneipe* sur *Kollwitzplatz*, *Helmholtzplatz* et autour du *Wasserturm* (château d'eau), sans doute encore plus agréable en été grâce aux larges trottoirs pavés improvisés en terrasse.

De bon marché à prix moyens

I●I **Konnopkes Imbiß** *(plan V, Q13, 132)* : Schönhauser Alle 44a. ☎ 442-77-65. U-Bahn : Eberswalderstrasse. Ouvert en semaine de 5 h 30 à 20 h. Fermé les samedi et dimanche. On y trouve son bonheur pour 1 à 2 €. C'est l'*Imbiß* culte de Berlin, là où ouvriers, étudiants et hommes d'affaires se croisent pour dévorer une *Curry-Wurst*.

I●I **Miro** *(plan V, R13, 133)* : Raumerstrasse 28-29. ☎ 44-73-30-13. U-Bahn : Eberswalder Strasse. Ouvert à partir de 10 h et jusqu'à minuit. Plats de 4 à 10 €. Ah, le chouette endroit que voilà ! Ce resto turc, avec ses murs en brique et son coin salon avec coussins et tables basses, offre une des bonnes surprises du quartier. Les *mezze* de *tzatziki*, *hoummous* et légumes frits, ainsi que les poêlées de viande sont tous préparés avec amour. Produits très frais, distillant des saveurs variées, d'une qualité jamais prise en défaut. Service cool et souriant.

I●I **1900** *(plan V, R14, 134)* : Husemannstrasse 1, à l'angle avec Kollwitzplatz. ☎ 442-84-94. U-Bahn : Senefelder Platz. Ouvert tous les jours à partir de 10 h. Plats principaux de 8 à 13 €. Le dimanche, *brunch* à 6 € de 9 h à 17 h, cuisine à partir de 11 h. Peu de temps avant l'ouverture du Mur, Marina et Christian Stolzenberg décidèrent de mettre fin à la sinistrose ambiante et d'insuffler un peu d'air frais dans la vie nocturne de Berlin-Est. Le *1900* devint alors le point de rencontre des jeunes Berlinois artistes et avant-gardistes de tout poil. Une déco Belle Époque sur fond de jazz et une cuisine internationale et régionale en font une étape incontournable. Terrasse.

I●I **Gugelhof** *(plan V, Q-R14, 135)* : Knaackstrasse 37, à l'angle avec Kollwitzplatz. ☎ 442-92-29. U-Bahn : Senefelder Platz. Ouvert de 10 h à 1 h. Plats de 7 à 15 €. Menus de 10 à 32 €. Si vos papilles crient famine et piquent une petite déprime de ne plus être régalées avec des mets bien français, c'est ici qu'il faut venir se réfugier, dans cet îlot de cuisine alsacienne. La choucroute, les *Schnupfnudel* et les tartes flambées seront le prétexte d'un aller-retour Allemagne-France qui ravira les gourmands. Service parfois un peu grincheux.

I●I **Metzer Eck** *(plan V, R14, 136)* : Metzerstrasse 33. U-Bahn : Senefelder Platz. Ouvert de 16 h à 1 h (les samedi et dimanche, à partir de 18 h). Plats de 3 à 7 €. Cette auberge, qui appartient à la même famille depuis 1913, est la plus ancienne de Prenzlauer Berg. Une petite halte s'avère être un bonne occasion pour découvrir la base de la cuisine allemande, comme les *Bratkartoffeln* (pommes de terre sautées), les différentes variétés de *Wurst* ou les côtes de porc façon *Kasseler* (salées et fumées) dans une ambiance rustique à souhait, animée bruyamment par quelques Berlinois gouailleurs, qui ont ici leur *Stammtisch* (tables d'habitués).

Plus chic

I●I **Pasternak** *(plan V, R14, 137)* : Knaackstrasse 22-24. ☎ 441-33-99. U-Bahn : Senefelder Platz. En face du *Wasserturm* (château d'eau). Ouvert tous les jours de 10 h à 2 h. Plats de 8 à 15 €. Restaurant proposant une cuisine russe authentique de qualité. Carte de grands classiques, comme le bœuf Strogonoff, le borchtch (soupe de betterave) ou le poisson à la sauce Moscou. Du typicos ! Le tout servi dans un cadre plaisant aménagé avec des sièges en cuir, des boiseries et un piano, et donnant sur une des places les plus charmantes de ce quartier. Clientèle d'artistes et d'intellectuels. Grande terrasse.

|●| **Offenbach Stuben** (plan V, R13, *138*) : Stubbenkammerstrasse 8. ☎ 445-85-02. U-Bahn : Eberswalder Strasse ou S-Bahn : Prenzlauer Allee. Ouvert tous les jours de 18 h à 1 h. Plats de 12 à 17 €. Rendez-vous chic des artistes de théâtre auxquels se mêlent les hommes politiques. Intérieur traditionnel *cosy* et cossu pour une cuisine articulée autour de spécialités allemandes à prix soutenus. On a particulièrement apprécié le *Sauerbraten mit Kraut* (rôti de bœuf mariné au vinaigre accompagné de choucroute) et le *Leber Berliner Art* (foie à la façon berlinoise). Carte des vins bien fournie. Une adresse qui mérite le détour. Réservation recommandée le week-end.

|●| **Drei** (plan V, R13, *139*) : Lychenerstrasse 30, à l'angle avec Helmholtzstrasse. ☎ 41-71-57-18. U-Bahn : Eberswalder Strasse ou S-Bahn : Prenzlauer Allee. Ouvert à partir de 18 h. Plats à la carte autour de 14 €. Le dimanche, délicieux buffet-*brunch* de 10 h à 16 h à 8,50 €. Si vous avez des préjugés sur la cuisine californienne, c'est le moment de les mettre au panier... Le chef de cet établissement, au design branché épuré, fréquenté par une clientèle gay, saura vous convaincre du contraire en vous proposant des plats aux saveurs subtiles, alliant fraîcheur des produits et parfum aux influences asiatiques. Écoutez plutôt : saumon mariné au *miso* sur un lit de pommes de terre nouvelles au *Bok Choy*, ou encore veau à la sauce mangue-moutarde accompagné de brocolis... Alors, heureux ?

Beaucoup, beaucoup plus chic

|●| **Zander** (plan V, R14, *140*) : Kollwitzplatz 50. ☎ 44-05-76-78. U-Bahn : Senefelder Platz. Ouvert de 12 h à 14 h 30 et de 18 h à 23 h. Fermé le dimanche. Plats de 10 à 20 €. Menus le midi de 8 à 12 €, le soir, les prix montent en flèche, comptez alors de 27 à 48 €. S'il est bien un endroit, où il faut déguster un poisson du Brandebourg, c'est ici, au *Zander*. Certes, ce n'est pas donné, mais la qualité des plats savamment préparés justifie les prix de ce restaurant, qui est devenu un des hauts lieux gastronomiques de Berlin. Comme son nom l'indique, la spécialité de la maison est le filet de sandre (*Zander*), à accompagner évidemment d'un riesling. Riche carte de vins d'origine allemande et autrichienne. Bref, une adresse raffinée sans être guindée. Terrasse.

Où bruncher ?

Le *brunch* est un des plaisirs incontournables des Berlinois, surtout le week-end. En terrasse l'été ou dans des petits cafés à l'ambiance chaleureuse quand la température est plus fraîche, on ne se lasse jamais de ces copieux *brunchs*, à prix raisonnables, servis à l'assiette ou en buffet à volonté, généralement de 10 h à 16 h. La formule étant appliquée dans la quasi-totalité des établissements, il vous suffit de choisir votre style. Pour vous aider, voici quelques adresses, mais sachez que ce sont aussi d'agréables bistrots.

|●| **Café Maurer** (plan V, Q14, *141*) : Templinerstrasse 7, à l'angle de Teutoburgerplatz, Berlin-Prenzlauer Berg. ☎ 44-05-02-08. U-Bahn : Senefelder Platz. Ouvert de 12 h à minuit ; le samedi à partir de 15 h et le dimanche à partir de 10 h 30. Buffet le week-end à 9,50 €. Un de nos chouchous dans la catégorie buffet-*brunch*. Quelques plats seulement au buffet, mais tous de qualité. Cuisine métissée fleurant bon les influences des bords de la Méditerranée. Gâteaux maison délicieux. Ambiance très cool et décontractée.

|●| **Istoria** (plan V, R14, *142*) : Koll-

witzstrasse 64, Berlin-Prenzlauer Berg. ☎ 44-05-02-08. U-Bahn : Senefelder Platz. Ouvert à partir de 9 h. *Brunch* de 4 à 9 €. C'est un des grands classiques, avec son décor théâtral et ses copies de fresques. Les assiettes en semaine et le buffet le week-end sont généreusement assortis de spécialités d'inspiration italienne. Agréable terrasse.

I●I *Barcomi's (plan IV, O10, 143)* : Sophienstrasse 21, Berlin-Mitte. ☎ 28-59-83-63. U-Bahn : Mehringdamm ou Gneisenaustrasse. Dans la 2e cour. Ouvert de 9 h à 22 h ; le dimanche, à partir de 10 h. *Brunch* de 4 à 9 €. Installé dans les charmantes cours en brique *Sophie Gips Höfe*. Ce bistrot, tenu par une New-Yorkaise pure souche, décline d'authentiques spécialités américaines, toutes faites maison. Délicieux *bagels* et nombreuses sortes de cafés.

I●I *Senti (hors plan III par L9, 144)* : Paul-Linckeufer 4, Berlin-Kreuzberg. ☎ 618-86-06. U-Bahn : Görlitzer Bahnhof. Ouvert tous les jours de 9 h 30 à 1 h. Petits dej' et *brunch* de 4 à 8 €. Ce bistrot-*Biergarten*, très agréablement situé sur les bords du *Landwehrkanal*, est réputé et attire toutes sortes de Berlinois qui consacrent quelques heures le week-end à son buffet ou à sa carte faisant référence à des noms de pays. À vous de choisir entre le petit dej' anglais, italien, français...

I●I En remontant le canal par la même rue, vous trouverez d'autres bistrots possédant d'agréables terrasses dans le soleil du matin et proposant des *brunchs*, tous dans le même ordre de prix, comme le *Café am Ufer (plan III, L8, 145)*, Paul-Linckeufer 42-43, ouvert tous les jours de 10 h à 2 h.

I●I *Morgenland (plan III, L8, 146)* : Skalitzerstrasse 35, Berlin-Kreuzberg. ☎ 61-10-76-77. U-Bahn : Görlitzer Bahnhof. Ouvert de 9 h 30 à 2 h (le week-end, à partir de 10 h). Petit dej' de 5 à 8 €, buffet le week-end jusqu'à 15 h à 9 €. Le *Morgenland,* ou pays de l'aurore (tout un programme !), traverse les années et le succès de ses *brunchs* copieux ne se dément pas. Une référence dans le domaine du *Frühstück*. Ambiance conviviale. Terrasse en été, un peu bruyante, il est vrai.

I●I ▼ *Morena (plan III, L8, 147)* : Wienerstrasse 60, Berlin-Kreuzberg. ☎ 611-47-16. U-Bahn : Görlitzer Bahnhof. *Frühstück* de 9 h à 17 h, cuisine de 17 h à 22 h, bar ouvert tard dans la nuit. Entre 2,50 et 8 €. Petits dej' internationaux, très copieux. L'espagnol est un délice et cale pour un moment ! *Pancakes* au sirop d'érable, à la banane et à la cannelle, et salade de fruits frais. Le dimanche comme partout, *brunch,* mais le problème est d'obtenir une table. Aussi un bar très animé le soir, au public varié. Terrasse en été.

I●I Pour ceux désirant prendre leur petit dej' dans un parc, on recommande vivement pour leur cadre deux adresses situées dans le Tiergarten : *Café am Neuen See (plan II, F5, 107)* et *Cap'tn Schillow (plan II, E5, 108)*. Voir plus haut « Où manger ? », dans le quartier du Tiergarten.

I●I *Tomasa (hors plan I par D3, 148)* : Motzstrasse 60, Berlin- Schöneberg. ☎ 213-23-45. U-Bahn : Victoria-Luise-Platz. Ouvert tous les jours de 8 h à 2 h. Compter de 4 à 12 €. Le trois étoiles du *Frühstück*, dommage que ce soit un peu loin ! Le *Tomasa* reste un endroit (presque) unique pour le petit dej'. Fort de son succès, un 2e café à Friedenau (Hauptstrasse 85) a été ouvert. Beaucoup de choix, cuisine originale et présentation très soignée. Le must, le *Tomasa Brunch,* avec camembert frit à la confiture d'airelles, salade aux crevettes, au poulet et à la pêche, et gâteau au fromage blanc à la pomme. Très copieux ! Impossible d'obtenir une table sans réservation.

Les cafés berlinois *(Kneipen)*

Les *Kneipen* font partie intégrante de l'art de vivre berlinois. Il y a ici une véritable culture du café, presque un rituel. À croire que les Berlinois passent plus de temps dans les bistrots que dans leur appartement. D'autant plus qu'il n'y a pas d'heure de fermeture officielle. Pour la plupart, les bars restent ouverts jusqu'à ce qu'il n'y ait plus personne... donc jusqu'à très tard dans la nuit. Si vous recherchez des bars jeunes, qui bougent bien, préférez vous aventurer vers les quartiers de Mitte ou de Prenzlauer Berg, le coin de Charlottenburg attire une clientèle plus calme. Préparez-vous un petit pèlerinage et mettez-vous aux boissons locales : la *Heffe* (bière légère à la levure), la *Berliner Weisse* (bière blanche amère et sirop), le *Milchkaffee* (café recouvert d'une mousse de lait) ou l'*Apfelschorle* (jus de pomme et eau gazeuse).

Dans le quartier de Charlottenburg *(plan I)*

Café Im Literaturhaus *(plan I, D3, 160)* : Fasanenstrasse 23. ☎ 882-54-14. U-Bahn : Uhlandstrasse. À côté du musée *Käthe Kollwitz*. Ouvert tous les jours de 9 h 30 à 1 h. Un des cafés chicos les plus courus du quartier. Installé dans une superbe villa plantée dans un jardin à quelques pas du Ku'damm. Grande salle haute de plafond et jardin d'hiver. Réservation conseillée pour le dîner, compter au minimum 16 € pour un repas. Se contenter d'y boire un verre serait criminel...

Bovril *(plan I, C3, 161)* : Kurfürstendamm 184. ☎ 881-84-61. U-Bahn : Adenauerplatz. Ouvert de 11 h à 1 h. Fermé le dimanche. Un classique du genre, où tout le monde passe à un moment ou à un autre de la journée ou de la nuit. Un lieu privilégié pour des rendez-vous, où il fait bon prendre un verre avant de repartir vers de nouveaux cieux... Quelques plats de bistrot à la carte de 10 à 18 €.

Café Kranzler *(plan I, D2, 162)* : Kurfürstendamm 18. ☎ 882-69-11. À l'angle de Joachimstalerstrasse, on accède à la rotonde par un ascenseur au 2e étage du *H & M*. U-Bahn : Kurfürstendamm. Ouvert de 8 h à 20 h, 21 h en été. De sa rotonde, on a le meilleur point d'observation sur la *passeggiata* du Ku'damm : détailler les passants est ici depuis des décennies le sport favori des vieilles dames et des touristes à l'heure du *Kaffee & Kuchen*. Malheureusement, cette institution berlinoise a été défigurée et a perdu beaucoup de son charme d'antan. Le bâtiment qui l'abrite est un des ces exemples à la modernité insipide. Dommage...

Gainsbourg *(plan I, D2, 163)* : Savignyplatz 5, au début de la Knesebeckstrasse. ☎ 313-74-64. S-Bahn : Savignyplatz. Ouvert tous les jours à partir de 17 h. Très sympathique bar américain proposant une gamme de succulents cocktails. Ambiance décontractée, qui devient surchauffée quand la nuit tombe. C'est un secret de polichinelle de vous révéler que ce bar est dédié à notre cher Gainsbarre national, un de nos regrettés poètes de la chanson française. Bref, une adresse que l'on aime bien.

Julep's *(plan I, C3, 164)* : Giesebrechtstrasse 3. ☎ 881-88-23. Ouvert de 17 h à 1 h ; du jeudi au samedi, jusqu'à 2 h. Ses murs en brique rouge ne sont pas sans rappeler l'inspiration new-yorkaise de ce bar-resto. Toujours bondé : son ambiance américaine attire les jeunes venus nombreux. L'ambiance surchauffée et les tables rapprochées sont propices aux rencontres... À vous de jouer ! Propose également des plats du genre hamburger, *chicken wings* et *ribs* de 8 à 15 €.

Hefner *(plan I, D2, 165)* : Savignyplatz, à l'angle avec Kantstrasse 146. ☎ 31-01-75-20. S-Bahn : Savignyplatz. Ouvert de 12 h à 3 h en semaine, bien plus tard le week-end. Suivant la tendance des cafés *lounge* à la déco épurée et à la lumière tamisée, le *Hefner* ne coupe pas à la règle. Surtout fréquenté le week-end par les jeunes branchos du coin. Bonne musique, parfois soirée avec DJ, demander le programme.

Bar du Paris Bar *(plan I, D2, 166)* : Kantstrasse 152. ☎ 31-01-50-94. Près de la Uhlandstrasse. Bar ouvert à partir de 19 h, fermé le lundi ; resto ouvert de 12 h à 2 h. Le mythique resto *Paris Bar* au style très parisien et fréquenté par moult cinéastes, artistes et hommes d'affaires s'est agrandi et propose juste à côté une annexe : côté bar, à la déco stylisée, ou côté resto, à l'intérieur chaleureux avec ses tables bien dressées et ses murs couverts de tableaux, c'est là qu'il faut être pour voir ou pour être vu. Prix élevés et plats un peu décevants, mieux vaut n'y boire qu'un verre.

▼ *Loretta's Biergarten* (plan I, D3, **167**) : Lietzenburgerstrasse 89. ☎ 882-55-65. U-Bahn : Uhlandstrasse. Ouvert du 1er mai au 15 octobre, de 10 h à 3 h. Par mauvais temps, seulement à partir de 18 h. Ambiance guinguette pour ce *Biergarten* installé à deux pas du Ku'damm. Bière et vin coulent à flots sur les tables de bois brut et sous les lampions colorés, *Loretta* peut recevoir 1 500 personnes ! Très folklo.

▼ |●| *Die Dicke Wirtin* (plan I, D2, **168**) : Carmerstrasse 9 (juste à côté de Savignyplatz). ☎ 321-49-52. S-Bahn : Savignyplatz. Ouvert tous les jours de 12 h à 4 h. Joyeux café bien *Deutsch* qui propose quotidiennement 4 plats de base (goulasch, bœuf bourguignon...) à prix très modérés. Grand choix de bières et spiritueux. Les habitués du quartier apprécient son décor rustique avec ses bouquets de fleurs coupées. Aux murs, le portrait de la patronne côtoie des paysages de nature et des plaques publicitaires pour la *König Pilsener*, la *Guinness* ou autre *Kilkenny*.

▼ *Schwarzes Café* (plan I, D2, **169**) : Kantstrasse 148. ☎ 313-80-38. S-Bahn : Savignyplatz. Ouvert 24 h/24 sauf le mardi où ils n'ouvrent qu'à partir de 18 h. Le bar jeune et étudiant par excellence. « The » lieu incontournable, bondé à toute heure. Nombreux cocktails autour de 5 € et possibilité de se restaurer. À l'étage, longue salle parsemée de petites tables rondes. Ambiance musicale sous la lumière vacillante des bougies. N'oubliez pas d'aller visiter les toilettes. Elles valent le coup d'œil.

Dans le quartier du Tiergarten (plan II)

▼ |●| *Schleusenkrug* (L'Écluse ; plan II, E5, **170**) : Müller-Breslau Strasse. ☎ 313-99-09. S-Bahn : Tiergarten. À deux pas du centre, dans le triangle formé par la ligne de S-Bahn, la rivière et la Strasse des 17. Juni. Ouvert tous les jours de 11 à 1 h ; les samedi et dimanche, à partir de 10 h. En hiver, ouvert à seulement jusqu'à 19 h. Au calme sous les arbres. Nappes à carreaux et clientèle d'habitués. Grande terrasse au bord de l'eau. Bondé le week-end dès qu'il fait beau. Un lieu très romantique. Cuisine simple. Quelques plats à la carte de 4 à 10 €.

▼ |●| *Einstein Café* (plan II, F6, **171**) : Kurfürstenstrasse 58. ☎ 261-50-96. À 10 mn du Zoo. U-Bahn : Kurfürstenstrasse. Ouvert tous les jours de 9 h à minuit, cuisine chaude jusqu'à minuit. Plats principaux de 9 à 20 €. Formule à midi à 10 € proposant une boisson et un choix de tartes. Ornée d'une marquise rouge, une belle et grosse maison de style viennois (parquet, moulures dorées, banquettes), café favori de Wim Wenders et ancienne demeure de l'actrice Henny Ponen, où se retrouvent étudiants, intellos et yuppies. Chacun y lit journaux et magazines internationaux en savourant sa bière. Quelques très bons plats, malheureusement chers. On peut y prendre son petit déj'. Galerie d'art à l'étage. Joli jardin en été.

▼ *Caffè e Gelato* (plan II, G-H5, **172**) : à l'étage, dans les *Arkaden*, la galerie commerciale couverte de Potsdamer Platz, entrée au bout de la Voxstrasse, au 1er étage. ☎ 25-29-78-32. S-Bahn et U-Bahn : Potsdamer Platz. Ouvert tous les jours jusqu'à 22 h, les samedi et dimanche jusqu'à minuit. Compter de 2,25 à 14 €. Pour manger des glaces. Magnifiques coupes à la carte, vous saliverez avant d'avoir commencé. Savoureux mélanges de fruits, de parfums et de couleurs. Les meilleures glaces de Berlin.

▼ À ceux qui recherchent un endroit paisible dans le *Tiergarten,* nous conseillons vivement les adresses, *Café am Neuen See* (plan II, F5, **107**) et *Cap'tn Schillow* (plan II, E5, **108**), voir plus haut dans « Où manger ? ».

Dans le quartier de Kreuzberg *(plan III)*

Pour trouver votre bonheur, allez déambuler sur les bords du *Landwehrkanal* ou dans la *Oranienstrasse,* où les *Kneipen* se succèdent les uns après les autres. Sinon, suivez le guide !

Ankerklause *(plan III, L8, 173)* : Kottbusser Damm 104, sur le bord du Landwehrkanal au niveau du pont. ☎ 693-56-49. U-Bahn : Schönleinstrasse. Ouvert tous les jours de 10 h à 3 h (lundi seulement à partir de 16 h). Non, nous ne sommes pas devenus fous. Ce bar-péniche apparemment un peu glauque, avec ses tables en formica, ses fauteuils en moleskine rouge, sa boule à tango est un des endroits les plus *in* du coin... Atmosphère bien sympathique de guinguette alternant musique funk et sixties.

Cena *(plan III, L8, 174)* : Paul-Linckeufer 44a. ☎ 616-55-688. U-Bahn : Schönleinstrasse. Ouvert de 12 h à 1 h ; en été à partir de 10 h. Ces *Kneipen,* situés du bord du canal, ont vraiment un petit parfum de vacances, qui font mentir les préjugés sur la grisaille berlinoise. On aime particulièrement le café *Cena* avec ses boiseries, son ambiance bobo et son grand choix de vins italiens, espagnols et français.

Bateau ivre *(plan III, L8, 175)* : Oranienstrasse 18, à côté de Heinrichplatz. ☎ 61-40-36-59. U-Bahn : Kottbusser Tor. Ouvert tous les jours de 9 h à 3 h. Bar à *tapas,* qui s'est imposé comme l'enfant terrible du quartier. Bruyant et survolté. Les serveurs virevoltent du matin au soir et du soir au matin entre les tables toujours prises d'assaut.

Yorckschlösschen *(plan III, l8, 176)* : Yorckstrasse 15. ☎ 215-80-70. U-Bahn : Mehringdamm. Ouvert tous les jours dès 9 h. Ferme à 3 h en semaine et à 4 h le week-end. Terrasse ouverte de 9 h à minuit. Atmosphère bon enfant. Idéal pour siroter un petit blanc, s'adonner à une partie de billard ou de flipper ou encore écouter un concert *live*. Le mercredi, *blues night* (à partir de 22 h), le samedi, jazz (à partir de 21 h) et le dimanche, hot jazz (à partir de 14 h). Plats bon marché de 11 h à 1 h.

Adler *(plan III, J7, 177)* : Friedrichstrasse 206. ☎ 251-89-65. U-Bahn : Kochstrasse. Ouvert tous les jours de 10 h à minuit et jusqu'à 19 h le dimanche. Situé à côté de l'ancien Checkpoint Charlie. Plats du jour, sandwichs et salades de 3 à 7 €. Maison baroque restaurée avec moulures et dorures au plafond. Ambiance intéressante pour comprendre le quartier et son histoire. Pour l'anecdote, sachez qu'en 1989, les serveurs ont distribué gracieusement du *Sekt* (vin mousseux) aux gardes-frontières lors de la Chute du Mur.

Golgatha *(plan III, l9, 178)* : Dudenstrasse 48. En bordure du parc Viktoria. Entrée par la Katzbachersstrasse. Fermé en hiver. *Biergarten* fréquenté aux beaux jours par les familles du quartier.

Dans le quartier de Friedrichshain *(hors plan III par L7)*

Un peu excentré certes, et assez loin à l'Est pour que certains *Wessies* n'y mettent jamais les pieds. Friedrichshain est un quartier encore en friche, à découvrir avant qu'il ne soit envahi par le Tout-Berlin et ses nombreux touristes. Comme à Prenzlauer Berg il y a quelques années, les cafés y poussent comme des champignons. La Simon-Dach-Strasse (U-Bahn : Warschauerstrasse, puis tram 23, arrêt Simplonstrasse) est la dernière rue à la mode, au moins pour la jeunesse un peu déjantée. Ici pas de « Schikimikis » (minets, snobinards, B.C.B.G.), plutôt de vrais Berlinois de l'Est, simples et décontractés, tous un peu artistes ou bohèmes, au look *destroy,* limite crado, dotés d'une imagination créative.

Astro-Bar *(hors plan III par L7, 200)* : Simon-Dach-Strasse 37. ☎ 29129-66-16-15. U-Bahn : Frankfurter Tor. Ouvert tous les jours à partir de 18 h. Cocktails de 3 à 5 €. Déco plutôt originale dans la mouvance des années 1970, style *Star Strek*. L'*Astro-Bar*, à mi-chemin entre bar et club, vous emmènera jusqu'au bout de la nuit sur des rythmes endiablés électroniques. On n'y danse pas vraiment, mais on s'y trémousse discrètement. Une ambiance surchauffée, où se retrouvent les fêtards en mal de bonne ambiance rigolarde à souhait.

Conmux *(hors plan III par L7, 201)* : Simon-Dach-Strasse 35. ☎ 291-38-63. U-Bahn : Frankfurter Tor. Ouvert tous les jours de 10 h à 2 h. Plats entre 3 et 8 €. La déco est un peu brute. Pour tout mobilier, de l'outillage agricole et industriel en tout genre, presses, roues et autres objets bizarres non identifiés. À croire que les propriétaires ont dévalisé une ancienne ferme d'État de la RDA. Les tableaux, eux, sont carrément incrustés dans le mur. Ambiance décontractée. Pour boire un verre le soir ou prendre un *brunch* le dimanche matin à partir de 10 h. Cocktail du jour le moins cher de toute la rue.

Dachkammer *(hors plan III par L7, 202)* : Simon-Dach-Strasse 39. ☎ 296-16-73. U-Bahn : Frankfurter Tor. Du lundi au vendredi à partir de 13 h, le week-end à partir de 10 h et *brunch* jusqu'à 15 h. Cuisine de 16 h à minuit. Plats en dessous de 5 €. La spécialité de la maison est le gratin (un vrai régal !). Décor champêtre, mobilier rustique allemand et bouquets de blé, au rez-de-chaussée tendance grange, et à l'étage, plutôt grenier aménagé. On y déguste des cocktails (*happy hours* entre 19 h et 21 h) dans de vieux canapés tout droit venus des puces. Il ne faut surtout pas être pressé : le service est plus que long.

Dans le quartier du Mitte *(plan IV)*

Café Cinéma *(plan IV, O10, 179)* : Rosenthalerstrasse 39. ☎ 280-64-15. S-Bahn : Hackeschermarkt. Tous les jours de 12 h à 3 h. Petit café sombre. On passerait presque devant sans le voir, c'est pourtant un classique. Tous les Berlinois connaissent le buste de Laurel et Hardy, à jamais figés dans la vitrine. Projecteurs, photos et vieilles affiches. Dans un coin, un vieux piano en bois rappelle l'époque du cinéma muet. On aime, vraiment.

Assel *(plan IV, N10, 180)* : Oranienburgerstrasse 21. ☎ 281-20-56. S-Bahn : Oranienburger Strasse. Ouvert de 10 h à 3 h. Véritable café de l'ancienne RDA, qui a su garder son âme un peu *undergound* malgré le succès grandissant du quartier. Il est un des derniers signes du passé de Berlin et résiste tant bien que mal à la vague de ravalement du Mitte... En terrasse l'été ou dans la salle en contre-bas enfumée l'hiver, il est toujours agréable de venir y boire un *Milchkaffee* ou une petite bière. Jeunes serveurs sympas.

Zucca *(plan IV, O10, 181)* : sous le S-Bahn-Bögen 11-12 au Hackeschermarkt. ☎ 24-72-12-12. Ouvert tous les jours de 9 h à 3 h. Ce bistrot-*lounge* aux couleurs italiennes et au look tendance appartient à un acteur berlinois. Ceci expliquant cela, les habitants du Mitte s'y pressent pour y déguster un *espresso* serré ou le soir un verre de vin... italien, bien sûr ! Agréable carte aux saveurs méditerranéennes (plats de 8 à 13 €), savoureux *antipasti*. Terrasse ensoleillée très convoitée.

Strandbad-Mitte *(plan IV, N10, 182)* : Kleine Hamburger Strasse 16. ☎ 24-62-89-63. S-Bahn : Oranienburger Tor. Ouvert tous les jours de 9 h à 2 h. Coincé au fond d'une impasse aérée, accolé à un terrain de foot, ce café draine une clientèle d'habitués à la recherche de souvenirs de vacances, ambiance que se retrouve aussi bien en été sur sa terrasse dépaysante ou en hiver grâce à son décor bien conçu de piscine. Rien n'y manque pour créer l'illusion, même pas le plongeoir qui se dresse au-dessus du comptoir.

▼ *Frida's Schwester* (plan IV, O10, *183*) : Neue Schönhauser Strasse 11. ☎ 283-84-170. U-Bahn : Weinmeisterstrasse. S-Bahn : Hackescher Markt. Ouvert de 10 h à 1 h (2 h le week-end). Brunch-buffet le dimanche jusqu'à 16 h. Café très *gemütlich*, comme on dit ici. Ambiance très caractéristique de ces *Kneipen* berlinois, où viennent pêle-mêle étudiants, simples passants et habitués travaillant dans le quartier.

▼ *Kilkenny Irish Pub* (plan IV, O10, *184*) : Hackeschermarkt, sous la ligne de S-Bahn du même nom. ☎ 283-20-84. Ouvert tous les jours à partir de 11 h. Ferme à 1 h 30 le lundi, 3 h les vendredi et samedi, 2 h les autres jours. Pub irlandais qui vous changera des cafés ou restos du coin. Ambiance assurée. Prix corrects. On peut aussi y manger. Musique *live* les vendredi et samedi à partir de 22 h.

▼ ♪ *Zosch* (plan IV, N10, *185*) : Tucholskystrasse 30. ☎ 280-76-64. S-Bahn : Oranienburgerstrasse. Tous les jours à partir de 11 h. Ici, pas de peinture fraîche, pas de mobilier neuf, pas d'échafaudage en vue. Ce café délabré, pionnier du quartier, est resté en l'état et on l'aime comme ça, avec son vieux bar, ses boiseries vert bouteille et ses miroirs. Au sous-sol, la forte odeur d'humidité est indissociable de la cave voûtée en brique, où viennent se produire des petits groupes berlinois. Concerts les mercredi, jeudi et vendredi, et soirée littéraire le mardi.

▼ *Ici* (plan IV, N10, *186*) : Auguststrasse 61. S-Bahn : Hackeschermarkt. U-Bahn : Rosenthalerplatz. Ouvert de 13 h à 3 h. Entrez dans ce café-galerie relaxant pour déguster à petites gorgées l'un des nombreux vins proposés. Éclairage tamisé, grands tableaux exposés jusqu'au plafond et parfois musique classique. Café artiste au charme fou. Également quelques plats simples à prix corrects.

▼ ♪ *Deponie* (plan IV, N11, *187*) : Georgenstrasse 1-3 ; sous la ligne de S-Bahn. Ouvert tous les jours de 9 h jusque tard dans la nuit (les samedi et dimanche à partir de 10 h). Si les prestations gustatives de ce café sont moyennes, on ne peut pas dire que le sens de la fête soit absent. *Live music* tous les vendredi et samedi sans supplément à partir de 21 h. Petit dej' jazz le dimanche à partir de 10 h. Souvent plein.

Salons de thé

▼ *Operncafé* (plan IV, N11, *188*) : Unter den Linden 5, Opernpalais. ☎ 202-68-3. S-Bahn : Friedrichstrasse. En face de l'ancien arsenal, aménagé dans un palais. Ouvert tous les jours de 8 h à minuit. À toute heure, les becs sucrés de la capitale viennent se donner un instant de plaisir devant un *Apfelstrudel* ou une *Sachertorte*. Service un peu débordé vers 16 h-17 h. Pour gagner du temps, repérez le (ou des) gâteau(x) pour le(s)quel(s) vous avez craqué. La vitrine qui est devant vous en contient une cinquantaine, alors bon courage ! Salle décorée de peintures illustrant Berlin, ancienne capitale de la Prusse. Une réjouissante adresse pour les papilles. Terrasse très agréable en été.

▼ *Tadschikische Teestube* (plan IV, N11, *189*) : dans le Theater im Palais, Am Festungsgraben 1. Au 1er étage. ☎ 204-11-12. S-Bahn : Hackeschermarkt. Ouvert du lundi au vendredi de 17 h à minuit, le week-end à partir de 15 h. Fermé en août. Salon de thé tadjikistanais. Dans cette oasis, évitez à tout prix d'être accompagné d'enfants turbulents ou de personnes trop bavardes. Il faut être zen pour venir s'asseoir au milieu des confortables coussins. Prière de se déchausser à l'entrée ! Les plus réticents trouveront quelques tables placées entre des colonnes en bois sculpté. Une serveuse s'occupera de vous avec calme. Spécialités de thés. Pour faire votre choix, un livret très détaillé est à votre disposition. Demandez le *Teebrevier*. Un peu cher mais dépaysement total.

Bars à cocktails

Greenwich (plan IV, O10, **190**) : Gipstrasse 6. ☎ 28-09-55-66. U-Bahn : Rosenthalerplatz. Ouvert de 18 h à 6 h du matin. Ce bar-*lounge* à cocktails fait partie de ce que l'on appelle ici la *SzeneTreff*, entendez par là un de ces endroits branchés où il faut être vu ! Pas très grand, en forme de long couloir, on peut faire du collé serré côté bar, ou alors se prélasser sur les banquettes style Bauhaus sur la mezzanine. Nombreux cocktails à la carte. Pas donné, mais franchement sympa. Bonne musique.

Riva Bar (plan IV, O10, **191**) : Dircksenstrasse 142, sous le S-Bahn. ☎ 24-72-26-88. S-Bahn : Hackescher markt. Ouvert de 18 h 30 à 4 h du matin. Niché sous les arcades du S-Bahn, le bar de forme ovale prend presque toute la place. Déco gentiment épurée à la lumière travaillée. Un vrai temple pour les cocktails à déguster dans une ambiance très relax.

Dans le quartier de Prenzlauer Berg (plan V)

Kaffeehaus sowohl als auch (plan V, R14, **192**) : Kollwitzstrasse 88. ☎ 442-93-11. U-Bahn : Senefelder Platz. Ouvert tous les jours de 9 h à 2 h. Nombreuses spécialités de cafés, thés et chocolats de 1,50 à 4 €. La spécialité de la maison, le *Schweizer Blockschokolade*, avec un morceau de chocolat à peine fondu qu'on va chercher au fond de la tasse et qu'on déguste à la petite cuillère. Excellentes pâtisseries. Sur l'addition, vous trouverez la devise de la maison : « Celui qui a goûté le café anglais sait pourquoi les Anglais sont de si fervents buveurs de thé » ! Terrasse.

Café Anita Wronski (plan V, R14, **193**) : Knaackstrasse 26-28. ☎ 442-84-83. U-Bahn : Senefelder Platz. Situé près du château d'eau. Ouvert de 9 h à 2 h (dimanche à partir de 10 h). Café sur deux petits étages, à l'ambiance jeune et artiste. Service sympa. On peut aussi y dîner à des prix très corrects. Petits plats (salades et pâtes) autour de 6,50 €. *Frühstück*-buffet le week-end pour 7,50 €. Souvent plein. Bref, un bar très agréable dans un quartier qui l'est tout autant. La rue donne sur l'un des endroits favoris de la jeunesse berlinoise. Terrasse.

Li(bi)do (plan V, R14, **194**) : Knaackstrasse 30. ☎ 440-84-72. U-Bahn : Senefelder Platz. Ouvert de 9 h à 2 h. Élégant bar, logé dans une ancienne boulangerie. Faïences murales originales. Apprenez que la grande vitrine est restée murée jusqu'en 1990 ! Quelques plats espagnols à 7,50 €. Très agréable terrasse dès les beaux jours.

Schwarz Sauer (plan V, Q13, **195**) : Kastanienallee 13. ☎ 448-56-33. U-Bahn : Eberswalder Strasse. Ouvert tous les jours de 8 h à 3 h du matin (4 h le week-end). Toujours bourré de monde. Attire les Berlinois de tout poil en quête d'une ambiance animée et décontractée. C'est un passage obligé du quartier. Terrasse.

Biergarten Prater (plan V, Q13, **196**) : Kastanienallee 7-9. ☎ 448-56-88. U-Bahn : Eberswalder Strasse. Ouvert au printemps et en été en semaine de 16 h à minuit, les samedi et dimanche de midi à minuit. *Biergarten* a pour traduction littérale « jardin de la bière » : tout est dit, c'est un jardin dans lequel la bière coule à flots ! Y faire un tour est une bonne entrée en matière pour approcher les racines de la tradition allemande. Celui-ci est particulièrement intéressant, car c'est le Biergarten le plus ancien de Berlin (1852) et c'est en ce lieu qu'August Bebel et Rosa Luxemburg feront leurs déclarations. Aéré et propice pour se taper une petite causette, une halte au *Prater* s'impose. Propose quelques plats rustiques et bien lourds. Concerts organisés régulièrement dans le jardin.

Das Wohnzimmer (plan V, R13, **197**) : Lettestrasse 6, à l'angle avec

Helmholtzplatz. ☎ 445-54-58. U-Bahn : Eberswalder Strasse. Ouvert de 10 h à 4 h. Petit déj' à prix défiant toute concurrence de 2,50 à 10 €. Un de ces *Wohnzimmer Bar*, bar-salon, qui font fureur en ce moment à Berlin. Canapés et fauteuils dépareillés, lampes années 1970, vieux rideaux immondes, bref un joyeux bric à brac avec une touche style ancienne RDA. La jeunesse berlinoise vient s'y prélasser, avachie sur ces banquettes élimées. Bonne musique. Terrasse en été.

▼ *Scotch und Sofa* (plan V, Q14, *198*) : Kollwitz 18. ☎ 44-04-23-71. U-Bahn : Senefelder Platz. Ouvert de 17 h à jusqu'à ce qu'il n'y ait plus de clients... C'est un des petits derniers du coin et la mayonnaise semble avoir bien pris ! Déco résolument années 1950 très bien foutue, avec TV noir et blanc, boule à tango et tapisserie bien chargée, là aussi dans le genre *Wohnzimmer Bar*. Attire une clientèle entre 20 et 30 ans. Les vendredi et samedi, DJ. *Happy hours* jusqu'à 21 h. Quelques tables à l'extérieur en été.

Bar à cocktails

▼ *Fluido* (plan V, R14, *199*) : Christburger Strasse 6. ☎ 440-439-02. S-Bahn : Prenzlauer Allee. Ouvert de 20 h à 2 h (4 h le week-end). Cocktails de 4,50 à 8 €. *Happy hours* de 20 h à 22 h et de minuit à 2 h. Certainement l'un des meilleurs bars à cocktails, mais une adresse pour les initiés... et maintenant vous en faites partie ! Ambiance tamisée, quelques canapés, un long bar font la recette de son succès. Un incontournable est le *White Russian*, la boisson mythique du film culte *The Big Lebowski* des frères Cohen et du non moins célèbre Dr. Bosse...

Où sortir ? Où écouter de la musique ?

Il faut savoir avant tout qu'il existe toujours une grande différence entre l'Est et l'Ouest de Berlin en ce qui concerne les sorties. L'Ouest est très « classique », le genre d'endroits qu'on peut retrouver un peu partout dans le monde. L'Est nous a paru vraiment unique et donc beaucoup plus intéressant : synthèse d'ex-communisme, d'alternatif et de modernisme ouest-allemand, il bouillonne en permanence et brille par son originalité, son foisonnement d'idées nouvelles et délirantes. Venez voir à l'Est ce que vous n'avez jamais vu ailleurs. On commence néanmoins par l'Ouest.

À l'Ouest

Dans le quartier de Charlottenburg *(plan I)*

♪ *Quasimodo* (plan I, D2, *204*) : Kantstrasse 12a. À l'angle de la Fasanenstrasse. ☎ 312-80-86. ● www.quasimodo.de ● S-Bahn et U-Bahn : Zoologischer Garten. Fait à la fois café, cinéma et club. Concerts à partir de 22 h. Arriver assez tôt pour avoir une table. Un club de jazz qui assure depuis 20 ans. Bonne ambiance, consommations bon marché et musique *live* presque chaque soir. Pas sectaire : on y joue aussi bien du jazz, du blues que de la folk ou de la soul. Le programme du mois en cours est disponible au café à côté (ouvert à partir de 17 h).

Dans le quartier du Tiergarten *(plan II)*

♪ **Metropol** *(plan II, F6, 205)* : Nollendorfplatz, à l'est de l'Europa Center, après Wittenbergplatz. ☎ 217-368-41. U-Bahn : Nollendorf. Ouvert tous les jours à partir de 22 h. La discothèque la plus célèbre. Consommations autour de 3 €. Dès l'entrée le style est annoncé : vous plongez dans l'univers de Cléopâtre et de l'Égypte ancienne. Rien n'a été oublié : sphinx, pyramides, hiéroglyphes. Renseignez-vous avant d'y aller sur le style de la soirée (homo ou hétéro). Une dizaine de bars sur deux étages et une grande piste au milieu. Public très jeune et mélangé.

♪ **90 Grad** *(plan II, G6, 203)* : Dennewitzstrasse 37. ☎ 23-00-59-54. U-Bahn : Kurfürstenstrasse ou Gleisdreieck. Ouvert à partir de 23 h. Fermé les lundi et mardi. Entrée : 10 €. Discothèque de style techno, house, hip-hop et funk. Dans une sorte de hangar, décor en plastique orange, sièges en moquette léopard. Un grand classique qui fait dans le snobisme absolu. Le plus dur est de pouvoir y entrer. Les boissons (de 3 à 7,50 €) sont hors de prix en comparaison des autres discos.

♪ **Kumpelnest 3000** *(plan II, G6, 218)* : Lützowstrasse 23. ☎ 261-69-18. U-Bahn : Kurfürstenstrasse. À partir de 17 h et jusqu'au petit matin. Entrée gratuite. Le « nid des potes », un ancien bordel au décor très kitsch, est aujourd'hui le point de chute des oiseaux de nuit. Bien après avoir fait la tournée des boîtes. Vers 4 h du mat', l'ambiance bat toujours son plein sur la petite piste de danse.

■ **Casino** *(Spielbank Berlin ; plan II, G5, 206)* : pour les routards à gros budget ou pour les plus chanceux... « Faites vos jeux » : le nouveau casino de Berlin-Ouest, situé au n° 1 de la place Marlène-Dietrich, permet à chacun de tenter sa chance. ☎ 255-99-0. S-Bahn et U-Bahn : Potsdamer Platz. Au cœur du quartier de la Potsdamer Platz. Il comporte 4 parties distinctes. Au sous-sol, vous pourrez dépenser votre petite monnaie dans les machines à sous de 11 h 30 à 3 h du mat' ou bien vous rendre au « casino léger », qui ouvre ses portes à 16 h. Jusqu'à 1 h du mat', vous pourrez y pratiquer le black jack, la roulette française ou américaine. Le *Live Bingo* se déroule quant à lui de 15 h à 23 h. De 14 h à 3 h, le « casino royal » attire les accros du poker ou du baccara. Ne vous laissez surtout pas impressionner par les employés. Tout est en accès libre, sauf le casino royal, il vous faudra débourser 5 € pour y pénétrer. Une misère en comparaison de ce que vous risquez d'y perdre ! Discothèque les vendredi et samedi à partir de 23 h. Entrée : de 5 à 10 €. Musique techno, house et électro.

Dans le quartier de Kreuzberg *(plan III)*

♪ **Junction Bar** *(plan III, J9, 207)* : Gneisenaustrasse 18. ☎ 694-66-02. U-Bahn : Gneisenaustrasse. Ouvert tous les jours de 20 h à 5 h. Programme des concerts sur le site ● www.junction-bar.de ● Le saxo qui trône dès l'entrée annonce la couleur : ici c'est ambiance Jazz *live* au sous-sol, le tout dans une atmosphère presque feutrée. Accueille aussi parfois des concerts de rock, blues, funk. Au-dessus, au café du même nom, des DJs de hip hop, black music et funky viennent mixer à partir de 23 h 30. Un éclectisme réussi.

♪ **SO 36** *(plan III, L8, 208)* : Oranienstrasse 190. ☎ 61-40-13-06. U-Bahn : Kottbusser Tor ou Görlitzer Bahnhof. Ouvert le lundi à partir de 23 h, les mercredi, vendredi et samedi à partir de 22 h, le dimanche à partir de 19 h. Entrée : de 4 à 18 € selon les soirées. Boîte légendaire de Kreuzberg fréquentée par un public homo et hétéro, un des incontournables de la communauté gay. Consulter le magazine *030* ou *Serjei* pour connaître les soirées à venir. Celles du lundi et du mardi sont les plus chaudes de la semaine.

■ **Berliner Kino Museum** (plan III, I9, **209**) : Grossbeerenstrasse 57. ☎ 886-292-48. U-Bahn : Mehrigdamm ; ou bus nos 119 et 104. Un cinéma minuscule où vous pourrez voir les grands classiques du cinéma allemand. Fritz Lang, Murnau, Veidt... Un musée (vivant) du cinéma. Séances du mercredi au dimanche à partir de 20 h.

À l'Est

Rappelez-vous qu'à l'Est, les lois du marketing ne sont pas encore exactement les mêmes qu'à l'Ouest : on vous donne les adresses mais vous ne verrez pas de néon ou de grande affiche avec le nom de l'endroit. N'hésitez pas à frapper, on vous ouvrira.

Longtemps concentrée dans le quartier de Kreuzberg, la vie nocturne s'est déplacée vers Mitte puis Prenzlauer Berg et Friedrichshain. Après la Chute du Mur, les artistes de l'Ouest ont découvert une invraisemblable quantité de bureaux, entrepôts désaffectés, à loyers très modérés. Ils en ont fait des lieux à la mode qui sacrifient aujourd'hui au dieu Électro. La « Tek » pure et dure est en effet devenue religion. Elle joue aussi le rôle de ciment culturel auprès des jeunes issus de l'un ou l'autre côté du Mur.

De temps en temps, on danse sur de l'*Ostrock* (rock est-allemand, bridé sous l'ère communiste), remis progressivement au goût du jour.

Fruits d'initiatives très personnelles, de nombreux bars fleurissent et disparaissent sans avoir prévenu. Alors, comme disent les Allemands, chaque soir on part à l'aventure. Les principaux clubs sont situés dans les rues au nord de Mitte (Oranienburgerstrasse, Rosenthalerstrasse, Schönhauserallee et Prenzlauerallee).

Dans le quartier de Mitte (plan IV)

♪ **Sage Club** (plan IV, P12, **210**) : Köpenicker Strasse 78. ☎ 278-98-30. U-Bahn : Heinrich-Heine-Strasse. Ouvert le mardi à partir de 21 h, le jeudi à partir de 22 h, les vendredi et samedi à partir de 23 h. Entrée : de 6 à 11 € en fonction de la soirée. Le *Sage Club* n'a rien de très sage. Il est réputé comme l'une des boîtes les plus sympas pour venir se déhancher comme une bête tel John Travolta sur le *Dance Floor*. Musique rock, electronic, house et funk y sont diffusées à plein tuyau. Bonne ambiance. Lieu *in* pour les after.

♪ **Tresor** (plan IV, M12, **211**) : Leipzigerstrasse 126. ☎ 229-06-11. S-Bahn : U-Bahn : Mohrenstrasse. Les mercredi, vendredi et samedi, à partir de 23 h. Le dimanche à partir de 10 h, *Music brunch*. Entrée : de 3 à 11 € selon les soirs de la semaine. La première boîte techno à Berlin, ouverte après la Chute du Mur, fait encore référence. Dans l'ancienne salle des coffres d'une banque. Tout est encore là : grilles, coffres-forts... Au sous-sol, le *Tresor* ne passe que de la techno ; au rez-de-chaussée, le *Globus* ne sert que de la house ; au choix ! Déco minimale pour ambiance glauque mais fiévreuse. Les DJs balancent des bpm (*beat per minute*, « impulsions par minute ») supersoniques, à la limite du supportable pour des tripes et des tympans peu habitués à l'exercice.

♪ **WMF** (plan IV, P11, **212**) : Karl-Marx-Allee 34. ● www.wmfclub.de ● C'est une de leur manie, le *WMF* change sans cesse d'adresse, mais c'est pour ça aussi qu'on l'aime, son port d'attache du moment est toujours l'objet d'une incertitude... Donc avant de partir à l'aventure, vérifier qu'il est toujours à cette adresse ! Ce qui est sûr par contre, c'est que cette boîte séduit depuis une dizaine d'années les irréductibles de la musique électronique et techno et que c'est ici que se donnent les meilleures soirées de la ville, mais le plus difficile reste à y entrer. Alors, à vos habits de lumière et bonne chance !

♪ **Steak House** (plan IV, N10, **213**) : Ziegelstrasse 23. ☎ 28-38-88-50. U-Bahn : Oranienburger Strasse. Ouvert le samedi à partir de 23 h. Entrée : de 9 à 12 €. La soirée du samedi, *Steak House*, est une des plus courues par la communauté gay de Berlin. Les soirées y sont particulièrement animées et bouillonnantes.

♪ **Kurvenstar** (plan IV, O10, **214**) : à l'angle de la Grosse et de la Kleine Präsidentenstrasse. ☎ 393-58-39. S-Bahn : Hackescher Markt. Tous les soirs à partir de 21 h. Entrée : 3 €. Musique hip hop. Vaut le coup d'œil, avec sa tapisserie style Vasarely, son mobilier en plastique, ses bouquets de fleurs exotiques et ses miroirs gigantesques. La création berlinoise s'exprime ici dans toute son originalité. Cherchez les détails, vous irez de surprise en surprise (les lustres par exemple). Un hublot géant vous invite à passer du côté boîte. Sur les murs aux grosses fleurs orange, les figurines sexy possèdent les formes de Lara Croft. On ne sait plus très bien où l'on est. On peut aussi y manger une cuisine internationale. Essayer l'assiette de frites.

♪ **Hafenbar** (plan IV, N10, **215**) : Chausseestrasse 20. ☎ 282-85-93. U-Bahn : Zinnowitzerstrasse. Le vendredi, à partir de 21 h, et le samedi 22 h. Entrée : 6 €. Un de nos chouchous. Soirée années 1970 tous les samedis et le vendredi, soirée tubes allemands (mais difficile d'apprécier quand on ne connaît pas...). Entre les filets de pêche, les tabourets suspendus, le gouvernail et les hublots, on s'étonne de ne pas sentir le varech dans le bar du port. Une valeur sûre, moins branchée, mais plus conviviale.

♪ **Roter Salon et Grüner Salon** (plan IV, O10, **220**) : Rosa-Luxemburg-Platz. ☎ 28-59-89-36. U-Bahn : Rosa-Luxemburg-Platz. Bus n° 340. À l'étage, de chaque côté de la Volksbühne. Entrée : entre 3,50 et 12,50 € suivant le programme. Dans le salon rouge (☎ 240-65-806 ou 296-680-54), beats, drum'n'bass le lundi, salsa le mardi, tango argentin (ouvert à tous, pas besoin d'être des pros) le mercredi, à partir de 21 h 30, concerts le jeudi, rock le vendredi à 22 h 30 et soirée années 1970-1980 le vendredi et le samedi. Dans le salon vert, qui a gardé le charme du Berlin des années 1920, soirée swing le vendredi à 22 h, concerts et soirées variées en semaine et surtout le week-end, *brunch* gospel le week-end. Programme de base, susceptible de varier.

♪ **Le Boudoir** (plan IV, O10, **216**) : Brunnenstrasse 192, Mitte. ☎ 217-516-45. U-Bahn : Rosenthaler Platz. Le samedi à partir de 22 h. Programmation variée : funk, soul, disco, dance, DJs... Un petit rien de nostalgie des années 1970 dans la déco aux couleurs criardes : lumières orangées, sièges aux formes arrondies qui vous tendent les bras... Bonne musique.

♪ **Cox Orange** (plan IV, O10, **217**) : Dircksenstrasse 40. ☎ 281-05-08. S-Bahn : Hackescher Markt. Ouvert du dimanche au jeudi à partir de 19 h et les vendredi et samedi à partir de 22 h. Fermé le lundi. Entrée : 6 € ; entrée libre le jeudi, mais aussi les vendredi et samedi jusqu'à 22 h 30. Boîte proposant de la musique électronique, avec parfois des soirées années 1960. Joli bar dans une cave en brique aux teintes orangées et aux larges banquettes en cuir rouge. Des couleurs chaudes assez inhabituelles à Berlin, qui rappellent l'argile et la terre rouge de contrées plus ensoleillées. Ça fait du bien ! Bonne musique.

Dans le quartier de Prenzlauer Berg *(plan V)*

♪ **Knaack-Klub** (plan V, R14, **219**) : Greifswalder Strasse 224. ☎ 441-11-47. Tram n°s 2, 3 ou 4. S-Bahn : Greifswalder Strasse. Programme à la fois des concerts et des « soirées discothèque ». Horaires variables selon la programmation. Les vendredi et samedi, théoriquement ouvert à partir de 21 h. Trois discothèques avec chacune un style de musique différent. Plusieurs bars dont un *billard café*, au style américain. Parties de billard tous les soirs.

♪ **Kulturbrauerei** *(plan V, Q13, 221)* : Knaackstrasse 97. ☎ 44-05-87-08. U-Bahn : Eberswalderstrasse. Impossible de ne pas trouver cette grande bâtisse en brique rouge. Ancienne brasserie complètement rénovée qui abrite aujourd'hui un centre culturel à multiples facettes. Pièces de théâtre, concerts, expos et discussions sur l'ex-RDA y sont organisés. Discothèque, du nom de *Soda Club*, assez sympa dans le style *lounge* (ouvert tous les jours à partir de 22 h 30). Se procurer le programme, publié tous les deux mois. Il est disponible au bureau d'accueil (pas d'horaires officiels). Adresse intéressante proposant des manifestations de qualité.

Dans le quartier de Friedrichshain *(hors plan III par L7)*

♪ **Matrix Club** *(hors plan III par L7, 222)* : Warschauer Platz 18, Berlin-Friedrichshain. Sous le métro de Warschauer Strasse. ☎ 29-49-10-47. U-Bahn ou S-Bahn : Warschauer Strasse. Ouvert de 22 à 6 h du mat', 9 h le samedi. Fermé les dimanche et lundi. Entrée : 6 €. Temple surdimensionné de la musique techno, installé sous une station de métro. Les meilleurs DJs du moment viennent souvent y mixer. Deux pistes de danse, sur lesquelles un public plutôt jeune vient user frénétiquement ses baskets jusqu'à plus d'heure.

Où écouter de la musique classique ?

Berlin est aussi un endroit privilégié pour écouter de la musique classique ou aller à l'opéra. Les représentations y sont beaucoup plus nombreuses qu'en France et les prix largement inférieurs. Ne partez pas de Berlin sans être allé au moins une fois au Philharmonie (mondialement connu), à la Konzerthaus ou à l'opéra. On peut acheter ses billets à l'avance directement sur place ou alors auprès de la hotline de réservation **Papagena Kartenservice** (☎ 47-99-74-00, • www.interticket.com •). Mieux encore, se rendre directement aux caisses le jour même, une heure avant le spectacle, à l'*Abendkasse*, où les places sont à moitié prix. De loin la meilleure solution en semaine, où il y a toujours de la place. Le week-end, essayez de prévoir un peu plus longtemps à l'avance. Saison d'octobre à juin.

♪ **Philharmonie** *(plan II, G5, 223)* : Herbert-von-Karajan Strasse 1, Tiergarten. Réservation : en semaine, ☎ 254-88-999 de 9 h à 18 h ; le week-end et les jours fériés, ☎ 254-88-132 ou 301 de 11 h à 14 h. • www.berliner-philharmoniker.de • S-Bahn et U-Bahn : Potsdamer Platz. Bus n°s 148 et 348. Dirigé de 1955 à 1989 par Herbert von Karajan, il offre des représentations d'une qualité exceptionnelle sous la direction de Claudio Abbado. La salle a la particularité d'être circulaire, le public entourant l'orchestre. Possibilité de visite, à 12 h 30 les jours où il n'y a pas de répétition. Vente sur place aux caisses en semaine de 15 h à 18 h et le week-end de 11 h à 14 h.

♪ **Staatsoper** *(plan IV, N11, 224)* : Unter den Linden 7, Mitte. ☎ 203-545-55. • www.staatsoper-berlin.de • S-Bahn et U-Bahn : Friedrichstrasse ou U-Bahn : Hausvogteiplatz ; ou bus n° 157. Vente de billets du lundi au vendredi de 10 h à 18 h, le week-end de 14 h à 18 h. Dirigé par Barenboïm, c'est le plus prestigieux des trois opéras de Berlin. Représentations d'une très grande qualité.

♪ **Deutsche Oper** *(plan I, C2, 225)* : Bismarckstrasse 35, Charlottenburg. ☎ 341-02-49. • www.deutscheoperberlin.de • S-Bahn : Charlottenburg ou U-Bahn : Deutsche Oper, évidemment (!); ou bus nos 101 et 109. Vente des billets du lundi au samedi de 11 h jusqu'à 1 h avant le début des représentations ainsi que le dimanche de 10 h à 14 h. L'ancien opéra de Berlin-Ouest. Un peu l'équivalent de l'Opéra-Bastille à Paris. Bâtiment moderne et sans charme, mais les représentations sont aussi bonnes qu'au Staatsoper. Présente aussi l'avantage d'accorder une réduction de 50 % aux écoliers et de 25 % aux étudiants.

♪ **Komische Oper** (plan IV, N11, **226**) : Behrenstrasse 55-57, Mitte. ☎ 202-606-66. • www.komische-oper-berlin.de • S-Bahn : Unter den Linden ou U-Bahn : Französische Strasse; ou bus nos 100 et 257. Superbes mises en scène d'Harry Kupfer. Tous les opéras et opérettes sont en langue allemande.

♪ **Konzerthaus Berlin** (plan IV, N11, **227**) : Schauspielhaus am Gendarmenmarkt, Gendarmenmarkt 2, Mitte. ☎ 25-00-25. Non loin du Komische Oper. U-Bahn : Stadtmitte ou Französische Strasse. Ouverture des caisses du lundi au samedi de 12 h à 18 h, les dimanche et jours fériés jusqu'à 16 h. Ce temple de la musique fut conçu par l'architecte Schinkel, grand maître du classicisme, au début du XIXe siècle. Splendide salle rectangulaire aux moulures, dorures et lustres étincelants. Visite guidée de 1 h 30 environ deux fois par mois. Demander les dates à l'accueil.

Danse et théâtre contemporains

∞ **Hebbel-Theater** (plan III, J8, **232**) : Stresemannstrasse 29, Berlin-Kreuzberg. U-Bahn : Hallesches Tor. ☎ 25-00-25. Caisse ouverte tous les jours de 16 h à 19 h et une heure avant les représentations. Billets entre 6,50 et 22,50 €. Théâtre et danse. Inauguré peu avant la Chute du Mur en présence de Juliette Greco, le Hebbel-Theater a fêté allègrement ses 10 ans en 1999, dans les murs de son ancêtre, un joli petit théâtre Art déco créé en 1908. Coproducteur de nombreuses créations internationales, il présente au public berlinois le théâtre contemporain européen et, également, de la danse moderne. Spectacles de qualité, souvent en version originale sur-titrées. En août, excellent festival de danse international *Tanz im August*.

∞ **Theater am Ufer** (plan III, I8, **233**) : Tempelhofer Ufer 10, Berlin-Kreuzberg. U-Bahn : Möckernbrücke. ☎ 251-31-15. Caisse ouverte du lundi au vendredi de 14 h à 18 h 30 et le soir des représentations à partir de 19 h. Billets de 4 à 12,50 €. Ouvert sous ce nom depuis mai 1992, ce théâtre off a choisi dès ses débuts dans les années 1960 un répertoire social engagé, notamment avec des pièces de Brecht. Aujourd'hui, il encourage essentiellement la recherche esthétique à travers la promotion de la nouvelle scène berlinoise. Deux festivals, *Soloduofestival* en mars et *TanzZeit* deux fois par an (avril-mai et octobre-novembre).

L'âge d'or des années 1920

Cœur de cette Europe inondée de mille courants artistiques, littéraires, linguistiques, Berlin rayonne dans les années 1920 : l'intello parle alors couramment l'allemand, le français et le russe. Le cinéma bouillonne, les lauréats du prix Nobel sont allemands (Einstein, Otto Hahn, etc.), peintres, metteurs en scène, architectes ou artistes de cinéma se rencontrent au *Romanisches*, légendaire café de la Breidtscheidplatz... Tous les mouvements d'avant-garde de la Belle Époque sont happés par Berlin, car « Qui tenait Berlin possédait le monde ». Une atmosphère merveilleusement rendue dans *L'Ange bleu*. Entre 1919 et 1932, on ne compte pas moins de 240 cabarets-théâtres.

De quoi avoir envie aujourd'hui de renouer avec ce passé de plaisirs nocturnes... Parmi les meilleurs cabarets actuels, on citera :

♪ **Chamäleon Varieté** (plan IV, O10, 179) : Rosenthalerstrasse 40-41, dans les Hackesche Höfe. ☎ 25-00-25. ● www.chamaeleonberlin.de S-Bahn : Hackescher Markt. Ouvert en semaine de 12 h à 21, le samedi de 12 h à minuit et le dimanche de 16 h à 21 h. Entrée : 16 €. Réductions. Entre Paradis et Enfer, histoire de retrouver cette ambiance « Années folles ». Au fond de la cour d'un magnifique immeuble Art déco.

La « scène » alternative

Issue en grande partie de « l'esprit de 68 », la scène berlinoise *(die Szene)* est devenue un des hauts lieux de la contre-culture européenne. Mouvement multiforme divisé en tendances (Verts, féministes, thérapistes, collectifs d'artistes ou entrepreneurs fous d'autogestion, côté organisation ; squatters, keupons, anars, côté radicalisation), le courant alternatif berlinois devient une entité lorsqu'il est question de s'opposer au conformisme bourgeois et à l'autosatisfaction du capitalisme allemand.

Quel ne fut pas l'étonnement de l'establishment lorsque la liste alternative obtint neuf sièges de députés au parlement de Berlin-Ouest, devenant ainsi le troisième parti de la ville ! Véritable « État dans l'État », le mouvement a publié son quotidien, *Die Tageszeitung* (*TAZ* pour les intimes, avec la *patte de chat* pour emblème), sa banque (*Netzwerk*, alimentée par dons et cotisations !), ses cafés-restaurants que sont quelque 150 000 « citoyens », qu'ils soient artisans indépendants, avocats, écolos, artistes en herbe, universitaires gauchistes, papas et mamans punks, simples *müsli* (nom donné aux babas) ou membres quelconques d'une minorité sexuelle ou religieuse...

Cette institutionnalisation de la marginalité a eu des effets pervers étonnants : pas une organisation qui ne touche des subsides officiels. Résultat : renouvellement pauvre des thèmes porteurs et mise en sommeil de la radicalité. Les nouvelles tendances se retrouvent plutôt dans les mouvements individualistes autour du développement personnel, des nouvelles religions, de la santé alternative et de l'écologie douce. Vivant principalement dans les quartiers de Kreuzberg, Schöneberg et Prenzlauer Berg, ces intéressants spécimens de la faune berlinoise se rencontrent dans leurs lieux de prédilection :

🍸 **Tacheles** (plan IV, N10, 228) : Oranienburgerstrasse 54-56a, Berlin-Mitte. ☎ 281-61-19. U-Bahn : Oranienburg Tor. Ce grand immeuble, en mauvais état, reste l'une des grandes curiosités du Berlin branché. Centre culturel, établi dans un ancien centre commercial, il est un des symboles de la culture alternative. Les expos, pièces de théâtre et spectacles y sont régulièrement organisés. Ne soyez pas timoré et allez jeter un coup d'œil. Passez à l'arrière du bâtiment pour découvrir le terrain vague, franchement hallucinant, bien qu'il ait été nettement assaini. Prenez un verre au bar *Zapata*, mais surtout ne venez pas en manteau de fourrure...

♪ **Pfefferberg** (plan IV, P10, 229) : Schönhauser Allee 176, Berlin-Prenzlauer Berg. ☎ 44-38-31-10. U-Bahn : Senefelderplatz. Installé dans une ancienne brasserie désaffectée et délabrée, c'est l'une des scènes musicales les plus populaires de l'ex-Berlin Est et un des lieux de rencontre favoris de la scène alternative. Salle de concerts dans les caves et *Biergarten* dans le jardin à l'étage, au milieu des arbres. À travers les feuillages, cherchez le robinet géant, symbole de l'endroit. Très bons concerts : musique électronique, africaine et orientale, reggae... Régulièrement des groupes francophones s'y produisent. Soirée techno, hip hop dans le *Pfefferbank*.

♪ **Mehringhof** *(plan III, J9, 230)* : Gneisenaustrasse 2a, Berlin-Kreuzberg. U-Bahn : Mehringdamm. Immeuble de 6 étages, au fond de la cour, transformé en 1979 en centre de rassemblement, c'est la « cathédrale alternative » par excellence. Ne vous laissez pas rebuter par l'apparence un peu glauque de l'endroit. Murs déglingués, escaliers recouverts de tags. Vingt ans après leur première réunion, les alternatifs de Mehringhof ont réussi à mettre sur pied une trentaine d'initiatives concrètes (aide à domicile chez les handicapés, soins médicaux accordés à des réfugiés illégaux, réunions d'information sur l'Amérique latine, etc.). Ils se rencontrent à la librairie ou au café à l'ambiance relax, genre branché, sympa et cosmopolite. On trouve aussi un marchand de vélos et un théâtre. Représentations du mardi au samedi à 20 h 30. ☎ 691-50-99. Pas grand-chose le dimanche.

♪ **UFA-Fabrik** *(plan d'ensemble ; B-C3)* : Viktoriastrasse 10-18. Au sud-ouest de l'aéroport de Tempelhof. ☎ 75-50-30. • www.ufafabrik.de • U-Bahn : Ullsteinstrasse. Un sympathique village alternatif, installé depuis 1978 dans les anciens studios de cinéma de la *UFA* (où tourna Fritz Lang avant de fuir Goebbels...). Ici vivent et travaillent près de 70 communautaires soigneusement organisés. La *Fabrik* comprend une école, un cirque, une petite ferme, une salle d'arts martiaux, un ciné, un atelier de poterie, une boulangerie (pain complet garanti), un café *Olé*, un théâtre, etc. Elle organise moult concerts et manif culturelles. Youpi ! Si le mouvement alternatif s'exprime dans sa forme la plus radicale à Kreuzberg (Oranienstrasse), il s'étend également à l'est de la ville, dans les quartiers de Mitte et de Prenzlauer Berg (Schönhauserallee et Kollwitzplatz).

♪ **Im Eimer** *(plan IV, O10, 231)* : Rosenthalerstrasse 68, Mitte. U-Bahn : Rosenthaler Strasse. Ouvert à partir de 23 h les vendredi et samedi ; le mercredi dès 21 h. Une façade décharnée, un seau jaune pour seule enseigne. Ce club compte parmi les derniers rescapés de ces boîtes sauvages, ouvertes dans la folie de 1989. On hallucine complètement dans ce dédale de caves en l'état, sans plus d'aménagement que quelques lumières et une acoustique moyenne pour les musiques techno à punk. Une découverte à ne pas mettre devant les yeux de tous les routards !

Concerts, manifestations culturelles

– Nombreux **concerts de rock** chaque semaine dans les clubs à la mode (*Kulturbrauerei, Loft, Pfefferberg, Neue Welt...*) et grosses stars en tournée chaque mois. Pour les dates et les horaires, se reporter aux pages musique de *Zitty* ou de *Tip*.

– **Festival du Cinéma :** en février. Renseignements au ☎ 254-89-100. C'est là qu'on décerne le fameux Ours d'Or. Pour son 50ᵉ anniversaire en l'an 2000, la manifestation a eu lieu pour la première fois dans les bâtiments neufs de la Potsdamer Platz. Un festival entièrement ouvert au public.

– **Carnaval des cultures :** le week-end de la Pentecôte, à Kreuzberg. Créé en 1996, ce carnaval *multi-kulti*, comme on dit ici, accueille aujourd'hui 4 000 participants d'une soixantaine de nationalités et connaît un succès toujours croissant. Riche en couleurs, le défilé des chars se déroule le dimanche, mais la fête dure quatre jours, du vendredi au lundi, avec de nombreux concerts musiques du monde. Un mini Rio à Berlin. ☎ 622-42-32. • www.karneval-berlin.de •

– **Saint Christoph's Day :** Gay Pride (en juin). Le trajet s'effectue dans une ambiance de fête entre le zoo et la porte de Brandebourg.

– **Love Parade :** le rendez-vous international incontournable des fans de techno. A lieu en général le 2ᵉ week-end de juillet et occasionne de longs bouchons sur les principaux axes de la ville dès le vendredi, voire le jeudi soir (entre Ernst-Reuterplatz et la porte de Brandebourg). Le défilé, qui commence le samedi après-midi et se disperse tard dans la nuit, est le point fort de ce rassemblement. Une marée humaine (un million de personnes, dans les meilleures années) envahit alors la rue pour un carnaval façon « déjante totale ». Mais les ardents défenseurs du Tiergarten tentent tous les ans « d'expulser » la Love Parade pour protéger leur parc préféré des tonnes de déchets laissés par les « ravers ». La fête se poursuit ensuite dans les boîtes techno de la ville. À ne pas rater, tous les délires sont permis. Renseignements auprès de Planet com : ☎ 28-46-20.

– **Festival des Musiques d'ailleurs :** tous les ans en juillet-août sur un thème différent, au Tempodrom. Voir la rubrique « Où sortir ? Où écouter de la musique ? ».

– **Festival international de Danse :** tous les ans en août.

– **Fête du Jazz :** vers octobre-novembre. Se renseigner à l'office du tourisme.

Achats

❀ **KaDeWe** *(plan II, E6, 9)* **:** Tauentzienstrasse 21-24. U-Bahn : Wittenbergplatz. Bus n°s 119, 129, 146, 185 et 219. Ouvert du lundi au vendredi de 9 h 30 à 20 h et le samedi de 9 h à 16 h. Une institution qui a fêté ses 93 ans en 2000 sans prendre une ride : le plus grand magasin du continent (ceux de Londres n'étant pas sur le continent, CQFD) ! Sachez encore que KaDeWe est le diminutif de « Kaufhaus des Westens », ce qui signifie le grand magasin de l'Ouest. On y trouve vraiment tout : parapluies, agences de voyages, journaux (rez-de-chaussée), salons de beauté (1er étage) ; confection femme (2e étage) ; jouets, photomaton (3e étage) ; développement photos et ordinateurs (4e étage) ; un restaurant (voir rubrique « Les cafés berlinois ») au 5e étage ; une banque, la vente de places de spectacles et surtout « l'étage des gourmets » (au 6e), où les campeurs ayant les moyens pourront s'approvisionner sans problème. Ne pas manquer les rayons charcuterie. Tout simplement appétissant !

❀ **Les Galeries Lafayette** *(plan IV, N11, 10)* **:** Französische Strasse 23. U-Bahn : Französische Strasse. Ouvert du lundi au vendredi de 9 h 30 à 20 h, le samedi de 9 h à 16 h. L'immeuble de verre conçu par l'architecte français Jean Nouvel est devenu, dès son ouverture en février 1996, l'une des adresses chic pour faire ses achats. Les prix élevés ont malheureusement fait fuir les acheteurs. Au sous-sol, espace « Gourmet ». Dégustation de vins, fromages, poissons et pâtisseries. La galerie mène au passage 206, vitrine du nouveau chic berlinois, où les grandes marques mondiales viennent installer leurs enseignes.

❀ **E & M Leydicke** *(hors plan III par I8, 11)* **:** Mansteinstrasse 4. ☎ 216-29-73. U et S-Bahn : Yorckstrasse. Ouvert théoriquement les lundi et vendredi, de 12 h à 14 h puis de 16 h à minuit ; les mardi, mercredi et jeudi, de 16 h à minuit. De 12 h à 1 h le samedi et de 16 h à minuit le dimanche. Le patron, lui-même, a bien du mal à s'y retrouver dans ces horaires d'ouverture et n'arrive parfois qu'à 20 h ! Vente d'eaux-de-vie et de liqueurs maison, fabriquées depuis 1877. Étonnante adresse qui mérite une petite visite.

❀ **Confiserie Leysieffer** *(plan I, D3, 12)* **:** Kurfürstendamm 218. ☎ 885-748-0. Ouvert de 10 h à 19 h, samedi et dimanche jusqu'à 18 h (le dimanche, ouvert à partir de 11 h). Si vous voulez emporter quelques douces sucreries, c'est ici qu'il faut vous rendre, chez ce pâtissier-confiseur, qui a pignon sur rue depuis 1909. Excellent choix de pâtisseries. Possibilité de déguster un gâteau sur place, mais la salle est un peu tristoune.

❀ **Marchés :** pour se plonger dans l'ambiance berlinoise. Ne pas rater celui de *Winterfeldtplatz* (à Schöneberg ; U-Bahn : Nollendorfplatz) les mercredi et samedi de 8 h à 13 h, ainsi que le *marché turc* (à Neukölln, le long du Landwehrkanal, voir *plan III* ; U-Bahn : Schönleinstrasse) les mardi et vendredi de 12 h à 18 h 30.

🔸 **Marchés aux puces :** le plus célèbre, le *Berliner Trödel- und Kunstmarkt*, se tient les samedi et dimanche de 11 h à 17 h à deux pas du Tiergarten sur la Strasse des 17. Juni (S-Bahn : Tiergarten ; *plan II*). Pour les aficionados du design des années 1950 et 1970, on conseille particulièrement le *marché aux puces am Arkonaplatz* en plein quartier de Prenzlauer Berg (U-Bahn : Bernauer Strasse ; *plan V*), le dimanche de 10 h à 16 h.

🔸 **Magasins « Second Hand » :** on retient surtout **Humana** (*plan I, C3, 8*), à l'angle entre la Schönhauser Strasse et Dantziger Strasse à Prenzlauer Berg. Il existe sept autres *Humana* dans Berlin, dont un à Alexanderplatz où l'on peut également trouver des meubles. Des vêtements à des prix défiant toute concurrence : cela va de l'imper à la robe de mariée en passant par les tenues des années 1950. Mais le « Second Hand » vraiment branché est *Kleidermark*, Potsdamerstrasse 106. Enfin, pour les vêtements années 1970-1980 en provenance directe des États-Unis, c'est **Colours**, Bergmanstrasse 102 (à Kreuzberg, U-Bahn : Gneisenaustrasse), ouvert de 11 h à 20 h, le samedi de 10 h à 16 h et, pour des fringues en bon état, **Checkpoint**, Mehringdamm 57 (à Kreuzberg, *plan III*, U-Bahn : Mehringdamm), ouvert de 10 h à 18 h et le samedi jusqu'à 16 h.

À voir

Dans le quartier de Charlottenburg *(plan I, B1)*

🎯🎯🎯 *Schloß Charlottenburg* (château de Charlottenbourg ; *plan I, B1, 260*) **:** Luisenplatz. ☎ 969-42-02. U-Bahn : Richard-Wagner-Platz ou Sophie-Charlotte-Platz ; puis marcher 10 mn. Le moyen de transport le plus rapide est le bus. Prendre le n° 109 au Kurfürstendamm et descendre à Luisenplatz, ou prendre les nos 145 ou 210. Ouvert de 9 h (10 h le week-end) à 17 h. Fermé le lundi. Brochure en français et vestiaire obligatoire payant. Billet d'entrée à 7,50 €, valable toute la journée et pour tous les bâtiments. Réductions. Gratuit le 1er dimanche du mois. La visite du rez-de-chaussée est obligatoirement accompagnée (visite toutes les 45 mn), la dernière entrée se fait à 16 h.

Ancienne résidence d'été des rois de Prusse dont la partie centrale, du XVIIe siècle, fut construite pour la femme de Frédéric Ier, cette brave Sophie-Charlotte (d'où le nom que l'on donna par la suite au château, anciennement Lietzenburg...). Plusieurs fois agrandie au cours du XVIIIe siècle, la propriété s'enorgueillit désormais d'une façade de plus de 500 m grâce à ses deux grandes ailes. Restauré après guerre, l'ensemble manque un peu de charme, sans doute à cause de cette peinture jaune... mais la cour et le dôme ont de l'allure. Visite des salles historiques seulement avec un guide. Demander un texte en français. Durée : 50 mn. Patins obligatoires ! Chambres superbes et cabinet des porcelaines époustouflant. Autres pièces à visiter sans guide à l'étage. Ce n'est pas tout : l'aile gauche abrite la **Grande Orangerie** (expositions temporaires) ; l'aile droite, la **Galerie de peinture du romantisme** et (à l'étage) **les appartements de Frédéric II**, éblouissants de luxe (la fameuse *Goldene Galerie* surtout), et ses tableaux, dont *L'Embarquement pour Cythère* de Watteau.

– En face du château, de l'autre côté du Spandauerdamm, plusieurs musées dont le **Musée égyptien** (voir plus loin), à ne surtout pas manquer.

Le parc : derrière le château. Ouvert de 6 h à 21 h, tous les jours. Entrée gratuite. Promenades à vélo autorisées. Un havre de paix ! Vraiment beau, avec son fleuve (la Spree), son « étang aux carpes » et son jet d'eau. À droite : le **pavillon Schinkel** ; au fond, à gauche, un **mausolée** (fermé du 1er novembre au 31 mars), petite merveille d'antiquité avec ses colonnes doriques, érigé pour Frédéric-Guillaume III et la fameuse reine Louise. Pour d'autres nostalgiques, tombeaux de Guillaume Ier et de l'impératrice Augusta. Derrière l'étang : un **belvédère.** Collection de porcelaines berlinoises. Une pure merveille, souvent oubliée des touristes. Un conseil : grimpez tout de suite au dernier étage. Vous commencerez ainsi la visite par les objets les plus anciens. Vous pouvez toujours essayer de comprendre pourquoi le jardin français, dessiné par Godeau au XVIIIe siècle, fut transformé par Lenné en jardin anglais lors des excursions de Napoléon...

Plus loin à l'ouest

Olympia-Stadion (stade olympique) : Am Glockenturm. ☎ 300-633. Prendre le U-Bahn jusqu'à Olympia-Stadion. En pénétrant par le sud dans ce stade, où semblent rôder les fantômes hitlériens de 1936, on est presque attiré dans le gouffre : l'architecte Werner March, utilisant la dépression du site, a pu masquer de l'extérieur ce gigantesque antre diabolique de 90 000 places... Candidate aux JO de l'an 2000, Berlin aurait aimé exorciser les démons de 1936... Mais c'est finalement Sydney qui l'a emporté. En attendant, le stade est fermé jusqu'à fin 2004. Il accueillera en 2006 la finale de la coupe du monde de football.

Waldbühne : Heerstrasse, à côté du stade olympique. Vaste amphi de plein air, noyé dans la verdure, construit par Hitler.. Pas moins de 20 000 places pour des concerts rock, pop ou folkloriques. Ciné de plein air avec public volubile... Billets en vente dans les magasins *Hertie, Wertheim* ou *KaDeWe,* comprenant le prix du transport sur le réseau *BVG.*

Un peu au sud

La cloche de la Liberté : place J.-F.-Kennedy, à Schöneberg. U-Bahn : Rathaus Schöneberg. Dans le beffroi de l'ancien hôtel de ville de Berlin-Ouest, devenu la mairie du quartier de Schöneberg. Écoutez donc à midi ce petit air d'Amérique... Vous pouvez aussi, du balcon, jouer à John et Jackie Kennedy : c'est de là que, le 23 juin 1963, J.F.K. lança son célèbre « Ich bin ein Berliner »...

Botanischer Garten (*jardin botanique ; hors plan I par B3*) : Königin-Luise-Strasse, à Steglitz. S-Bahn : Botanischer Garten. Bus n° 183 ou 101. Entrée sur Unter den Eichen et Königin-Luise-Platz. Ouvert tous les jours, de 9 h au coucher du soleil. Entrée : 1 €. Réductions.
Jardin extraordinaire de 43 ha, 22 000 variétés de plantes, 16 serres du début XXe siècle dont une gigantesque mesurant 23 m de haut ! Ces chiffres n'étonnent plus depuis longtemps les grand-mères du coin qui passent leur après-midi à commenter les dernières floraisons. Pour ne rien manquer du spectacle, elles ont pris un abonnement annuel ! À coup sûr, elles vous serviront de guide à travers les camélias, orchidées, cactus, plantes tropicales et médicamenteuses.

Dans le quartier du zoo (plan II)

Kaiser-Wilhelm-Gedächtniskirche (*église commémorative de Guillaume Ier ; plan II, E5, 261*) : Breitscheidplatz. Visite de 10 h à 16 h du lundi au samedi. Les Berlinois, toujours moqueurs, l'ont surnommée « la dent creuse » et le clocher qui la flanque le « bâton de rouge à lèvres ». Construite en mémoire du fondateur de l'Empire allemand, elle fut gravement atteinte pendant les bombardements de 1943. Elle sert depuis 1987 de « hall commémoratif » et de « lieu d'exhortation contre la guerre et d'appel à la réconciliation dans Jésus-Christ » *(sic)*. En tout cas, de bien belles mosaïques ornent encore son plafond. Derrière, la tour *(Glockenturm)* abrite une boutique travaillant au profit du tiers monde. La nouvelle église, surnommée « le poudrier », ouverte de 9 h à 19 h, à côté, est belle le soir, lorsque ses 20 000 blocs de verre bleu (fabriqués à Chartres) percent le ciel! Des concerts d'orgue pendant la messe y ont lieu le samedi, à 18 h.

🚶 ***Europa Center*** *(plan II, E5, 262)* : centre commercial, surmonté de l'emblème de Mercedes, véritable temple du capitalisme berlinois. Entrée sur la Budapest Strasse. Boutiques de mode, restaurants, cabaret, cinéma. Dans le hall, une curieuse clepsydre, « l'Horloge du temps qui coule » *(Uhr der fliessenden Zeit)*, fascine petits et grands. C'est l'œuvre d'un Français, Bernard Gitton. Hormis cette attraction, la galerie marchande est d'un intérêt limité.

🚶🚶🚶 ***Zoologischer Garten*** *(jardin zoologique ; plan II, E5, 263)* : l'entrée principale est située au n° 8 de la Hardenbergplatz (porte des Lions). ☎ 254-010. U-Bahn et S-Bahn : Zoologischer Garten. Compter 6,50 € pour le zoo ou l'aquarium, 13 € pour les deux. Les personnes intéressées uniquement par l'aquarium entrent par la porte aux statues éléphantesques (Budapester Strasse 34). Ouvert tous les jours, de 9 h à 17 h en hiver et jusqu'à 18 h 30 à partir de début avril (18 h pour l'aquarium). Plus de 2,5 millions de visiteurs par an pour ce zoo qui compte parmi les plus grands et intéressants d'Europe. 14 000 animaux dont quelques espèces rarissimes : le varan (ou dragon) de Komodo (dans la partie aquarium) et le bambusbar, très beau panda géant. Une salle faiblement éclairée permet d'observer les animaux vivant la nuit. La partie consacrée aux singes est très complète. Les enfants téméraires peuvent nourrir les petits à certaines heures. Petite leçon de morale : ne hurlez pas, ne tambourinez pas aux carreaux et n'exhibez pas vos bijoux étincelants devant les singes (si, si, on a vu ça). Du respect, quoi! Autre tuyau : après 16 h, les animaux ont mangé et souvent digèrent dans un coin.

🚶🚶 ***Kurfürstendamm*** : le Ku'damm est l'avenue la plus fréquentée de Berlin-Ouest. Ancienne chaussée de rondins que les Princes Électeurs empruntaient pour aller à la chasse. Bismarck la transforma en artère de luxe souvent comparée à nos Champs-Élysées : vendeurs à la sauvette contre magasins de luxe. Rien à voir en particulier (quelques façades fin XIXᵉ siècle de style Jugendstil), mais il est agréable d'y déambuler pour l'ambiance, car, avec ses nombreux magasins et restaurants, le Ku'damm est toujours animé.

Le lieu est pris d'assaut par les adeptes du roller le samedi soir et le dimanche après-midi en été. Une autre balade en rollers a lieu le dimanche soir à partir de 20 h 30, départ : Strasse des 17. Juni (Tiergarten) au niveau du Mémorial soviétique. Une façon originale de découvrir la ville. Pour connaître le calendrier et le parcours de la *Berlinparade*, consulter • www.stephanimm.de • ou • www.berlinparade.com/francais.htm •

Dans le quartier du Tiergarten *(plan II)*

Le parc (car l'essentiel du Tiergarten est constitué comme l'indique son nom d'un parc), malgré ses airs proprets, n'est pas vraiment le repaire des B.C.B.G. : de jour, sport, bronzette (en tenue d'Adam et Ève !), pique-nique, défoulement des enfants, et de nuit, petit frère de notre bois de Boulogne ! Au sud, la Potsdamer Platz, ancien no man's land, est devenue un des quartiers les plus modernes de Berlin. (Voir plus loin.)

BERLIN ET LE BRANDEBOURG

🔻🔻🔻 Kulturforum *(plan II, G5, 264)* : Potsdamer Platz. U-Bahn du même nom. Vaste complexe culturel comprenant la Bibliothèque nationale, le *Kunstgewerbemuseum* (musée des Arts décoratifs), la *Gemäldegalerie* (pinacothèque), le *Kupferstichkabinett* (cabinet des Estampes), la *Neue Nationalgalerie* (Nouvelle Galerie nationale), la *Philharmonie* et, un peu plus loin, le *Bauhaus-Archiv* (archives du Bauhaus). La salle de concerts de la Philharmonie, reconnaissable à son curieux chapiteau, est appelée ironiquement Circus Karajani en l'honneur du grand chef d'orchestre qui y régna... Construite en 1960, elle révolutionna le genre : l'orchestre y joue au centre du public, de manière à donner une ampleur plus importante à la musique ! Voir plus loin dans la partie « Les musées du Tiergarten ».

|●| Cafétéria du Kulturforum : Matthäikirchplatz. Située au 1er étage, à l'entrée du Kupferstichkabinett. Horaires d'ouverture identiques à ceux du complexe culturel. Compter autour de 10 € par personne. La solution la plus pratique pour déjeuner rapidement entre deux visites de musées. Ne vous ruez pas inconsciemment sur le buffet de crudités, elles sont facturées selon le poids. Quelques plats chauds.

🔻 Juste à côté, Tiergartenstrasse 1, se trouve le **Musikinstrument-Museum** *(musée des instruments de musique ; plan II, G5, 265)*. S-Bahn et U-Bahn : Potsdamer Platz. Ouvert de 9 h (10 h les samedi et dimanche) à 17 h. Fermé le lundi. Entrée : 2 €, gratuit le 1er dimanche du mois. Magnifiques instruments, dont un stradivarius du XVIIIe siècle, un amusant pianogirafe et une belle collection de clavecins. Visite guidée à 11 h le samedi, ou sur demande au : ☎ 25-48-10.

🔻🔻 **Bauhaus-Archiv** *(archives du Bauhaus ; plan II, F5, 266)* : Klingelhöferstrasse 14. ☎ 254-00-20. U-Bahn : Nollendorfplatz. ● www.bauhaus.de ● Ouvert de 10 h à 17 h. Fermé le mardi. Obligatoire de laisser ses grands sacs au sous-sol dans un casier. Entrée : 4 €. Réductions. Textes en français de l'exposition permanente à 1 €. Bâti d'après les plans de Walter Gropius, pape du Bauhaus, l'étonnant ensemble architectural qui tient lieu de musée ne date que de 1978. Des expos temporaires y présentent la plus célèbre école d'architecture du siècle et son retentissement dans tous les domaines artistiques depuis sa création (dessin, ameublement, déco, etc. ; un groupe de rock anglais a même repris le nom !). Vente d'objets (réveils, lampes, montres, thermos, coupes...) indispensables à la vie de tous les jours !
Pour les mauvais élèves, rappelons que l'école d'art du Bauhaus fut fondée en 1919 à Weimar, par Gropius en personne, avant qu'il ne s'installe en 1932 à Berlin. Elle fut dissoute l'année suivante, ses principaux membres ayant décidé de s'exiler aux États-Unis pour échapper au régime nazi. Avec des professeurs comme Kandinsky, Klee ou Oskar Schlemmer, les fameuses recherches d'esthétique industrielle du Bauhaus inspirèrent ensuite l'art abstrait et l'architecture fonctionnelle.

🔻 **Schloß Bellevue** *(château Bellevue ; plan II, F4, 267)* : Am Spreeweg, dans le Tiergarten. Construit en 1785 pour le prince Ferdinand, frère de Frédéric II. Depuis 1959, c'est la résidence officielle du président de la République. Johannes Rau, le nouveau président élu le 23 mai 1999, ne s'y est pas installé. L'appartement qui lui était réservé a été jugé trop petit pour y loger sa petite famille. Juste à côté du château, le curieux bâtiment ovale, surnommé « l'œuf » par les Berlinois, abrite les nouveaux bureaux de la présidence fédérale.

🔻 **Siegessäule** *(colonne de la victoire ; plan II, F4, 268)* : au croisement des cinq avenues qui traversent le parc de Tiergarten. Bus n° 100 ; S-Bahn : Bellevue ou Tiergarten. Visite de 9 h (13 h le lundi) à 18 h.

Ce sosie du Génie de la Bastille (de loin seulement) culmine à 67 m. Sa statue dorée célèbre les victoires militaires remportées sur la France, l'Autriche et le Danemark par la Prusse entre 1864 et 1871. Songez que, érigée (en 1869) sur la Königsplatz (place Royale), elle fut transportée sur ordre d'Hitler à son emplacement actuel ! Les routards courageux (et sans sac à dos) graviront les 285 marches intérieures pour admirer la vue sur Berlin et se prendront pour les anges de *Himmel über Berlin (Les Ailes du désir)* de Wim Wenders.

¶ *Le Carillon* (plan II, G4, 269) : haute tour noire, à proximité de la Kongresshalle, à l'angle de John-Foster-Dullesallee et de Querallee. Le carillon le plus imposant d'Europe : concerts de cloches « kolossal » (tous les jours à 12 h et à 18 h). Pour les fans, écouter aussi ceux du *Französischer Dom* et de *Saint-Nicolas* (détails plus bas : « Dans le quartier du Mitte ») !

¶ *Le Mémorial en l'honneur des soldats soviétiques tombés lors de la Seconde Guerre mondiale* (plan II, G4, 270) : sur l'avenue du 17-Juin. Les deux chars seraient les premiers à être entrés dans la ville en 1945... Une anecdote surprenante à propos du mémorial : avant la Chute du Mur, un déséquilibré tira sur l'un des soldats de garde. L'Armée Rouge dut alors demander la protection des autorités du secteur, c'est-à-dire des... Anglais. On peut comprendre la gêne ressentie par certains : aussi c'est la police de la ville de Berlin qui fut chargée de contrôler le secteur... et donc d'assurer la sécurité des soldats russes et britanniques !

¶¶¶ *Reichstag* (plan II, H4, 271) : Platz der Republik. Coupole ouverte tous les jours de 8 h à 22 h. Entrée gratuite. Venir tôt, grosse affluence. Pour les visites guidées, inscriptions au ☎ 22-73-21-52 ou par écrit : *Besucherdienst des Deutschen Bundestags,* 10870 Berlin. Visite en français le mardi à 10 h. Brochures en français à l'accueil. Construit à la fin du XIXᵉ siècle et dédié au peuple allemand (voir fronton), le siège du parlement fut partiellement détruit par le fameux incendie qui déclencha la chasse aux communistes menée par Hitler un mois après son accession au pouvoir. Après avoir été emballé par *Christo* en 1995 (vous vous souvenez du Pont-Neuf ?), il a été rénové pour accueillir le Parlement. Le Bundestag y a siégé pour la première fois le 19 avril 1999, jour de l'inauguration. Les visiteurs peuvent d'ailleurs assister, depuis un balcon, aux débats des députés. L'œuvre de l'architecte anglais Norman Foster intègre à la fois une architecture moderne de verre et d'acier, le respect du bâtiment original de Paul Wallot et l'introduction de technologies modernes, permettant de limiter la consommation énergétique (un sujet cher aux Allemands !). Nouveau symbole de la toute jeune République de Berlin, la coupole en verre, dernier centre d'attraction de la ville, fait l'unanimité. C'est effectivement une réussite ! Le dôme transparent (8 tonnes d'acier, 3 000 m de verre) est transpercé par un cône central, sorte de cratère dont les 360 miroirs renvoient la lumière dans la salle plénière. Une promenade hélicoïdale permet d'atteindre le haut de la coupole, à 23,50 m au-dessus de la plate-forme. Magnifique vue sur la nouvelle chancellerie, le Tiergarten, la porte de Brandebourg et la Potsdamer Platz. Sachez enfin que ce nouveau Reichstag est devenu un modèle en matière d'écologie. Il possède en effet sa propre centrale électrique au colza, afin de limiter l'effet de serre.

|●| Sur la terrasse, *restaurant* chic et cher. Ouvert de 9 h à 17 h 30 et de 19 h 30 à minuit. Réservation conseillée, c'est devenu le must des visites à Berlin : depuis sa réouverture, 3,5 millions de curieux ont déjà gravi sa rampe. Resto gastronomique. ☎ 22-62-99-33.

À la sortie, côté gauche, jeter un coup d'œil côté Tiergarten sur les dalles d'ardoises fichées debout et correspondant chacune à un des 96 députés de gauche ou du centre éliminés par les nazis après la prise du pouvoir.

Dans le quartier de Kreuzberg (plan III)

Le plus petit mais le plus peuplé des arrondissements de Berlin est aussi celui de l'immigration et de la « déjante ». Ancien quartier des ouvriers berlinois, Kreuzberg est la Belleville des Turcs, également hanté par les étudiants et les punks. Il ne faut pas craindre de s'y promener (ce n'est tout de même pas le Bronx !) pour mieux cerner l'ambiance de ce poumon alternatif de la ville. On y trouve une impressionnante concentration de galeries, *Kneipen* et brocantes en tout genre. Auparavant bordé par le Mur sur 9 km, Kreuzberg est également (était ?) le terrain de prédilection des graffiteurs fous ! L'ancien code postal divisait l'arrondissement en deux secteurs : le « Kreuzberg 61 » à l'ouest et le « SO 36 » au sud-est. Aujourd'hui encore, ces dénominations sont utilisées par certains. Ne soyez pas surpris.

- *Viktoriapark* (plan III, I9, 272) : S-Bahn : Yorckstrasse. U-Bahn : Platz der Luftbrücke. Petit parc dominé par le Kreuzberg, éminence naturelle la plus élevée de la partie ouest de la ville (66 m). Le monument et la croix de fer surmontant cette colline sont à l'origine du nom du quartier (« montagne de la croix »). De là-haut, jolie vue sur Berlin et, tout près, sur l'ancienne brasserie *Schulteiss*, à l'architecture bizarroïde.

- La *Bergmannstrasse* est l'un des points forts de « Kreuzberg 61 ». Nombreuses boutiques, cafés et *Imbisse*.

- *Le marché turc en plein air :* sur le quai *Maybachufer*, le long du *Landwehrkanal*. U-Bahn : Schönleinstrasse. A lieu les mercredi et vendredi de 12 h à 18 h 30. Excellents fruits et légumes à prix raisonnables.

- Une sympathique *balade* consiste à parcourir l'espace compris entre la Manteuffelstrasse, la Skalitzerstrasse et la Prinzessinenstrasse. U-Bahn : Kottbusser Tor ou Görlitzer Bahnhof. Ne pas oublier de visiter les arrière-cours de l'Oranienstrasse.

Dans le quartier du Mitte (plan IV)

L'essentiel des curiosités et monuments de la partie Est de la ville étant (à 90 %) concentré dans le centre historique (l'arrondissement du *Mitte*), la visite de ce quartier est impérative. Tout itinéraire logique commence à la porte de Brandebourg pour s'achever à Alexanderplatz. Suivez le guide, c'est toujours tout droit !

Unter den Linden (plan IV, M-N11)

- *Brandenburger Tor* (plan IV, M11, 273) : la porte de Brandebourg, plantée au bout de l'avenue Unter den Linden, a l'air plus petite qu'on ne l'imagine. Construite à la fin du XVIIIe siècle sur le modèle des Propylées d'Athènes, la porte de Brandebourg s'élève entre la rue du 17-Juin et la Pariserplatz, ancien centre de la vie politique allemande. Pour l'anecdote, sachez que Napoléon fit emmener à Paris le célèbre quadrige qui coiffe la porte lorsqu'il occupa la ville en 1806 ! Mais le char de la déesse de la Paix retrouva sa place après la campagne de 1814. Après les inévitables dommages de 1945, restauration à l'Ouest du quadrige, amputé par Berlin-Est de l'aigle prussien et de la croix de fer... Dernière péripétie : l'ouverture du Mur en 1989, avec l'escalade de la Brandenburger Tor, a occasionné de sérieux bobos au quadrige. Emportée par la déferlante du renouveau berlinois, le plus célèbre monument de la ville a profité d'une habile restauration en prévision du 12e anniversaire de la réunification allemande. Juste retour des choses : longtemps considérée comme le symbole de la division de Berlin, elle cristallise aujourd'hui les aspirations de l'Allemagne nouvelle... figurant même sur les pièces de la monnaie européenne !

Les pavés placés au sol (côté Ouest) marquent le tracé de l'ancien passage du Mur.

Entre la porte de Brandebourg et la Potsdamer Platz, sur le terrain vague situé à l'angle de la Behrenstrasse et de Ebertstrasse, sera érigé le tant attendu mémorial de l'Holocauste. Après plus de dix ans de polémiques et de tergiversations, le Bundestag s'est prononcé le 25 juin 1999 pour le projet de l'Américain d'origine allemande Peter Eisenman : un champ de 2751 stèles en béton dédié aux victimes juives et censé « exprimer l'indicible » des crimes nazis. Un centre d'information sera aussi aménagé sur le site. Souvent accusée de vouloir faire table rase de son passé, l'Allemagne montre ici, après des années de débats douloureux, sa volonté d'accomplir un réel travail de mémoire. Inauguration prévue en mai 2005.

🕴 *Ambassade de France (plan IV, M11, 1) :* ouverte depuis septembre 2002, l'ambassade de France s'est réinstallée sur son site historique de la Pariserplatz. Sur cet emplacement, propriété de l'État français depuis 1860, se dressait l'ancienne ambassade, totalement détruite pendant la Deuxième Guerre mondiale. Répondant au souhait de réinvestir ce lieu resté en friche pendant un demi-siècle, le projet de reconstruction fut confié à l'architecte français Christian de Portzamparc. Dès son inauguration en grande pompe par Jacques Chirac et Gerhard Schröder lors des célébrations du 40ᵉ anniversaire du traité de l'Élysée, les critiques ont fusé. Certains lui reprochent son aspect bunker, avec ses meurtrières qui parcourent sa façade. Cet aspect extérieur est justifié par l'architecte, qui explique avoir souhaité ce contraste entre un socle fermé et un étage très ouvert : l'aspect sécuritaire du rez-de-chaussée s'opposant au luxe et au calme de l'étage. On vous conseille donc de vous faire votre propre opinion, en allant directement sur place...

🕴 *Unter den Linden :* le fameux boulevard « Sous les tilleuls » a longtemps été considéré comme les Champs-Élysées de Berlin-Est. La perspective, moins ambitieuse, recèle pourtant plus d'édifices historiques que l'avenue parisienne. À l'origine, ce chemin campagnard menait les Princes Électeurs à la réserve de chasse de Tiergarten ! Grâce aux tilleuls qu'y fit planter le Grand Électeur au XVIIᵉ siècle puis aux palais officiels et aux boutiques de luxe qui l'agrémentèrent, cette voie devint le lieu de promenade favori des Berlinois. Aujourd'hui, la Pariserplatz et le premier tronçon du boulevard achèvent leur restructuration. De nombreux bâtiments administratifs pour l'État fédéral, la nouvelle ambassade de France ainsi que celle des États-Unis y ont pris place. L'hôtel *Adlon,* mythique palace des années 1920, a été reconstruit à l'identique. Avec sa réouverture, c'est un certain esprit et une partie de l'histoire qui ressurgissent, un parfum des années d'or, une nostalgie.

🕴🕴🕴 *Le Linden-Forum :* le 2ᵉ tronçon de « Sous les tilleuls » s'étend de Bebelplatz à Schloßplatz, de l'autre côté du canal de la Spree. C'est une impressionnante et superbe enfilade de monuments et bâtiments historiques.

🕴 Sur la gauche : la *Bibliothèque nationale (plan IV, N11, 274).* N'hésitez pas à faire une halte apaisante dans la cour de cet édifice néo-baroque : fontaine rafraîchissante, murs parcourus de lierre... Ouvert du lundi au samedi, à partir de 9 h. Les heures de fermeture varient selon les sections. Visite le premier samedi de chaque mois à 10 h 30 ou carte de lecteur délivrée pour la journée. On paie au vestiaire ou à l'aide d'un appareil automatique (0,50 €).

🕴 À côté, l'*université Humboldt (plan IV, N11, 276),* où Karl Marx fit une partie de ses études.

🕴 De l'autre côté, l'*ancienne bibliothèque (plan IV, N11, 277),* où Lénine vint étudier en 1895. On aperçoit, au fond de Bebelplatz, derrière le magnifique **Staatsoper** *(opéra d'État ; plan IV, N11, 224)*, datant du XVIIIe siècle et reconstruit pierre par pierre après la guerre, la **cathédrale Sainte-Edwige** *(plan IV, N11, 278)*, de style romain. S'inspirant du Panthéon de Rome, elle est tout naturellement le siège de l'évêché catholique. Entrée par la Behrenstrasse. Accès autorisé de 10 h à 17 h du lundi au vendredi. De 10 h à 16 h 30 le samedi et de 13 h à 17 h le dimanche.

🎭 **Le mémorial de l'Autodafé :** sur la Bebelplatz, un monument très sobre rappelle l'endroit où les nazis brûlèrent des livres pour la première fois le 10 mai 1933. C'est une simple plaque de verre, sur le sol, à travers laquelle on voit, en dessous, une bibliothèque blanche aux rayons vides. Pas facile à trouver. Repérez un petit cercle de personnes regardant toutes à leurs pieds ! C'est plus facile en soirée quand la lumière semble monter du sol.

🎭 À gauche encore, face au **Kronprinzenpalais** *(plan IV, N11, 280)*, la **Neue Wache** *(Nouvelle Garde)*, qui abrite le mémorial aux victimes du fascisme et du militarisme et un agrandissement de l'émouvante statue de Käthe Kollwitz, *La Mère avec son fils mort*.

🎭🎭 Juste à côté, le **musée de l'Histoire allemande** *(plan IV, N11, 281)*, installé dans l'ancien arsenal *(Zeughaus)* de style baroque (fin du XVIIe siècle).
Derrière la Zeughaus se dresse maintenant une annexe tout en verre conçue par l'architecte sino-américain I. M. Pei. Voir plus loin « Les musées du Mitte ».

Museuminsel, l'île des Musées *(plan IV, N-O11)*

En franchissant le **Schloßbrücke** *(pont du Château)*, orné de statues, on passe dans l'ancienne ville sœur, Cölln, sans vraiment se rendre compte que l'on est sur une île. On est surtout frappé par la beauté de la cathédrale de Berlin, le **Dom** *(plan IV, O11, 282)*, qui contraste de façon saisissante avec l'imposant **Palast der Republik** *(palais de la République ; plan IV, O11, 283)* aux façades de verre couleur cuivre. Ce bâtiment infesté d'amiante a subi jusqu'en 2002 des travaux d'assainissement. Construit sur l'ancien emplacement du château baroque des Hohenzollern, le palais de la République est menacé de destruction depuis que le chancelier Schröder s'est prononcé pour la reconstruction de l'ancien château. Du coup, la polémique qui anime la ville depuis 10 ans a été ravivée de plus belle. Faut-il reconstruire partiellement ou à l'identique le Stadtschloß et détruire le palais « monstrueux » *(dixit* Schröder !), symbole fort de l'ex-RDA, cher aux cœur des Allemands de l'Est ? Le Sénat de Berlin s'est donné le temps pour trouver une réponse et des financements. On penche *in fine* pour une reconstruction copie conforme du palais des Hohenzollern. Curieux saut de carpe de l'Histoire !

🎭🎭 **Berliner Dom** *(cathédrale ; plan IV, O11, 282)* : Am Lustgarten. Ouvert d'avril à octobre de 9 h à 20 h du lundi au samedi, jusqu'à 22 h le jeudi et à partir de 12 h le dimanche. D'octobre à mars, ouvert seulement jusqu'à 19 h. Pour la coupole (270 marches), montée de 9 h à 16 h 30 (le dimanche, à partir de 12 h), mais la dernière admission pour grimper au dôme a lieu 1 h avant la fermeture. Entrée : 4,10 € ; avec la grimpette jusqu'au dôme, 5,10 €. Réductions. Pas de visites pendant les services religieux (le dimanche à 10 h et 18 h). Concerts le samedi à 18 h et autres jours (☎ 202-69-136). Visites guidées (☎ 202-69-119) en allemand de 10 h 30 à 15 h 30.
Imposant édifice à la gloire de l'église luthérienne et de la Prusse, construit entre 1894 et 1905, à l'initiative du Kaiser Guillaume II et de son épouse Augusta. Admirer les lumineuses peintures, la chaire et l'orgue. Sur la droite, juste à l'entrée de la chapelle, imposants tombeaux de la reine Sophie-Charlotte et du roi Friedrich Ier. La crypte abrite 94 cercueils en marbre, en

étain ou en bois, dans lesquels reposent la plupart des Hohenzollern. Pour les amoureux de généalogie !

🏃 Au fond de la Schloßplatz, à droite et battant pavillon or, rouge et noir, l'ancien **Staatsrat** (Conseil d'État ; plan IV, O11, **284**). Essayez de trouver, incorporé dans le long bâtiment, le portail du château d'où Karl Liebknecht a proclamé en novembre 1918 la République socialiste. Au cours de l'été 1999, le bâtiment est devenu le siège de la chancellerie. Le chancelier Schröder a eu, jusqu'en mai 2001, son bureau dans l'ancien palais de la présidence de la RDA communiste, là où Erich Honecker recevait ses hôtes ! Cette situation a duré jusqu'au déménagement dans la nouvelle chancellerie, conçue par Axel Schultes et Charlotte Frank. La presse a beaucoup glosé sur la taille du nouveau bureau du chancelier qui mesure 3,5 m. Derrière, en longeant la **Ribbeckhaus** et la **bibliothèque des Archives municipales** (plan IV, O11, **285**), on peut accéder à l'**île aux Pêcheurs** (Fischerinsel), qui n'est pas vraiment une île en elle-même mais qui se trouve être le véritable cœur du vieux Berlin. Quelques façades restaurées et une promenade dans un quartier plutôt triste, délaissé d'ailleurs par la majorité des touristes...

🏃🏃🏃 Mais revenons au centre de l'île, sur la Schloßplatz : à gauche, l'**Altes Museum** (plan IV, O11, **286**) avec ses belles colonnes et, derrière, l'île aux Musées proprement dite. Incroyable concentration de bâtiments recelant les trésors artistiques de la ville (pour les visites, se reporter à la rubrique « Les musées de Berlin »).

Autour de la Fernsehturm (plan IV, O11)

🏃 **Marx-Engels Forum** : place spacieuse et joliment arborée, au centre de laquelle trônent sagement les deux papys barbus. En attendant d'être déboulonnés à leur tour ?

🏃 **Marienkirche** (église Sainte-Marie ou Notre-Dame ; plan IV, O11, **287**) : au pied de la tour de télévision. Encore un contraste saisissant entre cette petite église gothique, de la 2ᵉ moitié du XIIIᵉ siècle, et ce monstre de béton qui semble transpercer les nuages. Ouvert du lundi au jeudi, de 10 h à 16 h et les samedi et dimanche de 12 h à 16 h. Fermeture le vendredi. À l'intérieur : tableaux et mobilier ancien, ainsi qu'une fresque de 22 m de long, *La Danse macabre* (1484). Accès sous la tour. On y donne des concerts d'orgue.

🏃 **Das Rote Rathaus** (plan IV, O11, **288**) : le bel hôtel de ville tire son nom autant de la couleur de ses briques que des opinions politiques de ses anciens conseillers municipaux. Construit à la fin du XIXᵉ siècle, il est orné d'une frise évoquant l'histoire de la cité depuis sa fondation. Devant l'entrée, les statues de la *Déblayeuse de décombres* et du *Volontaire à la reconstruction (sic)* furent érigées à la mémoire des Berlinois qui relèvent la ville de ses ruines. Et, devant l'hôtel de ville, n'oubliez pas d'admirer, outre Neptune, *Les Quatre Grâces* (symbolisant le Rhin, la Vistule, l'Elbe et l'Oder). Certaines salles se visitent. Se renseigner sur place car il n'y a que quelques visites par mois.

🏃 **Fernsehturm** (tour de télévision ; plan IV, O11, **289**) : Alexanderplatz, Panoramastrasse 1a, mais est-ce bien utile de donner son adresse ! S-Bahn et U-Bahn : Alexanderplatz. Ses 365 m de haut sont visibles de n'importe quel point de la ville. Inaugurée en 1969, cette immense flèche est vite devenue le monument le plus visité de la capitale. Il faut donc faire la queue avant d'y pénétrer... Ouvert de 9 h à 1 h de mars à octobre et de 10 h à minuit de novembre à février. Arriver 30 mn avant la fermeture. Entrée : 6 €.
Pour son 30ᵉ anniversaire, elle a eu droit à un « petit » coup de peinture. Pas moins de 50 t de peinture pour un lifting sur 9 000 m. Commencée en 1991, la rénovation complète du bâtiment a coûté la bagatelle de 50 millions

d'euros. Avec la nouvelle antenne, la demoiselle a gagné 3 m. Quant au café, également situé dans la boule d'acier de 32 m de diamètre (près de 5 000 t!), il est monté sur une partie mobile effectuant un tour complet en 30 mn. Ouvert à partir de 10 h et jusqu'à la fermeture de la tour, mais souvent complet, en été. L'hiver, il n'y a personne et c'est même tristounet à certaines heures.

Alexanderplatz : surnommée *Alex* par les autochtones, la place historique de Berlin, immortalisée par le chef-d'œuvre du romancier Alfred Döblin, fut entièrement détruite pendant la dernière guerre. Un malheur n'arrivant jamais seul, sa reconstruction fut confiée à des architectes un peu trop inspirés par l'esthétique stalinienne : l'esplanade aux dimensions inhumaines est encerclée de buildings tous plus ternes les uns que les autres. La frise de mosaïques de la **maison de l'Enseignant** (Haus des Lehrers ; plan IV, P11, **290** – 125 m de long ! –) n'arrive même pas à leur insuffler la moindre étincelle de vie !

À proximité d'Alexanderplatz, vers le nord-ouest, empruntez Sophienstrasse, l'une des rues les plus insolites avec ses maisons restaurées. Admirez le style baroque délirant de **Sophienkirche.** Vous êtes aussi aux portes du quartier juif : **Alter Jüdische Friedhof** (le vieux cimetière juif et son unique tombe, véritable Moïse sauvé des eaux du nazisme).

Le quartier du Nikolaiviertel (plan IV, O11)

Le quartier Saint-Nicolas, quartier du vieux Berlin, est un quadrilatère de 4 ha délimité par la *Rathaus, le forum Marx-Engels* et le fleuve. C'est l'une des attractions touristiques de Berlin. Nous n'aimons pas plus que nos chers lecteurs les hordes de touristes, mais reconnaissons qu'il faut quand même aller y jeter un œil par curiosité ! Intégralement rasé lors de la dernière guerre ; la RDA décida de le reconstruire pierre par pierre à l'occasion du 750e anniversaire de la ville pour être une vitrine de l'Allemagne communiste.

Véritable prouesse, ce petit village brillant comme un sou neuf semble tout droit sorti du feuilleton télé *Le Prisonnier,* tant l'atmosphère qui y règne (petites maisons toutes propres, minuscules restaurants, absence totale de néons, de voitures, de fils électriques...) peut paraître irréelle ! Faisant office de cerise sur le gâteau, l'adorable **église Saint-Nicolas** (plan IV, O11, **291**) est reconnaissable de loin à son clocher en forme de bonnet d'âne ! La splendide nef de la plus vieille église de Berlin (les fondations datent de 1230) abrite désormais un musée. Ouvert en semaine de 8 h à 16 h ; les samedi et dimanche de 10 h à 16 h.

Ce quartier, au-delà des quais de la Spree et de ses sucreries baroques ou du **palais Ephraim** (consacré à des expositions de peinture et ouvert du mardi au dimanche de 10 h à 18 h ; plan IV, O11, **292**), constitue, passé le pont Mühlendamm, le cœur historique de la sœur jumelle de Berlin : Cölln. Laissez-vous aller dans les *Breite* ou *Bruderstrassen*, par exemple, de l'île aux Pêcheurs...

Volksbühne (plan IV, O10, **293**) *:* Rosa-Luxemburgplatz. Un théâtre très visuel où l'on peut à la rigueur se passer de comprendre l'allemand ! Frank Castorf est le metteur en scène en vogue de la provocation. Place de théâtre à 6 € pour les étudiants. Lectures, concerts ou soirées tango sont programmés dans les salons (rouge ou vert) du théâtre. ☎ 247-67-72. Caisse ouverte du lundi au dimanche, de 12 h à 18 h.

Gendarmenmarkt (plan IV, N11)

On s'y rend en redescendant la Friedrichstrasse vers Checkpoint Charlie. Après un travail de restauration qu'il convient de saluer, le Gendarmenmarkt se distingue par ses deux splendides cathédrales jumelles et son théâtre musical.

🏃 **Französischer Dom** *(église française ; plan IV, N11, **294**) :* église et musée des Huguenots. ☎ 204-15-07. Ouvert du mardi au samedi, de 12 h à 17 h, et les dimanche et jours fériés de 13 h à 17 h. Fermé le lundi. Accès à la balustrade tous les jours, de 9 h à 19 h. Entrée à 1,50 €.
Construite au début du XVIIIe siècle à l'intention des protestants français, elle perdit tout bonnement son dôme pendant la guerre ! Reconstruite en 1983, elle a retrouvé sa splendeur d'antan. Musée consacré aux huguenots vivant à Berlin. Textes explicatifs en français, même si, comme l'écrit un visiteur dans le livre d'or, les traductions laissent à désirer. Dur, dur pour les descendants huguenots venus de France ! On accède au clocher par un bel escalier de 254 marches. De la balustrade, très belle vue sur la ville. À ne pas manquer, sous la coupole, le magnifique carillon : une grappe de 60 cloches coulées dans 30 t de bronze. Les marteaux mobiles situés à l'intérieur des cloches sont reliés aux touches d'un clavier contrôlable par ordinateur ! Déclenchement automatique à 10 h, 12 h, 15 h et 18 h. Le premier samedi de chaque mois, concert à 15 h.

🏃🏃 **Deutscher Dom** *(église allemande ; plan IV, N11, **295**) :* en face, on entre par la Markgrafenstrasse. Étonnant miroir du Französischer Dom, construit pour les protestants allemands. A rouvert ses portes en 1996 après une longue restauration. ☎ 22-73-04-31. Du mercredi au dimanche de 10 h à 18 h, le mardi de 10 h à 23 h. Fermé le lundi. Une expo permanente y a pris place, qui en dit long sur la douloureuse relation des Allemands à leur passé : « Questions à l'histoire allemande ». Présentation détaillée des événements importants survenus en Allemagne au cours des XIXe et XXe siècles. On vous la recommande chaudement, c'est une expo passionnante si l'on veut comprendre l'histoire contemporaine de l'Allemagne. Entrée gratuite. Cafétéria au dernier étage.

🏃 **Konzerthaus** *(plan IV, N11, **227**) :* voir la rubrique « Où écouter de la musique classique ? ».

Potsdamer Platz *(plan II, G-H5)*

Le souvenir de l'ancien no man's land entre Berlin-Est et Ouest s'estompe peu à peu. Après plusieurs années de travaux, la Potsdamer Platz est redevenue le centre névralgique de la capitale. En octobre 1998, a été inauguré le secteur Daimler-Benz. La société n'a pas hésité à investir quelque 1,5 milliards d'euros, pariant sur la dynamique de cet ensemble monumental. Orchestré par l'architecte Renzo Piano (celui-là même qui a créé avec Richard Rogers le centre Pompidou), le lieu regroupe 17 immeubles abritant 50 % de bureaux, 20 % de logements et 30 % de commerces. Le côté culturel du quartier n'est pas en reste : un théâtre, l'écran Imax le plus grand d'Allemagne et une vingtaine de salles de ciné. D'autres entreprises ont développé des projets pharaoniques : ABB, Hertie et surtout l'étonnant complexe abritant le siège de Sony, dont l'énorme forum accueille sur son pourtour bureaux, appartements, cinémas, Imax et le ***musée du Cinéma allemand,*** qui abrite les archives cinématographiques et une collection Marlène Dietrich. Impression de gigantisme garantie et pari audacieux sur la juxtaposition de l'ancien et du moderne avec l'intégration surréaliste des éléments d'un ancien hôtel dans l'ensemble Sony !

Scheunenviertel *(plan IV, N-O10)*

Son vrai nom est le *Spandauervorstadt* (faubourgs de Spandau), mais on l'appelle communément le *Scheunenviertel,* quartier des granges. C'est en fait un triangle compris entre Oranienburgerstrasse, Auguststrasse et Rosenthaler Strasse. S'il fallait élire le quartier de l'animation nocturne, ce serait ici, au cœur de Mitte, depuis que des artistes se sont emparés de bâtiments en ruine pour les transformer en temple de l'inventivité alternative. Les façades en ruine de *Tacheles (plan IV, N10),* immeuble squatté par des artistes, abritent un bar, un cinéma et des expos, tandis que quelques sculptures et un mur couvert de tags sur plusieurs étages donnent le ton général dans une arrière-cour, artistique pour certains et délabrée pour d'autres.

🕺 Dans la même rue, sur le trottoir d'en face, la **Nouvelle Synagogue *(Neue Synagogue ; plan IV, N10, 297),*** Oranienstrasse 28-30, tout juste restaurée, rappelle qu'avant la guerre une importante communauté juive vivait là. ☎ 28-40-12-50. Ouvert du dimanche au jeudi de 10 h à 18 h, le vendredi jusqu'à 14 h. Dernière admission 30 mn avant la fermeture. Une exposition raconte l'histoire de ce magnifique bâtiment dont il ne reste malheureusement pas grand-chose aujourd'hui. Des gardiens montent la garde devant ce lieu qui fut dévasté par les nazis au cours de la nuit de Cristal. Fouille des sacs à l'entrée et vestiaire obligatoire. Prévoyez 2,50 € pour visiter les lieux. Un peu plus loin, profitant de la présence permanente de vigiles, des filles tapinent en toute tranquillité.

🕺🕺 Dans la courbe de Rosenthaler, les **Hackesche Höfe *(plan IV, O10, 298)*** forment une enfilade de huit cours construites au début du XXᵉ siècle avec des façades Jugendstil. Leur rénovation très réussie fut achevée après trois ans de travaux. Elles ont alors attiré magasins design, galeries et cinémas, mais aussi des bars et une intense vie nocturne. L'entrée principale est située sur la Rosenthaler Strasse.

– Dans le Scheunenviertel, autres nombreuses cours intérieures où fleurissent les toutes dernières boutiques de design, des ateliers d'artistes, des galeries ou des clubs. N'hésitez pas à franchir l'ensemble des porches pour découvrir tous les aspects de la créativité berlinoise. Quelques adresses : cour des **Kunstwerke** (œuvres d'art), Auguststrasse 69, **Sophie Gips Höfe,** Sophienstrasse 21, **Heckmann-Höfe,** Oranienburger Strasse 32.

– *Galeries d'avant-garde :* allez fureter dans les galeries d'art du quartier, vous assisterez bien à un vernissage avec artistes en délire. Entre autres : *Galerie Wohnmaschine,* Tucholskystrasse 36, Mitte. S-Bahn : Oranienburger Strasse.

Dans le quartier de Prenzlauer Berg *(plan V)*

C'est un des lieux branchés de Berlin. Repaire de punks, de skins, de babas, d'artistes marginaux et désormais de yuppies « wessis » et de touristes venus s'encanailler ! Prenzlauer Berg est devenu un symbole de la faillite communiste : plus de 40 000 appartements vétustes, des HLM insalubres, des terrains vagues, des squatts, des rénovations interrompues, etc. Devant un tel abandon, la jeunesse berlinoise en a fait son terrain de prédilection : on y ouvre tous les jours un nouveau café, une boîte délirante, un lieu de concert, un club alternatif...

Ces dernières années, le virus de la rénovation a contaminé le quartier, au grand regret des habitants du « Kiez » (entendez par là, l'endroit où on est né et où on a toujours vécu). Et pour cause, ils ont vu leurs loyers doubler. Des ravalements bigarrés aux couleurs parfois violentes ont recouvert des façades marquées par les blessures du temps. Certaines existent encore, le contraste est saisissant. Comme partout à Berlin, on cherche à effacer les traces du passé. Prenzlauer Berg résiste, pour combien de temps encore... Aux fenêtres, la population étonnamment jeune n'hésite pas à afficher ses opinions sur des banderoles expressives. Tandis que les petits épiciers du coin disparaissent les uns après les autres, pour laisser place à des endroits plus branchés.

– Promenez-vous dans **Schönhauserallee, Husemannstrasse** et sur **Kollwitzplatz**, si verte en été, au milieu des étudiants, des jeunes mamans et de leurs cortèges de poussettes, et des terrasses des cafés qui pullulent. Vous y rencontrerez le « vrai » Berlin-Est, celui de la désillusion après la réunification, mais aussi celui de la créativité et de la débrouille face à cet univers en décomposition. Une des particularités de ce quartier est d'avoir été relativement épargné pendant la dernière guerre. Les immeubles portent par contre toutes les cicatrices de l'époque de la guerre froide, ce qui donne cette atmosphère si particulière. Poussez votre visite jusqu'au cimetière juif *(Jüdischer Friedhof ; plan V, Q14, 329)*, qui se trouve Schönhauserallee 23-25. Sous les arbres, parmi les tombes, on remarque celles du peintre expressionniste Max Liebermann et du compositeur Giacomo Meyerbeer.

– *Galeries d'art contemporain :* ce quartier est également réputé pour ses galeries. Entre autres : *Galerie am Prater,* Kastanienallee 100 ; *Galerie am Wasserturm,* Rykestrasse 2 ; *Mae Galerie Irene Eikmeier,* Dunckerstrasse 2. Le jour comme la nuit, on aime ce quartier, où le temps semble s'être arrêté, pour lutter contre les transformations vertigineuses qui bouleversent la ville.

Le Mur

Qu'est donc le Mur devenu ? Vendu, par le gouvernement de la RDA lui-même, qui en était le propriétaire officiel, via de petites sociétés et des ventes aux enchères, comme celle organisée en juin 1990 à Monte-Carlo pour un total de transactions évalué à plus de 500 000 euros ! Jackpot ! Quant aux pans non décorés (les plus nombreux), ils sont réutilisés par des entrepreneurs de travaux publics pour divers aménagements... Il reste néanmoins quelques vestiges, menacés, eux, par une dégradation accélérée depuis que la rouille, elle aussi, peut s'infiltrer en toute liberté !

Un « morceau » de 300 m de long a été sauvé par le pasteur Fischer qui s'est battu pour faire classer monument historique le pan du Mur qui longeait son presbytère sur la **Bernauerstrasse** (S-Bahn : Nordbahnhof). Un mémorial a même été inauguré en août 1998. Sven Kohlhoff, un architecte de Stuttgart, a enfermé le tronçon entre deux immenses plaques d'acier perpendiculaires. Le Mur se reflète dans l'acier, comme s'il était infini. La construction originale avait été tellement endommagée par les « pics verts » qu'il a fallu le recouvrir de béton frais, lui donnant un curieux air de neuf. Impressionnant aussi, le cimetière **Invalidenfriedhof** traversé par des vestiges du Mur (Scharnhorststrasse).

À l'emplacement « historique » (Brandenburger Tor), il ne reste plus rien à voir, même si on vend encore des « morceaux de Mur » sous plastique.

Érigé dans la nuit du 13 août 1961, le Mur encerclait Berlin-Ouest sur 161 km. Le dispositif de surveillance (désormais anéanti) était constitué de miradors, chemins de ronde, barbelés et chiens policiers placés entre deux murs parallèles ! 75 personnes ont été abattues en tentant de franchir ces obstacles. Certaines d'entre elles sont enterrées près du Reichstag, côté Ouest... De là, on peut encore apercevoir, de l'autre côté de la rivière, le no man's land qui s'étendait entre les deux Berlin. Il reste d'autres vestiges, classés Monuments historiques, mais pas évidents à trouver. La **East Side Galery** (Mühlenstrasse ; S-Bahn et U-Bahn : Warschauer Strasse), belle fresque graffitée de 1,3 km de long, réalisée en 1990 par 118 artistes venant de 21 pays, rappelle ici que le Mur servait aussi de défouloir pour les artistes et graffiteurs. Notons encore quelques dizaines de mètres sur **Niederkirchnerstrasse,** adossés au mémorial de la **Topographie des**

Terrors (plan III, I7, 299) le long du Gropius Bau... Pour en savoir plus, ne ratez surtout pas le musée de Checkpoint Charlie (voir plus loin « Les musées de Berlin »).

Les mauvais souvenirs

De nombreux lieux de mémoire et expos vous immergent dans l'enfer nazi :

Le mémorial de la Résistance allemande *(Gedenkstätte Deutscher Widerstand ; plan II, G5, 300)* : à l'ancien état-major des armées, Stauffenbergstrasse 13-14, à côté du Kulturforum. Entrée gratuite, tous les jours de 9 h à 18 h (jusqu'à 13 h les week-end et jours fériés). Musée à l'histoire très fouillée des mouvements qui dans la clandestinité résistèrent au pouvoir nazi. Une grosse partie est consacrée à la tentative d'assassinat d'Hitler dans son QG en juillet 1944. Les principaux conjurés militaires furent fusillés dans la cour du bâtiment. Très complet et passionnant, mais tout en allemand.

Le mémorial de l'Autodafé *(plan IV, N11, 279)* : sur Bebelplatz. En souvenir de cette nuit de mai 1933 où furent brûlés 20 000 livres ! Voir texte « Dans le quartier de Mitte, Unter der Linden ».

Topographie des Terrors *(topographie de la Terreur ; plan III, I7, 299)* : Niederkirchnerstrasse 8, à côté du Martin-Gropius Bau à Kreuzberg. ☎ 254-86-703. U-Bahn : Potsdamer Platz ou Kochstrasse. S-Bahn : Anhalter Bahnhof ou Potsdamer Platz. Ouvert tous les jours de mai à septembre de 10 h à 20 h (d'octobre à avril, ouvert seulement jusqu'à 18 h). Entrée gratuite. Bureau d'accueil logé dans une construction provisoire. Dépliant en français gratuit, guide de l'exposition en français (1 €) et audioguide en anglais. Fermée depuis juillet 1997 (pour ses 10 ans), l'expo permanente qui se situait sur l'ancien centre nazi de la répression a été provisoirement réaménagée en plein air, le long des vestiges de l'ancien bâtiment annexe de la Gestapo et d'une section du Mur. On attend toujours la construction d'un musée, mais les caisses sont vides... On y apprend beaucoup sur l'histoire du développement des organes de répression. Plans d'ensemble des bâtiments qui abritaient la Gestapo, les SS, le Sicherheitsdienst (SD)... autour de ce qui fut le jardin du palais Prinz-Albrecht. Juste à côté, admirez le *Martin Gropius Bau*, les sculptures et les mosaïques de sa façade. Ancien musée des Arts décoratifs construit en 1877 par Gropius et Schmieden, il est le seul rescapé d'un quartier qui, à la fin du XIXe siècle, vit fleurir de nombreux chefs-d'œuvre architecturaux. Il accueille aujourd'hui des expositions temporaires.

Le mémorial de la Persécution : Villa Am Wannsee. Sur les lieux de la sinistre conférence du 20 janvier 1942, où l'on décida d'exterminer tous les juifs. Voir « Dans les environs de Berlin. Wannsee ».

Le mémorial de Sachsenhausen : camp de concentration situé aux portes de Berlin, à Oranienbourg. Voir « Dans les environs de Berlin. Au nord-ouest ».

– Enfin, pour info, sachez que sous Potsdamer Platz, Leipzigerplatz et Wilhelmstrasse, court toujours un vaste réseau de **tunnels** et **bunkers** (dont certains seraient transformés en discos « privées »). Vous touchez là le cœur de l'appareil politique de terreur et de répression du système hitlérien...

Les vestiges staliniens

Si Wandlitz, le Neuilly coquet d'Erich Honecker, est trop loin pour mériter une visite, faites discrètement un tour à l'ex-maison du Parti (Oberwasserstrasse, à Mitte, derrière le ministère des Affaires étrangères), à l'ambassade de CEI (sur Unter den Linden) ou aux anciens bureaux centraux de la Stasi (Normanenstrasse 4, Friedrichshain).

Sur les traces de Bertolt Brecht...

Né en 1898 à Augsbourg (Bavière), ce dramaturge et poète reste considéré comme l'un des auteurs de langue allemande les plus importants du XXe siècle. Le succès de son *Opéra de quat'sous* en fait l'une des figures de proue des intellectuels opposés à la montée du nazisme. Contraint à l'exil (un communiste, vous pensez!), il ne revient à Berlin qu'en 1948. Il crée alors avec sa femme, Hélène Weigel, la troupe puis le théâtre du *Berliner Ensemble*. Opposé aux formes traditionnelles, son « théâtre épique » incite le spectateur à conserver un regard critique et lucide.

Berliner Ensemble *(plan IV, N10, 301)* : Bertolt-Brechtplatz 1, Mitte. S-Bahn et U-Bahn : Friedrichstrasse. Derrière la gare de Friedrichstrasse, le long du fleuve. Reconnaissable à son enseigne tournante, le théâtre le plus célèbre d'Allemagne est encore en activité. On y joue les pièces de Brecht, évidemment. Mais depuis la mort de son directeur charismatique, Heiner Müller, le Berliner Ensemble traverse une crise d'identité. Renseignements : ☎ 282-31-60. Réservations : ☎ 25-00-25.

Brechthaus *(maison de Brecht)* : Chausseestrasse 125, vers le nord, dans le prolongement de la Friedrichstrasse. ☎ 283-05-70-44. U-Bahn : Oranienburger Tor ou Zinnowitzer. Bus n° 157. Entrée : 3 €. Attention, on peut facilement manquer le grand portail d'entrée. Il ne faut pas dépasser le cimetière. Pas prétentieuse pour quatre sous (!), la maison où vécut Brecht jusqu'à sa mort en 1956 abrite désormais un centre culturel, les archives du dramaturge, une cave-restaurant très agréable et pas si chère que ça (☎ 285-38-43). On peut visiter (seulement avec guide) les pièces de travail et d'habitation qu'il occupait avec sa femme : le matin de 10 h à 11 h 30 (et aussi le jeudi de 17 h à 18 h 30 ; le samedi de 9 h 30 à 13 h 30 et le dimanche de 11 h à 18 h). Fermé les lundi et jours fériés.

Dorotheenstädtischer Friedhof *(cimetière de Dorotheenstadt ; plan IV, N10, 302)* : Chausseestrasse 126. U-Bahn : Oranienburger Tor. Ne pas confondre avec le n° 127, cimetière de la Communauté française réformée. On s'y recueille sur les tombes des philosophes Hegel et Fichte (promoteur de l'unité allemande) ou de l'architecte Schinkel. Plan sur un panneau, à l'entrée. La librairie (Chausseestrasse 124) am Brecht-Haus vend un plan détaillé du cimetière. Dans une allée transversale, à gauche de l'entrée, un mur de brique rouge abrite la tombe de Bertolt Brecht et d'Hélène Weigel. Elle fut profanée en mai 1990. « Le ventre est encore fécond d'où est sortie la bête immonde! », écrivait déjà Brecht.

Buckow : pour les fans, à 60 km à l'est de Berlin, la maison de Brecht et d'Hélène Weigel, au n° 29 de la rue du nom du dramaturge. ☎ 0334-33-467. Ouvert d'avril à octobre, du mercredi au vendredi, de 13 h à 17 h, jusqu'à 18 h le week-end ; de novembre à mars, du mercredi au vendredi, de 10 h à 12 h et de 13 h à 16 h, le dimanche de 11 h à 16 h. Dernière entrée 30 mn avant la fermeture. Départ de Berlin-Lichtenberg, train régional jusqu'à Buckow, changement à Müncheberg. En voiture, nationale jusqu'à Müncheberg, puis direction Waldsieversdorf et Buckow. Aller jusqu'au centre du village, puis monter la côte sur la gauche, ensuite c'est fléché.

Au bord d'un lac, la maison où Brecht a vécu et travaillé pendant quelques années, peu de temps avant sa mort. Dans la villa, seule la salle à manger, qui servait à accueillir les invités, est visitable. C'est dans la maison du jardin que Brecht travaillait et avait installé sa chambre. Petite exposition sur le célèbre couple, costumes et chariot de la première mise en scène de *Mère Courage*.

Les musées de Berlin

Berlin est la ville des musées, tant à l'Ouest qu'à l'Est.
Depuis la réunification, la plupart ne sont plus gratuits, mais les musées nationaux le redeviennent le 1er dimanche de chaque mois... Pour avoir une vue d'ensemble de ces musées, vous pouvez consulter • www.smpk.de • Si vous avez l'intention de visiter plusieurs musées, procurez-vous le *Museumpass* (pour 10 €, seulement 5 € pour les scolaires et étudiants, il permet d'entrer dans les 60 musées nationaux de la ville pendant trois jours consécutifs). Il existe aussi des forfaits journaliers *(Tageskarte)*. Généralement, les musées sont fermés le lundi et les jours fériés, mais il existe suffisamment d'exceptions pour qu'il soit possible de visiter au moins un musée tous les jours. Les musées d'État sont ouverts de 10 h à 18 h.
Dans cette ville divisée qu'était Berlin, toute activité avait été dédoublée. Cette règle n'a pas échappé pour les musées. Il s'agit désormais de regrouper les collections éparpillées à l'Ouest et à l'Est. Plusieurs musées sont par conséquent en partie ou complètement fermés, et ce, pour plusieurs années, puisqu'ils subissent d'importants travaux de rénovation. Des regroupements et des déménagements de collections interviennent régulièrement. Il reste à s'y retrouver dans cet énorme désordre. Sachez déjà que trois grandes aires géographiques sont prévues : à Dahlem pour les collections primitives et extra-européennes, au forum de la Culture *(Kulturforum)* consacré à l'art pictural et décoratif européen et sur l'île des Musées dédiée à l'Antiquité.
Pour obtenir les dernières infos concernant la réunification des musées, appelez le répondeur (en allemand et anglais) : ☎ 20-90-55-55.

Les musées de Dahlem

Au sud-ouest du centre-ville. U-Bahn : Dahlem-Dorf. Dahlem est un vaste complexe de plusieurs musées, consacrés aux arts du monde entier ! Pour ne pas se perdre, demander un petit plan à l'entrée.

※ *Museum für Völkerkunde (musée d'Ethnographie)* : Lansstrasse 8, Berlin-Steglitz, mais attention entrée par l'Arnimallee. ☎ 20-90-55-55. U-Bahn : Dahlem Dorf. Bus n°s 110 et 183. Ouvert de 10 h à 18 h (les samedi et dimanche, à partir de 11 h). Fermé le lundi. Entrée : 3 €. Location d'audioguide : 2 €. Il existe 5 cassettes en français. Choisir un thème (Océanie, Extrême-Orient, Afrique, Amérique du Nord...). Petite cafétéria.
Dans son genre, un des plus beaux au monde. Les collections sont partiellement accessibles au public, mais il y a pourtant de quoi enflammer le plus blasé des routards (sans parler de ceux qui rêvent de voyager) ! Provenant de tous les continents, exceptionnels trésors de l'art et de l'artisanat : incroyable trône du sultan Njoya, armes et objets d'Océanie, extraordinaires cases et bateaux des mers du Sud, sculptures précolombiennes, ors du Pérou et du Costa Rica, marionnettes de Java, théâtre d'ombres thaïlandais, tissus indiens, yourte mongole, etc. ! On y passe facilement 2 à 3 h.
À noter : au sous-sol, une excellente initiative à l'attention des enfants et des aveugles qui ont chacun leur petit musée d'ethnographie.

– *Museum für Indische Kunst (musée d'Art indien)* sachez qu'il contient environ 1 500 pièces originaires de l'Inde mais aussi du Tibet, du Népal, d'Indonésie et d'Asie centrale. Les merveilles de la collection : des pièces provenant de l'oasis de Turfân, carrefour caravanier de la Chine, de l'Iran et de l'Inde, et de fantastiques fresques du VIe siècle illustrant des légendes bouddhiques.

– *Museum für Ostasiatische Kunst (musée d'Art de l'Extrême-Orient)* a rouvert après travaux en 2000. Des porcelaines parfois vieilles de 4 000 ans : chinoises, coréennes, japonaises ; belle collection d'estampes, statues d'une pure beauté, magnifique trône chinois, maison de thé, etc.

BERLIN / LES MUSÉES

🎭 ***Museum Europäischer Kulturen*** *(musée des Cultures européennes) :* Im Winkel 6, Berlin-Steglitz. ☎ 20-90-55-55. U-Bahn : Dahlem Dorf. Bus n°s 110 et 183. Ouvert du mardi au vendredi de 10 h à 18 h, le week-end à partir de 11 h. Fermé le lundi. Entrée : 3 €. Né en 1999 de la réunion de l'ancien musée des Arts populaires allemands et de la collection Europe du musée d'Ethnographie, le musée des Cultures européennes consacre sa première exposition au rôle et à l'influence de l'image dans les cultures européennes, de la peinture sur bois à la télévision, en passant par la lithographie et les images d'Épinal. La seconde partie du musée est consacrée à l'image dans les religions, aux images du quotidien et à celles des cultures étrangères. L'exposition intitulée *Faszination Bild* sera visible pendant au moins 5 ans.

🎭 ***Alliierten Museum*** *(musée des Alliés) :* Clayallee 135. Musée n'appartenant pas au complexe des musées de Dahlem, à la limite de Dahlem et de Zehlendorf. ☎ 818-19-90. U-Bahn : Oskar-Helene-Heim. Bus n°s 115, 183. Ouvert de 10 h à 18 h. Fermé le mercredi. Inauguré en 1998, à l'occasion du 50e anniversaire du pont aérien et constitué principalement de dons de vétérans, ce musée est consacré à la présence et au rôle des Alliés à Berlin de 1945 à leur départ en 1994. Il se situe dans l'ancien cinéma Oostpost, 1er bâtiment construit en 1951 par les Américains, et dans la Nicholson Memorial Library, au cœur de l'ancien quartier général de l'armée américaine. Dans la cour, quelques imposants souvenirs lourds de symboles : un avion britannique Hastings utilisé pendant le blocus de Berlin, un wagon d'un train militaire français, un morceau du Mur et un mirador, ainsi que la guérite de Checkpoint Charlie, en service de 1986 au 22 juin 1990. Exposition également en français.

🎭 ***Brücke Museum*** *(musée Brücke) :* Bussardsteig 9, Berlin-Zehlendorf. ☎ 831-20-29. Forêt de Grünewald, après Dahlem. Depuis la gare de Dahlem, prendre le bus n° 183 jusqu'à l'arrêt Clayallee, puis le n° 115 jusqu'à la Pücklerstrasse. Ouvert de 11 h à 17 h. Fermé le mardi. Entrée : 4 €. Réductions. Visite commentée sur rendez-vous. Créé par des étudiants en architecture, dont Kirchner et Heckel, le mouvement *Die Brücke* (1905-1913) est à l'origine de l'expressionnisme allemand. Intéressantes peintures et sculptures.

Les musées de Charlottenburg (plan I)

🎭🎭🎭 ***Ägyptisches Museum*** *(Musée égyptien ; plan I, B1, 320) :* Schloßstrasse 70. ☎ 209-055-55. U-Bahn : U2 Sophie-Charlotte-Platz ou U7 Richard-Wagner-Platz. Bus : n°s 109, 145, 210. Ouvert du mardi au dimanche de 10 h à 18 h. Entrée : 6 €. Réductions. Gratuit le 1er dimanche de chaque mois. Audioguide gratuit en français. Ce musée devrait s'installer fin 2009 dans le Neues Museum rénové, sur l'île des musées.
Célèbre dans le monde entier grâce à son *Buste de Néfertiti*, « Nofretete » en allemand, il présente bien d'autres pièces passionnantes, toutes superbement mises en valeur. Un modèle du genre, qui devrait inspirer plus d'un conservateur, notamment français... Dans la pénombre des salles, les vitrines habilement éclairées deviennent autant d'écrins pour chacun des trésors qui s'y trouvent enfermés. Les nécrophiles apprécieront les quelques sarcophages et les momies d'animaux sacrés. On y découvre également de fabuleuses statuettes (dont un mystérieux chat), et (suivez l'attroupement) Néfertiti, tant attendue. Trente-quatre siècles et encore tous ses charmes ! Mais comment fait-elle ? Grande routarde devant l'Éternel, la Joconde berlinoise semble assez volage depuis qu'elle a quitté Aménophis IV : exposée au Bode Museum depuis 1912, elle est emportée par les Américains à Wiesbaden en 1945 comme trophée. De retour en 1956, mais à Dahlem, elle est ensuite l'attraction de Charlottenburg, et demain sans doute à nouveau du Bode Museum. Mais les archéologues égyptiens sont dans tous leurs états

depuis que le conservateur du musée a demandé à deux artistes hongrois de réaliser une statue de nu en bronze, dans laquelle viendrait se loger le buste. Affront suprême, les Égyptiens exigent son retour immédiat. Affaire à suivre... Impossible, également, d'oublier la monumentale porte du temple de Kalabchah, offerte par l'Égypte à la RFA en reconnaissance des opérations de sauvetage des monuments égyptiens menacés par le barrage d'Assouan. Elle fut édifiée sous l'empereur Auguste qui, après le suicide de Cléopâtre (30 av. J.-C.), avait fait de l'Égypte une partie de l'Empire romain. Ne pas manquer non plus le buste de la reine Ti Yi.

🎭 **Museum für Vor- und Frühgeschichte** (musée de Pré et Protohistoire ; plan I, B1, 321) : Luisenplatz, au bout de l'aile gauche du château, après l'Orangerie. U-Bahn : U2 Sophie-Charlotte-Platz ou U7 Richard-Wagner-Platz. Bus : n°s 109, 145, 210. Ouvert du mardi au vendredi de 10 h à 18 h, le week-end à partir de 11 h. Compter 3 €. À voir car il est unique par la diversité géographique de la provenance des objets réunis par les Hohenzollern. Vue d'ensemble sur l'Europe et l'Asie, du paléolithique au Moyen Âge. Magnifique collection d'antiquités troyennes de Heinrich Schliemann. Seulement deux tiers du fameux trésor figurent au musée. Rappelons qu'à l'âge de 8 ans, le jeune Schliemann s'était promis qu'un jour il retrouverait Troie. Pour financer les travaux de fouilles, il devient d'abord mousse sur un bateau, puis chercheur d'or en Californie et magnat du négoce en Russie. En 1864, devenu millionnaire, il peut enfin entamer ses recherches. Ce n'est qu'en 1871 qu'il mettra au jour les ruines d'une petite cité. Celles de Troie ?

🎭🎭 **Berggruensammlung** (collection Berggruen ; plan I, B1, 322) : Schloßtrasse 1. ☎ 20-90-55-55. U-Bahn : U2 Sophie-Charlotte-Platz ou U7 Richard-Wagner-Platz. Bus : n°s 109, 145, 210. Ouvert de 10 h (11 h les samedi et dimanche) à 18 h. Fermé le lundi. Entrée : 6 €. Réductions. Heinz Berggruen, marchand d'art et collectionneur, a confié à sa ville natale une partie de ses trésors. Il a toujours eu son appartement dans le musée. Remarquablement mise en valeur dans un pavillon très lumineux, la collection « Picasso et son temps », outre des tableaux du maître, rassemble des œuvres de Klee, Matisse, Van Gogh et Braque. Également plusieurs magnifiques pièces de sculpture africaine. Mais le clou de la collection est certainement les 110 œuvres de Picasso (natures mortes, portraits, gravures, sculptures et dessins). Pour bien saisir le personnage de Berggruen, il faut savoir qu'il n'hésita pas à faire du troc, échangeant plusieurs œuvres de Matisse contre le *Paysage en automne* de Van Gogh. À l'époque, sa famille le lui reprocha. Retenons une étude de 1907 pour les *Demoiselles d'Avignon*. Considérée comme majeure, cette étude avait été offerte par Picasso à un marchand de couleurs qui lui avait fourni de la peinture à l'huile pendant la guerre. Au dernier étage, un groupe de sculptures met en scène des personnages filiformes, typiques de l'œuvre de Giacometti.

🎭 **Bröhan-Museum** (musée Bröhan ; plan I, B1, 323) : Schloßtrasse 1a, juste à côté de Berggruensammlung. ☎ 32-69-06-00. S-Bahn : S4, S45, S46 Westend ou U-Bahn : U2 Sophie-Charlotte-Platz ou U7 Richard-Wagner-Platz. Bus : n°s 109, 145, 210. Ouvert de 10 h à 18 h du mardi au dimanche. Entrée : 4 €, prix plus élevé lors d'expositions particulières. Ce musée des Arts décoratifs présente une collection privée, constituée par Karl Bröhan. On y trouve des objets artisanaux ou industriels, des meubles, des statues et des peintures réalisés entre 1890 et 1940. La présentation qui vise à associer les différentes œuvres pour créer une atmosphère d'intérieur de l'époque, en fait toute l'originalité. On aurait bien envie de s'asseoir dans un fauteuil Ruhlmann ou de prendre place devant le secrétaire de Louis Majorelle ! On admire les vases de Bohême, les porcelaines danoises, les luminaires et chandeliers en métal. L'école française est bien représentée : verres de Gallé, meubles de Guimard et porcelaines de Sèvres.

🎭🎭 **The Story of Berlin** (plan I, D3, 324) : Kurfürstendamm 207-208, dans le Ku'damm Karree. ☎ 1805-99-20-10. • www.story-of-berlin.de • U-Bahn :

U15 Uhlandstrasse ou U9 Kurfürstendamm ; S-Bahn : Savignyplatz. Bus : n°s 109, 119, 129 ou 219. Ouvert tous les jours de 10 h à 20 h (entrée jusqu'à 18 h). Entrée : 9,50 €. Réductions. Textes en allemand et en anglais, plan des salles en français sur demande. Dans une galerie commerçante donnant sur le Ku'damm, une captivante exposition permettant de revivre toute l'histoire de la capitale allemande.

The Story of Berlin entraîne les visiteurs dans un passionnant voyage dans le temps depuis la fondation de Berlin en 1237 jusqu'à nos jours. Grâce à une sonorisation 3D, des écrans tactiles, un tunnel à remonter le temps et des pièces vivantes à thème, les visiteurs ont vraiment la sensation de revivre l'histoire de la ville. 24 salles réparties sur 7 000 m² retraçant depuis les défilés militaires sous Unter den Linden sous Frédéric II jusqu'à la Chute du Mur en 1989. Les séquences les plus réussies : l'évocation de la révolution industrielle, la proclamation du Reich à Versailles en 1871, les tombes de 1914-1918, le cinéma des Années folles, puis la plongée vers l'enfer avec l'avènement du nazisme, l'élimination des opposants, l'incendie du Reichstag, les autodafés, les JO de 1936 et les rêves mégalomaniaques d'Hitler, avec la maquette de *Germania*. Suivent la destruction de la ville sous les bombes, le pont aérien de 1948 après le blocus de la ville par les Soviétiques, la construction du Mur en 1961 et la séparation de ses habitants sous les deux régimes idéologiques antagonistes, les tragiques tentatives de franchissement du Mur, les années de contestation et la visite de Gorbatchev à Honecker qui marque le début de la fin pour la DDR. On vous le dit et redit : une muséographie remarquable de pouvoir d'évocation et de clarté pour comprendre l'histoire d'une ville marquée au fer rouge par les vicissitudes de l'histoire. Chaque heure a également lieu une visite guidée (en allemand et en anglais) de l'abri antiatomique construit en 1973 en pleine guerre froide. Une curiosité ! Il pourrait accueillir exactement 3 535 personnes, pas une de plus, et assurerait une survie de 14 jours. La question est : que fait-on après ?

Pour terminer en beauté, au 14ᵉ étage, à quelque 80 m de haut : la vue panoramique sur le nouveau Berlin au son des commentaires TV des correspondants des grands networks mondiaux présents lors de la Chute du Mur.

¶ *Käthe-Kollwitz Museum* (plan I, D3, 325) : Fasanenstrasse 24. ☎ 882-52-10. U-Bahn : U9 et U15 Kurfürstendamm. Bus : n°s 109, 119, 129 ou 219. Ouvert de 11 h à 18 h. Fermé le mardi. Entrée : 5 €. Réductions. Expositions temporaires. Musée privé présentant les œuvres autobiographiques d'une femme hors du commun. Käthe Kollwitz a vécu pendant plus de 50 ans dans le quartier ouvrier de Prenzlauer Berg. Elle y a trouvé les sujets d'inspiration pour son œuvre. Durant toute sa vie, elle dénoncera les conditions sociales misérables du prolétariat. L'affiche *Travail à domicile en Allemagne* présentant une ouvrière épuisée par le travail atteste sa position courageuse face à un thème provocant, surtout si on considère la place subordonnée de la femme à cette époque. Avec *Brot,* Käthe combat la famine en plaidant la cause de ceux qui en souffrent. Au 1ᵉʳ étage, ses autoportraits dévoilent les détails d'un examen de conscience très poussé. À la mort de Karl Liebknecht, la famille demanda à l'artiste de dessiner le défunt sur son lit de mort. C'est l'émotion des travailleurs qui, selon elle, justifie son travail. « En tant qu'artiste, j'ai le droit de dédier cette œuvre aux ouvriers, sans pour autant partager les idées de Liebknecht ». Visite émouvante.

¶ *Erotik Museum* (*Musée érotique ; plan I, D2, 326*) : Joachimstalerstrasse 4, à l'angle de la Kantstrasse. S-Bahn et U-Bahn : Zoologischer Garten. Ouvert tous les jours de 9 h à minuit, dernière admission à 23 h. Interdit au moins de 18 ans, bien évidemment. Entrée : 5 €. Probablement le plus grand musée de ce genre au monde. Il s'étend sur 3 étages et rassemble des objets (sculptures, gravures...) de tous les continents et un vrai bazar du sexe. Ouvert pour fêter les 50 ans de la maison Beate Uhse, pionnière allemande du sexe et femme d'affaires redoutable qui a banalisé le sexe en vendant ses panoplies par correspondance.

Les musées du Tiergarten *(plan II)*

🕺🕺🕺 **Neue Nationalgalerie** *(Nouvelle Galerie nationale ; plan II, G5, 327)* : Potsdamerstrasse 50, près du Kulturforum. ☎ 26-62-951. U-Bahn : Kurfürstenstrasse ou Potsdamer Platz, puis marcher 10 mn. Les bus nos 129 et 148 vous déposent plus près, dans la même rue. Ouvert de 10 h à 18 h, le jeudi jusqu'à 22 h, les samedi et dimanche de 11 h à 18 h. Fermé le lundi, le 1er mai et le mardi de Pentecôte. Entrée : 6 €. Réductions. Les expositions temporaires se règlent à part.

L'imposant bâtiment de verre et d'acier noir de la Nouvelle Galerie nationale est entièrement voué à l'art moderne. Expos « tournantes » au rez-de-chaussée, collections permanentes au sous-sol, parfois des expositions temporaires : la collection se limite alors aux artistes allemands. Ceux qui, comme nous, s'enflamment à la vue d'une toile expressionniste ou abstraite seront comblés ! Delaunay, Picasso, Paul Klee, Dubuffet, quelques œuvres de Brancusi et une sensationnelle sculpture géante de Max Ernst, *Capricorne*. Les vedettes du musée sont bien naturellement les peintres expressionnistes allemands ; malgré la chasse à l'art « dégénéré » menée par les nazis, on peut y voir des œuvres de peintres du XXe siècle : Kirchner, Nolde, le maître de l'expressionnisme Oskar Kokoschka, Beckmann, Munch, Kandinsky, le satiriste George Grosz (ennemi juré de la bourgeoisie d'avant-guerre) et Otto Dix, dont le tableau *Flandern* est une splendide dénonciation de la guerre.

🕺🕺 **Hamburger Bahnhof, Museum für Gegenwart** *(gare de Hambourg, musée d'Art contemporain ; hors plan II par G4, 328)* : Invalidenstrasse 50-51. S-Bahn : Lehrter Stadtbahnhof. Bus nos 157, 248 et 340. Ouvert de 10 h à 18 h, le week-end à partir de 11 h. Entrée : 6 €.
Superbe musée d'art contemporain, dont la métamorphose a duré six ans. Comme pour le musée d'Orsay, l'architecture de la gare (construite en 1847 par Neuhaus) a été préservée au profit de lignes épurées. Dans l'immense galerie aux voûtes métalliques et verrières, trône une œuvre monumentale, en fer et en verre, d'Anselm Kiefer. Parmi les œuvres présentées, on retrouve Andy Warhol, Rauschenberg, Lichtenstein, Twombly ou encore Kiefer ; des recherches picturales variées forment l'essentiel des œuvres issues de la collection privée d'Erich Marx, riche homme d'affaires berlinois. Mais c'est à l'artiste allemand Joseph Beuys que le musée consacre deux ailes, pour 80 de ses œuvres. Ces artistes laissent parfois leur place à des expositions temporaires de niveau international. D'autre part, à partir de 2004, le musée accueille pour une période de 7 ans une des collections privées d'art contemporain les plus importantes : la collection Flick (la famille Flick est une famille d'industriels allemands). Quelque 2 500 œuvres (tableaux, sculptures, photos, vidéos et installations) de 150 artistes y sont présentées, parmi lesquelles on retrouve Marcel Duchamp, Gerhard Richter, Richard Serra, Bruce Naumann... Mais cette exposition a suscité de vives protestations. En cause : le passé nazi du grand-père Flick, qui avait été condamné, comme criminel de guerre, à 7 ans de prison par le tribunal de Nuremberg. Avant Berlin, beaucoup de villes en Allemagne et en Suisse avaient refusé d'accueillir cette exposition. D'autant plus que son petit-fils, qui vit en Suisse, a refusé de participer au fond allemand d'indemnisation des travailleurs forcés sous le nazisme. On vous laisse juger de l'envie de voir, ou non, cette collection.

🕺 **Gemäldegalerie am Kulturforum** *(pinacothèque ; plan II, G5, 264)* : Matthaïkirchplatz 8. ☎ 20-90-55-55. U-Bahn : Potsdamer Platz, Kurfürstendamm ou Mendelssohn-Bartholdy-Park. Bus nos 129, 142, 148, 248. Ouvert du mardi au dimanche de 10 h à 18 h et jusqu'à 22 h le jeudi. Fermé le lundi. Entrée : 6 €. Réductions. Audioguide en allemand ou en anglais.

Ce nouveau musée présente une collection de plus de 1350 peintures du XIIIe au XVIIIe siècle, rassemblant des œuvres de Dalhem et du Bode Museum. Tous ces chefs-d'œuvre ici réunis ont connu bien des aventures : avant la guerre, la plupart était exposée au Kaiser Friedrich Museum et au Bode Museum. Pendant la guerre, ils ont été soit évacués, soit entreposés dans les caves du Bode Museum. Avec l'arrivée des Soviétiques et des Américains, certains sont emportés, d'autres laissés dans les caves, et beaucoup disparaissent. Les Soviétiques et les Américains les restituent plus tard au Bode et au Dalhem Museum. Enfin, après la Chute du Mur, on décide de les regrouper, là où ils se trouvaient avant 1939. On choisit alors la Gemäldegalerie. Vous devriez y retrouver des grands classiques de la peinture allemande, italienne, espagnole, hollandaise, française, anglaise : Van Eyck, Bosch, Botticelli, Raphaël, La Tour, Poussin, Watteau, Vélasquez... Un musée à voir en priorité. Prévoir 3 h pour en avoir un aperçu consistant.

🎭 *Kupferstichkabinett (cabinet des Estampes ; plan II, G5, 264)* : mêmes adresse et horaires que la Gemäldegalerie. ☎ 266-29-51. Entrée : 3 €. Seulement des expositions temporaires. Elles tournent environ tous les 3 mois. Très riche fonds de dessins, aquarelles et pastels du XIVe au XXe siècle. La lumière endommageant les travaux sur papier, ces merveilles sont rarement présentées au public. L'intérêt du cabinet devient alors limité. Rassurez-vous, les fanas pourront toujours se rendre à la salle d'étude, ouverte du mardi au vendredi, de 9 h à 16 h.

🎭 *Kunstgewerbemuseum (musée des Arts décoratifs ; plan II, G5, 264)* : le 3e musée du Kulturforum. Entrée principale au n° 10 de la Matthaïkirchstrasse. Entrée : 3 €. Réductions. De véritables trésors (porcelaines, verreries, mobilier, argenterie) du Moyen Âge à l'art contemporain. Magnifiques objets de culte.

🎭🎭 *Filmmuseum Berlin-Deutsche Kinemathek (musée du Cinéma de Berlin ; plan II, G-H5, 332)* : Potsdamerstrasse 2. ☎ 300-90-30. S-Bahn : Potsdamerstrasse. Bus n°s 148, 200, 248 ou 348. Ouvert de 10 h à 18 h. Nocturne jusqu'à 20 h le jeudi. Fermé le lundi. Entrée : 6 €. Réductions. Installée dans le nouveau complexe du Sony Centre, la maison du Cinéma (*Filmhaus*) regroupe au sous-sol le cinéma d'art et d'essai Arsenal, une école de cinéma et le musée du Cinéma. En janvier s'y déroule le festival du Cinéma de Berlin où sont attribués les Ours d'Or.

Pour retrouver les principaux protagonistes du cinéma allemand, se reporter au chapitre « Patrimoine culturel, Cinéma » des « Généralités ».

Superbe réalisation multimédia à ne pas rater : parcours lumineux au milieu des miroirs et des premiers effets spéciaux inventés par les pionniers de l'expressionnisme allemand. On y voit la genèse des grands classiques que sont le *Cabinet du Dr Caligari*, le *Nosferatu* et surtout *L'Ange bleu* de la divine Marlène. Une rotonde entière lui est consacrée avec quelques-uns de ses costumes de tournage où elle incarne un érotisme éthéré et inaccessible... sauf pour le coquin de Gabin qui eut avec elle une idylle à Hollywood : voir dans une vitrine la jolie dédicace faite à Dietrich en accompagnement d'un bracelet : « Je n'ai que deux amours, toi et encore toi. » Ah les *French lovers* ! Plus loin la technique époustouflante de Leni Riefensthal aux JO de 1936, malheureusement un peu trop au service des théories de l'*Übermensch* ; dans le même registre la propagande antisémite du *Juif éternel*. Le climat malsain exila les plus grands réalisateurs juifs allemands, tout bénéfice pour Hollywood. L'après-guerre sera moins flamboyant : *Sissi*, des westerns, des séries TV (*Derrick* !) ; mais aussi quelques grandes réussites : *L'Honneur perdu de Katharina Blum*, *Le Tambour*, *Das Boot* ou la personnalité hors pair d'Hannah Shygulla. Un bien beau musée.

Les musées de Kreuzberg (plan III)

🚶‍♂️ **Mauermuseum** *(musée du Mur ; plan III, J7, 333)* : *Haus Am Checkpoint Charlie*, Friedrichstrasse 43-45. ☎ 253-725-0. U-Bahn : Kochstrasse et Stadtmitte. Bus n° 129. Ouvert tous les jours de 9 h à 22 h. Entrée : 7 €. Réductions. Brochure explicative en français, en outre, tous les panneaux explicatifs sont traduits en français (assez rare pour le signaler). Expositions permanentes et projections de films en continu : tout sur le *Mauer* depuis la nuit du 13 août 1961 jusqu'au 9 novembre 1989. L'aspect le plus fou de ce musée passionnant : tous les moyens imaginés pour « passer » l'obstacle : ULM, montgolfière, égouts, etc. ! 800 personnes prirent la fuite avec un passeport des Nations unies, passeport qui en réalité n'existait pas. Également quelques images télévisuelles du violoncelliste Rostropovitch qui s'est rendu à Berlin 40 h après la Chute du Mur.

Quant au **Checkpoint Charlie** *(plan III, J7, 334)*, dont tant de romans et de films d'espionnage ont parlé, les grues s'en sont débarrassés après la Chute du Mur, mais à la demande générale, on l'a replacé au milieu de la rue. Ironie du sort : Checkpoint Charlie, l'ex-poste allié qui symbolisa tant la guerre froide, fut construit à l'emplacement d'un cinéma qui, le 13 août 1961, pendant l'érection du Mur, projetait *À l'Ouest rien de nouveau*... À l'emplacement de l'ancien point de passage se trouvent aujourd'hui deux énormes portraits du photographe berlinois Frank Thiel : celui d'un soldat russe, tourné vers l'Ouest, et celui d'un de ses homologues américains, un GI black, qui regarde vers l'Est. Une tour de contrôle, où eurent lieu les derniers contrôles de la RDA, y a été dernièrement réaménagée, à l'angle de la Friedrichstrasse et de la Zimmerstrasse.

🚶‍♂️ **Deutsches Technikmuseum Berlin** *(Musée allemand de la Technique ; plan III, I8, 335)* : Trebbinerstrasse 9. ☎ 90-25-41-11. • www.dtmb.de • U-Bahn : Möckernbrücke, Gleisdreieck ou Anhalter Bahnhof. Bus n° 129 ou 248. Ouvert du mardi au vendredi, de 9 h à 17 h 30, et de 10 h à 18 h le week-end. Fermé le lundi. Entrée : 3 €. Réductions.

Il occupe des bâtiments répartis sur le site de l'ancienne gare de marchandises d'Anhalt et regroupe l'histoire des transports, de l'imprimerie, de l'informatique, etc. Idéal pour les gamins : des démonstrations et des manipulations à faire soi-même ! Extraordinaire collection de locomotives. On en trouve de toutes les tailles, certaines désossées, des origines jusqu'à nos jours. Une nouvelle aile vient d'ouvrir, elle est consacrée à des collections sur le thème de l'air et l'espace, ainsi qu'aux transports maritimes. N'oubliez pas la brasserie, dissimulée dans le muséo-parc, détaillant les techniques du brassage. Le *Spectrum,* annexe du musée, présente 250 expériences, dont le pendule de Foucault. Pour s'y rendre, aller jusqu'au canal, suivre la rive Tempelhofer et tourner à droite dans la Möckernstrasse.

🚶‍♂️🚶‍♂️🚶‍♂️ **Judisches Museum** *(Musée juif; plan III, J7, 336)* : Lindenstrasse 9-14. Entrée par le *Berlin Museum*. ☎ 308-785-681. • www.jmberlin.de • U-Bahn : Hallesches Tor, Kochstrasse. Bus n°s 129, 240 et 341. Ouvert de 10 h à 20 h. Fermé pendant les fêtes religieuses juives. Entrée : 5 €. Réductions.

Extension du Berlin Museum, ouvert au public depuis 1999 mais achevé à la fin 2001, ce bâtiment, en rupture totale avec le corps primitif de l'édifice néoclassique, adopte, vu du ciel, la forme d'un éclair. L'interprétation de ce zigzag, souvent présenté comme une étoile de David brisée, n'a jamais été défendue par l'architecte américain Daniel Libeskind (architecte qui vient d'être choisi pour reconstruire les Twin Towers à New York). Le bâtiment, nommé « Between the lines » par l'artiste, se compose de trois routes : la « route de l'exclusion », qui mène à l'Holocaust Tower, une tour vide de 24 m, sombre et glaciale, la « route de l'exil », qui conduit au jardin de l'exil E. T. A. Hoffmann, 49 colonnes en béton inclinées destinées à désorienter, et l'axe principal du musée, symbolisant la vie et la relation germano-juive. Tout au long de ces chemins sont égrenés des objets et souvenirs de la vie quotidienne de ces familles ayant subi la Shoah. Des pièces vides entourées de murs noirs et destinées à rester vierges, appelées Voids, évoquent quant à elles le vide laissé par la destruction de la culture juive. Le bâtiment, à la fois froid et lumineux, est transpercé par 280 fenêtres-meurtrières incises dans les murs blancs. Son contenu prête toujours à discussion. Encensée par certains critiques, taxée de « non-musée » par ses détracteurs, cette œuvre atypique fascine le public. D'ailleurs, 400 000 visiteurs l'ont explorée avant même l'inauguration de son exposition permanente en 2001 ! Celle-ci, considérée à juste titre comme la plus grande d'Europe, ambitionne de décrypter les rapports entre les communautés juives et allemandes depuis 2 000 ans. Prévoir une large plage horaire pour la visite ! L'exposition, à la fois ludique et pédagogique, dévoile l'histoire et l'héritage culturel juif. Elle évoque l'originalité de certains rites, mais invite à la tolérance en présentant le quotidien ordinaire des familles. Ne sommes-nous pas tous fils d'Abraham? Elle indique également le rôle important joué par les juifs de Berlin, comme les mécènes qui permirent d'étoffer les collections de l'*Alte Nationalgalerie,* ou plus largement de toute l'Allemagne. On y apprend notamment qu'ils furent nombreux à mourir sous le drapeau impérial pendant la Première Guerre mondiale. Il s'agissait, de leur part, d'une tentative désespérée de s'intégrer et de prouver leur attachement à l'Allemagne.

Les musées de Mitte (plan IV)

Un des plus grands programmes de rénovation de la ville : recréer sur l'île des Musées, à la pointe de l'île de la Spree, un ensemble de cinq musées renouant avec la prestigieuse tradition culturelle de la capitale allemande. En effet, ce site abritait auparavant la quasi-totalité des musées de Berlin, avant d'être détruit partiellement en 1945. On devrait voir l'aboutissement de ce projet de restructuration des collections vers fin 2009 (concernant l'avancement des travaux de l'île des Musées, consulter ● www.museumsinsel-berlin.de ●). L'île des Musées a été inscrite en 1999 au patrimoine mondial de l'Unesco. En attendant leur rassemblement thématique, on peut contempler quelques pièces maîtresses du patrimoine berlinois sans trop de désagrément. Pour y accéder, emprunter le U-Bahn 6 : Friedrichstrasse ou le bus n° 100, 157 ou 348.

༈༈༈ **Pergamonmuseum** *(musée de Pergame; plan IV, N11, 337) :* le musée le plus célèbre de la ville. Bodestrasse 1-3, accessible par la passerelle du quai Kupfergraben. ☎ 20-90-55-55. ● www.smpk.de ● Ouvert de 10 h à 18 h, 22 h le jeudi. Fermé le lundi. Entrée : 6 €. Gratuit le 1er dimanche de chaque mois. Audioguide gratuit en français. L'immense bâtiment en « U » renferme trois musées distincts répartis dans un dédale de salles.

– **Antikensammlung** *(collection des Antiquités) :* l'une des plus importantes du monde. Des trésors d'une rareté inestimable, exposés dans l'aile centrale. Parmi eux (dans le hall d'entrée), *L'Autel de Pergame (Pergamonaltar)* reconstitué grandeur nature donne son nom au musée. Ce gigantesque monument élevé à Zeus et découvert en Asie Mineure fut érigé entre 180 et 160 av. J.-C. La frise de 125 m de long, reconstituée par fragments sur les murs de la salle, est considérée comme un chef-d'œuvre de l'art hellénistique. Dans la salle de droite, autre splendeur, la *Porte romaine du marché de Milet* (IIe siècle apr. J.-C.). Au sol, un carrelage de mosaïques antiques ornait certainement jadis la salle à manger d'une élégante villa romaine. L'aile gauche abrite des sculptures grecques et un cabinet de monnaies.

– **Vorderasiatisches Museum** *(musée du Proche-Orient) :* à ne pas manquer non plus ! Un très riche panorama de 4 000 ans d'art, dû aux recherches archéologiques allemandes menées au début du XXe siècle en Mésopotamie et en Assyrie. Encore une monumentale reconstitution qui ne passe pas inaperçue : la *Porte d'Ishtar* et la *Voie des processions de Babylone* (IVe siècle av. J.-C.), démesurées et somptueuses avec leurs animaux en émail sur fond de céramique turquoise.

– **Le Musée islamique :** au 1er étage. Moins impressionnant que ce qui précède, mais belles collections de tapis, miniatures et photos relatant l'histoire de l'art islamique depuis l'empire des Sassanides. Magnifique et imposante *façade du château omeyyade de Mschatta* découverte près d'Ammân. Ravissante *chambre d'Aleppo*, d'influence persane mais trouvée en Syrie, avec ses arabesques, ses médaillons et ses panneaux de bois ciselé...

🏛 ***Bode Museum*** *(plan IV, N10-11) :* à la pointe nord de l'île. Entrée par le pont Monbijou. Réouverture prévue en 2006. L'ancien musée du Kaiser Friedrich devrait rassembler, après les travaux, la collection d'art paléochrétien et byzantin *(Museum Für Spätantike und Byzantinische Kunst)* et la collection des sculptures *(Skulpturen Sammlung)*.

🏛🏛🏛 ***Alte Nationalgalerie*** *(Ancienne Galerie nationale ; plan IV, N11, **339**) :* derrière le Vieux Musée. Entrée sur la Bodestrasse 1-3. ☎ 20-90-55-55. ● www.smpk.de ● Ouvert en semaine de 10 h à 18 h (22 h le jeudi), le week-end de 11 h à 18 h. Fermé le lundi. Entrée : 6 €. Gratuit le 1er dimanche de chaque mois. Réductions. Audioguide gratuit en français. Les esthètes ont longtemps attendu cette nouvelle inauguration chargée de symboles. Achevée en 1876 dans le dessein de réunir la fine fleur des artistes allemands (la date de 1871 inscrite sur la façade rappelle la consécration de l'unité politique allemande), l'Ancienne Galerie nationale a plié devant l'ire dévastatrice du joug nazi et de la Seconde Guerre mondiale. Certes, les œuvres éparpillées retrouvèrent leurs places initiales, mais dans un musée blessé exhibant ses lézardes comme autant de mauvais souvenirs. La réouverture en décembre 2001, après quatre années de fermeture pour rénovation, fut l'occasion de resserrer les rangs derrière un thème fort, celui de l'unité allemande à travers l'art. Les visiteurs redécouvrent avec plaisir les chefs-d'œuvre de la peinture et de la sculpture du XIXe siècle, comme les portraits de Max Liebermann, Lovis Corinth ou les tableaux troublants de Friedrich. Ce dernier a notamment réalisé les ruines saisissantes d'une abbaye, dont les moignons se dressent à l'unisson avec quelques arbres chenus. Mais la collection comprend également de nombreux impressionnistes français, acquis pour la plupart à la barbe de l'empereur par le directeur du musée Hugo Von Tschudi entre 1896 et 1909. Le *Jardin d'hiver* de Manet est particulièrement savoureux, révélant sous l'apparente froideur de ses personnages tout ce que la situation recèle d'érotique.

🏛🏛 ***Altes Museum*** *(Vieux Musée ; plan IV, O11, **286**) :* entrée par le Lustgarten, sur Schloßplatz. ☎ 20-9055-55. ● www.smpk.de ● Ouvert de 10 h à 18 h, jusqu'à 22 h le jeudi. Entrée : 6 €. Gratuit le 1er dimanche de chaque mois. Réductions. Audioguide gratuit en anglais.
Le plus vieux musée de Berlin, chef-d'œuvre de l'architecte Schinkel, était en 1830 l'un des premiers d'Europe à avoir été spécialement conçu dans le dessein d'initier le grand public à l'art. Il abrite une collection d'antiquités grecques et romaines couvrant principalement la période comprise entre la civilisation cycladique et la fin de l'époque hellénistique. Elle comprend notamment une magnifique série de céramiques attiques, corinthiennes et crétoises. Observez bien les scènes peintes : elles sont le reflet de la vie quotidienne antique. On découvre ici un athlète occupé à s'enduire le corps d'huile, là une partie de chasse, ailleurs une porteuse d'eau... Au centre, l'impressionnante rotonde inspirée du Panthéon de Rome regroupe les statues des anciens dieux.

🏛 ***Neues Museum*** *(Nouveau Musée) :* situé derrière le Vieux Musée. Sa réouverture est prévue fin 2009 après plus de 30 ans de travaux ! Il accueillera les œuvres du Musée égyptien, qui se trouve à Charlottenbourg.

BERLIN / LES MUSÉES

🎬🎬 **Deutsches Historisches Museum** (musée de l'Histoire allemande; plan IV, N11, **281**) : Unter den Linden 2. Le musée est abrité par le plus ancien bâtiment de l'avenue Unter den Linden, la superbe *Zeughaus*, de style baroque, édifiée sous Frédéric Ier, roi de Prusse. La réouverture de la Zeughaus est prévue pour décembre 2004.

Utilisée par l'armée prussienne comme arsenal, elle est devenue un musée de l'Armement après 1871, avant de servir de lieu de propagande guerrière sous le régime d'Hitler. Après la disparition d'une grande partie de la collection pendant la guerre, et de nouvelles reconversions sous l'administration militaire soviétique, la Zeughaus, souvent victime des ruptures de l'histoire allemande, était prédestinée à accueillir son musée. À l'issue d'une rénovation d'une dizaine d'années, ce lieu de mémoire se donne pour objectif de faire connaître, mais aussi d'expliquer l'histoire allemande du Moyen Âge à nos jours. Derrière la Zeughaus vient d'être inaugurée une annexe, qui est destinée à accueillir les expositions temporaires. Cette nouvelle aile (ouverte de 10 h à 18 h ; entrée : 2 €), qui a la forme d'un escargot de verre, a été conçue par l'architecte sino-américain I. M. Pei (architecte célèbre notamment pour avoir dessiné la pyramide du Louvre à Paris). Installé sur une parcelle très exiguë, cette construction en calcaire provenant de Dijon est articulée autour d'un escalier en colimaçon particulièrement élégant. Pendant les travaux de la Zeughaus, des expositions temporaires sont organisées en face, au **Kronprinzenpalais.** Renseignements : ☎ 203-040. Ouvert de 10 h à 18 h, le jeudi jusqu'à 22 h. Fermé le mercredi. Entrée gratuite.

🎬 **Märkisches Museum** (musée de la Marche de Brandebourg ; plan IV, O11, **342**) : Wallstrasse 32. U-Bahn : Märkisches Museum. Ouvert du mardi au vendredi, de 10 h à 17 h. Entrée : 4 €. Gratuit le mercredi. Accès par le parc. Histoire de Berlin et de ses environs proches depuis la préhistoire. Collection d'instruments de musique mécaniques. Démonstrations le mercredi à 15 h et le dimanche à 11 h. Musée un peu triste. Les ours hébergés dans le parc de derrière sont les mascottes officielles de la ville...

🎬 **Deutsche Guggenheim** (musée Guggenheim; plan IV, N11, **343**) : Unter den Linden 13-15. ☎ 202-09-30. • www.deutsche-guggenheim-berlin.de • Ouvert tous les jours de 11 h à 20 h (le jeudi jusqu'à 22 h). Entrée : 5 €. Gratuit le lundi. Gratuit pendant les expositions de la collection *Deutsche Bank*. Né en 1997 d'une « joint-venture » entre la fondation Guggenheim et la *Deutsche Bank*, le petit dernier de la famille Guggenheim est aussi le plus petit du monde, presque le parent pauvre. Rien à voir avec les prestigieux bâtiments qui abritent ses grands frères, puisqu'il ne possède qu'une seule et unique salle d'exposition de 510 m^2, aménagée dans les locaux de la *Deutsche Bank,* par l'architecte américain Richard Gluckman. Ne possédant pas de collection propre, il accueille trois à quatre expositions temporaires par an, alimentées par des œuvres provenant des collections du Guggenheim, de la *Deutsche Bank,* de musées internationaux et, une fois par an, par un travail de commande à un artiste. Heureusement, la qualité des expos n'est pas proportionnelle à la taille de la salle.

Les musées de Prenzlauer Berg *(plan V)*

🎬 **Vitra Design Museum** (musée Vitra de Design; plan V, Q-Q13, **344**) : Kopenhagerstrasse 58. ☎ 47-37-77-0. S-Bahn et U-Bahn : Schönhauserallee. Ouvert de 11 h à 20 h (le vendredi jusqu'à 22 h). Fermé le lundi. Musée ouvert en 2000 et destiné à accueillir des expos temporaires autour du thème de l'architecture et du design industriels contemporains. Plutôt pour les initiés.

BERLIN ET LE BRANDEBOURG

Et les autres

❧ **Zucker Museum** *(musée du Sucre)* : Amrumerstrasse 32, à Wedding. ☎ 31-42-75-74. U-Bahn : Amrumer Strasse ou Seestrasse. Bus n°s 248 et 126. Ouvert de 9 h à 16 h 30 du lundi au jeudi et de 11 h à 18 h les dimanche et jours fériés. Entrée : 3,50 €. Tout pour comprendre culture, traitement et extraction de la canne ou de la betterave à sucre... Rappelons qu'en 1747, c'est ici qu'un certain Andreas Sigismund Marggraf découvrit le sucre de betterave...

– Encore une cinquantaine de *musées* (des Arts plastiques, sur les origines de la ville, des sculptures de Kolbe, des Arts et Métiers, de la Guerre, des Chiens, des Homosexuels, des Marionnettes, etc.), sans compter les centaines de galeries, les expos... Voir l'office du tourisme ou consulter les pages « Culture » du *Berlin Magazine* ou du magazine *Zitty*.

❧ Les pressés feront un saut au **musée de la Franc-Maçonnerie** (à Wilmersdorf)... parce que c'est le plus petit de Berlin, avec ses 50 m² !

➤ DANS LES ENVIRONS DE BERLIN

Avec toutes ces histoires de Mur, on en oublierait presque que Berlin est aussi un petit paradis pour les amoureux de la nature... avec ses centaines de kilomètres carrés de forêts, lacs et rivières ! Alors, amis écolos, n'hésitez pas à flâner le long de la Havel à l'Ouest, ou sur les berges de la Spree à l'Est.

LE LONG DE LA HAVEL, DE GRÜNEWALD À WANNSEE

❧ **Grünewald** : S-Bahn : Grünewald. En été, une ligne spéciale (A18), qui circule de 10 h à 19 h, permet de gagner directement la forêt de Grünewald. Départ de Theodor-Heuss-Platz. Magnifique forêt, qui permit aux Berlinois de se chauffer pendant les premiers hivers rigoureux de l'après-guerre... Comme dans un écrin, au bord du premier lac, admirez le pavillon de chasse. Ouvert de mi-mai à mi-octobre de 10 h à 17 h, l'hiver seulement le week-end de 10 h à 16 h. À l'intérieur, tableaux de Cranach, Rubens et Pesne, petits musées de la chasse et de la forêt.
Au centre, la tour de Grünewald (sur le Karlsberg) permet, du haut de ses 56 m, de se perdre, au-delà du lac de Wannsee, jusqu'à Potsdam... si vous avez choisi le bon jour.

❧ **Teufelsberg** *(montagne du Diable)* : petit sommet artificiel, composé des ruines de Berlin après la guerre ! Il fait tout de même 114 m de haut ! En hiver, on peut y skier : il y a même un remonte-pente.

❧ **Museumsdorf Düppel** : Clauertstrasse 11. ☎ 802-66-71. S-Bahn : Zehlendorf, puis bus n° 115. Descendre à Ludwigsfelder. U-Bahn : Krumme Lanke, puis bus n° 211 ou 629, descendre à Linderthaller Allee. Ensuite, 5 mn de marche, c'est fléché. Ouvert d'avril à mi-octobre, le jeudi de 15 h à 19 h, les dimanche et jours fériés de 10 h à 17 h. Dernière entrée 1 h avant la fermeture. Musée vivant retraçant la vie d'un joli petit village du XIIIe siècle. Conseillé pour les enfants.

WANNSEE

Magnifique enchevêtrement d'îles boisées et de lacs. Un peu partout, des villas que l'on devine luxueuses derrière les feuillages !

Où manger au bord du lac ?

Loretta Am Wannsee : au croisement de Königstrasse et de Kronprinzessinnen, à 200 m de la petite gare. ☎ 803-51-56. Ouvert de 9 h à minuit tous les jours. En été, *Biergarten* avec immense terrasse et vue sur le lac, à partir de 11 h en semaine, 10 h le week-end. Saucisses grillées, salades et gâteaux de 1,50 à 3 €. Par temps frais, on mange dans la maison. Salades de 4,50 à 7,50 €, plats de 6,50 à 12,50 €. Pas cher pour l'endroit.

À voir

Grosser Wannsee : prolongement de la Havel, un joli lac avec la plus grande plage intérieure d'Europe. Pour s'y rendre, S-Bahn direct jusqu'à Wannsee (du Zoo). Compter 20 mn de trajet.
De là, nombreux bateaux pour **Kladow, Potsdam** ou **« l'île aux Paons »** (*Pfaueninsel*).

Pfaueninsel : S-Bahn : Wannsee, puis bus A16. En voiture, accès Nikolskoer Weg. On accède à l'île en bac. Compter 1 € et 0,50 € pour les étudiants. Fonctionne d'avril à octobre, du mardi au dimanche de 10 h à 17 h. Une réserve naturelle (interdit d'y fumer) avec un étonnant château du XVIIIe siècle, une maison suisse, un jardin des roses (ouvert de mai à septembre), une laiterie de style médiéval et des paons, bien sûr !

Strandbad Wannsee : la plage de Grosser Wannsee avec du sable véritable. S-Bahn : Nikolassee, puis marcher. Bus spéciaux les jours d'affluence. Station balnéaire payante (3 €) et, on s'en doute, ultra-bondée en été. Installations nautiques.

Villa Am Wannsee : Am Grossen Wannsee 56-58. ☎ 805-00-10. Du S-Bahn (Wannsee, *of course !*), prendre le bus n° 114 jusqu'à Haus der Konferenz. Ouvert du lundi au vendredi de 10 h à 18 h (le week-end à partir de 14 h). Entrée gratuite. Livret en français. C'est ici qu'eut lieu la conférence du 20 janvier 1942 traitant de la « solution finale » imaginée par Reinhard Heydrich. De nombreux documents, dont le compte rendu de la conférence qui mentionne des objectifs chiffrés. Remarquable exposition sur les ressorts de l'Holocauste. Saisissant !

– Au-delà, de ce côté de Berlin, se trouve Potsdam. Entre les deux, sur la RN 1, le fameux **pont de Glienicke,** qui figure dans tant de films d'espionnage. C'est là qu'ont été échangés les espions pendant 45 ans...

LE NORD DE LA HAVEL BERLINOISE

Tegel : prendre le U-Bahn jusqu'à la station Alt-Tegel et, de là, rejoindre le *Tegeler See* (et ses attractions) en traversant le vieux village (excursions pour Wannsee). Puis, par Greenwichpromenade, on atteint le château (qui abrite le *Humboldtmuseum*), à l'origine simple pavillon de chasse. Pour les amateurs de néoclassique...

SPANDAU

U-Bahn : Rathaus Spandau.

Où manger?

|●| Zitadellen Schänke : Am Juliusturm. ☎ 334-21-06. Ouvert du mardi au vendredi de 16 h à minuit et à partir de 12 h le week-end. Plats jusqu'à 15 €, menu à 40 €. Repas rustiques dans une superbe cave voûtée. Ambiance et cuisine d'inspiration moyenâgeuse, serveurs en costume. Prudent de réserver.

À voir

🍴 Nombreuses fortifications dans la vieille ville (entre la Havel et l'Altstädter Ring). Rappelons que la *Zitadelle* hébergea Rudolf Hess de 1946 à 1987. À partir de 1972, l'ancien chef nazi se retrouva seul et dernier pensionnaire des lieux, gardé par... 50 militaires ! Aujourd'hui, visite possible du mardi au vendredi de 9 h à 17 h, et le week-end à partir de 10 h. ☎ 334-62-70. Fondations du XIIe siècle, tour de Julius, exposition sur l'histoire de la citadelle, qui fut, à partir de 1722, un centre de production d'armes. Dans l'*Exerzierhalle*, exposition de canons. En 1874, cette tour de Julius servit de coffre-fort à l'argent de vos arrière-arrière-grands-parents : les 120 millions de marks-or qui constituaient l'indemnité de guerre (de 1870-1871) versée par la France à l'Allemagne. Impressionnant système de sécurité... La citadelle abrite aujourd'hui une école d'art et des ateliers d'artistes ouverts au public. Elle accueille diverses manifestations culturelles, expositions, concerts, festival de marionnettes...

🍴 *La vieille ville de Spandau :* à 5 mn de la citadelle, à gauche de l'autre côté du pont. Son marché de Noël est un des plus grands et des plus typiques de Berlin (de fin novembre à fin décembre).

LE LONG DE LA SPREE, DE TREPTOWER PARK À KÖPENICK

🍴 *Treptower Park :* S-Bahn, arrêt Treptower Park (ça ne s'invente pas !). Entre avril et octobre, départ des vedettes de la compagnie *Stern und Kreis* pour le Müggelsee, Köpenick, Potsdam... (voir « Comment se déplacer ? »). Attention, pour la plupart, les départs ont lieu entre 10 h et 15 h, organisez-vous ! Outre le mémorial dédié aux soldats de l'Armée Rouge tombés lors de la bataille de Berlin, en 1945, faites un tour à *Haus Zenner* (à 1 km du S-Bahn en longeant la Spree). Le week-end, jeunes et moins jeunes, entre copains ou en famille, s'y donnent rendez-vous pour assister à des concerts tout en mangeant des grillades copieuses et des salades. Au choix, en fonction des conditions climatiques : l'intérieur et son magnifique cadre tout en bois ou l'extérieur en terrasse au bord de la Spree. Dans les deux cas, la bière coule à flots !

🍴 *Museum der Verbotenen Kunst* (musée de l'Art interdit) : Schlesischer Busch, à mi-chemin entre la station de U-Bahn Schlesischer Tor et celle de S-Bahn Treptower Park. ☎ 229-28-77. Ouvert en principe le week-end de 12 h à 18 h. Plus que le contenu du musée (expositions tournantes), c'est le lieu qui est intéressant : il s'agit en effet de la seule tour de garde du Mur non détruite à ce jour ! La visite n'excède pas 5 mn.

🍴 *Britzer Garten* (jardin de Britz) : entrée principale sur Mohriner Allee (Neukölln). ☎ 700-60-90. U-Bahn : Alt-Mariendorf, puis bus n° 181. Ouvert tous les jours de 9 h à 20 h, jusqu'à 16 h en hiver. Entrée : 1,50 € pour la journée. Se repérer sur le plan à l'entrée. Le week-end et les jours fériés, petit train qui parcourt le parc en s'arrêtant à plusieurs stations. Entre 2 et

3 €, tarif réduit pour les enfants. Parc construit à l'occasion de la Bundesgartenschau, l'exposition florale de 1985. Décor idyllique et bucolique, charme hollandais... Nombreux jeux pour enfants, jardin de roses, vers le sud à la droite du lac, au bout de la Mohriner Allee. De l'autre côté du pont aux pics en bois qui enjambe le lac, toute petite plage. Baignade autorisée. Moulin, *Biergarten,* scène en plein air, concerts et spectacles en été.

|●| Pour se restaurer, **Café am See :** salade autour de 7,50 €, plats entre 9,50 et 12,50 € et desserts entre 2,50 et 4,50 €. Terrasse très agréable au bord du lac.

Le château de Köpenick : S-Bahn, arrêt Köpenick, puis bus n° 167 ou tram (n°s 26, 60, 62, 67 et 68) jusqu'au château. Renseignements : ☎ 657-15-04. Un petit bijou de château baroque de la fin du XVIIe siècle. Stucs et trompe-l'œil à profusion. C'est ici que le père du futur Frédéric II jugea celui-ci pour tentative de désertion avant de décapiter son petit ami qui avait eu la même idée que lui...

AU NORD-OUEST DE BERLIN

Le mémorial de Sachsenhausen : Strasse der Nationen 22, à Oranienburg. S-Bahn ligne 1 jusqu'au terminus, ensuite à droite en sortant de la gare (environ 15 mn de marche). Ouvert tous les jours de 8 h 30 à 18 h d'avril à septembre. Jusqu'à 16 h 30 en hiver. Les expositions sont fermées le lundi. Vente d'un plan et de brochures en français à l'entrée. Dans l'ancienne cuisine des détenus (bât. 12), exposition sur la vie quotidienne dans le camp. Mémorial depuis 1961, Sachsenhausen a d'abord servi de camp de concentration (204 000 détenus en 1944, et près de 100 000 morts entre 1936 et 1945), puis fut utilisé comme camp d'internement par les Soviétiques de 1945 à 1950. On peut encore y voir l'« infirmerie » (bât. 20), la « pathologie », où étaient menées les pires expériences (bât. 21), les fondations de la « station Z », dernière étape avant le four crématoire, ou la piste d'essai des chaussures destinées aux soldats allemands : les détenus devaient parcourir 40 km par jour en portant une charge de 15 kg, sur différents terrains (cailloux, sable, eau...). Dans la « Baraque 38 », exposition sur les détenus juifs du camp de 1936 à 1945. Les Baraques 38 et 39 accueillirent jusqu'à 400 juifs. Elles étaient prévues pour 140. En 1992, peu après la visite du Premier ministre israélien Ytzhak Rabin, elles furent incendiées par un groupe d'extrême droite.

AU NORD-EST DE BERLIN

Buckow : à 60 km à l'est de Berlin. Maison de Brecht et d'Hélène Weigel (voir plus haut, « Sur les traces de Bertolt Brecht »).

L'abbaye de Chorin : près de Niederfinow, à 80 km au nord-est de Berlin. Ouvert d'avril à octobre tous les jours de 13 h à 18 h, le reste de l'année de 13 h à 16 h. Uniquement en visite guidée. Splendides cloître, église, bâtiments de service... qui font de ce bijou de l'art cistercien (1273-1334) l'une des plus vieilles et admirables constructions en brique d'Europe. Les remaniements successifs lui confèrent un style tout à fait insolite. Des concerts y sont organisés. Excellent but de promenade... Ne pas rater à **Niederfinow** l'impressionnant ascenseur à bateaux *(Schiffshebewerk),* énorme bâtisse de 60 m de haut, qui hisse en 5 mn chalands et péniches d'un canal à l'autre.

Où se baigner ?

Nombreuses piscines, bien sûr, dont certaines en plein air *(Freibad)*. Mais pour profiter encore mieux de l'été, pour faire du bateau ou du canoë, il est possible de se rafraîchir dans les nombreux lacs qui entourent Berlin.

△ *Wannsee :* il existe, bien sûr, la *Strandbad Wannsee,* belle plage de sable, mais payante. Pour ceux qui n'aiment pas trop les bains de foule, d'autres plages sont également accessibles au nord de la Strandbad, en longeant la Havelchaussee (S-Bahn : Nikolassee), ou au sud (S-Bahn : Wannsee), en longeant Am Großen Wannsee.

△ *Schlachtensee :* S-Bahn ligne 1, Schlachtensee. Au sud-ouest de Berlin. Lac à quelques minutes du S-Bahn, moins fréquenté que le Wannsee et un peu plus propre.

QUITTER BERLIN

En train

Bien se faire préciser de quelle gare part votre train : avec les réorganisations en cours, le partage entre la dizaine de gares que compte Berlin risquerait d'être un jeu bien compliqué pour ceux qui sont pressés de retrouver leur grand-mère. Se renseigner aux offices du tourisme ou dans une des gares principales.

 Sachez tout de même que les **trois gares principales** sont : *Zoologischer Garten, Ostbahnhof* et *Lichtenberg,* toutes reliées entre elles directement par le S-Bahn.

➤ *Pour l'Est de l'Allemagne :* plusieurs trains par jour pour toutes les villes importantes (généralement au départ de Zoo) : Schwerin (un train toutes les 2 h, avec un changement), Cottbus, Magdebourg, Stralsund, Potsdam, Erfurt, Chemnitz, Zwickau, Leipzig, Dresde, Rostock (3 h 30 de trajet, avec changement à partir de Zoo, direct de Lichtenberg), Brandenburg, Neuruppin, etc.

➤ *Pour l'Ouest de l'Allemagne ou l'Autriche :* au départ de Zoo. Nombreux trains quotidiens vers Munich, Francfort, Hambourg, Hanovre... Deux trains par jour pour Vienne (dont un de nuit).

➤ *Pour les pays d'Europe centrale :* au départ de Zoo, trois trains par jour pour Budapest (train de nuit) et Varsovie, cinq trains pour Prague (train de nuit). Certains passent aussi par Ostbahnhof. De la gare de Lichtenberg, trains quotidiens pour Saint-Pétersbourg, Moscou et de nombreuses petites villes frontalières de ces pays.

En avion

✈ *Aéroport de Berlin-Schönefeld :* à 24 km du centre. S-Bahn direct du centre, ligne n° 9. ☎ 609-151-12. Pour tous les avions à destination de l'Europe centrale.

✈ *Aéroport de Berlin-Tegel :* ☎ 410-123-06. Pour tous les autres vols. Concernant la France, outre Paris (plusieurs vols quotidiens), Berlin est relié à Nice, Lyon et Strasbourg.

✈ *Aéroport Tempelhof :* ☎ 69-51-22-88. Pour certains vols intérieurs ou spéciaux.

Vérifier, toutefois, si des changements n'ont pas eu lieu pour les destinations des différents aéroports.

En stop

– *Mitfahrzentrale (Allô Stop)* : plusieurs agences à Berlin. *ADM* sur le quai 2 de la gare du Zoo (direction Vinetastrasse). ☎ 194-40. ● www.mfz.hof.de ● Ouvert tous les jours de 9 h à 20 h (10 h à 18 h le week-end). Une autre dans la gare du U-Bahn Alexanderplatz, dans le passage souterrain du U8 vers le U2. ☎ 241-58-20. Ouvert du lundi au vendredi de 10 h à 18 h, jusqu'à 20 h le jeudi, et de 11 h à 16 h le week-end. L'agence *Citynet* a également 2 filiales : Yoachimstalerstrasse 17 et Bergmans-trasse 57. ☎ 194-44. Pour aller n'importe où en Allemagne (et même ailleurs) pour trois fois rien. On paie un droit d'inscription puis on participe aux frais d'essence. Pour un trajet Berlin-Paris, compter environ 45 € en plein tarif, réductions pour les étudiants et les moins de 26 ans.

En bus

– *Europa Express* : billets en vente dans les Mitfahrzentrale à Zoo et Alexanderplatz (voir rubrique ci-dessus) ou à l'agence, Ebersstrasse 70 (Schöneberg). ☎ 78-10-21. Un départ quotidien pour Paris, plusieurs fois par semaine pour les pays de l'Est.

EXCURSIONS EN BRANDEBOURG À PARTIR DE BERLIN

Quelques pistes pour ceux qui auraient l'envie et le temps de parcourir le Brandebourg, cette vaste région dans laquelle Berlin est complètement enclavée. Pas vraiment de sites exceptionnels à découvrir hormis Potsdam, mais des petites bourgades, des églises, des cloîtres ou des lacs, qui ne manquent pas de charme. Une journée suffit largement aux différents buts de promenade proposés. Le vélo est conseillé pour arpenter la campagne est-allemande. Les routards à la recherche de calme et de nature trouveront quelques adresses d'hébergement.

POTSDAM, LE VERSAILLES PRUSSIEN

140 000 hab.   IND. TÉL. : 0331

Capitale du Brandebourg, l'ancienne résidence royale demeure la quintessence de l'élégance prussienne. Grâce à son fleuve (la *Havel*) et à ses vastes terrains de chasse, l'emplacement fut choisi par les monarques au début du XVIIe siècle. Le Grand Électeur Frédéric-Guillaume jura même : « L'îlot de Potsdam deviendra un paradis ! » Potsdam devint ensuite une ville de garnison modèle sous le Roi-Sergent, abritant jusqu'à 8 000 soldats à la fin de son règne. Frédéric II, sans modifier la ville autant que son père, en changea l'état d'esprit et y attira une cour brillante. D'ailleurs, son personnage fut récupéré (comme d'autres) par la propagande hitlérienne. En 1933, Hitler organisa à Potsdam une gigantesque cérémonie « nationale », sorte de show mégalo conçu pour fixer le pouvoir nazi dans le cadre de la tradition allemande.
En 1945, c'est à Potsdam que Churchill, Truman et Staline précisèrent les dispositions prises à Yalta et réglèrent le sort de l'Allemagne vaincue.

Comment y aller ?

En voiture

➤ Situé tout près de Berlin, sur ce qui était le territoire de la RDA, Potsdam est accessible par l'Avus (autoroute A115 partant de la Funkturm, tour de radio).

En S-Bahn

➤ Prendre le S-Bahn (ligne S7) ou le train régional RE1 et descendre au terminus, Potsdam Stadt. Compter 40 mn de trajet depuis la Bahnhof Zoo. Il vous faudra acheter un billet pour les zones ABC pour vous rendre à Potsdam en S-Bahn. Malheureusement les titres de transports berlinois ne sont pas valables ensuite. Pensez donc à votre vélo si vous en avez loué un.

Adresses utiles

- *Potsdam Information :* Friedrich-Ebertstrasse 5. ☎ 27-55-80 ou 275-58-55 pour la location de chambres. Fax : 275-58-99. ● www.potsdam.de ● De la gare de Potsdam Stadt, passer le Lange Brücke puis remonter la Friedrich-Ebertstrasse. Ouvert d'avril à octobre, du lundi au vendredi de 9 h à 19 h, le week-end et les jours fériés de 10 h à 16 h, et de novembre à mars du lundi au vendredi de 10 h à 18 h (14 h le week-end et les jours fériés). Nombreuses brochures à disposition et personnel efficace.
- *TMB Informations und Buschuns-service Reiseland Brandenburg :* Am Neuen Markt 1, Kabinetthaus, 14467 Potsdam. ☎ 20-04-747. Fax : 29-87-328. ● www.reiseland-brandenburg.de ●
- @ *Internet Café Stautenhof :* Am Alten Markt 10. ☎ 280-05-54. Derrière la Nikolaikirche et près de Potsdam Information. Ouvert tous les jours de 9 h à minuit. Prévoir 3 € pour 1 h de connexion.
- ■ *Location de vélos :* City Road Potsdam, à la gare de Potsdam Stadt, Babelsbergenstrasse. ☎ 61-90-52. Ouvert d'avril à octobre. Fermé en hiver.

Où dormir ?

On ne séjourne pas à Potsdam, on y passe juste la journée. C'est pourquoi, si vous venez de Berlin, pensez à prendre votre vélo. Voici néanmoins quelques possibilités d'hébergement.

- ⚐ *Intercampingplatz Riegelspitze :* Fercherstrasse, Am Glindower See, à Werder, commune située à environ 7 km au sud-ouest de Potsdam. Par la route B1, direction Brandenburg. ☎ (033-27) 42-397. Fax : (033-27) 741-725. ● www.campingplatz-riegelspitze.de ● Ouvert de Pâques à fin octobre. Compter 15 € pour deux, avec tente et voiture. Propre, pratique et accueil aimable. Liaisons fréquentes avec Berlin. Au cas où vous ne trouveriez rien dans la capitale...
- ⚐ *Campingplatz Sanssouci/Gaisberg :* An der Pirscheide 41, à Potsdam, à environ 5 km au sud-ouest du centre-ville. De Potsdam, prendre la B1, direction Brandenburg/Werder. De Berlin, A10, sortie Michendorf/Potsdam Süd, puis direction Potsdam B2. ☎ (033-27) 556-80. Ouvert d'avril à octobre, de 8 h à 13 h et de 15 h à 22 h. Accès en bus (n° 695), en train ou en tramway (n°s 94 ou 96), jusqu'à la gare Pirschheide, à 2 km du camping, qui propose un transfert gratuit en minibus de 9 h à 11 h et de 17 h 30 à 20 h (sur appel téléphonique pour le retour : ☎ 95-10-988). Liaisons jusqu'à Potsdam

toutes les 10 mn jusqu'à 14 h ; après, toutes les 15 mn. Prévoir 18 € pour deux, avec tente et voiture. Au bord du Templiner See, sous les arbres. Cadre très agréable. Très propre. Possibilité de se baigner, de pêcher et de faire du bateau. Location de vélos. Magasin d'alimentation et restaurant. Machines à laver. Bon accueil.

â *Chambres chez l'habitant :* réservations au Potsdam Information. Grand choix à tous les prix.

â *Pension Auf dem Kiewitt :* Auf dem Kiewitt 8. ☎ 90-36-78. Fax : 967-87-55. Quasiment dans le centre-ville. De Luisenplatz, prendre Zeppelinstrasse, c'est la 2ᵉ à gauche, une rue sans charme, mais calme et verte. Chambre double avec salle de bains et petit dej' à 69 €. Petite maison très simple et mignonne, à l'intérieur sans prétention, arrangée avec goût. Chambres douillettes impeccables. Propriétaire sympathique. En cas d'absence, s'adresser au restaurant en face (doté d'une terrasse géniale au bord de la Havel pour prendre l'apéro).

Où manger ? Où boire un verre ?

I●I *Zum Fliengenden Hollander :* Benkertstrasse 5. ☎ 27-50-30. Ouvert tous les jours de 10 h à minuit (22 h le dimanche). Il y en a pour toutes les bourses : formule soupe-plat pour environ 9 € du lundi au vendredi de 11 h à 15 h, repas complet avec vin ou bière de 15 à 35 €. Dans le très beau quartier hollandais, un bar-restaurant à l'atmosphère de pub anglais qui propose de succulentes spécialités hollandaises (tiens, donc !) : viandes et poissons en sauce accompagnés de pommes de terre et de fromage fondu, harengs marinés, soupes de pois ou de champignons... Certains soirs, un pianiste ajoute à l'ambiance feutrée une petite touche *jazzy*.

I●I *Restaurant Luise :* Luizenplatz 6. ☎ 90-36-63. Ouvert tous les jours de 10 h à minuit, dernier service à 23 h. Repas entre 15 et 20 €. Cuisine italienne essentiellement (dont un alléchant buffet d'*antipasti*), quelques plats bien français (rillettes-baguette !) et allemands (ah, tout de même...). Petit dej' toute la journée, pratique pour les lève-tard. Le patron, jovial et polyglotte, vous accueille dans un décor sobre et de bon goût avec des fleurs partout. Service rapide et aimable. Bref, une adresse sympa.

I●I *Café Lenné :* Luisenplatz 7, à côté du restaurant *Louise*. ☎ 951-01-92. Ouvert tous les jours de 9 h à 22 h. Petit dej' copieux autour de 6 €, repas complet pour 15 € environ. Décor agréable et valses viennoises en sourdine. Quelques pâtisseries alléchantes.

I●I *Café-Bistro Im Filmmuseum :* Marstall, Breitestrasse. ☎ 270-20-41. Ouvert tous les jours de 11 h à 1 h. Prévoir de 15 à 20 € pour un repas complet. Dans les anciennes écuries royales, un temps également orangerie, aujourd'hui musée du Cinéma. Aménagement moderne et cuisine soignée d'inspiration française et italienne. Belles photos sur les murs et animations diverses : lecture, piano...

I●I *Restaurant Juliette :* Jägerstrasse 39. ☎ 270-17-91. Dans une rue perpendiculaire à la rue piétonne. Ouvert tous les jours de midi à 22 h 30. Menu à 60 € sans les vins, sinon compter environ 75 € pour un repas complet. En pleine Prusse, les boiseries et la cheminée rappellent la Normandie. La cuisine française très raffinée, secondée par un grand choix de vins et, moins courant, de cigares, fait de Juliette une adresse chère mais excellente. Un seul reproche : les serveurs n'entendent rien à la langue de Voltaire !

Y ☗ *Café Venezia :* Brandenburgerstrasse 28. ☎ 270-19-31. Ouvert tous les jours de 9 h 30 à 23 h. Prévoir environ 5 € pour une glace. Ici, c'est l'Italie qui chante dans la voix des serveurs. Le cappuccino est absolument délicieux. Grand choix de glaces irrésistibles, à déguster en terrasse.

À voir

🎬🎬 **Le Filmmuseum :** Im Marstall. ☎ 271-81-12. • www.brandenburg.de/filmmuseum • Ouvert du mardi au dimanche, de 10 h à 18 h. Entrée : de 1 à 5 € pour le musée, 4,50 € pour les films.
Le musée retrace l'histoire des studios de Babelsberg depuis la création de la *UFA (Universum Film Aktiengesellschaft)* en 1917, de ses productions les plus glorieuses (*Metropolis* de Fritz Lang) à ses heures les plus sombres, avec, par exemple, la liste interminable des « Filmemigranter », qui ont dû s'exiler sous le régime nazi. Très belle collection de caméras à l'entrée, photos, affiches, souvenirs, comme le peignoir de Marlène Dietrich. Également expositions temporaires et projections de films.

🎬🎬 **Le centre :** il ne reste plus grand-chose de ce monument d'art qu'était la cité de Potsdam avant la Seconde Guerre mondiale... Pendant la nuit du 14 au 15 avril 1945, quelques jours avant la reddition de Berlin, un terrible bombardement britannique fit voler en éclats une bonne partie de la vieille ville. Pour la plupart, les palais ont disparu, laissant orphelins la *Nikolaikirche*, l'*ex-hôtel de ville* néoclassique et les *anciennes écuries du palais* (transformées en *musée du Cinéma*). Toutefois, les rues rescapées du cœur historique, aujourd'hui bien restaurées, donnent une idée de la splendeur passée de Potsdam.

🎬🎬 **Le quartier hollandais** (autour de la Mittelstrasse) doit son nom à la tentative de Frédéric-Guillaume Ier d'attirer des artisans néerlandais pour assécher les marécages. Ce quartier singulier est désormais l'un des plus fréquentés de Potsdam. Ses rues pavées, ourlées de jolies maisonnettes à pignon, conduisent à une foule de cafés, restaurants, ou boutiques d'artisanat.

🎬 **La colonie russe d'Alexandrowka :** au nord de la Nauener Tor. Commande de Frédéric-Guillaume III, ce village, paraissant tiré des meilleures pages de Tourgueniev ou de Tolstoï, devait récompenser la fidélité du chœur russe de l'armée impériale. Les 26 chanteurs avaient été recrutés en 1812 parmi les soldats russes prisonniers, le Tsar n'ayant pas encore rompu avec Napoléon. Menacées par la construction d'une ligne de tramway, ces maisonnettes en bois sculpté ont été sauvées en 1997 grâce à l'intervention de l'Unesco. Un peu plus au nord, cachée dans la forêt, la *chapelle orthodoxe Alexandre Newski*, qui ressemble à une grosse meringue rose, tranche avec le style habituel de Schinkel.

🎬 **Gliniecker Brucke :** tout au bout de Berlinerstrasse se trouve le pont de Gliniecke, qui relie Potsdam à Berlin. Cette grosse structure métallique est sans grand intérêt en soi, mais il s'agit d'un lieu historique : c'est là qu'avaient lieu les échanges entre les espions de l'Est et de l'Ouest à l'époque du Mur.

LE PARC ET LES CHÂTEAUX DE SANS SOUCI

Pour gagner Sans Souci depuis la vieille ville, empruntez la Brandenburgerstrasse (rue piétonne) jusqu'à la porte du même nom (pour les mélomanes : c'est au n° 10 que Mozart séjourna l'année de notre Révolution), puis l'allée Nach Sans Souci, qui vous mène à l'entrée du parc : peintures jaunes, en veux-tu, en voilà...

🎬🎬🎬 **Le parc :** accès gratuit au départ de la Brandenburger Tor par la Schopenhauerstrasse (à pied par l'allée Nach Sans Souci ou bus n° 695 depuis la gare qui vous y conduit en 20 mn. Il fait le tour des châteaux). Plan et guide en français, en vente dans le moulin ou derrière le nouveau palais, à côté de l'entrée du théâtre. Portail devant l'obélisque aux hiéroglyphes fantaisistes (exécutés avant la découverte de Champollion !).

DANS LES ENVIRONS DE POTSDAM

Couvrant une superficie de 290 ha, ce parc merveilleux recèle d'innombrables trésors : maison chinoise cachée parmi les arbres, cours d'eau, fontaines, jardins botaniques, arbustes exotiques... et quantité de statues ! Les plus fameuses sont du sculpteur français Jean-Baptiste Pigalle, notamment une Vénus et un Mercure. Louis XV en fit cadeau au « Vieux Fritz » contre quelques chevaux...

🏃🏃🏃 *Le château de Sans Souci :* pour tous renseignements concernant le parc et les châteaux, ☎ 969-42-02. Pause entre 12 h 30 et 13 h dans tous les monuments. Dans le parc, 2ᵉ bâtiment à droite. Ouvert de 9 h à 17 h (16 h de novembre à mars). Fermé le lundi. Entrée : 8 €. Visite guidée et en groupe obligatoire (avec chaussons !). Photos interdites. Arriver le plus tôt possible pour réserver ses billets. Il arrive certains jours que la vente des billets s'arrête à midi faute de place. Bref, faut vraiment aimer ça ! Classé au patrimoine mondial de l'Unesco. Avec sa façade à un seul étage, il est considéré comme « le joyau du rococo allemand ». Construit au milieu du XVIIIᵉ siècle, c'était le refuge du roi Frédéric II, qui y collectionnait les tableaux et y recevait ses amis philosophes. Son copain Voltaire y passa trois ans : sa chambre est superbe... mais il n'y a jamais dormi !

🏃🏃 *La galerie de Tableaux :* à côté. Ouvert de mi-mai à mi-octobre de 10 h à 17 h. Fermé le lundi. Entrée : 3 €. Le musée le plus ancien d'Allemagne. Une très belle salle qui s'étend sur toute la longueur du bâtiment. Quelques belles toiles italiennes et flamandes (Bassano, le Tintoret, Rubens, Van Dyck...). Des concerts y ont lieu en été.

🏃🏃 *Le château de Neue Kammern :* ouvert d'avril à octobre uniquement, de 10 h à 17 h. Fermé le lundi. Entrée : 3 €. Parallèle à Sans Souci (les jardins des deux châteaux communiquent). Moins célèbre que son voisin mais tout aussi intéressant ; son style baroque fait tout de suite plus sobre. Regarder, lorsqu'on est au bas du jardin, l'étonnant mélange que forment l'édifice et, derrière, le gros moulin qui fonctionne toujours et qui semble posé sur le château de façon incongrue.

🏃 *L'Orangerie :* un peu plus loin, après le petit château *Neue Kammern*. Ouvert de la mi-mai à la mi-octobre, de 10 h à 17 h. Fermé le lundi. Entrée : 3 €. On visite les appartements du tsar Nicolas Iᵉʳ et une salle abritant les copies de 47 tableaux de Raphaël. Conçu comme le refuge de Frédéric-Guillaume IV (celui qui avait un petit grain...), ce rêve italien est assez enchanteur.

🏃🏃 *Le Nouveau Palais :* au fond du parc. Mêmes horaires que le château de Sans Souci mais fermé le vendredi. Entrée : 5 €. Un brin mégalo : 400 pièces, 428 statues et 322 fenêtres sur 213 m de long ! Il fut construit pour prouver que la Prusse ne sortait pas ruinée de la guerre de Sept Ans... Parmi les curiosités : une pièce en forme de grotte marine, la galerie de marbre et, dans l'aile droite, un étonnant théâtre de 300 places.

🏃 *Le château de Charlottenhof :* au sud du parc, à côté des *Bains romains*. Ouvert de mi-mai à mi-octobre, de 10 h à 17 h. Fermé le lundi. Visite guidée obligatoire à 4 €. Lui aussi sent l'Italie. Voir surtout l'intérieur. De la terrasse du *Hofgartnerhaus* des bains romains, la vue sur le château est délicieuse... Ne pas manquer de flâner dans la superbe petite roseraie.

➤ DANS LES ENVIRONS DE POTSDAM

LE NEUER GARTEN AM HEILIGER SEE

Au nord-est de la ville.

À voir

¶¶ *Le palais de Marbre :* ouvert d'avril à octobre, du mardi au dimanche de 10 h à 17 h. De novembre à mars, seulement le week-end de 10 h à 16 h. Bus n° 694. Entrée : 2 €. Visites guidées. Depuis sa restauration, le palais est plus coquet que jamais. Pour épargner les parquets, on vous demandera d'enfiler de grosses pantoufles sur vos chaussures. Le marbre se décline sur tous les tons et tous les supports, des commodes (rococo, mais superbes !) à la cage d'escalier, le clou de la visite. Placez-vous bien au centre et levez la tête : vous découvrirez alors le belvédère qui surplombe le bâtiment central du palais.

¶ *Le château de Cecilienhof :* bus n° 694. Ouvert de 9 h à 17 h d'avril à octobre et jusqu'à 16 h de novembre à mars. Fermé le lundi. Entrée : 4 €. Visites guidées. Pour jouer à Staline, Truman et Churchill : ici eut lieu le partage du monde (conférence de Potsdam en 1945). À moins que vous ne soyez attiré par la partie du château faisant office d'hôtel de luxe.

BABELSBERG

À l'est de Potsdam, de l'autre côté de la Havel.

À voir

¶ *Le château de Babelsberg :* S-Bahn : Babelsberg. Mêmes horaires et mêmes jours d'ouverture que le palais de Marbre. Dans un plus petit parc, sans touristes... Résidence d'été de Guillaume Ier, de style néogothique.

¶ *Filmpark Babelsberg (studios de cinéma) :* entrée au Grosseerenstrasse 22, Potsdam. ☎ 721-27-55. • www.filmpark.de • S-Bahn : Babelsberg, puis bus n° 690 ou 692 à destination de Gehölz. Arrêt de bus : Ahornstrasse. Ouvert de 10 h à 18 h de mi-mars à fin octobre. Entrée : 14 € (3 € de parking). Réductions pour les couples accompagnés de 2 enfants (et pas plus !). Avec une superficie de 46 ha, ce sont les plus vastes studios d'Europe et les plus anciens. Avant de devenir un outil de propagande aux ordres de Goebbels, puis à la gloire du socialisme, les studios ont abrité la UFA, centre névralgique du cinéma allemand triomphant de l'entre-deux-guerres. Murnau y tourna *Nosferatu* en 1922, Fritz Lang *Metropolis* en 1927, Sternberg y dirigea Marlène Dietrich dans *L'Ange bleu* en 1930... Aujourd'hui, sous l'impulsion de Volker Schlöndorff et d'un groupe français, Babelsberg veut devenir la capitale européenne de l'image. Malheureusement, les cinéphiles ne sont pas invités à la fête ! En réalité, il y a deux Babelsberg : celui des artistes, retranché derrière une muraille inexpugnable, et celui des touristes, un parc d'attractions décevant. Seule une courte balade en petit train à travers quelques décors évoque le fastueux passé du studio. Pour le reste, les quelques spectacles ne parviennent pas à faire oublier le prix de l'entrée...

LA SPREEWALD AU FIL DE L'EAU

Plantée au sud-est de Berlin, la forêt de la Spree doit sa renommée à plus de 300 canaux réunis dans un réseau extraordinairement dense. Cousine germaine du marais poitevin, elle constitue une réserve naturelle originale qu'affectionnent tout particulièrement les cigognes noires.

LÜBBENAU *(ind. tél. : 03542 ; 17 800 hab.)*

La capitale de la Spreewald est une ville agréable, recroquevillée autour de quelques ruelles croquignolettes et de son château pimpant du XIXe siècle (possibilité d'y dormir). Elle sert de point de départ à la visite pittoresque du labyrinthe de cours d'eau, ou aux randonnées pédestres en forêt. Touristique du temps de la RDA, elle est devenue archi touristique, avec tous les excès que cela suppose... Attention aux grenouilles qui traversent les routes !

Comment y aller ?

En train

➢ *De Berlin-Lichtenberg :* un train toutes les heures. Compter 1 h de trajet. Panneau d'orientation à la sortie de la gare.

En voiture

➢ *De Berlin :* par l'autoroute du Sud A13 (direction Dresden après l'aéroport). Compter environ 90 km.

Adresses utiles

■ *Office du tourisme :* Ehm-Welkstrasse 15. ☎ 36-68. Fax : 467-70. ● www.spreewald-online.de ● Face à l'église. Ouvert du lundi au vendredi de 9 h à 18 h, et de 9 h à 13 h le week-end. Accueil cordial, mais dans la langue de Goethe seulement, dommage ! Catalogue des restos, hôtels et chambres chez l'habitant, de la ville et des patelins environnants. Classique carte de la ville, mais aussi plan des canaux et sentiers vers Lehde, Leipe et Wotschofska.

■ *Location de vélos :* sur Poststrasse, en direction du centre-ville en venant de la gare. Autour de 10 € la journée.

Où dormir ? Où manger ?

Camping Am Schloßpark Lübbenau : tout droit en sortant de la gare (Poststrasse), à 2 km. ☎ et fax : 35-33. ● www.spreewaldcamping.de ● Ouvert toute l'année. Réception de 7 h à 12 h 30 et de 14 h à 22 h. La nuit autour de 14 € pour deux. Ce camping, d'une propreté exemplaire, bénéficie d'un cadre avantageux : pour la plupart, les emplacements sont arborés et situés au bord de l'eau (attention aux enfants !). Également quelques bungalows. Location de bicyclettes et canoës ; baptêmes de montgolfière par beau temps.

Pension Petrick : Hauptstrasse 12. ☎ 32-32. Fax : 87-19-79. ● www.spreewaldpension-petrick.de ● De la gare, prendre la Berlinerstrasse, puis à gauche Luckauerstrasse, direction Dresde ; c'est la 1re à droite. Toutes les doubles avec douche et w.-c. à 36 €, petit dej' inclus. Réserver impérativement. Dans une ancienne ferme bien rénovée. Les bâtiments autour de la cour pavée (parking) n'accueillent plus de bestiaux, mais des routards ! Une dizaine de chambres impeccables, parfois mansardées. Certaines donnent directement sur le jardin. Excellent accueil.

|●| *Fontane Café :* Ehm-Welkstrasse 43. Un peu plus loin que l'église, sur la droite. Ouvert tous les jours de 11 h 30 à minuit. Compter environ 10 €. Derrière une jolie façade donnant sur la rue principale pavée, ce resto chaleureux (touche rustique

dans la déco) propose des salades, sandwichs et des pâtisseries maison vraiment délicieuses. Faites votre choix directement dans la vitrine, et vous ferez rire les serveuses. Également quelques spécialités de poissons. Terrasse agréable en été.

À voir. À faire

➢ **Les excursions en barque à fond plat :** départ à *Großem Hafen* (embarcadère principal) ou à *Kleinem Hafen* (barques de 14 personnes, avec des tables, un peu plus chic...). Trois balades intéressantes sont proposées : vers *Lehde* (2 h 30 de promenade), vers *Leipe* (6 à 7 h) ou vers *Wotschofska* (4 h). D'avril à octobre seulement. À partir de 7 €. Quelques restos de poisson pittoresques à Kaupen et Lehde.

➢ **Les excursions en canoë-kayak :** possibilité de location à l'heure (3 €) ou à la journée. Renseignez-vous au camping ou à l'office du tourisme. La meilleure façon d'éviter le monde et d'organiser votre promenade en toute liberté, sans être importuné par les vendeurs de cornichons ou les photographes postés au bord des canaux !

➢ **Les promenades à pied dans la forêt :** prendre le pont derrière l'embarcadère. Assez bien fléché. Lehde est à 2 km, Leipe à 6 km. Des pancartes expliquent la faune et la flore. Vous pouvez aussi vous procurer la carte des chemins de randonnée *(Spree Forest)* à l'office du tourisme pour environ 3,50 €. Quelques restos-étapes jalonnent les parcours ; se renseigner.

✱ **Lehde :** accessible par la rivière ou la route (1,5 km de Lübbenau). Une ville lagune en miniature, une Venise comme celle-ci a pu l'être il y a 1 500 ans. Selon Theodor Fontane, écrivain allemand du XIXe siècle, « Il n'existe rien de plus charmant que ce Lehde formé d'autant d'îles qu'il y a de maisons. » Voir la conserverie, la fabrique de barques, l'école abandonnée, les fermes, etc. Également le *Freilandmuseum* (visites l'été de 10 h à 18 h, 3 €), un intéressant musée ethnologique avec maisons et fermes traditionnelles du XIXe siècle conservées en l'état. Si vous êtes venu en bateau, précisez que vous rentrerez à pied (c'est plus rapide), vous aurez alors tout loisir de vous promener au lieu de ne rester que trois quarts d'heure.

DE CLOCHERS EN DONJONS

À quelques encablures de Berlin, le Brandebourg recèle un patrimoine architectural religieux ou militaire méconnu et pourtant digne d'intérêt.

BRANDENBURG (ind. tél. : 03381 ; 77500 hab.)

Cernée par les méandres de la Havel, la cité renferme quelques ruelles agréables agrémentées de jolies églises.

Comment y aller ?

En train

➢ Départs de Berlin-gare du Zoo et de Potsdam.

DE CLOCHERS EN DONJONS

En voiture

➤ À 70 km à l'ouest de Berlin. Prendre l'autoroute A115 direction Hannover, Nürnberg, puis sortir à Wannsee. Prendre direction Wannsee, Potsdam puis Brandenburg. Ou rester sur l'autoroute, continuer direction Magdeburg (A10 puis A2), sortie Brandenburg.

Adresse utile

ℹ Brandenburg-information : Hauptstrasse 51. ☎ 19-43-3. Fax : 22-37-43. ● www.stadt-brandenburg.de ● Ouvert l'été de 9 h à 18 h en semaine, jusqu'à 17 h le samedi ; l'hiver, de 10 h à 18 h en semaine, jusqu'à 14 h le samedi.

Où dormir ? Où manger ?

🛏 |◉| Blaudruck Café : Steinstrasse 21. Dans le centre. ☎ 22-57-34. Ouvert tous les jours de 7 h à 23 h. Doubles pour 41 €. Repas entre 15 et 20 €. L'établissement cumule les fonctions : l'entrée abrite une magnifique collection de machines à coudre anciennes, l'étage regroupe une poignée de chambres confortables à prix doux, et la belle cave voûtée résonne du tintamarre de joyeuses agapes. Bonne cuisine du terroir, à déguster dans une amusante atmosphère médiévale. Pour anecdote, *Blaudruck* (« imprimé bleu ») provient d'une technique de décoration sur textile, coûteuse et complexe, qui était utilisée dans les costumes traditionnels locaux. Vente sur place de vêtements, linge de table et objets décoratifs.

|◉| Dom-Café : Burghof 11. ☎ 52-43-27. Ouvert tous les jours de 11 h à 18 h, et après les concerts dans le *Dom*. Plats autour de 10 €. Entre le *Dom* et la *Petrapelle*, dans une rue tranquille. Cuisine locale et végétarienne. Spécialités de gâteaux. Terrasse très agréable en été.

À voir. À faire

🎭 Dom Sankt Peter und Paul : Burghof 1, sur la Dominsel. ☎ 22-43-90. Ouvert en semaine de 10 h à 16 h, le samedi de 10 h à 17 h et le dimanche de 11 h à 17 h. À retenir : les différents retables, la chapelle colorée et les voûtes peintes, ou encore les chapiteaux sculptés de la crypte. Le **trésor du Dom** (dans l'enceinte du cloître, mêmes horaires que le *Dom*) : superbe collection de livres liturgiques, de mobilier et d'objets sacrés provenant du *Dom* ou des églises de la région. En bas à droite et à gauche, deux statues pillées ont été remplacées par des fleurs peintes !

🎭 Sankt Katharinenkirche : Katharinenplatz. Ouvert tous les jours de 10 h à 17 h. Beaucoup de trésors encore derrière cet édifice imposant : l'autel de toute beauté qui évoque la légende de sainte Catherine ; l'orgue, créé par Wagner (malheureusement, ce n'est plus l'original) ; les peintures sur les voûtes, joliment appelées *Le Pré du ciel*...

🎭 Sankt Gotthardtkirche : Gotthardtkirchplatz. Ouvert tous les jours de 10 h à 17 h. Quand il fait froid, la « gardienne » de l'église se réfugie dans la sacristie (juste à côté sur la gauche, quand on est face à l'église). Allez y frapper, elle viendra vous ouvrir. Admirez la chaire et son escalier sculpté, les figures en style gothique flamboyant dans la galerie du chœur, la croix de triomphe et la chapelle du Baptême.

LE BRANDENBURG

Si le ciel est dégagé, une balade s'impose jusqu'au plus haut point de la ville, le *Friedenswarte,* sur le *Marienberg* (à l'est de la ville, de l'autre côté de la Havel). Au bout de la Ritterstrasse, prendre à gauche dans la Plauerstrasse. Le Marienberg se trouve sur la droite. De là, vous découvrirez un joli point de vue sur la ville, jusqu'à Berlin, dit-on ! Les passionnés de littérature allemande feront un petit détour par le Theaterpark, derrière le mur de la ville, entre la Wollenweberstrasse et la Grabenstrasse. Les bustes de Goethe et de Schiller s'y affrontent de chaque côté de la Havelstrasse.

➤ *DANS LES ENVIRONS DE BRANDENBURG*

Au sud de Brandenburg, dans un rayon de 50 km.

LEHNIN (ind. tél. : 03382)

À quelques kilomètres au sud de Brandenburg, ce village vaut le détour pour son cloître et son monastère Luise-Henrietten-Stift, aujourd'hui principalement utilisé comme hôpital.

Comment y aller ?

En train et en bus

➤ *De Berlin-Zoo :* aller jusqu'à Brandenburg. Prendre ensuite le bus qui s'arrête devant la porte du cloître.

En voiture

➤ De Berlin, autoroute A115 direction Leipzig, puis A10 et A2 direction Magdeburg. Sortie Lehnin.

À voir

¶¶ *Le cloître :* Klosterkirchplatz. ☎ 76-86-10. • www.stift-lehnin.de • D'avril à octobre, ouvert de 9 h à 12 h et de 13 h à 16 h en semaine, de 11 h à 12 h et de 15 h à 17 h le week-end. Si l'église est fermée, demandez la clef auprès de l'intendant, à l'entrée. Entrée libre, ou 2,50 € par personne pour une visite guidée. Le monastère cistercien de Lehnin fut fondé en 1180 par Otto Ier, margrave de Brandebourg. Selon la légende, le seigneur prit cette décision à la suite d'un rêve qu'il avait fait en s'endormant sous un chêne, après une partie de chasse. Acculé par un cerf menaçant, il prononça le nom de Jésus-Christ et l'animal disparut. Il construisit un monastère en remerciement. Le tronc de chêne, toujours incrusté dans les marches de l'autel, accrédite la légende.

WIESENBURG (ind. tél. : 033849)

Où dormir ? Où manger ?

🛏 *Chambres d'hôte :* demandez la liste dans le petit magasin de la tour du château.

🍴 *Schloßschänke « Zur Remise » :* Schloßstrasse 2. ☎ et fax : 500-95. Ouvert tous les jours à partir de 11 h.

Au pied du château, ancienne remise transformée en auberge. Décor rustique typiquement allemand. Très bonne cuisine régionale. Prix très honnêtes.

À voir

🔸 **Le château :** l'été, visite de la tour du lundi au vendredi de 10 h à 17 h, le week-end de 10 h à 18 h. Entrée : 1 €. Un château élégant à l'architecture hétéroclite et inattendue. Très belle entrée et portes sculptées à l'intérieur de la cour. Faire le tour du château. Vu du magnifique parc, le château prend un tout autre visage. En face de l'entrée, admirez le bâtiment qui abrite aujourd'hui la bibliothèque.

RABEN (ind. tél. : 033848)

Où dormir ?

🏠 Le château (voir « Burg Rabenstein » ci-dessous) abrite aujourd'hui une ***auberge de jeunesse.*** • www.burgrabenstein.de • Compter 17,50 € par personne. Un « relais-châteaux » à petit prix : les adeptes du formica et de la toile cirée seront comblés !

À voir

🔸 **Burg Rabenstein :** ☎ 60-221. Ouvert tous les jours (se présenter). Visites guidées pour 2 €. Caché sur les hauteurs, dans les bois de Raben, ce château fort du XIIe siècle a été utilisé comme décor de cinéma. Le cadre se prête en effet aux aventures chevaleresques. Pas grand-chose à visiter, mais le lieu dégage une délicieuse atmosphère médiévale.

LE BRANDEBOURG ET SES HOMMES DE LETTRES

Une petite excursion dans les cités de Rheinsberg et de Neuruppin, au nord de Berlin, permet d'imaginer le cadre de vie d'hommes qui ont marqué l'histoire allemande.

RHEINSBERG (ind. tél. : 033931)

Tranquille bourgade familiale, Rheinsberg somnole le long du Grienericksee sur lequel valsent les bateaux de plaisance. Mais il fut un temps où cette ville croquignolette bouillonnait d'une fiévreuse activité intellectuelle. C'est ici que le prince héritier, futur Frédéric II, se livra avec entrain à de passionnantes discussions philosophiques et amorça une longue correspondance avec Voltaire. Le monarque, auteur de poésie, prétendit même avoir passé les plus belles années de sa vie à Rheinsberg !

Comment s'y rendre ?

En train

➢ **De Berlin :** départ Berlin-Charlottenburg, changement à Oranienburg ou à Löwenberg.

En voiture

> *De Berlin :* prendre l'autoroute A24 direction Hambourg. Sortie Neuruppin Süd.

Adresse utile

Tourist-Information Rheinsberg : sur la place principale, à côté du château. ☎ 20-59. Fax : 34-704. • www. rheinsberg.de/tourist-information • Ouvert tous les jours de 10 h à 16 h. Personnel affable et compétent.

Où dormir ? Où manger ?

Hôtel Der Seehof Rheinsberg : Seestrasse 18. ☎ 40-30. Fax : 403-99. • www.seehof-rheinsberg.com • Dans la rue perpendiculaire au lac, à côté du château. Prévoir de 100 à 115 € pour une double. Cet hôtel familial répartit ses chambres très confortables entre 2 bâtiments, le premier face au château, le second dans une ruelle qui descend vers le lac. Cour intérieure accueillante, impeccable pour le petit dej'. Accueil charmant.

See-Pavillon : Seestrasse 19c. ☎ 25-14. Ouvert tous les jours de 11 h à minuit. Plats principaux de 10 à 15 €. Un cadre de rêve pour une maisonnette de charme ! Précédé par une terrasse les pieds dans l'eau irrésistible par beau temps, le *See-Pavillon* aligne ses fenêtres cintrées directement face au lac. Carte classique agrémentée de quelques plats végétariens.

À voir

Le château et le parc : ☎ et fax : 21-05. Ouvert de 9 h 30 à 17 h. Fermé le lundi. Entrée : 5 € avec guide, 4 € sans. Du vénérable château du XVIe siècle il ne reste pratiquement rien. Racheté en 1734 par Frédéric-Guillaume Ier pour le compte de son fils, il fut totalement remanié dans le dessein d'en faire une confortable demeure seigneuriale. C'est l'architecte Georg Wenzeslau von Knobelsdorff, ami intime du jeune prince, qui acheva l'édifice, adoptant le style singulier qu'il portera à la perfection avec Sans Souci. À l'intérieur, de belles surprises : la *salle des Glaces,* avec son plafond peint par Antoine Pesne, est particulièrement impressionnante, tout comme les boiseries dorées incrustées de panneaux laqués orientaux du *salon* de l'appartement d'Amélie. Du beau travail ! Les jardins, épousant le contour du lac, offrent de beaux points de vue sur le château.

NEURUPPIN

À 30 km au sud de Rheinsberg, la petite ville de Neuruppin déroule ses ruelles multicolores sur les bords du Ruppiner See. Elle ne doit pas sa renommée à ses maisonnettes élégantes, mais à Théodor Fontane, l'illustre auteur des *Promenades à travers la Marche de Brandebourg.* Les nostalgiques marqueront une pause devant le n° 84 de la Karl-Marxstrasse, où l'homme de lettres a vu le jour le 30 décembre 1819. Théodor Fontane partage l'affiche avec une autre célébrité, Karl-Friedrich Schinkel. L'architecte, auteur des principaux monuments classiques de Berlin, est né à Neuruppin en 1781.

LE NORD DE L'ALLEMAGNE

LA CÔTE BALTIQUE – LE LAND DE MECKLEMBOURG-POMÉRANIE-OCCIDENTALE

SCHWERIN
99 000 hab.   IND. TÉL. : 0385

De toutes les villes de l'ex-RDA, Schwerin est l'une de celles où l'on se sent le plus à l'aise. Dans les huit lacs bordés de verdure qui encerclent la capitale du Mecklembourg-Poméranie-Occidentale, on découvre le reflet charmant d'une architecture discrète, mais d'exception. À l'origine (1018), la « Ville des lacs et des forêts » était slave, et cantonnée sur l'actuelle île du Château, dans un fortin nommé *Zuarin* (signifiant : territoire peuplé d'animaux). Après sa conquête, Henri le Lion, duc de Saxe et de Bavière, bâtit en ce lieu une véritable cité, la seconde à l'est de l'Elbe, et y installa sa résidence en 1160. Ainsi Schwerin demeura-t-elle capitale du duché de Mecklembourg jusqu'en 1918 et reçut-elle de riches ornements. Elle a traversé le siècle sans encombre, échappant à la guerre, à l'urbanisation ou au tourisme de masse, et a même retrouvé son rang de capitale administrative du Land depuis 1990. Une halte rafraîchissante à une demi-heure de la mer Baltique et tout près de la plage de Zippendorf.

Adresses utiles

■ *Schwerin-Information* (plan B2) : Markt 10. ☎ 592-52-122. Fax : 55-50-94. ● www.schwerin.de ● Ouvert en semaine de 9 h à 18 h, le samedi de 10 h à 16 h et le dimanche de 10 h à 14 h. Hôtesses compétentes et souriantes. Liste et réservation des chambres chez l'habitant. Bonne carte de la ville où figurent les moyens de transport (2 €). Quelques prospectus en français. Bon plan : pour une jolie visite, demandez les services du guide français, Pierre Congard, authentique Breton-vadrouilleur « pur beurre ». Ses commentaires ont l'accent de Brest (à couper au couteau !), et la fraîcheur du grand large en prime. Les routards-moussaillons apprécieront !

■ *Hauptbahnhof* (gare ferroviaire ; plan A1) : Grunthalplatz. Renseignements : ☎ 01805-99-66-33. Plusieurs trains par jour à destination des principales villes européennes et allemandes (Berlin, Dresde, Leipzig, Halle, Magdebourg). Dessertes quotidiennes de la côte Baltique (Hambourg, Lübeck, Wismar, Rostock, Stralsund). Consignes.

■ *Proxy : Das Internet Café* (plan A2) : Fritz-Reuter Strasse 30 (à l'angle de la Von Thünen Strasse). Dans une chouette salle toute jaune et striée de poutres bleues, *Proxy* dispose d'une quinzaine de postes pour les mordus de la toile !

■ *Weiße Flotte* (plan B2, 1) : embarcadère sur Werderstrasse, devant le château. ☎ 55-777-0. À partir de 8 €, réductions. Propose 4 balades différentes sur le Schweriner See : 1 h et 1 h 30, petits ronds dans l'eau ; 2 h : croisière au long cours sans escale ! Plusieurs fois tous les jours, été comme hiver (prévoir une petite laine). Service de bar à bord. Également navettes pour Zippendorf et Kaninchenwerder.

■ *Taxis :* devant la gare. Plus souvent libres qu'à Berlin.

Où dormir ?

Camping

Seehof Camping : 19069 Seehof. ☎ 51-25-40. Fax : 581-41-70. • www.ferienparkseehof.de • À 8 km au nord. En voiture, route de Wismar, puis à droite en suivant le fléchage. En bus, ligne n° 8, de la gare. Le dernier part vers 22 h. Ouvert toute l'année. Compter 14 € pour 2 avec tente et voiture. Douche en sus. Situé en pleine nature, au bord du lac Seehof (baignade autorisée), cet immense camping offre des emplacements propres et ombragés. Sanitaires impeccables. Également quelques bungalows. Petit resto et sports nautiques.

Bon marché

– **Chez l'habitant :** se renseigner à l'office du tourisme.

Jugendherberge Kurt Burger : Waldschulweg 3. ☎ 326-00-06. Fax : 326-03-03. • jh-schwerin@djh-mu.de • Au sud-est de Schwerin. Depuis la Marien Platz, prendre le bus n° 14 jusqu'au terminus, ou la navette de la *Weiße Flotte* jusqu'à Zippendorf puis marcher à l'opposé de la plage (nord-ouest). Compter moins de 15 € pour les moins de 27 ans, 17,50 € pour les autres, petit dej' compris. Réservation conseillée. Cadre vraiment agréable, avec la forêt et la Schweriner See comme seuls vis-à-vis, mais éloigné du centre-ville. En revanche, elle constitue un excellent camp de base pour les balades à pied ou à vélo, ou plus simplement pour le farniente sur la plage de Zippendorf.

Prix moyens

Hospiz Am Pfaffenteich *(plan A-B1, 12)* : Gaußstrasse 19. ☎ 56-56-06. Fax : 56-96-13. Doubles avec salle de bains pour 62 €. Réservation conseillée. L'adorable patronne dirige cet hôtel familial de main de maître. Tout est décoré avec goût et respire la propreté, depuis les chambres douillettes jusqu'à la salle à manger cossue. Quartier calme et résidentiel.

Hotel Am Hauptbahnhof *(plan A1, 10)* : Grunthalplatz 11-12. ☎ 557-42-97. Fax : 557-42-96. • www.stadtundnatur.de • Compter 61 € pour une double avec salle de bains. En sortant de la gare, rincez-vous l'œil sur la plantureuse statue de bronze qui orne la place (elle en a choqué plus d'un en son temps !), puis traversez la rue. Un hôtel coquet, tout de jaune vêtu, équipé de chambres confortables et bien tenues. Le buffet du petit dej' montre la même opulence que l'accueil du patron. Assez calme, mais réserver quand même une chambre ne donnant pas sur la place de la gare.

■ **Adresses utiles**
  - 🛈 Office du tourisme
  - 🚆 Gare ferroviaire
  - ✉ Poste centrale
  - 1 Weiße Flotte
  - @ Proxy : Das Internet Café

🛏 **Où dormir ?**
  - 10 Hotel Am Hauptbahnhof
  - 11 Zur Guten Quelle
  - 12 Hospiz Am Pfaffenteich

🍴 **Où manger ?**
  - 20 Alt Schweriner Schankstuben
  - 21 Kartoffelhaus
  - 22 Weinhaus Uhle

🍷 **Où boire un verre ?**
  - 30 Zum Freischütz
  - 31 Spind
  - 32 Café Prag

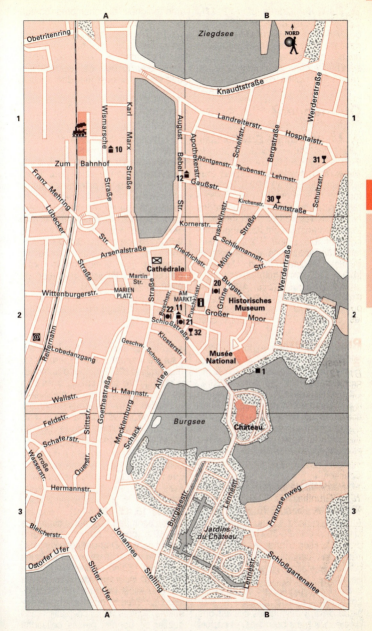

SCHWERIN

🏠 **Zur Guten Quelle** (plan A2, 11) : Schusterstrasse 2. ☎ 56-59-85. Fax : 50-07-602. • www.zur-guten-quelle.m-vp.de • Prévoir 72 € pour une double, moins cher pour un plus long séjour. Derrière les colombages de cette jolie maison d'angle se cache une poignée de chambres confortables et bien équipées. À un jet de pierre d'Am Markt, elles bénéficient de la tranquillité des rues piétonnes qui l'environnent. Terrasse impeccable pour le petit dej' donnant sur une venelle pittoresque. Bon accueil.

Où manger ?

🍴 **Alt Schweriner Schankstuben** (plan B2, 20) : Schlachterstrasse 9-13. ☎ 59-25-30. Derrière le *Rathaus* de la Marktplatz. Ouvert tous les jours, de 11 h 30 à 22 h. Plats autour de 10 €. Bondé à midi : le routard avisé ne viendra qu'entre les heures de repas. Par beau temps, la terrasse tranquille est absolument incontournable. Sinon, la salle accueillante offre une bonne alternative pour déguster les spécialités du Mecklembourg. Serveurs aimables.

🍴 **Kartoffelhaus** (plan A-B2, 21) : Puschkinstrasse 81. ☎ 557-10-71. Au coin de Schloßstrasse, et juste en face du très renommé *Café Prag*. Ouvert tous les jours de 11 h à minuit. On a la panse pleine pour moins de 15 €. Entre les planches, poutres et objets rustiques, le cadre de ce resto est particulièrement chaleureux. Derrière ses fourneaux, le chef est un dieu vivant de la pomme de terre, qu'il prépare avec un amour infini : en salade, purée, robe de chambre, avec viande grillée (bœuf ou cochon)... Bonjour la corvée de patates ! Service rapide.

Plus chic

🍴 **Weinhaus Uhle** (plan A2, 22) : Schusterstrasse 13-15. ☎ 56-29-56. Ouvert tous les jours de 11 h à minuit. Addition aux alentours de 20 €. On croit découvrir une simple taverne à vin, comme son nom semble l'indiquer... Et on défile sous les lustres d'un plafond en arceau, agrémenté de moulures et recouvert de fresques et d'anges en médaillons ! La botte secrète des pays de l'Est vient encore de frapper : un luxueux resto historique (1926) où, pour des menus à prix encore abordables, on s'offre un mémorable dîner aux chandelles ! Quelques plats seulement (canard, truite, spécialités allemandes), mais une cuisine vraiment bonne dans un cadre intime et confortable.

Où boire un verre ?

🍷 **Zum Freischütz** (plan B1, 30) : Am Ziegenmarkt 11 (au bout d'Amtstrasse). ☎ 56-86-55. Tous les soirs dès 18 h. Rien d'innocent à ce que la carte des consos ressemble à un disque de stationnement : il convient de stopper net au comptoir ! Essayer la *Zintlikor*, typiquement du coin (bon courage !). Lumière tamisée et musique *destroy* attisent les discussions des jeunes gens branchés, et parfois M. le Maire en personne vient boire son canon. Un rien élitiste.

🍷 **Spind** (plan B1, 31) : Bornhövedstrasse 16. ☎ 557-44-21. Tous les soirs à partir de 18 h, sauf le dimanche dès 10 h (pour le *brunch* !). Le verre autour de 5 €. Derrière son comptoir, le patron a installé deux authentiques vestiaires (*Spind* signifie placard en allemand) pour garder jalousement ses bouteilles. La carte, en tôle également, renferme quelques trésors liquides : bières, vins, cocktails ; sans oublier de bonnes petites collations (bon marché). La clientèle d'étudiants met une excellente ambiance.

🍷 **Café Prag** (plan B2, 32) : Schloßstrasse 17. ☎ 56-59-09. Dans la rue face au château. Ouvert du lundi au vendredi de 8 h à 19 h, les samedi et dimanche à partir de 10 h. Compter moins de 8 €. Certes, l'atmosphère de cet élégant salon de thé est un tantinet compassée... Mais les lustres et les dorures évoquent le charme de la Belle Époque ! Un incontournable, envahi par les mamies chic à l'heure du thé. Gâteaux très alléchants.

À voir

🎭 **La cathédrale** *(Dom ; plan A-B2)* **:** Am Markt. De mai à septembre, ouvert tous les jours de 10 h à 17 h, et le dimanche à partir de 12 h ; ferme à 16 h le reste de l'année. Accès à la tour pour 1 €. Construite entre 1270 et 1416, cette cathédrale gothique de brique rouge demeure l'un des rares témoignages de l'architecture médiévale à Schwerin. Son fondateur, Henri Ier, lui avait rapporté de Palestine une goutte de sang du Christ ! En revanche, la tour monumentale de 117 m est un ajout du XIXe siècle (vue imprenable sur les lacs et la ville). À l'intérieur, superbes fresques du début du XIVe siècle, bronzes, orgues, etc.

🎭 **La vieille ville** *(plan A-B2)* **:** autour du *Markt*. La place elle-même est fort séduisante, avec son étonnant *Rathaus (hôtel de ville)* néogothique tout crénelé et ses belles façades rénovées. Visez le cavalier d'or sur le toit ; il s'agit d'Henri le Lion, fondateur de la ville. À droite du *Rathaus*, le bâtiment blanc à colonnes était l'ancienne halle du marché (XVIIIe siècle) construite pour éviter que les habitants ne dansent (ils aimaient bien ça !) sur la tête de leurs ancêtres ; car le cimetière se trouvait tout autour de la cathédrale ! Derrière l'hôtel de ville, très jolies maisons à colombages et à pignons du XVIIe siècle. Derrière la cathédrale, les nombreuses maisons en brique, certaines à l'abandon, donnent une étrange atmosphère au quartier. Dans Schmiedestrasse, face au *Rathaus*, notez à quel point les maisons penchent d'un côté, comme si les architectes de l'époque avaient eu le vertige. Ne pas manquer non plus l'adorable maison à colombages de 1698, dans Buschstrasse, au n° 15 : tout un côté est suspendu dans le vide ! La raison : à l'époque, les habitants payaient un impôt sur la superficie au sol ; malin, non ? ! Derrière l'hôtel de ville, visitez donc le *Schlachtermarkt* ou *marché des bouchers* (tous les jours sauf les dimanche et lundi de 8 h à 17 h) ; fontaine amusante.

🎭🎭🎭 **Le château** *(Schloß ; plan B3)* **:** Lennestrasse 1. ☎ 56-57-38. Visite du mardi au dimanche de 10 h à 18 h (17 h d'octobre à avril). Fermé le lundi. Entrée : 4 € ; réductions. Difficile de le rater. Dressé sur une île face à la vieille ville, cet immense château néo-Renaissance du XIXe siècle brandit une forêt de pinacles, clochers et autres tourelles au-dessus des eaux. Pas moins de 450 salles richement décorées occupent l'édifice. De quoi se dégourdir les gambettes ! Certaines d'entre elles sont remarquables, comme la salle du Trône avec son chauffage central planqué derrière les moulures. Le château abrite également une galerie de peintres régionaux. Au 2e étage, délicieux petit café à l'atmosphère désuète.

🎭 **Le jardin du château** *(Schloßgarten ; plan B4)* **:** ouvert en permanence. Derrière le bel édifice, prendre le pont tournant qui permettait au dernier duc du Land (début XXe siècle) de faire passer son yacht. Immense et vraiment splendide, avec ses belles allées romantiques et ses canaux où valsent les cygnes. Le chemin de gauche, *Französenweg* (chemin des Français), mène à la station balnéaire de Zippendorf (4 km)...

🎭🎭 **La galerie de peinture du Musée national** *(plan B2)* **:** Alter Garten 3. ☎ 595-80. ● www.musuem-schwerin.de ● Sur la place située face à l'île du château. Ouvert de 10 h à 17 h et jusqu'à 20 h le mardi. Fermé le lundi.

Entrée : 4 €. Informations en anglais. Sa riche collection de peintres hollandais du XVIIe siècle en fait un des plus importants musées d'art du Nord de l'ex-RDA. Toutefois, les peintres français et anglais du XVIIIe siècle sont également bien représentés, ainsi que les artistes allemands du XVIe au XXe siècle. Au rez-de-chaussée, 2 salles consacrées à Marcel Duchamp : nombreux écrits et dessins, comme la Joconde à moustaches ! Expos temporaires. Juste à côté du musée, se trouve le premier Théâtre national allemand (1753), point d'orgue d'une longue tradition à Schwerin.

➤ DANS LES ENVIRONS DE SCHWERIN

À voir

Schloß Ludwigslust : dans la ville de Ludwigslust, à 38 km au sud de Schwerin. ☎ (03874) 281-14. ● www.museum-schwerin.de ● Ouvert du mardi au dimanche de 10 h à 18 h de mi-avril à mi-octobre, jusqu'à 17 h le reste de l'année. Entrée : 3 €, réductions. Le duc de Mecklembourg, ayant englouti l'essentiel de sa fortune lors de la construction du château (1772-1776), n'avait plus le moindre sou vaillant pour décorer ses salles d'apparat. Il eut l'idée d'un subterfuge original : ses artisans inventèrent une sorte de papier mâché, avec lequel ils façonnèrent la plupart des moulures et des bustes. Plus qu'un luxueux artifice, les décorations de Ludwigslust se révèlent être une véritable œuvre d'art ! Bien malin celui qui reconnaîtra le vulgaire matériau, là où chacun contemple avec certitude les marbres ou les bois précieux.

À faire

Zippendorf : une **plage** de vrai sable, à 30 km de la mer ! Point de rendez-vous des familles de Schwerin le week-end, l'eau y est curieusement moins fraîche qu'on ne l'imagine. Ce n'est qu'une mer intérieure, ceci expliquant cela. On pourrait presque se croire en Normandie... Location de **barques** et **pédalos**.

– Les **bateaux** de la *Weiße Flotte* partent toutes les heures de l'embarcadère situé près de l'île du château. Dernier départ de Schwerin vers 17 h, retour 1 h après. Compter 20 mn de balade.

WISMAR   48 000 hab.   IND. TÉL. : 03841

En montant à l'abordage de cette vieille cité portuaire, votre *Routard* (pourfendeur touristique !) en guise de sabre, vous succomberez aux sirènes : maisons, places, ruelles pavées, églises et vieux port, autant de fabuleux joyaux d'architecture dont vous ne remporterez que les plus vifs souvenirs... Son atmosphère médiévale séduisit d'ailleurs Werner Herzog, qui choisit d'y tourner son fameux *Nosferatu*. Fondée en 1229, Wismar connut un développement considérable après avoir signé un pacte de protection contre les pirates. Ses gigantesques églises gothiques en brique témoignent encore de cette époque glorieuse. La guerre de Trente Ans précipita la ville aux mains des Suédois jusqu'en 1803, date à laquelle elle fut rachetée par le duché du Mecklembourg. Longtemps réputée pour ses pêcheries et chantiers navals, Wismar s'est désormais reconvertie avec succès dans le tourisme (local).

WISMAR

Adresses utiles

Wismar Information : Am Markt 11. ☎ 194-33. Fax : 251-30-91. • www.wismar.de • Ouvert tous les jours de 9 h à 18 h. Hôtesses sympathiques. Fournissent gratuitement un plan de la ville. Se procurer la petite brochure *Gastgeber-Freizeit-Gastronomie*, contenant les adresses des hôtels, pensions, chambres chez l'habitant, et autres bons plans de la ville (restos, expos, sports).

Fragzone : Frischegrube 2. Face à Nikolaikirche, à côté du musée. Ouvert de 13 h à 1 h du matin. Compter moins de 4 € pour 1 h de connexion. Au cœur du centre historique, cette vaste salle aux allures d'entrepôt dispose d'une dizaine d'ordinateurs pour les internautes. Anachronique ?

Où dormir ?

Wismar devenant le « Honfleur de la Baltique », tous les hôtels y sont très chers, à vous de choisir. Nous vous avons dégoté, malgré tout, quelques adresses routardes tout à fait abordables.

Camping

Ostseecamping Zierow : Strandstrasse 19c, 23968 Zierow. ☎ 64-23-77. Fax : 64-23-74. • www.meckpom.com/ostseecamping • À 6 km au nord-ouest de Wismar. Accessible par la route n° 105 en direction de Lübeck. Ouvert toute l'année. Réception de 9 h à 13 h et de 15 h à 22 h (19 h en basse saison). Prévoir 14 € pour 2, avec tente et voiture. Si le cadre de ce camping en bord de mer est exceptionnel, n'oubliez pas d'emporter quelques sardines supplémentaires pour amarrer votre tente (y'a du zef par ici !). L'endroit manque un peu d'ombre, mais vous êtes ici pour bronzer, non ? Amusante petite ménagerie à l'entrée avec un lama, quelques chèvres et un poney. Calme et bien équipé (resto, aire de jeux), mais sanitaires vieillots.

Bon marché

– **Chez l'habitant :** se renseigner à l'office du tourisme.

Jugendherberge Wismar (AJ) : Juri-Gagarin-Ring 30a. ☎ 32-680. Fax : 32-68-68. • jh-wismar@t-online.de • À l'ouest de la vieille ville. Compter 16 € pour les moins de 27 ans, environ 19 € pour les autres, petit dej' compris. À 15 mn à pied du centre-ville, cette auberge propre et bien équipée occupe une grande bâtisse de brique rouge (difficile de la rater !). En revanche, la déco intérieure mériterait un brin de fantaisie.

Prix moyens

Pension Fasan : Bademutterstrasse 20a. ☎ 21-34-25. Fax : 20-22-85. • www.pension-chez-fasan.de • Dans la seconde rue derrière le *Rathaus* (hôtel de ville). Chambres doubles avec salle de bains pour 50 €, petit dej' compris. Réservation conseillée. Située au cœur du centre historique, cette jolie maison ocre offre une vingtaine de chambres rénovées et très accueillantes. Salle à manger coquette dont les fenêtres ouvrent sur une petite cour intérieure. Accueil charmant.

LA CÔTE BALTIQUE

Où manger ? Où boire un verre ?

|●| ▼ To'n Zägenkrog : Ziegenmarkt 10. ☎ 28-27-16. Près du vieux port, à l'angle de Ziegenmarkt et de Frische Grube. Ouvert du lundi au samedi de 11 h 30 à 14 h 30, et tous les jours de 17 h 30 à 1 h. La « cale » pleine pour environ 10 €. Un authentique resto de loup de mer, décoré d'objets maritimes, et offrant un grand choix de plats de poisson : harengs, rollmops, et salades, que les routards-moussaillons arroseront copieusement (élémentaire, capitaine !). Cramponnez-vous à la barre en sortant ! Atmosphère bon enfant et service adorable (même s'il est parfois fantaisiste).

|●| ▼ Brauhaus am Lohberg zu Wismar : Kleine Hohe Strasse 15. ☎ 25-02-38. En bordure du vieux port. Ouvert du lundi au dimanche, de 11 h à minuit. L'addition à moins de 15 €. Cette bâtisse historique (XVIe siècle), toute en colombages et brique rouge, renferme un charmant resto-bar, où le patron brasse lui-même sa bière. Deux cuves viennent enrichir l'atmosphère déjà chaleureuse (bois partout) de l'endroit. Quelques bonnes salades, plats de viande, mais surtout des poissons à la fraîcheur irréprochable servis généreusement. Agréable terrasse dans une rue semi-piétonne. D'autres restos et pubs sympas à côté.

|●| Alter Schwede : Am Markt 20. ☎ 28-35-52. Tous les jours de midi à minuit. Addition de 15 à 20 €. Occupe une superbe demeure bourgeoise dont l'étonnante façade en brique est classée. Magnifique décor : lances aux murs, drakkars et galions au plafond ! Cuisine solide de terroir.

|●| Mecklenburger Mühle : 23972 Dorf Mecklenburg. ☎ 39-80. À l'entrée de Mecklemburger Dorf, à 6 km au sud de Wismar. Ouvert tous les jours à partir de 11 h. Compter moins de 15 €. Un vieux moulin à vent transformé en resto ! Les yeux rivés sur les vestiges de la machine (couronne crantée au plafond), vous engloutirez des plats à base de cochon ou de poisson. Également quelques salades copieuses.

À voir. À faire

¶¶ Quatre *églises* dans un périmètre restreint : *Sankt Marien* (XIVe siècle) et ses tours effilées. *Heiliggeist-Spitalkirche* (XIVe siècle) et sa belle école de musique, les ruines de *Georgenkirche* (XIVe-XVe siècles, où l'horloge continue de donner l'heure exacte !) et *Nikolaikirche* (XIVe-XVe siècles), la mieux conservée et la plus touristique. Visite tous les jours de 10 h à 12 h 30 et de 13 h 30 à 16 h, le dimanche de 13 h à 16 h. Entrée : 1 €. Intérieur magnifique avec de belles maquettes de bateaux, cité portuaire oblige !

¶ *Le musée de la Ville* (Stadtgeschichtliches Museum) : Schweinsbrücke 8. ☎ 28-23-50. ● www.schabbellhaus.de ● En face de Nikolaikirche. De mai à octobre, ouvert du mardi au dimanche de 10 h à 20 h. Fermeture à 17 h de novembre à avril. Entrée : 2 €, réductions. Gratuit le vendredi. Très belle maison du XVIe siècle avec son pignon à volutes et une entrée pleine de charme. La vocation maritime de la ville est présentée à travers de nombreuses maquettes de bateaux, quelques peintures et outils (atelier du charpentier de marine). Un curieux instrument à tresser les aussières et d'autres objets amusants.

¶¶ *Marktplatz* (place du Marché) : de saisissantes façades colorées à pignons datant, pour la plupart, des XVIIe-XVIIIe siècles. Remarquez la plus vieille maison (1380) de la place – qui abrite le resto *Alter Schwede* (Vieux Suédois) –, avec son pignon pittoresque en brique rouge. Étonnante fontaine couverte (Wasserkunst) qui alimentait la ville en eau du XVIe siècle à

1897. À l'un des angles, une pharmacie bien curieuse, du XVIIe siècle : blanc et rose, comme sortie d'un roman de Barbara Cartland ! Enfin, l'*hôtel de ville (Rathaus)*, bâtiment blanc du début XIXe siècle.

🕯 **Alter Hafen** *(vieux port) :* pittoresque et désordonné comme il se doit. On y ressent plus qu'à Rostock cette atmosphère chargée d'aventures et d'histoire qui fait rêver tous les routards du monde... Autour du bassin, caressez donc de votre imagination les quelques vieux gréements, et... prenez la mer. Les compagnies maritimes proposent promenades, visites du port et excursions nocturnes (de mai à octobre). Se renseigner, par exemple, auprès de *Clermont,* ☎ (038425) 206-89. La plus intéressante est la balade jusqu'à l'*île de Poel,* à l'entrée de la baie de Wismar (2 h aller-retour). En quittant la terre ferme, jetez un dernier regard aux deux étonnantes *têtes de Suédois (Swedenköpfe)* plantées devant le bureau du port depuis le XVIIe siècle (fonction inconnue).

➤ *DANS LES ENVIRONS DE WISMAR*

L'ÎLE DE POEL

Située à une dizaine de kilomètres de Wismar, cette île de 2 800 âmes est le lieu de villégiature de nombreux Allemands de l'ex-RDA. Accessible par la route (bus de Wismar toute l'année), mais aussi par bateau au départ de Wismar. L'île étant toute petite (7 km de long sur 4 km de large), la route est saturée en saison et tout particulièrement le week-end. Le meilleur moyen de circuler est alors le vélo. Parkings payants, ainsi que certaines plages ! C'est toutefois hors saison un endroit paisible, idéal pour une courte excursion. Charmants petits hameaux en bord de mer, champs à perte de vue, nombreuses criques où l'on peut se baigner... Nous vous recommandons particulièrement *Timmensdorf* (à l'ouest de l'île) avec son petit port de plaisance dont l'adorable vieux phare domine la plage de sable fin (côte très sauvage).

DE WISMAR À ROSTOCK

Route de campagne très agréable : longs champs de colza, maisons en chaume, moulins en bois, forêt peuplée d'écureuils...

Où dormir ?

– Nombreuses **chambres chez l'habitant** dans tous les villages.

🛏 **Jugendherberge Bad Doberan** *(AJ) :* Tempelberg 1a, 18209 Bad Doberan (à mi-chemin entre Wismar et Rostock). ☎ (038203) 624-39. Fax : (038208) 622-28. • jh-bad-doberan@t-on-line.de • Compter moins de 14 € la nuit par personne. Dans une grande maison défraîchie mais agréable sur les hauteurs de la ville. Chambres correctes au mobilier vieillot. Terrasse sympa avec bassin et tonnelle. Terrain de sport.

À voir. À faire

🎭🎭🎭 **Doberaner Münster** *(abbatiale de Bad Doberan) :* à la sortie de cette petite ville, sur la gauche, protégée par un mur de brique. Visites de mai à septembre, de 9 h à 18 h, 17 h le reste de l'année. Entrée : moins de 2 €, réductions. Une splendeur. Gigantesque église de la fin du XIIIe siècle, considérée à juste titre comme l'une des plus belles du pays. Derrière : joli parc, étang et ponts en bois.

- *Le Mecklembourg en train à vapeur* : à la *Bahnhof* (gare) de Bad Doberan. ☎ (038203) 415-0. Départ toutes les heures de 9 h 20 à 16 h 45. Ticket à 9 €. *Molli*, une locomotive fumante et pétaradante d'un autre âge, tracte nonchalamment une dizaine de wagons vétustes vers la station balnéaire d'*Heiligendamm*. Une réjouissante balade de 45 mn.

ROSTOCK 202 000 hab. IND. TÉL. : 0381

Le plus grand port de l'ex-RDA et sa porte maritime vers le monde. Rostock est une ville aérée et cosmopolite, majestueuse avec ses hautes façades multicolores et ses clochers élancés... Le 7 fut longtemps son chiffre porte-bonheur : on y trouvait en effet 7 ponts, 7 rues commerçantes, 7 tours au sommet de l'hôtel de ville, 7 portes à l'église Sainte-Marie (superbe), etc. Elle bénéficie depuis quelques années d'un gigantesque programme de réhabilitation, espérant participer à la grande aventure touristique du XXIe siècle. Pari gagné ! Le centre-ville a été rendu aux piétons, qui redécouvrent avec plaisir les joyaux de Rostock. Les maisons à pignons caractéristiques de la Hanse ont été rénovées avec soin, offrant aux regards un large panel de couleurs attrayantes. En revanche, le célèbre port n'est pas sur la Baltique mais sur le fleuve qui s'y jette, la Warnow. Pour voir la mer, on ira jusqu'à Warnemünde, agréable station balnéaire.

Adresses et infos utiles

- *Tourist-Information* (plan B2) : Neuer Markt, 3. ☎ 381-22-22. Fax : 381-26-02. ● www.rostock.de ● L'été, ouvert du lundi au vendredi de 10 h à 19 h, jusqu'à 16 h le week-end ; le reste de l'année, jusqu'à 18 h en semaine et 15 h le samedi. Personnel efficace. Infos sur l'hébergement, les activités culturelles et les ferries pour le Danemark, la Suède et la Finlande. Bon plan : la *Rostock Card*, valable 48 h (8 €), offre la gratuité des transports (jusqu'à Warnemünde !), une visite guidée de la ville et de nombreuses réductions.

- ✉ *Poste centrale* (plan B2) : Neuer Markt, face au *Rathaus*.

- @ *Surf Inn* (plan A1) : dans la galerie commerciale Kaufhof, à l'angle de la Lange Srasse et de la Breite Strasse. Au 2e étage. ☎ 375-62-16. Ouvert de 9 h à 20 h. Fermé le dimanche. Compter 3 € pour 1 h de connexion. Pas vraiment d'intimité, mais c'est l'endroit le plus pratique pour consulter sa boîte aux lettres !

- *Horaires des trains* : dans la plupart des hôtels. Également au ☎ 01805-99-66-33. Plusieurs trains quotidiens pour Berlin (2 h 30 de trajet), Leipzig (5 h), Dresde (6 h 30), Schwerin (1 h), Wismar (1 h 30), Stralsund (1 h), Hambourg (3 h), Munich (12 h).

- *Ferry-boats* : à destination des îles danoises (Gedser et Ronne), de la Suède (Stockholm, Trelleborg et Södertälje), de la Finlande (Hanko et Helsinki) et de l'Estonie (Tallin), au moins 3 départs quotidiens. Infos ● www.superfast.com ● et réservations auprès des compagnies : *TT-Line*, ☎ 67-07-90 ; *Silja Line*, ☎ (0451) 589-92-22 ; *Superfast Ferries*, ☎ (0451) 88-00-62-00 ; *Scandlines*, ☎ 673-12-17 ou 01805-72-26-35-46-37.

ROSTOCK

- **Adresses utiles**
  - Tourist-Information
  - Poste centrale
  - @ Surf Inn
- **Où dormir ?**
  - **10** City Pension
- **Où manger ?**
  - **20** Brödner's Goldbroiler
  - **21** Zum Alten Fritz
  - **22** Petrikeller
- **À voir**
  - **30** Neuer Markt
  - **31** Kerkhofhaus
  - **32** Stein Tor
  - **33** Kuh Tor
  - **34** Kröpeliner Tor et musée d'Histoire de la Ville
  - **35** Marienkirche
  - **36** Nikolaikirche
  - **37** Bibliothèque Willi Bredel

Où dormir ?

Rostock offre peu de possibilités d'hébergement bon marché. La meilleure solution reste de trouver un logement dans la station balnéaire de Warnemünde, à quelques kilomètres de là, et facilement accessible par le S-Bahn.

Campings

Deux campings, mais assez loin de la ville. Le premier, **Rostocker Heide,** est à *Graalmüritz* (25 km au nord). ☎ (038206) 775-80. Fax : (038206) 791-94. ● ostseecamp@t-online.de ● Fermé d'octobre à avril. Compter environ 16 € pour 2, avec tente et voiture. Un grand camping très propre, en pleine forêt (ombre), et au bord d'une plage de sable blanc de 5 km de long. Excellent accueil (les Français sont une denrée rare !). Le second est à *Markgrafenheide,* à 20 km au nord également. Voir « Où dormir ? » à Warnemünde.

Bon marché

– *Chez l'habitant :* se renseigner à l'office du tourisme.

Prix moyens

🏠 *City Pension* (plan A1, 10) : Krönkenhagen 3. ☎ 25-22-60. Fax : 252-26-24. Au cœur de la vieille ville. Chambres doubles avec salle de bains de 60 à 72 €, petit dej' compris. Dans une ruelle calme et pavée, située à deux pas des quais du port (rires des mouettes), cette pension rénovée propose une poignée de chambres (simples ou doubles) impeccables. Bon accueil et excellent rapport qualité-prix.

🏠 *Pension Am Doberaner Platz* (hors plan par A2) : Doberaner Strasse 158. ☎ 49-28-30. Fax : 492-83-33. À 2 pas de la Kröpeliner Tor. Doubles avec salle de bains pour 67 €, petit dej' compris. Une pension lumineuse, nichée dans une maisonnette flambant neuve dissimulée par un rempart d'immeubles. Du même coup, les chambres confortables et spacieuses bénéficient d'un calme inhabituel pour une grande cité. Agréable salle à manger, surveillée par une vieille horloge dont les aiguilles rythment la mastication. Bon accueil.

Où manger ?

|●| *Café Central* (hors plan par A2) : Leonhardstrasse 22. ☎ 490-46-48. À 5 mn de la Kröpeliner Tor. Ouvert tous les jours de 9 h 30 à 2 h du matin, à partir de 10 h le dimanche. Plats de 6 à 8 €. L'un des repaires d'étudiants de la ville (ils sont plus de 12 000 à Rostock !). En salle ou en terrasse, on dévore des salades rafraîchissantes ou de bons plats servis généreusement tout en refaisant le monde... avant d'aller à la plage. Service détendu.

|●| *Zum Alten Fritz* (plan A1, 21) : Warnowufer 65. ☎ 20-87-80. Ouvert tous les jours de 11 h à 23 h. Addition aux alentours de 15 €. Sur le quai du port, ce grand resto plaira à ceux qui veulent rêver à des horizons lointains. Cargos « au départ », « à l'arrivée », et votre assiette toujours bien « chargée » en poisson frais de la mer Baltique. Essayez le *Fischpfanne Likedeeler,* ou le *Lachswürfel in Rahm* ; de quoi bien se remplir la « cale » ! Également copieux plats de viandes (bœuf et cochon). En été, l'agréable terrasse accueille des moussaillons de tous âges.

|●| *Petrikeller* (plan B1, 22) : Hartestrasse 27. ☎ 45-58-55. Ouvert tous les jours de 18 h à 22 h 30. Compter environ 15 €. Ambiance médiévale dans cette belle cave voûtée éclairée par des bougies. Les serveuses avec grelots proposent des plats qui sortent du « cochon quotidien », entendez : canard, lapin, poissons et coquillages. Bien évidemment, on mange avec les doigts, et la vinasse coule à flots dans des gobelets en terre cuite. Au moment de payer, on vous apporte les dés, et si vous faites trois « 1 », vous repartez sans sortir votre bourse. Idéal pour jouer les routards-fripouilles !

|●| *Brödner's Goldbroiler* (plan A2, 20) : Kröpelinerstrasse 81 (rue piétonne). ☎ 493-44-07. Service de 11 h à 22 h, et jusqu'à 18 h le samedi. Fermé le dimanche. Plats principaux de 8 à 10 €. Un resto-café qui fête ses 30 ans. Grande salle animée et terrasse plaisante sur la rue piétonne. Carte proposant soupes, salades, spécialités de poulet et de *Mecklenbourg,* bière pression de Rostock et desserts maison.

Où boire un verre ?

🍸 **La Casa de Cuba** (hors plan par A2) : Barnstorfer Weg 10. ☎ 490-02-03. À 5 mn de la Kröpeliner Tor et à côté de Doberaner Platz (quartier étudiant). Ouvert tous les jours de 9 h à minuit environ. Le verre autour de 5 €. D'emblée, la lumière tamisée et les rythmes cubains comblent d'aise les nouveaux arrivants. Ambiance chaleureuse, jusque dans le petit *Biergarten* (terrasse) où les discussions des jeunes gens s'embrasent sous l'effet des délicieux cocktails. Une adresse incontournable le week-end.

À voir

🚶🚶🚶 **Neuer Markt** (plan B2, 30) : place principale de Rostock. Tramway nos 11 et 12 de la gare. L'hôtel de ville, des XIIIe et XIVe siècles, s'y distingue par sa façade rose bonbon et ses sept petits campaniles de brique rouge et noire. Spectaculaire ! En face, alignement de ravissantes maisons à pignons, vert épinard, jaune moutarde ou plus simplement couleur crème. Un régal pour l'œil !

🚶🚶 **Kerkhofhaus** (plan B2, 31) : derrière le Rathaus, au n° 5. Encore une magnifique façade. Maison d'habitation datant de 1470, aux briques orange, jaunes ou vertes vernissées. De style gothique flamboyant, son sommet est à pignons « à redents ».

🚶🚶 **Kröpelinerstrasse** : rue piétonne commerçante, bordée de splendides façades colorées (différents styles). À droite du resto *Brödner's Goldbroiler*, la **bibliothèque Willi Bredel** (plan A2, 37). La façade (XVe siècle) de cet ancien presbytère est un chef-d'œuvre de l'architecture de Rostock, avec sa mosaïque de briques contrastées et son pignon dentelé. Plus loin, le bâtiment massif de l'université, construit au XIXe siècle dans le style néo-Renaissance, domine une fontaine tout à fait curieuse. Juste en face, à l'angle de la Breite Strasse, les automates et les cloches d'une horloge font la joie des petits et des grands.

🚶🚶 Au bout de Steinstrasse, la grosse **Stein Tor** (plan B2, 32), porte dont la fondation remonte au XIIIe siècle. En face, l'ancien siège des armées populaires. Ce ne sont pas elles qui vous intéresseront, gentil pacifiste que vous êtes, mais la dentelle rouge de cette maison néogothique, splendide.

🚶 **Les remparts** : enceinte médiévale dont il ne reste plus grand-chose, sinon la **Kuh Tor** (plan B2, 33), datant de 1260, « porte des Vaches », située non loin de la Stein Tor. D'autres vestiges des fortifications au bout de la Wallstrasse, le long du joli parc de Wallanlagen et jusqu'à la **Kröpeliner Tor** (plan A2, 34). Dans cette vieille porte de 55 m de haut, le *musée d'Histoire de la Ville* : ouvert de 10 h à 18 h. Fermé les lundi et mardi. Entrée : 3 €, réductions. Expos temporaires.

🚶🚶🚶 **Marienkirche** (plan A-B1, 35) : à l'angle de Langestrasse et Neuer Markt. Visite du lundi au samedi de 10 h à 17 h (l'hiver : de 10 h à 12 h 30 et de 14 h à 16 h), et le dimanche de 11 h 15 à 17 h (l'hiver : de 11 h 15 à midi). Entrée Am Ziegen Markt, environ 1 €. Informations en français. L'imposante Notre-Dame est visible à plusieurs kilomètres de Rostock. De style gothique, elle fut édifiée au XIIIe siècle, puis transformée aux XVe-XVIIIe siècles. À l'intérieur, étonnante horloge astronomique (XVe siècle). Superbes fonts baptismaux (XIIIe siècle), orgues baroques aux arabesques dorées délirantes. Du haut de la tour, la vue n'est pas triste non plus...

🚶 **Kunsthalle** (pavillon des Arts) : Hamburgerstrasse 40. ☎ 823-36. Dans un parc agrémenté d'un bel étang, au nord-ouest du centre. S-Bahn : Bramow (direction Warnemünde). De là, longer Schwarzerweg vers le parc. Ouvert de 10 h à 18 h ; fermé les lundi et mardi. Entrée : 3 €, réductions. L'un des plus jeunes musées du pays, consacré aux peintres allemands du XXe siècle. Beaucoup d'artistes. Quelques toiles intéressantes, d'inspiration surréaliste ou impressionniste. Sculptures dans le parc. Expositions temporaires.

🍴🍴 *Le quartier autour de Nikolaikirche (plan B2, 36) :* situé dans la partie est de la ville. Récemment rénové, et par conséquent peu connu, ce quartier échappe encore aux hordes de touristes. Il dégage beaucoup de charme, avec ses rues pavées étroites et ses jolies maisons anciennes. On passe sous le porche de l'église en voiture ! Au passage, on remarque des antennes paraboliques. Eh oui ! le 1er étage de l'église a été transformé en appartements.

Il était un petit navire...

Depuis le XIIIe siècle, le port de Rostock, établi au fond du paisible estuaire du fleuve Warnow (à 12 km de la mer), est une importante plaque tournante du commerce maritime. Au XVIIe siècle, la flotte de la ville alimente tous les ports d'Europe en céréales, malt, bière. Et, soutenue par ses fameux chantiers navals, elle inaugure de nouvelles lignes maritimes. Construit à la fin des années 1950, le nouveau port international brasse désormais des millions de tonnes de marchandises venues d'une soixantaine de pays. Deux grands chantiers navals, un port pétrolier et une importante flotte de pêche achèvent d'en faire l'un des ports les plus fréquentés d'Europe.

– *Visite du port :* plusieurs compagnies, se renseigner à l'office du tourisme.

🍴🍴 *Schiffahrtmuseum (musée de la Navigation ; hors plan par B2) :* August-Bebelstrasse 1. ☎ 25-20-60. À deux pas de la Stein Tor. Ouvert de 10 h à 18 h. Fermé le lundi. Entrée : 3 €, réductions. Informations uniquement en allemand, mais l'exposition est suffisamment éloquente. Elle présente une histoire de la navigation dans la région de la mer Baltique. La marine à voile, puis à vapeur, et enfin les unités modernes sont évoquées à travers toute une série de jolies maquettes, antiquités de marine, et même une reconstitution grandeur nature d'une passerelle de navire et d'un poste de pilotage. La vocation maritime de Rostock est confirmée avec la *Table des Capitaines,* sur laquelle on peut lire les noms des anciens officiers et de ceux encore en activité.

Fête à ne pas manquer

– Chaque année, le 2e week-end du mois d'août, a lieu la **grande fête de la Baltique** *(Hanseatische Hafentage),* avec concerts dans les rues, rassemblement de vieux gréements, etc.

WARNEMÜNDE   5 500 hab.   IND. TÉL. : 0381

À 12 km de Rostock (S-Bahn direct, environ 30 mn de trajet). Ancien village de pêcheurs devenu, grâce à sa jolie plage de sable blanc et à son adorable port de plaisance, LA station balnéaire des ex-Allemands de l'Est (avec tous les inconvénients que cela implique). Malgré l'inflation galopante de l'urbanisation, le centre du bourg demeure charmant, avec ses jolies ruelles et son phare pittoresque. Des ferry-boats assurent la liaison avec Gedser, au Danemark.

Adresses et infos utiles

- **Tourist-Information :** Am Strom 59. ☎ 54-80-00. Fax : 548-00-30. • www.warnemuende.de • Sur les quais. L'été, ouvert du lundi au vendredi de 10 h à 19 h, les samedi et dimanche de 10 h à 16 h ; au printemps et en automne, fermeture à 18 h en semaine et 16 h le week-end ; l'hiver, 17 h en semaine et 15 h le samedi. Efficace, de nombreuses brochures sur les loisirs et manifestations. Réservation des chambres chez l'habitant.
- **Poste centrale :** Poststrasse, à proximité de Kirchenplatz.
- **Distributeur automatique de billets** (Geldautomat) **:** devant la *Commerzbank,* Kirchenplatz.
- **Promenades en bateau** (Schiffsfahrten) **:** s'adresser aux nombreuses compagnies sur Alter et Neuer Strom. Visite du port de Warnemünde. Quelques chalutiers proposent aussi des balades en mer.
- **Ferries pour le Danemark et la Suède :** sur la presqu'île, en face d'Am Strom. Voir « Adresses et infos utiles » à Rostock.

Où dormir ?

Camping

- **Camping und Ferienpark Markgrafenheide :** Dünenweg 27, 18146 Markgrafenheide. Sur la rive droite du fleuve Warnow. Prendre le bac à Neuer Strom, à côté de la gare, jusqu'à Hohe Düne (5 mn de traversée). Un bus direct attend à l'arrivée du bac. ☎ 66-11-51-05. Fax : 66-95-55. • www.baltic-freizeit.de • Compter 29 € pour 2, avec tente et voiture. Une véritable ville, avec ses rues, ses trottoirs, ses restos, et même un cinéma ! Emplacements ombragés, proches d'une plage de sable clair à perte de vue. Propreté exemplaire. Une belle batterie de bungalows.

Bon marché

- **Jugendherberge Warnemünde :** Parkstrasse 47. Dans une rue parallèle à la plage, à l'ouest du village. ☎ 54-81-70. Fax : 548-17-23. • jh-warnemuende@djh-mu.de • Ouvert toute l'année. Compter 23,50 € par personne, petit dej' compris. Réserver impérativement plusieurs mois à l'avance ! L'architecte ne s'est vraiment pas foulé : le bâtiment aux allures de blockhaus est absolument laid. En revanche, AJ bien équipée et chambres impeccables. Accueil variable.

Prix moyens

– **Chambres chez l'habitant :** s'adresser à l'office du tourisme, ou tenter sa chance dans l'Alexandrinenstrasse, une rue parallèle à Am Strom. De nombreuses chambres chez l'habitant, dans de splendides maisons hanséatiques. Prises d'assaut bien entendu pour le week-end.

- **Zur Krim :** Am Strom 47. ☎ et fax : 521-14. Sur les quais. Chambres doubles avec douche et w.-c. sur le palier pour 40 €, sans le petit dej'. Située dans une zone peu fréquentée du bourg, cette petite pension de 4 chambres est admirablement tenue par une patronne souriante. Cuisine à la disposition des résidents. Dans la salle de resto (car elle fait aussi resto), les murs sont recouverts d'antiquités de marine rutilantes. Petite terrasse tranquille en bordure des quais. Bonne cuisine traditionnelle à prix doux.

▲ **Pension Kathy :** Kurhausstrasse 9. ☎ 54-39-40. Fax : 543-94-41. Depuis la Kirchen Platz, suivre la Mühlenstrasse, puis prendre la 2ᵉ à droite. Chambres doubles avec salle de bains de 68 à 88 € selon la taille de la chambre, petit dej' compris. Réservation conseillée. À 100 m de la plage, cette belle maison ancienne (1892), totalement rénovée, s'ouvre sur des chambres coquettes et spacieuses, très bien équipées. Accueil très sympathique.

Où manger ?

Innombrables établissements sur Am Strom, face au petit port :

|●| **Backfisch Udo :** immense *Imbiß*, installé sur un ancien chalutier bleu amarré au quai n° 17. Compter moins de 5 €. Au menu de l'équipage : beignets de calamars, de crevettes, sandwichs au poisson... que l'on mange debout sur le quai, appuyé au bastingage. Un peu plus bas, le *Backfisch Mac Udo* (chalutier rouge), propose la même formule.
|●| **Fischerklause :** Am Strom 123. ☎ 525-16. Sur les quais. Ouvert de midi à 23 h du lundi au jeudi, jusqu'à minuit les vendredi et samedi, 22 h le dimanche. Prévoir environ 15 €. Parmi les coques, ancres et autres antiquités entassées sur les murs, d'authentiques fanaux éclairent le contenu des assiettes : du poisson en majorité, et quelques salades chatoyantes. Les vendredi et samedi soir, chansons de pêcheurs. Bon accueil.

À voir

🏺 **Heimatmuseum** (musée du Pays) **:** Alexandrinenstrasse 31 (rue parallèle au port). ☎ 526-67. Ouvert de 10 h à 18 h. Fermé les lundi et mardi. Entrée : 3 €. Installé dans une vieille maison de pêcheurs, ce musée croquignolet raconte la vie de ce petit village – la pêche, la mer et les marins – avec des maquettes, des tableaux et des objets insolites. Le tourisme balnéaire n'est pas en reste : jolie collection « d'uniformes de plage ». Accueil débonnaire.

DE ROSTOCK À STRALSUND

Où dormir ? Où boire un verre ?

▲ **Jugendherberge Born-Ibenhorst (AJ) :** Im Darßer Wald, 18375 Born. ☎ (038234) 229. Fax : (038234) 231. ● jh-born@djh-mu.de ● Compter 17,50 € pour les moins de 27 ans, 21,50 € pour les autres. Au bout d'un « chemin qui sent la noisette », une AJ en pleine forêt agréable et reposante. Accueil cordial. Plage à proximité. Possibilité d'y planter sa tente.
▲ 🍷 **Hotelschiff « Stinne » :** Ostseebad Wustrow, Am Kuhleger. ☎ (038220) 336. Chambres doubles avec douche et w.-c. à partir de 65 €. Ce vieux bateau danois, échoué sur le Fischland face à la mer intérieure Saaler Bodden, abrite désormais un hôtel aux chambres impeccables. À défaut d'y dormir (les cabines sont chères), on peut toujours jeter un coup d'œil en allant boire un verre au bar (en forme d'étrave, bien sûr). Accueil génial de la patronne qui explique volontiers l'histoire de son bateau.

À voir

La Darß : les routards en voiture auraient tort de ne pas traverser cette presqu'île étrangement découpée, bordée, d'un côté, par des mers intérieures *(Bodden)*, de l'autre, par la Baltique. L'ensemble est classé site protégé en raison des nombreuses espèces qui profitent de ses marécages et de ses forêts pour s'y reproduire. Avant de regagner docilement Stralsund, la jolie route traverse quelques villages croquignolets, comme **Wustrow**, avec ses maisonnettes aux toits de chaume ou le village d'artistes **Arenshoop**. De loin en loin, des panneaux indiquent les *Seebrücke* (littéralement : ponts de mer), ces pontons de bois ou de béton jetés sur la mer. Ils permettent au promeneur de « marcher sur l'eau », et de contempler la côte comme d'un bateau.

Se méfier : la balade peut tourner au cauchemar en plein été.

STRALSUND   60 000 hab.   IND. TÉL. : 03831

Dès sa fondation en 1209, l'arrogante réussite commerciale de Stralsund suscite bien des convoitises. Retranchée derrière d'épais remparts, elle résiste farouchement avant de tomber aux mains des Suédois au XVIIIe siècle. Les guerres napoléoniennes s'achevant, elle devient prussienne, et connaît un fort essor économique au XIXe siècle. Son exceptionnelle flotte garantit son rôle prépondérant dans le commerce maritime jusqu'au milieu du XXe siècle, date à laquelle s'amorce le déclin de ses pêcheries. Aujourd'hui, à l'image de ses voisines baltes, Stralsund mise tout sur le développement du tourisme. La vieille dame troque ses oripeaux de douairière pour revêtir ses habits de fête ! Ses crépis décatis tombent les uns après les autres, révélant de belles façades chatoyantes serrées le long d'émouvantes ruelles tortueuses. De loin en loin, des places bien dessinées servent d'écrins à de purs joyaux d'architecture gothique. À ne rater sous aucun prétexte.

Adresses utiles

▌ *Stadtinformation (plan A1) :* Ossenreyerstrasse 1/2. ☎ 22-46-90 ou 24-69-69. Fax : 24-69-49. • www.stralsundtourismus.de • De mai à fin septembre, ouvert de 9 h à 19 h (14 h le week-end) ; d'octobre à avril, du lundi au vendredi, de 9 h à 17 h et de 10 h à 14 h le samedi (fermé le dimanche). Merci pour le sourire ! Réservation de chambres d'hôtel ou chez l'habitant ; billets pour diverses manifestations culturelles ou sportives ; brochure en français et plan de la ville gratuits.

▌ *Poste (plan A2) :* Neuer Markt. Ouvert du lundi au vendredi de 8 h 30 à 18 h, et le samedi jusqu'à 12 h seulement.

▌ *Gare routière (plan A3) :* à l'angle de Karl-Marxstrasse et Frankenwall, à l'extérieur de la vieille ville.

▌ *Gare ferroviaire (plan A3) :* renseignements au ☎ (01805) 99-66-33. Trains quotidiens pour les cités de la côte baltique et pour les principales villes allemandes. L'île de Rügen est également desservie par le rail.

▌ *Banques :* plusieurs banques dans le centre-ville, notamment autour de Neuer Markt.

▌ *Internetcafe.future (plan A2) :* Langenstrasse 64. Ouvert de 13 h à minuit, le dimanche de 14 h à 20 h. Prévoir 3 € pour 1 h de connexion. Aucun ferry en partance, mais une quinzaine d'ordinateurs pour surfer sur le Web. Un autre genre de navigation !

Où dormir ?

Bon marché

⌂ *Jugendherberge* (AJ; plan A2, **10**) : Am Kütertor 1. ☎ 29-21-60. Fax : 29-76-76. • jh-stralsund@djh-mu.de • Fermé de 9 h à 15 h. Compter environ 15 € pour les moins de 27 ans, 17 € pour les autres, petit dej' inclus. Sous le rempart ouest de la vieille ville. Le meilleur endroit où dormir si l'on aime les AJ : cadre vraiment plaisant, avec la grosse porte en brique (du XVe siècle) en toile de fond. Enchaînement biscornu d'escaliers et de chambres à 2, 4, ou 6 lits, au confort rudimentaire, mais parfaitement entretenues. Dans la cour de cette maison à colombages repeinte couleur brique, bancs de pierre et ping-pong. Excellent accueil.

Prix moyens

⌂ *Pension Ziegler* (plan A2, **12**) : Tribseerstrasse 15. ☎ 70-08-30. Fax : 700-83-29. Compter 70 € pour une double, petit dej' compris. Avec les remparts à proximité et les cloches de Marienkirche comme fond sonore, l'immersion est radicale ! Au cœur de la vieille ville, cette jolie bâtisse vêtue de jaune abrite des chambres spacieuses et confortables, absolument irréprochables. Accueil charmant.

⌂ *Pension Cobi* (plan A-B2, **13**) : Jacobiturmstrasse 15. ☎ et fax : 27-82-88. • www.pension-cobi.de • Doubles de 46 à 66 €, petit dej' compris. Si cette petite pension de famille doit son nom à la paroisse toute proche, les chambres n'ont rien de monacal. Récemment rénovées, elles respirent la propreté et sont dotées d'un mobilier neuf. Deux d'entre elles disposent d'un balcon (plus chères).

⌂ *Villa Am Meer* (hors plan par A1, **11**) : Gerhart-Hauptmann Strasse 14. Suivre la Sarnowstrasse, et prendre à droite, vers la mer. ☎ 375-90. Fax : 37-59-13. Chambres doubles avec salle de bains autour de 80 €, petit dej' compris. Une ancienne demeure de caractère (tour d'angle), au cadre feutré (parquet, antiquités de marine...), dissimulée au cœur d'un quartier résidentiel. Elle renferme de très belles chambres, dont certaines donnent sur le grand port de Stralsund. Magnifique salle du petit dej' (choisissez la véranda). À une volée de mouette de la Sundpromenade, pour des balades romantiques... Excellent accueil et bon rapport qualité-prix. Parking privé.

Où manger ?

|●| *Kuttel Daddeldu* (plan B1, **20**) : Hafenstrasse. ☎ 29-95-26. Ouvert du mardi au samedi à partir de 17 h, le dimanche à partir de 15 h. Fermé le lundi. Addition aux alentours de 20 €. Sur les quais pavés du port, juste devant la maison du *Hafenmeister*, ce petit resto coquet (maison retapée et antiquités de marine) séduira les amateurs de poisson. Dégustez donc la *Kuttel Pfanne*, spécialité de la maison, pas trop copieuse mais terriblement raffinée. La carte n'oublie pas les malheureux routards qui n'apprécient guère les produits de la mer. Embarquez vite !

|●| *Torschließerhaus* (plan A2, **22**) : Am Kütertor 1. ☎ 29-30-32. Ouvert tous les jours de 12 h à 15 h et de 18 h à minuit. Plats principaux autour de 10 €. Avec une magnifique porte fortifiée à proximité et une belle maison à colombages comme refuge, il ne fallait pas s'attendre à autre

STRALSUND

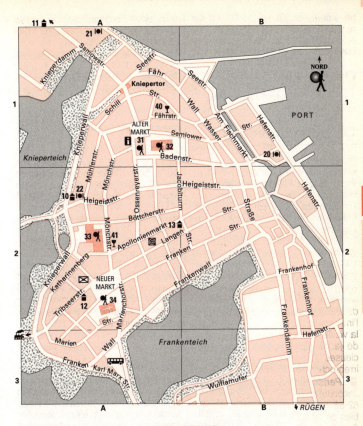

STRALSUND

- **Adresses utiles**
  - Stadtinformation
  - Poste
  - Gare ferroviaire
  - Gare routière
  - @ Internetcafe.future

- **Où dormir ?**
  - 10 Jugendherberge
  - 11 Villa Am Meer
  - 12 Pension Ziegler
  - 13 Pension Cobi

- **Où manger ?**
  - 20 Kuttel Daddeldu
  - 21 Ventspils
  - 22 Torschließerhaus

- **Où boire un verre ?**
  - 40 Bengunn
  - 41 Campus

- **À voir**
  - 31 Rathaus
  - 32 Nikolaikirche
  - 33 Deutsches Museum für Meereskunde und Fischerei
  - 34 Marienkirche

chose... La déco a sombré dans un délire médiéval digne des vieilles séries B de papa ! Mais le résultat est amusant, et donne de l'entrain pour savourer de robustes plats traditionnels. Bon accueil.

|O| **Ventspils** *(plan A1, 21)* : An der Sundpromenade. ☎ 39-50-51. Le seul bâtiment sur ce chemin verdoyant. Ouvert en semaine de 11 h 30 à 14 h 30, puis à partir de 17 h 30 ; le week-end à partir de 11 h 30. Fermé le lundi. Plats principaux autour de 10 €. Un restaurant de poissons à prix doux échoué sur la grève comme un vieux chalutier. Ignoré des touristes, seuls les habitués s'attablent près des fenêtres orientées face à la mer. Un spectacle grandiose qui permet d'oublier la laideur de la décoration...

Où boire un verre ?

Campus *(plan A2, 41)* : Mönchstrasse 40. ☎ 29-30-30. Ouvert tous les jours de 19 h jusqu'au départ des derniers clients. Comme son nom l'indique, ce bistrot est l'annexe officieuse de la cafétéria universitaire. Certains soirs, la cave qui l'héberge est tellement chargée qu'il faut sabrer ferme dans la marée humaine avant d'harponner un morceau de comptoir. Concerts plusieurs fois par mois. Se renseigner.

Bengunn *(plan A1, 40)* : Fährstrasse 27. ☎ 29-36-45. Tous les jours de 18 h à 1 h. Dans cette rue qui a pris définitivement la direction de la mer, descendez donc les marches conduisant à cette cave de brique et vieilles poutres. La clientèle, de tous âges, discute avec ferveur (avec qui !?) autour d'un verre, sans plus faire attention aux plaques émaillées qui recouvrent littéralement le plafond, la folie du patron ! Quelques bières irlandaises à la pression, pour ceux qui veulent comparer avec les saveurs allemandes. Excellente ambiance. Quelques joueurs de cartes.

À voir

Rathaus *(hôtel de ville ; plan A1, 31)* : il date des XIIIe et XIVe siècles (style gothique). L'un des fleurons de l'architecture gothique d'Allemagne du Nord. Une rangée de 6 voûtes surmontées chacune d'une fenêtre, d'un cadran étoilé et d'un pignon dentelé, le tout en belle brique rouge. L'ensemble de cette façade, véritable dentelle, est couronné de 7 tourelles en bronze. Se promener dans le passage sous les arcades, pour parvenir à l'entrée de l'église, à gauche.

Nikolaikirche *(plan A1, 32)* : entrée par le portail ouest, derrière le *Rathaus*. D'avril à septembre, ouvert du lundi au samedi de 10 h à 17 h et le dimanche de 10 h à midi et de 14 h à 16 h ; d'octobre à mars, les mêmes jours de 10 h à 12 h et de 14 h à 16 h.
Encore du gothique, encore de la brique ! Édifiée au XIIIe siècle et haute de 105 m, cette imposante église recèle des merveilles : une horloge astronomique du XIVe siècle et deux autels des XVIe et XVIIIe siècles.

Badenstrasse : derrière le *Rathaus*. Rue pleine de charme menant au port. Alignement de maisons aux façades à pignons, toutes plus belles les unes que les autres.

Deutsches Museum für Meereskunde und Fischerei *(Musée océanographique allemand ; plan A2, 33)* : Katharinenberg 14-17. ☎ 265-00. Repérable par son bateau de pêche échoué sur le parvis de l'église qui l'abrite. Ouvert tous les jours de 10 h à 17 h, et de 9 h à 18 h en juillet-août. Entrée : environ 5 €, réductions. Informations en anglais. L'un des rares musées de ce genre en ex-RDA et de loin le plus beau. Les étages regroupent de belles maquettes de bateaux et de nombreux spécimens d'animaux marins empaillés, tandis que les caves abritent des aquariums remplis de requins et de tortues bien vivants. Frissons garantis !

DANS LES ENVIRONS DE STRALSUND

🏃 *Marienkirche* (plan A2, 34) : Neuer Markt. De mai à octobre, ouvert tous les jours de 10 h à 17 h ; de novembre à avril, en semaine de 10 h à 12 h et de 14 h à 16 h, et le week-end en matinée seulement. Vaste église gothique du XIVᵉ siècle à nef démesurée (près de 100 m de long !). Du haut de la tour (349 marches), vue plongeante sur Stralsund : les lacs, les étangs, la mer, que d'eau, que d'eau ! Devant l'église, un monument à la gloire du communisme sert de tremplin à quelques gamins adeptes du skate-board...

Achats

🍷 *Vom Fass* (plan A2) : Apollonienmarkt 1. ☎ 29-79-79. Ouvert de 9 h à 20 h, jusqu'à 16 h le samedi. Fermé le dimanche. Non, non, non, les meilleures bouteilles ne proviennent pas exclusivement du Rhin, de la Moselle ou de la Sarre ! Ce caviste enflammé se tue à répéter que le Mecklembourg produit d'excellentes spécialités, comme les liqueurs aux fruits. Convaincu ?

➤ DANS LES ENVIRONS DE STRALSUND

🏃 *Hiddensee* : longue de 17 km et interdite aux voitures, l'île comprend trois hameaux de pêcheurs. Sablonneuse et sauvage, on y trouve, paraît-il, les résidences de l'ancienne Nomenklatura de la RDA. Départs quotidiens assurés par la compagnie *Reederei Hiddensee*. Bureau de renseignements : Fährstrasse 16. ☎ 018-03-21-21-50. Ouvert de 7 h à 18 h. Compter de 1 h 30 à 2 h 30 de trajet selon la destination. Réserver ses billets le plus tôt possible. L'île est petite et bondée en été : ne pas s'attendre à trouver un hébergement sans mal. Prévoir des pulls : il fait frais sur la Baltique.

RÜGEN (ind. tél. : 038393 ; 80 000 hab.)

La plus grande île d'Allemagne, 60 km sur 40 ! C'est également la plus touristique. Véritable morceau de puzzle aux côtes déchiquetées, dont le cœur est parsemé de multiples mers intérieures, elle présente une curiosité géologique valant à elle seule le voyage : les *Stubbenkammer*, falaises de craie ou de granit de plus de 100 m de haut, tombant à pic dans la mer ! Mais Rügen tire sa réputation de ses stations balnéaires bourgeoises – toutes plantées à l'est de l'île – avec un sable de paradis exotique ! La mieux cotée est certainement *Binz*, dont les belles maisons de vacances, aux façades de bois peint héritées du XIXᵉ siècle, retrouvent peu à peu leur éclat d'antan... À l'est de Stralsund, un pont de 2,5 km envahi de pêcheurs permet de gagner l'île en voiture ou en train (nombreux départs depuis Stralsund). Attention aux embouteillages l'été !

Adresses utiles

ℹ️ *Haus des Gastes* (informations) : Heinrich-Heine Strasse 7, à Binz. ☎ 148-148. Fax : 148-145. • www.ostseebad-binz.de • L'été, ouvert tous les jours de 10 h à 20 h, à partir de 14 h le dimanche ; l'hiver, fermeture à 18 h. Informations sur l'hébergement.

⛴ *Ferries* : à destination de Trelleborg (Suède) ou Rønne sur l'île de Bornholm (Danemark) au départ de Saßnitz. S'adresser à *Scandlines*, Fährcenter Saßnitz, Fährhafen, 18546 Saßnitz. ☎ 01805-72-26-35-46-37 ou (038392) 644-20.

Où dormir ? Où manger ?

- **Jungendherberge Binz** (AJ) : Strandpromenade 35, 18609 Binz. ☎ 325-97. Fax : 325-96. ● www.jh-binz.de ● Compter 18,50 € pour les moins de 27 ans, 22,50 € pour les autres, petit dej' compris. Idéalement située sur la promenade de bord de mer, cette auberge rutilante dispose de chambres de 1 à 12 personnes d'une propreté exemplaire.
- **Strandhalle :** Strandpromenade 5, 18609 Binz. ☎ 315-64. Ouvert tous les jours de 12 h à 23 h. Plats principaux autour de 10 €. Dans une partie peu fréquentée de la Strand-promenade, cette halle en bois dissimule un intérieur grandiose et chaleureux. La vue imprenable sur la crête des vagues n'occulte pas les spécialités de poissons qui font la réputation de l'établissement (incontournable *Ostseedorsch*). Également quelques rumsteks de derrière les fagots. À découvrir absolument.

À voir

- **Les Stubbenkammer :** à **Konigstühle**, près de Saßnitz (suivre les pancartes). Les célèbres falaises de craie se dressent à 120 m au-dessus de la mer. Le grand peintre du romantisme allemand, Caspar David Friedrich, les a immortalisées dans plusieurs tableaux. Cependant, la réalité est désormais autre. Le lieu étant devenu architouristique, on est obligé de se garer à 4 km de l'endroit (parking payant), un bus (payant) assure la liaison jusqu'aux falaises où la vue est payante ! L'idéal est donc d'y arriver après 18 h. Le gros des touristes étant reparti, les caisses sont désertes et la circulation autorisée !
- **Kap Arkona :** son phare de 46 m de haut est le point le plus au nord de toute l'île. Belle balade à faire en longeant la mer du cap au petit village de Witt (environ 2 h). Parking obligatoire 1 km avant.
- **La plage de Tromper Wiek :** au nord-est de l'île, une plage de sable blanc à perte de vue, et sans la fréquentation oppressante de Binz. Très romantique. Posez le guide et emballez votre routard(e) !

USEDOM (ind. tél. : 038378 ; 2 400 hab.)

À quelque 50 km à l'est de Stralsund, accessible par la route au départ de la ville de Wolgast. Presqu'île dont 20 % du territoire (à l'est) appartient à la Pologne. C'est dans le village de Peenemünde que Werner von Braun mit en pratique ses recherches sur les fusées. On visite ce qui fut le centre d'essai du Reich pour les fusées V1 et V2. Mais aujourd'hui Usedom est pacifique, à l'image de Rügen : stations balnéaires agréables et plages de sable blanc. **Heringsdorf** et **Ahlbeck** méritent particulièrement une halte, avec leur long ruban de belles maisons du XIXe siècle déroulé face à la mer. Les touristes, moins nombreux, y cultivent un certain élitisme qui vaut à l'île le surnom de « Deauville des Berlinois ».

Où dormir ?

- **Jugendherberge Heringsdorf** (AJ) : Puschkinstrasse 7-9, 17424 Seebad Heringsdorf. ☎ 223-25. Fax : 323-01. ● jh-heringsdorf@djh-mo.de ● Compter environ 19 €, petit dej' compris pour les plus jeunes et 23 € pour les aînés. Installée dans une maison neuve aux allures de chalet, cette auberge dispose de grandes chambres de 5 à 8 personnes, très propres et lumineuses. Salle de resto très spacieuse, et terrains de sport. À 2 mn de la mer ; les pieds dans l'eau pour ainsi dire !

HAMBURG (HAMBOURG)

IND. TÉL. : 040

> « T'as voulu voir Hambourg, on a vu Hambourg,
> J'ai voulu voir Anvers, on a revu Hambourg,
> J'ai voulu voir ta sœur et on a vu ta mère,
> comme toujours ! »
>
> **Jacques Brel**

Deuxième agglomération d'Allemagne après Berlin, comptant parmi les plus grands ports du monde, Hambourg est, depuis 1945, une ville-État *(Stadtstaat)*. Forte de son indépendance économique et culturelle, elle ne dévoile pas ses charmes dès le premier contact. Bien au contraire, les premières images qu'elle offre au visiteur sont celles d'une ville en béton, détruite à plus de 80 % lors de la dernière guerre ! Pourtant, cette ville cosmopolite posée sur l'Elbe à environ 100 km de la côte, au confluent de l'Alster et de la

■ Adresses utiles

- 🅘 Bureau principal de l'office du tourisme *(plan II)*
- 🅘 Tourist Information am Hafen *(plan II)*
- ✉ Poste centrale *(plan II)*
- 🚍 Station de bus *(plan II)*
- 🚆 Gare ferroviaire *(plan II)*
- 3 Pharmacie internationale *(plan II)*
- 4 Location de vélos O'Niel Bikes *(plan I)*
- 5 Senator Apotheke *(plan II)*
- 6 Mitfahrzentrale (Allô Stop ; *plan I)*
- 7 Mitwohnzentrale Home Company (central de colocation ; *plan I)*
- 8 Location de vélos Fahrradladen *(plan I)*

🛏 Où dormir ?

- 10 Jugendherberge « Auf dem Stintfang » *(plan II)*
- 11 Hôtel-garni Bei der Esplanade *(plan II)*
- 12 Hôtel-pension von Blumfeld *(plan I)*
- 13 Hôtel Kochler *(plan I)*
- 14 Hôtel Schweriner Hof *(plan I)*
- 15 Bremer Hof *(plan I)*
- 16 Hôtel Eden *(plan I)*
- 17 Schanzenstern *(plan I)*
- 18 Boritzka *(plan I)*
- 19 Hôtel-pension Hela *(plan I)*
- 20 Hôtel Asgard *(plan I)*
- 21 Jugendherberge « Horner Rennbahn » *(plan I)*
- 22 Junges Hotel *(plan I)*
- 23 Galerie-Hotel Sarah Petersen *(plan I)*
- 24 Instantsleep Backpacker Hostel *(plan I)*
- 25 YoHo (The Young Hotel ; *plan I)*

🍽 Où manger ?

- 17 Schanzenstern *(plan I)*
- 30 Destille *(plan I)*
- 31 Abaton-Bistro *(plan I)*
- 32 Eisenstein *(plan I)*
- 33 Au Quai *(plan I)*
- 34 Cuneo *(plan I)*
- 35 Gestern & Heute *(plan I)*
- 36 Sagres *(plan I)*
- 37 Restaurante Beira Mar *(plan II)*
- 38 Zur Alten Kramer-Stube am Michel *(plan II)*

🍷 Où boire un verre ?

- 50 Max und Consorten *(plan II)*
- 51 Café Gnosa *(plan II)*
- 52 Café-Kneipe Frau Möller *(plan I)*
- 53 Klimperkiste *(plan II)*
- 54 Thämer's *(plan I)*
- 55 La Paloma *(plan I)*
- 56 Hans Albers Eck *(plan I)*
- 57 Der Clochard *(plan I)*
- 58 Querbeet *(plan I)*
- 59 Hadley's *(plan I)*
- 60 Fritz Bauch *(plan I)*
- 61 Strandperle *(plan I)*
- 62 Erika's Eck *(plan I)*

🎵 Où écouter de la musique ?

- 65 Lehmitz *(plan I)*
- 80 Jazz Café *(plan I)*
- 81 Docks *(plan I)*
- 82 Grosse Freiheit et Kaiserkeller *(plan I)*
- 83 Grünspan *(plan I)*
- 84 Fabrik *(plan I)*
- 85 Cotton-Club *(plan II)*
- 86 Logo *(plan I)*

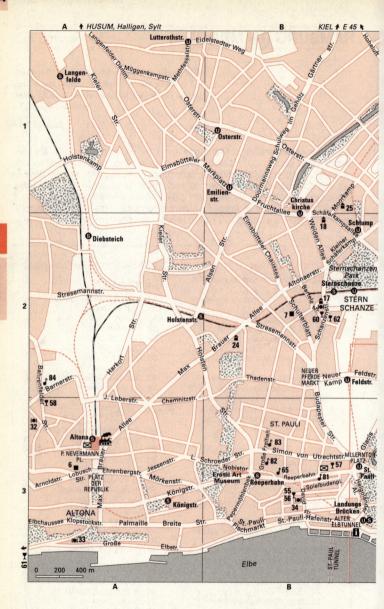

HAMBOURG – ENSEMBLE (PLAN I)

206 LE NORD DE L'ALLEMAGNE / LA CÔTE BALTIQUE

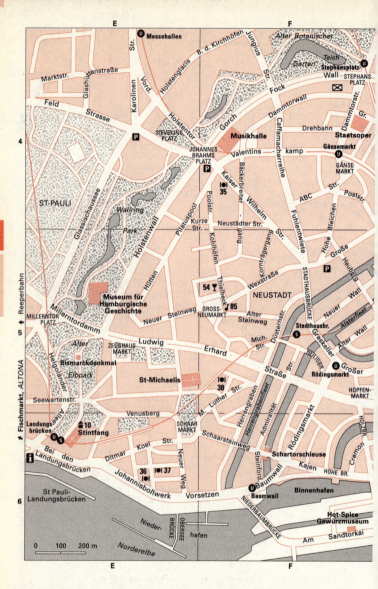

Bille, n'est dénuée ni de douceur, ni de caractère. C'est la ville la plus verte d'Allemagne, avec des parcs et jardins qui représentent 13 % de sa surface. Plus de 64 km de canaux et environ 2 500 ponts traversent la ville. Les rives de l'Aussenalster, bordées de somptueuses maisons, les terrasses de cafés du Grossneumarkt, sous les Alsterarkaden et au Jungfernstieg au bord du Binnenalster, le fameux marché au poisson, les folles nuits de Reeperbahn, les nombreux musiciens de rues et la gare centrale (digne de *Blade Runner*)

HAMBOURG – CENTRE (PLAN II)   207

HAMBOURG – CENTRE (PLAN II)

donnent autant de visages différents à cette ville d'environ 1,7 million d'habitants. Autant de raisons de la trouver fascinante, ou de la haïr. Hambourg n'est pas de ces villes qui laissent indifférent. Seuls ceux qui la quittent au bout de quelques heures ne lui trouvent aucun attrait puisqu'ils ne lui laissent pas le temps de les séduire...

Sinon, n'oubliez pas que Hambourg est en quelque sorte la ville natale des Beatles. Le groupe y fit ses débuts (voir plus loin « Les quartiers de Hambourg. Sankt Pauli »). C'est aussi un point de passage obligé pour les routards se rendant au Danemark...

UN PEU D'HISTOIRE

Jusqu'au XIIe siècle, Hambourg n'est qu'un tout petit port installé sur l'Alster. En 1189, l'empereur Frédéric Barberousse en fait une ville franche, lui accordant le droit de navigation et de commerce sur l'Elbe. Cette date marque le début de l'essor économique de la ville. En 1321, Hambourg entre dans la Hanse, association de villes du nord de l'Allemagne ayant pour but la conquête de marchés étrangers et la protection réciproque des villes membres. En 1510, le parlement d'Augsbourg proclame Hambourg ville d'empire. L'activité du port est florissante, mais les grandes découvertes du XVIe siècle la relèguent aux rôles d'entrepôt et de distributeur. De son côté, l'influence de la Hanse décline : l'Europe a désormais les yeux rivés sur le Nouveau Monde. Pourtant, favorisées par la neutralité politique de la cité, les affaires demeurent prospères, au point qu'on y crée, en 1558, la première Bourse d'Allemagne ! De 1806 à 1814, la ville est occupée par les armées napoléoniennes, puis intégrée à l'Empire français. Hambourg rejoint l'union douanière avec l'Empire allemand en 1871 et obtient le statut de port franc 10 ans plus tard. En 1885, on crée la *Speicherstadt,* une véritable ville d'entrepôts. Le port se développe et privilégie les constructions navales. À l'aube de la Première Guerre mondiale, la *Hamburg-Amerikanische Linie* est la plus importante compagnie d'armement du globe. En 1937, la ville absorbe les communes voisines, comme Altona ou Harburg.

Anéantis par les bombardements alliés en 1943, le port et le centre de Hambourg ne sont plus qu'un tas de gravats. Mais la reconstruction est rapide et les activités économiques reprennent à l'instar de son port qui compte bien reprendre du poil de la bête. Aujourd'hui, celui-ci occupe une place omniprésente dans la vie de la cité, mais l'industrie aéronautique n'est pas non plus en reste. Daimler-Benz Aerospace participe à la construction des Airbus et fait de cette ville le second centre européen de l'aéronautique après « la ville rose ».

Le port en quelques chiffres

Avant la Première Guerre mondiale, Hambourg était le 3e port du monde après New York et Londres. Aujourd'hui, c'est le plus grand port d'Allemagne et le 9e port du monde avec ses quelque 7 500 ha de surface (soit 10 % de celle de la ville), ses 60 bassins, son réseau ferré long de 390 km et le dock flottant le plus grand du monde. Le port fournit environ 100 000 emplois au Land, dont 40 000 directement. L'Argentine y envoie sa viande, l'Orient ses épices et ses riches tapis, la Chine ses tissus, l'Empire du Soleil-Levant et ses Tigres avoisinants, ses composants électroniques. C'est le premier port pour les Suisses, Autrichiens, Scandinaves mais aussi pour de nombreux pays de l'Est qui n'ont aucun débouché maritime.

Son efficacité et ses capacités de déchargement lui ont forgé une sérieuse réputation dans le monde de la marine. Un peu moins de la moitié des transactions se fait avec le Japon, Hong Kong, Singapour, Taiwan, la Corée, la Chine et l'Amérique. Deux bateaux par jour assurent la liaison avec l'Amérique d'où arrivent des bananes si vertes qu'on leur surnomme des « cornichons ». Chaque année, plus de 10 000 bâtiments chargent et déchargent environ 85 millions de tonnes de marchandises. D'énormes containers contiennent surtout des grains de café, de cacao et d'engrais. Sur le port, on ne connaît pas les 35 h mais plutôt les 24 h/24...

Arrivée à l'aéroport

Pour rejoindre le centre, la solution la plus pratique consiste à prendre une **navette**, la *HVV Airport Express.*

Les **bus « Jasper »** (☎ 22-71-06-11, • www.jasper-hamburg.de • www.hvv.de •) assurent la liaison avec :
– la **gare principale** (*Airport Express Flughafen-Hauptbahnhof*) : arrêt devant les terminaux 1 et 4. À partir de 5 h 39. Dernier bus à 22 h 54. Toutes les 15 à 20 mn. Environ 25 mn de trajet. Moins de 5 €. Billet aller-retour (valable 3 mois) : moins de 6,50 €.
– La **gare d'Altona** (*Airport Express n° 52*) : arrêt devant les terminaux 1 et 4. Fréquence : toutes les 30 mn, à partir de 5 h 50. Dernier bus à 22 h 20. Moins de 5 €. Billet aller-retour (valable pour la journée) à moins de 7,50 €.
– La **station de métro et S-Bahn** (*Airport Express n° 110, Flughafen-U/S Ohlsdorf*) : Ohlsdorf. En sortant de l'aéroport, arrêt devant les terminaux 1 et 4. De là, la ligne de U-Bahn n° 1 et celles de S-Bahn n° 1 et n° 11 vont au centre-ville (elles passent par la gare centrale). Fréquence : toutes les 10 mn de 5 h 42 à 22 h 52. Trajet : environ 35 mn. Moins de 2,50 €.
– Après minuit et jusqu'à 4 h, depuis les terminaux 1, 3 et 4, le **bus HVV 606** conduit à la gare centrale et à la Rathausmarkt.
Enfin, il est, bien sûr, possible de prendre un *taxi,* mais c'est 3 fois plus cher que le bus. Compter environ 35 mn jusqu'au centre-ville.

Les quartiers de Hambourg

Le district de Hambourg (la ville) s'étend sur 755 km². Bien sûr, vous ne les parcourrez pas tous... mais il n'empêche que les distances sont importantes (les embouteillages aussi !) et la voiture bien souvent indispensable, à moins d'avoir de bon mollets et une excellente forme physique pour s'y essayer à vélo. Sinon, c'est pas compliqué : on peut aller à peu près partout en métro (U-Bahn et S-Bahn). Plan distribué aux guichets de billets. Et un bon réseau de bus existe aussi.

– **Sankt Pauli** (*plan I, B3*) : sexe, jeu et drogue, telle pourrait être la devise de cet ancien quartier de marins. Ici, les souteneurs sont rois, les dealers sereins et le vice omniprésent. Au hasard des rues, les prostituées sont disposées comme les parcmètres dans d'autres villes. Les agents de l'ordre font régulièrement des rondes type trombinoscope pour repérer les nouvelles recrues. Mais depuis déjà quelques années, le secteur n'est plus seulement celui des filles de joie, un rien agressives et plutôt bien galbées, ni des bars louches, mais un lieu à la mode, où se retrouve la quasi-totalité de la jeunesse hambourgeoise ! Le soir, dans la Grosse Freiheit (petite rue perpendiculaire à la Reeperbahn), les enseignes clignotantes des cabarets et boîtes de nuit illuminent les trottoirs. Au n° 39 se tenait autrefois le *Star Club,* une cave qui n'existe plus mais qui marqua les débuts du plus grand groupe de l'histoire du rock (avec les Stones : nous n'entrerons pas dans cette vieille polémique !)...
En août 1960, cinq gars de Liverpool débarquent à Hambourg : John Lennon, Paul McCartney, George Harrison, Stuart Sutcliffe et Pete Best, tous vêtus de cuir noir ! Ils jouent à l'*Indra Club*, puis au *Kaiserkeller,* pour 30 DM par jour et dorment dans les couloirs du cinéma Bambi... Ils reviennent en 1961, se produisent au *Top Ten Club* et enregistrent leur premier disque (sous le préau d'une école) avec le chanteur Tony Sheridan. Mais c'est en 1962, toujours à Hambourg, que va se constituer le groupe définitif : Stuart meurt lors d'une rixe (Lennon se reprochera « l'accident » toute sa vie), puis Best est viré, remplacé par Ringo Starr. Cette formation se retrouve au *Star Club* l'hiver 1962 et casse la baraque. Au n° 36 de la Grosse Freiheit, en face de l'ancien *Star Club*, une pancarte apposée au mur du Kaiserkeller relate le début de la légende...
– **Altona** (*plan I, A3*) : beaucoup plus cosmopolite et surtout moins touristique. Au nord-ouest de la gare du même nom, sur la Almawartenbergplatz où débouchent les rues Friedensallee et Bahrenfelderstrasse, on trouve une

concentration de bars sympas, tantôt cool, tantôt branchés quand ce n'est pas les deux à la fois. Il fait bon flâner dans ce petit quartier aux allures de village et s'arrêter sur l'une des nombreuses terrasses pour siroter une mousse.

– À l'ouest et au nord de l'antenne *Heinrich Hertz* (point de repère commode), notamment sur les rues Schulterblatt (rue des restaurants et bars étudiants au public décontracté) et Schanzenstrasse, le quartier de *Sternschanze* (plan I) où vivent principalement les étudiants en colocation.

– *Sankt Georg* (plan I, D2) : relégué derrière la gare principale, à l'abri des regards. À éviter sauf en cas de besoin. C'est le quartier des junkies où de pauvres filles faméliques déambulent à la recherche d'un hypothétique client pour se payer leur dose. Néanmoins, c'est dans ce quartier que se concentrent les hôtels les moins chers (mais risques de vols et de braquages en plein jour et hygiène douteuse) et les snacks turco-orientaux qui permettent au routard moins fortuné de survivre.

– *Neustadt* (plan II, F5) : la « ville nouvelle », pas si nouvelle que ça, puisqu'elle date du Moyen Âge même s'il n'en reste plus grand-chose... Et rien de particulier à en dire si ce n'est que le sol est singulièrement plus propre que dans le quartier précédent, les façades en verre des immeubles bien nettoyées et les poignées de portes infiniment plus lustrées. Pour faire du shopping dans des boutiques élégantes et, si l'on aime chiner, on se promène autour du Gänsemarkt.

– *Les bords de l'Elbe* : cet ancien quartier portugais où chantaient encore quelques marins dans les tavernes, avec les célèbres squats de Hafenstrasse qui ont disparu à la fin des années 1980, est complètement en train de se transformer. Restent encore quelques coins en passe d'être réhabilités et où déambulent les dames au décolleté vertigineux parmi les entrepôts du Fischmarkt, les nouveaux restaurants chic (terrasses et vue sur le port) et des bars branchés le long de la Grosse Elbstrasse. Passé le Hohenzollernring *(hors plan II)*, peu après Altona, un chemin côtier permet de longer les bords de l'Elbe vers Övelgönne pour un jogging rasséréenant.

– *Les rives du Außenalster* (plan I, D2) : c'est le quartier résidentiel des « Ham-bourgeois » (on s'en serait douté !). De superbes villas, à l'architecture très variée, se cachent parfois derrière de hautes grilles ou se baignent les pieds dans l'eau. Le must étant (évidemment !) d'avoir son petit ponton pour arrimer son 421. Possibilité d'un jogging ou d'un pique-nique dans les nombreux parcs bordant cette réserve d'eau. Possibilité également de louer de confortables transats pour bouquiner au soleil.

Adresses et infos utiles

Informations touristiques

Bureau principal de l'office du tourisme (plan II, H4) : dans la gare principale du côté de la sortie Kirchenallee. ☎ 300-51-300 *(hot line)*. Ouvert tous les jours de 7 h à 23 h. Nombreux dépliants mais pour la plupart payants. Un seul guide en français à 5 €. Pas de dépliants ni de plan de la ville en français.

Tourist Information am Hafen *(plan II, E6)* : St Pauli Landungsbrücken, entre les pontons 4 et 5. ☎ 300-51-200. Ⓜ Landungsbrücken. Ouvert tous les jours de 9 h 30 à 17 h 30.

Tourist Information im Flughafen *(Airport Office)* : à l'aéroport, au niveau des départs, entre les terminaux 3 et 4. ☎ 50-75-10-10. Ouvert tous les jours de 6 h à 23 h.

Sites Internet : ● www.hamburg.de
● www.hamburg.tourism.de ●

– *Hamburg Card* : plusieurs types de cartes émises par l'office du tourisme (et la plupart des hôtels). Forfait comprenant le transport sur les lignes de la

HVV pour 1 jour (valable pour le jour indiqué et à partir de 18 h le jour précédent) à moins de 7,50 €, ou pour 3 jours (valable pour le jour indiqué et les 2 jours suivants), à moins de 15 €. Tarif de groupe (valable pour 2 à 5 personnes). Les différentes formules donnent droit aux tarifs réduits pour un tour en bateau dans le port, sur l'Alster (de 10 à 30 % de réduction), et pour les entrées dans les musées (parfois la gratuité), au *Rathaus* et pour le clocher de l'église Saint-Michel.
– *Flexi Card* et **Powerpass** : pour les routards qui souhaitent séjourner à Hambourg, faites-vous établir une *Flexi Card* (prévoyez une photo). Elle est utilisable selon les déplacements et les zones parcourues. Le *Powerpass*, lui, à 6,70 € pour le 1er jour indiqué, et à 3 € pour chaque jour suivant, est plus avantageux que la *Hamburg Card*. Si vous avez moins de 30 ans, il vous ouvre la gratuité pour une semaine sur le réseau de transport *HVV* et offre de nombreuses réductions pour le tour du port en bateau, dans les musées, nombreux cinés, bars et boîtes de nuit. À se procurer dans les offices du tourisme, AJ et agences de voyages.
– **Hambourg Rose :** routards homos et lesbiennes, procurez-vous le petit dépliant *Hamburg Friends-the Gaymap* et consultez le site internet • www.gaymap.ws • (valable pour Hambourg et également pour les autres villes). Si on ne le trouve pas à l'office du tourisme, il est distribué dans les bars et cafés « roses » (au *Café Gnosa,* par exemple).

Représentations diplomatiques

■ **Consulat de France** *(plan II)* : Pöseldorferweg 32, 20148. ☎ 41-41-060. • cgf-hambourg@attglobal.net • Ouvert en semaine de 9 h à 12 h 30 et de 14 h à 17 h.
■ **Consulat de Belgique** *(plan II)* : Vorsetzen 32, 20459. ☎ 41-70-75.

■ **Consulat de Suisse** *(plan I, C2)* : Rathausmarkt 5, 20095. ☎ 32-97-82-0.
■ **Consulat du Canada** *(plan I, B1)* : ABC-Strasse 45, 20354. ☎ 361-49-37-00.

Services

✉ **Poste centrale** *(plan II, H1)* : Hachmannplatz, à la sortie de la gare principale. Ouvert du lundi au vendredi de 8 h à 20 h, les samedi et dimanche de 10 h à 18 h. Également sur Reeperbahn *(plan I, A3)* et à la gare d'Altona *(plan I, B3)*.
■ **Consignes :** dans la *gare principale,* non loin du bureau de l'office du tourisme. Étonnamment bon marché : 1 € les 24 h. À la *gare d'Altona,* consignes jouxtant le quai n° 5. À *l'aéroport :* terminal 4, au niveau des départs, chez la société *Tookmann*. ☎ 50-75-29-23. Ouvert de 4 h 30 à 22 h.

Transports

■ **Air France :** ☎ 01805-83-08-30.
■ **Lufthansa :** ☎ 35-92-55.
■ **Location de voitures :** Sixt, impossible de les louper. Possèdent 4 agences pour les véhicules de tourisme. À la gare centrale, ouvert tous les jours de 8 h à 22 h (☎ 32-34-19) ; à la gare d'Altona, ouvert du lundi au vendredi de 7 h à 19 h (12 h le samedi ; ☎ 89-40-18) et à l'aéroport (☎ 01805-26-25-25). À la gare principale et/ou à l'aéroport également : *Avis* (☎ 34-16-51), *Europcar* (☎ 33-59-41), *Hertz* (☎ 280-12-01).
■ **Location de vélos :** O'Niel Bikes *(hors plan I par D1, 4)*, Beethovenstrasse 37, 22083 Hamburg. ☎ 22-12-16. Ouvert du lundi au vendredi de 10 h à 18 h 30 (13 h 30 le samedi). Également chez *Fahrradladen (plan I, D2, 8)*, St Georg, Schmilinskystrasse 6. ☎ 24-39-08.

- **Infos sur les trains :** ☎ 01805-99-66-33. • www.bahn.de •
- **Infos sur les avions :** ☎ 50-75-0. • www.ham.airport.de •
- **Mitfahrzentrale** (Allô Stop) : à côté de la gare d'Altona (plan I, A3, **6**), Lobusch-Strasse 22. ☎ 194-40. Ouvert tous les jours de 7 h à 21 h.
- **Taxis :** ☎ 211-211 ou 66-66-66.

Urgences, santé

- **Médecin de permanence :** ☎ 22-80-22.
- **Dentiste de permanence :** ☎ 01-15-00.
- **Pharmacie internationale** (plan II, G1, **3**) : Internationale Apotheke, Ballindamm 39. ☎ 32-75-27. Et également à la gare principale : **Senator Apotheke** (plan II, H1, **5**), Hachmannplatz 14. ☎ 32-75-27. Ouvert du lundi au vendredi de 7 h à 20 h, le samedi de 8 h à 16 h. On y parle plusieurs langues.

Divers

- **Mitwohnzentrale Home Company** (central de colocation ; plan I, B2, **7**) : Schulterblatt 112. ☎ 19-445.

Où dormir ?

À Neustadt

Bon marché

- **Jugendherberge « Auf dem Stintfang »** (plan II, E6, **10**) : Alfred-Wegenerweg 5, 20459. ☎ 31-34-88. Fax : 31-54-07 • jh-stintfang@t-online.de • U3/S1 : Landungsbrücken. AJ agréable, bien située à proximité du port, à côté de St Pauli, donc très bien desservie. Petite grimpette pour y accéder depuis le S-Bahn. Carte exigée. Souvent complet ; réservation d'avance conseillée. Fermé entre 9 h 30 et 11 h 30. Check-in entre 12 h 30 et minuit. Rénovée. Chambres pour couples et dortoirs pour 8 personnes. Nuitée de 18,50 à 21,20 €. Attention, on ne peut y rester plus de trois nuits. Sert également de très bons repas pour un prix dérisoire. Belle terrasse avec vue magnifique sur le port.

Dans les autres quartiers

Campings

Consulter le site • www.hamburg-tourist.de/camping.html •

- **Camping Buchholz :** Kielerstrasse 374, 22525. ☎ 540-45-32. • www.camping-buchholz.de • Une trentaine de places, terrain sableux et équipement sanitaire rudimentaire.
- **City Camp Tourist :** Kielerstrasse 650, 22527. ☎ 570-44-98. Prendre le S3 ou le S21 jusqu'à la station Stellingen. Ensuite, en bus n°s 182, 183, 190, ou 15 mn environ à pied. Un peu loin du centre, et le voisinage n'ajoute rien au charme de l'endroit...
- Le plus important des campings est le **Camping Platz Schnelsen Nord :** Wunderbrunnen 2, 22457. ☎ 55-94-225. À côté de l'autoroute, sortie Schnelsen-Nord. Mal indiqué, suivre d'abord le panneau « IKEA ». Pour les motorisés uniquement.

Auberge de jeunesse

🏠 *Jugendherberge « Horner Renn-bahn »* (hors plan I par D3, **21**) : Rennbahnstrasse 100, 22111. ☎ 651-16-71. Fax : 655-65-16 • jgh-hamburg@t-online.de • Fermé de Noël à fin janvier. Un peu éloignée à l'est du centre, juste à côté de l'hippodrome. À partir de la gare centrale en U-Bahn (U3, direction Mümmelmannsberg) jusqu'à Horner Rennbahn. Ensuite en bus, arrêt Tribühnenweg, ou marcher 7 mn environ. Enregistrement des arrivées à partir de 12 h. Fermeture à 1 h. Chambres pour deux (à réserver) et dortoirs pour 6 personnes. Nuitée de 18,50 à 21,20 €. Terrasse et jardin. Soirée barbecue. Affiche moins souvent complet que celle du port, mais un peu galère pour y aller.

Chic

🏠 *Hôtel-garni Bei der Esplanade* (plan II, G4, **11**) : Colonnaden 45, 20354. ☎ 34-29-61. Fax : 35-40-82. • www.hotel-bei-der-esplanade.com • U1 : Stephansplatz ; U2 : Gänsemarkt. Dans un quartier chic, pas loin du Jungfernstieg et des Alster-Arkaden, dans une rue piétonne, plantée d'arbres et de vieux lampadaires. Un cadre agréable, à deux pas des centres d'intérêt de la ville. Chambres calmes, rénovées et propres à partir de 89 €. Aux 3e et 5e étages de l'immeuble. Propriétaire coréen sympa (sa fille parle un peu le français), mais si on n'aime pas les odeurs de la cuisine (la famille se prépare des petits plats à côté de l'accueil au 3e), on préférera les chambres du 5e étage.

Dans le quartier Sankt Georg

Éviter l'hôtel *Terminus* (problème d'hygiène et petit dej' « gerbolifiant ») et, en général, ceux qui sont dans la zone rouge (le *Rotlichtviertel*) trop près de la gare. Risque de vol dans les chambres et démarche assez agressive des drogués en manque d'argent et de came. Il y a bien d'autres « hôtels »... mais ils ne se paient qu'à l'heure, voire à la demi-heure, et la réceptionniste est toujours dans la rue. Voici une petite sélection des meilleurs hôtels à prix doux (pas la peine d'essayer les vraiment bon marché) de ce quartier.

De bon marché à prix moyens

🏠 *Hôtel-pension von Blumfeld* (plan I, D2, **12**) : Lange Reihe 54, 20099. ☎ 24-58-60. Fax : 24-32-82. U3/S21/S31 : Hauptbahnhof Nord. Ensuite 2 stations en bus n° 108. Chambres à environ 55 €. Dans la partie « fréquentable » du quartier. On prend un ascenseur antédiluvien jusqu'au 3e étage. Première impression un peu drôle : un perroquet (qui ne parle qu'aux hommes et pas aux femmes) vous accueille, dans le couloir une étonnante moquette, couleur verte façon pelouse. Mais une fois qu'on a vu les chambres agréables (avec un peu plus d'effort sur la déco) aux 3e, 4e ou 5e étages - à environ 55 € -, on constate : c'est une bonne petite pension de famille comme on les aime. Bien tenue par Astrid, qui a un carnet de bons cafés, bars et petits restos du quartier. Une bonne adresse, vous l'aviez compris !

🏠 *Hôtel Kochler* (plan I, D3, **13**) : Bremer Reihe 19, 20099. ☎ 24-95-11. Fax : 24-64-18. U3/S1/S21 : Hauptbahnhof Nord. À 100 m de la gare principale. Deux prix, avec ou sans cabine de douche dans la chambre, entre 40 et 50 €. Une pension bien tenue. Accueil souriant et dynamique. Pour public jeune et travailleurs du port. Très bon marché pour la ville.

🏠 *Bremer Hof* (plan I, D3, **15**) : Bremer Reihe 21, 20099. ☎ 24-53-12. U3/S1/S21 : Hauptbahnhof Nord. Même propriétaire que le précédent. Les chambres de cette pension au rez-de-chaussée et 1er étage, avec moulures au plafond, sont propres et chaleureuses, mais la déco des années 1970 peut ne pas plaire. Chambres avec cabine de douche à 60 €. Quelques chambres (w.-c. et douche communs sur le palier) à 40 €. Vu que la concurrence est sévère dans le quartier, bon rapport qualité-prix.

▲ **Hôtel Schweriner Hof** *(plan I, D3, 14)* : Steindamm 19, 20099. ☎ 280-43-23. Fax : 280-42-24. U1/3 : Hauptbahnhof Süd. Avec ou sans douche entre 55 et 73 €. Chambres simples et spacieuses, moulures au plafond peintes en rose, pistache et bleu ciel. Préférer celles avec w.-c. sur le palier et éviter celles au 1er étage en prise directe sur la machine à laver dont le doux ronronnement style « 38 t au démarrage » peut excéder rapidement. Accueil un peu « mou du genou » mais encore acceptable. L'ambiance dans la rue (à 3 mn de la gare) n'est pas toujours sécurisante...

Prix moyens

▲ **Hôtel Eden** *(plan I, D3, 16)* : Ellmenreichstrasse 20, 20099. ☎ 248-48-0. Fax : 24-15-41. U3/S3/S21 : Hauptbahnhof Nord. À 50 m de la gare principale. Chambres à 95 et 113 €. Si la façade de brique jaune n'est pas franchement engageante, les chambres sont en revanche agréables (déco neutre) et confortables (avec salle de bains, TV et téléphone). Bon accueil de la patronne, qui sait faire le tri de sa clientèle. Elle sait que penser si un monsieur seul demande une chambre double pour revenir après avec une dame du quartier. Elle préfère louer à des couples sérieux. Fréquenté par des hommes d'affaires et des touristes allemands et étrangers de tous âges. Depuis qu'un voyageur bien content de son séjour lui a laissé son exemplaire du *Guide du routard*, elle le montre aux hôtes français pour indiquer des adresses amendées. Elle se débrouille très bien sans savoir le français.

▲ **Junges Hotel** *(plan I, D3, 22)* : Kurt-Schumacher Allee 14, 20097. ☎ 41-92-30. • www.jungeshotel.de • Fait partie des adresses *CVJM-YMCA*. Chambres (doubles) confortables avec mobilier en bois clair à 98 €. Dortoirs pour 6 personnes dans une annexe. La façade high-tech en alu dissimule une ambiance jeune et chaleureuse. Salle pour le petit dej' claire et agréable, avec nappes rouges, bleues et jaunes qui apportent des touches de couleurs. Buffet appétissant et consistant. Sauna. Halte-garderie pour les petits. Bonne formule entre AJ et hôtel. Nous avons aimé. Parking.

▲ **Galerie-Hotel Sarah Petersen** *(plan I, D2, 23)* : Lange Reihe 50, 20099. ☎ 24-98-26. • www.galerie-hotel-sarah-petersen.de • À 7 mn de la gare et 2 stations en bus n° 108. Prix à partir de 80 €. Dans la rue la plus sympathique du quartier cosmopolite. Hôtel avec style, charme, longue histoire et confort. Beaucoup d'artistes parmi les hôtes. Ambiance atypique et très sympa. Chambres décorées individuellement avec du mobilier Empire, Art déco ou contemporain. Petit dej' bien copieux (8,80 €) dans un salon où trône le portrait de la patronne. Expositions temporaires d'artistes contemporains. Très bonne adresse.

À *Sternschanze*

Prix modérés

▲ **Boritzka** *(plan I, B2, 18)* : Schäferkampsallee 67, 20357. ☎ 44-85-82. Fax : 45-67-00. • www.home.t-online.de/home/boritzka • U2 : Christuskirche. Prix très raisonnables pour la ville (entre 62 et 73 €). Petit hôtel mignonnet dans une villa hambourgeoise, classée monument historique. Accueil aussi professionnel que sympathique. Bien tenu par la famille et assez confortable. Petit dej' maison. À notre avis, le meilleur hôtel de sa catégorie.

🛏 *Schanzenstern* (plan I, B2, 17) : Bartelstrasse 12, 20357. ☎ 439-84-41. • www.schanzenstern.de • U3/S11/S21/S31 : Sternschanze. Accueil super sympa. Nuitée à partir de 17 € dans un dortoir. Également des *singles* (33 €) et doubles (48 €). Petit dej' de 3 à 6 €. Grande résidence dans une ancienne fabrique rénovée, coincée dans une petite rue. Chambres agréables, mais l'endroit est rapidement bondé, vu les prix. Si la réception est fermée, adressez-vous au café-resto du rez-de-chaussée, où l'on prend le matin son petit dej' entre des plantes vertes, des murs orange, dans une ambiance chaleureuse. Restaurant avec des petits plats bio et végétariens.

🛏 *Instantsleep Backpacker Hostel* (plan I, B2, 24) : Max Brauer Allee 277. ☎ 43-18-23-10. • www.instantsleep.de • De la gare, prendre le métro U3, S21 ou S31. De là, bus n° 115, une station vers Klein Flottbek. Au 1er étage, au-dessus du bar *Rossi*. Prix de la nuitée de 14 à 22 € du lit en dortoir à la chambre simple. Hôtel moderne pour jeunes dans Sternschanze. Chambres pimpantes et colorées. Dortoirs mixtes. Chambres pour filles sur demande. Location de draps sinon dodo dans son *sleeping-bag*. Machine à laver. Coin cuisine.

Plus chic

🛏 *YoHo* (*The Young Hotel* ; plan I, B1, 25) : Moorkamp 5, 20357. ☎ 28-41-910. Fax : 28-41-91-41. • www.yoho-hamburg.de • U2/U3 : Schlump. Chambres spacieuses avec mobilier aux lignes claires et sobres à 85 €. Tarifs réduits à 65 € pour les moins de 26 ans. Dans une villa avec façade de 1910, ouvert en 2000, il a connu un succès immédiat. À l'intérieur, déco design moderne. Restaurant avec des spécialités syriennes.

Sur les bords de l'Aussenalster

Prix moyens

🛏 *Hôtel-pension Hela* (plan I, D2, 19) : Schwanenwik 30, 22087. ☎ 220-35-86. Fax : 220-35-80. U2 : Uhlandstrasse. Dans une maison bourgeoise partageant plusieurs étages avec d'autres pensions. Au 2e étage. Au calme, sur les bords du lac. Chambres entre 80 et 90 €, très spacieuses (n° 8), parfois avec une belle vue sur l'Alster (n° 3) et toutes très bien tenues. Mobilier jeune, style campagne. Salles de bains rénovées. Bon accueil de la patronne, qui a un faible pour le *GDR*.

Plus chic

🛏 *Hotel Asgard* (plan I, D2, 20) : Schwanenwik 30, 22087. ☎ 22-10-07. • www.hotel-asgard-hamburg.de • Chambres entre 90 et 108 €. Au rez-de-chaussée, dans le même immeuble que la pension *Hela*. Mais plus chic : parquet, stucs, moulures, peintures murales de la villa patricienne datant de 1895 et restaurée avec beaucoup de goût. Mobilier de style contemporain. Colonne en marbre, cheminée, dans le « salon » où l'on prend son petit dej'. Location de vélos. Jardin. Vue sur l'Alster. Notre coup de cœur.

Où manger ?

Assez difficile de ne pas écouler toutes ses économies. Hambourg, à l'instar des grandes villes, reste chère.

Dans le quartier Sankt Georg

Spécial fauchés

Quartier stratégique pour les *Döner Kebabs*.

Prix moyens

Destille (plan I, D3, **30**) : Steintorplatz-Brockesstrasse. ☎ 280-33-54. U1/3 : Hauptbahnhof Süd. Ouvert de 10 h à 17 h. Fermé le lundi. Bistrot-cafétéria au 1er étage du musée des Arts décoratifs. Droit d'entrée pour le restaurant (1 €), sinon accès gratuit avec le billet d'entrée du musée. Un restaurant accueillant, toujours le meilleur parmi les restos de musées. Très bon buffet froid. Produits maison. On paie selon la quantité dans l'assiette. Délicieux desserts.

À Sternschanze

De bon marché à prix moyens

Schanzenstern (plan I, B2, **17**) : Bartelstrasse 12. ☎ 439-84-41. S21/31/U3 : Sternschanze. Ouvert de 10 h 30 à 1 h (le lundi à partir de 16 h et le dimanche à partir de 11 h). Plats du jour le midi à partir de 6 €, plats chauds le soir entre 18 h et 23 h. Dans le quartier étudiant. On aime bien ce restaurant qui propose des plats simples, bio et végétariens (pâtes, salades), pour sa petite cour intérieure mais surtout pour ses portions généreuses. En revanche, évitez les pâtisseries industrielles.

Abaton-Bistro (plan I, C2, **31**) : Grindelhof 14a. ☎ 45-77-71. U1 : Hallerstrasse. Ouvert en semaine de 9 h 30 à 1 h, et le week-end de 16 h à 1 h. Dans le quartier de l'université. À midi, on se bouscule pour trouver une chaise libre ! Plats du jour. Les étudiants s'y retrouvent pour déjeuner ou boire un verre. Ce restaurant fait partie d'un cinéma, l'Abaton-Kino. On y passe des films-cultes en version originale sous-titrée, phénomène rare en Allemagne.

Dans Altona

De prix moyens jusqu'à chic

Eisenstein (plan I, A3, **32**) : Friedensallee 9. ☎ 390-46-06. S1/3/31 : Altona. Ouvert tous les jours de 11 h à 1 h 30 (le dimanche, très bon *brunch* à partir de 10 h). Voilà un beau resto ambiance design qui a pris place dans les Zeisehallen, une ancienne fabrique d'hélices à bateau. Les tables nappées de blanc s'organisent autour d'un ancien four de fonderie en brique rouge et devant un bar en forme d'une proue de bateau. On y mange un peu de tout et notamment d'excellentes pizzas, cuites au four à bois. Ambiance plus agréable à midi que le soir, quand les frimeurs délaissent leurs voitures de sport pour envahir le lieu. Menu et à la carte, plus cher le soir. Réservation conseillée.

À Sankt Pauli

Chic

Cuneo (plan I, B3, **34**) : Davidstrasse 11. ☎ 31-25-80. S1/3 : Reeperbahn ; U3 : St Pauli. Ouvert de 18 h à 1 h 30. Fermé le dimanche. C'est toujours « l'adresse » sur le Reeperbahn, juste à côté de la fameuse Herbertstrasse. Ici, à la sortie des théâtres (Tivoli à côté), on retrouve le beau monde du milieu des créatifs : agences de pub, artistes, acteurs de théâtre, gens du cinéma... Même si vous n'en faites pas partie, cela vaut la peine ne serait-ce que pour rencontrer le proprio Franco qui vous trouvera une place (téléphoner avant) parmi ses illustres hôtes (table d'artistes les jeudis soir). Dans l'ambiance chicos-décontractée de ce resto italien très cosy, sous les moulures des plafonds en rouge profond, on entame facilement une conversation avec la table voisine. Et en plus on y mange bien : les raviolis « Zia rosa » aux pignons de pin (environ 12,50 €) et la panacotta en dessert laissent un bon souvenir. Tapinage racoleur à la sortie.

Vraiment plus chic

I●I **Au Quai** (plan I, A3, 33) : Grosse Elbstraße 145 ☎ 38-03-77-30. Bar : ☎ 38-03-77-31. Plats à la carte à partir de 22,50 €. Restaurant et bar sur le quai de l'Elbe. Public top tendance. Larges baies vitrées, avec vue superbe sur les activités portuaires en face. Terrasse en été. Les jeunes propriétaires français vous reçoivent avec plaisir dans une ambiance cosmopolite et un décor éclectique au goût très sûr. Les fondus de design apprécieront les chaises de Jean Prouvé, de Tom Dixon et de Masanori Umeda. Et les gourmets savoureront les plats de poisson frais, délicatement parfumé et ne seront pas trop dépaysés par le foie gras et le sauternes. Réservation conseillée. Un franc succès depuis l'ouverture. Les possesseurs du Guide du routard seront conviés à déguster un verre de vin, offert par la maison.

À Neustadt

De bon marché à prix moyens

I●I **Gestern & Heute** (plan II, F4, 35) : Kaiser-Wilhelmstrasse 55. ☎ 35-71-88-01. U2 : Gänsemarkt. Ensuite 10 mn à pied. Ouvert tous les jours 24 h/24, comme l'indique le nom : entre « hier et aujourd'hui ». Des horaires qui en font une adresse indispensable ! Bien sûr, la clientèle est extrêmement variée. Les couche-tard y croisent les lève-tôt. On y mange (et boit) à n'importe quelle heure. Toujours très copieux, mais pas toujours excellent (selon la forme du chef). Les plats sont très bon marché. Bons petits dej'. Le Katerfrühstück (hareng et pain noir) est, paraît-il, un bon remède contre la gueule de bois du matin...

I●I **Sagres** (plan II, E6, 36) : Vorsetzen 42. ☎ 37-12-01. Voilà un des derniers restaurants populaires du quartier lusitanien qui attire une clientèle variée. Cuisine portugaise. Spécialités de poisson grillé : loup de mer et surtout l'espadon, qu'on trouve rarement sur les cartes des restos allemands. Pour faire plaisir à notre pote Luis Rego, on y mange de la morue (bah ! oui !) et c'est bon ! P.S. : on n'est pas les seuls à recommander cette adresse, donc prévoir une LONGUE attente. Vaut mieux réserver.

I●I **Restaurante Beira Mar** (plan II, E6, 37) : à l'angle de Rambachstrasse et de Karpfangerstrasse. ☎ 37-31-83. Ouvert de midi à minuit. Plats copieux aux alentours de 10 €. Les soirs de week-end, il se peut que vous tombiez sur quelques marins égayés par plusieurs verres de vinho verde. Alors, ils se mettent à improviser au son de l'accordéon jusqu'à ce que le proprio ferme son restaurant. Spécialités portugaises. Grands choix de poisson. Le loup de mer cuit en marmite fait venir l'eau à la bouche.

Chic

|●| Zur Alten Kramer-Stube am Michel (plan II, F5, **38**) : Krayenkamp 10. ☎ 36-58-00. S1/3 : Stadthausbrücke ou Landungsbrücke. À côté de l'emblème de la ville, le clocher de l'église Saint-Michel. Ouvert tous les jours de 10 h à minuit. Resto pittoresque, dans un style hambourgeois traditionnel. Mobilier *Biedermeier*. Cuisine locale de qualité. Derrière le restaurant, une galerie bordée de charmantes maisonnettes, les *Krameramtswohnungen*. La guilde des merciers *(Krämer)* les a fait construire en 1676 pour y loger les veuves des membres de leur corporation. Un petit musée *Kramer-Witwen-Wohnung* a été aménagé à côté du resto.

Où boire un verre ?

Si pour les restos, on reste sur sa faim, en revanche, pour les bars, on ne sait plus vraiment où donner de la tête. Attention, quand la bière dépasse les 2,50 €, c'est que le patron n'est pas très « franc du collier ». Voici nos préférés.

À *Sankt Georg*

▼ Max und Consorten (plan II, H4, **50**) : Spadenteich 7. ☎ 24-56-17. S21/31/U2 : Hauptbahnhof Nord. Ouvert à partir de 10 h. Lieu de rencontre de musiciens de rue. Public très varié. Des plantes vertes filtrent la lumière du jour qui éclaire les lourdes tables de bois. Ici, on cause, on refait le monde. On attend avec patience que le garçon s'approche et encore un peu plus que la bière arrive. Le dimanche, de 9 h à 15 h, on y prend son petit déj'. Énorme buffet froid, service à volonté !

▼ Café Gnosa (plan I, D2, **51**) : Lange Reihe 93. ☎ 24-30-34. U3/S21/31 : Hauptbahnhof Nord. Ou bus n° 108, bus de nuit n° 607. Ouvert de 11 h à 1 h (le lundi à partir de 18 h). À l'origine, La Mecque homosexuelle de Hambourg, aujourd'hui, public mixte. Décoration très *soft* : lustres des années 1920, fauteuils des années 1950, boiseries. Grand choix de gâteaux faits maison, qui attirent autant la clientèle féminine que masculine. Buffet pour le petit déj'. Plat du jour à midi. Accueil très sympa par Kai, qui est content d'avoir des Français parmi ses visiteurs.

▼ Café-Kneipe Frau Möller (plan I, D2, **52**) : Lange Reihe 96, U3/S21/31 : Hauptbahnhof Nord. Ou bus n° 108, bus de nuit n° 607. Ouvert de 11 h à 3 h. Bar à bière. Tables et chaises en bois. Endroit toujours plein. Apprécié par les étudiants pour les petits plats bien consistants pas chers (autour de 5 €). Portions généreuses. Billard et baby-foot. Bonne adresse.

À *Neustadt*

▼ Klimperkiste (plan II, G4, **53**) : Esplanade 18. ☎ 34-63-50. U1 : Stephansplatz. Ouvert de 11 h (15 h le week-end) à 4 h (6 h le samedi). Un pub qui pratique encore – sauf pour les cocktails – les *happy hours* (de 11 h à 17 h). Du lundi au vendredi, petits plats chauds à environ 5 €. Ambiance cave. Musique variée, moins *soft* le soir.

▼ Thämer's (plan II, F5, **54**) : Großneumarkt 10. ☎ 34-50-77. S3/S1 : Stadthausbrücke. Une des nombreuses *Kneipen* qui entourent la place du Großneumarkt. Petit et ancien, *Thämer's* est un bar plutôt calme. *Biergarten* en été devant la porte.

De part et d'autre de la Reeperbahn

La Paloma (plan I, B3, 55) : Hans-Albersplatz. ☎ 31-45-12. S1/S3 : Reeperbahn. Au cœur de St Pauli. Ouvert du mardi au dimanche de 19 h à 1 h. *Open-end* le week-end. Clientèle très mélangée : des artistes, des jeunes, des paumés et deux ou trois touristes. Toujours plein de monde, mais seulement à partir de 22 h 30 – sinon, avant, c'est le calme plat. Bar tenu par Jörg Immendorf, le peintre qui a fait parler de lui en peignant le monde sur la tête. Ici, le costume-cravate n'est pas une obligation, il serait même à éviter ! Bière chère.

Hans Albers Eck (plan I, B3, 56) : juste à côté du précédent. Les deux ont un intérêt touristique particulier si l'on est suffisamment discret et que l'on ne fait pas montre d'un voyeurisme outrancier. Une bonne quantité de prostituées se situent sur cette place. En sirotant votre mousse, regardez comment elles « travaillent » le client. En vraies commerciales, si elles arrivent à leur faire décrocher quelques mots, l'affaire est conclue. Du monde à partir de 23 h. Le week-end, *party-time* avec tubes et best of des années 1980.

Der Clochard (plan I, B3, 57) : sur Reeperbahn. U3 : St Pauli. Ouvert 24 h/24. Le ménage n'y est pas fait tous les jours et ça ne dérange pas le moins du monde la clientèle punko-destroy. Un bar pour paumés et fauchés, avec une bonne ambiance rock. Petite terrasse grillagée donnant sur la très animée Reeperbahn. Bon endroit pour prendre contact avec le quartier.

Dans Altona

Querbeet (plan I, A3, 58) : Bahrenfelderstrasse. Bus n° 187. En bordure de rue, derrière une rangée de caisses et sous une tonnelle de verdure. Clientèle bigarrée, cool, cocasse et bien représentative du quartier. Davantage pour lézarder au soleil que pour un rendez-vous nocturne. Bon cidre à la pression.

À Sternschanze

Hadley's (plan I, C1, 59) : Beim Schlump 84a. ☎ 450-50-75. Café-bar dans un des bâtiments d'un ancien hôpital de 1850, à côté de l'université. À l'intérieur, mur en brique jaune, déco très « chic », mélange entre *Casa* et *The Conran Shop*. Casting en conséquence, comme les prix d'ailleurs. Mais on peut toujours se rabattre sur, par exemple, un verre de *Weinschorle* (vin blanc mélangé avec de l'eau pétillante) bien rafraîchissant à moins de 3,50 € et s'installer dans le jardin. Clientèle entre 20 et 40 ans. Très *fashion*.

Fritz Bauch (plan I, B2, 60) : Bartelstrasse. S21/31/U3 : Sternschanze. Ouvert du lundi au jeudi de 13 h à 2 h, le vendredi jusqu'à 4 h, le samedi de 12 h à 4 h et le dimanche de 11 h à 2 h. Le week-end, différentes formules de petit dej' (de 11 h à 16 h). Le bar « kivabien » (pour utiliser un langage militaire). La peinture en rouge et vert est très présente ; à vous d'y mettre à l'épreuve votre daltonisme. Très *Tintin et le Lotus bleu*. Déco des années 1920, avec boxes en bois, bancs couverts de cuir. Musique contemporaine et toilettes remplies d'annonces pour trouver un appartement, un copain (ou une copine, voire les deux), de manifestes antinazis et procommunistes.

Erika's Eck (plan I, B2, 62) : Sternstrasse 98. ☎ 43-35-45. Ouvert de 1 h du matin à 14 h. C'est dans ce petit bistrot d'habitués que les conducteurs de taxi viennent, leur nuit finie, se jeter un café. Ils y rencontrent parfois les bouchers de l'abattoir du *Neuer Pferdemarkt* qui y viennent (de moins en moins) en tenue de travail (tablier maculé de sang) faire la même chose, à la différence près qu'ils commencent leur journée. Des plats bien consistants pour recharger la batterie après une virée dans *Hamburg by night*. Plus local, difficile à trouver.

Dans les autres quartiers

🍸 **Strandperle** *(hors plan I par A3, 61)* **:** Am Schulberg, Övelgünne 63. ☎ 880-11-12. Bus n° 36 : Elbchaussee ou Liebermannstrasse, ensuite descendre les escaliers. Ouvert de Pâques à mi-septembre. De 11 h à 22 h. Nulle part ailleurs on ne voit concentrée à un endroit une telle quantité de punks, de bergers allemands et d'enfants. Un vrai plaisir d'y siroter un jus de fruits, au soleil, pour unique fond sonore le clapotis du fleuve et les sirènes des bateaux. Les amoureux vont se mettre à l'écart les pieds dans le sable en emportant leur bière à la main. Même sans musique (car on respecte le désir de calme des habitants des villas chic), on se sent presque au paradis. Un endroit très apprécié des familles avec enfants, des étudiants et des homosexuels (quand ils ne sont pas les deux à la fois). Self-service à une petite guérite : café, thé, jus de fruits et bière contre la soif et gâteaux (industriels), *Brezeln* et saucisses de Francfort contre les petites faims. Belle vue sur les activités portuaires. Pour l'après-midi et au moment du coucher de soleil, notre bar préféré. Plus beaucoup de monde, depuis quelque temps, sauf un peu le week-end. L'adresse aurait moins d'intérêt qu'auparavant !

Où écouter de la musique ?

Sur Reeperbahn et Große Freiheit

Dans ce coin plus touristique que la Costa Brava, il ne faut pas mettre ses oreilles entre toutes les mains. Suivez le guide :

🎵 **Lehmitz** *(plan I, B3, 65)* **:** Reeperbahn 22. ☎ 31-46-41. U3 : St Pauli. Ouvert 24 h/24. Une boîte avec une bonne ambiance un peu hard : acid, punk, rock, house et surtout « y a foule à la caisse ». La boisson préférée du milieu sur place est apparemment la tequila avec du sel et du citron. Étonnant : le comptoir d'environ 40 m de long.

🎵 **Jazz Café** *(plan I, B3, 80)* **:** dans l'entrée du *Mojo Club*. Ce café ouvre sa vitrine, d'une part à la Reeperbahn (on est vite lassé car « y'a pas grand monde à y reluquer ») et, d'autre part, au *Mojo Club*. Dans ce genre d'endroit, on pourrait s'attendre à un service d'ordre musclé... Que nenni ! Le commun des mortels peut même venir se brancher les écoutilles sur les casques qui passent en boucle les compil' du club (et hop ! un coup de pub !).

🎵 **Docks** *(plan I, B3, 81)* **:** Spielbudenplatz 19. U3 : St Pauli. ☎ 31-78-83-11. ● www.docks.de ● Ouvert les jeudi et dimanche à partir de 22 h et jusqu'à 2 h, les vendredi et samedi jusqu'à 3 h. Clientèle de tous âges et de tous styles. Hip-hop, Latin house. Atmosphère tendance moite, « je-te-colle-tu-me-colles : tiens-donc ! On-n'arrive-plus-à-se-quitter ! » Manque d'aération singulier, mais son relativement bon. Lumière pas super bien travaillée. Le vendredi : *Docks Thursday*, entre 22 h et 2 h. Techno, house.

🎵 **Grosse Freiheit** et **Kaiserkeller** *(plan I, B3, 82)* **:** Grosse Freiheit 36. ☎ 31-77-780. ● www.grossefreiheit36.de ● S1/3 : Reeperbahn. Ouvert de 19 h à 3 h. Dans le même édifice. Lieu où les Beatles ont commencé à bâtir leur légende. Un style un peu *destroy* pour la *Kaiser*, qui se veut indépendante de tout mouvement de mode. Sauf qu'elle fait cause commune avec la *Grosse*. Et puis, elles se situent dans l'une des rues les plus fréquentées. « Le samedi soir après le turbin », il faut faire une

queue immense pour pouvoir y entrer. Clientèle beaucoup plus touristico-provinciale que la précédente. Pop jusqu'au punk. À voir.
- ♪ *Grünspan* (plan I, B3, 83) : Grosse Freiheit 58. ☎ 31-36-16. • www.gruenspan.de • Ouvert de 21 h à 7 h. Disco légendaire des années 1970.

Dans Altona

- ♪ *Fabrik* (plan I, A2, 84) : Barnerstrasse 36. ☎ 39-10-70. S1/3 : Altona. Cette boîte est sise dans une ancienne usine (gagné ! d'où son nom) de métal, dans laquelle on fabriquait, entre autres, des canons. Elle a été réhabilitée par une association. Les groupes les plus divers de Dizzy, le joufflu, à Miles Davis, le moins joufflu mais toujours aussi trompettiste, s'y sont produits. Les vieilles gloires du rock comme Joe Cocker et Eric Burdon y passent encore. Soirées à thèmes plus ou moins excitantes. Une bonne adresse néanmoins.

Le son est déjà moins saturé et ça fait un bien fou. Belle salle avec galerie, colonnade dorée et pagodes. Les lanternes chinoises toutes sages n'empêchent pas un rock solide. Les jeudi et samedi, *Opera house, psychedelia house trip* des années 1970. C'est aussi une salle de « Kon-zert-eu ».

À Neustadt

- ♪ *Cotton-Club* (plan II, F5, 85) : Alter Steinweg 10. ☎ 34-38-78. • www.cotton-club.org • S1/3 : Stadthausbrücke. Ouvert du lundi au samedi à partir de 20 h. Le plus ancien et incontestablement l'un des meilleurs clubs de jazz de Hambourg. New Orleans, dixieland, hot jazz, boogie-woogie et blues au programme. Clientèle assez variée.

Dans les environs de Sternschanze

- ♪ *Logo* (plan I, C2, 86) : Grindelallee 5. 36-26-22. • www.logohamburg.de • À côté de l'hôtel *Radisson SAS.* Ouvert à partir de 20 h. Concerts à partir de 21 h. Salle toute noire et basse de plafond qui pèche par son pilier en plein milieu de la clientèle étudiante, rock et punk, habitant dans les maisons proches. *Live music,* programme affiché (punk rock, ska, pop, metal...) sur de grands panneaux en blanc sur noir (et vice versa). Bière pas chère.

Comédies musicales

Hambourg est un des arrêts des comédies musicales qui tournent partout sur l'hémisphère occidental (sauf en France). Évidemment, les principales se jouent sur la Reeperbahn. ☎ 0180-544-44 (appel gratuit, en service tous les jours de 8 h à 20 h).

À voir

- 🚶‍♂️ *Rathausmarkt* (place de l'Hôtel-de-Ville ; plan II, G5) : U3 : Rathaus. Visites du lundi au jeudi de 10 h à 15 h, du vendredi au dimanche jusqu'à 13 h. Entrée : 1,50 €. Gratuit avec la *Hamburg Card*. Cette gigantesque place fut dessinée après le terrible incendie de 1842. Devant le Schleusenbrücke se dresse un monument aux morts de la Grande Guerre, alors qu'à quelques mètres de là on vend des saucisses et des cartes postales à l'ombre de l'imposant *Rathaus*. Symbole de la puissance de la cité, l'hôtel de ville, de style néo-Renaissance, est soutenu par 400 pilotis ! C'est aussi le siège de la Bürgerschaft (ça coule de source) et du Sénat.

Sankt Michaelis-Hauptkirche *(église Saint-Michel ; plan II, E5) :* ☎ 37-67-80. S1/S3 : Stadthausbrücke. Ouvert du lundi au samedi de 10 h à 17 h 30, le dimanche jusqu'à 18 h 30. Entrée : 2 €. Construite au XVIIIe siècle dans un style baroque représentatif du Nord de l'Allemagne, cette église luthérienne (où Johannes Brahms s'est fait baptiser), appelée le « Michel », est l'un des symboles incontournables de Hambourg. Sa tour, haute de 132 m, comporte la plus grande horloge du pays et offre de sa plate-forme une vue superbe sur la ville. Sa flèche permettait jadis aux navigateurs de se repérer en entrant dans l'embouchure de l'Elbe. Concerts réguliers de musique religieuse.

Sankt Jakobi-Hauptkirche *(église Saint-Jacques ; plan II, H5) :* Steinstrasse. U3 : Mönckebergstrasse. Ouvert du lundi au samedi de 10 h à 17 h. Édifice gothique, érigé entre le XIVe et le XVe siècle. Endommagée pendant la Seconde Guerre mondiale, elle a conservé ses superbes orgues baroques datant de 1693.

Kunsthalle *(musée des Beaux-Arts ; plan II, H4) :* Glockengießerwall 1. ☎ 428-54-26-12. Tous les U-Bahn et S-Bahn qui passent par la gare centrale. À côté de la Hauptbahnhof, sortie Nord. Ouvert de 10 h à 18 h (le jeudi jusqu'à 21 h). Fermé le lundi. Entrée : 7,50 € (3 € avec la *Hamburg Card*). Il abrite une fameuse collection d'œuvres d'art réalisées entre le début du Moyen Âge et la 1re moitié du XXe siècle. Entre autres chefs-d'œuvre : le retable de Maître Bertram (1380), *Le Philosophe* de Fragonard, *Le Voyageur au-dessus de la mer de nuages* de Caspar David Friedrich, *Nana* de Manet, *Autoportrait avec un modèle* de Kirchner et le superbe *Nu de dos* de Matisse. Chefs-d'œuvre des deux principaux groupes de peintres expressionnistes allemands, le « Brücke » et le « Blaue Reiter ».
En fin de visite, une halte s'impose au *Café Liebermann*, situé au rez-de-chaussée, dans la très belle salle des colonnes de 1869. Un passage souterrain mène dans le nouveau bâtiment de la Galerie der Gegenwart.

Galerie der Gegenwart *(galerie d'Art contemporain ; plan II, H4) :* entrée par la Kunsthalle. Ouvert du mardi au dimanche de 10 h à 18 h. Nocturne le jeudi jusqu'à 21 h. Le ticket d'entrée de la Kunsthalle inclut celui de la galerie. Nouveau venu dans la cour des musées d'art contemporain. Impossible de le louper, il s'agit d'un beau blockhaus qui va choper une jolie teinte grise dans quelques années. Le but de cette extension du musée voisin est de présenter des œuvres plus récentes, depuis 1960 (du pop art) jusqu'aux tendances actuelles. On commence donc par le sous-sol (en passant sous l'installation clignotante *Ceiling Snake*, de Jenny Holzer, 1996) avec des œuvres de Beuys, Serra, Boltanski, Mario Merz et Raymond Hains. Puis on passe dans une succession de salles riches d'œuvres de diverses époques et styles. Pop art, *fluxus* et nouveaux réalistes, *arte povera*, art minimal et art conceptuel. Aux 1er et 2e étages, des œuvres de Rebecca Horn, Annette Messager, Bruce Naumann, Jeff Koons, Warhol... et des expos temporaires. Enfin, très intéressant, le dernier étage, consacré à des peintres allemands, tels que Baselitz, Lüppertz, Richter ou Polke.

Museum für Kunst und Gewerbe *(musée des Arts décoratifs ; plan II, H5) :* Steintorplatz 1, à deux pas de la gare centrale. ☎ 42-85-42-732. • www.mkg-hamburg.de • U1/3 : Hauptbahnhof Süd. Ouvert de 10 h à 18 h (jusqu'à 21 h le jeudi). Fermé le lundi. Entrée : 8,20 € (1 € avec la *Hamburg Card*). Superbe collection d'objets d'art d'origines différentes, de l'antiquité jusqu'à nos jours. Le musée, fondé en 1877, possède notamment la plus complète collection (sculptures, estampes, faïences, porcelaines, bijoux, meubles) du Jugendstil, de l'Art nouveau. La « Pariser Zimmer » (achetée à l'Expo universelle 1900 à Paris), avec ses meubles d'Hector Guimard, et les « 18 danseuses d'Agathon Léonard » de la Manufacture nationale de porcelaine de Sèvres attirent amateurs et connaisseurs du monde entier. Collection d'instruments de musique anciens remarquable. Forum design : expos temporaires qui montrent les tendances du design au XXe siècle. La visite vaut vraiment la peine.

|●| Et le restaurant *Destille* (plan I, D3, 30) au 1er étage est toujours le n° 1 des restos-cafés des musées hambourgeois (voir « Où manger ? »).

✤ *Deichtorhallen* (plan I, D3) : Deichtorstrasse 1-2. ☎ 32-10-30. À 5 mn à pied de la gare centrale. Ouvert du mardi au vendredi de 11 h à 18 h ; le week-end à partir de 10 h. Entrée : 6,50 € (5 € avec la *Hamburg Card*). Anciennes halles de marché, construites en 1914 et utilisées jusqu'à 1983 pour le marché aux fleurs, reconverties en halles d'exposition d'art contemporain. Expositions temporaires de réputation internationale de peinture, photographie et design.

✤ *Museum für Hamburgische Geschichte* (musée d'Histoire de Hambourg ; plan II, E5) : Holstenwall 24. U3 : St Pauli. Ouvert du mardi au dimanche de 10 h à 17 h, et le lundi de 13 h à 17 h. Entrée : 7,50 € (1,50 € avec la *Hamburg Card*). Consacré à l'histoire de la ville et de ses traditions. Intéressantes maquettes de bateaux, reconstruction du pont de commande du bateau à vapeur *Dampfer Werner*. Reconstitution de parties de maisons de riches marchands hambourgeois du XVIIIe siècle. Démonstrations (à 11 h, 12 h, 14 h et 15 h) du plus grand train miniature d'Europe.

✤✤ *Erotic Art Museum* (plan I, B3) : Nobistor 10, à côté de Reeperbahn. ☎ 31-78-410. S1/3 : Reeperbahn. Ouvert du dimanche au vendredi de 10 h à 24 h, les jeudi et samedi jusqu'à 1 h. Inauguré en 1997, juste à côté des néons des sex-shops. Sur plusieurs étages (3 000 m²), environ 1 800 chefs-d'œuvre de l'art érotique en sculpture, peinture, gravure et photographie. De toutes époques et toutes origines. Des œuvres signées par Delacroix, Fragonard, Picasso, Haring jusqu'aux planches de BD de Varenne. Lieu insolite.

✤ *Parc Planten und Blomen* (plan II, F4) : Jungiusstrasse. U1 : Stephansplatz. Ouvert de 7 h à 22 h. Créé en 1935 par un Japonais, ce parc botanique est réputé pour ses parterres de fleurs colorées et ses variétés d'arbustes. Petite maison de thé croquignolette (cérémonie du thé, ☎ 428-54-47-23). En été, tous les soirs à partir de 22 h, jeux d'eau sur fond musical.

✤ *Speicherstadt* (plan II, F-G-H6) : ● www.lichtkunst-speicherstadt.de ● U1 : Meßberg. Visites guidées de la Speicherstadt et du musée (*Speicherstadtmuseum*, voir plus bas) tous les dimanches à 11 h. Départ : Kornhausbrücke/Bei Sankt Annen (visite en français sur demande : ☎ 32-11-91).
La « ville des entrepôts », des comptoirs (*Kontorhäuser*) et des maisons de commerce qui firent la richesse de la ville. Ces entrepôts dans la zone franche du port abritent sur environ 37 000 km² des épices, du café, du tabac, de la soie et des tapis. Construite en 1885 dans un style néogothique, elle est installée sur l'île Kehrwieder Wandrahm. Il se dégage un certain charme de ces bâtiments de brique rouge (autour du pont Bei Sankt Annen). Illuminations le soir !

✤ *Deutsches Zollmuseum* (dans la Speicherstadt ; plan II, G6) : Alter Wandrahm 15a-16. U1 : Messberg. Ouvert de 10 h à 17 h. Fermé le lundi. Entrée gratuite. Longer le rivage pendant 5 mn et prendre le 1er pont. Dans un aussi grand port, vous vous imaginez bien que les douanes possèdent une solide assise. Elles se sont donc constitué un musée assez intéressant, retraçant surtout l'histoire d'un métier somme toute mal connu. On ne tombe pas sur des marchandises de contrebande banales et c'est plutôt bienvenu. Belles trouvailles de pièces, notamment des peintures de Pieter Brueghel.

🛉 **Speicherstadtmuseum :** St. Annenufer 2. Ouvert de 10 h à 17 h. Fermé le lundi. Entrée : 2,80 € (2,30 € avec la *Hamburg Card*). Au 4ᵉ étage d'un ancien entrepôt, on entre dans l'histoire de la « ville d'entrepôts », dans l'histoire de la profession des quartiers-maîtres. Parmi des caisses en bois pour le thé et des sacs à café, riche collection de leurs outils pour contrôler et stocker la marchandise. Démonstrations et dégustations de café et de thé.

🛉 **Hot Spice Gewürzmuseum** *(musée des Épices)* : Speicherstadt, Am Sandtorkai 32/II. U3 : Baumwall. Ouvert de 10 h à 17 h. Fermé le lundi. Plus de 60 épices et herbes à sentir, à toucher et à goûter – mais attention au poivron rouge du Chili, qui met la langue en feu, et quant à l'aphrodisiaque...

À faire

🛉🛉 **Fischmarkt** *(plan I, B3)* : dans le quartier St Pauli, à 8 mn à pied de la station de métro Landungsbrücken. Tous les dimanches matin, de 5 h 30 à 9 h 30. Vieux marché au poisson, élément majeur du folklore hambourgeois. Attrait touristique. Aujourd'hui, la vente des produits de la mer est devenue accessoire : on s'y rend autant pour l'ambiance que pour y faire ses courses ! Ici, on marchande son kilo de bananes, on écoute les plaisanteries parfois grivoises des marchands, au milieu de stands de brocanteurs, de bijoux, de vêtements, de fleurs ou de légumes. Tous les dimanches, dans la *Fischauktionshalle,* une animation musicale assurée par deux groupes (chacun à une extrémité) a lieu à partir de 5 h et jusqu'à 9 h 30. *Exit* la vente de poisson à la criée. De nombreux stands où s'abreuver et manger tout en « profitant » d'une musique de bastringue. Pour ceux qui aiment l'ambiance fête de la bière. À noter, sur *Hafenstrasse* : d'anciens squats dignes de ceux de Berlin qui n'ont pas pu résister à l'embourgeoisement de la zone.

➤ Continuez le long de l'*Elbstrasse* pour une promenade à pied le long du port. Et pour les amateurs de design, une visite au *Stilwerk* s'impose. Dans une ancienne brasserie, s'est installé le temple des designers contemporains (une trentaine de boutiques). Grosse Elbstrasse 68. U-Bahn : Reeperbahn ou Königstrasse.

🛉 **Herbertstrasse** *(plan I, B3)* : dans le quartier chaud au sud de Reeperbahn, vous baignerez parmi celles qui exercent le « plus vieux métier du monde ». Le district des lumières rouges représente une curiosité locale, somme toute anecdotique. Fermée par deux portails à chacune de ses extrémités, cette rue est réservée aux hommes. C'est en effet la seule de Hambourg où les prostituées professionnelles sont exposées en vitrine. Il reste que les femmes qui s'y aventurent se font injurier ou se font arroser. Et pas question d'insister ni de faire des photos.

🛉 **Alsterpark** : l'ancien chemin de halage, la *Harvestehuder Weg (plan I, D1),* longe l'Alsterpark entre l'Aussenalster (un bassin aux allures de vrai lac) et le quartier de Pöseldorf. On vient s'y reposer, compter fleurette, déstresser, bouquiner, « jogger » et même, quand le temps s'y prête, patiner sur la glace.

🛉 **Blankenese** *:* on a fait tout un pataquès de cette banlieue de Hambourg qui était un ancien village de pêcheurs. Aujourd'hui, il est devenu l'un des quartiers les plus huppés de la ville et ne présente pas un intérêt incroyable, à part faire d'agréables promenades avec jolie vue sur l'Elbe.

Balades en bateau

➢ *La visite du port en bateau (Hafenrundfahrt) :* départ de St Pauli-Landungsbrücken, pont 1 à 9 *(plan II, A3)*. Départ toutes les demi-heures, entre 9 h et 18 h. Durée : environ 1 h. Tarif : 8,50 € ; réductions étudiant (6,50 € avec la *Hamburg Card*). Vraiment intéressant et permet de mesurer l'étendue de ce port gigantesque et écouter des chansons paillardes de marin fredonnées par le batelier !

➢ *La promenade en bateau sur l'Alster :* départ toutes les demi-heures, de 10 h à 17 h, de Jungfernstieg *(plan II, C1-2)*, l'une des allées les plus connues de Hambourg. Il y a 7 jetées sur le bassin, toutes reliées entre elles. Durée : 50 mn environ. Tarif : 9 € (7 € avec la *Hamburg Card*). Cette promenade très agréable permet de découvrir toute la douceur de la ville. Les belles villas bordant l'Aussenalster témoignent de la présence des plus grandes fortunes d'Allemagne.

QUITTER HAMBOURG

En train

Pour voyager en train dans la région de Schleswig-Holstein, demandez le *Schleswig-Holstein-Ticket*. Valable pour l'aller-retour dans la journée et moins onéreux.

🚆 Il y a deux grandes **gares ferroviaires** à Hambourg (Hauptbahnhof – gare centrale – et Bahnhof Altona), sauf mention contraire voici quelques indications au départ de la **gare centrale** *(plan II, D2)* :

➢ *pour Lübeck :* une trentaine de trains quotidiens. Dernier vers 0 h 30. Environ 40 mn de trajet.

➢ *Pour Brême :* environ 20 trains par jour. 1 h de trajet.

➢ *Pour Husum vers les Halliguen (Hooge, Langeness) :* les départs se font principalement depuis la gare d'Altona. Environ 15 trains par jour. Compter environ 2 h de trajet.

➢ *Pour Westerland (Sylt) :* une vingtaine de trains chaque jour, dont 10 trains à partir d'Altona. Compter 3 h.

➢ *Pour Kiel :* environ un train toutes les heures. 1 h 15 de trajet.

➢ *Pour Berlin :* une trentaine de trains par jour dont 10 directs. Le direct vaut vraiment le coup : 2 h 30 contre 5 h de trajet autrement. Train de nuit pas intéressant non plus, car changement à Hanovre.

➢ *Pour Cologne :* train ultra-rapide (le *Metropolitan*) et tout confort qui fait Hambourg-Cologne en 3 h 24 avec arrêts à Essen et Düsseldorf. Réservation obligatoire.

➢ *Pour Paris :* 5 trains quotidiens, changement à Cologne. En train-couchettes, pas trop avantageux, à moins de ne pas être effrayé par les 10 h 30 de trajet.

➢ *Pour Bruxelles :* même topo que pour Paris, avec changement à Cologne. Moins de 6 h de trajet.

LÜNEBURG (LUNEBOURG)

IND. TÉL. : 04131

Voilà une petite ville bien cossue et toute mignonne pour se reposer de Hambourg-la-Grouillante. À une cinquantaine de kilomètres de la grande capitale du Nord, c'est aussi la porte d'entrée du massif de la Lüneburger

Heide. Elle garde les traces de son dynamisme médiéval jusque sur ses murs. Suffisamment rare pour être signalé, elle n'a pas été l'objet des bombardements alliés. La ville a construit sa richesse sur le commerce du sel, dont elle faisait bénéficier les villes de la Ligue hanséatique à la tête de laquelle figurait Lübeck. Ses nombreuses maisons de marchands aux pignons gothiques en brique rouge méritent vraiment de s'y échapper un après-midi.

Comment y aller ?

> ***De Hambourg :*** compter une demi-heure depuis la gare centrale de Hambourg. Dernier train avec le S-Bahn vers 1 h 30 jusqu'à Hambourg-Harbourg.

Adresses utiles

Office du tourisme : *Rathaus, Am Markt. 21335 Lüneburg.* ☎ 207-66-20. Fax : 207-66-44. ● www.lueneburg.de ● Ouvert en saison du lundi au vendredi de 9 h à 18 h et le week-end de 9 h à 16 h. Départ des visites guidées de la ville tous les jours à 11 h et 14 h. Informations sur les multiples voyages organisés dans la lande de la Lüneburger Heide. Vente de cartes de pistes cyclables.

Location de vélos : *Fahrradstation Radspeicher, Am Bahnhof,* ☎ 557-77. À côté de la gare ferroviaire.

Où dormir ? Où manger ?

À part les hôtels de chaînes que l'on trouve au bord de toutes les autoroutes européennes, il n'y a pas d'adresse intermédiaire (entre le « Bon marché » et le « Chic ») qui vaille la peine.

Camping

Campingplatz Rote Schleuse : ☎ 79-15-00. Fax : 79-16-95. Au sud de la ville, venant du centre en voiture par la route B4 en direction d'Uelzen et Braunschweig. Accessible par le bus régional *RBB* n° 605 depuis la gare. Compter une douzaine de minutes. Ouvert toute l'année. Accueil ouvert de 8 h à 13 h et de 15 h à 22 h. Bien situé, en pleine forêt à proximité d'un centre équestre. Bon accueil familial, barbecue collectif. Du sable, donc se munir de longues sardines. Départ de nombreux sentiers de rando. Location de vélos.

Restaurant Forsthaus : maison de l'ancien garde forestier en brique rouge et colombages, dans la forêt à proximité du camping.

Bon marché

Auberge de jeunesse de Lüneburg : Soltauerstrasse 133. ☎ (0511) 16-40-237. Fax : 45-747. ● jh.lueneburgdjh-hannover.de ● Pour s'y rendre, bus n°s 11 et 12 depuis la gare ou du centre-ville. Carte exigée. Réception ouverte de 9 h à 13 h, de 17 h à 21 h et de 21 h 45 à 22 h. Idéalement située parmi les pins dans un grand bâtiment en U. Petits dortoirs pour 4 de 14 à 16,50 € par personne. Quelques chambres doubles. Terrain de volley au fond du « jardin ».

Chic

- **Hotel Bremer Hof :** Lünerstrasse 12-13. ☎ (04131) 22-40. Fax : 22-42-24. Ne vous laissez pas tromper par sa façade toute blanche, c'est bien dans une maison traditionnelle de Lunebourg qu'est installé ce petit hôtel au charme coquet, situé à côté de la zone piétonne. Évitez la nouvelle aile, qui possède des chambres meilleur marché, car elles donnent sur le parking des hôtes dans la cour. Plusieurs prix selon le standing choisi (poutres apparentes...). Belle cave voûtée avec bar. Restaurant au rez-de-chaussée, proposant des spécialités locales, notamment des plats cuisinés avec la viande des *Heidschnucken*, célèbres moutons de la Lüneburger Heide.
- **Hotel Das Stadthaus :** Am Sande 25. ☎ 444-38. • www.dasstadthaus.de • Chambres entre 70 et 90 €. Dans la zone piétonne, sur une petite place à côté de l'église St Johannis. Hôtel sympa dans une maison bourgeoise, façade typique de 1880. Grand escalier en bois, moulures et parquet dans les chambres décorées avec goût, mobilier ancien et moderne mélangé. Clientèle jeune. Enfants bienvenus. Accueil souriant du jeune patron. Ambiance familiale. Petit dej' dans un décor Art nouveau au *Café Tango*. Jardin.
- **Café Pons :** Salzstrasse, Am Wasser 1. Sur l'un des bords de la Lösegraben. Café jeune et sympa au service un peu « lambinard ». Fauteuils et sofas confortables. Salades et cuisine vite faites. Bière pas chère.
- **Café-Restaurant September :** Auf dem Kauf 14. ☎ 333-06. Ancienne brasserie classée monument historique, avec peintures anciennes au plafond. Vieux canapés et tables en bois sur deux étages. Dans le quartier des bars et pubs du Stintmarkt. Style *Irish pub, live music*. Petits plats, portions généreuses, pas cher. Bonne ambiance, bonne adresse.

À voir

La ville en tant que telle dégage un certain charme. Elle doit sa couleur rouge au sang de bœuf que jadis on ajoutait à l'argile pour fabriquer les briques. Lunebourg reste vivable car le système de périphérique autour de la ville et ses petites rues étroites rendent impossible la circulation dans le centre.

- Le **Rathaus et sa cour :** visites guidées. Renseignements à l'office du tourisme. Le **Grosser Ratsaal** (la salle du Conseil municipal) est l'une des étapes de cette visite. À l'origine construite au XIVe siècle, elle a été embellie par la suite. À voir également la **Grosse Ratsstube**, l'une des plus belles d'Allemagne, dit-on. Nous, on préfère la cour, un peu irréelle, où l'herbe verte pousse parmi les constructions gothiques. Joli jeu de couleurs.
- Les **églises Sankt Johannis** (bel orgue), **Sankt Michaelis** et **Sankt Nikolaï**.
- **Deutsches Salzmuseum :** Sülfmeisterstrasse 1. ☎ 450-65. Fax : 45-069. Ouvert du lundi au vendredi de 9 h (10 h en hiver) à 17 h, le week-end de 10 h à 17 h. Entrée : 3,50 €. La ville du sel a évidemment son musée du sel. Inauguré en 1989 et construit sur le terrain d'une saline en fonction pendant 10 siècles entiers jusqu'à sa fermeture en 1980. Les bâtiments sont aujourd'hui considérés comme « patrimoine industriel ». Dommage que la façade voyante de la supérette à côté soit si présente. L'entrée se fait en traversant un wagon de train et fait référence au réseau ferroviaire par lequel le sel était transporté à travers toute l'Allemagne. Avec sa scénographie originale et sa présentation interactive, le *Deutsches Salzmuseum* a été élu « Musée européen ».

BREMEN (BRÊME)

IND. TÉL. : 0421

> « Nous allons à Brême »,
> dit l'âne au chat,
> « tu pourras t'engager dans l'orchestre municipal. »
>
> **Conte des frères Grimm**

Deuxième port commercial d'Allemagne, Brême est la plus ancienne cité maritime d'Allemagne et bénéficie (tout comme Hambourg) des statuts combinés de ville et de Land. Elle obtient le droit de tenir marché dès 965 et intègre la Hanse au XIVe siècle. L'activité économique et le développement de la ville seront considérablement freinés par la guerre de Trente Ans. Au XIXe siècle, Brême se dote d'un avant-port, *Bremerhaven*. Situé à 60 km en aval, ce dernier permet à la cité de demeurer parmi les plus importants ports d'Europe. Aujourd'hui, Brême occupe toujours une place prédominante dans les importations européennes de matières premières (café, coton, automobile, tabac...) et plus de 35 % de sa population active vit plus ou moins directement de ses activités portuaires. On surnomme aussi Brême la « ville du café » puisque la précieuse boisson y est apparue pour la première fois en Allemagne en 1673. La moitié du café consommé dans le pays transite par le port de Brême. Si le port joue un rôle majeur dans l'économie de la ville, Brême n'offre pas pour autant le visage d'un centre industriel morose. Depuis l'époque de la Renaissance, Brême est devenue « ville d'art », bien marquée par le style qu'on appelle « Weser-Renaissance ». C'est une cité au charme indéniable et aux traditions bien vivantes, avec des parcs et des jardins, des passages romantiques et une promenade le long de la Weser. Le conte populaire des quatre animaux musiciens de la ville de Brême (l'âne, le chien, le chat et le coq) en est devenu l'emblème. Le groupe de bronze les représentant se dresse au centre-ville à côté du *Rathaus*.

Adresses et infos utiles

■ *Office du tourisme* (plan C1) : en face de la gare principale. Service-hotline : ☎ (01805) 10-10-30. • www.bremen-tourism.de • Un autre office sur Liebfrauenkirchhof (dans le vieux centre) et un sur les berges de la Weser, dans le nouveau quartier Schlachte. Ouvert du lundi au mercredi de 9 h 30 à 18 h 30, les jeudi et vendredi jusqu'à 20 h et le week-end de 9 h 30 à 16 h. On peut y acheter la *Erlebnis Card Bremen,* qui donne droit à l'utilisation gratuite des bus et tramways et aux réductions dans les musées et pour de nombreuses manifestations culturelles. Carte valable 1 jour à 5 €, valable 2 jours à 10 €.

✉ *Poste principale* (Hauptpost; plan C2) : Domsheide 15, à côté de la place du Marché. Ouvert de 8 h à 18 h en semaine (jusqu'à 13 h le samedi).

■ *Mitfahrzentrale* (Allô Stop) : Körnerwall 1. ☎ 720-11. Tramway n° 10, arrêt : Sielwall.

■ *Location de vélos :* Fahrradverleih, Bahnhofplatz Westseite, à côté (à l'ouest) de la gare. ☎ 421-30-21-14. Ouvert toute l'année. Fermé le mardi. En été, ouvert aussi le week-end. Vente de cartes de pistes cyclables.

Où dormir ?

Camping

▲ *Camping* (hors plan par A1) : Am Stadtwaldsee 1, 28359. ☎ 21-20-02. Fax : 21-98-57. Situé au nord-est de la ville. À proximité d'une forêt et d'un lac, le Stadtwaldsee. Pas facile d'accès pour les routards non motorisés. À partir de la gare, prendre le bus n° 26, arrêt : Hemmstrasse et ensuite le bus n° 28, puis marcher quelques minutes. Pour ceux qui sont motorisés, prendre l'autoroute A27, direction Bremerhafen, sortie : Bremen-Universität. Ouvert toute l'année. Prix assez élevés.

Auberge de jeunesse

▲ *Jugendgästehaus (AJ; plan A1, 11)* : Kalkstrasse 6, 28195. ☎ 17-13-69; fax : 17-11-02. • jh-bremen@djh-unterweser.ems.de • À l'ouest du centre, au bord de la Weser. À partir de la gare en tramway 1 et 8, arrêt : Am Brill, ensuite 5 mn à pied. Carte des AJ exigée. Nuitée de 17,30 à 20 €. Accueil sympa. Chambres à 2 lits (32 €, non-fumeurs). En travaux jusqu'à la fin août 2004.

De prix moyens à plus chic

▲ *Hôtel Hill (plan C1, 12)* : Hillmannplatz 1, 28195. ☎ 132-58. 10 mn à pied de la gare. Sur une petite place, entre la gare et le centreville. Sans originalité, mais pas trop cher pour Brême et bien situé. Accueil correct (mais pourrait être meilleur si l'hôtelier jouait un peu moins de l'interphone !). On ne peut entrer en contact avec lui par interphone que du lundi au vendredi entre 9 h et 13 h et de 15 h à 18 h. Les samedi et dimanche encore moins : il ne répond qu'entre 10 h et 13 h. Réserver au moins un jour à l'avance, même hors saison.

▲ *Hôtel Gästehaus Peterswerder (hors plan par D3, 13)* : Cellerstrasse 4, 28205. ☎ 44-71-01. Fax : 44-73-03. À partir de la gare en tram n° 10, arrêt : St Jürgenstrasse, ensuite 5 mn à pied. Petite maison individuelle. Sur 3 étages, petites chambres mignonnes entre 50 et 90 €. Chacune dans un style différent. La chambre n° 6 est la plus spacieuse. Accueil très chaleureux et ambiance familiale. Frau Renken tient sa maison très bien et fait tout pour vous gâter. Très bon petit dej' qu'on prend dans l'ambiance « on est une grande famille »). Elle vous confie les clefs de la maison, quand elle s'absente pour ses courses. Mieux vaut téléphoner avant, réserver et convenir de l'heure d'arrivée. Notre adresse coup de cœur.

▲ *Hôtel Bölts am Park (plan D1, 14)* : Slevogtstrasse 23, 28209. ☎ 34-61-10. Dix mn à pied de la gare. À proximité du Bürgerpark. Dans une rue perpendiculaire à la Hohenlohestrasse, dans un quartier de villas chic de style Art nouveau. Chambres à environ 80 €. Petit hôtel coquet (construit en 1905) qui inspire confiance dès le premier contact. Chambres calmes et agréables mais sans grande inspiration concernant la déco. Très belle salle de petit dej', avec plafond en verre et cheminée d'époque. Bonne adresse pour y rester quelques jours.

Où manger ?

I●I *Kleiner Ratskeller (plan B2, 21)* : Hinter dem Schütting 11. Cette taverne vieille de plus de 500 ans fut détruite en 1945 et reconstruite 5 ans plus tard. On y mange de bons plats locaux, genre potage aux pommes de terre avec saucisse à moins de 5 €. Mais on peut aussi seulement y prendre un verre. On y boit plutôt de la bière pression (quatre marques différentes à moins de 2,50 €). Accueil chaleureux de Liselotte, qui est fière que sa clientèle l'appelle par son prénom, une fois le contact établi.

I●I *Bistro « Da Vinci »* : Lüneburgerstrasse 23. ☎ 49-19-002. Arrêt de tramway : St Jürgenstrasse. Ouvert de 11 h à 24 h, le vendredi, samedi et dimanche jusqu'à 1 h. Cinq plats au choix le midi. Carte du soir, entre 5 € (pour les gratins aux légumes) et 12,50 € (pour un bon steak). Agréa-

- **Adresses utiles**
  - Office du tourisme
  - Poste principale

- **Où dormir ?**
  - 11 Jugendgästehaus

BRÊME

12 Hôtel Hill	Où manger ?
13 Hôtel Gästehaus Peterswerder	21 Kleiner Ratskeller
14 Hôtel Bölts am Park	22 Friesenhof

ble ambiance, tables avec nappes blanches (le soir avec bougies) parmi une belle collection de plantes vertes. Bonne découverte pas loin de la *Gästehaus Peterswerder.*

|●| **Friesenhof** *(plan B2, 22)* : Hinter dem Schütting 12-13. ☎ 32-16-61. Ouvert tous les jours de 11 h à 24 h. Formules intéressantes à midi (de 11 h à 15 h du lundi au vendredi seulement); le reste est un peu cher. Cadre rustique, murs en brique et poutres apparentes. Carte de viandes et bon choix de poissons. Clientèle variée.

À voir

🚶 **Rathaus** *(hôtel de ville ; plan B2)* : Marktplatz. Beau corps principal du XVe siècle, de style gothique. Façade typique de style « Weser-Renaissance », ornée des statues de Charlemagne et des sept Électeurs. À l'intérieur, on remarque essentiellement le superbe escalier de bois sculpté (1620) et la salle d'honneur. Visites guidées du lundi au samedi à partir de 11 h. La cave *(Ratskeller),* la plus ancienne d'Allemagne, propose plus de 600 crus allemands ! On peut y faire une visite guidée (départ du point information touristique Liebfrauenkirchhof tous les vendredis à 16 h) et même y manger entre les rangées de piliers sous les voûtes.

🚶 **Dom Sankt Petri** *(cathédrale Saint-Pierre ; plan C2)* : construite au XIe siècle, elle a subi bien des remaniements au cours du temps. À l'intérieur, plusieurs stèles funéraires des XVe et XVIe siècles, ainsi que de beaux fonts baptismaux sculptés vers 1230. Dans la chapelle, caveau de plomb *(Bleikeller),* quelques corps momifiés des XVIIe et XVIIIe siècles.

🚶 **Kunsthalle** *(galerie d'art ; plan C3)* : Am Wall 207. ☎ 32-90-80. Tramways 2 et 3, arrêt : Theater am Goetheplatz. Ouvert le mardi de 10 h à 21 h et du mercredi au dimanche de 10 h à 17 h. Belles collections d'art européen du XVe siècle à nos jours. Les écoles françaises et allemandes y sont particulièrement bien représentées. À noter également, la collection d'art graphique avec notamment des chefs-d'œuvre de Dürer, Goya et Picasso.

🚶🚶 **Schnoorviertel** *(plan C3)* : ancien quartier de pêcheurs, le Schnoor est aussi un vestige du passé de la ville qu'on apprécie particulièrement. D'époques et de styles différents (XVIe-XVIIIe siècles), ces vieilles bâtisses, enfilées comme des perles (d'où le nom, *Schnoor,* signifiant « fil ») abritent aujourd'hui restaurants, galeries d'art et boutiques d'artisanat d'art.

🚶🚶 **Überseemuseum** *(musée d'Outre-Mer ; plan C1)* : Bahnhofsplatz 13. ☎ 361-91-76. À côté de la gare. Ouvert du mardi au dimanche de 10 h à 18 h. Nouveau hall *Übermax* avec plus de 25 000 objets (ouvert du mercredi au vendredi de 11 h à 21 h). Consacré aux civilisations extra-européennes, il présente d'intéressantes collections de bijoux, des maquettes et des documents venus des quatre coins du monde. Sur 10 000 m², ambiance dépaysante sous des verrières, entre des paillotes, des bateaux, des villages de pêcheurs et un jardin japonais, d'où l'on a vue sur un petit temple de Birmanie.

|●| 🍸 **Café-restaurant** (ouvert de 10 h à 2 h) et ambiance exotique à la *Indiana Jones,* avec vue sur les collections du musée joliment éclairées le soir. Les plats ne sont pas mauvais et le proprio est très sympa. On peut déposer ses bagages chez lui.

🚶 **Focke Museum** *(hors plan par D2)* : Schwachhauser Heerstrasse 240. Tramway : Focke Museum. Ouvert le mardi de 10 h à 21 h, du mercredi au dimanche de 10 h à 17 h. Il retrace l'histoire de la ville et de sa région et se consacre également à l'artisanat d'art et au design.

🛈 **Böttcherstrasse** *(plan B2)* : ruelle pittoresque dont l'architecture a été influencée par l'Art nouveau et l'Art déco, qui relie la Marktplatz à la Weser. De 1923 à 1933, sa rénovation fut financée par un riche négociant en café, qui a inventé le café « décaféiné ». On lui doit également la riche collection du *Museum im Roselius Haus,* entre autres de beaux meubles de différentes époques ainsi que des œuvres de Lucas Cranach. Aujourd'hui, c'est l'un des quartiers les plus agréables de la cité, qui héberge également le musée Paula Modersohn-Becker, représentante célèbre de l'expressionnisme allemand. Elle vivait et travaillait au village des artistes de Worpswede, dans les environs de Brême.

🛈 **La Schlachte** *(plan A-B2)* : nouveau quartier branché de Brême, réalisé dans le cadre de l'Expo 2000. Autour de la Weserpromenade Schlachte, au bord de la Weser. Ambiance maritime (on parle de l'ambiance Riviera du Nord en été) et décontractée. On peut flâner à côté d'une énorme quantité de bateaux (spectacles de vieux bateaux, transformés en musée ou en restaurants flottants), entre les terrasses des restaurants aux cuisines du monde entier, cafés et bars au bord de l'eau. On a repéré **La Habana,** Schlachte 32, bar à l'ambiance cubaine avec grand choix de cocktails et chaque jeudi soir, *live music.* Marché le samedi.

🛈 **Universum Science Center** *(hors plan par D1)* : Wienerstrasse. ☎ 334-60. ● www.universum.bremen.de ● Tramway 6 : Universität. Ouvert tous les jours de 10 h à 19 h, le mercredi, nocturne jusqu'à 21 h. Le bâtiment high-tech en forme d'énorme baleine abrite la toute nouvelle cité des Sciences. Elle est envahie dans la matinée par des groupes scolaires qui se précipitent vers les 200 animations interactives autour de la thématique « Homme, Planète, Univers ». Visite dans l'après-midi préférable, car plus calme.

LÜBECK

IND. TÉL. : 0451

Le « joyau de la Hanse », classé au patrimoine mondial de l'Unesco et posé sur une île, pointe fièrement ses clochers vers le ciel souvent lourd, chargé d'histoire à la manière des sept tours qui contiennent son centre. Il y est d'ailleurs facilement possible de constater sans grande initiation les ruptures du paysage urbain. Au gré des rues, tantôt pavées, tantôt goudronnées, qu'on appelle des « fossés », les riches maisons couleur brique des marchands succèdent aux bâtiments de facture plus récente. On ne vous dira pas que l'on est tombé sous le charme, pourtant cette ville, qui fut aux XIIIe et XVe siècles à la tête de la puissante Ligue hanséatique, mérite tout de même un arrêt. On y pénètre par la célèbre *Holstentor,* emblème de la ville, reproduite sur le *Lübecker Marzipan* (massepain en pâte d'amande, spécialité bien connue de Lübeck) et sur les anciens billets de 50 DM.
La station balnéaire de *Travemünde,* à 18 km de Lübeck, avec ses plages et son charmant petit port, permet d'échapper à l'ambiance de la ville.

Adresses et infos utiles

🛈 **Lübeck-Info-Zentrum** : Breite Strasse 62. ☎ 122-54-20. Hotline : ☎ 01805-88-22-33. ● www.luebeck-tourismus.de ● Au centre-ville, à côté du *Rathaus.* Ouvert du lundi au vendredi de 9 h 30 à 19 h, le samedi de 10 h à 16 h et le dimanche de 10 h à 15 h. Vente de la *Lübeck Card,* valable pour 24 h (4,50 €), qui donne droit à l'utilisation gratuite des bus jusqu'au port de Travemünde et à des réductions pour les entrées aux musées. Bonnes cartes de la région. Peu de documents en français.

🛈 *Autre bureau :* à la gare principale, Lübecker Verkehrsverein. ☎ 122-86-46-75.

Où dormir ?

Bon marché

🏠 *CVJM-YMCA :* Grosse Petersgrube 11. ☎ 719-20. Fax : 789-97. En plein centre-ville. Les jeunes sont servis à Lübeck, notamment grâce à cette *YMCA*, où l'on accepte également les jeunes filles. Belles chambres avec 2 ou 4 lits gigognes. Dortoirs de 6 à 8 personnes. Salle de bains nickel. Prix dérisoires pour la qualité offerte. Bar sympa. Bon accueil.

🏠 *Jugendgästehaus « Altstadt » Lübeck :* Mengstrasse 33. ☎ 702-03-99. Fax : 771-02. ● jghlubeck@djh-nordmark.de ● Aussi dans le centre. Un peu plus chère que la précédente (de 16 à 19 €) et pas mieux pour autant. Plus industrielle et moins cocoon. En dépannage.

🏠 *Jugendherberge « Vor denburgtor » :* Am Gertrudenkirchhof 4. ☎ 33-433. Fax : 345-40. ● jhlubeck@djh-nordmark.de ● À l'ouest du centre-ville. Dix mn en bus n° 1, 3, 11 ou 12 (de la gare). Arrêt : Gustav-Radbruch-Platz. Nuitée entre 15 et 18 €. Carte obligatoire. Bâtiment rénové. Chambres à 2, 4, 5 ou 6 lits. Neuf et propre. Terrain de foot à côté. Table de ping-pong dans le jardin. Accueil très sympa. Bonne cantine pas chère.

De prix modérés à prix moyens

🏠 *Rucksack Hôtel :* Kanalstrasse 70. ☎ 70-68-92. Réception ouverte de 9 h à 13 h et de 16 h à 21 h. De 12 à 20 € par nuitée. Location de draps. Petit dej' à prendre dans le café *Affenbrot* dans le *Werkhof* à côté. Littéralement, l'hôtel des routards ! Possibilité donc de poser son sac ou ses valises pour quelque temps. Agréable salle de rencontre avec cuisine à disposition des hôtes, non loin du centre et plutôt calme (sauf quand il y a des concerts à côté). *Attention,* il n'y a que 7 chambres au total dont 3 doubles plus chères que les autres de 4 et 8 lits. Accueil très sympa. Ici se retrouvent des gens du milieu des « alternatives », qui cherchent un mode de vie alternatif. Dans le *Werkhof* (avec boutiques de produits bio, salle d'expo et de concert), café-bistrot avec carte végétarienne.

🏠 *Hôtel Zur Alten Stadtmauer :* An der Mauer 57. ☎ 73-702. Fax : 73-239. Derrière la façade peinte en blanc se cache une maison bourgeoise du vieux Lübeck. Meubles en bois clairs, rideaux jaunes et murs blancs. Salles d'eau refaites à neuf et bon couchage. Ambiance jeune et familiale. Location de vélos (prix dégressifs pour les hôtes).

🏠 *Hôtel Am Dom :* Dankwartsgrube 43. ☎ 79-94-30. Fax : 788-86. Accueil bien souriant de Sonja, la patronne. Chambres un chouïa plus chères que le précédent pour pas grand-chose de plus, si ce n'est l'espace. « Luxe » coquet à l'allemande. Bien situé, sur les bords de l'Holstenhafen. Agréable promenade à faire le long du canal. Parking dans des boxes à 4 € par jour à côté.

Où manger ?

De prix moyens à chic

🍴 *Konditorei-Café Niedegger :* Breite Strasse 89, en plein centre. Ouvert du lundi au vendredi de 9 h à 19 h, les samedi et dimanche jusqu'à

18 h. Une vraie institution à Lübeck, le *Marzipan-Paradies* (paradis du massepain en pâte d'amande). Superbes choix de gâteaux et tartes; thé parfumé aux amandes. Au 2ᵉ étage, un nouveau musée sur l'histoire (et des histoires) du *Marzipan*.

|●| ***Lübecker Kartoffel Keller :*** Koberg 6. ☎ 762-34. La patate telle que vous l'avez rêvée. En entrée, en salade, en dessert. Reste encore abordable dans sa première salle où le commun des mortels se pose sur des bancs de bois bien rustiques sous les voûtes de la cave (en brique rouge) du *Heilig Geist Spital*. Nourrit son homme. Atmosphère du Nord bien chaleureuse.

|●| ***Restaurant Schiffergesellschaft :*** Breitestrasse 2. ☎ 767-76. Ouvert de 10 h à 1 h. Le plus vieux restaurant traditionnel de la ville. En brique rouge avec fronton en forme d'escalier. Que du gratin dans cette « maison de la corporation des marins ». Les serveurs se pressent, sous les maquettes de bateaux suspendues au plafond et entre les tables en planches de bois de bateaux, pour servir leurs clients. La tenue correcte n'est pas de rigueur mais presque. Difficile d'éviter les groupes, mais le cadre, si ce n'est la cuisine, vaut le coup d'œil. À préférer en semaine.

Où boire un verre ?

▼ ***Im Alten Zolln :*** Mühlenstrasse 93-95. Ouvert de 11 h à 2 h (3 h le week-end). Dans l'ancienne douane de la ville (une porte était à l'origine située à proximité). C'est dans ce troquet tout en bois que se réunit la jeunesse lübeckoise. Bière spéciale : le *Bock* (bière blonde pression) en mai.

▼ ***Buthmanns Bierstuben :*** sur Glockengiesser Strasse 3-5. Ouvert à partir de 11 h. Débit de bière dans lequel les Lübeckois d'âge mûr viennent s'enfiler une *Triumphator* (bière sucrée qui titre à 8 °). Souvent enfumé et sombre. Boiserie du XIXᵉ siècle. Bonne ambiance à partir de 19 h. C'est ici que Günter Grass, Prix Nobel de littérature en 1999, prend d'habitude sa chope.

À voir

🯁 ***Museum Holstentor :*** Holstentorplatz. ☎ 122-41-29. Ouvert de 10 h à 17 h. Fermé le lundi. Comment louper ce musée-emblème de la ville présent sur chaque *Marzipan,* la spécialité de pâte d'amandes de Lübeck ? Construit en 1469. Nombreuses explications sur le développement de la cité hanséatique. Vestiges archéologiques, modèles de maisons bourgeoises, maquettes de bateaux. Salle de torture dans les fondations.

🯁 ***Katharinenkirche*** *(église Sainte-Catherine) :* fermé entre 13 h et 14 h. Belle église romane reconstruite à l'époque gothique, dépourvue de tours. Observer à la fois la poutre de gloire de Notke et l'orgue typiquement allemand en alu flashy. Dans les niches de la façade, des sculptures contemporaines de Ernst Barlach, représentant de l'expressionnisme allemand. Quelques concerts ainsi que d'intéressants retables.

🯁 ***Musée Saint-Anne :*** St Annenstrasse 15. ☎ 122-41-37. Une quarantaine de retables, dont une bonne partie provenant de l'école de Lübeck, traduit le dynamisme de la cité du XIIIᵉ au XVIᵉ siècle, avant que la Réforme ne passe comme un couperet. Peints à même le bois (évidemment!) et richement décorés. Les plus intéressants sont ceux en triptyque, notamment l'autel de la Passion, œuvre de Hans Memling (1491). La visite se poursuit dans le cloître du couvent des Augustines. À l'étage supérieur, collection de culture bourgeoise du XVIIIᵉ siècle.

🍴 **Buddenbrookhaus Heinrich-und-Thomas-Mann-Zentrum :** Mengstrasse 4. Ouvert de 10 h à 18 h. Fermé le lundi. Maison construite en 1758 (style baroque), rendue célèbre par Thomas Mann puisqu'elle servit de décor à la saga des Buddenbrook pour laquelle l'auteur lübeckois reçut le prix Nobel de littérature. Plusieurs sections sont consacrées à l'œuvre de l'auteur mais aussi à la ville, que son frère Heinrich dépeint dans *Professor Unrat*.

🍴 **Museum für Puppentheater** *(musée des Marionnettes)* : Kolk 16. ☎ 786-26. Ouvert tous les jours de 10 h à 18 h. On y va un peu les talons en avant en se disant, d'une part, que l'entrée est chère (3 €) et, d'autre part, que ça risque fort d'être « gnangnan ». Finalement, une fois à l'intérieur, on oublie le temps qui passe, car ce musée au thème somme toute difficile s'avère être bien agencé et regroupe quelque 2 000 figurines d'Europe, d'Asie et d'Afrique. Un art populaire souvent négligé mais ici bien servi.

🍴 **Hopital « Heilig Geist Spital » am Koberg :** ☎ 799-56-01. Ouvert de 10 h à 17 h. Fermé le lundi. Entrée gratuite. Ensemble gothique, fondé en 1280 par les commerçants de la ville qui n'avaient pas leur pareil pour faire vieillir les vins. C'est l'hospice de la ville, avec celui de Beaune en Bourgogne, l'un des premiers hospices du monde. Derrière l'église-halle, les petites stalles y demeurent à l'identique mais ne sont pas ouvertes à la visite dans leur intégralité. La cellule n° 1 donne une idée du « confort » des anciens pensionnaires.

À voir s'il vous reste un peu de temps

🍴 ***L'église Sainte-Marie :*** à proximité de l'hôtel de ville, construite au XIIIe siècle, c'est l'une des toutes premières églises gothiques, faite entièrement de brique. Dans ses murs (comme aux temps de la collectivisation forcée dans d'autres pays) ont été gardés des documents d'une valeur inestimable. Entre autres, la charte d'indépendance de 1226 de la ville – retirée à la cité en 1937, date à laquelle elle alla rejoindre la province prussienne du Schleswig-Holstein. En 1942, Lübeck tremble, dans la nuit du dimanche des Rameaux, sous les feux nourris des bombardements alliés. Les cloches tombées lors des bombardements demeurent encore dans la chapelle du Souvenir de la tour sud. Les dossiers qui renfermaient les précieux documents furent vite fait bien fait envoyés dans les profondeurs d'une mine de sel qui allait tomber en 1945 dans l'escarcelle est-allemande. Certaines chartes se seraient même « baladées » jusqu'à Moscou, voire en Arménie. Depuis 1987, la charte d'indépendance est enfin revenue dans sa ville d'origine.

🍴 ***L'église Saint-Jacob :*** Breite Strasse, Koberg. Ouvert de 10 h à 15 h. Fermé le lundi. L'église des marins et pêcheurs, construite en 1334, de style gothique. Mémorial des victimes du naufrage du *Pamir* en 1957, dont on a gardé un bateau de sauvetage à l'intérieur, à côté de l'entrée.

➤ DANS LES ENVIRONS DE LÜBECK

🍴 ***La station balnéaire de Travemünde :*** à 18 km de Lübeck, départ de la gare centrale de Lübeck en train ou en bus n°s 30, 31. Trajet d'environ 30 mn.

⛱ ***Les plages de la mer Baltique.***

➤ Le ***parc naturel de la Holteinische Schweiz*** offre un paysage agréable, lorsque les multiples lacs de cette région boisée au couchant s'habillent de couleurs mordorées. Balades en bus proposées par l'office du tourisme.

QUITTER LÜBECK

En bateau

Lübeck est une porte de sortie vers les pays nordiques.

🚢 Départs en ferry depuis la station balnéaire voisine de Travemünde.
➤ **Pour le Danemark :** pour Gedser, avec la *Europa-Linien AS*. ☎ (04502) 80-541.
➤ **Pour la Finlande :** pour Helsinki, *Finnjet Silja Line*. ☎ (04502) 40-77.
➤ **Pour la Suède :** *TT-Line*, embarcadère Travemünde Skandinavienkai. ☎ (04502) 80-10. Également avec *Nordoe Link*. ☎ (04502) 805-50.

HUSUM

IND. TÉL. : 04841

Husum-Hambourg : 125 km ; Husum-Kiel : 85 km ; Husum-Schlüttsiel (embarcadère) : 40 km, trajet en bus n° 1041 depuis la gare ; Husum-Nordstrand (embarcadère vers Hooge, Amrum et Sylt) : 15 km, trajet en bus n° 1047 (depuis la gare ; durée : environ 30 mn).

Difficile de faire d'un saut Hambourg-les *Halliguen* et retour dans la journée. Husum est donc un point de passage obligé. Et ça tombe plutôt bien car cette petite ville ne laisse pas indifférent. Un vent à « décorner les bœufs » se met parfois à souffler. Mais son petit port, son chantier naval où gisent quelques vieilles carcasses désossées, ses plages herbues et ses Prime Holstein qui paissent paisiblement parmi les éoliennes, sont autant d'invitations à la méditation. « La ville grise où la mer n'est jamais bleue » a servi comme toile de fond au roman *Der Schimmelreiter (L'Homme au cheval gris)* du célèbre écrivain Theodor Storm (1817-1888), dont Husum est la ville natale.

Adresse et info utiles

🛈 **Office du tourisme :** hôtel de ville, Großstrasse 27, 25813. ☎ 89-870. ● www.husum.de ● Ouvert du lundi au jeudi de 9 h à 12 h et de 14 h à 16 h, le vendredi de 9 h à 12 h et de 14 h à 15 h.

– **Retrait d'argent :** *attention,* si vous vous rendez sur les *Halliguen,* le retrait des billets n'est pas possible. Préparez vos munitions tout en sachant que finalement on n'est pas amené à dépenser énormément. Retrait d'argent dans le centre, à côté de la poste et de l'office du tourisme.

Où dormir ? Où manger ? Où boire un verre ?

Camping

⛺ **Camping Husum :** Campingplatz am Dokkoog, à côté d'une petite plage. ☎ 619-11. Fax : 44-02. ● www.seeluft.de ● Bien desservi par le bus n° 1051, arrêt : Westerkampweg. Ouvert d'avril à octobre. Situé derrière la digue qui protège le continent, ce petit camping a des allures de bout du monde quand le vent se met à souffler. Terrain pour camping-car sur pelouse, emplacement pour tentes sur terrain de sable.

De bon marché à prix moyens

🏠 🍽 *Hôtel Thomas :* Zingel Damm 7-9. ☎ 66-200. Fax : 81-510. ● www.thomas-hotel.de ● Le bâtiment couleur abricot se situe sur une des grosses artères de la ville. Chambres classiques. Tout confort. Bon accueil. Au *Limbo Bar :* bons cocktails, soirées dancing.

🏠 *Hinrichsen Hotel :* Süderstrasse 35, en plein centre. ☎ 89-070. Fax : 28-01. ● www.husum.com/hinrichsen ● Dans un bâtiment de brique rouge, chambres à environ 75 €. Décoration moderne, simple et fonctionnel. Évitez les chambres donnant sur la cour du parking. Grande salle agréable pour le petit dej' (grand choix au buffet). Service plus : le matin, café au lait et croissants chauds servis au lit. Panier pique-nique pour les excursions en bateau. Réservation et infos sur les horaires des bateaux.

🍽 *Gasthof Dragseth's :* Zingel 11. ☎ 639-00. À côté de l'hôtel *Thomas*. Ouvert du mardi au dimanche de 11 h à 14 h et à partir de 17 h. Dernier service vers 22 h. Plats aux alentours de 10 €. Le plus vieux restaurant traditionnel de Husum. Une vieille vigne essaie désespérément de s'accrocher sur la façade toute blanche de cette maison croquignolette. Petite salle rustique aux tons clairs. Idéal pour un dîner avec votre promis(e).

🍽 *Husums Brauhaus :* Neustadt 60-68. ☎ 89-660. ● www.theodor-storm-hotel.de ● Brasserie avec tables en bois autour d'une grande cuve. Plats chauds (portions très généreuses) jusqu'à 23 h 30. *Brunch* le dimanche de 11 h à 14 h.

Très chic

🏠 🍽 🍷 *Romantik Hôtel-Altes Gymnasium :* Süderstrasse 6, 25813. ☎ 83-30. Fax : 833-12. ● www.altes-gymnasium.de ● Un superbe hôtel d'une facture très classique dans un ancien lycée, en brique rouge. AC, minibar dans chaque chambre. Décoration recherchée, ce qui, il faut bien le dire, en Allemagne, est plutôt une denrée rare. Petit dej'-buffet copieux et varié. Salle de gymnastique. Restaurant très chic, fermé les lundi et mardi. Bar. Piscine. Sauna. Location de vélos.

À voir

🏛 *Château :* Schloß vor Husum. ☎ 89-73-130. Ouvert de mars à octobre de 11 h à 17 h. Fermé le lundi. Construit au XVIe siècle dans le style Renaissance sous influence flamande. Cheminées baroques. Grand parc, lieu de rencontre des joueurs de pétanque les mardi à 17 h et samedi à 14 h.

🏛 *Nordfriesisches Museum :* Nissenhaus, Herzog-Adolf-Strasse 25. ☎ 25-45. Ouvert d'avril à octobre tous les jours de 10 h à 17 h. Exposition permanente sur la naissance des *Halliguen*, le paysage de la Frise du Nord, la construction des digues, la vie et la culture de la région et autres infos bien pratiques avant de s'aventurer dans la vie des *Halliguen*.

🏛 *Schiffahrtsmuseum :* Zingel 15. ☎ 52-57. Ouvert tous les jours de 10 h à 17 h. Histoire maritime des îles de la Frise du Nord, des origines à nos jours. Maquettes de bateaux. Vestiges d'un voilier du XVIe siècle, découvert en 1985, conservé dans de l'eau sucrée d'où son surnom, *Zuckerboot*.

➤ DANS LES ENVIRONS DE HUSUM

🏛 *Emil Nolde Museum :* à *Seebüll*. ☎ (04664) 3-64. Fax : 14-75. À 56 km au nord de Husum, sur la route B5 en direction de Sylt, à la frontière du Danemark, Neukirchen-Seebüll. Ouvert de mars à octobre tous les jours de

10 h à 18 h. Nolde est un des représentants illustres de l'expressionnisme allemand. Exposition permanente de ses chefs-d'œuvre (aquarelles et peintures à l'huile) dans son ancienne maison, construite d'après ses plans entre 1927 et 1937, et d'aspect austère, tout en briques vernissées bleu-violet. Dans son ancien atelier, le cycle *La Vie du Christ* en neuf parties.

LES ÎLES DE LA FRISE DU NORD

Toute la côte ouest de la péninsule germano-danoise est festonnée par de petites « îles ». On y vit au rythme de bacs incessants qui lentement empruntent les passages entre les bancs de sable où languissent des colonies de phoques. Mais la vie ne s'est pas toujours écoulée de la sorte. Elle n'est pas le résultat d'une catastrophe écologique sans précédent et la cause d'un phénomène naturel extraordinaire. Le soir du 17 janvier 1362, ce pan de la côte fut submergé par une vague gigantesque. Elle emporta quelque 200 000 habitants entre Hambourg et le Danemark. Depuis lors, il ne subsiste que quatre îles (si l'on compte Sylt) et dix *Halliguen*.

Protégées par des digues de pierre, ces petites taches vertes en pleine mer ont tendance à se tasser, si bien qu'à certains endroits les *Halliguen* sont sous le niveau de la mer. Quand le *Hallig* est habitable, il n'est qu'un monticule de terre artificiellement entassée (le *Warft*) sur lequel sont bâties des chaumières. N'ayant pas de structure vraiment stable, le *Hallig* n'est donc pas une île à part entière.

Lorsque le vent vient de l'est et que la lune est pleine ou que les grandes marées d'équinoxe approchent (en général au printemps et en automne), c'est l'inondation. Les prés-salés sont alors submergés, la mer imprègne le *Hallig* et les vagues viennent lécher dangereusement les portes des maisons sur leur *Warft*. Qu'importe ! Une loi fédérale oblige (depuis la dernière grande noyade de 1962) chaque habitant à posséder une pièce de survie dans les combles de ses habitations. Et puis, en cas d'extrême danger, l'hélicoptère n'est jamais loin pour venir secourir les habitants. Cette situation particulière influe considérablement sur le caractère des habitants et suscite nombre d'envieux. D'ailleurs, il y a fort à parier que la physionomie des lieux change d'ici peu. N'attendez pas, allez y poser les pieds...

Tous les *Halliguen* ne sont pas accessibles. Ci-dessous, nous présentons ceux qui méritent le détour.

Où embarquer ?

Les embarcadères varient selon que vous allez sur une île ou sur un *Hallig*. Pour les horaires précis, renseignez-vous à l'office du tourisme de Husum. ☎ (04841) 897-50.

➢ ***Pour Langaneß, Oland* et *Hooge* :** départ tous les jours depuis Husum-Nordstrand. Bus n° 1047 depuis la gare de Husum jusqu'à Nordstrand, trajet d'environ 30 mn. Ensuite, depuis l'embarcadère, départ pour *Hooge* avec les bateaux *Adler*. Un bateau le matin vers 9 h et un en début d'après-midi vers 14 h. Durée : 1 h 10. ● www.adler-schiffe.de ● Prévoir de rester au moins la journée. Pas facile de faire les trois en une journée. Départ également de Schlüttsiel avec la *MS Seeadler I* : ☎ (04674) 15-35. ● www.wdr-wyk.de ●

➢ ***Pour les îles de Föhr* et *Amrum* :** depuis Dagebüll avec la compagnie *WDR* (durée : de 45 mn à 1 h).

➢ ***Pour l'île de Pellworm* :** depuis Nordstrand (durée : 30 mn).

LANGANESS

Comme ses voisins, ce *Hallig* fait partie du *parc national Wattenmeer*. Mais, à notre avis, c'est le plus tranquille et le plus beau de tous. Pour peu que le ciel soit clément, l'herbe grasse des bas-côtés de la *Langaneß Highway* (l'unique route) ondule sous le vent à la manière d'un velours soyeux. Langaneß est inondé 20 jours par an mais il est constamment alimenté par de petits ruisseaux d'une eau saumâtre qui serpentent entre les champs. Selon le flux des marées, le *Warft* « gonfle » en période humide et « se dégonfle » en été. À pied, on peut rejoindre Oland à marée basse, mais le plus sympa est d'emprunter un petit train, style les *Dalton en cavale,* mû par un moteur de tondeuse à gazon.

Adresse et info utiles

- **Office du tourisme de Langaneß et Oland :** Ketelswarft, 25863 Hallig Langaneß. ☎ (04684) 217. Demandez à Bretta (si elle est libre) de vous livrer les secrets de son *Hallig*. Et surtout ne lui dites pas qu'il s'agit d'une île ! Tous les visiteurs doivent payer une taxe de séjour pour les services communs (poubelles...), généralement autour de 0,50 € par jour.

– **Location de vélos :** pour la plupart, les hôtes disposent de vélos à louer ; parfois même, si vous savez gagner leur confiance, ils vous les prêtent.

Où dormir ? Où manger ?

- **Camping** possible à la pointe nord du *Hallig,* renseignements à l'office du tourisme.
- Si vous arrivez avec un groupe, la **WWF-Wattenmeerhaus** peut vous louer pour un prix dérisoire son refuge tout équipé. Du jeu de cartes à la guitare en passant par la cuisine. Bien et fonctionnel. ☎ et fax : (04684) 216.

- **Reethuus am Fething :** Ketelswarft, 25863 Hallig Langaneß. ☎ (04684) 92-12. Le rez-de-chaussée et le premier étage de cette chaumière traditionnelle, perdue au beau milieu du *Hallig*, sont à louer. Il vaut mieux donc y aller à plusieurs. Tout le confort de la civilisation puisqu'elle a été totalement réhabilitée. Douche, cheminée-poêle, cuisine, TV.

– Le tour des restaurants est vite fait sur Langaneß. Il est donc préférable de faire ses provisions avant de débarquer. Nombreux **supermarchés** à Husum.

À voir

- **Schutzstation-Wattenmeer :** *WWF-Wattenmeerhaus*, Peterswarft. ☎ et fax : (04684) 216. Vous l'aurez compris le « substratum rocheux » (comme aiment à l'appeler les géologues) est une espèce de mélange de terre, de tourbe, de sable et d'algues. C'est donc un écosystème particulier dans lequel fourmille une foultitude de bestioles et qui fait l'objet d'études très sérieuses. Le *Hallig* est également le lieu de pèlerinage d'une quantité impressionnante d'oiseaux qui viennent pour la plupart de Sibérie. 70 % d'entre eux ne se posent que pour s'y dorer les plumes alors que les 30 % restant y nidifient. Ils causent d'ailleurs de graves problèmes aux agriculteurs car ils sont capables de décimer un champ en ne laissant plus d'herbe aux bovins. Le centre possède également une intéressante cartographie du *Hallig* à travers les temps. Grâce aux fouilles géologiques effectuées à marée basse sur le rivage, on a pu repérer les anciennes citernes d'eau douce aux contours de pierre. Elles permettent ainsi de mesurer la diminution de la superficie, aujourd'hui limitée à 10 km.

🚶 ***Kapitän Tadsen Museum :*** Ketelswarft. ☎ (04684) 217. Visites en saison à 10 h 30, 13 h 30 et 15 h 30. Entrée payante. Tour à tour danois, prussiens et allemands, les habitants des *Halliguen* n'avaient guère d'autre choix que celui de se tourner vers la mer. Enrôlés dans la marine marchande, ils rapportaient de leurs riches voyages toutes sortes de produits, comme ces 1 600 carreaux en faïence représentant les figures de l'Ancien Testament. Une belle et ludique visite puisque, au fil du parcours, on apprend les divers moyens inventés par les autochtones pour retraiter l'eau douce, qui n'est arrivée qu'en 1936, ou les stratagèmes inventés pour prévenir les incendies (toits à certains endroits plus minces permettant l'évacuation). Peu de pièces en fait, mais beaucoup d'histoire en filigrane.

🚶 ***L'église :*** le *Warft* de l'église est le point culminant du *Hallig*. Sur la façade, on peut néanmoins y constater la hauteur des crues successives. Vue panoramique. Aux alentours, Föhr et Hooge. L'intérieur vaut le coup d'œil.

HOOGE

IND. TÉL : 04849

Environ 110 habitants en hiver et 160 en été pour une superficie de 5,7 km^2. Autrement dit, on en a vite fait le tour : en calèche, à vélo ou à pied ; les voitures ne sont pas admises. Elle est choisie par ceux (environ 2 000 touristes par jour en haute saison) qui ne souhaitent pas y séjourner une nuit et qui se cantonnent bien souvent aux restaurants du « port ». Si vous arrivez à dégeler le bloc de glace du caractère hoogan avec un grand sourire, leur souhaitant bonjour en disant *Moin, moin,* vous constaterez qu'on y a de belles histoires à raconter.

Adresses utiles

🛈 **Fremdenverkehrsbüro Hallig Hooge :** Hanswarft, 25859 Hallig Hooge. ☎ 91-00. • www.halligen.de/hooge.htm • Ouvert en été du lundi au jeudi de 9 h à 17 h et le vendredi de 9 h à 12 h. Au cœur du *Hallig,* sert de centre névralgique : urgences, renseignements, réservation de chambres d'hôtes à prix moyens (très nombreuses sur Hooge)... Renseignements sur les liaisons en bateaux avec le continent (Husum-Schlüttsiel) et les autres *Halliguen*, comme Langaneß, ainsi que les îles d'Amrum et Sylt. • www.adler-schiffe.de •

✉ ***Poste :*** Ockenswarft. Ouvert en été du lundi au samedi de 8 h 30 à 10 h 30. Cabine téléphonique à carte. Pas de distributeur d'argent.

■ ***Location de vélos :*** à l'embarcadère et à Hanswarft, chez Kurt Diedrichsen, ☎ 244.

■ ***Supérette « SPAR » :*** juste derrière l'office du tourisme.

Où dormir ? Où manger ? Où boire le thé ?

Bon marché

🏠 *Internationales Jugendbildungswerk :* à Backenwarft. ☎ 224. Un grand bâtiment en brique rouge immanquable, peu après le ponton d'ar-

rimage. Pas de chambres doubles mais dortoirs de 6. Colonisé par les groupes. Charmant petit lac (ancienne réserve d'eau douce) devant la porte.
- **YMCA-CVJM :** à Volkerswarft. ☎ 261 ou 234. ● www.volkerswarft.de ● Faites-vous expliquer dès l'arrivée le chemin pour y accéder. En téléphonant avant, on vient vous chercher. Plus grand que le précédent et plus dans les terres. Le seul bâtiment sur le *Warft,* le monticule de terre, lui permettant de rester au-dessus de l'eau au moment des grandes marées au printemps et en automne. Camping possible. À 5 mn de la plage.

Prix moyens

- *Haus Ingeborg :* à Hanswarft. ☎ 280. Hanswarft est la capitale de Hooge et cette petite pension sans prétention est tenue par la femme du premier magistrat du Hallig. Trois chambres bien arrangées, dont deux sous le toit en chaume. Cuisine commune.

Chic

- **|●| *Hôtel Frerk's Buernhus :*** à Lorenzwarft. ☎ 254. Fax : 275. ● www.hallig-hotel.de ● Un peu moins d'une dizaine de chambres pour ce seul et unique hôtel de Hooge. Éloigné du circuit des touristes d'un jour. Très bon accueil du patron barbu, aussi rondouillard que sympa. C'est un vrai Hoogan et fier de l'être : demandez-lui son album de famille et vous en serez convaincu. Il n'a pas son pareil pour vous préparer un *Pharisäer,* un café avec une bonne dose de rhum et de la crème Chantilly, la spécialité des *Halliguen.* Quelques plats simples, style omelette aux crevettes. Carte végétarienne. Bon petit dej'.
- *Haus am Landsende :* Ockenswarft. ☎ 91-11. Fax : 91-12. ● www.landsende.de ● Ingrid possède un petit appartement pour 2 personnes et un grand appartement de 4 à 5 lits. Un bon conseil, réservez à l'avance car ses appartements, décorés avec beaucoup de goût et offrant toutes les commodités d'usage (cuisine, salle d'eau et salon-TV), sont souvent complets. Originalité : lits dans alcôves. Accueil digne et cordial. À 10 mn à pied de « la plage ». Notre coup de cœur.
- |●| *Restaurant Friesenpesel :* Backenswarft. ☎ 250. L'adresse chic de Hooge. À 8 mn à pied de l'embarcadère. Sait faire face aux arrivées de groupes de touristes dans la journée. Grande terrasse. Agréable le soir. Spécialités locales, genre *Labskaus* (étrange mélange de corned-beef et purée de pommes de terre avec un œuf au plat, accompagné de betteraves rouges et d'un hareng). C'est peut-être moins risqué de goûter d'autres choses, comme les délicieuses gaufres faites maison.
- |●| 🍷 *T-Stube :* à Hanswarft. Café-salon de thé, maison frisonne typique avec toit de chaume. Jardin. Une quarantaine de sortes de thé, notamment la *Friesenmischung.* Spécialité : *Teepunsch* (thé avec un chouïa de *Kümmel,* eau-de-vie à base de cumin). Très bons gâteaux faits maison.

À voir. À faire

- *Der Königpesel :* ☎ 219. Musée du même acabit que celui de Langaneß, mais beaucoup plus chargé et beaucoup plus riche ; c'est ici que le roi du Danemark, König Friedrich, a trouvé refuge au moment des grandes inondations de 1825. Le salon, le *Pesel,* est richement décoré avec des carreaux de Delft et des boiseries du XVIIIe siècle. Le toit de la maison a été incendié en 1996 ; elle n'a pu être reconstruite que grâce à la solidarité hoogane. Classé monument historique.

🍴 ***Le cinéma de la Grande Noyade :*** un cinéma improvisé dans un appentis permet de « revivre » le phénomène naturel qui a permis aux *Halliguen* d'exister. Documentaires frappants, notamment sur la dernière grande inondation de 1962.

🍴 ***Schutzstation-Wattenmeer :*** centre du *WWF* à Hanswarft. ☎ 229. ● www.schutzstation-wattenmeer.de ● C'est le pendant de celui de Petanswarft (Langaneß), à la différence près qu'il est plus pédagogique. Maquettes artisanales pour sensibiliser les enfants sur les dangers que court la nature (eutrophisation, pollution par les hydrocarbures). Il fonctionne en étroite collaboration avec le *Hallig* de Norderoog. Pendant 6 mois de l'année, un jeune qui fait son service civil vit sur ce petit banc de sable dans un container afin de comptabiliser les oiseaux. Il n'a ni téléphone, ni TV, juste de bons bouquins et un compteur pour recenser les palmipèdes. Il ne se rend qu'une seule fois par semaine à marée basse depuis sa retraite jusqu'à Hooge et ne bénéficie que d'une demi-heure de battement pour faire ses courses et repartir. Son prédécesseur, un peu dépressif, un jour de brouillard, avait commis l'erreur de ne pas se munir de sa boussole. Son imprudence lui fut fatale... À bon entendeur ! Vaut mieux prendre rendez-vous avec un guide.

⛱ Bien que les digues protègent Hooge, le *Hallig* possède ses **plages.** Bon, ce n'est tout de même pas Copacabana...
Attention : les plages ne sont pas surveillées ; informations sur les horaires des marées hautes auprès de l'office du tourisme.

SYLT

IND. TÉL : 04651

Sylt, c'est la plus grande des îles frisonnes septentrionales de la mer du Nord. Sur la côte ouest de l'île, qui rappelle la forme d'une ancre, s'étire une immense plage de sable fin et blanc sur 40 km. Les typiques *Strandkörbe* (sorte de fauteuil de plage en forme de corbeille) s'alignent et donnent la possibilité de s'abriter du vent, des embruns et quelquefois du soleil. La plage est doublée par des cordons de dunes, avec sommets, pentes abruptes et falaises plongeantes. Pour les dunes de la côte ouest, exposées au vent et aux marées, des importantes mesures de sauvegarde sont prises. Sur la côte est, plus protégée des intempéries, se trouvent les étendues de vase, le *Wattenmeer*. *Attention !* Ne pas s'y aventurer sans guide ! L'ensemble du paysage de l'île est très varié : prés-salés, champs cultivés, vastes dunes dont une dune mouvante jusqu'à 35 m de hauteur et environ 1 km de long, qui se déplace de 3 à 10 m vers l'est tous les ans.

En partie réserve naturelle, l'île est sous la protection du *Nationalpark Schleswig-Holsteinisches Wattenmeer* dont elle fait partie. Quelque 250 espèces d'oiseaux ont été répertoriées par les ornithologues. Les amoureux de la nature pourront découvrir la faune et la flore en faisant des promenades à bicyclette et à travers le réseau des sentiers pédestres. Durant vos longues promenades entre chaque extrémité de l'île, vous êtes censé respecter la nature ! Évitez également d'empester l'île avec les gaz d'échappement de votre voiture et n'écrasez surtout pas un des moutons en liberté, car cela vous coûtera cher. Et retenez-vous, vous n'avez pas le droit de cueillir un seul brin d'herbe !

On a compris : chacun devrait assumer sa part de responsabilité afin que l'île préserve son charme magique. En prenant le bus pour explorer Sylt (environ 100 km^2 de superficie, à peu près 40 km de longueur) vous épargnez les embouteillages provoqués par les colonnes de voitures des vacanciers non avertis, arrivés du train-voiture à Westerland et qui essaient d'emprunter l'axe Nord-Sud pour traverser l'île. Vos efforts pour louer une bicyclette, vous munir de bottes pour vos promenades le long de la plage ou

LES ÎLES DE LA FRISE DU NORD

de tennis pour des randonnées à travers le paysage, seront pleinement récompensés. En promenade, vous serez surtout attiré par le pittoresque des petites maisons frisonnes en brique rouge, toits de chaume, aux portes de bois sculptées et peintes et aux fenêtres à petits carreaux. Les plus jolies se trouvent à **Kampen** et à **Keitum,** un village idyllique avec des anciennes maisons de riches capitaines, des ateliers d'artisans d'art et deux petits musées... un vrai coup de cœur.

Bien que l'île soit protégée et que des tonnes de sable soient apportées pour que la plage ne disparaisse pas, l'île rétrécit chaque année d'un bon mètre... ne tardez donc pas trop longtemps si vous voulez y aller.

Île de vacances mondaines dont le tourisme s'est développé au XIXe siècle, Sylt est devenue en 1927 un paradis accessible à tous grâce à la digue, le *Hindenburgdamm,* qui la relie au continent et qui permet l'accès par voie ferrée.

Paradis des premières plages nudistes également, Sylt est devenue depuis les années 1960 le point de rencontre des stars de cinéma, des écrivains, des éditeurs, des artistes et ne manque toujours pas de play-boys et autres beautés... même Brigitte Bardot est venue y faire une petite bronzette ! L'île continue d'attirer les célébrités, les riches et les beaux (ceux qui le sont et ceux qui se prennent pour). Tous se rassemblent à la plage, dans les bars et discothèques du village.

– **Kampen** ● www.kampen.de ● où les plus belles demeures de vacanciers montrent bien que l'argent, ici, cela ne compte pas. Mais chaque bourse trouvera maison à son goût.

Les gourmets auront l'embarras du choix entre les adresses étoilées et les gourmands savoureront la cuisine régionale (restaurants de plage, buvettes, cafés et salons de thé avec spécialités locales...), pour les fauchés c'est l'occasion de découvrir les délicieux sandwichs de pain noir au poisson (crevettes, crabe, saumon ou homard...) qui feront le bonheur d'un pique-nique sur la plage.

– **Westerland** ● www.westerland.de ● la plus grande ville (quelques grands immeubles) sur l'île est la station balnéaire la plus fréquentée de la mer du Nord, où de nombreuses boutiques, galeries, bistrots, bars et boîtes de nuit attirent beaucoup de monde, même trop à notre goût. Mais on ne s'ennuiera jamais, vu le programme de loisirs, festivités et activités sportives et culturelles proposées aux grands et organisées pour occuper les petits afin de laisser souffler les parents. Rappelons que toutes les plages sont bien surveillées et bien entretenues, grâce aux taxes que chaque vacancier devra sortir de sa bourse pour profiter de la plage avec tout le confort (douche, équipements sanitaires, stations de sauvetage, location de fauteuils...). Bien que l'île soit sous l'emprise du vent, de l'air pur tonifiant et iodé, le soleil est de la partie et la température de l'eau atteint 23 °C en été. Si, si... ! Baignades mouvementées avec le goût de l'eau de mer en prime ! De quoi en avoir plein les yeux et plein la bouche.

– Ceux qui préfèrent une ambiance plus calme et plus familiale se trouveront plutôt un hôtel, une petite pension ou un appartement à louer à **Wenningstedt-Braderup** ● www.wenningstedt.de ● situé sur la côte ouest entre *Westerland* et le village de luxe de *Kampen*.

Comment y aller ?

En train

➢ *De Hamburg* (gare principale) *à Westerland-Sylt :* 5 trains rapides par jour (environ 3 h de trajet).

SYLT / ADRESSES ET INFOS UTILES

En voiture

➤ *De Hamburg :* sur l'autoroute A7, sortie Flensburg-Harrislee. Ensuite par la route B199 jusqu'à Klixbüll, et en prenant la route B5 on arrive à Niebüll. L'embarquement pour les voitures en train de Niebüll à Westerland-Sylt est indiqué par des panneaux « KFZ-Verladung Sylt ». Trajet de 30 mn sur la digue *(Hindenburgdamm)* pour traverser la mer.

Adresses et infos utiles

Offices du tourisme

▪ *Bädergemeinschaft Sylt :* Alte Post, Stephanstrasse 6, 25980 Westerland. ☎ 194-33. Fax : 82-02-22. ● www.sylt.de ● Ouvert de 10 h à 17 h.

▪ *Tourismus Zentrum Sylt :* ouvert de 9 h à 17 h. Des cartes pour randonnées pédestres et circuits à vélo en vente.

▪ *Tourismus-Service Westerland :* Strandstrasse 35, 25980 Westerland. ☎ et fax : 01805-998-100. Hotline : ☎ 0180-500-99-80. Informations sur la Kurtaxe, services et réservation de chambres d'hôtels, de voitures de location et de corbeilles de plage. Numéro en service du lundi au vendredi de 8 h à 20 h et le week-end de 11 h à 16 h. Vous trouverez également à côté de la gare (en sortant de celle-ci à droite) une antenne pour la réservation des chambres. Indiqué par « Zimmervermittlung ». Ouvert du lundi au samedi de 9 h 30 à 16 h 30.

▪ *Tourist-Information Wenningstedt-Braderup :* Westerlandstrasse 1, 25996 Wenningstedt-Sylt. ☎ 989-00. Fax : 457-72. ● www.wenningstedt.de ● Ouvert du lundi au vendredi de 9 h à 12 h 30 et de 14 h 30 à 18 h, le samedi de 9 h à 18 h. En hiver, service de réservation pour le camping de Wenningstedt : ☎ 447-47. Fax : 04651-447-40.

▪ *Kurverwaltung Hörnum :* Strandweg 2, 25997 Hörnum. ☎ 96-22-26. Fax : 96-26-66. ● www.hoernum.de ● Informations sur les liaisons en bateau vers les *Halliguen*.

Banques, poste

▪ *Deutsche Bank :* Westerland, Maybachstrasse 1. Distributeur.

▪ *Sparkasse Nordfriesland :* Berthin-Bleeg Strasse 8, Wenningstedt. Distributeur.

✉ *Poste :* Postamt, Kjeirstrasse 1, Westerland.

Urgences, santé

▪ *Médecin de permanence :* Westerland. ☎ 288-05 et 288-06. List, Kampen, Keitum, Wenningsted-Braderup : ☎ 288-01, 288-02. Numéros en service du lundi au vendredi de 8 h à 19 h, et le week-end, du samedi 8 h au lundi 8 h.

Transports

▪ *Infos sur les trains : Deutsche Bahn,* Reisezentrum, Westerland. Hotline : ☎ 50-96. Ouvert du lundi au samedi de 6 h 30 à 20 h, le dimanche de 8 h 15 à 20 h.

▪ *Infos sur le train-voiture :* DB-

LES ÎLES DE LA FRISE DU NORD

Auto-Zug Sylt Shuttle de Westerland-Sylt à Niebüll. ☎ 995-06-95. • www.dbautozug.de • Prix pour une voiture aller-retour : environ 72,50 €, incluant le transport en bus *Stadtbus Westerland* pour 21 jours. *Attention :* il faut arriver au moins 30 mn avant le départ du train au Sylt Shuttle Terminal, à côté de la gare à Westerland, et munissez-vous de patience car, en été, il y a des files d'attente sur des kilomètres.

■ *Tour de l'île en bus :* à partir de la gare Westerland tous les jours à 14 h. Indiqué par panneau « Inselrundfahrt » devant la gare. Informations : ☎ 83-61-00 ou 88-36-10-29. Durée : 3 h. Billets vendus par le conducteur. Prix : 10 € pour les adultes, 8 € pour les enfants. Une possibilité de se faire une première idée de l'île entre List et Hörnum. Plusieurs arrêts pause-café. Petit tour de l'île en 2 h (seulement dans la partie nord jusqu'à List) sur annonce (pas tous les jours) à 11 h. Prix : 8,50 € pour les adultes, 6 € pour les enfants.

■ *Transport en bus :* des bus *SVG* circulent entre tous les villages (toutes les 30 mn environ). Prix selon les zones : 1,15 à 3,20 €. Carnet de 5 billets plus avantageux. Forfaits pour la semaine. Tarifs groupe et famille (1 adulte, 2 enfants) entre 4,50 et 10,50 € selon les zones, valables 1 journée.

■ *Location de vélos : DB*, à la gare de Westerland, *Fahrrad Verleih*, à côté de la voie 1. ☎ 58-03. Ouvert de 8 h 30 à 18 h. Tarifs : 4,50 € par jour, 24,50 € par semaine. *Eddie's Fahrradverleih :* Dünenstrasse 11, Wenningstedt. ☎ 410-67. *Fahrrad Konzept :* Hauptstrasse 16, Wenningstedt. ☎ 466-43.

■ *Location de voitures : Europcar*, à la gare, Westerland. ☎ 71-78. *Hertz*, Auto Service Center, Westerland. ☎ 93-33-33. Tarif spécial Sylt, forfait week-end. *Tourismus-Service*, Westerland. Hotline : ☎ 0180-500-99-80.

Où dormir ?

Campings

⚐ *Camping Wenningstedt :* Am Dorfteich, 25996 Wenningstedt. ☎ 94-40-04. • www.strandsauna-sylt.de • Ouvert de Pâques à octobre. Réservation conseillée. Situé dans les dunes. 270 emplacements pour tentes sur terrain de sable et pour caravanes. À 300 m de la plage (une partie réservée aux naturistes), animations pour enfants, séances de gymnastique à la plage, location de vélos, machine à laver, supérette. Bistro-buvette sympa sur la plage. Particularité : *Strand-Sauna*, chalet en bois pour faire du sauna à la plage afin de se jeter dans l'eau de mer froide.

⚐ *Campingplatz Westerland :* Rantumerstrasse, 25980 Westerland. ☎ 83-61-60. Fax : 83-61-625. Ouvert d'avril à octobre. Plus grand que le précédent mais, malgré cela, réservation indispensable. À côté de la capitale de l'île, dans les dunes, accès à la « plage textile » et à la partie séparée « non-textile ». Emplacements pour tentes sur terrain de sable mais surtout beaucoup de places pour caravanes. Une petite ville en soi avec restaurant, terrasse avec corbeilles de plage, petit supermarché, laverie, location de vélos, multiples animations pour enfants.

Bon marché

🏠 *Deutsche Jugendherberge (DJH) à List :* Mövenberg, 25992 List-Sylt. ☎ 87-03-97. Fax : 87-10-39 • jhlist@djh-nordmark.de • À la pointe nord de l'île. On peut aller en bus de la gare de Westerland jusqu'à List. 30 mn à pied entre l'auberge et le petit bourg de List, et encore 15 mn jusqu'au port. Réception ouverte pour l'accueil de 8 h à 9 h 15. Carte exigée. 460 places, mais sans réservation pas de chance de trouver un lit. Prix d'une nuit avec petit dej' : de 15 à 18 €. Plusieurs bâtiments en brique rouge dans une ancienne caserne militaire, bien restaurée et modernisée. Un peu loin de tout, il faut vraiment vouloir être dans la nature. Située au milieu des dunes en plein milieu de la réserve naturelle. Suivre sur 900 m les sentiers en planches jusqu'à la plage appartenant à l'auberge de jeunesse. Surtout des chambres de 4 et dortoirs de 8 personnes. Salle TV, discothèque et 8 salles de séjour. Colonisé par les groupes. Beaucoup de surfers.

▲ **Deutsche Jugendherberge** *(DJH)* **Hörnum :** Friesen platz 2, 25997 Hörnum-Sylt. ☎ 88-92-94. Fax : 88-13-92. • jhhoernum@djh-nordmark.

de • À la pointe sud de l'île. Pour y accéder, prenez le bus partant de la gare de Westerland jusqu'à l'arrêt Hörnum-Nord. 170 places, donc plus petite et plus familiale que la précédente. Nuitée entre 15 et 18 €. Carte exigée et réservation fortement conseillée. Anciens bâtiments de caserne en brique rouge entourés de barrières (pour protéger qui ?). Entièrement rénovés. Au milieu du paysage de dunes. De l'auberge, comptez 10 mn à pied jusqu'à la plage. Dortoirs de 6 et 8 lits. Salle TV, vidéo, chaîne hi-fi, tennis de table, jeux de société. Emplacement pour barbecue à côté. Appréciée par les familles et petits groupes. Programme d'activités par l'association pour la protection de la nature.

Bon marché et prix moyens

Petit conseil : réservez dans les pensions et petits hôtels longtemps à l'avance. Les meilleures adresses affichent souvent complet quelle que soit la période, car il y a des habitués qui reviennent chaque année. Les propriétaires donnent priorité aux réservations d'au moins 3 ou 5 jours.

▲ **Friesenhaus Sander :** Lerchenweg 13a, 25980 Westerland. ☎ 92-72-45. Fax : 92-72-46. Maison frisonne de 1783, avec toit en chaume. L'immeuble à plusieurs étages est implanté dans le quartier des petites maisons individuelles. Adresse non-fumeurs. Quelques chambres pour fumeurs et 1 appartement pour 4 personnes dans l'annexe. Pension familiale. La propriétaire et sa fille ont grandi dans cette maison. Accueil très chaleureux. Trois chambres pour 1 personne, douche sur le palier (environ 25 €), 4 chambres doubles (environ 50 €) avec douche et w.-c. au rez-de-chaussée. Au 1er étage, 2 appartements avec salon, chambre avec lit pour 2 personnes, cuisine, salle de bains (60 €). Agréable salon pour prendre le petit dej'.

▲ **Villa Lydia :** Dr. Ross-Strasse 24, 25980 Westerland. ☎ 62-14. Fax : 259-72. À 15 mn à pied de la plage. Au rez-de-chaussée, 3 chambres doubles avec douche (environ 60 €). Au 1er étage, petit appartement avec cuisine pour 2 personnes (70 €).

Pension familiale dans une villa, façade blanche style années 1920. Enfants bienvenus. Jardin avec corbeilles de plage. Dans le jardin derrière la villa, annexe style bungalow moderne avec appartements de 2 à 5 personnes (80 €) avec petite cuisine. Réservation fortement conseillée.

▲ **Hotel-Pension Kiose :** Berthin-Bleeg-Strasse 15, 25996 Wenningstedt. ☎ 98-47-0. Fax : 410-14. • www.hotel-kiose.de • Chambres doubles avec douche et w.-c. à 105 €. La famille Kiose vous accueille dans sa maison moderne en brique rouge à 2 mn à pied de la plage. Bonne combinaison entre hôtel-pension et appartements à louer. Grand buffet de petit dej' « à l'allemande ». Utilisation gratuite du sauna et du hammam. Appartements spacieux avec salle de bains moderne et cuisine dans l'annexe pour 2 personnes à 105 €, pour 3 à 4 personnes à 160 et 175 €. Salle de séjour avec machine à café, magnétoscope et vidéos, jeux de société à disposition. Jardin.

Chic et plus chic

🏠 ***Gästehaus Raantem Inge :*** Meret-Lassen-Wai 8, 25980 Rantum. ☎ 235-77. Fax : 92-74-74. • www.sylt-net.de • Dans la partie étroite de l'île au sud de Westerland. Chambres doubles spacieuses à 105 € avec salle de bains au 1er. Maison ancienne de 1818, restaurée avec toit en chaume et figure de proue en façade. Entre les 2 plages côté *Wattenmeer*. Les jeunes propriétaires habitent dans la maison et sont aux petits soins avec leurs hôtes. Accueil très chaleureux. Familles bienvenues. Agréable salle de petit dej' dans un style ancien.

🏠 ***Hotel-Galerie-Café Kamps :*** Gurtstig 41, 25980 Keitum. ☎ 98-39-0. Fax : (04651) 98-39-23. • www.kamps-sylt.de • Chambres doubles à 125 € et 3 appartements un peu plus chers. Maison en brique rouge et noir avec toit de chaume. Accueil très cordial d'Ingrid, ancienne galeriste. Décoration moderne, mobilier d'un goût très sûr. Buffet du petit dej' abondant : pain aux céréales fait maison et produits frais. Jardin avec terrasse. Galerie d'art contemporain au sous-sol. Notre coup de cœur.

Où manger ? Où boire un verre ?

|●| ***Gosch :*** la chaîne *Gosch* est une véritable institution sur l'île (plusieurs adresses : à List, sur le port, ambiance « fête de la Bière » et à Westerland). À Wenningstedt, Strandstrasse 27. Petit bistrot très sympa au bord de la falaise. Ouvert de 10 h à 24 h. Vaste choix de poissons d'une fraîcheur impeccable à des prix raisonnables. Des petits pains aux crevettes, au saumon, au thon... à 2,50 €, la soupe au homard à 5 € et le plateau de 5 huîtres *(Sylte royal)* avec un verre de vin blanc à moins de 10 €. Et tout est préparé sous vos yeux. On peut manger debout, s'asseoir aux petites tables hautes ou emporter son pique-nique à la plage.

|●| ***Wonnemeyer :*** à Wenningstedt. Restaurant self-service dans un chalet en bois dans les dunes, à la plage au nord de Wenningstedt, devant le camping. La petite promenade à pied pour y aller est récompensée par un grand choix de plats simples et savoureux. Des saucisses avec frites à moins de 5 €, pommes de terre avec crevettes à moins de 7,50 €, plus huîtres et poissons grillés. Soirée salsa et *moonlight jazz*. Notre endroit préféré pour la fin d'après-midi au coucher du soleil.

|●| ***Kliffkieker :*** Strandstrasse 24, à Wenningstedt, au bord de la falaise en face du bistrot *Gosch*. Ouvert à partir de 11 h. Restaurant-café avec décor de guirlandes de fruits de mer. Table et chaises en bois. Carte des plats de poissons et spécialités locales. La sole aux lardons et pommes de terre (à environ 12,50 €) est bien appréciée. Café et gâteaux l'après-midi. Terrasse. *Live music* et danse le soir. Public de tous âges.

|●| 🍸 ***Sturmhaube :*** Riperstig, à Kampen. ☎ 444-33. Ouvert à partir de 10 h jusqu'à *open end*. De l'extérieur, on dirait un château fort, avec son bâtiment rond au centre, couvert d'un toit de chaume, emblème du village. Vue panoramique extraordinaire sur la mer, la falaise, les dunes et les landes. Restaurant et *cocktail-bar* sur 2 étages. Tarif *happy hour* au bar. Adresse gastronomique chic et chère. Carte du soir de 18 h à 22 h. Tables à nappes blanches avec bougies et ambiance romantique à côté d'une cheminée. Réservation nécessaire. Exposés en guise de décor, des habits de haute couture et leurs imitations en compagnie de collections de bijoux (vrais et faux) impressionnants.

À Westerland, plusieurs endroits sympas pour boire un verre le soir et écouter de la musique dans la **Paulstrasse,** une rue parallèle à la Friedrichstrasse, qui mène vers la plage.

American Bistro : avec son ambiance *music-bar* et *cocktail-bar*. Cocktails à 5 €. Petits plats genre *spare-ribs* à 8,50 €. Soirées branchées. Jeune public. Lieu de rencontre des surfers et des sportifs de l'île. Musique : house, disco, pop, blues. *Chill-out music* dans une salle à côté, tard le soir, tôt le matin.

Au **Matze's Nachtcafé,** c'est la Harley Davidson en vitrine qui attire du monde, qui s'entasse autour du zinc en forme de demi-guitare. Ouvert à partir de 20 h jusqu'à *open end. Hard-rock music*. Le vendredi soir, *special drink* à moins de 5 €.

À voir. À faire

Visite de Keitum : village le plus idyllique de l'île. Promenade à travers les petites ruelles bordées de maisonnettes frisonnes en brique rouge avec leurs toits couverts de roseaux. Prenez le temps de rentrer dans les petites boutiques des artisans d'art et ne manquez pas de visiter les deux musées.

L'Altfriesisches Haus : donne une excellente idée de la vie à Sylt au XVIIIe siècle. Le musée est ouvert à partir d'avril jusqu'en octobre tous les jours de 10 h à 17 h. Ce bâtiment date de 1739 et se caractérise par le plan en forme de rectangle dans un axe est-ouest pour réduire la prise au vent. Côté est, l'habitation, côté ouest, l'étable et les outils. Cuisine et salle de séjour étaient chauffées par des poêles de faïence. Les lits se trouvent dans des alcôves qui protégeaient contre le froid. Les murs sont couverts de panneaux de bois peints et des carreaux de Delft que les marins ramenaient de leurs voyages. Le *Pesel*, salon riche de la maison, n'était utilisé que pour les jours de fête. C'est dans cette pièce que se trouvent tous les trésors et les souvenirs (vaisselle, samovar...) que les capitaines rapportaient de leurs campagnes de pêche à la baleine.

Pour entrer dans le jardin du **Sylter Heimatmuseum** (ouvert en saison à partir de Pâques, de 10 h à 17 h), on passe en dessous d'un squelette de baleine. Musée de l'histoire de l'île jusqu'à 1850. Les thèmes : navigation, géologie, archéologie, meubles, costumes folkloriques, bijoux.

➢ Promenade jusqu'à la falaise verte **Grünes Kliff.** Vue panoramique sur les vastes étendues du **Wattenmeer** et le **Nationalpark Schleswig-Holsteinisches Wattenmeer.**

➢ Promenade sur les sentiers (piétons et vélos) vers les falaises rouges, **Rotes Kliff,** qui dominent la mer au nord de Wenningstedt.

➢ Circuit de 18 km à travers des dunes désertes autour de l'*Ellbogen* à la pointe de l'île au nord de **List.**

➢ Voyage en ferry-boat de List à l'île danoise **Rømø.** Renseignements sur les tarifs et horaires : ☎ 0180-3-10-30-30. Fax : (0461) 8-64-30. • www.frs.de/rsl • Départ toutes les heures. Durée du trajet : 50 mn. Tarif aller-retour par voiture (personnes incluses) à partir d'environ 50 €.

➢ Promenade (45 mn) autour de la pointe sud de l'île en partant de **Hörnum** et son phare rouge et blanc. Départ des bateaux du port de *Hörnum* vers les *Halliguen Hooge* et *Langaness* et les *îles Amrum* et *Föhr*. Renseignements à l'office du tourisme de Hörnum. ☎ 96-22-26.

LE NORD-OUEST DE L'ALLEMAGNE

LA BASSE-SAXE

HANNOVER (HANOVRE) 530 000 hab.   IND. TÉL. : 0511

Vous ne viendrez pas à Hanovre par hasard. Certes, la capitale de la Basse-Saxe, fondée au XIIe siècle, a connu un destin atypique, étroitement mêlé à celui de la Grande-Bretagne. Malheureusement, les bombardements de la Seconde Guerre mondiale l'ont rayée de la carte (elle est jumelée à Hiroshima, c'est dire !) et la ville ne présente aujourd'hui qu'un intérêt historique et touristique mineur. De même, cette « métropole verte » possède des forêts et lacs charmants, mais d'une déconcertante banalité dans un pays où l'écologie est un sport national. Hanovre affiche donc d'autres atouts. Elle est royalement chouchoutée par la presse *people*, dont les feux se braquent sur Ernst-August de Hanovre, citoyen très honorable bien qu'assez remuant, et surtout mari de Caroline de Monaco. Plus sérieusement, la ville représente un pôle politique indéniable, si l'on considère que Gerhard Schröder – actuel chancelier allemand – était le ministre de Basse-Saxe, dont le parlement siège ici, avant de détrôner Helmut Kohl. Côté économie, Hanovre et son immense Parc des Expositions s'imposent comme un carrefour incontestable. Foires et salons internationaux s'y succèdent toute l'année, avec un pic de fréquentation au moment de la *Hannover Messe* (foire industrielle) et du *CeBIT* (technologies de l'information), deux manifestations de réputation mondiale. Cette véritable tradition, qui naquit en 1947, a dû peser très lourd dans la décision de confier à Hanovre l'organisation de l'Exposition universelle de l'an 2000. Quarante millions de visiteurs auraient dû se presser pour la dernière expo universelle du siècle, la première jamais organisée en Allemagne, mais les résultats n'ont pas été à la hauteur des espérances.

Adresses et infos utiles

Informations touristiques

🛈 **Hannover Tourist Information** *(plan C2)* : Ernst-August-Platz 2. Dans le bâtiment à droite en sortant de la gare. ☎ 301-40 ou 194-33. Fax : 30-14-14. ● www.hannover.de ● Tramway : Hauptbahnhof (lignes n°s 1, 2, 3, 7, 8, 9, 10, 17 et 18). Ouvert du lundi au vendredi de 9 h à 19 h et le samedi de 9 h 30 à 15 h. Fermé le dimanche, dommage ! Accueil très cordial et personnel compétent. Plans de la ville et des transports publics gratuits ; central de réservations d'hôtels et de chambres chez l'habitant ; visites commentées, tourisme régional ; quelques brochures en français. Également, une billetterie pour spectacles imminents et une agence de voyages. Facilitez vos déplacements et visites en achetant une *Hannover Card* pour 1 ou 3 jours, respectivement à 8 ou 12 €. Ses avantages : gratuité des trams et bus (dans la zone *Hannover*), entrée libre dans les principaux musées, et réductions sur certaines activités.

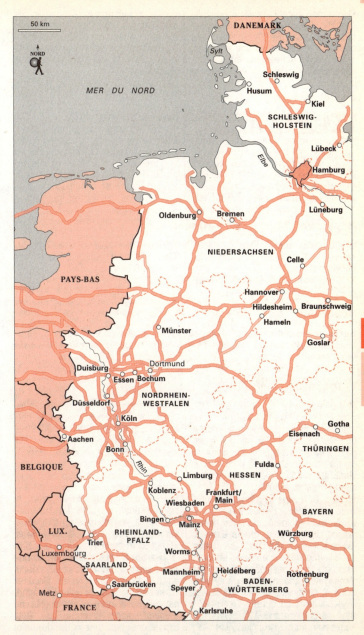

LE NORD-OUEST DE L'ALLEMAGNE

Demandez aussi la revue mensuelle gratuite *Hannover Vorschau*, pour découvrir (en allemand) les bons plans de la ville et de ses environs, ainsi que les activités du mois. N'hésitez pas non plus à consulter la presse locale, on y trouve parfois des surprises : rubriques quotidiennes sur les événements et spectacles immédiats dans le *Hannoversche Allgemeine Zeitung,* ou la *Neue Presse. Alles klar!*

Poste, Internet

■ **Poste centrale** *(plan C2)* **:** Ernst-August-Platz 2. Juste à côté de l'office du tourisme. Tram : Hauptbahnhof (lignes n°s 1, 2, 3, 7, 8, 9, 10, 17 et 18). Ouvert du lundi au vendredi de 9 h à 20 h, le samedi de 9 h à 16 h et le dimanche de 10 h à 12 h.

■ **Internet Store** *(plan B3)* **:** Holzmarkt 6. ☎ 90-91-98-20. Fax : 39-13-07. ● www.internet-store.de ● Dans le centre-ville, à côté du *Historisches Museum*. Ouvert du lundi au vendredi de 10 h à 18 h (16 h le samedi). Huit postes disponibles pour 2,50 € l'heure de connexion.

Représentations diplomatiques

■ **Consulat de France :** Kabelkamp 20. ☎ 676-32-71. Tram : Kabelkamp (ligne n° 1).
■ **Consulat de Belgique :** Hans-Böckler-Allee 20. ☎ 857-25-54. Tram : Braunschweiger Platz (lignes n°s 4, 5, 6 et 11).

Banques

Sur la façade des banques, et un peu partout en ville, on trouve des distributeurs automatiques de billets *(Geldautomat),* habituellement en service de 6 h à minuit.

Transports

■ **Le tramway :** *GVH-Üstra-DB;* infos : ☎ 018-03-194-49 (de l'Allemagne seulement). ● www.gvh.de ● La ville est quadrillée par 13 lignes de tramways, souterraines dans le centre (stations signalées par un « U » blanc sur fond bleu), puis aériennes quand on s'en éloigne.

■ **Bus et trains régionaux :** pratique et rapide, le dispositif des tramways est renforcé par un vaste réseau de bus et de trains express régionaux *(S-Bahn-DB).* Circulation quotidienne de 4 h à minuit environ, sauf pour certaines lignes de bus ; se renseigner. Informations générales, plans et horaires détaillés, achat des tickets auprès du bureau *Üstra-GVH* situé dans le centre, à la station de tram souterraine : Kröpcke *(plan C2);* ouvert du lundi au vendredi de 8 h à 18 h, et le samedi de 9 h à 14 h (☎ 166-82-38). Achat des billets également dans les bus, distributeurs automatiques, et points de vente indiqués. Compter alors de 1,50 à 2,50 € pour un ticket individuel, selon la zone de tarification (3 zones : *Hannover, Umland* et *Region*). Vous serez peut-être intéressé par un billet à la journée *(Tages Einzel Ticket),* de 3 à 5 €, rentabilisé dès le 2ᵉ trajet. À signaler enfin les tarifs très avantageux pour les groupes ou familles à partir de 5 personnes *(Sammel Ticket* et *Tages Gruppen Ticket).*

➤ **Aéroport Hannover-Langenhagen** *(hors plan par C1) :* ☎ 977-12-23 ou 977-12-24 (infos vols). Situé à 13 km au nord de la ville, l'aéroport est relié à la gare centrale *(Hauptbahnhof ; plan C2)* et au parc des expositions par une ligne de train express régional. Par ailleurs, le bus n° 60 assure aussi la navette (arrêt derrière la gare). Départ dans les deux sens toutes les 20 mn du lundi au vendredi de 5 h à 19 h; et toutes les 30 mn jusqu'à 23 h, ainsi que les samedi et dimanche (infos : *City-Air-Terminal*; ☎ 16-68-22-38). Dernier départ de la gare à 22 h 30; de l'aéroport à 23 h 15. Prix du billet autour de 2 €. Comptez 20 mn de trajet. Notez enfin que la *Hannover Card* vous permet de prendre gratuitement ce bus.

■ *Principales compagnies aériennes :* Air France, ☎ 01308-453-54 ou 977-29-15 ou encore ☎ 018-05-36-03-70. *Lufthansa*, ☎ 018-03-80-38-03. *KLM*, ☎ 018-05-21-42-01.

🚆 *Gare ferroviaire (Hauptbahnhof; plan C2)* : Ernst-August-Platz. ☎ 194-19 (infos tous les jours de 6 h à 23 h). Desservie par le tram, station : Hauptbahnhof (lignes n°^{os} 1, 2, 3, 7, 8, 9, 10, 17 et 18). Trains réguliers et fréquents pour les principales villes allemandes et européennes.

🚌 *Gare routière (ZOB; plan C2)* : situé juste derrière la gare ferroviaire. Tram : Hauptbahnhof (lignes n°^{os} 1, 2, 3, 7, 8, 9, 10, 17 et 18). Gare routière principale pour les dessertes régionales, avec *Regio Bus* (☎ 99-00-13 ou 36-88-80). Également point de départ ou de passage des cars *Eurolines* (☎ 32-94-19 ou 363-10-88), à destination de Berlin, certaines villes allemandes, et les principaux États européens (France, Belgique, etc.); sans oublier les pays nordiques et d'Europe centrale.

■ *Parking :* le centre-ville est doté d'un nombre conséquent de parkings souterrains payants (liste auprès de l'office du tourisme). Bon plan : stationnement gratuit aux alentours de Willy-Brandt Allee et près de Emminchkplatz en bordure du bois. Pour éviter les embouteillages, possibilité de se garer en périphérie dans les parkings de la société de transports publics *(Üstra-DB-GVH)*, et de gagner le centre en tramway ou train.

■ *Taxis :* les taxis sont beiges, et nombreux à sillonner les rues. Ils peuvent être appelés par téléphone : ☎ 84-84 ou 38-11 ou 21-43.

■ *Location de bicyclettes :* la ville est couverte d'un vaste réseau de pistes cyclables protégées, que les Hanovriens empruntent quotidiennement en toute quiétude. Si la fibre écolo vous titille aussi, allez donc chez *2 Radhof Buchholz :* Schierholzstrasse 112. ☎ 59-22-59. Tram : Lahe (lignes n°^{os} 3 et 9); puis bus n° 127, arrêt Gundelrebe. Ouvert du lundi au vendredi de 9 h à 13 h et de 15 h à 18 h, et le samedi de 9 h à 13 h. Compter 7,50 € la journée.

Urgences

■ *Urgence médicale (Krankentransporte) :* ☎ 192-22.

■ *Service médical de garde (Notfallsprechstunde; plan C3)* : Schiffgraben 22-28. ☎ 380-380. Tram : Aegidientorplatz (lignes n°^{os} 1, 2, 4, 5, 6, 8, 10, 11, 17 et 18). Les lundi, mardi et jeudi, de 19 h à minuit; le mercredi, de 13 h à minuit; le vendredi, de 16 h à minuit; les samedi et dimanche, de 20 h à minuit.

■ **Adresses utiles**
- 🛈 Hannover Tourist Information
- ✉ Poste centrale
- 🚆 Gare ferroviaire
- 🚌 Gare routière

🛏 **Où dormir ?**
- 11 Jungendherberge Hannover
- 12 Hôtel Elisabetha
- 13 Hôtel Flora

🍴 **Où manger ?**
- 20 Markthalle
- 21 Plümecke
- 22 Vier Jahreszeiten
- 25 Vater und Sohn
- 26 Landhaus Amman

🍷 🎵 **Où boire un verre ? Où sortir ?**
- 30 Brauhaus Ernst August
- 31 Mezzo
- 32 Loretta's Biergarten
- 33 Spektakel
- 35 Altro Mondo
- 36 Osho

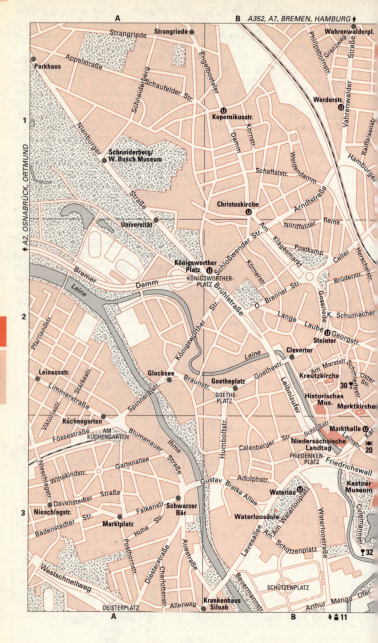

HANOVRE

Où dormir ?

Pas évident de se loger à Hanovre. Les pensions du centre sont très chères et offrent des prestations souvent pitoyables ; sans parler des petits hôtels dont les tarifs déraisonnent au moment des foires et salons. Dans ce contexte, nous vous avons dégoté quelques bons plans dont les proprios jurent les grands dieux que leurs prix resteront stables... Mais attention, il y a urgence ! Réservez dès que possible.

Chambres chez l'habitant

Une véritable tradition née en 1947, alors que la ville était détruite, pour accueillir les premiers visiteurs de la foire commerciale. Aujourd'hui, l'activité compte plusieurs réseaux de réservations téléphoniques, et l'on recense quelque 30 000 chambres (de bon marché à plus chic) disponibles dans Hanovre et ses environs.

- *Hannover Tourism Center :* ☎ 811-35-00. Fax : 811-35-41. Centre de réservation téléphonique de l'office du tourisme, en service uniquement durant les foires commerciales. En dehors de ces périodes, se rendre directement sur place.
- *AFM International :* ☎ 32-40-31. Fax : 32-40-39.
- *Fair Connection :* ☎ 73-21-46. Fax : 77-74-22.
- *Mitwohnbüro :* ☎ 194-22. Fax : 32-03-20.
- *PZM Privatzimmer :* ☎ 57-52-29. Fax : 57-52-26.

Bon marché

🛌 *Jungendherberge Hannover* (auberge de jeunesse ; hors plan par B3, 11) : Ferdinand-Wilhelm-Fricke-Weg 1. ☎ 131-76-74. Fax : 185-55. ● jh.hannover@djh-hannover.de ● À deux pas du centre, et du grand lac Maschsee. De la gare, tram n° 3 ou 7, arrêt Stadionbrücke ; puis traverser le pont et prendre la rue à droite (1 km à pied). Également desservi par le bus n° 250 (arrêt Sporthalle) à partir de la station de trams Kröpcke. Compter de 16,60 à 20 € par personne la nuit, petit dej' et draps compris et de 19,30 à 22,70 € pour les plus âgés. Située au cœur du complexe sportif Sportpark (stade, tennis, gymnase et piscine), calme et verdoyant, l'auberge peut accueillir plus de 300 personnes dans des chambres pour la plupart de 6 lits. Quelques doubles, également. L'ensemble est bien tenu par une équipe accueillante.

Prix moyens

🛌 *Naturfreundehaus in der Eilenriede* : Hermann-Bahlsen-Allee 8. ☎ 69-14-93. Fax : 69-06-52. Au nord-est immédiat du centre, et à proximité du bois Eilenriede. De la gare, trams n°s 3, 7 et 9 jusqu'à Spannhagenstraße, puis marcher 500 m environ, l'établissement est au bout d'un chemin à droite (panneau). Chambres doubles avec douche et w.-c. autour de 25 € par personne, petit dej' et draps inclus. Au calme dans un petit parc en lisière du plus grand bois du centre de la ville, cette « Maison des Amis de la Nature » ne pouvait pas être mieux installée. L'établissement offre des chambres simples ou doubles rénovées, confortables et lumineuses avec, pour la plupart, une salle de bains privée sur le palier. Le buffet du petit dej' est copieux. Bon accueil et atmosphère familiale.

🛌 *Naturfreundehaus Misburg* : Am Fahrhorstfelde 50, 30629 Misburg. ☎ 58-05-37. Fax : 958-58-37. Descendre la rue face à la gare, et prendre le tram n° 4 à la station souterraine Kröpcke (direction Roderbruch), puis descendre à l'arrêt Misburgerstrasse ; sauter alors dans le bus n° 124 jusqu'au terminus : Misburg-Waldfriedhof ; et remonter la rue à pied (sur 500 m). Compter 25 € la nuit en chambre double, par personne, petit dej' et draps compris. Encore une adresse située au beau milieu de la forêt, et sur les bords du lac Blauer See (gare aux moustiques !), où quelques canards sauvages viennent régulièrement batifoler. En tout, 14 lits pour vous accueillir, ainsi qu'un resto-terrasse qui surplombe l'étang. Charmant !

▲ *Hôtel Elisabetha* (plan D2, 12) : Hindenburgstrasse 16. ☎ 85-69-30. Fax : 856-93-85. À 5 mn derrière la gare par le bus n° 134, arrêt Hindenburgstrasse. Une double avec bains autour de 75 € ; avec lavabo seulement : 55 €. En lisière de l'une des forêts les plus importantes de la ville, cet hôtel de 25 chambres propres et lumineuses affiche un confort très raisonnable. Ajoutez-y un petit jardin et une jolie terrasse ; sans oublier l'accueil très aimable de la patronne. Simple et sans bavure.

Plus chic

▲ *Hôtel-pension Finkenhof* : Finkenhof 6. ☎ 95-79-80. Fax : 957-98-23. À 30 mn à l'est du centre-ville. Tram : Roderbruch (terminus ligne n° 4), et terminez à pied (250 m) en empruntant, vers le sud, la rue Osterfelddamm, puis à gauche Milanstrasse ; la pension est située au fond d'une impasse à droite. Également desservie par le bus n° 125. Réception fermée de 14 h à 16 h. Chambres doubles avec bains de 63 à 100 €, selon la saison, petit dej' compris. Cette petite pension charmante de 7 grandes chambres, calmes et neuves, est tenue par un couple adorable et flatté de recevoir des Français. Ces proprios, qui semblent gérer dans le quartier plusieurs pensions ou maisons d'hôtes, toutes aussi impeccables, feront l'impossible pour vous loger.

▲ *Hôtel Flora* (plan D2, 13) : Heinrichstrasse 36. ☎ 38-39-10. Fax : 383-91-91. À 5 mn à pied, derrière la gare ; tram : Hauptbahnhof (lignes n°s 1, 2, 3, 7, 8, 9, 10, 17 et 18). Compter de 65 à 100 € pour une chambre double avec bains, petit dej' inclus. Dans une rue peu fréquentée et en bordure du bois Eilenriede, ce petit hôtel de 26 chambres correctes avec fleurs aux fenêtres plaira aux amateurs de calme olympien. Patron très cordial.

Où dormir dans les environs ?

Camping

☒ *Camping Parksee Lohne* (hors plan par C1) : Gut Lohne, 30916 Isernhagen. ☎ (05139) 882-60. Fax : (05139) 33-65. À 11 km au nord-est du centre-ville. De la gare, tram n°s 3 et 9 jusqu'au terminus : Lahe ; puis sauter dans le bus n° 635 (ne fonctionne pas le week-end) jusqu'à l'arrêt Basselthof, et marcher 1 km en empruntant la route de droite, Alter Postweg (panneau). En voiture, de l'autoroute A7-E45, sortie n° 55 Altwarmbüchen, et à droite Hannoversche Strasse, puis tourner encore à droite au bout de 2 km environ dans Heinrich-Könecke Strasse ; le camping est alors indiqué par des panneaux. Ouvert toute l'année. L'emplacement et la nuit autour de 11,50 € pour la 1re personne, puis compter 4 € par campeur supplémentaire. Perdu parmi les champs et forêts, ce camping de 200 places a élu domicile autour d'un lac, bordé d'une végétation luxuriante (ombre et fraîcheur en permanence). Location de bicyclettes, et nombreuses activités proposées. Très bon accueil.

Où manger?

Bon marché

|●| *Markthalle* (plan B3, 20) : Karmarschstrasse 45. Tram : Markthalle (lignes n°s 3, 7 et 17). Ouvert du lundi au mercredi de 7 h à 20 h (22 h les jeudi et vendredi ; 16 h le samedi). Fermé le dimanche. Compter 5 € maxi. N'avez-vous jamais eu envie, en faisant vos courses au marché, de céder à un élan de gourmandise irrésistible en dévorant les victuailles directement sur place ? C'est ce que l'on vous propose dans cette grande halle moderne et vitrée. En plus des classiques étalages de fruits et légumes, fromages, poissons, viandes, charcuteries, fleurs, etc., vous trouverez des comptoirs de dégustation où sont servis plats locaux et d'ailleurs, pâtisseries, sandwichs et cafés. Une dînette excellente où vous croiserez, le midi, les employés des administrations voisines. Notre meilleur plan à Hanovre.

|●| *Plümecke* (plan C1, 21) : Voßstrasse 39. Tram : Lister Platz (lignes n°s 3, 7 et 9). Ouvert du lundi au vendredi de 17 h à 2 h. Fermé les samedi, dimanche et jours fériés. Compter moins de 5 €. À ce qu'il paraît, ce bistrot était un haut lieu de l'expression socialiste dans les années 1950-1960. Aujourd'hui, la clientèle s'est un peu « caviarisée », mais le comptoir en formica, le mobilier brut et la déco chiche demeurent ; sans oublier les prix : « très doux, camarade routard ! » Le plat suprême, énorme saucisse-frites, est à l'image de la cuisine, simple et consistante. *Attention*, on vous inscrit le montant des consos sur votre sous-bock, que vous emportez au comptoir pour payer.

|●| *Vier Jahreszeiten* (hors plan par C3, 22) : Waldhausenstrasse 1. ☎ 84-12-12. Au sud immédiat du centre-ville, et proche du grand lac Maschsee. Tram : Döhrener Turm (lignes n°s 1, 2 et 8). Tous les jours de 17 h à minuit. L'addition tourne autour de 7,50 €. Belle formule que celle de cet établissement : une salle de resto (prix moyens à plus chic) dans une bâtisse pittoresque ; et côté jardin, une gargote (*Biergarten*), très fréquentée le soir venu. Sur d'authentiques chaises et tables de jardin, on déguste, sous les arbres, d'excellents steaks de bœuf et de cochon, ou encore des saucisses géantes grillées (*Bratwurst*) le tout accompagné de gratin de pommes de terre et salades. L'ambiance est détendue et les serveurs survoltés.

Prix moyens

|●| *Treffpunkt Tiergartenschänke* : Tiergartenstrasse 119. ☎ 51-20-56. Dans le quartier de Kirchrode, et juste en face de la station de tram Tiergarten (ligne n° 5). Ouvert tous les jours de 17 h à 23 h. Compter 15 €. Vous serez séduit par ce resto aux allures de buvette en plein air. Sous les arbres, et derrière les haies de charmille épaisses – comme dans les jardins de Herrenhausen –, vous dégusterez du cochon, bien sûr, mais aussi du bœuf, accompagnés de éternelles pommes de terre (*Kartoffel*) différemment préparées. Également des plats végétariens tous aussi bons et copieux. Clientèle de quartier en majorité.

|●| *Vater und Sohn* (plan C2, 25) : Warmbüchenstrasse 30. ☎ 32-12-76. Tram : Marienstrasse (lignes n°s 4, 5, 6 et 11). Ouvert du lundi au vendredi de 16 h à 1 h. Fermé les samedi, dimanche et fêtes. Dès l'entrée, l'enseigne du resto montre qu'ici, seule la nourriture est prise au sérieux. Dans un cadre un tantinet feutré, les serveurs détendus véhiculent l'excellence de la cuisine allemande. Encore du cochon et des patates, direz-vous ? Et vous avez parfaitement raison ! Tentez donc les excellentes soupes, la *ungarische Gulaschsuppe* par exemple, ou fondez sur le bœuf !

Plus chic

Steuerndieb : Steuerndieb 1. ☎ 90-99-60. Station de tram la plus proche : Spannhagengarten (lignes n°s 3, 7 et 9), ensuite descendre à pied Hermann-Bahlsen Allee et prendre à droite Gehägestrasse jusqu'au resto (environ 15 mn). Ouvert du lundi au samedi de 11 h à 23 h, et le dimanche jusqu'à 18 h. À la carte, compter 32,50 €. Situé dans la forêt de Eilenriede, proche du centre, ce resto, tout en planches, a vraiment des allures de « cabane au fond des bois ». À l'intérieur, de grandes salles insipides (une rénovation s'impose !) ; mais à l'extérieur, la terrasse envahie par une végétation luxuriante plaira à ceux qui aiment le chant des oiseaux. La carte propose des plats raffinés et joliment présentés, typiquement allemands pour certains, et servis avec délicatesse. Également, poisson asperges au menu.

Landhaus Amman (hors plan par C3, 26) : Hildesheimerstrasse 185. ☎ 83-08-18. Dans un renfoncement, au sud immédiat du centre-ville, et proche du grand lac Maschsee. Tram : Döhrener Turm (lignes n°s 1, 2 et 8). Service tous les jours de 12 h à 14 h et de 20 h à 22 h. Autour de 50 € à la carte. Le moment est venu de casser votre cochon et d'inviter le (la) routard(e) de vos rêves à un tête-à-tête romantique et stylé. Dans l'intimité de la terrasse fleurie de ce *Relais et Châteaux*, vous apprécierez la cuisine particulièrement soignée, avec les couverts en argent qui s'imposent. Bien pourvue, la carte passe rapidement sur les spécialités du cru, pour se concentrer sur des recettes universelles au goût sûr. Le poisson est fabuleusement cuisiné, et les desserts invitent à la frénésie gustative. Également des menus, et une énorme carte des vins. Service palace.

Où boire un verre ?

Brauhaus Ernst August (plan B2, 30) : Schmiedestrasse 13. ☎ 36-59-50. Tram : Markthalle (lignes n°s 3, 7 et 17). Ouvert tous les jours de 8 h à 2 h. Consos de 5 à 15 €. Lumière tamisée et « douce » (!), musique allemande (salle de concert) dans ce bar où le proprio brasse lui-même sa bière. Installé autour des trois magnifiques cuves de fermentation en cuivre, vous goûterez au savoir-faire de l'artiste ; du carafon de 2 l à la barrique, selon votre soif ! Également resto avec plats simples et bon marché en *happy hours* (de 16 h à 18 h).

Mezzo (plan C2, 31) : Lister Meile 4. ☎ 31-49-66. Tram : Sedanstrasse-Lister Meile (lignes n°s 3, 7 et 9). Tous les jours de 9 h à 2 h. Le verre à partir de 2,50 €. Dans un quartier en pleine effervescence, situé au nord de la gare, l'endroit tranche radicalement avec les bars du centre historique, souvent chers. Très spacieux et un peu design, le bistrot propose une carte des consos à la mesure de ses 10 m de comptoir. Et une musique de fond démoniaque contribue à échauffer les discussions des jeunes consommateurs. Également, resto rapide bon marché.

Loretta's Biergarten (plan B3, 32) : Culemannstrasse 14. ☎ 157-17. Tram : Markthalle (lignes n°s 3, 7, 17 et 18). Tous les jours de 15 h à 2 h. Conso de 2,50 à 7,50 €. Derrière le *Rathaus*, et en lisière du Maschpark, cette drôle de guinguette entourée d'arbres affiche près de 70 ans d'existence. Certains soirs, le fond musical très entraînant fait osciller les clients assis en terrasse. Encore quelques verres, et il est fort à parier qu'ils pousseront tables et chaises pour guincher à tout va ! Petite cuisine (*kleine Küche*) de 18 h à 23 h.

Spektakel (plan C1, 33) : Flüggestrasse 12. Tram : Sedanstrasse-Lister Meile (lignes n°s 3, 7 et 9). Tous les jours de 19 h à 2 h. Le verre pour environ 2,50 €. À proximité de la rue piétonne Lister Meile, très vivante et méconnue des touristes, ce bar est installé au rez-de-chaussée d'une maison de charme en brique rouge. Avec son look d'Einstein, le patron vous servira en toute gentillesse. Passé 22 h, des étudiants sympas picolent sans vergogne. Bonjour l'ambiance! Terrasse improvisée en été.

Où sortir?

♪ **Jazz-Club Hannover :** Am Lindener Berge 38. ☎ 45-44-55. Tram : Lindener Marktplatz (ligne n° 9). Concerts le lundi (moderne) et le vendredi (traditionnel) soir. Entrée de 10 à 15 €. Dans une bâtisse en brique, un club qui attire les grands noms du jazz international. Bonne ambiance.

♪ **Altro Mondo** *(plan C2, 35)* **:** Bahnhofstrasse 1. ☎ 32-33-27. Tram : Hauptbahnhof (lignes n°s 1, 2, 3, 7, 8, 9, 10, 17 et 18). Dans la rue juste devant la gare, descendre dans le souterrain. Ouvert du jeudi au samedi de 22 h à 5 h, et les autres jours si concerts ou soirée spéciale. Entrée autour de 5 €. Certainement la boîte la plus cotée du moment auprès des étudiants branchés de Hanovre. Ambiance house et *dance music* exclusivement, dont le tempo envoûtant déchaîne des danseuses pétulantes perchées sur de petits promontoires. La clientèle est en effervescence ; une grande soirée.

♪ **Osho** *(plan C2, 36)* **:** Raschplatz 7L. ☎ 34-22-17. Tram : Hauptbahnhof (lignes n°s 1, 2, 3, 7, 8, 9, 10, 17 et 18). Derrière la gare. Du mercredi au dimanche de 22 h à 5 h. Entrée de 2,50 à 5 €. Dans une salle circulaire pouvant accueillir quelque 1 000 personnes, les musiques déversées (*dance*, rock, house) précipitent la foule dans une liesse incontrôlable. Moyenne d'âge plus élevée (25-30 ans) que la précédente. Excellent accueil de Jörg, le patron, qui parle bien le français.

À voir. À faire

🎨 **Sprengel Museum** *(plan C3)* **:** Kurt-Schwitters Platz. ☎ 168-38-75. Tram : Schlägerstrasse (lignes n°s 1, 2 et 8). Ouvert du mercredi au dimanche de 10 h à 18 h, le mardi de 10 h à 20 h. Fermé le lundi. Entrée : 3,50 €, quelques réductions.
Si l'architecture de ce musée est tout à fait curieuse, c'est pour mieux intégrer ses collections d'art moderne et contemporain. Côté peinture, vous serez surpris devant l'importante collection de Picasso. Ne pas manquer la parodie du fameux *Déjeuner sur l'herbe d'après Manet,* revu et corrigé par le grand Maître de Malaga. Ça vaut son pesant d'or ! De même, sa paisible *Femme assise aux mains jointes* tranche littéralement avec son tableau des *Trois Femmes* emportées par une folie irrésistible. Ensuite, quelques figures géométriques de Sol Le Witt pour nous rappeler à l'ordre ; puis une représentation de touchants vieillards par Otto Dix. Suivez donc la *Fuite* très sensuelle de Max Ernst, ainsi que sa *Chute de l'Ange* qui a tout d'un « Oiseau Rare » ! *L'Étable* de Marc Chagall est véritablement sous surveillance, alors que la *Baignade* de Max Beckmann tourne à la franche rigolade. Également, quelques toiles plaisantes de Paul Klee, et d'étonnants mélanges par Kurt Schwitters. Rincez-vous l'œil enfin en passant en revue les collections de photographies signées par l'incontournable Man Ray, mais aussi Tony Ray Jones, Alfred Ehrardt, Eliot Swartz, Beat Streuli... Une visite à ne manquer sous aucun prétexte.

🎨 **Luftfahrt Museum** *(musée de l'Aviation)* **:** Ulmer Strasse 2, 30880 Laatzen. ☎ 879-17-91. Tram : Messegelände (lignes n°s 8 et 18), puis de l'entrée nord du parc des expositions, remonter Ulmer Strasse. Ouvert du mardi au dimanche de 10 h à 17 h. Entrée : 6 €, réductions. Un petit musée où quelque 30 avions sont présentés, dont un véritable *Messerschmitt 109* de la

Seconde Guerre mondiale, l'un des rares exemplaires au monde. À côté, un *Spitfire* anglais de la même époque lui donne aujourd'hui une réplique pacifiste. La naissance de la *Lufthansa* dans les années 1930 est évoquée par un *Junker* et quelques affiches. Également un authentique *Mig-15* russe à côté du fameux *F 104 Starfighter*, contre lesquels le *Fokker* triplan *Baron Rouge*, le *Spirit of Saint Louis* de Lindbergh et autres répliques françaises ne peuvent rivaliser.

Les jardins royaux de Herrenhausen : Herrenhäuserstrasse 2. ☎ 16-84-75-76. Tram : Herrenhäuser-Gärten (lignes n°s 4 et 5). Ouvert tous les jours d'avril à septembre de 8 h à 20 h, et de novembre à janvier, jusqu'à 16 h 30 seulement. Entrée : 2,50 €. Trois jardins dessinés à partir du XVIIe siècle sur 150 ha, constituent « le petit Versailles local ». Le *Großer Garten*, de style baroque, est un somptueux assemblage de carrés et de haies rangés géométriquement, avec jets d'eau et statues. Venez, de préférence vers 11 h ou 17 h, afin d'assister aux « grandes eaux », et ne manquez pas les huit jardins à thème. À côté, le *Berggarten*, ancien potager devenu jardin botanique, propose quelques escapades exotiques : du bananier aux 1 000 espèces d'orchidées, en passant par les palmiers tropicaux et les cactus. Enfin, jolies balades romantiques dans le jardin anglais *Georgengarten*. En été, feux d'artifice, illuminations des jets d'eau, musique et théâtre dans les jardins. Se renseigner.

Kestner Museum *(plan B-C3)* : Trammplatz 3. ☎ 168-21-20. Tram : Markthalle (lignes n°s 3, 7 et 17). Ouvert du mardi au dimanche de 11 h à 18 h, le mercredi de 11 h à 20 h, fermé le lundi. Entrée : 1,50 €, réductions ; gratuit le vendredi. La façade originale de ce musée archéologique ouvert en 1889 est encore visible aujourd'hui derrière sa carapace percée d'une multitude de petites fenêtres. À l'intérieur, les arts égyptien, grec, et romain sont évoqués à travers des statues, stèles, et objets divers. Passez absolument devant la tête sévère du pharaon Akhenaton (1350 av. J.-C.), pièce la plus précieuse du lieu ; puis admirez les vases grecs attiques de toute beauté, avant de contempler la mosaïque romaine représentant Orphée cerné d'un bestiaire complet (lapin, lion, croco...). Également quelques objets de signature islamique et art moderne.

Niedersächsisches Landesmuseum *(plan C3)* : Willy-Brandt Allee 5. ☎ 980-75. Tram : Aegidientorplatz (lignes n°s 1, 2, 4, 5, 6, 8, 10, 11, 17 et 18). Ouvert le jeudi de 10 h à 19 h, et les autres jours de 10 h à 17 h. Fermé le lundi. Entrée : 4 €, réductions. Un musée aux centres d'intérêt multiples. Importante collection d'objets préhistoriques (crânes des premiers hommes, silex taillés, outils...). Un département consacré à l'ethnologie avec des objets insolites provenant de cultures lointaines. Quelques aquariums renferment des poissons exotiques. Puis, une galerie consacrée à la peinture allemande du XVIIe siècle.

➤ **Fil rouge :** de monuments importants en curiosités notoires, ce parcours de 4,2 km, matérialisé au sol par une ligne rouge, vous invite à découvrir seul, à pied et sans contrainte, le centre-ville. Départ devant l'office du tourisme (se munir de la brochure explicative). De l'opéra à Marktkirche, en passant par le centre des affaires, les principaux musées, la colonne Waterloo célébrant la cuisante défaite napoléonienne, les vestiges de la vieille ville en bordure de la rivière Leine, les plantureuses et dérangeantes nanas de Niki de Saint-Phalle, etc., vous verrez l'essentiel de la ville dans cette balade. Enfin, pour mieux en apprécier l'étendue et son appellation de « métropole verte », montez donc en haut de la tour (130 m) du *Rathaus*. Un ascenseur oblique vous y conduit tous les jours de 10 h à 17 h pour 1,50 €.

➤ *DANS LES ENVIRONS DE HANNOVER*

Autour d'Hanovre, un chapelet de jolies **cités historiques,** peu connues, dotées de monuments remarquables et peuplées de légendes (on en dénombre neuf), s'adossent au charmant massif du Harz, terre de sorcières et royaume des randonneurs.
Pour parcourir ces *wonderful nine,* procurez-vous, au prix de 3 €, un *Tourismus Pass,* lequel permet des réductions substantielles dans les musées.
● www.9staedte.de ●

HAMELN (31785) IND. TÉL. : 05151

Qui ne s'est pas fait raconter, dans ses jeunes années, la légende du joueur de flûte de Hameln ? Cela fait plus de 700 ans que l'histoire du chasseur de rats (qui se vengea de la cupidité des habitants de Hameln en kidnappant la majorité de sa population enfantine) fait frémir les générations. Que la légende ait, comme toutes les légendes, sa part de vérité ne fait aucun doute, comme est aussi indubitable le profit que la petite cité en tire auprès des touristes. Alors, au milieu des rues médiévales et des maisons à colombages et encorbellement de la Renaissance, prêtez l'oreille au son aigrelet de la flûte et partez en chasse en suivant les rats peints sur le pavé.

UN PEU DE FOLKLORE POUR SE RAFRAÎCHIR LA MÉMOIRE

En 1284, un homme étrange à la vêture bigarrée se présente aux autorités de Hameln, en se faisant fort de débarrasser la ville de tous les rats et autres rongeurs nuisibles qui l'ont envahie. Tope-là ! Une belle récompense lui est alors promise. Aussitôt, de son fifre, il tire une mélopée lancinante qui fait sortir tous les mustélidés de leurs trous. Suivi de son trottinant cortège, il se dirige vers la rivière où le troupeau se précipite vers la noyade. Contrat rempli, sauf du côté des échevins du bourg qui font la grimace et refusent de verser la somme convenue. Le dimanche suivant, à la sortie de la messe, notre bonhomme se présente à nouveau, sort sa flûte et aux premiers accents de son air favori, tous les enfants en âge de marcher le suivent comme des zombies et disparaissent vers l'est pour ne plus jamais revenir. Ils étaient 130 et les seuls qui y échappèrent furent un aveugle et un sourd.
L'origine historique de cette belle histoire qui fait frissonner les petits, le soir avant de s'endormir, serait qu'au XIIIe siècle, la surpopulation aurait contraint les habitants à se délester d'une partie des leurs en envoyant un contingent de jeunes s'établir dans des lointains territoires à l'est.
Tous les dimanches à midi, de mi-mai à mi-septembre, sur la place de la *Hochzeitshaus,* une représentation théâtrale en costumes reconstitue la légende.

Adresse utile

ᵢ *Office du tourisme :* Infocenter Weserbergland, Postfach 101144. ☎ 20-26-19. Fax : 20-25-00. ● www.hameln.de/touristinfo ● Dans un tout nouveau bâtiment moderne et translucide au bout d'Osterstrasse, en bordure de Ostertorwall et de Deisterallee. Personnel très compétent et aimable. On peut y visionner un film de 10 mn sur la région.

Où dormir ?

Pas vraiment beaucoup d'hébergement économique dans la région. Attention, en haute saison et pendant les foires de Hanovre, les prix doublent. La meilleure solution consiste à s'adresser à l'office du tourisme, qui dispose d'une longue liste de chambres chez l'habitant en ville et aux alentours.

🏠 *Hôtel zur Krone :* Osterstrasse 30. ☎ 76-30. Fax : 90-72-17. • www.hotelzurkrone.de • Compter autour de 43 € par personne avec petit dej' pour les chambres les moins chères. Un trois étoiles fonctionnel et agréable qui a l'avantage de se situer en bordure de la rue principale. Belle façade rénovée.

🏠 *Christinenhof :* Alte Marktstrasse 18. ☎ 95-080. Fax : 43-611. Compter 93 € pour une chambre double avec douche. Au cœur de la vieille ville, un hôtel de charme dans une demeure ancienne à colombages. Chambres spacieuses et cosy. Petit plus : une piscine a été creusée dans les caves voûtées.

Où manger ?

|●| *Rattenfängerhaus :* Osterstrasse 28. ☎ 38-88. Ouvert de 11 h à 15 h et de 18 h à 23 h ; le dimanche de 10 h à 22 h. Compter 15 à 20 € pour un repas complet. Menu-enfants à 5 €. Le resto historique et éminemment touristique. Cela dit, le bâtiment est magnifique. À l'intérieur, plusieurs salles sur 3 niveaux, décor rustique, gravures anciennes et mobilier d'époque. Salle de chasse au sous-sol. Cuisine régionale bien roborative, faite de soupes et de plats de cochonnailles à caler un estomac pour 3 jours. Spécialité de pommes de terre farcies.

|●| *Balkan Grill :* Emmernstrasse 6. ☎ 31-20. Ouvert midi et soir, sauf le mercredi. Près du marché aux chevaux. Compter 15 à 20 € pour un repas complet. Pas vraiment un coup de cœur, mais utile de savoir qu'il ouvre tard (1 h) ainsi que le lundi où tout est désert. Bonnes grillades, spécialités danubiennes et vin dalmate au verre.

Où manger des crêpes ?

|●| *Pfannenküchen :* Hummenstrasse 12. Ouvert de 11 h à 15 h et de 17 h à 22 h, et sans interruption le week-end. Crêpes salées et sucrées de 4 à 8 €. Adorable décor de maison de poupée. On se croirait dans un décor de contes de Grimm.

Où boire un café ? Où prendre le thé ?

🍸 *Museum Café :* Osterstrasse 8. ☎ 215-53. Ouvert jusqu'à 19 h. Petits dej' entre 5 et 7 €. À côté du musée, vaste espace mais pas vraiment mis en valeur. Les rentiers du coin viennent y papoter et parcourir la presse. Grande terrasse à l'extérieur. Grand choix de thés et pâtisseries alléchantes.

À voir

Hameln, comme ses consœurs des environs, s'enorgueillit d'une ribambelle de bâtiments du style appelé « Renaissance de la Weser », à savoir une variante un peu plus austère de l'architecture italienne de l'époque, qui se distingue essentiellement par des pignons en pyramide, des volutes, des gargouilles, des masques et des éléments en saillie garnis de moulures ornementales. La guerre a miraculeusement épargné la ville et, depuis les années 1960, une politique intelligente de rénovation a permis d'assurer la pérennité du patrimoine.

Détail amusant : de-ci de-là, vous tomberez sur une cabine de téléphone rouge sang, frappée de la couronne de Sa Gracieuse Majesté. Ces cabines ont été offertes par les forces anglaises d'occupation, encore présentes d'ailleurs dans la région.

♥♥ *Petite promenade dans le noyau historique :* suivre les rats peints sur le sol. La balade commence, près de l'office du tourisme, Osterstrasse, avec la **Rattenfängerhaus,** restaurant prisé, bel exemple de façade *Weserrenaissance* aux volutes de pignon finement ouvragées et dont les inscriptions en bandeau relatent la légende du chasseur de rats. Plus loin dans la rue, sur la droite, la maison *Leist* abrite le petit *musée* de la ville. Vous y verrez, au milieu d'un joli bric-à-brac, toutes les versions littéraires adaptées de la légende locale en plus de collections de serrures, de verres, de jouets, d'armes et de cannes (le pommeau de l'une d'entre elles contient un petit squelette assez lubrique). Grand diorama d'une bataille de 1866 qui vit les Prussiens flanquer une déculottée aux Hanovriens. Masque de mort de Frédéric II et cuisine ancienne.

Au n° 8, en fait pile à côté, la **Stiftsherrenhaus,** maison des chanoines, magnifique maison à colombages de 1558, à l'entrée décentrée et dont les sculptures des consoles mettent en scène des personnages de la Bible. Sur le Markt, se dresse la **Hochzeithaus,** maison des mariages qui abrite un carillon avec l'inévitable joueur de flûte en vedette. La maison a servi autrefois de salle de réunion, de bal et d'arsenal, sous les combles. Remarquer les trois pignons et les corniches. À côté, l'église Saint-Nicolas qui remonte à 1200 et dont une pierre commémorative évoque une naissance de septuplés en 1600 ! Prendre *Ritterstrasse* vers le nord et passer devant **Dempterhaus,** une vraie pièce de pâtisserie montée, flanquée d'un oriel et construite pour Tobias, un bourgmestre amateur de fioritures tarabiscotées. Au bout de la rue, la **Pulverturm** et la **Haspelmathturm** forment une section des anciens remparts démantelés sur ordre de Napoléon. Revenir sur ses pas et prendre *Bäckerstrasse*, à droite *Fischportenstrasse*, puis à gauche, *Kupferschmiedestrasse*. Au coin de celle-ci, au n° 13, la **Bürgerhaus,** ancienne brasserie, qui abrite un restaurant spécialisé dans la préparation de la pomme de terre dans tous ses états, présente un triple encorbellement, une magnifique porte cochère et de splendides poutres peintes.

Retour vers *Bäckerstrasse*, pour jeter un coup d'œil à droite au n° 8 sur la **Lückingscheshaus,** autre spécimen de maison à colombages avec une moins habituelle porte à renfoncement cintré. À notre époque, c'est devenu un *Newscafé*. En face, **Löwenapotheke,** pharmacie aux lions, vraie demeure gothique de 1200 avec une étoile de David à son sommet. Elle rappelle la petite communauté juive qui vécut ici jusqu'en 1943. Le **Rattenkrug** fut le premier resto de la ville, actuellement *Stadtcafé*. La façade actuelle présente un pignon de cinq niveaux et un oriel latéral. La **Kurie Jerusalem,** un peu plus loin, dans *Alte Markt Strasse*, est une ancienne annexe du cloître, avec une solide charpente à colombages, transformée à présent en crèche.

Plus loin, dans *Grossehofstrasse*, le **Redenhof,** bâtiment de ferme aux pignons gothiques triangulaires très simple. Dans la même rue, la plus petite maison de la ville. La promenade se termine en revenant sur ses pas vers la **cathédrale Saint-Boniface,** mi-romane, mi-gothique, depuis sa transformation en église-halle. On peut y voir une dalle funéraire colorée et une fresque (XIVe siècle) sur un des piliers. On accède à la partie la plus ancienne (IXe siècle) dans la crypte Sainte-Romane.

HILDESHEIM (31134)   IND. TÉL. : 05121

C'est incontestablement, en Allemagne du Nord, une capitale en son genre : celle de l'art roman ottonien. Pour ceux qui l'ignoreraient, la période ottonienne s'étend de la fin du IXe au début du XIIIe siècle. Évêché dès 815, Hildesheim rayonna tant au point de vue artistique que spirituel pendant tout le Moyen Âge, par sa position privilégiée sur la route commerçante qui allait de Bruges à Novgorod. Elle préserva son précieux héritage du passé jusqu'à un funeste matin de mars 1945, où un bombardement anglais, aussi ravageur qu'inutile, réduisit dix siècles de grandeur en cendres et fumée. À l'instar de son rosier miraculeux, Hildesheim a su renaître du chaos, mais comme beaucoup de villes reconstruites après la guerre, elle manque un peu de charme apparent et, hormis sa place du marché reconstruite depuis peu à l'identique, il faudra fureter pour en découvrir les attraits, même si la cathédrale et l'église Saint-Michel sont classées sur la liste du patrimoine mondial de l'Unesco.

Adresse utile

🅸 *Tourist Information Hildesheim :* Rathausstrasse 18-20. ☎ 17-980. Fax : 17-98-88. • www.hildesheim.com • Ouvert en semaine de 9 h à 17 h (16 h le samedi).

Où dormir ?

🏠 *Jugendherberge Hildesheim (AJ) :* Schirrmannweg 4. ☎ 427-17. Fax : 478-47. • jh-hildesheim@djh-hannover.de • Nuitée de base de 15 à 17 €. 104 lits, chambres de 4 personnes. Cuisine en commun.

🏠 *Dorint Budget Hotel :* Bahnhofsallee 38. ☎ 17-170. Fax : 17-17-100. Entre la gare et le centre, un hôtel entièrement aménagé dans un ancien hôpital, pas banal. Chambres autour de 75 €. Hôtel de chaîne, donc très fonctionnel, mais non dénué de charme grâce à son décor.

Où manger ?

|●| *Hindenburg Brasserie :* Hindenburgplatz 3. ☎ 399-27. Ouvert de 12 h à 22 h. Plats du jour à 6 € et buffet-*brunch* le dimanche à 8 €. Une brasserie au décor simple agrémenté de plantes vertes où les employés des environs et les habitués viennent se sustenter de plats à prix modiques, honnêtes et nourrissants.

|●| *Knochenhauer-Amtshaus (maison des Bouchers) :* Markt 7. ☎ 323-23. L'incontournable attraction de la place du marché est aussi une taverne-restaurant. Restaurant fermé le mardi. On sert jusqu'à 22 h, mais la taverne reste ouverte jusqu'à 1 h. On ira ici pour la cuisine traditionnelle régionale de bonne facture, mais surtout pour boire un verre au milieu de l'extraordinaire décor entièrement reconstitué à l'identique. Il a fallu plonger dans les archives de la ville pour retrouver les techniques d'assemblage des poutres et boiseries qui tiennent sans aucune pièce métallique. Remarquer les ventaux des anciennes échoppes de boucher.

|●| *Restaurant Alte Münze :* Andreasplatz 16. ☎ 13-29-01. Ouvert tous les jours, midi et soir. Assez cher, puisqu'il faut compter entre 20 et 25 € pour un bon repas. Devant le parvis de l'église, une des seules adresses un peu relevées d'Hildes-

heim. Un italien de qualité, sans aucun doute. Décoration Art nouveau. Buffet de légumes frits à l'huile. On y vient pour une cuisine fine d'origine calabraise, élaborée loin des *pizzeria* et *trattorie* qu'on trouve un peu partout. Pièces de veau, poissons grillés, pâtes aux fruits de mer et *tartuffo* au chocolat... mmm ! Excellents vins du Piémont et du Frioul. Accueil enjoué.

Où prendre le goûter ?

|●| **Antik Café am Markt :** Jacobikirchgasse 2. ☎ 32-414. Ouvert de 9 h 30 à 19 h (18 h le samedi). Fermé le dimanche. Crêpes sucrées ou salées de 3 à 6 €. On a failli quitter la ville sans repérer l'endroit. Quel dommage c'eût été ! Un décor comme on n'en fait plus. Imaginez le salon de votre arrière-grand-mère : papier à fleurs, canapés à ressorts qui grincent, lambris sombres, tables et chaises couvertes de napperons, de vieilles dentelles, gravures jaunies et scènes de genre... À la carte, une armada de crêpes sucrées ou salées (au lard ou au camembert !) de taille gargantuesque et qui vous calent pour des heures. Petits dej', soupes et ragoûts.

À voir

¶¶ *Le Markt :* réduit en gravats et en fumée en 1945, il a entièrement été reconstitué selon les plans originaux. Jolie fontaine au centre d'un bel espace pavé où se tient le marché le matin. Côté est, l'hôtel de ville (*Rathaus*) dont les premiers éléments furent commencés en 1268. Arcades et armoiries en parent la façade simplifiée lors de la réédification. Côté sud, à gauche, la maison des Templiers (*Tempelhaus*) au gothique inspiré d'orientalisme avec un pignon carré flanqué de deux tourelles. Croquignolette bretèche Renaissance en avancée avec fines sculptures décoratives, côté droit. Sur le coin opposé, la maison Wedekind (*Wedekindhaus*) et ses encorbellements Renaissance à la manière hollandaise avec avancées symétriques. Plus loin, un édifice classique abritant une banque et le bâtiment gothique de la Rolandstift, avec son avant-corps baroque.
Côté ouest, deux maisons remarquables : la maison des Boulangers (*Bäckeramtshaus*) en style Biedermeier du début du XIXᵉ siècle et à sa droite le clou du lieu, la fabuleuse maison des Bouchers (*Knochenhaueramtshaus*), avec ses huit étages, tout bonnement la plus belle maison à colombages du monde ! Dire qu'entre 1945 et 1984, elle avait été remplacée par un infâme bloc de béton ! On ne se lasse pas d'admirer sa magnifique architecture, avec les étages se surplombant. Détailler aussi les amusantes figurines sculptées dans le bois. Aux étages supérieurs, le musée de la Ville offre un intérêt historique pour se rendre compte du rayonnement de la cité à l'époque médiévale. Photos émouvantes des destructions de 1945.
Côté nord, la maison rococo cache en fait l'entrée d'un grand hôtel de chaîne. Elle est entourée des maisons des Brasseries de la ville (*Stadtschänke*) et de la maison de la corporation des tisserands (*Wollenwebergildehaus*).

¶ *Les musées Roemer et Pelizaeus :* le premier a trait aux sciences naturelles et à l'histoire ; le deuxième recèle des collections d'antiquités égyptiennes et précolombiennes.

¶¶ *L'église Saint-Michel :* basilique romane primitive à deux nefs et deux chœurs (1010-1033) placée sur un monticule, fondée par l'évêque Bernward, personnalité éminente de son époque, elle a été reconstruite après la guerre en éliminant tous les ajouts ultérieurs à la période romane. Les piliers présentent une alternance d'un pilier pour deux colonnes. Les différences de chapiteaux s'expliquent par 200 ans d'écart : nus et cubiques à la période ottonienne et sculptés au XIIe siècle. Mais le plus remarquable est le plafond en bois peint, avec un superbe arbre de Jessé dont, sans doute, la première représentation connue d'Adam et Ève. Un élément de décoration ancienne a subsisté : la *clôture des Anges,* à droite du chœur ouest. La crypte abrite les restes de saint Bernward.

༺༺༺ *La cathédrale (Dom) :* elle fut commencée en 850 à l'emplacement où, en 815, selon la légende, Louis le Débonnaire passe la nuit au pied d'un rosier grimpant dans lequel il a pris soin de cacher son précieux reliquaire. Le matin, il lui est impossible de retirer le coffret, emmêlé dans les branches de l'arbuste... Bonne raison, devant cette manifestation divine, pour revenir plus tard y fonder une chapelle puis un évêché, autour duquel se développe Hildesheim. Plus tard, au cours de l'histoire, le rosier miraculeux refleurira après les destructions, la dernière fois en 1945.

La cathédrale actuelle est la copie conforme des plans d'origine de la basilique romane du XIe siècle. Les chapelles latérales ont été refaites, néanmoins, en gothique, et la coupole du transept en style du XVIIIe siècle. Les curiosités remarquables sont légion, à commencer par les portes de bronze à deux battants de près de 5 m de haut, sommet de l'art roman ottonien et fabriquées sur ordre de l'évêque Bernward, d'une seule coulée. On y distingue des scènes de l'Ancien et du Nouveau Testament. Dans la nef aux fenêtres étroites, sobriété des éléments décoratifs et même alternance qu'à Saint-Michel de deux colonnes pour un pilier, caractérisant l'architecture saxonne. Dans le transept droit, une rareté : une colonne de bronze de sept tonnes (XIe siècle), inspirée de la colonne Trajane de Rome avec, en spirale enroulée, une évocation de la vie du Christ.

À noter aussi, dans une chapelle latérale, des fonts baptismaux portés par des personnages symbolisant les fleuves du Paradis. À la croisée du transept, un gigantesque lustre, le plus grand d'Allemagne, dont la frise d'or et de laiton incrustée de pierres soutient la représentation de la Jérusalem céleste. Côté transept droit, l'entrée du *Musée diocésain* qui recèle le Trésor, avec de remarquables reliquaires, véritables chefs-d'œuvre de l'art roman. Ne pas manquer le cloître pour découvrir, au pied du mur d'abside, le fameux rosier millénaire, symbole de la pérennité d'Hildesheim.

༺ *L'église Saint-Andreas :* affectée au culte réformé, elle conserve des éléments de la construction romane antérieure et une tour qui culmine à 118 m. Fontaine luthérienne à l'extérieur avec évocation des Évangiles. À propos, savez-vous comment distinguer au premier coup d'œil si une église est catholique ou protestante ? Réponse : les bougies ! Si vous voyez des bougies de couleur rouge, vous êtes chez les papistes ; chez les réformés, elles seront toujours blanches.

༺ *L'église Saint-Lambert :* église paroissiale du XVe siècle, avec orgue baroque et fonts baptismaux intéressants.

༺ *L'église Saint-Godehard :* basilique romane conservée presque dans son état d'origine, avec tours aux pointes effilées.

༺ *L'église Saint-Maurice-sur-le-Moritzberg :* un peu à l'extérieur, vers l'ouest, petite basilique romane du XIe siècle avec un cloître tout mignon et un intérieur « baroquisé ».

– Dans le quartier de la *Kesslerstrasse,* allez jeter un regard sur le monument au Martyre juif, élevé à l'emplacement de la synagogue brûlée lors de la nuit de Cristal en 1938, au milieu des maisons où habitait la petite communauté juive de la ville avant la guerre.

CELLE

(29221) — 74 000 hab. — IND. TÉL. : 05141

Au nord d'Hanovre, en bordure de la lande de Lüneburg, une petite cité pimpante particulièrement fière d'avoir été la résidence des ducs de Brunswick et d'avoir préservé des dizaines de maisons à colombages. Promenade agréable à faire donc, dans des rues commerçantes fleurant bon la prospérité satisfaite des habitants de l'ex-RFA. Les femmes ont marqué l'histoire de Celle : Éléonore d'Olbreuse, huguenote poitevine et épouse d'un duc au XVIIe siècle, à qui l'on doit les jardins à la française ; sa fille Sophie-Dorothée, mariée par raison d'État avec son cousin, le futur Georges Ier d'Angleterre, et grand-mère du grand Frédéric II. Ses incartades extra-conjugales lui vaudront une répudiation et un exil sombre ; Caroline-Mathilde d'Angleterre fut, elle, l'épouse du fantasque Christian VII de Danemark ; ses frasques *(bis)* avec le favori de ce dernier la conduiront en villégiature forcée à Celle. Vous pourrez voir les portraits de ces belles aventurières à la cuisse légère au musée de la ville.

Adresses et infos utiles

- *Tourismus Region Celle :* Altes Rathaus, Markt 14-16. ☎ 12-120. Fax : 124-59. • www.celle.de • Excellent accueil, en français même. N° de réservation de chambres dans la région : ☎ 12-12. Fax : 124-59.
- *Renseignements sur les moyens de transport :* Stadtführungen. ☎ 55-07-14.
- *Location de vélos (Fahrradverleih) :* 2 Rad-Meier GmbH, Neustadt. ☎ 413-69.

Où dormir ?

- *Jugendherberge Celle :* Weghausstrasse 2. ☎ 532-08. Fax : 530-05. • jh-celle@djh-hannover.de • Au nord de la ville, prendre le bus n° 3 (le dernier passe à 19 h). Nuitée de 14 à 17 €. Fermé autour de Noël. 128 lits. Restauration.
- *Pension Luhmannshof :* Dorfstrasse 8, à Klein Hehlen. ☎ et fax : 53-094. À 1,5 km à l'ouest de Celle. Dans un adorable bâtiment de ferme à colombages de la famille Ripke, 4 chambres doubles à 55 € la chambre, simples mais proprettes avec douche. Accueil enjoué et petit dej'-buffet. Adresse non-fumeurs.
- *Hôtel Gasthof Schnarr :* Fuhrberger Landstrasse 17, à Wietzenbruch. ☎ 41-355. Fax : 43-123. Au sud-ouest de la ville. Charmant hôtel-restaurant assez moderne en banlieue (3,5 km du centre), au calme. Tout le confort et équipement soigné pour à peine 30 à 45 € par personne dans une chambre avec douche ou bains. Cuisine allemande traditionnelle.
- *Hôtel Am Hehlentor :* Nordwall 63-63. ☎ 88-56-900. Fax : 88-56-90-13. Au centre-ville. Chambres doubles à 69 €. Deux anciennes maisons à colombages, avec un *Biergarten* pour l'été. Chambres de petite taille mais coquettes et bien équipées. Petit dej'-buffet.

Où manger ?

- *Schulze :* Neue Strasse 36. ☎ 229-44. Repas autour de 15 €. Adresse populaire et bien fréquentée (Helmut Kohl et Gerhard Schröder sont passés par là). On vous case à la bonne franquette, là où il y a de la place, et pas question de contrarier le patron. Ici, le cochon, dans lequel, comme on le sait, « tout est bon », est décliné dans tous ses états. Donc, ne vous attendez pas à de la cuisine délicate, mais l'ambiance locale est garantie, la bière aidant. Vérifiez malgré tout votre addition, un peu vite griffonnée à la main.

iOi *Zum Blauen Engel :* Kleiner Plan 7. ☎ 29-441. On s'en tire pour 13 €. Couloir d'entrée avec tables pour ripailler. Intérieur fleuri en boiserie claire et sièges de tapisserie. Gentil assortiment de plats typiques. Un *lunch* à 8,50 € avec harengs doux, pommes de terre et haricots laisse un bon souvenir. Bons vins blancs au verre. Salades, plats végétariens et steaks. Gibier en saison.

Où boire un verre ?

▼ *Stadt Ratskeller :* Stechbahn. Le traditionnel repaire des soiffards locaux sous le *Rathaus.* Caves voûtées, taverne un peu sombre aux lambris austères et lustres de cuivre, décor de jolies fresques. On est là pour boire, alors buvons et, accessoirement, profitons de la modicité du plat du jour à 9 €.

À voir. À faire

➢ *Balade en ville :* il faut consacrer une heure ou deux à un quadrillage de la ville ancienne, pour y admirer les innombrables maisons à colombages avec poutres sculptées et peintes de maximes incompréhensibles pour qui ne déchiffre pas le gothique. Elles sont toutes décrites dans une brochure de l'office du tourisme et, à la vérité, comme elles se ressemblent toutes, on vous épargnera un descriptif un peu fastidieux. Pour ne pas vous laisser quand même sur votre faim, on vous dira que ce qui caractérise les maisons de Celle, toutes construites du XVIe au XVIIIe siècle, c'est l'empilage des encorbellements des pignons. Tout cela forme un ensemble harmonieux mais, à la longue, un peu indigeste. Détail amusant : plusieurs de ces honorables maisons bourgeoises sont à présent propriété de marchands cossus venus d'Anatolie...

🏛 *Le Rathaus :* de couleur claire avec des moellons peints en trompe l'œil, il offre en façade nord un mignon pignon garni de volutes et de pinacles. À ses côtés, la *Stadtkirche* au joli clocher présente un intérieur assez lourdement baroquisé. Monuments funéraires en mémoire des ducs de Brunswick.

🏛🏛 *Le musée Bomann :* Schlossplatz 7. ☎ 123-72. Ouvert du mardi au dimanche de 10 h à 17 h. Entrée : 3 €. Un musée du folklore et de l'histoire, érigé en style Art nouveau, varié et très intéressant. Il a déjà plus de cent ans. On parcourt les salles agréables, en passant de l'habitat du XIXe siècle (mobilier Biedermeier, cuisines de faïence) aux activités artisanales (métiers à tisser, forge, ferme et ustensiles aratoires) et aux loisirs d'antan (jouets d'enfants, harmonies musicales, chambres de poésie) sans oublier les métiers (accoucheuse, ébéniste, couturière, brodeuse, charron). Sont aussi abordés les thèmes du costume, bourgeois et paysan ; la morale, avec des tableaux de genre comparant la bonne épouse et la mère dévoyée ; les foyers, avec les aspects de la production de la fonte et du fer ; les uniformes (régiments hanovriens) et les armes, avec les redoutables piques des lansquenets, et l'histoire, par le petit bout de la lorgnette, avec les figures féminines qui ont fait la chronique scandaleuse de Celle ; l'industrie, avec l'histoire de la biscuiterie locale Trüller, etc. On a vraiment bien aimé ce musée. Agréable cafétéria.

🏛 *Schloss Celle :* ouvert de 10 h à 16 h 30 du mardi au dimanche. Visites guidées à horaires variables (renseignez-vous à l'office du tourisme). Entrée : 3 € ; réductions familles. Ancien château fort, avec douves et tours d'angle

LA BASSE-SAXE

fortifiées, transformé à la Renaissance et baroquisé à la fin du XVII⁰ siècle, la résidence des ducs de Brunswick hébergea quelques exilées célèbres (voir intro à la ville). Succession assez ennuyeuse de salles d'apparat, avec commentaire plutôt *people* et insipide de la guide. Petit intérêt pour la cuisine du château, pour le théâtre privé de facture italienne et surtout pour l'exceptionnelle chapelle privée, juste à côté des cuisines, décorée à profusion de motifs floraux par l'Anversois Martin de Vos. On songe à la vanité des princes qui faisaient dire la messe à leur propre usage et qui exigeaient l'ouverture permanente des ventaux de leurs loges pour permettre à l'Esprit saint d'avoir un accès direct jusqu'à eux.

🏛 *Les Jardins français (Französischer Garten) :* au sud du centre. Belle allée dédiée à la reine Caroline-Mathilde, conduisant au petit pavillon de plaisance à colombages à balconnet de bois, qu'elle fréquentait assidûment. Pas loin de là, une synagogue discrète se cache derrière une petite maison à colombages. On peut la visiter.

BRAUNSCHWEIG (38100) 260 000 hab. IND. TÉL. : 0531

Grosse métropole industrielle et commerçante, à 60 km à l'est de Hanovre, fief ancestral de la dynastie des ducs de Brunswick et de son lion légendaire. Ce n'est certainement pas la ville la plus attractive de la région, malgré quelques monuments anciens épargnés par la guerre et un musée remarquable. On n'y fera donc qu'une courte étape, à l'inverse de Stendhal qui y passa deux ans comme commissaire des guerres et intendant des domaines de l'Empereur.

Adresse utile

❶ *Office du tourisme :* à la gare principale, Berlinerplatz au sud-est de la ville, et *Städtischer Verkehrsverein,* Vor der Burg 1 (à côté du Dom). ☎ 273-550. Fax : 273-55-29. • tourist-service-braunschweig@online.de •

Où dormir ?

🛏 *Jugendgästehaus (AJ) :* Salzdahlumerstasse 170. ☎ 26-43-20. Fax : 264-32-70. Excentrée, au sud de la gare. Nuitée de base de 14 à 31 €.

Où manger ?

🍽 *Zum Löwen Brauerei & Gasthaus :* Waisenhausdamm 13. ☎ 12-45-11. Ouvert de 11 h à 1 h en semaine (à partir de 17 h le dimanche). La grande brasserie de la ville *(Stadt's Schlemmerstube)* rassemble une clientèle internationale de gens qui travaillent dans les environs (Wolfsburg et VW ne sont pas loin). Salles en arc de cercle autour des cuves de fermentation de la célèbre *Löwenbrau.* Éclairage un peu sombre pour resserrer, autour de grandes tablées, des bandes de joyeux convives. Les chopes s'entrechoquent et se descendent à grandes lampées, bien nécessaires pour faire passer une cuisine d'étouffe-chrétien. Spécialités du Nord et de la Bavière : soupes épaisses, pièces de porc et de bœuf mijotées à la bière. La digestion sera facilitée par une petite grappa. Service très lent.

À voir

Le Dom et le Burgplatz : la cathédrale Saint-Blaise, consacrée au culte luthérien, se trouve au milieu d'un ensemble architectural plaisant qui forme l'îlot historique de la ville (le *Burg* défensif), où trône la statue du lion de Brunswick en bronze, inspirée de la louve romaine. Ce serait même la plus ancienne statue de plein air au nord des Alpes. À l'ouest, deux tours octogonales sont reliées par une sorte de passerelle gothique. La cathédrale fut construite au XIIe siècle par Henri le Lion, de retour de croisade. Ses voûtes en berceau couvrent cinq nefs dont la nef centrale d'origine romane surélevée. Parmi les curiosités : le monument funéraire baroque de Ludwig-Rudolf et de la duchesse Christine-Louise, étendus semi-couchés et dos à dos, dans une pose alanguie comme à la sieste, flanqués de deux amours qui versent de chaudes larmes ; les gisants d'Henri le Lion et de Mathilde d'Angleterre (XIIIe siècle) ; le gigantesque chandelier à 7 branches (XIIe siècle) ; les colonnes torsadées dans le bas-côté nord ; les peintures murales de la nef centrale et, dans la crypte, toutes les sépultures des princes guelfes *(Welf),* alignés en rang d'oignons pour l'éternité. Parmi eux, Fréderic-Guillaume, le *Prince Noir,* tué à la bataille de Waterloo.

Autre ensemble échappé aux destructions : le **Kohlmarkt,** au cœur de la zone piétonne, avec une statue de Till Eulenspiegel (Thyll l'Espiègle, héros de légende germanique devenu flamand au XIXe siècle) coiffant une rangée de cloches.

L'ensemble de l'**Altstadtmarkt,** plus à l'ouest, se compose de la halle aux Draps *(Gewandhaus),* dotée d'arcades, de quatre étages et d'un pignon richement orné ; de l'**ancien hôtel de ville** *(Altstadtrathaus),* bâtiment en angle droit avec pignons à redans, un des plus vieux d'Allemagne et garni de statues de princes saxons et guelfes et de l'**église Saint-Martin** *(Martinikirche* ; ouvert de 10 h à 13 h sauf les dimanche et lundi), église-halle du XIIe siècle avec *Westkerk* à deux tours. Un saint Martin, habillé en officier du XVIIe siècle, chevauche au pied de la chaire de vérité. Buffet d'orgues imposant et fonts baptismaux gothiques coiffés de baroque.

Herzog-Anton-Ulrich-Museum : Museumstrasse 1. ☎ 484-24-00. • www.museum-braunschweig.de • Ouvert du mardi au dimanche de 10 h à 17 h, et de 13 h à 20 h le mercredi. Entrée : 2,50 €.

Un des plus anciens musées allemands. À voir pour l'imposante collection de peintres flamands et hollandais du XVIIe siècle, dont la présence s'explique par la profusion de sujets bibliques très appréciés à l'époque de la Réforme : Rembrandt, *Paysage après l'orage,* Rubens, *Judith et Holopherne* (où Judith rend le spectateur complice de son forfait), Ruysdael, Teniers, *L'Alchimiste,* Jordaens, Jan Steen, *Le Mariage de Tobias,* Vermeer, *Servante avec verre de vin* (extraordinaire présence des citrons). Mais aussi pour le XVIe allemand (Cranach le Vieux, Holbein). Quelques Français, avec Greuze, Boucher et Hubert Robert ; le Tintoret masquant une faible présence italienne. Également une importante partie Arts décoratifs, avec des pièces exceptionnelles comme cette horloge, turquerie de 1600 de Christophe Rohren forme de pagode. Arts d'Extrême-Orient : laques, émaux, porcelaines. Cabinet de monnaies. Un magnifique **cabinet d'estampes** recèle des œuvres de Dürer à nos jours. Elles sont montrées en expos tournantes.

WOLFENBÜTTEL (38300)   54 000 hab.   IND. TÉL. : 05331

À 8 km à peine au sud de Braunschweig, une autre résidence régulière des ducs de Brunswick et Luneboug jusqu'en 1753. Wolfenbüttel est une petite cité adorable, aux rues tracées de façon rectiligne et aux vastes places.

L'ensemble urbanistique parsemé de maisons à pans de bois *(Fachwerkhaüser)* qui date de la Renaissance est particulièrement harmonieux. Le château se visite sans déplaisir et la bibliothèque Herzog-August force le respect.

Adresse utile

🛈 *Office du tourisme* : Stadtmarkt 7. ☎ 862-80. Fax : 86-77-08. • www.wolfenbuettel.de • Ouvert de 11 h à 17 h en semaine et de 11 h à 14 h les samedi et dimanche d'avril à fin octobre. Organisation de visites guidées de la ville (2,50 €) d'avril à fin septembre, en semaine, à 14 h 30 et le dimanche à 11 h toute l'année. Longue liste de logements chez l'habitant. Personnel très compétent.

Où dormir ?

🏠 *Jugendgästehaus der Stadt Wolfenbüttel (AJ)* : Jägerstrasse 17. ☎ 271-89. Accès par le bus n° 95. Pas loin du château, dans une énorme bâtisse à colombages toute blanche. Nuitée de base à 10 €. Aménagements hyper modernes et aspect nickel. 338 lits.

À voir. À faire

➢ *Petite balade :* on vous recommande particulièrement une promenade, le nez au vent, en compagnie du petit dépliant proposé par l'office du tourisme, qui détaille avantageusement toutes les maisons à panneaux de bois et l'origine sociale des décorations de chaque type de maison.

🚶 *Stadtmarkt* : la place principale, tout en longueur, bordée de maisons bourgeoises à colombages d'un côté et par l'hôtel de ville de l'autre, que renforce la *Waaghaus,* maison du poids surmontée de la sentence du roi Salomon. Sur la place vécut Schottélius, un érudit et grammairien qui donna à l'humanité l'invention du point-virgule !

🚶🚶 *Schloss* : ouvert du mardi au dimanche de 10 h à 17 h. Les maisons qui bordent l'esplanade du château sont parmi les plus anciennes de la ville. C'est un des plus grands châteaux de Basse-Saxe et ce fut aussi un foyer des Lettres, de la Musique et des Arts. Château médiéval de plaine, entouré de douves au Moyen Âge, il devint la résidence privilégiée des ducs dès le XVIe siècle et fut amélioré à la Renaissance puis à l'époque baroque par une fringante tour. On y accède par une rue étroite à arcades qui débouche sur une vaste cour intérieure. On y visite les appartements princiers, faits de pièces d'apparat garnies de marqueterie murale, salles de jeu, de billard, collection de poupées et de nounours. En complément, expo permanente sur l'évolution de la vie quotidienne à Wolfenbüttel au travers, notamment, du mobilier.

🚶🚶 *Herzog-August-Bibliothek :* ouvert du mardi au dimanche de 10 h à 17 h. Entrée : 3 €. Visite guidée le dimanche à 11 h. Ce fut, au XVIIe siècle, la plus importante bibliothèque d'Europe, pas moins ! Un vrai temple du savoir : 600 000 volumes. Une vie ne suffirait pas pour tous les ouvrir. Les amateurs de beaux livres vont être comblés et frustrés tout à la fois, parce que, même si des pièces magnifiques sont exposées en vitrine, pour la plupart, les trésors rangés sur les étagères ne sont pas accessibles au visiteur lambda. On se contentera donc d'admirer les évangéliaires enluminés, les manuscrits précieux du Moyen Âge, les premières Bibles imprimées, une collection de livres d'art illustrés du XXe siècle, une autre d'ex-libris et surtout les globes terrestres et portulans des débuts des grandes explorations terrestres et maritimes.

🗡 *L'église évangélique* (Hauptkirche) : bâtie sur le Kornmarkt pour le culte protestant, elle présente un mélange de styles surprenant : des voûtes et croisées d'ogives gothiques, des pignons latéraux à niches et colonnes bordées de volutes, typiquement Renaissance, une tour à combles tout à fait baroque. À l'intérieur, même mixité des genres : buffet d'orgue, autel et chaire baroques, nervures de voûtes peintes gothiques, balcons de tribunes Renaissance. Et finalement, le résultat n'est pas trop indigeste. À noter : trois pierres tombales dressées, figurant des capitaines de guerre à la virilité bien affirmée.

GOSLAR (38640) 47 000 hab. IND. TÉL. : 05321

Ville de résidence impériale jusqu'au XIIIe siècle, puis ville hanséatique. À présent, Goslar est une petite capitale en bordure nord du massif du Harz (réunifié depuis 1990). Cité millénaire et souriante, elle cultive le souvenir des mineurs des gisements de cuivre et d'argent qui firent sa prospérité et des sorcières qui fêtaient les « nuits de Walpurgis » dans les profondes forêts du massif. C'est un excellent camp de base pour explorer la région et un endroit de villégiature apprécié et très fréquenté comme destination de week-end. Le parc hôtelier de la ville et des environs est plutôt bien fourni. La mine de Rammelsberg et la vieille ville sont classées au patrimoine mondial de l'Unesco.

Adresses utiles

🛈 *Office du tourisme de la ville :* Markt 7, BP 1980. ☎ 780-60. Fax : 78-06-44. • www.goslarinfo.de • Organisation de visites guidées. Accueil particulièrement aimable.

🛈 *Office du tourisme de la région du Harz :* Marktstrasse 45. ☎ 340-40. Fax : 340-466. • www.harzinfo.de •

Où dormir ?

🛏 *Jugendherberge Goslar (AJ) :* Rammelsberger Strasse 25. ☎ 222-40. Fax : 413-76. Nuitée de base de 14 à 17 €. Sur les hauteurs dans une grande bâtisse à colombages. 168 lits.

🛏 *Gästehaus Kirchner am Steinberg :* Doctorwiese 7. ☎ 34-950. Fax : 34-95-99. • www.touronline.de • À partir de 40 € la nuit par personne. Dans la ville haute, une gentille adresse de *B & B* dans une grosse villa. Chambres à la déco et aux couleurs un peu kitsch, mais bien équipées. Agréable salle de petit dej'.

🛏 *Altstadt-Hôtel Gosquell :* An der Gose 23. ☎ 340-50. Il faut compter 60 à 75 € pour une chambre double. Charmant petit hôtel familial dans la partie haute de la vieille ville, pas loin du Palais impérial. Chambres pas très grandes mais bien douillettes. Possibilité de demi-pension.

Où manger ?

IOI Kartoffelhaus : Kaiserpassage. ☎ 454-25. Ouvert tous les jours de 11 h à 22 h. Plats entre 6 et 10 €. La patate à tous les temps, sur tous les modes, comme la hongroise aux paprika et salami ou l'omelette aux lard et pommes de terre. Pour ceux et celles qui n'ont pas de soucis avec leur ligne.

IOI Restaurant Aubergine : Marktstrasse 4. ☎ 421-36. Ouvert tous les jours, matin et soir. On peut s'en tirer pour environ 15 €. Bonne petite adresse spécialisée dans la cuisine aux accents méditerranéens. Légumes du marché et buffet de poissons dans un décor assez délicat.

IOI Joe's Bistro & Café : Goslar Marktstrasse 15. ☎ 42-178. Compter 20 à 24 € sans les boissons pour un bon repas. On le dit tout net, par rapport aux standards culinaires allemands, voici une très bonne adresse. Salle pas trop grande, mangée par un grand bar. Pas beaucoup de place, une réservation n'est pas superflue. Un jeune patron d'origine turque concocte une jolie cuisine plutôt transalpine mâtinée d'heureux compromis avec les habitudes allemandes. Valse des saveurs et des cuissons bien maîtrisée. On n'hésite pas à proposer des pommes de terre en accompagnement de viandes et de poissons parfaitement préparés. Desserts inventifs. Excellents vins au verre. Plat du jour à midi pas trop onéreux et salades copieuses.

Où boire un café ?

Barock-Cafe Anders : Hoherweg 4. ☎ 23-814. Ouvert tous les jours de 10 h à 18 h 30. Le *Konditorei* classique dans toute sa splendeur. Salles à la déco lourdement pompeuse, mais pâtisseries irrésistibles, présentées de façon alléchante. Agréable jardin-terrasse.

À voir. À faire

➢ *Balade dans la ville :* l'office du tourisme propose un petit dépliant, en français, avec plan qui détaille efficacement deux promenades découvertes, de longueurs différentes, pour faire le tour des curiosités de la ville. Autant en profiter. Utile donc pour se repérer. Si on comprend l'allemand, plusieurs visites guidées à thème sont organisées en saison par l'office du tourisme.

La place du Marché : pour commencer, s'arranger pour s'y trouver à l'heure où se met en marche le carillon d'automates (9 h, 12 h, 15 h et 18 h) qui rend hommage aux mineurs de Rammelsberg. Au centre de la place, la fontaine surmontée de l'aigle impérial. La place est bordée par un **hôtel de ville** à arcades ogivales et tourelles (XVe siècle) ; la salle de *l'Hommage* est visible depuis peu, couverte de peintures murales chatoyantes (XVIe siècle). La **maison de la guilde des Drapiers et Tailleurs,** à la façade couleur rouille, s'orne d'une rangée de statues de bois peint. La plus regardée étant, bien sûr, celle qui défèque des ducats d'or.

Le musée de Goslar : le premier aspect intéressant est une section consacrée aux 5 000 travailleurs forcés de 1940-1945, réquisitionnés pour exploiter les mines. Lettres et photos émouvantes de ces déracinés, russes, polonais, belges, hollandais ou français. Pour le reste, le musée fait la part belle à la géologie, à l'art religieux, à la vie quotidienne (ancienne cuisine) et à l'histoire de la cité.

Pas loin du musée, un très vieux moulin à eau. En remontant le cours de la petite rivière, on tombe sur un charmant quartier de maisons à colombages, au sein duquel on jettera un œil sur la **maison Siemens,** demeure familiale ancestrale de la famille d'industriels bien connus, vaste demeure avec cour centrale et écuries.

Sur une colline, à gauche, l'imposant ensemble du **Palais impérial** (ouvert tous les jours de 9 h à 17 h en été et de 10 h à 16 h en hiver; entrée : 4 €) est un édifice roman du XIe siècle, résidence temporaire de plusieurs empereurs allemands. Le cœur d'Henri III repose dans la chapelle palatine Saint-Ulrich, sous une dalle funéraire. Le palais fut entièrement retapé au XIXe siècle. Les peintures historiques de la gigantesque *Reichssaal* datent du XIXe siècle. Dans les salles voûtées, une nouvelle expo évoque la destinée de ces souverains itinérants du Moyen Âge allemand et retrace l'évolution artistique et architecturale de cette époque.

🎭 Avant de rejoindre le centre, on ira en flânant jusqu'à la **Mönchehaus** (Jacobistrasse), pour passer quelques instants au *musée d'Art moderne* de Goslar (entrée : 2,50 €) et découvrir, dans une maison ancienne d'agriculteurs aux solives épaisses, tous les lauréats du prix de l'Anneau impérial, qui récompense des artistes contemporains pour le moins originaux. Ne pas hésiter à explorer les coins et recoins de la maison et du jardin qui recèlent quelques surprises esthétiques décoiffantes : le wagonnet emballé de Christo, la vieille Trabant dans une remise, un mobile de Calder ou les lithos de Miró ou d'Hundertwasser...

🎭 En regagnant la place du Marché, on aperçoit, la **maison de la guilde des Boulangers**. Tout près, sur un coin, se dresse le toit pointu de la **Brusttuch**, avec un bel encorbellement et un balcon sculpté en saillie. Il faut s'adosser au mur de l'église pour bien distinguer les personnages sculptés : remarquez, en quatrième position à partir de la gauche, la *femme à la baratte* à la cuisse particulièrement légère. L'**église du Marché** est une petite basilique à trois nefs, voûtée, du XIIe siècle. Tous les styles y sont présents : les vitraux sont romans, les fonts baptismaux, la chaire datent de la Renaissance et l'autel est baroque.

– En dehors de ces principaux monuments, Goslar abrite plein de petits coins délicieux : les enfilades de maisons fleuries à colombages du quartier de Frankenberg, les berges glougloutant de la *Gose*, petite rivière qui alimentait autrefois les innombrables brasseries familiales, les vieux remparts croulant sous le lierre... n'hésitez pas à vous fier à votre instinct de chasseur de pittoresque, vous en serez certainement récompensé.

➤ DANS LES ENVIRONS DE GOSLAR

🎭 *La mine de Rammelsberg* : Bergtal 19. ☎ 75-00. • www.rammelsberg.de • À 800 m au sud-ouest de Goslar. Ouvert de 9 h à 18 h. Comptez plus de 2 h. Entrée : 6 € pour le circuit complet. La mine a d'exceptionnel le fait d'avoir été exploitée pendant 1 000 ans. Elle a pourtant arrêté son activité en 1988. On évalue à 27 millions de tonnes de minerai la quantité arrachée à la montagne depuis les débuts. Plomb, cuivre, zinc et argent en ont été extraits. En plus du musée de surface, deux parcours sont organisés : l'un en train et l'autre à pied tout au long des plus anciennes galeries. Prévoir une petite laine en été et de bonnes chaussures.

LE MASSIF DU HARZ

À partir de Goslar, on peut sillonner le vieux massif du Harz, seule éminence (sommet, le *Brocken,* à 1 142 m) de quelque importance dans la platitude de la grande plaine germano-polonaise. Avant 1990, il se partageait entre RFA et RDA. Abondamment arrosé et couvert d'épaisses forêts, et traversé de vallées profondes, c'est un énorme réservoir aquifère et une destination de week-end très appréciée par les habitants des grandes villes industrielles voisines. On y pratique intensément la randonnée, la varappe dans les rochers de la vallée de l'Oker, la spéléologie, la planche à voile sur les lacs artificiels, le VTT, le canoë, le deltaplane et les sports de glisse en hiver. La ville la plus authentique du massif reste *Stolberg,* petite cité médiévale de l'ex-Allemagne de l'Est encore provisoirement préservée d'un tourisme de masse. Le Harz est aussi le lieu de toutes les légendes, et l'exploitation outrancière des sorcières à toutes les devantures des boutiques à souvenirs en atteste lourdement. Si vous êtes de passage du 30 avril au 1er mai, pour la nuit de Walpurgis, planquez-vous, les sorcières font du rase-motte sur leurs balais.

HAHNENKLEE

En plus de la grimpette au **Bocksberg** (742 m), voir l'étonnante église en bois sculpté, copie conforme des *Stavkirke* norvégiennes. Le style « drakkar » était très en vogue dans l'Allemagne de la Belle Époque. Petit droit d'entrée.

Où manger ?

I●I *Zum Kachelstube* : Kurhausweg 4, à Hahnenklee. ☎ (5325) 24-68. Une adresse pour un repas avant de monter au téléférique du Bocksberg. Taverne à la bavaroise, tout en boiseries claires. Déjà, il faut un bon quart d'heure pour éplucher toutes les propositions affichées au dehors. Il y en a pour tous les goûts, dans le style costaud et roboratif. Prix raisonnables et service souriant.

LA RHÉNANIE

MÜNSTER   278 000 hab.   IND. TÉL. : 0251

Pas loin de la frontière hollandaise, au nord du Land de Rhénanie-Westphalie, dans une région parsemée de châteaux de plaine, Münster (à ne pas confondre avec la ville alsacienne du fromage homonyme) est une ville universitaire qui mérite assurément plus qu'un crochet lorsque l'on se dirige vers Hanovre ou Hambourg. Pour la petite histoire, c'est aussi le rendez-vous obligé des étudiants en architecture. Elle a marqué l'Histoire avec un grand H, puisque c'est ici qu'en 1648 les grandes puissances belligérantes du temps mirent un terme à la guerre de Trente Ans. De cette lointaine époque, elle a gardé une réputation de ville de Paix. Une halte à Münster inclura obligatoirement une visite à la superbe cathédrale à deux tours. Ses 56 000 étudiants, majoritairement cyclistes, donnent une belle animation à la ville. Pour s'en rendre compte, allez faire un tour dans le quartier des Vaches (Kuhviertel) un samedi soir.

UN PEU D'HISTOIRE

Tous les étudiants du cours d'histoire ont été obligés de retenir cette fameuse date du 24 octobre 1648. En signant ce qu'on appela les traités de Westphalie qui entérinaient entre autres les indépendances de la Suisse et des Pays-Bas, les puissances européennes mettaient fin aux guerres de religion qui duraient depuis un siècle en Europe. En fait, seuls les princes catholiques séjournaient à Münster, les protestants, eux, étaient rassemblés à Osnabrück, mais leurs ambassades firent des allers et retours pendant plus de cinq ans. Le traité consacra pour plus de deux cents ans encore l'émiettement de l'Allemagne.

Comment y aller ?

- *En train* : liaisons *depuis Dortmund* et *Osnabrück* par le train *Intercité*.
- *En voiture* : au croisement des autoroutes A1/E3 et A43.

Adresses utiles

- **Office du tourisme** : Stadtwerbung und Touristik, Klemenstrasse 9. ☎ 492-2710 et 19433. • www.muenster.de • Ouvert du lundi au vendredi de 9 h à 18 h (jusqu'à 13 h le samedi).

- **Stand d'informations touristiques** : à l'hôtel de ville, Prinzipalmarkt. Ouvert du lundi au vendredi de 9 h à 17 h, le samedi de 9 h à 16 h et le dimanche de 10 h à 13 h.

Où dormir ?

- **Jugendgästehaus Aasee (AJ)** : Bismarkallee 31. ☎ 53-02-8-12 ou 53-02-80. Fax : 52-12-71. • jgh-muenster@djh-wl.de • Bus n° 10 ou 34 depuis la gare ; arrêt Hoppendamm. Nuitée de base de 21 à 29 €. Un peu en dehors de la ville, une AJ ultramoderne au bord de l'Aasee. Nickel et aseptisée, mais vraiment confortable. 41 chambres pour 4 personnes et 22 chambres doubles. Excellents repas servis à la cafétéria.

Où manger ? Où boire un verre ?

|●| ▼ *Café Odeon :* Frauenstrasse 51. Une des adresses les moins chères de la ville. Nourriture libano-italienne simple et économique, jugez-en : pâtes à 4,30 € le mardi, pizza à 4 € le mercredi, soupe du jour à 2 € le jeudi, buffet à 4,80 € tous les jours... que demander de plus ? Clientèle d'étudiants. Décor jaune citron avec un grand bar.

|●| ▼ *Markt Café :* Domplatz 6-7. ☎ 575-85. Ouvert tous les jours de 8 h à 22 h (à partir de 10 h le dimanche). Copieuses salades autour de 6,50 € ; buffet et quiches de 5 à 7,50 €. Glaces et tartes. Le soir, plats entre 6,50 et 10 €. Portions costaudes : un plat suffit. Petits dej' planturreux. Grande terrasse à l'avant pour se régaler des jeux de lumière sur la pierre tendre de la cathédrale Saint-Paul. À l'intérieur, vaste salle moderne avec bar en rotonde. Jardin intérieur. Panneaux publicitaires pour marques françaises. Assez bruyant. Ambiance groupes de jeunes et familles.

|●| ▼ *Brasserie Pinkus-Müller :* Rosenplatz (dans le « quartier des Vaches »). ☎ 451-51. Ouvert du lundi au samedi de 11 h 30 à 24 h. Fermé le dimanche. Plat du jour à 7,50 €. Brasserie de tradition avec bière maison. Intérieur de près de deux siècles et grosse ambiance très oumpha-oumpha ! Omelettes et plats végétariens, spécialités westphaliennes.

Où déguster des douceurs ?

|●| *Klute's :* Kreuzsstrasse 28-29. ☎ 484-06-40. Un peu plus haut que le précédent. Plats assez élaborés de 7,50 à 12,50 € le soir et petit dej' de légende le dimanche. Resto, café, salon de thé tout en finesse, tons pastel, boiseries gustaviennes. Loupiotes et collection de petits lapins au plafond. Musique cool et sourire en prime pour un goûter sucré.

À voir

¶¶ *Le Dom :* la cathédrale Saint-Paul, la plus grande de la région, appartient au style roman westphalien du XIIIe siècle (109 m de long, deux tours et deux transepts). Prendre du recul sur la vaste place pour embrasser ses belles proportions du regard. Sur la façade sud, un portail nommé *porche du Paradis* recèle une série de statues d'apôtres et de saints dominée par un Christ présidant le Jugement dernier. À l'entrée, un gigantesque saint Christophe, avec un arbre à la main, est adossé à une forte colonne. Larges voûtes bombées de la nef principale, en contraste avec les nefs latérales plus basses. Dans le déambulatoire, vitraux modernes très réussis et horloge astronomique de 1540 avec personnages animés. Son calendrier est prévu jusqu'en 2071 ! L'horloger eut les yeux crevés pour ne pas reproduire son chef-d'œuvre. Par le cloître, on accède au *trésor* (entrée : 1 €). La visite est vraiment conseillée : pour la mise en scène très étudiée des précieux bustes-reliquaires en cuivre et argent repoussé et de la croix processionnelle sertie de pierres précieuses. Vêtements liturgiques, retables et section lapidaire complètent le contenu de ce trésor hautement magnifié.
De la place, on aperçoit la tour plate de l'*église Notre-Dame (Liebfrauenkirche),* dont les anabaptistes avaient abattu le clocher pour y installer des canons.

L'autre grande église de Münster est consacrée à **saint Lambert** (*Sankt Lambertikirche*); elle est de style gothique en forme de halle. On lèvera les yeux sur la haute flèche ajourée de 99 m pour apercevoir, pendues à son flanc, les trois sinistres cages où furent livrées aux corbeaux les dépouilles des chefs anabaptistes qui, en 1534 et pendant 16 mois, sous prétexte de société utopique, égalitaire et polygame, livrèrent la ville à la terreur et à l'injustice. Bonne occasion pour rappeler que les anabaptistes prônaient, à l'inverse de Luther, le baptême pour les adultes. On se massacrait vraiment pour rien à ces époques !

De Saint-Lambert part l'artère principale de Münster : l'opulente et majestueuse *Prinzipalmarkt*, reconstruite à l'identique après 1943, avec une succession de pignons sobrement élégants formant un ensemble particulièrement harmonieux. Sous les arcades, les boutiques rivalisent d'élégance et les tavernes étalent leurs terrasses. Saluons, au passage, un ancêtre du *Routard* : la petite statue du *Kiepenkerl*, le colporteur avec sa hotte.

Dans cette artère de prestige, l'*hôtel de ville (Rathaus)* redouble d'élégance avec son pignon tout en verticalité et à pinacles délicats. À l'intérieur, visite obligatoire de la fameuse *salle de la Paix (Friedenssaal)*, où se signa le traité de 1648 évoqué plus haut. On peut y voir le tableau de circonstance qui immortalise l'événement et les portraits des négociateurs, dont un Louis XIV enfant ! Intéressantes histoires autour des casiers de bois du banc des conseillers qui borde un des petits côtés de la salle. Imposant lustre de fer forgé.

🎯 *Le Musée régional des Beaux-Arts et d'Histoire de la Civilisation :* ouvert du mardi au dimanche de 10 h à 18 h (nocturne le jeudi jusqu'à 20 h). Deux parties. Une première section « Art médiéval westphalien », avec profusion de primitifs allemands et de retables : remarquer le portrait de la femme de Luther par Lucas Cranach. Ensuite, une seconde section « Art contemporain » assez intéressante, reprenant des œuvres expressionnistes du constructivisme et du Bauhaus, avec des artistes de renom comme Macke ou Albers.

🎯 *Residenzschloss :* à l'ouest de la ville, le château baroque des princes-évêques de Münster, à la large façade parfois masquée par des attractions de foire, appartient à l'Université. Ses pelouses sont un des rendez-vous préférés des étudiants.

– Pour terminer, en plus d'un *musée des Laques* renommé, un **musée Picasso** (*Graphikmuseum*) rassemblant 800 lithographies de l'artiste catalan s'est ouvert en 2001. Königstrasse 5. ☎ 41-447-0. Ouvert du mardi au dimanche de 10 h à 18 h.

DÜSSELDORF
580 000 hab.   IND. TÉL. : 0211

Pôle financier, industriel et administratif, Düsseldorf, capitale du Land Rhénanie-du-Nord-Westphalie, se montre également prodigue en musées et boutiques de mode (si, si!). Les Allemandes, pour s'habiller chic, viennent à Düsseldorf parcourir la « Kö », l'avenue la plus chic de la ville.

La cité bourgeoise se découvre surtout à pied en flânant à travers les rues piétonnes et le long des rives du Rhin.

– *Attention :* Düsseldorf est une ville de foires. Évitez d'y séjourner pendant ces périodes. Les prix des hôtels doublent et l'ambiance en ville est plutôt costard-cravate.

UN PEU D'HISTOIRE

Au XIIIe siècle, les ducs de Berg choisissent Düsseldorf comme résidence, mais c'est au XVIIe siècle que la cité prend un véritable essor, sous le règne du prince électeur palatin Johann Wilhelm, qui fait édifier des fortifications et développe les arts. Musiciens et peintres reçoivent des aides généreuses de ce grand mécène. Plus tard, Napoléon donne à la ville le titre de capitale du duché de Berg, et place son frère Jérôme à sa tête. La Prusse récupère la région en 1815. Le milieu du XIXe siècle voit passer de nombreux artistes. L'école de peinture dite « de Düsseldorf » se développe, le grand poète Heinrich Heine naît ici et les musiciens Mendelssohn, Schumann et Brahms y passent quelques années. Ravagée par les deux guerres, la ville se redresse rapidement pour devenir un des centres industriels et financiers parmi les plus importants du pays.

Comment y aller ?

➢ *En train :* depuis Paris, 1 *Thalys* par jour. Départ à 16 h 55. Durée : 4 h 30.

Arrivée à l'aéroport

➢ Pour se rendre en ville, prendre le train S-7 (ou S-1). Acheter son billet aux boîtes jaunes à l'extérieur. 15 mn de trajet jusqu'à la gare centrale. Fréquence : toutes les 30 mn.

Pour se rendre au parc des expositions *(Messe Düsseldorf)*

➢ *Depuis la gare :* deux possibilités. Prendre le bus n° 722 et descendre au terminus (Messe Düsseldorf-Eingang Süd), ou bien prendre le « métro » U 78 (Messe Düsseldorf-Eingang Nord).

Comment se déplacer en ville ?

À pied. Le centre-ville n'est pas énorme, et on y trouve les principales curiosités. Aucune raison donc d'utiliser les transports en commun. Les musées les plus éloignés ne sont qu'à 20 mn à pied.

Adresses et infos utiles

Informations touristiques et culturelles

🄸 *Office du tourisme (Verkehrsverein; plan C3) :* Konrad-Adenauerplatz, en face de la gare centrale et Berlinerallee 33, dans le *Finanzkaufhaus.* ☎ 17-20-20 (central). Fax : 16-10-71. • www.duesseldorf.de • Ouvert du lundi au samedi de 8 h à 20 h, le dimanche de 16 h à 20 h. Accueil selon l'humeur, nombreuses brochures, plan de la ville, etc. Réserve également des hôtels, mais prend 7,50 € de commission par lit... Propose une *Welcome Card* à 10 € qui donne droit à quelque 46 réductions sur les musées, les spectacles et les transports.

Banques, poste

■ *Change :* banques ouvertes le soir, à l'aéroport et à la gare centrale.
✉ *Poste centrale* (plan C3) : Konrad-Adenauerplatz. Ouvert du lundi au vendredi de 8 h à 18 h, le samedi de 9 h à 14 h. À la gare : en semaine jusqu'à 20 h et le dimanche de 10 h à 14 h.

Transports

■ *Informations sur le réseau Rheinbahn* (bus, trams, métros et trains locaux) : ☎ 194-49.
■ *Location de voitures : Sixt,* dans la gare, Willi-Beckerallee 10. ☎ 72-00-20. Fax : 72-20-68. Ouvert du lundi au vendredi de 7 h 30 à 18 h et le samedi de 9 h à 12 h.
■ *Air France :* ne possède plus de bureau dans le centre-ville mais à l'aéroport (ouvert de 6 h à 20 h 30). ☎ (0180) 536-03-70.
■ *Infos pour les trains :* ☎ (0180) 599-66-33.

Divers

■ *Médecin d'urgence :* ☎ 115.
■ *Objets trouvés :* ☎ 899-32-85.
■ *Librairie internationale : Stern Verlag,* Friedrichstr. 24. Bouquins en français.
@ *Surf Inn :* dans le Kaufhof Galeria, Königsallee. Ouvert jusqu'à 20 h du lundi au vendredi et le samedi jusqu'à 16 h.

– *Infos culturelles :* se procurer le *Monatsprogramm* à l'office du tourisme. Gratuit.
– *Code postal* (pour la municipalité) : 40200.

Où dormir ?

Attention : pendant les foires, les prix des hôtels de bonne catégorie augmentent beaucoup et doublent pour certains. Amis lecteurs, demandez le calendrier des manifestations à l'office du tourisme de votre pays avant de faire vos réservations. À ces périodes, c'est le casse-tête pour trouver un lit.

■ **Adresses utiles**
- 🛈 Office du tourisme
- ✉ Poste centrale
- 🚆 Gare ferroviaire

Où dormir ?
- 10 Jugendherberge Düsseldorf
- 11 Camping Lörick
- 12 CVJM
- 13 Hôtel Bristol
- 14 Komet Hotel
- 16 Hôtel Bismarck
- 17 Hôtel Amsterdam
- 18 Neues Hotel an der Oper

Où manger ?
- 30 Zum Schlüssel
- 31 Zum Schiffchen
- 32 Im Goldenen Ring
- 33 Schumacher
- 35 Fischhaus

Où boire un verre ? Où écouter du jazz ?
- 40 Killepitsch
- 41 Zum Urige
- 42 Dr Jazz

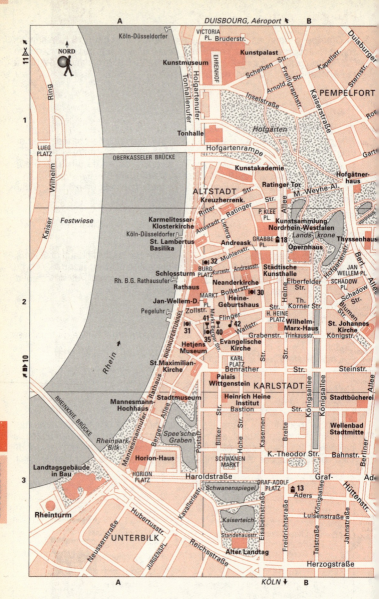

DÜSSELDORF

Camping

🏕 *Camping Lörick* (hors plan par A1, 11) : Niederkasseler Deich 305, 40547. ☎ 59-14-01. Situé de l'autre côté du Rhin. De la gare, prendre le U-Bahn (métro) 705, 717, 76 ou 70 jusqu'à Belsenplatz ; de là, prendre le bus n° 828 jusqu'à Strandbadlörick. En fait, pas pratique du tout quand on est à pied. Bien pour les gens en voiture. Ouvert du 1er avril au 30 septembre. Agréable, propre et proche d'un lac. Prix assez élevés.

Bon marché

🏠 *Jugendherberge Düsseldorf* (AJ ; hors plan par A2, 10) : Düsseldorferstrasse 1, 40545. ☎ 55-73-10 ; fax : 57-25-13. ● jh-duesseldorf@djh-rheinland.de ● Juste de l'autre côté du Rhin. Passer le Rheinkniebrücke et prendre la première sortie. De la gare, bus n° 725 en direction de Landtag, puis changer à l'arrêt Kirschplatz et prendre ensuite le bus n° 835 ou 836 en direction de Seestern. À pied, compter 30 mn. Ouvert toute l'année. Couvre-feu à 1 h mais les portes ouvrent à 2 h, 3 h, 4 h et 5 h précises. Nuit de 21 à 25 €. AJ classique, pas trop excentrée, dans un édifice banal. Plus de 200 places en chambres de 3 à 8 lits. Demander à être dans la *Jugendherberge* plutôt que dans la *Jugendgästehaus*, plus chère pour des prestations voisines. Sanitaires à l'étage impeccables. Chambres de deux également, à prix plus élevés. Machine à laver à disposition. Location de draps pour ceux qui n'en ont pas. Location de vélos également.

Prix modérés

🏠 *CVJM* (YMCA ; plan B3, 12) : Graf-Adolfstrasse 102, 40210. ☎ 17-28-50. Fax : 17-28-544 ● www.cvjm duesseldorf.de ● Située à proximité de la gare, cette AJ 3 étoiles tenue par un Français (ça peut toujours servir) propose deux types de chambres (toutes avec sanitaires) : la simple avec un grand lit à 61 € ou la double avec deux lits simples à 82 €. Rénovée depuis peu, elle offre toutes les prestations d'une AJ version luxe ; on a surtout apprécié le petit jardin-terrasse, bien agréable en été. Cartes de paiement acceptées. De plus, Serge, le patron, se fera un plaisir de vous faire une ristourne intéressante sur présentation du *GDR*.

🏠 *Komet Hotel* (plan C3, 14) : Bismarckstrasse 93, 40210. ☎ 17-87-90. Réception au 2e étage. Simple, propre et central. À 61 € la nuit, les chambres sont de taille honnête, avec douche et lavabo mais toilettes sur le palier. Bon, la vue sur la rue n'est pas folichonne.

🏠 *Hôtel Amsterdam* (plan C3, 17) : Stresemannstrasse 20, 40210. ☎ 84-05-89. Chambres doubles à 61 € la nuit. Petit hôtel central aux chambres colorées, kitsch en diable, avec miroirs et tapis d'une autre époque. Propre. Ascenseur. Toutes les chambres ont des sanitaires.

Prix moyens

🏠 *Hôtel Bristol* (plan B3, 13) : Adersstrasse 8, 40215. ☎ 37-07-50. Compter environ 74 € la nuit. Petit hôtel familial et gentil. Entièrement rénové depuis peu, dans des tons clairs, toutes les chambres sont avec sanitaires. Central, à deux pas de la Königsallee.

🏠 *Hôtel Bismarck* (plan C3, 16) : Bismarckstrasse 97, 40210. ☎ 36-09-25. Fax : 16-15-71. Compter aux alentours de 84 € à deux. Charmant hôtel aux chambres propres et agréables, toutes avec sanitaires. Petite piscine intérieure et sauna. Prix convenables mais qui doublent pendant les foires.

Plus chic

Neues Hotel an der Oper (plan B2, 18) : Heinrich-Heine-Allee 15, 40213. ☎ 82-89-580. La nuit à environ 122 € en chambre double. Bel hôtel de luxe sur une des grandes artères du centre. Coquet et dans les tons clairs. Très « business » mais accueil simple et agréable.

Où manger ?

Quelques spécialités culinaires à déguster dans les tavernes du centre. Il faut manger dans ces brasseries, solution de loin la plus économique. D'abord, goûter au *Rheinischer Sauerbraten*, sorte de bœuf émincé en sauce avec raisins et amandes. Excellent boudin aux pommes également et puis, en fin de semaine, on mange des *Reibekuchen*, bonnes petites crêpes de pommes de terre râpées, le tout arrosé de l'excellente bière brune locale, l'*Altbier*, servie partout dans des verres de 20 cl.

Prix modérés

Zum Schlüssel (plan B2, 30) : Bolkerstrasse 43-47. ☎ 32-61-55. Ouvert de 10 h à minuit tous les jours (jusqu'à 1 h en fin de semaine). Compter environ 13 € pour un bon plat et quelques « binouses ». Très longue salle avec des boiseries partout. Typique en diable et proposant des grands classiques allemands, comme la *Kohlroulade*, roulade de chou farci à la viande, et les *Königsberger Klopse*, boulettes de viande en sauce et câpres. Et pour ceux qui en ont marre des patates, le *Stadtschreiberschmaus*, sorte de gâteau de foie accompagné de haricots verts ! Plats différents tous les jours.

Zum Schiffchen (plan A2, 31) : Hafenstrasse 5. ☎ 13-24-21. Ouvert de 11 h 30 à 15 h et de 17 h à 23 h 30. Fermé le dimanche. L'addition tourne autour de 15,50 €. Banquettes de bois, lustres forgés et, dans l'assiette, des saucisses de toutes les formes et de presque toutes les couleurs. Pour les grosses faims, le *Schweine Haxe Schiffchen*, jarret de porc grillé aux oignons et pommes de terre.

Prix moyens

Im Goldenen Ring (plan A-B2, 32) : Burgplatz 21. ☎ 13-31-61. Ouvert tous les jours de 12 h à minuit. On s'en tire à environ 18 €. Moins chaleureux que les autres mais peut-être plus raffiné. L'été, en revanche, belle terrasse. Délicieux *Rheinischer Sauerbraten*, parfumé à souhait.

Schumacher (plan C3, 33) : Oststrasse 123. ☎ 32-60-04. Encore une de ces tavernes où les habitants de Düsseldorf viennent en groupes envahir les grandes tables de bois blanc. Brasserie depuis plusieurs générations : on vient ici acheter sa bière en voisin. Large choix de saucisses accompagnées de choucroute. Une des spécialités : la *Gebrühte Bratwurst mit Rotkohl*. Dans l'ensemble, cuisine pas transcendante (éviter le poisson !), en revanche service sympa.

Un peu plus chic

Fischhaus (plan B2, 35) : Berger Strasse 3-7. ☎ 8-54-98-64. Ouvert tous les jours sans exception de 11 h 30 à minuit. Compter environ 15 € pour un plat élaboré. Spécialités de 9 à 13 €. Parce qu'on peut aimer l'Allemagne sans forcément vouer un culte aux tubercules et au cochon, voici une adresse qui vous requinquera l'estomac ! Un petit resto de poisson comme on les aime, dans des couleurs marines, proposant tout un choix de coquillages et de crustacés à la carte (et de poisson, cela va de soi !). Plusieurs spécialités, dont celles de thon, plutôt bon marché.

Où boire un verre?

Vous l'aurez peut-être compris, entre Colonais et Düsseldorfois, l'entente n'est pas au beau fixe. D'ailleurs, les premiers aiment à dire qu'ils jettent leur bière dans le Rhin lorsqu'elle n'est pas suffisamment savoureuse. Quelques kilomètres plus loin, à Düsseldorf, on n'aurait donc plus qu'à se baisser pour récupérer des flots l'*Alt*, la bière locale...
Quoi qu'il en soit, avec plusieurs centaines de brasseries, le choix est facile... ou difficile. Les soirs de fin de semaine, la vieille ville *(Altstadt)* et ses rues piétonnes grouillent de monde.

▼ *Killepitsch* (plan B2, **40**) : Flingerstrasse 1. ☎ 13-32-69. Au cœur du quartier piéton. Ouvert tous les jours de 10 h 30 à minuit. Troquet minuscule, absolument adorable avec sa mezzanine qui ondule gentiment. Peintures murales patinées par la tabagie des habitués. Ici, on boit le *Killepitsch,* liqueur à base de 48 plantes, vendu uniquement à Düsseldorf, sucré et d'une belle couleur ambrée. On enfile les verres les uns après les autres, sans s'en rendre compte. Service même depuis le trottoir par l'un des petits vitraux de la devanture, du style « allez hop, un dernier pour la route ! » Un petit lieu à ne pas manquer.

▼ *Zum Urige* (plan B2, **41**) : Bergerstrasse 1. ☎ 86-69-90. Ouvert tous les jours de 10 h à minuit. On peut y manger évidemment, comme dans toutes les brasseries (on y brasse vraiment la bière), mais l'ambiance est plutôt à la beuverie le soir, dans la grande salle-hall de gare, avec ses papis rougeauds, debout, accoudés à des tables-tonneaux. Assiettes de charcuterie pour caler l'estomac et gros plats classiques qui ne sont là que pour tremper dans des litres de bière.

Où écouter du jazz?

♪ *Dr Jazz* (plan B2, **42**) : Flingerstrasse 11. ☎ 32-94-63. Ouvert de 19 h à 1 h. Fermé les dimanche et lundi. On reçoit ici de bonnes formations. Toujours beaucoup de monde.

À voir

🛉 *La « Kö »* (Königsallee ; plan B2-3) : cette « allée royale » longe une partie de l'ancien fossé qui ceinturait la cité. C'est l'avenue-vitrine de la cité chic. Bourgeoise et chère, bordée de boutiques clinquantes affichant marques françaises et italiennes. Au n° 60, la *Kö Galerie,* grande concentration du chic allemand. Terrasses de cafés au coude à coude, élégance en bandoulière, la « Kö » donne sur 1 km un bon aperçu de l'assurance de cette riche cité qui organise chaque année plusieurs salons de la mode. Prolongeant la Königsallee, le beau parc *Hofgarten* aboutit un peu plus à l'est au château de Jägerhof qui abrite le musée Goethe.

🛉 *Kunstsammlung Nordrhein-Westfalen* (collection de Rhénanie-Westphalie ; plan B2) : Grabbeplatz 5. ☎ 838-10. • www.kunstsammlung.de • Ouvert du mardi au vendredi de 10 h à 18 h, de 11 h à 18 h le week-end et nocturne le mercredi jusqu'à 22 h. Fermé le lundi. Entrée : 6,50 € ; réductions.
Superbe édifice moderne, dessiné par des architectes danois, entièrement consacré à la peinture du XXᵉ siècle, et plus particulièrement aux artistes européens de la première moitié de ce siècle. La visite débute par le

2e étage, puis se poursuit au 1er. On distingue *grosso modo* trois parties : l'art d'avant 1945, au 2e étage ; la collection Paul Klee, puis l'art à partir de 1945, à cheval sur les 2e et 1er étages. Au rez-de-chaussée, intéressantes expos temporaires. Musée d'une incroyable richesse, présentant notamment un large ensemble d'œuvres de Paul Klee, huiles et dessins. Fauvisme avec Matisse et Derain, constructivisme avec Kandinsky et Mondrian, expressionnisme allemand avec Kirchner, expressionnisme abstrait avec les Américains Pollock, Jasper Johns et Warhol, surréalisme avec Miró, Dalí, Magritte... Francis Bacon est également présent. Un musée à ne pas manquer.

✖ *Hetjens Museum* (plan A2) : Schulstrasse 4. ☎ 899-42-10. • www.duesseldorf.de/hetjens • Dans la vieille ville. Ouvert du mardi au dimanche de 11 h à 17 h, le mercredi jusqu'à 21 h. Fermé le lundi. Entrée : 1 €.
On a rarement vu un musée traitant d'un sujet avec une telle exhaustivité : de la céramique, encore de la céramique, toujours de la céramique, rien que de la céramique ! Depuis la nuit des temps (4000 ans av. J.-C.) jusqu'à nos jours, et de l'Europe jusqu'aux confins de l'Asie. Tout y passe : potiches romaines, vases grecs, objets du Moyen-Orient, chevaux d'Asie, masques japonais, bustes de faïence français, art de la table Jugendstil, pendules tarabiscotées du XVIIIe siècle, etc. De nombreuses pièces rares et exceptionnelles, comme cette coupe à pied d'Iran, « Tepe sialk », qui date de 3200 av. J.-C., ou cette série de poteries précolombiennes aux formes animales stylisées (aztèque, maya, inca...). Noter encore les porcelaines chinoises, les services de table de la manufacture de Sèvres et mille autres merveilles. Un must pour les amoureux de la céramique.

✖ *Museum Kunst Palast* (musée des Beaux-Arts ; plan B1) : Ehrenhof 5. ☎ 899-24-60. • www.museum-kunstpalast.de • Ouvert du mardi au dimanche de 12 h à 20 h (à partir de 11 h le dimanche). Entrée : 8 €. Réductions. Ticket familial. Le mercredi après-midi, deux entrées pour le prix d'une seule.
Sous la houlette d'un Français, Jean-Hubert Martin, nouvelle organisation sur plus de 9 000 m², en 2002, pour l'ancien **Kunstmuseum** qui englobe à présent également une importante section consacrée à l'art contemporain, un auditorium Robert-Schumann et des espaces dévolus à de remarquables expos temporaires.
Section des Beaux-Arts essentiellement consacrée à la peinture. Collection significative de la peinture allemande du XIXe siècle ainsi que de la Hollande au XVIIe siècle. On y trouve notamment deux toiles de Rubens (*Vénus et Adonis* et *L'Assomption de la Vierge*). Des XVIe et XVIIe siècles, nombreux tableaux des écoles italienne, française et espagnole. Parmi les Allemands du XIXe siècle, on note Liebermann, Caspar-David Friedrich, Klinger, Cornelius, Schirmer, Rethel... Ne pas manquer la remarquable collection de verres qui couvre toute l'histoire de cet art depuis l'Antiquité jusqu'au début du XXe siècle. Enfin, le cabinet des Estampes mérite une visite.

✖ *Schloß Jägerhof-Goethe Museum* (musée Goethe ; plan C1) : Jacobistrasse 2. ☎ 899-62-62. Ouvert du mardi au vendredi de 11 h à 17 h ; le samedi, à partir de 13 h et le dimanche à partir de 11 h. Fermé le lundi.
Situé dans le très académique château Jägerhof du XVIIIe siècle, ancienne résidence du maître des chasses des princes-électeurs. Il fut reconstruit après la guerre. Ce musée passionnera surtout ceux qui connaissent déjà un peu l'œuvre de Goethe. Fonds de manuscrits et de tableaux permettant de mettre ses pieds dans les traces du célèbre poète tout au long de sa vie. Goethe séjourna peu de temps à Düsseldorf, mais son souvenir y est pourtant entretenu avec une grande ferveur. Mis à part les manuscrits, les objets présentés témoignent de la vie de l'époque dans de nombreux domaines artistiques. Collections de verres, médailles, porcelaine de Weimar, tableaux de paysages ou de villes dans lesquelles il résida ou passa quelque temps.

Évocation de son enfance à Francfort, ses études à Strasbourg, son amour pour Friederike Brion, son roman *Les Souffrances du jeune Werther,* sa vie à Weimar à l'appel du duc Carl August, son intérêt pour les sciences, son départ en Italie. Une salle est entièrement consacrée à Faust. Les vitrines les plus émouvantes sont celles qui abritent les éditions originales, des notes personnelles et des lettres de Goethe.

🕺 *Le Niederkassel :* vieux quartier de Düsseldorf sur la rive opposée à l'Altstadt, possibilité de se promener sur le bord du Rhin. Nombreuses petites tavernes.

🕺 *Les immeubles de Hundertwasser :* peintre et artiste autrichien contemporain très inspiré de l'œuvre de Gustav Klimt, Hundertwasser a conçu pour Düsseldorf un groupe d'immeubles dans un style très personnel et assez futuriste. On peut les admirer dans la *Stromstrasse,* en se promenant en direction du port : des tours métallisées, aux formes ondulantes, qui se dressent à proximité du Rhin et de la vertigineuse *Rheinturm* (relais télé dont la forme et les éclairages rappellent assez les *Rencontres du troisième type!*).

Balade sur le Rhin

Nombreux bateaux de croisière sur les rives du fleuve, partant de la vieille ville. Toutes sortes de balades, de 1 h à une journée.
– **KD (Köln-Düsseldorfer** ; *plan A2)* : ☎ 498-03-70. C'est la principale compagnie.

Fêtes

À part les dizaines de foires et de salons qui rythment la vie de la cité, le grand rendez-vous, c'est le **carnaval du Lundi gras** (la veille du Mardi gras), énorme fête populaire avec cortèges, farandoles, musique, etc.

➤ *DANS LES ENVIRONS DE DÜSSELDORF*

🕺 *Benrath Schloß :* au sud-est de Düsseldorf (à environ 10 km). ☎ 0211-899-72-71. Ouvert du mardi au dimanche de 10 h à 17 h. Visite guidée. Bel édifice rococo du XVIIIe siècle, à la façade rose, comprenant un corps central et deux ailes séparées. Visite de plusieurs salles, dont les appartements du prince-électeur Carl Theodor. Vestibule de marbre, pièces couvertes de stucs. Belles *Gartensäle* présentant des fresques intéressantes. À l'étage, les appartements privés, entièrement rénovés. À l'extérieur, grand parc superbe et long bassin de 700 m. Étonnant.

🕺 *Neuss :* au sud-ouest de Düsseldorf (à environ 8 km). Voir *Sankt-Quirinus Münster,* belle cathédrale de style roman tardif. Fresques du XIXe siècle dans l'abside.

🕺🕺 *Warner Bros Movie World :* à 60 km de Düsseldorf dans la commune de *Bottrop* et non loin d'une jolie centrale nucléaire. ● www.movieworld-guide.de ● Accessible par train avec changement à Essen (1 h de trajet). En voiture, sur la 31 en direction de Dorsten, sortie 39. Ouvert de début avril à fin octobre, de 10 h à 18 h (de 9 h à 22 h en haute saison). Entrée : 23 €. Réductions enfants et seniors.
Hollywood en Allemagne ! Vous y trouverez tout ce qu'un parc d'attractions thématique honorable se doit d'avoir. En tout et pour tout, beaucoup de boutiques, des exhibitions régulières et 9 attractions. Celles qui ont retenu notre attention :

– **Batman Abenteuer** (l'Aventure de Batman) : un gentil « môssieur » bien respectable vous reçoit dans une bibliothèque et vous fait un *speech* de « trois pieds de long » pour vous faire comprendre que la planète Gotham est en danger de mort. On tique un peu puis, pris dans le jeu, on pénètre dans la grotte de Batman et l'on prend même place à bord de la Batmobile, pour un parcours débridé dans les rues crasseuses de Gotham City. Un seul reproche, on n'a aucune sensation tactile contrairement à l'attraction suivante...
– **Das Bermuda-Dreieck** : même topo, on tente de vous sensibiliser en vous racontant que des avions ont disparu et qu'il faut les retrouver. Allons-y gaiement ! On embarque dans une coquille de noix qui, dans un train d'enfer, vous transporte sur un piton rocheux d'où s'échappent quelques fumerolles. À l'intérieur, c'est la fournaise (bah ! oui... c'est un volcan) et l'on tourne vite de l'œil... Probablement la meilleure attraction du parc.
– **Lethal Weapon Achterb** : ce n'est pas pour les femmes enceintes, ni pour les petites frappes. En revanche, ce grand huit est à recommander aux enfants, mais il faut prévoir une longue attente.
– **Die Gremlins Invasion** (fais gaffe, y'en a un derrière toi !) : peut sûrement séduire les plus jeunes car on y voit un best of du cinéma hollywoodien (pardon, « Warner Brosien »), mais les gentils Mogways se transforment rapidement en sales bêtes.
– **Roxy-Theatre-3D-Kino** : muni de lunettes à la Polnareff, vous êtes tranquillement installé dans des fauteuils où il ferait bon faire la sieste quand le film en 3D commence. Mais aurez-vous vraiment le temps de vous reposer ? Pas sûr...

QUITTER DÜSSELDORF

En train

🚆 La **gare ferroviaire** *(Hauptbahnof ; plan C3)* se trouve tout près de l'office du tourisme, Konrad-Adenauerplatz.
➤ **Pour Münster** (via Dortmund) : une douzaine de trains quotidiens. Durée minimum : 1 h 20 mn.
➤ **Pour Hambourg** et **Cologne** : train ultra-rapide et tout confort (le *Metropolitan*).

SOLINGEN   170 000 hab.   IND. TÉL. : 0212

Cette petite ville appartient au pays de Berg *(Bergisches Land)*, une région vallonnée et très boisée située entre Düsseldorf et la *Ruhrgebiet*, mais qui, au travers de son histoire et sa géographie particulières (sidérurgie, mais aussi industrie textile, sylviculture sont ses principaux centres d'activité), forme une contrée bien à part et également à voir... Nous nous sommes attachés à vous y dégoter quelques sites culturels intéressants, dont la thématique reste dans la lignée des sites d'archéologie industrielle de la Ruhr (voir le chapitre « La région de la Ruhr », plus loin).

À voir

🍴 **Deutsches Klingenmuseum** : Klosterhof 4, 42653 Solingen-Gräfrath. ☎ 25-83-60. • wwwklingenmuseum.de • Pour s'y rendre depuis Düsseldorf, prendre l'A46 direction Wuppertal, sortie Haan-Ost, puis en direction de

Solingen-Gräfrath. Une fois à Gräfrath, le musée est indiqué. Ouvert du mardi au dimanche de 10 h à 17 h et le vendredi à partir de 14 h. Fermé le lundi. Entrée : 3 € ; réductions.

L'histoire de la lame, donc armes blanches aussi bien que couverts et instruments médicaux, y est retracée depuis ses débuts, c'est-à-dire le silex, jusqu'à nos jours. Bien belles collections venant de tous pays. Les couverts russes de la cour des Tsars sont splendides. On y souligne également l'importance du Bergisches Land, et de Solingen en particulier, quant au développement de l'industrie de la lame, qui aurait débuté dès le VIe siècle. Collections permanentes et expos temporaires, et aussi un atelier d'artisan au sous-sol.

WUPPERTAL   400 000 hab.   IND. TÉL. : 0202

Toujours dans le Bergisches Land. Connue pour son *Schwebebahn*, métro aérien circulant au-dessus de la petite rivière Wupper et reliant les différents quartiers de la ville. Suspendu par le haut à d'immenses arches métalliques, toutes reliées entre elles à une poutre principale, il donne à la ville une incroyable impression de modernité, et pourtant, il se prévaut d'être le plus ancien du monde. Sa construction date en effet de la fin du XIXe siècle ! On a même eu vent d'une petite anecdote le concernant : dans les années 1950, lors d'un transport d'animaux de cirque, un éléphant, pris de panique, aurait sauté du fameux métro dans la Wupper ! Amis des animaux, soyez rassurés, le charmant pachyderme eut plus de peur que de mal !

À voir

Von der Heydt Museum : Turmhof 8, à Wuppertal-Elberfeld. Situé dans l'ancien hôtel de ville. Ouvert du mardi au dimanche de 11 h à 18 h, nocturne le jeudi jusqu'à 20 h. Fermé le lundi. Entrée : de 1 à 5 € selon les expos. Collections de peintures flamandes et hollandaises des XVIe et XVIIe siècles, allemandes (August Macke, Otto Dix et Oskar Schlemmer) et françaises du XIXe siècle à nos jours, notamment des impressionnistes à leurs débuts (Renoir, Degas, Lautrec, Cézanne, Pissarro, Courbet, Van Gogh et Gauguin, etc.). Sculptures des XIXe et XXe siècles, notamment celles de Georg Kolbe, et une cafétéria conçue par Buren.

LA RÉGION DE LA RUHR   5 000 000 hab.

Quand on parle de la *Ruhrgebiet*, c'est avant tout à la plus grande région industrielle d'Europe que l'on pense, tout cela arrosé d'un peu de pluie, de fumées d'usine et de grisaille... Eh bien, il va falloir changer votre vision des choses, cher lecteur, car cette région est en passe de devenir une destination autre que celle du charbon ! La Ruhr est aujourd'hui une région en pleine mutation structurelle. 5 % de la population seulement travaillent encore dans l'industrie ; le tourisme, la gastronomie et les loisirs étant désormais le deuxième employeur de la région. Loin d'être froide et rébarbative, elle nous lègue des XIXe et XXe siècles un patrimoine industriel d'exception tout en se voulant dynamique, progressiste et accueillante.

De ses anciens sites industriels, elle a su mettre en valeur de façon esthétique et ludique des musées d'histoire technique et sociale, des cités ouvrières typiques ou des points de vue panoramiques. Car c'est aussi la vie de nos grands-parents « gueules noires » ou « cols bleus », qu'elle retrace au travers de son histoire industrielle, technique et scientifique. En effet, la richesse et la diversité des témoignages, qu'ils soient visuels ou humains (ce sont ces mêmes personnes qui, il y a 40 ans, avaient les mains dans le charbon, qui nous font aujourd'hui découvrir leurs anciens lieux de travail), nous permettent d'entrer dans ce qui était le cœur de la vie ouvrière à cette époque... Ainsi, nous avons jugé bon de vous faire suivre cette « route de la culture industrielle » qui, fascinante sous certains aspects, nous a rappelé un fameux bouquin de Zola...

Que l'on ait aimé *Germinal* ou non, ce sont les vestiges industriels de deux siècles et les conditions de travail de toute une génération, par laquelle le progrès social fut initié, que nous vous proposons de découvrir dans un cadre d'une étrange modernité !

Comment y aller ?

En voiture

➢ **De Düsseldorf :** prendre l'A40. Préférez tout de même l'A2 ou l'A42 pendant les heures de pointe, celles-ci étant moins fréquentées. D'une manière générale, toutes les autoroutes Est-Ouest à chiffres pairs mènent dans la Ruhr. Puis, une fois sur place, suivre les panneaux d'indication marron portant la mention « Route Industriekultur ».

En train

➢ Plusieurs liaisons quotidiennes en partant de **Düsseldorf** et de **Cologne**.

Adresse et infos utiles

Pour les assoiffés qui en veulent toujours plus, la Ruhr propose également d'autres itinéraires culturels, art contemporain, musées des Beaux-Arts plus classiques, divertissements, circuits pédestres ou à vélo, jeux de lumières sur d'immenses sites industriels, chacun permettant de découvrir la région sous un angle différent. Vous l'aurez compris, y'en a pour tous les goûts et de toutes les couleurs...

Il suffit de se renseigner à l'office du tourisme de Dortmund, « capitale de la Ruhr », qui centralise les informations.

🛈 **Office du tourisme :** *Ruhrgebiet Tourismus GmbH,* Service-Center, Königswall 21, 44137 Dortmund. ☎ 0231-18-16-186. Fax : 0231-18-16-188. • www.ruhrgebiettouristik.de • Possibilité d'y acheter une carte valable pour l'ensemble des sites de la Route Industriekultur, la *Ruhrpott Card* (33 € pour trois jours).

DUISBURG

IND. TÉL. : 0203

Adresse utile

🛈 **Office du tourisme :** Königsstrasse 86, 45051 Duisburg. ☎ 28-54-40. Fax : 28-54-444.

À voir

Museum der Deutschen Binnenschiffahrt : Apostelstrasse 84, 47119 Duisburg. ☎ 80-88-90. • www.binnenschiffahrtsmuseum.de • Ouvert du mardi au dimanche de 10 h à 17 h. Fermé le lundi. Entrée : 3 € ; réductions. Aménagé dans une ancienne piscine couverte, c'est un décor bien surprenant que celui de ce petit musée situé dans une des zones industrielles de la Ruhr ! Extérieur en brique rouge, intérieur clair, aéré et dans des tons tout à fait maritimes. Ce musée retrace l'évolution de la navigation fluviale allemande et de ses techniques à travers de nombreux modèles (dont un voilier grandeur nature !) et maquettes. De plus, des expositions temporaires en relation avec la vie des mariniers y sont présentées. À proximité du musée, sur le canal, deux bateaux-musées à visiter aussi, en été. Pour les grands et les petits !

Wilhelm Lehmbruck Museum : Friedrich-Wilhelm Strasse 40, 47049 Duisburg. ☎ 283-26-30. Ouvert du mardi au samedi de 11 h à 17 h, le dimanche de 10 h à 18 h. Entrée : 4 € ; réductions également. Situé à côté d'un grand parc en centre-ville. Bâtiment tout en verre et en béton, petit jardin au centre. Les œuvres de Wilhelm Lehmbruck sont particulièrement représentées, mais aussi celles de certains de ses célèbres collègues tels que Max Ernst, Dalí, Picasso ou Beuys. La sculpture domine largement, Lehmbruck s'y étant particulièrement adonné, avec un penchant manifeste pour les nus.

OBERHAUSEN

IND. TÉL. : 0208

Adresse utile

Office du tourisme : Willy-Brandt Platz 2, 46045 Oberhausen. ☎ 82-45-70. Fax : 82-45-711.

À voir

Rheinisches Industriemuseum : Hansastrasse 20, 46049 Oberhausen. ☎ 85-79-281. • www.lvr.de • Ouvert du mardi au dimanche de 10 h à 17 h, le jeudi jusqu'à 20 h. Entrée : 2,55 € ; réductions.
C'est une ancienne usine de zinc datant de 1854 et fermée en 1981 que l'on a choisi de recycler afin d'y exposer plus de 1 500 objets de l'histoire de l'industrie de l'acier et du fer. On y explique également le quotidien des ouvriers d'autrefois et de leur famille, ainsi que leurs prises de position face aux mouvements sociaux. Une section entière est dédiée à l'entreprise Krupp et au rôle prépondérant qu'elle joua dans l'essor de la sidérurgie allemande. On y analyse de manière objective le statut particulier de la Ruhr durant les deux guerres mondiales, notamment lors du plan quadriennal du IIIe Reich. À ne pas manquer, le marteau-pilon d'une dizaine de mètres de hauteur.

Le gazomètre : Essener Strasse 3, 46047 Oberhausen. ☎ 85-03-730. • www.gasometer.de • Pour accéder au toit : ouvert du mardi au vendredi de 10 h à 20 h, 22 h le vendredi. Entrée : 6 € ; réductions.
Construit en 1929 pour y stocker le gaz des hauts-fourneaux de la fonderie de la ville, cet étrange « château de gaz » offre depuis son 11e étage un panorama de la région assez saisissant. On peut y reconnaître les différents

lieux d'exploitation industrielle alentour, grâce aux quatre points d'orientation proposés. L'intérieur a été transformé en une sorte de galerie d'art accueillant des expositions temporaires. La hauteur du plafond est de... 117 m ! De quoi vous filer le vertige !

ESSEN

IND. TÉL. : 0201

Adresse utile

Office du tourisme : Am Hauptbahnhof 2, 45127 Essen. ☎ 19-433. Fax : 88-72-044.

À voir

Zeche Zollverein XII : Gelsenkirchener Strasse 181, 45309 Essen. ☎ 302-01-33. • www.stiftung-zollverein.de • Ouvert tous les jours de 10 h à 19 h. Entrée : 5 €, pour 2 h de visite guidée, condition *sine qua non* pour accéder à l'enceinte du puits de mine et de la cokerie. Réductions.
Désigné comme le symbole de la Ruhr, cet ensemble minier le plus grand d'Europe, classé monument historique, permet de suivre le chemin du charbon depuis son extraction jusqu'à sa transformation, les machines utilisées alors étant restées en l'état. L'accès à la plate-forme de la gigantesque tour d'extraction offre également une belle vue d'ensemble sur la région.

Villa Hügel : Hügel 1, 45133 Essen (par la route B224). ☎ 188-48-23. Ouvert du mardi au dimanche de 10 h à 18 h. Entrée : 0,75 € pour les 2 maisons et le parc.
Résidence de la famille Krupp de 1873 à 1945, ce petit château, posé là dans son magnifique écrin de verdure, est un brillant témoignage de la fortune, et donc de l'envergure économique de la plus célèbre famille d'industriels allemands. La « grande maison », sans doute nommée ainsi à cause de ses 269 pièces, vaut à elle seule la visite. La « petite maison », quant à elle, accueille des expos d'art. Un troisième bâtiment *(Gästehaus)* vous informera sur les activités de mécénat de la fondation Alfred-Krupp. Bref, un hommage aux fond(at)eurs d'un empire sidérurgique et de la Grosse Bertha.

Ruhrlandmuseum Essen et Museum Folkwang : Goethestrasse 41, 45128 Essen. ☎ 88-45-314. Ouvert du mardi au dimanche de 10 h à 18 h, nocturne le vendredi jusqu'à minuit. Fermé le lundi. Différents tarifs : 4 € pour un seul musée (réductions), ou bien 5 € pour les deux.
Deux musées en un dans un grand bâtiment moderne. Ils ne possèdent pas de cloisonnement et l'on passe de l'un à l'autre sans s'en apercevoir.
– **Ruhrlandmuseum Essen :** ☎ 88-45-200. Ce musée se découpe en 4 sections différentes : géologie, archéologie, histoire, photographie. Assez disparate dans l'ensemble ; section d'archéologie générale, qui s'étend jusqu'au Moyen Âge. Le reste est nettement plus cohérent et se consacre essentiellement à l'histoire locale d'Essen et ses environs. La section la plus passionnante à nos yeux est celle de l'histoire. Sous le titre « Travail et quotidien vers 1900 », elle présente une histoire industrielle et sociale de la Ruhr : peu de texte, beaucoup d'images (pratique pour les non-germanophones !), et reconstitutions vivantes, style écomusée, de scènes de la vie d'alors, grâce à l'habile mise en situation d'objets, de meubles, de vêtements, d'outils divers et variés, tout cela avec les bruitages du travail à la

mine en fond. On se croirait vraiment chez les grands-parents « cols bleus » et « gueules noires » !
- ***Museum Folkwang :*** ☎ 88-45-314. N'a rien à voir avec le musée précédent malgré leur mitoyenneté. Ce sont essentiellement des peintures des XIXe et XXe siècles qui y sont exposées. Impressionnistes et expressionnistes se côtoient, de Delacroix et Géricault à Ernst, Dalí, Miró, Picasso, Chagall, Munch, puis Cézanne, Van Gogh, Monet et tant d'autres... Également quelques sculptures de ce cher Barlach.

BOCHUM

IND. TÉL. : 0234

UN PEU DE CULTURE POPULAIRE

Si vous voulez vous faire des amis à Bochum, il vous suffira de dire que vous connaissez Herbert Grönemeyer ! En effet, le Jean-Jacques Goldman allemand est originaire de cette ville et lui a même dédié une chanson qui a fait fureur au hit-parade national et qui fait partie intégrante du patrimoine culturel de la chanson allemande. À propos de chanson, il en a aussi consacré une au plat local : la *Currywurst* ! D'ailleurs, si vous souhaitez y goûter, elle se vend à tous les coins de rue, mais nous vous avons tout de même dégoté la meilleure adresse de toute la Ruhr : au centre-ville de Bochum, à côté du cinéma Union-Kino, dans le quartier des cafés, le *Bermuda Dreieck*, dans un tout petit kiosque nommé le *Dönninghaus*.
Les *Trinkhallen* sont également des curiosités de la région, que vous ne pourrez pas louper. C'est un peu comme un PMU, qui ferait aussi bar-tabac-épicerie de notre enfance, où l'on se retrouve après le boulot, que ce soit en bleu de travail ou en costard-cravate.

Adresse utile

🛈 ***Office du tourisme :*** Kurt-Schumacher Platz, 44787 Bochum. ☎ 96-30-20. Fax : 96-30-255.

À voir

🚶 ***Deutsches Bergbaumuseum :*** Am Bergbaumuseum 28, 44791 Bochum. ☎ 58-77-00. ● www.bergbaumuseum.dmt.de ● Ouvert du mardi au vendredi de 8 h 30 à 17 h 30 (dernière descente dans la fosse à 16 h 15), les samedi, dimanche et jours fériés de 10 h à 17 h. Entrée : 6 € ; réductions.
Pendant du Rheinisches Industriemuseum (voir le chapitre sur Oberhausen) pour la mine. Ce musée fut conçu en 1930 et on lui rajouta 7 ans plus tard une « fausse » mine destinée uniquement aux visiteurs. Celle-ci servit d'ailleurs d'abri anti-aérien lors de la dernière guerre mondiale. Le plus grand musée technique du monde nous transporte dans l'univers de l'exploitation du minerai de fer et du charbon de façon tout à fait vivante. Outre les 3 niveaux qui retracent l'histoire et l'évolution du travail à la mine et ses différentes techniques (une salle d'exposition de machines est proposée à des fins ludiques, destinée aux enfants), le clou de la visite, c'est quand même la descente dans la fosse ! 2,5 km de galeries vous y attendent à 20 m sous terre, température ambiante 12° C, reconstituant le travail dans les mines tel qu'il le fut jusqu'à l'époque de la fermeture dans les années 1980. Les machines fonctionnent pour le public (demandez à essayer le marteau-piqueur !). Une visite de 45 mn environ, guidée par d'anciens mineurs pas-

sionnés par ce qu'ils vous montrent et vous racontent... C'est criant de vérité, l'ambiance est plus que réelle ! (Mais où sont donc les Maheu ?) Possibilité également de monter sur la plate-forme de la tour d'extraction, à 52 m de hauteur... sujets au vertige, s'abstenir !

HAGEN
IND. TÉL. : 02331

Adresse utile

Office du tourisme : Friedrich-Ebert Platz 10, 58095 Hagen. ☎ 20-73-383.

À voir

Westfälisches Freilichtmuseum : Mäckingerbach, 58091 Hagen. ☎ 31-78-070. Ouvert de début avril à fin octobre du mardi au dimanche de 9 h à 18 h. Dernière admission à 17 h. Entrée : 5 € ; réductions.
Il s'agit ici d'un « musée de plein air » : ce sont donc des maisons, disposées le long d'une petite vallée, et recréant ainsi plus ou moins un village. On peut voir, à l'intérieur de ces bâtiments, de nombreux corps de métier différents, illustrant l'évolution de l'artisanat aux XVIIIe et XIXe siècles : ça va de la forge au travail du métal, à l'imprimerie, en passant par le boulanger, le bourrelier, on en passe et bien d'autres. Notez que l'on peut assister au travail de bon nombre d'artisans, qui font ainsi revivre sous vos yeux les métiers de leurs ancêtres !

AACHEN (AIX-LA-CHAPELLE) 252 000 hab. IND. TÉL. : 241

Grande ville au nord de l'Eifel, capitale de l'Empire franc aux VIIIe et IXe siècles. Déjà, les Romains aimaient venir à Aix prendre les eaux. Charlemagne choisit l'endroit certainement pour la même raison. Tout ici rappelle le passage de l'empereur à la barbe fleurie, malgré les innombrables destructions qui ravagèrent la cité avec une régularité de métronome. Ici et là, ce passé resurgit au détour d'une rue sous la forme d'une fontaine puisque la cité thermale n'en compte pas moins de 67. Celle du « Voleur de poules » raconte l'histoire d'un jeune homme désargenté qui pensait améliorer son quotidien en volant une poule au marché. Manque de chance, il déroba un coq qui se mit de suite à chanter et fit repérer le voleur...
Ville industrielle, commerciale et touristique à la fois (grâce à ses eaux), Aix jouit également d'une grande renommée parmi les étudiants des sciences techniques. Le centre s'étire en rues piétonnes charmantes, pour la plupart restaurées dans des styles néogothique, baroque, etc. Aix constitue une bonne halte d'une journée sur le plan historique, avec sa cathédrale, son trésor et son bel hôtel de ville.

UN PEU D'HISTOIRE

Celtes puis Romains séjournent tour à tour à Aix et y créent des thermes. Pépin le Bref, roi des Francs, y installe une de ses cours. Son fiston, Charlemagne, y fait édifier un palais où il mourra en 814. Entre le Xe et le XVIe siècle, 31 rois y seront couronnés. Peu à peu, Aix devient cité de pèlerinage, car Charlemagne avait réussi à y réunir des dizaines de reliques auxquelles on ajoutera les siennes. Le nombre de fidèles obligea à agrandir la cathédrale du XIVe siècle. Puis, la cité perd de sa puissance au profit de Francfort qui devient ville de couronnement. Détruite en quasi-totalité par un grand incendie au milieu du XVIIe siècle, elle ne reprend de l'importance que grâce à ses sources d'eau chaude qui suscitent un nouvel engouement. À la fin du XVIIIe siècle, sous l'occupation française, Napoléon fait nettoyer toutes les sources, avant que la ville ne soit prise par les Prussiens. La dernière guerre saccage de nouveau Aix qui ne tarde pourtant pas à se relever une nouvelle fois et à développer une importante industrie technologique.

Adresses et infos utiles

Office du tourisme : sur Elisenbrunnen/Friedrich-Wilhelm-Platz. ☎ 180-29-60 ou 61. • www.aachen-tourist.de • Ouvert du lundi au vendredi de 9 h à 18 h, le samedi de 9 h à 14 h. Fermé le dimanche (sauf pendant les mois d'été et si jour férié). De bon conseil et s'occupe des réservations pour les chambres d'hôtels et de pensions. Ne fait pas le change. Vous pouvez y acheter un ticket combiné pour les principaux musées à seulement 5 €. Disponible aussi à l'entrée de chaque musée.

Poste centrale : Kapuzinergraben 19. Tout près de l'office du tourisme.

The Web : Kleinmarschierstrasse. À côté du restaurant chinois. Ouvert tous les jours.

Location de vélos : Hobbit, Beeckstrasse 1. ☎ 494-75. Ouvert du lundi au vendredi de 10 h à 13 h et de 15 h à 19 h 30. Fermé le jeudi.

– **Transports en ville :** le meilleur moyen de se déplacer en ville est de pratiquer le sport du pauvre : la marche à pied ! Le centre n'est pas si grand.

Où dormir ?

Camping

Camping Hoeve de Gastmolen : Lemierserberg 23, 6291 NM Vaals. ☎ (043) 306-557-55. Fax : (043) 306-60-15. • www.gastmolen.nl • L'unique camping d'Aix est aux Pays-Bas. Pour s'y rendre, longer la frontière par la N 278, direction Maastricht. Au sortir de Vaals, prendre un petit chemin de terre qui se faufile entre les champs de blé et de colza. Idéal pour les familles car une crèche accueille les bouts de choux. Bon accueil et sanitaires rutilants de propreté. Prix forfaitaire mais douche payante.

Chambres d'hôtes

Gästehaus Eich Eck : Eupenerstrasse 133. ☎ 660-24. Trois chambres douillettes au total, 1 simple, 2 doubles à environ 70 €. Tenue par un couple élégant et très prévenant, cette chambre d'hôtes a l'avantage de baigner dans le quartier résidentiel derrière la gare. Beaucoup de cachet, en pleine verdure et prix d'un hôtel de gamme moyenne.

Bon marché

Euregionales Jugendgästehaus Aachen (AJ) : Maria Theresia-Allee 260, 52074 Aachen. ☎ 71-10-10. Fax : 71-10-20. • www.jgh-aachen.de • Couvre-feu à 1 h. La nuit de 21 à 34 € avec petit dej' et dîner à partir de 4,50 €. Rénovée depuis peu. Chambres claires et calmes de 2 à 6 lits dont 8 pour personnes handicapées.

Prix modérés

🛏 **Hotel Dura :** Lagerhausstrasse 5. ☎ 40-31-35. Deux niveaux de confort, 61 € la double avec douche privée et 46 € avec douche à l'étage. Chambres spacieuses, avec un mobilier standard (meubles en bois, murs blancs), celles qui donnent sur l'artère passante sont toutes équipées de double-vitrage. Très bon marché.

🛏 **Hotel am Bahnhof et Hotel Stadt Koblenz :** Bahnhofplatz 8 et Leydel-strasse 2, 52064 Aachen. ☎ et fax : 354-49. Ces deux hôtels mitoyens sont tenus par la même famille fort sympathique. Plusieurs niveaux de confort, avec (61 €) ou sans sanitaires (46 €, toutefois les chambres du *Stadt Koblenz* sont peut-être un poil mieux). Position stratégique indéniable, face à la sortie de la gare.

🛏 **Hotel Hesse :** Friedlandstrasse 20, 52064 Aachen. ☎ 47-05-40. Compter 82,50 € pour une chambre double. Petit hôtel à deux pas de la gare entièrement refait à neuf. Les chambres ne sont pas pour autant somptueuses. En dépannage.

Un peu plus chic

🛏 **Berliner Hof :** Bahnhofstrasse 3, 52064 Aachen. ☎ 208-75. Fax : 238-09. À proximité de la gare, dans une petite rue donnant dans la grande Theaterstrasse. Compter 74 € la double. Déco en copie d'ancien, chambres toutes avec sanitaires. Finalement pas grand-chose de plus que les adresses précédentes.

Encore plus chic

🛏 **Hotel Brülls am Dom :** Hühnermarkt, 52062 Aachen. ☎ 317-04. Fax : 40-43-26. Dans la rue qui descend à gauche de l'hôtel de ville en lui faisant face, juste en dessous du *Postwagen*. Autour de 107 €. Hôtel chic et de charme en plein cœur historique, dans le centre piéton. Façade de brique, café-resto en terrasse avec jolies chaises en osier. Peu de chambres mais aménagées avec du mobilier ancien. Une vraie petite adresse de luxe, malgré un accueil plutôt refroidissant! (Faudrait-il porter les attributs d'une certaine aisance financière pour plaire à la maison?)

Où manger?

Petite spécialité culinaire à signaler, le *Printen*, sorte de gâteau à base d'anis, un peu dur sous la dent mais bien bon!

Spécial fauchés

|●| Allez pointer le bout de votre nez dans la **Mensa M6** (le resto U) qui se trouve dans la petite cour du Milchhof (le quartier des Laitiers), à proximité du ciné Atlantis et du café *Tangente* (voir « Où boire un verre? Où danser? »).

De prix modérés à prix moyens

|●| **Aachener Brauhaus :** Kapuzinergraben 4. ☎ 360-17. Ouvert tous les jours de 11 h à 23 h. Plats principaux entre 9 et 14 €. Salades autour de 7 €. La brasserie de la ville avec son cortège de tables en bois, sa

mezzanine, ses lanternes lourdaudes, ses compartiments en vitraux, ses carreaux de céramique... Bref, un classique fréquenté par les touristes comme par les Aixois qui viennent ici après le théâtre (situé en face). Menu avec plats écrits en français. Spécialités de *Riesenbratwurst mit Sauerkraut und Püree, Nürnberger Rostbratwurst* (saucisse grillée à la Nuremberg), *Kasseler Rippenspeer mit Weinkraut* (côte de porc salée avec choucroute au vin blanc et purée à la crème), et surtout de très bonnes salades autour de 7 €, avec de vraies feuilles et une vraie sauce ! On vous fait grâce du reste. À côté, petit bar tout en longueur qui appartient au resto. Toujours plein de clients qui ne le sont pas moins !!!

|●| ***Zum Goldenen Schwan*** **:** sur Marktplatz 37. ☎ 316-49. De 6 à 12 €. Admirablement bien situé. Le *Goldener* s'est fait adopter par les étudiants en leur proposant de bas prix. Depuis, il a oublié ses bonnes intentions, mais on peut encore s'en tirer à bon compte. Propose une grande sélection de plats simples de toute l'Europe. Pas une adresse hautement gastronomique, mais l'endroit idéal pour les routards qui ont faim d'autres choses que de choucroute et de porc bouilli. Cuisines française, italienne, grecque...

|●| ***Konditorei Van den Daele*** **:** Büchel 18. ☎ 357-24. Ouvert de 10 h à 18 h. Fermé le dimanche. Les mois d'été, ouvert de 9 h à 19 h, les dimanche et jours fériés, de 11 h à 18 h 30. La plus ancienne pâtisserie d'Allemagne avec son décor baroque tout en bois, ses petites salles provinciales et intimes où l'on vient prendre un thé et déguster une des merveilleuses spécialités, notamment le gâteau de riz et les *Printen* de toutes les formes, ainsi que de délicieuses *Apfelfladen*. Excellent *Apfelstrudel* également. Un vrai salon de thé pour les fins d'après-midi douillettes ou les petits dej' costauds.

|●| ***Zum Goldenen Einhorn*** **:** Markt 33. ☎ 326-93. En plein centre, face à l'hôtel de ville. Ouvert tous les jours de 10 h à 1 h. On peut s'en sortir pour environ 10 €. Plusieurs salles en enfilade avec carreaux de céramique. Terrasse aux beaux jours. Plats qui sentent le réchauffé, mais dès qu'il y a un rayon de soleil, situation idéale pour une bière et une petite soupe.

|●| ***Gaststätte Postwagen*** **:** Am Markt. ☎ 350-01. Sur la place centrale, au coin gauche de l'hôtel de ville. Plats de 10 à 15 €, plat du jour du midi à 10 €. Le plus ancien pub de la ville (XVIIe siècle) avec ses fenêtres en cul de bouteille, sa diligence en enseigne et sa salle en encorbellement accolée au *Rathaus*. Déco extérieure baroque, mais intérieur rénové qui a pourtant conservé un certain cachet. Sinon, pour la cuisine, *Schinkenplatte* (charcuterie), *Bürgerteller* ou simple soupe. Plats assez chers mais, si on se contente du plat du jour du midi, on s'en sort bien.

Où boire un verre ? Où danser ?

De manière générale, la Marktbrunnen est un bon endroit pour commencer une soirée estivale. On emporte sa bière sous la fontaine de Charlemagne. Puis, selon l'humeur, on émigre vers d'autres lieux. Sur Krakaustrasse et Südstrasse, se trouvent bon nombre de cafés dans lesquels les jeunes passent la soirée. Mais le quartier « groovy » se situe autour de la Pontstrasse. C'est là que se retrouvent les étudiants. Les troquets sont cool, à l'atmosphère « californienne », avec des panneaux d'informations, de la musique forte et des tables dehors dès les beaux jours.

▼ ***Egmont*** **:** Pontstrasse 1. ☎ 40-77-46. Sans aucun doute notre café aixois préféré. Chose rare : on y trouve la presse quotidienne européenne à portée de main. Déco aux tons chauds, vieux objets. Service jeune. Banquettes en cuir et chaises élimées.

Tangente : Pontstrasse 141. ☎ 224-67. Le grand rendez-vous estudiantin où se mêlent punks qui sèchent les cours et étudiants studieux propres sur eux.

Café Kittel : Pontstrasse 39. ☎ 365-60. Plus cool que les autres. Genre *coffee-shop* à la californienne avec de petites tables séparées et ambiance douce.

Labyrinth : en face du *Tangente*. Plus classique mais toujours plein. Bonne bière.

Domkeller : Hof 1. ☎ 342-65. Café rustique sur deux étages avec sono bien balancée. Quelques toiles accrochées aux murs qui se veulent artistiques. Le parquet et les vieilles huisseries des fenêtres s'ouvrant sur une placette en font, somme toute, un endroit sympa. Allez savoir pourquoi mais c'est le mardi soir que l'ambiance de ce café est la meilleure. Parole d'Aixoise !

Aoxomoxoa : Reihstrasse 15. Petite piste de danse ouverte du jeudi au samedi à partir de 22 h. S'y pointer vers 23 h semble raisonnable. Sélection de jazz, fusion et drum'n'bass pour clientèle *trendy*.

Bebop : Südstrasse 54. ☎ 214-21. Là encore, petite piste de danse où se retrouvent de nombreux étudiants. Également réputé pour ses *brunches* dominicaux.

À voir

La cathédrale : Münsterplatz. Ouvert de 7 h à 19 h, sauf pendant les offices. On doit la construction de la première église sur ce site à Charlemagne qui y fit élever une chapelle palatine. Cet édifice carolingien, très marqué par Byzance, la plus grande ville chrétienne du moment, est l'un des rares encore debout et constitue aujourd'hui le chœur de l'actuelle cathédrale. L'idée de Charlemagne était de faire d'Aix-la-Chapelle une nouvelle Rome au nord des Alpes. Il avait donc établi ici son palais... et sa chapelle. Il s'agit en fait d'un octogone entouré d'une galerie à étages. Le déambulatoire est remarquable pour ses 16 côtés. À l'étage, l'empereur siégeait (son trône est toujours là). Plusieurs siècles après la mort de celui-ci, ses reliques exposées dans l'église faisaient l'objet de pèlerinages massifs et l'édifice ne suffisait plus à contenir et à recevoir les fidèles. On y a donc adjoint un chœur gothique au début du XVe siècle, pour les six cents ans de la mort de Charlemagne.

– De l'extérieur, on est frappé par le dôme côtelé édifié au XVIIe siècle ainsi que par cette curieuse tour élevée dont la partie supérieure date de la fin du XIXe. La base appartient pour sa part à l'édifice carolingien. De la place, sur la droite de l'entrée, belle vue sur l'une des chapelles gothiques, le dôme, la coupole et la nef.

– On pénètre dans la cathédrale par un narthex (une sorte de porche) dans lequel on peut voir une énorme pomme de pin en bronze du Ve siècle ainsi qu'une louve d'airain.

– On entre ensuite dans la chapelle octogonale avec ses voûtes romanes et ses 8 piliers derrière lesquels court un déambulatoire. Noter les voûtes entièrement décorées de motifs floraux. Au-dessus de la chapelle centrale, à 31 m de hauteur, la superbe coupole est ornée d'une belle mosaïque dorée du XIXe siècle où le Christ est entouré des vieillards de l'Apocalypse. Le lustre qui pend au centre date du XIIe siècle. Dépouillement et élégance. Au-dessus de la chapelle, deux volées de galeries superposées atténuent l'impression de lourdeur. Dans le chœur, un autel sur le devant duquel on voit la **Pala d'Oro** de style carolingien, tout en or, du XIe siècle, décrivant la Passion. Absolument superbe. Au centre, dans l'ovale, un Christ en majesté. Au fond de la chapelle, derrière le chœur, la châsse de Charlemagne, en bois, parée de panneaux d'argent et d'or et ornée de statues de rois. Elle fut

réalisée au début du XIIIe siècle sur une commande de Barberousse. Devant, on voit Charlemagne et, derrière, la Vierge. Vitraux modernes et réussis, vivants et colorés. Sur la droite du chœur, noter la remarquable chaire composée de panneaux de cuivre doré orné de pierres précieuses énormes. Raffiné et baroque tout à la fois.
– Pour voir le trône de Charlemagne, situé dans la galerie supérieure de l'octogone, il vous faudra soit rejoindre une visite guidée (en allemand), soit vous contenter de l'entr'apercevoir du maître-autel au rez-de-chaussée. Le grand fauteuil est composé de plaques de marbre blanc ajustées. Pour montrer leur dévotion, les pèlerins se faufilaient par un petit passage sous le trône. C'est ce que l'on appelle « faire carpette ».
– En sortant de la cathédrale, prendre la ruelle Krämerstrasse, juste derrière. À 30 m de là, petite fontaine **Puppenbrunnen** (la fontaine aux Poupées) dont tous les membres des personnages sont mobiles. Belle et ludique. Elle reprend les personnages influents de la ville comme « le notaire, le bedeau et même son éminence ». Les Allemands sont vraiment les rois dans le domaine des fontaines de quartier.

🏛️ *Le trésor de la cathédrale* (Domschatzkammer) **:** entrée par la Klostergasse, reconnaissable à son portail gothique. ☎ 47-709-127. Ouvert en principe du mardi au dimanche de 10 h à 18 h (21 h le jeudi), et le lundi de 10 h à 13 h. Entrée : 2,50 €.
Présente des collections exceptionnelles d'objets liturgiques ainsi que de superbes vêtements ecclésiastiques. On y voit nombre de chefs-d'œuvre réalisés pour les différents couronnements des rois. Ce musée est, dans son genre, l'un des plus riches d'Europe. On ne peut passer tous les objets en revue mais en voici quelques-uns auxquels votre regard ne pourra échapper : superbe évangéliaire en or datant de l'époque Henri II, buste reliquaire de Charlemagne du XIVe siècle en or et argent qui fut donné par Charles IV, croix de Lorraine portant la marque de Lothaire II (petit-fils de Charlemagne), incrustée de pierres précieuses et portant au centre un camée de l'empereur Auguste. Du XIe siècle, étonnant reliquaire de saint Anastase provenant d'Antioche, et belle châsse de saint Félix en émail transparent. On y voit encore une chasuble de saint Bernard ornée de perles en velours bleu, des retables, etc.

🍴 *L'hôtel de ville* (Rathaus) **:** dans le centre. Ouvert tous les jours de 10 h à 13 h et de 14 h à 17 h. Entrée : 2 €. On peut visiter l'intérieur, mais l'hôtel de ville est souvent fermé à cause de manifestations.
Jolie façade du XIXe siècle. Situé à l'emplacement du palais de Charlemagne, construit dans le style gothique, il fut « relifté » en baroque au XVIIIe siècle, pour la signature du traité de paix d'Aix-la-Chapelle. Sur la gauche, il reste une tour rustique, dite « de Granus ». Noter également l'auberge *Postwagen* (« Le Courrier »), qui est venue s'accrocher ici au milieu du XVIIe siècle. Même si l'édifice a été refait en quasi-totalité après la guerre, on a conservé le style du Moyen Âge. Les statues qui ornent la façade sont celles des rois qui furent couronnés dans la ville. Elles datent du XIXe siècle. La visite passe en revue plusieurs salles dont *la salle Blanche* (beaux stucs baroques), *la salle du Conseil* parée de boiseries du XVIIIe siècle, ainsi que *la salle du Couronnement* (à l'étage), avec ses belles voûtes et ses fresques sur la vie du grand Charlemagne, exécutées au XIXe siècle. Dans cette salle toujours, une statue de bronze de l'empereur, autrefois placée à la fontaine du marché. Aujourd'hui, on l'a remplacée par une copie. Sont présentés également des objets rares, comme le sabre de Charlemagne, qui servait lors des cérémonies du couronnement, l'évangéliaire de l'Empire, etc. Dommage, ce ne sont que des reproductions ! Face à l'hôtel de ville, sur la place, la **Haus Löwenstein,** seul édifice gothique qui ait survécu au grand incendie du XVIIe siècle.

🛉 **Le musée Couven :** Hühnermarkt 17 ; situé derrière la cathédrale. Ouvert du mardi au vendredi de 10 h à 17 h, les samedi et dimanche de 10 h à 19 h. Fermé le lundi. Entrée : 3 € ; réductions.
Situé dans une maison bourgeoise du XVIIe siècle ayant longtemps fait office de pharmacie, ce musée présente par reconstitution l'intérieur de demeures de la région d'Aix à Liège au XVIIIe siècle. Arts décoratifs rococo et baroque. Boiseries, cheminées, faïence, orfèvrerie... Belle collection de céramiques.

🛉 **Ludwig Forum für Internationale Kunst :** Jülicherstrasse 97-109. ☎ 180-70. Ouvert les mardi et jeudi de 10 h à 17 h, les mercredi et vendredi de 10 h à 20 h et les samedi et dimanche de 11 h à 17 h. Fermé le lundi. Entrée : 3 € ; réductions.
Dans cette ancienne fabrique de parapluies tout en brique sont présentés toutes les formes d'art et tous les artistes internationaux à la pointe de l'avant-garde. Selon les expos, on y trouve donc à boire et à manger. En tout état de cause, on ne reste pas sur sa faim !

🛉 **Suermondt-Ludwig-Museum :** Wilhelmstrasse 18. ☎ 479-80. Ouvert du mardi au vendredi de 11 h à 19 h (le mercredi jusqu'à 21 h), les samedi et dimanche de 11 h à 17 h. Entrée : 3 € ; réductions.
Portant le nom de son donateur principal, ce musée propose des collections de peintures allemandes et hollandaises depuis le Moyen Âge jusqu'au XVIIIe siècle. À remarquer également, la collection de sculpture européenne essentiellement du Moyen Âge. On verra encore un intéressant éventail d'Arts décoratifs ainsi qu'une collection de vitraux du XIVe au XXe siècle.

🛉 **Internationales Zeitungsmuseum** (Musée international de la Presse) : Pontstrasse 13. ☎ 432-45-08. Ouvert du mardi au vendredi de 9 h 30 à 13 h et de 14 h 30 à 17 h. Fermé les samedi, dimanche et lundi. Entrée gratuite.
La « Grande Maison d'Aix-la-Chapelle » a pris ses quartiers dans une rue où Paul Julius Reuter avait, avec l'aide de quelques douzaines de pigeons voyageurs, fondé l'Agence de Presse internationale du même nom. Souvent appelé « l'État Civil de la presse mondiale », ce musée concentre pas moins de 150 000 exemplaires de journaux d'horizons divers et variés, de Madras à la Nouvelle-Zélande en passant (évidemment) par l'Allemagne. Petit musée mais riche en histoire !

🛉 Le **marché** se tient sur la place de l'hôtel de ville le mardi et le jeudi. On peut encore y entendre le dialecte local, l'*Oecher Platt*, principalement parlé par les anciens. Si vous avez la chance de poser vos valises à Aix en hiver, ne manquez pas le **marché de Noël**. Artisanat, vin chaud, « saucissonnades », éléments de déco style maison de poupées. Il ouvre le matin et s'achève vers 21 h.

Où prendre un bain ?

– **Carolus Thermen :** Pabstrasse 79. ☎ 18-27-40. ● www.carolus-thermen.de ● Ouvert tous les jours de 9 h à 22 h. Compter 17 € pour 2 h 30 avec le sauna. Établissement neuf et chic.

➤ DANS LES ENVIRONS D'AACHEN (AIX-LA-CHAPELLE)

MONSCHAU

Détour obligatoire ! Monschau a tout pour plaire. Un site de rêve, un ensemble de maisons anciennes parfaitement conservées et une population accueillante. Minuscule ville du massif de l'Eifel coincée au fond d'une gorge encaissée, dont la plupart des maisons enjambent la rivière qui jaillit de toutes parts. Ruelles pavées tortueuses, ponts innombrables, petits restos blottis au creux de petites places. D'où que l'on soit, la vue est admirable. On ne propose aucun itinéraire, ici, il faut errer comme on le sent. Protégeant la ville, au-dessus d'une falaise, une belle ruine romantique. Essayez d'éviter les heures de pointe de la journée, à cause des nombreux cars de tourisme.

Adresse utile

Office du tourisme : en plein centre. ☎ (024) 72-33-00. Ouvert du lundi au vendredi de 10 h à 17 h, les samedi et dimanche de 11 h à 17 h. Si l'office est fermé, un distributeur de prospectus est situé sur la gauche. Plan, liste d'hôtels, prix, activités...

Où dormir ?

Nombreux hôtels partout dans le village. Ils sont tous de valeur égale. Si vous souhaitez dormir ici, on vous conseille de consulter l'office du tourisme pour savoir quels hôtels ont encore de la place. En général, on n'a pas beaucoup de choix.

Jugendherberg Burg Monschau : Auf dem Schloss 4. ☎ 02472-2314 ; fax : 02472-4391. • jh-monschau-burg@djh-rheinland.de • Dans un château, en dortoirs de 6 et 10 lits. Nuitée de 14 à 23 € selon l'âge. Fermé en janvier.

À voir

La maison Rouge (Rotes Haus) : visite guidée à heures fixes. Fermé le lundi. Belle maison du milieu du XVIIIe siècle. Ancienne demeure d'un riche drapier, elle a été transformée en musée. Superbe aménagement intérieur et bel escalier de chêne.

La maison Troistorff : Laufenstrasse 18. Autre superbe maison ayant appartenu, elle aussi, à un riche marchand drapier.

QUITTER AACHEN (AIX-LA-CHAPELLE)

En train

La ville est un grand centre de transit pour aller dans toutes les directions.
➤ **Pour Cologne :** avec Thalys, 1 train toutes les 2 h. Compter une quarantaine de minutes pour le trajet. Avec les trains régionaux, 2 trains par heure en période creuse, 3 en période de pointe. Compter 1 h de trajet bien tassée.
➤ **Pour Bonn :** train pour Cologne puis Bonn. Un conseil, préparez bien votre trajet car l'attente entre les correspondances peut être longue.
➤ **Pour Hambourg :** 2 trains directs par jour, le matin (compter 5 h de voyage).
➤ **Pour Bruxelles :** 1 train toutes les 2 h. Compter moins de 2 h de trajet.
➤ **Pour Paris :** au moins 7 Thalys, via Liège et Bruxelles (en 3 h 21).

KÖLN (COLOGNE)   1 150 000 hab.   IND. TÉL. : 0221

Lille-Cologne : 295 km ; Metz-Cologne : 250 km ; Cologne-Aix-la-Chapelle : 65 km.

Quatrième ville d'Allemagne et assurément la plus belle ville du bord de Rhin. Presque totalement détruite pendant la guerre, Cologne s'est relevée avec un étonnant courage et une stupéfiante rapidité. Comme dans la plupart des villes allemandes, on a opté pour un vaste centre piéton, éliminant toute circulation. Les bords du Rhin ont retrouvé une animation débordante et, même si la vieille ville n'est pas très ancienne, les hautes maisons à pignons, toutes pimpantes, ont été rénovées avec soin et dégagent un charme certain. Bien sûr, dans les années 1970, quelques réalisations architecturales pseudo-avant-gardistes sont venues défigurer le centre, mais, avec sa fameuse cathédrale (une des cartes postales les plus vendues d'Allemagne), son chapelet de musées passionnants, son fabuleux carnaval et... sa célèbre eau (de Cologne), la plus grande métropole rhénane mérite une halte d'au moins deux jours. De plus, l'activité médiatico-musicale colonaise en fait le rendez-vous obligatoire de toutes les tournées européennes de grands groupes. En marge des grosses pointures, de nombreux musicos locaux poussent leur chansonnette ou mixent dans les pubs et bars. « La cité la plus méditerranéenne au nord des Alpes » vaut bien son nom. Les Colonais sont faciles d'accès et même si vous ne parlez pas la langue de Goethe, il est commun de se faire aborder. Bref, pour nous, Cologne c'est à la folie.

Alors, à moins de 4 h de Thalys, à partir de Paris (en passant par Bruxelles et Liège), et ce, sept fois par jour. N'hésitez plus !

– *Attention :* avant de partir, dégotez-vous le programme des foires auprès de l'Office national allemand du tourisme. La *Köln Messe* accueille une kyrielle de foires et de salons professionnels tout au long de l'année. Pendant ces périodes, les prix des hôtels grimpent en flèche et il est vraiment difficile de trouver une chambre. Pour la plupart, elles sont réservées d'une année sur l'autre.

LA PARTICULARITÉ « KÖLSCH »

Kölsch désigne ce qui est propre à Cologne. C'est aussi un dialecte qui est encore parlé et qui est incompréhensible, même à ceux qui maîtrisent l'allemand. Cependant, les routards attentifs reconnaîtront peut-être les « trottoirs », « parapluie » et autres mots empruntés au français.

UN PEU D'HISTOIRE

À visiter la ville trop rapidement, à part la cathédrale, on ne pourrait imaginer que son histoire remonte si loin dans le temps : dès l'an 50, la cité devient colonie romaine. Les arts se développent et Rome veut l'élever au rang de capitale. De nombreux vestiges subsistent de cette période : ruines, murs d'enceinte, un prétoire *(praetorium)*, une très belle mosaïque à sa place originale et surtout une superbe collection de verrerie et d'objets en céramique exposée dans le musée romain-germanique.

Sainte Ursule, martyrisée par les Huns (au IVe siècle), adulée par les autres, devient la patronne de la ville. Puis saint Géréon, martyr lui aussi, voit s'élever sur sa tombe une église. Cologne acquiert le rang d'archevêché. Tout au long du Moyen Âge, les religieux dominent la vie politique de la cité, et de nombreuses églises sont bâties. La ville devient alors un véritable creuset du monde des arts et des sciences. Au XIIe siècle, Frédéric Barberousse rapporte de Milan les reliques des Rois Mages. La ville affirme ainsi son statut de grand centre de

pèlerinage en Europe. Ville bourgeoise, commerçante et prospère, elle organise sa première foire en 1360. La peste freine ses ambitions au XIVe siècle. Comme partout en Europe, les juifs, accusés d'avoir propagé l'épidémie (évidemment!), subissent d'importants pogroms et sont chassés de la ville.
Le siècle suivant voit le recul du clergé. Cologne devient libre en 1288 grâce au soulèvement des riches marchands. La Réforme ne touche pas la ville. Celle-ci devient même un bastion de la Contre-Réforme. Fin XVIIIe siècle, les Français occupent la ville. Ils font un beau carnage et détruisent de nombreux édifices. Ils seront chassés par les Prussiens et les Russes au début du XIXe siècle. Sous l'administration prussienne, Cologne développe son industrie, se modernise, et surtout s'agrandit. On construit le « Ring », large boulevard semi-circulaire qui cerne le centre-ville. Au début du XXe siècle, Konrad Adenauer, maire de la ville, poursuit la tâche. Il devra s'enfuir en 1933, à l'arrivée de Hitler au pouvoir.
La Seconde Guerre mondiale et les intenses bombardements stoppent net cette ascension, et tout est à refaire. L'anarchie architecturale règne longtemps puisqu'il faut reloger à la va-vite une population désœuvrée. Petit à petit, des parcs sont redessinés. Les responsables s'accordent sur une architecture cohérente et globale ; un vaste plan de restauration des églises et monuments est mis en place, et une politique culturelle dynamique est définie. Si nous nous attardons un peu sur cette reconstruction, c'est qu'il nous semble important de voir Cologne au travers du prisme de son histoire récente, et de comprendre l'incroyable effort réalisé pour sortir cette ville nouvelle des décombres.

HISTOIRE D'EAU POUR BUVEURS DE BIÈRE

Au cours du XVIIIe siècle, un Italien, Johan Maria Farina, distille des parfums de fleurs afin de mettre au point un aphrodisiaque. Il loupe son coup (enfin on en attend toujours les effets !) et crée ainsi une eau de toilette. L'« eau de Cologne » était née. Aujourd'hui, toute eau de Cologne est une eau de toilette. Mais l'inverse n'est pas vrai. Seule la mention « Echt Kölnisch Wasser » (Eau de Cologne Originale), qui doit figurer sur le flacon, distingue le bon grain de l'ivraie. Un autre moyen de s'assurer de sa bonne provenance est un numéro : 4711.
Les troupes françaises l'attribuèrent à la maison de la famille Mülhens. C'est en effet dans la Glockengasse qu'elle y distillait son eau de parfum. Exportée dès le XVIIIe vers les Indes par les officiers français, elle conquiert également le Nouveau Monde au siècle suivant. Le secret de la préparation de l'eau de toilette, jalousement conservé, suscite des envieux. La recette du mélange, détenue par un seul membre de la famille, se transmet de génération en génération, bien qu'on sache que des extraits d'orange, de lavande et de romarin entrent dans la composition.

HISTOIRE DE BIÈRE

Sur la *mosaïque de Dionysos* du *Römisch Germanisches Museum,* on peut encore observer les délices sacrées de Lucullus. Les Romains, de fichus fêtards, allaient dragouiller la centurione le samedi soir en face du campement. Ils se jetaient dans les *canabae* dont on a tiré, à Cologne, la *Kneipe*. Le Dom aspirant à être un lieu de pèlerinage, la toponymie colonaise nous a livré bien des secrets. Après les vêpres, le pèlerin n'allait pas pioncer ; il allait *Bei d'r Tant* (voir « Où manger ? »), ou près de l'église Sainte-Ursule dans la rue baptisée « Derrière la cuisine de l'abbesse ». Pour la plupart, les brasseries se situaient dans les caves de maisons patriciennes. Malheureusement, la guerre ne les a pas épargnées. Mais la disposition intérieure est presque à l'identique. Le *Thekenschiff* (la « cabine du comptoir »), où le patron, voire sa femme, tenait la caisse, rappelle que ces brasseries sont souvent d'exploitation familiale. Plus d'une vingtaine d'entre elles produisent la célèbre *Kölsch*, bière légère, un peu amère, qui ne se boit que dans le *Kölsch Stange*, une petite flûte, de 0,2 cl, à large base, style verre à rhum-coca. Le *Köbes,* le serveur en tablier bleu, viendra avec sa couronne (le plateau à poignée qui contient les verres) la remplacer dès qu'elle sera vide. C'est un gage de fraîcheur. Les habitués fréquentent souvent la même brasserie, si bien que le *Köbes,* qui virevolte avec célérité entre les tables, fait confiance à ses hôtes pour lui rappeler le montant de leur ardoise. En revanche, s'il ne vous connaît pas, il inscrira une marque sur l'un des sous-bocks de votre « binouse ». Enfin, on nous a affirmé que l'on buvait et produisait plus de bière à Cologne qu'à Munich. Mais on ne sait toujours pas si c'est l'effet de la *Kölsch* ou l'expression d'un chauvinisme de bon aloi...

Arrivée à l'aéroport

➤ Prendre le bus n° 170 qui mène à la station principale de bus, juste à côté de la gare, sur Breslauerplatz. Départ toutes les 20 mn. Compter moins de 5 €. 3 fois plus pour un taxi.

■ Adresses utiles
- Office du tourisme *(plan II)*
- Poste centrale *(plan II)*
- Gare ferroviaire *(plan II)*
- Station de bus *(plan II)*
- 3 Location de voitures *(plan I)*
- 4 Location de vélos *(plan I)*
- 5 Débarcadère KD *(plan II)*
- 6 Laverie automatique *(plan I)*
- 7 Laverie automatique *(plan I)*

Où dormir ?
- 10 Jugendherberge Köln-Deutz *(plan I)*
- 11 Jugendgästehaus Köln-Riehl *(plan I)*
- 12 Campingplatz der Stadt Köln *(plan I)*
- 13 Brandenburger Hof Hotel *(plan II)*
- 14 Hôtel Domblick Garni *(plan II)*
- 15 Hôtel Im Kupferkessel *(plan II)*
- 16 Pension Jansen *(plan I)*
- 17 Hôtel Ball *(plan II)*
- 18 Hôtel Drei Könige *(plan II)*
- 19 Hôtel Alter Römer *(plan II)*
- 20 Hôtel Drei Kronen *(plan II)*
- 21 Hôtel Flandrischer Hof *(plan II)*
- 22 Hôtel Zur Post am Dom *(plan II)*
- 23 Das Kleine Stapelhäuschen *(plan II)*
- 24 Hôtel Am Museum *(plan II)*
- 25 Hôtel im Wassertum *(plan I)*
- 26 Camping Berger *(plan I)*
- 27 Station Hostel for Backpackers *(plan II)*

Où prendre le petit dej' ? Où bruncher ?
- 30 Spitz *(plan I)*
- 31 Spitz *(plan II)*
- 32 Stadtgarten *(plan I)*

Où manger ?
- 50 Yilmaz Imbiss *(plan I)*
- 51 Rievkooche *(plan I)*
- 52 Haus Lommerzheim *(plan I)*
- 53 Alt Köln *(plan II)*
- 54 Früh am Dom *(plan II)*
- 55 Papa Joe Klimperkasten *(plan II)*
- 56 Brauhaus Sion *(plan II)*
- 57 Brauerei zur Malzmühle *(plan II)*
- 58 Gaffel Kölsch *(plan II)*
- 59 Altstadt Päffgen *(plan II)*
- 60 Päffgen *(plan II)*
- 61 Bei d'r Tant *(plan II)*
- 62 Bieresel *(plan II)*
- 63 Bizim *(plan II)*
- 64 Vogel Weinhaus *(plan II)*
- 65 Biergärten Küppers Kölsch *(plan I)*
- 66 Schreckenskammer *(plan II)*

Où boire un verre ?
- 32 Stadtgarten *(plan I)*
- 70 Papa Joe's Jazz Lokal *(plan II)*
- 71 Päff *(plan II)*
- 74 Subway *(plan II)*
- 75 Königwasser *(plan II)*
- 76 Bar Filmdose *(plan I)*
- 77 Klapsmühle *(plan II)*
- 78 Gloria Café *(plan II)*

Où guincher ?
- 91 Tunnels *(plan I)*
- 92 Prime Club *(plan I)*
- 93 E-Werk *(plan I)*

À voir
- 65 Küppers Kölsh Museum *(plan I)*
- 120 Museum für Geschichte und Gegenwart der Schokolade *(plan I)*

Nourritures spirituelles
- 100 Disquaire Saturn *(plan I)*
- 101 Librairie Gleumes & Co *(plan I)*

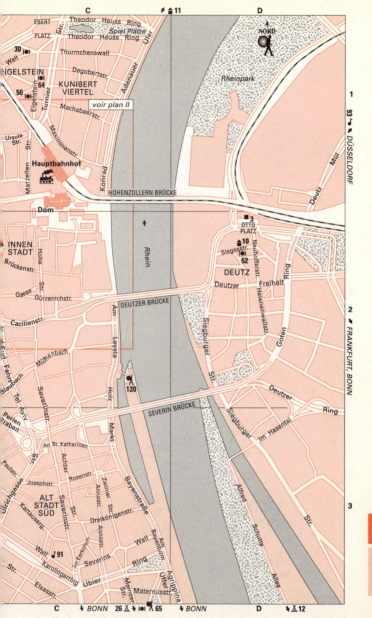

COLOGNE – ENSEMBLE (PLAN I)

COLOGNE

308

Map labels

- Erfstraße
- Gladbacher Str.
- NORD
- Spichernstraße
- Goebenstraße
- Herwarthstr.
- Werderstraße
- Kaiser Wilhelm Ring
- Christophstr.
- Von Werth Str.
- HANSA PLATZ
- Spiel Platze
- Gereonswall
- Kyotostraße
- Klingelpütz
- Altengraber gäßchen
- Probstgasse
- Blumenstr.
- Gereonsmühleng
- 15
- Christophstr.
- St. Gereon
- Gereonstr.
- Kardinal
- Kattenburg
- Bismarckstr.
- Gereons Hof
- HILDEBOLD PLATZ
- Mohrenstr.
- Regierung
- Stadtmuseum
- Im Klapperhof
- Spiesergasse
- Norbertstr.
- Steinfeldergasse
- 17
- Zeughausstr.
- Zeughaus
- Burgmauer
- Berlich
- Amts-Gerichtsgebäude
- Wall 71
- 60 Friesenstraße
- Albertus
- Str.
- Römer Turm
- Elisenstr.
- El-De-Haus
- Ventloerstr.
- Hohenzollernring
- Magnusstraße
- Helenenstraße
- Auf dem Berlich
- Schwalbengasse
- St. Maria in der Kupfergasse
- FRIESEN PLATZ
- Limburger Str.
- 77
- Palmstr.
- Alte Wallgass
- St. Apern Str.
- 62
- Breite Str.
- Hämergasse
- Neuven
- Dumont Str.
- Lang Gasse
- Ehrenstr.
- 31 Ehrenstr.
- Wolfsstr.
- Zeppelinstr.
- Am Alten Posthof
- Flandrische Str.
- 21
- Hohenzollernring
- Friesen Kettengasse
- Gr. Brinkgasse
- Benesis
- Preilstr.
- Apostelnstr.
- 78
- Gertrudenstr.
- Richmodstraße
- Brude
- Krebs Gasse
- 75
- RUDOLF PL.
- Hahnentor
- Mittel Str.
- APOSTELN KLOSTER
- Amerika-Haus
- British Council
- St. Apostein
- Kreissparkasse
- Schildergasse
- NEUMARKT
- Belgisches Haus
- Hotel Crown Plaza
- Pilgrimstr.
- Hahnenstraße
- Cäcilienstraße
- Cäcilienstraße
- Volkshochschulle
- Städtische Sparkasse
- Marsilstein
- Mauritius Stein Weg
- Clemensstr.
- Lungengasse
- Thieboldsg.
- JOSEF-HAUBRICH HOF
- Lindenstr.
- Schaafenstr.
- Rubensstr.
- Stadtbücherei
- Kulturzentrum

COLOGNE – CENTRE (PLAN II)

Adresses et infos utiles

Informations culturelles et touristiques

- **Office du tourisme** (Köln Tourismus Office ; plan II, G5) : Unter Fettenhennen 19. ☎ 221-33-45. Fax : 221-33-20. • www.koeln.de • En face de la cathédrale. Ouvert l'été de 8 h à 22 h 30 (le dimanche de 9 h à 22 h 30) ; l'hiver, de 8 h à 21 h (le dimanche de 9 h 30 à 19 h). Riche documentation, notamment en français. Personnel au top de l'efficacité. Si vous passez en coup de vent, n'hésitez pas à les contacter. Ils ont un programme de visites thématiques « alternatif » (ex : « Sorcières, catins et saintes », « Les femmes de Cologne et leur histoire » ou « Artistes et galeries d'aujourd'hui »). Vente de la *Welcome Card* valable pour 24, 48 ou 72 h et qui donne droit à un accès gratuit aux transports publics ainsi qu'à des réductions substantielles dans les musées, les attractions et les boutiques.
- **Réservations d'hôtels et de pensions** (Hotel-Zimmer-Reservierung) : ☎ 221-33-45. Fax : 221-233-20. Pour le jour même, se rendre à l'office du tourisme directement. Peuvent vous dégoter une chambre jusqu'à 22 h 30 en été. Sinon, écrire. On vous recommande chaudement de passer par eux car ils ont négocié les prix avec leurs hôteliers. Tarifs souvent en dessous des prix du marché. Même avec la petite commission perçue, on s'en tire souvent à bon compte.

Poste, change et représentations diplomatiques

- **Poste centrale** (plan II, G5) : à l'angle de la Breite Strasse et de la Tunisstrasse. Ouvert du lundi au vendredi de 8 h à 20 h (le samedi jusqu'à 16 h seulement).
- **Change** : pour la plupart, les banques se situent sur Unter Sachsenhausen et sur An den Dominikanern. Change à la gare jusqu'à 21 h. Pour les chèques de voyage, *American Express* : Burgmauer 14 ; ouvert jusqu'à 17 h 30.
- **Consulat français** : Hohenstaufenring 62, 50674 Köln. ☎ 20-40-00.
- **Consulat belge** : Cäcilienstrasse 46, 50667 Köln. ☎ 20-51-10.

Transports

- **Air France** : à l'aéroport. ☎ (02203) 40-50-90.
- **Gare ferroviaire** (plan II, H4) : située juste à côté de la cathédrale, en plein centre. ☎ 018-05-99-66-33 (info sur les horaires, tarifs et réservations). C'est aussi le lieu d'arrivée du Thalys, en provenance de Paris et Bruxelles.
- **Station de bus** (plan II, H4) : juste derrière la gare.
- **Location de voitures** : *Sixt*. Deux adresses : soit à l'aéroport de Köln-Bonn, ☎ (02203) 95-450 ; soit à la gare Köln-Deutz (plan I, D2, 3), Ottoplatz 7, ☎ (0221) 88-73-01-03. Ouvert de 7 h 30 à 18 h, le samedi de 8 h à 12 h.
- **Location de vélos** (plan II, H6, 4) : au commencement de Markmanngasse. ☎ 72-36-27. N'est peut-être pas le plus compétitif mais sûrement le plus central.

Divers

- **Surf Inn** : dans la *Kaufhof Galeria*, Hohe Strasse. Ouvert du lundi au vendredi jusqu'à 20 h et le samedi jusqu'à 16 h.
- **Internet Moderne Zeiten + Future Point** : Richmodstrasse 13.
- **Journaux français** : kiosque de « presse internationale » à la gare.

ouvert tous les jours, jusqu'à 22 h. On en trouve aussi en ville.
- *Journal d'infos culturelles :* Monatsvorschau Köln, et surtout la Stadt Revue. Tout sur la vie culturelle et artistique.
■ *Laveries automatiques :* Öko-Express, Friedrichstrasse 12 *(plan I, B3, 6)*, et Brüsselerplatz *(plan I, A2, 7)*.

■ *Supermarché Farmhaus Feinkost :* dans la gare. Le seul ouvert le dimanche.
■ *Marché turc :* Händelstrasse 51, derrière l'hôtel Holiday Inn Crown Plaza, caché derrière le petit self. Ouvert tous les jours jusqu'à 1 h du mat'.

Déplacements en ville

À pied

C'est une ville où l'on marche. Inutile et même déconseillé de circuler en voiture. Le système de sens unique est de toute manière absolument infernal. Garer son véhicule dans l'un des innombrables parkings autour du centre. Tout ce qui est à voir se trouve dans la zone piétonne ou juste à côté, à une ou deux exceptions près.

En transports en commun

Bus, tram et *métro.* Mêmes tickets. Lignes les plus importantes : Ebertplatz, Dom, Neumarkt et le Ring. Pour la plupart, les lignes convergent vers le centre aux stations « Hauptbahnhof » et « Neumarkt ».

Les quartiers

– **Innenstadt** *(plan II, G-H5-6)* : le centre. On y trouve généralement les plus grosses brasseries, les grands restos classiques et les principaux monuments. Pour la plupart, les touristes s'y cantonnent.
Code postal : 50667.
Sinon, dans le sens des aiguilles d'une montre à partir de la gare :
– **Kunibertviertel** *(plan I, C1)* : derrière la gare. C'est l'ancien quartier des prostituées, totalement réhabilité et désormais « régi » par une association d'hôteliers *(Family Hotels)*, pratiquant tous les mêmes prix.
Code postal : 50668.
– **Eigelstein** *(plan I, B-C1)* : vers le nord-ouest, vous tombez dans le quartier turc d'Eigelstein, où déambulent encore quelques filles de joie.
Code postal : 50670.
– **Quartier résidentiel** *(plan I, B3)* : du sud du Stadtgarten à Barbarossaplatz, entre le Hohenzollernring et la voie ferrée. C'est le coin des petits restos, bars, pubs, boutiques de design. Plus on s'approche de l'université et plus le quartier devient branché.
Code postal : 50674.
– **Alt Stadt Süd** *(plan I, C3)* : au nord de la Chlodwigplatz, de même facture que le précédent avec le Volksgarten qui accueille des groupes africains et sud-américains tous les soirs d'été.
– **Quartier gay** : de part et d'autre de la Elendskirche.
– **Deutz** *(plan I, D2)* : et enfin, passé le Rhin, au sud du Köln Messe, un autre monde, Deutz, le monde de l'étranger, où règne un esprit de clocher du genre rive droite-rive gauche exacerbé. Les uns ne vont pas chez les autres et inversement.

Où dormir ?

Petit rappel : les tarifs des hôtels en périodes de foires augmentent de 50 à 70 %, sauf dans les petits établissements, où les prix grimpent de 20 % environ.

Campings

⚊ *Campingplatz der Stadt Köln* (hors plan I par D3, 12) : Weidenweg, 51105. ☎ 83-19-66. Sur la rive droite du Rhin, à environ 7 km au sud du centre, au bord du fleuve. De la gare, tram nº 7 puis un bon quart d'heure à pied. En fait, on vous déconseille d'y aller si vous n'êtes pas véhiculé. Un peu la galère. En revanche, très simple en voiture. Prix assez bas. Bons sanitaires. Bien situé dans un espace herbeux et près de nombreux terrains de sport. Malheureusement un peu bruyant.

⚊ *Camping Berger* (hors plan I par C3, 26) : Uferstrasse 71, 50996. ☎ 39-22-11. Fax : 935-52-46. Sur la rive gauche, sur un coude du méandre du Rhin à 7 km au sud de la ville. Bien équipé. Véhicule obligatoire, mais une bonne solution consiste à laisser sa voiture au parking et à emprunter la piste cyclable qui longe le Rhin.

Bon marché

⚊ *Station Hostel for Backpackers* (plan II, G4, 27) : Marzellenstrasse 44-48, 50668. ☎ 912-53-01. Fax : 912-53-03. • www.hostel-cologne.de • Hôtel pour jeunes en plein centre, à 300 m de la gare centrale et de la cathédrale. Pas de couvre-feu. Nuitée de base à 15 € en dortoirs et à 16 € en chambre à 4 lits. Chambres propres aux couleurs vives. Tous les services : location de draps, petit dej'. Possibilité de louer des vélos à la réception (4 €) et de surfer sur Internet.

⚊ *Jugendherberge Köln-Deutz* (AJ ; plan I, D2, 10) : Siegesstrasse 5a, 50679. ☎ 81-47-11. Fax : 88-44-25. U/S 1, 2 ou 7 : Deutzer Freiheit. Sur la rive droite du Rhin. La mieux située des deux AJ. On peut l'atteindre en 20 mn à pied de la gare, en traversant le Hohenzollernbrücke. Nuitée à 19 €. Couvre-feu à 0 h 30. Bâtiment banal. 500 places en dortoirs de 4 à 8 lits. Chambres doubles également. Sanitaires dans le couloir. Draps fournis. Machine à laver gratuite. Propre, avec son éternel coin de verdure devant.

⚊ *Jugendgästehaus Köln-Riehl* (hors plan I par C-D1, 11) : An der Schanz 14, 50735. ☎ 76-70-81 ou 82. Fax : 76-15-55. U15/16/18 : Boltensternstrasse. Ensuite, 3 mn de marche. Réception ouverte toute la journée. Couvre-feu à 1 h. Assez excentré. Grand bâtiment moderne, à côté du zoo, genre hôpital, situé dans un grand parc pour ceux que ça pourra consoler. Nuitée à un peu moins de 20 €. Plus de 370 lits en dortoirs de 3 ou 4 lits. Quelques chambres à 2 lits. On peut toujours demander ! Douches impeccables dans le couloir. Draps fournis.

Prix modérés, dans le centre

⚊ *Brandenburger Hof Hotel* (plan II, H4, 13) : Brandenburgerstrasse 2-4, 50668. ☎ 12-28-89. Fax : 13-53-04. U/S : Breslauerplatz-Hauptbahnhof. À 3 mn de la gare. Certainement l'un des hôtels les moins chers en ville : 74 € la double avec douche et w.-c., 53,50 € avec sanitaires sur le palier. Petit dej' compris. Chambres très bien tenues. Les premières sont exceptionnellement bon marché par rapport au reste de la ville. Dans cette rue calme, plusieurs autres hôtels.

⚊ *Hôtel Domblick Garni* (plan II, H4, 14) : Domstrasse 28, 50668. ☎ 12-37-42. Fax : 12-57-36. U/S : Breslauerplatz-Hauptbahnhof. Compter environ 74 € pour une double. Hôtel rénové récemment. Confort standard et bon accueil. Toutes les chambres sont avec sanitaires.

- **Hôtel Im Kupferkessel** (plan II, F4, 15) : Probsteigasse 6, 50670. ☎ 13-53-38. Fax : 12-51-21. U : Christopherstrasse. Chambres autour de 62 €. Un hôtel de plus. Pas grand-chose à en dire si ce n'est que ses chambres avec douche et w.-c. sont parmi les moins chères. Salle à manger vaguement rustique, sinon, mêmes prestations que les autres.
- **Pension Jansen** (plan I, A2, 16) : Richard-Wagnerstrasse 18, 50674. ☎ 25-18-75. U : Rudolfplatz. Compter 51 € la double. Grands appartements aménagés en pension dans le même immeuble. Un peu loin de la gare et du centre, mais proche du quartier étudiant.

Prix moyens

- **Hôtel Ball** (plan II, F5, 17) : Norbertstrasse 20, 50670. ☎ 13-41-24. Fax : 13-46-24. U : Friesenplatz ou Appelhofplatz. Compter 61 € pour une chambre double. Confort douillet, chambres petites, toutes avec sanitaires. Accueil prévenant. Une adresse de petit luxe dans une rue calme non loin du centre. Parking : 7 €.
- **Hôtel Drei Könige** (plan II, G4, 18) : Marzellenstrasse 58-60, 50668. ☎ 13-20-88. Fax : 13-24-62. U/S : Köln-Hauptbahnhof. Juste derrière la gare mais, ne tremblez pas, il y a le double-vitrage dans toutes les chambres. La nuit en chambre double tourne autour de 61 €. Bon confort sans pour autant être le grand luxe. Salle de bains « nickel-chrome ».
- **Hôtel Alter Römer** (plan II, H5, 19) : Am Bollwerk 23, 50667. ☎ 258-18-85. Fax : 257-05-23. U : Dom-Hauptbahnhof. Toutes les chambres à 61 € ont douche et w.-c. Hôtel familial fort bien tenu, au cœur de l'animation nocturne, et au bord du Rhin. Taverne sombre et terrasse au rez-de-chaussée. Déco du plus beau style *Seventie's* et ringard.
- **Hôtel Drei Kronen** (plan II, H5, 20) : Auf dem Brand 6, 50667. ☎ 258-06-94. Fax : 258-06-01. U : Dom-Hauptbahnhof. Deux types de chambres. Sur la rue ou avec vue sur le Rhin (pas plus chères), à 86 € pour une double. Là encore, bon confort, chambres aux couleurs pastel avec la traditionnelle couette, ainsi que TV et radio-réveil. Patron anglophone et on ne peut plus amical (si vous avez une bonne tête, il vous fera peut-être une ristourne !). Bonne adresse. Pour quelques euros supplémentaires, la différence est notable.
- **Hôtel Flandrischer Hof** (plan II, E6, 21) : Flandrische Strasse 3-5, 50674. ☎ 203-60. Fax : 203-61-06. U : Rudolfplatz. Ouvert toute la nuit. 94,50 € pour une nuit en chambre double. Hôtel style chaîne de 143 chambres. Mobilier standard et moquette à gros motifs. Bien situé (directement dans le quartier des bars), personnel agréable et ayant le sens du service. Petit déj'-buffet copieux. Ne fait quand même pas partie des adresses meilleur marché de la ville ! Parking privé avec supplément.
- **Hôtel Zur Post am Dom** (plan II, G5, 22) : Marzellenstrasse 7, 50667. ☎ 13-51-71. Fax : 13-54-62. U : Köln-Hauptbahnhof. Moquette vieillotte mais chambres encore correctes bien que chères (84 € en chambre double). À deux pas du centre. En dépannage uniquement.

Un peu plus chic

- **Das Kleine Stapelhäuschen** (plan II, H5, 23) : Fischmarkt 1-3, 50667. ☎ 257-78-62 et 257-78-63. Fax : 257-42-32. U : Dom-Hauptbahnhof. Plusieurs niveaux de confort (préférer la vieille aile), plusieurs prix : avec lavabo (les moins chères autour de 66 €), avec douche (aux alentours de 92 €) ou avec douche ou bains et w.-c. (112 €). Délicieux petit hôtel de charme dans le quartier le plus sympathique de la ville, tenu par une gentille famille. Maison à pignons vert et saumon, au bord du Rhin. Escalier plus que centenaire, salle à manger rustique. Chambres modestes mais agréables. La n° 42, sous les toits, possède de grosses poutres et une poulie. La petite place devant, comme toute la rue bordant le fleuve, est éminemment touristique et les tavernes y sont animées et bon enfant. Notre adresse coup de cœur.

🏠 *Hôtel Am Museum (plan II, H5, 24)* : Unter Taschenmacher 18, 50667. ☎ 258-07-24. Fax : 258-16-91. U : Dom-Hauptbahnhof. Rue calme à deux pas de la cathédrale et pourtant, une adresse pas si chère que ça. La chambre double tourne autour de 80 €. Petit dej' compris. L'entrée ressemble à une taverne sombre mais dont les chambres sont pratiquement toutes superbement décorées avec des meubles de bois peints. Bon confort général pour le prix.

Super chic

🏠 *Hôtel im Wassertum (plan I, B2, 25)* : Kaygasse 2, 50676. ☎ 200-80. Fax : 200-88-88. U : Poststrasse. 200 € la double. Ce château d'eau offre une contenance impressionnante. Construit en 1868, on dit même qu'il était le plus grand d'Europe. Complètement transformé et décoré par Andrée Putmann, y'a pas à dire, c'est le grand luxe... Design soft et alliance raffinée entre le bois, la pierre, le verre, délicieusement mis en valeur par un bon éclairage.

Où prendre le petit dej' ? Où bruncher ?

🍽 *Spitz (plan I, C1, 30)* : à l'angle de Lubeckerstrasse et Gereonwall. ☎ 13-16-25. U : Ebertplatz. Également à l'angle d'Ehrenstrasse et Kettengasse *(plan II, E2, 31)*. ☎ 25-61-63. U : Rudolplatz ou Friesenplatz. Le service un peu lent et les néons tue-mouches qui servent d'éclairage peuvent excéder. Néanmoins, le petit dej' (plusieurs formules), que l'on choisit sur de grandes ardoises, est à la mesure de l'appétit des Allemands : copieux.
🍽 *Stadtgarten (plan I, A1, 32)* : Venloerstrasse 40. ☎ 952-994-20. U : Hans-Böckerplatz/Bahnhof West. Petit dej' parmi la verdure du parc municipal. Voir également « Où boire un verre ? »

Où manger ?

À Cologne plus qu'ailleurs, les tavernes sont au coude-à-coude. Histoire d'être provocateur, observez la clientèle. La brasserie est traditionnellement masculine. La femme, comme de coutume, est à la maison. Si, par hasard, elle souhaite y boire un pot, son mari (évidemment !) l'accompagne. Quoi qu'il en soit, tous ces lieux sont autant de bars où l'on peut se contenter de boire une bonne bière. Quand on veut y manger, on trouve des plats à tous les prix, ce qui permet aux moins fortunés de se remplir l'estomac sans trop bourse délier. Pensez à réserver le samedi soir sous peine de ne pouvoir dîner avant minuit. Parmi les spécialités culinaires, colonaises et rhénanes, notons le *Kölsch Kaviar* (boudin noir fumé accompagné de rondelles d'oignons), la *Bockwurst* (saucisse épicée servie avec un pain de seigle), le *Hämmchen* (jambonneau de porc et choucroute), la *Himmel un Äd* (pommes et pommes de terre bouillies et mélangées, avec leur boudin noir) et enfin les *Decke Bunne met Speck* (fèves en sauce et au lard). Tâchez de ne pas prendre trop de poids ! Souvent, un plat du jour à prix bas est proposé. Demandez-le. En général simple, typique et reconstituant. On peut aussi se sustenter du délicieux pain noir de la région de Cologne, le *Pumpernickel*. La petite histoire raconte que Napoléon, en goûtant ledit pain, se serait écrié : « Pouah ! c'est bon pour Nickel (son cheval) ! » De cheville en aiguille « bon pour Nickel » devint « Pumpernickel ». Si vous êtes invité chez un Allemand à l'heure de l'*Abendbrot* (pain de seigle et charcuterie), vous comprendrez. Il est dit qu'il existe autant de sortes de pains en Allemagne que de variétés de fromages en France !

Spécial fauchés

I●I **Yilmaz Imbiss** *(plan I, C1, 50)* : Eigelstein 67. ☎ 139-23-18. U : Breslauerplatz/Hauptbahnhof. Dans le quartier turc, derrière la gare. *Falafels*, *Döner Kebabs*, vraies pizzas turques végétariennes (idéal pour ceux qui ne mangeraient pas de porc) et pâtisseries fines, pour une fois légères. Très bon rapport qualité-prix. Ouvert tard le soir.

I●I **Rievkooche** *(plan II, H5, 51)* : juste en face de la gare. Ouvert de 10 h à minuit. Une blague à propos de ce kiosque-restaurant a cours en Allemagne : « Sortir de la gare centrale de Hambourg c'est ouvrir une porte sur le monde ; sortir de la gare centrale de Munich c'est ouvrir une porte sur le cœur du monde ; sortir de la gare centrale de Cologne c'est ouvrir une porte sur 3 *Reibekuchen* pour X euros ». Les *Reibekuchen*, ce sont ces beignets de pommes de terre et d'oignons qui déplaisent aux bourgeois à cause de l'odeur de « graillon ». Tient au corps, vite fait et pas cher.

I●I **Haus Lommerzheim** *(plan I, D2, 52)* : Siegesstrasse 18. ☎ 81-43-92. U : Köln-Deutz. En face de l'AJ. L'adresse routarde qu'il vous faut divulguer à mi-voix. Les habitués appellent cette taverne au plancher en lattes de bois le *Loomis*. L'ensemble du mobilier est plutôt bringuebalant et ne sera changé que si besoin est, qu'on se le dise ! Depuis des décennies, dans cette bonne vieille maison, on se serre les coudes avec des tablées de clients de tous âges. De son piédestal, Gambrinus, le roi de la bière, veille sur le zinc, haut comme trois pommes, et sur les verres de bière déjà tirée. Une fois déboulées les bonnes saucisses et côtelettes frites, c'est bien simple, on ne veut plus partir. Plus cher que le précédent mais nettement plus authentique sans être encore dénaturé.

Dans la vieille ville

De prix modérés à prix moyens

Nous vous avons sélectionné quelques-unes de ces brasseries plus typiques les unes que les autres... Vous y retrouverez les mêmes cartes à une ou deux variantes près. Les spécialités gravitent toutes autour de 10 ou 12 €, comptez environ 15 € pour un bon plat, tout cela arrosé de quelques bibines !

I●I **Alt Köln** *(plan II, G5, 53)* : Trankgasse 7-9. ☎ 13-46-71. U : Dom-Hauptbahnhof. Ouvert tous les jours midi et soir jusqu'à 23 h (dernier service). Dans la rue bordant le flanc gauche de la cathédrale. Un vieux de la vieille, avec sa structure de bois, ses escaliers en colimaçon, ses vitraux faussement rustiques, ses mezzanines, ses vieilles enseignes, ses lanternes qui pendent, sa fameuse *Kölsch Päffgen*, introuvable en bouteille, alors les Colonais viennent en pèlerinage pour la déguster. Bonne tambouille allemande qui tient au corps. Plat du jour. Plusieurs spécialités de Cologne, selon la saison, comme le *Himmel un Äd*.

I●I **Früh am Dom** *(plan II, G5, 54)* : Am Hof 12-14. ☎ 261-30. U : Dom-Hauptbahnhof. Ouvert tous les jours, toute la journée jusqu'à minuit. Entre les heures d'ouverture traditionnelles, service de repas froid. Autre pilier des tavernes de la ville. On y brassait la *Früh* mais, commerce oblige, la cave qui accueillait les tonneaux a été vidée et s'est ouverte aux consommateurs. On la déguste accompagnée d'un des nombreux plats du jour, souvent en sauce. En spécialité, la *Gulaschsuppe,* présentée de façon plutôt originale dans une petite miche de pain. Les serveurs virevoltent avec adresse, habillés d'un pull croisé bleu. Un passage le dimanche vaut le coup. Si vous tombez sur une réunion des confréries de la ville, chants traditionnels tels qu'on se les imagine. On se tient par les coudes et de chanter : « Um-pa, Um-pa, Um-papa ! » L'été, grande terrasse qui colonise la rue piétonne.

|●| ***Papa Joe Klimperkasten*** *(plan II, H5, 55)* **:** Alter Markt 50-52. ☎ 258-21-32. U : Dom-Hauptbahnhof. Ouvert jusqu'à 1 h (2 h en fin de semaine). Chouette bar-resto où la bière coule sans interruption. On s'assoit à d'anciennes tables de machine à coudre (on a enlevé les machines), et on laisse courir son regard embué sur les vieilles affiches, portraits aux murs et journaux collés. Ambiance plus jeune que dans les tavernes traditionnelles. On y écoute de la musique tous les soirs. Pour boire comme pour manger, on a aimé.

|●| ***Brauhaus Sion*** *(plan II, H5, 56)* **:** Unter Taschenmacher 5-7. ☎ 257-85-40. U : Dom-Hauptbahnhof. Ouvert tous les jours de 10 h à minuit. Lambris foncés dans toutes les salles, lampadaires rustiques, vitraux, éternelles tables de bois blanc et sacs de toile de houblon importés de Bavière. Bref, la panoplie complète de la taverne rhénane. Au fond, belle salle de 500 places. On y retrouve les spécialités du coin comme le *Decke Bunne met Speck* (fèves des marais au lard fumé) ainsi que le *Kölsche Kaviar* (boudin noir aux oignons). Terrasse pendant les beaux jours.

|●| ***Brauerei zur Malzmühle*** *(plan II, H6, 57)* **:** Heumarkt 6. ☎ 21-01-17. U : Heumarkt. Ouvert tous les jours de 11 h 30 à 23 h (22 h le dimanche). Brasserie la plus colonaise du vieux quartier, on s'empressera même de vous dire avec fierté que Clinton y fut compté parmi les hôtes ! Murs lambrissés où trône une énorme suspension au-dessus des têtes. Littéralement, *Malzmühle* signifie moulin à malt, le décor est planté ! Nourriture consistante : *Sauerkraut* et *Kartoffeln* sont bien là pour animer les assiettes de saucisses *(Bockwurst)* ou de jarret de porc. Inutile de dire qu'on arrose le tout de bière *Mühlenkölsch*. Mais indispensable de dire qu'elle est beaucoup moins chère que dans le centre.

|●| ***Gaffel Kölsch*** *(plan II, H5, 58)* **:** Am Alter Markt 20-22. ☎ 257-76-92. U : Heumarkt. Encore une brasserie mais celle-ci c'est la « chic » de Cologne. La tradition à l'état brut où les bonnes familles bourgeoises aiment à se montrer. Remarquez les nombreux écussons des guildes (les anciens corps de métiers de la ville) qui ont formé l'Assemblée de la ville.

|●| ***Altstadt Päffgen*** *(plan II, H6, 59)* **:** Heumarkt 62. ☎ 257-77-65. U : Heumarkt. Fermé le lundi. Certainement l'une des tavernes les plus populaires de la ville, voire franchement touristique. Aux beaux jours, tout le monde boit dehors, dans la rue. Mieux vaut éviter d'y manger ; plutôt à recommander pour son *Biergarten* en été.

|●| ***Päffgen*** *(plan II, E5, 60)* **:** Friesenstrasse 64-66. ☎ 13-54-61. U : Friesenstrasse. Ferme à minuit. Située dans une petite rue très animée, en particulier le week-end, la grande sœur de la précédente, à la différence près qu'elle ne reçoit guère de touristes. Même topo, grandes tables de bois poncées, fiers portemanteaux et fenêtres timides. Plafonds hauts et dominante de bois nourris par l'haleine chaude des clients. Une des meilleures bières, pour les Colonais. En été, poussez au fond du jardin : on peut y observer la production.

|●| ***Bei d'r Tant*** *(plan II, G6, 61)* **:** Cäcilienstrasse 28. ☎ 257-73-60. U : Neumarkt. Si vous en avez soupé des atmosphères braillardes des grosses usines à bière, cette brasserie, même petite, n'est pas pour vous, surtout les vendredi et samedi soir,

où l'ambiance tourne très vite à la beuverie! « Chez la tante » (en *Kölsch*), on tire la bière à même le tonneau.

I●I *Schreckenskammer* (plan II, G4, 66) : Ursulagartenstrasse 11. ☎ 13-25-81. U/S : K-Hansaring. Ouvert de 11 h à 13 h 45 et de 16 h 30 à 22 h 30. Fermé le samedi soir, le dimanche toute la journée et les jours fériés. Choix de rumstecks et d'escalopes de porc à la carte autour de 13 €. *Kölsch* artisanale brassée depuis 500 ans dans la même maison. Fréquenté principalement par les Colonais. Terrasse en face du cloître des Ursulines aux beaux jours.

I●I *Bieresel* (plan II, F5, 62) : Breitestrasse 114. ☎ 257-60-90. U : Appelhofplatz. La portion, selon que vous prenez la normale ou la *jumbo*, varie de 9 à 14 €. Un peu de changement dans ce monde de cochonnaille. Vous avez de la chance. Ici, le changement, c'est la moule! À la mode allemande, bien sûr.

Dans le quartier turc

De prix modérés à prix moyens

I●I *Vogel Weinhaus* (plan I, C1, 64) : Eigelstein 74. ☎ 12-16-01. U : Eberplatz. Fermé le dimanche soir. Voilà une *Weinhaus* qui ressemble à s'y méprendre à une brasserie, avec son zinc à mi-cuisse. Bonne bière, moins chère que dans le centre.

Plus chic

I●I *Bizim* (plan I, B-C1, 63) : Weidengasse 47. ☎ 13-15-81. U/S : K-Hansaring. Fermé les dimanche et lundi. Le décor est feutré, un tantinet ringard mais reconnu parmi la critique gastronomico-journalistique pour être le meilleur resto oriental d'Allemagne. Et ce n'est pas faux! Cuisine fine, inventive avec des produits de première qualité.

Biergärten

I●I *Biergärten Küppers Kölsch* (hors plan I par C3, 65) : Alteburgerstrasse 157. ☎ 934-78-10. U : Koblenzerstrasse. La *Küppers Kölsch* est à Cologne ce que le muscadet est au zinc. Sauf exception, si vous demandez une *Kölsch* ailleurs que dans une brasserie elle viendra à coup sûr de cette usine. Voir « Küppers Kölsch Museum ».

Où boire un verre ?

Tous les **restos** cités ci-dessus sont également des tavernes où l'on peut se contenter de boire un verre.

Dans la vieille ville

🍷 🎵 *Papa Joe's Jazz Lokal* (plan II, H6, 70) : Buttermarkt 37. ☎ 257-79-31. U : Heumarkt. Dans la partie animée de la vieille ville, longeant le Rhin. Le point de rencontre intergénérations le plus populaire de Cologne. Bar tout en longueur, avec ses habitués qui s'agglutinent sur 3 rangs. Au fond, un *jazz-band* qui secoue tout le monde et fait mousser la bière. Chaleureux et bruyant.

@ 🍷 *Päff* (À Gogo ; plan II, E5, 71) : Friesenwall 130. ☎ 12-10-60. U : Friesenplatz. Voilà encore un bar irréprochable. Déco simplissime, intérieur rouge orange tendance « deelite ». Très bons DJs (acid-jazz, drum' n'bass, electronic jam) et clientèle médiatico-branchée. Ni *dress code* ni videur.

Dans le quartier étudiant

Au cœur du « quartier Lateng » (prononcez « latingue »), la Zülpicherstrasse concentre le gros des lieux de rendez-vous estudiantins. Pubs, restos, troquets, fast-foods, etc.
Nos préférés :

🍸 **Bar Filmdose** *(plan I, A3, 76)* : Zülpicherstrasse 39. ☎ 23-96-43. U : Zülpicherplatz ou Barbarossaplatz. Ouvert jusqu'à 1 h et les vendredi, samedi, dimanche jusqu'à 3 h. Un vrai lieu de nuit accueillant une gentille faune ayant déserté les bancs de la fac.

🍸♪ **Subway** *(hors plan I par A2, 74)* : Aachenerstrasse 82-84. ☎ 51-79-69. U : Moltkestrasse. Groupes de jazz les mercredi, vendredi et samedi. À deux pas du quartier étudiant.

🍸 **Königwasser** *(plan II, E6, 75)* : Brabanterstrasse 9. ☎ 258-31-30. U : Rudolphplatz. Ouvert à partir de 21 h. Pas la peine de se pointer cependant avant 23 h. Ferme vers 3 h le week-end, 2 h les autres jours. Fermé les mardi et mercredi. Ne nous demandez pas pourquoi ce bar à peine visible depuis la rue est l'une des adresses à ne pas manquer. Il est tout petit, deux salles avec des néons *flashy* rouge et vert, et pas conventionnel pour un sou (visez les poissons « zarbi » dans l'aquarium). Parfois quelques DJs. Foule assez *fashion*. Une bonne adresse.

🍸 I●I **Stadtgarten** *(Jardin de la Ville ; plan I, A1, 32)* : Venloerstrasse 40. ☎ 952-994-10. U : Böckerplatz ou Friesenplatz. La maxime sur le fronton de l'édifice, « Satisfaire quelqu'un avec une banane n'est pas un art », ne manquera pas de vous faire réfléchir. Dans le jardin de la ville, donc entouré de verdure. Bar, restaurant (salades, gâteaux), salle de concert et cinéma (demandez le programme), terrasse l'été. Repaire des jeunes et des écolos de gauche. Partenaire du *Jazz à Fip* local, de la *WDR Jazz Radio*. Bonne programmation hétéroclite.

🍸 **Klapsmühle** *(plan II, E5, 77)* : Hohenzollernring 39-41. ☎ 257-12-27. U : Friesenplatz. Pas sensas mais sociologiquement intéressant, relativement provincial. Pour commencer, la déco ne peut laisser indifférent. Très fréquenté et examen au trombinoscope à l'entrée.

🍸♪ **Gloria Café** *(plan II, F6, 78)* : Apostelnstrasse 11. *Infoline* : ☎ 257-58-55. U : Neumarkt. À la fois café, resto, bar, boîte et ciné. Tout en couleur. Très fréquenté par la clientèle lesbienne et gay de la ville.

Où guincher ?

♪ **Tunnels** *(plan I, C3, 91)* : Kartäuserwall 18. ☎ 310-05-90. U : Chlodwigplatz. Pas évident à trouver d'autant que les proprios s'amusent à ouvrir plusieurs salles selon la faune et multiplient les sorties. Dans le sous-sol du même édifice que le resto *Anders Schulz*. L'entrée toute taggée annonce la clientèle margino-punky-destroy. Une fois les droits d'entrée acquittés, il faut parfois faire la queue en attendant que quelqu'un sorte d'une salle, retenir les lourdes portes anti-incendie et s'engouffrer dans une autre ambiance. Pour les cœurs aventureux. Quelques soirées lesbiennes-gays.

♪ **Prime Club** *(plan I, B3, 92)* : Luxemburgerstrasse 40. ☎ 92-44-60. U : Barbarossaplatz. L'une des premières scènes de Cologne pour les mixeurs. Toujours très fréquentée. Entrée triée sur le volet.

♪ **E-Werk** *(hors plan I par D1, 93)* : Schanzenstrasse 37. *Info-hotline* ☎ 962-79-10. Derrière le *Köln Messe* (le parc des expos). Même genre que le précédent mais en plus rock et industriel. Divers groupes de facture internationale style Massive Attack ou Motorhead.

À voir

🚶🚶🚶 ***La cathédrale*** *(Dom; plan II, G-H5) :* le cœur de la ville. C'est le monument le plus visité d'Allemagne, et de loin (plus de 5 millions de visiteurs !). L'effigie de la « Rome allemande » a récemment fêté ses 750 printemps avec pour cadeau une inscription sur la liste du patrimoine mondial de l'Unesco. Avec ses deux tours massives qui s'élancent à 157 m au-dessus de nos têtes, la cathédrale, splendide et figée vers le ciel, reste l'une des visions les plus populaires d'Allemagne. Tout a commencé avec Frédéric Barberousse. Au début du XIIe siècle, un de ses sbires rapporta dans son sac à dos les reliques des Rois Mages. Sous la pression des fidèles, toujours plus nombreux à vénérer ces ossements, on dut bâtir une cathédrale au milieu du XIIIe siècle. Partie pour être la plus grande du monde, elle s'essouffla plusieurs fois en chemin et ne fut achevée qu'en 1880 ! Son architecture est inspirée des cathédrales françaises d'Amiens et de Beauvais. Le chœur fut achevé au XIVe siècle puis une tour s'éleva doucement. À plusieurs reprises, le chantier s'arrêta, puis redémarra et s'arrêta à nouveau. Les ecclésiastiques n'avaient-ils pas eu la cathédrale plus grosse que le porte-monnaie ? Entre le milieu du XVIe et le milieu du XIXe siècle, elle offre l'image d'un chantier béant. On se décida pourtant à terminer l'ouvrage au milieu du XIXe siècle, profitant de la nouvelle mode néogothique. D'importantes fouilles furent entreprises au XXe siècle, sous et autour de la cathédrale. Des vestiges romains, notamment l'étonnante mosaïque de Dionysos, furent dégagés. On peut la voir au Musée romain-germanique.

Ce qui frappe d'emblée, c'est le gigantisme à défaut de la majesté, l'aspect écrasant à défaut de la finesse. Sa vraie délicatesse s'observe bien plus à l'intérieur qu'à l'extérieur habillé par une couche de crasse. La fragilité de la pierre rend les ravalements difficiles. Malgré tout, quelque 5 millions d'euros sont chaque année consacrés à la belle pour lui refaire une beauté. Sa façade composée de deux tours de 4 étages est surmontée de flèches hautes de 157 m. Les statuettes ornementales sont récentes, les originales étant conservées au Musée diocésain. On notera surtout, sur le flanc droit, les 4 portes de bronze. Celle de gauche (de 1953) est une allégorie de la Cologne en flammes. Touchant. La Seconde Guerre mondiale n'a pas épargné l'édifice. Sur la gauche de la façade ouest, un disgracieux ajout en brique rouge rappelle qu'un obus est venu terminer sa course à cet endroit. Faire un tour sur l'arrière de l'édifice, véritable forêt d'arcs-boutants soutenus par des piliers travaillés.

– À l'intérieur (ouvert de 6 h à 19 h 30), on est surpris par la hauteur et l'élégance de cette ***fantastique nef***, forêt de fins piliers (ou piliers fasciculés) supportant de gigantesques vitraux. Voici les éléments principaux : dans le bas-côté gauche, ***5 vitraux exceptionnels*** du début du XVIe siècle, qui évoquent la vie de saint Pierre et de la Vierge. Dans la nef, sculptures du XIXe siècle pour la plupart.

– ***La salle du trésor*** *(Dom Schatzkammer) :* ouvert d'avril à octobre, du lundi au samedi de 9 h à 17 h, le reste de l'année jusqu'à 16 h, et le dimanche de 13 h à 16 h. Entrée payante. Objets liturgiques, médaillons et orfèvrerie gothique et baroque essentiellement.

– ***Le chœur :*** se renseigner sur place pour les horaires. Entrée payante. Il est entouré de 104 stalles du XIVe siècle. Sur la partie extérieure, grande fresque à la détrempe décrivant des scènes religieuses. Le chœur est séparé du déambulatoire par d'élégantes grilles du XVIIIe siècle.

– ***La châsse des Rois Mages :*** derrière le maître-autel. Due à un Français, Nicolas de Verdun, qui la réalisa à la fin du XIIe siècle. Restaurée pendant les Trente Glorieuses, elle est composée d'argent doré, de pierres précieuses et d'un pourtour ciselé évoquant la vie de Jésus.

– *Les chapelles :* plusieurs sont dignes d'intérêt. La toute première sur la gauche, celle de la Sainte-Croix, accueille la croix de bois de Géro *(Gerokreuz)*, de style ottonien (Xe siècle), la plus ancienne d'Europe. Un peu plus loin, la chapelle Saint-Materne abrite le tombeau d'un archevêque. Celui-ci est entouré de tours à créneaux, curieuse allégorie de la paix retrouvée. La chapelle des Rois Mages est sans doute la plus belle. Elle abrita longtemps la châsse. Aujourd'hui, il reste les vitraux des XIIIe et XIVe siècles d'une étonnante finesse, ainsi qu'un beau retable. La chapelle Sainte-Agnès présente un sarcophage gothique. La chapelle de la Vierge propose l'un des joyaux de l'école de Cologne : le triptyque *Bildder* du XVe siècle, représentant les patrons de la ville ainsi que les Rois Mages. Également plusieurs sarcophages intéressants.

– À l'extérieur de la cathédrale, le portail au sud de la façade donne accès aux **tours.** Ouvert de 9 h à 18 h de mai à septembre (16 h les mois d'hiver, 17 h en mars, avril et octobre). Entrée : 1 €. Après 509 marches, on est hissé à 97 m. Bon courage !

Römisch-Germanisches Museum *(Musée romain-germanique ; plan II, H5)* : Roncalliplatz 4. ☎ 221-23-04. Ouvert du mardi au dimanche de 10 h à 17 h. Fermé le lundi. Entrée : 4,30 €. Demi-tarif pour les étudiants. Il rassemble le produit des fouilles effectuées dans la ville et fournit un témoignage complet et passionnant de la Cologne romaine. Musée résolument moderne, édifié sur la place de la cathédrale, en 1974, à la suite de la découverte de la **mosaïque de Dionysos**, sur le flanc de la cathédrale, en 1941. Cette pièce incroyablement conservée est d'ailleurs visible de l'extérieur du musée, par une vaste baie vitrée. Elle a conservé sa grande fraîcheur de tonalité. Motifs géométriques variés, médaillons gracieux. Au-dessus de la mosaïque, le très impressionnant et classique **mausolée de Lucius Poblicius,** découvert dans une cave en 1965. Il date de 50 apr. J.-C. et mesure près de 15 m. Ces deux pièces constituent le clou de la visite. Derrière, dans une salle attenante, une collection d'objets de la vie quotidienne au temps des Romains.

À l'étage, fascinante collection de verre, l'une des plus belles que l'on connaisse. Vases gravés, coupes de couleur, bouteilles ciselées, urnes aux formes délicates, beaucoup de bouteilles aux formes étranges, incrustées d'animaux, comme la bouteille aux dauphins, ainsi que le fameux verre Diatrète (IVe siècle). On verra encore des céramiques, bronzes, pierres sculptées, chapiteaux, pierres votives... La section de bijoux n'est pas en reste et fera se pâmer d'envie les coquettes.

Jetez également un coup d'œil à la **mosaïque des Philosophes** car il est possible d'en identifier les personnages y figurant (hommes politiques, philosophes et poètes). Ce chef-d'œuvre remonte à l'an 260 et fut découvert au cours du XIXe à l'endroit où se trouve à présent la Kunsthalle.

L'ensemble est présenté de manière aérée, claire et jamais barbante. Dommage que les commentaires ne soient donnés qu'en allemand.

Wallraf-Richartz-Museum et Ludwig Museum : ces deux musées étaient initialement réunis sous un seul et même toit. Depuis 2001, le Wallraf-Richartz a été déplacé à côté du *Rathaus,* laissant ainsi le Ludwig jouir de cet espace désormais vacant. Les collections restent *grosso modo* les mêmes : le premier musée abrite des collections datant du XIVe siècle jusqu'au début du XXe siècle ; tandis que le second présente essentiellement l'art américain et européen de 1945 à nos jours. Un troisième musée, l'*Agfa-Foto Historama,* est resté dans l'enceinte du Ludwig et retrace l'histoire de la photographie.

– *Wallraf-Richartzmuseum (plan II, H6) :* Martinstrasse 39. ☎ 22-12-23-72.
● www.museenkoeln.de ● Ouvert le mardi de 10 h à 20 h, du mercredi au vendredi de 10 h à 18 h, le week-end à partir de 11 h. Fermé le lundi. Entrée : 5,80 € ; réductions.

L'un était chanoine (Wallraf) et possédait une importante collection de tableaux. L'autre (Richartz), mécène-commerçant. De la rencontre de ces deux Colonais est né, au XIXe siècle, ce musée se situant désormais en face du *Gürzenich* et duquel on peut admirer le *Dom* et le *Rathaus* par ses grandes baies vitrées.

Sans passer en revue les différentes œuvres, voici les grandes écoles de peinture représentées. L'une des collections phares est celle de l'***école de Cologne du Moyen Âge*** (très riches peintures sur bois, du XIVe au XVIe siècle), où l'on trouve d'admirables retables, triptyques, et dont les pièces les plus anciennes datent du tout début du XIVe siècle. Le XVe est surtout présent avec des œuvres de Stefan Lochner. La Renaissance allemande est bien représentée avec Dürer, Cranach ou Burgkmair. Collections impressionnantes de ***peintures hollandaises et flamandes*** des XVIe, XVIIe et XVIIIe siècles. Toiles de Rembrandt, Van Dyck, Rubens, Frans Hals, Ruisdael et bien d'autres. Bref, le meilleur de ce qui se faisait à l'époque. Voir le bel autoportrait de Rembrandt. Une petite section est également consacrée à l'art espagnol du XVIIe.

Autre collection d'importance : les ***peintures allemandes et françaises du XIXe siècle***. Dans cette section, une grande place est faite aux romantiques. Des Corot, du réalisme social avec Courbet, de l'impressionnisme avec Renoir, Monet, Van Gogh, Sisley, Degas, Pissarro, etc., et encore Cézanne, Gauguin, Redon et Munch (expressionniste allemand). Le néo-impressionnisme est représenté par la « fondation Corboud ».

– **Le Ludwig Museum** *(plan II, H5)* : Bischofsgartenstrasse 1. ☎ 221-22-12-382. U : Dom/Hauptbahnhof. Ouvert du mardi au dimanche de 10 h à 18 h (le vendredi ouvert à partir de 11 h et nocturne jusqu'à 23 h le premier vendredi du mois). Fermé le lundi. Entrée : 5,80 € ; réductions.

Le fonds de ce musée a été constitué par un avocat colonais qui prit soin de mettre à l'abri des mains des nazis une partie considérable de cette collection. Elle retrace l'histoire picturale du XXe siècle jusqu'à l'art contemporain. Les peintres de Cologne sont très bien représentés et constituent la majeure partie du musée. Le reste est composé des diverses tendances européennes, comme la peinture de Matisse, Dalí, Léger, Picasso, Chagall et l'avant-garde russe... ainsi que Paul Klee et Max Ernst, sans oublier une importante section consacrée au pop art (Warhol et ses dérivés, Hamilton, Saint-Phalle, Lichtenstein...).

– **Le musée Agfa de la Photo :** ☎ 221-24-11. À la même adresse et ouvert aux mêmes horaires que le précédent. Entrée : 5,80 €. Il propose, dans un espace assez réduit, des centaines d'appareils photo et projecteurs qui retracent l'évolution de la mécanique photographique depuis le tout début. Certains sont absolument étonnants et, pour la plupart, très rares. On y voit le tirage de la toute première photo de 1827, ainsi que quelques centaines de photos de tous styles, choisies de manière assez brouillonne.

※ **Schnütgen Museum** *(plan II, G6)* : Cäcilienstrasse 29. ☎ 221-23-620. U : Neumarkt. Ouvert du mardi au vendredi de 10 h à 17 h ; les samedi et dimanche à partir de 11 h. Fermé le lundi. Entrée : 3,20 €. Demi-tarif pour les étudiants.

Situé dans l'ancienne église Sainte-Cécile. Un adorable musée à taille humaine, présentant de riches collections d'***art sacré***, du VIe au XVIe siècle. Lieu particulièrement serein et bonne présentation générale. Toutes les périodes et tous les styles sont représentés : art byzantin, bronze et ivoire sculpté du Moyen Âge, retables miniatures en ivoire, orfèvrerie romane, gothique et baroque. Sculptures polychromes sur bois du XVIe siècle, ainsi que des vêtements liturgiques de toute beauté. Voir tout particulièrement la vitrine des madones en marbre du XIVe siècle, au souple déhanchement et au gracieux sourire. Plusieurs retables témoignent d'un travail de sculpture d'une grande finesse. Sculptures sur pierre également, où l'on reconnaît les influences romanes et surtout gothiques du XIIIe siècle.

LA RHÉNANIE

Museum für Angewandte Kunst (plan II, G6) : An der Rechtsschule. ☎ 221-267-14. U : Dom/Hauptbahnhof. Ouvert du mercredi au dimanche de 11 h à 17 h et de 10 h à 17 h le mardi. Fermé le lundi. Entrée : 4,20 € ; réductions. Moitié prix pour les étudiants.

Grande bâtisse moderne, agréable et claire, présentant l'histoire des arts décoratifs. Explications en allemand et en anglais. Au rez-de-chaussée : Modern style, utilisation du plastique moulé, ainsi que diverses expos temporaires. Toujours au rez-de-chaussée et sur un étage intermédiaire, les tendances de la fin du XXe siècle sont particulièrement présentes : Art nouveau, Art déco, Bauhaus, années 1950, etc., jusqu'aux années 1980. Au 1er étage, les collections sont présentées depuis le milieu du deuxième millénaire jusqu'au XXe siècle. Essentiellement de la vaisselle (faïence, porcelaine) et du mobilier. Dans certaines sections, les collections s'élargissent à d'autres pays européens. Au 2e étage, belle salle de costumes féminins de tout le XXe siècle. Tous les grands de la haute couture sont présents. Excellent musée à ne pas manquer.

Cafétéria avec terrasse au rez-de-chaussée.

Kölnisches Stadtmuseum (plan II, F5) : Zeughausstrasse 1-3. ☎ 221-257-89. U : Appellhofplatz. Ouvert de 10 h à 17 h du mardi au dimanche. Nocturne le mardi jusqu'à 20 h. Fermé le lundi. Entrée : 4,20 € ; demi-tarif pour les étudiants.

Situé dans l'ancien arsenal, belle et grosse bâtisse abritant tous les témoignages possibles sur la ville de Cologne. Un peu un poème à la Prévert avec des chopes de bière, objets de carnaval, vaisselle en argent. Intéressante maquette représentant le centre historique. Et puis encore des témoignages disparates : un peu de verrerie, quelques armes, une vitrine d'archéologie... Petite section pudique sur le nazisme dont une grande photo de la ville à la fin de la guerre. À l'étage, nombreuses peintures « cartes postales » présentant la ville au cours de l'histoire. Maquettes de bateaux, section sur les métiers et superbe mappemonde. Bref, un intéressant bric-à-brac.

EL-DE-Haus (plan II, F5) : Appellhofplatz 23-25. U : Apellhofplatz, lignes n°s 3, 4, 5, 9, 12, 16, 18. Situé face au Kölnisches Stadtmuseum. Ouvert du mardi au vendredi de 10 h à 16 h et le week-end de 11 h à 16 h. Fermé le lundi.

En 1934, Leopold Dahmen, négociant colonais, fait construire sa bâtisse en centre-ville. Une position stratégique qui intéresse rapidement la Gestapo. La *Geheime Staatspolizei* (d'où est tirée l'abréviation Gestapo, autrement dit la police secrète) confisque la demeure et y installe son siège régional. Sa mission consistait à éliminer tout contrevenant au régime, quelles que soient les méthodes utilisées : abolition de toutes les libertés, détention, déportation... La maison EL-DE (d'après les initiales de son ancien propriétaire) détenait des prisonniers de toutes nationalités pour interrogatoires. Les 1 800 inscriptions mises au jour dans les cellules témoignent de la détresse et de l'angoisse de leurs occupants torturés.

Un témoignage terrifiant, poignant sur les crimes du national-socialisme qui prouvent encore une fois que les Allemands en général, les Colonais en particulier, ont la capacité et le courage de faire face à leur passé, d'en montrer l'horreur, en affirmant leur obstination à ne plus jamais le voir se répéter.

Museum für Ostasiatische Kunst : Universtätsstrasse 100. ☎ 940-51-80. U : Universitätstrasse. Ouvert du mardi au dimanche de 11 h à 17 h, nocturne le jeudi jusqu'à 20 h. Fermé le lundi. Entrée : 4,20 € ; réductions. Musée d'art d'Extrême-Orient. Collections de peintures et sculptures bouddhiques. Peintures sur éventail, rouleaux suspendus, céramiques chinoises et paravents japonais. Beaucoup d'art coréen également, notamment des céramiques.

Museum für Geschichte und Gegenwart der Schokolade (musée du Chocolat ; plan I, C2, 120) : Rheinauhafen 1a. ☎ 931-88-80. Fax : 931-

88-60. U15/17 : Ubierring. Ouvert du mardi au vendredi de 10 h à 18 h ; les samedi, dimanche et jours fériés de 11 h à 19 h. Dernière admission 1 h avant la fermeture. Entrée : 5,50 € ; réductions.

Situé sur une île, dans un beau bâtiment en forme de bateau le long du Rhin, ce musée – plus connu sous le nom de *musée Imhoff-Stollwerck* – retrace toute l'histoire de la fabrication du chocolat. La 1re salle, grosso modo, détaille la production et les conditions d'exploitation du cacao. Une serre renferme de nombreux plants ainsi que d'autres espèces tropicales. La 2e salle présente la civilisation « cacao » et l'évolution du produit de luxe à celui de boisson du peuple. Pour finir, la dernière pièce est celle de la société *Stollwerck,* très innovante dans ses procédés de marketing. Les distributeurs de chocolat, les images à collectionner insérées dans l'étui des plaquettes, c'est Stollwerck.

Le chocolat Stollwerck est disponible dans n'importe quelle grande surface et surtout moins cher qu'au musée même.

¶ ***Le musée du Sport et des Jeux Olympiques :*** Rheinauhafen 1, à côté du précédent. ☎ 33-60-990. Ouvert du mardi au vendredi de 10 h à 18 h (20 h le jeudi) et le week-end de 11 h à 19 h. Entrée : 4 € ; réductions. Musée interactif de grande envergure : le monde du sport et des disciplines sportives au travers de plus de 100 000 objets. Terrains de sport sur le toit avec des séances de démonstration dispensées par des professionnels.

À voir encore...

¶ ***Le Rathaus*** *(plan II, H5) :* sur la Rathausplatz, dans la vieille ville. Édifice intéressant bien que sans unité architecturale. Présente une tour octogonale du XVe siècle sur sa gauche, haute de 60 m, avec un carillon au sommet. Il propose en façade une jolie galerie Renaissance italienne. L'édifice fut reconstruit après la guerre.

¶ ***Le Prætorium*** *(prétoire) :* de la Rathausplatz, prendre sur la gauche puis encore la première à gauche, la Kleine Budengasse. Entrée par un édifice moderne de la mairie. Ouvert du mardi au vendredi de 10 h à 16 h ; les samedi et dimanche de 11 h à 16 h. Fermé le lundi. Entrée : 3 € ; réductions. Au sous-sol, on peut voir les ruines bien conservées d'un ancien prétoire romain, découvertes en 1953 lors de la construction de l'édifice présent. Endroit curieux ; les ruines appartenaient à un palais impérial du proconsul. On voit le système des anciennes canalisations.

¶ ***L'église Sankt Maria Im Kapitol*** *(plan II, H6) :* Kasinostrasse 6. U : Heumarkt. L'une des plus anciennes églises de la ville puisqu'elle fut édifiée au XIe siècle, mais malheureusement très endommagée au cours de la dernière guerre. Tout l'intérieur a été refait, sans modernisme exagéré, en conservant la forme des voûtes romanes. À noter, le beau jubé Renaissance et, à gauche de l'autel, une Vierge à l'Enfant du début du XIIe siècle, ripolinée façon santon de Provence. Dans le bas-côté droit, superbe porte sculptée du XIe siècle représentant les diverses scènes classiques de la vie de Jésus. Devant l'église, un cloître agréable dont une partie supérieure a été aménagée en HLM. Pas mal pour les locataires.

¶ ***L'église Sankt Maria in Lyskirchen*** *(plan I, C2) :* An Lyskirchen, au sud de la vieille ville, presque au bord du Rhin. En face du musée du Chocolat. U : Heumarkt. Édifiée au XIIIe siècle, cette église romane est surtout intéressante pour ses fresques pratiquement intactes. Scènes de l'Ancien et du Nouveau Testament. Multiples crues indiquées sur le tympan de l'une des portes.

¶ ***L'église Sankt Gereon :*** entrée par la Christophstrasse. U : Christophstrasse. Église au plan assez curieux, édifiée au IVe siècle pour célébrer saint Géréon, martyr chrétien. Il s'agit du seul édifice décagonal en Europe. Dans la crypte, sol de mosaïque du XIe siècle, sarcophage de saint Géréon, fresques du XIIIe siècle et retable Renaissance. Dans l'église même, une tapisserie d'Aubusson.

Le Rheinpark : U : Köln-Deutz. 50 ha de verdure, idéal pour la sieste. Un téléphérique joint l'autre rive du Rhin et offre de ce fait une jolie vue sur la ville. Bon également à noter, de mai à octobre, au *Tanzbrunnen,* série de concerts gratuits pour la plupart. Renseignements sur les programmes au : ☎ 88-28-63.

Marché de Noël : laissez les parfums du vin chaud vous enivrer, celui des marrons et du pain d'épice vous ramener aux temps de votre enfance et le froid vous fouetter les pommettes. Sur les quatre marchés de Noël de Cologne (Roncalliplatz, Neumarkt, Alter Markt et Rudolfplatz), on peut voir les étameurs, les souffleurs de verre et les tresseurs de couronnes de sapin à pied d'œuvre. Mis en place aux alentours du 25 novembre sur Alter Market, Neumarkt, Rudolfplatz et Roncalliplatz jusqu'à Noël. À noter, la *Saint-Nicolas* (5 décembre), qui est attendue avec impatience par tous les petits Allemands qui reçoivent ce jour-là cadeaux, bonbons et autres douceurs. Une sorte de Noël avant l'heure.

Küppers Kölsch Museum (hors plan I par C3, 65) : Altebürgerstrasse 157. ☎ 377-90. U6 : Koblenzer Strasse. Ouvert de 10 h 30 à 16 h 30 (le vendredi et le samedi jusqu'à 14 h). *Attention :* visites uniquement sur rendez-vous. Après l'effort spirituel, voici le réconfort ! Sachez que, jadis, la papauté n'a pas pris soin de censurer la production de bière. Ça vous laisse donc les coudées franches pour pouvoir visiter cette brasserie colonaise sans craindre les foudres religieuses. Depuis 874, la fabrication de la *Kölsch* (prononcez « keulch ») fait l'objet d'un soin extrême. Au début, elle fut distribuée uniquement dans la ville et ses alentours ; ses ingrédients ne furent réellement fixés par une association de brasseurs professionnels que vers la fin du XIVe siècle. C'est une bière à haute fermentation qui titre à 4,8° d'alcool. Une petite variante, la *Hefeweizen* est une bière de blé (et non d'orge) au levain, plus pétillante, reconnaissable à sa texture un peu trouble. La visite de cette brasserie comprend une dégustation (avec en prime un verre gratos), ainsi qu'une petite dégustation de *Halver* avec *Hahn*, pain aux céréales et fromage.

Le carnaval

Celui de Cologne est l'un des plus impressionnants d'Allemagne. Le défilé a lieu, en général, fin février. Plus d'une centaine d'associations y participent. Parallèlement au grand défilé, des dizaines de groupes déguisés et colorés arpentent la ville dans tous les sens. Carnaval véritablement populaire, il accueille une foule incroyable et bon enfant. En plus du défilé officiel, avec tribunes et entrée payante, le carnaval donne lieu à de nombreux défilés « off » où paradent des bandes de joyeux drilles auxquelles il fait bon se mêler. Le grand cri de ralliement du carnaval est *Alaaf* qui signifie à peu près « Cologne, en avant ! » En français, on dirait « Après moi, le déluge ! » Dans certains défilés, on distribue des gourmandises aux enfants tout le long du parcours. Le dimanche, chaque quartier organise son propre défilé. Le lundi, *Rosenmontag,* c'est le « Grand » défilé. Le jour de Mardi gras, à minuit, on brûle un mannequin de paille, et une retraite aux flambeaux est organisée. Le mercredi soir, pour clore, on fait un repas de poisson.

– Pour toutes les infos sur le carnaval, écrire à : **Festkomitee des Kölner Karnevals von 1823 E.V. :** Maarweg 134-136, D 50674 Köln. ☎ 57-40-00. Ainsi qu'à l'office du tourisme. Programme disponible à partir du 11 novembre, puisque la période du carnaval débute officiellement le 11 novembre à 11 h 11 (quelle ponctualité, ces Allemands !).

Nourritures spirituelles

◉ *Disquaire Saturn (plan I, B1, 100) :* Maybachstrasse 15. U : K-Hansaring. *Attention,* si vous avez des problèmes avec votre banquier et que vous aimez la musique, passez cette adresse. Le slogan publicitaire de ce disquaire est d'être « le plus grand du monde ». Une quantité HAL-LU-CI-NANTE de CD, toutes musiques et toutes versions. Mais comment font-ils ?
◉ *Librairie Gleumes & Co (plan I, B2, 101) :* Hohenstaufenring 47-51. U : Barbarossaplatz. ☎ 21-15-50. Une longue tradition héritée de l'armée fait sans doute des Allemands les meilleurs cartographes du monde. Si vous cherchez la carte de l'Abyssinie orientale, c'est ici que vous la trouverez.

– Sur la Hahnenstrasse, on trouve également de bons *livres d'occasion.*
– Un peu plus vers le nord, passé Ebertplatz, dans le quartier Nippes, on peut aller fouiner sur le *marché* (quasi méditerranéen) de la petite Wilhemplatz.

➤ *DANS LES ENVIRONS DE KÖLN (COLOGNE)*

🔦 **Le château de Brühl :** dans la ville de Brühl, à une quinzaine de kilomètres au sud-ouest de Cologne. ☎ 22-32-44-000. U18 : Brühl Mitte. Dans un grand parc face à la gare. Ouvert de février à fin novembre en semaine de 9 h à 12 h et de 13 h 30 à 16 h et le week-end de 10 h à 18 h. Fermé le lundi. Visites guidées uniquement, en allemand (on peut obtenir une visite guidée en français en appelant quelques jours à l'avance). Possibilité également de louer un système audio en anglais. Durée : 1 h. Entrée : 4 € ; réductions.
Le château s'ordonne au fond d'une belle allée. Pour nos lecteurs tintinolâtres, c'est tout à fait Moulinsart en plus grand, version ocre et gris. L'extérieur trahit une très nette influence classique française. Il fut construit par Clément Auguste au XVIIIe siècle. Quelques pièces furent détruites lors de la dernière guerre mais, heureusement, l'escalier monumental, clou du château, a été épargné et vaut le détour à lui seul. Vous l'avez compris, si l'extérieur est d'un académisme un peu ennuyeux, l'intérieur exprime un style baroque et rococo affirmé. La coupole en trompe l'œil reflète parfaitement ce style avec ses dorures, en veux-tu, en voilà. Peu de mobilier en revanche (les Français ont fait une razzia au XVIIIe siècle). À part l'escalier et la coupole, la visite parcourt quelques salles, salons, chambres, tous plus chargés les uns que les autres. À la fin, c'est un peu comme si on avait mangé trop de chantilly. Pour se reposer les yeux, flâner dans les jardins à la française, conçus par un élève de Le Nôtre, et qui mènent à un petit pavillon de chasse, le *Falkenlust,* de style baroque également (un hymne à la chasse au faucon, passe-temps préféré du propriétaire des lieux, faïences bleu et blanc de style hollandais, assez surprenantes au milieu des dorures et du stuc !). Le château est, à présent, classé au patrimoine mondial de l'Unesco. Face à l'entrée du château, un petit *Biergarten.* L'ancienne cafétéria attenante au château a laissé place à une *Orangerie,* version luxe. À conseiller uniquement pour le plaisir des yeux !

QUITTER KÖLN (COLOGNE)

En train

La gare de Cologne possède l'un des débits les plus élevés d'Allemagne. Quelque 1 200 trains quotidiens arrivent et partent au pied du Dom. Comparez les prix pratiqués par les agences de voyages autour de Chlodwigplatz et sur la Zülpicher Strasse, elles offrent parfois de bonnes réductions.

➤ *Pour Berlin (via Hanovre) :* 7 directs par jour. Compter 5 h 40 de trajet. Un train-couchettes par soir (sauf le dimanche), départ à 23 h.
➤ *Pour Francfort :* plus de 20 directs. Durée : 2 h 15.
➤ *Pour Hambourg (via Brême) :* 17 trains par jour. Durée : 4 h. Pas intéressant en couchettes. Sinon, il existe un nouveau train, le *Metropolitan*, ultrarapide et tout confort, qui fait Cologne-Hambourg en 3 h 24, avec arrêts à Essen et Düsseldorf.
➤ *Pour Munich :* moins de 10 directs par jour. Durée : 5 h 40. Deux trains-couchettes quotidiens.
➤ *Pour Stuttgart :* 30 trains par jour. Durée : 3 h 20.
➤ *Pour Paris :* 7 *Thalys* quotidiens via Bruxelles. Durée : 4 h.

BONN 310 000 hab. IND. TÉL. : 0228

Ex-capitale de l'ex-Allemagne de l'Ouest, cette bonne grosse bourgade provinciale sèche encore ses larmes. Quel mauvais tour on lui a joué en lui retirant ses chouettes joujoux que constituaient les ambassades et tout le tralala des BMW et Mercedes longues comme des corbillards ! Bonn a pris un bon petit coup de cafard. Du coup, elle se refait une beauté. Mais, à dire vrai, elle flottait un peu dans ses habits trop grands. D'ailleurs, les Allemands n'avaient-ils pas surnommé Bonn « Hauptdorf » (le village-capitale) ? Capitale depuis 1949, Bonn a toujours su qu'un jour ou l'autre, ce titre provisoire lui échapperait. Aujourd'hui, voilà qui est fait.
Et finalement, dans cette affaire, la ville a plus gagné que perdu. Elle s'est développée gentiment, sans jamais se départir de son aspect décontracté. Loin de l'agressivité commerciale de Cologne ou de Düsseldorf, Bonn se révèle étonnamment calme et accueillante, truffée d'espaces verts et de musées passionnants. C'est aussi une ville étudiante : les jeunes y circulent à vélo et le centre piéton concentre toute la population nocturne.

UN PEU D'HISTOIRE

Occupée par les Romains au début de notre ère, Bonn fut détruite par les Normands au IXe siècle, puis de nouveau au XIIIe siècle par le duc Henri de Brabant. À cette époque, on fortifia la ville. Les Français la ravagèrent au XVIIe siècle. Les Prussiens calmèrent le jeu au XIXe siècle sous leur domination. Le XXe siècle ne sera pas tendre pour Bonn qui pourtant se relèvera rapidement grâce à sa promotion au rang de capitale en 1949. Et elle a su négocier avec adresse ce nouveau virage de son histoire symbolisé par la suppression de son statut politique.

Arrivée à l'aéroport

➤ *Pour rejoindre la ville :* prendre le bus n° 670 ; départ toutes les 30 mn environ. Va jusqu'à la gare. Durée : 30 mn.

Adresses utiles

ℹ️ *Office du tourisme* *(plan B2) :* Windeckstrasse 1. ☎ 77-50-00. Fax : 77-50-77. ● www.bonn.de/tourismus ● Ouvert du lundi au vendredi de 9 h à 18 h 30, le samedi de 9 h à 17 h et le dimanche de 10 h à 14 h. Délivre de bonnes cartes de la ville, brochures sur les musées et une carte des parkings. Assure les réservations pour les hôtels et pensions quand il vous faut une chambre le jour même. Petite commission perçue.

Poste

✉️ ***Poste centrale*** *(plan B2) :* Münsterplatz.

Transports

🚂 ***Gare ferroviaire*** *(plan B3) :* Maximilianstrasse. ☎ 01805-99-66-33.

■ ***Location de vélos :*** *Kurscheid,* Römerstrasse 4. ☎ 63-14-33.

Spectacles

♪ ***Pour les concerts,*** trois possibilités : 1) *Theaterkasse,* à l'office du tourisme. 2) *Internet :* ● www.bonnticket.de ● 3) *Hotline :* ☎ 0180-500-18-12.

– Tous les ans, ***festival Beethoven.***

Internet

@ ***Surf Inn :*** dans la *Kaufhof Galeria.* Ouvert du lundi au vendredi jusqu'à 20 h. Le samedi, jusqu'à 16 h.

- **Adresses utiles**
  - ℹ️ Office du tourisme
  - ✉️ Poste centrale
  - 🚂 Gare ferroviaire
  - 2 Embarcadère BPS

- 🛏️ **Où dormir ?**
  - 10 Jugendgästehaus Bonn-Venusberg
  - 11 Hôtel Bergmann
  - 12 Hôtel Deutsches Haus
  - 13 Hôtel Eschweiler
  - 15 Hôtel Haus Hofgarten
  - 16 Hôtel Aigner

- 🍽️ **Où manger ?**
  - 20 Mensa
  - 21 Hähnchen
  - 22 Im Sudhaus
  - 23 Zum Gequetschten
  - 24 Em Höttche
  - 25 Im Bären

- 🍸 **Où sortir le soir ?**
  - 30 Café Pathos
  - 31 Rheinlust
  - 32 Brauhaus Bönnsch

- ♪ **Où écouter de la musique ?**
  - 33 Jazz Galerie

- 🎭 **À voir**
  - 50 Kunstmuseum Bonn
  - 51 Kunst-und-Ausstellungshalle der Bundesrepublik Deutschland
  - 52 Haus der Geschichte
  - 53 Deutscher Bundestag
  - 54 Château de Poppelsdorf et jardin botanique

Déplacements en ville

Pour visiter Bonn à moindre prix : la *Regio Bonn Card* qui, pour 9, 14 ou 19 €, vous permet d'utiliser pendant un, deux ou trois jours tous les transports en commun de la ville (bus, métro, tram) et de visiter les nombreux musées sans frais supplémentaires. N'est cependant pas le meilleur tuyau pour ceux qui ne restent pas longtemps.

BONN 329

BONN

Où dormir ?

Bon marché

L'AJ est loin du centre et les pensions et hôtels du centre sont chers. Faut dire qu'ici, on avait l'habitude de recevoir du beau linge en limousine plutôt que des routards sac au dos...

🏠 *Jugendgästehaus Bonn-Venusberg* (AJ; hors plan par A3, **10**) : Haagerweg 42, 53127. ☎ 28-99-70. Fax : 289-97-14. ● jh.bonn@djh.rheinland.de ● À quelques kilomètres au sud du centre, sur la colline de Venusberg. Pour y aller, de la gare, bus n° 621. C'est le plus pratique. Durée : 25 mn. S'arrête presque devant l'AJ. À pied, n'y comptez pas. Réception ouverte de 14 h à 22 h. Couvre-feu à 1 h. Ensemble d'édifices modernes, tout en brique, en pleine verdure. 250 lits en tout, en chambres de 4 lits ; quelques-unes de 2 lits, toutes à 21,30 € la nuit. Chambres simples également, mais beaucoup plus chères : 35,30 €. Petit dej' compris. Impeccable, au calme et doté de grands espaces verts. Cafétéria.

Prix modérés

🏠 *Hôtel Bergmann* (plan B1, **11**) : Kasernenstrasse 13, 53111. ☎ 63-38-91. Comptez entre 49 et 56 € la nuit en chambre double. Jolie façade un peu baroque. Chambres sans tralala. Douche et w.-c. à l'extérieur. Petit hôtel familial le moins cher et sûrement la meilleure affaire de la ville.

🏠 *Hôtel Deutsches Haus* (plan B1, **12**) : Kasernenstrasse 19-21, 53111. ☎ 63-37-77. Fax : 65-90-55. Central et assez bon marché. Chambres avec ou sans douche, de 57 à 77 € la double. Essayez d'éviter celles qui donnent sur la rue (bruyantes). Pas des plus propres (comparé au standard du pays, bien sûr !), mais accueil sympathique. Beaucoup de jeunes partagent cette adresse pendant l'été.

Prix moyens

🏠 *Hôtel Eschweiler* (plan C2, **13**) : Bonngasse 7, 53111. ☎ 63-17-60. Fax : 69-49-04. Différents prix pour différents niveaux de confort : sans ou avec douche, ou encore avec douche et w.-c., de 59 à 86 € pour une double. Le patron est marocain et parle français. Pas le grand confort et repeint à la va-vite. En fait, pour moins cher, on préfère les précédents. Choix honnête, cependant, si les autres sont complets. Situé au-dessus d'un restaurant mexicain.

🏠 *Hôtel Haus Hofgarten* (plan C3, **15**) : Fritz-Tillmanstrasse 7, 53113. ☎ 22-34-72. Fax : 21-39-02. En face de la *Caritas Haus*. Belles chambres spacieuses, avec ou sans sanitaires, allant de 64 à 95 € pour une double. Le patron parle le français. Belle demeure familiale près de l'un des (grands) parcs de Bonn. La patine du bois et l'escalier qui craque nous ont particulièrement séduits. La maison est ornée de vieux meubles, et ça sent bon la cire et la lavande... Petit dej' maison. Une adresse bien reposante, même en centre-ville !

Un peu plus chic

🏠 *Hôtel Aigner* (plan B1, **16**) : Dorotheenstrasse 12, 53111. ☎ 63-10-37. Fax : 60-40-60. Petit hôtel charmant dans le quartier des étudiants, à 5 mn du centre. Une nuit en chambre double coûte autour de 79 €, prix plus bas le week-end : 71 €. *Attention* : les prix augmentent pendant les foires ! On adore ce coin vivant et populaire. Chambres modernes et parfaitement tenues, même si les salles de bains sont parfois réduites à leur plus simple appareil. Bon petit dej'. Charmant accueil. L'une des réceptionnistes est française. Clientèle d'agences. Pour les surfeurs invétérés, accès à Internet possible, à raison de 5 € l'heure environ.

Où manger?

Toutes sortes de restos en ville, vu la diversité ethnique de la ville, du temps où elle était une capitale. Mais nous, on s'est attachés à vous dégoter les adresses typiques d'ici. À quoi bon manger des *souvlakis* au royaume de la saucisse?

Spécial fauchés

IOI *Mensa (plan C2, 20)* : Nassestrasse 11, non loin de la gare. Le resto de l'université. Bon marché et cuisine de cantine, bien sûr.

IOI Dans le quartier des étudiants, de part et d'autre de Dorotheenstrasse *(plan A-B1)*, nombreux **vendeurs de Döner Kebabs**.

De prix modérés à prix moyens

En fonction de ce que l'on prend, un même resto oscille entre « pas cher » et « assez cher ».

IOI *Hähnchen (plan B2, 21)* : Münsterplatz. ☎ 65-20-39. Bonne grosse taverne sur l'une des gentilles places centrales de la ville, au cœur du quartier piéton. On s'en sort à 18 € grosso modo pour un bon repas. Grande terrasse dès les beaux jours. Cuisine rhénane copieuse et bien faite. Toujours beaucoup de monde.

IOI *Im Sudhaus (plan B2, 22)* : Friedensplatz 10. ☎ 65-65-26. Ouvert tous les jours jusqu'à 1 h; service jusqu'à 23 h. Spécialités autour de 10,50 €. Sur l'une des places les plus populaires de la ville dès que le soleil pointe. Belle terrasse. Cuisine tout à fait rhénane et bar animé, toutefois on a déjà eu mieux à se mettre sous la dent...

IOI *Zum Gequetschten (plan B2, 23)* : Sternstrasse 78. Juste à côté de Friedensplatz. ☎ 63-81-04. Sert jusqu'à minuit tous les jours. Comptez entre 6 € et 7,50 € pour une assiette. Taverne-resto compartimentée par des sortes de comptoirs à vitraux et longues tables de bois. Musique ringarde allemande genre top 50. Clientèle entre le 2e et le 3e âge. Menu différent tous les jours, avec des plats pas chers, généralement composés de porc, de pommes de terre, de choux, de porc, ou de choux, ou de pommes de terre !!!

Plus chic

IOI *Em Höttche (plan C2, 24)* : Markt 4. ☎ 69-00-09. Plat principal aux environs de 10,50 €. Resto chic et familial qui change des tavernes bruyantes. Ça reste toujours très touristique mais on y sert une cuisine plus raffinée que dans les tavernes traditionnelles. On raconte même que Beethoven y aurait mangé autrefois... Bougies sur les tables, ambiance courtoise et distinguée, sur la plus belle place de la ville. *Rheinischer Sauerbraten*, et toujours un grand choix de poissons proposés à la carte.

IOI *Im Bären (plan C2, 25)* : Acherstrasse 1-3. ☎ 63-32-00. Ouvert tous les jours jusqu'à minuit. L'addition ne varie guère (tout comme les plats!), prévoir environ 12 € pour un plat principal. Adresse plutôt sereine, atmosphère détendue pour une cuisine tout à fait germanique et basique. Tous les plats de *Kartoffeln*, de *Sauerkraut* et de cochon pour vous, cher lecteur. Reste l'un des piliers de la culture culinaire de Bonn. Une des spécialités : la *Bären Grillteller*, micmac de steak de porc, de saucisse et de lard (ben oui!).

Où sortir le soir ?

– Les soirs d'été, toutes les places du centre-ville sont occupées par les terrasses de cafés. Atmosphère vraiment agréable. Voici celles où l'on trouve le plus de monde : *Marktplatz, Münsterplatz* et *Friedensplatz*. Toutes les tavernes typiques sont autant de bars avec terrasses.
– Pour trouver les étudiants, il faut aller au nord d'Oxfordstrasse. Trois rues, à 5 mn du centre, concentrent l'animation nocturne et estudiantine : *Breitestrasse, Dorotheenstrasse* et *Maxstrasse*. Nombreux bars les uns à côté des autres. Pas d'adresses particulières à signaler. À vous de choisir en fonction de votre *feeling* et de l'ambiance.
On vous signale quand même trois adresses hors du quartier étudiant, que vous n'auriez pas forcément trouvées tout seul :

▼ *Café Pathos* (hors plan par C3, **30**) : Weberstrasse 43. ☎ 22-43-06. Dans le quartier chic. Jeunes un peu branchés et bonne musique. Terrasse par beau temps.

▼ *Rheinlust* (hors plan par D1, **31**) : Rheinaustrasse 134. ☎ 46-98-60. De l'autre côté du Rhin, au pied du Kennedybrücke. L'endroit le plus à la mode de la ville. Moderne, aéré, avec une clientèle propre sur elle et légèrement bourgeoise. Chic et cool. Parfait pour rencontrer la jeunesse d'un classicisme de bon aloi. Nous vous déconseillons toutefois d'y manger, la nourriture ne jouissant pas d'une bonne réputation auprès des locaux...

▼ *Brauhaus Bönnsch* (plan B2, **32**) : Sterntorbrücke 4. ☎ 65-06-10. Bar populaire qui brasse tous les styles et tous les âges. Au-dessus du bar, un demi-fût de brassage en cuivre. Sympa pour boire une *Bönnsch* (bière locale) dans un verre-flûte redessiné par la maison. Nourriture pas terrible en revanche.

Où écouter de la musique ?

♪ *Jazz Galerie* (plan B2, **33**) : Oxfordstrasse 24. ☎ 63-93-24. Entrée à environ 6,50 €. Il semblerait que l'endroit ne porte plus vraiment bien son nom... Dommage ! Les concerts, plutôt style blues ou rock désormais, se limitent aux dimanche et lundi. Le reste de la semaine, soirées à thème, de 21 h à 3 h (4 h le week-end). Enfin, s'il vous prenait la fièvre du samedi soir, vous saurez où aller vous faire soigner !

À voir

Trois grands musées modernes d'une grande valeur ouverts en 1993 et regroupant d'impressionnantes collections d'art. Une carte permettant l'accès aux principaux musées de la ville ainsi qu'aux transports peut être achetée à l'office du tourisme, à la gare et à la station de bus. Le centre-ville se visite à pied mais l'accès aux grands musées peut se faire en voiture.

¶ **Kunstmuseum Bonn** (musée d'Art de Bonn ; hors plan par C3, **50**) : Friedrich-Ebertallee 2. ☎ 77-62-60. De la gare centrale, métros n°s 16, 63 et 66 vers Rheinallee. Descendre à Heussallee. Ouvert du mardi au dimanche de 10 h à 18 h, nocturne le mercredi jusqu'à 21 h. Entrée : 5 €. Réduction étudiants. Avec le centre d'Art et d'Exposition d'Allemagne et la maison de l'Histoire, ce musée constitue un enrichissement culturel énorme pour la ville. Ce vaste carré, massif et harmonieux à la fois, répond à des critères esthétiques moins audacieux que son voisin mais ne manque pas de personnalité. Musée des Beaux-Arts consacré essentiellement à la peinture et à la sculpture. La collection principale regroupe les expressionnistes de la Rhénanie : Max Ernst, August et son cousin Helmut Macke. Section sur l'art allemand depuis 1945 avec, en bonne place, des artistes comme Joseph Beuys. Une partie est consacrée à l'art graphique et à la vidéo. Expos temporaires également.

🏃 **Kunst-und-Ausstellungshalle der Bundesrepublik Deutschland** *(centre d'Art et d'Exposition d'Allemagne ; hors plan par C3, 51)* : Friedrich-Ebertallee 4. ☎ 917-12-00. Ouvert du mardi au dimanche de 10 h à 19 h (nocturne les mardi et mercredi jusqu'à 21 h). Entrée : 6,50 € ; réductions. De l'audace et encore de l'audace ! Ce vaste édifice, initié par l'ancien chancelier Kohl, est d'une incontestable modernité, coiffé de trois tours-puits de lumière. Les 16 colonnes devant symbolisent les 16 Länder fédérés du pays (cinq colonnes ont été rajoutées après la réunification). Dans ce musée sont présentées de vastes expos temporaires sur l'art sous toutes ses formes ainsi que les sciences du monde entier. S'adresser à l'office du tourisme pour connaître les expos en cours.

🏃 **Haus der Geschichte** *(maison de l'Histoire ; hors plan par C3, 52)* : Willy-Brandtallee 14. ☎ 916-50. À deux pas des précédents. Ouvert du mardi au dimanche de 9 h à 19 h. Entrée gratuite. Superbe musée qui retrace sur cinq niveaux l'histoire de l'Allemagne de 1945 à nos jours. Les explications sont en allemand, mais on peut acheter un guide en français à l'entrée. Véritable hommage à la république installée en Allemagne de l'Ouest après la Seconde Guerre mondiale. Les Allemands en sont fiers. Il faut dire qu'ils n'en ont connu qu'une avant, celle de Weimar. Au premier niveau, les visiteurs peuvent s'asseoir sur des sièges tout droit sortis du parlement, et voter, cette fois pas pour des députés, mais pour une séquence historique diffusée ensuite sur un écran géant. Jardin peuplé de nains représentant les différents hommes politiques allemands.

🏃 **Beethovens Geburtshaus** *(maison natale de Beethoven ; plan C2)* : Bonngasse 20. ☎ 981-75-25. Ouvert d'avril à fin octobre du lundi au samedi de 10 h à 18 h (17 h en hiver) et le dimanche de 11 h à 16 h. Entrée : 4 €. N'est pas accessible aux personnes handicapées. Pour les mélomanes. Maison natale de l'artiste, dont la ville est très fière. Composée de deux maisons qui furent réunies par la suite. Les parents de l'artiste vécurent là à partir de 1767 et le petit Ludwig y naquit en 1770. Quasiment aucun des meubles présentés n'est d'origine, mais de nombreux instruments et partitions originales sont exposés. Dans les pièces du 1er étage, on verra un orgue sur lequel il accompagnait la messe et un alto dont il jouait également. Portrait du compositeur à 16 ans. Au 2e étage, la pièce de Vienne : s'y trouvent les instruments du quatuor de Beethoven, offerts par le prince Lichnowsky, mécène attitré de l'artiste. Une autre vitrine présente son masque mortuaire, à l'âge de 56 ans. Noter les cornets acoustiques du début du XIXe siècle. Dans la même vitrine, le *Testament de Heiligenstadt* écrit en 1802. Déjà, le pauvre était sourd comme un pot. Dans cette même pièce, son dernier piano couvrant 6 octaves 1/4 et réalisé en 1823.
Sous les combles, la dernière salle est la chambre natale de Beethoven, où trône son buste.

🏃 **Das Rheinische Landesmuseum Bonn** *(musée de la Rhénanie ; plan A-B3)* : Colmanstrasse 14-16. ☎ 729-41. Ouvert de 11 h à 17 h (nocturne le mercredi jusqu'à 20 h). Fermé le lundi. Entrée gratuite. Musée qui, malgré sa conception moderne, fait vraiment vieillot, surtout à côté de la brochette de nouveaux musées. Cela dit, on verra ici, et sur 3 niveaux, une inestimable collection de témoignages sur la civilisation rhénane à travers les temps, de la préhistoire à nos jours. Le musée a été complètement remis à neuf depuis la fin 2003. L'agencement des lieux risque d'avoir été modifié.

– *1ᵉʳ étage :* il accueille les antiquités romaines et la préhistoire. Belle mosaïque du IIIᵉ siècle, vitrines de bronzes, section de verrerie, un portique romain. Dans la section préhistorique, on verra la calotte crânienne originale de l'homme de Neandertal trouvée dans les environs de Düsseldorf en 1856 et vieille de 50 000 ans ! De l'âge du bronze, voir une épée (1500 av. J.-C.) à la poignée dorée.
– *2ᵉ étage :* large section sur les Francs de 450 à l'an 700. Deux très vieilles barques du XIIᵉ siècle en mauvais état. Une autre partie est consacrée à l'art en général du XVᵉ au XIXᵉ siècle. Peintures baroques, mobilier du XVIIIᵉ siècle aux marqueteries fines, vaisselle d'argent, céramique...
– *3ᵉ étage :* cabinet des monnaies et section de peinture rhénane des XIXᵉ et XXᵉ siècles. Pas de grandes toiles mais un bon aperçu de la peinture locale, comme les toiles de Peter Janssen. Au total, un musée à la présentation tristounette, mais qui, lorsqu'on s'intéresse aux domaines proposés, pourra procurer un certain plaisir à défaut d'un plaisir certain.

🚶 *Deutscher Bundestag* *(Chambre basse du Parlement allemand,* leur « Assemblée nationale » ; *hors plan par C3, 53)* **:** Görrestrasse 15. ☎ 16-21-52. Ouvert les samedi et dimanche de 10 h à 16 h. Visite guidée. Beau bâtiment construit juste avant que l'Allemagne ne se réunifie. La question était de savoir ce qu'on allait faire de lui quand le Parlement aurait déménagé à Berlin, eh bien voici la réponse : on lui offre une bien belle retraite puisque c'est un centre de congrès international qui s'est installé dans ses murs, particulièrement fréquenté par des représentants de l'ONU.

🚶 *Frauenmuseum* *(musée des Femmes ; plan B1)* **:** Im Krausfeld 10. ☎ 69-13-44. Ouvert uniquement le week-end. Entrée : 4 €. Expos temporaires d'œuvres d'art pour les femmes par les femmes. Pour les féministes endurcies.

🚶 *Arithmeum* *(plan C3)* **:** Lennestrasse 2. ☎ 73-87-90. Ouvert du mardi au dimanche de 11 h à 18 h. Entrée : 3 € ; réductions. Pour ceux que les cours de maths n'ont pas traumatisés, et peut-être bien pour les autres aussi, un musée tout nouveau tout beau sur l'histoire du calcul à travers les âges, avec exemplaires de machines à calculer et autres ancêtres des ordinateurs... Une architecture très contemporaine où les objets exposés jouent avec la lumière, les surfaces et les couleurs. Original.

🚶 *Le château de Poppelsdorf et le jardin botanique* *(hors plan par B3, 54)* **:** le château est situé au bout de la Poppelsdorferallee, superbe allée bordée de châtaigniers et de fleurs. Datant du début du XVIIIᵉ siècle, la construction du château fut décidée par Clément-Auguste. Facture classique de la façade et cour originale en hémicycle à l'italienne. Le château fait partie aujourd'hui de l'université et ne se visite pas.
En revanche, il faut en faire le tour et visiter le *jardin botanique* (ouvert de 10 h 30 à 12 h et de 14 h à 16 h ; le dimanche, de 9 h à 13 h). Présente dans des serres remarquables des centaines d'essences tropicales et semi-tropicales. Mention spéciale pour celles aux cactus. Du château, on peut atteindre à pied la *Kreuzbergkirche.*

À voir encore

🚶 *La collégiale* *(Münster ; plan B-C2)* **:** dans le centre de Bonn, sur Martinsplatz. Intéressante par son plan en trèfle, symbolique du style roman du XIIᵉ siècle. À l'extérieur, l'église a des allures de forteresse, avec sa haute tour octogonale et ses tourelles. Imposante mais pas laide. À l'intérieur, nef gothique. Plusieurs éléments baroques dans la décoration, notamment la chaire. Noter la longueur du chœur. Crypte du XIᵉ siècle.

※ Rathaus *(plan C2) :* ancien hôtel de ville sur la charmante Marktplatz. Style rococo du meilleur effet, avec ses tons rose et gris.

Balade en bateau

🚢 La *compagnie BPS (Bonner Personen Schiffahrt ; hors plan par D2, 2)* affrète, en saison, 3 bateaux au départ de Bonn vers Boppard (via Coblence). ☎ (0228) 63-63-63. Même fréquence pour le retour. Supplément pour les vélos.

ALTENAHR (53505)

Jolie bourgade au bord d'une rivière, au pied de majestueux éperons rocheux dressés fièrement vers le ciel. Au sommet de l'un d'eux, les ruines d'un château du XII° siècle. Charmant. Avec ses maisons fleuries, ses montagnettes environnantes et son gentil cours d'eau, Altenahr constitue une halte sympathique, où l'on trouve également de bons bars à vin.

Adresse utile

🅘 Petit *office du tourisme* dans le centre.

Où dormir ?

Camping

⛺ *Campingplatz :* à 10 mn à pied du centre, vers l'est, au bord de la rivière. ☎ 85-03. Pas beaucoup d'ombre. Grande pelouse agréable.

Prix modérés

Ce n'est pas le choix qui manque ! Toute une clique de petites pensions le long de la Seilbahnstrasse (la rue qui mène au télésiège) pour les porte-monnaie légers ou nombreux hôtels aux styles différents le long de la rue principale. Liste des pensions à l'office du tourisme.
De confidence en confidence, un petit hôtel de charme nous a beaucoup séduits :

🏠 *Zum Schwarzen Kreuz :* Brückenstrasse 7. ☎ 02-643-15-34. Dans la rue principale. Fermeture annuelle en janvier. À partir de 61 € la double selon la saison... Sa façade rose et ses colombages lui donnent un air de maison de poupées... Intérieur labyrinthique, chambres toutes différentes au style plutôt vieillot mais très cosy ! L'accueil est souriant. Avec un peu de chance, vous aurez peut-être droit à un tarif préférentiel ! Possibilités de demi-pension et de pension complète.

Où danser ?

🎵 *Hôtel-Café Lang :* Altenburgerstrasse 1. ☎ 20-91-93. Le soir, on y dîne, et, surtout, on y danse « mit Katja und Stephan ». Ambiance, ambiance. Les bords de Marne version allemande.

À voir. À faire

Pas grand-chose, mais l'atmosphère générale de la vallée est empreinte de douceur.

– **Télésiège :** à l'extrémité de Seilbahnstrasse, télésiège au sommet duquel on embrasse un superbe **panorama** sur toute la vallée. Au loin, les ruines romantiques du château.

À 2 km d'Altenahr, à **Kreuzberg,** vue sur un joli petit **château** au sommet d'un éperon rocheux.

➤ *La route d'Altenahr à Bad Münstereifel* est un ravissement. Elle suit le dessin de la vallée.

BAD MÜNSTEREIFEL (53902) IND. TÉL. : 022-53

De fiers remparts, une rue piétonne centrale permettant une gentille promenade longeant des maisons à colombages, le tout au bord d'une petite rivière coulant au pied d'un mur d'enceinte du XIIIe siècle.

Adresse utile

Office du tourisme : Langenhecke 2. ☎ 50-51-82. Fax : 50-51-14.

Où dormir ?

Jugendherberge : Herbergsweg 1-5. ☎ 74-38. Fax : 74-83. • jh-bad-munstereifel@djh-rheinland.de • La nuit est à 15 €. Tarifs dégressifs. Pension complète à 21 €. Location de draps à 3,50 €. Dortoirs de 4, 6 ou 7 lits. Possibilité de chambre double à raison de 5 € de plus par nuit. Véhicule vivement conseillé. Sinon, du centre, 15 mn de grimpette à pied ! Entouré de beaucoup de verdure, un édifice sans charme. Pas grand-chose à en dire si ce n'est que c'est le mode d'hébergement le moins cher et que le couvre-feu est à 22 h !

De prix modérés à prix moyens

Hôtel Clüsserath : Wertherstrasse 28. ☎ 86-87. Dans la rue piétonne principale. La double est à partir de 61 €. Entrée un peu baroque. Réception au 1er étage. Chambres propres et tout à fait confortables donnant sur une cour intérieure, avec vue sur les collines environnantes.

Hôtel Witten : Wertherstrasse 5-9. ☎ 922-22. Dans une charmante maison du centre, dans le quartier piéton. Chambres doubles allant de 56 à 66 €. Acceptables, certaines avec douche et w.-c. Préférer celles avec vue sur la rue piétonne à celles donnant sur la terrasse et ses beaux tuyaux d'aération !

Où manger ?

Tout le long de la rue principale, plusieurs restos servent une nourriture internationale dénaturée... et surgelée. Passez votre chemin.

À voir. À faire

🏛 Rathaus : dans Heisterbacherstrasse, rue perpendiculaire à la rue piétonne, voir ce massif et charmant hôtel de ville, tout de rouge vêtu.

🏛 L'église Sankt Chrysanthus und Daria : presque face à l'hôtel de ville. La base romane est du XIe siècle. Aspect assez lourd mais bonnes proportions. Pas grand-chose à l'intérieur.

➤ Tout autour du centre, plusieurs chemins de balade mènent à de beaux points de vue sur le bourg. Emprunter la rue qui grimpe sur la gauche de l'église des jésuites. Beau **panorama** sur les toits d'ardoise en avalanche.

L'ABBAYE DE MARIA LAACH IND. TÉL. : 026-52

À une trentaine de kilomètres au nord de Coblence, intéressante **abbatiale** très dépouillée, dont la première pierre fut posée au XIe siècle. Elle fut édifiée sur les plans d'une basilique romane. Ouvert de 5 h 30 à 20 h. Fermé le lundi entre 8 h 30 et 11 h, également durant les offices. Sa situation au bord du *Laacher See*, beau lac de cratère de l'Eifel, l'enveloppe d'une atmosphère toute particulière. Cette église bénédictine présente en fait assez peu de particularités, si ce n'est ce curieux narthex du XIIIe siècle devant l'église en forme de cloître, proposant d'intéressants chapiteaux. Intérieur à trois nefs, quasi nu. Chapiteaux joliment ciselés, surtout celui du portique principal. Autel surmonté d'un baldaquin. Messe à 9 h avec chants grégoriens. Un chemin permet de faire le tour du lac (8 km). Bien agréable et serein.
– À deux pas de l'abbaye, petit **musée de la Nature** (*Naturkundemuseum*). Ouvert de 9 h 30 à 18 h (17 h l'hiver). Situé à 15 mn à pied, en traversant une petite forêt, mais la présence de l'autoroute rappelle un peu trop le monde des hommes. Dioramas, animaux empaillés. Cafétéria.

Où dormir ? Où manger ?

🏠 🍴 *Naturfreundehaus Laacher See und Jugendherberge* : Laacherseestrasse 17, 56743 Mendig-Eifel. À 5 mn en voiture, avant d'arriver à Laacher See, sur la gauche en venant de Coblence. Pas de couvre-feu. Prix modiques : autour de 13 € la nuit. Grande maison jaunâtre qui accueille les amis de la nature. 87 lits en chambres de 4 personnes. Cuisine disponible. Possibilité de camper à côté, sur un bel espace vert, et d'utiliser les sanitaires de la maison. Des repas sont également servis.

Plus chic

🏠 *Seehotel Maria Laach* : au bord du lac et à deux pas de l'abbatiale. ☎ 58-40. Très cher : chambres entre 128 et 184 €. Hôtel au style rétro mais à l'intérieur moderne. Reste le site agréable.

MAYEN (56727) IND. TÉL. : 02651

Fidèle au schéma de toutes les bourgades de la région, Mayen propose son centre piéton et quelques vestiges de fortifications. Elle fut en grande partie reconstruite après la guerre.

Adresse utile

Office du tourisme : Altes Rathaus, Am Markt. ☎ 90-30-04.

Où dormir ?

▲ **Jugendherberge** *(AJ)* : Am Knüppchen. ☎ 23-55. Fax : 78-378. ● jh-mayen@djh-info.de ● À l'est du centre, à 15 mn à pied environ. Ceux qui arrivent en train descendront à Mayen Ost. L'AJ est à 10 mn, mais ça grimpe. Couvre-feu à 24 h, mais les majeurs et vaccinés ont droit à une clef de la maison ! La nuit est à environ 13 €. À côté du lycée, building entouré de verdure. Jolie vue sur le château Genovevaburg. 130 lits en chambres de 2, 4 ou 6.

▲ **Hôtel Keupen :** Marktplatz 21-23. ☎ 730-77. En plein centre. Entrée par une rue à gauche de la pizzeria. Compter 56 € la double. Un toit pour dormir pour ceux qui ne sont pas à l'AJ. Chambres quelconques avec sanitaires.

Pas mal d'autres adresses dans le même genre dans le quartier.

À voir

Eifeler Landschaftsmuseum : situé dans le château Genovevaburg, dominant la ville. Ouvert du mardi au vendredi de 10 h à 12 h 30 et de 14 h à 17 h, le samedi de 11 h à 17 h. Fermé le lundi. Ce vieux château du XIIIe siècle, détruit au XIXe et rebâti dans le style Renaissance, abrite un beau musée. Les deux premiers étages présentent d'importantes collections de pierres et ossements provenant du massif de l'Eifel. Dioramas sur le travail des carrières. Au 3e étage, ne pas manquer la jolie galerie où sont reconstitués des habitats et ateliers du XIXe siècle. Artisanat et mode de vie. Prendre l'escalier de pierre vers *Goloturm* (donjon). Belle vue sur le massif de l'Eifel. À droite, on poursuit la visite du musée. Statues en bois polychromes, gravures, mobilier, vêtements du passé. Jolie maquette de la ville en 1800.
– À noter, de mi-juin à mi-août, **festival de Danse, Musique, Théâtre** dans la cour du château.

▶ *DANS LES ENVIRONS DE MAYEN*

Le château de Bürresheim : à 5 km au nord-ouest de la ville. ☎ 90-24-10. Ouvert tous les jours de 10 h à 18 h (ferme 1 h plus tôt l'hiver). Entrée : 2,50 €. Visites guidées uniquement, toujours en allemand. Durée : 30 à 45 mn. Le château a subi d'incessantes transformations au cours des siècles. On longe d'abord un jardin à la française avant de passer sous un porche médiéval et d'accéder enfin au château. Celui-ci fut habité encore très récemment, ce qui donne la sympathique impression d'être reçu en invité.
À l'intérieur, profusion de mobilier de style. Pièces en enfilade, toutes richement meublées. Les pendules sont à l'heure et on peut encore admirer une riche collection... de pantoufles, ainsi que des vêtements de chasse et des trophées. Noter les nombreux arbres généalogiques. Les pièces sont décorées dans des styles variés, avec du mobilier accumulé au fil du temps, du Moyen Âge à la période baroque. Partout sur les murs, des portraits d'ancêtres. On voit également une jolie petite chapelle. Dommage que l'on ne puisse visiter plus de pièces. Halte intéressante en tout cas, et très beau site.

KOBLENZ (COBLENCE)

108 000 hab.   IND. TÉL. : 0261

LA RHÉNANIE

Coblence-Bonn : 62 km; Coblence-Cochem : 50 km; Coblence-Limburg : 45 km.

Sa position stratégique au confluent du Rhin et de la Moselle lui a donné son nom romain *(Confluentia)* et son importance sur le plan commercial.
Cette cité dynamique propose d'agréables balades sur le Rhin, une jolie vue de la pointe où se rejoignent les deux fleuves, et un petit centre piéton. Bon, la ville ne nous a pas vraiment emballés. Agréable, sans plus. Le moment le plus intéressant pour s'y rendre est le deuxième samedi du mois d'août, date du *Rhein in Flammen* (Rhin en flammes), festival haut en couleur avec parades et feux d'artifice. Sur le plan historique, la cité connut une influence française après la Révolution, lorsque vinrent s'y réfugier ses adversaires, notamment les comtes d'Artois et de Provence, frères de Louis XVI. Coblence fut, à cette période, la préfecture du Rhin et de la Moselle. Autre anecdote historique : Coblence a vu naître Valéry Giscard d'Estaing, en 1926. Le père du futur président occupait le poste de commandant des troupes françaises.

Adresses et infos utiles

▮ *Office du tourisme :* Bahnhofplatz. Adresse postale : Tourist-Information, Bahnhofplatz, 56068 Koblenz. ☎ 313-04 ou 331-34. Fax : 129-38-13. • www.koblenz.de • Face à la gare. L'été, ouvert toute la semaine de 9 h à 20 h, le dimanche à partir de 10 h. L'hiver, horaires restreints jusqu'à 18 h (fermé le week-end). Leur demander la liste des pensions dont ils assurent les réservations. Agréables, plaisants et efficaces. Petite commission perçue.

▮ *Autre office du tourisme :* dans l'enceinte du *Rathaus.* ☎ 130-920. Fax : 130-92-11. Horaires d'ouverture identiques au premier, sauf en hiver : le samedi de 10 h à 16 h.

✉ *Poste centrale :* à droite de la gare en sortant de celle-ci. Ouvert du lundi au vendredi de 7 h à 19 h; le samedi jusqu'à 14 h.

▮ *Location de vélos : Pro-Jo,* Hohenzollernstrasse 127. ☎ 911-60-15.

▮ *Infos sur les trains :* ☎ 018-05-99-66-33. Consigne à la gare.

▮ *Infos sur les bus (Lörh-Center) :* ☎ 392-17-77.

– De la gare jusqu'au centre-ville, bus n° 1 *Rheinfähre.*

@ *Chatpoint :* Am Plan, à l'angle de la Löhrstrasse et de la Marktstrasse. Ouvert du lundi au jeudi de 10 h à minuit, les vendredi et samedi jusqu'à 2 h et le dimanche de 12 h à minuit. Différents tarifs, réductions étudiants : 4 € l'heure. Sinon, *happy hours* à 3 € l'heure, de 10 h à 12 h et tarif soirée de 19 h à minuit à 3,50 €.

Où dormir ?

Camping

⋏ *Camping Rhein-Mosel :* Schartwiesenweg, 56070 Koblenz-Lützel. ☎ 827-19. Fax : 80-24-89. Situé juste de l'autre côté du Deutsches Eck, au confluent de la Moselle et du Rhin. Pour s'y rendre, depuis la gare, pas tellement évident. Du centre, prenez le bus n° 4A, arrêt Plankenweg Süd. Sinon à pied compter une bonne demi-heure. Ouvert de début avril à mi-octobre. Accueil froid. Douche chaude. Excellent emplacement et bien équipé. Une navette traverse la Moselle, car il n'y a pas de pont au départ du Deutsches Eck.

Bon marché

🏠 *Jugendherberge* (AJ) : Festung Ehrenbreitstein, 56077. ☎ 97-28-70. Fax : 97-28-730. ● jh-koblenz@djh-info.de ● Situé dans l'une des ailes de la forteresse Ehrenbreitstein surplombant le Rhin, face à la ville. Pour s'y rendre en voiture, du centre, prendre le Rheinbrücke puis suivre la direction de la forteresse. Du parking, il y a encore quelques centaines de mètres, mais les « ajistes » peuvent passer la porte de la forteresse avec leur véhicule. En bus depuis la gare, prendre le n° 7, 8, 9 ou 10 (les horaires sont affichés dans le hall près de la réception). Demander au chauffeur où il faut descendre pour prendre le télésiège qui monte à la forteresse. De 10 h à 16 h 50 en hiver et de 9 h à 17 h 50 en été (pas une minute de plus, on a vérifié !). Cher, mais c'est le moyen le plus pratique. Sinon, montée ardue. De la gare, à plusieurs, on peut aussi prendre un taxi. Ouvert toute l'année. Couvre-feu à 23 h 30. On peut réserver par téléphone mais ils ne gardent le lit que jusqu'à 20 h. Prix modérés, de 15 à 18 € la nuit avec petit déj'. Plusieurs types de chambres, de 2 à 10 personnes, certaines avec douche. Ambiance coquette, une vue splendide. Bonnes prestations pour les ajistes, cafétéria vraiment pas chère le soir, personnel serviable.

Prix moyens

🏠 *Hôtel Jan Van Werth* : Von Werth 9, 56068. ☎ 365-00. Fax : 365-06. En voiture, accès par la Hohenzollernstrasse en direction de la gare. Hôtel de bon aloi, situé dans une petite impasse. Chambres sans fioritures, certaines avec vue sur le jardin, prix sans surprises, avec sanitaires ou bien w.-c. à l'étage, de 41 € à 61 €. Rapidement pris d'assaut. Bon petit déj'. Remarquez la collection de vieux postes. Accueil courtois.

Un peu plus chic

🏠 *Hôtel Haus Morjan* : Rheinzollstrasse 14, 56068. ☎ 30-42-90. Fax : 30-42-956. Jolie façade bleu et blanc de style balnéaire, d'ailleurs, les chambres donnant sur le Rhin proposent de belles vues. Pas si cher pour qui ne lésine pas sur quelques euros en plus : à partir de 82 € pour une double selon la vue. Tout confort. Possibilité de parking.

🏠 *Hôtel « Im Stüffje »* : Hohenzollernstrasse 5-7, 56068. ☎ 915-220. Fax : 915-22-44. Prix en dessous de la qualité offerte, entre 77 et 92 € pour une chambre double. Hôtel de charme totalement refait en tenant compte de la clientèle handicapée. Fonctionnel de la douche à l'ascenseur. De plus, la déco est soft et cool, presque méditerranéenne (!). Entrée séparée en cas d'arrivée après 22 h. Bon accueil mais restaurant pas terrible. Parking souterrain pour les automobilistes, ce qui n'est pas négligeable, puisqu'il est impossible de se garer devant l'hôtel à cause d'un couloir de bus.

Où manger ?

Bon marché

🍽 *Café Miljöo* : Gemüsegasse 8-10. ☎ 142-37. Plats autour de 6 €. Un style résolument bistrot (petites tables en marbre ou en bois), service en long tablier blanc. Cuisine internationale et bon petit déj'.

🍽 *Salat-Garten* : Frische-Oase, Gymnasialstrasse 14, à l'angle de la Casinostrasse. Ferme à 19 h en semaine et à 16 h le samedi. Fermé le dimanche. Une saladerie très agréable où l'on pèse son assiette à la caisse. C'est bon, frais, et ça change des saucisses ! Léger pour l'estomac, mais en fin de compte pas tant que ça pour le porte-monnaie : 1,30 € les 100 g !

De prix modérés à prix moyens

|●| *Winninger Weinstuben :* Rheinzollstrasse 2. ☎ 387-07. Ouvert à partir de 16 h ; 15 h le dimanche. Fermé le midi et le lundi. Prévoir l'addition à environ 15 € pour un bon plat et un verre de vin. Au bord du Rhin, terrasse avec vue pour ce chouette bar à vin où s'étalent les larges tables. Assiettes composées, copieuses, pour accompagner de bons petits vins de pays. Charcuterie, *meatloaf*, salades de pommes de terre.

|●| *Weinhaus Hubertus :* Florinsmarkt 6. ☎ 311-77. Ouvert de 16 h à 24 h. Fermé le mardi. On s'en sort en gros pour 15 € pour un verre de vin et un plat principal accompagnés d'une entrée ou d'un dessert. Un lieu chaleureux, tenu depuis bien longtemps par un viticulteur réputé. Murs sombres ornés de trophées de chasse, vitraux, et un charmant poêle antique en céramique verte. Agréable et authentique. On vient pour les vins, évidemment. Bonne sélection de blancs et de rouges de la région. Cuisine germanique traditionnelle plutôt fine. Dans la carte des poissons, on peut noter les *Matjesfilets*, spécialité de harengs. Carte des fromages originale. En fin de compte, du petit creux à la grosse dalle, tout le monde y trouve son compte.

|●| *Alt Koblenz :* Am Plan 13. ☎ 364-55. Fermé à midi (sauf le week-end) et le lundi. Congés annuels : en décembre. L'addition gravite autour de 20,50 € pour un verre de vin, un plat et un dessert. Service jeune et qui roule bien. Décor à mi-chemin entre la grange et le *lounge*. Campagnardo-cool. Les habitants de Coblence y viennent en fin de soirée pour siroter un verre de vin, mais on peut également y manger. À retenir dans notre sélection de spécialités du coin : le *Pfälzer Saumagen* et les *Koblenzer Bratwürste*.

Biergarten

|●| *Rheinanlagen :* Kaiserin-Augusta-Anlagen 20. ☎ 331-47. Resto chicos et cher mais on peut se contenter de s'enfiler une mousse sur les bords du Rhin.

Où boire un verre ?

▼ *Mephisto :* à l'angle des Görresstrasse et Eltzerhofstrasse, à deux pas de la Jesuitplatz. Bar de nuit à la mode auprès de la jeunesse locale.

▼ *Café Am Görresplatz :* sur la place du même nom. Dès que pointe un rayon de soleil, on assiste à une concentration inexpliquée de jeunes gens.

▼ *Balthazar :* Firmungstrasse 2. Donne sur la Görresplatz également. C'est dans un décor théâtral moderno-romain que vous pourrez, selon votre humeur, boire un pot, dîner aux chandelles ou faire bouger votre corps ! Vous l'aurez compris, l'endroit est immense et la mezzanine centrale offre une vue plutôt surprenante, de la piste de danse au plafond en verrière, en passant par les superbes images qui défilent sur l'écran géant. Bref, le café de nuit *in* de la ville. On a aimé.

À voir. À faire

🎬 *La forteresse d'Ehrenbreitstein :* ☎ 97-42-445. *Besucherdienst* (service d'accueil des visiteurs) : ☎ 0180-522-13-60. Fléchage défaillant. Visites guidées tous les jours en été ; en français, sur rendez-vous. Entrée : 2 € ; réductions. Anciennement caserne prussienne, cette construction imposante est l'un des sites à ne pas manquer à Coblence. Pour les fanas de beaux points de vue, d'histoire et d'architecture militaire. Édifice occupant évidemment une position stratégique, la forteresse actuelle fut bâtie vers 1820 sur les ruines d'un fort, démoli en 1801 par... les Français ! Aujourd'hui, ce lieu offre de nombreuses possibilités : visite (très complète) des fortifications ; visite du *Landesmuseum Koblenz*, qui traite de l'histoire économique et technique de la région ; panorama avec vue imprenable sur les deux fleuves qui se rejoignent, la ville et les collines environnantes. Les affamés pourront même prendre une petite collation dans le troquet de la *Schlossplatz*, autrement dit la place du Château. L'endroit vaut le détour !

¶ ***Deutsches Eck :*** au confluent du Rhin et de la Moselle, la pointe a été aménagée. Vue impressionnante sur les deux cours d'eau, ainsi que sur la ville, avec les flèches des églises côté Moselle. Au centre de la place trône l'imposant socle de la statue de Guillaume Ier. Sur l'autre rive du Rhin, la forteresse d'Ehrenbreitstein domine au sommet d'une falaise.

¶ ***La basilique Saint-Castor :*** située à deux pas de Deutsches Eck. Église de style roman bâtie sur l'emplacement où fut célébrée la conclusion du traité de Verdun établissant le partage de l'empire de Charlemagne en 843. Architecturalement, l'intérieur ne vaut que par la nef à clefs de voûte colorées. Dans le chœur, deux tombeaux d'archevêques. Dans le croisillon droit, 16 panneaux peints sur bois où apparaît saint Castor, en bas à gauche (sans doute le saint patron des bricolos). À noter, *un des pouces de César*, posé là, dans la cour du *Ludwigsmuseum*, attenante au jardin.

¶ ***Mittelrhein Museum :*** Am Florinsmarkt 15-17. ☎ 120-25-20. Ouvert du mardi au samedi de 10 h 30 à 17 h (les dimanche et jours fériés de 11 h à 18 h). Agréable musée du Rhin moyen, situé dans une jolie demeure du XVe siècle, au bord de la Moselle (évidemment !). Propose des collections représentatives de cette région. Au rez-de-chaussée : sculptures religieuses sur bois des XIVe et XVIIIe siècles, d'artistes des environs du Rhin. Nombreuses toiles de Januarius Zick, peintre de Coblence du XVIIIe siècle, l'un des plus fameux de la région et de l'époque. À l'étage supérieur, une série de toiles de paysagistes du XIXe siècle, visiblement assez peu inspirés, vu la tristesse de leur travail.

¶ ***La place des Jésuites*** *(Jesuitplatz) :* dans le vieux centre-ville. Sur cette place toute pimpante, on trouve l'*hôtel de ville (Rathaus)*, ancienne bâtisse du XVIIe siècle. Passer sous la voûte : sur la droite, une fontaine sympa comme tout où trône un gavroche local. Il s'appelle le *Schängelbrunnen* et symbolise l'humour des habitants de Coblence. Admirez le vert de ses yeux, sans pareil...

¶ ***Balade dans la vieille ville :*** autour de l'église Notre-Dame, partez explorer ce qui reste des anciennes maisons dans les rues étroites. Tout a été rénové avec goût. Placettes agréables, terrasses de cafés, rues piétonnes... à vous de flâner. À l'angle de Marktstrasse et Altengraben, jolies maisons à échauguettes sculptées et maisons à colombages entièrement restaurées.

➤ ***Tour sur le Rhin :*** au bord du Rhin, tout le long de Deutsches Eck, plusieurs compagnies proposent des tours de 1 h, 2 h et même une journée. L'été, départs sans arrêt quand il fait beau.

➤ DANS LES ENVIRONS DE KOBLENZ (COBLENCE)

¶ ***Le château Burg Eltz :*** accès par la route réglementée. Laisser son véhicule sur le parking payant de Moselkern. Compter ensuite une bonne heure de grimpette. Ouvert d'avril à fin octobre de 9 h 30 à 17 h 30. Entrée : 6 €.

Un des joyaux de la vallée de la Moselle qui campe fièrement sur son rocher. Situé sur une rive de la basse Eltz, ce château en pierre et brique chapeauté de tourelles à colombages offre un spectacle saisissant. Il demeure encore la propriété de l'une des familles qui constituaient les trois branches de la dynastie des Eltz. Plusieurs salles sont ouvertes à la visite : la salle de réception, devenue, au XIXe siècle, une salle d'armes ; la salle de séjour des Rübenach, notable pour sa *Madone à la grappe de raisin* (peinture sur panneau de bois) ; la chambre à coucher des Rübenach avec sa petite chapelle gothique « sur le tard », à la construction osée.

QUITTER KOBLENZ (COBLENCE)

En train

Bien sûr, le train peut vous mener partout.
➢ *Pour Bonn et Mayence :* liaisons toutes les 15 à 20 mn. Durée : 30 et 50 mn.
➢ *Pour Trèves :* toutes les heures environ. Durée : 1 h 20.
➢ *Pour Francfort :* environ 40 trains par jour (2 par heure). Durée : 1 h 20.
➢ *Pour Limburg :* 20 trains quotidiens. Durée : 1 h.
➢ *Pour Marburg :* environ 20 trains par jour (changement à Gießen ou Francfort). Durée : 2 h 30.

LA HESSE

Ce Land, très industrialisé, fut extrêmement touché par les dégâts de la Deuxième Guerre mondiale. La reconstruction rapide et nécessaire de quartiers entiers, détruits pour certains jusqu'à 95 %, nous donne aujourd'hui à voir des villes dépourvues de charme. C'est le cas par exemple de Darmstadt, surnommée « la ville boyau » ou de Kassel. D'autres font exception à la règle comme Francfort-sur-le-Main, qui a su renaître de ses cendres et qui offre un visage mêlant modernité et tradition. Quelques villes, notamment Wiesbaden et Marburg, ont été épargnées et apportent des témoignages intéressants du passé.

LIMBURG AN DER LAHN (LIMBOURG) (65549)
32 000 hab. IND. TÉL. : 064-31

Bourgade typique et assez touristique, possédant un vieux centre historique entièrement restauré et piéton. On flâne le long des ruelles et des passages, on part à la découverte des maisons à colombages, à pignons, à tourelles et à échauguettes. Un vrai plaisir, même si le décor parfois un peu trop bien léché se limite aux rues descendant de la cathédrale.

Adresse utile

Office du tourisme : Hospitalstrasse 2. ☎ 203-222 et 61-66. Fax : 32-93. • www.limburg.de • À deux pas de la vieille ville. Ouvert de 8 h à 12 h 30 et de 14 h à 18 h, et le samedi de 10 h à 12 h. De novembre à fin mars, en semaine seulement jusqu'à 17 h et le vendredi uniquement le matin. Fermé le dimanche toute l'année. Efficaces mais aussi souriants qu'une porte de prison.

Où dormir ?

Camping

Lahn-Camping : Schleusenweg 16. ☎ 226-10. Fax : 920-13. • www.lahncamping.de • Ouvert de Pâques à fin octobre. Agréablement situé au bord du Lahn et à 5 mn à pied du centre historique. Bien équipé.

Auberge de jeunesse

Jugendherberge Limburg (AJ) : Auf dem Guckucksberg. ☎ 414-93. Fax : 438-73. • limburg@djh-hessen.de • De la gare, bus n° 4, puis 5 mn à pied. De l'A 3 prendre la sortie Limburg-Süd. Assez excentrée, vous l'aurez compris ! Réception ouverte de 7 h à 12 h et de 17 h à 22 h. Couvre-feu à minuit. Pour une nuitée, compter de 16 à 19 €. Pour les plus de 26 ans, compter 16 €. Moderne et en pleine nature. Plus de 150 places en chambres de 5 à 8 lits. Pas grand-chose d'autre à en dire.

De prix moyens à plus cher

Zum Weißen Roß : Westerwaldstrasse 2. ☎ 87-76. Fax : 87-78. Situé au-dessus du resto qui porte le même nom. Chambres doubles avec w.-c. et douche à 55 €. Pension la moins chère de la ville. Sa principale qualité est son emplacement et la vue imprenable sur la cathédrale. Pour ce qui est de la déco, c'est vraiment à revoir : vieillot et tristounet. Uniquement pour dépanner. Parking.

Frankfurter Hof : Frankfurterstrasse 7. ☎ 64-95. Fax : 244-20. Fermé de novembre à février. Pour une chambre avec douche et w.-c., compter de 65 à 75 €. Dans une jolie maison en brique en plein centre. Vu le prix des chambres plus confortables à Limburg, on ne s'en tire ici pas trop mal. Chambres bien équipées, solarium et parking privé.

Où manger ?

Schwarzer Adler : Barfüßerstrasse 14. ☎ 63-87. Ouvert tous les jours de 10 h à 1 h. De novembre à mars, fermé de 14 h 30 à 17 h 30. Plats de 10 à 15 €. Et la revoilà, notre amie la bonne vieille *Schnitzel* (escalope) ! Difficile de l'éviter dans tous les restos de la ville... Cuisine à la bonne franquette, assiettes consistantes. Bon accueil. Propose aussi quelques chambres, plutôt simples.

Die Gabel : Rütsche 5. ☎ 69-42. Ouvert de 18 h à 1 h. Fermé le lundi. Plats de 13 à 18 €. Bel intérieur cosy tout en bois donnant une idée de l'intérieur des maisons à colombages des alentours. Remarquer la grosse poulie à l'entrée qui servait jadis à remonter les biens de la cave. Plats bien servis pour bourses bien remplies. Cuisine plus fine.

À voir

La cathédrale (Dom) *:* domine le centre historique, construite sur un éperon rocheux. Visites guidées gratuites tous les jours à 11 h et à 15 h. Le samedi, seulement à 11 h et le dimanche à 11 h 45.
Architecture élancée. Façade romane du XIIIe siècle avec des parties gothiques de transition, très colorées. Le tout fut entièrement remanié au XIXe siècle et ça se voit. Noter l'originalité des toitures des tours. L'intérieur, inspiré de la cathédrale gothique de Laon, est composé de tribunes superposées, d'un triforium et de fenêtres hautes. Jolie décoration polychrome bien restaurée.
– De la cathédrale, **panorama** sur la cascade de toits en ardoise, que l'on peut admirer du petit cimetière.

Domschatz-Diözesan Museum (Musée diocésain) *:* Domstrasse 12. ☎ 29-53-27. Juste avant d'arriver à la cathédrale, sur la droite. De mi-mars à mi-novembre, ouvert de 10 h à 13 h et de 14 h à 17 h ; le dimanche de 11 h à 17 h. Fermé le lundi. Le reste de l'année, uniquement sur rendez-vous. Entrée : 1,50 € ; réductions. Musée liturgique. On y découvre des statues polychromes superbes, une tapisserie du XVe siècle, une pietà du XIVe siècle, un évangile ciselé en argent, des mitres, etc. Reliquaire du Xe siècle de la vraie Croix, dérobé à Constantinople. Peu de choses en totalité mais toutes très belles.

Dans la courette, petite *cafétéria*.

Dans la vieille ville, au hasard des ruelles, en levant les yeux, nombreuses **façades** intéressantes de maisons des XVIe et XVIIe siècles, telles que la *Haus Brückengasse* (vers le pont), avec ses solives représentant les sept péchés capitaux, ou encore l'*Alte Shiftsvikarie,* l'une des plus vieilles et des plus mignonnes maisons de la ville.

MARBURG (35037) 78 000 hab. IND. TÉL. : 064-21

Ah ! voilà une belle ville comme on les aime, lovée dans un repli de la rivière Lahn. Elle a tout pour séduire et on tombe fatalement sous son charme. Si vous visitez les villes de la région, c'est ici qu'il faudra choisir de séjourner. Marburg fut longtemps un important centre de pèlerinage de l'Occident chrétien, attirant les foules qui venaient se recueillir sur les reliques de sainte Élisabeth. On a vraiment plaisir à se perdre dans ses étroites ruelles bossues qui grimpent à n'en plus finir, à la recherche des maisons ancestrales qui se penchent comme de vieilles dames. Tout en haut de la ville, un château altier et, tout en bas, une fière église ! Contrairement à d'autres villes médiévales vieillottes, Marburg est jeune grâce à son université. Ce fut d'ailleurs la première université protestante, créée au XVIe siècle. Aujourd'hui, elle est devenue le plus gros employeur de la ville. D'ailleurs, une phrase récurrente à propos de la cité plante bien le décor : « À Marburg, il n'y a pas d'université, Marburg est une université ». Par conséquent, le soir, les nombreux cafés et bars à vin du centre se remplissent d'étudiants sympathiques et braillards. Marburg, halte obligatoire !

Adresses utiles

- *Bureau du tourisme :* Pilgrimstein 26. ☎ 991-20. Fax : 99-12-12. • www.marburg.de • mtm@marburg.de • Ouvert en semaine de 9 h à 18 h, le samedi de 10 h à 14 h. Fermé le dimanche. Offre la liste des hébergements. Réservations de chambres possibles (sans commission). Visite guidée toute l'année le samedi à 15 h et d'avril à octobre en plus le mercredi à 11 h. Prix : 2,50 € ; réductions. Y retirer gratuitement le *Studier mal*, magazine des manifestations culturelles ou alors consulter • www.marbuch-verlag.de • Équipe dynamique, jeune et de bon conseil.

- *Poste :* Bahnhofstrasse.
- *Internet Café :* Internet Treff, dans la Pilmgrinstein (en face de l'office du tourisme). Ouvert tous les jours de 11 h à 1 h, les dimanche et jours fériés à partir de 15 h.
- *Location de vélos :* Velociped Fahrradreisen, Alte Kasselerstrasse 43. ☎ 245-11. Fax : 16-16-27. • www.velociped.de • Propose aussi des circuits et organise des balades à vélo pour des groupes, notamment dans la vallée de la Lahn.
- *Location de canoë :* LT-Aktivreisen, Lahntalstrasse 45, 35096 Roth. ☎ (064-26) 928-00.

Comment accéder à la vieille ville ?

On peut y accéder en grimpant les ruelles pavées ou alors au moyen d'un ascenseur *(Aufzug)* gratuit, situé juste à côté de l'office du tourisme. Il fonctionne jusqu'à 1 h 30 du matin. Bien pratique quand on a usé ses semelles toute la journée.

Où dormir ?

Camping

- *Camping Lahnaue :* camping très agréable à quelques kilomètres du centre, au bord de la petite rivière. De la gare, prendre le bus n° 1 ou le n° 4. Même trajet que pour l'office du tourisme, puis c'est à 5 mn à pied. Pour les détenteurs de carte *Inter-Rail*, descendre à Marburg-Süd, puis

10 mn de marche. Ouvert d'avril à octobre. Prix très modérés. Cuisine disponible, machine à laver. Piscine découverte à 3 mn de là. Beaucoup de verdure tout autour. L'autoroute n'est pas loin, mais pas vraiment de bruit pour autant.

Auberge de jeunesse

🏠 **Jugendherberge Marburg** (AJ) : Jahnstrasse 1. ☎ 234-61. Fax : 121-91. • marburg@djh-hessen.de • De la gare, prendre la ligne C et descendre à Jägerkaserne, puis emprunter le petit pont qui franchit la rivière. En voiture, suivre Marburg-Mitte et avoir un bon plan. Réception ouverte de 7 h à 23 h 30. On peut rentrer plus tard, mais il faut demander la clef. Pour une nuitée, compter 18 €. Pour les chambres doubles, ajouter de 2,50 à 5 € par personne. Au bord de la rivière, édifice refait à neuf. Intérieur clair et moderne, tout en pin, très propre, jouxtant un complexe sportif (tennis, piscine, foot...). Bref, le royaume des étudiants. Jolies chambres de 2, 4 ou 6 lits, la plupart avec sanitaires intérieurs. Cuisine disponible. Sans conteste, une des meilleures adresses pour se loger à bon marché.

Prix moyens

🏠 **Gästehaus Einsle :** Frankfurterstrasse 2a. ☎ 234-10. À 5 mn à pied du centre, dans un quartier reconstruit après-guerre. Chambres doubles avec w.-c. et douche à 65 €. Petite maison dans une cour arrière ne donnant pas directement sur la rue, donc calme. Dispose de 3 chambres doubles au style un peu vieillot, mais très propres. Bon rapport qualité-prix.

🏠 **Pension Schneider :** Gladenbacher Weg 37. ☎ 342-36. Fax : 35-03-52. Un peu excentrée, vers le sud-ouest de Marburg, suivre direction Ockersheim. Chambres doubles avec w.-c. et douche autour de 45 €. Ambiance familiale pour cette maison cachée entre les arbres, dans un quartier résidentiel de Marburg. Helene Schneider propose quelques chambres très spacieuses, chacune possédant un petit salon. Un bon moyen pour se loger à prix serré ! *Attention*, réservation pour un minimum de 2 nuits.

🏠 **ART-Hotel Tusculum :** Gutenbergstrasse 25. ☎ 227-78. Fax : 153-04. • www.tusculum.de • Chambres doubles avec ou sans douche et w.-c. de 66 à 74 € ; pour l'instant sans petit dej', mais grande cuisine à disposition. Voilà enfin un hôtel qui nous sort de la grisaille décorative du mobilier hôtelier souvent marronasse ! Ici, rien de tout ça, la déco est plutôt décoiffante. Le propriétaire nous l'annonce d'ailleurs fièrement : « L'art appartient à la vie, la vie est un art ». On y trouve donc des chambres à la sauce Mondrian, Miró ou encore version Loriot... Une curiosité ! Ambiance jeune et décontractée.

Beaucoup plus chic

🏠 **Zur Sonne :** Markt 14. ☎ 17-190. Fax : 17-19-40. Chambres doubles avec douche et w.-c. de 76 à 86 €. Excellent hôtel, le plus charmant de la ville sur la place principale. La plus ancienne maison à colombages de la vieille ville (plus de 400 ans). Petites chambres pleines de charme et d'authenticité, avec parquet, poutres apparentes et meubles peints. Plus cher certes, mais l'atmosphère, ça se paie. Patrons accueillants. C'est aussi un bon resto chaleureux.

🏠 **Hôtel Sorat :** Pilgrimstein 29. ☎ 91-80. Fax : 91-84-44. • www.sorat-hotels.com • Chambres doubles bien équipées de 127 à 157 €. Une fois n'est pas coutume, voici un hôtel de chaîne dans le *GDR*. Il faut dire que l'on est tombé amoureux de sa décoration design. Bien équipé et central pour ceux qui ont les moyens. Petit déjeuner-buffet pan-ta-gru-é-lique !

Où manger ?

De bon marché à prix moyens

|●| Café Barfuss : Barfüsserstrasse 33. ☎ 276-24. Ouvert tous les jours de 10 h à 1 h. Plats autour de 6 €. Déco un peu hétéroclite, qui fait pourtant de cet endroit un des bars-restos les plus sympas de la ville. Agréable à toute heure : pour le petit dej', le déjeuner ou le dîner (salades, mais surtout carte de gratins). L'après-midi, des étudiants y peaufinent leur dissert'... et le soir, le tout s'anime sur de la bonne musique. Ambiance gentiment écolo-branchée.

|●| Café 1900 : Barfüsserstrasse 27. ☎ 271-67. Ouvert tous les jours de 10 h à 1 h. Plats de 4 à 7 €. Encore un endroit très sympa, où l'on peut être servi à toute heure. Café absolument pas 1900, comme son nom ne l'indique pas ! Plutôt ambiance ethno-artistes. Grosse carte de gratins et quelques plats épicés indiens. Service cool et efficace : comme quoi les deux peuvent aller ensemble !

|●| Auflauf : Steinweg 1. ☎ 68-13-43. Ouvert tous les jours de 11 h à 1 h. Plats de 5 à 8 €. Non, nous ne sommes pas obsédés par le gratin sous toutes ses formes, mais, par contre, les restos étudiants de la ville semblent avoir été infestés par le virus de l'*Auflauf*... Rassurez-vous, rien de dangereux, juste quelques kilos en plus ! Ce resto s'avère être « le » spécialiste de la ville des gratins de pâtes, de pomme de terre et de riz. Un très bon rapport qualité-prix. Une adresse bien connue en ville.

De prix moyens à chic

|●| Bückingsgarten : Landgraf Philipp Strasse 6. ☎ 136-10. À côté du château. Ouvert de 11 h à minuit. Fermé le lundi. Plats de 8 à 10 €. Superbement situé, sur une terrasse formée par une ancienne fortification du château dominant la ville. Plats allemands et internationaux soignés. Pour vous mettre l'eau à la bouche, on vous cite déjà le filet mignon à la sauce au gorgonzola ou la sole au lait et aux oignons... Agréable aussi pour boire un verre pendant la journée.

|●| Zur Sonne (voir « Où dormir ? Plus chic ») *:* ouvert de 11 h à 14 h et de 18 h à minuit. Fermé le lundi. Plats de 10 à 20 €. Un menu autour de 25 €. Trois salles rustiques, authentiques et chaleureuses, comme la cuisine que l'on vient y goûter. Bonnes spécialités, notamment le *Sonnentopf* (filet mignon de porc aux pâtes gratinées... encore !). Le *Pikantes* n'est pas mal non plus. On aime bien cet endroit, où le jeune cuisinier mijote avec passion une cuisine rustique, mais qui n'oublie pas d'être recherchée.

Où boire un verre ?

Très nombreuses adresses partout dans la vieille ville. Les placettes, passages et trottoirs sont transformés dès les beaux jours en terrasses sympas. Voici quelques adresses parmi tant d'autres.

♈ Roter Stern : Am Grün 28. ☎ 142-60. Situé dans le renfoncement, juste après la librairie qui porte le même nom. Ouvert tous les jours de 10 h à 19 h. Un café-librairie *links-grün-bunt* (gaucho-bio et coloré) comme on les aime. Au bord de la Lahn, il y fait aussi bon prendre un café avec une grosse part de gâteau ou un sandwich. On s'est laissé dire par une chouette étudiante qu'il était très *gemütlich* (faites-le vous traduire sur place). En plus d'être sympa, « L'Étoile rouge », avec un nom pareil on s'en serait douté, aide les personnes en difficulté à se réinsérer par le travail. Coin non-fumeurs pour les mères qui viennent avec leurs enfants. Dans l'entrée, on peut grappiller quelques *flyers,* des idées de soirées, ainsi que des annonces de logement.

🍸 *Café Vetter :* Reitgasse 4. Ouvert de 8 h 30 à 19 h ; le dimanche à partir de 11 h. Le café *altmodisch* (vieillot) par excellence. Véritable institution pour le *Kaffee-Kuchen.* La vue panoramique sur la Lahn et les gâteaux « taillés dans la masse » sont deux bons prétextes pour venir y boire un thé ou un café.

🍸 *Café News :* Reitgasse 8. ☎ 212-05. Ouvert de 9 h à 1 h. À côté du précédent et un tantinet plus à notre goût. Dans l'ancienne *Mensa* de l'université. Tout y est grand, les plafonds, la vue et la carte. Bonne ambiance. Plutôt jeune.

🍸 *Havana :* Lahntor 2. ☎ 234-32. Dans une impasse donnant sur la rue Am Grün. Ouvert tous les jours de 18 h à 1 h et le week-end jusqu'à 2 h. Aménagé dans un ancien moulin. Sympathique bar pour le soir. Très bonne carte de cocktails. Toujours plein.

À voir

🍖 *Le château* (*Schloss*) : impossible de le rater, au sommet de la colline. Vers lui convergent, pour la plupart, les rues de la vieille ville. ☎ 282-23-55. Ouvert du mardi au dimanche de 10 h à 18 h. Fermé le lundi. De novembre à mars, uniquement de 11 h à 17 h. Entrée : 1,50 € ; réductions.
Le château fut pendant cinq siècles la résidence des landgraves de Hesse. La première construction, décidée par le petit-fils de sainte Élisabeth (voir texte sur l'église, plus loin), remonte à la fin du XIIe siècle. Au fil du temps, le château subit d'importantes transformations. Habité pendant plusieurs siècles, il fut transformé en prison au XIXe siècle. Aujourd'hui, l'université utilise ces lieux chargés d'histoire. On y visite quelques salles, dont notamment le cabinet des landgraves, la chapelle du XIIIe siècle (belle céramique au sol), la salle des Chevaliers, la halle à deux nefs, et une salle permettant de découvrir les vestiges de l'ancien château fort des IXe et XIe siècles.

🍖 Le château abrite également le *musée d'Art et d'Histoire régionale* (*Museum für Kulturgeschichte*). Musée très complet qui, sur 5 niveaux, propose un panorama exhaustif de l'histoire de la région. Présentation agréable et cohérente.
Le sous-sol est consacré à l'archéologie. Au 2e étage, l'art religieux : retables, sculptures sur bois, objets liturgiques, chapiteaux sculptés, vitraux provenant notamment de l'église Sainte-Élisabeth. Le 3e étage est essentiellement dédié aux armes, armures, boucliers et autres casques à pointe. On trouve plutôt les arts décoratifs au 4e étage. Beaucoup de vaisselle. Et puis, tout en haut, mobilier, costumes traditionnels et coiffes, série de belles chaises. Le charmant parc tout autour permet une belle promenade et offre d'étonnants points de vue sur la ville.

🍖 *L'église Sainte-Élisabeth* (*Elisabethkirche*) : au bas de la vieille ville. Ouvert d'avril à septembre de 9 h à 18 h. Le reste de l'année, fermeture à 16 h. Accès au chœur et au transept payant : 1,50 € ; réductions. Visites guidées d'avril à octobre tous les jours (sauf le samedi) à 15 h.
Élisabeth (1207-1231), fille du roi de Hongrie, mariée à l'âge de 14 ans au landgrave de Thuringe, consacra sa courte vie aux malades et aux démunis. Quatre ans après sa mort, à l'âge de 24 ans, elle est canonisée. L'Ordre teutonique construisit cette église pour y abriter ses reliques. Architecture gothique allemande du XIIIe siècle, caractéristique du style église-halle (trois nefs d'égale hauteur). L'intérieur dégage un charme discret, dont la légèreté est soulignée par la pureté des colonnes. Beaucoup d'œuvres d'art excep-

tionnelles dont voici les éléments principaux (pour suivre la visite, un petit dépliant en français est distribué à l'entrée). Au bout de la nef gauche, avant la croisée du transept, intéressante statue d'Élisabeth du XVe siècle, tenant l'église dans sa main. Au niveau de la croisée du transept, jubé de style gothique d'une grande finesse d'exécution. Dans le bras gauche du transept, noter le superbe retable de la Vierge (XVIe) et le mausolée de sainte Élisabeth du XIIIe siècle décoré d'un bas-relief, représentant la mise au tombeau. À sa droite, fresques du XIVe représentant la charité et l'exhumation. Dans la sacristie, à gauche du chœur, on peut admirer la châsse de sainte Élisabeth (XIIIe), richement ciselée, illustrant la vie de la sainte. Les reliques ne s'y trouvent plus, car un de ses descendants, au XVIe siècle, la fit forcer au moment de la Réforme. Le bras droit du transept abrite la nécropole des « cœurs des landgraves » de Hesse, descendants de la sainte.

¶ *Marktplatz* : charmante place, grâce à son écrin de maisons à colombages. Les nos 14, 21 et 23 sont particulièrement remarquables. Le *Rathaus (hôtel de ville)*, témoignant d'un style gothique du XVIe siècle, propose une sculpture d'Élisabeth au-dessus de la porte de la tour.

Manifestation

– *Drei Tage Marburg (3 Jours de Marburg)* : a lieu le 1er week-end de juillet. La grande fête de Marburg. Dans toute la ville, animations, orchestres, saucisses et bière à gogo...

QUITTER MARBURG

En train

➤ *Pour Francfort* : 25 départs quotidiens. Dernier vers 23 h 30. Compter 1 h de trajet.
➤ *Pour Fulda* : une quarantaine de trains. Compter 2 bonnes heures de trajet.

FULDA 60 000 hab. IND. TÉL. : 0661

Cité plutôt sympathique située à 80 km à l'est de Marburg, près de l'autoroute A 7. Fière de son beau château du XVIIIe siècle, de son quartier baroque et de ses nombreux parcs, Fulda joua longtemps un rôle important sur le plan spirituel. Saint Boniface, moine missionnaire anglais venu évangéliser l'Allemagne, y sacra Pépin le Bref. Il fut enterré dans le monastère de Fulda. L'abbaye devint dès cette période un foyer important de spiritualité. Elle en garde encore les traces.

Adresses utiles

🛈 *Office du tourisme* : au château. ☎ 10-23-45. Fax : 10-27-75. • www.fulda.de • Ouvert en semaine de 8 h 30 à 18 h, le samedi de 9 h 30 à 16 h et le dimanche de 10 h à 14 h.
✉ *Poste principale* : sur Heinrich-von-Bibraplatz.

Où dormir ?

- **Jugendherberge** *(AJ)* : Schirrmannstrasse 31, 36041. ☎ 733-89. Fax : 748-11. ● fulda@djh-hessen.de ● À 15 mn du centre. Prendre le bus n° 1 de la gare. Descendre à l'arrêt « Stadion » ; c'est à 5 mn. Réception ouverte à 17 h. Pour une nuitée, compter de 16 à 19 €. Chambres correctes de 2, 4 ou 6 lits, avec w.-c. et douche extérieurs.
- **Gasthof Zum Kronhof** : Am Kronhof 2, 36037. ☎ et fax : 741-47. Pour une chambre double avec ou sans douche et w.-c. de 40 à 50 €. Bonne adresse à prix tout à fait acceptable.

À voir

- **La cathédrale :** construite au début du XVIIIe siècle, c'est un bâtiment de style baroque, un peu à l'italienne. L'intérêt principal reste le tombeau de saint Boniface situé dans la crypte, sous l'autel. La base du monument funéraire constitue un joli bas-relief où Boniface est paré de ses beaux habits. Il soulève la dalle de sa tombe lors du Jugement dernier. On peut visiter le ***trésor*** de la cathédrale *(Dom-Museum)* : plusieurs tableaux, le *Codex Ragyndrudix* que Boniface aurait tenu en mains lors de son martyre, des reliquaires et quelques vêtements sacerdotaux.

- **L'église Saint-Michel :** une des plus vieilles églises romanes d'Allemagne. Digne d'intérêt pour sa grosse tour carrée.

- **Le château des Princes-Abbés** *(Schloß)* **:** ouvert tous les jours de 10 h à 18 h, le vendredi de 14 h à 18 h seulement. L'édifice fut d'abord gothique, puis Renaissance et enfin baroque. Son parc (ouvert d'avril à fin octobre de 7 h à 23 h, le reste de l'année, jusqu'à 21 h) est fort agréable. L'orangerie accuse un style baroque allemand prononcé.

FRANKFURT AM MAIN (FRANCFORT-SUR-LE-MAIN)

650 000 hab.   IND. TÉL. : 069

Francfort n'est pas une ville simple, en tout cas elle ne laisse pas indifférent. Comme toute ville historique, ou plutôt ancrée dans l'histoire, elle traîne derrière elle quantité de paradoxes et d'ambiguïtés.
Détruite à 95 % pendant la guerre, elle subit de plein fouet l'anarchie reconstructiviste des années 1950. Ville moderne possédant quelques joyaux de l'architecture contemporaine, capitale financière brandissant sa suffisance en étendard, elle se veut aussi secrète et chaleureuse, avec son petit centre que les autorités bichonnent comme une relique. Le commerce va bon train et les costards-cravates du monde entier viennent ici brasser de gros contrats lors des innombrables foires et salons. N'est-ce pas ici que se développa le monde des affaires au XVIIIe siècle, grâce aux financiers Rothschild et Bethmann ? D'ailleurs, connaissez-vous le surnom de Frankfurt ? « Bankfurt » ! Mais derrière Frankfurt-sur-Fric se cache Frankfurt-sur-Misère. Le mirage de la réussite a attiré ici les petites gens de l'ex-Allemagne de l'Est, sans compter ceux qui viennent d'encore plus à l'est grossir les quartiers glauques de la gare. Mais la *Zeil* (l'artère piétonne et commerçante) préfère se tourner vers le soleil, et les belles boutiques au garde-à-vous affichent un optimisme de circonstance.

Le soir, toutes classes confondues, on délaisse le *Downtown,* on redescend des tours glacées pour chercher un peu d'amitié et d'authenticité. On se réchauffe alors le corps et le cœur au coude à coude, en descendant un, deux, trois... dix *Äbbelwoi,* ce gentil cidre aigrelet, qu'on accompagne d'un *Grill Haxe.* Et c'est là que Francfort devint intéressante, car la ville a su conserver ses traditions.
Après la panse, l'esprit ! Francfort possède, aligné au bord du Main, l'un des plus beaux chapelets de musées du pays. Et elle ne possède pas seulement de bons gros musées classiques, mais aussi de véritables bijoux sur le plan architectural et d'un grand intérêt thématique (musées du Cinéma, de la Poste, de l'Architecture, etc.). Francfort accueille également une multitude de salons et foires. Notons celle du Livre, l'une des plus grandes réunions mondiales du genre. Car si la ville gère l'héritage des Rothschild à merveille, rappelons qu'elle a aussi vu naître Goethe, et qu'il aima profondément la ville. Francfort semble vouloir s'amender également sur le plan écologique puisqu'un homme comme Daniel Cohn-Bendit siège depuis plusieurs années à la mairie sous le sigle des Verts !

UN PEU D'HISTOIRE

La ville est fondée par les Carolingiens. Charlemagne fait édifier un palais et organise la première foire (il faut croire qu'il eut le nez creux, vu le nombre de foires et salons aujourd'hui). La ville se développe régulièrement jusqu'au XIIIe siècle, époque à laquelle on bâtit la cathédrale. Francfort devient le lieu d'élection des empereurs. L'apogée culturel est atteint à la Renaissance, quand Gutenberg y séjourne au milieu du XVe siècle. À cette période, la ville devient protestante et accroît sa puissance. Une bourse est créée à la fin du XVIe siècle. Les Français occupent la cité au milieu du XVIIIe siècle. Un siècle plus tard, c'est là que la révolution de 1848 prend ses racines. La Seconde Guerre mondiale fait table rase d'une bonne partie de la ville. Celle-ci renaît rapidement de ses cendres et reprend vite la première place sur le plan économique. Francfort est aujourd'hui la première place financière d'Allemagne, symbolisée par la présence du siège de la Banque centrale européenne. Elle compte bien devenir le centre financier de l'Euroland.

Conseil pratique important

Évitez de vous trouver ici lors d'une grande foire. Les prix augmentent et tout est complet. La plupart des sociétés réservent leurs chambres d'une année sur l'autre et c'est un véritable casse-tête pour en trouver une. En tenir compte pour organiser votre séjour. Il y a environ une foire par mois de janvier à octobre, qui dure de 3 à 7 jours (se renseigner auprès de l'office du tourisme).

Les transports

– On visite très bien la ville à pied. Circuler en voiture est inutile et de toute manière impossible dans le centre, vu qu'une bonne partie est piétonne. Nombreux parkings souterrains, très pratiques.
– Le métro *(U-Bahn)* dessert assez bien la ville, il est complété par des bus et des tramways. Vous avez aussi la possibilité de prendre le **S-Bahn,** dont les lignes relient le centre et filent vers la banlieue (voir plan). Attention, les derniers ramassent les nuitards vers 0 h 30-0 h 50. L'achat des tickets de transport en commun au détail revient cher (1,75 € à l'unité). Si vous comptez beaucoup circuler, plusieurs possibilités s'offrent à vous. Pour une journée, prendre la **24-Stundenkarte** (à partir de 4,35 €, selon les zones choisies), ce qui permet d'utiliser les transports en commun à volonté pendant 24 h, incluant le trajet jusqu'à l'aéroport. Si vous restez un peu plus

longtemps, il existe aussi une carte hebdomadaire (à peine plus chère) ainsi qu'une carte mensuelle. Avec cette dernière, il vous sera possible de voyager en groupe jusqu'à 5 personnes (dont 3 enfants) après 19 h et toute la journée les week-ends et jours fériés.

Arrivée et retour à l'aéroport

L'*Express* régional (n° 8), *S-Bahn,* relie l'aéroport à la gare centrale. Un autre train va jusqu'à la station Hauptwache, au centre. Départ toutes les 10-15 mn (prix du ticket : environ 3 €). Même chose pour le retour. Renseignements et horaires de vol à l'aéroport de Francfort 24 h/24 : ☎ 690-30-511. ● www.frankfurt-airport.de ●

Comment s'orienter ?

Même si Francfort paraît grande, on s'y retrouve facilement. Le centre historique, la **Altstadt,** est à deux pas du Main et se parcourt à pied. Il est délimité par une ceinture verte qui en fait le tour à l'emplacement des anciennes fortifications dont il ne reste que la *Eschenheimer Turm.* Son noyau historique est constitué par la *Römerberg,* le *Dom* (la cathédrale) et la

■ Adresses utiles
- 🛈 Offices du tourisme *(plan I)*
- ✉ Poste centrale *(plans I et II)*
- 🚆 Gare ferroviaire principale *(plans I et II)*

🛏 Où dormir ?
- 10 Haus der Jugend *(plan II)*
- 11 Pension Backer *(plan I)*
- 12 Pension Bruns *(plan I)*
- 13 Hotel Weisses Haus *(plan I)*
- 14 Hotelschiff Peter Schlott *(plan II)*
- 15 Pension Stella *(plan I)*
- 16 Hotel Maingau *(plan II)*
- 17 Hotel Robert Mayer *(plan I)*
- 18 Liebig Hotel *(plan I)*

🍽 Où manger ?
- 30 Mutter Ernst *(plan I)*
- 31 Metropol *(plan I)*
- 32 Fressgass' *(plan I)*
- 33 Café Karin *(plan I)*
- 34 Zum Gemalten Haus *(plan II)*
- 35 Kanonesteppel *(plan II)*
- 36 Café im Literaturhaus *(plan I)*
- 37 Hannibal *(plan I)*

🍷 ♪ Où boire un verre ? Où sortir ?
- 50 Helium *(plan I)*
- 51 Studio Bar *(plan I)*
- 52 Astor *(plan I)*
- 53 Flipper *(plan I)*
- 54 Toffis *(plan I)*
- 55 Gingko *(plan I)*
- 56 Main Tower *(plan I)*
- 57 Opium *(plan I)*
- 58 Batschkapp *(plan I)*
- 59 U 60311 *(plan I)*
- 60 Sinkkasten *(plan I)*
- 61 Jazzkeller *(plan I)*

🚶 À voir
- 81 Église Saint-Nicolas *(plan I)*
- 82 Schirn Kunsthalle *(plan I)*
- 83 Cathédrale *(plan I)*
- 84 Paulskirche *(plan I)*
- 85 Zeilgalerie *(plan I)*
- 86 Bourse *(plan I)*
- 87 Alte Oper *(plan I)*
- 88 Maison et musée Goethe *(plan I)*
- 89 Historisches Museum *(plan I)*
- 90 Museum für Moderne Kunst *(plan I)*
- 91 Jüdisches Museum *(plan II)*
- 92 Naturmuseum Senckenberg *(plan I)*
- 93 Liebieghaus *(plan II)*
- 94 Städelsches Kunstinstitut *(plan II)*
- 95 Museum für Post und Kommunikation *(plan II)*
- 96 Deutsches Architektur Museum *(plan II)*
- 97 Deutsches Filmmuseum *(plan II)*
- 98 Museum für Völkerkunde *(plan II)*
- 99 Museum für Angewandte Kunst *(plan II)*
- 100 Zoo *(plan I)*
- 101 Palmengarten *(plan I)*
- 102 Kleinmarkthalle *(plan I)*

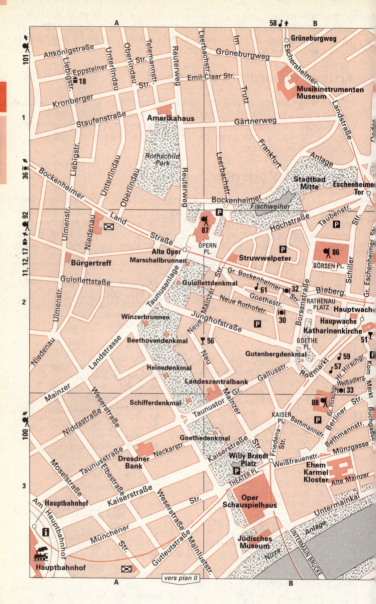

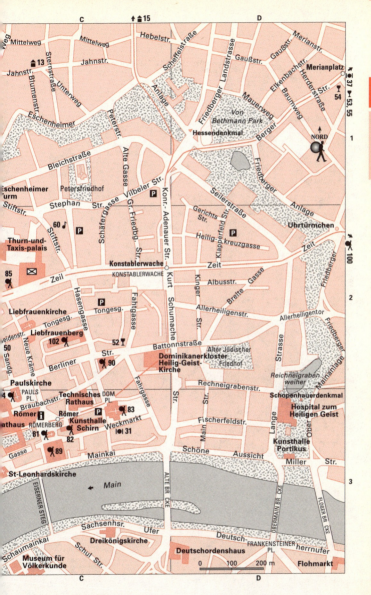

FRANCFORT-SUR-LE-MAIN – ENSEMBLE (PLAN I)

Paulskirche (église Saint-Paul). L'artère principale, piétonne et commerçante, la *Zeil*, débute au niveau de la grande place *An der Hauptwache*. En traversant le fleuve on trouve, tout le long de celui-ci, un chapelet de musées (**Museumsufer,** la rive des musées), sur environ 1 km.

FRANCFORT-SUR-LE-MAIN – CENTRE (PLAN II) 357

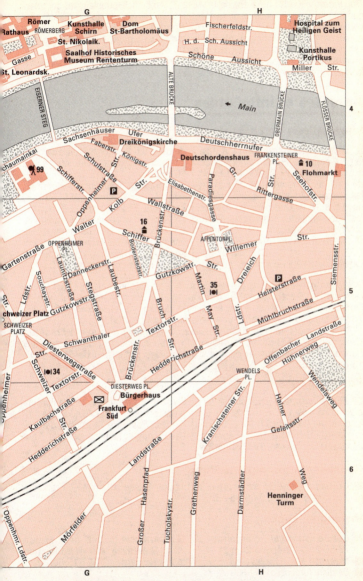

FRANCFORT-SUR-LE-MAIN – CENTRE (PLAN II)

C'est aussi là que débute le quartier de ***Sachsenhausen*** (littéralement : « la Maison des Saxons ») où beaucoup de touristes se retrouvent le soir. Malgré son côté pittoresque, ce quartier est délaissé par les autochtones ! Le quartier de prédilection des jeunes et des étudiants reste le quartier de

Bornheim, situé au nord-est de la *Altstadt*. Ambiance populaire et commerçante la journée, le secteur de la *Bergerstrasse* devient la nuit le théâtre des sorties estudiantines. Le quartier du ***Westend,*** plus résidentiel, se situe quant à lui à proximité du Palmengarten. Le quartier de la gare, à l'ouest du centre, est considéré comme le quartier « chaud » de Francfort. C'est de l'autre rive, en empruntant le *Untermainbrücke,* que l'on a la vue la plus intéressante sur le quartier des banques et des gratte-ciel, surnommé Ma(i)nhattan.

Adresses et infos utiles

Informations touristiques et culturelles

- *Office du tourisme (plan I, A3) :* à la gare centrale *(Hauptbahnhof),* face au quai 23. ☎ 21-23-88-00. Ouvert du lundi au vendredi de 8 h à 21 h ; les samedi, dimanche et jours fériés de 9 h à 18 h. Une mine d'infos sur les hébergements disponibles. Plan, brochures en français, etc. (payant).
- *Autre office du tourisme (plan I, C3) :* Römerberg 27. ☎ 21-23-87-08. Ouvert toute l'année du lundi au vendredi de 9 h 30 à 17 h 30, les samedi, dimanche et jours fériés, de 10 h à 16 h.
- *Contact : Tourismus + Kongress GmbH,* Kaiserstrasse 56, 60329 Frankfurt. ☎ 21-23-88-00. Fax : 21-23-78-80. • www.frankfurt-tourismus.de • Peut faire des réservations de chambres par téléphone, fax ou on-line au ☎ 21-23-08-08. Fax : 21-24-05-12. Petite commission de 2,50 €.

– *Visites guidées :* tous les jours d'avril à fin octobre à 10 h et à 14 h, le reste de l'année seulement à 14 h. Durée : 2 h 30, comprenant la visite du centre historique, la visite de la maison de Goethe et l'accès à la Main-Tower, building duquel on a une belle vue sur Francfort.
– Pour ceux qui veulent visiter plusieurs musées, se procurer la **Frankfurt Card** (prix : 7,50 € pour 1 journée et 11 € pour 2 jours). Donne accès aux transports en commun et permet d'obtenir des réductions de 50 % dans 15 musées.

Poste, change

- *Poste centrale (Hauptpostamt; plan I, A3 ; plan II, E4) :* ouvert du lundi au vendredi de 9 h 30 à 20 h, le samedi de 9 h 30 à 16 h. Fermé le dimanche. Possibilité d'y changer de l'argent. Également une quantité impressionnante de cabines téléphoniques. *Poste de l'aéroport,* dans le hall B ; ouvert tous les jours de 7 h à 21 h.

Représentation diplomatique

- *Consulat général de France :* Ludolfusstrasse 13, 60487 Francfort. ☎ 79-50-960. Fax : 79-50-96-46.

Urgences, santé

- *Centre médical d'urgence :* ☎ 79-50-21-00. Répond 24 h/24.
- *Médecin :* ☎ 192-92.
- *Dentiste (urgences) :* ☎ 660-72-71.
- *Pharmacie :* à la gare jusqu'à 22 h. Pour avoir le nom de la pharmacie de garde : ☎ 01-15-00.

Transports

Location de voitures

Toutes les compagnies sont présentes à la gare et à l'aéroport. Réservations :

FRANCFORT / ADRESSES ET INFOS UTILES

■ *Sixt :* Hauptbahnhof (gare). ☎ 23-10-53. • www.sixt.de • Ouvert du lundi au vendredi de 7 h à 18 h, le samedi de 8 h à 13 h. Agence également à l'aéroport (terminaux 1 et 2). ☎ 526-25-25.
■ *Hertz :* à la gare, ☎ 23-04-84 ; à l'aéroport (dans le hall A et dans le terminal 2), ☎ 69-05-01-11. • www.hertz.com •
■ *Europcar :* à la gare, ☎ 23-40-02. • www.europcar.de •
■ *Avis :* à la gare, ☎ 27-99-70-10. • www.avis.de • À l'aéroport (terminaux 1 et 2), ☎ 690-27-77.

Taxis

■ *Taxi 33 :* ☎ 23-00-33.
■ *Taxi-Zentrale :* ☎ 25-00-01 ou 23-00-01.

Location de vélos

■ *Theo Indra :* Westerbachstrasse 273. ☎ 34-27-80. Ouvert du lundi au vendredi de 8 h à 12 h et de 15 h à 18 h (jusqu'à 13 h le samedi).

Compagnies aériennes

■ *Air France :* Friedenstrasse 11. ☎ 256-63-16 ou 697-02-11.
■ *Lufthansa :* réservations et renseignements de 6 h à 23 h au ☎ 01-803-803-803 ou 069-694-433. • www.lufthansa.com •

Trains

■ *Infos sur les trains :* 24 h/24, ☎ 018-05-99-66-33. • www.bahn.de • Infos directes à la gare de Francfort : ☎ 26-50.

Internet

@ *Cyberyder :* Töngesgasse 31 (U ou S-Bahn : Hauptwache). ☎ 91-39-67-54. Ouvert de 9 h à 23 h ; les vendredi et samedi, ouvert jusqu'à 1 h du matin ; le dimanche, seulement à partir de 11 h.

Divers

■ *Objets trouvés (Fundbüro) :* Mainzerlandstrasse 315-321. ☎ 21-24-24-03. Au rez-de-chaussée, au fond du couloir, pièces n° 2 à 5. Ouvert uniquement les lundi, mercredi et vendredi de 7 h 30 à 13 h, le vendredi ouvert également de 15 h à 18 h. À la gare, face au quai 24, ☎ 265-48-31. À l'aéroport, *Halle A, Ankunft* (arrivée), ☎ 69-06-63-59 ; ouvert tous les jours de 7 h à 19 h.
■ *Réservations de spectacles :* pour toutes réservations pour un spectacle, se renseigner au *Theater Ticket Frankfurt,* ☎ 21-23-79-99 ou au *Journal Ticket Shop,* Hauptwache City Passage, ☎ 29-69-29. Réservation directe au : ☎ 21-23-73-19. • www.frankfurt-ballett.de • Ouvert du lundi au vendredi de 10 h à 19 h et le samedi de 9 h 30 à 16 h. Pour les amateurs de danse contemporaine, on rappelle que c'est à Francfort que William Forsythe dirige sa troupe.

– *Journaux français :* de nombreux kiosques en proposent. Celui de la gare est très bien pourvu en magazines. Sinon, aller à l'*Internationale Buchhandlung,* Münchenerstrasse 56. Non loin de la gare.

360 LA HESSE

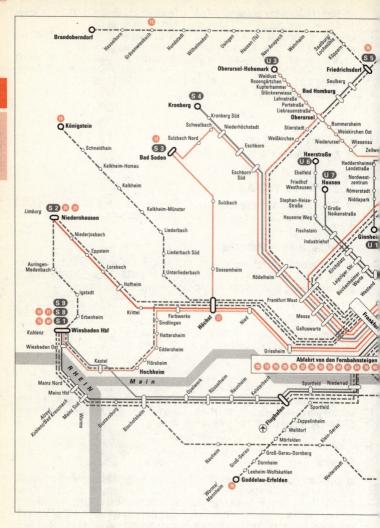

– *Journaux* : se procurer le *Prinz* ou le *Journal Frankfurt* ; vous y trouverez une mine d'infos sur tout ce qui se passe à Francfort : concerts, théâtres, opéras, cinémas, manifestations, expos, boîtes...

Où dormir ?

Camping

Campingplatz Mainkur : An der Mainkur, à Fenchenheim. ☎ 41-21-93. • campingplatz-mainkur@t-online.de • Trams nos 11 et 12 ou bus

LE MÉTRO DE FRANCFORT-SUR-LE-MAIN

LE MÉTRO DE FRANCFORT-SUR-LE-MAIN

n°s 44, 706, 939, 940 et 945. Ouvert d'avril à fin septembre. Situé agréablement sur les bords du Main. Beaucoup de caravanes à l'année.

Emplacements et équipements plus soignés que dans les autres campings environnants.

Bon marché

🏠 *Haus der Jugend* (AJ; plan II, H4, 10) : Deutschherrnufer 12, 60594. ☎ 610-01-50. Fax : 610-01-599. ● www.jugendherberge-frankfurt.de ● De la gare centrale, prendre le S-Bahn 2, 3, 4, 5, 6 ou 14. Ou bien le tram n° 16 et descendre à la station Lokalbahnhof. C'est ensuite à 5 mn. Carte des AJ obligatoire. Possibilité d'en acheter une sur place. Réception fermée de 9 h à 13 h et il est interdit d'occuper les chambres durant cet intervalle. Couvre-feu à minuit, voire 1 h si vous demandez gentiment. Chambres de 6 ou 8 lits pour les moins de 26 ans à 15 € ; pour les plus de 26 ans de 20 à 34 €. Pour les chambres à 4 lits, compter 20 € par personne. Au bord du Main, à 10 mn à pied du centre-ville, à 5 mn du quartier de Sachsenhausen, qui concentre une bonne partie de l'animation nocturne, et à 3 mn des plus grands musées, cette AJ est véritablement la providence du routard. Conçue quasiment comme un hôtel, c'est de loin la meilleure adresse pour séjourner en ville. Aussi froide et nickel qu'un hôpital, elle peut accueillir plus de 500 personnes, ce qui est une véritable aubaine. Cela dit, vu que la ville ne propose quasiment pas d'hôtels bon marché et décents à la fois, l'AJ ne répond pas à toute la demande. Conclusion, dès que vous connaissez vos dates, réservez par écrit ou téléphonez au moins la veille car on vous gardera un lit jusqu'à 18 h. En théorie, car des lecteurs nous ont signalé des problèmes côté réservations. 350 lits en dortoirs de 6 à 8 dans l'AJ (formule la moins chère) et 150 lits en chambres de 3 à 4 lits (un peu plus cher) pour la *Gästehaus*. Petit dej' inclus dans le prix. Sanitaires impeccables. Garçons et filles séparés. Consigne (avoir son cadenas). Coffre pour les valeurs. Cafétéria sympa proposant un menu différent chaque jour à 4,70 €. Agréable terrasse, façon café. Accueil frisquet. Parking pas cher.

Prix modérés

🛏 *Pension Backer* (hors plan I par A2, 11) : Mendelssohnstrasse 92 (Westend), 60325. ☎ 74-79-92. Fax : 74-79-00. De la gare, S-Bahn jusqu'à Hauptwache, puis U-Bahn 6 ou 7 jusqu'à Westend ; c'est à 100 m. Ou alors le bus n° 33. Pour une chambre double avec lavabo, compter 50 €. Certainement la pension la moins chère de la ville. Dans une rue passante, dans un immeuble quelconque, 20 chambres très bien avec lavabo. Gentille patronne, ayant parfois ses humeurs ! Son fils parle l'anglais. Bonne adresse pour le prix.

🛏 *Pension Bruns* (hors plan I par A2, 12) : Mendelssohnstrasse 42 (Westend), 60325. ☎ 74-88-96. Prendre le U-Bahn 1 ou 6, jusqu'à Westend ou alors le bus n° 33 station Bettiaplatz. Chambres doubles avec lavabo à 50 €. Dans une partie résidentielle de ce quartier, au 1er étage d'une grosse bâtisse crème, dans une petite rue bordée d'arbres. La patronne propose quelques chambres à prix très bas pour la ville, avec douche et w.-c. à l'étage. Calme et confortable, petit dej' compris. Bonne adresse là aussi.

De prix moyens à plus chic

🛏 *Hotel Weisses Haus* (plan I, C1, 13) : Jahnstrasse 18 (Westend), 60318. ☎ 959-11-80. Fax : 596-39-12. De la gare, prendre le U-Bahn 4 pour trois stations puis le 5 pour une station (Mustersch). Pour une chambre double avec w.-c. et douche ou bains, compter autour de 60 €. Petit dej' : 5 € par personne. Adorable hôtel dans une rue calme, aux allures presque provinciales. Vastes chambres avec douche et w.-c., toutes à prix assez modérés pour la ville. Patrons charmants et bonnes prestations. Pas très loin du centre en transport en commun. À côté, resto chinois en terrasse.

🛏 *Hotelschiff Peter Schlott* (hors plan II par E5, 14) : Mainberg (Höchst), 65929. ☎ 300-46-43 (horaires de renseignements : tous les jours de 11 h à 23 h). • www.hotelschiff-schlott.de • S-Bahn 1 ou 2 jusqu'à Frankfurt-Höchst ou bus n° 54, 55 ou 57 jusqu'à Bolangaropalast. Cabines doubles avec ou sans douche et w.-c. de 64 à 100 €. Ça vous dirait de dormir sur un bateau ?

19 cabines simples mais bien aménagées. Mieux vaut avoir un peu le pied marin pour supporter la houle ! Amarré dans le charmant quartier de Höchst (à l'ouest de Francfort). Assez éloigné d'un centre, il vaut donc mieux être motorisé. Fait aussi resto : repas consistant de matelot. Parking.

🏠 *Pension Stella* (hors plan I par C1, **15**) : Frauensteinstrasse 8 (Nordend), 60322. ☎ et fax : 55-40-26. U-Bahn 5, arrêt Nibelungenallee/Dt. Bibliothek ou bus n° 23, arrêt Bertramstrasse. Chambres doubles avec douche et w.-c. à 80 €. Chambres chez l'habitant. Dans une maison bourgeoise d'un quartier résidentiel calme, pas très loin du centre. Une bonne adresse pour ceux qui recherchent une ambiance familiale dans l'anonymat des grandes villes.

Chambres spacieuses, grande hauteur de plafond, style un peu vieillot. La douche au milieu de la pièce fait partie des meubles ! *Attention* : heures d'arrivée et de départ de 7 h à 12 h et de 18 h à 21 h.

🏠 *Hotel Maingau* (plan II, G5, **16**) : Schifferstrasse 38-40 (Sachsenhausen), 60594. ☎ 60-91-40. Fax : 62-07-90. U-Bahn et S-Bahn : Südbahnhof. Chambres avec douche et w.-c. à 90 €. Très bien placé à deux pas de tous les musées, dans le quartier de Sachsenhausen. Chambres standard bien équipées et sans surprise. A l'avantage de proposer un grand nombre de chambres à prix raisonnables pour l'emplacement. Possède également un resto ayant bonne réputation.

Beaucoup plus chic

🏠 *Hotel Robert Mayer* (hors plan I par A2, **17**) : Robert Mayerstrasse 44 (Bockenheim), 60486. ☎ 97-09-100. Fax : 97-09-10-10. • www.art-hotel-robert-mayer.de • U-Bahn 6/7 : Bockenheimer Warte. Chambres doubles avec bains et w.-c. à partir de 119 €. Beaucoup plus cher en période de foire. Réductions le week-end. Derrière sa jolie façade début XXe siècle se cache un hôtel pas comme les autres : chambres au décor minimaliste et design, chacune personnalisée par un artiste différent. Certains d'entre eux n'ont pas oublié de placer une touche d'humour : dans la chambre Mozart, l'ouverture du placard déclenche la musique d'Amadeus, ou alors dans la chambre n° 43 on se retrouve avec une niche pour chien ou encore avec une lampe en forme de sucette... Un endroit original à l'accueil sympathique et ouvert. Parking.

🏠 *Liebig Hotel* (plan I, A1, **18**) : Liebigstrasse 45 (Westend), 60323. ☎ 72-75-51. Fax : 72-75-55. • www.hotelliebig.de • Prendre le U-Bahn 6 ou 7, jusqu'à Westend. Rue perpendiculaire à la Bockenheimer Landstrasse. Chambres doubles avec douche ou bains et w.-c. de 120 à 140 €. Petit dej' à 10 €. Bâtisse bourgeoise dans un quartier qui ne l'est pas moins. Rue calme et plantée d'arbres. Tenu par un charmant Italien qui a choisi de meubler son lieu dans le style nouveau riche-arriviste de bon aloi. Chambres grandes, confortables, toutes avec sanitaires. Clientèle d'hommes d'affaires et de touristes aisés.

Où manger ?

Dans l'Altstadt

De bon marché à prix moyens

🍴 *Mutter Ernst* (plan I, B2, **30**) : Alte Rothofstrasse 13, perpendiculaire à la Goethestrasse. ☎ 28-38-22. U-Bahn : Alte Oper. Ouvert de 9 h à 21 h. Fermé le dimanche. Plats autour de 5 €. Perdu au milieu des boutiques de luxe, cet établissement est un îlot d'authenticité où se mêlent au coude-à-coude les costards-cravates, les étudiants et les papys et mamys du quartier. On y mange sur le pouce de la *Kartoffelsalat,* des saucisses, des *Frikadelle* (boulettes de viande) sous l'œil averti de Mutter Ernst, qui tient plus du père Fouettard que de la mamy-gâteau !

I●I *Metropol* (plan I, C3, 31) : Weckmarkt 13-14. ☎ 28-82-87. U-Bahn 4 ou 5 : Römer. Ouvert de 10 h à 1 h, le week-end jusqu'à 2 h. Fermé le lundi. Plats de 8 à 12 €. Avant d'entrer, admirer l'intéressante architecture de cette rue moderne, pleine d'originalité. Mais revenons à nos moutons, car le ventre nous appelle. On sert midi et soir dans ce resto quelques plats alliant simplicité à une pointe d'inventivité, à un prix très honnête. Les étudiants ne s'y sont pas trompés et ils sont au rendez-vous. Terrasse en été. Agréable café la journée.

I●I *Fressgass'* (plan I, B2, 32) : Grosse Bockenheimerstrasse. U-Bahn 6 ou 7 : Alte Oper ou Hauptwache. Dans cette rue, que les habitants de Francfort surnomment la *Fressgass,* la « rue de la Bouffe », se sont installés des épiceries fines, des magasins de spécialités du monde entier et des fast-foods. Ces **restos-épiceries** sont ouverts aux horaires traditionnels des magasins, c'est-à-dire de 8 h 30 à 20 h. Ils sont à peu près tous fermés le soir. Beaucoup proposent des plats du jour autour de 7 €. Quelques tables à l'intérieur et à l'extérieur pour manger rapidement. Difficile de ne pas trouver son bonheur, devant la diversité du choix proposé. Ambiance animée et joyeusement animée.

I●I *Café Karin* (plan I, B2, 33) : Grosser Hirschgraben 28. ☎ 29-52-17. U-Bahn 1, 2, 3, 6 ou 7 : Hauptwache. Ouvert de 9 h à 1 h et le dimanche de 10 h à 19 h. Plats de 7 à 12 €. Chez *Karin,* on trouve un exemple parfait de la réussite des cafés-restos-bars typiquement allemands. Murs blancs recouverts de quelques tableaux colorés, tables et chaises en bois et piles de journaux. On y sert quelques salades et plats du jour à un prix raisonnable. Et l'alchimie fonctionne : tout le monde s'y presse ! Sympa aussi pour petit dej' ou pour boire un verre la journée.

Manger typique à Sachsenhausen

Ici, la grande vedette, c'est l'*Apfelwein* ou *Ebbelwoi,* un cidre aigrelet, qui semble contenter tous les palais. Il est servi dans de lourds pots en grès gris, décorés de bleu. On reconnaît les tavernes-restos principalement installés à Sachsenhausen qui servent ce cidre grâce à leurs enseignes composées d'une couronne verte et d'un pichet.

Dans tous les restos, les mêmes plats typiques sont proposés, mais la grande star c'est la côte de porc bouillie (*Rippchen*) sur son lit de *Sauerkraut*. On trouve aussi le *Handkäs mit Musik,* rondelles de fromage assaisonnées avec de l'ail, du vinaigre, du cumin et des oignons. On vous laisse imaginer la métaphore poétique qui symbolise la conséquence sonore *(Musik)* lors de sa digestion ! Et oui ça ne s'invente pas, de l'humour teuton certainement. La plupart des plats de viande sont accompagnés de « sauce verte », préparée à base de 7 fines herbes fraîches.

I●I *Zum Gemalten Haus* (La Maison Peinte ; plan II, G5, 34) : Schweizerstrasse 67. ☎ 61-45-59. U-Bahn 1 à 4 : Schweizer Platz. Ouvert de 10 h à minuit. Fermé le lundi et le mardi. Plats autour de 10 €. Il porte bien son nom, ce resto. L'un des plus fameux de la ville. Tous les murs sont peints : paysages de Francfort, scènes de beuveries qui reflètent assez fidèlement l'atmosphère de la salle. Ici, le cochon est bouilli, selon la tradition. Spécialité : épaisse côte de porc (*Rippchen*) sur un lit de choucroute, impérativement arrosée de cidre maison.

I●I *Kanonesteppel* (plan II, H5, 35) : Textorstrasse 20. ☎ 61-18-91. U-Bahn 1 à 4 : Schweizer Platz. Ouvert de 11 h à minuit. Fermé le dimanche. Plats de 6 à 13 €. Déco intérieure plus *soft* que les autres, ça repose. Panneaux de bois aux murs et grandes tables dans la cour. Dans l'assiette, toujours les célèbres et énormes côtes de porc bouillies. Lorsque le temps le permet, profitez de la terrasse où un arbre couvre toute la cour intérieure. Très agréable.

Dans le Westend

Plus chic

|●| *Café im Literaturhaus* (hors plan I par A1, **36**) *:* Bockenheimer Landstrasse 102. ☎ 74-55-50. Pas très loin du Palmengarten. U 6 ou 7 : Westend. Ouvert de 10 h à minuit. Fermé le samedi. Plats de 9 à 17 €. Formule à midi à 9 €. Menu le soir autour de 25 €. Ambiance de grande brasserie viennoise intello. Intérieur cossu tout en bois. La cuisine s'y révèle inventive et goûteuse. Bonne carte de vins. Une adresse où il vaut mieux réserver. Très bon *brunch* le dimanche, de 10 h à 14 h.

À Bornheim

Plus chic

|●| *Hannibal* (hors plan I par D1, **37**) *:* Bergerstrasse 183-185. ☎ 94-50-04-44. U4 : Bornheim-Mitte. Plats de 12 à 17 €. Menu autour de 35 €. Vous pouvez venir sans crainte, Lecter-Anthony Hopkins n'a pas battu retraite dans les cuisines de ce resto italien. Certes, c'est un peu cher, mais on y mange bien. Que ce soit côté bar, ou côté resto, le décor est à la hauteur de sa cuisine. Pour vous titiller les papilles, écoutez plutôt : tagliatelles maison à la sauce de homard, roulade de poisson au bacon sur un lit de riz au safran... Un endroit un tantinet branché, qui n'a pas oublié d'être chaleureux.

Où boire un verre ?

Toutes les adresses qui suivent correspondent bien au mode de sortie « à l'allemande » : les bars et cafés sont autant l'endroit où l'on *brunche,* où l'on déjeune, où l'on vient boire un petit café l'après-midi, où l'on dîne, que l'endroit où l'on refait le monde jusque tard dans la nuit autour d'une bière. À vous de voir l'heure qui vous convient ! On vous donne également quelques adresses de bars branchés, dits « de la *Szenetreff* », car ça bouge pas mal à Francfort la nuit.

Dans l'Altsadt

♈ *Helium* (plan I, C2, **50**) *:* Bleidenstrasse 7. ☎ 28-70-35. Ouvert tous les jours de 11 h à 4 h du matin. Déco psychédélique et futuriste. Un endroit très couru. Bonne petite carte (plats de 5 à 11 €), servie quelle que soit l'heure de la journée.
♈ *Studio Bar* (plan I, B-C2, **51**) *:* Katharinenpforte 6. ☎ 13-37-92-25. Ouvert de 19 h à 1 h. Fermé le dimanche. Petite carte autour de 5 €. Grande réputation pour ce bar de la *Szenetreff* qui se flatte d'avoir reçu Mick Jagger ! Terrasse en été.
♈ *Astor* (plan I, C2, **52**) *:* Berlinerstrasse 2. ☎ 28-24-39. Ouvert tous les soirs de 18 h à 1 h en semaine, jusqu'à 3 h le week-end. Derrière le MKK (musée d'art contemporain). Ambiance branchée et tamisée. Long bar, derrière lequel se préparent de bons cocktails. Fait aussi resto, mais un peu cher.

À Bornheim

L'endroit à la mode actuellement chez les étudiants, c'est Bergerstrasse, rue commerçante animée le jour, avec ses boutiques et, la nuit, avec ses cafés. Pour y accéder, prendre le U-Bahn 4 et descendre à Merianplatz ou à Höhenstrasse. Il y a une masse de petites rues où il ne faut pas hésiter à s'aventurer. Vous y découvrirez quelques perles. Voici quelques adresses :

▼ *Flipper* (hors plan I par D1, *53*) : Bergerstrasse 86. ☎ 44-33-05. Ouvert tous les jours de 9 h à 2 h et le week-end jusqu'à 3 h. Salades et quelques plats chauds de 5 à 10 €. Café étudiant typique. Bar en bois très sombre, des murs blancs, le tout éclairé par une lumière jaune. Beaucoup de monde et bonne ambiance.

▼ *Toffis* (plan I, D1, *54*) : Bergerstrasse 30. ☎ 43-24-98. Ouvert tous les jours de 10 h à 1 h ; le week-end, de 8 h 30 à 2 h. Petite carte de 5 à 10 €. Genre pub : lumière tamisée et ambiance échauffée. Toujours complet. Vraiment sympa et idéal pour faire des connaissances... Si ça ne vous pose pas de problème de passer la soirée debout.

▼ *Gingko* (hors plan I par D1, *55*) : Bergerstrasse 81. ☎ 49-12-02. Ouvert tous les jours de 10 h à 2 h ; le week-end, de 9 h à 3 h. Déco design épurée, grandes baies vitrées donnant sur la rue. Plus calme, bien que très fréquenté. Très agréable pour boire un verre ou pour manger (plats de 8 à 15 €).

Endroits originaux pour boire un verre

▼ *Ebbelwoi-Express* : Kurt Schumacherstrasse 10. ☎ 21-22-24-25. Fonctionne les samedi, dimanche et jours fériés de 13 h 30 à 17 h 30. Une façon originale de découvrir Francfort à bord d'un vieux tram coloré. Le prix du ticket comprend une heure de trajet en tram (on parcourt Altstadt, Bornheim et Sachsenhausen), une boisson (*Eppelwoi*, jus de fruits ou eau minérale) et un sachet de *Brezzel*.

▼ *Main Tower* (plan I, A-B2, *56*) : Neue Mainzerstrasse 52-58. ☎ 36-50-44-71. Ouvert tous les jours de 10 h à 1 h (2 h le week-end). On ne peut pas rêver mieux situé : du haut du 53e étage de ce building vous pourrez regarder Francfort scintiller de mille feux en sirotant un verre. Le verre revient un peu cher, car il faut déjà payer 2 € pour accéder à la tour, mais la vue et le cadre du bar le valent bien.

Où sortir ?

Le prix d'entrée des boîtes en Allemagne est beaucoup moins élevé qu'en France. En moyenne, l'entrée est à 4 €. On peut donc tester sans se ruiner !

♪ *Opium* (plan I, B2, *57*) : Am Salzhaus 5, à côté de la Hauptwache. ☎ 13-37-60-72. Ouvert du lundi au mercredi de 21 h à 1 h, du jeudi au dimanche de 21 h à 4 h. Toujours beaucoup de monde, pour cette boîte réputée. Plutôt in, musique genre dance et *black music*.

♪ *Batschkapp* (hors plan I par B1, *58*) : Maybachstrasse 24. ☎ 95-21-84. Tous les vendredi et samedi soir, groupes *live*. Un peu tous les styles de musique : indies, hip-hop et techno. Formations d'avant-garde de temps en temps.

♪ *U 60311* (plan I, B2, *59*) : Rossmarkt. ☎ 29-70-60-311. Ouvert du mercredi au samedi de 22 h à l'aube. Club dépendant du *U-Bar*. Très fréquenté par ceux qui recherchent une ambiance techno.

♪ *Sinkkasten* (plan I, C2, *60*) : Brönnerstrasse 5. ☎ 28-03-84. Ouvert du jeudi au samedi de 21 h à 3 h (le reste de la semaine jusqu'à 2 h). D'excellents groupes de rock et autres jusqu'à minuit (programme à l'entrée). Puis devient une boîte avec musique à la mode. Toujours beaucoup de monde. Consos à prix corrects.

♪ *Jazzkeller* (plan I, B2, 61) *:* Kleine Bockenheimerstrasse 18a. ☎ 28-03-85. Programme des concerts : ● www.jazzkeller.com ● Les mercredi et vendredi, discothèque de 22 h à 3 h ; les jeudi et samedi, concert de 21 h à 3 h. Fermé du dimanche au mardi. Un des hauts lieux du jazz en ville. Surtout branché free et modern jazz.

– La Kleine Bockenheimerstrasse abrite d'autres clubs de jazz.

À voir

La vieille ville

✹ *La place du Römerberg* (plan I, C3) *:* vaste esplanade et centre historique de la ville. Sans grande unité architecturale, elle propose néanmoins quelques édifices intéressants. L'œil est évidemment attiré tout d'abord par l'*hôtel de ville* (Rathaus) du XVe siècle, constitué de 3 corps de bâtiments gothiques dotés de pignons à redents. Ils furent bien rafistolés au cours des siècles. Au-dessus du balcon sculpté, 4 empereurs et au-dessus 2 aigles, le tout ajouté au XIXe siècle.

Il est possible de visiter la *Kaisersaal,* « salle impériale » (de 9 h à 18 h, le dimanche de 10 h à 16 h, fermé le lundi ; entrée : 1,50 €). C'est là que les banquets des couronnements avaient lieu. Les niches accueillent les portraits des 52 empereurs, de Charlemagne à François II. Dans la cour intérieure, charmante tour-escalier Renaissance en colimaçon. Les autres édifices des XVIe, XVIIe et XVIIIe siècles, bien que jolis à regarder grâce à leurs façades à colombages, ont été pour la plupart rénovés récemment. Sur la place de l'Hôtel-de-Ville, jolie *fontaine de la Justice.*

✹ Au sud de la place, l'*église Saint-Nicolas* (plan I, C3, 81) dont le toit en ardoise ressemble à celui d'une maison. De la galerie, les notables observaient les fêtes sur l'esplanade. Face au *Musée historique,* l'une des plus belles maisons à colombages de la ville, la *Haus Wertheim,* du début du XVIIe siècle. Noter l'encoignure dorée et la lanterne. Elle abrite aujourd'hui un restaurant.

✹ *Schirn Kunsthalle* (galerie d'art Schirn ; plan I, C3, 82) *:* entre le Römerberg et la cathédrale. ☎ 299-88-20. ● www.schirn.de ● Ouvert les vendredi, dimanche et mardi de 10 h à 19 h et les mercredi et jeudi de 10 h à 22 h. Fermé le lundi. Prix de l'entrée variable selon l'expo organisée. La galerie Schirn propose des expositions temporaires et des rétrospectives de grande qualité. Renseignez-vous sur le programme.

🍸 Juste en face de la sortie se trouve le *Café Schirn,* très agréable pour boire un verre.

✹ *La cathédrale* (plan I, C3, 83) *:* à deux pas du Römerberg. Contrairement à toute bonne cathédrale qui se respecte, celle-ci ne fut jamais le siège d'un évêché. C'est à force de couronner les têtes royales qu'elle s'éleva à ce rang, comme en décida la « Bulle d'or », l'acte constituant l'Empire au milieu du XIVe siècle. Depuis la période carolingienne (IXe siècle), il y eut toujours une église à cet emplacement. Elle se transforma régulièrement et fut en partie détruite. Au XVe siècle, on lui adjoignit sa belle tour de 95 m de haut, surmontée d'un dôme à lanternon, et elle prit alors son style gothique définitif. De tout là-haut (328 marches), vue surprenante sur la cité. La tour est accessible de 9 h à 13 h et de 14 h 30 à 18 h. Payant. L'intérieur est composé d'une vaste nef gothique. La première curiosité est cette architecture générale à croix symétrique (grande longueur du transept). Le chœur propose de belles stalles du XIVe siècle. De la même période, sur la droite, la pierre tombale verticale très colorée de Günther de Schwarzburg qui échoua à l'élection au trône de Germanie au bénéfice de Charles IV. Riche retable du XVe siècle dans le chœur. Des fresques courent tout le long du mur au-dessus du chœur. La *Wahlkapelle* accueillait les sept princes-électeurs du Saint-Empire. C'est là qu'ils se mettaient d'accord sur le nom du nouveau roi.

🎯 *Paulskirche (église Saint-Paul ; plan I, C3, 84)* : c'est dans cette église, reconstruite après la guerre, que siégea la première assemblée nationale allemande, élue après la révolution de 1848.

🎯 Pour profiter d'une vue intéressante sur Francfort, monter dans la *Zeilgalerie (plan I, C2, 85),* centre commercial situé au début de la Zeil, l'artère commerçante. Prendre les escalators jusqu'en haut. Il y a un café et une boîte de nuit.

🎯 *La bourse (plan I, B2, 86)* : Börsenplatz. S-Bahn : descendre à Hauptwache et prendre Schillerstraße. C'est la grande fierté de Francfort (alors, avant d'attaquer la Zeil, faites-y un tour). Il est possible de la visiter du lundi au vendredi de 10 h à 13 h 30. Il vous suffit d'être muni d'une carte d'identité. Renseignements au : ☎ 21-01-15-15. Devant le bâtiment, les deux célèbres statues de l'ours écrasant les cours (baisse) et du taureau les relevant avec ses cornes (hausse).

🎯 *Alte Oper (plan I, A-B2, 87)* : Opernplatz. ☎ 13-40-400. • www.eintrittskarte.de • U-Bahn 6 ou 7 : Alte Oper. Construit entre 1873 et 1880. Si le « Vieil Opéra » ne vous paraît pas si vieux que ça, c'est qu'il fut détruit en 1944, reconstruit et rouvert en 1981 seulement ! Propose un éventail très large de spectacles allant des grands classiques aux œuvres contemporaines. Les prix sont abordables car l'opéra bénéficie également de subventions. Il sera donc plus prudent de réserver.

🎯 *Le quartier de Sachsenhausen* : situé au sud du Main, ce quartier éminemment animé le soir voudrait bien être reconnu comme historique. Mais les façades à faux colombages, les enseignes « à l'ancienne » et les ruelles repavées ne parviennent pas à faire illusion. On vient ici pour manger et boire, pas pour l'histoire. La *Kleine Rittergasse* constitue le centre de ce quartier.

Les musées

Nombreux, intéressants, généralistes, thématiques, et proches les uns des autres... Il faut avouer que Francfort n'a pas lésiné côté culture. Au moins, l'argent sert-il à quelque chose ! Voici les principaux musées de la ville, mais il y en a bien d'autres. Une brochure gratuite en français les répertorie. Pour avoir des renseignements sur l'ensemble des musées, on peut appeler la *hotline* au : ☎ 21-23-16-98.

Attention : pour la plupart, les musées sont ouverts seulement de 10 h à 17 h et pratiquent une nocturne le mercredi jusqu'à 20 h. Ils sont généralement fermés le lundi. Un bon tuyau : l'entrée dans les musées municipaux est gratuite le mercredi.

Dans le centre-ville

🎯 *La maison et le musée Goethe (plan I, B3, 88)* : Grosser Hirschgraben 23-25. ☎ 13-88-00. Ouvert d'avril à septembre du lundi au samedi de 9 h à 18 h et le dimanche de 10 h à 13 h ; le reste de l'année, du lundi au samedi de 9 h à 16 h, le dimanche de 10 h à 13 h. Entrée : 3,50 € ; réductions.

Ce fut la grand-mère de Goethe qui acheta ces deux maisons en 1733. Johann Wolfgang Goethe y naquit en 1749. La maison originale fut détruite en 1944. On se consolera en apprenant que c'est ici, à Francfort, qu'il connut son premier grand amour, Gretchen, qui l'aurait inspiré pour la Marguerite de *Faust*. Il écrivit également ici ses œuvres les plus fameuses. Cette maison fut reconstituée à l'emplacement de l'ancienne. En réalité, peu de pièces sont d'époque. On se sent un peu frustré de se trouver dans une vraie-fausse maison. Exception faite de la pompe à eau dans la cuisine, de l'évier et des 4 premières marches de l'escalier, le rez-de-chaussée a été entièrement refait. Jolie rampe d'escalier en fer forgé.

– *Au 2ᵉ étage,* portraits familiaux et une bibliothèque dont seule une partie a appartenu au poète. On voit aussi sa chambre natale.

– *Au 3ᵉ étage,* plus intéressant, son petit théâtre de marionnettes. Bien que peu authentique, la visite reste un bon témoignage de la vie de l'époque. Le musée attenant à la maison présente un ensemble de collections très diverses, toutes liées à l'époque de Goethe : nombreuses toiles familiales, sculptures du XVIIIᵉ siècle, gravures où Goethe apparaît, documents, lettres, etc.

Historisches Museum *(plan I, C3, 89) :* Saalgasse 19. ☎ 21-23-55-99. À deux pas de la cathédrale. Ouvert les mardi, jeudi et dimanche de 10 h à 17 h ; le mercredi de 16 h à 20 h, le vendredi de 10 h à 14 h et le samedi de 13 h à 17 h. Fermé le lundi. Entrée : 4 € ; réductions.

Plusieurs musées en un. Dans l'entrée, ne pas manquer les trois grandes maquettes témoignant de l'état de la ville avant la guerre, pendant la guerre (après les bombardements anglais et américains) et aujourd'hui. La deuxième maquette est assez impressionnante. On comprend mieux ce qu'est la ville aujourd'hui quand on voit ça. Le Musée historique possède des collections très éclatées et son organisation est particulièrement fouillis. Pêle-mêle, une série de toiles du XVIIIᵉ siècle reflétant le développement de la ville, une section religieuse assez mal exposée. Un niveau est consacré à la sculpture sur pierre. On y a rassemblé des restes de chapiteaux, fonts baptismaux, grilles en fer forgé, section de faïence du XVIIIᵉ siècle, tout dans les bleus. Grosses potiches, vaisselle... Intéressants témoignages de la faïence de Francfort aux XVIIᵉ et XVIIIᵉ siècles. Salle d'orfèvrerie du XIXᵉ siècle. Noter le château fort en argent ciselé dans son énorme coupelle dorée. Beaucoup de travail, même si le résultat est bien lourd. Le musée propose également une section enfants mais sans grand intérêt. Dans la cour, l'été, concert toutes les semaines.

Museum für Moderne Kunst *(MMK ; musée d'Art moderne ; plan I, C2, 90) :* Domstrasse 10. ☎ 21-23-04-47. Ouvert de 10 h à 17 h (20 h le mercredi). Fermé le lundi. Entrée : 5 € ; réductions.

Dans un édifice récent, construit par un architecte viennois Hans Hollein. Structures extérieures intéressantes. La prouesse a été de le construire sur un espace triangulaire et peu spacieux, ce qui explique qu'il soit surnommé par les habitants le *Tortenstück*, la part de gâteau. L'intérieur est étonnamment lumineux, et l'organisation des espaces, un peu labyrinthique, favorise l'errance. On vagabonde donc à travers l'art contemporain international et allemand. Peintures, sculptures, mobiles, photos. On y trouve une collection importante d'œuvres d'Andy Warhol et de Beuys. Les collections les plus déroutantes sont présentées ici, dans de vastes salles. Excellent musée pour se tenir au courant de ce qui se fait aujourd'hui.

|●| Au rez-de-chaussée, *cafétéria* agréable. Longue banquette orange moderne. Salades (petites ou grandes), soupes, assiettes de pâtes, etc.

🎭 **Jüdisches Museum** (Musée juif ; plan II, F4, 91) : Untermainkai 14-15. ☎ 212-350-00. Ouvert du mardi au dimanche de 10 h à 17 h (le mercredi, jusqu'à 20 h). Entrée : 2,60 € ; réductions. Installé dans l'ancien palais des Rothschild. Présentation de toutes les facettes de la culture juive et de l'histoire de la communauté juive de Francfort du Moyen Âge à nos jours.

🎭 **Naturmuseum Senckenberg** (musée d'Histoire naturelle de Senckenberg ; hors plan I par A2, 92) : Senckenberganlage 25. ☎ 754-20. Ouvert de 9 h à 17 h (20 h le mercredi, 18 h les samedi, dimanche et jours fériés). Entrée : 3,50 € ; réductions. Uniquement pour les fans du genre. Vaste musée d'histoire naturelle organisé de manière pédagogique et vivante. Section paléontologique particulièrement riche. Fossiles, squelettes de sauriens géants et de mammifères à trompe. Dans une salle, un anaconda dévore un phacochère. Galeries classiques d'animaux empaillés, oiseaux, reptiles, insectes, etc. Rénové en 2003.

La rive des musées (au sud du Main)

Nous présentons ici les différents musées des bords du Main, d'ouest en est.

🎭 **Liebieghaus** (plan II, E-F5, 93) : Schaumainkai 71. ☎ 21-23-86-17. Ouvert de 10 h à 17 h et jusqu'à 20 h le mercredi. Fermé le lundi. Entrée : 2,50 € ; réductions. Musée entièrement consacré aux statues de toutes origines et de toutes époques. Nombreuses œuvres rares. Les périodes égyptienne, grecque et romaine sont très bien représentées. Sculptures du Moyen Âge, de l'époque baroque, etc.

🎭🎭 **Städelsches Kunstinstitut** (musée Städel ; plan II, F5, 94) : Schaumainkai 63. ☎ 605-09-80. Ouvert du mardi au dimanche de 10 h à 17 h, les mercredi et jeudi jusqu'à 20 h. Fermé le lundi. Entrée : 6 € ; réductions. Imposant édifice de pierre de la fin du XIXe siècle.
Ce musée retrace au travers d'une collection importante l'histoire de la peinture du XIVe siècle à nos jours. C'est un musée de renommée internationale. Impossible de tout décrire. *Grosso modo*, il peut être divisé en trois sections : la peinture du XIVe au XVIIIe siècle, l'art du XIXe au XXe siècle, et l'art contemporain. Les amateurs s'attarderont évidemment sur les chefs-d'œuvre des primitifs flamands. Indiquons simplement la présence d'œuvres de Jérôme Bosch et de Van Eyck. Nombreux tableaux religieux, panneaux peints et retables provenant de monastères et d'églises. Œuvres des XIVe et XVe siècles. Superbes portraits de Frans Hals (XVIIe siècle). La peinture italienne est également fort bien représentée avec des œuvres d'artistes primitifs ainsi que des toiles de Botticelli, Véronèse, Fra Angelico, etc. Beaucoup de peintres romantiques du XIXe siècle également, tant allemands que français. Plus près de nous, on trouve les plus grands des mouvements impressionniste et abstrait : Picasso, Braque, Monet, Matisse, et aussi Klein, Tàpies, Bacon... Le musée est à taille humaine et la présentation aérée très agréable à la visite.

|●| 🍸 Vous pourrez également aller boire un verre, dans la cafétéria et resto **Holbein's** (ouvert tous les jours sauf le lundi de 10 h à minuit), installé dans une aile du musée. Déco très réussie et bonnes assiettes.

🎭🎭 **Museum für Post und Kommunikation** (musée de la Poste et des Communications ; plan II, F5, 95) : Schaumainkai 53. ☎ 60-600. Ouvert du mardi au vendredi de 9 h à 17 h et de 11 h à 19 h le week-end. Entrée gratuite. Pour suivre la visite, on vous confie un audioguide en plusieurs langues (dont le français), mais cet outil se révèle parfois bien encombrant et asservissant. À vous de voir.

En tout cas, il s'agit d'un exemple édifiant de ce qu'on peut faire d'extrêmement original sur le plan architectural. Espace de lumière ! Même s'il n'y avait rien dedans, ce musée vaudrait le détour. Toute l'histoire de la communication depuis ses débuts jusqu'à nos jours. On y voit toute la gamme des moyens roulants : premiers wagons postaux (film vidéo à l'intérieur), un vieux « tempo » (monstrueux triporteur), des camions, des vélos, etc., mais aussi les moyens plus modernes : hertzien, câble, satellite. Plusieurs expériences interactives sont proposées. Amusant. Des tableaux ayant trait à la communication par voie postale animent les murs. Belle collection de téléphones sous toutes leurs formes. Avez-vous vu le célèbre *Téléphone-homard* de Dalí ? À l'étage, section internationale ; boîtes aux lettres de tous les pays, section consacrée aux timbres, quelques uniformes, etc.

🎭 **Deutsches Architektur Museum** *(Musée allemand de l'Architecture ; plan II, F5, 96)* : Schaumainkai 43. ☎ 21-23-88-44. Ouvert du mardi au dimanche de 10 h à 17 h (20 h le mercredi). Fermé le lundi. Entrée : 5 € ; réduction étudiants.
Musée consacré à l'architecture, aux architectes et à leur démarche créative. Les expos sont un peu techniques et n'intéresseront que les initiés. Aux rez-de-chaussée et 1er étage, grandes expos temporaires. Au 2e étage, tout autour d'une grande salle sont exposées des maquettes des différentes architectures à travers les siècles : l'*Homo erectus* et sa cabane de bois, des structures de tentes, des pyramides, une ville de Mésopotamie, puis les architectures médiévales, Renaissance, jusqu'à l'habitat ouvrier de l'après-guerre et les gratte-ciel new-yorkais.

🎭🎭 **Deutsches Filmmuseum** *(Musée allemand du Cinéma ; plan II, F5, 97)* : Schaumainkai 41. ☎ 21-23-88-30. Ouvert du mardi au dimanche de 10 h à 17 h (20 h le mercredi). Le samedi, de 14 h à 20 h. Fermé le lundi. Entrée : 2,50 €.
Excellent musée, intéressant et ludique à la fois. On passe en revue tous les miracles du début du cinéma pour entrer dans le monde des effets et trucages utilisés pour les décors : lanterne magique, illusions optiques, anamorphoses, caméra obscura, expérience optique interactive. Salle consacrée à la lumière et aux premiers appareils de tournage, et puis Méliès évidemment, dont un film est projeté sur écran vidéo. À l'étage, reconstitution du bureau du *Faucon maltais*. Attention, on vous filme ! Devinez donc où est la caméra ? On verra encore l'original de « Maria » dans *Métropolis* (de Fritz Lang) et la reconstitution de la première salle de cinéma au *Grand Café* à Paris. Au rez-de-chaussée, café et cinéma qui propose des projections régulières et originales. Demandez le programme ! Et enfin une librairie très bien fournie en livres sur le cinéma et documentations en tout genre.

🎭 **Museum für Völkerkunde** *(Musée ethnographique ; plan II, F4, 98)* : Schaumainkai 29. ☎ 21-23-53-91. Ouvert du mardi au dimanche de 10 h à 17 h (20 h le mercredi). Fermé le lundi. Entrée : 3 €. Expositions temporaires toujours d'un excellent niveau sur toutes les formes de cultures et les civilisations étrangères. Ne pas manquer d'y faire un tour en passant par là, vous pouvez tomber sur une expo extra.

🎭🎭 **Museum für Angewandte Kunst** *(musée des Arts appliqués ; plan II, G4, 99)* : Schaumainkai 17. ☎ 21-23-40-37. Ouvert du mardi au dimanche de 10 h à 17 h (20 h le mercredi). Fermé le lundi. Entrée : 4 € ; réductions.
Encore un musée parfaitement intégré du point de vue architectural au milieu verdoyant, construit par le célèbre architecte new-yorkais Richard Meier. On y vient pour s'allonger sur une pelouse, pour déjeuner à la terrasse de la belle cafétéria et pourquoi pas... pour voir de l'art. Ici, tout est lumière et volume. Évidemment, on peut dire ça de tout, mais là, c'est encore plus frappant. En résumé, on trouve dans ce musée un vaste panorama des arts décoratifs mondiaux. Ni plus, ni moins ! L'art européen détient

évidemment une place privilégiée avec de la vaisselle exceptionnelle et du mobilier rare, du XIVe au XVIIIe siècle. Objets d'étain, faïence de Hambourg et italienne, tapisseries du XVIIe siècle, coffres, armoires classiques. Dans une villa attenante et reliée au musée par une passerelle, on a regroupé tout le style baroque et rococo (porcelaine, orfèvrerie, vaisselle, mobilier, etc.). Le musée accueille aussi une assez large section dédiée à l'art dans les pays arabes : tapis, samovars, objets usuels. Art asiatique également. Une visite fortement conseillée dans le monde merveilleux des objets.

|●| Après, pourquoi ne pas faire halte à la belle **cafétéria** avec terrasse, puis faire une sieste sous un arbre ?

À voir encore

Le zoo *(hors plan I par D2, 100)* : situé au nord-est de la ville. Plusieurs lignes du S-Bahn y passent. Ouvert tous les jours au printemps et en été, de 9 h à 19 h ; en hiver, de 9 h à 17 h. Entrée : 7 € ; réductions. Tarif réduit le samedi matin. L'intérêt (et l'entretien) du zoo de Francfort est assez comparable à celui de Vincennes. Espaces vitaux réduits, cages pas nickel, volière pas passionnante. Seuls le rhino à 2 cornes et les beaux spécimens de singes ont trouvé grâce à nos yeux. Une section couverte présente des mammifères nocturnes (chauves-souris, rongeurs, serval...) et une autre abrite un « exotarium ».

Palmengarten *(jardin botanique ; hors plan I par A1, 101)* : Palmengartenstrasse 63. Pour s'y rendre de la gare, tram n° 16 vers Ginnheim, descendre à Bockenheimer Warte ; c'est à 5 mn de marche. Ouvert tous les jours de mars à octobre de 9 h à 18 h, le reste de l'année fermeture à 16 h ou 17 h. Entrée : 3,50 €. Créé il y a plus d'un siècle, il présente plus de 10 000 espèces de plantes. Superbes et vastes serres tropicales et subtropicales. Autour, de grands espaces verts invitent à la promenade et au farniente.

Kleinmarkthalle *(marché couvert ; plan I, C2, 102)* : Hasengasse 7. Ouvert du lundi au samedi de 8 h 30 à 18 h 30. Marché coloré où sont proposés non seulement les produits de la région, mais aussi des spécialités internationales. On peut y manger sur le pouce.

Fernsehturm ou Europaturm *(tour de la télévision)* : Wilhelm Eppsteinstrasse 20. ☎ 53-30-77. Située au nord-ouest, le plus simple pour y accéder reste quand même la voiture. Sinon, prendre le bus n° 34. Ouvert tous les jours de 11 h à 18 h. Avec ses 331 m, c'est la deuxième plus grande tour TV d'Allemagne et la quatrième au niveau mondial. On y admire une vue fabuleuse de Francfort.

La City : Friedrich-Ebert-Anlage et Mainzer-Landstrasse. À 10 mn de la gare à pied ; sinon prendre le tramway 16, direction Ginnheim. Impossible d'échapper aux tours de Francfort, dont la plupart sont récentes. Dernières idées architecturales, statues et art moderne à gogo, on n'y passe pas la journée mais ça mérite tout de même le détour. À noter : le building de la *Commerzbank,* construit par le célèbre architecte Sir Norman Foster. La tour mesure 259 m de haut et a la particularité de posséder dans ses étages supérieurs 9 jardins intérieurs.

À faire

Le **chemin de halage** sur les bords du Rhin offre la possibilité de rejoindre la banlieue de Höchst à vélo. Paysage changeant, on se trouve tantôt en ville, tantôt parmi les « bêtes à cornes ».

🌸 Encore et toujours sur les bords du Main, entre les ponts Untermain et Friedens, chaque samedi matin (jusqu'aux environs de 13 h) se tient le **marché aux puces** *(Flohmarkt).* Vieilleries, fripes, déco.

Manifestations

– ***Sound of Frankfurt :*** ● www.sound-of-frankfurt.de ● En général le 1er samedi de juillet, cette fête de la musique en plein air accueille environ 350 000 personnes dans la vieille ville de Francfort. Au programme : « toute la musique d'aujourd'hui » (techno, *world music*...) et des groupes différents chaque année.
– ***Museumsuferfest*** *(fête de la Rive des musées) :* Francfort fête sa rive des musées une fois par an 3 jours durant (généralement le dernier week-end d'août). La rive, fermée à la circulation, devient la plate-forme de présentations culturelles et artistiques internationales. Le tout est couronné à la fin par un feu d'artifices. Cette fête attire chaque année pas moins de deux millions de personnes. Renseignements à l'office du tourisme.

QUITTER FRANCFORT

En train

🚆 ***Gare ferroviaire principale*** *(plan I, A3 ; plan II, E4) :* à l'ouest du centre.
➢ ***Pour Berlin :*** une quinzaine de trains directs. Compter 5 h de trajet. Un train de nuit. Départ aux environs de 20 h 30 tous les jours.
➢ ***Pour Coblence, Bonn, Cologne et Düsseldorf :*** 12 trains directs (durée : 2 h 30). Sinon un train toutes les heures (durée : 3 h).
➢ ***Pour Fulda :*** 30 trains. Durée : environ 1 h.
➢ ***Pour Hambourg :*** 22 trains (la plupart étant directs). 3 h 40 de trajet. Un train-couchettes par jour vers 0 h 30.
➢ ***Pour Leipzig :*** un train toutes les 2 h. Compter 4 h de trajet. Un train-couchettes par jour. Départ aux environs de 23 h 30.
➢ ***Pour Mayence :*** train S14. Liaisons en permanence (en moyenne 2 trains par heure). Compter 40 mn de trajet.
➢ ***Pour Marburg :*** 25 trains par jour environ. Dernier départ à 0 h 20.
➢ ***Pour Munich :*** 40 trains quotidiens dont 15 directs. Compter entre 3 h 30 et 6 h 30 de trajet.
➢ ***Pour Wiesbaden :*** train S8 ou S1. Liaisons en permanence : 2 à 3 trains par heure. Compter 40 mn de trajet.
➢ La position centrale de Francfort fait qu'il est également possible de joindre de **nombreuses villes européennes,** avec des liaisons quotidiennes pour Paris, Amsterdam, Bruxelles, Prague, Rome, Vienne, Varsovie, Zurich.

WIESBADEN (65183) 270 000 hab. IND. TÉL. : 06-11

Francfort : 25 km ; Mayence : 8 km.
Ville d'eau résidentielle et étendue. Le type même de la cité pépère et bourgeoise, qui camoufle ses belles villas au fond des parcs. Les 26 sources chaudes ont de tout temps attiré ceux qui avaient suffisamment d'argent pour venir soigner leurs maux le jour et perdre leur fortune sur les tables de

son grand casino le soir. Dostoïevski trouva ici son personnage pour *Le Joueur,* Brahms y composa sa 2e symphonie et Wagner y écrivit *Les Maîtres Chanteurs* (il ne s'agissait pas, on s'en doute, de ses créanciers). Malgré son climat particulièrement doux, qui lui a valu le nom de « Nice du Nord », Wiesbaden ne possède pas un attrait touristique débordant. Pour en apprécier tout son charme feutré et son atmosphère désuète, parfois même surfaite, laissez-vous inviter à la flânerie et vibrer au rythme des échos de sa splendeur révolue.

UN PEU D'HISTOIRE

Les Romains avaient déjà découvert les bienfaits des eaux de Wiesbaden. Elles furent donc utilisées au cours des siècles. Au XVIIIe siècle, les ducs de Nassau-Usingen choisissent la ville pour résidence. Récupérée par les Prussiens au milieu du XIXe siècle, elle prend, sous le règne de Guillaume II, son visage actuel : néoclassique et pompeux. C'est à ces deux périodes que la ville connaît son apogée : les riches personnages affluent, la haute noblesse européenne se presse dans cette ville d'eau et les personnages célèbres s'y donnent rendez-vous. Peu touchée pendant la guerre, Wiesbaden, qui devient en 1945 la capitale de la Hesse, offre toujours le visage de l'opulence et de la discrétion.

Adresses et infos utiles

▪ *Office du tourisme :* Marktstrasse 6. ☎ 17-290. Fax : 17-29-798. • www.wiesbaden.de • Ouvert du lundi au vendredi de 9 h à 18 h ; le samedi, de 9 h à 15 h. Fermé le dimanche. Réservation moyennant une petite commission de chambres d'hôtels, de pensions et de *B & B* directement au : ☎ 17-29-777. Travaille en collaboration avec une agence de Mayence pour la réservation de chambres chez l'habitant.
▪ *Réservation pour le théâtre et les concerts :* ☎ 17-29-930.

– *Visites guidées* de la ville en bus (le mercredi à 14 h 30 et le samedi à 14 h) ou à pied (le samedi à 10 h ; de novembre à mars seulement le 1er et le 3e samedi du mois), le départ se fait toujours du *Theater Kolonnade* (colonnades du théâtre).

✉ *Poste principale :* Kaiser-Friedrichring 81 ; juste à droite de la gare. Ouvert du lundi au vendredi de 8 h à 21 h, le samedi de 8 h à 18 h et le dimanche de 10 h à 13 h.
▪ *Location de voitures : Sixt,* à la gare. ☎ 84-03-00. Ouvert du lundi au vendredi de 7 h 30 à 17 h 30, le samedi de 8 h à 11 h.
▪ *Location de vélos :* Bahnhofstrasse 52. ☎ 37-42-56.

Où dormir ?

Côté possibilités de séjour, Wiesbaden n'est vraiment pas le paradis des petits budgets. Peu d'adresses bon marché, en plus les prix y sont à géométrie variable. Pendant les périodes de congrès ou de foires, ils augmentent cruellement. Renseignez-vous à l'office du tourisme pour connaître le calendrier des manifestations.

Bon marché

▪ *Jugendherberge Wiesbaden (AJ) :* Blücherstrasse 66, 65195. ☎ 44-90-81 ou 48-657. Fax : 44-11-19. • wiesbaden@djh-hessen.de • De la gare, prendre le bus n° 14, direction Klarenthal, descendre à Gneisenauerstrasse, puis marcher tout droit environ 500 m ; c'est sur la gauche. À pied, compter 30 mn. Ouvert toute l'année. Réception ouverte à partir de 11 h (avant 11 h, aller voir à la cuisine). Couvre-feu à minuit. Pour une nuitée, compter 19 €. Petit dej'-buffet inclus. Édifice banal, propre, entouré de verdure, dans un quartier calme. Chambres de 2, 4 et 6 lits. Douche et w.-c. extérieurs.

De prix moyens à plus chic

Hotel Klemm : Kapellenstrasse 9, 65193. ☎ 58-20. Fax : 58-22-22. • www.hotel-klemm.de • Chambres doubles avec douche et w.-c. le week-end à 75 €, et en semaine à 100 €. Une mention spéciale pour les Lowell, sympathique jeune couple qui, avec dynamisme et bonne humeur, ont remis au goût du jour cette maison classée pour sa façade originale. Chambres colorées et douillettes, très bien équipées. Une adresse confortable, surtout intéressante pour ses tarifs week-end.

In der Villa : Weinbergerstrasse 6, 65193. ☎ et fax : 52-33-74. • ruiaka@aol.com • Chambres doubles avec douche et w.-c. à 98 €. Malgré son prix un peu élevé pour un *B & B*, il faut signaler cette adresse de charme, située dans le beau quartier résidentiel et huppé du Neroberg. Quelques chambres sont proposées dans cette jolie maison XIXe, où la glycine court sur la façade de brique. Une adresse romantique !

Plus chic

Hôtel Drei Lilien : Spiegelgasse 3. ☎ 99-17-80. Fax : 99-17-888. • www.dreililien.de • Chambres doubles avec douche et w.-c. de 90 à 100 €. Dans une petite rue calme du centre. Façade étroite dans les tons gris. Une adresse début XXe siècle, adaptée au goût du jour. Charme et intimité. Adresse confortable évidemment, bourgeoise et un peu chère. Petit dej' soigné, avec confitures maison. Propriétaire très attentionné déployant tout son savoir-faire pour vous accueillir avec gentillesse.

Où manger ?

Le coin de la ville le plus animé le soir se résume à deux rues : *Wagemannstrasse* et *Grabenstrasse*. On y trouve restos, bars et terrasses. On peut également pousser son chemin vers la *Taunusstrasse*, large avenue un peu froide le soir et sur laquelle les restaurants se succèdent.

De prix modérés à prix moyens

Beck's Bäckerbrunnen : Grabenstrasse 28. ☎ 37-34-09. Ouvert tous les jours de 10 h à 1 h. Plats autour de 10 €. Une adresse que nous ne sommes pas les seuls à apprécier car elle sait allier tradition et nouveauté. Intérieur façon taverne, bar en demi-lune, tables hautes sur tonneaux et musique jazz. Clientèle jeune. L'été, terrasse de l'autre côté de la rue à côté des clapotis de la source thermale. Assiettes composées assez inventives, salades, soupes, mais aussi plats traditionnels. Bref, il y en a pour tous les goûts. C'est aussi un bar très agréable.

Ghookdee : Spiegelgasse 3. ☎ 30-58-40. Ouvert tous les jours en continu de midi à minuit. Plats de 10 à 15 €. Vous nous direz que c'est une drôle d'idée d'indiquer un resto thaï... et bien non, pas tant que ça : d'abord il y a beaucoup de restos de cuisine exotique à Wiesbaden et ensuite la qualité de la cuisine qui y est servie nous pousse à indiquer ce petit resto toujours agréablement bondé. Une bonne adresse !

Plus chic

Käfer's Bistro : Kurhausplatz 1. ☎ 53-62-00. Ouvert tous les jours de 11 h 30 à 2 h. Plats de 10 à 22 €. Formule à midi à 10 €. Un petit air de nostalgie flotte sur ce resto Belle Époque installé dans une aile du Kurhaus. Dans ce décor Art nouveau, un pianiste rythme le service des plats dans le brouhaha des fourchettes et des conversations. La cuisine est plus du style brasserie que grande gastronomie. Prix salés, mais l'ambiance ça se paie ! Grande carte de vins.

Où boire un verre ?

Ce n'est pas bien compliqué, voici les trois rues qui concentrent le maximum d'animation nocturne : Grabenstrasse, Goldgasse et Wagemannstrasse. Elles sont sympathiques et piétonnes, et abritent une bonne dizaine de bars pleins de jeunes. C'est là que l'on s'amuse à Wiesbaden.

Notons le *Maxim*, à l'angle de Grabenstrasse et de Goldgasse, bar à la mode qui a la faveur des jeunes actuellement. En face, le *Classico* est un peu le *Café Costes* local. À côté, bien d'autres vous tendent les bras.

Lumen : Marktplatz. Ouvert tous les jours de 8 h 30 à 1 h (2 h le week-end). Grand cube de verre situé fièrement en pleine Marktplatz. Large terrasse dès les beaux jours. Propose aussi quelques plats et une grande carte de *brunches* avec une palette de prix étendue.

À voir

Museum Wiesbaden : Friedrich-Ebertallee 2. ☎ 335-21-92. Ouvert du mardi au dimanche de 10 h à 17 h, le mardi jusqu'à 20 h. Fermé le lundi. Entrée : 2,50 € ; réductions. Entrée gratuite le mardi de 16 h à 20 h.
L'intérêt principal de ce musée réside dans la présentation d'une riche collection d'Alexj von Jawlensky, peintre russe ayant terminé sa vie à Wiesbaden, au début du XXe siècle. Excellent peintre expressionniste, grand ami de Kandinsky, il fut qualifié de « peintre des icônes du XXe siècle ». À la fin de sa vie, il a surtout travaillé sur des séries de visages, symbole selon lui de la forme d'expression la plus universelle. À noter le beau travail de recherche sur la couleur. Voir le très beau *Nikita* (1910). Belles collections de dessins. Présente également quelques Beckmann, Kirchner et Schmitt-Rottluff. À côté de cette collection permanente, le musée consacre la majeure partie de son espace à des expos temporaires. Le musée abrite également une section d'histoire naturelle, un peu ennuyeuse si on n'a pas la chance de tomber sur une expo temporaire, et une collection d'antiquités bien mise en valeur.

Kurhaus (établissement thermal) *:* au bout de Wilhelmstrasse, dans le Kurpark. Édifice du début du XXe siècle, de style néoclassique assez rigide. Jeter un petit coup d'œil à l'intérieur pour admirer la coupole du foyer avec ses médaillons de mosaïque où sont représentés les dieux antiques. Malheureusement le reste du bâtiment n'est accessible qu'aux curistes ou aux joueurs du casino. Au nord du parc, la **Brunnenkolonnade** abrite une **buvette** thermale provenant de la source *Kochbrunnen* (on n'a pas dit *Kronenbourg* !).

Au-delà de la Kurhaus s'étend le **Kurpark** *(parc thermal)*, charmant parc tout en longueur où l'on se promène sous de beaux arbres. Les deux rues *Sonnenbergstrasse* et *Parkstrasse,* qui entourent le parc, sont bordées de magnifiques villas qui méritent absolument la promenade.

¶ **Kochbrunnen :** sur la Krauzplatz, à côté de la Taunusstrasse. Cette fontaine est la réunion de 15 sources. Riche en fer, elle atteint une température de 66 °C. Délivre 346 l d'eau par minute.

¶ ***Les antiquaires de la Taunusstrasse :*** juste à côté du Kochbrunnen monte une grosse avenue qui porte le nom de Taunusstrasse où se succèdent les antiquaires et les brocanteurs. Ce n'est pas là que vous ferez des affaires, mais on y trouve de belles pièces. Pour le plaisir des yeux.

¶¶ ***Das Kaiser-Friedrich-Bad :*** Langgasse 38-40. ☎ 17-29-660. Ouvert tous les jours de 10 h à 22 h, le vendredi jusqu'à minuit. Mardi seulement pour les femmes et mercredi seulement pour les hommes. Entrée (pour 4 h) : 16 €. À partir de 16 ans.
Beaux bains romains-irlandais, modernisés tout en ayant conservé un style typique. On peut y prendre un bain dans une eau thermale à 66 °C, le tout dans un superbe décor Art nouveau, histoire de se relaxer. Vaut le coup d'œil !

¶ **Russische Orthodoxe Kirche** *(chapelle russe orthodoxe) :* sur une colline dominant la ville, à 4 km au nord. Ouvert de 10 h à 17 h ; de novembre à mars, ouvert uniquement le samedi de 12 h à 16 h et le dimanche de 10 h à 16 h. Entrée : 0,50 €.
On conseille plutôt la balade à ceux qui disposent d'un véhicule, mais on peut aussi y accéder en prenant le funiculaire. Chapelle de la fin du XIXe siècle, en forme de croix grecque et caractérisée par ses 5 bulbes dorés de style russe byzantin. Elle fut édifiée pour la sépulture d'une princesse russe, mariée à un prince de Nassau tombé follement amoureux et qui fut inconsolable lorsqu'elle mourut, à 19 ans. Encore ouverte au culte 2 fois par mois.

¶ **Nerobergbahn** *(chemin de fer du Neroberg) :* fonctionne du Vendredi saint à fin octobre. De mai à août, tous les jours de 9 h 30 à 20 h ; en avril, septembre et octobre, seulement les mercredi et samedi de 12 h à 19 h. Départ toutes les 15 mn. Aller-retour : 1,50 € ; réductions. Construit en 1888, il présente un double intérêt : d'abord il permet de profiter d'une belle vue, mais surtout il est un témoignage de l'ingéniosité technique. En effet les montées et les descentes ne se font que par la force hydraulique. Rempli à son arrivée au sommet de 7 000 l d'eau, le wagon descendant tire le wagon montant par un câble d'acier. Lorsque la voiture arrive en bas, elle se vide de son eau qui est alors refoulée vers le sommet. Écologique avant l'heure ! Attention, après l'accident de Kaprun en Autriche, les funiculaires anciens sont progressivement remplacés par des structures modernes. On gagne en sécurité ce que l'on perd en pittoresque.

Fêtes et festivals

– **Festival de Théâtre :** tout le mois de mai. C'est l'occasion d'admirer le superbe foyer baroque du XIXe siècle.
– **Fête des Vins :** à partir du 2e samedi du mois d'août, pendant une semaine.

➤ *DANS LES ENVIRONS DE WIESBADEN*

¶ **Kloster Eberbach** *(abbaye d'Eberbach) :* à 12 km au sud-ouest. ☎ (067-23) 917-80. Prendre l'A66, c'est indiqué ensuite. Visites guidées en semaine à 11 h et 15 h et également à 13 h le week-end. Entrée : 5 € ; réductions. Dépliant gratuit en français.

Cette belle abbaye cistercienne fondée au XIe siècle comprend un vaste ensemble de bâtiments monastiques. Abbatiale austère de style roman, agrémentée de chapelles gothiques. Originalité : la présentation dans le réfectoire des frères convers d'une belle collection de pressoirs anciens (XIIe), témoins de l'activité viticole d'Eberbach depuis près de 800 ans. Le plus représentatif date de 1668. Le **dormitorium,** construit au XIIIe siècle, est constitué d'une salle à deux nefs d'une impressionnante longueur et mérite une attention toute particulière. On termine la visite par le musée qui retrace l'histoire de l'abbaye et de l'ordre cistercien. Amis cinéphiles, sachez également que le *dormitorium* a servi de décor pour certaines scènes d'intérieur lors du tournage du film *Le Nom de la rose*. Vente de vin de l'abbaye.

LA RHÉNANIE-PALATINAT

C'est certainement autour d'un verre de vin blanc que l'on peut au mieux évoquer la Rhénanie-Palatinat *(Rheinland-Pfalz)*. Ses vins doux ou secs, fruités et souvent légèrement pétillants rappellent les pentes puissantes et majestueuses de la vallée du Rhin, les méandres tourmentés de la Moselle et la douceur des paysages du Palatinat. C'est une région qui se déguste lentement, comme un bon vin, au gré de ses villages viticoles parsemés de *Burg* et de maisons à colombages.

MAINZ (MAYENCE) (55116) 190 000 hab. IND. TÉL. : 06131

Capitale du Land de Rhénanie-Palatinat, cette cité vivante et administrative ne possède pas un charme exceptionnel. On peut y faire halte pour son très beau musée Gutenberg, pour son carnaval particulièrement animé, ou encore pour sa cathédrale, superbe. Comme toutes les villes allemandes, elle abrite un vaste centre piéton et quelques vieilles rues pas trop mal retapées. Wiesbaden la clinquante et Mayence l'universitaire, situées sur chaque rive du Rhin, se sont avec le temps presque rejointes et offrent ainsi aux visiteurs une grande diversité. Mayence est aussi le point de départ pour la visite de la vallée du Rhin.

Adresses utiles

- **Office du tourisme :** Bruckenturn am Rathaus, Postfach 4140, 55031. ☎ 28-62-10. Fax : 28-62-155. • www.info-mainz.de • L'entrée se fait par un petit escalier mécanique depuis la Rheinstrasse. Ouvert de 9 h à 18 h et le samedi seulement jusqu'à 13 h. Fermé le dimanche. L'office délivre un plan en français qui indique l'emplacement des hôtels. Réservation possible pour les hôtels. Le site Internet est très complet et bien illustré de nombreuses photos sur toutes les possibilités de logement. Propose également une longue liste de chambres chez l'habitant.
- **Poste centrale :** Bahnhofstrasse 2. Ouvert du lundi au vendredi de 8 h à 18 h et le samedi de 8 h à 12 h. Fermé le dimanche.
- **Location de voitures :** *Sixt*, Bingerstrasse 19, Am Hauptbahnhof. ☎ 27-07-10. Fax : 27-07-11. Ouvert du lundi au vendredi de 7 h à 17 h 30 et le samedi de 8 h à 11 h.
- **Location de vélos :** *Am Radverleih im City Port Parkhaus*, Bingerstrasse 19 (près de la gare). ☎ 23-86-20. Ouvert d'avril à octobre du lundi au vendredi de 7 h à 20 h et le samedi de 10 h à 13 h 30. Fermé les dimanche et jours de fête. Prix de la location de 3 à 12 € selon le type de vélos.

Où dormir ?

Camping

- *Camping Maaraue :* situé au bord du Rhin à Mayence-Kostheim, de l'autre côté par rapport au centre de Mayence. ☎ (061-34) 43-83. De la gare, prendre le bus n° 10 ou n° 19, arrêt après Brückenkopf ; c'est à 10 mn de marche. Ouvert de mi-mars à fin octobre. Réception de 7 h à 13 h et de 15 h à 21 h. Situé dans un grand parc ombragé, au calme et au bord du fleuve. Vraiment bien aménagé, dans un site charmant. Sanitaires impeccables. Tarif dégressif au bout de plusieurs nuits. Piscine à 200 m.

Bon marché

- *Jugendherberge Mainz :* Otto-Brunfelschneise 4, 55130. ☎ 85-332. Fax : 82-422. • jhmainz@djh-info.de • Située assez loin du centre. De la gare, bus n° 62, 63 ou 92 direction Weisenau, arrêt Haltestelle Am Viktorstift, puis 3 mn à pied. Autre bus : n° 1 direction Laubenheim, arrêt « Jugendherberge ». C'est à 5 mn en montant la côte, puis premier chemin avec escalier sur la gauche. Réception ouverte à partir de 7 h. Couvre-feu à minuit. Nuitée de 17 à 22 €. 200 lits en chambres de 1, 2, 4 personnes, toutes avec douche et w.-c. intérieurs. Garçons et filles séparés. Pas de cafétéria sauf pour les groupes. Cadre très verdoyant et calme. Équipement traditionnel d'une AJ allemande. Grand parc en face de l'AJ, donc n'oubliez pas votre ballon de « foutchebol ».

- *Bed & Breakfast :* ☎ et fax : 821-15-15. Ouvert les lundi, mardi et jeudi de 9 h à 16 h ; les mercredi et vendredi de 10 h à 14 h. Fermé les samedi et dimanche. Agence qui propose, moyennant une petite commission, des B & B sur Mayence et Wiesbaden. Un bon plan pour se loger chez l'habitant à prix tout doux.

De prix modérés à prix moyens

- *Hôtel Stadt Koblenz :* Rheinstrasse 47-49. ☎ 26-25-369. Fax : 22-33-07. • www.stadt-coblenz.de • À 5 mn du centre et à proximité du Rhin. Entrée par le *Havanna Café*. Pour une chambre double avec ou sans w.-c. et douche à l'étage, compter de 55 à 65 €. Ce vieil hôtel se situe malheureusement sur une artère assez bruyante. Façade du XIXe siècle avec son large balcon en fer forgé. Cela pourrait faire un hôtel de charme sans le bruit. Chambres propres mais assez quelconques. Demander une chambre donnant à l'arrière. Indéniablement le meilleur rapport qualité-prix de la ville pour les petits budgets.

Un peu plus chic

- *Hof Ehrenfels :* Grebenstrasse 5-7. ☎ 22-43-54 ou 22-43-34. Fax : 23-79-10. Chambres doubles avec w.-c. et douche à 75 €. Bonne adresse au cœur du « vieux » centre, dans une ruelle calme. Belle façade classique avec son enseigne dorée et son resto au rez-de-chaussée. Chambres standard et bien équipées, mais sans charme particulier. Patrons accueillants. Une bonne adresse à un prix raisonnable.

- *Hotel Schwan :* Liebfrauenplatz 7. ☎ 14-49-20. Fax : 23-66-56. • www.mainz-hotel-schwan.de • Chambres doubles avec douche et w.-c. à 100 €. Jolie maison ancienne, située en plein cœur de Mayence. Entièrement rénovée. Chambres très bien équipées au décor soigné : parquet, gros rideaux rouges, mobilier de style baroque. Adresse confortable. Au rez-de-chaussée se trouve la plus ancienne *Gasthaus* de la ville.

Où dormir dans les environs ?

- *Gästehaus Helga May :* Kappellenstrasse 42, 55294 Boenheim. ☎ (061-35) 13-19. Fax : (061-35) 84-23. Boenheim est un petit village situé à 10 km au sud de Mayence. Pour une chambre double avec ou sans douche et w.-c., compter de 45 à 65 €. *Gasthaus* dépendant d'un domaine viticole. La maison n'est pas ancienne, mais joliment recouverte de bois. Quelques chambres croquignolettes assez confortables. Vente de vins et resto sur le domaine.

Où manger ? Où boire un verre ?

De nombreux petits troquets où l'on mange sur le pouce affluent dans cette ville universitaire. Pour le programme des sorties, procurez-vous le magazine *Der Mainzer*, mais sachez que la plupart des jeunes, pour sortir, émigrent en masse vers Francfort. Ne vous attendez donc pas aux grands soirs...

Prix modérés

|●| *Eis Grubbraü* : Weissliliengasse 1a. ☎ 23-45-68. Ouvert tous les jours de 9 h à 1 h. Plats autour de 10 €. Petits plats et assiettes rapides, notamment intéressant pour le *Frühstückbuffet* à 3 € (sans les boissons) tous les matins de 9 h à midi et pour le *Mittagsbuffet* à 5 €. Un peu à l'écart, sur une grosse avenue. Véritable brasserie avec sa grosse cuve à fermentation. Les tuyaux partent dans tous les sens, de la cuve à la pompe à bière. Nombreux petits comptoirs de bois, sous de bons gros abat-jour. Un bon plan pour les gros estomacs !

Ϋ *Weinhaus Bluhm* : Badergasse 1. ☎ 22-13-17. Ouvert du mercredi au samedi de 14 h à 1 h et le dimanche de 13 h à 18 h. Fermé les lundi et mardi. Belle maison à colombages située dans une petite rue perpendiculaire à l'Augustinerstrasse, où se retrouvent le soir de nombreux jeunes.

De prix moyens à plus chic

|●| *Zur Kanzel* : Grebenstrasse 6. ☎ 23-71-37. Dans une petite rue perpendiculaire à la rue piétonne principale, l'Augustinerstrasse. Ouvert de 17 h à 1 h, le samedi à partir de midi. Fermé le dimanche. Plats de 7 à 15 €. Beau restaurant avec son lot de colombages, une dose de campagne et un chouïa d'Art déco. Bonne carte, notamment la pièce de bœuf bien savoureuse accompagnée d'oignons confits. Bon accueil et service *presto*. Une adresse très agréable.

|●| *Weinstube zum Bleichstuhl* : Kapuzinerstrasse 30. ☎ 23-31-20. Petite rue en prolongement de l'Augustinerstrasse. Ouvert tous les jours de 17 h à 1 h. Plats froids autour de 5 €. Quelques plats chauds autour de 10 €. À deux pas du centre, ce *Weinstube* bien sympathique accueille dans la bonne humeur une clientèle d'habitués jeunes et moins jeunes. Et on comprend que certains aient pris ici leurs habitudes ! Deux petites salles sur deux étages, *cosy* et rustiques. Grand choix de vins de la région, que l'on peut accompagner de plats froids ou chauds. Accueil jeune et décontracté. Un endroit que l'on aime bien.

|●| Ϋ *Bistro im Heiliggeist* : Mailandsgasse 11. ☎ 22-57-57. Petite rue perpendiculaire à la Rheinstrasse, en contrebas de la passerelle, où se trouve l'office de tourisme. Ouvert tous les jours de 9 h à 1 h, 2 h le week-end. Plats à partir de 15 €. Rien que pour le coup d'œil, allez voir ce café-resto, dont le cadre plutôt inattendu ne pourra que vous étonner. On ne vous dévoile rien, laissez-vous surprendre. Vaut absolument le déplacement. Fait aussi resto.

À voir

🏃 *Le centre :* les rues les plus agréables du vieux centre, **Augustinerstrasse** et **Kirschgarten,** proposent quelques maisons à colombages, des chaussées pavées et une série de cafés où l'on se presse aux terrasses le soir venu. C'est la partie la plus ancienne de la ville. De-ci, de-là, une façade vaguement rococo, une autre un rien Renaissance. C'est dans ce coin sympathique qu'il faut traîner le soir.

🏃🏃 *La cathédrale :* en plein centre. Ouvert de 9 h à 18 h ; le samedi de 9 h à 16 h ; le dimanche de 13 h à 15 h et de 16 h à 18 h 30 ; d'octobre à fin mars, fermeture en semaine et le dimanche à 17 h. Étonnante par sa grande taille, compte tenu du fait qu'elle fut édifiée au Xe siècle. L'extérieur est surtout remarquable par sa tour-lanterne dont la base romane supporte une structure de style gothique-baroque tardif (XVIIIe siècle). L'intérieur est vaste et harmonieux, mais malheureusement écrasé par de gros piliers carrés. La base de l'édifice est roman, mais la majeure partie fut reconstruite au fil des siècles. Elle se caractérise par sa coupole, au-dessus du transept, très haute, et son double chœur (l'un à l'est, l'autre à l'ouest). Sur plusieurs piliers ont été ajoutés des monuments funéraires d'archevêques. Dans la deuxième chapelle, à gauche en entrant, intéressante mise au tombeau du XVe siècle. Plusieurs autres monuments funéraires en bois méritent un coup d'œil. Noter celui au pied droit du chœur est. Le bas-côté droit permet d'accéder au cloître. Dans la salle du chapitre, nombreuses statues d'art rhénan très chargées. Dans le transept de droite, fonts baptismaux très élégants. Voir aussi le portail roman à quatre colonnes.

🏃 *Sur la place :* voir surtout la **fontaine** Renaissance kitsch et une façade de maison baroque, une autre classique, entièrement restaurée mais du plus joli effet. Bateleurs et terrasses de cafés très accueillantes dès les premiers rayons de soleil.

🏃🏃 *Gutenberg Museum :* Liebfrauenplatz 5. ☎ 12-26-40. Ouvert du mardi au samedi de 9 h à 17 h et le dimanche de 11 h à 15 h. Fermé le lundi. Entrée : 3 € ; réductions.
Musée de l'imprimerie, des techniques du livre et des inventions qui y sont liées. Johannes Gutenberg est né à Mayence vers l'année 1400 et mourut en 1468. Comme tout le monde le sait, il mit au point un procédé d'imprimerie utilisant des caractères mobiles. Il publia en 1455 la célèbre bible dite « à 42 lignes », qu'on peut voir dans ce musée. Un lieu exceptionnel, à ne manquer sous aucun prétexte. Au travers des siècles, l'évolution des procédés d'impression et de reliure sur tous les continents est présentée de manière claire et pédagogique. Évidemment, la part belle est faite aux techniques des XVe et XVIe siècles. Depuis les vénérables presses à bras jusqu'aux premiers photocopieurs Xerox, on suit le cheminement de l'écrit et de sa reproduction. Au 1er niveau, des dizaines de machines belles et compliquées, ainsi que des livres anciens du XVIe au XVIIIe siècle, présentés par roulement pour éviter une trop longue exposition à la lumière. Au 2e niveau, présentation des techniques d'avant la typographie ainsi que des techniques de préparation des couleurs minérales. Évocation de la reliure et de toute son instrumentation si particulière. Au 3e niveau, impressions de tous les pays, notamment d'Extrême-Orient. L'histoire de l'écriture sous toutes ses formes est passée en revue. Signes japonais, parchemins égyptiens, etc. Au 4e niveau, évocation des techniques modernes : collages, découpages, affiches et littérature du XXe siècle. Dans une salle genre « salle des coffres », voir les exceptionnels livres du XVe siècle imprimés à Mayence, notamment la première bible « à 42 lignes » de Gutenberg. Voir aussi une sorte de B.D. colorée, de toute beauté. Au sous-sol, on trouve une reconstitution de l'atelier de Gutenberg, ainsi que de nombreuses machines

appartenant à notre siècle : monotypes, linotypes, grosses rotatives, machine offset, etc.

🚶 **L'église Saint-Stéphane :** située au pied de la citadelle, au sud du centre-ville, sur Stefanstrasse. À pied, environ 20 mn. Ouvert de 10 h à 12 h et de 14 h à 17 h ; le dimanche seulement l'après-midi. Cette église finalement assez anonyme est surtout remarquable pour ses 9 vitraux dessinés par Marc Chagall, et réalisés à Reims. Tous dans les bleus, ils constituent une interprétation poétique et très libre de scènes de l'Ancien Testament.

🚶 **Landesmuseum :** Grosse Bleiche 49-51. ☎ 28-57-28. Ouvert de 10 h à 18 h (20 h le mardi). Fermé le lundi. Entrée : 2 € ; réductions. Situé dans l'ancienne caserne du Cheval d'Or des princes-électeurs. Sur plusieurs niveaux, un musée régional plutôt vieux jeu dans sa conception, qui présente néanmoins des collections assez importantes. Propose une vaste collection archéologique et d'antiquités romaines issue de fouilles de la région : chapiteaux sculptés, pierres tombales, arches, ainsi que la célèbre colonne de Jupiter *(Jupiterssäule)*. Plusieurs salles présentent des collections de peinture du XVIIe jusqu'au XIXe siècle de qualité inégale. Porcelaine de Höchst, verrerie Jugendstil. Plus loin, section baroque assez importante : retables de bois, sculptures polychromes, toiles italiennes du XVIe siècle... La plus belle collection reste la partie archéologique.

🚶 **Römisch-Germanisches Zentral Museum :** dans l'ancien château des princes-électeurs *(Kurfürstliches Schloss)*, sur Grosse Bleiche. Entrée par la cour du château. Ouvert de 10 h à 18 h. Fermé le lundi. Entrée libre. Le musée se compose de deux parties, de chaque côté de la cour. La première est consacrée à la préhistoire. La seconde, dans un édifice de facture classique, propose des collections de l'époque romaine, en fait assez décevantes, la plupart des sculptures et des pierres tombales étant des copies. Bref, on peut se passer aisément de cette visite.

🚶 **L'hôtel de ville** *(Rathaus)* **:** au bord du Rhin, création architecturale ultra-moderne, réalisée en 1971 par un Danois.

🚶 Sur les bords du Rhin, le **marché aux puces** se tient le 3e samedi de chaque mois. Sur la Markt, **marché traditionnel** et bien coloré tous les mardis.

Excursions sur le Rhin

– Mayence est un bon point de départ pour une balade sur le Rhin. En effet, la plus belle partie du fleuve, la plus riche en châteaux et points de vue, se situe entre Mayence et Coblence.

■ **La compagnie KD** affrète quotidiennement son *Rhein Jet* depuis Mayence jusqu'à Cologne. Renseignements : ☎ 0221-20-88-318. • www. k-d.com • Le seul « hic », c'est que ce *Rhein Jet* part uniquement vers 14 h. Cela implique donc un retour en train ou une nuit dans la ville où vous débarquez. Impossible de rentrer par bateau car ils s'arrêtent tous à Rüdesheim.

Le carnaval

🚶 La grande fête populaire de Mayence, c'est son carnaval. Durant trois jours et quatre nuits, la ville s'anime. Des retransmissions télévisées sur ZDF et ARD permettent de suivre les différentes animations. Le point culminant de la fête est le *Rosenmontag* (Lundi gras), qui donne lieu à un grand défilé déguisé dans toute la ville, rassemblant chaque année un demi-million de personnes.

➤ *DANS LES ENVIRONS DE MAINZ (MAYENCE)*

Situé à une vingtaine de kilomètres au sud de Mayence, **Oppenheim** s'accroche à un flanc de coteau et ses pieds baignent dans le cours du Rhin.
– Une superbe *église dédiée à sainte Catherine* émerge fièrement parmi les toits en ardoise des maisons du village. Sa construction débuta en 1220, mais ne s'acheva qu'en 1439. Jetez un œil au vitrail, la « Rose d'Oppenheim », qui se met à resplendir dès qu'un rayon de soleil affleure ; le vitrail s'accommode alors à merveille avec la couleur rouge de la pierre. Le village proprement dit n'est pas sans intérêt (petites rues tortueuses et pavées).
– À voir également, le *musée du Vin :* Wormsserstrasse 49. Ouvert d'avril à octobre du mardi au dimanche de 14 h à 17 h et plus, de 10 h à 12 h le week-end. Fermé le lundi. Entrée : 2 € ; réductions. Et les **ruines du Landskrone.** Renseignements à l'office du tourisme, dans le *Rathaus,* ouvert de 8 h à 12 h uniquement. ☎ (061 33) 706-99.

Dr. Dahlem : Rathostrasse 21. ☎ (06133) 20-01. Ouvert du jeudi au dimanche de 18 h à 23 h. Dans une ancienne chapelle reconvertie en *Kneipe.* Plats raisonnablement chers et copieux.

QUITTER MAINZ (MAYENCE)

En train

➤ *Pour Bonn et Cologne :* 15 trains régionaux. Ne vaut pas le coup de prendre un direct. Grosso modo, même temps de trajet. Durée : 1 h 40.

En bateau

➤ *Pour Cologne :* avec la compagnie *KD* (voir ci-dessus).

LA VALLÉE DU RHIN DE MAINZ À KOBLENZ (MAYENCE À COBLENCE)

Voici l'un des plus beaux parcours d'Allemagne. Entre Mayence et Coblence, loin des usines chimiques, des cités industrielles et polluantes, le Rhin, cette épine dorsale de l'Europe, propose, le long de ses rives sinueuses, l'un des plus charmants paysages qui soient. Vignobles en étages alignés proprement, ruines de châteaux à flanc d'éperon rocheux, coteaux couverts de forêts, villages radieux et nonchalants posés au bord du fleuve, chaque méandre donne une dimension nouvelle et encore inconnue à ce fleuve. Beaucoup de légendes sont attachées à cette vallée, et elles résonnent encore des échos des chants des Nibelungen, épopée germanique du Moyen Âge qui retrace les exploits de Siegfried et le déchaînement des passions de la cour burgonde. Si le Rhin est particulièrement majestueux sur ce parcours d'environ 60 km, c'est qu'il est dompté par une gorge étroite qui lui donne sa force. Cependant, tout corseté qu'il est par des rives de béton, il peut aussi décevoir. Un conseil, ne vous limitez pas au seul Rhin. Les falaises se dressent parfois à plus de 100 m de hauteur, les eaux étranglées s'écoulent avec puissance et, du haut de la Lorelei, souffle un vent de poésie étrange. N'oubliez pas de charger *L'Or du Rhin* dans votre baladeur !

LA VALLÉE DU RHIN DE MAINZ À KOBLENZ (MAYENCE À COBLENCE)

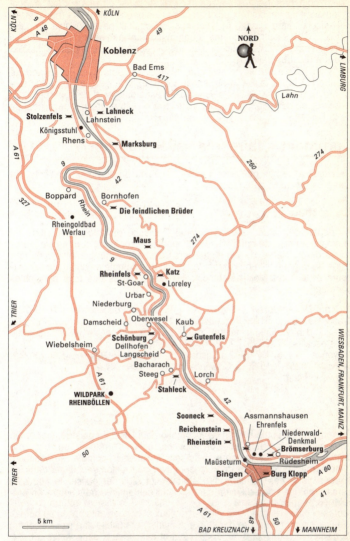

LA VALLÉE DU RHIN DE MAINZ À KOBLENZ
UN PEU D'HISTOIRE

De Mayence à Coblence, le Rhin prend le chemin des écoliers, s'enfonçant dans une gorge profonde déjà exploitée par les Romains. Ces derniers ne tardèrent d'ailleurs pas à entailler les coteaux en terrasses pour planter de la vigne. Peu à peu, les bords du Rhin se couvrirent de châteaux défensifs et de demeures seigneuriales. Trente-deux empereurs et rois descendirent le fleuve, voie royale vers leur couronnement. Comme sur les grands chemins, des brigands attaquaient les bateliers. On fit donc édifier des *Burgen* (châteaux) pour protéger les voyageurs. Mais il fallait payer un droit, auquel s'ajoutaient les impôts féodaux perçus par les princes électeurs rhénans. Au XIIIe siècle, entre Bingen et Coblence, on pouvait payer jusqu'à dix fois ! Après le XVIe siècle, les châteaux commencèrent à tomber en ruine car les problèmes de sécurité n'étaient plus aussi importants et les nobles s'intéressaient à d'autres vallées.

Au XVIIIe siècle, la vie romantique du fleuve débuta avec le voyage de Goethe (1774). Ensuite, la puissance touristique de cette région ne fit que croître, surtout au XIXe siècle. Une vallée sans danger et de superbes châteaux ruinés donnaient toute leur majesté à ce fleuve gonflé par la légende de la Lorelei.

Comment « faire » la vallée du Rhin ?

Ce circuit à ne pas manquer peut se découvrir de plusieurs manières. En bateau, en voiture ou à bicyclette.

En bateau

Au départ des grandes villes comme Coblence et Cologne au nord, ou Mayence au sud, de nombreuses compagnies proposent durant l'été toutes sortes de croisières, de 1 h à plusieurs jours, à la carte. Les offices du tourisme de chaque ville possèdent les brochures complètes détaillant les parcours et les prix. Voici néanmoins les coordonnées des trois principales compagnies :

■ **Köln-Düsseldorfer :** la plus représentée sur le Rhin. Possède un bureau d'info dans chacune des villes escales. ☎ (06131) 23-28-00 à Mayence ; ☎ (06743) 13-22 à Bacharach ; ☎ (0261) 310-30 à Coblence. ● www.k-d.com ●

■ **Bingen-Rüdesheimer :** ☎ (06721) 141-40 à Bingen et ☎ (06722) 29-62 à Rüdesheimer. ● www.bingen-ruedesheimer.com ●
■ **Hebel-Linie Boppard :** ☎ (06742) 24-20. Fax : 47-27.

En voiture

Évidemment, c'est le moyen de locomotion qui laisse le plus de liberté. On égrène les villages au gré de son inspiration et l'on s'arrête où l'on veut. Pour visiter tranquillement les deux rives sans se presser, compter au minimum 2 jours, mais un parcours de trois jours est l'idéal si l'on veut flâner dans les villages, faire des haltes gastronomiques et regarder passer le fleuve. Il serait dommage de se limiter car ce circuit romantique se savoure en prenant son temps.

À vélo

Même chose qu'en voiture mais le charme et la détente en plus. Le parcours à bicyclette n'a rien de bien difficile sur le plan physique et les points de vue sont toujours merveilleux. Même si vous parcourez cette région d'Allemagne en voiture, vous pouvez toujours laisser votre véhicule dans une ville et louer des vélos pour cette excursion. Vous ne le regretterez pas, d'autant que c'est à la portée de tous. Et puis, n'oubliez pas que vous êtes en Allemagne ! Pas de slaloms périlleux à effectuer entre les voitures : une piste cyclable longe le fleuve. Location de vélos un peu partout sur le parcours.

LA VALLÉE DU RHIN DE MAINZ À KOBLENZ (MAYENCE À COBLENCE)

Notre parcours

Assez arbitrairement, il part de Mayence au sud et remonte vers Coblence au nord, sur la rive gauche. Puis il redescend du nord au sud par la rive droite vers Wiesbaden. Ce circuit est évidemment indicatif et rien ne vous empêche de faire autrement, voire de zigzaguer d'une rive à l'autre. Vous noterez que sur ces 60 km, il n'y a aucun pont. Entre les différents villages de part et d'autre du fleuve, des bacs réguliers transbordent les voitures. En tout, une quinzaine de liaisons sur l'ensemble du circuit : elles sont fréquentes dans la journée, un peu moins en début de soirée, et s'arrêtent pour la nuit.

On ne vous indique pas tous les villages ni toutes les ruines, mais uniquement ceux qui nous ont semblé les plus dignes d'intérêt. Vous ferez votre propre choix. D'une rive, il nous arrive de décrire ce que l'on voit sur l'autre rive, tout simplement parce que la vue est meilleure !

Pour ceux qui ont l'intention de visiter plusieurs *Burgen*, ils peuvent se procurer dans les offices du tourisme ou dans les châteaux directement la **Mittelrhein Burgen-Ticket**. Cette carte nominative, qui coûte 14 €, permet d'obtenir 50 % de réduction sur les prix d'entrée de 10 châteaux forts de la vallée (valable 2 ans). À notre avis, elle n'est pas utile, vu son prix élevé.

🛈 *Office du tourisme régional :* Heerstrasse 86, 56329 Sankt-Goar. ☎ (06741) 13-00. Fax : 93-193. • www.talderloreley.de • Informations sur toutes les manifestations et toutes les possibilités de logements dans la vallée.

Bien que la vallée soit très touristique, les prix pratiqués dans l'hôtellerie, contrairement à beaucoup d'autres villes allemandes, se révèlent raisonnables. Par contre, les chambres sont généralement réservées longtemps à l'avance. Il est donc nécessaire d'organiser son voyage en temps voulu.

RIVE GAUCHE (DU SUD AU NORD)

BINGEN

En remontant vers le nord à partir de Mayence, c'est à Bingen que l'on voit le Rhin s'engouffrer dans son étroit défilé. Le bourg se révèle assez quelconque mais est dominé à 130 m d'altitude par un château, le **Burg Klopp**, d'où la vue est intéressante. Il fut la résidence de la suite des nobles. À Bingen eut lieu une guerre au sujet des droits de péage sur le Rhin. Le château ne se visite pas, mais une tour a été aménagée en musée (ouvert d'avril à novembre, tous les jours sauf le lundi de 9 h à 12 h et de 14 h à 17 h). Sur 5 étages, un gentil fourre-tout comprenant en vrac des armes, des restes de poteries romaines, des objets en étain, etc. Du sommet de la tour crénelée, vue magnifique.

Adresse utile

🛈 *Office du tourisme de Bingen :* Rheinkai 21, 55411 Bingen. ☎ (06721) 18-42-01. Fax : 16-275. • www.bingen.de • On y trouve des infos sur les possibilités d'hébergement, notamment les chambres chez l'habitant et les appartements à louer.

À voir

La Mäuseturm : après Bingen, une fois passé le pont, apparaît au milieu du fleuve la Mäuseturm (« la tour aux Souris »), toute jaune et à créneaux, élevée au XIV siècle et transformée au XIX. Elle tient son nom d'une triste histoire : un jour, un évêque de Mayence enferma les pauvres dans une grange et y mit le feu, car il en avait assez de les entendre gémir. Pendant la nuit, des souris envahirent le palais de l'évêque qui se réfugia dans la tour. Les souris le suivirent et le dévorèrent ! Plusieurs fois détruite, la tour fut reconstruite dans le style néogothique.

LES RUINES D'EHRENFELS (RIVE DROITE)

Dans l'alignement de la tour aux Souris, sur la rive droite, on distingue les belles ruines d'Ehrenfels. Le château de Bingen, la tour aux Souris et le château d'Ehrenfels constituaient une barrière défensive contre les ennemis du Nord. Ehrenfels fut détruit par les troupes françaises à la fin du XVII siècle. C'est l'une des plus imposantes forteresses protégeant le Rhin. Elle ne se visite pas.

BURG RHEINSTEIN

Au-dessus de Reichenstein. ☎ (06721) 63-48. Ouvert de mi-mars à mi-novembre tous les jours de 9 h 30 à 17 h 30 ; le reste de l'année, ouvert du lundi au jeudi de 14 h à 17 h et le dimanche de 10 h à 17 h ; fermé les vendredi et samedi.
Ce *château* se caractérise par sa belle couronne de créneaux. Il fut édifié au X siècle en tant que péage d'Empire et fut transformé en résidence d'été par un prince russe au XIX siècle. Intéressant surtout pour la vue sur la vallée.

BURG REICHENSTEIN

Au-dessus du village de Trechtingshausen. ☎ (06721) 61-17. Château ouvert de mars à novembre du mardi au dimanche de 9 h à 17 h. Fermé le lundi. Entrée : 3 € ; réductions. Visite non guidée. *Burg* néo-féodal. Des dizaines de salles dont la plupart sont décorées de centaines de trophées de chasse. Belle bibliothèque-salle à manger. Intéressante salle de musique, d'armes et d'armures... et toujours des trophées. Des tours à créneaux, vue superbe. Bon, la visite ne nous a pas semblé absolument indispensable, compte tenu du peu d'intérêt des collections, mais elle permet de pénétrer dans un château meublé. On peut prendre un verre, dîner au resto ou dormir dans l'une des chambres faisant partie d'une annexe du château (voir ci-dessous).

Où dormir ?

Camping Marienort : Am Morgenbach 1, 55413 Trechtingshausen. ☎ (06721) 61-33. Fax : 61-33. À quelques kilomètres plus au nord, rive gauche, entre le Rhin et la voie ferrée, camping bruyant dans le village de Trechtingshausen. Ouvert toute l'année.

Burg Reichenstein : Burgweg, 55413 Trechtingshausen. ☎ (06721) 61-01. Fax : 61-98. ● www.rhine castles.com/hotel-burg-reichenstein/d/index.html ● On y accède par le centre du village de Trechtingshausen. Chambres doubles avec douche et w.-c. à 80 €. Une aile du château propose une dizaine de chambres assez vastes. Bien que les chambres aient été rénovées, leur déco s'avère un peu décevante. On y trouve bien quelques lits à baldaquin (neufs) sans genre particulier. Mais l'environnement très romantique fait oublier ce petit manque de classe.

BACHARACH (55422 ; ind. tél. : 06743)

Bourgade tranquille et charmante au bord du Rhin, abritant une vieille ville et une enceinte fortifiée du XIVe siècle.

Outre les fortifications, on verra les nombreuses maisons du centre à colombages légèrement penchées, fièrement retapées, toujours abondamment fleuries. Quelques tours de pierre et au toit d'ardoise se perdent dans l'étendue des vignes. L'*Altes Haus,* avec sa tourelle et ses toits pentus, date du milieu du XVIe siècle. On jettera encore un œil à la *chapelle gothique Saint-Werner.* Détruite en partie en 1689 pendant la Guerre palatine, elle a été partiellement reconstruite durant le XVIIe siècle. Rien n'a été fait depuis, elle reste en ruine, mais ses voûtes élancées valent le coup d'œil.

Adresses utiles

▣ **Office du tourisme :** Oberstrasse 45. ☎ 91-93-03. Fax : 91-93-04. • www.rhein-nahe-touristik.de • info@rhein-nahe-touristik.de • Ouvert du lundi au vendredi de 8 h à 17 h ; d'avril à octobre, également le samedi de 10 h à 16 h. Fermé le dimanche. Visite guidée de mai à octobre, le samedi à 14 h (départ de l'office du tourisme). Possibilité de visite en anglais et en français. Prix : 3,50 € ; réductions. Propose aussi des balades à pied ou à vélo dans les environs avec un guide : pas de jour fixe, il faut donc se renseigner sur place. Plan et guide gratuits en français.

■ **Location de vélos :** *Zweirad Service,* Mainzerstrasse 20. ☎ 91-94-03.

Où dormir ?

Camping

⚐ *Camping Sonnenstrand :* au bord du Rhin. ☎ 17-52. Fax : 31-92. • www.camping-sonnenstrand.de • Agréable emplacement, au bord du Rhin. Plage de sable et équipements aquatiques. Attention, par contre, quand le Rhin entre en crue !

Bon marché

🏠 *Jugendherberge Burg Stahleck (AJ) :* à 15 mn à pied de la gare, mais ça monte dur. ☎ 12-66. Fax : 26-84. • jh-bacharach@djh-info.de • Ouvert toute l'année. Couvre-feu à 22 h. Pour une nuitée, compter 15 et 18 € par personne pour une chambre double. Une AJ assez exceptionnelle, complètement rénovée, dans un vrai château. Sa situation est certainement l'une des meilleures d'Allemagne, avec un panorama incroyable sur le Rhin. Tourelles, créneaux, terrasses... Le patron aubergiste, rond et barbu, est adorable. Même si c'est complet, il ne renvoie jamais personne et se débrouille toujours pour loger tout le monde. Sert des repas à prix bas, ce qui évite de redescendre en ville le soir. Très pratique. En tout, plus de 200 lits en chambres de 2, 4 et 8 lits, presque toutes avec douche et w.-c. intérieurs. Pas de cuisine disponible.

🏠 *Pension Haus Dettmar :* Oberstrasse 8. ☎ 26-61. Fax : 91-93-96.

● pensiondettmar@t-online.de ● Chambres doubles avec douche et w.-c. de 25 à 35 €. Moderne et moche, mais résolument la moins chère dans le centre du village. Si la sonnette ne répond pas, adressez-vous à la boulangerie attenante. Vous remarquerez sur la porte que l'hôtel est conseillé par Rick Stevens. Si quelqu'un sait qui c'est, qu'il nous prévienne !

Prix moyens

🛏 ***Pension Im Malerwinkel :*** Blücherstrasse 41-45. ☎ 12-39. Chambres doubles avec douche et w.-c. de 35 à 50 €, les plus chères sont plus grandes et possèdent un balcon. Grosse maison à colombages, balcons de bois et géraniums débordants. Au pied, coule un petit ruisseau. Juste à côté d'une des imposantes tours situées un peu à l'écart du centre et qui ferment les fortifications de la ville. Cadre idéal pour un hôtel, mais voilà, l'accueil est plutôt « mou du genou ». C'est le problème ! Parking.

🛏 ***Rhein Hotel :*** Auf der Stadtmauer. ☎ 12-43. Fax : 14-13. ● www.loreleytal.com/rheinhotel ● Pour une chambre avec douche et w.-c., compter 75 €. Jolie maison à colombages, située sur le mur d'enceinte, au bord du Rhin... mais malheureusement également au bord de la voie ferrée ! Chambres entièrement rénovées et confortables, de style standard. Bien insonorisées (heureusement !). Fait aussi resto. Parking.

Où manger ?

Il n'est pas très compliqué de trouver un resto, car ils se concentrent tous dans la rue principale, l'*Oberstrasse*.

I●I ***Zum grünen Baum :*** Oberstrasse 63. ☎ 12-08. Ouvert de 13 h à minuit. Fermé le jeudi. Vin au verre autour de 2 € et plats froids autour de 3,50 €. Belle occasion de déguster dans un *Weingut* (propriété viticole) un vin du Rhin. Ici, pas besoin d'appellation d'origine contrôlée, le « vieux Bastian », à qui appartient ce *Weinstube*, pourra vous expliquer dans le détail la provenance de chaque grain de raisin, qu'il cultive en famille. Deux petites salles *gemütlich* et une très agréable terrasse. Quelques plats froids du genre fromage et charcutaille. Accueil authentique. Vente de vin.

I●I ***Im Posthof :*** Oberstrasse 45. ☎ 59-96-63. Dans la cour de l'office du tourisme. Ouvert tous les jours de 11 h à minuit. Plats autour de 10 €. Installé dans un ancien couvent des Templiers, utilisé au XVIIIe siècle comme relais de poste. C'est l'association « Homme et Nature », qui gère ce resto. Leur devise : produits frais de saison, pas de micro-ondes, pas de conservateurs. Le résultat : des plats de bonne qualité à apprécier dans un cadre agréable, surtout en été dans la cour. Bonne carte de vins régionaux.

I●I ***Altes Haus :*** Oberstrasse 61. ☎ 12-09. Ouvert de 11 h 30 à 16 h et de 18 h à minuit. Fermé le mercredi. Plats de 10 à 15 €. Situé dans l'une des maisons à colombages les plus connues de la vallée du Rhin. Célébrée par de nombreux poètes, elle a servi de décor à plusieurs films. On y sert une bonne cuisine traditionnelle allemande, et notamment du gibier et des plats de viande. Bonne table. Un peu plus cher.

OBERWESEL (55430 ; ind. tél. : 06744)

Ce n'est pas la bourgade la plus pittoresque des bords du Rhin, mais elle possède, dans sa partie sud, une intéressante **église Notre-Dame,** toute rouge. Si l'extérieur n'a rien d'extraordinaire, l'intérieur présente un beau jubé du XIVe siècle de style gothique, ainsi que plusieurs remarquables retables, notamment celui du maître-autel et ceux de chaque côté du chœur, à droite celui de sainte Marthe et à gauche celui de saint Nicolas. Dans le bas-côté droit, triptyque terrible du XVIe siècle évoquant la fin du monde. Oberwesel possède également de très belles fortifications, rythmées par 18 tours.

Adresses utiles

Office du tourisme : Rathausstrasse 3. ☎ 15-21. Fax : 15-40. • www.oberwesel.com • Ouvert de 9 h à 18 h. Bien pourvu en documents et de bon conseil. Infos sur les balades possibles dans le coin.

Location de vélos : Liebfrauenstrasse. ☎ 336. Peu avant un grand parking sur plusieurs niveaux. Ouvert de 8 h à 12 h 30 et de 14 h à 18 h. Possibilité de négocier un bon prix pour une location à la semaine.

Où dormir ?

Bon marché

Jugendgästehaus Oberwesel (AJ) : Auf dem Schönberg. ☎ 93-330. Fax : 74-46. • jh-oberwesel@djh-info.de • Pas de bus de la gare. Compter 30 mn de marche en direction de Schönberg. Couvre-feu à minuit. Pour une nuitée, de 16,60 à 21,80 € par personne. Le site n'a certes pas le charme de celui de Bacharach, mais les équipements sont bien plus modernes. Beaucoup de béton, pas de vue et un peu cher. Réception ouverte de 8 h à 20 h. 180 lits, en chambres de 2 ou 4 lits, avec douche et w.-c. à l'intérieur. Chambres doubles plus chères que les autres. Confort excellent. Accès à la piscine couverte pour tous les « ajistes ».

Très chic

Hôtel Auf Schönburg : dans le château même d'Oberwesel, dont une aile a été transformée en hôtel. ☎ 93-930. Fax : 16-13. • www.hotel-schoenburg.de • Situé à 100 m de l'AJ, sur les hauteurs de la ville. *Attention,* fermé les 3 premiers mois de l'année. Chambres doubles très bien équipées de 138 à 178 €. Un superbe hôtel de luxe et de charme, doté de grandes chambres meublées avec beaucoup de goût, dans le plus pur style de château. Restaurant dans le patio, mais on préfère, ô combien, dîner sur les petits balcons surplombant le Rhin parmi les jardinières en fleurs. Accueil très professionnel.

À voir, par la même occasion

Si on n'a pas de quoi dormir au château, on peut toujours aller le visiter. Noter les trois donjons dominant le Rhin : un rond, un carré et un troisième à 7 pans. Visite séduisante.

SANKT-GOAR (56329 ; ind. tél. : 06741)

Ce village doit son nom à un ermite du VIe siècle qui y édifia une chapelle. Sous le chœur de la collégiale se trouve la **chapelle Sankt Goar.** En vous promenant sur les bords du Rhin, vous remarquerez rapidement que, contrairement à beaucoup d'autres villages de la vallée, le train ne bloque pas ici la vue sur le fleuve. On peut donc faire d'agréables promenades le long de ses berges. C'est d'ailleurs de Sankt-Goar que l'on a la plus impressionnante vue sur la Lorelei. Ne manquez pas d'aller observer la rapidité des courants mythiques et le ballet incessant des bateaux, dont le trafic est dirigé par des panneaux émettant des signaux destinés aux péniches quand elles abordent le fameux S. Ne manquez pas non plus la visite des ruines du **château de Rheinfels,** qui surplombe le village. On pourra juste regretter que Sankt-Goar soit un peu victime de son succès et ne propose, en majorité, que des restos et des hôtels attrape-touristes. Le village en soi est assez quelconque.

Adresse utile

Office du tourisme : Heerstrasse 86. ☎ 383. Fax : 72-09. Ouvert du lundi au vendredi de 8 h à 12 h 30 et de 14 h à 17 h; de mai à octobre, ouvert également le samedi de 10 h à 12 h 30. Fermé le dimanche.

Où manger ? Où dormir ?

Campings

Camping Loreleiblick : An der Lorelei 29-33, à 1 km au sud de Sankt-Goar. ☎ 20-66. Fax : 72-33. Ouvert toute l'année. Ne prend pas les réservations. Face à la falaise de la Lorelei, sur un espace vert, au bord du Rhin, dos à la route principale. Pas d'ombre. Correct (douche comprise dans le forfait) et vue agréable. Petite supérette pour les produits de première nécessité.

Campingplatz Friedenau : Gründelbachstrasse 103. ☎ 368. Passer le village, puis prendre à gauche (c'est indiqué). Le camping est 1 km plus loin. Dans un champ tout en longueur. Ouvert d'avril à octobre. Tout le contraire du précédent. Fait également pension et sert des repas chauds. Même prix que le précédent. Calme et modeste.

Auberge de jeunesse

Jugendherberge Sankt-Goar (AJ) : Bismarckweg 17. ☎ 388. Fax : 28-69. • jh-st-goar@djh-info.de • Pour une fois, voici une AJ à 5 mn du centre à pied. Elle surplombe la voie ferrée (à 10 mn à pied de la gare), le Rhin et la vallée. Très bien située et accessible. Couvre-feu à 22 h. Pour une nuitée, compter 12 €. Édifice cubique du genre caserne désaffectée, dans les tons marron-ocre. 150 lits en chambres de 6 à 10 personnes. Grandes chambres dortoirs de 8 personnes avec sanitaires attenants.

De prix modérés à prix moyens

Weinstube et pension Knab's Mülhenschenke : Gründelbachtal 73. ☎ 16-98. Fax : 16-78. Passer le village, à sa sortie, suivre le panneau Gründelbachtal. Fermé de fin novembre à début mars. Chambres doubles avec douche et w.-c. de 45 à 55 €. Plats autour de 5 €. Ça vous dirait un îlot de tranquillité, dans une maison charmante, où fleurent bon les barriques dans lesquelles vieillit le vin ? Eh bien, courez chez les Knab, vignerons de métier. Chambres simples, mais croquignolettes. *Weinstube* rustique, où l'on sert quelques *Vesper* du terroir (charcuterie et fromage) accompagnés évidemment du vin de la maison. Propose également deux appartements à louer. Vente de vin. Adresse mieux adaptée aux routards motorisés.

🏠 🍴 *Hotel Restaurant Zur Post :* Bahnhofstrasse 3. ☎ 339. Fax : 27-08. Juste à côté de la Rheinpromenade. Chambres doubles avec douche et w.-c. autour de 50 €. Plats de 8 à 11 €. Une auberge rustique, en plein centre. Chambres sans fioritures à un prix honnête. Possibilité de sauna. Terrasse en été pour les clients de l'hôtel. Au resto, on sert des plats traditionnels allemands du genre *Maultaschen* (gros raviolis), *Linseneintopf mit Würstchen* (saucisses sur lit de lentilles), viandes accompagnées de *Spätzle* (nouilles souabes)... Le seul hic : le resto est situé dans une petite rue étroite, il n'offre donc aucune vue !

Beaucoup plus chic

🍴 *Restaurant et Schloßhotel Rheinfels :* Schlossberg 47. ☎ 80-20. Fax : 80-28-02. Plats de 10 à 20 €. Menu à 33 €. Installé dans une aile du château de Rheinfels. Cet établissement chic offre une vue imprenable sur la vallée. Bien sûr, c'est assez cher, mais c'est un endroit magique pour un dîner en amoureux. Certainement la meilleure table de la ville, sans être pour cela chichiteux. Réservez une table avec vue sur le Rhin. Fait également hôtel, mais les chambres sont hors de prix.

BURG RHEINFELS

Situé au dessus de Sankt-Goar. ☎ 77-53. Ouvert d'avril à septembre de 9 h à 18 h. En octobre, ouvert jusqu'à 17 h. Dernière entrée 1 h avant la fermeture. Possibilité de visite guidée la nuit, le vendredi à 21 h ; inscription préalable obligatoire. Entrée : 3 € ; réductions. Possibilité de visiter les superbes ruines de ce château bâti au XIIIe siècle, véritable forteresse imposante avec ses vastes tours carrées. Très agréable promenade à travers ses pierres fatiguées mais fières encore, le dédale de ses passages, ses toits, ses coursives, ses façades rongées par les herbes folles. Visite guidée ou pas, au choix. Outre les ruines du château, on peut visiter le *musée* qui présente notamment une maquette de la forteresse, sinon son intérêt est assez limité. De la tour de l'horloge, vue superbe. N'oubliez pas de vous munir d'une lampe électrique, elle vous sera indispensable pour emprunter des couloirs des anciennes mines.

BOPPARD (56154 ; ind. tél. : 06742)

Vieille ville impériale. Bénéficie d'un avantage certain sur les autres villages : la route principale ainsi que la voie ferrée s'éloignent des rives du Rhin et celles-ci sont bordées par une rue agréable avec terrasses d'hôtels conviviales. Vraiment beaucoup de charme pour prendre un verre, dîner... ou séjourner. À Boppard, ferry faisant la traversée. Un télésiège permet également d'embrasser un vaste panorama sur l'un des plus beaux méandres du Rhin, d'un arrondi parfait. On pourra voir l'*église des Carmélites* du XIVe siècle, possédant deux autels du XVIIe siècle et une jolie statue de la Vierge appelée la « Madone aux Raisins ». Dans l'*église Saint-Severus,* fresque du XIIIe siècle au plafond.

Adresses utiles

ℹ️ *Office du tourisme :* Marktplatz. ☎ 38-88. Fax : 81-402. • www.boppard.de • Ouvert d'avril à septembre de 8 h à 17 h 30 ; le samedi uniquement le matin de 9 h à 12 h. Fermé le dimanche. De mars à octobre, ouvert jusqu'à 16 h et fermé le samedi. Bons conseils sur les possibilités de balades à pied ou à vélo.

■ *Location de vélos :* Lüdicke-Fahrradstudio, Oberstrasse 105, ☎ 47-36.

Où dormir ? Où manger ?

Sur le bord du Rhin, la rue propose de nombreux hôtels et pensions.

De prix moyens à plus chic

🏠 I●I *Hôtel Willi Hollingshauser :* Rheinallee 52. ☎ 22-07. Fax : 92-17-67. Resto ouvert de 11 h à 16 h et de 18 h à minuit ; fermé le mardi. Chambres doubles avec douche et w.-c. à 65 € (côté jardin) et à 70 € (côté Rhin). Prix dégressifs pour plusieurs nuits. Petite carte avec *Schnitzel* et saucisses de 3,50 à 7 €. Façade classique pour cette superbe villa fin XIXᵉ siècle située sur les bords du Rhin. Très agréable terrasse pour manger sur le pouce à prix tout doux. L'hôtel a été repris par le fils de la maison. Toutes les chambres, spacieuses et lumineuses, avec stucs au plafond, ont été joliment rénovées. Les salles de bains ne sont pas encore modernisées mais elles sont tout à fait correctes. Une très bonne adresse pour séjourner. Ambiance chaleureuse et familiale. Réservation recommandée lors des week-ends.

RIVE DROITE (DU NORD AU SUD)

BRAUBACH ET MARKSBURG *(ind. tél. : 02627)*

Encore un village fortifié. Mais, plus que Braubach, c'est Marksburg, le château juste au-dessus, dressé sur un promontoire basaltique et boisé, qui est intéressant. C'est le seul qui soit véritablement demeuré intact depuis son édification au XIIIᵉ siècle. À Braubach, cependant, subsistent plusieurs portes fortifiées qui correspondent aux entrées de l'ancienne ceinture.

Adresse utile

🛈 *Office du tourisme de Braubach :* Rathaustrasse 8, 56338 Braubach. ☎ 97-60-01. Fax : 97-60-05.

Où dormir ? Où manger ?

🏠 I●I *Hotel Eck Fritz :* Obermarktstrasse 11. ☎ 677. Après avoir passé le pont de la voie ferrée, prendre une petite rue en face de la poste. Chambres doubles avec ou sans douche et w.-c. à 40 €. Petit hôtel avec une sacrée dose de cachet. Chambres mansardées et poutres apparentes. Restaurant genre *Kneipe* aux grands panneaux de bois et fenêtres riquiqui. Patron accueillant.

À voir

🎬 Il faut ensuite monter visiter **Marksburg,** certainement le château le plus beau et le mieux préservé de toute la vallée. Il appartient d'ailleurs à l'Association allemande pour la conservation des *Burgen.* Renseignements : ☎ 02627-206. Du printemps à l'automne, ouvert de 10 h à 17 h ; le reste de l'année, de 11 h à 16 h. Entrée : 4 € ; réductions. Parking payant : 1 €. Vous remarquerez sans peine que le château est en restauration, et que l'Association allemande pour la conservation des *Burgen* a eu l'idée saugrenue de faire retrouver au château son état moyenâgeux. Ils sont donc en train de recouvrir les beaux murs en schiste d'un enduit plus blanc que blanc. On pourrait discuter de cette restauration pour le moins abusive inspirée d'un historicisme digne des suiveurs de Viollet-le-Duc. Dommage, car c'est le plus intéressant *Burg* de la vallée.

Mais revenons à l'histoire du château. Vu le passé mouvementé de la région et sa position dominante, on imagine sans peine la richesse de son histoire. Richesse ? Pour la plupart, les matériaux utilisés ont été datés du XIIe siècle, tandis qu'une analyse des nœuds des solives de l'intérieur a révélé qu'elles avaient été remplacées en 1434-1435, probablement après un incendie. On doit l'apparence actuelle du château aux amendements commandités par Philippe II et menés par l'architecte de Hesse, Anton Dauer, au milieu du XVIe siècle. Chaque époque apporte son lot de nouveautés. Ainsi, les bastions « Scharfes Eck » et « Pulvereck », face au sud, datent de la fin du XVIIe. Mais ce n'est réellement qu'au début du XXe siècle que l'Association allemande pour la conservation des *Burgen* se charge de le restaurer. Le château a été acquis pour la somme symbolique de 1 000 Marks ; 30 ans auront été nécessaires pour mener à bien cette restauration grâce aux anciens plans dressés avec précaution par un géographe, Willem Dillich, lors de son passage en 1605 dans la région.

On visite plusieurs salles : citons simplement l'étonnante cuisine gothique de 27 m de long avec son immense cheminée où l'on pouvait sans problème faire cuire un bœuf, la salle d'armes, la chambre des tortures. À l'étage, salle des chevaliers. Noter les trous d'aisance dans le mur extérieur. Dans le prolongement de ce hall, la chapelle consacrée au XVe siècle à saint Marc (d'où Marksburg) où subsistent de belles peintures murales. Enfin le château abrite une incroyable bibliothèque composée de plus de 15 000 ouvrages sur le thème de l'histoire des *Burgen*. Admirer pour finir le superbe jardin où poussent quelque 170 plantes aromatiques et médicinales utilisées au Moyen Âge.

Pour la petite histoire, sachez que Marksburg, comme beaucoup d'autres, a son esprit. En 1937, une ombre étrangement ressemblante à un homme priant les mains jointes est apparue lors du tirage d'une photo prise dans la chapelle.

– *Mittelalterliches Fest (Fête médiévale) :* grande fête médiévale (troubadours, sandwichs pain complet-jambon cuits dans la fameuse cheminée du château, hydromel et *tutti quanti*). A lieu tous les deux ans (les années impaires), dans le château, lors du week-end de l'Ascension.

LES CHÂTEAUX DES FRÈRES ENNEMIS

Aux deux châteaux de **Liebenstein** et de **Sterrenberg,** aujourd'hui en ruine, presque à côté l'un de l'autre, est attachée une légende opposant deux « frères ennemis » qui résidèrent chacun dans un château. De la route principale, on bifurque à droite, on passe devant les deux édifices et on revient en boucle. Celui de Sterrenberg possède de beaux remparts extérieurs.

BURG MAUS

Le « château de la Souris », élevé au XVIe siècle, était avant tout défensif. Il servit un temps aux archevêques de Trèves. Napoléon le fit sauter au XIXe siècle, mettant en œuvre son ambition de détruire les fortifications du Rhin. Il fut reconstruit et réaménagé intérieurement, mais on ne le visite plus. La vue, en tout cas, vaut à elle seule le déplacement. Présentation de vols d'aigles et de faucons dans la cour extérieure. Renseignements au : ☎ (06771) 95-10-03. Entrée : 6 €. Spectacles du 20 mars à début octobre tous les jours à 11 h et 14 h 30.

SANKT-GOARSHAUSEN

Ancien village de pêcheurs tranquille ayant appartenu aux comtes de Katzenelnbogen, connu pour sa tour légèrement penchée (rien à voir avec Pise). Au-dessus du village, le célèbre **château fort de Katz** (le « Chat »), au gros donjon rond qui contraste avec une façade flanquée de deux élégantes tourelles. Vu son état un peu délabré, la visite de l'intérieur est impossible. Ce « Chat » aurait été édifié pour compenser l'influence du *Burg Maus* (« château de la Souris »), situé plus en aval.

LA LORELEI

🍴🍴 Ce rocher schisteux, symbole du Rhin romantique, qui se dresse à 132 m à la verticale au-dessus du Rhin, est chargé de bien des légendes. Sachez que *Lure*, en ancien allemand, veut dire « perfide », *lei* signifiant « rocher ». Ce rocher perfide donc, mis en scène par Heine dans un célèbre poème au XIXe siècle, puis de nouveau dans la mélodie de Silcher, fut, bien avant cela, un lieu de mille fables populaires. Au pied du rocher, le fleuve se rétrécit et, de tout temps, le passage de la Lorelei fut très craint par les navigateurs à cause des tourbillons. Précédant le passage, trois sons de cloche indiquaient le moment de la prière. On pense que le site devint légendaire grâce à son écho. La résonance des sons fut interprétée comme les voix des esprits. Plus tard naquit la légende selon laquelle le chant et la beauté de la Lorelei attiraient le regard des bateliers qui en oubliaient les dangers du fleuve, faisant échouer leurs embarcations. Selon cette légende, le comte héritier de la Rhénanie-Palatinat fut ainsi la proie de cette sirène. Son papa ordonna pour le venger qu'on attrape cette sorcière. Envoi de soldats. La Lorelei appela son papa à elle, le Rhin, à la rescousse. Le fleuve se gonfla et de gigantesques vagues emportèrent la sirène au loin. Depuis, elle ne revint plus jamais. Si vous la voyez, faites-nous signe. Un truc marrant : si vous passez par la Lorelei avec un bateau-croisière, vous entendrez la musique de Silcher dans les haut-parleurs... reprise en chœur par tous les Allemands à bord !

Par une route sinueuse (5 km) à partir de Sankt-Goarshausen, on grimpe jusqu'à la falaise. Au sommet de ce roc boisé, point de vue absolument extraordinaire sur la vallée. Il est interdit de garer les voitures sur le grand parking de l'hôtel, mais plusieurs autres parkings sont aménagés juste avant. Au bord de la falaise, admirez le panorama. Superbe. Essayez d'arriver tôt, ou en fin de journée, pour éviter les dizaines de cars de tourisme.

Où dormir ?

Camping

△ *Campingplatz Auf der Lorelei :* ☎ (06771) 430. Sur la falaise même, en arrivant, sur la gauche. Bien équipé et prix normaux. Places ombragées sur une pelouse bien entretenue.

Auberge de jeunesse

🏠 *Turner-und Jugendheim (AJ) :* en arrivant sur la falaise, à droite. ☎ (06771) 26-19. Fax : 81-89. ● loreley-jugendherberge@t-online.de ● De la gare de Sankt-Goarshausen, bus rares. Ouvert toute l'année. Il est préférable d'appeler avant d'y aller. Réception souvent fermée dans la journée. Couvre-feu à 22 h. Pour une nuitée, compter 13 €. En été, possibilité de dormir dans une cabane en bois sans sanitaires pour 5 €. 120 lits en tout, dans des dortoirs de 4 ou 6 lits, assez quelconques. Ensemble tristounet mais impeccable. Point de chute idéal pour admirer la vue sur la Lorelei quand le soir tombe, ainsi qu'au petit matin, dans une solitude complète. Sert aussi des repas midi et soir.

De prix moyens à plus chic

🏠 *Auf der Loreley :* sur la falaise, 56342 Sankt Goarhausen. ☎ (06771) 22-82. Fax : 15-51. Chambres doubles avec douche et w.-c. de 55 à 65 €. Chambres standard, bien équipées à un prix raisonnable vu la situation.

PFALZ

Ancien château de péage situé au milieu du fleuve et composé d'un donjon à cinq pans et de tourelles. Accessible en bac de Kaub, il est très pittoresque.
🏠 En haut de la falaise, un *château* aménagé en hôtel. Cher, mais tellement romantique...

RÜDESHEIM

Face à Bingen, cette bourgade hautement touristique est un peu la tarte à la crème du petit village sauvegardé, ripoliné à mort pour accueillir les cars de touristes qui « font » le Rhin en une demi-journée. C'est un peu le village sacrifié. Bien sûr, tout le centre piéton se révèle adorable, mais les centaines de boutiques, les dizaines de restos et les milliers de touristes ont depuis bien longtemps fait perdre toute authenticité au site. On pourra, puisqu'on est là, visiter le *musée du Vin* (dans Brümserburg à l'entrée du village ; ☎ 23-48 ; ouvert tous les jours de mi-mars à fin octobre de 9 h à 18 h), boire un verre dans un des innombrables bars à vin (excellent riesling) et acheter un cendrier gravé ou une petite cuillère armoriée pour la grand-tante de sa belle-mère. Rüdesheim est une petite capitale de la dégustation. Elle compte nombre de caves à vins mousseux et de distilleries d'eaux-de-vie. Vous n'avez que l'embarras du choix, surtout dans la rue la plus animée, la *Drosselgasse*.

Adresse utile

ℹ️ *Office du tourisme de Rüdesheim :* Rheinstrasse 16. ☎ (06722) 19-433. Fax : 34-85.

À voir

🚶 *Niederwald :* de Rüdesheim, on peut grimper au monument du Niederwald grâce à un télésiège. On peut aussi y aller en voiture, mais parking payant. Ce monument de près de 40 m de haut, massif et exempt de tout raffinement, fut érigé à la fin du XIXe siècle pour symboliser la restauration de l'Empire et de l'unité allemande. Le personnage sur la colonne, « Germania », tient dans ses mains l'épée de l'Empire et la couronne impériale. Bon, la grimpette ne nous a pas paru indispensable. En revanche, superbe vue sur le Rhin.

LA VALLÉE DE LA MOSELLE DE KOBLENZ À TRIER (COBLENCE À TRÈVES)

Moins grandiose que celle du Rhin, la vallée de la Moselle *(Moseltal),* bordée de vignobles admirables, dégage une atmosphère plus humaine, moins mystérieuse que sa grande sœur. Ses méandres et circonvolutions ralentissent son débit et cette paresseuse enchante tous ses visiteurs. La Moselle fait moins de bruit que le Rhin, mais ses charmes ne sont pas moindres. Si vous avez un peu de temps, traînez vos guêtres au rythme de ce cours d'eau séduisant. Le long de la route, pas de châteaux majestueux ni de ruines romantiques, mais vous ne manquerez pas de voir de-ci, de-là, de nombreux cadrans solaires incrustés sur les parois rocheuses. Sur ce parcours, les camping-cars sont rois ! De nombreuses aires de repos (gratuites) leur permettent de s'arrêter le long de la rivière.

Adresse utile

i *Informations régionales sur la vallée :* Moselland-Touristik, Schanzstrasse 35, 54470 Bernkastel-Kues. ☎ (06531) 20-91. Fax : 20-93. Mais également sur ● www.mosel.com ● Informations touristiques sur tous les villages, les moyens de transport, les possibilités de balade et de logement (hôtels, pensions et chambres chez l'habitant).

Les vins

Les vins blancs secs sont ici à l'honneur et le cépage roi, le riesling, donne des vins un peu âpres, légers, proposant des saveurs délicates, extrêmement fines. Certains y hument des arômes de litchis et de rose. Deux caractéristiques notables qui favorisent le développement harmonieux de ce vin : un terrain schisteux et des récoltes très tardives. Les vendanges s'effectuent parfois fin novembre ou même début décembre. En descendant la Moselle, n'hésitez pas à faire des haltes pour déguster quelques verres dans l'une des bonnes petites caves.

COCHEM (56812 ; ind. tél. : 02671)

Ville intéressante surtout pour son château du XIe siècle, bâti au sommet d'une colline. Les deux bourgs de Cond et Sehl (sur la rive en face de Cochem) sont d'anciens villages de pêcheurs dans lesquels les navires qui allaient vendre leurs biens jusqu'à Cologne (et même Francfort !) faisaient halte. Il reste quelques petites rues étroites (désertées par les touristes car les cars les lâchent à Cochem) et une belle chapelle. Cochem mérite également une halte pour ses bons petits vins.

Adresses et info utiles

i *Office du tourisme :* Endertplatz. ☎ 60-040 ; ☎ 60-04-11 pour les prospectus ; ☎ 60-04-22 pour les événements et les manifestations culturelles. Central téléphonique jour et nuit informant sur les possibilités de logement : ☎ 194-12. Fax : 60-04-44. ● www.cochem.de ● Dans le centre du bourg, sur la placette où s'arrêtent tous les bus. Ouvert d'avril à fin octobre du lundi au samedi de 9 h à 17 h. En juillet et août, ouvert également le dimanche de 9 h à 12 h. Le reste de l'année, fermé les samedi et dimanche. De nombreuses brochures (pas de doute, vous êtes bien au bon endroit). Documentation sur la ville en français. Visite guidée de la

LA VALLÉE DE LA MOSELLE DE KOBLENZ À TRIER (COBLENCE À TRÈVES)

ville d'avril à octobre, le lundi à 11 h. Prix : 2 € ; réductions. Accueil professionnel.

■ **Croisières avec le bateau « Undine » :** amarré sous le château. Fonctionne tous les jours de mi-mai à mi-octobre. Départ à heures régulières de 10 h à 16 h 45. Petites croisières d'une heure et demie sur la Moselle. Une autre façon de découvrir la vallée. Prix : 5 € ; réductions.

Où dormir ?

Camping

▲ **Camping am Freizeitzentrum :** Stadionstrasse. ☎ 44-09. Fax : 82-34. Même chemin que celui de l'AJ, mais prendre, cette fois-ci, à main gauche et suivre les indications. Compter un bon quart d'heure à pied. Ouvert de Pâques à fin octobre. Couvre-feu à 22 h. Se situe sur les bords de la Moselle plantés de grands peupliers. À proximité du stade et d'un complexe nautique.

Bon marché

🛏 **Moseltal-Jugendherberge** (AJ) : Klottenerstrasse 9. ☎ 86-33. Fax : 85-68. • jh-cochem@djh-info.de • À 10 mn à pied de la gare. Prendre le pont qui s'enroule derrière le bureau de la *Polizei*. Arrivé sur l'autre rive, on trouve l'AJ à main droite. Pour une nuitée, compter de 16,60 à 21,80 €. Grand bâtiment parmi les vignes, bon confort. Chambres à 4 et 6 lits, avec douche et w.-c. extérieurs.

🛏 **Pension Ingeborg Bamberg :** Schloßstrasse 5. ☎ 70-56. Fax : 98-01-28. Pour une chambre double avec douche et w.-c., compter autour de 25 à 35 €. Pour quelques euros de plus, il vaut mieux échouer dans cette pension à l'accueil bien sympathique. Grandes chambres sous le toit, propreté irréprochable. Supplément de 1 € pour la TV. Continuer la rue pour trouver un parking gratuit (denrée rare dans cette ville). Possibilité de location de deux appartements (2 ou 4 personnes) dans une mignonne maison un peu plus haut dans la rue, d'où l'on a une belle vue sur le château.

🛏 **Villa Tummelchen :** Schloßstrasse 22. ☎ 91-05-20. Fax : 91-05-21. • www.moselpension.de • Chambres doubles avec douche et w.-c. de 60 à 70 €, selon la taille et la vue. Dans une maison moderne assez quelconque, située dans une rue qui monte au château. Chambres confortables et très propres. Certaines possèdent un agréable balcon et offrent une vue imprenable sur le château. Établissement non-fumeurs. Accueil frisquet et méfiant.

Où manger ?

De prix moyens à chic

|●| **Ristorante Castello :** Oberbachstrasse 55. ☎ 41-22. Ouvert tous les jours de 11 h à 14 h et de 17 h 30 à 23 h 30. Plats de 4 à 10 €. *Antipasti, carni, pasta...* et *tutti quanti*. Plats et prix honnêtes pour ce resto italien un peu à l'écart des flux touristiques. Agréable cave voûtée. Terrasse dès les beaux jours. Fréquenté par les jeunes autochtones.

|●| **Zum Stüffje :** Oberbachstrasse 14. ☎ 72-60. Ouvert de 11 h 30 à 14 h et de 17 h à minuit. Fermé le mardi. Congés annuels : de décembre à février. Plats de 7 à 13 €. Situé un peu en retrait par rapport à la rue, dans une jolie maison ancienne. Salle tout en bois, bien typique. On y sert des spécialités allemandes, notamment des *Schnitzel*. Bonne carte de vins de la région.

À voir. À faire

🚶 *Reichsburg* (château) : ☎ 255. Du centre, il faudra 1 h à pied pour le rejoindre. Ouvert de mi-mars à mi-novembre de 9 h à 17 h. Entrée : 3,50 € ; réductions. Possibilité de visite guidée (durée : 40 mn). Il ne reste que le donjon et la base des murs du château d'origine. Il fut en grande partie reconstruit au XIXe siècle et transformé en musée renfermant une superbe collection de mobilier féodal.

🚶 *Cochemer Sesselbahn* (télésiège) : ☎ 98-90-63. Fonctionne de mai à fin octobre tous les jours de 10 h à 18 h. Prix aller-retour : 5 €. Le télésiège vous emmène jusqu'au *Pinna Kreuz*, sur les hauteurs de Cochem, d'où vous aurez une belle vue sur la vallée. De là, nombreuses possibilités de balades à pied.

🚶 *Beilstein :* village situé de l'autre côté de la rive à quelques kilomètres en amont de Cochem. On peut y accéder en voiture ou alors en prenant un bateau. Intéressant, car il emprunte des écluses (prix aller-retour : 10 €). Beilstein, ravissant petit village, est lové dans une des boucles de la Moselle. Ce bourg romantique fortifié, qui a souvent servi de décor à des films ou des séries TV, possède de jolies maisons à colombages. On notera particulièrement sur la place du marché la **maison de la dîme**, l'*église Saint-Christophe* et, au-dessus du village, les ruines du *château de Metternich.*

TRABEN-TRARBACH (56841 ; ind. tél. : 06541)

Certes, Traben-Trarbach ne correspond pas à l'image d'Épinal des petits villages de la vallée de la Moselle, mais il n'en est pas moins intéressant. En effet, ce gros village fut à la fin du XIXe et au début du XXe siècle le 2e marché de vin le plus important d'Europe. De cette période riche et prospère, il reste quelques témoignages architecturaux de l'époque Jugendstil.

Adresse utile

🛈 *Office du tourisme :* Bahnstrasse 22. ☎ 83-980. Fax : 83-98-39. • www.traben-trarbach.de • Ouvert d'avril à octobre du lundi au vendredi de 9 h à 18 h et le samedi de 11 h à 15 h. Le reste de l'année, ouvert en semaine de 10 h à 12 h et de 14 h à 16 h, fermé le week-end.

Où dormir ?

Camping

⛺ *Campingplatz Rissbach :* Rissbachstrasse 165. ☎ 31-11. Réception ouverte de 10 h à 12 h et de 15 h à 18 h. Un peu au nord de Traben-Trarbach, sympa et au bord de la rivière.

Auberge de jeunesse

🏠 *Jugendherberge Traben-Trarbach* (AJ) : Am Hirtenpfädchen. ☎ 92-78. Fax : 37-59. • jh-traben-trarbach@djh-info.de • À 15 mn environ de la gare. Bien fléché. Réception théoriquement ouverte de 8 h à 9 h et de 18 h 30 à 19 h. Couvre-feu à minuit. Pour une nuitée, compter de 15,90 à 21,20 €. AJ classique, dans un site calme et agréable dominant la

Moselle, à 10 mn à pied du centre-ville. Chambres de 1, 2, 4 lits avec douche et w.-c. intérieurs. Pas grand-chose d'autre à en dire.

De prix moyens à plus chic

■ *Altstadt Café :* Mittelstrasse 12. ☎ 81-06-25. Fax : 46-05. Chambres doubles avec douche et w.-c. à 40 €. Café ouvert de 19 h à 1 h, fermé le lundi. Dans une imposante maison familiale de schiste au toit en ardoise. Plusieurs chambres retapées. Bon confort. Petite terrasse pour siroter une mousse ou s'enfiler un café avant de descendre la Moselle.

■ *Christine Ferienappartement :* Neue Rathausstrasse 13. ☎ et fax : 97-37. • www.zunftscheune.de • Trois appartements de 35 à 60 € la nuit. Les appartements sont à louer à la semaine mais également pour une, deux ou trois nuits suivant la disponibilité. Adorable maison en plein centre du village. Appartements aménagés avec beaucoup de goût. Malgré leur très petite taille, ils dégagent tous un charme évident. Cuisines très bien équipées et salles de bains modernes.

Où manger ?

|●| *Alte Zunftscheune :* Neue Rathausstrasse. Même adresse et même numéro de téléphone que l'adresse précédente. Ouvert de 17 h à minuit. Fermé le lundi. Plats de 6 à 15 €. Aménagé dans une ancienne grange. Grandes tables et bancs en bois. Ambiance rustique et chaleureuse, comme les plats que l'on y sert : *Pfannkuchen* (crêpes allemandes), viandes grillées, grandes poêlées de pommes de terre... Bonne carte de vins de la Moselle. Une adresse pittoresque.

À voir

🏃 Sur la rive gauche de la Moselle ont subsisté trois maisons Jugendstil. L'*hôtel Bellevue* mérite un intérêt tout particulier, car tout son mobilier et sa décoration intérieure sont restés intacts. On vous conseille donc fortement d'aller goûter leurs délicieux gâteaux l'après-midi ou d'y prendre un *drink* le soir : l'intérieur est digne d'un musée Art déco. Un peu plus haut sur la rive se trouve la *villa Dr-Breuckner,* pour laquelle l'architecte s'est inspiré d'éléments japonisants, notamment pour le toit. Beaucoup plus bas sur la rive, côté gare, rejoignez la *villa Huesgen.* Elle possède son propre théâtre. En 1904, sa construction avait déjà coûté un million de marks de l'époque !

🏃 On peut aller jeter un œil au *Mittel-Mosel-Museum,* Casinostrasse. Ouvert du mardi au vendredi de 9 h 30 à 12 h et de 13 h 30 à 17 h ; les samedi et dimanche, de 10 h à 13 h. Fermé le lundi. Dans cette demeure bourgeoise, éléments de décoration, objets et mobilier locaux, essentiellement des XVIIIe et XIXe siècles.

– Grande *fête annuelle du Vin* en juillet.

BERNKASTEL-KUES *(54470 ; ind. tél. : 06531)*

🏃🏃 Bernkastel-Kues est certainement un des plus beaux villages de la vallée de la Moselle. Comme Traben-Trarbach, la ville est double. Une de chaque côté du fleuve. Importante cité viticole qui a la chance de posséder un centre ancien parfaitement rénové et de toute beauté. Ces deux atouts drainent une vaste population touristique toute l'année. Pour apprécier le charme de ce village, allez à l'inverse des hordes touristiques : fuyez Bernkastel la journée, et n'y revenez que le soir quand les cars sont repartis. Le

romantisme des maisons pittoresques à colombages, dominées par les coteaux de vigne qui semblent se déverser sur le village entier, reprend alors ses droits pour n'en révéler que son authenticité.
Pour info, le vignoble est essentiellement planté de riesling et produit un vin blanc sec légèrement pétillant. Un cru d'enfer : le *Bernkasteler Doktor*. La spécialité culinaire : la *geräucherter Aal* (anguille fumée). Dé-li-cieu-se.

Adresses utiles

- *Office du tourisme :* Gestade 5. ☎ 40-23. • www.bernkastel-kues.de • Sur les bords de la Moselle, côté Bernkastel. Ouvert du lundi au vendredi de 8 h 30 à 12 h 30 et de 13 h à 17 h ; 15 h le vendredi. Le samedi, ouvert de 10 h à 16 h, de mai à fin octobre. Fermé le dimanche. Possède toutes les infos pour dormir dans la région, avec les prix et les disponibilités. Lui demander la liste des chambres d'hôte. Assure les réservations.
- *Informations sur les pistes cyclables de la Moselle :* *Moselland-touristik,* ☎ 20-91. Fax : 20-93. Une mine d'infos sur l'ensemble des chemins pour cyclistes dans la vallée de la Moselle.

Où dormir ?

Camping

- *Campingplatz Kueser Werth :* Am Hafen 2. ☎ 82-00. Fax : 82-82. À Kues, sur une petite île le long de la rivière. Correct mais un peu cher.

Auberge de jeunesse

- *Jugendherberge (AJ) :* ☎ 23-95. Fax : 15-29. • jh-bernkastel-kues@djh-info.de • Bien située sur la colline du château. À pied, monter vers le château et suivre les flèches. Se fait en 10 mn à jeun, par un petit chemin qui serpente entre les vignes. Couvre-feu à 22 h. Pour une nuitée, compter 13 €. Chambres de 2, 4, 6 et 8 lits, avec douche et w.-c. à l'étage. Demander la chambre n° 105, avec son petit salon donnant sur la vallée. Se munir de la clef à la réception si vous comptez rentrer tard.

Chambres chez l'habitant

- *Gästezimmer :* les hôtels sont ici un peu chers (tourisme oblige !), mais les chambres chez l'habitant sont nombreuses et à prix tout à fait correct (entre 40 et 45 € pour une chambre double avec douche et w.-c., petit dej' compris). Demandez à l'office du tourisme la liste des *Gästezimmer* ou remontez tout simplement la *Burgstrasse.* Dans cette rue montante, chaque pas de porte propose des chambres. Pour les plus flemmards d'entre vous, on vous cite quand même trois adresses situées dans la fameuse *Burgstrasse,* bien que leur choix soit un peu arbitraire, car elles se ressemblent toutes un peu : *Gästehaus am Schlossberg* (Burgstrasse 18 ; ☎ et fax : 65-72), *Haus Bärbel* (Burgstrasse 89 ; ☎ 81-66 ; fax : 79-66), *Zum Rebstock* (Burgstrasse 16 ; ☎ 29-10).

À voir

🎭🎭🎭 Tout le *centre piéton* est extraordinaire et à découvrir. De vastes parkings ont été aménagés au bord de la Moselle. Le vieux village se compose de dizaines de vénérables petites maisons à colombages, penchées comme des petites vieilles. La *Marktplatz* reste la figure de proue de cet ensemble étonnant, vieux de plus de 400 ans. Au centre, fontaine Saint-Michel du XVIIe siècle, avec de belles grilles de fer forgé. Dans un petit coin, vous aurez repéré la maisonnette la plus célèbre de la ville, la *Spitzhäuschen*, d'une étonnante étroitesse, toute de travers et défiant véritablement les lois de l'équilibre. Déambuler dans ce labyrinthe de ruelles est un vrai plaisir, toutefois pondéré par l'accumulation de boutiques touristiques qui occupent un pas-de-porte sur deux.

🍴 Du centre, on peut grimper aux ruines du *Burg Landshut*, ancienne propriété des archevêques de Trèves, qui domine la vallée et la ville. Il fut la proie des flammes à la fin du XVIIIe siècle.

🍴 *L'hôpital Saint-Nicolas (Cusanusstift) :* de l'autre côté de la Moselle, à Kues. Ouvert du mardi au vendredi de 9 h à midi et de 14 h à 18 h. Fermé les samedi et dimanche. Entrée libre. Le cardinal Nicolas de Cusanus (1401-1464) fut à l'origine de cette fondation où il logeait les vieillards démunis. Symboliquement (en référence à l'âge du Christ), on ne prend ici que 33 pensionnaires. Eh oui ! on parle bien encore au présent, car l'hôpital est toujours en activité et assure toujours sa fonction première. Beau cloître de style gothique et retable du XVe siècle représentant la Crucifixion, le Couronnement et la Mise au tombeau, dans la charmante chapelle. Dans l'entrée, fresque du Jugement dernier.

– Dans la cour de l'hôpital, un *musée du Vin* a été aménagé (ouvert de novembre à mi-avril de 14 h à 17 h et le reste de l'année de 10 h à 17 h).

TRIER (TRÈVES)   (54290)   100 000 hab.   IND. TÉL. : 0651

Trèves, la ville la plus ancienne d'Allemagne, est une cité bien agréable. Touristique, certes, mais pas envahie par les visiteurs. Si l'on vous dit qu'elle est universitaire, le décor est planté. Elle est donc vivante, de taille moyenne et pas étouffante pour un sou. Grâce à sa position en bord de Moselle, elle fut l'une des capitales de l'Antiquité romaine et il en reste de nombreuses traces. Le centre piéton, animé et vivant, aboutit à la Porta Nigra, véritable emblème de la ville et classée au patrimoine mondial de l'Unesco. Trèves, à l'image de la vallée de la Moselle, coule une petite vie paisible et se révèle une halte reposante. Tiens, c'est là qu'est né Marx ! C'est sans doute l'une des dernières villes du pays à proposer une rue Karl-Marx. Une denrée rare de nos jours.

UN PEU D'HISTOIRE

L'origine de la cité serait attribuée à Auguste, au Ier siècle av. J.-C., qui y aurait battu les *Trévires*, une tribu celtique. Au début du IVe siècle, Trèves était à l'apogée de sa gloire, en tant que capitale des Gaules. Constantin, nouvel empereur, fit élever des remparts dont il reste la célèbre Porta Nigra, et y résida avec une importante cour. La cité devint un rendez-vous important du christianisme, et resta résidence impériale jusqu'à la fin du IVe siècle. L'invasion par les Francs l'affaiblit, et elle connut dès lors un déclin régulier jusqu'à ce que Charlemagne en fasse un archevêché, au VIIIe siècle. Deux siècles plus tard, les archevêques-princes électeurs y firent édifier un palais. Au XVIIIe siècle, les troupes françaises prirent la ville, que les Prussiens leur enlevèrent un peu plus tard. Durant la dernière guerre, la ville fut détruite pour moitié. Aujourd'hui, c'est un important lieu touristique mais aussi l'un des principaux centres de commerce de vin du pays.

Adresses et infos utiles

Office du tourisme : à côté de la Porta Nigra. ☎ 97-80-80. Fax : 447-59 ou 70-00-48. www.trier.de/tourismus • Ouvert d'avril à octobre, tous les jours de 9 h à 18 h 30 (15 h 30 le dimanche). Le reste de l'année, horaires plus restreints, le samedi de 9 h à 13 h et fermé le dimanche. Accueil très sympathique et jeune. Nombreux prospectus intéressants sur toutes les activités de la ville. Y retirer le *Rendez-vous*. Assure les réservations d'hôtels contre une petite commission.

– **Rendez-vous :** journal gratuit sur les manifestations culturelles, disponible à l'office du tourisme.
– **Visite guidée de la ville :** tous les jours d'avril à fin octobre à 10 h 30 et 14 h 30 (durée : 2 h). Départ de la Porta Nigra. Prix : 6 € ; réductions.
– **Trier Card Plus :** valable pendant 3 jours, permet d'entrer gratuitement dans les 7 principaux musées de la ville et d'obtenir des réductions (entre 20 et 25 %) pour la visite des bâtiments romains et pour les visites guidées. Permet également l'accès au réseau de bus urbain. Prix : 10,50 € ; réductions pour les familles.

■ **Welcome :** Margaretengässen 2a. ☎ 994-05-40. À côté de la Simonstiftplatz. Ouvert de 10 h à 18 h. Le week-end, de 11 h à 16 h. Annexe de l'office du tourisme. Sélection de 70 vins et *Sekt* de la région. Conseils avisés de la responsable, qui parle très bien le français.

✉ **Poste centrale :** à côté de la gare. Ouvert de 8 h à 20 h ; le dimanche, de 10 h à 12 h.

■ **Location de vélos :** *Tina e.v.*, Hornstrasse 32 : ☎ 895-55. À proximité de la gare. *Fahrrad-Service-Station*, dans la gare. ☎ 14-88-56. Seulement d'avril à octobre. Nombreuses pistes cyclables le long de la Moselle, infos à l'office du tourisme.

■ **Promenades en bateau :** d'avril à octobre. *Fahrgastschiffahrt Kolb*, ☎ 15-15 ; ou *Entente de la Moselle luxembougeoise*, ☎ 003-52-75-82-75. Réservations pour les deux à l'office du tourisme.

@ **Surfer sur Internet :** *Net Café*, Saarstrasse 51. ☎ 970-99-14.

Où dormir ?

Camping

⛺ **Camping Trier City :** Luxemburgerstrasse 81, 54294. ☎ 869-21. Fax : 830-79. Tout en longueur, dans un environnement pas génial mais qu'on oublie vite puisqu'on est sur les bords de la Moselle. Grand terrain herbeux assez ombragé. Les tentes sont au fond. Équipement assez modeste. Pas grand-chose à en dire.

Auberge de jeunesse

🏠 **Jugendherberge** (AJ) : An der Jugendherberge 4, 54292. ☎ 14-66-20. Fax : 14-66-230. • jh-trier@djh-info.de • De la gare, compter 30 mn de marche. Sinon, bus n° 2 ou 8. Descendre au Kaiserwilhelmbrücke, c'est à 5 mn à pied. Non loin de la garnison de la gendarmerie française. Réception ouverte de 8 h à 23 h 30. Couvre-feu à minuit, mais on vous donne une clé si vous souhaitez rentrer plus tard. Pour une nuitée, compter de 16,60 à 21,80 € pour avoir une chambre double. AJ confortable proposant des chambres de 4 ou 6 lits, toutes avec sanitaires intérieurs. Chambres de 2 lits également, plus chères.

Bon marché

🛏 **Jugendgästehaus Warsberger Hof :** Dietrichstrasse 42. ☎ 97-52-50. Fax : 97-52-540. • www.warsbergerhof.de • Réception ouverte de 8 h à 23 h. Pour une nuitée, compter de 16 à 22 € pour le *Gasthaus,* et de 25 à 45 € pour l'hôtel. Un avantage précieux : située en plein centre et pratiquement aux mêmes prix que l'AJ officielle. Dans un édifice ancien parfaitement retapé. Très calme. 120 lits répartis en 2 types de logement : la *Gasthaus* ou l'hôtel. Le second est plus cher que la première, mais le confort est meilleur. Sanitaires tout neufs. En fait, cette adresse nous semble bien plus pratique que l'AJ. Fait aussi resto de 11 h à 22 h. Propose un vrai menu pas trop cher. Salle de billard et de ping-pong.

🛏 **Bateau « Uranus » :** ☎ 838-78. Situé sur la Moselle, assez loin du centre, donc surtout conseillé à ceux qui ont un véhicule. Pour y aller, passer la Römerbrücke puis le Konrad-Adenauerbrücke. Juste après, prendre sur la gauche la toute première rue après le pont et reprendre immédiatement à gauche. Petit panneau indicatif. Garer son véhicule sous le pont routier au niveau des rails de chemin de fer (en face de l'hôtel *Estricher Hof*), puis suivre à pied la piste cyclable. Le bateau est à 300 m. Ouvert d'avril à fin octobre. Réception ouverte à partir de 14 h et toute la soirée. Pour une nuitée, compter 12 €, auxquels il faut ajouter 2,50 € pour les draps. Cet ancien bateau militaire a été transformé en hôtel pour groupes divers, mais peut accueillir des individuels en fonction de la place disponible. Donc, nécessité impérative d'appeler. On dort sur la Moselle, dans d'étroites cabines de quatre ou plus, comme de vrais marins. Lavabos et douches minuscules et escalier raide comme tout. Patron affable. Sur le pont, un bar-resto a été installé. Bref, une adresse originale et sympa, quand il y a de la place.

De prix modérés à prix moyens

🛏 **Hôtel Garni Grund :** Paulinstrasse 7, 54292. ☎ 259-39. Fax : 991-03-65. Chambres doubles avec douche et w.-c. à 75 €. Situé à côté de la Porta Nigra dans une rue un peu bruyante. Les chambres sont heureusement très bien insonorisées, sinon préférer celles à l'arrière. Bonne tenue générale. Le patron parle quelques mots de français. Une des adresses les moins chères de la ville. Bon rapport qualité-prix-situation. Ambiance familiale.

Beaucoup plus chic

🛏 **Alte Villa :** Saarstrasse 133. ☎ 93-81-20. Fax : 93-81-212. Chambres doubles avec w.-c. et douche de 89 à 128 € selon la taille. Adorable maison baroque avec petit jardin à l'avant, à 10 mn à pied du centre. Les chambres sont peut-être un peu impersonnelles, mais on ne peut que conseiller cet hôtel au charme de maison de famille.

🛏 **Zum Christophel :** Porta-Nigra-Platz. ☎ 97-94-200. Fax : 747-32. Chambres doubles avec douche et w.-c. de 80 à 85 €. On ne peut pas rêver mieux placé : vue directe sur la Porta Nigra. Chambres confortables et lumineuses. Le saint Christophe, omniprésent dans cet établissement, vous transportera au pays des songes.

Où manger ?

🍴 **Astarix :** Karl-Marxstrasse 11. À côté du théâtre. Ouvert de 11 h 30 à 1 h (le samedi jusqu'à 2 h). Le dimanche, ouvert à partir de 18 h. Plats de 1,50 à 6 €. Possède une bonne réputation auprès des jeunes pour ses plats copieux et rapides (pizzas, pâtes, toasts) à un prix défiant toute concurrence. Ambiance étudiante décontractée.

|●| *Brasserie Krim* : Glockenstrasse 7. ☎ 73-943. Ouvert tous les jours de 9 h à minuit. Plats de 6 à 13 €. Brasserie qui se qualifie de méditerranéenne, mais qui n'en a que le nom ! On n'y sert pas de la grande cuisine, mais l'endroit est agréable pour manger sur le pouce un de ses 4 plats du jour, servis de midi à 18 h.

|●| *Zur Glocke* : Glockenstrasse 12. ☎ 731-09. Ouvert de 11 h à 15 h et de 18 h à 1 h. Le lundi, ouvert uniquement le soir et le dimanche à midi seulement. Plats de 5 à 11 €. Une adresse bien connue en ville, chaleureuse et pleine d'habitués. Plats du genre *Wurst & Co* ou formules composées d'une soupe et d'un plat, principalement des viandes grillées. Très copieux. Le tout supervisé d'une poigne énergique par la patronne.

De prix moyens à plus chic

|●| *Weinstube Palais Kesselstatt* : Liebfrauenstrasse 10. ☎ 411-78. Ouvert tous les jours de 11 h 30 à minuit. Plats de 4 à 8 €. Pour déguster un bon vin de la Moselle dans un cadre agréable en grignotant des assiettes de fromage et de charcuterie, on vous conseille absolument ce *Weinstube* chaleureux. Quelques plats inscrits sur de grands tableaux noirs. Grand choix de riesling. Très agréable terrasse l'été, avec vue imprenable sur la Liebfrauenkirche. Une bonne adresse.

|●| *Zum Domstein* : Hauptmarkt 5. ☎ 744-90. Ouvert tous les jours de 11 h 30 à minuit. Service jusqu'à 22 h. Plats de 8 à 22 €. Une adresse proposant d'honnêtes plats traditionnels et internationaux. Son originalité : des plats romains, selon les recettes originales de Marcus Gavius Apicius : jambon aux myrtes à la sauce aux figues, mouton selon Tapeianus... Sans manger allongé, les prix vous allongeront ! Un peu trop touristique à notre goût.

|●| *Les restaurants du bord de la Moselle* : situés à côté de la télécabine et de l'AJ, à 10 mn à pied du centre. Suivre les panneaux « Zurlauben ». Dans le *Fischerdorf* (quartier des pêcheurs), un peu moins d'une dizaine de restos se sont installés les uns à côté des autres, avec terrasses ouvertes sur les bords de la Moselle. Dépaysement assuré. On vient ici surtout le soir en été. Bondé en fin de semaine. Restos de styles et de catégories de prix variés. On a particulièrement aimé le *Mosellied* (☎ 265-58) pour y manger une bonne *Schnitzel* et, dans un genre beaucoup plus chic, et donc nettement plus cher, la *Bagatelle* (☎ 297-22), pour sa cuisine recherchée.

Où boire un verre ?

La recherche fut aisée ! Tous les bars à la mode se situent dans la *Judengasse* donnant dans la grande rue piétonne *Simeonstrasse*. Série de cafés qui jonglent avec la jeunesse et qui brassent les musiques aussi bien que la bière.

▼ *Zapotex* : sur la place Pferdmarkt. ☎ 758-22. Ouvert de 19 h à 2 h (3 h le week-end). Un des rendez-vous des jeunes étudiants. Il faut jouer des coudes pour se frayer un chemin.

▼ *Funky Abbey* : au croisement de Nicolaustrasse et de Friedrich Wilhelmstrasse. ☎ 458-66. Ouvert de 20 h 30 à 1 h (3 h le week-end). Petit bar tout de rouge illuminé. *Long drinks* et long zinc. Bondé rapidement. Ambiance gentiment alternative *ma non troppo*.

▼ *Walderdorff's* : Domfreihof 1. ☎ 994-44-15. En face de la cathédrale. Ouvert tous les jours de 11 h à 1 h, le week-end jusqu'à 2 h. Clientèle moins étudiante et plus coloct. On peut choisir suivant l'humeur entre la vinothèque, à l'ambiance feutrée mais pas guindée, et le bar à l'atmosphère plus surchauffée. Et si le cœur vous en dit, vous pouvez ensuite aller vous déhancher en descendant dans le club. Un vrai 3 en 1.

Monuments de l'époque romaine à découvrir

Contrairement à beaucoup d'autres villes allemandes, Trèves, considérée comme la Rome du Nord, conserve de nombreux témoignages de sa période romaine. Ces monuments sont ouvert tous les jours de 9 h à 18 h (d'octobre à mars, fermeture à 17 h). Entrée à l'unité : 2 €. Entrée groupée pour tous les monuments : 6 € ; réductions.

🚶🚶 **Porta Nigra** : à l'extrémité de Simeonstrasse, la longue rue piétonne. Superbe porte, haute de 30 m et large de 36 m ! Un des plus beaux témoignages de la présence romaine à Trèves. Le temps, les intempéries et la fumée ont donné une patine noire à la pierre, d'où son nom depuis le Moyen Âge. Cette porte défensive est composée de blocs de grès posés les uns sur les autres, sans joints, attachés entre eux par des crampons métalliques. Il en reste encore, même si la plupart ont été arrachés. Elle est formée de plusieurs étages d'arcades auxquels on accède par un escalier. Il était prévu une sorte de cour au milieu de la porte, afin que les assaillants potentiels se retrouvent coincés, arrosés par le haut de poix bouillante et de flèches. Rien que ça ! À partir du XIe siècle, la porte fut intégrée aux murs d'une église. En fait, on édifia deux églises superposées. Pour cela, on ajouta des pans de murs à la construction initiale, on sculpta des chapiteaux (on en voit encore). À l'entrée, un plan de l'ancienne église est affiché. Mais Napoléon fit détruire l'église au début du XIXe siècle, pour redonner au monument sa forme originelle.

🚶🚶 **Kaiserthermen** (thermes impériaux) : de l'autre côté du Palastgarten et à 2 mn du Rheinisches Landesmuseum. À l'époque romaine, les thermes étaient l'un des lieux sociaux importants de la ville. Les thermes impériaux de Trèves, construits par l'empereur Constantin au IVe siècle, étaient considérés comme faisant partie des plus importants à l'époque romaine. Ils sont particulièrement intéressants du fait de leur bon état de conservation. Composés de multiples souterrains, de dédales (parfois un peu trop bien restaurés), de couloirs voûtés et frais. La partie principale des thermes, le *caldarium* (bains chauds), présente une structure en hémicycle où alternent gracieusement pierres et briques en éventail.

🚶 **Amphitheater** (amphithéâtre) : Olewigerstrasse 25. Ruine de l'arène romaine, datant de 100 ans apr. J.-C., destinée aux combats de gladiateurs et d'animaux. Pouvait accueillir jusqu'à 20 000 spectateurs. Son sous-sol, dégagé et accessible, permet d'observer la machinerie qui dirigeait la montée des plateaux et des ascenseurs.

🚶 **Römische Palastaula** (basilique de Constantin) : à gauche du palais des princes électeurs. Ouvert d'avril à novembre de 9 h à 18 h, le dimanche de 12 h à 18 h. Le reste de l'année, seulement de 11 h à 12 h et de 15 h à 16 h, le dimanche de 12 h à 13 h et fermeture hebdomadaire le lundi. Gigantesque *aula,* construite par Constantin et servant de salle du trône. Détruite au moment de la Deuxième Guerre mondiale, elle fut ensuite reconstruite (et ça se voit !). Abrite aujourd'hui une église protestante.

🚶 **Barbarathermen** (thermes de Sainte-Barbe) : Südallee 48. Bains romains datant du IIe siècle, mais dont il ne reste pas grand-chose, car ils furent déclarés comme carrière.

🚶 **Rheinisches Landesmuseum** (musée de Rhénanie) : Weimarerallee 1. ☎ 977-40. Ouvert du mardi au vendredi de 9 h 30 à 17 h et le week-end de 10 h 30 à 17 h (9 h 30 de mai à octobre). Fermé le lundi. Entrée : 5 € ; réductions. Le billet d'entrée donne droit à un audiophone en français, bien utile à la visite : le lapidaire et les mosaïques s'animeront ainsi de leur histoire, évitant leur transformation en un vulgaire champ de cailloux pour des yeux non exercés ! Intéressant musée consacré à la préhistoire, mais surtout à l'Antiquité romaine. Riches collections de mosaïques, sculptures et statuettes découvertes lors de fouilles à Trèves. Ne manquez pas le *Bateau de Neumagen,* célèbre sculpture emblématique, dont vous retrouverez des copies dans toute la ville. Ce bateau transportant du vin couronnait un monument funéraire. Il montre l'importance de Trèves en tant que ville commerçante et viticole à l'époque romaine.

À voir encore

Dom *(cathédrale) :* ouvert tous les jours de 6 h 30 à 18 h d'avril à octobre ; le reste de l'année, fermeture à 17 h 30. Le plus remarquable de cette structure romane est sans doute son extérieur, massif, mais duquel se dégage une grande pureté : au centre, une abside arrondie, entourée de tours carrées trapues. À l'intérieur, gros piliers robustes et carrés sur lesquels sont accrochés des retables baroques assez lourds. La cathédrale possède deux chœurs. Celui de l'ouest abrite un tombeau gothique en marbre de l'archevêque et prince électeur Baudouin de Luxembourg. Juste à l'entrée, dans le bas-côté droit, tympan roman, représentant le Christ avec saint Pierre et la Vierge. Sur le côté gauche, très belle chaire de pierre sculptée, ornée de bas-reliefs d'une rare finesse.

– **Le trésor de la cathédrale :** ouvert de 10 h à 17 h, le dimanche de 13 h 30 à 17 h ; de novembre à fin mars, ouvert seulement de 11 h à 16 h et le dimanche de 13 h 30 à 16 h. Entrée : 1 € ; réductions. Présente des objets liturgiques. À voir particulièrement, l'autel portatif de saint André du Xe siècle, témoignant de la qualité de l'orfèvrerie médiévale. Au-dessus du chœur principal est enfermée la Sainte Tunique, vêtement sans couture du Christ.

Liebfrauen Kirche *(église Notre-Dame) :* contiguë à la cathédrale. Ouvert tous les jours de 8 h à 12 h et de 14 h à 18 h. Avec l'église de Marburg, c'est l'une des plus anciennes églises gothiques d'Allemagne (XIIIe siècle). Avant d'entrer, jeter un œil sur le tympan du portail, représentant une Vierge en majesté. L'intérêt réside surtout dans le plan original de l'église en forme de croix dans laquelle s'insère à chaque angle deux absidioles, lui donnant l'aspect d'une fleur à 12 pétales. Cette impression de légèreté est amplifiée par la finesse des colonnes, des voûtes et des galeries de circulation, qui font le tour de l'édifice.

Hauptmarkt : la place principale de la ville, centre de l'animation dans la journée. Au milieu, la « croix de Trèves » dont l'original se trouve au musée du cloître Saint-Siméon. À côté, la fontaine de Saint-Pierre, baroque et colorée. De ce point, le regard embrasse un large panorama, avec la cathédrale d'un côté et une série de maisons de tous les styles de l'autre, et qui, malgré leur manque d'homogénéité architecturale, constituent un ensemble agréable à l'œil. Maisons à colombages, façades classiques bourgeoises, ainsi qu'un édifice appelé *Steipe,* tout blanc avec ses créneaux et ses arcades de style néogothique. Il s'agit de l'ancien hôtel municipal. À côté, élégante maison rouge frappée d'une inscription dorée en façade.

Le palais des princes électeurs : au fond du *Palastgarten* se dresse ce palais tout rose, à la façade rococo, copieusement décorée de statues et dorures. Il date du XVIIe siècle. Très tarte à la crème !

Städtisches Museum *(Musée municipal) :* musée situé dans le cloître roman Saint-Simon *(Simeonstift)* jouxtant la Porta Nigra ☎ 718-14-59. Ouvert de mars à fin octobre tous les jours de 9 h à 17 h ; le reste de l'année, même horaire d'ouverture du mardi au samedi, le dimanche de 9 h à 15 h et fermé le lundi. Entrée : 2,60 € ; réductions. Propose une collection d'objets très éclectique reflétant l'histoire de la ville du Moyen Âge à nos jours. À voir, la superbe maquette de la ville donnant l'image de la cité au XIXe siècle. Nombreuses gravures sur le développement de la ville. Au rez-de-chaussée, remarquer « la croix de Trèves » (de la fin du XVIe siècle) qui se trouvait autrefois sur la place du Marché. Cette croix, de forme irlandaise, montre en son centre l'agneau de Dieu, avec sceptre et bannière, saint Pierre et les 4 vertus.

🏃 *Bischöfliches Dom und Diözesanmuseum Trier* (Musée diocésain) : Windstrasse 7. ☎ 710-52-55. Ouvert du lundi au samedi de 9 h à 17 h ; les dimanche et jours fériés, uniquement de 13 h à 17 h. De novembre à fin mars, même horaire mais fermeture de 13 h à 14 h et le lundi. Entrée : 2 € ; réductions. Musée d'art sacré, exposant essentiellement les fouilles entreprises autour de la cathédrale *(Dom)* et de l'église Notre-Dame *(Liebfrauenkirche)*. Le clou du musée est l'exceptionnel groupe composé de 15 fresques trouvées sous la cathédrale et minutieusement reconstituées. Incroyable travail de fourmi. Pour la plupart, les mosaïques ont pu être recomposées à près de 80 %. Elles datent du IVe siècle et proviendraient du palais de Constantin. Des chercheurs pensent que certaines mosaïques montrent sainte Hélène, mère de Constantin et sa femme Fausta.

🏃 *Karl Marx Museum* (musée Karl-Marx) : Brückenstrasse 10. ☎ 97-06-80. Ouvert d'avril à octobre, du mardi au dimanche de 10 h à 18 h et le lundi à partir de 13 h ; de novembre à mars, du mardi au dimanche de 10 h à 13 h et de 14 h à 17 h et le lundi à partir de 14 h. Entrée : 2 € ; réductions. La simple existence d'un musée Karl-Marx est aujourd'hui étonnante et cela vaut bien une visite. Sans donner de cours d'histoire, rappelons que Marx est né en 1818 à Trèves et mort à Londres en 1883. À la fois philosophe et économiste, il élabora la théorie du « matérialisme historique ». Il se lia d'amitié avec Engels et rédigea avec lui le *Manifeste du parti communiste* en 1848. Il habita tour à tour en France et en Grande-Bretagne. Il écrivit *Les Luttes des classes en France* et *Fondements de la critique de l'économie politique*. Puis vint *Le Capital,* qui reste son œuvre majeure. C'est là que Marx définit l'objectif de la Ire Internationale, l'abolition du capitalisme, et met au point les différentes phases de l'avènement du communisme. Sa doctrine prendra le nom de marxisme... contre son gré.

La visite de sa maison natale s'avère assez décevante : présentation peu engageante et documents exposés de manière peu pédagogique. Résultat, on s'y ennuie ferme. Bien sûr, on y trouve de nombreuses photos, œuvres originales, des premières éditions ainsi que des documents sur sa famille et son parcours. Mais pour les non-initiés, ce monde reste bien hermétique. Dommage.

🏃 *Weinort Trier-Olewig* (quartier des Vignerons à Olewig) : à proximité de l'amphithéâtre. Six propriétés viticoles installées dans l'Olewigerstrasse proposent des dégustations de vin, visites de caves et ventes de vin. Un bon moyen pour découvrir de manière authentique les vins de la région.

Manifestation

– *Antikenfestspiele Trier* (Festival antique) : durant le mois de juillet. Infos à l'office du tourisme. • www.antikenfestspiele.de • Concerts et opéras de qualité. Représentations en plein air dans l'amphithéâtre et dans les thermes impériaux.

QUITTER TRIER (TRÈVES)

En train

Trèves est très bien reliée à toutes les villes environnantes.
➢ *Pour Saarbrücken :* 19 trains quotidiens. Durée : 1 h 30.
➢ *Pour Luxembourg :* 19 trains par jour. Durée : 45 mn.
➢ *Pour Paris :* passer par Saarbrück, c'est plus simple.

LE PALATINAT (PFALZ)

Le Palatinat *(Pfalz)* correspond à une ancienne province dirigée par un prince électeur dans le cadre du Saint-Empire. Ce territoire boisé au nord et plus vallonné dans le sud reste pour les Allemands un lieu privilégié de balades.

WORMS (67547) 76 000 hab. IND. TÉL. : 06241

Situé au cœur des plaines viticoles du Palatinat baignées par le Rhin, Worms fut, par le passé, le théâtre de nombreuses luttes d'influences religieuses. En 1521, la Diète impériale se réunit à Worms sur la demande de Charles Quint, afin d'exiger du moine Luther la réfutation de ses thèses. Devant le refus de ce dernier, la Diète le met au ban de l'Empire et interdit toute publication ou diffusion de ses ouvrages. On sait ce qu'il en advint !
– En juillet, **festival de Jazz** au pied de la cathédrale et en août la *Backfishfest,* où le vin local coule à flots.

Adresse utile

🄸 *Office du tourisme* : Neumarkt 14. ☎ 250-45. Fax : 263-28. • www.worms1.de • D'avril à octobre, ouvert du lundi au vendredi de 9 h à 18 h (17 h le reste de l'année) et le samedi de 9 h à 12 h. Quelques brochures sur la ville et sur ses logements, sinon assez pauvre.

Où dormir ?

🛏 *Jugendherberge (AJ)* : Dechaneigasse 1. ☎ 257-80. Fax : 273-94. • jh-worms@djh-info.de • Pour une nuitée, compter de 16,60 à 21,80 € en chambre double. Très bien située, cette auberge se trouve à deux pas de la cathédrale en plein centre de la ville, ce qui est assez rare. Assez grande AJ (114 lits). Chambres de 2 et 4 lits, avec douche et w.-c. intérieurs.
🛏 *Weinhaus Weis :* Färbergasse 19. ☎ 62-84. Pour une chambre double, compter de 44 à 60 € avec douche et w.-c. à l'étage. Petite pension modeste, au centre. Mais assez bien tenue et accueillante.
🛏 *Lortze-Eck :* Schlossergasse 10-14. ☎ 263-49. Fax : 273-70. Pour une chambre double avec douche et w.-c., compter 67 €. Certainement le plus charmant hôtel de la ville. La façade ne paie pas de mine, mais les chambres sont mignonnes et très confortables, chacune ayant une petite touche personnelle. Bon rapport qualité-prix. Voir aussi « Où manger ? ».

Où manger ?

🍴 *Schmitz* : Weckerlingplatz 6. ☎ 41-35-35. Situé sur une grande place à côté du Städtisches Museum (Musée municipal). Ouvert tous les jours de 9 h à 1 h. Plats de 2,50 à 5 €. *Brunch* à volonté le dimanche de 10 h à 14 h à 6,50 €. Jolie vue sur tous les monuments principaux de la

ville. Petite carte permettant de se restaurer à prix serrés : pâtes, œufs sur le plat, sandwichs...
- **Lortze-Eck :** Schlossergasse 10-14. ☎ 20-75-83. Ouvert du lundi au vendredi de 8 h à 22 h ; le samedi, seulement jusqu'à 20 h. Fermé le dimanche. Plats de 8 à 12 €. Deux petites salles douillettes : murs tendus de tissu bleu, tables et chaises en bois. Cuisine régionale : *Saumagen* (panse de porc farcie), *Sülze* (fromage de tête), *Wurstsalat*, ainsi que quelques plats de viande. Une bonne surprise.

À voir

- ***Dom Sankt Peter*** *(cathédrale Saint-Pierre) :* ouvert tous les jours d'avril à octobre de 9 h à 18 h. Le reste de l'année, fermeture à 17 h. Construction romane à deux absides dotées chacune de deux tours rondes. Bâtie entre le XIIe et le XIIIe siècle, elle témoigne de l'importance que tenait alors l'Église dans cette région. Les galeries naines du chœur ouest allègent considérablement l'édifice. Admirer le portail gothique de la façade sud et ne pas oublier le Christ entouré de saints qui se trouve au dos du portail. Au nord de la nef, cinq sculptures gothiques du XVe siècle représentant l'Annonciation, la Nativité, la Mise au tombeau, la Résurrection et l'arbre de Jessé. Le chœur abrite quelques stalles et autels du XVIIIe siècle, et la chapelle Sainte-Anne une sculpture de Daniel dans la fosse aux lions (XIIe siècle).

- ***Le musée Heylshof :*** Stephansgasse 9. Ouvert de mai à septembre de 11 h à 17 h ; le reste de l'année, de 14 h à 17 h en semaine, de 11 h à 17 h le dimanche. Fermé le lundi toute l'année, ainsi que de janvier à mi-février. Entrée : 2,50 €. Aménagé dans un ancien hôtel particulier, il abrite de beaux vitraux des XVe et XVIe siècles, ainsi qu'une intéressante collection de porcelaines et de céramiques.

- ***Le cimetière juif :*** ouvert tous les jours jusqu'à la tombée de la nuit. Vieux de neuf siècles, ce cimetière témoigne de l'ancienneté de la communauté juive de la ville. Environ 1 500 stèles gravées en hébreu y sont dressées.

- ***La synagogue :*** dans la Judengasse. Ouvert tous les jours d'avril à octobre de 10 h à 12 h 30 et de 13 h 30 à 17 h ; le reste de l'année, ouvert de 10 h à 12 h et de 14 h à 16 h. Construite dans un style roman au XIe siècle, c'est la plus ancienne synagogue du pays. Après les destructions dues à la guerre, elle fut rebâtie en 1961 selon les plans originaux.

DEUTSCHE WEINSTRASSE (LA ROUTE ALLEMANDE DES VINS)

La route allemande des Vins *(Deutsche Weinstrasse)* offre aux visiteurs un parcours agréable à travers les coteaux vallonnés du Palatinat. Cette route, balisée par des panneaux jaunes sur lesquels est représentée une grappe de raisins, commence à Bockenheim et s'étire jusqu'à la frontière française. Elle est une invitation au plaisir des yeux et des papilles.
Le sol calcaire et le climat particulièrement doux de ce coin du Palatinat sont en effet propices à l'exploitation du vin. Parmi les crus les plus célèbres, on compte les vins de Bad Dürkheim, de Wachenheim et de Deidesheim. De nombreuses propriétés viticoles proposent des dégustations et visites de caves, permettant ainsi la rencontre avec des vignerons passionnés.

DEUTSCHE WEINSTRASSE (LA ROUTE ALLEMANDE DES VINS)

Adresses utiles

- **Office du tourisme du Palatinat :** Pfalz Touristik, Landauerstrasse 66, 67434 Neustadt. ☎ (06221) 391-60. Fax : 39-16-19. • www.pfalz-touristik.de • Une mine d'infos pour organiser son voyage : logements, balades, manifestations culturelles...
- **Vins et tourisme :** Deutsche Weinstrasse, Chemnitzerstrasse 3, 67433 Neustadt an der Weinstrasse. ☎ (06321) 91-23-33. Fax : 91-23-30. • www.deutsche-weinstrasse.de • Nombreuses infos là aussi sur les possibilités de logement, mais surtout sur les propriétés viticoles : vente de vins, visite de caves, chambres ou appartements à louer sur la propriété... Possibilités de réservation *online*.

Arbitrairement, notre parcours démarre à Worms et descend vers la frontière française.

BAD DÜRKHEIM

Cette station thermale offre peu d'intérêt si ce n'est son parc thermal. Poussez cependant votre route vers les ruines de l'abbaye de Limburg, d'où l'on a une jolie vue sur la vallée et ses coteaux.

DEIDESHEIM (ind. tél. : 06326)

C'est sans doute le plus charmant et le plus typique village de la route, avec son adorable place du marché, sa mairie du XVIe siècle, son église gothique... et ses nombreux *Weinstube* et restos de spécialités régionales. Tout ceci explique certainement qu'Helmut Kohl, amateur de bonne chère, aime venir régulièrement se ressourcer ici. Et ce qu'il aime particulièrement, c'est aller déguster un *Saumagen* (panse de porc farcie) au *Deidesheimer Hof,* resto-hôtel installé sur la place du Marché (Marktplatz).

Adresses utiles

- **Office du tourisme :** Bahnhofstrasse 5, 67146 Deidesheim. ☎ 96-770. Fax : 96-77-18. • www.deidesheim.de •
- **Winzerverein** (association des viticulteurs) : Prinz Rupprechtstrasse 8. ☎ 96-880. Renseignements sur les propriétés, où l'on peut faire des dégustations et visites de caves. Propose tous les vendredis à 10 h, de mai à septembre, une visite de cave et une dégustation gratuite.

Où dormir ? Où manger ?

- **Pension Zipelius :** Weinstrasse 74. ☎ 16-25. Chambres doubles avec douche et w.-c. à 35 €. Adorable pension proposant très peu de chambres. Décorées avec goût, elles possèdent chacune un balcon. Parking.
- **Pension Kuhn :** Kirschgartenstrasse 12. ☎ 13-40. Chambres doubles avec douche et w.-c. à 50 €. Chez des viticulteurs. Chambres plus rustiques, confortables et propres. Agréable cour intérieure. Parking.
- **Gutsausschank Dr. Kern :** Schloss Deidesheim, Bahnhofstrasse. ☎ 966-99. Installé à l'emplacement de l'ancien château. Ouvert de 17 h à minuit. Fermé les mercredi et jeudi. Plats de 7 à 14 €. Imposante bâtisse en pierre au charme presque provençal ! C'est l'endroit idéal pour venir

déguster une spécialité de la région : au programme, *Leberknödel* (boulette de pain et de foie), *Saumagen* (panse de porc farcie), saucisse accompagnée de choux... Bonne carte de vins régionaux. Très agréable terrasse dès les beaux jours.

NEUSTADT AN DER WEINSTRASSE (ind. tél. : 06321)

De taille beaucoup plus importante, les abords de Neustadt peuvent surprendre et décevoir. Il faut pénétrer dans le cœur de la ville pour découvrir son dédale de petites rues pittoresques, parsemé de maisons à colombages, toutes très bien restaurées. Neustadt vaut aussi le détour pour les neufs villages viticoles qui l'entourent et qui semblent lui rappeler que sa notoriété vient de l'exploitation de ses vignes.

Adresse utile

Office du tourisme : Hetzelplatz 1, en face de la gare, 67409 Neustadt. ☎ 92-680. Fax : 92-68-10. ● www.neustadt.pfalz.de ● Ouvert en semaine de 9 h 30 à 18 h et les samedi et jours fériés de 10 h à 12 h. En septembre et octobre, ouvert aussi le dimanche de 10 h à 12 h.

Où dormir ? Où manger ?

Jugendgästehaus (AJ) : Hans Geigerstrasse 27. ☎ 22-89. Fax : 829-47. ● jh-neustadt@djh-info.de ● Pour une nuitée, compter de 17 à 22 €. Grande bâtisse neuve, sans charme. Chambres de 2 et 4 lits, avec w.-c. et douche intérieurs.

Gästehaus Hellmer : Meckenheimerstrasse 1, 67435 Neustadt-Mußbach. ☎ 96-89-20 ou 66-790. Fax : 60-191. ● www.gaestehaushellmer.de ● Chambres doubles avec douche et w.-c. à 45 €. Pour quelques euros de plus, préférer cette sympathique *Gästehaus* d'une propriété viticole, située à Mußbach, bourg à l'entrée de Neustadt. Chambres rénovées.

Vetter Ferienwohnungen : Rathausstrasse 32. ☎ (02252) 30-08-45. Fax : 30-08-90. ● www.vetterfewo.de ● De 35 € (50 m²) à 55 € (110 m²) pour 2 personnes et par jour. Compter 7,50 € par personne supplémentaire. Appartements à louer uniquement à la semaine. Pour ceux qui voudraient séjourner plus longtemps dans le coin, on conseille tout particulièrement cette adresse. Propose 8 appartements à louer installés dans trois maisons à colombages en plein centre de Neustadt. Tous plus adorables les uns que les autres. Extrêmement bien rénovés et bien équipés.

Backblech : Hintergasse 18. Ouvert de 17 h à minuit. Fermé le 1ᵉʳ mardi de chaque mois. *Flammkuchen* autour de 5 €. Derrière un grand porche en bois se cache ce *Weinstube*. Les *Flammkuchen* (tartes flambées) qui y sont servies accompagnent bien les vins de la région.

HAMBACHER SCHLOSS (CHÂTEAU D'HAMBACH)

En poursuivant votre route, vous atteindrez le village d'Hambach, dominé par une forteresse, qui a marqué l'histoire de l'Allemagne. C'est de ce château, en 1832, lors de manifestations d'un mouvement démocratique, que fut pour la première fois hissé le drapeau noir, rouge et or, qui deviendra en 1919 et en 1949 le drapeau allemand. ☎ 0180-58-58-588. Le château est ouvert tous les jours de mars à fin novembre de 10 h à 18 h. Entrée : 2,50 € ; réduction. Présente une exposition permanente sur les mouvements de libéralisme qui ont eu lieu de 1832 à 1848.

Si vous avez le temps, quand vous reprenez la route, allez jeter un coup d'œil dans le charmant village de **Sankt-Martin**.

SCHLOß-VILLA LUDWIGSHÖHE (CHÂTEAU-VILLA DE LUDWIGSHÖHE)

Situé à 2 km d'Edenkoben. Étonnant château-villa construit par Louis Ier de Bavière (poète et amateur d'art, roi de Bavière au début du XIXe siècle) dans le style italien. Le château abrite une galerie de peinture consacrée à Max Slevogt, peintre palatin du début du XXe siècle. Le château est ouvert d'avril à septembre de 9 h à 13 h et de 14 h à 18 h. Le reste de l'année, fermeture à 17 h. Fermé le lundi toute l'année. Entrée : 2,50 € ; réductions.

BURG TRIFELS (CHÂTEAU DE TRIFELS)

À 7 km à partir d'Annweiler. Compter une bonne demi-heure de marche. Reconstruit au XXe siècle, ce château est historiquement très intéressant pour deux raisons : d'abord parce qu'il a abrité le trésor de la couronne, alimentant la légende de nombreux romans de chevalerie du Moyen Âge selon laquelle le saint Graal (vase qui aurait servi à Jésus-Christ pendant la Cène et dans lequel son sang aurait été recueilli) y aurait été conservé. D'autre part, le château de Trifels a accueilli un hôte célèbre, puisque Richard Cœur de Lion, roi d'Angleterre, y fut emprisonné à son retour de croisade.

LANDAU *(ind. tél. : 06341)*

Cette petite ville, fondée au XIIIe siècle, fut bien chahutée durant la guerre de Trente Ans. Tombée à plusieurs reprises aux mains de différents assaillants, elle finira sous la coupe française. En 1688, Louis XIV décida de faire détruire une partie du patrimoine architectural de Landau pour gagner de la place et renforcer les fortifications.

Adresse utile

Office du tourisme : Marktstrasse 50. ☎ 131-80. Fax : 131-95. Dans le nouvel hôtel de ville.

À voir

Stiftskirche : cette abbatiale bénédictine, fondée en 1333, n'a été achevée qu'à la fin du XVe siècle. La construction de son clocher dura plus d'un siècle. Dans l'ancienne sacristie, située à l'extrémité de la nef latérale, on peut voir d'intéressantes fresques du XVIe siècle.

Französisches Tor (Porte française) : ancienne porte des fortifications commandées par Louis XIV à Vauban. On y trouve les armoiries des Bourbons, ainsi que l'effigie du Roi-Soleil !

🏛 *Le musée d'Histoire locale :* Marienring 8. Ouvert du mardi au vendredi de 9 h à 12 h et de 14 h à 17 h, le dimanche de 10 h à 12 h. Au travers de quelques gravures et costumes, on découvre l'histoire de la ville et de ses environs.

SPEYER (SPIRE) (67346) 46 000 hab. IND. TÉL. : 06232

Sur la rive gauche du Rhin, la cité est reconnaissable, de loin, grâce à la silhouette impressionnante de sa superbe cathédrale. Important lieu de culte, Spire accueillit environ 50 Diètes entre le IXe et le XVIe siècle. Le tribunal d'Empire y siégea pendant un siècle et demi. Malgré les guerres et les destructions, la ville a préservé quelques vestiges de ses heures de gloire.

UN PEU D'HISTOIRE

En 1521, l'édit de Worms met Luther au ban de l'Empire. Huit ans plus tard, une Diète se réunit à Spire pour confirmer ce verdict resté sans effet. Mais six princes luthériens s'élèvent officiellement contre ce nouveau procès et viennent « protester » devant la Diète. C'est ici que cette nouvelle doctrine, qui allait devenir religion, prit son nom : protestantisme !

Adresses utiles

🛈 *Office du tourisme :* Maximilianstrasse 11. ☎ 14-23-92. Fax : 14-23-32. • www.speyer.de • Ouvert du lundi au vendredi de 9 h à 17 h et le samedi de 10 h à 12 h. Beaucoup de prospectus, mais peu détaillés sur les possibilités de logement. Le site Internet est plus complet à ce sujet. D'avril à fin octobre, l'office organise des visites guidées de la cité les samedi, dimanche et jours fériés à 11 h. Départ devant l'office du tourisme.

✉ *Poste principale :* Postplatz 1. Tout au bout de Maximilianstrasse, à l'angle de Bahnhofstrasse (donc près de la gare).

Où dormir ?

Auberge de jeunesse

🏠 *Jugendherberge :* Geibstrasse 5, Am Stadtbad. ☎ 615-97. Fax : 615-96. • jh-speyer@djhinfo.de • Dans un petit parc au bord du Rhin, à 5 mn à pied du centre. Pour une nuitée, compter de 17 à 22 € (en chambre double). Au calme.

Prix moyens

🏠 *Garni Schlosser :* Maximilianstrasse 10. ☎ 764-33. Juste au-dessus du *Café Schlosser*. Chambres doubles avec douche et w.-c. à 55 €. Impossible de trouver mieux situé. Chambres simples et très propres. Seulement 5 doubles, il vaut donc mieux réserver à l'avance.

🏠 *Pension Grüne Au :* Grünerwinkel 28. ☎ 721-96. Fax : 29-28-99. À 5 mn à pied du centre. Chambres doubles avec douche et w.-c. de 43 à 51 €. Une petite maison verte dans un quartier calme. Pension honnête, qui fait également restaurant.

Où manger ?

|●| Maximilian : Korngasse 5. ☎ 62-26-48. Situé sur la Maximilianstrasse. Ouvert tous les jours de 8 h à 1 h. Plats de 6 à 13 €. Déco genre brasserie « à la française ». Toujours plein. À n'importe quelle heure, on peut y boire un verre ou y manger de copieuses salades, des plats de pâtes ou des *Flammkuchen* (tartes flambées). Grande carte de *brunches*. Terrasse.

|●| Domhof-Hausbrauerei : Grosse Himmelgasse 6. ☎ 74-055. Ouvert tous les jours de 11 h à minuit. Plats de 5 à 13 €. Bonne cuisine rustique de tradition. Vous retrouverez l'Allemagne dans vos assiettes (goulasch, *Saumagen*, jarret de porc)... ainsi que dans le costume très typique des serveuses. Grand *Biergarten*. Bière maison. Fait également hôtel, chambres confortables, mais assez chères (autour de 100 € pour une chambre double).

Beaucoup plus chic

|●| Zweierlei : Salzgasse 4. ☎ 61-110. À l'angle de la Salzgasse et de la Johannesstrasse. Ouvert de 11 h 30 à 14 h 30 et de 18 h à minuit. Le dimanche et le lundi, seulement le soir. Plats de 13 à 20 €. Restaurant raffiné autant dans son décor épuré que dans sa cuisine recherchée. Les sauces vous mettent déjà l'eau à la bouche : jus de truffe, beurre au vin rouge, jus d'huître... mais attention l'addition est salée !

À voir

¶¶¶ La cathédrale (*Dom*) **:** ouvert du lundi au samedi de 9 h à 19 h (17 h de novembre à fin mars), les dimanche et jours fériés de 7 h à 19 h. Elle est inscrite au patrimoine mondial de l'Unesco. En 1030, l'empereur Conrad II fait poser les premières pierres d'une cathédrale qui restera, 700 ans durant, la plus haute d'Allemagne. Cette basilique romane à deux dômes et quatre tours fut remaniée au XIe siècle. Sa silhouette reste aisément reconnaissable. C'est des jardins que l'on a la plus belle vue sur l'abside de la cathédrale, et notamment sur la galerie naine, qui parcourt le transept et le chœur. En poursuivant la visite des jardins, on observe la présence d'une grande vasque en pierre : elle était remplie de vin lorsqu'un nouvel évêque était élu et tout le monde pouvait venir se servir ! On pénètre dans la cathédrale par le grand porche plutôt lourd, qui a été reconstruit au XIXe siècle. À l'intérieur, noter l'impressionnante hauteur de la nef et du transept romans, leur luminosité et leur extrême sobriété.
Descendre ensuite à la **crypte des Empereurs**, qui compte parmi les plus belles d'Allemagne. Elle abrite des sépultures impériales, royales et épiscopales. Remarquer notamment l'imposante pierre tombale de Rodolphe de Habsbourg (XIIIe siècle).

¶ Le musée du Palatinat (*Historisches Museum der Pfalz*) **:** Grosse Pfaffengasse 10. ☎ 13-250. Ouvert de 10 h à 18 h, le mercredi jusqu'à 20 h. Fermé le lundi. Entrée : 7 € ; réductions. De très belles collections de bijoux, de vaisselle et d'objets retracent l'histoire de la région. La plus belle pièce est, sans conteste, le *Chapeau d'or* de Schifferstadt, qui serait du XIIe siècle av. J.-C. ! Accueille souvent des expositions temporaires de grande qualité.

¶¶ Les bains juifs (*Judenbad*) **:** Judengasse. Prendre la Kleine Pfaffengasse sur la gauche en sortant de la cathédrale. Ouvert tous les jours d'avril à fin octobre de 10 h à 17 h ; en semaine, fermé de 13 h à 14 h. Entrée : 1 €. Bains rituels juifs (en hébreu *mikwe*) datant du XIIe siècle. Ils ont été construits par les ouvriers venus bâtir la cathédrale au Moyen Âge. Très bon état de conservation. La particularité en est le bassin situé à 10 m de profondeur sous terre, le plus ancien de ce type en Allemagne.

🍴 *Le Musée technique* (Technik Museum Speyer) *:* Geibstrasse 2. ☎ 67-080. Ouvert tous les jours de 9 h à 18 h. Entrée : 6,50 € ; réductions. Musée technique présentant 60 avions, 10 hélicoptères, 20 locomotives, un sous-marin et des voitures de pompiers. Présentation ludique. On peut pénétrer dans de nombreuses machines. Amusant pour ceux qui ont gardé une âme d'enfant !

LE BADE-WURTEMBERG

HEIDELBERG
135 000 hab.   IND. TÉL. : 06221

Dominée par les ruines de son château, baignée par le Neckar, cernée de forêts et de vignobles, Heidelberg est incontestablement l'une des plus jolies villes de la région. Son ensemble harmonieux, ses vues exceptionnelles et son atmosphère singulière ont exercé une véritable fascination sur une génération entière de romantiques, qu'ils soient poètes, peintres ou philosophes. C'est ici que Hölderlin écrivit son *Ode à Heidelberg* et que Goethe tomba amoureux de Marianne von Willemer. Mais, contrairement aux villes-musées qui ne vivent que dans leur lointain passé, Heidelberg se singularise par son dynamisme culturel. Les spectacles sont nombreux, les activités ne manquent pas. Depuis plus de six siècles, les étudiants animent les rues pavées de la vieille ville, ou refont le monde dans une taverne, autour d'une bière. Aux beaux jours, ils s'allongent sur les larges pelouses bordant le fleuve, maudissant les nuages qui leur cachent le soleil... Tout le monde vous le dira : la vie d'étudiant à Heidelberg, c'est pas facile tous les jours !

UN PEU D'HISTOIRE

C'est la création de son université en 1386 par le comte palatin Ruprecht Ier qui marque le début du développement et du rayonnement de Heidelberg. En 1620, le prince électeur protestant Frédéric V veut se faire couronner roi de Bohême. Son accession au trône, à la place d'un Habsbourg, déclenche la guerre de Trente Ans. Deux ans plus tard, la ville tombe aux mains des troupes catholiques du général Tilly. La célèbre bibliothèque palatine, qui faisait la gloire de la cité, est saisie et offerte au pape. Charles-Louis, fils de Frédéric, relève peu à peu le Palatinat de ses cendres. Soucieux de préserver la paix dans cette région, il décide de marier sa fille Liselotte au duc d'Orléans, frère de Louis XIV. Mais le frère de Liselotte meurt sans laisser d'héritier. C'est alors que Louis XIV réclame la part de l'héritage revenant à sa belle-sœur ! Voyant sa demande rejetée, il décide de partir à la conquête du Palatinat. En 1689, les Français prennent Heidelberg et la saccagent totalement avant de l'incendier. Au XVIIIe siècle, la cité est entièrement reconstruite dans un style baroque. Ces grands travaux incitent les princes palatins à quitter Heidelberg pour Mannheim, dont ils font leur nouvelle résidence. En 1803, la ville retrouve son prestige d'antan grâce à la création d'une nouvelle université. Cette renaissance culturelle et le site extraordinaire dont bénéficie la ville en feront désormais un haut lieu du romantisme allemand.

Adresses et infos utiles

Informations touristiques et culturelles

🅸 ***Office du tourisme*** *(hors plan par A3) :* Willy Brandt Platz 1, à la gare principale, 69115 Heidelberg. ☎ 194-33. Fax : 138-81-11. ● www. cvb-heidelberg.de ● Ouvert de 9 h à 19 h ; de mi-mars à mi-novembre, ouvert le dimanche de 10 h à 18 h ; le reste de l'année, fermé le dimanche.

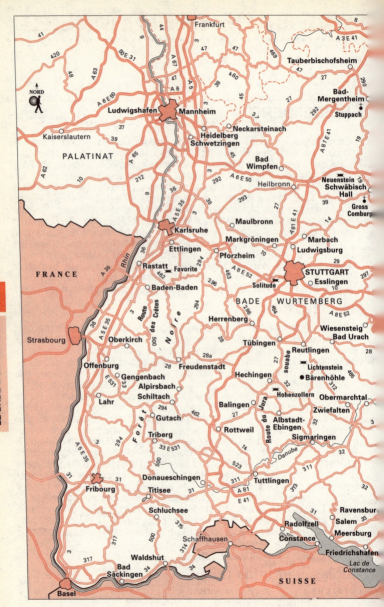

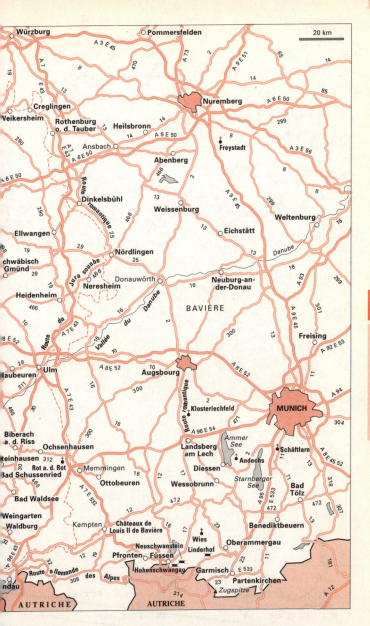

LE BADE-WURTEMBERG ET LA FORÊT-NOIRE

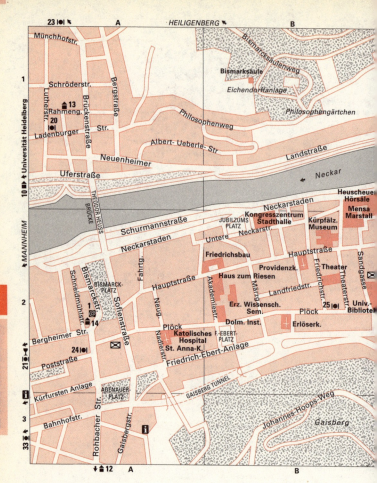

- **Adresses utiles**
  - Office du tourisme
  - Poste
  - @ 1 Café Gekco

- **Où dormir ?**
  - 10 Jugendherberge
  - 11 Jeske
  - 12 Pension Elite
  - 13 Hotel Garni Astoria
  - 14 Denner Hotel
  - 15 Weisser Bock

- **Où manger ? Où boire un verre ?**
  - 20 Marktstübel

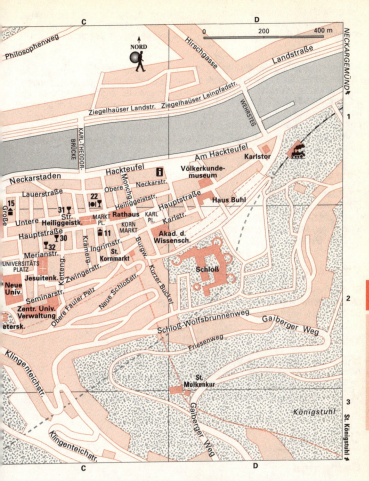

HEIDELBERG

- 21 Thanner
- 22 Vetter Alt Heidelberg Brauhaus
- 23 Alt Hendesse
- 24 Rossi
- 25 Essighaus

🍷 🍽 Où boire un verre? Où prendre le petit dej' (Frühstück)?

- 30 Café Journal
- 31 S'Lager
- 32 Pepper Bar
- 33 Zum Schwarzen Walfisch

Réservation de chambres d'hôtel uniquement sur place : 2,60 € de commission et 8 % d'avance sur le prix de la chambre d'hôtel. Visites guidées de la ville en allemand et en anglais ; infos au : ☎ 24-410.

– Carte touristique *Heidelberg Card* à 12 € pour 2 jours, comprenant l'accès à tous les transports en commun (bus, tram et funiculaire), l'entrée au château et dans 12 musées, ainsi qu'une visite guidée de la ville. Le *24 Stunden-Ticket* est à 5,10 €, valable 24 h pour 5 personnes dans tous les transports en commun. Il existe aussi une carte valable pour 4 jours au prix de 20 €. Cartes en vente à l'office du tourisme.
– *Journal sur les spectacles et expos :* se procurer le *Meier*, en vente dans les kiosques.

Poste, Internet

■ **Poste principale** *(plan A2) :* Sofienstrasse 8-10, à côté de la Bismarckplatz. *Autre bureau :* Lessingstrasse, en face de la gare.
■ **Café Gecko** *(plan A2, 1) :* Bergheimerstrasse 8, à côté de la Bismarckplatz. ☎ 60-45-10. Ouvert tous les jours de 8 h à 1 h. Pas forcément bon marché, mais endroit très agréable.

Urgences

■ **Médecin de garde :** ☎ 192-92.
■ **Urgences médicales :** ☎ 56-63-50 ou 51.
■ **Bureau des objets trouvés :** Bergheimerstrasse 69. ☎ 58-13-80.

Transports

■ **Promenades en bateau :** Rhein-Neckar-Fahrgastschiffahrt, en face de la *Stadthalle* (salle des congrès). ☎ 201-81. ● www.rnf.schifffahrt.de ● Personenschiffahrt Hornung, ☎ 48-00-64. D'avril à octobre.
■ **Location de vélos :** Per Bike, Bergheimerstrasse 125. ☎ 14-22-25.

Où dormir ?

Campings

▲ **Camping Neckartal :** Schlierbacher Landstrasse 151, 69118 Heidelberg-Schlierbach. ☎ 80-25-06.
▲ **Camping Haide :** Ziegelhausen Landstrasse, entre Neckargemünd et Ziegelhausen. ☎ et fax : (06223) 21-11.

Bon marché

■ **Jugendherberge** *(AJ ; hors plan par A1, 10) :* Tiergartenstrasse 5, 69120. ☎ 65-11-35. Fax : 65-11-928. ● info@jugendherberge-Reidelberg.de ● À l'ouest du centre, à côté du zoo. Prendre le bus n° 33 ou le tram n° 1 de la gare, puis le bus n° 330. Une carte d'affiliation est demandée. Pour 1 nuitée, compter de 15,90 à 19 €. Pour les plus de 27 ans, compter au minimum 21,70 €.
■ **Jeske** *(plan C2, 11) :* Mittelbadgasse 2, 69117. ☎ 237-33. Fermé en principe de décembre à mi-février. Chambres doubles à 25 €. Difficile de trouver meilleur rapport qualité-

prix et aussi bien situé. Pas de chambres individuelles, on y pratique la formule AJ. L'accueil est sympa, mais attention on ne peut pas réserver, c'est la loi du premier arrivé, premier servi !

De prix moyens à chic

▲ **Pension Elite** (hors plan par A3, 12) : Bunsenstrasse 15, 69115. ☎ 257-34. Fax : 16-39-49. • www.hotel-elite-heidelberg.de • Chambres doubles avec douche et w.-c. à 66 €. Adorable pension, située dans une villa Jugendstil. Des prix d'une honnêteté à toute épreuve ! On en a pour son argent : chambres agréables, accueil attentionné, copieux petit dej' (5 €), joli jardin... Que demander de plus ?

▲ **Hotel Garni Astoria** (plan A1, 13) : Rahmengasse 30, 69120. ☎ 40-29-29. Fax : 47-40-40. Pour une chambre double avec cabinet de toilette ou douche et w.-c., compter de 59 à 69 €. Dans une charmante impasse, à 5 mn à pied du centre, dans une maison de caractère. Accueil un peu frisquet !

▲ **Denner Hotel** (plan A2, 14) : Bergheimerstrasse 8, 69115. ☎ 60-45-10. Fax : 60-45-30. • www.denner-hotel.de • Chambres doubles avec douche et w.-c. de 82 à 92 €. Chambres spacieuses et personnalisées, à la décoration raffinée, chaleureuse, dans le style colonial. Un endroit original et plein de charme, que l'on ne peut que conseiller malgré son prix.

Plus chic

▲ **Weisser Bock** (plan C1-2, 15) : Grosse Mantelgasse 24, 69117. ☎ 90-000. Fax : 90-00-99. Chambres doubles avec douche et w.-c. de 90 à 105 € selon la saison. Imposant buffet de petit dej' à 7,50 € par personne. Une bonne adresse en plein centre historique. Cet établissement de tradition propose des chambres cossues très bien équipées, dans le charme d'une maison ancienne. Accueil attentionné. Fait aussi resto : bonne table à prix plus élevé.

Où manger ? Où boire un verre ?

De manière générale, il vaut mieux éviter la Hauptstrasse, repaire, à quelques exceptions près, des restaurants trop touristiques. Comme souvent en Allemagne, la séparation entre resto et bar n'est pas très claire. Dans les restos qui suivent, on peut donc aussi bien manger que simplement boire un verre. À vous de voir !

De bon marché à prix moyens

I●I **Marktstübel** (plan A1, 20) : Ladenburgerstrasse 18. ☎ 43-66-02. Ouvert de midi à 1 h. Plats de 7 à 11 €. Endroit sympathique, pour manger midi et soir de bonnes *Flammkuchen* (tartes flambées), des grosses poêlées ou encore de copieuses salades. Dès les beaux jours, on mange sur une charmante terrasse.

I●I **Thanner** (hors plan par A2, 21) : Bergheimerstrasse 71. ☎ 252-34. Situé à l'angle de la Poststrasse. Ouvert de 9 h à 1 h. *Stammmessen* (plat du jour) à 4 € servi de 11 h 30 à 18 h. Plats de 4,50 à 13 €. Café-resto au cadre chaleureux. Ambiance jeune et décontractée. À midi, pris littéralement d'assaut pour son copieux plat du jour. Bonnes salades et plats simples à la carte. Le soir, la lumière se tamise et on pousse la sono !

I●I ♈ **Vetter Alt Heidelberg Brauhaus** (plan C1, 22) : Steingasse 9. ☎ 16-58-50. Ouvert tous les jours de 11 h 30 à minuit ; le week-end jusqu'à 1 h. Plats de 5 à 12 €. Les grosses cuves de cette brasserie ne servent pas seulement de décoration, car ici on fabrique de la bière : différentes sortes selon les saisons. Carte rustique ayant quelques originalités : la *Meter-Wurst* (saucisse vendue au centimètre), un camembert entier ou encore une énorme poêlée de pommes de terre...

De prix moyens à plus chic

|●| **Alt Hendesse** (hors plan par A1, 23) : Mühltal 4. ☎ 48-04-17. Au nord, dans le quartier de Handschuhsheim. Tram n° 3 ou OEG, station : OEG Bahnhof. Ouvert de 17 h à 1 h. Plats de 6,50 à 16 €. Ancien relais de chasse, chauffé en hiver par un poêle typique de la Forêt-Noire. *Biergarten* très couru en été. Cuisine rustique de qualité, particulièrement les plats de viande très copieux. Goûtez la *Schneckensuppe* (soupe d'escargot), un délice ! Ambiance conviviale. Service jeune et efficace.

|●| **Rossi** (plan A2, 24) : Rohrbacherstrasse 4. ☎ 97-460. Ouvert de 8 h à 1 h. Plats de 4 à 16 €. *Brunch* le dimanche à 13 €. Décor de bistrot 1900, avec comptoir en zinc et portes Jugendstil. Aux beaux jours, grande terrasse abritée par des marronniers. On y sert une cuisine fine et classique. Bons plats du jour (*Stammessen*) et appétissante carte de semaine (*Wochenkarte*). Le dimanche, vous pourrez bruncher sur fond d'orchestre jazz *live* et vous ravitailler à volonté au copieux buffet. Service parfois un peu lent.

|●| **Essighaus** (plan B2, 25) : Plöck 97. ☎ 224-96. Ouvert de 11 h 30 à minuit (à partir de 17 h 30 le mercredi). Plats de 4,50 à 13 €. Beaucoup moins cher que ce qu'on trouve dans la rue principale. Le cadre n'est pas d'un grand intérêt, mais l'ambiance est bonne et le service adorable. Cuisine rustique.

Où boire un verre ?

Les tavernes d'étudiants ne manquent pas à Heidelberg, c'est même une spécialité locale. On y refait le monde depuis des siècles, entre amis et autour d'une bière de préférence. Les plus célèbres *Studentenlokale* se situent aux alentours de l'église du Saint-Esprit (Heilig-Geistkirche), particulièrement dans l'Untere Strasse, où chacun trouvera son bonheur.

▼ **Café Journal** (plan C2, 30) : Haupstrasse 162. ☎ 16-17-12. Ouvert de 8 h 30 à minuit. Un incontournable. Vieilles couvertures de journaux aux murs. Ambiance animée quelle que soit l'heure de la journée. Petite restauration.

▼ **S'Lager** (plan C1-2, 31) : Untere Strasse 35. ☎ 16-63-39. Ouvert de 8 h à 1 h. Deux grandes salles, toujours bondées. On joue des coudes pour avoir la chance d'accéder au comptoir. Ambiance étudiante.

▼ **Pepper Bar** (plan C2, 32) : Heugasse 1. ☎ 16-86-17. Ouvert en semaine de 18 h à 2 h ; le week-end de 10 h à 3 h. Endroit à la mode, où tous les jeunes se retrouvent le soir. Très bon choix de cocktails.

Où prendre le petit dej' *(Frühstück)* ?

|●| **Zum Schwarzen Walfisch** (hors plan par A3, 33) : Bahnhofstrasse 27. ☎ 20-185. Ouvert de 7 h 30 à 1 h. Carte de petits dej' de 4 à 13 €. Agréable véranda pour prendre son petit dej', du plus simple au plus raffiné dans toutes les catégories de prix ; peut même servir des repas si on s'est levé un peu tard. Le week-end, il vaut mieux réserver.

À voir

🏃🏃🏃 Le château : ☎ 53-84-14. Ouvert tous les jours de 8 h à 17 h 30. Entrée : 2 €. Visites guidées des intérieurs : 3 € ; réductions. La construction du château commença vers 1300, l'ensemble n'ayant atteint ses dimensions actuelles que 400 ans plus tard, ce qui explique la diversité des styles des façades, chacun des princes électeurs ayant apporté sa touche personnelle. À deux reprises, en 1689 et en 1693, les troupes françaises lancées par Louis XIV détruisirent le château et la ville. Les princes électeurs délaissèrent alors le château, abandonné, en ruine, et se firent construire une nouvelle résidence à Mannheim.

Avant d'entrer dans la cour du château, on peut se promener dans le **Stückgarten,** terre-plein aménagé entre deux remparts et renforcé par la **Dicker Turm** *(Grosse Tour),* que les Français firent sauter en 1689, et par le **Rondell,** en saillie dans le rempart. Pour ressortir, on emprunte l'**Elisabethentor** *(porte d'Elisabeth),* en forme d'arc de triomphe et que Frédéric V fit élever en une nuit pour les 19 ans de son épouse Elisabeth Stuart.

Dans la cour du château, sur la gauche après avoir franchi le pont fortifié et les deux portes, on découvre le plus ancien bâtiment, la **Ruprechtsbau** *(aile Ruprecht),* de style gothique. La clé de voûte du porche, composée de deux anges qui tiennent une couronne de roses et un compas, aurait probablement été posée en souvenir des jumeaux de l'architecte, tués en tombant d'un échafaudage. À côté, en retrait, un bâtiment gothique, la **Bibliotheksbau** *(bibliothèque),* renferme des livres et des collections d'objets d'art. Directement en face se trouve la **Brunnenhalle** *(pavillon du Puits).* Ses colonnes romaines en granit proviennent du palais de Charlemagne près de Mayence. De l'autre côté de la cour, on ne peut louper la façade Renaissance, richement décorée avec ses deux pignons festonnés, de la **Friedrichsbau** *(aile de Frédéric).* Les statues de la façade représentent les ancêtres de Frédéric IV (parmi eux, les Wittelsbach). À droite, s'élève la **Gläserner Saalbau** *(aile de la Salle des Glaces),* inspiré par la Renaissance italienne. L'imposant bâtiment situé à sa droite, l'**Otto-Heinrichsbau** *(aile Othon-Henri),* du milieu du XVIe siècle, est un modèle d'architecture Renaissance allemande tardive. Cette aile abrite le **Deutsches Apothekenmuseum** *(Musée allemand de la Pharmacie),* qui recèle des ustensiles d'apothicaire et de beaux meubles de pharmacie des XVIIIe et XIXe siècles. L'aile du grand *tonneau* **(Fassbau)** renferme une des plus célèbres curiosités du château : un gigantesque tonneau d'une contenance de 20 000 l, datant de 1751. La légende raconte que Perkeo, bouffon de la cour et gardien du tonneau, pouvait boire jusqu'à 18 bouteilles de vin par jour. Convaincu de passer exclusivement au régime aqueux, il en mourut !

En empruntant le passage sous l'aile Frédéric, on atteint la **Atlan** *(grande Terrasse),* qui offre une vue exceptionnelle sur la vieille ville. En rejoignant les jardins, on longe la **Gesprengter Turm** *(tour rompue).* Les jardins aménagés en terrasse sous Frédéric V étaient décrits au XVIIIe comme la « huitième merveille du monde ». De ces jardins, Goethe aimait admirer Heidelberg.

🏃 La bibliothèque de l'Université : Plöck 107-109. ☎ 54-23-80. Salle Mannesse ouverte du lundi au samedi de 10 h à 19 h. Entrée libre. On y trouve une partie de l'ancienne bibliothèque palatine, dont le manuscrit *Mannesse (Mannessische Liederhandschrift)* datant du XIVe siècle. Jolies reliures du XVIe siècle et intéressants recueils de poésies.

🏃 Kurpfälzisches Museum *(musée de l'Électorat palatin)* **:** Hauptstrasse 97. ☎ 58-34-02. Ouvert du mardi au dimanche de 10 h à 18 h (21 h le mercredi). Entrée : 2,50 € ; réductions.

Installé dans le palais Morass, construction baroque du XVIIIe siècle, il renferme le moulage de la mâchoire de l'homme le plus vieux d'Europe, l'*homme de Heidelberg* : 500 000 ans av. J.-C. ! D'autre part, le département des primitifs allemands présente le très beau *retable des Douze Apôtres*, exécuté en 1509 par Tilman Riemenschneider. À voir également, la galerie d'œuvres de l'époque romantique.

🏃 **Heilig-Geistkirche** *(église du Saint-Esprit)* : imposante église-halle érigée au XVe siècle. Ancien lieu de sépulture, le chœur n'abrite aujourd'hui que le monument funéraire de Ruprecht III.

🏃 **Studentenkarzer** *(cachot des étudiants)* : Augustinergasse 2. Ouvert du lundi au samedi de 10 h à 16 h ; de novembre à fin mars, ouvert du mardi au vendredi seulement de 10 h à 14 h. Fermé le dimanche. Entrée : 2,50 € ; réductions. Cachot utilisé de 1712 à 1914 et destiné aux étudiants turbulents. Un séjour à l'ombre passait pour un épisode glorieux de leur vie estudiantine. On peut y voir les inscriptions et les dessins évoquant leur passage.

À faire

➤ *La promenade le long du Philosophenweg* : passer sur la rive droite du Neckar par le Theodor-Heuss-Brücke, puis suivre ce « chemin des Philosophes » jusqu'au *Philosophen Gärtchen*, le « petit jardin des Philosophes ». De là, on a une vue superbe sur la ville et sur le fleuve, derrière la Bismarcksäule, genre de grande tour. Continuer à monter le Heiligenberg jusqu'à sa tour-belvédère, la *Heiligenturm*.

➤ DANS LES ENVIRONS DE HEIDELBERG

MANNHEIM

Située au confluent du Rhin et du Neckar, cette ville industrielle a connu un bel essor au XVIIe siècle. Après les mises à sac successives de Heidelberg, les Palatins en font leur nouvelle résidence, stimulant ainsi les efforts économiques de la cité. Mais la structure moderne (peut-être trop) de la ville en fait un lieu peu propice au tourisme.

Adresse utile

🛈 **Office du tourisme :** Willy Brandt Platz 3, 68161 Mannheim. ☎ 77-00-20. Fax : 241-41. • www.mannheim.de • Situé en face de la gare. Ouvert tous les jours de 9 h à 19 h et le samedi de 9 h à 12 h. Fermé le dimanche. Se procurer le programme des festivités et des spectacles.

À voir

🏃🏃 *Le musée des Beaux-Arts* (Städtische Kunsthalle) : Moltkestrasse 9 (entrée : Friedrichsplatz). ☎ 293-64-30. Ouvert du mardi au dimanche de 10 h à 17 h (le jeudi, de 12 h à 17 h). Fermé le lundi. Entrée : 2 € ; réductions.
Belles collections de peintures et de sculptures européennes des XIXe-XXe siècles. Au 1er étage : *L'Exécution de l'empereur Maximilien du Mexique* de Manet, *Le Fumeur de pipe* de Cézanne, et bien d'autres toiles de Monet, Delacroix, Géricault, Picasso, Renoir, Klee, Kandinsky, Otto Dix, etc. La galerie de sculptures (au rez-de-chaussée) n'est pas moins riche : œuvres

de Kolbe, Barlach, Rodin, Lehmbruck, Matisse, etc. Expositions temporaires de grande qualité.

- *Le château :* ☎ 292-28-90. D'avril à octobre, ouvert tous les jours sauf le lundi, de 10 h à 13 h et de 14 h à 17 h ; le reste de l'année, seulement le week-end de 10 h à 13 h et de 14 h à 17 h. Entrée : 2 €. Gigantesque château baroque dont la construction date du XVIIIe siècle. Entièrement reconstruit après la Seconde Guerre mondiale, le bâtiment abrite maintenant l'université de droit. On visite notamment la *Rittersaal* (« salle des Chevaliers »), au plafond peint, et ornée de stucs. Également un joli cabinet-bibliothèque paré de lambris, décoré de stucs et de tableaux. Agréable promenade à faire dans les jardins qui bordent le Rhin.

- *Jesuitenkirche (église des Jésuites) :* belle église de grès, construite au XVIIIe siècle dans un style propre au Sud de l'Allemagne. Des sculptures représentant les quatre Vertus cardinales ornent la façade. L'intérieur, très lumineux, met en valeur le mobilier.

LE CHÂTEAU DE SCHWETZINGEN

- À 12 km à l'ouest. ☎ (06202) 81-481. Château accessible uniquement en visite guidée d'avril à octobre de 11 h à 16 h (17 h le week-end) ; le reste de l'année, seulement le vendredi à 14 h et le week-end à 11 h, 14 h et 15 h. Parc ouvert tous les jours d'avril à septembre de 8 h à 20 h ; en mars et octobre de 9 h à 18 h ; de novembre à février de 9 h à 17 h. Entrée parc et château : 5 €. Entrée parc : 2 € ; réductions. Résidence d'été des princes électeurs, construite au XVIIIe siècle. L'intérêt réside surtout dans la visite du parc. Conçu par Nicolas Pigage, il mêle le jardin à la française à la fantaisie des jardins de la fin du XVIIIe siècle (fausses ruines, temples...). Le plus étonnant est la mosquée et son minaret.

LA VALLÉE DU NECKAR

➢ Suivre la B 37. Cette vallée riche en châteaux et villages médiévaux érigés sur ses versants boisés s'étend de Heidelberg à Bad Wimpfen. Jolie promenade, que l'on peut faire en voiture, en bateau (voir « Adresses et infos utiles ») ou à vélo. À voir particulièrement, *Dilsberg* (belle cité fortifiée), *Neckarsteinach* (4 châteaux dominent cette localité) et le *château de Guttenberg*.

BAD WIMPFEN (74206) 6 500 hab. IND. TÉL. : 07063

Sur les chemins de la vallée du Neckar, Bad Wimpfen, petite cité fortifiée, est un prétexte idéal à une halte agréable. Cette ancienne résidence impériale des Hohenstaufen au XIIIe siècle a su conserver tout son caractère pittoresque. Laissez-vous guider au gré de ses ruelles tortueuses bordées de belles maisons à colombages pour en découvrir tous les charmes...

Adresses utiles

- *Office du tourisme :* Carl-Ulrich Strasse 1. ☎ 97-200. Fax : 97-20-20. • www.badwimpfen.de • Dans *Alter Bahnhof* (vieille gare). Ouvert du lundi au vendredi de 9 h à 13 h et de 14 h à 17 h. De Pâques à fin octobre, ouvert aussi les samedi et dimanche de 10 h à 12 h et de 14 h à 16 h.

Accueil compétent. Un prospectus (en français) détaillé et gratuit des principaux monuments. Visites guidées tous les dimanches à 14 h. Prix de la visite : 1,80 € ; réductions.

⊠ **Poste :** Wallstrasse 17.
■ **Location de vélos :** Geipart, ☎ 82-81. Le mieux est de se renseigner à l'office du tourisme, qui s'occupe de la location.

Où dormir ?

Camping

⅄ **See-Camping/Hirschfeld Park :** 74229 Oedheim. ☎ (07136) 226-53. Fax : (07136) 200-81. À 4 km au sud-est de Bad Wimpfen. Pas de bus pour rejoindre Bad Wimpfen. Situé autour de deux lacs, l'un pour pêcher et l'autre pour se baigner.

De prix moyens à plus chic

🛏 **Hôtel Klosterkeller :** Hauptstrasse 39. ☎ 96-10-50. Fax : 96-10-529. Chambres doubles avec w.-c. et douche de 75 à 81 € selon la taille de la chambre. Situé au cœur de la cité, dans une maison de caractère. Tenu par une famille thaïlandaise. Le patron ne se lassera pas de vous faire découvrir les quelques chambres au décor soigné qu'il a lui-même restaurées et personnalisées avec goût. Petit dej' délicieux. Mieux vaut réserver !

Où manger ?

I●I **Zum Kräuterweible :** Marktrain 5. ☎ 470. Ouvert de 11 h à 23 h. Le dimanche, seulement jusqu'à 22 h. Fermé le jeudi. Plats de 3,60 à 7,70 €. Le cadre n'est pas d'un grand intérêt, mais ici, quand on commande du poulet, on vous en sert un demi, croustillant à souhait et à un prix défiant toute concurrence ! En été, quelques tables agréables en terrasse. Accueil sympathique.

À voir

🔦 **Bad Wimpfen am Berg** *(ville haute)* : c'est dans la ville haute que se trouve le centre historique, où l'on pourra admirer les maisons à colombages, notamment dans la Klostergasse, la Badgasse et la Hauptstrasse.

🔦 **Blauer Turm** *(tour Bleue)* : Burgviertel. ☎ 89-68. Ouvert d'avril à mi-octobre de 10 h à 18 h. Fermé le lundi. Entrée : 1 € ; réductions. Donjon construit au XIIe siècle, dont le couronnement date du XIXe. Beau panorama sur la ville et la vallée.

🔦 **Historisches Museum im Steinhaus** *(musée d'Histoire dans la maison de pierre)* : Burgviertel. Ouvert de début avril à mi-octobre de 10 h à 12 h et de 14 h à 16 h 30. Fermé le lundi. Entrée : 1 € ; réductions. La *Steinhaus*, la plus grande maison d'habitation de style roman d'Allemagne, abrite le musée d'Histoire de la ville. Maison au pignon à redents, possédant à l'intérieur des peintures murales datant du Moyen Âge.

🔦 **Pfalzkapelle der Kaiserpfalz** *(chapelle palatine de l'enceinte impériale)* : construite vers 1200, elle possède une tribune réservée à l'empereur. Juste à sa droite à l'extérieur, on peut observer des arcatures romanes à colonnes jumelées, les seuls vestiges de la galerie de l'ancien palais.

🔦 **Roter Turm** *(tour Rouge)* : dernière tour de défense de l'enceinte impériale, construite vers 1200.

KARLSRUHE

270 000 hab.   IND. TÉL. : 07-21

En 1715, le prince margrave Charles-Guillaume choisit cet endroit pour y édifier un château autour duquel devait s'organiser une agglomération. Suivant un plan strict, les artères de la ville convergent vers le palais, dessinant ainsi une étoile. Mais, trop récente pour offrir des ruelles pittoresques à son visiteur, Karlsruhe déçoit le routard amateur de vieilles pierres. Cependant, son université et la proximité du Rhin ont largement contribué au développement culturel et industriel de la ville. La Cour de cassation et la Cour constitutionnelle d'Allemagne y ont établi leurs sièges, donnant ainsi un rôle juridique majeur à la ville.
Cela dit, Karlsruhe ne mérite pas une visite approfondie. On peut se contenter de voir ses musées.

Adresse utile

fi *Office du tourisme :* Bahnhofplatz 6, 76137 Karlsruhe. ☎ 35-530. Fax : 35-53-43-99. • www.karlsruhe.de • Ouvert du lundi au vendredi de 9 h à 18 h (13 h le samedi). Fermé le dimanche.

Où manger ?

Pour ceux qui veulent grignoter, on conseille particulièrement la Ludwigsplatz. Cinq restos de styles et de prix variés sont installés sur cette place animée. Le plus recommandable est :

|●| *Krokodil :* Waldstrasse 63. ☎ 27-331. Ouvert tous les jours de 9 h à minuit. Plats de 4,10 à 8,70 €. *Brunch* le dimanche de 10 h à 14 h. Deux grandes salles, un peu enfumées, décorées de grandes affiches usées. Ambiance chaleureuse, plutôt étudiante. Cuisine simple, mais qui a fait ses preuves depuis des générations.

À voir

🎥🎥 *Staatliche Kunsthalle* *(Musée national des Beaux-Arts) :* Hans-Thomasstrasse 2. ☎ 926-33-55. Près du château. Ouvert de 10 h à 17 h (18 h les samedi, dimanche et jours fériés). Entrée : 4 € ; réductions. Très belle collection de peintures européennes du XIVe siècle à nos jours. Les écoles allemande, hollandaise et française y sont largement représentées. *Le Portement de croix* et *Le Christ en croix entre la Vierge et saint Jean* de Matthias Grünewald font partie des œuvres maîtresses du musée. On y verra également un *Autoportrait* de Rembrandt, quatre remarquables *Natures mortes* de Chardin, quelques œuvres de Manet, ainsi que beaucoup d'autres toiles dignes d'intérêt. Le cabinet d'estampes, qui se trouve dans l'aile Mohl, abrite une riche collection d'art graphique. L'orangerie est consacrée à la peinture du XXe siècle. On y découvre des peintures d'artistes appartenant à l'expressionnisme allemand, au cubisme et à l'art contemporain.

🎥 *Museum für Neue Kunst* *(musée de l'Art contemporain) :* Lorenzstrasse 9. ☎ 81-00-13-00. Dans le *ZKM (Zentrum für Kunst and Medientechnologie).* Ouvert tous les jours de 10 h à 18 h (jusqu'à 20 h le mercredi). Entrée : 4,10 € ; réductions. Avis aux amateurs d'art contemporain, ce musée, pour son cadre et les peintures présentées, vaut absolument le détour ! Installé dans une ancienne usine d'armement, à l'intérieur des bâtiments du ZKM (centre d'art et de technologie), il retrace sur 7 000 m² la peinture des années 1960 à nos jours, au travers d'œuvres importantes de l'art européen et américain. Riche collection, présentant entre autres Warhol, Baselitz, Kiefer, Richter et bien d'autres encore.

Badisches Landesmuseum *(Musée régional badois)* **:** dans le château. ☎ 92-66-52-14. Ouvert du mardi au jeudi de 10 h à 17 h et du vendredi au dimanche de 10 h à 18 h. Entrée : 4 € ; réductions. Il abrite, d'une part, les collections les plus variées d'objets, de bijoux et autres œuvres d'art de la préhistoire au XXe siècle en passant par le Moyen Âge ou la Renaissance. D'autre part, on remarquera les trophées rapportés du champ de bataille par Louis-Guillaume de Bade alors qu'il guerroyait contre les Turcs.

Le jardin botanique : dans le parc du château. De forme triangulaire, il possède de jolies serres, dont le *Wintergarten,* réalisé à la fin du XIXe siècle.

➤ DANS LES ENVIRONS DE KARLSRUHE

L'abbaye de Maulbronn : 18 km au nord de Pforzheim. ☎ (07043) 92-66-10. Ouvert tous les jours, de mars à octobre, de 9 h à 17 h. De novembre à février, ouvert de 9 h 30 à 17 h et fermé le lundi. Entrée : 4,50 € ; réductions. Visites guidées. Belle abbaye cistercienne, très bien conservée, inscrite au patrimoine mondial de l'Unesco. Fondée en 1147 par des moines alsaciens, consacrée en 1178, elle fut agrandie pendant 390 ans par les cisterciens. En 1504, le duc Ulrich de Württemberg, après un siège de 7 jours, prend possession du monastère et le dissout. En 1556, pendant la Réforme, un séminaire protestant y est installé. Il a accueilli d'illustres philosophes et écrivains allemands comme Hesse, Hermann, Hölderlin... Ce séminaire existe toujours. Pour l'anecdote, sachez que le docteur Faust fut appelé par un abbé de Maulbronn en 1516, pour y fabriquer de l'or dans les cuisines du monastère. Il habita dans la tour, qui porte son nom. Ce fameux docteur Faust serait un docteur alchimiste, né probablement en 1480 à Knittlingen (à quelques kilomètres de Maulbronn) et mort en 1539 à Staufen (dans les environs de Freiburg im Breisgau) dans l'auberge du Lion, *Gasthaus zum Löwen,* qui existe toujours.

LA FORÊT-NOIRE

La Forêt-Noire *(Schwarzwald),* recouverte à 60 % de forêts sombres et mystérieuses, malgré un tourisme important, conserve les échos des contes et légendes qui hantent ses montagnes. Sur un si petit territoire, qui s'étend de Karlsruhe à Bâle en Suisse, le visiteur ne pourra qu'être enchanté par la diversité des paysages et par l'accueil de cette terre de tradition.

BADEN-BADEN   50 000 hab.   IND. TÉL. : 07221

Baden-Baden est réputée pour ses thermes depuis des siècles. La ville a longtemps attiré princes et empereurs venus des quatre coins d'Europe pour soigner leurs maux de dos ou leur arthrose. Aujourd'hui, une clientèle fortunée et relativement âgée a remplacé les monarques. Ainsi, la ville reste-t-elle un lieu de villégiature pour les riches. C'est peut-être ce qui explique l'attitude pour le moins glaciale d'une bonne partie des commerçants et hôteliers du centre à l'égard de celui qui a le malheur de garer sa 2 CV devant leurs beaux établissements ! Dommage, cette mentalité gâche un peu le plaisir : la ville est charmante, mais on aurait presque tendance à l'oublier après quelques contacts trop secs...

Adresses utiles

- **Office du tourisme :** Schwarzwaldstrasse 52, 76532. ☎ 27-52-00/01. Fax : 27-52-02. • www.baden-baden.de • À l'entrée de la ville. Sur la bretelle d'accès à Baden-Baden (B 500). Ouvert tous les jours de 9 h à 19 h. D'avril à octobre, jusqu'à 20 h. Plans et brochures gratuits sur hôtels, pensions et chambres chez l'habitant. Accueil sympathique. Possibilité de réservation de chambres d'hôtel.
- **Office du tourisme :** Trinkhalle, 76530. Dans le centre. Mêmes numéros de téléphone, de fax et horaires d'ouverture que le précédent.
- **Poste principale :** Langestrasse 44. Au rez-de-chaussée du grand magasin *Wagener*. Ouvert de 9 h à 19 h (jusqu'à 16 h le samedi).
- **Hôpital :** Balgerstrasse 50. ☎ 910.
- **Réservations pour le Festspielhaus** *(palais des festivals)* : à l'office du tourisme. ☎ 27-52-33. Fax : 27-52-02. • www.festspielhaus.de • Réservation tous les jours de 9 h à 19 h. De réputation internationale. Places excessivement chères.

Où dormir ?

- **Jugendherberge Werner-Dietz (AJ) :** Hardbergstrasse 34, 76532. ☎ 522-23. Fax : 60012. • info@jugendherberge-baden-baden.de • À 50 m à pied du centre. De la gare, prendre le bus n° 1. Arrêt : Grosse Dollenstrasse ; c'est à 7 mn à pied. La nuitée : de 14,20 à 17,30 €. Pour les plus de 27 ans, compter de 16,90 à 20 €. Belle vue sur la vallée du Rhin et sur la ville.
- **Hôtel Rebstock :** Lichtentalerstrasse 75, 76530. ☎ 39-21-85. Fax : 39-21-85. Situé au-dessus d'un resto grec. Fermé de mi-décembre à mi-mars. Pour une chambre double, avec cabinet de toilette ou avec douche et w.-c., compter de 46 à 66 €. Chambres simples mais propres, qui viennent d'être rénovées. Hôtel le moins cher au centre. *Attention*, le prix de la chambre ne comprend pas le petit dej'.
- **Hôtel Am Markt :** Marktplatz 18, 76530. ☎ 270-40. Fax : 27-04-44. Entre la mairie et la Stiftskirche. Compter de 56 à 74 € pour une chambre double avec cabinet de toilette ou avec w.-c., douche ou bains. Dans l'un des plus jolis quartiers de la ville. Situé sur une place à l'ambiance villageoise. Très calme. Ce petit hôtel affiche des prix tout à fait raisonnables pour la région. Bonne surprise !
- **Historisches Hotel Bratwurstglöckel :** Steinstrasse 7, 76530. ☎ 906-10. Fax : 90-61-61. Tout près du précédent. Compter de 69 à 77 € pour une chambre double avec douche et w.-c., selon la taille de la chambre. Ce petit hôtel de 10 chambres au charme discret existait déjà au XVIe siècle. Les chambres les plus agréables sont situées à l'arrière. L'une d'elles est même agrémentée d'un jardin d'hiver. Accueil un peu méfiant au départ, qui se réchauffe rapidement. Le resto de l'hôtel propose une bonne cuisine locale.

Où manger ?

- **Kranz-Kneipe :** Gernsbacherstrasse 3. ☎ 324-94. Petit resto donnant sur la Jesuitenplatz. Ouvert tous les jours de 10 h à 2 h (à partir de 11 h le dimanche). Plats autour de 5,10 €. Ce petit *Kneipe*, que l'on manquerait presque de voir tellement il est exigu, est en contraste total avec l'ambiance un peu surfaite de Baden-Baden. Cuisine spéciale petits creux : tartes flambées, saucisses grillées, escalopes panées...

De prix moyens à plus chic

IOI *La Casserole :* Gernsbacherstrasse 18. ☎ 222-21. Dans la même rue que le précédent. Ouvert de 12 h à 23 h. Fermé le dimanche. Tartes flambées de 7,20 à 9,20 €. Plats de 9,20 à 14,30 €. Déco du resto style brocante. Agnès et Serge, deux sympathiques Alsaciens, proposent une petite carte, mais les bonnes tartes flambées et la chaleur de l'endroit nous ont convaincus !

IOI *Le Bistro :* Sophienboulevard 4. ☎ 323-11. Ouvert tous les jours de 8 h à 1 h. Plats de 9,20 à 15,30 €. *Brunches* de 2,50 à 7,10 €. Ambiance bistro, tables en bois et banquettes de cuir rouge. Grande fourchette de prix et carte variée. Le rendez-vous des gens de Baden-Baden : tous les âges et tous les styles.

IOI *Weinstube Baldreit :* Küferstrasse 3. ☎ 231-36. Dans une rue perpendiculaire à la Langestrasse. Ouvert de 17 h à 23 h. Fermé le lundi. Plats de 2,50 à 10,20 €. Situé dans une petite rue tortueuse, un peu à l'écart. Ce resto propose une bonne cuisine badoise. Grande carte de vins de la région, que l'on peut agréablement déguster sur la terrasse ou dans la cour intérieure. Un bon rapport qualité-prix, en plein centre.

À voir

Kurhaus (établissement thermal) et casino : Kaiserallee 1, 21060. Le casino est ouvert au jeu de 14 h à 2 h (jusqu'à 3 h les vendredi et samedi). Tenue de soirée exigée. Visite guidée tous les jours de 9 h 30 à 11 h 45 (à partir de 10 h d'octobre à mars). Entrée pour la visite : 3,10 €. Comme son nom ne l'indique pas, le Kurhaus est le centre de la vie culturelle de la ville. C'est la seule aile restante du palais construit entre 1821 et 1824. L'aile sud abrite le plus ancien casino d'Allemagne, qui a fait la gloire et la notoriété de cette ville. Le casino a été élu à plusieurs reprises comme étant l'un des plus beaux du monde, notamment pour le faste de ses salons rappelant la Belle Époque. Il a inspiré Dostoïevski pour son roman *Le Joueur.* Vous l'aurez compris, le casino à Baden-Baden est un passage obligé. Si vous avez peur de vous laisser tenter par la roulette ou si vous avez oublié votre smoking dans votre sac à dos, faites plutôt la visite guidée !

Trinkhalle : dans le Kurgarten. Depuis 1842, dégustation dans cette buvette d'eau thermale, offerte par Baden-Baden. La galerie abrite une série de 14 fresques illustrant les célèbres légendes de la Forêt-Noire.

Neues Schloss (château Neuf) : Schloßstrasse. ☎ 25-593. Sur le Florentinerberg. Château privé ouvert à la visite sur demande. Construit au XVIe siècle par les margraves de Bade, il fut partiellement détruit par les Français en 1689. Aujourd'hui, il abrite deux musées, dont le ***Zähringen Museum,*** qui retrace une partie de l'histoire de la région. Ouvert de mai à septembre de 10 h à 12 h 30 et de 14 h à 17 h ; visite guidée à 15 h ; fermé les lundi et mardi.

Stiftskirche : Marktplatz. Cette ancienne église collégiale, devenue paroissiale, renferme les monuments funéraires des margraves de Bade, dont celui de *Türkenlovis* (Louis le Turc).

Les bains romains : au sous-sol du Friedrichsbad, derrière la Stiftskirche. ☎ 27-59-36. Ouvert tous les jours, du Vendredi saint à fin octobre, de 10 h à 12 h et de 14 h à 17 h. Entrée : 1,30 € ; réductions. Construits par les Romains au Ier siècle apr. J.-C., ils étaient divisés en deux parties : la première était réservée à l'usage exclusif des seigneurs, tandis que la seconde était destinée aux hommes de troupe.

À faire

➤ *Lichtentalerallee :* superbe promenade qui longe le canal de l'Oos sur plus de 2 km. De nombreux penseurs, poètes et hommes d'État ont arpenté cette allée plantée de plus de 300 espèces d'arbres et d'arbustes.

– **Les thermes de Friedrichsbad :** Römerplatz 1. ☎ 27-59-20/40. Ouvert tous les jours de 9 h à 22 h (à partir de 12 h le dimanche). Prix des bains irlando-romains (succession de bains dont la température varie de 39 à 18 °C) : 18,40 € pour 3 h. Ces thermes à la décoration somptueuse furent construits sur les vestiges des bains romains en 1873. Vous pourrez vous y détendre grâce à 16 bains différents... le tout dans un cadre exceptionnel. Mais, attention, les maillots ne sont pas admis, on se baigne donc tout nu !

– **Les thermes Caracalla :** Römerplatz 1. ☎ 27-59-40. Ouvert tous les jours de 8 h à 22 h. Entrée (pour 2 h) : 9,70 €. Ces bains sont ouverts depuis 1985. Ils portent le nom d'un empereur romain qui vint y faire soigner ses rhumatismes au IIIe siècle apr. J.-C. Complexe aquatique ludique avec bains et saunas sur une superficie de 1 000 m^2.

➤ *Le Merkurgipfel (sommet de Mercure) :* prendre le bus jusqu'à Merkurwald puis un funiculaire jusqu'au sommet. De là, on peut admirer toute la région et redescendre à pied : très belle balade.

Les vignobles badois : le Rebland

Suivre les panneaux « Badische Weinstrasse » (route des Vins badois) ou « Rebland », à partir de Baden-Baden vers le sud, direction Offenburg/Gengenbach (circuit de 75 km). Jolie promenade qui allie le plaisir des yeux et des papilles. Pour les amateurs de vin, on vous conseille particulièrement de goûter les crus de Varnhalt, Neuweier ou Affental. En automne et en hiver, les vignerons poursuivent la tradition des *Besenwirtschaften* (traduction littérale : « auberge du balai »). Ils invitent ainsi chacun à venir déguster leur vin en installant devant leur porte des balais décorés de rubans de couleur.

➤ *DANS LES ENVIRONS DE BADEN-BADEN*

🐾 *Le château de Rastatt :* Herrenstrasse 18, 76537 Rastatt. ☎ (07222) 97-83-85. À 8 km au nord de Baden-Baden. Ouvert du mardi au dimanche de 9 h 30 à 17 h. Fermé le lundi. Entrée pour le château (visite toutes les heures) : 3 €. En 1699, Louis le Turc fit ériger sa nouvelle demeure à Rastatt, celle de Baden-Baden ayant été détruite par les Français dix ans plus tôt. Il confia la direction des travaux à un architecte italien qui s'inspira de Versailles pour réaliser cette superbe demeure princière de style baroque.
– Aujourd'hui, le château abrite également au rez-de-chaussée le *musée de la Liberté* (entrée libre) et le *musée de l'Histoire militaire* (entrée : 2,50 €). Ce dernier (le plus intéressant des deux) présente de nombreux documents, mannequins et uniformes retraçant l'histoire militaire allemande de la fin du Moyen Âge à la Première Guerre mondiale.

🐾 *Le château de la Favorite (Schloß Favorite) :* 12 km au nord, direction Sandweier et Rastatt. De mi-mars à fin septembre, ouvert tous les jours, sauf le lundi, de 9 h à 17 h ; fermeture à 16 h de début octobre à mi-novembre. Fermé le reste de l'année. Entrée : 4,10 € ; réductions. Visite guidée toutes les heures. Magnifique résidence d'été de Sybilla Augusta, l'épouse de Louis le Turc. Construite entre 1710 et 1712. Son charme réside

GENGENBACH (77723)   10 500 hab.   IND. TÉL. : 07803

Également au cœur de la Forêt-Noire, Gengenbach (sur la R 33 vers Offenburg) est une petite ville pleine de charme, qui offre à son visiteur un cadre admirable. Ses maisons à colombages, ses ruelles pavées, ses balcons fleuris et la fraîcheur de ses collines boisées ou plantées de vignes, forment un ensemble presque enchanteur. Pourtant, ici, il n'y a pas de cathédrale, pas de passé prestigieux ni même de musée réputé. Non, il y a ici quelque chose de plus rare... un air pur, un art de vivre unique et d'excellents vins. Trois bonnes raisons de s'arrêter à Gengenbach !

Adresses utiles

- **Office du tourisme :** Winzerhof. ☎ 194-33 ou 930-143. Fax : 930-142. • www.badenpage.de/gengenbach • Ouvert du lundi au vendredi de 9 h à 17 h (de septembre à fin mai, fermé de 13 h à 14 h) ; le samedi, ouvert de 10 h à 12 h. Fermé le dimanche. Dynamique et accueillant. Liste des chambres chez l'habitant et des appartements à louer.
- **Poste :** Leutkirschstrasse 13. ☎ 20-01.
- **Location de vélos :** à la gare principale et à l'office du tourisme dans le Winzerhof. ☎ 93-01-43.

Où dormir ?

Auberge de jeunesse

- **Jugendherberge (AJ) :** Schloß Ortenberg, Burgweg 21, 77799 Ortenberg. ☎ (0781) 317-49. Fax : (0781) 948-10-31. • info@jugendherberge-schloss-ortenberg.de • Prendre le bus qui relie les gares d'Offenburg et de Gengenbach. Arrêt : Ortenberg-Ortsmitte. Puis 10 mn à pied pour monter au château sur la colline. La nuitée est de 14,20 à 17,30 €, et de 16,90 à 20 € pour les seniors (plus de 27 ans). Il faut aussi payer les serviettes. Chambres de 4 et 6 lits. Entretien aléatoire. Installé dans un château mentionné dès le XIIe siècle, détruit en 1678 et reconstruit au XIXe siècle dans un style néogothique. Superbe salle de petit dej' mais choix assez limité. Évitez d'y manger le soir, la cuisine est pauvre.

Prix moyens

- **Hôtel Sonne :** Hauptstrasse 23. ☎ 93-300 et 93-325. Fax : 40-624. Compter de 51 à 61 € pour une chambre double avec douche et w.-c. Hôtel traditionnel, très bien situé. Chambres propres et calmes, toutes ont été rénovées. Celles de l'annexe sont vraiment modernes et luxueuses. Accueil commerçant.
- **Pfeffermühle :** Oberdorfstrasse 24. ☎ 93-350. Fax : 66-28. Chambres doubles avec w.-c. et douche à 62 €. Une grande maison bleue assez moderne, en plein centre-ville. Toutes les chambres sont équipées de TV et de minibar. Gros buffet au petit dej'.

Où manger ?

|●| *Gasthaus Engel :* Hauptstrasse 5. ☎ 22-48. Ouvert de 11 h 30 à 14 h et de 17 h à 21 h 30. Fermé le vendredi. À midi, formule à 8,20 €. Le soir, compter de 5,60 à 13,30 €. On ne peut pas dire que l'on vient ici pour le cadre, mais ce qui est servi dans les assiettes réconcilie avec la décoration. Plats rustiques (foie de porc, tripes, *Spätzle*...). Assiettes copieuses à des prix raisonnables. Appartient depuis 100 ans à la même famille.

Achats

Roser : à côté du Kinzigbrücke, sur l'autre rive. ☎ 24-05. Ouvert en semaine de 14 h à 18 h 30 et le samedi de 8 h à 16 h. Fermé le dimanche. Une *Weinstube* qui vend de très bons vins régionaux.

➤ DANS LES ENVIRONS DE GENGENBACH

Schwarzwälder Freilichtmuseum Vogtsbauernhof (musée de Vogtsbauernhof) : à 25 km de Gengenbach, un peu avant l'entrée de Gutach. ☎ (07831) 93-560. Ouvert tous les jours, de mars à novembre, de 9 h à 18 h. Dernière admission à 17 h. Entrée : 4,50 € ; réductions. Musée de plein air qui met en scène les constructions traditionnelles rurales, artisanales et agricoles de la Forêt-Noire. Une forge, des moulins, des fours et six fermes ont été rebâtis autour de la ferme Vogtbauern, restée en l'état depuis 1570. Témoignage original de la vie quotidienne d'antan et des techniques de construction.

FREUDENSTADT   (72250)   23 000 hab.   IND. TÉL. : 07441

Freudenstadt, ville de cure, littéralement « ville de la joie », n'est pas aussi plaisante que son nom le laisserait espérer. Presque entièrement détruite en 1945, la ville fut reconstruite sur des plans anciens. Mais sa situation dans la *Forêt-Noire centrale,* la proximité des pistes de ski et les nombreuses possibilités de randonnées en font une halte agréable pour séjourner et rayonner sur les environs. Amis randonneurs, vous trouverez ici votre bonheur (en plus, ça rime) !

Adresses utiles

fi *Office du tourisme :* Kongresse Touristik Kur (KTK), Marktplatz 64. ☎ 86-40. Fax : 85-176. • www.freudenstadt.de • Ouvert du lundi au vendredi de 9 h à 17 h ; le samedi, de 10 h à 13 h. Fermé le dimanche. Brochures bien faites sur tous les établissements avec prix et photos.

✉ *Poste :* Marktplatz 64. ☎ 86-05-80.

■ *Locations de vélos :* renseignements sur la location de vélos et les promenades organisées à l'office du tourisme. ☎ 86-47-32.

■ **Stations de sport d'hiver :** forfait et renseignements à l'office du tourisme. ☎ 86-47-30. Information sur l'enneigement des pistes : ☎ (07442) 69-22.

Où dormir ?

Un des moyens les plus agréables pour séjourner est de loger chez l'habitant. Chambres doubles généralement de 25 à 36 €, dans de jolies maisons traditionnelles en pleine nature. Ouvrez l'œil sur les panneaux « Zimmer frei ». Particulièrement dans les villages de Kniebis et de Lauterbad, où elles sont nombreuses.

Camping

▲ *Campingplatz Langenwald :* à 5 km environ, direction Kniebis sur la B 500, à gauche en contrebas. ☎ 28-62.

Auberge de jeunesse

■ *Jugendherberge (AJ) :* Eugen-Nägelestrasse 69. ☎ 77-20. Fax : 857-88. • info@jugendherberge-freudenstadt.de • Situé au nord de Freudenstadt, à côté du Panoramabad. À environ 10 mn à pied de la Stadtbahnhof. Station de bus : Berufsschule. Pour une nuitée, compter de 14,20 à 17,30 € ; pour les plus de 27 ans, de 17 à 20 €.

Prix moyens

■ *Hôtel-restaurant Adler :* Forststrasse 15-17. ☎ 91-52-0. Fax : 91-52-52. • www.adler-fds.de • Pour une chambre double avec w.-c. et douche, compter de 59 à 65 € selon la taille. Chambres propres et sans surprise, mais à un prix très honnête pour les prestations offertes. Accueil très sympathique et amical. Et comme les patrons l'annoncent fièrement : « Ici, on parle le français ! » Possibilité de parking. (Voir aussi « Où manger ? ».)

■ *Waldhotel Zollernblick :* am Zollernblick 1, 72250 Freudenstadt-Lauterbad. ☎ 21-87 ou 86-01-70. Fax : 860-17-10. • www.lauterbad-wellnesshotel.de • À 3 km de Freudenstadt, sur la B 294, à droite. Pour une chambre double avec douche et w.-c., compter autour de 65 €. Connaissez-vous le téléfilm *La Clinique de la Forêt-Noire* ? Eh bien, ici, on s'y croirait ! Bel hôtel situé en pleine forêt. Chambres au style un peu désuet, mais pleines de charme. Celles de l'annexe sont plus modernes. Fait aussi restaurant, grande fourchette de prix.

Où manger ?

I●I *Freudenstädter Brauhaus am Markt :* am Markt. ☎ 90-51-21. Ouvert tous les jours de 10 h 30 à minuit. Plats de 6,10 à 11,20 €. Trois plats du jour de 4,10 à 7,70 €. Intérieur genre chalet de la Forêt-Noire, tout en bois. Agréable midi et soir pour manger des saucisses ou du jambon fumé de la région. Bonne ambiance le soir pour boire un verre. Plutôt jeune.

I●I *Hôtel-restaurant Adler :* Forststrasse 15-17. ☎ 91-520. Pas loin de la Stadtbahnhof. Ouvert de 11 h 30 à 14 h 30 et de 17 h à 23 h. Fermé le mercredi. Plats de 4,60 à 11,30 €. Bonne cuisine traditionnelle allemande. Essayer particulièrement les *Spätzle* faites maison, accompagnées d'un plat de viande. Un bon rapport qualité-prix. Accueil un peu rogue.

À faire à partir de Freudenstadt

Voici quelques idées d'itinéraires. N'oubliez pas de vous renseigner à l'office du tourisme sur les nombreux chemins de randonnée à pied ou à vélo.

➤ *Schwarzwald-Hochstrasse (route des Crêtes) :* belle route (B 500) au nord-ouest de Freudenstadt. On accède d'abord au plateau à l'aspect de lande marécageuse de **Kniebis**, qui se trouve à une altitude d'environ 1 000 m. C'est l'une des stations de sport d'hiver les plus importantes de la Forêt-Noire. Faites ensuite un petit détour par les **ruines de l'abbaye d'Allerheiligen** (construite dans la seconde moitié du XIIIe siècle) et suivez le chemin qui rejoint les **chutes d'Allerheiligen** (*Allerheiligen-Wasserfälle*) et offre une belle promenade. Si vous poussez encore votre route, vous atteindrez le **Mummelsee** (petit lac glaciaire), qui se trouve au pied du **Hornisgrinde** (1 164 m).

➤ *Kinzigtal (vallée du Kinzig) :* au sud de Freudenstadt. Cette route, qui traverse de nombreux villages traditionnels de la Forêt-Noire, vous mènera tout d'abord à l'**abbaye d'Alpirsbach** (☎ 074-44 ou 951-62-81 ; ouvert tous les jours de mi-mars à début novembre de 9 h 30 à 17 h 30 ; à partir de 11 h les dimanche et jours fériés ; le reste de l'année, ouvert seulement les jeudi et samedi de 13 h 30 à 15 h). En été, concerts dans le cloître. Jetez ensuite un œil dans le village de **Schiltach**. Bel ensemble de maisons à colombages autour de la Marktplatz. En poursuivant vers Gutach, avant l'entrée du village, visitez le **Schwarzwälder Freilichtmuseum Vogtsbauernhof** (*musée de Vogtsbauernhof* ; voir la rubrique « Dans les environs de Gengenbach »).

TRIBERG (78098) 23 500 hab. IND. TÉL. : 07722

Également au cœur de la Forêt-Noire, Triberg est, du fait de sa situation, une ville extrêmement fréquentée. Son cadre de carte postale et ses horloges à coucou en font un parfait cliché, mais le décor semble trop factice, on n'arrive pas à y croire. Presque toute l'année, des touristes venus par cars entiers descendent la rue principale en s'arrêtant devant les magasins d'horloges en plastique... fabriquées à Taiwan ! Il est vrai que les pièces authentiques sont hors de prix.

Adresses utiles

🅸 *Office du tourisme :* dans le Kurhaus, Luisenstrasse 10. ☎ 95-32-30. Fax : 95-32-36. • www.triberg.de • Ouvert du lundi au vendredi de 9 h à 17 h. De mai à septembre, ouvert également le samedi de 10 h à 12 h. Fermé le dimanche. Quelques brochures en français.

✉ *Poste principale :* Hauptstrasse 55. ☎ 863.

Où dormir à Triberg et dans les environs ?

Il n'est pas forcément très facile et agréable de dormir à Triberg. On vous conseille plutôt de séjourner dans les environs.

Auberge de jeunesse

■ *Jugendherberge (AJ)* : Rohrbachstrasse 3. ☎ 41-10. Fax : 66-62. • info@jugendherberge-triberg.de • Éloigné du centre, sur une hauteur. Y aller à pied n'a rien d'une douce promenade, environ 45 mn de marche. Pour une nuitée, compter de 14,20 à 17,30 € ; et de 17 à 20 € pour les plus de 27 ans.

Prix moyens

■ *Pension Schoch :* Triberg-Gremmelsbach. ☎ 48-25. À 4 km au nord de Triberg. Pour une chambre double avec w.-c. et douche ou bains, compter 33 €. Située dans une maison traditionnelle de la Forêt-Noire, cette pension familiale propose de jolies chambres. Vous y dormirez presque en communion avec la nature. Un endroit plein de charme.

■ *Jägerhaus :* Wallfahrtstrasse 20, 7740. ☎ 44-95. À l'entrée de la ville. Chambres doubles avec w.-c. et douche à 41 €. Grande bâtisse au milieu des arbres. Chambres calmes et agréables. Prix honnêtes. Fait aussi restaurant (fermé le lundi).

Où manger ?

I●I *Sonne :* Hauptstrasse 27. ☎ 91-95-00. Ouvert tous les jours de 11 h à 23 h 30. Plats de 3 à 11 €. Mélange de cuisines allemande et italienne. Un bon endroit pour se reposer des ambiance et cuisine rustiques. Un peu de couleur méditerranéenne dans cette rue tristounette.

I●I *Tick-Tack :* Hauptstrasse 53. ☎ 68-19. Ouvert de 11 h à minuit. Fermé le mercredi. Plats de 5 à 13 €. La « maison de l'Horloge à coucou ». Une assez bonne cuisine locale. Essayer l'escalope de porc chasseur aux *Spätzle*. Carte en français.

À voir

🌳 *Wasserfälle (chutes d'eau) :* à proximité du centre (très bien indiquées). Ouvert de 7 h à 19 h de mars à novembre. Entrée : 1,30 € ; réductions. Les eaux de la Gutach forment sept cascades successives dans les rochers granitiques. Ce sont les plus hautes chutes d'Allemagne (162 m). Durée de la promenade : environ 30 mn.

🌳 *Schwarzwaldmuseum (musée de la Forêt-Noire) :* Wallfahrtstrasse 4. ☎ 44-34. Ouvert tous les jours de 10 h à 17 h. De mi-novembre à mi-décembre, ouvert seulement le week-end. Entrée : 3,10 € ; réductions. Ce musée folklorique dépeint la vie traditionnelle en Forêt-Noire. Une très belle collection d'horloges, d'automates et de costumes régionaux. Dans le genre, plutôt réussi.

🌳 *L'église Maria in der Tanne :* construite en 1705, c'est l'un des plus importants lieux de pèlerinage de la région. Elle abrite une chaire superbe, ainsi qu'une Vierge du XVIIe siècle. Mobilier somptueux.

FREIBURG IM BREISGAU (FRIBOURG-EN-BRISGAU)
200 000 hab.   IND. TÉL. : 0761

À la croisée des chemins allemand, suisse et français, la capitale de la Forêt-Noire bénéficie d'une situation et d'un cadre exceptionnels. Depuis 500 ans, les étudiants de la ville usent les pavés des douces ruelles concentrées autour de la cathédrale gothique. Pour un grand nombre de *Bobbele* (surnom donné aux habitants de Fribourg), la bicyclette demeure le moyen de locomotion idéal. En effet, le vélo (écologique et peu coûteux) leur donne le temps d'apprécier à sa juste valeur le parfum d'un style de vie que plus d'un Allemand sur deux leur envie.

UN PEU D'HISTOIRE

Au XIIe siècle, le duc Konrad II von Zähringen fonde Fribourg et lui donne le statut de marché libre (d'où son nom, *Frei* signifiant « libre »). La ville se développe assez rapidement, mais le duc Zähringen meurt sans laisser d'héritier. Son neveu, le comte Egino von Urach, prend alors sa succession. Cette nouvelle lignée n'est guère appréciée par les Fribourgeois, qui se placent sous la tutelle des Habsbourg au XIVe siècle. La ville quitte l'Empire autrichien en 1805 et se voit rattachée au grand-duché de Bade. Malheureusement, les grandes guerres qui vont suivre n'ont pas épargné Fribourg.

Adresses et infos utiles

■ *Office du tourisme* (plan A1) : Rotteckring 14, 79098. ☎ 388-18-80. Fax : 37-003. • www.freiburg.de • De mai à octobre, ouvert du lundi au vendredi de 9 h 30 à 20 h, le samedi seulement jusqu'à 18 h et le dimanche de 10 h à 12 h ; de novembre à avril, de 9 h 30 à 18 h en semaine, de 9 h 30 à 14 h le samedi et de 10 h à 12 h le dimanche. *Attention* : pour la plupart, les prospectus sont payants. Personnel dynamique. Y retirer le *Freiburg Aktuell*, calendrier gratuit des manifestations culturelles.
■ *Hotelzimmerreservierung* (réservation de chambres d'hôtel) : *FIT*, Yorckstrasse 23, 79110. ☎ 88-58-145. Fax : 88-58-149. • buchungsservice@tourismus-service.com •
✉ *Poste principale* (plan A1) : Eisenbahnstrasse 58-62. ☎ 27-16-0.
■ *Médecin de permanence :* ☎ 19-222.
■ *Location de vélos :* Velodoc, Eschholzstrasse 64, derrière la gare. ☎ 68-27-070.

Où dormir ?

Campings

⚱ *Campingplatz Hirzberg :* Kartäuserstrasse 99, 79102 (Oberwiehre). ☎ 350-54. Fax : 28-92-12. • www.freiburg-camping.de • Ouvert toute l'année. Compter 15 € pour 2, plus voiture et tente. Le moins cher de la ville. Très calme et propre.
⚱ *Campingplatz Sankt-Georg :* Basler Landstrasse 62, 79111. ☎ 431-83. Ouvert toute l'année.

Auberge de jeunesse

🏠 *Jugendherberge* (AJ ; hors plan par B2, *10*) : Kartäuserstrasse 151, 79102. ☎ 676-56. Fax : 603-67. • info@jugendherberge-freiburg.de • À l'est de la ville, à une centaine de mètres des rives de la Dreisam. Prendre le tram n° 1, direction Littenweiler jusqu'à Römerhof. C'est à 10 mn à pied. La nuitée : de 15,90 à 19 €, et de 18,60 à 21,70 € pour les plus de 27 ans. Cadre agréable, tranquillité assurée.

De prix moyens à plus chic

🏠 *Hôtel Schützen (hors plan par B2, 11)* : Schützenallee 12, 79102. ☎ 72-02-10. Fax : 72-02-133. • hotel.schuetzen@t-online.de • Tram n° 1, station : Bürgerwehrstrasse (à 10 mn du centre). Chambres doubles avec douche et w.-c., selon la saison, de 56 à 66 €. Situé à proximité du centre, dans une jolie maison baroque. Chambres simples aménagées avec des meubles en pin, mais offrant tout le confort nécessaire.

🏠 *Hôtel Sichelschmiede (plan B2, 12)* : Insel 1, 79098. ☎ 350-37. Fax : 312-50. Fait l'angle avec la Marienstrasse. Chambres doubles avec douche et w.-c. à 71 €. Niché au cœur de Freiburg. Le Gerberau coule au pied de l'hôtel, situé sur une place calme. Chaque chambre a une note personnelle. Préférez les chambres au 1er étage : elles sont plus grandes. Fait aussi restaurant (voir « Où manger ? »).

🏠 *Alleehaus (plan B2, 13)* : Marienstrasse 7, 79098. ☎ 38-76-00. Fax : 387-60-99. Quelques chambres doubles avec cabinet de toilette à 54 €. Chambres doubles avec w.-c. et douche ou bains de 72 à 87 €. Dans une maison bourgeoise de caractère à deux pas du centre. Chambres décorées avec goût. Certaines sont très spacieuses, avec coin salon et balcon. Une adresse de charme.

À Lehen

Lehen est un petit village agricole, à l'ouest de Freiburg. Il y a plusieurs hôtels dans la rue principale. Accès : par l'autoroute, sortie « centre » ; en tram n° 1, arrêt : Paduaallee (à 10 mn du centre). Un bon moyen pour se loger pas très cher. Le plus recommandable :

🏠 *Hôtel Hirschen (hors plan par A1, 14)* : Breisgauerstrasse 47, 79110 Freiburg. ☎ 821-18. Pour une chambre double avec cabinet de toilette ou douche et w.-c., compter de 44 à 57 €. Ancien relais de poste. Un endroit qui a une histoire et une âme. Chambres modernes et salles de bains entièrement rénovées. Un des deux frères propriétaires est chanteur d'opéra. Peut-être aurez-vous droit à un récital ! Et pour ne rien oublier, cuisine de bon rapport qualité-prix au restaurant attenant. Cartes de paiement refusées.

Où manger ?

🍽 *Zum Schlappen (plan A2, 20)* : Löwenstrasse 2. ☎ 334-94. Ouvert tous les jours de 11 h 30 à 1 h ; le dimanche, à partir de 15 h. Plats de 3 à 9 €. LE bar étudiant de Freiburg. Des affiches usées couvrent ses murs. Bonnes assiettes pour les grosses faims : pâtes et pommes de terre sous toutes les formes ! Très grand choix de whiskies.

🍽 *Brennessel (hors plan par A1, 21)* : Eschholzstrasse 17. ☎ 28-11-87. Ouvert de 18 h à minuit ; le dimanche, à partir de 17 h. Plats de 3 à 10 €. Une adresse bien connue des étudiants et des fauchés de la ville. Simple, copieuse et bon marché, la cuisine leur convient parfaitement. On y pratique même le *happy hour* (de 18 h à 19 h 30) pour les spaghetti ! Souvent bondé.

🍽 *Osteria & Operto (plan A2, 22)* : Grünwalderstrasse 2. ☎ 387-00-17. Ouvert tous les jours de 10 h à 1 h ; le dimanche, à partir de 15 h. Plats de 4 à 6,50 €. Plats du jour à 7 €. Deux bistrots en un : une partie vit au rythme du Portugal et l'autre vous emporte au cœur de la Toscane. Laissez-vous séduire par ses bons plats du jour. Très agréable aussi juste pour boire un verre. Grande carte de vins.

🍽 *Freiburger Markthalle (plan A2,*

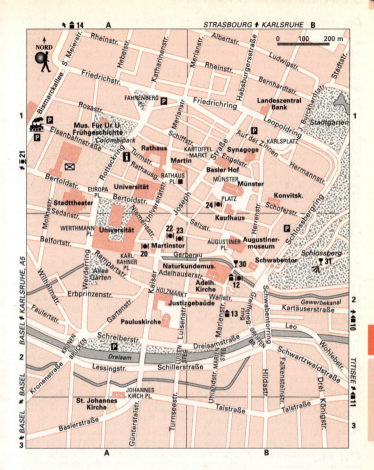

FREIBURG IM BREISGAU

- **Adresses utiles**
  - Office du tourisme
  - Poste principale

- **Où dormir?**
  - 10 Jugendherberge
  - 11 Hôtel Schützen
  - 12 Hôtel Sichelschmiede
  - 13 Alleehaus
  - 14 Hôtel Hirschen

- **Où manger?**
  - 12 Sichelschmiede
  - 20 Zum Schlappen
  - 21 Brennessel
  - 22 Osteria & Operto
  - 23 Freiburger Markthalle
  - 24 Oberkirch

- **Où boire un verre?**
  - 30 Hausbrauerei Feierling
  - 31 Kastanien

23) : Grünwalderstrasse 4. ☎ 38-70-00. Ouvert de 7 h à 19 h; le samedi jusqu'à 16 h. Fermé le dimanche. Plats de 3 à 10 €. Grande halle de 1 200 m², où se succèdent des étals venus des quatre coins du monde. Le plus difficile est de se décider parmi les 22 spécialités proposées et préparées devant vous!

De prix moyens à plus chic

|●| *Sichelschmiede* (plan B2, 12) : Insel 1. ☎ 350-37. Ouvert de 12 h à 1 h. Plats de 7 à 15 €. Situé dans le quartier de Gerberau, ce *Weinstube* romantique au décor rustique chargé propose des plats régionaux qui allient la quantité à la qualité : copieuses assiettes de viande grillée, gibiers accompagnés de *Spätzle*... Grande carte de vins franco-badois.

|●| *Oberkirch* (plan B1, 24) : Münsterplatz 22. ☎ 202-68-68. Sur la place de la cathédrale. Ouvert de 11 h à minuit. Plats de 10 à 20 €. On sert ici une cuisine régionale soignée. Un classique qui ne peut que satisfaire les papilles. Ambiance de brasserie. Service attentionné et aimable.

Où boire un verre?

▼ *Hausbrauerei Feierling* (plan B2, 30) : Gerberau 46. ☎ 266-78. Ouvert en semaine à partir de 14 h, le week-end à partir de 11 h. Un *Biergarten* au cœur de la vieille ville. On boit de la bière assis aux longues tables de bois, abritées par quelques châtaigniers.

▼ *Kastanien* (plan B2, 31) : Schlossbergring 3. Ouvert du printemps à la fin de l'automne, de 10 h à minuit. Un autre *Biergarten* très agréable. Situé sur une colline, il offre une vue exceptionnelle sur la ville.

À voir

¶ *Münster* (cathédrale; plan B1) : Münsterplatz. Visite guidée du chœur tous les jours sauf les samedi et dimanche, à 11 h et 14 h 30. Visite : 1,50 €; réductions. Visite de la tour : de 10 h à 17 h. Fermé le lundi. Tarif : 1,30 €; réductions. Échelonnés sur plus de trois siècles, les travaux de construction de cette cathédrale gothique débutent aux environs de 1200. Le transept ainsi que les tours qui le surmontent forment la partie la plus ancienne de l'édifice. Entre le XIIIe et le XIVe siècle, on élève la célèbre tour de façade au-dessus du porche ouest. Surmontée d'un remarquable clocher ajouré, elle devait devenir l'un des symboles de la ville. À l'intérieur, on peut voir d'intéressantes pièces médiévales sculptées. Ne pas manquer le retable du maître-autel (1516) dans le chœur.

¶ *Augustinermuseum* (musée des Augustins; plan B2) : Augustinerplatz. Ouvert de 10 h à 17 h. Fermé le lundi. Entrée : 2 €; réductions. Installé dans un ancien monastère, il abrite des œuvres provenant pour la plupart de la région du Rhin supérieur. Grande collection d'art religieux. Voir le volet d'un retable du XVIe siècle signé Matthias Grünewald.

¶ *Kaufhaus* (maison des Marchands; plan B1-2) : Münsterplatz. Construction gothique du début du XVIe siècle. Une belle façade ornée de statues d'empereurs témoigne des relations étroites entre la ville et la maison des Habsbourg.

¶ *Le musée d'Art moderne* : Marienstrasse 10 a. Ouvert de 10 h à 17 h. Fermé le lundi. Entrée : 4,10 €; réductions. Exposition temporaire des collections de peinture du musée par roulement.

DONAUESCHINGEN 445

🏃 *Martinstor* (porte Saint-Martin ; plan A2) *et Schwabentor* (porte de Souabe ; plan B2) : les derniers vestiges des anciennes fortifications qui protégèrent la ville au Moyen Âge. Elles ont été restaurées au début du XXᵉ siècle.

À faire

➤ *Le Schlossberg* (plan B2) : colline boisée située à l'est de la ville. On peut y accéder en télécabine de mars à octobre. Départ du Stadtgarten. Un agréable lieu de promenade. Très jolie vue sur la ville et sa cathédrale.

Manifestations

– *La fête du Vin* : inaugurée en 1970 à l'occasion du 850ᵉ anniversaire de la ville, elle se déroule sur la Münsterplatz chaque année, le dernier week-end de juin, pendant 4 jours.
– *Le marché aux puces* : ce gigantesque marché a lieu début juillet, dans le Möslepark. Très connu en Allemagne, il attire chaque année des milliers d'acheteurs potentiels.

➤ DANS LES ENVIRONS DE FREIBURG IM BREISGAU

– *Europa-Park* : Europa-Park Strasse 2, D-77977 Rust/Baden. ☎ (01805) 77-66-88. • www.europa-park.de • Entre Freiburg et Baden-Baden, par l'autoroute A 5 (sorties 57 et 58). Également accessible en bus, au départ de Fribourg (bus *SBG*, à la gare routière, ☎ 361-72). Ouvert tous les jours de 9 h à 18 h, en général d'avril à novembre. Entrée : 22,50 € pour les enfants, 25 € pour les adultes. Tarifs réduits pendant la prolongation hivernale (de novembre à début janvier). Le plus grand parc d'attractions d'Allemagne : 70 attractions et spectacles sur 62 ha. Deuxième site touristique le plus visité d'Allemagne après la cathédrale de Cologne (3 millions de visiteurs chaque année). Comme son nom l'indique, l'Europa-Park permet de faire un tour de l'Europe à travers 14 domaines, du cap Nord à l'Andalousie. Styles architecturaux, cultures, cuisines et paysages sont représentés. Du grand-huit Euro-Mir aux tournois de chevaliers en passant par la tour de l'horreur, les fans s'y retrouveront !

🏃 *Le Titisee* : un des lacs les plus fréquentés de la région. Au cœur de la forêt, cette étendue d'eau de 700 m de large et de 2 km de long est bien souvent couverte de bateaux et de pédalos. Les habitants des villes voisines viennent s'y détendre le week-end, tandis que d'autres s'adonnent à la randonnée. Les activités sportives sont nombreuses.

🛈 *Office du tourisme :* Strandbadstrasse 4, 79822 Titisee-Neustadt. ☎ 980-40. Fax : 98-04-40. • www.titisee.de • Dans la Kurhaus. Brochures sur les activités proposées par la ville.

LA FORÊT-NOIRE

DONAUESCHINGEN   21 000 hab.   IND. TÉL. : 0771

Petite ville située entre la Forêt-Noire et le Jura souabe. La Brigach, qui traverse la ville, et la Breg, qui la rejoint par le sud, se réunissent à l'est de la ville pour former le Danube (Donau), d'où le nom de Donaueschingen.

Adresse utile

- **Office du tourisme** : Karlstrasse 58. ☎ 85-72-21. Fax : 85-72-25. • www.donaueschingen.de • Bonne documentation sur la ville. Liste des chambres chez l'habitant.

À voir

- **Le château** : ☎ 86-509. Ouvert de Pâques à septembre, de 9 h à 12 h et de 14 h à 17 h. Fermé le mardi. Construite dans un style baroque, puis remaniée au XIXe siècle, la maison des Fürstenberg abrite de très intéressantes collections de pièces d'orfèvrerie, de porcelaines, ainsi que des tapisseries de Beauvais et des Flandres.

- **Donauquelle** (source du Danube) : dans le parc du château. Une imposante fontaine réalisée au XIXe siècle. Mais elle se trouve en fait à l'emplacement des sources de la Breg !

- **Fürstlich Fürstenbergische Sammlungen** (collections de la maison princière) : sur la Karlplatz. Ouvert de 9 h à 12 h et de 13 h à 17 h. Fermé le lundi. Ce musée présente les collections des princes de Fürstenberg. La galerie de peintures (au 2e étage) est particulièrement intéressante. On y voit des œuvres de grands maîtres souabes des XVe et XVIe siècles. À noter, le joli retable de la Passion exécuté par Hans Holbein l'Ancien.

LE LAC DE CONSTANCE (BODENSEE)

KONSTANZ (CONSTANCE) 75 000 hab. IND. TÉL. : 07531

Au Moyen Âge, sa situation en fait une plaque tournante du commerce occidental. La ville est florissante, aussi le concile destiné à mettre fin au grand schisme d'Occident (1378-1429) décide-t-il d'y installer son siège. Entre 1414 et 1418, il tente par tous les moyens de réunir le monde chrétien divisé autour d'un seul et unique pape. Ce n'est qu'en 1417 que sa mission est accomplie avec l'élection papale de Martin V. Durant ces quatre années, la ville a donc joué le rôle de capitale du monde chrétien ! Si quelques façades et certains monuments témoignent de ce temps où Constance était une cité phare, on sent pourtant, en se promenant dans ses rues, que ce passé est bien révolu. Aujourd'hui, la ville ressemble surtout à une station balnéaire...

Adresses utiles

- **Office du tourisme** : Bahnhofplatz 13, 78462. ☎ 13-30-30. Fax : 13-30-60. • www.konstanz.de/tourismusnz.de • À côté de la gare. Ouvert d'avril à octobre en semaine de 9 h à 18 h 30, le samedi jusqu'à 16 h et le dimanche de 10 h à 13 h. Le reste de l'année, fermé en semaine de 12 h 30 à 14 h, ainsi que les samedi et dimanche. Brochures sur les activités de la ville. Horaires des bateaux et liste des chambres chez l'habitant.
- **Poste principale** : Bahnhofplatz 2. ☎ 821.

KONSTANZ (CONSTANCE)

- ■ *Location de vélos* : Kultur-Rädle, à la gare. ☎ 27-310. Propose aussi des excursions payantes à vélos. *Pro Velo*, Konzilsztrasse 3. ☎ 29-329.
- @ *Café-Internet :* Schulze & Schultze, Pfauengasse 2. ☎ 211-26. En face du Kulturzentrum K9. Ouvert tous les jours de 10 h à 1 h. Un endroit sympa pour surfer (payant), mais aussi pour manger à toute heure et à petits prix.

Où dormir ?

Campings

- ⊼ *Campingplatz :* Fohrenbühlweg 50, 78464. ☎ 313-88 ou 313-92. Immense.
- ⊼ *Campingplatz :* à Constance-Dingelsdorf. ☎ (07533) 63-72. Fax : (07533) 75-41. Ouvert d'avril à fin septembre. Renseignements à l'office du tourisme.

Auberge de jeunesse

- ≜ *Jugendherberge Otto-Moerike-Turm (AJ) :* Zur Allmannshöhe 16, 78464. ☎ 322-60. Fax : 311-63. ●info@jugendherberge-konstanz.de● À proximité du lac mais assez loin du centre à pied. Prendre le bus n° 4 à la gare principale ou le bus n° 1. Ouvert de fin mars au 1er novembre. Pour une nuitée, compter de 15,90 à 19 €. Pour les plus de 27 ans, de 19 à 22 €. Curieuse construction en forme de tour.

De prix moyens à plus chic

- ≜ *Zur Traube :* Fischerstrasse 4, 78464 Konstanz-Staad. ☎ 313-17. Fax : 313-75. Chambres doubles avec cabinet de toilette ou w.-c. et douche de 52 à 59 €. *Gasthof* familiale, un peu à l'extérieur. Très calme. Joli jardin. Chambres très bien tenues. Certainement le meilleur rapport qualité-prix à petit prix ! Proche du bac pour Neuburg.
- ≜ *Graf-Zeppelin :* Sankt Stefanplatz 15, 78462. ☎ 23-780 ou 16-265. Fax : 17-226. ● www.zeppelin.mdo.de ● Chambres doubles avec cabinet de toilette ou douche de 52 à 62 €. La richesse de la façade et de la salle de resto ne reflète pas le standing des chambres, au confort plutôt modeste. Mais hôtel très bien situé au centre.
- ≜ *Goldener Sternen :* Bodanplatz 1, 78462. ☎ 252-28. Fax : 216-73. Pour une chambre double avec w.-c. et douche, compter selon le confort de 80 à 85 €. Chambres au style un peu vieillot (l'accueil aussi d'ailleurs !). Principal avantage : on est à 2 mn à pied du centre et du lac.

Où manger ?

- |●| *Seekuh :* Konzilstrasse 1. ☎ 272-32. Ouvert à partir de 18 h jusqu'à 1 h (2 h le week-end). Plats de 3,60 à 6 €. Ne pas se tromper de resto : *Seekuh* partage une terrasse avec son voisin *Le Créole* (plus cher). Petite carte : spaghettis, pizzas... Clientèle d'étudiants. Concerts de jazz de temps en temps.
- |●| *Radieschen :* Hohenhausgasse 1. ☎ 228-87. Ouvert tous les jours de 11 h 30 à minuit. Plats de 5 à 7,10 €. Ne paie pas de mine, mais tous les étudiants s'y retrouvent pour sa carte variée et bon marché. Ne pas manquer la spécialité de la maison : le *Börek*, une pâte à pizza fourrée au fromage et aux abricots ! C'est surprenant mais excellent.
- |●| *Sedir :* Hofhalde 11. ☎ 29-352. Ouvert de 11 h 30 à 14 h et de 18 h à 1 h. Le dimanche, ouvert seulement le soir. Plats de 5 à 9 €. Petit resto turc à l'ambiance plutôt jeune.

LE LAC DE CONSTANCE

Service très souriant. On y mange des *Lahmacum*, genre de pizzas turques. Et de plus ce n'est pas cher, « Sedir » si c'est rare !

De prix moyens à plus chic

|●| *Hafenhalle* : Am Hafen 10. ☎ 211-26. Derrière la *Deutsche Bahnhof*, sur le port. Ouvert tous les jours de 10 h à 1 h. Au *Biergarten*, plats de 4 à 8 €. Au resto, plats de 8 à 15 €. Installé au bord du lac dans un ancien entrepôt de la *Deutsche Bahn*. Deux possibilités : manger dans le *Biergarten* à prix tout doux ou alors dans le resto, où l'on sert une cuisine régionale et internationale sans prétention. Ambiance décontractée. Bondé le week-end. Un de nos coups de cœur sur la ville.

|●| *Elefanten* : Salmannsweilergasse 34. ☎ 221-64. Ouvert de 11 h 30 à 14 h et de 17 h 30 à minuit. Fermé le dimanche. Plats de 10 à 15,50 €. Dans une vieille bâtisse du XVᵉ siècle. Réputé pour son poisson finement cuisiné. Plus cher, mais cuisine de qualité.

Où boire un verre ?

🍷 *Blue Note* : Hofhalde 10. ☎ 265-33. À côté de la *Münster*. Ouvert tous les jours de 18 h à 1 h (les samedi et dimanche, à partir de 14 h). En hiver, c'est l'un des bars les plus fréquentés de la ville. Aux murs, posters des plus grands jazzmen. En été, on lui préfère les terrasses des cafés du Fischmarkt.

À voir

🏛 *Münster* (cathédrale) : construite entre le XIᵉ et le XVIIᵉ siècle. Les mélanges de styles architecturaux qui la caractérisent en font un édifice original. Base, nef et transept de style roman ; en revanche, chapelles de style gothique. La cathédrale a abrité les séances du concile entre 1414 et 1418. Elle a conservé une grande partie de son mobilier du XVᵉ siècle, comme les stalles du chœur. Du haut de la tour (ouverte d'avril à octobre de 10 h à 17 h ; le dimanche, de 13 h à 17 h ; accès payant), très jolie vue sur la ville. La crypte renferme quatre disques de cuivre sculptés datant des XIᵉ et XIIIᵉ siècles. À l'extérieur, chapelle Saint-Maurice du XIIIᵉ siècle, qui abrite le Saint-Sépulcre.

🏛 *Rathaus* (hôtel de ville) : Kanzleistrasse. Élégant bâtiment du XVIᵉ siècle, recouvert de fresques du XIXᵉ siècle illustrant l'histoire de la cité. À l'origine, il a été construit pour abriter la confrérie des tisserands.

🏛 *Rosgartenmuseum* : Rosgartenstrasse. Ouvert du mardi au vendredi de 10 h à 17 h et le week-end de 10 h à 16 h. Musée régional installé dans l'ancienne maison des Bouchers.

🏛 *Le musée Hus* : Husenstrasse 64. Ouvert tous les jours de 10 h à 12 h et de 14 h à 16 h. Lieu de commémoration, dédié à Jan Hus, réformateur religieux tchèque, qui fut déclaré hérétique devant le concile de Constance en 1414 et brûlé vif.

À faire

➢ *La promenade pédestre* : longer le lac en partant de la gare principale en direction du Rhin. Du Stadtgarten, jolie vue sur cette mer intérieure de 540 km².

➤ **La promenade en bateau :** Bodensee-Schiffsbetrieb, Hafenstrasse 6.
☎ 28-13-98. • www.bsb-online.com • La gare fluviale se trouve derrière la gare ferroviaire. Plusieurs compagnies assurent la liaison avec les autres villes bordant le lac (Lindau, Meersburg, Bregenz) et avec l'île Mainau.

➤ DANS LES ENVIRONS DE KONSTANZ

L'ÎLE MAINAU

Informations : ☎ 30-30. • www.mainau.de • Ouvert de mi-mars à mi-octobre de 7 h à 20 h ; le reste de l'année, de 9 h à 18 h. L'entrée est payante et chère : 9,50 € au printemps et en été. Sinon, 5,10 € à partir de 18 h, ainsi qu'en automne et en hiver. Réductions.

Comment y aller ?

➤ **En bateau :** liaison Constance-Mainau toutes les demi-heures en saison. Tarif élevé.
➤ **En voiture :** grand parking juste devant le pont reliant l'île au continent. Y laisser sa voiture.
➤ **En bus :** ligne n° 4 de la gare principale. Environ 15 mn de trajet.

À voir

🚶🚶 L'île est aménagée en un immense **parc floral** depuis que le comte Lennart Bernadotte en a pris possession en 1932. Les dahlias, azalées, orchidées, tulipes, rhododendrons et bien d'autres espèces de plantes et d'arbustes en font un ensemble coloré dès l'arrivée des beaux jours. Le château et l'église ont été construits au XVIIIe siècle par les chevaliers de l'Ordre teutonique. Ce cadre serait des plus agréables si les visiteurs ne s'y bousculaient pas, jusqu'à 12 000 promeneurs par jour en été le week-end.

L'ÎLE DE REICHENAU

Comment y aller ?

➤ **En voiture :** l'île est reliée à la terre par un pont, à 7 km à l'ouest de Constance.
➤ **En bus :** ligne de bus n° 6.

Adresse utile

🅘 **Office du tourisme :** Ergat 5, 78479 Insel Reichenau. ☎ (07534) 920-70. Fax : (07434) 92-07-77. • www.reichenau.de • touristinfo-reichenau.de • Informations sur les campings et les hôtels.

À voir

🚶🚶 Faites absolument un détour par Reichenau. Petite île de 5 km de long sur 2 km de large, au charme authentique. Au détour des champs consacrés à la culture maraîchère, vous découvrirez une de ses trois églises. C'est un des plus anciens sites de la chrétienté en Allemagne. Le village de **Mittelzell** abrite une abbaye bénédictine, qui eut un grand rôle spirituel entre le IXe et le XIe siècle. Elle était réputée pour la qualité de ses enluminures. La basilique est le plus important édifice roman d'Allemagne du Sud. À noter particulièrement, la charpente en bois du XIIIe siècle.

MEERSBURG (88709) 5 500 hab. IND. TÉL. : 07532

Bien que Meersburg ne soit qu'un village, on pourrait presque dire qu'il y a deux Meersburg : la ville haute aux belles maisons à colombages, groupées autour du château fort et du château neuf, et la ville basse située au bord du lac, où flotte l'ambiance d'une petite station balnéaire. Meersburg est, avec Lindau, une des villes les plus pittoresques du lac de Constance.

Adresses utiles

■ *Office du tourisme* : Kirchstrasse 4, 88709. ☎ 43-11-10 ou 43-11-11. Fax : 43-11-20. • www.meersburg.de • Ouvert d'avril à octobre de 9 h à 18 h 30 et le samedi de 10 h à 14 h. Fermé le dimanche. Le reste de l'année, ouvert en semaine de 9 h à 12 h et de 14 h à 16 h 30 ; fermé les samedi et dimanche. Accueil jeune et sympathique. Un dépliant gratuit en français pour la visite de la ville.
■ *Poste* : Bleicheplatz. ☎ 800-50. Ouvert le samedi matin.
■ *Urgences médicales* : ☎ 192-22.
■ *Location de bateaux* : Eriche Klingenstein, Unterstadt 14. ☎ 66-30. Frey, Bootshafen am Stadtgarten. ☎ 77-32.
■ *Location de vélos* : Dreher, Stadtgarten 5. ☎ 51-76.

Où dormir ?

▲ *Pension Säntisblick* : Von Laßberstrasse 1. ☎ 92-77. Fax : 15-35. À l'angle avec la Daisendörferstrasse. Pour une chambre double avec w.-c. et douche, compter autour de 52 €. « It's diving time, body. » Anne et Olivier, profs de plongée, proposent quelques chambres. Piscine à disposition. Accueil jeune et décontracté. Parking.
▲ *Hôtel-pension Schönblick* : Von Laßbergstrasse 8. ☎ 97-50. Fax : 16-57. • www.sporthotel-schoenblick.de • Chambres doubles avec douche ou douche et w.-c., selon le confort et la saison, de 46 à 82 €. De toutes les chambres, jolie vue sur la vieille ville et le lac. Selon vos moyens, choisissez soit la partie moderne aux chambres confortables et soignées avec balcon, soit, amis routards, prenez une chambre dans l'autre partie de l'hôtel, au standing plus simple mais correct, bien que la déco soit un peu ringarde ! Piscine et sauna à disposition. Parking.
▲ *Landhaus Ödenstein* : Droste-Hülshoffweg 25, 88709. ☎ 61-42. Fax : 23-84. Du centre, prendre la 1re à gauche dans la Daisendörferstrasse. Chambres doubles avec w.-c. et douche de 69 à 92 €. Voilà un endroit romantique, niché entre les vignes et perché au-dessus du lac. Une vraie maison au parquet qui craque. Chambres pleines de charme. Ici, on ne se sent pas un client, mais un hôte. Plus cher.

MEERSBURG

Où manger ?

Weinstube Haltnau : Uferpromenade 107. ☎ 97-32. À 20 mn à pied du centre en longeant le lac vers l'ouest. Ouvert de 9 h à minuit, plats chauds servis uniquement de 11 h 30 à 14 h et de 17 h 30 à 21 h. Fermé le jeudi. Plats froids *(Vesper)* et plats chauds de 5 à 13 €. Après l'effort d'une petite marche à pied, le réconfort ! Des plats copieux vous attendent et une table au bord du lac vous tend déjà les bras... Charcuterie et vin faits maison. Ambiance authentique, un brin rustique, à l'image de son service.

Winzerstube zum Becher : Höllgasse 4. ☎ 90-09. Ouvert de 10 h 30 à 14 h et de 17 h à minuit. Fermé le lundi. Plats de 12 à 19 €. Maison de tradition, où l'on sert une bonne cuisine régionale. Bons plats de poissons. C'est un peu plus cher, mais la qualité est au rendez-vous. Salles chaleureuses et petite terrasse en été.

À voir

Altes Schloß *(vieux château)* : ☎ (07532) 800-00. Ouvert tous les jours de 9 h à 18 h 30 ; de début novembre à fin février, de 10 h à 18 h. Entrée : 5,50 € ; réductions. Visite libre. Dépliant gratuit en français, très utile pour la visite. C'est le roi Dagobert Ier d'Austrasie qui fit bâtir le donjon et le palais vers 628. À partir de 1268, le château devint propriété des princes évêques de Constance. Lors de la sécularisation, le château fut acquis par l'État de Bade, qui voulut le démanteler en 1837. Le baron de Laßberg s'y opposa et sauva le château. Les 28 pièces de ce château privé nous plongent dans la vie au Moyen Âge : salle d'armes, cuisines, oubliettes... On accède également à trois pièces, qui furent habitées par la célèbre poétesse allemande Anette Droste-Hülshoff (1797-1848). Elle a d'ailleurs été longtemps représentée sur les billets de 20 DM.

Neues Schloß *(château neuf)* : ☎ 43-11-10. Ouvert d'avril à octobre de 10 h à 13 h et de 14 h à 18 h. Entrée : 2,60 € ; réductions. Construit au XVIIIe siècle pour les évêques. Bel escalier réalisé par Balthasar Neumann. Le musée abrite une galerie de peinture.

➤ DANS LES ENVIRONS DE MEERSBURG

Pfahlbaumuseum Unteruhldingen *(musée sur pilotis d'Unteruhldingen)* : Strandpromenade 6, à Uhldingen-Mühlhofen. ☎ (07556) 85-43. • www.pfahlbauten.de • À 4 km de Meersburg. Ouvert tous les jours d'avril à septembre de 8 h à 18 h et en octobre de 9 h à 17 h. En novembre et en mars, ouvert seulement le week-end de 9 h à 17 h. De décembre à février, ouvert seulement le dimanche de 10 h à 16 h. Entrée : 5,50 € ; réductions. Visite guidée obligatoire (durée : 45 mn). Intéressant musée de plein air. Reconstitution d'un village de l'âge de pierre et de l'âge de bronze, mettant en scène la vie quotidienne et l'habitat des hommes de la préhistoire.

Abbaye de Salem : à Salem. ☎ (07553) 8-14-37. • www.salem.de • À 15 km de Meersburg. Ouvert tous les jours d'avril à début novembre de 9 h 30 à 18 h ; le dimanche, seulement à partir de 10 h 30. Entrée : 5,50 €. Prix de la visite guidée : 4 et 7 € selon la durée. Réductions. Ancienne abbaye cistercienne, fondée au XIIe siècle. Incendié en 1697, le monastère fut entièrement reconstruit dans un style baroque au XVIIIe siècle, période de son apogée. Seule l'abbatiale est de style gothique tardif. La visite guidée permet d'accéder aux appartements des abbés, à la salle impériale et au réfectoire au décor baroque particulièrement intéressant. Une partie des bâtiments accueille un célèbre internat.

LINDAU AM BODENSEE (88131) 25 000 hab. IND. TÉL. : 08382

Une petite enclave bavaroise au bord du lac de Constance. Le charme médiéval de cette ancienne ville d'Empire attire bien des touristes. Le petit pont qui relie l'île à la terre ferme est très souvent saturé. Les embouteillages et les difficultés à trouver une place de parking constituent le lot quotidien des habitants de l'île. Malgré ces quelques désagréments, Lindau reste une ville très agréable, et ses ruelles ont su préserver tout leur caractère. Dans la rue principale, la Maximilianstrasse, toutes les nationalités se mêlent aux terrasses des restaurants et seul un parfum d'insouciance et de vacances flotte dans l'air... Enfin, Lindau est aussi le départ de la route allemande des Alpes.

Comment y aller ?

➤ *En voiture :* en venant du Nord et de la région du Rhin, par l'autoroute jusqu'à Memmingen, puis par la N 18. De Munich, par l'A 96 jusqu'à Landsberg, puis par la N 18. Garez-vous sur un des nombreux parkings situés sur la terre ferme et empruntez les navettes gratuites, disponibles d'avril à septembre, pour rejoindre l'île.
➤ *En bateau :* la *Weisse Flotte* assure plusieurs fois par jour la liaison entre les villes de Constance, Bregenz et Lindau. Horaires au ☎ 30-07 ou 60-99.
➤ *En train :* plusieurs liaisons quotidiennes avec Munich, Stuttgart, Bregenz, Ulm, Hanovre, etc.

Adresses et infos utiles

■ *Office du tourisme :* Ludwigstrasse 68. ☎ 26-00-30. Fax : 26-00-26. • www.lindau.de • D'avril à octobre, ouvert de 9 h à 18 h en semaine et de 9 h à 13 h le samedi ; d'avril à mi-juin et de mi-septembre à fin octobre, fermé de 13 h à 14 h ; de novembre à mars, ouvert de 9 h à 12 h et de 14 h à 17 h du lundi au vendredi ; fermé les samedi et dimanche. En dehors de ces heures d'ouverture, répondeur pour les chambres encore libres : ☎ 194-12. Visite guidée d'avril à octobre les mardi et vendredi à 10 h.
■ *Poste :* à côté de la gare. ☎ 27-77.
■ *Hôpital :* Friedrichshafenerstrasse 82. ☎ 27-60.
■ *Médecin de garde :* ☎ 19-222.
@ *B@mboo's :* Dammsteggasse 4. ☎ 94-27-76. Dans le Filmpalast. Ouvert de 14 h à 1 h, le week-end jusqu'à 3 h. Fermé le lundi. Un endroit jeune pour surfer, mais pas très bon marché.

– *Concerts :* renseignez-vous à l'office du tourisme sur les nombreux concerts payants et gratuits à Lindau, qui ont lieu de mai à septembre.

Où dormir ?

Campings

⚑ *Park-Camping Lindau am See :* Fraunhoferstrasse 20. ☎ 722-36. Fax : 97-61-06. Fermé en novembre.

⚑ *Campingplatz Gitzenweiler Hof :* à Lindau Oberreitnau. ☎ 949-40. Fermé en novembre.

Auberge de jeunesse

🏠 *Jugendherberge (AJ)* : Herbergsweg 11. ☎ 967-10. Fax : 96-71-50. • jhlindaurodjh-bayern.de • Prendre le bus n° 1 ou 2 jusqu'à l'arrêt ZUP, puis prendre le bus n° 3 jusqu'à l'arrêt Jugendherberge. Fermé en janvier. Nuitée autour de 18 €. 240 lits, dans des chambres de 1 à 6 lits. Dîner de 18 h à 19 h. AJ non accessible aux plus de 27 ans ! On est déjà en Bavière.

Prix moyens

🏠 *Gästehaus Lädine* : In der Grub 25. ☎ 53-26. Fax : 15-80. Chambres doubles avec cabinet de toilette ou douche et w.-c. de 41 à 46 €. Style et prix d'une auberge de jeunesse en plein cœur de l'île, la forte personnalité de Frau Weber (la propriétaire) en plus ! Demandez la chambre sous les toits, avec balcon.

🏠 *Landhotel Martinsmühle* : Bechtersweiler 25. ☎ 58-49. Fax : 63-55. À 7 km de Lindau, direction Schönau, puis Unterreitnau. Suivre ensuite Bechtersweiler. Pour une chambre double avec douche et w.-c., selon la taille de la chambre et la saison, compter de 51 à 72 €. Un petit « paradis » en pleine nature, tenu par la sympathique famille Kirnbauer. Ici, tout est artisanal : confitures maison, lait de vache, électricité produite sur place, meubles typiques bavarois peints à la main dans les chambres... Un endroit original et romantique, qui nous a enthousiasmés.

🏠 *Hôtel-pension Noris* : Brettermarkt 13. ☎ 36-45. Fax : 10-42. Pour une chambre double avec douche et w.-c., compter autour de 67 €. Très bien situé, à deux pas du port, dans une rue calme. Chambres fonctionnelles, plutôt spacieuses, à un prix honnête.

🏠 *Pension Seerose* : Auf der Mauer 3. ☎ 241-20. Fax : 94-60-12. Chambres doubles avec w.-c. et douche, selon la saison, de 66 à 77 €. La rue est un peu bruyante, demander une chambre donnant sur le lac (la n° 7, par exemple). Chambres bien rénovées, un peu chères, mais ici tout est hors de prix...

Où manger ?

🍽 *Wintergarten* : Salzgasse 5. ☎ 94-61-72. Ouvert tous les jours de 10 h à 21 h. Plats de 4,10 à 8 €. Deux plats du jour autour de 5,60 €. *Brunch* autour de 6,10 €. Clientèle d'habitués, plutôt genre écolo ! Beaucoup d'assiettes végétariennes (CQFD...). Deux bons plats du jour. Mais une pointe d'amabilité serait la bienvenue.

🍽 *Alte Post* : Fischergasse 3. ☎ 934-60. Ouvert tous les jours de 11 h 30 à 14 h et de 17 h à minuit. Plats de 9 à 15,30 €. Jolie terrasse et agréable salle de resto. Service attentionné, mais pas chichiteux. Bonne cuisine régionale, notamment de bons poissons du lac. Grande fourchette de prix.

🍽 *Zum Goldenen Lamm* : Paradiesplatz. ☎ 57-32. Ouvert tous les jours de 10 h à 23 h. Plats de 6,10 à 11,20 €. La plus vieille taverne de la ville. Incontournable. Grande salle restant tout de même chaleureuse. Large choix de spécialités. Mais sa réputation nuit un peu à l'accueil.

🍽 *Zum Sünfzen* : Maximilianstrasse 1. ☎ 58-65. Ouvert tous les jours de 10 h à minuit. Plats de 6,10 à 16 €. En été, on déjeune en terrasse, entouré de touristes venus des quatre coins du monde. Ce n'est pas ici qu'on perfectionnera son allemand avec un voisin de table, mais le cadre est sympa et on y sert une bonne cuisine régionale.

À voir

🎭 *Le port* : jolie promenade le long des quais. On se croirait sur la Croisette ! Au bout des jetées, quelques gamins font semblant de pêcher. Solide, un peu à l'écart, l'ancien phare (XIIe siècle) semble indifférent à l'agitation des touristes. En face, le nouveau phare (1856), d'où la vue est exceptionnelle, et l'immense lion en marbre (symbole de la Bavière) veillent sur le port.

🍴 *La Maximilianstrasse :* ici, les maisons se succèdent et ne se ressemblent pas. Les styles architecturaux diffèrent, les époques varient, pourtant, la rue connaît une certaine harmonie. Au pied de ces bâtisses, les vacanciers prennent d'assaut les terrasses. En descendant la rue, on passe devant la *Reichsplatz,* au fond de laquelle trône l'*Altes Rathaus* (XVe siècle). Cette ancienne mairie est reconnaissable au cadran solaire et aux jolies fresques qui ornent sa façade. *Diebsturm* (tour des Voleurs) du XIVe siècle, ensuite faire un saut jusqu'à la *Peterskirche* (l'église Saint-Pierre, du XIe siècle) qui renferme d'intéressantes fresques de Hans Holbein l'Ancien (1465-1524).

🍴 *Haus zum Cavazzen :* facilement repérable à ses murs couverts de fresques. Cette belle maison du XVIIIe siècle abrite un musée de peinture, de sculpture et de meubles, et aussi une collection d'instruments de musique mécaniques.

➤ DANS LES ENVIRONS DE LINDAU AM BODENSEE

🍴 *Zeppelin Museum (musée Zeppelin) :* Seestrasse 22, 88045 **Friedrichshafen.** ☎ (07541) 38-010. • www.zeppelin-museum.de • Situé dans l'ancienne gare. Ouvert tous les jours de 10 h à 18 h (17 h de novembre à avril). Fermé le lundi. Entrée : 6,50 € ; réductions. Ce musée est consacré aux dirigeables, mis au point par le comte von Zeppelin. Reconstitution d'une partie du dirigeable *Hindenburg,* permettant d'apprécier le luxe qui régnait à bord. Le musée présente aussi une collection de peintures, notamment des œuvres d'Otto Dix.

STUTTGART ET SES ENVIRONS

STUTTGART   570 000 hab.   IND. TÉL. : 0711

Abritée par les collines boisées et les vignobles qui l'entourent, la capitale du Bade-Wurtemberg est baignée par le Neckar. Déjà industrialisée au XIXe siècle, elle devient peu à peu, grâce à Gottlieb Daimler (1834-1900), Carl Benz (1844-1929) et Ferdinand Porsche (1875-1951), le berceau de l'industrie automobile allemande. Mais il serait faux de penser que Stuttgart se résume à un amas de cheminées d'usines crachant quelques fumées noirâtres. Les activités culturelles sont nombreuses et variées, les foires et expositions fréquentes. S'ennuyer à Stuttgart demande beaucoup d'efforts.

UN PEU D'HISTOIRE

À partir du XIVe siècle, il est difficile de dissocier le développement de la ville de l'ascension des princes de Württemberg. En 1320, Stuttgart devient résidence du comte de Württemberg. La cité prend de l'importance et le comté devient duché en 1495, un an avant la mort d'Eberhard im Bart (dit « le Barbu »). Au XVIe siècle, la ville suit le courant protestant naissant, ce qui lui vaut de tomber aux mains des Habsbourg lors de la guerre de Trente Ans.

En 1806, Napoléon élève le Württemberg au rang de royaume. Stuttgart reste ainsi résidence royale jusqu'en 1918, date à laquelle le Württemberg devient république. Le IIIe Reich absorbe la région en 1934. Bien que sévèrement touchée par la dernière guerre, la cité n'a rien perdu de son dynamisme.

Arrivée à l'aéroport

➢ Liaison directe avec le centre-ville par le S-Bahn n° 2 ou 3. Durée : 25 mn. Prix du ticket : environ 2,50 €. Très fréquent.

Comment se repérer ?

Les grands musées et les principaux monuments se situent entre la Konrad-Adenauerstrasse et la Königstrasse, qui est d'ailleurs la grande rue commerçante dans la zone piétonne. Entre la Haupstätterstrasse et l'Olgastrasse se trouve le *Bohnenviertel* (quartier des Haricots), l'un des quartiers les plus anciens et les plus agréables de la ville. Autrefois, c'était le quartier des vignerons et des horticulteurs. Son nom vient du fait qu'ils avaient l'habitude de planter devant leur porte des haricots. C'est aujourd'hui le quartier des antiquaires et des brocanteurs. Ces quartiers ne sont pas accessibles en voiture. On vous conseille donc de laisser la vôtre dans un des nombreux parkings. Le centre n'est finalement pas très grand et l'on peut tout faire à pied. Au nord-est se trouve *Bad Cannstatt*, ancienne ville d'eau, aujourd'hui quartier résidentiel qui ne manque pas de charme et où l'on peut agréablement manger et flâner autour de la Marktplatz.

Adresses et infos utiles

Informations touristiques et culturelles

🛈 *Office du tourisme* (plan C1) : Königstrasse 1a, 70173. ☎ 22-280. Fax : 22-28-217. • www.stuttgart-tourist.de • Face à la gare principale. Ouvert de 9 h 30 à 20 h 30 (18 h le samedi); les dimanche et jours fériés de 10 h 30 à 18 h. Propose de nombreux dépliants. Accueil très professionnel et efficace. Réservation gratuite de chambres d'hôtel pour le jour même ou le lendemain, uniquement sur place.

- **Adresses utiles**
  - 🛈 Office du tourisme
  - ✉ Poste
  - 🚆 Gare ferroviaire
  - 1 Consulat de France

- **Où dormir ?**
  - 10 Jugendherberge
  - 11 Jugendgästehaus
  - 12 Tramperpoint
  - 13 Theater Pension
  - 14 Gasthof Traube
  - 15 Hansa Hotel
  - 16 Hôtel Wörtz zur Weinsteige

- **Où manger ?**
  - 20 Stetter
  - 21 Insomnia
  - 22 Ketterer
  - 23 Zur Kiste
  - 24 Zum Paulaner
  - 25 Weinstube Kachelofen

- **Où boire un verre ?**
  - 30 Amadeus
  - 31 Basta
  - 32 36 Kammern der Schaolin

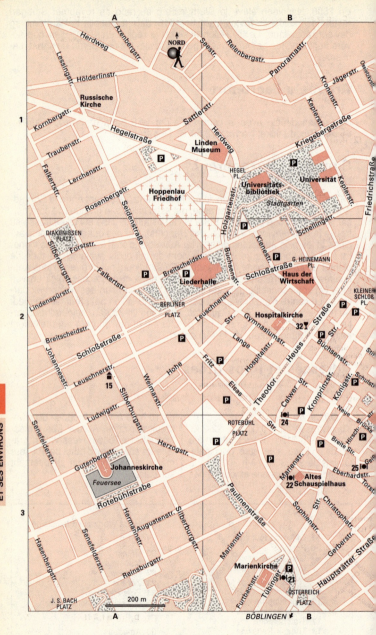

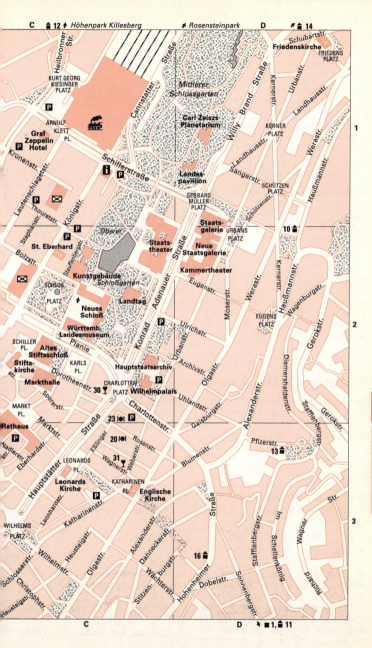

STUTTGART

– **Die Stuttcard :** 14 €. Offre de nombreux avantages si on reste quelques jours : transports gratuits durant 3 jours incluant aussi le ticket pour l'aéroport, de nombreuses entrées gratuites dans la plupart des musées de la ville et des réductions sur de nombreuses activités. Pour 8,50 €, mêmes avantages sans les transports en commun. Bien utile, si on a l'intention de visiter plusieurs musées.
– **3-Tage-Ticket :** pour 6,70 €, il donne accès 3 jours durant à tous les transports en commun du centre et au trajet pour l'aéroport. Bien utile vu le prix du billet à l'unité.
– **Programmes des manifestations culturelles :** en vente à l'office du tourisme ou dans les kiosques, le *Lift,* très bien fait pour les jeunes, le *Stuttgarter Monatspiegel* et le *Prinz*.

■ **Réservations pour spectacles :** à l'office du tourisme. ☎ 22-28-243. Ouvert de 9 h 30 à 19 h du lundi au vendredi et le samedi jusqu'à 16 h. Sur place pour le jour même, des réductions sur le prix des places jusqu'à 50 %. Réservations pour tous les spectacles sauf pour le Staatstheater. Beaucoup de théâtres font relâche le lundi.

Poste, Internet

✉ **Poste principale** *(plan C1)* **:** Bolzstrasse. Pas très loin de la gare.
@ **California Sidewalk Café :** Schellingstrasse 7. ☎ 226-08-74. Ouvert de 9 h à 1 h, le dimanche à partir de 10 h. *Happy hour* de 18 h à 19 h. Sympa pour surfer.

Représentations diplomatiques

■ **Consulat de France** *(hors plan par D3, 1)* **:** Richard-Wagnerstrasse 53. ☎ 23-74-70.
■ **Consulat de Belgique :** Büchsenstrasse 28. ☎ 29-62-88.
■ **Consulat de Suisse :** Hirschstrasse 22. ☎ 29-39-95.

Urgences

■ **Pharmacie de garde :** ☎ 22-43-10.
■ **Médecin de garde :** ☎ 262-80-12.
■ **Dentiste de garde :** ☎ 787-77.

Transports

■ **Location de voitures :** beaucoup de compagnies sont présentes à la gare sur le quai n° 16 ou à l'aéroport (locations moins chères). *Avis,* ☎ (gare) 22-37-258 ou ☎ (aéroport) 94-84-451. *Hertz,* ☎ (gare) 22-62-921 ou ☎ (aéroport) 94-84-339.
■ **Compagnies aériennes :**
– *Air France :* Rotebühlplatz 20. ☎ (0185) 36-03-70.
– *Lufthansa :* Lautenschlagerstrasse 20. ☎ 20-441.
– *British Airways :* S-Flughafen. ☎ 799-011.
■ **Infos sur les trains :** ☎ (0180) 599-66-33 ou 20-92-24-22.
■ **Consigne :** à la gare principale. Ouvert 24 h/24.

Où dormir ?

À en croire les prix affichés par les pensions les plus sordides, dormir à Stuttgart est un luxe ! Pourtant, réserver ses hôtels est une obligation. Avis aux aventuriers, aux imprévoyants et autres romantiques : les nuits sont fraîches dans la région !

Camping

Campingplatz Cannstatter Wasen *(hors plan par D1)* : Mercedesstrasse 40, 70372. ☎ 55-66-96. Sur les bords du Neckar, à 4 km au nord-est du centre-ville. À 500 m du S-Bahn (ligne directe de la gare principale). Possibilité d'y faire sa cuisine et de laver son linge. Petite épicerie. Accueil plutôt mitigé.

Bed & breakfast

Night & Day *(hors plan par D3)* : Claudius & Markus Urban, Weidachstrasse 21, 70597. ☎ 769-60-70. Fax : 76-96-07-10. • www.night-and-day.de • U-Bahn nos 5, 6, 7 : Degerloch. Ouvert du lundi au vendredi de 9 h 30 à 12 h et de 13 h 30 à 17 h 30. Fermé le week-end. Chambres à partir de 18 € par personne. Organisme de réservation de chambres et appartements chez l'habitant. Propose une liste de ce qui est libre en fonction des conditions posées et réserve ensuite sans commission.

Bon marché

Jugendherberge *(AJ ; plan D1-2, 10)* : Haussmannstrasse 27, 70188. ☎ 24-15-83. Fax : 236-10-41. • info@jugendherberge-stuttgart.de • À 10 mn à pied du centre. De la gare principale, prendre le U-Bahn n° 15 jusqu'à la station Eugenplatz. *Attention*, l'adresse officielle de cette auberge est introuvable, son entrée se situe en fait à l'angle de la Werastrasse et de la Kernerstrasse. Carte des AJ exigée. Pour la nuitée, compter de 14,20 à 17,30 € ; pour les plus de 27 ans, de 16,90 à 20 €. Chambres de 4 et 8 lits.

Jugendgästehaus *(hors plan par D3, 11)* : Richard-Wagnerstrasse 2-4, 70184. ☎ 24-11-32. Fax : 24-89-73-14. Légèrement à l'écart du centre. Prendre le tramway n° 15 de la gare principale. Nuitée : de 18 à 29 € en fonction de la taille de la chambre et de la durée du séjour. Limite d'âge : 27 ans, mais, s'il reste de la place, ils ne sont pas très exigeants ! Un peu plus cher que l'auberge de jeunesse mais, à peu de choses près, la même formule. Endroit calme. Accueil jeune et chaleureux.

Tramperpoint *(hors plan par C1, 12)* : Wienerstrasse 317, 70469 Stuttgart-Feuerbach. ☎ et fax : 817-74-76. Tram U6. Direction Gerlingen. Arrêt : Sportpark Feuerbach. Ouvert de fin juin à début septembre. Arrivée entre 17 h et 23 h. Départ avant 10 h. La nuitée avec petit déj' : 6,60 €. Un prix imbattable pour poser son sac de couchage et profiter d'une douche. Location de matelas et de couverture. Coin cuisine à disposition.

De prix moyens à plus chic

Theater Pension *(plan D3, 13)* : Pfizerstrasse 12, 70184. ☎ 24-07-22. Fax : 236-00-97. Chambres doubles avec douche à 57 €. Une grande maison au pied d'une colline boisée. Chambres claires et spacieuses, à la décoration minimaliste. L'accueil souriant et naturel de Hedda, metteur en scène de théâtre, a le don de mettre à l'aise. Certainement la pension la plus agréable et la plus originale de la ville.

🏠 **Gasthof Traube** *(hors plan par D1, 14)* : Steubenstrasse 1, 70190. ☎ 92-54-80. Fax : 925-48-48. Tram n° 14. Arrêt : Mineralbäder. Chambres doubles avec w.-c. et douche de 65 à 78 € selon la saison. La déco des chambres n'est pas du dernier cri, mais elles sont plutôt grandes et très propres. Accueil chaleureux de ce jeune patron dynamique. Fait aussi restaurant.

🏠 **Hansa Hotel** *(plan A2, 15)* : Silberburgstrasse 114-116, 70176. ☎ 62-50-83. Fax : 61-73-49. Tram : Feuersee. Situé à 10 mn du centre. Chambres doubles avec douche et w.-c. à 100 €. Tarif week-end du vendredi au dimanche pour la même chambre, compter alors 72 €. Chambres de standing classique, mais sans surprise. Surtout intéressant pour les étonnants tarifs week-end, sinon un peu cher. La patronne nous a même fait la confidence que les prix peuvent également être élastiques à d'autres périodes. Tentez votre chance !

Beaucoup plus chic

🏠 **Hôtel Wörtz zur Weinsteige** *(plan D3, 16)* : Hohenheimerstrasse 28-30, 70184. ☎ 236-70-00. Fax : 236-70-07. • www.hotel-woertz.de • Chambres doubles avec w.-c. et douche ou bains de 98 à 150 €. Situé sur une rue bruyante, mais hôtel très bien insonorisé. Un curieux mélange de décor baroque associé aux exigences des clientèles américaine et japonaise fréquentant l'hôtel : salle de bains en marbre et robinetterie dorée. Tout un programme... Réputé pour son *Weinstube* et sa *Gartenterrasse*. Restaurant fermé le week-end et les jours fériés.

Où manger ?

Ne manquez pas de goûter la cuisine souabe *(Schwäbische Küche)*, qui fait la fierté de la région et est réputée dans toute l'Allemagne. Vous auriez de toute façon du mal à l'éviter, car tous les restos régionaux servent ces plats typiques : les *Maultaschen* (sorte de gros raviolis), les *Spätzle* (pâtes locales), le *Gaisburger Marsch* (ragoût à base de *Spätzle*, de pommes de terre et de bœuf).

De bon marché à prix moyens

🍴 **Stetter** *(plan C3, 20)* : Rosenstrasse 32. ☎ 24-01-63. Ouvert du lundi au vendredi de 15 h à 23 h et le samedi de 11 h à 15 h. Fermé les samedi soir, dimanche et jours fériés. *Vesper* (plats froids) de 2,50 à 7 €. Plats chauds de 3,50 à 7 €. Une *Weinstube* qui a su garder tout son charme. On grignote quelques coupe-faim (la spécialité : le *Saumagen* servi avec des *Schnupfnudeln* et du chou), mais surtout, on goûte les différents vins de la région. La clientèle d'habitués donne le ton : ici, on parle fort ! Fait aussi dépôt-vente de vins. Très grand choix et bons conseils : le magasin est ouvert de 10 h à 12 h 30 et de 14 h 30 à 22 h ; le samedi, de 11 h à 15 h.

🍴 **Insomnia** *(plan B3, 21)* : Tübingerstrasse 49. ☎ 42-18-51. En face de Sankt Maria Kirche. Ouvert de 11 h à 1 h, le samedi à partir de 12 h, le dimanche de 14 h à 1 h. Plats de 4,50 à 7 €. Bon petit resto italien où la *mamma* cuisine des pâtes. Connu également pour sa célèbre caïpirinha vendue au litre. *Attention* : elle pourrait provoquer des insomnies !

🍴 **Ketterer** *(plan B3, 22)* : Marienstrasse 3b. ☎ 29-75-51. Ouvert de 11 h 30 à 23 h 30. Fermé le dimanche. Plats de 7 à 16,50 €. Deux menus autour de 8,50 €. Une des

De prix moyens à plus chic

IOI Zur Kiste (plan C2, 23) : Kanalstrasse 2. ☎ 24-40-02. U-Bahn : Charlottenplatz. En face de la sortie du U-Bahn. Ouvert du lundi au vendredi de 17 h à minuit, le samedi de 11 h 30 à 15 h 30. Fermé le dimanche. Plats de 8 à 14 €. La taverne la plus célèbre et la plus fréquentée depuis des générations. Les amateurs de vin s'y retrouvent. Arriver de bonne heure le soir pour réussir à s'asseoir. Les voisins de table sont souvent bavards et il est facile de lier conversation. Carte modeste, mais cuisine régionale de très bonne qualité. Notre coup de cœur sur la ville.

IOI Zum Paulaner (plan B2-3, 24) : Calwerstrasse 45. ☎ 22-41-50. Ouvert tous les jours de 10 h à minuit. À midi, plats de 5 à 8,20 €. Le soir, compter de 7,70 à 16,50 €. Maison de bière munichoise proposant des spécialités bavaroises et souabes. Situé dans la seule maison baroque ayant subsisté. Deux salles à l'étage. Mais préférez le rez-de-chaussée où les habitués se côtoient. Aux beaux jours, des tables sont installées sur une charmante place autour d'une fontaine. Un bon rapport qualité-prix.

IOI Weinstube Kachelofen (plan B3, 25) : Eberhardstrasse 10. ☎ 24-23-78. L'entrée ne se trouve pas sur l'Eberhardstrasse, mais de l'autre côté du pâté de maisons, dans la Töpferestrasse. Ouvert de 17 h à 1 h. Fermé le dimanche. Plats de 9 à 19 €. Un classique de la cuisine souabe. Comme trophées, accrochées aux murs, les photos des personnalités qui ont fréquenté ces lieux. Pourtant, en apparence, rien ne différencie ce resto des autres établissements. Plusieurs fois récompensé, sans que les prix ne soient trop exagérés.

Où boire un verre ?

En ce moment, les endroits à la mode se concentrent autour de l'Eberhardstrasse et de la place Hans im Glück Brunnen. À vous de choisir votre style. On vous cite quand même trois grands classiques :

Amadeus (plan C2, 30) : Charlottenplatz 17. ☎ 29-26-78. Ouvert tous les jours de 15 h à 2 h (4 h le week-end). Rendez-vous nocturne des étudiants de la ville. Cadre agréable. Pratiquement toujours bondé le week-end.

Basta (plan C3, 31) : Wagnerstrasse 39. ☎ 24-02-28. Ouvert du lundi au vendredi de 16 h à 1 h, le samedi de 13 h à 2 h. Fermé les dimanche et jours fériés. Ambiance feutrée et chic. 42 vins au débit, que l'on peut agréablement déguster. Sert aussi quelques plats, mais c'est plutôt cher.

36 Kammern der Schaolin (plan B2, 32) : Theodor-Heuss Strasse 14. ☎ 22-20-228. Ouvert de 18 h à 1 h, le week-end jusqu'à 2 h. Un des plus beaux bars branchés de Stuttgart.

À voir

Staatsgalerie (plan D1-2) : Konrad-Adenauerstrasse 30-32. ☎ 212-40-50. Ouvert de 10 h à 18 h. Nocturne jusqu'à 21 h le mardi. Fermé le lundi. Le 1er samedi de chaque mois, ouvert jusqu'à minuit (Kunstnacht). Entrée : 4,50 € ; réductions ; gratuit le mercredi.

Composée de deux bâtiments d'époques différentes, elle constitue l'une des plus riches collections d'art pictural d'Allemagne. L'ancienne Staatsgalerie, fondée en 1843, abrite des œuvres allemandes, italiennes, néerlandaises et françaises allant du Moyen Âge au XIXe siècle, ainsi qu'une impressionnante galerie d'art graphique. La nouvelle Staatsgalerie, construite par l'Anglais J. Stirling dès le début des années 1980, présente au travers de plusieurs centaines de tableaux et de sculptures un panorama complet des mouvements artistiques du XXe siècle de l'impressionnisme à l'art contemporain. À noter, les œuvres des expressionnistes allemands (Rottluf, Kirchner, Marc...), des véristes, avec Dix et Groz, et la collection Steegmann. L'œuvre de Picasso est bien représentée, puisque 12 toiles sont exposées.

Galerie der Stadt *(Galerie municipale ; plan C2)* : Schloßplatz. ☎ 216-21-88. Dans le *Kunstgebäude* (palais des Beaux-Arts). Ouvert de 11 h à 18 h, le mercredi jusqu'à 20 h. Fermé le lundi. Entrée libre. Expositions de peintures et de sculptures des XIXe-XXe siècles, dont la plus belle collection des œuvres de l'expressionniste Otto Dix.

Schloßplatz *(place du Château ; plan C2)* : au centre de cette vaste place se dresse la *Jubiläumssaüle* (« Victoire de la colonne du Jubilé »), qui tourne le dos au Neues Schloß. En été, on y fait toutes sortes de rencontres. Sous le petit kiosque à musique, parfois des concerts de musique classique le dimanche.

Neues Schloß *(château Neuf ; plan C2)* : Schloßplatz. Un petit Versailles au cœur de la ville. Bombardé lors de la dernière guerre, il fut rénové dans les années 1950.

Altes Schloß *(château Vieux ; plan C2)* : Schillerplatz. Un imposant château, en grande partie du XVIe siècle, qui fut la résidence des ducs de Württemberg. Une charmante cour intérieure, dominée par trois étages de galeries et par la statue équestre d'Eberhard im Bart.
– Ce château abrite le **Württembergisches Landesmuseum** *(Musée régional du Wurtemberg)*, Schillerplatz 6. ☎ 279-34-00. Ouvert de 10 h à 17 h (jusqu'à 13 h le mardi). Fermé le lundi. Entrée : 2,60 €. Dans l'aile nord-ouest de l'Altes Schloß. Ce musée présente un important département préhistorique (sculptures, armes et bijoux variés), de très belles pièces d'orfèvrerie (des XIVe-XVIIIe siècles), d'horlogerie, et une impressionnante collection d'instruments de musique. Au 2e étage, belle collection de statuaire religieuse des XIIIe-XIVe siècles.

Stiftskirche *(collégiale de la Sainte-Croix ; plan C2)* : Stiftsstrasse 12. Ouvert les lundi, mercredi, vendredi et samedi de 8 h à 17 h 30, le jeudi de 12 h à 17 h 30. Bâtie au début du XIIe siècle, elle a vu sa silhouette modifiée au fil du temps par les modes et les destructions. La nef, d'un style gothique flamboyant, fut achevée en 1495, et le clocher, qui donne toute sa spécificité à l'édifice, date de 1531. Enfin, les bombardements qui endommagèrent la nef et les reconstructions qui s'ensuivirent apportèrent à la Stiftskirche sa forme actuelle. À l'intérieur, une petite chapelle baptismale et un monument dédié à ses aïeux par Ludwig III.

Markthalle *(marché couvert ; plan C2)* : ouvert du lundi au vendredi de 7 h à 18 h et le samedi jusqu'à 16 h. Fermé le dimanche. Marché de style Art nouveau, construit entre 1912 et 1914. Fresques de Gref et Häbich. Très animé. Beaux étalages colorés. On peut agréablement y manger ou seulement se laisser enivrer par les parfums des épices.

Lindenmuseum *(plan B1)* : Hegelplatz 1. ☎ 20-22-456. Ouvert de 10 h à 17 h. Le mercredi de 10 h à 20 h. Fermé le lundi. Entrée : 3 €. Cette superbe collection artistique témoigne des us et coutumes d'un grand nombre de peuples de tous les continents, à l'exception de l'Europe ! L'un des plus grands musées ethnographiques.

À faire

Weissenhofsiedlung *(cité expérimentale du Weissenhof) :* à Stuttgart-Killesberg. ☎ 59-14-62. Au nord de Stuttgart, à côté de la foire exposition Killesberg. Bus n° 43, arrêt : Kunstakademie. Accueil, *I-Punkt Weißenhof*, avec projection, films, expos et distributeurs automatiques de livres. Visites guidées gratuites le samedi à 11 h. L'exposition « Wohnung 1927 » (« Habitat 1927 ») avait fait appel aux plus grands noms qui ont marqué l'architecture contemporaine (Mies van der Rohe, Le Corbusier, Behrens...) pour construire 21 maisons témoins, dont 11 ont subsisté. Une intéressante promenade au cœur de l'histoire de l'architecture du XXe siècle. Pour les initiés.

Le parc Wilhelma : Neckartalstrasse, Stuttgart-Bad Cannstatt. U-Bahn n° 14 ; bus n° 52, 55 ou 56. Ouvert tous les jours de 8 h à 18 h de mai à septembre, jusqu'à 17 h 30 en avril et septembre, 17 h en mars et octobre, 16 h de novembre à février. Entrée : 7,10 € ; réductions. Un très beau parc zoologique et botanique qui doit sa renommée à ses magnifiques serres et à la modernité de son aquarium.

Musées automobiles

Daimler-Benzmuseum : Mercedesstrasse 137, porte 1, Stuttgart-Untertürkheim. ☎ 17-22-578. S-Bahn S1 : Neckarstation. Prendre la direction du Neckar Stadion à partir du nord-est de la ville. Laisser sa voiture sur le parking du musée et prendre un bus spécialement prévu pour la visite du musée (10 mn environ). Ouvert de 9 h à 17 h. Fermé les lundi et jours fériés. Entrée libre. Dans un des bâtiments de l'usine Stuttgart-Untertürkheim. 150 modèles originaux retracent l'histoire de la célèbre firme automobile, de l'évolution des techniques et des modes. Des moteurs de bateaux, avions, dirigeables, etc., y sont également exposés.

Porschemuseum : Porschestrasse 42, Stuttgart-Zuffenhausen. S-Bahn n° 6 : Neuwirtshaus. Bus n° 52, 99, 501 ou 591, arrêt : Porsche/Zuffenhausen. Ouvert de 9 h à 16 h du lundi au vendredi (jusqu'à 17 h le week-end et les jours fériés). Entrée libre. Une trentaine de modèles dans un bâtiment de l'usine. Puissance des moteurs, douceur des formes. Mais seuls les mordus de bolides se doivent de faire le déplacement, les autres risqueraient d'être déçus.

Manifestations

Si l'Allemagne est un pays réputé dans le monde entier pour la qualité de sa bière, le Bade-Wurtemberg est un Land reconnu pour l'excellence de son vin blanc. Cette rivalité ancestrale ne s'est pas limitée aux boissons mais est allée jusqu'à atteindre leurs adeptes. Aussi les buveurs de vin méprisent-ils les buveurs de bière qui, bien sûr, le leur rendent bien. Une fête municipale n'aurait pas réussi à réunir tout ce beau monde. Ainsi la *Cannstatter Volksfest* satisfait les buveurs de bière tandis que le *Stuttgarter Weindorf* rassemble les buveurs de vin.

– **Cannstatter Volksfest :** cette fête populaire se déroule chaque année pendant deux semaines (fin septembre-début octobre) à Bad Cannstatt. C'est l'heure des flonflons et de la bonne humeur. Tous les ans, trois à quatre millions de visiteurs défilent entre les stands de *Curry Würste* (saucisses au curry) et les innombrables débits de bière. Ceux qui n'ont pas le temps de se rendre à Munich trouveront ici la même ambiance qu'à la fameuse *Oktoberfest* de la capitale bavaroise, ou venir plutôt de mi-avril à mi-mai quand se déroule la *Färhlingfest*, la fête du printemps qui n'est pas en reste en matière de libations. Attractions foraines, flonflons et bière à gogo.

– **Stuttgarter Weindorf :** fin août-début septembre, la ville se transforme en « village du Vin » *(Weindorf)* durant 15 jours. Environ un million de visiteurs goûte les différents crus régionaux qu'offre le Bade-Wurtemberg. Autre clientèle, autre ambiance.

➤ DANS LES ENVIRONS DE STUTTGART

LUDWIGSBURG

La ville doit son nom au duc Eberhard Ludwig de Württemberg. Au début du XVIIIe siècle, ce dernier décida de créer une cité autour de la résidence princière qu'il avait fait bâtir quelques années plus tôt. En accordant d'importants privilèges aux nouveaux habitants, le duc atteignit bien vite son objectif. Malheureusement, fortement touchée pendant la guerre, la ville ne conserve que peu de bâtiments de cette époque ; seul le château est resté intact. Ludwigsburg fut, après la guerre, la première ville à être jumelée avec une ville française. Cela mérite d'être souligné. L'ambiance y est festive en raison de la présence de nombreux étudiants.

À voir

Le château *(Residenzschloß)* **et son parc :** ☎ (071) 41-18-64-40. Accès de 10 h à 18 h 30 de mars à début novembre et de 10 h à 12 h et de 13 h à 16 h le reste de l'année. Visites guidées du château du lundi au vendredi à 10 h 30, 11 h 45, 13 h 30, 15 h et 16 h. Le week-end, à 10 h 30, 11 h 30, 13 h 30, 14 h, 14 h 30, 15 h, 15 h 30 et 16 h. Entrée : 4 € ; réductions.
Construit au XVIIIe siècle, cet immense château baroque, inspiré du modèle versaillais, ne dévoile que 75 de ses 452 pièces, marquées par une décoration baroque puis Empire, du fait de la longueur des travaux de construction. Au fil de la visite, on découvrira le pavillon de chasse *(Jagdpavillon)*, qui abrite un cabinet chinois aux laques orientales, un cabinet de marbre, ainsi qu'un cabinet de boiseries. Le cabinet des Glaces *(Spiegelkabinett)* se trouve dans l'ancien corps de logis, où étaient exposés de précieux bijoux. Le pavillon des jeux *(Spielpavillon)*, de forme circulaire, est orné de stucs et couronné d'un plafond peint. La galerie des Ancêtres, aménagée par Thouret, abrite les portraits des Württemberg. On se laissera surprendre également par la présence de deux monumentales chapelles baroques *(Ordenskapelle* et *Schloßkapelle)* et par le raffinement du théâtre, dont la machinerie et les décors datent de sa construction.
– **Le parc, Blühendes Barock mit Märchengarten** (Floralies baroques avec jardin féerique) est ouvert de mi-mars à début novembre de 7 h 30 à 20 h 30 (le jardin féerique seulement de 9 h à 18 h). Entrée : 6,10 € ; réductions. Reconstitution du parc à la mode baroque avec des décorations florales et minérales : vallée des oiseaux, lac avec chute d'eau, jardin japonais... Pour les enfants, jardin féerique décliné sur les thèmes des contes de Grimm.

ESSLINGEN

À 15 km à l'ouest de Stuttgart. Charmante petite ville située au bord du Neckar. On pourra s'attarder particulièrement sur la **Marktplatz** *(place du Marché)*, apprécier l'architecture de l'**Altes Rathaus** *(ancien hôtel de ville)*, construit aux XVe et XVIe siècles, et jeter un coup d'œil aux vitraux (XIIIe-XIVe siècles) de la **Stadtkirche** *(église Saint-Denis)*.

TÜBINGEN

78 000 hab. IND. TÉL. : 07071

Certainement l'une des plus jolies villes du Sud-Ouest de l'Allemagne. Tübingen a su garder son charme en se préservant d'une industrialisation à outrance. Depuis la création, au XVe siècle, de son « École supérieure » par le comte Eberhard im Bart (Eberhard le Barbu), la cité vit au rythme universitaire. À peine 300 au XVe siècle, plus de 24 000 aujourd'hui, les étudiants sillonnent à bicyclette une ville qui leur appartient. Les nombreux cafés aux bancs usés par leurs aînés (les philosophes Hegel et Schelling, les poètes Mörike, Uhland et Hölderlin ou encore les savants comme Kepler) les invitent à refaire le monde autour d'une table gravée de prénoms oubliés. Là, tout est charme, douceur et culture. Une ville qu'on ne quitte qu'à regret...

Adresses et infos utiles

fi *Office du tourisme :* an der Neckarbrücke, 72072. ☎ 91-360. Fax : 350-70. • www.tuebingen-info.de • Ouvert en semaine de 9 h à 19 h ; le samedi, de 9 h à 17 h ; les dimanche et jours fériés du 1er mai au 30 septembre, de 14 h à 17 h. Quelques brochures gratuites peu épaisses mais bien utiles. Possibilité de réserver ses places de théâtre, mais aussi de changer des devises !

– *Visites guidées de la ville :* d'avril à octobre, le mercredi à 10 h, les samedi, dimanche et jours fériés à 14 h 30. Départ de l'hôtel de ville. Renseignements à l'office du tourisme. Prix de la visite : 2,60 €.

✉ *Poste* (bureau principal) *:* Europaplatz 1.
■ *Locations de vélos :* Radlager, Lazarettgasse 19-21. ☎ 55-16-51. *Rad & Tat,* Beltlestrasse 23. ☎ 45-808.

Où dormir ?

Camping

⚐ *Neckarcamping Tübingen :* Rappenberghalde 61, 72070. ☎ 431-45. Fax : 350-70. Bus n° 9. Ouvert de mars à mi-octobre. Situé au bord du Neckar. Accueil en français, mais cher. Sanitaires impeccables mais peu nombreux. Snack ouvert jusqu'à 20 h 30.

Auberge de jeunesse

🏠 *Jugendherberge* (AJ) *:* Gartenstrasse 22/2, 72074. ☎ 230-02. Fax : 250-61. • info@jugendherberge-ruebingen.de • Sur les bords du Neckar, à 5 mn à pied du centre-ville. Pour une nuitée, compter de 16 à 19 € ; pour les plus de 27 ans, de 18,60 à 21,70 €. Un accueil souriant et dynamique, auprès duquel on trouve de précieux renseignements pratiques. Chambres de 4 et 6 lits.

Prix moyens

🏠 *Gästehaus Marianne :* Johannesweg 14, 72072. ☎ 937-40. Fax : 93-74-99. Pour une chambres doubles avec cabinet de toilette ou douche et w.-c., compter de 43 à 59 €. Petite pension aux chambres simples et

agréables. Animée avec bonne humeur par la patronne, à la forte personnalité. Demandez-lui de vous raconter son voyage à Paris !
🛏 *Hôtel Hirsch* : Closenweg 4/2, 72072 Tübingen-Kilchberg. ☎ 977-90. Fax : 97-79-77. À 4 km du centre-ville, dans un faubourg de Tübingen.

Fermé de mi-décembre à mi-janvier. Chambres doubles avec douche et w.-c. de 61 à 72 €. Petit hôtel calme aux chambres modernes et confortables. Plutôt familial et assez matinal (petit dej' avant 9 h, départ avant 10 h).

Plus chic

🛏 *Hôtel Am Schloß* : Burgsteige 18, 72070. ☎ 92-940. Fax : 92-94-10. • www.hotelamschloss.de • Sur les hauteurs de la vieille ville, juste avant l'entrée du château. Pour une chambre double avec douche et w.-c. ou double de luxe, compter de 65 à 100 €. Un cadre superbe, sur les hauteurs de Tübingen. Bel hôtel fleuri aux chambres soignées. Les moins chères sont déjà très confortables. Réserver à l'avance !
🛏 *Hôtel Am Bad* : Europastrasse, 72072. ☎ 730-71. Fax : 753-36. À côté du *Freibad*, piscine municipale. Chambres doubles avec w.-c. et douche ou bains de 77 à 90 €. Hôtel sans intérêt particulier, sauf peut-être la proximité de la piscine municipale et de ses terrains de tennis. Un peu cher.

Où manger ?

Bon marché

|●| *Das « X »* : Kornhausstrasse 6. ☎ 249-02. Ouvert tous les jours de 11 h à 1 h. Plats de 1 à 5,50 €. C'est ici qu'on grignote les meilleures pommes-frites de la ville, les étudiants ne l'ignorent pas. *Imbiß* où l'on peut manger debout, mais il y a aussi quelques tables à l'intérieur.
|●| *Stern* : Langegasse 4. ☎ 52-087. À deux pas de la collégiale Saint-Georges *(Stiftskirche)*. Ouvert tous les jours de 10 h à 1 h. Plats de 7,50 à 11 €. Formule étudiante à 5,60 €. Ambiance agréable et estudiantine. Une carte simple et invariable. Très intéressant pour sa formule étudiante (un plat, une salade et une boisson), servie midi et soir. Originalité : vous pourrez composer votre *Vesper* (plat froid).

De prix moyens à plus chic

|●| *Wurstküche* : Am Lustnauertor 8. ☎ 92-750. Ouvert de 11 h à minuit. Plats de 6,50 à 12 €. Cadre rustique, bancs en bois de pin, rideaux à carreaux rouges et blancs... Ambiance montagnarde à souhait. On s'y croirait ! Bien sûr, là aussi, on mange souabe. En été, on déjeune à l'extérieur, sur une charmante petite place pavée. Pas trop cher.
|●| *Forelle* : Kronenstrasse 8. ☎ 240-94. Ouvert de 11 h 30 à minuit. Fermé le mardi. Plats du jour à 7,50 €. Le soir, compter de 6,50 à 15 €. Un grand classique. Dans une maison classée. La phrase de Goethe inscrite sur la porte : « La vie est trop courte pour boire du mauvais vin » vous annonce la couleur. Bonne cuisine souabe. Grande carte des vins. Prix raisonnables pour la qualité et service sympathique.
|●| *Maccheroni* : Gartenstrasse 39. ☎ 516-19. Pizzas de 5,50 à 8 €. Plats de 8 à 18 €. À notre grand étonnement, il y a beaucoup de restos italiens à Tübingen. En voici un parmi tant d'autres... Bien connu des clients de l'auberge de jeunesse, qui s'y retrouvent souvent tard le soir. Un peu cher.

Où manger dans les environs ?

Schwärzlocher Hof : Schwärzloch 1. ☎ 433-62. Prendre le grand tunnel direction Herrenberg. Juste après, prendre la 1re à gauche, direction Schwärzloch. Suivre les panneaux pendant 1 km. Le resto est en hauteur par rapport au minuscule chemin. Ouvert du mercredi au dimanche de 11 h à 22 h. Fermé les lundi et mardi. Un endroit comme on les aime, rempli d'odeurs de la campagne. Dans une ferme agricole en activité. On mange sous les tilleuls du pain cuit au four et des saucisses faites maison. On déguste le *Most* (sorte de cidre brut), vieilli sur place dans des tonneaux de bois. Un endroit authentique !

Où boire un verre ?

Neckarmüller : Gartenstrasse 4. ☎ 278-48. À côté du Neckarbrücke. Ouvert tous les jours de 10 h à 1 h. Bel emplacement au bord du Neckar. Terrasse. Bière maison fabriquée sur place dans de grandes cuves.

Schöne Aussichten : Wilhelmstrasse 16. ☎ 228-84. En face du *Botanischer Garten*. Ouvert tous les jours de 10 h à 1 h. Un endroit pour voir et être vu ! Déco originale.

Ammerschlag : Ammergasse 13. ☎ 51-591. Ouvert de 17 h à 1 h. Ici, on est irréductiblement rock. De temps en temps, des petits groupes y donnent des concerts. Café étudiant, souvent bondé le week-end.

À voir

Stiftskirche Sankt Georg : Holzmarkt. Collégiale gothique datant de la fin du XVe siècle. À l'intérieur trône une magnifique chaire de pierre. On y remarque également des fonts baptismaux de 1497. Le chœur (ouvert d'avril à octobre, les vendredi, samedi et dimanche de 11 h à 17 h) possède de très jolis vitraux. Depuis le XVIe siècle, il fait office de chapelle funéraire et abrite les tombeaux des princes de Wurtemberg. On peut admirer les monuments élevés à la mémoire d'Eberhard le Barbu, du duc Ludwig II et de son épouse Ursula.

Schloß Hohentübingen : accès par la Burgsteige. Construit au XIe siècle, mais rénové maintes fois, il a pris sa forme actuelle à la Renaissance. Le château abrite désormais des instituts universitaires et un musée consacré à l'Égypte et à l'archéologie (ouvert du mercredi au dimanche de 10 h à 18 h, fermé les lundi et mardi). Inspirées des arcs de triomphe antiques, les portes d'enceinte en constituent le principal intérêt architectural. Les terrasses offrent une vue exceptionnelle sur la vallée du Neckar.

Marktplatz *(place du Marché)* : très pittoresque, et légèrement pentue, elle est cernée de maisons à colombages. Trois fois par semaine (les lundi, mercredi et vendredi), le marché lui donne vie. Régnant majestueusement sur cette place, le *Rathaus* (hôtel de ville), bâti en 1435 et restauré à plusieurs reprises. Une superbe fresque réalisée au XIXe siècle recouvre sa façade. Une jolie horloge astronomique orne le pignon de l'édifice depuis 1511.

Hölderlinturm *(tour Hölderlin)* : ouvert de 10 h à 12 h et de 15 h à 17 h ; les samedi et dimanche, de 14 h à 17 h. Fermé le lundi. Entrée : 1,50 € ; réductions. Le poète vint y passer les 36 dernières années de sa vie. Il mourut en 1843 à la suite d'une longue maladie mentale.

🔾 *Platanenallee :* île artificielle qui sépare le Neckar en deux bras. Parsemée de platanes (vous l'aviez deviné!), elle constitue une agréable et romantique promenade. Aux beaux jours, les barques des étudiants voguent sur le fleuve.

SCHWÄBISCH HALL   (74523)   33 000 hab.   IND. TÉL. : 0791

Située à 70 km au nord-est de Stuttgart, cette petite ville a un charme bien particulier avec ses maisons étagées qui dominent le cours du Kocher. Du VIe siècle av. J.-C. au XIXe siècle, ses sources salines constituent le moteur économique du développement de la cité. Au Moyen Âge, elle acquiert le privilège impérial de frapper sa propre monnaie, le *Heller*. Mais comme pour la plupart des villes de cette région, la guerre de Trente Ans sonnera la fin de ces belles années.

Adresse utile

🅘 *Office du tourisme :* Am Markt 9. ☎ 75-13-21. Fax : 75-13-75. ● www.schwaebischhall.de ● Ouvert du lundi au vendredi de 9 h à 18 h et, en saison, le samedi de 10 h à 15 h. Propose entre autres choses un bon plan de la ville et la liste des chambres chez l'habitant. Visite guidée de mai à octobre le samedi à 14 h 30. Prix de la visite : 2,60 €.

Où boire un verre ?

🍸 *Café Am Markt :* Am Marktplatz (place du Marché). ☎ 66-12. Ouvert de 9 h à 18 h. De l'agréable terrasse, on voit à la fois l'hôtel de ville et l'église Saint-Michel.

À voir

🔾 *Rathaus* (hôtel de ville) : Marktplatz (place du Marché). Ce bâtiment fut construit en 1730 dans un style baroque d'une grande sobriété.

🔾🔾 *La fontaine de la Marktplatz :* réalisée par Hans Beyscher en 1509, elle s'adosse à un mur orné des statues de Samson, saint Michel et saint Georges. Sa forme rectangulaire en fait une œuvre gothique très originale.

🔾 *Michaelskirche* (église Saint-Michel) : ouvert de mars à mi-novembre de 9 h à 12 h et de 14 h à 17 h; le lundi, seulement l'après-midi ; les dimanche et jours fériés, à partir de 11 h. De novembre à février, de 11 h à 12 h et de 14 h à 15 h ; les dimanche et jours fériés, seulement le matin ; fermé le lundi. Entrée pour la tour : 1 €. Église-halle de style gothique. Un immense escalier (53 marches) souligne le caractère imposant de l'édifice. Sa construction, commencée au XVe siècle, s'acheva au XVIe. Le porche octogonal de la tour romane abrite une statue de saint Michel. Le chœur flamboyant fut terminé au XVIe siècle. D'influence hollandaise, le retable du maître-autel représente les étapes du chemin de Croix. De nombreux autres retables du XVIe siècle ornent les chapelles rayonnantes.

Manifestations

– **Kuchenfest** et **Brunnenfest :** chaque année, à la Pentecôte, la ville fête les saulniers. Danses en costumes traditionnels, spectacles de rue... Durant quelques heures, Schwäbisch Hall vit au rythme du XVIe siècle.

➤ *DANS LES ENVIRONS DE SCHWÄBISCH HALL*

Groß-Comburg : à Steinbach. ☎ 93-81-85. À 3 km du centre de Schwäbisch Hall (accès possible par le bus). Ouvert d'avril à fin octobre de 10 h à 12 h et de 14 h à 17 h ; les samedi et dimanche, seulement l'après-midi. Entrée : 2 €. Château bâti autour d'un ancien couvent de bénédictins datant de 1078. L'intérêt principal réside dans la visite de la *collégiale baroque Saint-Nicolas*. Intérieur richement décoré et trésor remarquable. Par ailleurs, balade sur le chemin de ronde, petit cloître...

ULM
110 000 hab. IND. TÉL. : 0731

Desservie par l'axe Stuttgart-Munich et par le Danube qui la sépare de la Bavière, la ville natale d'Albert Einstein était vouée à une activité économique intense. En voiture ou en train, l'arrivée à Ulm est rarement enivrante. Les premières images que livre la ville sont souvent celles de bâtiments froids de style après-guerre, de rues trop larges ou de commerces sans âme. Cependant, Ulm n'est pas dénuée de charme, tant s'en faut ! Le quartier des Pêcheurs et des Tanneurs réconcilie bien vite le voyageur et la ville. Quelques passerelles enjambant les bras de la Blau relient de petites rues pavées à d'imposantes maisons médiévales. On resterait bien des heures à flâner entre les terrasses de cafés, les cours d'eau et les petits restaurants, ou à se promener le long du Danube...

Adresses et infos utiles

Office du tourisme : *Stadthaus*, Münsterplatz 50, 89073. ☎ 161-28-30. Fax : 161-16-41. • www.ulm.de • Ouvert de 9 h à 18 h (13 h le samedi). Fermé le dimanche. De début mai à fin octobre et en décembre, ouvert le dimanche de 11 h à 14 h. Réservations pour les spectacles. Distributeur (payant) de prospectus sur la ville à l'extérieur. Pratique lorsque le bureau est fermé.

– **Visites guidées :** de la cathédrale et du *Fischerviertel*. De mai à octobre, tous les jours à 10 h et à 14 h 30. Les dimanche et jours fériés, à 11 h et 14 h 30. De novembre à avril, seulement le samedi à 10 h et les dimanche et jours fériés à 11 h. Prix de la visite guidée : 4,10 € ; réductions.

■ **Poste principale :** Bahnhofsplatz 2. ☎ 18-00. Ouvert le samedi matin.
■ **Médecin de permanence :** ☎ 192-22.
■ **Location de vélos :** *Bikeline*, Walfischgasse 18. ☎ 60-21-358. *Ralf Reich*, Frauenstrasse 34. ☎ 21-179.
@ **Café Internet :** *Alberts Café*, Kornhausplatz. Ouvert de 10 h à 21 h, le samedi jusqu'à 17 h. Fermé le lundi. Un bon endroit pour surfer gratuitement.

Où dormir ?

Auberge de jeunesse

🛏 *Jugendherberge Geschwister-Scholl (AJ)* : Grimmelfingerweg 45, 89077. ☎ 38-44-55. Fax : 38-45-11. • info@jugendherberge-ulm.de • Au sud-ouest du centre, à 1,5 km de la Münsterplatz. De la gare, prendre le tram n° 1 jusqu'à l'Ehinger Tor, puis le bus n° 4 direction Kuhberg jusqu'à Schulzentrum. La nuitée est de 14,20 à 17,30 € ; pour les plus de 27 ans, compter de 17 à 20 €. Location de draps possible.

Prix moyens

🛏 *Hôtel Bäumle* : Kohlgasse 6, 89073 Ulm/Donau. ☎ 62-287. Fax : 60-22-604. Chambres doubles avec cabinet de toilette ou avec douche et w.-c. de 44 à 57 €. Un des hôtels les moins chers du centre, proposant des chambres calmes et bien tenues. Certaines ont même la vue sur la flèche de la cathédrale. Hôtel simple, mais pas dénué de charme. Parking.

🛏 *Hôtel Brauhaus Barfüßer* : Paulstrasse 4, 89231 Neu-Ulm. ☎ 97-44-80. Fax : 97-44-820. Situé au bord du Danube. Chambres doubles avec w.-c. et douche à 64 €. Vu les prix pratiqués en Allemagne, on ne peut qu'être cette fois-ci agréablement surpris. Chambres modernes et confortables. La situation de l'hôtel au bord du Danube et le très agréable *Biergarten* compensent l'ambiance un peu impersonnelle des chambres. Bien adapté pour les familles. Accueil jeune et dynamique.

Plus chic

🛏 *Hôtel Schiefes Haus* : Schwörhausgasse 6, 89073. ☎ 96-79-30. Fax : 96-79-333. Pour une chambre double avec bains et w.-c., compter 134 €. Hôtel à la décoration très originale. Interprétation contemporaine très réussie pour cette maison à colombages du XVIe siècle irrémédiablement penchée par le poids des années, où l'on ne trouve pas un seul angle droit. Jeu de contrastes (un peu moins dans les prix !). Une adresse de charme au luxe discret.

Où manger ?

🍴 *Ulmer Schachtel* : Herrenkellergasse 12. ☎ 60-24-732. Ouvert de 8 h à 20 h (16 h le samedi). Fermé le dimanche. Plats de 3 à 6,50 €. Cet *Imbiß* grec possède toutes les qualités : c'est bon, pas cher et l'accueil est chaleureux et attentionné. Pause agréable pour midi.

🍴 *Anker, Spanische Weinstube* : Münsterplatz. ☎ 63-297. À gauche, quand on est face à la cathédrale. Fermé le lundi et au mois d'août. Plat du jour autour de 5,50 €. Plats de 7 à 15 €. Il y a deux bonnes raisons d'aller à l'*Anker* : les plats du jour, mais surtout la chaleur des deux sympathiques propriétaires. L'accueil devient même brûlant, lorsque le patron s'aperçoit que son client est français. Quelques chambres modestes à l'étage.

De prix moyens à plus chic

🍴 *Weinkrüger* : Weinhofberg 7. ☎ 64-976. Ouvert tous les jours de 11 h à 1 h. Plats de 6,50 à 13,50 €. Dans une jolie maison à colombages au cœur du Fischerviertel. Conçu avec de nombreux recoins et sur différents niveaux. Faites un petit tour pour choisir votre table ! Cuisine souabe soignée. Un très bon rapport qualité-prix.

🍴 **Lochmühle :** Gerbergasse 6. ☎ 673-05. Ouvert tous les jours de 10 h à minuit. Plats de 7 à 13 €. Situé lui aussi dans le vieux quartier des Pêcheurs. Cet ancien moulin datant du XIVe siècle offre un cadre idéal pour goûter quelques plats souabes. Surtout agréable en été, car il possède une bien plaisante terrasse. Vous mangerez presque les pieds dans l'eau.

🍴 **Historisches Brauhaus Drei Kannen :** Hafenbad 31/1. ☎ 677-17. Ouvert de 10 h à minuit. Fermé le lundi. Plats de 8 à 12 €. Depuis un décret de 1831, cette *Brauhaus* fabrique sa propre bière. Cuisine souabe à prix raisonnables. En été, on mange dans une cour, embellie par une fontaine fleurie.

Où boire un verre ?

🍸 **Brasserie Moritz :** Platzgasse 20. ☎ 666-99. Ouvert de 8 h à 1 h, les samedi et dimanche à partir de 9 h. Petite carte et quelques plats du jour de 5 à 9 €. Ambiance bistrot parisien. Agréable à toutes les heures de la journée pour boire un verre ou combler un petit creux.

À voir

🎭🎭🎭 **Münster** *(cathédrale)* : Münsterplatz ; dans le centre. Visites en janvier, février, novembre et décembre de 9 h à 16 h 45 (17 h 45 en mars) ; d'avril à juin et en septembre, de 8 h à 18 h 45 (19 h 45 en juillet et août, et 17 h 45 en octobre). Ouf ! Montée dans la tour : 2 € ; réductions. Brochure payante en français.
Cette magistrale construction gothique est entamée en 1377, mais sa flèche, la plus haute du monde (161 m), n'est achevée qu'en 1890. L'absence de transept et les arcades très aiguës de la nef soulignent encore un peu plus ses perspectives aériennes. À l'intérieur, la chaire de Burkhard Engelberg est coiffée d'une flèche en bois, œuvre de Jörg Syrlin le Jeune (1510). Les stalles de bois, superbement sculptées et ornées de personnages bibliques et païens se faisant face, sont l'œuvre de Jörg Syrlin l'Ancien (1469-1474). Les plus courageux ne manqueront pas de gravir les 768 marches de la tour ouest, pour découvrir une vue magnifique sur les plateaux du Jura souabe et sur le Danube.

🎭 **Stadthaus** *(hôtel de ville)* : à côté de la cathédrale. Ce bâtiment blanc contemporain est l'œuvre de l'architecte américain Richard Meier. Abrite des salles d'expositions, de conférences et l'office du tourisme.

🎭 **Ulmer Museum** *(Musée municipal)* : Marktplatz 9. ☎ 161-43-00. Ouvert de 11 h à 17 h (20 h le jeudi). Fermé le lundi. Entrée : 2,50 € ; réductions. Le département des Beaux-Arts expose quelques œuvres des maîtres d'Ulm, comme Hans Multscher ou Jörg Syrlin l'Ancien. La section d'art moderne présente des toiles de Picasso, Braque, Klee et Léger.

🎭 **Rathaus** *(hôtel de ville)* : cet imposant bâtiment gothique et Renaissance, construit en 1370, doit sa renommée à sa remarquable façade peinte et à sa belle horloge astronomique (XVIe siècle). Devant le pignon, le *Fischkasten*, jolie fontaine sculptée en 1482 par Jörg Syrlin l'Ancien (encore lui !).

🎭 **Brotmuseum** *(musée du Pain)* : Salzstadelgasse 10. ☎ 699-55. Ouvert de 10 h à 17 h (20 h 30 le mercredi). Fermé le lundi. Entrée : 2,50 €. Environ 10 000 objets, provenant des quatre coins du monde, retracent l'histoire du pain et sa symbolique. On en apprend !

À faire

➤ *La promenade dans le Fischerviertel (quartier des Pêcheurs)* : partir de l'hôtel de ville, prendre la Sattlergasse, suivre la Weinhofberg, puis tourner dans la Fischergasse. La rue, très pittoresque, longe un canal bordé de vieilles maisons de caractère. En descendant vers le fleuve, on aperçoit la *Schiefeshaus* (XVe siècle), grande bâtisse qui croule sous le poids des siècles. En continuant dans la même direction, on rejoint les remparts. Possibilité d'y monter par de petits escaliers. Longer le Danube jusqu'à la *Metzgerturm* (« tour des Bouchers »), du XIVe siècle.

Manifestation

– **Schwörmontag** *(lundi du Serment)* : a lieu l'avant-dernier lundi du mois de juillet. Tradition existant depuis 1397. Chaque année, le maire renouvelle le serment de la constitution de la ville du haut du balcon de la **Schwörhaus** *(maison du Serment)*. Puis tout le monde descend vers le Danube pour la *Nabada*, défilé nautique dont la tradition remonte au XVIIIe siècle. On festoie et on s'amuse jusque tard dans la nuit. Tous les quatre ans ont lieu aussi ce jour-là le *Fischerstechen* (joutes de pêcheurs), tournoi nautique datant du XVe siècle, et la *Bindertanz* (danse des Tonneliers), tradition remontant au XVIIIe siècle.

➤ *DANS LES ENVIRONS D'ULM*

☘ **Wiblingen** : ☎ 189-30-04 ou 01. À 7 km au sud. Église ouverte tous les jours de 9 h à 18 h, en hiver jusqu'à 17 h. La bibliothèque : ☎ 18-93-004. Ouvert tous les jours d'avril à octobre de 10 h à 12 h et de 14 h à 17 h. Fermé le lundi. De novembre à mars, le week-end de 14 h à 16 h. Entrée pour la bibliothèque : 1,50 €. Sortir de la ville par l'Adenauerbrücke, puis prendre la Wiblingerstrasse, sur la droite. Ancienne **abbaye bénédictine**. Fondée au XIe siècle, l'abbatiale fut remaniée au XVIIIe siècle dans un style baroque. Son transept, lieu de vénération des reliques de la Sainte Croix, est démesuré. À l'intérieur, le peintre Janvarius Zick a compensé par de très bons effets d'optique le manque de profondeur des coupoles. Le crucifix du XVIe siècle, exposé dans le transept, provient de la cathédrale d'Ulm. Mais le joyau de Wiblingen est certainement la somptueuse bibliothèque, de style rococo. Remarquer particulièrement la fresque en trompe-l'œil au plafond, ainsi que 32 colonnes de stuc rose et bleu.

BLAUBEUREN

À 18 km à l'ouest. Village souabe connu pour ses rochers qui le dominent. Laisser la voiture à l'entrée de l'abbaye.

À voir

☘ *L'ancienne abbaye de Blaubeuren* : ☎ (07344) 63-06. Ouvert tous les jours du dimanche des Rameaux à début novembre de 9 h à 18 h. Le reste de l'année, de 14 h à 16 h, et les samedi et dimanche de 10 h à 12 h et de 14 h à 17 h. Entrée : 1,50 € ; réductions. Abbaye cistercienne. Son principal intérêt demeure surtout le retable *(Hochaltar)*, présenté dans le chœur de l'ancienne église abbatiale *(Ehemalige Klosterkirche)*. Œuvre de l'école d'Ulm (XVe siècle), représentant la Passion, la vie de saint Jean-Baptiste et la Vierge entre les saints. Remarquables stalles de Jörg Syrlin l'Ancien.

☘ *Le Blautopf* : à 15 mn à pied de l'abbaye. Lac-source, d'origine glaciaire. Très belle couleur bleue des eaux.

LA BAVIÈRE

La Bavière est toujours cette belle et incroyable contrée verdoyante réputée pour ses châteaux extravagants, ses villes et églises baroques et pour la qualité de sa bière. Pourtant, ce Land, peuplé de 12 millions d'habitants, est beaucoup plus que cela. Avec sa capitale (Munich), ses régions distinctes (la Bavière orientale, la Franconie, la route romantique et la route des Alpes) et sa puissance économique (*Siemens, BMW, Allianz*, etc.), la Bavière est presque un pays en soi !

Un pays qui réussit l'exploit de rester imperméable aux mutations extérieures, en apparence, cultivant l'image d'un espace préservé où il fait bon vivre, en toute sécurité, où les souvenirs du passé, loin d'être oubliés, s'effacent simplement devant ce qu'on doit appeler le sens des réalités. Il est peu de pays où l'on peut, comme ici, ne revenir qu'une fois tous les dix ans et avoir du mal à deviner ce qui a changé réellement. Les modes passent, la Bavière reste.

Les touristes l'ont bien compris, puisqu'ils sont plus de 20 millions à s'y rendre chaque année. Difficile donc de se retrouver vraiment seul à profiter de la douceur de ses paysages, de la beauté de ses villes et du charme de son folklore. À moins de se lever tôt et de partir à bicyclette sur les multiples chemins de campagne interdits aux automobiles. À moins encore d'arriver les premiers devant les portes des châteaux de Louis II, ce roi d'opérette devenu, signe des temps, héros d'une comédie musicale. Un roi que beaucoup imagineraient pour un peu, régnant toujours sur ce vaste décor de carton pâte qui s'étend de Munich à Berchtesgaden, de Rothenburg-ob-der-Tauber à Garmisch-Partenkirchen...

Oubliez vos préjugés : on trouve facilement de quoi se loger, se nourrir à prix corrects, surtout hors de Munich et de certaines villes. Vous paierez parfois plus cher pour donner un couvert (un toit !) à votre voiture que pour vous, mais, à moins d'avoir opté pour les deux-roues, qui est désormais ici le moyen de locomotion idéal, il faudra peut-être en passer par là pour partir à la découverte de la Bavière profonde...

De toute façon, quel que soit le moyen de transport choisi, la Bavière mérite le voyage, ne serait-ce que parce qu'il est impossible de comprendre l'Allemagne et les Allemands sans bien connaître la Bavière.

MUNICH ET SES ENVIRONS

MÜNCHEN (MUNICH)   1 260 000 hab.   IND. TÉL. : 089

Munich, capitale secrète de l'Allemagne ? La capitale bavaroise est incontestablement, après Berlin, la ville la plus intéressante d'Allemagne. Ses contradictions y sont pour quelque chose. Traditionalisme et cosmopolitisme y font bon ménage, histoire et modernisme s'y rencontrent, mode et industrie en rythment la vie, avant-garde et fête de la Bière lui donnent ses couleurs. *BMW, Adidas* et *Siemens* en ont fait leur fief, mais c'est aussi la ville des espaces verts. Hitler en a hanté les rues, y a fait bâtir, mais démocrates et alternatifs de tout poil s'y plaisent bien. Ce « village » de plus d'un million d'habitants n'oppresse jamais, comme c'est le cas d'autres capitales. En

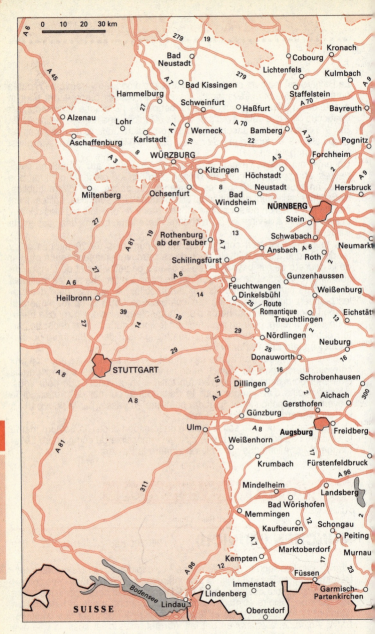

l'espace de deux décennies, la ville s'est entièrement transformée pour se donner aux piétons. À pied ou à vélo, on y respire. Mais Munich, c'est également une cité prospère, et son taux de chômage est le plus bas de toute l'Allemagne : seulement 5 %.

L'essor économique de Munich date de la fin des années 1960, lorsque l'annonce des futurs Jeux olympiques a transformé le paysage urbain et que les instituts de recherche ont commencé à s'y concentrer, créant un pôle d'attraction. Le courant hippie, avec l'étalage des corps nus sur les pelouses du « jardin anglais », a choqué le Munichois moyen qui n'aime ni la décadence ni l'excentricité et qui a commencé à apprécier Louis II lorsque l'afflux des touristes venant visiter ses châteaux a ramené au centuple dans les caisses du Land l'argent dépensé pour leur construction.

Le vrai chic bavarois, ce fut longtemps Franz-Joseph Strauss, qui en fut le digne représentant : amour de la bière, des femmes, des bons petits plats et de l'argent bien gagné. Comme le disait ce grand homme de la vie politique locale : « Munich est le nombril du monde et la bière son ambassadeur. » Ses adversaires avaient beau jeu de rétorquer que c'était d'une insignifiante association de buveurs de bière, quelque peu raciste et antisémite, qu'était né le parti d'Adolphe Hitler...

UN PEU D'HISTOIRE

À l'origine du nom de la ville, le mot allemand *Mönchen,* qui signifie « moines », en rapport avec l'abbaye installée à côté du village. Depuis, la ville a gardé un petit moine comme emblème.

C'est au XIIe siècle que le village de München, tranquillement alangui sur la rivière Isar, intéresse le duc de Saxe, Henri le Lion, qui vient d'hériter de la Bavière. Il y fait construire un pont à péage, ce qui lui permettra de taxer le sel ! Pour protéger cette rente, il fait fortifier le site. Officiellement fondée en 1158, la ville ne devient capitale de Bavière qu'un siècle plus tard, lorsque Louis le Sévère y installe château, famille et cour. Ses descendants, les Wittelsbach, vont y prospérer (grâce au sel, mais aussi en commerçant avec les villes italiennes) et enrichir la cité. L'un d'eux, Louis IV le Bavarois, devient même empereur, attirant seigneurs, artistes et dignitaires religieux dans son fief...

La dynastie des Wittelsbach va régner sans partage pendant 738 ans sur la Bavière. Chacun des héritiers apporte sa marque à la capitale : Albert V fait construire le superbe Antiquarium de la Résidence, Maximilien Ier transforme celle-ci en un somptueux palais Renaissance, Max II s'offre le château de Schleissheim, Charles Albert se lance dans le rococo. Parallèlement à ces ambitions architecturales, apanage des puissants seigneurs bavarois, existe chez la plupart des Wittelsbach le désir de conquérir d'autres territoires et de jouer un rôle politique important, aussi bien en Allemagne qu'en Europe. Pendant la longue querelle religieuse qui enflamme le pays au XVIe siècle, ils prennent parti contre les idées luthériennes, transformant leur duché en bastion de la Contre-Réforme. Ils s'attirent ainsi les grâces du pouvoir (aussi bien papal qu'impérial) tout en empêchant la bourgeoisie (portée vers le protestantisme) de s'émanciper. L'autoritarisme des Wittelsbach pendant cette page importante de l'histoire allemande aura une conséquence non négligeable, puisque la Bavière est encore à ce jour la région la plus catholique d'Allemagne !

De Napoléon à Lola Montès

Comme d'habitude, ambitions, guerres d'influence et calculs politiques entraînent invasions et carnages : les armées protestantes ravagent la Bavière pendant la guerre de Trente Ans (1618-1648), les troupes suédoises occupent Munich en 1632, la peste se répand peu après (décimant les deux

MÜNCHEN (MUNICH)

tiers de la population) et, au début du XVIIIᵉ siècle, ce sont les Autrichiens qui prennent possession de la ville. Au siècle suivant, les troupes napoléoniennes entrent dans Munich. Maximilien IV Joseph, contraint de s'allier à Napoléon, est en retour proclamé roi de Bavière. Munich est naturellement choisie comme capitale de ce nouveau royaume.

■ Adresses utiles

- **ℹ** Office du tourisme de la gare (Hauptbahnhof ; *plan II*)
- **ℹ** Office du tourisme sur Marienplatz *(plan II)*
- **ℹ** Office du tourisme bavarois (Bayerischer Tourismusverband Bayern ; *plan II*)
- ✉ Poste principale *(plan II)*
- 🚆 Gare ferroviaire *(plan II)*
- 4 Consulat de France *(plan I)*
- 5 Pharmacie internationale *(plan I)*
- @ 7 Easy Everything *(plan I)*
- @ 8 Internet Café *(plan II)*

🛏 Où dormir ?

- 10 Jugendherberge München Neuhausen *(plan I)*
- 11 4 You München (Ökologisches Jugendgästehaus ; *plan II*)
- 12 CVJM Jugendgästehaus (YMCA ; *plan II*)
- 13 Haus International *(plan I)*
- 14 Jugendgästehaus München Thalkirchen *(plan I)*
- 15 Euro Youth Hotel *(plan II)*
- 16 Pension Frank *(plan II)*
- 17 Hotel-Pension Mariandl *(plan II)*
- 18 Pension Utzelmann *(plan II)*
- 19 Pension Geiger *(plan II)*
- 20 Pension am Kaiserplatz *(plan I)*
- 21 Hotel-Pension Theresia *(plan II)*
- 22 Pension am Siegetor *(plan I)*
- 23 Gästehaus Englischer Garten *(plan I)*
- 24 Pension Carolin *(plan I)*
- 25 Pension am Gärtnerplatztheater *(plan II)*
- 26 Hotel Stefanie *(plan II)*
- 27 Hotel-Pension Atlanta *(plan II)*
- 28 Hotel Golden Leaf Altmünchen *(plan I)*
- 29 Deutsche Eiche *(plan II)*
- 30 Hotel Alcron *(plan II)*
- 31 Andi München City Center *(plan II)*
- 32 Hotel Advokat *(plan II)*
- 33 Hotel Cortiina *(plan II)*
- 34 Hotel Blauer Bock *(plan II)*
- 36 Hotel am Viktualienmarkt

🍴 🍺 Où manger ? Où boire un verre (de bière) ? Où déguster un bon gâteau ?

- 40 Marché Mövenpick *(plan II)*
- 41 Viktualienmarkt *(plan II)*
- 42 Bratwurstherzl *(plan II)*
- 43 Buxs *(plan II)*
- 44 Fraunhofer *(plan II)*
- 45 Hofbräuhaus *(plan II)*
- 46 Andechser am Dom *(plan II)*
- 47 Atzinger *(plan II)*
- 48 Joe Peñas *(plan II)*
- 49 Hundskugel *(plan II)*
- 50 Wirthaus zum Straubinger *(plan II)*
- 51 Lenbach Palais *(plan II)*
- 52 Master's Home *(plan II)*
- 53 Prinz Myshkin *(plan II)*
- 54 Lotterleben *(plan II)*
- 55 Makassar *(plan II)*
- 56 Baader Café *(plan II)*
- 57 Riva Bar & Pizzeria *(plan II)*
- 58 Café Ruffini *(plan II)*
- 59 Bar Centrale *(plan II)*
- 60 Café Glockenspiel *(plan II)*
- 61 Wirthaus in der Au *(plan II)*
- 62 Café Interview *(plan II)*
- 63 Biergarten am Seehaus *(plan II)*
- 64 Königsquelle *(plan II)*
- 65 Stadt Café *(plan II)*
- 66 Café am Beethovenplatz *(plan II)*
- 67 Königlischer Hirschgarten *(plan I)*
- 68 Tresznjewski *(plan II)*
- 69 Kaffeehaus Dukatz *(plan II)*
- 70 Café Puck *(plan II)*
- 71 Türkenhof *(plan II)*
- 72 Roma *(plan II)*
- 73 Roxy *(plan II)*
- 74 Kaisergarten *(plan I)*
- 75 Tijuana Café *(plan II)*
- 76 Augustinerkeller *(plan II)*
- 77 Bobolovsky's *(plan II)*
- 78 Juleps *(plan II)*
- 79 Ysenegger *(plan I)*
- 80 Pardi *(plan II)*
- 81 Löwengarten *(plan I)*
- 82 Murphy's *(plan II)*
- 83 Reitschule *(plan II)*
- 84 Schelling Salon *(plan I)*
- 85 Hofbräukeller *(plan II)*
- 86 Unions-Bräu Haidhausen *(plan I)*
- 87 Biergarten Am Chinesischer Turm *(plan I)*
- 88 Café Kunsthalle *(plan II)*
- 89 Konditorei Schneller *(plan II)*

🎵 Où écouter de la musique ? Où danser ?

- 100 Atomic Café *(plan II)*
- 101 Park Café *(plan II)*
- 102 Muffathalle *(plan II)*
- 103 Unterfahrt *(plan I)*
- 104 Padres *(plan II)*
- 105 Shamrock *(plan II)*
- 106 Bel Étage *(plan II)*

🏛 À voir

- 120 Marienplatz *(plan II)*
- 121 Neues Rathaus *(plan II)*
- 122 Altes Rathaus *(plan II)*
- 123 Viktualienmarkt *(plan II)*
- 124 Frauenkirche *(plan II)*
- 125 Michaelskirche *(plan II)*
- 126 Asamkirche *(plan II)*
- 127 Sendlinger Tor *(plan II)*
- 128 Maximiliansplatz et Promenadeplatz *(plan II)*
- 129 Theatinerkirche *(plan II)*
- 130 Residenz *(plan II)*
- 131 Englischer Garten *(plan I)*
- 132 Villa Stuck *(plan I)*
- 133 Olympiapark *(plan I)*
- 134 Pinakothek der Moderne *(plan II)*
- 135 Neue Pinakothek *(plan II)*
- 136 Alte Pinakothek *(plan II)*
- 137 Deutsches Museum *(plan II)*
- 138 ZAM *(plan II)*
- 139 Glyptothek et Staatliche Antikensammlungen *(plan II)*
- 140 Bayerisches Nationalmuseum *(plan II)*
- 141 Haus der Kunst *(plan II)*
- 142 Lenbachhaus *(plan II)*
- 143 Spielzeugmuseum *(plan II)*
- 144 Stadtmuseum *(plan II)*
- 145 Musée BMW *(plan I)*

● Détente

- 150 Volksbad *(plan II)*
- 151 Piscine d'Olympiapark *(plan I)*

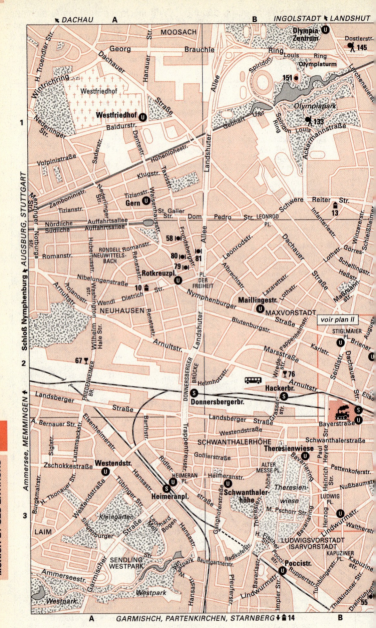

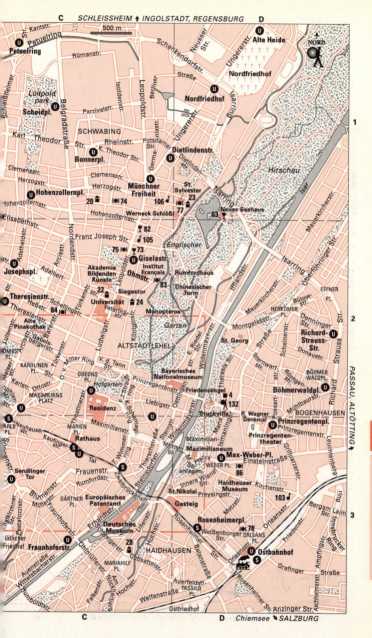

MUNICH – PLAN D'ENSEMBLE (PLAN I)

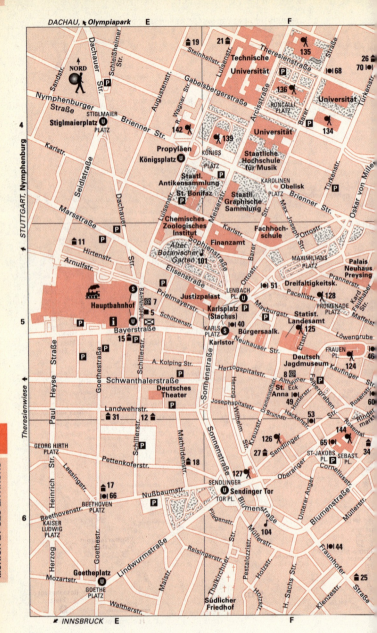

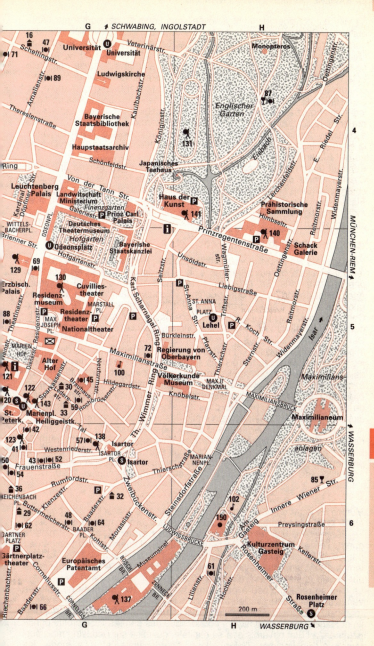

MUNICH – CENTRE (PLAN II)

La ville est considérablement rénovée sous Louis Ier, passionné par l'Antiquité, qui attire de nombreux artistes. « Je veux faire de Munich une ville dont ceux qui ne l'auront pas vue ne pourront pas prétendre avoir vu toute l'Allemagne. » Ce roi sage et économe durant les trois quarts de sa vie reste également connu pour sa liaison sur le tard avec la sulfureuse danseuse Lola Montès, qui lui coûtera sa fortune et, accessoirement, semble-t-il, sa couronne. D'autres mécènes lui succéderont : Max II (féru de littérature) et, bien sûr, Louis II de Bavière, le « roi-vierge », le « roi-fou », que la politique indiffère et qui passera sa vie à fuir les responsabilités et donc la capitale, lui préférant la quiétude de ses châteaux de campagne. C'est là qu'il se retirera à chacune des déclarations de guerre, contre la Prusse, en 1866, et contre la France, en 1870, guerres qui amenèrent l'intégration de la Bavière au nouvel Empire allemand.

Pendant leurs règnes successifs, Munich s'épanouit sur le plan artistique. C'est d'ailleurs dans la capitale bavaroise que se retrouvent des peintres comme le Russe Kandinsky et le Suisse Paul Klee qui, autour du groupe Der Blaue Reiter (Le Cavalier Bleu), créé ici même en 1911, participent activement à la naissance de l'art abstrait et, du même coup, à celle de l'art contemporain !

Des Cavaliers Bleus aux Chemises Brunes

Pendant que les futurs grands artistes du siècle y élaborent leurs théories révolutionnaires, un autre peintre, exilé à Munich, s'emmêle les pinceaux pendant deux ans. En 1914, constatant qu'il n'a aucun génie artistique, Adolf Hitler décide de s'engager comme volontaire dans l'armée allemande (alors qu'il venait d'être réformé !). Il revient du front gazé et brûlé aux yeux. Ces blessures, mais peut-être plus encore l'humiliation ressentie à travers la défaite militaire, vont nourrir en lui un violent désir de vengeance.

Deux ans après la fin de la Première Guerre mondiale, Hitler crée à Munich le parti national-socialiste. Un parti qui n'a pas vraiment l'intention de jouer le jeu démocratique, puisque trois ans après sa création, la prise de pouvoir est déjà à l'ordre du jour, comme le prouve le fameux « putsch de Munich »... Le 8 novembre 1923 au soir, la bande à Adolf envahit la brasserie *Bürgerbräukeller*, où se tient un meeting nationaliste. Tout ce petit monde décide de marcher sur Berlin, pour en chasser le gouvernement et proclamer une dictature nationale ! Le lendemain matin, les chefs de ce coup d'État avorté sont emprisonnés : Hitler en prend pour cinq ans. Mais une fois enfermé, il ne lui faudra qu'une année pour rédiger *Mein Kampf*... Le putsch (raté) de Munich aura eu cet avantage (pour lui, pas pour ses futures victimes) de le promouvoir du statut de petit chef d'un groupuscule obscur à celui de personnalité « en vue » de la vie politique allemande des années 1920.

Des années noires à la prospérité

Munich va jouer un deuxième rôle pour Hitler, une fois celui-ci au pouvoir : en 1933, la ville est proclamée « capitale du mouvement national-socialiste ». Le Führer rêve d'y entreprendre de grands travaux à sa gloire, mais la guerre l'en empêche. Près de la moitié de l'agglomération est bombardée par les Alliés, et la plupart des monuments historiques sont détruits. Au printemps 1945, les Américains pénètrent dans Munich. L'emprise américaine sur la ville et sur la Bavière durera 50 ans...

La ville se repeuple peu à peu après la guerre, avec l'arrivée de réfugiés venus de l'Est et de travailleurs étrangers appelés pour reconstruire la cité et relancer l'industrie. Munich devient ainsi la troisième ville du pays après Berlin et Hambourg. Le « miracle » économique des années 1950 profite principalement à l'État bavarois et à sa capitale, qui mise sur l'industrie mais surtout sur l'électronique, l'informatique, l'aérospatiale, etc. La mode, les médias, la finance, le tourisme et, bien sûr, la bière achèvent d'en faire une ville riche et attirante.

Les Jeux olympiques de 1972, censés présenter son nouveau visage (et peut-être faire oublier les antécédents nazis) se soldent pourtant par l'assassinat de 11 athlètes israéliens – un attentat perpétré par l'organisation terroriste palestinienne « Septembre Noir »...

Le temps a passé. Et la ville a bien changé : après le métro et la transformation des rues et places devenues piétonnes, c'est la reconstruction, en plus chic, en plus « authentique », du centre-ville qui fait l'objet des préoccupations actuelles.

Le troisième millénaire a vu naître la troisième Pinacothèque. Elle accueille les innombrables œuvres du (début du) XXe siècle dont les musées de la ville regorgent. L'autre nouveauté est l'ouverture des « Fünf Höfe » en plein cœur de Munich, un labyrinthe de luxe (cafés, brasseries, galeries, bureaux, magasins chics), d'une architecture résolument contemporaine. Comme souvent à Munich, il faut entrer dans ces nouveaux passages, où alternent le verre, le bois, le bronze et les jardins suspendus, pour découvrir les nouveaux nids de ses habitants.

Munich, malgré toutes ces épreuves et ces travaux colossaux, n'a jamais perdu son attrait et demeure l'une des villes les plus paisibles d'Allemagne : rires et chants continuent à remplir ses tavernes et ses *Biergarten*! Ici, on trinque volontiers avec les touristes, activité de libation qui rapporte environ 3 milliards d'euros par an...

Bierkultur et *Gemütlichkeit*

Au pied des Alpes, la ville la plus méridionale d'Allemagne, renfermée sur elle-même en hiver, prend des allures italiennes, dès les premiers beaux jours. On se dore au soleil, dans les jardins, on rit, on boit, on se prélasse langoureusement, dans les innombrables *Biergarten*. Il fait bon visiter Munich au printemps, mais aussi à la fin de l'automne, quand les derniers flonflons de la fête de la Bière se sont éteints, quand les rues sont encore envahies par ceux qu'on appelle toujours les *Schicki-Micki* – « Mickeys » chic –, savant mélange de yuppies californiens et de bobos parisiens.

« Ici, il n'y a que l'argent : l'abondance d'argent et le manque d'argent », déclarait une jeune femme dans une pièce de théâtre actuel. Dans cette ville d'histoire devenue un centre de la haute technologie, bon nombre de *Schicki-Micki*, si élégants et si sûrs d'eux, roulant en coupé *Mercedes,* en *Porsche* ou – bien sûr – en *BMW* dernier modèle, sont des non-Bavarois qui ont répondu à l'appel de l'argent, du soleil et de la qualité de vie : magasins de luxe, restaurants renommés, théâtres, musées... *Bierkultur* et *Gemütlichkeit* sont deux mots qui résument pourtant bien la Munich éternelle, ville peu « spirituelle » mais agréable à vivre (c'est le sens du second mot) où l'on refait volontiers le monde tout en buvant jusqu'à plus soif. Mais il n'y a pas qu'à travers la bière que l'on peut parler de Munich comme d'une ville de *Kultur* ! Richard Strauss y est né, Einstein y a étudié, le réfrigérateur y fut inventé (mais ça, est-ce bien de la culture ?)... On n'y trouve pas moins de 42 théâtres, 45 musées et 300 maisons d'édition ! La « Rome allemande » possède même sa *Cinecittà* à elle, la *Bavaria Filmstadt*, où, pour la plupart, les films et téléfilms allemands sont réalisés, et que l'on peut visiter, entre deux tournages...

Ville étudiante enfin, Munich a son Quartier latin, *Schwabing*, où les cafés pullulent, et ses nouveaux arrondissements branchés, où vous découvrirez les artistes de demain, loin des tavernes touristiques du vieux centre-ville.

Arrivée à l'aéroport

✈ ***Aéroport de Munich*** *(Flughafen München) :* situé à 32 km au nord-ouest de la ville. ☎ 97-500 ou 97-52-13-13.

➢ **Pour se rendre au centre-ville :** le meilleur moyen reste le S-Bahn (RER), ligne S1 ou S8. Départ toutes les 20 mn de 4 h à 1 h. Compter 40 mn de trajet pour l'*Hauptbahnhof* (gare) ou la *Marienplatz*. Ticket individuel ou de groupe à la journée ou pour 3 jours à partir de 8 € à prendre au distributeur. La station de S-Bahn à l'aéroport se trouve sous le bâtiment central : cherchez le S sur fond vert. Bus *Lufthansa* toutes les 20 mn. Rejoint le centre en 50 mn de 6 h à 21 h 45. Compter 9 € le trajet. Le taxi n'est pas plus rapide et bien plus cher que le S-Bahn ou le bus : pas mal d'embouteillages sur la route en semaine.

Adresses et infos utiles

Offices du tourisme

■ *Adresse postale, téléphone, e-mail :* Fremdenverkehrsamt, 80313. ☎ 233-965-00 (central téléphonique, uniquement en semaine de 8 h à 18 h). Fax : 233-302-33. • www.muenchen-tourist.de • (version française).

ⓘ *Bureaux :*
– *À la gare centrale* (*Hauptbahnhof* ; plan II, E5) : côté gauche de la gare, près de l'agence *ABR*. Ouvert du lundi au samedi de 9 h à 20 h, le dimanche de 10 h à 18 h. On y trouve le plan de la ville (indispensable et gratuit), le programme des spectacles du mois, *In München* et le guide *INFOPOOL* pour les jeunes (payant et en allemand). Réservation de chambres d'hôtel et de spectacles (commission), tickets de transports à la journée (*Tageskarte*), et tout cela en français !
– *Au centre-ville* (plan II, G5) : sur Marienplatz à la *Neues Rathaus* (nouvelle mairie). Ouvert du lundi au vendredi de 10 h à 20 h, le samedi de 10 h à 16 h. Fermé les dimanche et jours fériés.
– *Office du tourisme bavarois* (*Bayerischer Tourismusverband Bayern* ; plan II, G4-5) : Prinzregentenstrasse 18/IV. ☎ 21-23-97-30. Fax : 29-35-82. • tourismus@bayern.btl.de • Ouvert du lundi au jeudi de 8 h 30 à 16 h, le vendredi de 8 h 30 à 12 h. Fermé le week-end.

Postes et télécommunications

✉ *Poste principale* (plan II, E5) : Bahnhofplatz 1. ☎ 60-01-13-10. Dans la gare, à l'angle de Bayerstrasse. Ouvert du lundi au vendredi de 7 h 30 à 20 h, le samedi de 9 h à 16 h. Fermé les dimanche et jours fériés.
– Les *timbres* ne s'achètent que dans les bureaux de poste ou les distributeurs !
@ *Internet :* Easy Everything (plan II, E5, 7), Bahnhofplatz 1. Ouvert tous les jours de 7 h 30 à 23 h 45. Les meilleurs tarifs de la ville. *Internet Café* (plan II, F5, 8), Altheimer Eck 12. Ouvert de 11 h à 1 h.

Informations et consulats

■ *Centre d'information pour la jeunesse* (*Jugendinformationszentrum*) : Paul-Heyse-Strasse 22. ☎ 51-41-06-60. Ouvert du lundi au vendredi de 12 h à 18 h, jusqu'à 20 h le jeudi.
■ *Institut français* (plan I, C2) : Kaulbachstrasse 13. ☎ 286-62-80. Ouvert du lundi au jeudi de 8 h 30 à 18 h 30, de 8 h 30 à 17 h 30 le vendredi.
■ *Consulat de France* (plan I, D2, 4) : Möhlstrasse 5. ☎ 419-41-10 ou 47-62-90 (pour les visas). À l'est du Jardin anglais. Tram n° 18 de Sendlinger Tor ou U-Bahn (métro) jusqu'à Printzregentstrasse et bus n° 53.
■ *Consulat de Suisse :* Briennerstrasse 14/III. ☎ 286-62-00. Au 3ᵉ étage.

MUNICH / ADRESSES ET INFOS UTILES

- ■ *Consulat de Belgique :* Kaiserplatz 8. ☎ 389-89-20.
- ■ *Consulat du Canada :* Tal 29. ☎ 219-95-70. U-Bahn : Isartor. Ouvert du lundi au vendredi de 9 h à 12 h et de 14 h à 17 h.

Argent, change

– Possibilité de payer avec des **cartes de paiement** *(Visa, Eurocard, American Express)* dans la majorité des magasins, hôtels. Attention, dans les pensions et les restaurants, l'usage de la carte est moins répandu, parfois même refusé, l'argent liquide est souvent préférable.

– Les **banques** ferment très tôt (15 h 30, mais jusqu'à 17 h 30 le jeudi) sauf celle de la gare *(Hauptbahnhof)*, qui est ouverte tous les jours de 6 h à 23 h.

- ■ *Objets trouvés (Fundbüro) :* Oetztaler Strasse 17. ☎ 2-33-00. Ouvert en semaine de 8 h à 12 h (le mardi en plus de 14 h à 18 h 30). *À la gare :* face au quai 26. ☎ 13-08-66-64. Ouvert de 6 h 30 à 23 h 30, le week-end service plus réduit. *À l'aéroport :* niveau 03. ☎ 9-75-213-70. Ouvert 24 h/24.

Santé

- ■ *Pharmacies internationales :* Bahnhofplatz 2 (dans la gare, à l'angle de Bayerstrasse ; *plan II, E5, 5*). Service téléphonique : ☎ 59-44-75. Deux autres à Neuhauserstrasse 11 et à Schleissheimerstrasse 201, plus la *Metropolitan Apotheke,* à l'aéroport.
- ■ *Urgences médicales :* ☎ 018 05-19-12-12 ou 55-17-71.

Loisirs

– *Vie culturelle :* dans la plupart des cafés, restos ou à l'office du tourisme, procurez-vous gratuitement la revue *In München* (programmes des cinémas, théâtres, expos, concerts, etc.) ou la revue *Insomnia* pour les adresses de restos. Toutes les adresses « branchées » se retrouvent, en librairie, dans des guides comme le *München Beste Kneipen,* qui répertorie les cafés-bars-bistrots-pubs à la mode, ou le *Prinz,* où l'on retrouve les bonnes adresses branchées du moment. Sans oublier le mensuel *Sergej ou Our Munich* (Our Munich Shop, Mullerstrasse 36) distribué gratuitement et consacré à la scène gay, ses lieux de prédilection, ses messages et même ses lieux de massage...

– *Réservation pour un spectacle :* directement à l'*office du tourisme* de Marienplatz, sous les arcades, ☎ 26-46-20, en semaine de 10 h à 18 h et le samedi de 10 h à 14 h ; ou bien à *München Ticket,* ☎ 54-81-81-81.
• www.muenchenticket.de •

– *Roller Balade :* tous les lundis à partir de 19 h de mai à septembre. Départ : Sophienstrasse. Renseignements : ☎ 890-66-888.

Transports

🚆 *Gare ferroviaire* (Hauptbahnhof ; plan II, E5) : renseignements horaires, ☎ 080-01-50-70-90 (n° Vert). Un autobus *Lufthansa* pour l'aéroport part toutes les 20 mn de la sortie côté Arnulfstrasse (durée du trajet : 50 mn ; prévoir plus aux heures de pointe, en particulier à partir de 16 h). On vous conseille plutôt de prendre le RER (S-Bahn). *Consigne :* manuelle, en plein milieu de la gare (chère), ou à pièces (en très grand nombre), à tous les niveaux de la gare.
- ■ *Taxis :* ☎ 21-61-0 ou 19-41-0.
- ■ *Location de vélos :* Munich possède des centaines de kilomètres de

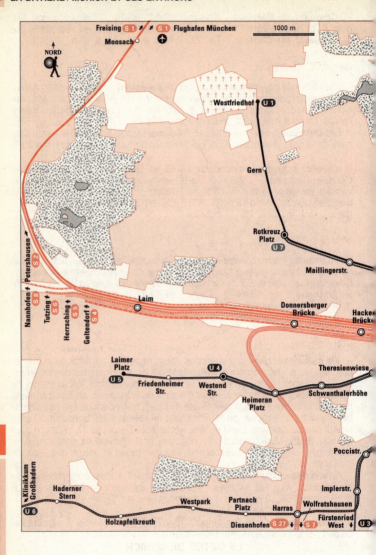

pistes cyclables. C'est le moyen de transport le plus utilisé par les jeunes (et les moins jeunes). Location, entre autres à :
– **Radius Touristik :** à la gare, côté Arnulfstrasse 3. De mai à mi-octobre de 10 h à 18 h.
– **Mike's Bike Tours :** ☎ 651-42-75.

Organise des balades à vélo pendant la saison touristique, tous les jours de 11 h 30 à 16 h. Point de rendez-vous : *Turm des Alten Rathauses Marienplatz* (tour de l'ancienne mairie à Marienplatz).

– **Spurwechsel :** organise en vélo des *Bier Tour* (histoire de la bière à

LE MÉTRO DE MUNICH

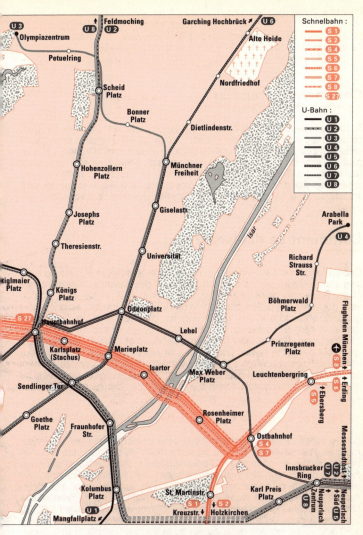

LE MÉTRO DE MUNICH

vélo avec dégustation et visite d'une brasserie), du vendredi au dimanche et les jours fériés, départ à 11 h 15, rendez-vous à la fontaine de Marienplatz (pas d'inscription obligatoire), location de vélo sur place. ☎ 692-46-99.

■ *Mitfahrzentrale* (centrale style *Allô-Stop*) : Lämmerstrasse 3 (près de la gare). ☎ 19-440 ou 59-45-61. Fax : 59-45-64. Ouvert de 8 h à 20 h. Permet – en appelant 48 h à l'avance – d'obtenir une ou plusieurs places dans des voitures à destination de l'Allemagne ou de l'étranger (partage des frais).

Compagnies aériennes

■ *Air France :* à l'aéroport, niveau 5. Renseignements de 5 h 45 à 21 h 15 : ☎ (018-05) 583-08-30.

■ *Lufthansa* : Lenbachplatz 1. ☎ 0180-5-83-84-26.

Comment se repérer ?

Si l'on excepte ses banlieues, la ville n'est pas vraiment étendue. On peut parcourir à pied le centre-ville (où sont concentrés monuments et musées) sans trop se fatiguer. Munich se décompose en quartiers bien distincts. Les plus intéressants : le *centre* et la *Gärtnerplatz, Schwabing* et *Maxvorstadt* (au nord), *Haidhausen* (à l'est), *Neuhausen* (à l'ouest) et *Nymphenburg* (beaucoup plus à l'ouest). Ceux qui comptent rester quelque temps peuvent investir dans l'achat du plan *Falk* (en librairie), très utile pour son index des rues.

Comment se déplacer ?

Oubliez la voiture ! Le centre est presque totalement piéton et truffé de sens interdits. Quelques places avec parcmètres et des parkings souterrains très chers. En journée, vous pouvez laisser votre voiture à l'entrée de la ville où vous trouverez des parkings à la sortie des autoroutes (un peu éloignés mais gratuits), et prendre le bus, le tramway ou, bien sûr, le métro. Les bus et tramways sont très pratiques (ils vont partout où les métros ne vont pas) et très fréquents. Mais le moyen de transport écolo et préféré des Munichois reste tout de même le vélo (locations et itinéraires dans les offices du tourisme, multiples *coach tours* proposés entre 10 et 25 €). Quant au métro, il est relativement récent (il date des années 1970) et les lignes nouvelles, au design assez remarquable, feront bientôt partie des circuits de visite...

Se repérer en métro urbain *(U-Bahn)* et régional *(S-Bahn)*

Quatre zones tarifaires, sachant que la zone intérieure est blanche *(Innenraum* ou *Weisse Zone)*. Pas de présence humaine aux guichets (pour en trouver, suivre les panneaux « Zeitkartenstelle » dans certaines stations), mais des distributeurs automatiques de cartes avec indication des tarifs – en allemand. Vous pouvez aussi acheter les cartes dans les kiosques à journaux. Le moyen le plus pratique et le plus économique est de prendre une carte journalière *(Tageskarte)* valable de 9 h jusqu'au matin suivant à 6 h ou une carte 3 jours. On peut choisir soit la *Single* (valable pour 1 personne, de 4,50 à 11 € en fonction de la durée) ou la *Partner* (valable jusqu'à 5 personnes, de 7,50 à 17,50 €). N'oubliez pas de la composter avant de prendre le train : en cas « d'oubli », amende de 30 € minimum.

La Welcome Card

Une carte avantageuse qui permet d'utiliser tous les moyens de transport dans la zone urbaine et dans les environs de Munich. Elle offre aussi des réductions sur les entrées de musées. La carte est à dater et à signer. Elle peut être achetée pour la journée ou pour 3 jours, compter de 6,50 à 15,50 €. Celle comprenant le trajet jusqu'à l'aéroport est à 26 €. Là aussi, il existe des cartes familiales *(Partner),* de 9,50 à 38 €.

Où dormir ?

L'hébergement à Munich peut se révéler une vraie galère, surtout au moment de l'*Oktoberfest* (dernière semaine de septembre et première semaine d'octobre). Les réservations sont faites 6 à 12 mois à l'avance et les prix sont majorés de 15 à 40 %, de l'hôtel de luxe à la pension la plus modeste, y compris les auberges de jeunesse ! Si vous tenez absolument à assister à cet événement (certes mémorable, mais bon...), il existe une ultime solution : dormir dans sa voiture garée sur le parking des autocars (autorisé et gratuit, mais pris d'assaut). Sur place, on trouve même toilettes et douches installées pour l'occasion. Si vous préférez « improviser », envisagez éventuellement un hébergement dans une ville voisine (Augsbourg, par exemple). Autres périodes difficiles avec lesquelles il faut, hélas, compter : celles des congrès et foires-expositions *(Messe)*, très nombreux (au moins une vingtaine par an). Téléphoner à l'office du tourisme pour connaître le calendrier.
Autre moyen de se loger, les chambres chez l'habitant.

CHAMBRES CHEZ L'HABITANT

■ ***Bed & Breakfast :*** Schulstrasse 31, 80634 München. ☎ 168-87-81. Fax : 168-87-91. • bfm@bedbreakfast-muc.de • U-Bahn : Rotkreuzplatz. Ouvert en semaine de 9 h à 11 h 30 et de 13 h à 18 h. Fermé le week-end. Elle a à disposition un quota de plus de 500 chambres, de celle chez l'habitant avec ou sans petit dej' au studio équipé pour 2 personnes ou plus.

■ Pour les étudiants, il est possible de s'adresser à la ***Mitwohnzentrale an der Uni :*** ☎ 286-60-60. Fax : 28-66-06-24. • mwz@mwz-munich.de •

CAMPINGS

Attention : en Bavière, l'accès aux campings municipaux est interdit aux mineurs de moins de 18 ans non accompagnés d'un adulte.

⚑ ***Jugendlager am Kapuzinerholtz** (Das Zelt ; « La Tente ») :* In den Kirschen, entrée par Franz-Schrank-Strasse 18, 80992. ☎ 141-43-00. • www.the-tent.com • Prendre le tram n° 17 de la gare jusqu'au Neuer Botanischer Garten, c'est à 2 mn à pied. Ouvert de juin à fin août seulement, 24 h/24. Limite d'âge théorique : 23 ans. Le prix comprend l'emplacement, une couverture et le café du matin : 9 € (11 € avec un lit de camp). C'est en fait un immense chapiteau monté dans un parc près du château de Nymphenburg, destiné à protéger les routards des intempéries. L'hébergement est un peu rudimentaire et réservé à ceux qui ne recherchent pas vraiment l'intimité, mais il est à proximité de la rivière Isar et d'une piscine. Douches et toilettes en nombre suffisant. On peut aussi planter sa tente pour 11 € (une tente + 1 personne).

⚑ ***München-Thalkirchen :*** Zentrallandstrasse 49, 81379. ☎ 72-43-08-08. Fax : 724-31-77. U-Bahn 3 jusqu'à Thalkirchen (Tierpark), puis prendre le bus n° 57. Ouvert de mi-mars à fin octobre. Grand terrain municipal arboré près de l'Isar avec piscine à proximité (zoo, *Tierpark*, à côté).

⚑ ***München-Obermenzing :*** Lochhausenerstrasse 59, 81247. ☎ 811-22-35. Fax : 814-48-07. Ouvert de mi-mars à fin octobre. À proximité de l'autoroute pour Stuttgart (bruyant). Pas de liaison urbaine avec Munich.

⚑ ***Langwieder See :*** Eschenriederstrasse 119, 81249. ☎ 864-15-66. Fax : 863-23-42. À 2 km de l'autoroute pour Stuttgart (sortie Langwiedersee). Ouvert toute l'année. Assez éloigné, mais près d'un lac. Pas de liaison urbaine.

△ *Campingplatz Nord-West :* Schrederwiesen 3, en direction de Dachau. ☎ 15-06-936. Fax : 15-82-04-63. ● office@campingplatz-nord-west.de ● De hauts et vieux arbres donnent un cachet particulier à ce camping sans prétention, où l'on trouve de la place toute l'année. Pas de liaison urbaine.

AUBERGES DE JEUNESSE (DHJ)

Auberges de jeunesse officielles

Ces AJ exigent une carte de membre (possibilité de l'acheter sur place, mais plus chère), valable 12 mois. Limite d'âge : 26 ans inclus. La plupart d'entre elles ne prennent pas de réservation.

🏠 *Jugendherberge München Neuhausen (plan I, A2, 10) :* Wendl-Dietrichstrasse 20, 80634. ☎ 13-11-56 ou 16-45-45. Fax : 167-87-45. ● jhmuenchen@djh-bayern.de ● U-Bahn 1 ou 7 : Rotkreutzplatz ; puis 10 mn à pied en suivant les panneaux (c'est fléché). Ou bien tram 12, bus n° 33, 83 ou 177. Bureau ouvert 24 h/24. Fermé en décembre. Nuitée autour de 20 € par personne, prix dégressif en fonction du nombre de nuits. Draps compris dans le prix. Dans le quartier branché de Neuhausen, belle maison ancienne avec jardin au calme. Possibilité de manger sur place. Réservations et cartes de paiement acceptées.

🏠 *Jugendgästehaus München Thalkirchen (hors plan I par B3, 14) :* Miesingstrasse 4 (à 4 km de Munich), 81379. ☎ 723-65-50. Fax : 723-65-60. ● jghmuenchen@djh-bayern.de ● De la gare, prendre le U-Bahn 1 ou 2 : Sendliger Tor, puis le U-Bahn 3 : Thälkirchen. Accueil de 7 h à 23 h. Fermé en décembre. Nuitée autour de 20 €, environ 3 € de plus pour une chambre *single*. Un peu excentrée, mais dans la verdure. Dortoirs et chambres de 1 à 4 personnes. Possibilité de dîner.

🏠 *Jugendherberge Burg Schwaneck :* Burgweg 4-6, 82049 Pullach. ☎ 74-48-66-70. Fax : 74-48-66-80. ● info@jugendherberge-burgschwaneck.de ● Un peu excentré, à 12 km de Munich mais seulement à 20 mn en métro de Marienplatz (S-Bahn 7 jusqu'à Pullach, puis 10 mn de marche en suivant les panneaux). Ouvert de 7 h 30 à 23 h 30. Fermé de mi-décembre à mi-janvier. Dans un « manoir » ancien entouré d'un parc. Compter autour de 14 € la nuit pour une personne (draps payants pour une seule nuit). On peut réserver par téléphone (à partir de 9 h), mais seulement 1 h à l'avance. Dortoirs de 4 à 8 lits. Restaurant. Activités sportives et bowling.

Auberges de jeunesse indépendantes

🏠 *4 You München (Ökologisches Jugendgästehaus ; plan II, E5, 11) :* Hirtenstrasse 18, 80335. ☎ 552-16-60. Fax : 55-21-66-66. ● www.the4you.de ● U-Bahn : Hauptbahnhof. À 2 mn de la gare (sortie côté voie 26), petite rue calme perpendiculaire à Arnülfstrasse. Accueil 24 h/24. Compter 35 € pour une chambre simple, 26 € par personne pour une double. Dortoir : de 16,50 à 22 € par personne. Petit dej' non inclus. Certaines chambres possèdent douche et w.-c. privés, compter alors 69 € pour une double. Prix majorés de 3 € pendant l'*Oktoberfest*. Attention, les plus de 26 ans paient 16 % en plus des prix indiqués. La 1re auberge « écologiste » pour non-fumeurs, avec chambres et dortoirs au décor de bois naturel style « chalet de montagne ». Dortoirs et chambres de 1 à 8 personnes (familles avec bébés acceptées). Annexe hôtelière aux 4e et 5e étages du même immeuble, dont un est accordé aux fumeurs. Un poil plus cher, évidemment. Cartes de paiement acceptées.

▲ **CVJM Jugendgästehaus** *(YMCA ; plan II, E5-6, 12)* : Landwehrstrasse 13, 80336. ☎ 552-14-10. Fax : 550-42-82. • www.cvjm-muenchen.de • U-Bahn : Hauptbahnhof. À 5 mn de la gare. Accepte les filles seules et les jeunes couples mariés seulement (c'est catholique !). *Attention,* « couvre-feu » de 0 h 30 à 7 h. Dortoir de 3 lits à 24 € par personne. Compter 30 € pour une chambre simple et 25 € par personne pour une double. Supplément de 16 % au-delà de 26 ans. Moderne et propre (essayer de loger côté cour, c'est plus calme). Restaurant le soir sauf les dimanche et lundi.

▲ **Haus International** *(plan I, B1, 13)* : Elisabethstrasse 87, 80797. ☎ 12-00-60. Fax : 12-00-66-30. • www.haus-international.de • Dans le quartier de Schwabing. U-Bahn 2 jusqu'à Hohenzollernplatz ; bus n° 33 ou tram n° 12 jusqu'à Barbarastrasse. Ouvert 24 h/24. Dortoirs de 3 à 7 lits, compter de 23 à 26 € par personne et entre 26 et 36 € par personne en chambre double avec ou sans douche et w.-c. Pas de limite d'âge ! Immeuble sans charme et un peu vieillot, mais bien équipé (piscine, disco, cafétéria, *Biergarten* et fontaine).

▲ **Euro Youth Hotel** *(plan II, E5, 15)* : Senefeldestrasse 5, 80336. ☎ 59-90-88-11. Fax : 59-90-88-77. • www.euro-youth-hotel.de • U-Bahn : Hauptbahnhof. AJ indépendante à 50 m de la gare centrale. Lits en dortoir à partir de 16 €. Chambres doubles avec ou sans douche et w.-c. de 45 à 65 €.

PENSIONS

Les pensions sont souvent complètes (surtout en saison), mais elles restent un bon moyen pour vivre « à la munichoise », souvent en plein cœur de la ville. Notre liste n'est pas exhaustive, mais vous donnera des points de repère.

▲ **Pension Frank** *(plan II, G4, 16)* : Schellingstrasse 24, 80799. ☎ 28-14-51. Fax : 28-00-910. • www.pension-frank.de • U-Bahn 6 : Universität. Chambres doubles avec lavabo, douche et w.-c. à l'étage de 55 à 60 € en fonction de la taille. Quelques chambres à plusieurs lits à 26 € par personne. Une des pensions les moins chères de la ville en plein cœur du quartier étudiant et à deux pas des musées. Son ambiance cool genre *Wohngemeinschaft* (vie en communauté), son organisation un tantinet artisanale et sa structure ancienne avec stuc, haut plafond et couloir étroit en font tout le charme. Accueil disponible. Routard exigeant, passe ton chemin !

▲ **Pension am Kaiserplatz** *(plan I, C1, 20)* : Kaiserplatz 12, 80803. ☎ 34-91-90 ou 39-52-31. Fax : 33-93-16. À l'angle avec Kaiserstrasse. U-Bahn 3 ou 6 : Münchner Freiheit. Doubles avec ou sans douche de 48 à 57 € ; w.-c. à l'étage. Mention spéciale pour cette pension. Belle maison donnant sur une place tranquille. Tenue par une charmante dame d'un âge certain. Grande gentillesse de l'accueil. Peu de chambres, mais toutes assez vastes, meublées dans un style certes un peu kitsch et éclectique, mais charmant avec lit à baldaquin, guéridon doré, petit canapé, rideaux épais... et cabine de douche dans la pièce (qui fait aussi office de meuble !).

▲ **Pension Geiger** *(plan II, E4, 19)* : Steinheilstrasse 1, 80333. ☎ 52-15-56. Fax : 52-31-54-71. U-Bahn : Theresienstrasse. Fermé à Noël. Compter 60 € pour une double. Ambiance familiale. Au 2e étage sans ascenseur. Très propre. Chambres avec douche, à des prix vraiment honnêtes. La douche est une cabine de verre posée dans un coin de la pièce. Bien fermer la porte avant utilisation (sinon déluge assuré sur le mobilier).

🏠 ***Pension am Siegetor*** *(plan I, C2, 22)* : Akademiestrasse 5, 80799. ☎ 39-95-50. Fax : 34-30-50. • siegetor@t-online.de • U-Bahn : Universität. Chambres doubles avec douche et w.-c. à l'étage de 57 à 65 €. Installée dans une ancienne villa à proximité de la Siegetor. Certaines chambres donnent sur l'Académie de Beaux-Arts. Agréable adresse à petits prix.

🏠 ***Pension Utzelmann*** *(plan II, E6, 18)* : Pettenkoferstrasse 6, 80336. ☎ 59-48-89. Fax : 59-62-28. • hotel-utzelmann@t-online.de • U/S-Bahn : Sendlinger Tor. Chambres doubles avec ou sans douche et w.-c. de 55 à 80 €. Dans une rue tranquille, à 10 mn de Marienplatz et de la gare, au 1er étage d'une maison ancienne tout ocre avec des chambres au style bavarois. Bon établissement bien tenu.

🏠 ***Pension am Gärtnerplatztheater*** *(plan II, F6, 25)* : Klenzestrasse 45, 80469. ☎ 202-51-70. Fax : 20-25-17-22. • pensiongaertnerplatztheater@t-online.de • U-Bahn : Fraunhoferstrasse. Chambres doubles avec douche et w.-c., parfois balcon, de 95 à 110 €. Pas donné, mais vraiment original. Les chambres les plus chères sont déclinées sur le thème de Sissi impératrice ou dans un style rustique bavarois avec meubles peints. Belles chambres propres au calme et salles de bain impeccables. Une atmosphère rococo pimentée par la forte personnalité de la patronne à la gouaille inimitable. Beau petit dej' et parking privé gratuit.

🏠 *Hotel-Pension Theresia* *(plan II, F4, 21)* : Luisenstrasse 51, 80333. ☎ 52-12-50 ou 523-30-81. Fax : 542-06-33. U-Bahn : Theresienstrasse. Accueil fermé après 22 h. Pour une double, compter entre 52 et 72 € avec ou sans douche et w.-c., tarifs dégressifs après 3 jours. Bien situé dans le quartier étudiant. Appartements transformés en petit hôtel. Bien organisé et correctement tenu. Grand choix de chambres, de 1 à 6 lits au style fonctionnel. Préférez les chambres donnant sur la cour, moins bruyantes.

🏠 *Hotel-Pension Mariandl* *(plan II, E6, 17)* : Goethestrasse 51, 80336. ☎ 53-41-08. Fax : 54-40-43-36. • www.mariandl.com • U/S-Bahn : Goetheplatz. Chambres avec ou sans douche et w.-c. de 70 à 110 €. Dans un bel immeuble datant de 1899, chambres de caractère, avec parquet et mobilier en bois ancien, où une attention toute particulière a été accordée à la déco et au détail. Ambiance jeune très bobo. Sommeil léger s'abstenir, car l'insonorisation est exécrable. Petit dej' servi au *Café am Beethovenplatz* (voir la rubrique « Où manger ? Où boire un verre (de bière) ? »). Quartier paisible. Attention, pas d'ascenseur.

🏠 ***Gästehaus Englischer Garten*** *(plan I, D1, 23)* : Liebergesellstrasse 8, 80802. ☎ 383-94-10. Fax : 38-39-41-33. • www.hotelenglischergarten.de • U-Bahn 3 ou 6 : Münchner Freiheit. Chambres doubles avec douche et w.-c. de 94 à 115 €. Située en lisière de l'Englischer Garten, villa de caractère au style soigné dans un cadre très reposant. Atmosphère d'une grande sérénité, pourtant à 10 mn de l'animation de Schwabing. Grande qualité de service, un poil froid et distant. Copieux petit dej'.

🏠 ***Pension Carolin*** *(plan I, C2, 24)* : Kaulbachstrasse 42, 80539. ☎ 34-57-57. Fax : 33-44-51. U-Bahn 3 ou 6 : Universität. Chambres avec ou sans douche et w.-c. et TV de 64 à 82 €. Dans un quartier résidentiel, proche de l'Englischer Garten, et à 2 mn de la Siegestor, une pension toute simple, avec douche dans les chambres. Accueil charmant.

HÔTELS

Si les adresses qui suivent étaient complètes, adressez-vous à l'office du tourisme directement : • tourismus.hotelservice@ems.muenchen.de •

De prix moyens à plus chic

▲ **Hotel-Pension Atlanta** (plan II, F6, **27**) : Sendlingerstrasse 58, 80331. ☎ 26-36-05. Fax : 260-90-27. • www.hotel-atlanta.de • U-Bahn : Sendlinger Tor. Au-dessus d'un magasin de chaussures. Doubles avec douche, avec ou sans w.-c. de 60 à 90 €. Pension moderne et proprette à l'ambiance familiale. Chambres progressivement rénovées avec application. Idéal pour ceux qui cherchent un quartier animé avec de nombreux restos à deux pas.

▲ **Hotel Stefanie** (plan II, F4, **26**) : Türkenstrasse 35, 80799. ☎ 28-81-400. Fax : 28-81-40-49. • www.hotel-stefanie.de • U/S-Bahn : Universität. Chambres doubles avec douche, mais avec ou sans w.-c., de 90 à 100 €. Dans la rue la plus animée de Schwabing, à côté des cafés à la mode (dont le fameux *Café Puck*), un hôtel familial rénové (chambres impersonnelles), à proximité des musées et à 10 mn de la gare.

▲ **Hotel Alcron** (plan II, G5, **30**) : Ledererstrasse 13, 80331. ☎ 228-35-11. Fax : 290-46-18. • www.hotel-alcron.de • U/S-Bahn : Marienplatz. Chambres doubles avec douche et w.-c. de 80 à 90 €. Sympathique petit hôtel au 1er étage d'un immeuble discret de la vieille ville extrêmement bien situé, à 2 mn de Marienplatz. Repris énergiquement en main, il vient d'être entièrement rénové. Chambres au mobilier neuf de style ancien (toutes différentes) et salles de bains impeccables.

▲ **Hotel Golden Leaf Altmünchen** (plan I, C3, **28**) : Mariahilfplatz, 81541. ☎ 45-84-40. Fax : 84-44-00. • www.golden-leaf-hotel.de • S-Bahn : Rosenheimer Platz. Chambres doubles avec douche et w.-c. de 105 à 130 € en semaine et de 80 à 100 € le week-end. Hôtel de confort qui pratique des prix attractifs le week-end. Ne paie pas de mine extérieurement, mais les chambres ont été aménagées avec soin. Donne sur une place agréable à deux pas du quartier de Haidhausen, caractérisé par son ambiance de village. Fait aussi resto (prix corrects).

▲ **Deutsche Eiche** (plan II, G6, **29**) : Reichenbachstrasse 13, 80469. ☎ 23-11-660. Fax : 23-11-66-98. • www.deutsche-eiche.com • Chambres doubles à partir de 92 €. Une adresse célèbre pour les fans de Fassbinder, qui venait avec sa troupe au bistrot du rez-de-chaussée. Un des plus célèbres hôtels gays de la ville, qui se fait porte-drapeau de sa communauté. Chambres modernes au style épuré. Terrasse sur le toit, sauna, hammam et salle de fitness.

▲ **Hotel Blauer Bock** (plan II, F6, **34**) : Sebastiansplatz 9, 80331. ☎ 23-17-80. Fax : 23-17-82-00. U-Bahn : Sendlinger Tor ou Marienplatz. Doubles avec lavabo ou douche et w.-c. de 61 à 87 €. Un établissement standard dans un quartier agréable et paisible, entre le *Viktualienmarkt* et le *Stadtmuseum*. Atmosphère typique. Animaux domestiques acceptés avec supplément. Cartes de paiement refusées.

Beaucoup plus chic

▲ **Hotel Advokat** (plan II, G6, **32**) : Baaderstrasse 1, 80469. ☎ 21-63-10. Fax : 21-63-190. • www.hotel-advokat.de • Tous les S-Bahn : Isartorplatz. Chambres doubles avec douche et w.-c. à 150 € (130 € en période creuse, appeler pour connaître les offres). Extérieurement, ce bâtiment style bureau années 1950 déçoit presque... mais dès que l'on pénètre dans le hall, on est rapidement conquis par cet hôtel au design sobre, où chaque détail a été pensé : le propriétaire a même conçu certains meubles. Délicieux buffet de petit déj' *all you can eat*. Terrasse aménagée sur le toit (accessible jusqu'à 22 h), où l'on peut boire un dernier *drink*.

▲ **Hotel am Viktualienmarkt** (plan II, G6, **36**) : Utzschneiderstrasse 14, 80469. ☎ 231-10-90. Fax : 23-11-09-55. • hotel-am-viktualienmarkt@gmx.de • Doubles autour de 120 €, toutes avec douche, w.-c. et TV. Gratuit pour les enfants de moins de 12 ans. Hôtel situé dans un de nos coins préférés, à proximité du marché aux Victuailles. Chambres disposant de tout le confort. Dommage, l'hôtel a moins de charme que son environnement.

🏠 *Andi München City Center (plan II, E5-6, 31)* : Landwerstrasse 33, 80336. ☎ 552-55-60. Fax : 55-25-56-66. ● www.confort-hotel-andi.com ● U/S-Bahn : Hauptbahnhof. Près de la gare. Chambres doubles autour de 95 à 150 € en fonction de la période. Personnel très accueillant, chambres coquettes bien insonorisées avec tout le confort (salle de bains, TV, séchoir, minibar, etc.).

🏠 *Hotel Cortiina (plan II, G5, 33)* : Ledererstrasse 8, 80331. ☎ 24-22-49-0. Fax : 24-22-49-100. ● www.cortiina.com ● U-Bahn : Marienplatz. Doubles à 186 €. Hôtel design dernier cri en plein cœur de la ville, l'adresse idéale quand on a décidé de casser sa tirelire. Évidemment, il faut être sensible au style résolument contemporain, mais dans le genre c'est vraiment réussi. Matériaux nobles, jeux de lumière et de couleurs sombres.

Où manger ? Où boire un verre (de bière) ?

Les restaurants typiquement bavarois sont éminemment touristiques. Cela dit, les tavernes traditionnelles sont rarement chères et l'ambiance est toujours assurée... On ne vous les indique pas tous, mais vous ne risquez guère d'être déçu si vous poussez la porte de l'un d'eux, avec l'idée d'avaler quelques *Knödel* (boulettes de pain ou de pommes de terre quelque peu étouffe-chrétien) accompagnées de goulasch ou d'un rôti de porc *(Schweinebraten)*. Plats traditionnels, le *Münchner Sauerbraten*, viande de bœuf marinée et bien épicée, ou le *Tellerfleisch*, pot-au-feu servi avec du raifort râpé, sont à goûter au moins une fois, comme les jarrets de porc *(Schweinshaxe)* ou de veau grillés.

Contentez-vous sinon de faire la pause casse-croûte, l'éternel Brotzeit. Rien ne vaut un verre de bière pour faire passer l'Obatza (genre de camembert coulant mélangé avec du beurre et écrasé avec poivre, sel, oignon, poivron, cumin) servi avec un bretzel frais. Ou la Weisswurst de la fin de la matinée accompagnée de moutarde sucrée (Bayerischer Senf). Autre spécialité délicieuse à base de veau, accompagnée de persil, d'un zeste de citron et d'épices. L'idéal, s'il fait beau, pour apprécier le Brotzeit avec un Schlachtplatte (assiette de charcuterie), c'est évidemment d'aller s'asseoir dans un Biergarten, (un « jardin de bière » si l'on traduit mot à mot), pour être vraiment au cœur de la vie bavaroise. C'est là que tout le monde se retrouve, en famille, entre amis, pour prendre l'air du temps et montrer qu'on est heureux de vivre dans la plus belle ville d'Allemagne (chauvins, les Bavarois ? vous voulez rire...). On sert rarement des desserts en fin de repas, surtout à midi, gardez-vous pour la pause goûter et dégustez un Obstkuchen, une Schwarzwäldertorte ou bien la spécialité autrichienne, le Kaiserschmarren.

Dans le centre

Bon marché

On peut manger pour pas très cher à Munich, notamment dans un des très nombreux *Imbiss* (snack où l'on mange debout). On y sert des saucisses (par exemple, dans une des nombreuses enseignes **Vinzenz–Murr**), mais aussi des *Döner Kebabs* (mouton grillé dans un pain *pitta*), comme dans la Landwehrstrasse *(plan II, E5)*, où est installée la communauté turque. Un des incontournable self-services reste le **marché Mövenpick** *(plan II, F5, 40)*, installé sur la Karlplatz, dans une très belle salle historique classée.

Très appétissant et bon marché, tout est préparé devant vous. Réputé pour ses glaces et ses jus de fruits frais. Enfin, pour ceux qui voudraient manger végétarien (pour compenser le régime *Wurst-Kartoffel*), un nom à retenir : **Buxs** *(plan II, G6, 43)*, Frauenstrasse 9 (ouvert en semaine de 11 h à 18 h 45, le samedi jusqu'à 15 h, fermé le dimanche), situé à deux pas du Viktualienmarkt, produits très frais (attention, prix aux 100 g).

À ne surtout pas manquer, le **Viktualienmarkt** *(plan II, G6, 41)*, plus vieux marché munichois et l'un de nos lieux préférés pour grignoter entre 9 h et 21 h 30 (sauf le dimanche). Échoppes en bois présentant de beaux stands de fruits, légumes, charcuteries, fromages de l'Allgäu, pains, etc. Un peu cher, mais excellents produits. À midi, file ininterrompue des employés du quartier, qui viennent s'acheter un *Leberkäse* glissé dans un *Brötchen* ou bien un poisson pané avec une salade de pommes de terre, comme le propose la chaîne **Nordsee**. Les jours où il fait frisquet, on se réchauffe avec un verre d'**Honigwein** (vin chaud au miel), dans une boutique *Honighäusl*. Dès les beaux jours, charmant *Biergarten* sous les marronniers.

BRASSERIES

Prix moyens

On y sert les grandes spécialités de cuisine bavaroise. Compter entre 7 et 15 € pour un plat, tellement bourratif que, en général, un suffit ! Pour une bière d'un litre, vous débourserez autour de 6 €.

|●| **Fraunhofer** *(plan II, F6, 44)* : Fraunhoferstrasse 9. ☎ 26-64-60. U-Bahn 1 ou 2 : Fraunhoferstrasse. Ouvert de 16 h 30 à 1 h du matin en été, et jusqu'à 23 h en hiver. Cuisine traditionnelle copieuse. *Weisswurstfrühstück* les samedi et dimanche à partir de 10 h. Le lieu de rencontre des intellectuels dans un décor ancien de vieille taverne bavaroise, autour d'épaisses tables en bois. Têtes d'animaux empaillés au mur ! Théâtre dans la cour intérieure, cinéma d'art et d'essai au sous-sol. Adresse d'une grande authenticité. N'accepte pas les cartes de paiement.

|●| **Hofbräuhaus** *(plan II, G5, 45)* : am Platz 9. ☎ 290-13-60. U-Bahn 3 ou 6 : Marienplatz. Ouvert de 9 h à minuit. Une véritable institution à Munich et en Bavière. Probablement la brasserie la plus connue au monde. Créée en 1589, elle accueille chaque année plus de 3 millions de visiteurs ! Contenant 3 600 places, elle reçoit près de 30 000 visiteurs les jours de pointe. Presque en permanence des concerts de musique bavaroise avec les culottes de cuir et les chapeaux à plumes. Même si certains se font payer (en liquide, évidemment !) pour faire de la figuration, ça marche toujours autant. Une précision avant que vous ne veniez voir ce temple de la bière : les chopes font 1 l et on vous en sert une dès que vous êtes assis, sans même que vous ne l'ayez commandée ! Mieux vaut y boire une bière qu'y manger.

|●| **Andechser am Dom** *(plan II, F5, 46)* : Weinstrasse 7a. ☎ 29-84-81. U-Bahn 3 ou 6 : Marienplatz. Derrière la cathédrale, comme de bien entendu. Ouvert de 10 h à 1 h (cuisine ouverte jusqu'à 23 h). Cuisine typique de qualité, service impeccable. Les prix comme la bière des bons moines sont des plus honorables. Petite terrasse.

|●| **Bratwurstherzl** *(plan II, G6, 42)* : Dreifaltigkeitsplatz 1. ☎ 29-51-13. U-Bahn 3 ou 6 : Marienplatz. Juste à côté du Viktualienmarkt. Ouvert de 10 h à 23 h (cuisine ouverte jusqu'à 21 h 30). Là où il y a de la bière, la saucisse n'est pas bien loin... on dirait presque un dicton bavarois ! Établissement très prisé pour son atmosphère familiale et son grand choix de plats tout simples à prix très corrects.

|●| **Wirtshaus zum Straubinger** *(plan II, G6, 50)* : Blumenstrasse 5. ☎ 232-38-30. U-Bahn 3 ou 6 : Marienplatz. Local de tradition à côté du marché aux Victuailles. Bonne table légère-

ment plus chère, mais la qualité est au rendez-vous. Grand choix de plats. Menu à midi autour de 6 €. Pour digérer, prenez un petit schnaps (à consommer avec modération!) Très agréable *Biergarten* sous les marronniers. *Bierkeller* (cave à bière).

KNEIPEN (CAFÉS) ET RESTAURANTS

Étudiants et habitués aiment bien se sustenter dans un *Kneipe*, terme correspondant en fait à un café au sens large... On peut y boire, y manger, y prendre le petit dej', à n'importe quelle heure de la journée.

Prix moyens

|●| ***Lotterleben*** (plan II, G6, **54**) : Frauenstrasse 4. ☎ 26-55-16. S-Bahn 1-8 : Isartor. Ouvert de 9 h à 1 h (le dimanche, à partir de 10 h). Plats de 5 à 12 €. Bon point d'observation sur le Viktualienmarkt. S'est imposé comme un des passages obligés de la place à l'heure du petit dej', avec sa copieuse carte de *brunches*, mais aussi le midi et le soir grâce à ses petits plats du style *world food*, qui font le bonheur du plus grand nombre.

|●| ***Café Glockenspiel*** (plan II, F5, **60**) : Marienplatz 28. ☎ 26-42-56. U/S-Bahn : Marienplatz. Au 5ᵉ étage, entrée par le passage de la Rosenstrasse. Ouvert de 10 h à 1 h. Plats de 7 à 17 €. Menus de 18 à 25 €. L'ancien salon de thé renommé pour ses pâtisseries, un peu vieillot, a été complètement refait. Il est devenu un bar-restaurant jeune. Une terrasse-patio a été installée sur le toit, où l'on peut y boire un verre ou grignoter. À partir de 19 h 30, un menu « tout compris » est servi dans la salle à manger donnant sur le fameux carillon. Cuisine originale, nappes blanches et chandelles : tout ce qu'il faut pour une soirée réussie !

|●| ***Café Interview*** (plan II, G6, **62**) : Gärtnerplatz 1. ☎ 202-16-49. U/S-Bahn : Marienplatz ou Isartor. Ouvert de 10 h à 1 h (le dimanche, jusqu'à 19 h). *Pasta* autour de 9 €, plats autour de 16 €. Bar-restaurant prisé par la jeunesse « chic » munichoise. Un lieu qualifié de *Szenetreff*, très fréquenté par la communauté gay très implantée dans ce quartier. Cuisine italienne dans un décor inspiré par Philippe Starck. Petit dej' servi jusqu'à 16 h. Terrasse agréable en été, donnant sur une place fleurie. S'il n'y avait plus de place pour le *brunch,* passez au ***Baader Café*** (Baaderstrasse 47 ; plan II, G6, **56**), pas très loin et particulièrement réputé pour sa carte de *Frühstück* (*brunch*-buffet le dimanche, certainement le meilleur de la ville).

|●| ***Riva Bar & Pizzeria*** (plan II, G6, **57**) : Tal 44. ☎ 22-02-40. S-Bahn : Isartor. Ouvert de 8 h à 1 h (le dimanche, à partir de 10 h). Pizzas et plats de 6 à 11 €. On aime bien ce petit italien, qui, avec peu de chose, a su transformer ce local en un endroit sympathique et chaleureux. Peu de choix, mais des produits de qualité directement importés d'Italie et servis avec amabilité.

|●| ***Café am Beethovenplatz*** (plan II, E6, **66**) : Goethestrasse 51. ☎ 54-40-43-48. Ouvert de 9 h à 1 h. Le plus vieux café-concert de Munich dans un établissement qui existe depuis 1899, entouré d'une agréable terrasse. Le café se targue d'avoir accueilli le premier night-club de l'après-guerre, où se retrouvaient les soldats américains des troupes de l'occupation. Aujourd'hui, le piano est toujours là et des concerts y sont régulièrement organisés. Bonne carte de *brunchs* de 5 à 8 €. Excellent gâteaux maison.

|●| ***Bar Centrale*** (plan II, G5, **59**) : Ledererstrasse 23. ☎ 22-37-62. U/S-Bahn : Isartor ou Marienplatz. Ouvert de 8 h à 1 h (le dimanche, à partir de 10 h). Pâtes et sandwichs de 6 à 9 €.

Charmant petit bistrot à l'avant, salle de resto-*lounge* à l'arrière. Offre une halte agréable pour ses excellents *cappuccini* ou bien pour déjeuner sur le pouce. Bonne musique et ambiance cool.

Un peu plus chic

I●I **Königsquelle** (plan II, G6, 64) : Baaderplatz 2. ☎ 22-00-71. U-Bahn 1 ou 2 : Fraunhoferstrasse. Près de Gärtnerplatz. Ouvert de 17 h à 1 h (le samedi, à partir de 19 h). Plats de 8 à 15 €. Une des adresses préférées des Munichois. Ravira les gourmands, avec ses spécialités bavaroises préparées avec soin. Ici, on oublie le folklore trop criant, mais on découvre une autre facette de la tradition bavaroise, plus fine dans ses plats et dans son ambiance. Bonne carte de vins.

I●I **Hundskugel** (plan II, F5, 49) : Hotterstrasse 18. ☎ 26-42-72. U/S-Bahn : Sendlinger Tor ou Marienplatz. Ouvert tous les jours de 10 h à minuit. Plats à la carte entre 9 et 16 €. Sans doute le plus vieux resto de Munich, fondé en 1440. Belle façade fleurie, intérieur mignon et chaleureux. Bon accueil. Cuisine bavaroise soignée. Resto réputé pour sa qualité, mais plus cher que les brasseries. Souvent pris d'assaut.

I●I **Prinz Myshkin** (plan II, F5-6, 53) : Hackenstrasse 2. ☎ 26-55-96. U/S-Bahn : Sendlinger Tor ou Marienplatz. Ouvert tous les jours de 11 h à minuit. Assiettes de 5 à 11 €. Le végétarien à la mode (soupes, salades, lasagnes et pâtes). Vaste salle claire voûtée. Beau choix de plats froids ou chauds d'inspiration orientale et italienne.

Brunchs le dimanche de 10 h à 17 h. Produits frais et « naturels ». Clientèle bigarrée.

I●I **Makassar** (plan I, B3, 55) : Dreimühlenstrasse 25. ☎ 77-69-59. Au sud du centre-ville, près de la *Südbahnhof*. Bus n° 31 de Sendlinger Tor, direction Westendstrasse, arrêt Reiffenstuel (à l'angle de Thalkirchnerstrasse). Ouvert de 17 h à 1 h. Fermé le dimanche. Compter entre 13 et 20 € pour un plat. Menus le soir de 25 à 40 €. Un cadre néo-colonial raffiné, de bonnes spécialités antillaises et des cocktails pour le moins tropicaux ! Service prévenant et atmosphère paisible. La clientèle est plutôt huppée. Prendre le soin de réserver, la salle est vite complète (heureusement, il reste le comptoir). N'accepte pas les cartes de paiement.

I●I **Joe Peñas** (plan II, G6, 48) : Buttermelcherstrasse 17. ☎ 22-64-63. S-Bahn 1-8 : Isartor. Près de Gärtnerplatz. Ouvert de 17 h à 1 h (service jusqu'à 23 h 30). Entre 7 et 16 €. Resto mexicain comme on en trouve pas mal par ici et belle salle coloniale. C'est toujours bondé et souvent bruyant. *Happy hour* au bar en début de soirée : ça permet de réserver sa place et d'être un peu tranquille avant le *rush* des étudiants.

Bien plus chic

I●I **Roma** (plan II, G5, 72) : Maximilianstrasse 31. ☎ 22-74-35. U-Bahn : Isartor. Ouvert de 8 h à 3 h (cuisine ouverte jusqu'à 1 h). Plats de 9 à 20 €. Décoré par le célèbre designer allemand Ingo Maurer dans des tons rouges sur le thème de l'opéra, ce café fait partie de la tournée des grands ducs de chaque *Schicki-Micky* munichois qui se respecte, ou de celui qui voudrait en être un ! Cependant, les têtes moins connues sont les bienvenues dans ce vaste café qui bouillonne de monde quelle que soit l'heure. Sachez que si vous voulez retrouver votre voisin de table, il est possible qu'il se rende ensuite au très réputé bar **Schumann** (Maximilianstrasse 36, de l'autre côté de la place) ou bien qu'il dîne dans le meilleur restaurant de Munich depuis plus de 20 ans : le **Tantris** (Johann-Fichte-Strasse 7, menu le soir à partir de 100 €).

I●I **Kaffeehaus Dukatz** (plan II, G5, 69) : Salvatorplatz 1, im Literaturhaus. ☎ 291-96-00. U-Bahn 3 ou 6 : Odeonsplatz. Ouvert de 10 h à 1 h (le dimanche, jusqu'à 18 h). Plats de 12 à 24 €. Ce n'est pas parce qu'il y a de la cuisine provençale qu'il faudra vous croire chez l'autre *Ducasse* (les prix !), même si l'on se vante ici d'une atmosphère et de desserts français. Si vous ne voulez pas d'une addition salée, allez vous réfugier au bar. On y grignote à toute heure, ou presque, un sandwich à base de dinde et d'avocat munichois (un bonheur) pour 4 €.

I●I *Master's Home* (plan II, G6, 52) : Frauenstrasse 11. ☎ 22-99-09. S-Bahn 1-8 : Isartor. Ouvert de 18 h à 3 h. Toutes les « portions » sont à 6 €. Au bout de 5 ou 6, vous devriez être rassasié. Superbe bar anglais installé en sous-sol, dans un décor colonial autant qu'original. On peut aussi se réfugier dans les pièces d'à côté. À vous de choisir entre la bibliothèque, la salle de bains ou la chambre : ici, on peut prendre son bloody mary dans la baignoire ou un daiquiri allongé sur le lit... On peut aussi y dîner dans une salle beaucoup plus calme. L'ambiance y est assez intime et les prix un peu plus élevés. Ça vaut pourtant largement le coup.

I●I *Lenbach Palais* (plan II, F5, 51) : Ottostrasse 6. ☎ 54-91-300. Tram 27 : Ottostrasse. Resto ouvert de 11 h 30 à 14 h 30 et de 18 h à 1 h (fermé le samedi midi et le dimanche). Bar ouvert de 14 h à 1 h en semaine et 3 h le week-end (fermé le dimanche). Côté bistrot, on s'en sort autour de 11 €. Au restaurant, compter entre 15 et 30 €. Un des repaires des *beautiful people* de la ville. Il est vrai que la décoration signée Terence Conran s'y prête, avec la scène de défilés haute couture qui mène aux tables. Tout autour, sol et colonnade d'inspiration vénitienne. Murs de miroirs aux toilettes.

À Maxvorstadt

Situé au nord-ouest de la vieille ville (U/S-Bahn : Universität), c'est un peu le Quartier latin de Munich. Pas de doute, on est bien dans le QG des étudiants, où fourmillent cafés et restos à prix modérés.

I●I *Atzinger* (plan II, G4, 47) : Schellingstrasse 9, à l'angle avec Amalienstrasse. ☎ 28-28-80. Ouvert de 10 h à 3 h (le dimanche, jusqu'à 1 h). Cuisine ouverte jusqu'à 2 h (le dimanche, jusqu'à minuit). Plats en dessous de 10 €. Le restaurant de Schwabing le plus fréquenté par les étudiants qui viennent pour ses plats bon marché, copieux et savoureux, et pour les grandes tables de bois clair. Public mélangé dans une ambiance copain-copain.

I●I *Kaisergarten* (plan I, C1, 74) : Kaiserstrasse 34, à l'angle avec Bismarkstrasse. ☎ 34-02-02-03. Ouvert de 9 h à 1 h. Plats de 6 à 14 €. Délicieux *Frühstück* et *brunch* autour de 7 € (jusqu'à 13 h en semaine et 16 h le week-end). C'est la version rajeunie et tendance de la brasserie traditionnelle : un vent de jeunesse a soufflé sur le charmant *Biergarten*, la salle boisée cosy et les plats bavarois savoureusement préparés... et ça fonctionne du tonnerre ! Cela confirme le vieux proverbe, « c'est dans les vieilles casseroles qu'on fait les meilleures soupes ».

I●I *Tresznjewski* (plan II, F4, 68) : Theresienstrasse 72. ☎ 28-23-49. Juste à côté de la Pinacothèque. Ouvert de 8 h à 3 h (4 h le week-end). *Happy hour.* Carte du jour autour de 8 €. Bistrot style Art déco, qui a deux gros avantages : il est à côté de beaucoup de musées et il est ouvert tard le soir. Ajouter à cela un décor début XXe siècle très sympa, des prix corrects pour une cuisine inventive et une bonne ambiance.

I●I *Café Puck* (plan II, F4, 70) : Türkenstrasse 33. ☎ 280-22-80. Ouvert tous les jours de 9 h à 1 h. Plats du jour autour de 9 €. Toujours beaucoup de monde et d'ambiance. Clientèle jeune et sympa. Très bon endroit pour faire connaissance. Si vous ne nouez aucun contact, vous n'aurez pas tout perdu, car vous aurez la peau du ventre bien tendue ! Bon rapport qualité-prix.

Schelling Salon (plan I, C2, 84) : Schellingstrasse 54, à l'angle avec la Barerstrasse. ☎ 272-07-88. Ouvert du jeudi au lundi de 6 h 30 à 1 h. Compter entre 3 et 7 €. Menu autour de 8 €. Un café-salle de jeux tenu par la même famille depuis sa création, en 1872 ! Ne cherchez pas les jeux électroniques, il n'y a que des échiquiers et des billards ! Il faut s'adresser en cuisine pour réserver une table, et on paie d'avance. La grande salle est décorée de souvenirs familiaux et les clients sont des habitués. Menu bon marché, cuisine rustique. Dépaysement garanti !

Türkenhof (plan II, G4, 71) : Türkenstrasse 78. U-Bahn : Universität. Ouvert de 11 h (13 h le week-end) à environ 1 h (3 h les vendredi et samedi). Plats en dessous de 10 €. Un minuscule café à la déco de bois qui tient la route. Bonne musique. Clientèle d'intellos, baroudeurs et d'habitués. Intéressant à midi pour ses salades copieuses, ses soupes, ses sandwichs et ses plats chauds bon marché. Terrasse en été.

À Schwabing

Longtemps repaire des intellos et des artistes (Lénine, Kandinsky, Klee, Brecht, Rilke et Thomas Mann, entre autres, y ont vécu), Schwabing est devenu un quartier jeune, axé autour de la plus grosse université munichoise (65 000 étudiants). Les étudiants aiment toujours se retrouver sur Leopoldstrasse (entre Münchner Freiheit et Giselastrasse), où se succèdent cafés et vendeurs de glaces. Dommage que l'exploitation touristique gâche un peu l'ambiance.

Tijuana Café (plan I, C2, 75) : Leopoldstrasse 13. ☎ 33-04-07-24. U/S-Bahn : Giselastrasse. Ouvert de 17 h à 3 h. Plats de 5 à 16 €. Venez entre 17 h et 20 h pour profiter des cocktails à 4,50 €. Le tex-mex préféré des jeunes, en plein Schwabing, avec terrasse très bien aménagée. Ventilateurs, cactus, tequila, musique *mariachi* et *guacamole* préparé sous vos yeux. ¡ Viva Mexico !

Bobolovsky's (plan I, D1, 77) : Ursulastrasse 10. ☎ 39-73-63. U-Bahn : Münchener Freiheit. Ouvert de 9 h à 1 h (3 h les vendredi et samedi). Plats autour de 10 €. Grande carte de *brunches* de 4 à 9 €. Tous les lundis à partir de 20 h, *all you can eat* à 9 €. Depuis des années, cette adresse fonctionne : les modes passent et le *Bobolovsky's* est toujours là, avec sa grande salle bois et orange, son ambiance enfumée et ses plats américano-mexicains. Une valeur sûre.

Roxy (plan I, C2, 73) : Leopoldstrasse 48. U/S-Bahn : Giselastrasse. Ouvert de 8 h à 3 h. Plats en dessous de 10 €. Terrasse en été. Beaucoup de monde, principalement des étudiants, dans ce café de style californien. Fréquenté aussi par les yuppies qui viennent pour voir et être vus. Restauration sans intérêt pour un résultat qui risque de vous faire perdre ce sens de l'humour qu'ici, plus qu'ailleurs, il vous faudra conserver.

Reitschule (plan I, C2, 83) : Königinstrasse 34. ☎ 388-87-60. Ouvert de 9 h à 1 h. Café dont la particularité est de donner directement sur le manège d'un club hippique, à la lisière de l'Englischer Garten. Expositions temporaires de tableaux. Terrasse dans la verdure pour l'été.

Murphy's (plan I, C2, 82) : Nikolaistrasse 9a. U-Bahn : Giselastrasse. Ouvert de 17 h à 1 h (les vendredi et samedi, jusqu'à 3 h). Il est vrai qu'il est un peu étrange d'aller dans un pub irlandais en Bavière, pourtant, ils ont poussé comme des champignons et sont souvent bondés. À Schwabing, dans un rayon de 500 m, vous en trouverez plusieurs. Celui-ci est le plus grand et un des plus en vue. Détails amusants : on peut s'asseoir sur des lits ou des tonneaux.

À Neuhausen

Voulez-vous sortir des sentiers battus et découvrir un autre Munich ? Alors suivez-nous à Neuhausen, quartier de prédilection des bobos, en apparence résidentiel, mais qui recèle de bonnes adresses.

|●| *Café Ruffini* (plan I, A2, 58) : Orffstrasse 22-24. ☎ 16-11-60. U-Bahn ou tram 12 : Rotkreuzplatz. À l'angle de Ruffinistrasse (perpendiculaire à Nymphenburgerstrasse). Ouvert de 10 h à minuit. Fermé le lundi. Plats de 4 à 13 €. Depuis des années, une adresse top ambiance du matin au soir et du soir au matin. Décor très sobre et menus affichés sur une grande ardoise à l'entrée. On y vient pour refaire le monde autour d'un bon verre de vin et pour sa cuisine bio d'inspiration méditerranéenne plutôt inventive, mais aussi pour ses événements artistiques (expos). Terrasse sympa à l'étage. Clientèle jeune et hétéroclite (étudiants, aventuriers, habitués du quartier, etc.). Juste à côté, la boutique du même nom propose toutes sortes de produits italiens et prépare de bons sandwichs, de 8 h 30 à 12 h et de 13 h à 18 h (les samedi et dimanche, jusqu'à 17 h).

|●| *Pardi* (plan I, A2, 80) : Volkartstrasse 24. ☎ 13-18-50. U/S-Bahn : Rotkreuzplatz. Ouvert de 9 h à 1 h. Plats de 9 à 15 €. Formule à midi à 11 €. *Kahvalti* (petit dej' turc de 9 h à 15 h) de 3 à 9 €. Le *Pardi*, pardi, que c'est une bonne adresse (glups) ! Excellent resto turc, qui propose des spécialités goûteuses, comme les grandes assiettes chaudes ou froides de *mezze*, des brochettes d'agneau, des *böreks* (feuilletés)... Bon choix de vins turcs. Grande salle chaleureuse dans des tons ocre, éclairée le soir avec une lumière tamisée. Très agréable terrasse dès les beaux jours. Service aimable.

|●| *Löwengarten* (plan I, A2, 81) : Volkartstrasse 32, à l'angle d'Orffstrasse. ☎ 16-13-73. U-Bahn : Rotkreuzplatz. Ouvert en semaine de 17 h à 1 h et le week-end de 10 h à 1 h. Plats de 8 à 15 €. Auberge néo-bavaroise. Les éléments décoratifs de l'ancien *Stube* et les bonnes vieilles recettes de cuisine du terroir, qui ont fait leurs preuves, ont été sagement conservés, mais intelligemment adaptés au goût du jour. C'est l'adresse du jeune Bavarois fier de sa culture mais qui a voyagé : influences que l'on retrouve dans les plats, offrant ainsi une nouvelle lecture de la tradition. Charmant *Biergarten*. Accueil convivial.

|●| *Ysenegger* (plan I, A2, 79) : Ysenburgerstrasse 3. ☎ 16-27-91. U/S-Bahn : Rotkreuzplatz. Ouvert de 10 h à 1 h. Carte du jour (pâtes, salades, quelques plats régionaux) autour de 9 €. *Brunchs* jusqu'à 16 h de 3 à 9 €. Dans une rue tranquille entre des petites maisons et des arbres, en plein quartier résidentiel chic, un café-restaurant sans prétention (*Biergarten* vraiment sympa en été) avec serveurs et clients jeunes et décontractés. Petits plats simples et pas chers.

À Haidhausen

Un autre village plein de charme où l'on vient surtout pour flâner, boire un café... Rendez-vous depuis quelques décennies déjà des artistes et des branchés qui évitent soigneusement les lieux traditionnels et touristiques du centre-ville. Les noms français des rues (Orléans, Metz, Sedan, Paris...) nous ramènent aux lendemains de la guerre de 1870.

|●| *Juleps* (plan I, D3, 78) : Breisacherstrasse 18. ☎ 448-00-44. U/S-Bahn : Ostbahnhof. Ouvert de 17 h à 1 h. Plats de 8 à 16 €. Cuisine américano-mexicaine (*fajitas* soi-disant les meilleurs de Munich) dans un décor style « Prohibition ». Excellents cocktails (c'est toujours plein à craquer pour la *happy hour*). Clientèle jeune et élégante. Aller ensuite boire un verre au bar *Lisaboa*, situé au n° 22 de la même rue de l'autre côté de la place, où il y a toujours de l'ambiance.

I●I *Unions-Bräu Haidhausen* (plan I, D3, 86) : Einsteinstrasse 42. ☎ 47-76-77. U-Bahn : Max-Weber-Platz. Ouvert de 11 h à minuit (le dimanche, de 11 h à 16 h). *Keller* (cave) ouverte de 16 h à 1 h. Plats de 7 à 13 €. Un lieu réputé pour sa gastronomie autant que pour sa bière, avec des salles sur plusieurs étages et un *Biergarten* caché côté cour. Un lieu connu aussi pour ses concerts de jazz, d'octobre à mai, les jeudi et vendredi, à partir de 20 h (voir chaque mois la liste dans le programme édité par l'office du tourisme).

I●I *Wirthaus in der Au* (plan II, H6, 61) : Lilienstrasse 51. ☎ 44-81-400. Ouvert en semaine de 17 h à 1 h, les week-ends et jours fériés de 10 h à 1 h. Plats de 7 à 18 €. Menus le soir à partir de 17 €. Tables en bois épaisses, chopes et objets entrant dans la fabrication de la bière pendus aux murs, photos noir et blanc de l'ancienne brasserie, lustres recouverts de houblon... voilà, le décor est planté ! Cuisine rustique de qualité, réputée pour servir les plus gros *Knödel* de tout Munich. Ambiance de bon aloi. Service convivial en costume local.

Pour manger dehors : les *Biergärten*

Indispensable à votre culture ! S'il fait beau, si les oiseaux chantent dans votre tête... vous allez vous régaler. Comptez 6,50 € pour un litre de bière et... c'est tout, si vous avez eu la bonne idée d'apporter votre pique-nique, ce qui est ici parfaitement naturel. En plus, on vous rembourse le prix de la chope si vous ne partez pas avec ! Bon, que cela ne vous empêche pas de vous régaler d'une bonne *Bratwurst* des familles avec un *Bretzel* ou un jarret de porc grillé (plats en dessous de 10 € ; voir texte en introduction de la rubrique « Où manger ? Où boire un verre (de bière) ? »). Pour perfectionner votre connaissance du dialecte bavarois, c'est le moment...

Y *Hofbräukeller* (plan II, H6, 85) : Innere Wienerstrasse 19, Haidhausen. U-Bahn 4 ou 5 : Max-Weber-Platz ; tram 18 : Wienerplatz. Ouvert de 10 h à 22 h 30. Près d'une des places les plus agréables du quartier, difficile de ne pas avoir un petit coup de cœur pour ce *Biergarten* qui s'étend aux beaux jours sous les marronniers.

Y *Augustinerkeller* (plan I, B2, 76) : Arnulfstrasse 52, Neuhausen. S-Bahn : Hauptbahnhof. Ouvert tous les jours de 10 h à 1 h. Des tables pour 5 000 personnes, plus une salle de 600 places ! Ce n'est même pas le plus grand ! Vu le monde, soyez rassuré, ce n'est pas mauvais du tout !

Y *Königlicher Hirschgarten* (plan I, A2, 67) : dans le Hirschgarten. S-Bahn : Laim ; tram 16 ou 17 : Steubenplatz. Ouvert de 9 h à minuit. Le voilà, le plus grand *Biergarten* de toute la Bavière : 8 000 places. Difficile de s'y sentir seul car vous ne serez sûrement pas le seul à apprécier... à moins d'un orage, et encore...

Y I●I *Biergarten Am Chinesischer Turm* (plan II, H4, 87) : dans l'Englischer Garten, au nord du parc (accès par Tivolistrasse). U-Bahn : Universität. Ouvert quand il fait beau (et chaud) de 10 h 30 à minuit. Des milliers de tables sous les marronniers. Au centre, une étonnante pagode avec orchestre bavarois. On ne peut pas se tromper, malgré l'architecture de la tour : on est bien à Munich, bière au litre et *Bretzel* ! À l'entrée, un self-service où acheter plats chauds, beaux sandwichs et salades (au poids, donc un peu chères). Restaurant plus chic au pied de la pagode, idéal pour un rendez-vous. En tout cas, l'endroit rêvé pour déjeuner en été : on peut ensuite faire une sieste sur l'herbe du parc... L'ambiance est plutôt familiale.

Y *Biergarten am Seehaus* (plan I, D1, 63) : également dans l'Englischer Garten, mais au bord du lac celui-ci. Bus 44 : Englischer Garten. Ouvert, quand il fait beau, de 10 h à 23 h. C'est le *Biergarten* préféré des jeunes Munichois et il est rapidement complet dès que le soleil pointe. Mais il vaut vraiment le détour et même le parking, que vous paierez, si vous venez en voiture du centre.

Où déguster un bon gâteau ?

🍴 *Café Kunsthalle (plan II, G5, 88)* : Theatinerstrasse 8. ☎ 20-80-21-20. U-Bahn : Marienplatz. Accès par la galerie marchande Fünf Höfe, côté Salvatorpassage. Excellents gâteaux, qui proviennent de chez Dallmayr (épicerie fine la plus connue de Munich). Servis dans une salle (à l'étage) à la déco psychédélique. Autres points de vente : Münchener Freiheit 20 et 7, Rotkreuzplatz 2, Königinstrasse 43 ou Ungererstrasse 137.

🍴 *Konditorei Schneller (plan II, G4, 89)* : Amalienstrasse 59, Maxvorstadt. ☎ 28-11-24. Ouvert en semaine de 8 h à 19 h (le samedi, de 9 h à 14 h). Fermé le dimanche. Salon de thé-confiseur au style désuet, avec sa tapisserie à fleurs. Les étudiants du quartier, qui y défilent toute la journée, ne s'y sont pas trompés, les gâteaux sont à se damner...

Où écouter de la musique ? Où danser ?

Curieusement, peu de boîtes de nuit à Munich, les jeunes préfèrent se retrouver dans les *Kneipen* ou dans les bars qui accueillent souvent des groupes. C'est encore à Schwabing, le long de Leopoldstrasse, que l'on trouve le plus grand choix.
Pour les concerts, fréquents, se reporter aux dates annoncées dans les journaux locaux, comme le *Süddeutsche Zeitung*, le dimanche, ou le *Münchner*. Les plus grands concerts de rock ont lieu sous le chapiteau de l'*Olympia Halle*, dans le parc olympique, au nord de la ville (U-Bahn : Olympia-Zentrum). Pour acheter des places : *Abendzeitung*, Sendlingerstrasse 79. ☎ 26-70-24.

🎵 *Atomic Café (plan II, G5, 100)* : Neuturmstrasse 5. S/U-Bahn : Marienplatz. Ouvert de 22 h à 4 h. Fermé le lundi. Club très en vogue en ce moment. DJs venant de toute l'Europe. Le mercredi, soirée hip hop et le dimanche, musique électronique. Alors, « si vous ne vous amusez pas à l'*Atomic Café*, ce sera forcément de votre faute ! »

🎵 *Park Café (plan II, E-F5, 101)* : Sophienstrasse 7, Ludwigsvorstadt. S/U-Bahn : Karlsplatz. Ouvert de 22 h à 4 h le mercredi, de 18 h à 2 h le jeudi et jusqu'au petit matin les vendredi et samedi. Fermé du dimanche au mardi. Immense bar-discothèque dans une belle bâtisse néoclassique. Clientèle très hétéroclite, assez branchée. Musique à la mode : house, rap, funk, techno le reste de la semaine. Les soirées du mercredi, *Black Beat Night*, restent légendaires. Derrière, un *Biergarten* dans l'ancien jardin botanique.

🎵 *Nachtwerk* : Landsbergertstrasse 185, Laim. Tram 19 : Barthstrasse. Ouvert les vendredi et samedi à partir de 22 h 30. Un décor de vieille usine. Bon mélange de musiques : les grands classiques qui assurent toujours l'ambiance.

🎵 *P1* : Prinzregentstrasse 1, Lehel. U-Bahn 4 ou 5 : Lehel. Ouvert tous les jours de 21 h 30 à 5 h. C'est la boîte des VIP du coin, mais aussi des stars en voyage à Munich. Mick Jagger ou Naomi Campbell en ont déjà foulé le *dance floor*. C'est le moment de faire péter « vos habits de lumière »...

🎵 *Muffathalle (plan II, H6, 102)* : Zellstrasse 4, Haidhausen. S-Bahn : Rosenheimer Platz ou tramways n°s 18 et 20 : Ludwigsbrücke (en face du Deutsches Museum). Derrière le Volksbad. Tous les programmes au : ☎ 45-87-50-10. Ouvert le jeudi de 22 h à 4 h et le week-end de 23 h à 5 h. En même temps un café, un restaurant, une discothèque et une salle de concerts (programme à l'entrée). Musique du moment : ethno, underground, jazz, rock... Dehors, il y a aussi un *Biergarten* avec parfois des projections de concerts en plein air.

♪ *Unterfahrt* (plan I, D3, *103*) *:* Einsteinstrasse 42, Haidhausen. ☎ 448-27-94. U/S-Bahn : Ostbahnhof. Ouvert du mardi au jeudi de 20 h à 1 h, le week-end jusqu'à 3 h. Fermé le lundi. Un des clubs de jazz les plus importants en Europe depuis les années 1970 ! Soirées be-bop, modern jazz. Groupes très connus et nouveautés chaque semaine.

♪ *Padres* (plan II, F6, *104*) *:* Blumenstrasse 43. ☎ 26-42-63. U/S-Bahn : Sendlinger Tor. Ouvert de 19 h à 3 h (jusqu'à 4 h les vendredi et samedi). Bar américain qui court tout le long d'une salle profonde et étroite avec de très bons cocktails. Le DJ et les quatre barmen musclés assurent l'animation. *Happy hours* de 19 h à 21 h à ne pas manquer.

♪ *Shamrock* (plan I, C2, *105*) *:* Trautenwolfstrasse 6, Schwabing. ☎ 33-10-81. U-Bahn : Giselastrasse. Ouvert de 18 h à 2 h (3 h les vendredi et samedi). Les samedi et dimanche, ouvre à 14 h : retransmission *live* des matches de *Bundesliga*. Bar au style *Irish pub* en sous-sol. Concert tous les soirs (programme du mois à l'entrée) allant du folklore irlandais aux nostalgiques des *60's-70's*. Excellente ambiance. Toutes les générations. Les prix sont corrects.

♪ *Bel Étage* (plan I, C1, *106*) *:* au 1er étage du « Drugstore », Feilitzstrasse 12. ☎ 33-90-13. U/S-Bahn : Münchner Freiheit. *Munich Broadway :* shows de rock, musique, danse et comédie, quelques spectacles très drôles de travestis (jamais vulgaires). Billets vendus à l'entrée à partir de 19 h 30, spectacle à 20 h 30. Consommations au bar ou servies à la table.

Vie culturelle

Munich fourmille de lieux culturels. Pour les amateurs de théâtre, plus d'une soixantaine de salles attendent les germanophones. Les mélomanes ne sont pas en reste : on joue du classique un peu partout, notamment au *Bayerisches Staatstheater* (opéra d'État ; ☎ 21-85-19-20) et dans l'étonnant *Gasteig* (où joue l'orchestre philharmonique de Munich ; ☎ 480-980), ainsi que dans la plupart des églises. Nombreuses expos également. On trouve toutes les infos utiles dans le petit programme mensuel, *Offizielles Monatsprogramm*, vendu 2 € dans les offices du tourisme. N'oubliez pas non plus de vous procurer le journal *In München* (gratuit), distribué dans les cafés. Côté vie underground et « contre-culture », les quartiers branchés (Haidhausen et Neuhausen, surtout) offrent de nombreuses manifestations, moins officielles. Se renseigner dans les cafés cités plus haut. Voici quelques adresses en vrac :

– *Neues Arena Kino :* Hans-Sachs-Strasse 7. ☎ 260-32-65. U-Bahn : Fraunhoferstrasse. Excellents films d'avant-garde, en v.o. (sous-titrés en allemand). Plus bas, dans la même rue, un cabaret assez original.
– Deux autres cinés d'art et essai : *Lupe 2,* à Schwabing (Ungererstrasse 19 ; ☎ 34-76-51), et le *Theatiner Film*, spécialisé dans les films français en v.o. (Theatinerstrasse 32 ; ☎ 22-31-83).
– *Schlachthof :* Zenettistrasse 9. U-Bahn : Poccistrasse. Voilà des abattoirs dont la reconversion a été parfaitement réussie : théâtre, concerts et bars entretiennent une atmosphère artistique sans excès de pédanterie.
– *Theater im Marstall :* Marstallplatz 4. S-Bahn : Marienplatz. Un « théâtre expérimental » dont les programmes misent sur un dialogue entre le théâtre, la musique, mais aussi le multimédia. Place aux performances !
– *Prinzregententheater* (théâtre du Prince-Régent ; plan I, D3) *:* Prinz-

regentenplatz 12. ☎ 21-85-28-99. Conçu en 1901 sur le modèle du palais des festivals de Bayreuth, ce théâtre a rouvert ses portes en 1997 après trente ans de rénovation ! Il se consacre au répertoire classique.
– Nombreux *cabarets* à Schwabing.

À voir

Pas particulièrement bouleversante d'un point de vue architectural, la ville possède pourtant de multiples richesses disséminées dans ses nombreux musées, parmi lesquels la *Pinacothèque,* mondialement connue. Ajoutez à cela quelques églises rococo et les châteaux des ducs et rois de Bavière et vous comprendrez pourquoi Munich attire autant de monde...

Le centre-ville

🎎🎎🎎 *Marienplatz (place de la Vierge-Marie ; plan II, G5, 120)* : au centre de la vieille ville. Point névralgique de la cité, avec ses deux hôtels de ville. Au Moyen Âge s'y tenait le marché au blé. Les fêtes traditionnelles y ont encore lieu, comme le féerique marché de Noël. Au centre de la place, la *Mariensäule* (colonne de la Vierge, patronne de la Bavière), du XVIIe siècle, commémore la fin du rançonnement dont fut victime Munich lors de l'occupation par les troupes suédoises (1632). À côté, *Fischbrunnen* (fontaine aux Poissons) du XIXe siècle.

🎎🎎 *Neues Rathaus (nouvel hôtel de ville ; plan II, G5, 121)* : le plus bel édifice de la Marienplatz, avec sa façade sculptée et son beffroi de 85 m de haut. L'ensemble, de style néogothique, ne date que du XIXe siècle. Au sommet, le fameux moinillon *(Münchner Kindl),* symbole de la ville. Mais l'attraction principale est l'étonnant carillon *(Glockenspiel),* dont les petits personnages s'animent régulièrement à 11 h et 12 h (également à 17 h de mars à fin octobre). Les figurines représentent deux scènes historiques : le tournoi donné en l'honneur du mariage du duc Guillaume au XVIe siècle et la danse des tonneliers célébrant la fin d'une épidémie de peste. On peut accéder à la *tour* du *Rathaus* pour admirer (par temps clair) la chaîne des Alpes. Ouvert de 9 h à 19 h du lundi au vendredi ; à partir de 10 h les samedi et dimanche (entrée : 2 €). Belle cour intérieure également, avec l'inévitable *Ratskeller,* pour les petites faims.

🎎 *Altes Rathaus (ancien hôtel de ville ; plan II, G5, 122)* : sur la place, en retrait. Plus discret que son voisin, il a pourtant plus de charme, avec sa belle façade gothique du XVe siècle, son clocher à tourelles et son élégante voûte en berceau. On y trouve le musée du Jouet (voir, plus loin dans la rubrique « À voir », « Quelques musées de plus... »).

🎎🎎 *Viktualienmarkt (plan II, G6, 123)* : au sud de Marienplatz (accès par la Prälat-Zistlstrasse), en contrebas. « Le » marché de Munich, crée en 1807. Échoppes et petites maisons charmantes. Un grand mât de cocagne bavarois se dresse au centre, couvert d'amusantes figurines en relief. On y trouve des tas de bonnes choses à acheter où à grignoter sur place (voir « Où manger ? Où boire un verre (de bière) ? »).

🎎🎎 *Frauenkirche (cathédrale Notre-Dame ; plan II, F5, 124)* : sur Frauenplatz, à l'ouest de Marienplatz ; accès par Weinstrasse ou Kaufingerstrasse. Ouvert de 7 h à 19 h (le jeudi jusqu'à 20 h 30 et le vendredi jusqu'à 18 h). Immense édifice de brique rouge, construit au XVe siècle dans le style gothique tardif, reconnaissable de loin à ses deux tours couronnées de bulbes. C'est l'une des plus grandes églises d'Allemagne du Sud (109 m de long pour 40 de large) et sa sobriété jure avec le baroque rococo habituel de la région.

MUNICH / À VOIR

🎨 **Michaelskirche** *(église Saint-Michel ; plan II, F5, 125)* **:** Neuhauserstrasse 52. Construite à la fin du XVIe siècle, c'est la plus grande église Renaissance de Bavière. Les proportions sont belles, mais la façade n'a franchement aucun charme. À l'intérieur, la nef est plus intéressante, grâce à sa voûte, paraît-il la plus large du monde après celle de Saint-Pierre de Rome ! Mobilier assez riche et, sous le chœur, dans la crypte, les tombeaux de quelques rois de Bavière de la famille Wittelsbach, dont celui de Louis II, ce qui explique l'affluence.

🎨🎨🎨 **Asamkirche** *(église des Frères-Asam ; plan II, F6, 126)* **:** Sendlingerstrasse 32. Ouvert de 7 h 30 à 18 h 30. Également appelée Sankt Johann, cette toute petite chapelle privée du XVIIIe siècle, inspirée du baroque italien, symbolise assez bien les délires du rococo allemand. Décoration d'un luxe inouï : colonnes torsadées, stucs dorés, voûte peinte, autel argenté, foison de statues, angelots, moulures, etc. Une mise en scène étonnante, qui pourtant ne choque pas les amateurs de sobriété, tant l'unité de l'ensemble est cohérente et le travail soigné. Elle appartenait aux frères Asam, deux riches architectes (l'un également sculpteur, l'autre peintre), qui durent en faire don à la ville devant la jalousie de leurs voisins. À côté de l'église, jetez un œil sur l'étonnante façade de leur maison (ne se visite pas).

🎨 **Sendlinger Tor** *(plan II, F6, 127)* **:** à l'angle de Sendlingerstrasse et de Sonnenstrasse. L'une des plus belles portes de la ville et l'un des vestiges de l'ancien mur d'enceinte de la cité, construit au XIVe siècle. Deux autres portes existent, l'une à l'est du centre *(Isartor)*, l'autre à l'ouest *(Karlstor)*, que l'on peut voir en remontant Sonnenstrasse.

🎨🎨 **Maximiliansplatz et Promenadeplatz** *(plan II, F5, 128)* **:** en remontant Sonnenstrasse jusqu'à Karlsplatz (en passant devant le palais de justice, monumental mais sans grand intérêt), on parvient à ces luxueuses places, symboles de la richesse de la ville.

🎨 **Theatinerkirche** *(plan II, G5, 129)* **:** Theatinerstrasse 22. Bel édifice du XVIIe siècle, de type italien. C'est la plus ancienne église baroque d'Allemagne du Sud ; elle influença d'ailleurs la construction de bien des églises bavaroises. À l'intérieur, remarquer notamment la superbe chaire de bois noir et la crypte princière (ouvert en milieu de journée).

🎨🎨 **Residenz** *(palais des Wittelsbach ; plan II, G5, 130)* **:** entrée par Max-Josephplatz et Residenzstrasse. ☎ 290-67-1. U-Bahn : Marienplatz ou Odeonplatz.
La résidence des seigneurs de Bavière s'éleva à la place de l'ancien château fort et devint au fil du temps un vaste palais où se mêlèrent successivement tous les styles. Chacun des occupants (ducs, princes puis rois de Bavière) y apporta sa touche, en fonction des « modes » architecturales et artistiques, mais aussi de ses fantasmes et de ses ambitions. La Residenz fut gravement endommagée en 1944 et ce que l'on voit aujourd'hui est le résultat, plus ou moins heureux, de travaux de reconstruction qui durèrent 40 ans ! Choisissez en fonction de vos intérêts les parties de la résidence que vous souhaitez visiter. Quelques incontournables : l'Antiquarium, la salle du Trésor et le théâtre Cuvilliés.
Les visites se font séparément pour chacune des « attractions » et l'entrée est payante à chaque fois. Réductions sur présentation de la carte d'étudiant dans le musée d'État. La carte donne accès à l'ensemble des centres d'intérêt de la Residenz (voir, plus loin, « Les musées »).

🎨🎨 **Residenzmuseum :** entrée sur Max-Josephplatz. Ouvert d'avril à octobre de 9 h à 18 h (le jeudi jusqu'à 20 h) et le reste de l'année de 10 h à 16 h. Entrée : 5 € ; gratuit pour les moins de 18 ans. Ticket combiné (musée + salles du trésor) : 8,50 €.
Les anciens appartements du palais, reconstruits, ont été transformés en « musée » pour présenter sculptures, peintures, mobilier, mais aussi porcelaines, tapisseries et bibelots divers. Deux circuits : l'un le matin, jusqu'à 12 h 30, l'autre l'après-midi.

– *Le matin* : visite de la galerie des Ancêtres, de la grotte artificielle (un rien kitsch), de l'*Antiquarium,* salle des fêtes de 66 m de long, décorée à la fin du XVIe siècle dans le style romain, des appartements de Louis Ier, des salles d'apparat très rococo ainsi que d'autres salles de moindre importance.
– *L'après-midi* : réservé aux amateurs de porcelaines (somptueuse collection) et aux amoureux des *Silberkammer,* 3 500 pièces d'argenterie parmi les plus belles du monde ! Outre certaines visites du matin (galerie des Ancêtres, salles d'apparat), on peut découvrir les appartements du roi et la salle du trône.

Schatzkammer (trésor) : entrée sur Max-Josephplatz. Mêmes horaires que le *Residenzmuseum.* Entrée : 5 € ; gratuit pour les moins de 18 ans. Ticket combiné (musée plus salles du trésor) : 8,50 €. Une collection qui rivalise d'importance avec celle des rois de Saxe conservée à Dresde. Environ 1 200 pièces, principalement d'orfèvrerie et de joaillerie, ont été réunies par la famille Wittelsbach depuis le XVIe siècle. Les premières salles sont consacrées à l'art médiéval. Un peu plus loin, l'un des chefs-d'œuvre du trésor : *Saint Georges terrassant le dragon,* statuette d'or finement ciselée, recouverte de cristal, de diamants, de saphirs et d'émeraudes. Salle suivante, les attributs des rois de Bavière : couronnes, sceptre, épées de cérémonie et quantité d'autres objets réalisés par certains des plus grands artisans de naguère... À noter aussi, un *nécessaire de voyage* du XIXe siècle, comprenant service de table, affaires de toilette, trousse de couture, etc. Le tout en or, vermeil, nacre et écaille. Ce service fut offert par la Ville de Paris en cadeau de noces à la femme de Napoléon !

Altes Residenztheater ou Cuvilliestheater (théâtre Cuvilliés) : entrée sur Residenzstrasse 1, puis cour Brünnenhof. Mêmes horaires que les précédents. Entrée à moitié prix. Un amour de théâtre. Décoré au XVIIIe siècle, il est considéré comme une réussite parfaite du style rococo. Débauche de moulures, d'ors, d'angelots en stuc, de draperies et autres lustres en cristal... En 1781, Mozart y donna la première d'*Idoménée.* Des concerts et des opéras y ont encore lieu : se renseigner et réserver ses places rapido !

Staatliche Sammlung Ägyptischer Kunst (musée d'Art égyptien) : entrée sur Hofgartenstrasse 1, à l'obélisque. Ouvert les jours de semaine de 9 h à 17 h (le mardi de 19 h à 21 h en plus) et le week-end de 10 h à 17 h. Fermé le lundi. Entrée : 3,50 €. Très belle collection d'antiquités aussi bien coptes que romaines. Presque toutes les périodes égyptiennes y sont représentées, de 3000 avant notre ère à environ 400 apr. J.-C.

Staatliche Münzsammlung (musée des Monnaies) : entrée sur Residenzstrasse 1. Ouvert de 10 h à 17 h (19 h le jeudi). Fermé le lundi. Entrée : 2 € ; gratuit les dimanche et jours fériés. Des milliers de pièces illustrant l'histoire du plus encombrant et du plus convoité des moyens d'échange, des origines à nos jours. Sans doute la plus importante collection du genre en Europe. Certaines des pièces exposées sont d'authentiques œuvres d'art.

À l'écart du centre

Schloss Nymphenburg (château de Nymphenbourg) : à l'ouest du centre. ☎ 179-08-0. Pour y aller, tram n° 17 ou bus n° 41 : Schloss Nymphenburg. Ou bien tram n° 12 ou 16, bus n° 41, 65 ou 68 : Romanplatz. Ouvert d'avril à mi-octobre de 9 h à 18 h (20 h le jeudi) ; le reste de l'année, de 10 h à 16 h. Entrée pour l'ensemble : 7,50 € ; réductions ; gratuit pour les moins de 18 ans. Parc ouvert jusqu'à la tombée de la nuit.
Construit au XVIIe siècle (puis réaménagé jusqu'au XIXe), c'était la résidence d'été de la famille Wittelsbach (ducs, puis rois de Bavière, pour ceux qui n'auraient pas suivi). À ne pas manquer, ne serait-ce que pour son gigantesque parc, superbe (c'est une imitation de celui de Versailles), ses jardins très soignés, ses nombreux canaux où barbotent cygnes et canards, ses

différents pavillons et les musées attenants (dont celui des Carrosses). L'arrivée sur le parc vaut vraiment le coup d'œil : les élégantes façades du plus grand château baroque d'Allemagne (eh oui !) semblent se refléter dans un étang pour le moins ravissant, soigneusement bordé de haies et de contre-allées romantiques.

– **Le château :** la visite de l'intérieur révèle quelques splendeurs, dont la plus réputée est la salle des fêtes *(Steinersaal)*. Une grande finesse dans la décoration (archi-luxueuse), bien qu'elle soit de style rococo. Beaux plafonds peints, chapiteaux dorés et fioritures blanches, le tout éclatant grâce à la lumière projetée par d'élégantes fenêtres à voûtes se faisant face. Autres attractions des lieux : la chambre où naquit Louis II de Bavière, mais surtout la *galerie des Beautés,* avec sa collection de portraits commandés par Louis Ier au peintre Stieler. Parmi les pin-up de l'époque, la maîtresse du vieux roi, Lola Montès.

– **Marstallmuseum** *(musée des Carrosses) :* dans l'aile sud du château. On y trouve toutes les « voitures d'apparat » (y compris les traîneaux !) des Wittelsbach. Le plus délirant : la calèche de parade de Louis II, d'un rococo fou et couverte d'or ! Au premier étage, ne pas manquer la collection *Bäuml,* aperçu de la production de porcelaine locale depuis sa création, en 1747, jusqu'aux vingt premières années du XXe siècle.

– **Le parc :** ouvert jusqu'à la tombée de la nuit. Visite guidée gratuite chaque 1er samedi du mois, de mai à octobre. Rendez-vous à 14 h à la boutique du musée. À la fois jardin à l'anglaise et à la française, il propose parterres de fleurs, allées, bosquets, sculptures et même des labyrinthes, sans parler des canaux, dont le plus grand se termine en cascade.

– **Les pavillons :** disséminés dans le parc. On en trouve quatre : un ermitage du XVIIIe siècle *(Magdalenenklause),* un pavillon de chasse d'un luxe inouï, chef-d'œuvre de l'art rococo bavarois *(Amalienburg),* un « pavillon de Bains », maison de plaisir dont le salon est décoré de fontaines en forme de coquillages ! Quant à la salle de jeux, elle comprend un bassin (du XVIIIe siècle) considéré comme la première piscine conçue sur le modèle romain. Le pavillon *Pagodenburg* n'a lui d'asiatique que la décoration intérieure.

🎭 ***Englischer Garten*** *(jardin anglais ; plan II, H4, 131) :* à l'est de Schwabing. Accès par Veterinärstrasse (entre autres). U-Bahn : Universität. Traversé par divers cours d'eau et long de 5 km, c'est, paraît-il, le plus grand parc urbain d'Europe. On dit qu'il est même, avec une superficie de 3,7 km², plus grand que Central Park à New York. On y trouve de fabuleux *Biergärten* (voir « Où manger ? Où boire un verre (de bière) ? » et « Pour manger dehors : les *Biergärten* »), des curiosités comme la célèbre rotonde *(Monopteros)* ou la *Japanisches Teehaus,* un lac, des aires sportives... C'est le rendez-vous favori des jeunes Munichois, après avoir été celui des hippies. À la grande époque baba, une centaine d'entre eux avait inventé un petit jeu rigolo : ils traversaient le parc à la nage puis prenaient le métro (tout nus !) pour revenir chercher leurs vêtements... Aujourd'hui, ce sont les surfers qui ont la cote : on les rencontre, en combinaison Néoprène, en équilibre sur leur planche, luttant contre le courant de l'Eisbach. Surprenant et spectaculaire !

🎭 ***La villa Stuck*** *(plan I, D2, 132) :* Prinzregentenstrasse 60, derrière Europaplatz. ☎ 45-55-51-25. U-Bahn : Prinzregentenplatz ou Max-Weberplatz. Tram n° 18 et bus n° 53 : Friedensengel. Ouvert de 10 h à 18 h. Fermé le lundi. Entrée payante.
Résidence du XIXe siècle, entièrement conçue et décorée par l'artiste peintre Franz von Stuck, qui eut son heure de gloire à la fin du XIXe siècle et fut l'un des fers de lance du mouvement Sécession. Sa villa servait de lieu de rencontre privilégié entre artistes et branchés de l'époque. La maison n'a rien d'un palais, mais la décoration devait attirer les curieux : horoscope géant au plafond, belles sculptures et, bien sûr, peintures de l'artiste. Les ornementations Jugendstil sont assez représentatives de la fin du XIXe siècle allemande. À voir ou à revoir, la villa ayant subi une rénovation complète.

🍴 **Olympiapark** *(parc olympique ; plan I, B1, 133)* **:** au nord du centre-ville. U-Bahn 3 : Olympiazentrum. L'une des plus belles réussites du genre. Cette petite ville vouée au sport fut élevée sur les décombres de la ville rassemblés ici après la Seconde Guerre mondiale ! On trouve d'ailleurs un monument élevé à la paix au sommet de la colline olympique. Ce parc de 3 km², construit pour les Jeux de 1972, est une prouesse technique : le stade (80 000 places), la patinoire géante, le complexe nautique et le hall (pouvant contenir 14 000 personnes) sont recouverts d'une vaste toile d'araignée synthétique !

🍴🍴 Au centre, la **tour de télévision,** haute de 290 m et surmontée d'une coupole qui tourne sur elle-même en 53 mn : la vue sur Munich et les Alpes est assez fantastique (accès de 9 h à minuit ; entrée : 3 €, réductions). Le parc a connu un recyclage intelligent après les JO : le village olympique *(Olympisches Dorf)* est devenu cité universitaire, le hall sert de salle de concerts (rock) et la petite halle est vouée aux expositions (art notamment). Quant au stade, c'est le terrain du fameux club... de football, le Bayern ! N'oubliez pas non plus que la piscine, très agréable en été (notamment pour ses pelouses !), est ouverte à tout le monde... Le programme des activités du parc est disponible à l'office du tourisme et à l'entrée du parc. C'est là que se déroule en été le festival de Tollwood (voir « Fêtes et festivals »).

🍴 **Tierpark Hellabrunn** *(parc zoologique)* **:** Tierparkstrasse 30. Au sud de la ville. U-Bahn 3 : Thalkirchen ou bus n° 52. Ouvert tous les jours de 8 h à 18 h. Entrée : 7 € ; réductions.
C'est l'un des premiers zoos (dès les années 1930) à avoir tenté de considérer les bébêtes autrement que comme des êtres captifs. Pour la plupart, les animaux sont séparés du public non par des grilles mais par des ravins ou des petits cours d'eau. De plus, l'espace alloué aux 4 000 spécimens présents est assez considérable (400 000 m²). Résultat : des espèces conservées ici ont pu être sauvées de l'extinction définitive et d'autres pourront sans doute échapper à la disparition, comme le lémurien, le tapir malais, le bison canadien ou le gibbon. À voir, entre autres : le polarium, le terrarium (superbe panorama de serpents) et la volière de 5 000 m² ! Sur place, *Biergarten* et zoo pour enfants, très bien fait.

Les musées

Munich, ville riche en musées ! Les fanas d'art surtout seront servis (panorama très complet), ainsi que les tarés de science... Prévoir du temps, car les visites sont souvent longues vu l'immensité de certains lieux (Pinacothèque et Deutsches Museum, notamment). À noter : réduction sur présentation de la carte d'étudiant dans les musées d'État, sauf les dimanche et jours fériés. Petit guide édité par l'office du tourisme sur « Les Musées de Munich », en anglais et en allemand.

🍴🍴🍴 **La Pinacothèque** *(plan II, F4)* **:** au nord du centre-ville. Pour s'y rendre, tram n° 27 : Pinakothek. U-Bahn 2 ou 8 : Theresienstrasse. Bus n° 53 : Schellingstrasse. Billet combiné pour les 3 pinacothèques : 12 € ; réductions. Entrée libre le dimanche dans les trois pinacothèques.
– **Alte Pinakothek** *(plan II, F4, 136)* **:** Barerstrasse 27, entrée par la Theresienstrasse. ☎ 23-80-52-16. Ouvert de 10 h à 17 h ; les mardi et jeudi, jusqu'à 20 h. Fermé le lundi. Entrée : 5 €. C'est l'ancienne pinacothèque, comme son nom l'indique. L'une des plus importantes collections de peinture « classique » du globe, à égalité avec celles du Louvre et du Prado. Fondée en 1826 par le roi Louis Ier de Bavière, l'Alte Pinakothek a recueilli ses collections personnelles et celles de ses prédécesseurs. Plusieurs milliers de tableaux, des primitifs à la fin du XVIIIe siècle, classés par « écoles » : allemande (Cranach et Dürer, deux incontestables grands maîtres), italienne (superbe *Déploration du Christ* de Botticelli ; 3 sublimes Raphaël ; Véronèse,

le Tintoret et Titien ; et l'un des chefs-d'œuvre du musée, la *Vierge à l'Enfant* de Léonard de Vinci), flamande (dont 15 œuvres de Rubens !), hollandaise (Rembrandt, avec son *Cycle de la Passion*), française (beaux tableaux de Poussin et de Boucher, un Chardin vraiment bien et la très érotique *Jeune Fille au chien* de Fragonard) et espagnole (les incontournables Greco et Vélasquez ; mais aussi de très intéressants Murillo). Mention spéciale à Pieter Bruegel l'Ancien (peinture flamande) pour son *Pays de cocagne,* vraiment original pour l'époque (XVIe siècle). Observez bien les détails...

– **Neue Pinakothek** *(plan II, F4, 135)* : Barerstrasse 29, entrée par Theresienstrasse. ☎ 238-05-195. Ouvert de 10 h à 17 h ; les mercredis et jeudi, jusqu'à 20 h. Fermé le mardi. Entrée : 5 € ; réductions. Le complément parfait de sa voisine. Peu de grands noms manquent à l'appel : Géricault, Goya, Delacroix, Corot, Courbet, Millet, Monet et Manet (tous deux avec des œuvres importantes), Cézanne, Gauguin, Toulouse-Lautrec et, bien sûr, Van Gogh, avec un de ses *Tournesols*. Les sections consacrées aux nombreux courants allemands sont bien sûr plus riches. Bonne occasion de découvrir quelques grands peintres du pays, et d'analyser les tendances, presque toujours en prise avec la réalité sociale de leur époque.

– **Pinakothek der Moderne** *(plan II, F4, 134)* : Barerstrasse 40. ☎ 238-05-360. Ouvert de 10 h à 17 h ; les jeudi et vendredi, jusqu'à 20 h. Fermé le lundi. Entrée : 9 € ; réductions. L'ouverture de ce troisième musée, qui a englouti des sommes colossales, fut l'événement de l'année 2002. Cette belle construction, la plus importante depuis un demi-siècle à Munich, regroupe 4 musées sur 12 000 m². Ce musée a une démarche transdisciplinaire. Les quatre collections présentées (peinture, art graphique, architecture, design) démontrent les multiples relations qu'entretiennent tous les genres de l'art. On retrouve les grands peintres du XXe siècle (Beckmann, Klee, Magritte, Bacon, Baselitz, Warhol...) côté peinture. Le département d'art graphique donne accès à 400 000 dessins et estampes, de Léonard de Vinci aux artistes contemporains. Celui d'architecture rassemble des dessins, photographies et maquettes illustrant l'œuvre d'architectes comme Neumann, Le Corbusier, Behnisch... Enfin, le département design présente 50 000 objets du quotidien (mobilier, ordinateurs, moyens de transport...). Une réalisation qui rivalise désormais avec le centre Pompidou à Paris, le MoMA à New York et le Guggenheim à Bilbao.

¶¶¶ **Deutsches Museum** *(plan II, G6, 137)* : Museumsinsel 1. ☎ 21-791. Sur l'île de l'Isar, au sud-est du centre-ville. S-Bahn : Isartor ; U-Bahn 1 ou 2 : Frauhoferstrasse ; tram n° 18 : Deutsches Museum. Accès par le pont Ludwig (entre autres). Pas de parking. Ouvert de 9 h à 17 h. Fermé certains jours fériés. Entrée : 7,50 € ; réductions pour les étudiants et les familles.
Ce musée, fondé en 1903 par un ingénieur en bâtiment, est l'un des plus anciens et des plus grands du monde. Il est le plus important d'Europe consacré aux sciences et aux techniques : 1,5 million de visiteurs par an, 300 salles ! Un véritable dédale de couloirs, escaliers, plates-formes et recoins sur plusieurs niveaux... Tout y passe : chimie, industrie, minerais, verre, jouets, imprimerie, photo, textile, télécommunication, informatique, aéronautique, astronomie, navigation, automobile, musique, physique, etc. Pour ne pas errer des heures durant : demander le plan à l'entrée (en français) et tracer un itinéraire.
À voir, entre autres merveilles et pièces « historiques » : automates du XVIe siècle, pendule de Foucault, machine à calculer de Leibniz, imprimerie de Gutenberg, le premier téléphone (Bell), les premiers projecteurs, le premier moteur Diesel, les premiers télescopes à miroirs, des microscopes du XVIIe siècle, les premiers pneus (Dunlop !), l'appareil avec lequel furent découverts les rayons X, etc. Les dingues de voitures seront comblés, comme les amateurs de petit train : un circuit miniature géant tourne en permanence. Les avions et fusées prennent le plus de place : avion solaire, *Vampyr,* de 1921 (en cuir !), capsule *Soyouz* authentique (revenant de loin)

et même un *Spacelab* dans lequel on peut entrer, histoire de jouer au cosmonaute. Bon, on ne va pas tout vous décrire : c'est plein de trucs passionnants. On achèvera la visite par le fameux *planétarium* (prix variables en fonction des films Imax proposés ou non en 3D), avant de redescendre sur terre, c'est-à-dire au café du dernier étage (ouvert de 10 h à 16 h) d'où l'on a une belle vue sur Munich et les Alpes...
– En 2003 a été inaugurée une annexe, le nouveau **Verkehrszentrum** *(musée de la Circulation)*, dans les anciens halls de la foire, Theresienhöhe 14. Essentiellement consacré au trafic urbain, au voyage et à la technique.

ZAM *(Rassemblement des Musées inhabituels ; plan II, G6, 138)* : Westenriederstrasse 41. S-Bahn : Isartor. Trams n°s 17 et 18. Ouvert tous les jours de 10 h à 18 h. Entrée : 4 € ; réductions.
Des musées eux, plutôt inhabituels ! Jugez-en plutôt par leurs noms : celui des Voitures à pédales, celui des Cadenas, celui des Tire-bouchons, celui des Pots de chambre et celui des Lapins de Pâques ! En voici deux autres, dans des styles encore différents : le musée Sissi et le musée Bourdalou. Le premier est entièrement voué au culte de cette petite impératrice autrichienne dont la télé a beaucoup parlé. Le second est un hommage à un personnage moins médiatique : le prêtre français Bourdalou, qui fascina tant ses fidèles bigotes que l'on dut inventer à leur intention un récipient spécial leur permettant de rester prostrées des heures durant sans avoir besoin d'aller aux toilettes ! Un musée des musées dans lequel on s'amuse beaucoup.

Glyptothek *(musée des Sculptures)* **et Staatliche Antikensammlungen** *(musée des Antiquités ; plan II, F4, 139)* : Königsplatz 3 et 1. U-Bahn 2 ou 8 : Königsplatz. Tram n° 17 : Karolinenplatz. Ouvert de 10 h à 17 h ; et jusqu'à 20 h les mardi et jeudi pour la Glyptothek ; le mercredi pour les Antikensammlungen. Fermé le lundi. Entrée pour chaque musée : 3 € ; réductions. Entrée libre le dimanche.
Ces deux musées renferment sans doute la plus belle collection d'art antique d'Allemagne. Un panorama exceptionnel de sculptures grecques et romaines (côté Glyptothek) et de poteries, bronzes et bijoux avant tout étrusques (côté musée des Antiquités). La Glyptothek se distingue aussi de sa jumelle grâce à l'extraordinaire mise en valeur de ses pièces dans une architecture transparente et épurée : les salles courent autour d'un patio où les tables du café sont installées pour les beaux jours.

Bayerisches Nationalmuseum *(Musée bavarois ; plan II, H4-5, 140)* : Prinzregentenstrasse 3. U-Bahn 4 ou 5 : Lehel ; tram n° 17 ou bus n° 53 : Bayrisches Nationalmuseum/Haus der Kunst. Ouvert de 9 h 30 à 17 h. Fermé le lundi. Entrée : 3 € ; réductions. Entrée libre le dimanche.
Malgré son nom, ce musée ne se consacre pas qu'à la Bavière mais plutôt à l'histoire de l'Europe artistique et artisanale. On y trouve, entre autres, une fabuleuse collection de sculptures médiévales (notamment sur bois) à dominante sacrée, mais aussi des tableaux, meubles, poteries et objets divers, tous de grande valeur. À noter également une impressionnante collection d'ivoires de la période baroque, ainsi que le plus grand nombre de crèches au monde (les Bavarois les adorent)...

Lenbachhaus *(villa Lenbach ; plan II, E4, 142)* : Luisenstrasse 33. ☎ 320-00. U-Bahn 2 : Königsplatz. Ouvert de 10 h à 18 h. Fermé le lundi. Entrée : 6 € ; réductions.
Cette élégante villa d'artiste de style néo-Renaissance (du XIXe siècle) a été transformée en galerie de peinture consacrée aux monuments munichois des deux derniers siècles. Parmi les plus significatifs, les artistes « fin de siècle », comme Lovis Corinth et Slevogt, les genres Sécession et Jugendstil (Liebermann, Stuck, Lenbach) et surtout le fameux groupe du Cavalier Bleu *(Blaue Reiter)* avec ces deux génies que furent Kandinsky et Klee (le

premier, qui vécut un certain temps à Munich, mérite les honneurs avec 40 tableaux exposés grâce à la donation de sa compagne et peintre Gabriele Münter, ce qui en fait la plus belle collection du pays). Franz Marc, l'autre fondateur du mouvement *Blaue Reiter*, n'est pas en reste et l'on retrouve dans ses peintures d'animaux une parenté certaine avec les couleurs puissantes de Kandinsky. Une collection qui rend un bel hommage à ce mouvement créé en 1911, à Munich.

D'autre part, le musée s'enrichit régulièrement depuis les années 1970 d'œuvres d'art contemporain, parmi lesquelles on retrouve Joseph Beuys, Asger Jorn, Christian Boltanski... À proximité immédiate de la villa, un espace *Kunstbau*, construit en même temps que la station de métro Königsplatz, présente des expositions temporaires d'art contemporain.

Quelques musées de plus...

Spielzeugmuseum (musée du Jouet; plan II, G5, 143) : entrée par la tour de l'*Altes Rathaus* à Marienplatz. S-Bahn : Marienplatz ; bus n° 52. Ouvert tous les jours de 10 h à 17 h 30. Entrée : 3 €.
Des centaines de joujoux d'Europe et d'Amérique, du nounours aux poupées russes, en passant par les jouets à ressort, les bidules en bois, les trucs à ficelle, les Indiens en plastique ou les figurines machiavéliques ou sexy !

Stadtmuseum (Musée municipal; plan II, F6, 144) : St-Jakobsplatz 1. U/S-Bahn : Marienplatz. Ouvert de 10 h à 18 h. Fermé le lundi. Entrée : 4 € ; réductions. Entrée libre le dimanche.
Plusieurs musées en un, chacun intéressant pour sa spécificité mais tous représentatifs de l'importance de la ville dans chaque domaine abordé : *musée de la Photo, musée du Cinéma* (avec projections d'inédits), *musée des Instruments de musique* (pièces rares comme les gongs orientaux), *musée des Armes anciennes* et *musée des Marionnettes* (plus de 25 000 spécimens). Enfin, un *musée* consacré à l'*histoire même de la ville* et des reconstitutions d'appartements historiques avec meubles et œuvres d'art vieilles parfois de 5 siècles. Nouveauté intéressante : un travail approfondi sur le *national-socialisme à Munich*.

Stadt Café (plan II, F6, 65) : dans la cour du Stadtmuseum. ☎ 26-69-49. Ouvert de 11 h à minuit, et jusqu'à 1 h les vendredi et samedi. Le rendez-vous des fans de ciné. Convivial, avec ses grandes tables pour manger *Rohmilchkäseteller et Obsttorten*. Terrasse dans la cour l'été. Toujours bondé. Plats du jour (inscrits sur une ardoise) à prix raisonnables. Les téléphones portables y sont interdits !

Haus der Kunst (plan II, H4, 141) : Prinzregentenstrasse 1. Bus n° 53. À côté du Musée bavarois. Ouvert en semaine de 10 h à 22 h. Expositions temporaires.

Musée BMW (plan I, B1, 145) : Petuelring 130. ☎ 382-233-07. Au nord de la ville. U-Bahn 3 : Olympiazentrum. De nombreux bus s'y rendent (36, 41, 43, 81, 136 et 184). Ouvert tous les jours de 9 h à 17 h (dernière entrée : 16 h). Entrée : 4 € ; réductions. Visites de l'usine organisées pour les groupes. Se renseigner à l'entrée. Dans une tour d'acier aussi étonnante que futuristico-mégalo, l'histoire d'une réussite technique et commerciale exemplaire, mais aussi une projection assez délirante dans l'avenir.

Pour ceux qui ont du temps...

Encore plein de *musées,* tous recensés dans la documentation disponible à l'office du tourisme : celui consacré à la marque *Siemens,* celui *d'Ethnographie* (très beau) ; et ceux *de Préhistoire, d'Arts graphiques, d'Art populaire, de Minéralogie, du Théâtre, des Juifs, de l'Homme et de la Nature, de la Chasse et de la Pêche* (réputé), etc. Sans oublier un musée voué aux *Romantiques allemands.*

Détente

Quelques suggestions pour se dégourdir un peu après ces kilomètres de musées...

– **Volksbad** *(plan II, H6, 150)* : un chef-d'œuvre Art déco à ne pas manquer ! À côté du Deutsches Museum et du Muffathalle, avec vue sur l'Isar (et balade dans le jardin le long de la rivière). ☎ 23-61-34-34. U/S-Bahn : Isartor. Ouverture en fonction des bains et de la saison. Établissement de bains publics construit en 1900, qui a gardé ses dorures et son style baroque, mais qui s'est adapté à notre époque : bains classiques, mais aussi piscines, sauna, Jacuzzi, massages, solarium, institut de beauté et coiffeur. Le *Café Stör* (à l'extérieur en été) est un lieu de rendez-vous incontournable.

– **La piscine d'Olympiapark** *(plan I, B1, 151)* : se reporter à la rubrique « À voir. À l'écart du centre ». Ouvert de 7 h à 22 h 30.

➢ **Ammersee :** promenades en bateau sur ce joli lac, long de 16 km et large de 3,5 km, situé à 40 km. S-Bahn 5 jusqu'à Herrsching (45 mn). Par la route, suivre la B 12. Des eaux d'une propreté exceptionnelle vous invitent à la baignade et au repos. Pour qui voudrait prolonger son séjour, nombreuses pensions, et des auberges accueillantes pour faire une cure de poissons grillés. À 5 km au sud de Herrsching, visite de l'*abbaye d'Andechs.*

➢ **Starnbergersee :** S-Bahn : Starnberg ou Tutzing. Par la route, superbes paysages qui donneront une idée de la campagne bavaroise telle que Louis II put la connaître. C'est le moment d'ouvrir un des ouvrages sur ce personnage énigmatique et fascinant qui vécut là plus qu'à Munich, les cours de ferme l'attirant plus que celles des autres monarques...
Comme dans les nombreux lacs situés au sud de Munich, vous pourrez vous baigner, faire de la voile et du ski nautique. Une voie cyclable fait le tour du lac, tandis que des liaisons maritimes sont assurées toute l'année entre les deux rives. Très agréable par beau temps. Vous y trouverez naturellement des *Biergärten* avec terrasse au bord de l'eau, mais également des auberges typiques. Et tout cela à seulement 45 mn du centre-ville par le S-Bahn.
Pèlerinage indispensable pour les fans de Louis II, jusqu'à Berg, où il finit ses jours, sous haute surveillance, le conseil ayant réussi à trouver suffisamment de preuves de sa folie pour le déposer. C'est là, le 13 juin 1886, au bord du lac, que commença véritablement sa légende puisque personne ne sut jamais pourquoi on retrouva le corps du roi, noyé, à quelques mètres de celui du psychiatre qui l'avait accompagné, pour une balade qui, selon lui, ne nécessitait aucune protection, Louis II ayant apparemment retrouvé son calme. Quelques semaines seulement après sa mort, furent ouverts à la visite, les châteaux (voir chapitre « La route allemande des Alpes ») qui avaient été la dernière folie du roi et qui, depuis, ont fait la fortune de ce qui fut son royaume.

Fêtes et festivals

Les Bavarois ont toujours un événement à fêter, et dans la capitale encore plus qu'ailleurs. La bière leur donne de bonnes occasions de s'amuser, en rythmant l'année de « saisons » correspondant à l'arrivée de chaque nouveau cru !

– **Carnaval munichois (Fasching)** : en janvier, juste après l'Épiphanie et jusqu'au Mardi gras. Liesse populaire et bals masqués assez délirants (mais sans comparaison avec le carnaval rhénan), organisés par différentes corporations professionnelles. Le dernier dimanche, les festivités ont lieu autour de Marienplatz. Le dernier jour (tôt le matin), c'est l'apothéose sur le Viktualienmarkt : les femmes de la halle en costume dansent et chantent en chœur avec le public... Programme disponible à l'office du tourisme et dans les journaux locaux.

– **Fête de la Bière de mars :** pendant une quinzaine de jours vers la mi-mars. On célèbre l'arrivée de la *Starkbier* (plus forte que les autres en alcool : 12 °C), dans les caves des brasseries ou dans les *Biergärten* (si le temps le permet). Musique et concours (lever de poids, etc.).

– **Auer Dult :** en mai, mais également fin juillet et fin octobre. A lieu sur la Mariahilfplatz (Haidhausen), près du Deutsches Museum. Dure 9 jours à chaque fois. Vieille tradition munichoise, avec fête foraine, brocante et stands divers.

– **Maibock :** en mai, on fête l'arrivée de la bière... de mai ! Cette fête coïncide judicieusement avec la **fête de l'Arbre de mai** (un mât décoré des emblèmes bavarois), érigé sur la place de tous les villages (et villes) de Bavière le 1er du mois.

– **Anniversaire de la ville :** mi-juin. Stands, musique et repas dans la vieille ville, pendant deux jours.

– **Festival de Tollwood :** pendant trois semaines, Munich fête le début de l'été dans Olympiapark ; des chapiteaux sont dressés pour accueillir des spectacles venus de tous les horizons des arts et du monde. Seconde édition, cette fois pour fêter l'hiver, sur la Theresienwiese, au sud-ouest du centre-ville, courant décembre. Infos : ☎ 383-85-00.

– **Festival du Film :** fin juin. Dans le centre culturel du Gasteig et dans la plupart des cinémas de la ville. Axé autour du cinéma contemporain. Certains films sont alors projetés en plein air sur la Königplatz. Places à retirer au Gasteig.

– **Festival d'Opéra :** tout le mois de juillet. Au Nationaltheater, Prinzregententheater et Cuvilliestheater. Infos : ☎ 21-85-19-20.

– **Festival de Piano** (*Münchner Klaviersommer*) **:** une semaine de juillet consacrée surtout au jazz classique. Concerts au Gasteig ou dans Lukaskirche.

– **Fête d'été au Parc :** pendant tout le mois d'août, Olympiapark se transforme en mini-Woodstock : concerts quotidiens en plein air et gratuits !

– **Oktoberfest :** de la dernière semaine de septembre au 1er dimanche d'octobre. La plus connue et la plus « kolossale » des fêtes munichoises se déroule sous de vastes chapiteaux (chacun pouvant contenir jusqu'à 6 000 personnes !), situés sur un terrain de 60 ha, la *Theresienwiese*, au sud-ouest du centre-ville, non loin de la gare. U-Bahn : Theresienwiese ; S-Bahn : Hackerbrücke. Programme disponible à l'office du tourisme, avec petit plan de l'endroit. Autant prévenir : *Oktoberfest*, c'est l'orgie puissance 1 000, un vacarme hallucinant, des hordes de braillards totalement imbibés, des monceaux de viande et de saucisses ingurgités et plus de six millions de litres de bière vidés par les quelque sept millions de visiteurs annuels !

Les festivités se déroulent selon un rituel immuable. Le premier week-end, un grand cortège de chars attelés (tonneaux géants, brasseurs, etc.), rejoint par le public, part de la Josephspitalstrasse. Le soir, fête folklorique donnée dans le cirque *Krone* (Marsstrasse). Le lendemain matin, des milliers de personnes en costume traditionnel se réunissent dans la Maximilianstrasse pour un nouveau défilé. Certaines de ces manifestations et les concerts attenants sont payants (ainsi bien sûr que les repas et la bière sous les chapiteaux). Se renseigner dans les bureaux de tourisme.

Attention : on vous rappelle qu'il est indispensable de réserver son hébergement pendant cette période, et que les prix sont évidemment majorés pendant toute la durée d'*Oktoberfest*...

– **Christkindlmarkt :** c'est le marché de Noël. Il a lieu sur la Marienplatz et dure de fin novembre jusqu'au 24 décembre. Très important, comme dans la plupart des villes allemandes ; son origine remonte au XVIᵉ siècle. Arbre de Noël géant sur Marienplatz, chants de Noël, stands artisanaux.

➤ *DANS LES ENVIRONS DE MÜNCHEN*

🎬 *Bavaria Filmstadt (ville du Cinéma) :* Bavariafilmplatz 7, à **Geiselgasteig** (6 km au sud de Munich). Téléphoner au : ☎ 64-99-31-52 ou au 55-02-89-95 pour vous joindre (éventuellement) à un groupe ou demander un guide parlant le français. ● www.bavaria-filmtour.de ● Pour y aller, tram n° 25 (pas de métro proche). Visite de mai à fin octobre, tous les jours de 9 h à 17 h 30 (dernière entrée : 16 h) ; le reste de l'année, de 10 h à 15 h. Assez cher : 10 € pour la visite (90 mn) et 17 € pour la visite, le *show action* et le cinéma interactif. Réductions (cartes familiales).
C'est le Hollywood allemand ! On y réalise surtout aujourd'hui des séries télé mais, depuis sa création dans les années 1920, pas mal de stars internationales y ont tourné : Liz Taylor, Sophia Loren, Hitchcock, Orson Welles, Jean-Paul Belmondo (pour *L'As des as*) et, plus récemment, Gérard Depardieu, Christian Clavier. Fassbinder réalisa ici, entre autres, *Berlin Alexanderplatz*, dont il reste encore un bout de décor. La visite (1 h 30) se fait en petit train *(Film Tour),* au milieu des ateliers de décors, puis à pied, en petits groupes. Si le décor construit pour *Cabaret*, avec Liza Minelli, a été détruit, d'autres ont été conservés, comme celui de *L'Histoire sans Fin*. On se balade au milieu des huttes gauloises d'*Astérix et Obélix*, on fait demi-tour quand un régisseur hystérique signale à la guide, gênée, qu'elle vient de faire passer son groupe au milieu d'un tournage, on croise un Indien corpulent qui sort faire pisser son chien, on se retrouve dans un vaisseau de l'espace ou dans un caveau de l'horreur. Le clou du spectacle : un vrai sous-marin dans lequel on descend. Un bon conseil : ne passez pas derrière une Allemande corpulente, certains passages sont étroits et se retrouver coincé dans le décor du film *U-Boot* peut en effrayer plus d'un. Pour finir, difficile d'échapper aux shows de cascadeurs programmés à 11 h 30 ou 13 h, et également à 14 h 30 les samedi et dimanche. Du bon spectacle familial. Pour ceux qui aiment être un peu « secoués », ne pas manquer le *show scan*, salle de cinéma où les sièges remuent avec les images (virtuelles et en 3D) ; le programme change chaque saison (épouvante, science-fiction, etc.).

🎬🎬 *Dachau :* à 16 km au nord-ouest. De la gare centrale de Munich, S-Bahn S2 (descendre à Dachau et non Dachau Stadt). Une bien jolie petite ville (eh oui !), tristement célèbre pour son camp de concentration. Avant que Himmler, alors chef de la police munichoise, ne choisisse la site pour y établir le premier camp nazi en 1933, Dachau jouissait d'une excellente réputation. Sorte de Barbizon allemand, l'ancienne résidence des ducs de Bavière (on peut encore monter jusqu'à leur joli château) attirait de nombreux artistes... C'est tout le paradoxe (ou plutôt le cynisme) de l'histoire des camps de concentration : pourquoi, ici comme à Buchenwald (dans la forêt de Weimar) ou ailleurs, avoir décidé d'importer l'horreur dans des endroits réputés pour leur poésie ? Toujours est-il que la visite de Dachau s'avère, bien sûr, indispensable.
– Le *camp (KZ Gedenkstätte)* se situe à l'est de la ville, Alte Römerstrasse 75. Bus nᵒˢ 724 ou 726 de la station de S-Bahn, puis descendre à l'arrêt KZ-Gedenkstätte. Ouvert de 9 h à 17 h. Fermé le lundi. Entrée gratuite. Projection d'un film en anglais (de 20 mn) à 11 h 30 et à 15 h 30, en allemand à 11 h et à 15 h.
À voir : le musée, les restes des baraquements et, à l'extérieur du camp proprement dit, le sinistre *Krematorium*, dont les douches cachaient des chambres à gaz... Dachau servit surtout de « gare de transit et de triage ». Cepen-

dant, sur les 200 000 personnes qui y furent internées, 32 000 moururent de faim, de maladie, voire souvent de torture ou d'exécution pure et simple. Une précision importante : des citoyens de la ville cherchèrent à aider les détenus (notamment en leur apportant des vivres en cachette) et tentèrent même, aidés de prisonniers évadés, de chasser les nazis de Dachau ! Ils furent tous liquidés. Il a fallu attendre l'arrivée des Américains, en avril 1945, pour que Dachau soit libéré.

🦌 *Buchheim Museum (fondation Buchheim) :* am Hirschgarten 1, à **Bernried,** sur les bords du lac de Starnberg. S-Bahn 6 : Starnberg, prendre ensuite le bateau (bateau + entrée au musée à 16 €). Ou bien prendre le train jusqu'à Bernried, c'est à 20 mn à pied. Cette fondation, qui a été récemment inaugurée, présente une importante collection d'œuvres d'artistes du mouvement *Die Brücke,* Otto Dix, Beckmann ou encore Jawlensky. Superbe bâtiment conçu comme un paquebot blanc et bois avec plusieurs ponts superposés, dessiné par Behnisch, architecte du stade olympique de Munich.

🦌 *Le château de Schleißheim :* à **Oberschleissheim.** ☎ 089/315-52-72. À 15 km au nord de Munich. S-Bahn : Oberschleißheim (ligne S1 direction Freising). Entrée payante (accepte la carte des musées). Il y a en fait trois châteaux : l'*Altes Schloß* (construit au XVIIᵉ siècle, ravagé pendant la guerre et reconstruit après celle-ci), ouvert de 10 h à 17 h et fermé le lundi ; le *Neues Schloß* (du XVIIIᵉ siècle), bien plus intéressant, ouvert de 9 h à 18 h et fermé le lundi, enfin, le *pavillon baroque de Lustheim* (au fond du parc), qui abrite une remarquable collection de porcelaines (mêmes horaires que le précédent).
– Le **Neues Schloß,** autre résidence des Wittelsbach, vaut le château de Nymphenburg : la façade de style néoclassique a fière allure, les jardins sont somptueux et les appartements sont autant de petits palais au luxe impressionnant. Les proportions de l'ensemble sont elles-mêmes étonnantes : l'aile est, à elle seule, fait plus de 330 m de long. À voir dans le Neues Schloß : l'*escalier monumental* ; au 1ᵉʳ étage, la lumineuse *grande salle des fêtes,* la très belle *salle des Victoires* et la *Große Galerie* (copiée sur celle du Louvre !), longue de 61 m, de part et d'autre de laquelle sont situés les appartements du Fürst et de la Fürstin ! Ces pièces abritent normalement la *Staatsgalerie* (Galerie nationale de Peinture), où sont représentées les meilleures écoles européennes. Parmi les grands maîtres : Rubens, Van Dyck, Ruisdael, Véronèse, Poussin, Millet, Ribera, etc.

🦌 *Flugwerft Schleissheim (musée de l'Aviation) :* Effnerstrasse 18, à **Oberschleißheim** également. Ouvert tous les jours de 9 h à 17 h. Entrée : 3 € ; réductions. Annexe du Deutsches Museum. Ancienne aérogare datant de 1912. Retrace l'histoire de l'aviation au travers de différents appareils.

🦌 *Freising :* à 29 km au nord, route B11. Importante ville religieuse, fréquentée surtout pour sa très belle *cathédrale (Mariendom)* du XIIᵉ siècle. Portail roman, porche gothique et intérieur baroque, vraiment réussi, réalisé par les fameux frères Asam. Riches sculptures et copie d'un tableau de Rubens sur l'autel.

LA BAVIÈRE ORIENTALE

Sans doute la région la moins visitée de Bavière, même si le plus beau fleuve d'Europe y coule... Normal : quand on veut voir le Danube, on pense d'abord à l'Autriche. Et pourtant, cette région frontalière d'Allemagne, elle aussi chargée d'histoire, propose des villes au passé prestigieux : l'accueillante Burghausen, la mystérieuse Passau, la méconnue Straubing ou notre préférée, Regensbourg, l'ancienne Ratisbonne... Les amoureux de la nature seront également satisfaits : la région héberge de nombreux parcs naturels et sites protégés qui s'étalent presque sans discontinuité le long de la frontière tchèque, sur plus de 300 km !

LANDSHUT (84028) IND. TÉL. : 0871

À 70 km au nord-est de Munich, et à 40 km après l'aéroport. Capitale de la Basse-Bavière depuis 1839, la ville est riche d'une histoire de plus de huit siècles. Fondée par la dynastie des Wittelsbach, dont elle fut la résidence jusqu'en 1255, elle connut son apogée sous le règne des « Reichen Herzogen » (riches ducs, en français) entre 1393 et 1503. Landshut était alors une capitale reconnue pour tous les métiers liés à la création artistique. La ville actuelle est fortement marquée par les trois forces alors en présence : noblesse, bourgeoisie et clergé ont chacun développé des témoignages clairs de leur puissance.

Adresse utile

Office du tourisme : Altstadt 315, dans le *Rathaus*. ☎ 92-20-50. Fax : 892-75. Ouvert du lundi au vendredi de 9 h à 12 h et de 13 h 30 à 17 h ; le samedi, de 9 h à 12 h. L'office dispose d'une brochure pratique avec les adresses, prix et photos des pensions et hôtels.

Où dormir ?

Camping

Camping : Breslauerstrasse 122. ☎ 533-66. Situé au nord-est de la ville, entre les deux bras de l'Isar. Ouvert d'avril à septembre, ce camping est bien ombragé et très agréable. Liaison en bus avec le centre-ville (ligne 7 entre 6 h et 20 h).

Auberge de jeunesse

Jugendherberge (AJ) : Auf-dem-Rucken 69. ☎ 6444. Fax : 21416. • info@jugendherberge.blauburen.de • Située à mi-chemin entre le vieux centre et le château fort, elle bénéficie d'une belle vue sur la ville. De la gare, lignes de bus n°s 1, 3 et 6 (direction vieille ville). Réception ouverte de 9 h à 12 h et, en semaine, de 17 h à 20 h. Fermé en novembre. Carte obligatoire et limite d'âge habituelle. Compter de 14,20 à 17,30 €, et pour les séniors de 16,90 à 20 € la nuit.

Où manger ?

Alt Landshut : sur le bord de l'Isar, à deux pas de la porte fortifiée. Fermé le midi en semaine et le lundi. Petite salle sombre et rustique à l'intérieur et, à l'extérieur, tables et bancs sous les tilleuls au bord de l'eau.

Burgschänke : dans la cour du château fort. Resto agréable avec une terrasse sur les remparts. Plats copieux et solides. Prix raisonnables et service souriant. Pour se ressour-

cer après l'ascension.
- **Gasthof Zur Insel :** Badstrasse 16. ☎ 92-31-60. Fax : 92-31-636. Bonne cuisine. Compter entre 8 et 21 €. On y va d'abord pour le cadre : au bord de l'eau, sous les marronniers, à la pointe ouest de l'île constituée par les deux bras de l'Isar. Vue superbe sur la vieille ville et sur le château.

À voir

- **Altstadt :** très belle place principale, avec ses maisons à pignons élégamment alignées. C'est sur cette rue que se concentre l'essentiel des curiosités : le *Rathaus* et sa magnifique salle des cérémonies *(Prunksaal)*, où est représenté le fameux mariage de Landshut (dont on célèbre l'anniversaire chaque année sous forme de fête folklorique), la façade de la *Landschaftshaus* (maison située face au porche de Saint-Martin), sur laquelle est peint l'arbre généalogique de la famille Wittelsbach depuis 1598.

- **Sankt Martinskirche** *(église Saint-Martin) :* impossible de la louper, son clocher mesure 131 m de haut ! C'est d'ailleurs la plus haute tour du monde construite en brique. Édifiée entre 1389 et 1500, l'église est un chef-d'œuvre d'art gothique. À l'intérieur, on est d'abord frappé par la hauteur de la nef et la finesse des piliers. La grande croix suspendue est impressionnante ; elle date de la fin du XVe siècle et mesure 8 m de haut.

- **Residenz** *(palais) :* Altstadt 79, sur la place centrale. Ouvert de 9 h à 12 h et de 13 h à 17 h. Visite guidée uniquement. Construit entre 1536 et 1543 par Louis X qui, lassé de son château fort, a laissé libre cours à sa fascination pour la Renaissance italienne. Admirez les plafonds et les marbres. De la salle des hommes, on passe à la salle des dieux, puis à celle des étoiles, à celle des 12 mois de l'année et du jour et, enfin, à celle de la nuit et des plaisirs. Tout en admirant quelques belles sculptures sur bois (dont un *Christ aux rameaux* de 1500), des armes (Landshut fut longtemps considérée comme une des capitales de l'armurerie) et même des objets romains et des dents de dinosaures !

- **Herzogsgarten** *(jardins ducaux) :* entre le vieux centre et le château fort, à flanc de colline. Ouvert de 6 h à 21 h. Panorama, petit parc animalier... Idéal pour monter au château en restant à l'ombre. En arrivant, superbe perspective sur le chemin de ronde en bois entre les deux remparts.

- **Trausnitzburg** *(château fort) :* ouvert de 9 h à 12 h et de 13 h à 17 h. Visite guidée uniquement. Ancienne résidence des Wittelsbach, le château renferme des collections de meubles, tapis et peintures. L'escalier des Bouffons *(Narren Treppe)* est décoré de belles fresques d'inspiration italienne (commedia dell'arte).

BURGHAUSEN (84489) IND. TÉL. : 08677

Sur la frontière autrichienne, cette jolie petite ville est dominée par la plus longue forteresse du pays : ses murailles s'étirent sur 1 km !

Adresses utiles

- **Office du tourisme :** Stadtplatz 112, à côté du *Rathaus*. ☎ 24-35. Ouvert de 7 h 30 à 12 h et de 13 h 30 à 17 h. Fermé le vendredi après-midi et le week-end. Bonne documentation en français : plan de la ville, curiosités, liste des chambres chez l'habitant.
- **Banque :** en face de l'office du tourisme.

Où dormir ? Où manger ?

🛏 *Jugendherberge (AJ) :* Kapuzinergasse 235. ☎ 41-87. Fax : 91-13-18. • jhburghaus@aol.com • Beau bâtiment très bien rénové qui bénéficie d'une situation centrale. Réception de 8 h à 9 h et inscriptions de 17 h à 19 h. Nuitée autour de 13 €. Carte obligatoire et limite d'âge habituelle. Réservation conseillée.

🛏 |●| *Hôtel Post :* Stadtplatz 39. Dans la ville basse, sur la place principale. Ouvert de 7 h à minuit et demi. Chambres un peu chères, mais resto vraiment agréable avec, au choix : magnifiques salles anciennes ou terrasse arborée, plats familiaux ou *Brotzeit,* pour manger sur le pouce.

À voir

🔹 *Stadtplatz :* dans la ville basse. Très jolie place principale aux maisons peintes élégamment alignées. Jetez un œil au *Rathaus* (l'hôtel de ville), qui possède de très belles voûtes gothiques, au *palais des Tauffkirchen,* au n° 97 (Napoléon y séjourna 4 jours en 1809), ainsi qu'à l'*église,* qui, malgré de nombreuses destructions, a conservé un intérieur néogothique et de belles épitaphes.

🔹🔹 *Burg (forteresse) :* tout en longueur ! En remontant l'unique « rue », bordée de vieilles maisons, on traverse cinq cours intérieures et trois ponts-levis avant d'atteindre la dernière enceinte. Sur le chemin : *musée de la Photo, musée de la Torture* (avec cachots...) et, des deux côtés, vue sur la ville basse et sur la rivière Salzach. La dernière cour a conservé un aspect très médiéval : escaliers en bois, pavés, vieilles grilles et boulets de canon. Tout au fond, deux *musées* ouverts de 10 h à 17 h environ. Le premier, installé dans les appartements princiers, abrite les *Staatliche Sammlungen* (Collections nationales). Belle vue panoramique sur le toit du château. Le deuxième, le *Stadtmuseum* (Musée municipal), est plus varié : meubles, ferronneries, histoire de la ville, oiseaux petits et gros...

➤ DANS LES ENVIRONS DE BURGHAUSEN

🔹 *Les églises de Marienberg et Raitenhaslach :* à 4 km au sud du centre, sur une colline dominant la Salzach. Ces églises comptent parmi les plus belles églises rococo de Bavière. Pour les visites, renseignements à l'office du tourisme.

PASSAU

IND. TÉL. : 0851

Ville-frontière entre trois pays (Allemagne, Autriche, République tchèque), Passau se situe également au confluent de trois cours d'eau (l'Ilz, l'Inn et le Danube)... et regroupe aussi trois villages en un : Altstadt, Ilzstadt et Innstadt... Une véritable originalité qui ajoute encore au charme de cette petite cité paisible, une des plus anciennes du pays. Qualifiée parfois de « Venise germanique », Passau aurait plus tendance à emprunter son pittoresque à la fois à Prague et à Salzbourg (toutes proportions gardées, bien sûr !). On y retrouve les mêmes collines avec forteresse, les maisons aux façades colorées, les rues tortueuses pleines de passages et de cours. Sans oublier les quais et leurs échoppes touristiques...

Adresses et infos utiles

■ *Tourist Information :* sur la gauche en sortant de la gare. Un autre bureau sur les quais, face au *Rathaus.* ☎ 95-59-80. Ouvert de 8 h 30 à 18 h ; les samedi, dimanche et jours fériés de 10 h à 14 h (sauf en hiver). Quand c'est fermé, documentation disponible dans un distributeur. Peu de brochures en français, mais plan de ville gratuit. Réservation de chambres.
✉ *Poste principale :* face à la gare. Ouvert jusqu'à 18 h.
🚆 *Gare :* dans le centre (partie ouest d'Altstadt). ☎ 01805-99-66-33. Trains toutes les deux heures pour Munich (2 h de trajet environ).
■ *Renseignements sur les concerts :* ☎ 890-77.

Où dormir ?

Camping

▲ *Zeltplatz der Faltbootabteilung :* Halserstrasse 34, 94034 Passau (Ilzstadt). ☎ 414-57. Au bord de la rivière et au pied de la forteresse. Bus n° 1, 2 ou 3 du centre. Camping réservé aux tentes. Compter 5 € par personne.

Auberge de jeunesse

🏠 *Jugendherberge (AJ) :* dans le Veste Oberhaus, 94034 Passau (Ilzstadt). ☎ 49-37-80. Fax : 493-78-20. • jhpassau@djh-bayern.de • Fermé en décembre jusqu'après Noël. Tenez-vous bien : l'AJ de Passau est tout simplement dans la forteresse, au sommet d'une colline qui domine le Danube ! Évidemment, elle est prise d'assaut (comme autrefois, mais de façon plus pacifique) : réservez dès que possible ! Attention également : navettes pour s'y rendre uniquement d'avril à octobre (sinon, ça grimpe dur !), toutes les 30 mn au départ du *Rathaus* (de 8 h à 20 h). Réservé aux moins de 26 ans. Carte des AJ exigée. Nuitée autour de 15 €.

De prix moyens à plus chic

🏠 *Pension Rössner :* Bräugasse 19. ☎ 93-13-50. Fax : 93-13-555. Idéalement située, presque au confluent des trois fleuves et tout près des attractions principales. Chambres modernes, avec tout le confort (douche et w.-c.), certaines avec vue sur le Danube et la forteresse, à prix raisonnables : autour de 30 €. Petit dej' compris et garage en option. On comprend qu'elle soit, elle aussi, prise d'assaut et qu'il faille réserver plusieurs semaines à l'avance.
🏠 *Hôtel Residenz :* Fritz-Schäffer-Promenade. ☎ 350-05. Fax : 350-08. Chambres spacieuses autour de 40 €. Au cœur du quartier historique, un hôtel-restaurant plutôt raffiné, où l'on vous accueillera en français. Face au Danube, avec une terrasse pour philosopher en regardant les bateaux descendre le fleuve.

– Sinon, nombreuses *chambres en ville,* entre 35 et 45 €. Pour augmenter ses chances de trouver un hébergement, et pour un bon rapport qualité-prix, il est souvent intéressant de s'éloigner un peu. *Pensions* et *chambres d'hôtes* entre 15 et 35 €. Brochure et infos à l'office du tourisme.

LA BAVIÈRE ORIENTALE

Où manger? Où boire un verre?

Encore une ville universitaire, d'où abondance de *Kneipen*. On y mange pour pas cher, c'est souvent original et les rencontres ne sont pas difficiles.

|●| *Café Kowalski* : Oberersand 1. ☎ 24-87. Sur les quais de l'Inn, côté Altstadt, au pied de la cathédrale. Au 1er étage. Ouvert tous les jours de 9 h à minuit. Bon accueil. Notre endroit préféré, ne serait-ce que pour la jolie terrasse donnant sur le fleuve... Une plaque rappelle que Mozart y séjourna une semaine, en 1782! Clientèle jeune : étudiants et *Schicki-Micki*. Petits dej' à plusieurs prix, plats chauds assez bon marché et toutes sortes de salades. Concerts de temps en temps. Carte *Visa* acceptée.

|●| *Café Duft* : Theresienstrasse 22 (Altstadt). Ouvert de 9 h à 1 h. L'autre grand lieu branché. Salle voûtée avec mobilier moderne. Petit jardin au fond. Lumière tamisée et bonne musique. Quelques plats chauds bon marché, belles salades, glaces et gâteaux.

|●| ▼ *Gaststätte Goldenes Schiff* : Unterer Sand 8. Dans la vieille ville, non loin des bords de l'Inn. Ouvert de 11 h (17 h le week-end) à 1 h. Parquet, tables et décorations murales en bois, bougies, petit jardin par beau temps, bref un endroit agréable. Clientèle mélangée qui boit de la bière (surtout) et déguste (éventuellement) des plats simples : salades, sandwichs, gâteaux et carte du jour fournie.

|●| ▼ *Keller-Café-Theater Im Scharfrichterhaus* (ouf!) **:** à l'angle de Milchgasse et Marktgasse, juste derrière le *Rathaus*. Ouvert à midi et de 18 h à 1 h. Café-concert-spectacle-cinéma, bref un mini-complexe culturel. Programme affiché à l'extérieur (2 à 3 manifestations par semaine). Café à la fois en sous-sol et dans une cour intérieure. Très sympa.

|●| *Die Woche* : Kleine Klingergasse 6, mais donne aussi sur la Obere Donaulände, au bord du Danube. Ouvert de 18 h à 3 h. Cadre et musique rock agréables. Plats très copieux plus ou moins chers selon les goûts. Bonne ambiance le week-end.

À voir

🕯 *Dom Sankt Stephan* (cathédrale Saint-Étienne) : dans l'Altstadt. Gigantesque édifice gothique, devenu un haut lieu du baroque. Nef très haute, décorée de stucs et de fresques. Attraction principale des lieux : le très bel orgue du début du XXe siècle. C'est le plus gros du monde, avec pas moins de... 17 388 tuyaux! *Concerts* : tous les jours à 12 h de mai à octobre; le reste de l'année, le jeudi à 19 h 30. *Attention* : arriver à l'heure, car ensuite la cathédrale est fermée.

🕯 *Residenzplatz* : derrière le *Dom*. Jolie place bordée de vieilles demeures patriciennes. Tout autour de la cathédrale, quartier médiéval plein de charme. Ruelles, escaliers, etc.

🕯🕯 *Glasmuseum* (musée du Verre) : entrée par la réception de l'hôtel *Wilder Mann,* sur Rathausplatz. Ouvert de 10 h à 16 h de mai à octobre, de 13 h à 16 h le reste de l'année. Une collection de 20 000 pièces de verre produites dans les ateliers de Vienne, de Prague, de Bavière et de Bohême. Un dédale de salles mène des caves au grenier d'un superbe ensemble de maisons du XIVe siècle.

🕯 *Le musée d'Art moderne* : Bräugasse 17, non loin de Dreiflußeck. Ouvert du mardi au dimanche de 10 h à 18 h. Musée privé situé dans une belle demeure admirablement restaurée. Expositions tournantes. Uniquement des œuvres provenant de collections privées.

🍴 *Rathaus :* face au Danube, un bel hôtel de ville du XVe siècle, à la façade peinte. Au 1er étage, les salles de réception *(Rathaussaale)* sont ouvertes tous les jours de 10 h à 16 h d'avril à octobre. Faste impressionnant : vitraux, voûtes, arcs gothiques. Couleurs sombres mais chaleureuses.

🍴 *Dreiflußeck :* à la pointe de la péninsule. En français, le « confluent des trois rivières ». Une grande terrasse permet d'observer le spectacle des eaux. Noter que celles de l'Inn et du Danube ne se rejoignent pas tout de suite, se boudant sur une certaine distance. Panorama superbe également sur les rives opposées : la forteresse et les collines d'Ilzstadt d'un côté, les maisons éloignées d'Innstadt de l'autre. Belle balade à faire sur les quais, des deux côtés.

🍴 *Veste Oberhaus :* au sommet d'Ilzstadt. Accès par le pont Luitpold. Immense forteresse sur plusieurs niveaux, curieux mélange de murailles médiévales, bâtiments peints et palais épiscopal. Napoléon s'en empara en 1809. De la terrasse, panorama sur toute la ville. Le château abrite un *musée* consacré à l'histoire de Passau. Ouvert de 9 h à 17 h. Fermé le lundi, ainsi qu'en février. Un peu fourre-tout mais intéressant, aussi bien par l'architecture des pièces que par le panorama sur la ville et les thèmes abordés. On y apprend que l'histoire de la ville se confond là aussi avec celle de l'« or blanc » (le sel). Également artisanat et arts gothique et baroque.

Excursions sur le Danube

Départs de la Rathausplatz. Toutes les possibilités sont proposées, de la petite balade de 45 mn en bateau-mouche (départ toutes les 30 mn, sauf en hiver) à la croisière de luxe pour Vienne ou Linz ou encore la visite de Passau de nuit avec soirée dansante !
– La compagnie *Wurm und Köck* (☎ 92-92-92) propose un intéressant *Dreiflüße Rundfahrt* pas cher du tout, qui permet d'effectuer le tour de la péninsule en empruntant les trois cours d'eau. Infos à l'office du tourisme.

▶ DANS LES ENVIRONS DE PASSAU

🍴 *Le quartier de Hals :* à environ 4 km de Passau en remontant l'Ilz. Petit bourg agréable que l'on peut atteindre grâce au bus n° 4 ou à pied en longeant le fleuve. Il est dominé par les ruines d'un château que l'on peut arpenter de 8 h à 20 h. De là-haut, vue magnifique sur les environs. Possibilités de balades et de baignade.

STRAUBING (94315)

À 70 km à l'ouest de Passau. Petite ville méconnue, traversée par le Danube. Fière de ses origines celtes et romaines, elle fut également un temps le siège du duché Straubing-Hollande.

Adresses et infos utiles

🛈 *Verkehrsamt (office du tourisme) :* dans le *Rathaus,* Theresienplatz 20. | ☎ 94-43-07. Fax : 94-41-03. Ouvert du lundi au vendredi de 9 h à 12 h et de 13 h 30 à 17 h ; le samedi, uniquement le matin.

🚆 *Gare ferroviaire :* au sud-est de la ville. Nombreux trains quotidiens pour Regensburg et Coburg. Renseignements uniquement par téléphone : ☎ 01805-99-66-33.

Où dormir ?

Camping

⛺ *Campingplatz :* Dammweg 17. ☎ 12-912. Face à la vieille ville, de l'autre côté du Danube. Ouvert du 15 avril au 15 octobre. Petit camping bien ombragé à 5 mn à pied du centre.

Auberge de jeunesse

🏠 *Jugendherberge (AJ) :* Friedhofstrasse 12. ☎ 804-36. Fax : 12-094. ● jugendherberge@straubing.de ● Assez loin du centre, à l'est de la gare et à côté du cimetière. Ouvert d'avril à fin octobre. Réception à partir de 17 h. Nuitée autour de 11 €.

Plus chic

🏠 *Hôtel Röhrlbräu :* Theresienplatz 7. ☎ 99-080. Fax : 99-08-28. Un établissement d'un certain standing, directement sur la place centrale. Personnel attentionné. Chambres tout confort, bien tenues, très calmes, surtout pour celles donnant sur la cour intérieure. Petit dej'-buffet.

Où manger ?

🍽 *Gasthof Bayerischer Löwe :* Ludwigsplatz 24, juste à l'entrée de la porte de la vieille ville. Ouvert de 11 h à 14 h et de 18 h à 21 h. Grande salle enfumée avec des tables en bois. Clientèle du cru. Service sympa, prix raisonnables, et bonne cuisine locale.

🍽 *Café Krönner :* Theresienplatz 22. Ouvert de 8 h à 18 h en semaine ; jusqu'à 16 h le samedi et fermé le dimanche. Café-salon de thé comme on les aime. Cadre rococo. On peut y prendre son petit dej' (très bon) et y grignoter à midi.

À voir

🔸 *Theresienplatz :* place principale, entièrement piétonne. Elle est entourée de fort belles maisons à pignons (dont l'hôtel de ville). On y trouve la *Stadtturm,* tour-horloge à 5 clochetons, qui servait de tour de garde au Moyen Âge. Également la *Dreifaltigkeitsäule (colonne de la Trinité),* qui fut réalisée au début du XVIIIe siècle à l'initiative de la bourgeoisie de la ville. Pour la petite histoire, la statue de l'ange Michel fut réalisée par Franz Mozart, un grand-oncle du petit génie !

🔸 *Sankt Jakob Basilika (basilique Saint-Jacques) :* construction commencée vers 1400 et terminée vers 1590. Remarquable notamment pour ses vitraux de 1418 dans la chapelle Maria Hilfe. À côté, dans la Tod Marienkapelle, magnifique autel avec des drapés. Chaire baroque délire. Volets du retable peints par Wolgemut (le maître de Dürer) au XVe siècle.

🔸 *Sankt Peterkirche :* à l'extérieur de la vieille ville, en prenant à droite avant le pont sur le Danube. Ensemble de quatre églises et chapelles à l'intérieur d'un très joli cimetière fortifié avec des tombes remontant au XIVe siècle. L'église Saint-Pierre date du XIe siècle et recèle une belle *pietà* du XIVe siècle. À ne pas rater, la *Seelenkapelle,* avec ses fresques représentant la danse macabre *(Totentanz).*

🏃 Si vous avez le temps et l'envie, faites un tour au **Gäubodenmuseum,** Fraunhoferstrasse 9 (rue donnant sur la place principale). Expose les découvertes faites à Straubing depuis l'âge du bronze et qui témoignent du passé romain et celte de la ville.

Manifestations

– **Gäubodenvolksfest :** mi-août. Célèbre la fin de la récolte. La région du Gaü est en effet un des greniers à blé de la Bavière. Expositions, fête et bière à volonté pendant 10 jours !
– **Festival Agnes-Bernauer :** tous les quatre ans en juillet. Fête qui commémore en costumes d'époque un épisode malheureux de l'histoire de Straubing. En 1435, la pauvre Agnès, épouse du duc Albrecht III, fut soupçonnée de sorcellerie et noyée dans le Danube !

REGENSBURG (RATISBONNE)

IND. TÉL. : 0941

Qui se souvient que cette ville vieille de 2 000 ans fut la première capitale de Bavière ? Apparemment pas le gros des flux touristiques ! Tant mieux : on profite ainsi en toute quiétude, ou presque, de cette bien belle ville au cachet médiéval, qui s'est refait une jeunesse grâce à son université. Regensburg plaira aux routards de tous âges : les lieux animés ne manquent pas, la vieille ville est propice à tous les épanchements romantiques, et on y trouve le plus ancien resto d'Allemagne ! Une auberge où l'on déguste des saucisses grillées depuis 850 ans, avant d'aller faire un tour en bateau sur le Danube. Ici, prendre son temps est une expression qui va de soi. En plus, on trouve à tous les coins de rue ou presque quelqu'un qui parle le français, qu'il soit étudiant, chercheur ou érudit local, et ça vaut tous les guides du monde pour partir à la découverte de cette « Ratisbonne » à qui seuls quelques nostalgiques continuent de donner, comme dans un roman de Duras, son nom de jeune ville d'autrefois.

UN PEU D'HISTOIRE

Ville-carrefour d'Europe centrale grâce au Danube, Regensburg se développe sous les Celtes puis sous les Romains. Elle connaît une grande prospérité au Moyen Âge, jusqu'à ce que Augsbourg et Nuremberg ne la détrônent. Elle retrouve un certain prestige au XVIIe siècle, choisie comme siège des Diètes impériales. Mozart eut la chance de découvrir cette cité lorsque le destin de l'Allemagne s'y jouait encore (on était en période de Diète permanente, ce qui ne l'empêcha pas de déclarer à sa femme : « Nous avons merveilleusement déjeuné, nous avions une musique de table divine... »).
Ville au bord d'un fleuve, elle incite à la flânerie sur ses berges, sur ses îles et, bien sûr, dans les parcs et allées qui, il y a 200 ans, par la volonté des princes, remplacèrent les remparts et les fossés des fortifications. Les fameux princes Thurn und Taxis (dont les héritiers possèdent aujourd'hui l'une des plus grosses fortunes d'Allemagne) relancèrent son économie. On leur doit également la première poste moderne.

LA BAVIÈRE ORIENTALE

Puis la ville retombe en disgrâce : Napoléon l'offre à l'archevêque de Mayence. Ensuite intégrée malgré elle (elle ne s'en est toujours pas remise, d'ailleurs) au royaume de Bavière, elle est évincée au profit de Munich. Ironie du sort : peu industrialisée, elle sera négligée par les bombardiers américains ! C'est l'une des rares villes de Bavière à ne pas avoir souffert de la guerre, d'où son authenticité incroyable. Profitez de l'absence de nos amis asiatiques ou américains, qui préfèrent le charme plus hollywoodien de villes refaites aux trois quarts, pour passer un bon moment à déambuler au hasard de ses rues...

Adresses et infos utiles

Tourist Information (plan A1) : Rathausplatz. ☎ 507-44-10. Fax : 507-44-19. • www.regensburg.de • Ouvert de 8 h 30 à 18 h, le samedi de 9 h à 16 h et le dimanche de 9 h 30 à 16 h (14 h 30 en hiver). Plein d'infos. Et une documentation complète en français ! Visite (passionnante, mais en allemand) de la ville : 5 €. Également en anglais, certains (beaux) jours, au début de l'après-midi.

Poste principale (plan B1) : Domplatz, face à la cathédrale. Ouvert de 8 h à 18 h (13 h le samedi).

Gare ferroviaire (plan B2) : ☎ 01805-99-66-33. Nombreux trains quotidiens pour Munich (1 h 30 de trajet), Nuremberg (1 h de trajet), Straubing (30 mn), 4 trains par jour pour Vienne et pour Berlin. Départ des bus pour Kelheim (voir le Weltenburgkloster, dans « Dans les environs de Regensburg »).

Location de vélos (plan B2) : à la gare, tous les jours de 9 h à 19 h. ☎ 599-81-93. • bikeprojekt@t-online.de • Pancarte facile à mémoriser : « Rent a bike » !

Où dormir ?

Camping

Azur-Camping : Weinweg 40, 93049 Regensburg. ☎ 27-00-25. Au nord-ouest du centre-ville et au bord du Danube. Ouvert d'avril à fin août. Assez bien équipé et pas très cher.

Auberge de jeunesse

Jugendherberge (AJ) : Wöhrdstrasse 60, 93059 Regensburg, à Unterer Wöhrd. ☎ 574-02. Fax : 52-411. • jhregensburg@djh-bayern.de • Très bien situé, sur une île du Danube ! Tout près du centre : emprunter l'un des ponts, puis prendre à droite la rue traversant l'île. Compter autour de 16 € pour la nuitée. En principe, toujours de la place (164 lits), mais n'oubliez pas que, en Bavière, les AJ sont réservées aux moins de 26 ans.

Chambres chez l'habitant

Liste à l'office du tourisme. Il s'agit souvent d'appartements avec plusieurs chambres et cuisine. Idéal pour un séjour à plusieurs ! Quelques adresses où l'on parle le français :

Ursula Goldbach : Obere Bachgasse 17. ☎ 40-20-50.

Roswitha Kaiser : Roter Brachweg 60. ☎ 278-39.

Helmut Koch : Donaustaufer Strasse 18d. ☎ 423-33.

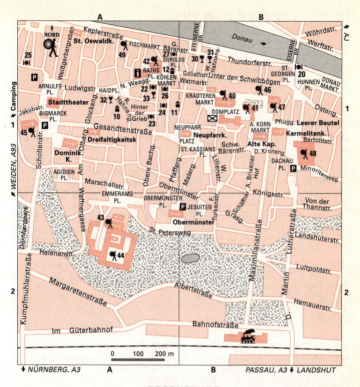

REGENSBURG

- **Adresses utiles**
  - Tourist Information
  - Poste principale
  - Gare ferroviaire

- **Où dormir ?**
  - 10 Gasthof Roter Hahn
  - 11 Hôtel Münchnerhof
  - 12 Orphée Hotel

- **Où manger ?**
  - 20 Historische Wurstküche
  - 22 Prinzess
  - 23 Vitus
  - 24 Sha Been
  - 25 Café Lokanta
  - 26 Dampfnudel-Uli
  - 27 Alte Münz

- **Où boire un verre ?**
  - 30 Irish Harp Pub
  - 31 Allegro
  - 32 Slick 50 Live Club
  - 33 Café Orphée

- **À voir**
  - 40 Dom
  - 41 Église Saint-Ulrich
  - 42 Altes Rathaus
  - 43 Sankt Emmeramkirche
  - 44 Château des Thurn und Taxis
  - 45 Sankt Jakob Schottenkirche
  - 46 Porta Prætoria
  - 47 Niedermünster
  - 48 Städtisches Museum
  - 49 Musée Kepler

De prix moyens à plus chic

▲ **Pension Spitalgarten :** St-Katharinen Platz 1. ☎ 847-74. Dans l'île (attention, le pont qui y conduit est réservé aux piétons, il faut faire un détour par un autre pont, plus à l'est). Des chambres calmes à 41 €, et un *Biergarten* pour l'animation, aux beaux jours. On y sert, jusque tard dans la nuit, une cuisine typiquement bavaroise à des convives qui y viennent, pour la plupart, en vélo. Bière brassée sur place, pour les connaisseurs.

▲ **Apollo Minotel :** Neuprüll 17. ☎ 91-00-50. Fax : 91-05-70. Au sud du centre, tout près de l'université. Accessible en bus (toutes les 10 mn), descendre au carrefour d'Universitätsstrasse. Entre 36 et 82 €. Grande bâtisse moderne, bien aménagée (piscine et sauna). Chambres très confortables. Celles avec douche à l'étage sont d'un prix abordable.

▲ **Gasthof Roter Hahn** (plan A1, 10) : Rote Hahnengasse 10. ☎ 56-09-07. Chambres assez chères de 52 à 112 €. Hôtel-resto dans une belle maison confortable. Bon accueil. Cuisine réputée.

▲ **Hôtel Münchnerhof** (plan A-B1, 11) : Tändlergasse 9. ☎ 584-40. Fax : 56-17-09. ● info@muenchnerhof.de ● Dans une rue piétonne, dans la vieille ville. *Attention* : inaccessible en voiture. Se garer plus loin et y aller à pied. Chambres de 60 à 103 €. Un trois-étoiles de charme dans une ancienne maison patricienne, vieille de sept siècles. Mêmes patrons depuis 50 ans. Chic mais bien agréable. Les chambres sous les mansardes sont tout aussi bien et un peu moins chères. Un très bon restaurant aussi.

▲ **Orphée Hotel** (plan A1, 12) : Wahlenstrasse 1. ☎ 59-60-20. Fax : 59-60-22-22. ● info@hotel-orphee.de ● Réception dans une rue parallèle – Untere Bachgasse 8 –, dans un quartier piéton, donc un peu compliqué en voiture. Chambres de 70 à 108 €. Un véritable hôtel de charme, au cœur de la vieille ville, le plus adorable que nous ayons trouvé jusqu'alors, car pensé, rêvé, réalisé avec le souci des détails autant que du confort. Tissu autour des lits, meubles chinés ici et là, salles de bains cosy, bref un lieu où l'on a envie de poser ses bagages pour un petit bout de temps. Hôtel sans ascenseur.

Où manger ?

Bon marché

Nombreux *Imbiß* dans la Weiß-Lilienstrasse, rue piétonne dans le prolongement de Pfauengasse, qui part de Domplatz.

I●I **Sha Been** (plan A1, 24) : Wahlenstrasse 14. ☎ 56-74-942. Ouvert du mardi au samedi de 19 h à 1 h du matin. *Samoussas, acras,* ailerons de poulet entre 3 et 4 €. *Combos* à 11 €. Au 1er étage d'une maison ancienne, un décor antillais chaleureux et un petit resto tenu par un Français speedé, mais sympa, qui vous parlera du pays tout en préparant ses spécialités. Cocktails à 6 €.

I●I **Café Lokanta** (plan A1, 25) : Woowirkergasse. ☎ 53-321. Plats entre 6 et 8 €. Un restaurant kurde qui fait le plein tous les soirs. Service d'une grande gentillesse, *joghurt kebab* ou assiette végétarienne pleins de saveur, et prix sympas.

I●I **Dampfnudel-Uli** (plan A1, 26) : Am Watmarkt 4. ☎ 53-297. Une tradition locale à laquelle il est difficile d'échapper. Du mardi au samedi, prenez place dans ce cadre hors du temps, au rez-de-chaussée de la *Baumburger Turm*. Si vous ne craquez pas pour ces bonnes grosses boules de neige, il y a toujours des saucisses pour calmer une petite faim.

Prix moyens

❙●❙ *Prinzess* (plan A1, 22) : Rathausplatz 2. Somptueuse confiserie-salon de thé dont l'histoire remonte à 1676, et qui doit sa réputation aux pralines qu'un cuisinier français, Robert de Gravel, apporta avec lui. On en profite autant avec les yeux qu'avec le palais : magnifiques vitrines de poupées de collection en porcelaine, dans la boutique. Les pralines et chocolats sont évidemment plus succulents les uns que les autres. À l'étage, salon de thé avec de très bons gâteaux.

❙●❙ *Historische Wurstküche* (plan B1, 20) : sur les quais du Danube, au pied du vieux pont de pierre *(Steinerne Brücke)*. Ouvert tous les jours de 9 h à 19 h (14 h de novembre à Pâques). Saucisses entre 16 et 36 €. Service efficace (on y parle toutes les langues) et prix plutôt dérisoires pour un musée de la saucisse. Minuscule maison verte toute de guingois. Construite au... XIIe siècle, pour servir de cantine aux ouvriers du vieux pont. On y sert toujours les mêmes plats : *Bratwürste* (ces excellentes petites saucisses grillées) de 4 à 12 pièces, choucroute et petit pain. Succulente moutarde à l'ancienne pour épicer le tout. On mange à de grandes tables en bois, sur le vieux pavé du quai, ou près de la cuisine, les jours de pluie.

❙●❙ *Vitus* (plan A1, 23) : Hinter der Grieb 8. Compter autour de 16 € par personne. Pour changer des saucisses, un café-restaurant dont le chef est français et le personnel jeune, bilingue, très accueillant. La maison date quant à elle du XIIIe siècle, il y a plusieurs salles et même un jardin pour changer d'air. Convivialité assurée autour des grandes tables.

❙●❙ *Alte Münz* (plan A1, 27) : Fishmarkt 8. ☎ 548-86. Ouvert tous les jours de 10 h à minuit. Un chalet à l'ancienne mode, avec une ambiance de campagne bavaroise, du petit dej' local aux typiques *Bratwürste* servies avec une portion de choucroute et une bière brune... Prix pas plus élevés qu'ailleurs.

Où boire un verre ?

🍸 *Irish Harp Pub* (plan B1, 30) : Brückstrasse 1. Ouvert de 16 h à 1 h ; le week-end, à partir de 14 h ; les vendredi et samedi, jusqu'à 2 h. Un vrai pub à la déco intimiste. Bonne atmosphère. Vin, bière, alcools et cidre... anglais ! Fléchettes. En principe, musique *live* tous les soirs à 21 h.

🍸 *Allegro* (plan B1, 31) : Taubengässchen 2. Voisin de l'*Irish Harp Pub* mais d'un genre très différent : c'est le rendez-vous gay de la ville. Cadre métallique assez dépouillé. Bonne musique et souvent plein à craquer le soir.

🍸 *Slick 50 Live Club* (plan A1, 32) : Rote Hahnengasse 8. Ouvert jusqu'à 1 h. Rendez-vous des étudiants. Service relax et bonne musique rock. On peut y prendre, au rez-de-chaussée, un authentique *burger* pour déjeuner, ou pour dîner, avant d'entrer au club. Entrée autour de 5 €. Groupes du mercredi au dimanche.

🍸 *Café Orphée* (plan A1, 33) : Untere Bachgasse 8 (à 20 m de Rathausplatz). Ouvert tous les jours de 9 h à 1 h. Amusante copie des cafés parisiens et repaire d'intellos un brin snobinards. Remarquer la guillotine dans la cour menant aux toilettes. Crêpes, petits plats, salades et sandwichs, selon l'humeur. Le soir, c'est assez sélect, mais la journée, autour d'un café, c'est plutôt sympa.

À voir

🍴 *Dom* (la cathédrale ; plan B1, 40) : Domplatz. Entrée sur le côté. Ouvert jusqu'à 18 h (16 h en hiver). Construite du XIIIe au XVIe siècle, c'est l'une des plus importantes de Bavière. Dimensions assez étonnantes (tours de plus de

100 m de haut), intérieur un brin austère, mais beaux vitraux du XIVᵉ siècle. Voir le tabernacle, les autels, les dalles et le puits, à droite de l'entrée. Des visites guidées permettent d'en savoir plus sur le riche mobilier. Le cloître est intéressant pour sa chapelle du XIIᵉ siècle *(Allerheiligenkapelle),* couverte de fresques. Beaux jardins également. Un grand moment à ne pas manquer, à 9 h le dimanche matin : la messe avec la célèbre chorale Domspatzen. Pour ceux qui seraient intéressés par le trésor, entrée payante : 2 €.

🦐 *L'église Saint-Ulrich* (plan B1, 41) : derrière la cathédrale. Visites de 10 h à 17 h, sauf le lundi. Intérieur très curieux, avec ses galeries peintes. Abrite un intéressant *Musée religieux,* aux beaux objets rares. Entrée : 2 €.

🦐 *Altes Rathaus* (plan A1, 42) : Rathausplatz. Noble édifice gothique des XIIIᵉ et XIVᵉ siècles.
– Au 1ᵉʳ étage, le **Reichstagsmuseum** est ouvert de 9 h 30 à 16 h ; le dimanche, de 10 h à 12 h. Billets à l'office du tourisme, à côté. Entrée : 3 €. La visite permet d'admirer la grande salle impériale dans laquelle siégea à partir de 1663 la Diète (assemblée) permanente de l'Empire. On a du mal, en découvrant cette salle déserte, à imaginer la vie qui devait alors envahir ces lieux, puisque les empereurs avaient pris l'habitude de convoquer ici toutes les Diètes, jusqu'à la dernière, qui finit par être permanente jusqu'à la fin de l'Empire. Les quelque 70 délégations d'États extérieurs menaient ici un train de vie fastueux, ce qui, au XVIIIᵉ siècle, porta la ville à un nouveau zénith, avant que la dissolution de la Diète, en 1803, n'amène, avec le départ des délégations, une baisse considérable du pouvoir d'achat. Tout cela, on vous l'expliquera magnifiquement, vous donnant l'impression de mieux comprendre enfin ce pan important d'histoire allemande, tout en jetant un œil au superbe plafond, aux belles boiseries, aux grandes tapisseries, etc. La visite s'achève sur une note optimiste avec les cachots (salle des tortures digne d'un feuilleton de série B).

🦐 *Steinerne Brücke* (pont de pierre ; plan B1) : ses élégantes arches enjambent le Danube. Construit dans la première moitié du XIIᵉ siècle, il est considéré comme un exploit architectural. On remarque qu'il est bombé au milieu. Du pont, jolie vue sur la ville et le fleuve. Pour accéder au pont, on passe par l'une des dernières portes de la ville. À côté, le plus vieux resto d'Allemagne, l'*Historische Wurstküche* (voir « Où manger ? »). En face, une maison où dormirent Goethe et Mozart (non, pas ensemble !).

🦐 *Fischmarkt* (marché au poisson) : se promener le long des quais. Pittoresques maisons aux façades anciennes. Tout le charme du vieux port de la ville (Keplerstrasse).

🦐 *Sankt Emmeramkirche* (plan A2, 43) : Emmeramsplatz. Ouvert de 10 h à 16 h 30. Fermé le dimanche. Basilique du XIᵉ siècle. Superbes porche et portail. À l'intérieur, nombreux tombeaux de saints et de seigneurs. Cryptes remarquables (visites guidées seulement). Derrière l'église, *cloître* gothique très bien conservé : accès par la cour du *château* voisin des **Thurn und Taxis** (plan A2, 44). Un mot sur ces princes qui se fixèrent ici au XVIIIᵉ siècle, et qui représentaient l'empereur dans la fonction de commissaire principal à la Diète permanente. Même après la dissolution du Saint-Empire romain germanique, ils gardent faste et pouvoir. Au XIXᵉ, ils transforment l'ancien monastère en un château, ouvert aujourd'hui en partie à la visite (salles d'apparat, écuries). Visites guidées : 3 €.

🦐 *Sankt Jakob Schottenkirche* (plan A1, 45) : Bismarckplatz. Belle abbatiale romane (fin du XIIᵉ siècle) dont le nom « église des Écossais » prête à confusion : elle fut en fait édifiée par des moines... irlandais. Comme quoi les Français ne sont pas les seuls à ne pas connaître leur géographie ! À voir pour son portail exceptionnel, imposant mais finement sculpté, plein de détails amusants. Un chef-d'œuvre du genre. À l'intérieur, beau plafond et sculptures romanes.

🎭 **Le musée Kepler** *(plan A1, 49)* : Keplerstrasse 5. Entrée : 2 €. C'est ici que Johannes Kepler, astronome et mathématicien, est vraisemblablement mort en 1630. Cette maison, transformée en musée à sa mémoire, est d'autant plus intéressante que son conservateur parle un français remarquable.

🎭 **Le musée de la Navigation** *(hors plan par A1)* : Werftstrasse. Visite d'avril à octobre, de 10 h à 17 h. Entrée : 2 €. Il faut dépasser l'ancien embarcadère qui, sous Louis Ier de Bavière, a été construit sous forme d'un mur puissant de blocs de pierre, et suivre le chemin jusqu'au Schiffahrtsmuseum. Celui-ci a été aménagé dans un ancien bateau à aubes.

🎭 Pour ceux qui s'intéressent à l'art romain, pas mal de vestiges disséminés dans le centre : la **Porta Prætoria** (entre les quais et la cathédrale ; *plan B1, 46*), le **Niedermünster** (*plan B1, 47* ; visite sur demande : ☎ 577-96 ou 56-99-112) et les collections du **Städtisches Museum** *(Musée municipal ; plan B1, 48)*.

🎭 Enfin, prendre le temps de flâner dans les pittoresques **rues médiévales :** Tändlergasse, Kramgasse, Wahlengasse, Bachgasse, Hinter der Grieb, etc.

Manifestations

– *Tage Alter Musik :* pour la Pentecôte. Festival de musique Renaissance et médiévale dans les salles historiques de la ville.
– *Festival de Jazz de Regensburg :* en juillet.
– *Foire d'Automne :* fin août-mi-septembre. En fait, une « mini-*Oktoberfest* », avant celle de Munich !
– *Marché de Noël et marché des Artisans :* en décembre.

➤ DANS LES ENVIRONS DE REGENSBURG

🎭 **Donaudurchbruch** *(gorges du Danube)* **:** accessibles en bateau de Kelheim, à 20 km au sud. De la mi-mars à début novembre, des bateaux effectuent l'aller et retour Kelheim-Weltenburg à travers les gorges. Plusieurs départs quotidiens en été. Horaires à l'office du tourisme de Regensburg ou à celui de Kelheim. Balade sympa qui permet d'admirer les gros rochers blancs qui s'élèvent des deux côtés du fleuve. Forêt tout autour. À faire à vélo ou en canoë.

🎭 **Weltenburgkloster** *(monastère de Weltenburg)* **:** les bateaux se rendant dans les gorges vous y déposent. Sinon, de Regensburg, accès en voiture par Kelheim (à 6 km du monastère) ou en bus. Parking obligatoire payant. Grande abbaye du XVIIIe siècle qui brasse sa propre bière. Mais le principal intérêt de la visite réside dans la splendide abbatiale baroque, célèbre pour sa décoration hallucinante due aux frères Asam (on se souvient de leur église à Munich). Étonnante voûte ovale entièrement peinte. Stucs et dorures partout. Observer les angelots pendus à la gigantesque couronne du plafond ! Superbe maître-autel en arc de triomphe et ingénieux éclairage illuminant par-derrière la statue de *Saint Georges terrassant le dragon*. On peut se restaurer dans le *Biergarten* de l'abbaye.

🎭 **Le Walhalla :** à 7 km à l'est de Regensburg, à côté du village de Donaustauf. De là, un chemin mène en 10 mn au monument. On peut également s'y rendre en bateau de Regensburg : *Klinger GmbH,* Werftstrasse 8 ; ☎ 553-59 ; de fin mars à mi-octobre uniquement, et entre 10 h 30 et 14 h. Départ au Steinerne Brücke *(plan B1)*. Environ 2 h 30 aller et retour, visite comprise.

Pas trop cher : 9 €. Le Walhalla est un impressionnant panthéon de marbre, édifié sous Louis Ier de Bavière. Toute ressemblance avec un certain Parthénon d'Athènes n'est pas une coïncidence ! À l'intérieur, bustes des « grands hommes » d'Allemagne...

➢ Regensburg peut être également le point de départ d'excursions de plusieurs jours dans les nombreux parcs naturels qui bordent la frontière tchèque : la **Bayerischer Wald** *(Forêt bavaroise),* au sud-est de Regensburg, encore peuplée dans certains sites protégés par des loups et des ours ! Au nord-est de Regensburg s'étend sur plus de 150 km l'**Oberpfälzer Wald** *(parc naturel du Haut-Palatinat),* connu notamment pour ses innombrables étangs que les moines cisterciens ont... creusés au XIIIe siècle et qui leur fournissaient le poisson pour les jours de Carême.

LA FRANCONIE

La Bavière du Nord est composée des villes et villages de Franconie, vieille province autrefois conquise... par les Francs ! Carolingienne, puis saxonne, la région, prisée pour ses richesses et ses voies de passage (dont le Main), fut ensuite intégrée au royaume de Bavière. Redécouverte aujourd'hui par tous ceux qui s'y arrêtent volontiers, avant de rejoindre Prague ou Berlin, cette région offre au regard des villes superbes et chargées d'histoire, parmi lesquelles les mythiques Nuremberg et Bayreuth, sans oublier notre préférée, Bamberg. La nature n'est pas en reste avec la si charmante « Suisse franconienne » et les profondes forêts du Fichtelgebirge, qui marquent la frontière avec la République tchèque.

NÜRNBERG (NUREMBERG)   IND. TÉL. : 0911

L'image de Nuremberg, curieusement plus encore que celles de Berlin ou de Munich, a souffert du nazisme : les grand-messes hitlériennes des années 1930, le « procès » des chefs nazis au sortir de la guerre...
Les congrès annuels du parti nazi ont heureusement laissé la place à une ribambelle de fêtes joyeuses, les marginaux ont remplacé les jeunesses hitlériennes, la culture a pris le relais de l'intolérance. Nuremberg est redevenue une ville douce et animée qui entend transcender le passé, préférant donner au monde l'explication des faits en créant un centre de documentation unique au monde sur l'ancien site des congrès du parti nazi.

UN PEU D'HISTOIRE

Simple forteresse au XIe siècle, puis ville libre d'Empire au XIIIe, Nuremberg s'enrichit en entrant dans la Confédération du Rhin. Au XVIe siècle, commerce et artisanat en font une ville florissante, mais c'est dans le domaine artistique que la ville fait le plus parler d'elle : avec Dürer en peinture, Adam Kraft en sculpture et les fameux « Maîtres chanteurs de Nuremberg » en musique. Ville symbole de la réussite et de la beauté allemandes, elle le restera longtemps, pour les écrivains romantiques d'abord, qui ne se lassent pas de contempler sa « médiévalité » poétique, mais aussi, manque de chance, pour les nazis, qui décident d'y tenir leurs congrès annuels !
C'est donc symboliquement, aussi, que la ville est désignée pour y accueillir le plus grand tribunal de l'Histoire... En 1945, des magistrats choisis par les Américains, les Soviétiques, les Britanniques et les Français y jugent deux

NÜRNBERG (NUREMBERG)

douzaines (seulement) de dignitaires nazis, dont les tristement célèbres Göring et Ribbentrop. Même si certains grands criminels de guerre ne purent y être condamnés, ce procès retentissant aura au moins servi d'exemple. C'est d'ailleurs à cette occasion que fut inventée la notion de « crimes contre l'humanité »...

Décidée à tourner la page, la ville – en ruine après la guerre – a vite retrouvé un dynamisme étonnant. Vingt ans plus tard, les reconstructions étaient achevées et Nuremberg s'élevait au deuxième rang industriel et économique de Bavière, derrière Munich : 500 000 habitants, un nœud autoroutier impressionnant, et un aéroport qui se veut en concurrence directe avec celui de Munich. Quant aux nouvelles grandes messes de l'industrie et du tourisme, qui remplissent les hôtels à des lieues à la ronde, elles sont à marquer d'une croix sur le calendrier du routard de passage, qui devra prendre soin de téléphoner à l'office du tourisme pour ne pas se retrouver piégé (difficile de donner des dates à l'avance, car il ne s'agit pas, comme à Munich, de manifestations revenant à date fixe).

Adresses et infos utiles

Tourist Information : 2 bureaux.
– L'*un (plan C3)* face à la gare principale, à côté de la Königstor, Königstrasse 93. ☎ 23-36-132. Fax : 23-36-166. Ouvert de 9 h à 19 h. Fermé le dimanche. Bonne documentation en français. Plans de la ville et du métro. Liste des hébergements.
– L'*autre (plan C2)* se situe dans la vieille ville, sur la place principale (Hauptmarkt), près du *Rathaus*. ☎ 23-36-135. Ouvert de 9 h à 18 h ; le dimanche de 10 h à 16 h (seulement de mai à octobre).

Poste principale *(plan C3)* **:** à la gare. *Autre bureau* sur Josefsplatz ; ouvert de 8 h à 18 h et le samedi de 8 h à 12 h.

■ **Consulat honoraire de France :** Ostendstrasse 100. ☎ 531-21-80. Le consulat général est à Munich.

■ **Consulat de Belgique :** Lina-Ammonstrasse 10. ☎ 81-21-428.

■ **Adresses utiles**
- Tourist Information
- Poste principale
- Gare ferroviaire principale

Où dormir ?
- 10 Jugendgästehaus
- 11 Gasthof Zum Schwänlein
- 12 Pension Vater Jahn
- 13 Burghotel Stammhaus

Où manger ?
- 20 Ruhestörung
- 21 Bratwursthäusle
- 22 Burgwächter
- 23 Alte Küche
- 51 Handwerkerhof

Où boire un verre ? Où sortir le soir ?
- 30 Kaiserburg
- 31 Unrat
- 32 Jazz Studio
- 33 Mach 1
- 34 L'Orangerie-Éric's Bar et Gourmandises

À voir
- 40 Hauptmarkt
- 41 Liebfrauenkirche
- 42 Schöner Brunnen
- 43 Rathaus
- 44 Sankt Sebalduskirche
- 45 Kaiserburg
- 46 Tiergärtner Tor
- 47 Dürerhaus
- 48 Sankt Lorenzkirche
- 49 Nassauerhaus
- 50 Mauthalle
- 51 Handwerkerhof
- 52 Germanisches Nationalmuseum
- 53 Spielzeugmuseum
- 54 Stadtmuseum
- 55 Tucherschlösschen
- 56 Verkehrsmuseum
- 57 Neues Museum

LA FRANCONIE

LA FRANCONIE

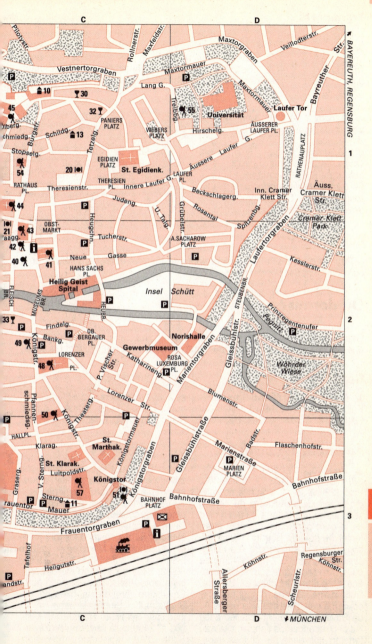

NUREMBERG

Transports

– **Transports en ville :** on trouve un plan du métro, des bus et des trams dans la revue *Aktuelles Monatsmagazin*, vendue à l'office du tourisme. Pour un court séjour, incluant un dimanche, un bon plan : la carte *(pass) Nürnberg KulTour*, variant entre 12 et 15 € selon la durée et les besoins, et donnant droit, outre l'utilisation des moyens de transport appropriés, à la visite des différents monuments et musées de la ville.

- ✈ **Aéroport :** à 7 km au nord de la ville. *Infos sur les vols :* ☎ 937-12-00. *Air France :* ☎ 20-37-92. Bus : ligne n° 20, devant la gare. Mais mieux vaut prendre le métro, direct. Carte autour de 3 € à la journée.
- 🚆 **Gare ferroviaire principale** *(Hauptbahnhof; plan C3) :* au sud du centre-ville, à l'extérieur des remparts. ☎ 20-41-91. Train toutes les 30 mn pour Munich. Consignes, pharmacie, bureau de change...
- ■ **Location de vélos :** *Ride on a Rainbow*, Adam-Kraftstrasse 55 (près de *Johannis Friedhof*; plan A1). ☎ 39-73-73. Ouvert du lundi au vendredi de 9 h à 18 h ; le samedi, de 9 h à 13 h. On y parle le français.

Culture, loisirs

– Pour tout connaître des programmes de théâtre, concerts, ciné, se procurer le mensuel *Doppelpunkt*.

Où dormir ?

Comme à Munich, l'hébergement n'est pas donné... ville riche oblige ! Mais que ce ne soit pas une raison pour vous enfuir : la ville vaut vraiment le coup.

Camping

⛺ **Campingpark Nürnberg :** Hans-Kalbstrasse 56. ☎ 98-12-717. Fax : 98-12-718. À 5 km, au sud de la ville et à 250 m du nouveau Messezentrum. Ouvert toute l'année. Assez récent, donc tout beau.

Auberges de jeunesse

🏠 **Jugendgästehaus** *(AJ; plan C1, 10) :* Burg 2, 90403. ☎ 23-09-360. Fax : 23-09-36-11. ● jhmuernberg@djh-bayern.de ● Au nord du centre, sous les remparts, et à 20 mn à pied de la gare principale. On peut aussi tenter de prendre le tram n° 9 (direction Thon) et descendre à Krelingstrasse. Ouvert de 7 h à 22 h, heure du couvre-feu. Carte souvent demandée et, comme toujours en Bavière, limite d'âge : 26 ans. Autour de 18 € pour une nuit. Une des plus belles AJ de Bavière, carrément installée dans les dépendances de l'ancien château fort (en fait, dans les écuries impériales) ! Elle fut méchamment esquintée par les bombardements, mais la restauration vaut le coup : pierre de taille, porte gothique et toit assez incroyable, avec ses 37 fenêtres... 300 lits, mais il est préférable de réserver : souvent des groupes scolaires. La cantine (belle salle voûtée) sert des Repas servis 3 fois par jour.

🏠 **Jugendhotel Nürnberg :** Rathsbergstrasse 300, 90411. ☎ 521-60-92. Situé au nord de Nuremberg, juste après les pistes de l'aéroport. En voiture, prendre la direction de Buchenbühl. Sinon, U-Bahn n° 2 jusqu'au terminus Herrnhülle, puis bus n° 21 jusqu'à l'arrêt Felsenkeller. Sorte d'AJ, mais sans obligation d'avoir la carte. En plein bois, accueil sympa.

Prix moyens

🛏 *Pension Vater Jahn* (hors plan par B3, **12**) : Jahnstrasse 13, 90443. ☎ 44-45-07. À deux pas du musée des Transports, de l'autre côté de la voie ferrée. Chambres de 32 à 44 €. Très propre, calme et familial. Accueil chaleureux. Une bonne adresse.

🛏 *Gasthof Zum Schwänlein* (plan C3, **11**) : Hintere Sterngasse 11. ☎ 22-51-62. Fax : 24-19-008. Juste derrière Neues Museum, une maison qui reste très recommandable. Chambres de 40 à 50 € avec ou sans douche, ces dernières étant les plus spacieuses. Accueil très décontracté.

Plus chic

🛏 *Burghotel Stammhaus* (plan C1, **13**) : Schildgasse 14. ☎ 20-30-40. Fax : 22-65-03. • nurenberg@burghotel-stamm.de • Chambres de 66 à 112 €. Un amour de petit hôtel, familial et tranquille, avec des chambres donnant sur une rue peu passante, à deux pas du château, ou sur un jardinet où l'on peut prendre son petit dej'. Le meilleur, le plus copieux, le plus varié de tous ceux que vous aurez eus jusqu'alors (ou sinon, c'est que vous avez eu plus de veine que nous !). Accueil cordial et petits plats sur demande. Réservez très tôt car les places sont chères.

Où manger ?

S'il y a une ville où la culture du *Brotzeit* se défend, c'est bien ici. Si une petite faim vous tourmente, allez grignoter un *Bretzel* dans la Königstrasse, vider une cafetière complète avec un gâteau dégoulinant de crème ou poser une fesse devant le comptoir d'une des brasseries de la ville où l'on vous servira une bière brune délicieuse tout en vous préparant un plateau de charcuterie ou, bravo, vous avez gagné, six saucisses à la mode du pays. Deux adresses supplémentaires au cas où vous seriez en manque : *Barfüsser*, Hallplatz 2. Et *Altstadthof*, Bergstrasse 19-21, au pied du château. Nombreux *Imbiß* sinon sur la Breite Gasse *(plan C-D3)*.

Bon marché

🍴 *Handwerkerhof* (plan C3, **51**) : ☎ 22-76-25. Ouvert de 10 h à 18 h 30. Fermé les dimanche, jours fériés et de Noël à mi-mars. Un petit marché très touristique où l'on peut, après avoir jeté un œil aux boutiques des artisans, goûter aux excellentes petites saucisses grillées qui sont les spécialités de la ville (jusqu'à 21 h). Vous risquez seulement de commettre un impair en prétendant avoir mangé les mêmes à Ratisbonne, dans le plus vieux resto du pays : sachez-le, et un jugement en fait foi, Nuremberg possède le local le plus ancien, Regensburg la marmite la plus vieille ! *Das Bratwurstglöcklein* fait partie de ces repaires incontournables.

🍴 *Ruhestörung* (plan C1, **20**) : Tetzelgasse 21. Ouvert de 7 h 30 (9 h 30 le week-end) à 1 h. Grande terrasse et salle bruyante. L'un des rendez-vous préférés des *Studenten* de la ville. Petits dej' (grand choix), snacks, sandwichs, salades et desserts. Plein à craquer quels que soient le jour et l'heure.

Prix moyens

🍴 *Bratwursthäusle* (plan C2, **21**) : Rathausplatz. Ouvert jusqu'à 21 h 30. Fermé les dimanche et jours fériés. Une adresse connue : on y sert depuis des lustres les meilleures saucisses grillées de Nuremberg ! Également de beaux jarrets, avec choucroute, pour ceux qui frôleraient l'indigestion. Petite précision : si la cuisine traditionnelle locale vous plaît, des boîtes sont en vente à la sortie.

|●| Burgwächter *(plan B1, 22)* **:** Am Ölberg 10. Ouvert de 11 h à 1 h du matin, tous les jours. Évidemment, c'est touristique. Mais dans le genre, c'est pas mal, et il y a la terrasse aux beaux jours. Quant à la nourriture, allez, on vous laisse deviner...

Un peu plus cher

|●| Alte Küche *(plan B1, 23)* **:** Albrecht-Dürerstrasse 3. ☎ 20-38-26. Ouvert tous les jours de 18 h à minuit. Deux restos en un, dans une maison historique. Au rez-de-chaussée, petite salle bondée à la déco ravissante. Dans la cave (splendide), décor médiéval : voûte en brique, armures, soufflet géant, oiseaux de proie et même un squelette rigolo dans un coin ! Service efficace et cuisine délicieuse.

Où boire un verre ? Où sortir le soir ?

♈ L'Orangerie-Éric's Bar et Gourmandises *(plan B2, 34)* **:** Untere Wörthstrasse 7. ☎ 20-44-88. Ouvert tous les jours de 17 h à 1 h. Le maître des lieux, Éric Thétis, est né aux Antilles. Son bar est installé dans une maison de 350 ans, une rareté qui a survécu à l'histoire. Une carte des vins cosmopolite (Europe, Amérique du Sud, Afrique du Sud), des bières allemandes, des cocktails mexicains et, surtout, un esprit « citoyen du monde » vraiment très sympathique.

Tout le quartier mérite d'ailleurs que vous vous y attardiez. Les nouveaux lieux à la mode ouvrant et fermant régulièrement, à vous de suivre le défilé des jeunes poussant la porte d'un ancien magasin manifestement reconverti ou d'un bistrot sans enseigne particulière pour prendre le pouls de la ville, et un verre par la même occasion.

♈ Kaiserburg *(plan C1, 30)* **:** Obere Krämersgasse 20, près de la Rathausplatz. Ouvert jusqu'à 1 h (3 h le samedi). Pub allemand à la déco rustico-baroque : poutres, cuivres, lustres et bibelots partout. Atmosphère feutrée et musique cool. Ne pas manquer de jeter un œil à la cave paysanne.

♈ Unrat *(plan B2, 31)* **:** Augustinerstrasse 4. Ouvert du lundi au samedi de 20 h à 1 h. Café-bar pas très original, mais sympa, souvent bien animé le soir.

♈ Jazz Studio *(plan C1, 32)* **:** Panierplatz 27-29. ☎ 22-43-84. Les vendredi et samedi soir seulement. Entrée dès 20 h et concerts de jazz à partir de 21 h. Dans une espèce de bunker sous la rue !

♈ Mach 1 *(plan C2, 33)* **:** Kaiserstrasse 1/9. Boîte de nuit ouverte dès 22 h 30, mais le mélange commence à prendre vers minuit. Clientèle hétéroclite, assez jeune dans l'ensemble. Très in : déco très sobre, barmen et maids branchés. Tout ce petit monde s'observe et se montre ! Bonne musique. Pas donné.

À voir

Nuremberg recèle de nombreux trésors ! L'essentiel des curiosités est concentré dans la vieille ville, délimitée par des remparts et des portes médiévales. Une jolie rivière, la Pegnitz, coupe la ville en son centre. Ne pas oublier de se promener le soir dans la vieille ville, notamment le long des remparts, pour humer l'atmosphère particulière de la cité. Aux beaux jours, Nuremberg respire vraiment la joie de vivre.

La vieille ville

¶¶ *Hauptmarkt* *(plan C2, 40)* : le cœur historique de Nuremberg. Très belle place encadrée d'édifices étonnants comme l'église Notre-Dame et la Belle Fontaine... C'est ici que se tiennent le célèbre marché de Noël (évitez de venir un dimanche !) et la fête de la Vieille Ville (en septembre), ainsi que le marché, principale attraction du centre-ville, entre 8 h et 18 h chaque jour en semaine.

¶ *Liebfrauenkirche* *(église Notre-Dame ; plan C2, 41)* : ouvert de 9 h à 17 h ; le dimanche, de 12 h 30 à 18 h. Ce chef-d'œuvre du XVe siècle présente une incroyable façade pyramidale à clochetons, de style gothique flamboyant. Au centre, amusante horloge monumentale du début du XVIe siècle, dont les personnages s'animent tous les jours à midi tapant ! À l'intérieur, œuvres sculptées d'Adam Kraft et autel décoré d'un triptyque datant de la première moitié du XVe siècle.

¶ *Schöner Brunnen* *(Belle Fontaine ; plan C2, 42)* : face à l'église. Entièrement dorée et sculptée, elle relate les grandes légendes antiques et médiévales : Moïse, César, Alexandre le Grand, Charlemagne, le roi Arthur et bien d'autres figures, dont notre Godefroi de Bouillon ! De la très belle ouvrage.

¶ *Rathaus* *(hôtel de ville ; plan C2, 43)* : Rathausplatz. Puissant édifice du XIVe siècle, transformé en espèce de palais italien au XVIIe siècle. Belle salle d'honneur voûtée. On peut visiter les cachots et la chambre des tortures *(Lochgefängnisse)*. Ouvert du mardi au dimanche de 10 h à 16 h 30. Entrée : 2 €.

¶ *Sankt Sebalduskirche* *(église Saint-Sébald ; plan C1, 44)* : face au *Rathaus*. Ouvert de 9 h à 18 h (16 h en hiver). La plus vieille église de Nuremberg, érigée au début du XIIIe siècle mais reconstruite après les bombardements de 1945. À l'intérieur, beaux vitraux du XIVe siècle et nombreuses œuvres sculptées dues aux grands artistes de la ville : Vischer (superbe tombeau du XVIe siècle), Stoss (*Groupe de la Crucifixion,* entre autres) et Kraft.

¶ *Kaiserburg* *(château impérial ; plan C1, 45)* : accès par Burgstrasse. Ouvert tous les jours de 9 h à 18 h, et jusqu'à 20 h le jeudi (en hiver : visite chaque jour jusqu'à 16 h). Entrée : 5 € et visites guidées (la dernière débute 35 mn avant la fermeture).
Pas n'importe quel château, puisque les empereurs d'Allemagne y vécurent tous jusqu'à la seconde moitié du XVIe siècle. Bâti sur une hauteur de manière à dominer la ville ; les dates de construction de ce monumental ensemble s'étalent *grosso modo* du XIIe au XVIe siècle. Un brin austère mais tout de même un beau complexe médiéval, avec tour pentagonale, palais, chapelle impériale (du XIIe siècle), etc. Superbe panorama sur la vieille ville de la *Sinwellturm* (donjon). À côté, vieux puits profond de plus de 50 m.

¶ *Tiergärtner Tor* *(plan B1, 46)* : porte nord-ouest de la ville. Autour, le plus beau quartier de Nuremberg, particulièrement poétique en fin de soirée. Superbes maisons à colombages, dont la *Pilatushaus* (Obere Schmiedgasse 66), la plus remarquable.

¶ *Dürerhaus* *(maison de Dürer ; plan B1, 47)* : Am Tiergärtnerhaus. Ouvert de 10 h à 17 h de mars à octobre ; le reste de l'année, ouvert de 13 h à 17 h. Fermé le lundi. Entrée : 5 €.
Charmante maison médiévale à colombages, de style gothique. Le plus grand maître de la peinture allemande ancienne (avec Cranach) naquit juste à côté (dans Burgstrasse), mais vécut ici pendant 20 ans, jusqu'à sa mort en 1528. On peut admirer ses plus beaux tableaux au Musée national germanique de Nuremberg (voir plus loin), ainsi qu'à l'Alte Pinakothek de Munich. Rien de tel ici, excepté le plaisir de découvrir la maison elle-même

et le mobilier ancien. Belle cuisine d'époque également. Hommages de peintres contemporains.

🚶 Redescendre **vers la rive sud** en passant par la *Karlstrasse* (voir le *musée du Jouet* : on en parle plus loin), tourner dans Maxplatz et prendre le *Maxbrücke,* pont qui offre une des plus jolies vues sur la rivière : îlots, ponts de bois, vieux entrepôts et saules se reflétant dans l'eau. Longer ensuite la rivière Pegnitz par la *Kaiserstrasse* (quartier charmant).

La rive Sud

🚶 **Sankt Lorenzkirche** *(plan C2, 48)* : Lorenzerplatz. Ouvert de 9 h à 17 h et le dimanche de 14 h à 16 h. L'église la plus somptueuse de Nuremberg, sans aucun doute. Édifiée du XIIIe au XVe siècle, elle fut reconstruite après la guerre (un sacré tour de force vu la complexité de la façade sculptée !). Visiter absolument l'intérieur : le chœur est un enchantement. On y trouve deux véritables chefs-d'œuvre... D'abord l'*Englischer Gruss,* immense couronne de bois sculptée par Veit Stoss (XVIe siècle) et suspendue au plafond. Dans la couronne (décorée de 50 roses), une Vierge et un ange ravissants. L'autre attraction du chœur est cet hallucinant tabernacle *(Sakramenthaus)* de 20 m de haut (eh oui !), réalisation de l'autre prodige de la ville, le sculpteur Adam Kraft (XVe siècle) : l'artiste s'est d'ailleurs représenté, tel Atlas, en train de tenir le monument sur ses épaules !

🚶 **Nassauerhaus** *(plan C2, 49)* : sur le parvis de l'église, en face. La plus vieille habitation de Nuremberg (XIIIe siècle). Belle façade sculptée.

🚶 **Mauthalle** (maison des Douanes ; *plan C2-3, 50)* : ne manquez pas, à l'angle de Hallplatz, cet ancien grenier à blé au pignon sculpté. À l'intérieur (resto), bel escalier médiéval et cave voûtée.

🚶 **Handwerkerhof** *(plan C3, 51)* : ouvert de 10 h à 18 h 30. Fermé les dimanche, jours fériés et de Noël à mi-mars. Habile reconstitution de tout un quartier réservé aux artisans depuis le Moyen Âge. Stands de jouets et de bibelots faits à l'ancienne. On peut admirer des artisans à l'œuvre et surtout... goûter une dernière fois aux excellentes petites saucisses grillées et au pain d'épice, spécialités de la ville (jusqu'à 21 h).

Les musées

🚶🚶🚶 **Germanisches Nationalmuseum** *(Musée national germanique ; plan B3, 52)* : ☎ 133-10. U-Bahn : Opernhaus. Ouvert de 10 h à 18 h (nocturne le mercredi jusqu'à 21 h). Fermé le lundi et certains jours fériés. Visites guidées tous les jours à 10 h 30 et 15 h. Entrée : 4 € ; réduction étudiants. Le plus important de la ville, mais pas le plus beau, sur un plan purement muséographique. Ne cherchez pas à tout voir, sélectionnez vos centres d'intérêt à l'entrée. Laissez vos affaires à la consigne. Plan d'orientation gratuit en français à l'entrée. Cafétéria pour reposer ses gambettes.
On trouve de tout : art médiéval (sculptures et artisanat) et peintures, mais aussi arts décoratifs et orfèvrerie, armes, instruments de musique (étonnant !), instruments scientifiques anciens, estampes, médailles et, enfin, traditions populaires. Le tout installé en partie dans les superbes bâtiments gothiques d'une ancienne chartreuse (quant au reste...). Bon, on ne va pas vous détailler le million d'objets exposés mais juste tenter d'indiquer certains chefs-d'œuvre à ne pas rater.
– **Section médiévale** : à voir en priorité tant les trésors abondent. La plus belle collection de sculptures religieuses qu'on puisse imaginer. On y retrouve d'ailleurs les grands artistes de Nuremberg. *Salle 8,* au fond, magnifique triptyque *(Hochaltar)* du XVe siècle, deux grands gisants peints et une ravissante Vierge *(Maria im Ahrenkleid)* en bois polychrome du XVe. *Salle 9,*

superbe coffre en or et argent, au fond peint (miroir en dessous!). *Salle 12*, amusante statue du XIVe siècle : *Jésus tétant la Vierge* ! Plus loin, remarquer cette statue *(Schrein Madonna)* dont l'intérieur est entièrement peint et sculpté ! *Salle 13*, quelques tableaux sanglants et surtout un incroyable retable *(Flügelaltar)* à fenêtres de 1500, plein de relief. Dans les salles suivantes, nombreuses statues de la Vierge, du Christ, d'angelots et de saints aussi beaux les uns que les autres. La plus touchante de grâce : la *sainte Élisabeth* de Tilman Riemenschneider, sublime sculpture en bois peint.

– **Peinture allemande :** au 1er étage. Les plus grands maîtres sont présents : *Albrecht Dürer*, bien sûr, mais aussi *Lucas Cranach l'Ancien* et l'un de ses fameux *Portrait de Martin Luther*, ainsi que *Hans Baldung Grien*. Bien d'autres peintres réputés, comme *Kirchner* et *Caspar David Friedrich*.

– **Salon des Instruments de musique :** clavecins peints, piano à soufflet, harpe-piano, violon démontable camouflé dans une canne (!), piano miniature caché dans le tiroir du ventre d'une statue (!!) et autres inventions cocasses comme le « baryton » (mélange de violon et de sitar sculpté) ou encore la « chitarrone », mandoline à 12 cordes, à manche plat.

– **Instruments scientifiques :** au 1er étage. À voir essentiellement pour les cadrans solaires et mappemondes du XVIe siècle.

– **Expressionnisme et Nouvelle Objectivité :** au 2e étage. Tout un programme ! Consacré à la peinture allemande et à l'art contemporain en général.

🏛 **Spielzeugmuseum** *(musée du Jouet ; plan B2, 53)* **:** Karlstrasse 13-15. Ouvert de 10 h à 17 h (21 h le mercredi, jour des enfants !). Fermé le lundi. Entrée : 4 € ; demi-tarif, *natürlich*, pour les bambins. L'un des plus beaux du genre en Europe, et peut-être le plus attachant : normal, on fabrique des joujoux à Nuremberg depuis le Moyen Âge et la ville en produit encore en quantités industrielles. Les pièces exposées, rares ou emblématiques, magiques ou mythiques, vous permettront de replonger en enfance, une heure durant ! À noter, entre autres : une étonnante collection d'ours, une ravissante maison de poupée du XIXe siècle, un adorable vaisselier du XVIIIe siècle ; et, côté garçons, des avions, des navires et autres « bagnoles » de pompiers du début du XXe siècle. Plus drôle : les osselets « le Mioche », un petit service de messe (l'endoctrinement allait loin), l'ancêtre du roller et le premier badminton. Boutique à la sortie, pour les cadeaux-souvenirs.

🏛 **Neues Museum** *(Musée national d'Art et de Design ; plan C3, 57)* **:** Luitpoldstrasse 4. • www.nmn.de • Ouvert du mardi au vendredi de 10 h à 20 h, les samedi et dimanche de 10 h à 18 h. Fermé le lundi. Entrée : 4 €. Un nouveau musée au look impressionnant, à découvrir depuis la *Klarissenplatz*, entièrement réaménagée pour laisser le temps aux visiteurs de s'adapter à ce nouveau visage de la ville, la façade vitrée ne cachant rien des œuvres réunies ici. Sur 1 200 m², une collection d'art contemporain comprenant des pièces de 1945 à nos jours, qui permettra peut-être à beaucoup de mieux adhérer à leur époque. Pas encore gagné, vu certaines réactions. Une des plus belles réalisations de ces dernières années, en tout cas.

🏛 **Stadtmuseum** *(Musée municipal ; plan C1, 54)* **:** dans la Fembohaus, Burgstrasse 15. Ouvert de 10 h à 17 h ; d'octobre à mars, de 13 h (10 h le week-end) à 17 h (21 h le mercredi). Fermé le lundi. Entrée : 5 €. Grande maison de 4 étages à pignons datant de la fin du XVIe siècle consacrée à l'art et à la culture de Nuremberg entre le XVIe et le XIXe siècle. En prime, un spectacle multivision sur Nuremberg.

🏛 **Tucherschlösschen** *(plan D1, 55)* **:** Hirschelgasse 9. Ouvert les mardi et jeudi matin, les samedi et dimanche après-midi. Entrée : 5 €. Construit au milieu du XVIe siècle par la famille Tucher (celle de la bière !), ce petit château fut presque entièrement détruit par la guerre. Rebâti dans le style Renaissance, il sert désormais de témoignage de la vie d'une famille patricienne de Nuremberg. À l'intérieur, tapisseries et beau mobilier baroque notamment.

✗ *Verkehrsmuseum (musée des Transports; plan B3, 56) :* Lessingstrasse 6. Ouvert de 9 h 30 à 17 h. Fermé les lundi et jours fériés. Entrée : 4 €. Surtout axé sur le chemin de fer, mais également diligences, voitures des postes et matériel de communication. Parfois très technique, mais présenté dans l'ensemble de manière ludique. À voir, entre autres, les deux somptueux wagons de Louis II de Bavière (avec terrasse!), *Adler,* la première loco des chemins de fer allemands, ainsi qu'une reproduction de 1934 de la voiture à vapeur du Français Cugnot.

Les mauvais souvenirs : une mémoire pour demain

Dans la mémoire collective, le nom de Nuremberg est instantanément associé aux grand-messes hitlériennes et défilés des nationaux-socialistes. Les grands projets architecturaux (certains inachevés) d'Hitler destinés à faire de Nuremberg la ville des congrès du parti sont situés au sud-est de la ville. Pour s'y rendre, tram n° 9 de la gare de Rathenauplatz et descendre au terminus Luitpoldhain.

✗ À voir, l'ancien site des congrès du parti nazi (Reichsparteigelände), les champs du Zeppelin, le palais des Congrès, le stade, la Grande Avenue (Grossestrasse). Pour l'heure, une association, *L'Histoire pour tous,* organise des visites guidées les samedi et dimanche à 14 h (d'avril à octobre). Départ sur Reichsparteigelände.

✗ *Le musée de la Mémoire :* ouvert sur le site où les nazis tenaient leurs rassemblements de masse. Sa mission est de montrer comment le parti nazi a réussi à fanatiser la population en décortiquant les mécanismes de la propagande.

✗ *Dokumentationszentrum :* le centre de documentation de l'ancien site des congrès du parti nazi offre enfin réunis, dans une muséographie de notre temps, tous les témoignages sur une page d'histoire que des hommes et des femmes du monde entier n'ont pas voulu tourner, préférant réfléchir à la meilleure façon de prendre parti, si l'on peut dire.

DE NÜRNBERG À BAYREUTH

LA SUISSE FRANCONIENNE

Minuscule région s'étendant sur 60 km de large, entre Bamberg, Nuremberg et Bayreuth, la *Fränkische Schweiz* est préservée grâce à son statut de parc naturel. Une agréable balade, qui permet d'admirer collines boisées et champs propriets, cours d'eau et vallées encaissées, villages fleuris et ruines médiévales, mais aussi une grotte assez féerique et une église d'un rococo inouï. Pour les sportifs : chemins de randonnée, pistes cyclables, pêche et canoë.

➤ Prendre l'autoroute en direction de Bamberg. Première halte environ 40 km plus loin à Forchheim.

✗ *Forchheim* est une bourgade bien calme avec quelques vestiges historiques. À voir : le *Kaiserpfalz* du XIVe siècle, entouré de douves (donne davantage l'impression d'une grosse demeure bourgeoise que d'un château impérial!) et qui abrite un intéressant musée local, une église de la même époque valable uniquement pour son autel. Le mieux est de flâner quelque temps dans les ruelles bordées de maisons à colombages.

🚶 **Streitberg :** village à une quinzaine de kilomètres de Forchheim. Paysage bucolique avec des chemins de rando le long du cours d'eau, des petits ponts de bois enjambant la rivière. À droite, les *ruines du Burg* (bastion et donjon) accessibles uniquement à pied, et, de l'autre côté de la route, les falaises en haut desquelles on jouit d'une très belle vue sur la *vallée de Wiesenttal*.

🚶 **Gößweinstein :** le village le plus connu de la région, pour sa *basilique* du XVIIIe siècle. Étonnant maître-autel rococo, couvert de sculptures, dorures et stucs. Belle Vierge étoilée (sa couronne ressemble étrangement au drapeau de l'Union européenne !). Plafond peint et beau buffet d'orgue. Concerts pendant les visites guidées. Magnifiques. À voir également, le *Burg,* qui domine Gößweinstein. Ouvert de 10 h à 18 h. Ancien siège administratif des évêques de Bamberg. Intéressant surtout pour le coup d'œil sur la Suisse franconienne.

🚶 Dans le village suivant, **Pottenstein,** on trouve un *Musée régional*, une *église gothique*, un *château fort*, bien sûr, qui dut inspirer Wagner, et une *grotte du Diable (Teufelshöhle)*, à laquelle l'on peut rendre une petite visite, sans oublier une *AJ*, à 2,5 km du centre.

🛈 *Office du tourisme :* ouvert du lundi au vendredi de 9 h à 17 h et le samedi de 10 h à 12 h. Sinon, bon panneau d'information à l'extérieur indiquant toutes les pensions et chambres chez l'habitant dans la région.

– Un peu plus loin sur la droite, petit *lac* avec barques et pédalos.

➤ Rejoindre ensuite l'autoroute pour arriver à Bayreuth directement.

BAYREUTH

IND. TÉL. : 0921

À 80 km au nord-est de Nuremberg (trains toutes les heures). Mondialement connue grâce à son festival d'art lyrique, cette petite ville faussement endormie peut donner l'impression de ne reposer plus que sur les épaules des héritiers de Wagner. Erreur, la ville est accueillante et mérite une halte prolongée, le temps de découvrir l'héritage des siècles ayant précédé le retour sur scène des Walkyries. N'attendez surtout pas d'arriver au mois d'août, saison des opéras, pour la visiter, c'est la pire erreur que vous pourriez commettre, à moins, bien sûr, d'avoir hérité d'une place pour le festival ou de connaître un choriste capable de vous faire entrer pour une générale. Allez, faut pas rêver !

Adresses et infos utiles

🛈 **Fremdenverkehrsverein** *(office du tourisme) :* Luitpoldplatz 9 (dans le centre). ☎ 885-88. Fax : 88-55. ● tourismus@bayreuth.btl.de ● Ouvert de 9 h à 18 h (de 9 h 30 à 13 h le samedi). Fermé le dimanche sauf pendant... le festival. Bonne documentation sur la ville, gratuite qui plus est. Hôtesses compétentes. On y trouve aussi des infos sur les trains et les avions. Réservation de chambres.

✉ **Poste :** Maximilianstrasse, en plein centre-ville.

🚆 **Gare ferroviaire :** au nord du centre-ville (10 mn à pied). Renseignements : ☎ 018-05-99-66-33. Nombreuses liaisons pour assurer le bon déroulement du festival. Train toutes les heures pour Munich (3 h de trajet) et Bamberg.

LA BAVIÈRE / LA FRANCONIE

Où dormir ?

Comme dans toute ville de prestige, l'hébergement à Bayreuth est plutôt cher. L'office du tourisme étant très compétent, réservez selon vos besoins, en n'hésitant pas à prospecter les villages environnants.

▲ *Jugendherberge (AJ) :* Universitätsstrasse 28, 95447. ☎ 76-43-80. Fax : 51-28-05. ● jhbayreuth@djh-bayern.de ● Loin de la gare, au sud de la ville. Bus n° 4 de Marktplatz (descendre au dernier arrêt). Ouvert de 7 h à 22 h. Réception fermée de 9 h à 11 h 30 et de mi-décembre à fin janvier. Nuit autour de 13 €. Bien équipée (cuisine, poste), mais souvent complète. Jardin et activités sportives.

▲ *Hôtel Lohmühle :* Badstrasse 37, 95444. ☎ 53-060. Fax : 53-06-469. ● www.hotel-lohmuehle.de ● Un petit hôtel au look passéiste mais aux chambres au confort actuel, entre 52 et 98 €. Ce pourrait être plus spacieux, plus charmant, mais l'accueil sympathique, l'emplacement, à deux pas du centre, et le restaurant, d'un niveau très correct, font qu'il est très demandé.

Où manger ? Où boire un verre ?

|●| *Gaststätte Zum Oberer Tor :* Richard-Wagnerstrasse 14. Ouvert de 10 h à 20 h (15 h le dimanche). Fermé le lundi. Dans une maison ancienne agréable. Cuisine allemande typique. Bon marché.

|●| *Gasthof Vogelsgarten :* Friedrichstrasse 13, 95444. ☎ 682-68. Dans le centre. Jolie maison en pierre, avec cour intérieure, que l'on vous recommande plus pour son *Biergarten* que pour ses chambres.

|●| *Miamiam-Glouglou :* Von-Römerstrasse 28. ☎ 656-66 (bistrot) ou 666-10 (café). Ouvert tous les jours de 10 h à 1 h. Un lieu sympa tenu par des Français qui, du petit dej' à l'après-spectacle, vous en donnent pour votre argent. Beaucoup de salades, de bonnes viandes, et une carte des vins qui vous rendra le sourire, si vous ne pouvez plus avaler un malheureux petit litre de bière.

|●| ♈ *Oskar :* Maximilianstrasse 28. ☎ 51-60-553. Un lieu sympa, quelque part entre le *Ratskeller* de papa et l'adresse estudiantine pour grignoter selon l'humeur. Cave bourrée à craquer, certains soirs, et *Biergarten* au cœur de la ville dès les premiers beaux jours.

♈ *Sinnopoli :* Badstrasse 13. ☎ 62-017. Un autre lieu mode, lui aussi rempli soir et matin d'une foule de néo-Walkyries et de Tristan des temps modernes. Fait à la fois café, bistrot, galerie. Idéal pour un petit dej' en terrasse, pour qui logerait à l'hôtel *Lohmühle* et voudrait s'offrir un extra.

À voir

¶ *Haus Wahnfried (musée Wagner) :* Richard-Wagnerstrasse 48 (à l'est du centre-ville). Ouvert de 9 h à 17 h. Fermé les jours fériés. Entrée : 4 €. Également payant, mais indispensable, le petit livre qui traduit toutes les légendes des documents exposés.

Wahnfried (« Paix des tourments ») est le nom de la propriété que Wagner se fit construire en 1872 à Bayreuth. Le compositeur aurait souhaité y finir ses vieux jours, mais la mort l'emporta plus tôt que prévu, en 1883, à Venise. Toujours est-il qu'à 60 ans, enfin en fonds grâce à la rente versée par Louis II de Bavière (dont le buste, c'est la moindre des choses, trône à l'entrée), il put s'offrir cette grande villa bourgeoise, au luxueux salon de musique.

Détruite par une bombe pendant la Seconde Guerre mondiale, elle fut restaurée et agrandie par ses descendants pour être transformée en musée. On y trouve pas mal de souvenirs de l'artiste, dont sa bibliothèque (plus de 2 000 volumes !) et un beau piano à queue, offert par *Steinway & Sons* peu avant sa mort (Liszt, son beau-père, jouait souvent dessus).
Une fois la visite achevée, allez saluer la sobre **tombe** du génie (et de sa femme Cosima, fille de Franz Liszt), au fond du jardin.

🎭 *Festspielhaus (palais des festivals) :* au bout de la Siegfried-Wagnerallee, au nord de la ville. Assez loin du centre : prendre le bus n° 7 de la gare routière, Maximilianstrasse. Visites guidées (pas cher mais en allemand) tous les jours sauf le lundi, à 10 h, 10 h 45, 14 h 15 et 15 h. Fermé pendant la durée du festival, de fin juillet à fin août, ainsi qu'en novembre.
C'est donc ici que, chaque année, depuis plus d'un siècle, se déroule le fameux **festival de Bayreuth.** Parmi les nombreuses personnalités qui y ont défilé : Nietzsche, Thomas Mann, Rodin, Debussy, Puccini, Bartok, Tchaïkovski, Mahler, Virginia Woolf et, le plus assidu, George Bernard Shaw. Le chancelier Hitler (qui avait fait de Wagner le musicien « officiel » du Reich, sans son avis, bien sûr) est également venu ici...
Difficile de ne pas être surpris en arrivant aux portes de ce temple de la musique, tout en brique, d'une architecture fascinante aux yeux des mélomanes. C'est un lieu assez magique, qui révolutionna en son temps la conception du théâtre lyrique. Construit de 1872 à 1876, selon les plans de Wagner lui-même (et avec les sous de Louis II, pourtant déjà au bord de la faillite, qui eut le courage de soutenir jusqu'au bout, même s'il ne l'aimait plus, le « dieu » de ses jeunes années), ce bâtiment devait démocratiser l'opéra et permettre aux spectateurs de se concentrer uniquement sur le spectacle : ni loges (où l'on se pavanait auparavant), ni orchestre (les musiciens sont cachés dans une fosse, et personne ne leur demande de se mettre en costume, vu la chaleur ambiante) ! Entièrement voué au culte de Wagner, il peut accueillir 2 000 spectateurs et permet à 350 figurants d'évoluer sur la scène ! Aujourd'hui, des querelles successorales laissent espérer chez certains membres de la dernière génération Wagner un assouplissement de la sacro-sainte règle établie par l'arrière-grand-père, mais une ouverture à l'année, ou à d'autres compositeurs, serait remettre en cause l'essence même du phénomène Bayreuth. Affaire à suivre...

🎭🎭 *Markgräfliches Opernhaus (opéra des Margraves) :* Opernstrasse, entre l'*Altes* et le *Neues Schloß,* dans le centre. Ouvert d'avril à septembre de 9 h à 11 h 30 et de 13 h 30 à 16 h 30 ; en hiver, de 10 h à 11 h 30 et de 13 h 30 à 15 h. Entrée : 4 €. Visite toutes les demi-heures en allemand. Petite documentation gratuite en français.
Un des plus beaux théâtres d'Europe, mais on ne s'en rend compte vraiment qu'à l'intérieur. Tout en bleu et or, la salle est un joyau du baroque : loge princière à baldaquin, colonnes torsadées, muses au plafond, guirlandes de bois peint, etc. Suivez le diaporama, pour retrouver un peu de la magie des lieux, à défaut de pouvoir assister à une représentation.
C'est la renommée de l'Opernhaus de Bayreuth qui incita Wagner à venir s'installer ici, puis à créer sa propre salle, pourtant à l'opposé de celle-ci. Bon, un peu d'histoire, puisque vous y avez échappé en intro de la ville : la construction de l'opéra des Margraves fut décidée au XVIIIᵉ siècle par la princesse Wilhelmine de Prusse, qui régnait sur la cour de Bayreuth à l'époque. Personnage célèbre, cette Wilhelmine plaisait beaucoup aux intellectuels de son temps : Voltaire l'admirait et Casanova déclara qu'elle était « la plus belle princesse d'Europe » ! Sœur du Grand Frédéric, roi de Prusse, elle trouva le moyen de redonner un peu de peps à l'entourage de son margrave de mari. Sous son influence, la cité devint l'un des centres importants du baroque et du rococo dit « de Bayreuth » : des fleurs, des guirlandes partout, on est loin du style rocaille à la française.

🛉 **Neues Schloß :** Ludwigstrasse. Ouvert de 10 h à 11 h 20 et de 13 h 30 à 16 h 10 (14 h 50 en hiver). Fermé le lundi. Visite toutes les 40 mn. Construit au milieu du XVIIIe siècle sur les plans de la princesse Wilhelmine. Au rez-de-chaussée, exposition de faïences de Bayreuth. À l'étage, appartements de la margrave. À voir : le salon de musique, le cabinet des glaces et une gentille chambre d'inspiration japonaise. Derrière ce « nouveau château », le *Hofgarten* (jardin de la Cour), parc avec lequel communiquait, comme par hasard, la propriété de... Wagner.
L'*Altes Schloss*, à côté, ne présente aucun intérêt.

🛉 **Deutsches Freimaurer Museum** *(Musée allemand des Francs-Maçons)* : dans le parc. ☎ 698-24. Pour ceux qui ont un peu plus de temps. Assez passionnant pour les connaisseurs.

Le festival de Bayreuth

Wagnerophiles, festivaliers fous et tarés d'opéras, accrochez-vous ! Pour se procurer une place dans le saint des saints, l'attente est en moyenne de 7 à 8 ans... Normal, on ne met en vente que 60 000 places chaque année et certains s'abonnent pour plusieurs saisons de suite ! Le festival dure de la dernière semaine de juillet à fin août. À cette période, tous les hôtels sont complets. Quand, par miracle, on a obtenu une place pour le festival, il faut en envoyer la preuve à l'office du tourisme, qui vous réserve alors une chambre chez l'habitant...
– **Renseignements et réservations :** écrire au *Kartenbüro, Postfach* (boîte postale) 10-02-62, 95402 Bayreuth. ☎ 202-21 (en semaine seulement, de 11 h à 12 h !). Ah ! on oubliait : les places ne sont même pas si chères que ça ! Bien sûr, au 1er rang, il vous en coûtera tout de suite 175 €, mais on trouve d'autres places à 23 ou 40 €. Également des places sans visibilité, à seulement 9 € !

➤ *DANS LES ENVIRONS DE BAYREUTH*

🛉 **Altes Schloß** *(château de l'Ermitage)* : à 4 km à l'est de la ville (direction Weidenberg). Pour y aller, bus n° 2 de la gare routière Maximilianstrasse. Visites de 9 h à 11 h 30 et de 13 h à 16 h 30 (14 h 30 en hiver). Fermé le lundi et de novembre à mars. Bien plus intéressant que les deux châteaux du centre-ville. On y retrouve l'influence de Wilhelmine, qui transforma le vieux château de sa belle-famille en y faisant élever un **« temple du Soleil »** *(Sonnentempel)* tout ce qu'il y a de plus rococo, avec incrustation de mosaïques de toutes les couleurs et entouré d'ailes en hémicycle. Autour, parc superbe avec étang, statues, grottes, fausses ruines d'un théâtre romain, cascades et jeux d'eau délirants (de mai à septembre).

🛉 **Fichtelgebirge :** après le château de l'Ermitage, en continuant en direction de Weidenberg. Bande montagneuse entre Bayreuth et la frontière tchèque. Épaisses forêts, villages pittoresques, quelques remonte-pentes. Ne pas hésiter à quitter la grande route et à partir à l'aventure sur les routes communales.

BAMBERG

IND. TÉL. : 0951

À 60 km à l'ouest de Bayreuth et autant au nord de Nuremberg. Moins prestigieuse que sa wagnérienne voisine, Bamberg est une petite ville plus agréable, plus typique et surtout chargée d'une histoire plus ancienne, comme le prouve son imposante cathédrale impériale. Ses maisons à colombages, ses vieux quartiers et les jolies rives de ses fleuves (dont l'un est en fait un canal) lui donnent un cachet indéniable. Il est vrai aussi que seuls 4 % de la ville ont été détruits pendant la Seconde Guerre mondiale, ce qui explique le parfait état de la plupart des monuments. Depuis 1993, elle a été classée au patrimoine mondial de l'humanité par l'Unesco.

Adresses utiles

ℹ️ *Tourismus & Kongress Service* (office du tourisme) : Geyerswörthstrasse 3, 96047. ☎ 87-11-61. Fax : 87-19-60. Sur une île, au cœur de la vieille ville. De la gare (à 15 mn), descendre Luitpoldstrasse, passer le pont puis continuer vers le centre. Ouvert de 9 h à 18 h (15 h le samedi) et le dimanche de mai à octobre (ainsi qu'en décembre), de 10 h à 14 h. Demander le petit dépliant en français, avec plan de la ville et descriptif des curiosités. Idéale pour un court séjour, la *Bamberg Card* pour deux à 15 €, valable 48 h (musées, bus, visite de ville, etc.). Également disponible pour 1, 3 ou 4 personnes.

✉ ***Poste principale*** : Ludwigstrasse 25 (face à la gare). Ouvert de 7 h 30 à 19 h du lundi au vendredi (de 8 h à 13 h le samedi).

🚉 ***Bahnhof*** (gare ferroviaire) : au nord de la ville. ☎ 01805-99-66-33. Liaisons avec Nuremberg, Munich (2 h 30 de trajet), Wurtzbourg et Berlin.

Où dormir ?

Camping

⛺ ***Campingplatz Insel*** : dans le quartier de Bug. ☎ 563-20. Fax : 536-21. À 5 km au sud du centre-ville. Direction indiquée sur le plan de la ville disponible à l'office du tourisme. Bus n° 18 du centre. Ouvert toute l'année. Le seul camping de la ville. Au vert, au bord de la rivière Regnitz.

Auberge de jeunesse

🏠 ***Jugendherberge Wolfsschlucht*** (AJ) : Oberer Leinritt 70, 96049. ☎ 560-02. Fax : 552-11. • jhbemberg@stadt.bamberg.de • Au sud de la ville, pas très loin du camping. C'est fléché. Bus n° 18 pour y aller. Ouvert de 8 h 30 à 13 h 30 et de 16 h 30 à 22 h. Inscriptions à partir de 16 h 30 seulement. Fermé de mi-décembre à mi-janvier. Jolie maison dans un cadre agréable : verdure, plan d'eau et rivière à côté. Nuit autour de 18 € avec petit dej'-buffet inclus. Une centaine de lits. On y sert aussi des dîners. Ping-pong et possibilité de pratiquer des activités nautiques dans le coin.

De prix moyens à plus chic

🏠 ***Bamberger Weissbierhaus zum Maisel*** : Obere Königstrasse 38, 96052. ☎ 255-03. Au nord du centre ; de la gare, prendre Luitpoldstrasse, puis la 3ᵉ rue à droite. Vieille auberge, parmi les moins chères de la ville. Bon accueil. On y parle l'anglais. Chambres avec ou sans douche, petit dej' compris. Bon resto ouvert de 10 h à 14 h 30 et de 16 h 30 à minuit. Fermé le dimanche. Spécialités de Franconie au restaurant et petit *Biergarten* très romantique.

🏠 ***Hôtel-café Bug-Lieb*** : Am Regnitzufer, 96049. ☎ 560-78. Pas loin de l'AJ *Wolfsschlucht*; voir plus haut.

Chambres de 37 à 55 € ; celles sans douche sont tout à fait abordables. Maison assez accueillante. Jardin et terrasse.

🏠 *Zum Dominikaner :* Dominikanerstrasse 3. ☎ 575-30. Fax : 575-93. Idéalement situé dans une ruelle centrale, au-dessus du *Dom.* Compter entre 50 et 80 €. Prix intéressants en basse saison. Très calme, confortable. Restaurant très correct.

🏠 *Hôtel Altenburgblick :* Panzerleite 59, 96049. ☎ 953-10. ● hotel@altenburgblick.de ● À 10 mn du centre-ville, dans les hauteurs, avec une vue imprenable sur l'Altenburg, comme son nom doit l'indiquer aux germanistes. Chambres de 42 à 82 €, claires, spacieuses, dans un bâtiment moderne, comme son nom ne l'indique pas.

Où manger ?

Pas mal de bonnes adresses à Bamberg, notamment au pied du château, le long de la Sandstrasse (quartier animé le soir). Parmi les spécialités de la ville, ne manquez pas de goûter à la *Rauchbier* (bière fumée) de la brasserie *Schlenkerla*. Et même de faire un tour dans les huit autres brasseries de la ville, en gardant vos envies de vin de Franconie pour la prochaine étape, au milieu des vignes...

|●| *Schlenkerla :* Dominikanerstrasse 6. Ouvert de 9 h 30 à minuit. Fermé le mardi. Cadre typique avec de belles poutres. Bonnes spécialités de Franconie à des prix corrects. Faire un tour dans la cour intérieure, dédale de couloirs et d'escaliers. La maison vend sa propre bière fumée : le malt est rôti sur un feu de hêtre et donne à la bière ce goût curieux.

|●| *Brauerei Fässla :* Obere Königstrasse 19-21. Plus classique, la bière de la brasserie *Fässla* se déguste sur place, depuis 1649, avec un solide *Pressack* (boudin) ou, mieux encore, une paire de *Blaue Zipfel*, qui restent une des grandes spécialités du coin et sont en fait des saucisses cuites dans un bouillon vinaigré... Plus digeste que l'on ne pourrait le craindre !

Avec ses neuf brasseries, Bamberg est la capitale de la bière en Franconie. Aux beaux jours, tout le monde se retrouve évidemment *auf den Bierkeller,* installé sur le Stephansberg, au-dessus des anciennes caves des brasseries. Car ici, on ne descend pas, on « monte » boire une bière.

|●| *Spezial-Keller :* Sternwartstrasse. Le plus célèbre de ces *Biergarten*, qui bénéficie de deux atouts imparables : une bière brune réputée et une vue magnifique sur la ville, aux beaux jours (eh oui !).
– Pour ceux qui ont les yeux encore plus large que le ventre, continuer par la visite du *Fränkisches Brauereimuseum,* Michaelsberg 1. ☎ 530-16. Un sympathique musée de la Bière ouvert l'après-midi, d'avril à octobre (renseignements à l'office du tourisme). Entrée : 2 €.

|●| *Café Müller :* Austrasse 23 (tout à côté de l'*Altes Rathaus*). Ouvert de 9 h à 23 h en semaine, et de 11 h à 20 h les dimanche et fêtes. Mélange d'ancien et de moderne. Quelques plats chauds. Excellent petit dej'. Clientèle jeune. Musique classique. Idéal pour la pause *Kaffee-Kuchen* !

Où sortir le soir ?

🍸 *Pelikan :* Untere Sandstrasse 45. Entre la cathédrale et la Regnitz. Ouvert à partir de 18 h. Cadre intime, bonne musique et clientèle jeune. Bar et également quelques plats thaïlandais. Service cool.

À voir

Bamberg se compose de trois parties bien distinctes : sans grand charme au nord (quartier de la gare et des anciens maraîchers), commerçante et jeune au centre (entre le canal Rhin-Main-Danube et la rivière Regnitz) et, enfin, historique (donc touristique) côté ville-haute (quartier de la cathédrale et du château). On visite les principales curiosités en quelques heures, puisque tout est concentré dans de petits quartiers. Mais quelle belle balade dans le temps ! Attendez les premiers beaux jours pour en profiter vraiment, à moins que vous ne soyez tenté par les crèches de Noël, très belles et très originales, qui sont la grande attraction de la ville entre début décembre et début janvier. Une tradition vieille de quatre siècles qui s'enseigne ici à « l'école des crèches » et s'organise à travers un circuit dans toute la ville : églises, places, musées. Une originalité : elles ont toutes, ou presque, un site franconien en toile de fond.

On sera bref, par contre, pour les principaux centres d'intérêt qui ne manquent pas, car tout est détaillé sur le plan de la ville (en français) disponible à l'office du tourisme. Mais surtout parce qu'il vous faut acheter un petit guide de la ville (en français) réalisé avec humour et passion par Karin Dengler-Schreiber : *Bamberg pour amateurs et connaisseurs*.

Altes Rathaus *(ancien hôtel de ville)* : un adorable bâtiment à colombages, sur un minuscule îlot, au milieu d'une rivière... Ce n'est pas tout : le pont conduit à un imposant porche rococo, surmonté d'un clocher. Sur les côtés, façades couvertes de fresques. Du pont, superbe vue sur les rives de la Regnitz, noyées de végétation. À l'intérieur, remarquable collection de porcelaines de Meissen et surtout de faïences de Strasbourg (on ne trouve pas d'aussi belles pièces au musée des Rohan, dans la capitale alsacienne).

Domplatz *(place de la Cathédrale)* : en continuant tout droit après le *Rathaus*, et en remontant Karolinen, on parvient à cette étonnante place bombée, entièrement pavée et entourée de vieux édifices, dont deux résidences princières.

Dom *(cathédrale)* : ouvert de 9 h à 18 h (17 h en hiver, sauf pendant les offices). Édifice gothique reconnaissable de loin à ses quatre hautes tours. Beaux portails romans. À l'intérieur, plusieurs trésors : statue de cavalier du XIIIe siècle, superbe retable en bois sculpté par Veit Stoss au XVIe siècle (à gauche du chœur) et célèbre sarcophage d'Henri II et Cunégonde, entièrement ouvragé (fin du XVe siècle), que l'on peut admirer en montant de petits escaliers.

Alte Hofhaltung *(Ancienne Résidence)* : à côté du *Dom*. Vieux bâtiments à colombages, autour d'une charmante cour. Façade Renaissance et galeries gothiques, en bois ! On y trouve le **musée d'Histoire de la ville** (peintures médiévales, mobilier et armes d'époque, etc.).

Neue Residenz *(Nouvelle Résidence)* : toujours sur Domplatz. Ouvert d'avril à septembre tous les jours de 9 h à 12 h et de 13 h 30 à 17 h ; d'octobre à mars jusqu'à 16 h (fermé les 1er novembre et jours de fêtes de fin d'année).

Pas très belle mais tout de même l'un des plus vieux (malgré son nom) palais baroques du pays. Ancienne résidence des princes-évêques. Des 150 salles, on n'en visite que quelques-unes : notamment le *Kaisersaal*, remarquable pour ses fresques, le salon chinois et la pièce où Napoléon a déclaré la guerre à la Prusse ! Abrite également un *musée* (peintures classiques). Plus intéressant : la cour intérieure, pour son élégante roseraie et le beau panorama sur Bamberg. Petit pavillon luxueux transformé en café-resto.

Le palais Böttinger : Judenstrasse 14. Dans l'une des plus belles rues de la ville. On ne visite pas l'intérieur (galeries d'art privées au rez-de-chaussée), mais on peut toujours admirer la façade couverte de stucs et la jolie cour, le tout d'inspiration vénitienne, du XVIII⁰ siècle.

- **La maison d'E. T. A. Hoffmann :** Schillerplatz 26. Ouvert de mai à octobre, de 16 h à 18 h (les week-ends et jours de fête, de 10 h à 12 h). Entrée : 1 €. L'auteur des contes y vécut de 1808 à 1813. Rassemblement passionnant de tous les souvenirs du musicien-poète : à voir notamment, son atelier de travail, le *Poetenstübchen*. C'est ici qu'il rédigea ses fameux contes fantastiques, qui allaient lui fournir matière à un ultime chef-d'œuvre.
Pour continuer plutôt dans la lignée littéraire, vous pouvez également passer devant la **maison de Hegel** (Pfahlplätzchen, sur Judenstrasse). Le philosophe y vécut à l'époque où il dirigeait la gazette de Bamberg !

- **Holowood Museum :** Willy-Lessing Strasse 10. ☎ 20-808. • holo.wood@t-online.de • À 2 mn du ZOB (Zentraler Omnibus Bahnhof, mieux vaut préciser !). Ouvert tous les jours de 10 h à 18 h. Entrée : 3 €. Un musée des hologrammes qui vous fera entrer dans une nouvelle dimension sans perdre pied pour autant, car ceux qui l'animent l'expliquent (en anglais ou en allemand) aux visiteurs intéressés. Tout simplement fascinant.

À faire

- **Visite du vieux Bamberg en bateau :** départ tous les jours (sauf en hiver) à l'embarcadère de Kapuzinerstrasse 5 (derrière l'Altes Rathaus). Pas très cher (5 €), mais seulement s'il y a suffisamment de demande. Consulter le tableau des horaires de mi-mars à mi-novembre.

– **Marchés :** *aux fleurs* chaque jour au *Grüner Markt*, *aux fruits et légumes* chaque jour sur la *Maxplatz*.

– **Joutes sur l'eau :** la *Sandkirchweih* est une vieille tradition de la ville. Lors du dernier week-end d'août.

➤ DANS LES ENVIRONS DE BAMBERG

COBURG (COBOURG)

Si vous avez un peu de temps, faites un détour, au nord de Bamberg, pour découvrir cette mignonne petite ville, pas trop fréquentée par les touristes, qui connut un certain prestige du XVI⁰ au XVIII⁰ siècle, grâce à ses seigneurs (la fameuse dynastie de Saxe-Coburg qui règne sur la Belgique) et à... son jambon fumé.

➤ Train toutes les 2 h de Bamberg (durée du trajet : 30 mn).

- **Veste Coburg** *(forteresse)* : château-fort médiéval qui domine la ville. À l'intérieur, beau palais qui comprend les appartements princiers (visite toutes les demi-heures, de 10 h à 12 h et de 14 h à 16 h ; de novembre à mars, fermé le lundi) ; voir également le musée, connu pour sa collection de verres, certainement l'une des plus belles d'Europe.

- **Schloß Ehrenburg** *(palais Ehrenburg)* : visites guidées à 10 h, 11 h, 13 h 30, 14 h 30 et 15 h 30, sauf le lundi. Château qui servit jusqu'en 1918 de résidence aux princes de la ville de Coburg. Galerie de tableaux, chambre des Gobelins, salons d'apparat, appartements princiers et en particulier ceux de la reine d'Angleterre Victoria.

- **Marktplatz :** adorable place du Marché, avec ses maisons à colombages, et son imposant *Rathaus* (hôtel de ville), joliment décoré et agrémenté d'encorbellements *(Coburger Erker)*, dont Coburg s'est fait une spécialité, et que l'on retrouve sur d'autres monuments de la ville.

L'ÉGLISE DES QUATORZE-SAINTS

À 26 km au sud-est de Cobourg, à flanc de coteau, un chef-d'œuvre de l'architecture baroque : **die Wallfahrtkirche Vierzehnheiligen** (1743-1772) vaut largement le détour, pour les amateurs du genre.

LE CHÂTEAU DE POMMERSFELDEN

À 30 km au sud de Bamberg, par la route 505, direction Höchstadt. Sinon, bus à partir de la gare (à 7 h 30, 11 h et 13 h 30) jusqu'à Steppach, puis 30 mn à pied. Visites guidées d'avril à fin octobre à 9 h, 10 h, 11 h, 14 h, 15 h et 16 h. Fermé le lundi.

L'un des bijoux du baroque franconien, construit au XVIIIe siècle par l'un des architectes de la cour viennoise pour la famille Weissenstein. À voir pour le superbe hall (galeries sculptées superposées), le salon-grotte rocaille, les trompe-l'œil, les peintures et la belle salle en marbre. Concerts en été.

DE BAMBERG À WÜRZBURG

Rejoindre l'autoroute, avant Höchstadt. Elle traverse un superbe parc naturel, le *Steigerwald.* Changement de paysage avant Würzburg : le long du Main s'étalent, en pente, des vignobles qui vont vous inciter à vous passer de votre demi de bière habituel...

WÜRZBURG (WURTZBOURG)

IND. TÉL. : 0931

Encaissée dans une vallée cernée de vignobles, Wurtzbourg semble vivre au rythme du Main. Le fleuve sépare la vieille ville et ses nombreuses églises de l'imposante citadelle Marienberg qui les domine de sa hauteur. Ce cadre idéal inspira bien des romantiques, au point que Goethe la compta parmi les plus belles villes d'Allemagne, à l'époque. Malgré une reconstruction chaotique (le 16 mars 1945, la ville fut presque entièrement détruite), Wurtzbourg a gardé son rayonnement culturel et son dynamisme d'autrefois : festival Mozart, *Barock Feste* et *Africa-Festival* entre début mai et début juillet, fête des Vendanges fin septembre-début octobre...

UN PEU D'HISTOIRE

En 742, le pape Boniface fonde l'évêché de Wurtzbourg que Frédéric Barberousse élèvera au rang de duché de Franconie en 1168. Un évêque qui devient duc, une réalité historique que les Français ont du mal à admettre, s'il faut en croire les commentaires durant les visites guidées ! En 1397, le roi Wenzel promet même l'indépendance de l'Empire, mais il se rétracte vite fait.

La ville prend de l'ampleur pendant ce temps et ses fortifications s'étendent. En 1483, le grand sculpteur du gothique flamboyant, Tilman Riemenschneider, s'y installe et réussit même à en devenir le maire, en 1520.

L'université est fondée en 1582. Trois siècles plus tard, en 1895, Wilhelm Röntgen (Prix Nobel en 1901) y découvre les rayons X. Un résumé rapide mais comme vous ne resterez pas plusieurs jours ici, autant aller à l'essentiel !

Les Suédois occupent la ville au XVIIe siècle, puis ce sont les guerres napoléoniennes qui troublent l'histoire wurtzbourgeoise (c'est fou ce que Napoléon est aimé, par ici !) avant que la cité ne redevienne une fois pour toutes « bavaroise ».

- **Adresses utiles**

    - Congress & Tourismus Zentrale
    - Gare principale

- **Où dormir ?**

    - 10 Jugendgästehaus (AJ)
    - 11 Pension Siegel
    - 12 Hôtel-pension Spehnkuch
    - 13 Gästehaus Stiff Haug
    - 14 Hôtel Poppular

- **Où manger ?**

    - 21 Wirthaus Zum Lämmle
    - 22 Backöfele
    - 23 Till Eulenspiegel

- **Où boire un verre ? Où sortir ?**

    - 30 Juliusspital
    - 31 Bürgerspital
    - 32 Uni Café
    - 33 Brazil

- **À voir**

    - 40 Residenz
    - 41 Dom Sankt Kilian
    - 42 Neumünsterkirche
    - 43 Festung Marienberg
    - 44 Marienkapelle

WÜRZBURG

Adresses et infos utiles

Informations touristiques

◼ *Congress & Tourismus Zentrale* (plan B1) : au centre des congrès, à la sortie de la ville. ☎ 37-23-35. Fax : 37-36-52. ● tourismus@wuerzburg.de ● Idéal pour vous faciliter la vie. Réservation de chambres à l'avance, mais n'oubliez pas que la ville compte beaucoup d'étudiants et que les congrès monopolisent souvent le parc hôtelier dans son ensemble.

◼ *Office du tourisme* : *Haus zum Falken* (« La Maison du Faucon » ; plan B2), pas loin de l'église Sainte-Marie (cette bâtisse de 1752 possède une très jolie façade rococo). ☎ 37-23-98. Ouvert du lundi au vendredi de 10 h à 18 h, le samedi (ainsi que les dimanche et jours fériés, d'avril à octobre) de 10 h à 14 h. Réservation de chambres uniquement le jour de l'arrivée.

Transports

◼ *Gare ferroviaire principale* (plan C1) : distributeur automatique acceptant la carte *Visa*, consignes, plan de la ville indiquant lignes de bus et de trams. Nombreux trains quotidiens pour Nuremberg, Munich, Bamberg, un train quotidien pour Berlin (6 h de trajet).

◼ *Mitfahrzentrale* (Allô Stop) : sur la place face à la gare. ☎ 19-440 ou 19-448. Ouvert en semaine de 9 h 30 à 18 h et le samedi jusqu'à 13 h.

◼ *Location de voitures* : *Hertz*, Höchbergerstrasse 10. ☎ 41-52-21.

◼ *Location de vélos* : *Velo-Momber*, Landwehrstrasse 13. ☎ 126-27. Ou, *Fahrradstation*, à la gare principale. ☎ 574-45.

◼ *Promenades en bateau* : plusieurs compagnies. Informations et embarquement à *Alter Kranen* (plan B2). Aller-retour : 5 €.

Où dormir ?

Camping

⚠ *Campingplatz Kalte Quelle* : Winterhäuserstrasse 160, 97084 Würzburg. ☎ 655-98. À 6 km, au sud-est du centre. Ouvert de mi-mars à fin novembre. Situé au bord du fleuve. Ce terrain bénéficie d'un cadre agréable. Un peu loin de tout, mais un bus de ligne permet de gagner rapidement la vieille ville.

Auberge de jeunesse

◼ *Jugendgästehaus* (AJ ; plan B3, 10) : Burkarderstrasse 44, 97082. ☎ 425-90. Fax : 41-68-62. ● jhwurtzbourg@djh-bayern.de ● Au pied de la citadelle Marienberg, dans une rue parallèle au fleuve. Réception ouverte de 14 h à 22 h, couvre-feu à 1 h. Autour de 17 € la nuit. Pour les moins de 26 ans.

Prix moyens

◼ *Pension Siegel* (plan C1, 11) : Reisgrubengasse 7, 97070. ☎ 529-41. Réception fermée du lundi au samedi de 14 h à 17 h et le dimanche de 12 h 30 à 18 h 30. Chambres autour de 26 €. Petit dej' compris. Très simple, tenue par de vieilles dames. Toilettes sur le palier.

WURTZBOURG / OÙ SORTIR LE SOIR ? 553

🛏 **Hôtel-pension Spehnkuch** *(plan C1, 12)* : Röntgenring 7. ☎ 547-52. Fax : 547-60. Sur le boulevard, pas loin de la gare. Mêmes prix que la précédente. Chambres claires et spacieuses donnant sur une rue perpendiculaire, donc assez calmes. Douche et w.-c. à l'étage. Patron très sympa.

🛏 **Gästehaus Stift Haug** *(plan C1, 13)* : Textorstrasse 16-18. ☎ 533-93. Fax : 533-45. En plein cœur de la ville. Plus chère que les précédentes : compter entre 55 et 75 € pour une double. Chambres agréables, avec ou sans douche. Petit dej'-buffet. Accueil et service très agréables. Parking aisé.

🛏 **Hôtel Poppular** *(plan C1, 14)* : Textorstrasse 12. ☎ 32-27-70. Fax : 322-77-70. Chambres simples de 49 à 60 €, doubles de 72 à 90 €. Un petit hôtel entièrement retapé, d'une quinzaine de chambres seulement, au-dessus d'une crêperie sympa. Bonne adresse à retenir.

Où manger ?

🍴 **Wirthaus Zum Lämmle** *(plan B2, 21)* : Marienplatz 5. Si la salle ne présente pas une grande originalité, la terrasse est en revanche des plus agréables. Déjeuner au printemps à l'ombre des châtaigniers, loin de toute agitation, est un plaisir qu'on ne saurait se refuser. Spécialités de Franconie. Ambiance bon enfant.

🍴 **Backöfele** *(plan B2, 22)* : Ursulinergasse 2. Ouvert tous les jours jusqu'à 1 h. Une façade rose, une grande porte verte ! À l'intérieur, belle cour ancienne qui donne au lieu une ambiance relais de poste. Service attentionné et bonnes spécialités régionales.

🍴 **Till Eulenspiegel** *(plan B3, 23)* : Sanderstrasse 1a. Ouvert de 18 h à minuit. Les tables sont installées dans un dédale de recoins qui sont autant de maisons miniatures. Très belle cave à vin. Cuisine régionale à prix corrects. Également des chambres entre 44 et 60 €.

Où boire un verre de vin franconien ?

🍷 **Juliusspital** *(plan B1, 30)* : Juliuspromenade 19. ☎ 540-80. Une taverne installée dans les sous-sols d'un hôpital fondé au XVIe siècle. On y déguste le vin provenant des propres vignobles de l'établissement. À chaque plat son vin, ou vice versa, selon ce qu'on préfère.

🍷 **Bürgerspital** *(plan C2, 31)* : Theaterstrasse 19. Ouvert de 9 h à minuit. Fermé le mardi. Vieille *Weinstube* typique. On y vient essentiellement pour déguster les vins du domaine et des environs. Au n° 17 de la même rue, on peut acheter ces mêmes vins en bouteilles.

Où sortir le soir ?

Wurtzbourg, malgré des allures un peu austères, propose de nombreux endroits animés, notamment autour de la Sanderstrasse (au sud de la ville).

🍷 **Uni Café** *(plan B3, 32)* : à l'angle de Sanderstrasse et de Neubaustrasse. Comme son nom l'indique, repaire d'étudiants. Cadre moderne, salle enfumée. Quelques plats bon marché plus une carte du jour.

♪ 🍷 **Brazil** *(plan B3, 33)* : Sanderstrasse 7. Ouvert à partir de 21 h. Disco en sous-sol où l'on swingue au rythme des musiques tropicales.

– Plein d'autres adresses qui ne manquent pas de charme : **Tscharlie** (Sanderstrasse 8 ; en face du précédent) avec une bonne musique, **Kult Statt**

LA FRANCONIE

Kneipe (dans une ruelle perpendiculaire à la Sanderstrasse) et son public destroy-branché, ou encore *Haupelshofer* (à l'angle de la Tiepolostrasse), avec sa salle aux grandes baies vitrées et sa clientèle un peu plus yuppie, etc.

À voir

- *Marienkapelle* (église Sainte-Marie ; plan B2, **44**) : Marktplatz. De type halle gothique, elle fut fondée au XIVe siècle. Voir le joli portail nord.

- *Dom Sankt Kilian* (plan C2, **41**) : Kiliansplatz. Comptant parmi les plus grandes églises romanes d'Allemagne, cette cathédrale fut construite du début du XIe à la fin du XIIe siècle. L'extérieur a gardé son aspect médiéval, alors que l'intérieur a subi de nombreuses modifications. La chapelle, près du transept nord, abrite les tombeaux des princes évêques de la maison des Schönborn.

- *Neumünsterkirche* (plan B2, **42**) : entièrement remaniée dans le style baroque au XVIIIe siècle, cette église arbore une jolie façade de grès rose. À l'intérieur, le tombeau de saint Kilian et quelques sculptures de Tilman Riemenschneider.

- *Residenz* (Résidence ; plan C2, **40**) : Residenzplatz, à l'angle de la Balthasar-Neumannpromenade et du Rennweg. D'avril à septembre, visites de 9 h à 18 h ; d'octobre à mars, de 10 h à 16 h. Fermé le lundi. Entrée : 4 €. Construite au XVIIIe siècle, la Résidence est l'un des plus beaux palais baroques d'Allemagne. Le bâtiment central, n'ayant été que légèrement touché par les bombardements de 1945, a préservé ses plus belles pièces. L'*escalier d'honneur* à double volée est surmonté d'une voûte recouverte d'une superbe fresque due à Tiepolo (1753), qui représente les quatre continents, l'Afrique, l'Asie, l'Europe et l'Amérique. L'escalier mène à la *salle Blanche*, puis à la *salle de l'Empereur*. Ovale et richement décorée, cette dernière est certainement la plus intéressante du château. Admirer les très jolies fresques de Tiepolo consacrées à l'histoire wurtzbourgeoise. On poursuit la visite par les *appartements impériaux* qui respirent le luxe et l'abondance, tout comme la *chapelle du palais (Hofkirche)*. Ouverts tous les jours jusqu'à la tombée de la nuit, les *jardins* offrent une belle perspective sur la longue façade de l'édifice.

- *Festung Marienberg* (citadelle Marienberg ; plan A3, **43**) : d'avril à octobre, visites de 9 h à 16 h 30 ; de novembre à mars, de 10 h à 16 h. Fermé le lundi. Entrée : 3 €. Cette ancienne place forte domine la ville et le cours du fleuve depuis 1201. Résidence des princes-évêques durant cinq siècles, elle fut partiellement détruite à la fin de la Seconde Guerre mondiale. Mais l'église Sainte-Marie, l'une des plus anciennes du pays, veille toujours sur la cour du château. Le *Mainfränkisches Museum*, installé dans l'arsenal, est consacré à l'art régional de la préhistoire à nos jours. Dans la *salle Riemenschneider* (1er étage), belle collection dédiée au célèbre sculpteur.
I●I Petite restauration sur place, pour profiter d'un panorama de rêve, si le temps s'y prête.

QUITTER WÜRZBURG

➤ *En voiture :* plutôt que de rejoindre l'autoroute, quittez Würzburg en prenant les chemins de traverse, à travers les vignes, et rejoignez, sans vous presser, les villages d'une des plus vieilles routes touristiques allemandes, la Route romantique...

LA ROUTE ROMANTIQUE

Longeant la frontière ouest de la Bavière, la Route romantique *(Romantische Straße)* traverse le Land du nord au sud, reliant le Main aux Alpes. De la Basse-Franconie (Würzburg) aux premiers contreforts des Alpes (Füssen), en passant par le Pays souabe (Augsbourg), c'est un circuit de plus de 350 km qui permet, en délaissant l'autoroute pour les petites routes de campagne, de profiter de quelques-unes des plus jolies petites villes historiques de Bavière.

Parsemant les paysages vallonnés, vous découvrirez tour à tour des cités médiévales renommées (Rothenburg, Nördlingen, Dinkelsbühl), plus ou moins épargnées par la dernière guerre, la richissime Augsbourg et, en fin de parcours, Füssen, qui est la porte d'accès aux châteaux de Louis II de Bavière et le point de jonction avec la route allemande des Alpes.

Les paysages entre Würzburg et Rothenburg, au nord, sont, comme les chemins que vous emprunterez pour entrer en Haute-Bavière, plus au sud, tout à fait dignes d'une route romantique.

Informations et conseils utiles

i Pour tout renseignement, la Route romantique a son office du tourisme : **Touristik-Arbeitsgemeinschaft Romantische Strasse,** Marktplatz, 91550 Dinkelsbühl. ☎ (09851) 902-71. Fax : (09851) 902-79. Édite de nombreux documents très bien faits : un descriptif général de la Route romantique avec carte et présentation de toutes les étapes (existe en français), une liste des campings du circuit, un programme des événements culturels, etc.

– Ce circuit étant l'un des plus touristiques d'Allemagne, les chambres sont parfois réservées des mois à l'avance pour l'été ainsi que pour les week-ends de saison. N'hésitez donc pas à faire usage des numéros de téléphone et de fax. On vous aura prévenu !

– Pour les non-motorisés, il existe plusieurs moyens de se rendre d'une ville à l'autre. Outre le train et les lignes régulières de bus qui assurent les liaisons entre les étapes de la Route romantique et qui les relient aux grandes villes des environs (Munich, Nuremberg, Stuttgart...), il est possible de prendre en saison un bus quotidien reliant Wurtzbourg à Füssen dans les deux sens et qui dessert toutes les étapes du circuit. Information et réservation auprès de **Deutsche Touring :** ☎ (069) 790-32-56. Fax : (069) 790-32-19. Par ailleurs, excellente idée, la compagnie propose d'emporter les vélos dans une remorque adéquate. Vraiment pratique pour profiter au mieux du circuit.

– Le centre des vieilles villes étant souvent piéton, il s'avère très difficile d'y circuler et de s'y garer. Pour éviter de devenir fou (cela a failli nous arriver plus d'une fois !), il est conseillé de laisser sa voiture sur l'un des nombreux parkings périphériques du centre (malheureusement payants pour la plupart) et de découvrir la ville à pied, ce qui est d'autant plus facile que, généralement, les curiosités sont très concentrées.

ROTHENBURG OB DER TAUBER
(91541)   IND. TÉL. : 09861

Site le plus visité de la Route romantique, cette petite ville fortifiée, entre Würzburg et Dinkelsbühl, domine, comme son nom l'indique, le cours serpenté de la Tauber. On vous conseille de visiter au printemps ou à l'automne celle que beaucoup de touristes considèrent comme « la plus jolie petite ville d'Allemagne »... On peut les comprendre : les remparts, les ruelles et les maisons ont gardé, ou du moins ont su retrouver, après guerre, un aspect « authentiquement moyenâgeux » qui vaut le déplacement, quoi que l'on pense du résultat, perdu au milieu de la foule.

UN PEU D'HISTOIRE

Au début du XIIe siècle, Conrad III fait de Rothenburg l'une de ses résidences impériales. En 1274, elle est décrétée ville libre par Rodolphe de Habsbourg. C'est le début d'un grand essor économique et surtout culturel : les patriciens se consacrent à l'embellissement de la cité. On construit d'imposants monuments, le *Rathaus,* l'église Saint-Georges, et on enjolive les maisons privées.

Engagée aux côtés des réformés lors de la guerre de Trente Ans, la ville se trouve assiégée en 1631 par l'armée impériale conduite par le comte de Tilly. Ce dernier n'a d'autre vœu que de la mettre à feu et à sang, mais, après avoir trempé les lèvres (voire un peu plus !) dans une coupe de vin de Franconie, il lance un pari fou : si un Rothenbourgeois parvient à avaler d'un trait un hanap de 3,25 l de ce vin, la ville sera épargnée. Le maire de l'époque releva le défi (et le coude) : il ingurgita le tout d'une « magistrale rasade » *(Meistertrunk)* et la ville fut sauvée !

Après cet épisode fameux, Rothenburg cesse peu à peu de se développer. Et c'est une chance pour les descendants de ces vaillants ancêtres, puisque la pauvreté même de la cité empêcha qu'on détruisît remparts et maisons, faute d'argent à mettre dans des boulevards ou de nouvelles constructions. Dès 1871, les touristes arrivèrent, surpris par un décor qui n'était pas encore de carte postale, mais il fallut attendre 1900 pour que les autorités décident par décret de protéger son authenticité architecturale.

Détruite à 40 % pendant la Seconde Guerre mondiale, Rothenburg fut reconstruite à l'identique entre 1950 et 1970, et l'on ne sait plus trop aujourd'hui ce qui appartient vraiment au patrimoine original. Ne vous posez donc pas trop de questions en visitant, de préférence à la nuit tombée, cette ville qui, comme dans une comédie américaine célèbre, semble chaque jour se réveiller au son des cloches de l'église pour inciter chacun à jouir ici d'un art de vivre hors du temps. Pour ceux qui parlent allemand, choisir la visite guidée qui commence à 21 h 30, devant le *Rathaus,* en compagnie du « veilleur de nuit », un guide-acteur qui restitue au mieux l'ambiance des longues soirées d'hiver, et même l'été, rythmées par le passage de celui qui réveillait les habitants toutes les heures pour leur dire qu'ils pouvaient dormir tranquilles, aucun feu ni ennemi n'étant en vue...

Aujourd'hui, le tourisme constitue la principale ressource de la ville, mais y a-t-il encore besoin de le préciser ? Mettez de l'argent de côté pour vous offrir un des hôtels de charme de la ville, et pensez à faire vos courses pour Noël, nouvelle spécialité de la ville qu'on croira peut-être, dans quelques années, aussi authentiquement ancrée dans les mentalités que les *Schneeballen* : on trouve partout ces « boules de neige », sorte de pâte de bugne enrobée de chocolat ou de sucre, véritables « étouffe-chrétien » que les touristes (mais pas les Rothenbourgeois, pas fous !) achètent chez ceux qui prétendent tous posséder la recette originale... Le grand spécialiste est le magasin *Diller's Schneeballen,* Am Plönlein 18.

Comment y aller ?

➤ Pour les non-motorisés, le seul moyen d'accéder à Rothenburg est de passer par Steinach (50 mn de trajet en train au départ de Würzburg). Des trains (15 mn) chaque heure, ou presque, entre 6 h et 20 h. D'avril à octobre, il est aussi possible d'emprunter le bus quotidien de la Route romantique.

Adresses et infos utiles

Office du tourisme : Marktplatz. ☎ 404-92. Fax : 868-07. Ouvert du lundi au vendredi de 9 h à 12 h et de 13 h à 18 h, jusqu'à 15 h le samedi. Fermé le dimanche. Souvent débordé mais très bien fourni en dépliants. Demander le prospectus des curiosités en français, vraiment bien fait.

Poste principale : Bahnhofstrasse 15. Ouvert du lundi au vendredi de 8 h 30 à 12 h et de 14 h à 17 h 30, le samedi de 8 h à 12 h.

Location de vélos : *Rad et Tat,* Bensenstrasse 17. ☎ 879-84. Et à l'extérieur de la vieille ville, à la station-service *Esso,* à l'angle des rues Adam-Hörber et Ludwig-Siebert.

Où dormir ?

Campings

Campingplatz Tauber Romantik : à Detwang. ☎ 61-91. À 2 km au nord-ouest de Rothenburg, en contrebas et au bord du fleuve. Ouvert de Pâques à fin octobre. Bien équipé, douches chaudes gratuites.

Campingplatz Tauber-Idyll : à 200 m du précédent. ☎ 31-77. Ouvert de Pâques à fin octobre. Location de vélos.

Chambres chez l'habitant

Se procurer la liste des chambres chez l'habitant à l'office du tourisme, ou guetter les pancartes « Fremdenzimmer » (chambres chez l'habitant) ou « Zimmer frei » (chambres à louer), fort nombreuses dans la vieille ville. En général, moins chères (à partir de 20 € par personne) que les hôtels, elles sont aussi souvent prises d'assaut. Essayez de trouver, si possible, une chambre à l'extérieur de la ville (comme dans les pensions *Herrnmülle* ou *Fuchsmühle*), sur le Taubertalweg, si vous voulez profiter tout à la fois d'une vue et de prix sympathiques.

Auberge de jeunesse

Jugendherberge (AJ) : Mühlacker 1. ☎ 94-160. Fax : 94-16-20. ● jhrothenburg@djh.bayern.de ● À partir de 16 € la nuit. Fermé en janvier. Fonctionnel, offre un accueil sympa.

Bon marché

Siebersturm : Spitalgasse 6. ☎ 33-55. Dans le prolongement de la petite place de Plönlein. Une des moins chères de Rothenburg : 50 € pour deux. Chambres avec douche. Petite pension très accueillante.

Goldene Rose : Spitalgasse 28. ☎ 46-38. Fax : 864-17. Prix honnêtes : à partir de 25 €. Pension bien tenue et chambres très confortables.

De prix moyens à plus chic

Hôtel-café Gerberhaus : Spitalgasse 25. ☎ 94-900. Fax : 865-55. Chambres doubles de 60 à 78 €. Petit hôtel sympa, aux chambres meublées en bois de pin clair. L'ensemble inspire confiance. Demander les chambres donnant sur les remparts.

Klosterstüble : Heringsbronnengasse 5. ☎ 67-74. Fax : 64-74. Dans une ruelle coincée entre Herrngasse et Burggasse, à l'ouest du centre. Chambres doubles de 60 à 80 € avec tout le confort possible : salle de bains, TV, certaines ayant même un lit à baldaquin, dans le plus pur style franconien.

▲ *Spitzweg :* Paradeigasse 2. ☎ 942-90. Fax : 14-12. Chambres doubles entre 60 et 80 €. La maison date de 1536 mais depuis on n'arrête pas de faire des travaux et chaque chambre a tout le confort nécessaire. Accueil chaleureux. Très propre.

Où manger ?

À Rothenburg, même un café correct avec un bon gros gâteau des familles semble difficile à trouver. On a testé plusieurs adresses au centre, et on n'a pas vraiment envie de vous en parler. Par contre, pour qui voudrait se contenter d'un plat du pays, en s'éloignant un peu des flots touristiques, ça ne pose vraiment pas de problème.

|●| *Alt Fränkische Weinstube :* Klosterhof 7. À côté du Reichstadt Museum. Ouvert de 18 h à 1 h. Superbe cave à vin dans un décor tout en bois, éclairé aux bougies. Accueil sympa. Très bonne cuisine mais service parfois un peu longuet.

|●| *Landsknechtstübchen :* Galgenstrasse 21. Ouvert de 11 h à 14 h et de 18 h à 21 h. Cuisine régionale solide. Service un peu lourdaud mais sympathique.

|●| *Akzent-Hotel Schranne :* Schrannenplatz 6. ☎ 19-55-00. On vous glisse au passage le téléphone, car il y a des chambres, souvent prises d'assaut par les voyageurs dits « organisés ». Mais c'est plutôt sympa, et la cuisine est vraiment très correcte.

À voir

🎎 *La vieille ville :* un régal de rues étroites et de maisons à colombages et toits pointus.

🎎 *Rathaus :* ce très bel hôtel de ville comporte deux parties d'époques et de styles bien différents. La façade Renaissance (1578) donne sur la Marktplatz, avec sa jolie tour d'escalier octogonale (ouvert de 9 h 30 à 12 h 30 et de 13 h à 17 h ; l'idéal pour avoir une belle vue de la ville), tandis que la partie gothique de l'édifice, surmontée d'un grand beffroi, garde l'entrée de la Herrngasse.

🎎 *Historiengewölbe* (voûtes historiques) : accès par le passage sous la partie gothique du Rathaus, reliant Herrngasse à Grünermarkt. Ce petit musée retrace l'histoire de Rothenburg pendant la guerre de Trente Ans.

🎎 *Käthe-Wohlfahrt-Weihnachtsdorf* (village de Noël) : Herrngasse 1. Ouvert de 10 h à 18 h tous les jours. Ce magasin entièrement consacré à Noël est évidemment un enchantement pour les yeux ! Boules et guirlandes de toutes sortes, peluches, jouets en bois magnifiques... On ressort cependant moins ébloui par cette profusion de couleurs et de lumières que par la balade en enfance que propose le *Deutsches Weihnachtsmuseum*, un adorable petit musée installé dans les étages. Entrée payante : 3 € !

🎎 *Staudthof :* Herrngasse 18. Visite de 9 h 30 à 17 h. Entrée : 1 €. Maison patricienne du Moyen Âge conservée (presque) en l'état, avec une belle cour intérieure.

🎎 *Kirche Sankt Jakob* (église Saint-Jacques) : ouvert de 9 h à 17 h 30 du lundi au samedi et de 10 h 30 à 17 h 30 le dimanche. Entrée : 1,50 €. De style gothique sans grande originalité. Intérêt principal : au 1er étage, son magnifique retable en bois sculpté, du début du XVIe siècle, représentant la Cène. Notez les expressions tendues des apôtres et toute la miséricorde du Christ face au traître, Judas.

🏃 *Burggarten* (jardin du château fort) : après avoir remonté la Herrngasse, on passe la *Burgtor*, ancienne porte du château dont ne subsiste plus que la *chapelle Saint-Blaise*, aujourd'hui mémorial. Du magnifique jardin, vue superbe sur la Tauber.

🏃 *Plönlein :* petite place pittoresque, au croisement de l'Untere Schmiedgasse (qui mène à la Siebersturm) et de la Kobolzellersteig (menant à la Kobolzeller Tor).
En descendant par la Kobolzeller Tor et en suivant la petite route, on arrive au *Doppelbrücke* (viaduc à arche double) datant du début du XIVe siècle.

🏃 *Spital* (hôtel-Dieu) : ensemble de bâtiments des XVIe et XVIIe siècles, regroupés autour d'une petite place au cœur de laquelle trône un pavillon au toit pointu, le *Hegereiterhäuschen*.
En continuant sur Spitalgasse, on arrive au *Spitalbastei* (bastion de l'hospice), fortification formée de sept portes et deux cours. À côté, un joli pont de bois couvert enjambe les douves.

🏃 Pour ceux qui ont plus de temps, il y a encore des **musées**, notamment le *Musée criminel du Moyen Âge,* un petit bijou dans le genre, le *musée de la Ville* et le *musée des Poupées et des Jouets,* qui n'a rien à voir avec celui de Nuremberg.

À faire

➤ **Le chemin de ronde :** les remparts de la ville et les douze tours qui les ponctuent sont en parfait état. Suivre le chemin de ronde du sud-est au nord-ouest de la cité. Une jolie promenade offrant de très belles vues sur la vallée. Et une autre façon de remonter le temps.

Manifestation

– **Meistertrunk** (*Magistrale Rasade*) : chaque année, à la Pentecôte, la ville commémore l'épisode amusant qui la sauva de la destruction en 1631 (voir la rubrique « Un peu d'histoire », plus haut). Une grande partie de la population se costume et prend part aux reconstitutions historiques. Les festivités se déroulent dans la salle impériale de l'hôtel de ville et sur la Marktplatz.

➤ DANS LES ENVIRONS DE ROTHENBURG OB DER TAUBER

🏃 *Detwang* : à 2 km au nord-ouest du centre. Le plus ancien quartier de Rothenburg, dont les premières traces remontent à 960. Remaniée à plusieurs reprises, l'église romantique du XIIe siècle abrite un très beau retable de la Crucifixion, sculpté par Tilman Riemenschneider au XVIe siècle.

🏃 *Schillingsfürst* : à 20 km de Rothenburg. Essentiellement connue pour sa *fauconnerie* qui héberge une cinquantaine de rapaces. Démonstration à 11 h (également à 15 h en saison). Visite du château baroque de 10 h à 18 h, remarquable notamment pour sa noria du XVIIIe siècle (dans la *Brunnenhaus*). Sinon, collection habituelle de porcelaines, mobilier, tapisseries des Gobelins, etc.

Feuchtwangen : ancienne ville impériale située sur la Route romantique, aujourd'hui paisible bourgade, elle a gardé sur sa place du marché des maisons patriciennes à colombages. Jetez un œil sur la *Stiftskirche (collégiale),* surtout connue pour son magnifique cloître roman. Dans l'église, bel autel dû à Wolgemut, le maître de Dürer, et, détail amusant, certaines places portent encore un nom de femme. Au XIXe siècle, les hommes étaient en effet à l'étage. Pour l'anecdote, les offices se partagent entre la collégiale et l'église voisine, la *Sankt Jean Pfarrkirche,* ancienne chapelle impériale de baptême du XIIIe siècle.

DINKELSBÜHL (91550) IND. TÉL. : 09851

Une étape importante de la Route romantique. Cette petite ville médiévale, protégée par d'imposants remparts depuis le XIVe siècle, est passée sans encombre au travers de bien des guerres. 18 tours dominent les rues fleuries et les maisons colorées du centre. Aujourd'hui, les touristes affluent de toutes parts... Victime de son charme et de l'état de conservation de ses murs, Dinkelsbühl est devenue peu à peu une sorte de ville-musée. Elle reste néanmoins très agréable hors saison.

Comment y aller ?

➢ Pour ceux qui n'ont pas de voiture, deux moyens pour se rendre à Dinkelsbühl : les liaisons régulières de bus qui passent le plus souvent par Feuchtwangen ou Nördlingen ; sinon, d'avril à octobre, bus quotidien de la Route romantique.

Adresse utile

Office du tourisme : Marktplatz. ☎ 902-40. Fax : 902-79. Ouvert du lundi au vendredi de 9 h à 12 h et de 14 h à 18 h, le samedi de 10 h à 12 h et de 14 h à 17 h, les dimanche et jours fériés de 10 h à 13 h. Liste des principales chambres chez l'habitant. C'est là que vous trouverez également tous les renseignements sur la Route romantique (voir plus haut).

Où dormir ?

Camping

DCC-Campingpark Romantische Strasse : Dürrwangerstrasse. ☎ 78-17. Ouvert toute l'année. Plutôt agréable grâce à sa jolie vue sur la ville.

Auberge de jeunesse

Jugendherberge (AJ) : Kopengasse 10. ☎ 95-09. Fax : 48-74. • CBal lheimer@t-online.de • Dans la ville intra-muros, près de la porte Segringer. Réception ouverte de 17 h à 22 h. Fermé de novembre à fin février. Nuitée de base à 13 €. Ancien grenier à grains du XVIe siècle.

DINKELSBÜHL

De prix moyens à plus chic

- **Pension Lutz :** Schäfergässlein 4. ☎ 94-54. Bien située dans une ruelle donnant sur Nördlingerstrasse. Assez familiale. Cinq chambres bien tenues.
- **Pension Gerda :** Nestleinsberg 24. ☎ 18-60. Petite maison au calme près du rempart Oberer Mauerweg, au sud. Simple mais propre. Chambres très confortables. Salle TV et cuisine communes. Bien pratique.
- **Gasthof zur Sonne :** Weinmarkt 11. ☎ 57-670. Fax : 75-48. Un peu plus cher. Très bon petit dej' inclus. Jolie façade verte donnant sur une rue du centre. Accueil très sympa. Chambres sans grand luxe, mais très propres. En été, on peut déjeuner sur la terrasse fleurie.
- **Gasthof Goldenes Lamm :** Langegasse 26-28. ☎ 22-67. Fax : 64-41. Toutes les chambres de cette grande maison rose sont équipées de douche, w.-c. et minibar. Bien, mais accueil un peu froid.

Où manger ?

- **Zum Koppen :** Segringerstrasse 38. Ouvert tous les jours de 11 h à minuit. Restaurant familial italien offrant une cuisine locale. Salle tout à fait classique pour la région. Service souriant.
- **Bräustüberl Zum Braunen Hirsch :** Turmgasse 3. Cuisine régionale de 11 h à 14 h et de 18 h à 23 h. Un peu moins cher que les autres restaurants du centre. Salle traditionnelle ornée de trophées de chasse.

Plus chic

- **Zum Kleinen Obristen :** Dr. Martin-Lutherstrasse 1. ☎ 57-700. Deux établissements en un ! Restaurant réputé (fermé les lundi et mardi) et cave à vin. Resto au cadre soigné et au service impeccable. Cuisine raffinée et excellente. Si c'est trop cher, on peut toujours aller à l'heure du *Kaffee-Kuchen* déguster de délicieux gâteaux ! Pour les repas, il est prudent de réserver.

À voir

- **L'église Saint-Georges :** Marktplatz. Bâtie durant la seconde moitié du XVe siècle, cette église-halle de style gothique renferme un grand tabernacle ainsi qu'un intéressant retable. Remarquer également la voûte en berceau, bien spécifique.

- **Deutsches Haus :** bâtisse à pignon datant de 1440. Sa superbe façade peinte et sculptée ne laisse pas indifférent. Au 1er étage, une Vierge veille sur la rue depuis plus de 300 ans.

- **Les remparts :** Louis Ier de Bavière sauva la ville après l'annexion de la Bavière (en 1806) et fit interdire la destruction de ses remparts. Les tours et les portes de la ville rythment une promenade pittoresque le long des murs.

- Si vous avez le temps, vous pouvez aller voir deux petits **musées** instructifs : le *Musée historique* et le *musée de la Troisième Dimension*. Tout un programme...

À faire

➤ Découverte de la vieille ville en partant du *chemin de ronde* avec le « veilleur de nuit ». Tous les jours ; renseignements à l'office du tourisme. Tout comme à Rothenburg, mieux vaut comprendre un minimum d'allemand pour apprécier.

Fête

– *Dinkelsbühler Kinderzeche :* chaque année, à la mi-juillet, cette fête commémore la libération de Dinkelsbühl lors de la guerre de Trente Ans. Assiégée et affamée, la ville n'aurait dû son salut qu'aux supplications de ses enfants. Une occasion de voir les costumes de l'époque.

NÖRDLINGEN

IND. TÉL. : 09081

Sur la Route romantique, à 75 km au sud-est de Rothenburg. Du Moyen Âge au XVIIe siècle, la fertilité de la plaine du Ries fait de cette ville fortifiée l'une des plus prospères de la région. Les beaux jours de Nördlingen prennent fin avec le début de la guerre de Trente Ans.
Pour les passionnés d'espace, il faut savoir que Nördlingen est situé en plein milieu d'un cratère de météorite tombée il y a environ 15 millions d'années. Les astronautes américains d'*Apollo 14* et *Apollo 17* sont même venus s'y entraîner en août 1970 !

Adresse utile

Ⓘ *Office du tourisme :* Marktplatz 2. ☎ 43-80 ou 841-16. Ouvert du lundi au jeudi de 9 h à 18 h (17 h en hiver), le vendredi jusqu'à 16 h 30 (15 h 30 en hiver). Se procurer la brochure *Nördlingen von A bis Z,* contenant toutes les infos importantes de la ville.

À voir

✖ *L'église Saint-Georges :* église-halle bâtie au XVe siècle dans un style gothique flamboyant propre à la région. Du haut de ses 90 m, « Daniel », le clocher, domine la ville, dont il est le symbole. À l'intérieur, les murs sont couverts d'épitaphes de personnalités locales ayant vécu entre le XVe et le XVIIe siècle. Voir le retable baroque du maître-autel, le groupe sculpté de la Crucifixion et les statues de saint Georges et sainte Madeleine.

✖ Si vous avez du temps, vous pouvez faire un tour au *Stadtmuseum (musée de la Ville),* dans l'ancien hôpital. Ouvert (sauf le lundi) de mars à fin novembre, de 10 h à 12 h et de 13 h 30 à 16 h 30. Ainsi qu'au *musée du Cratère, Rieskratermuseum,* situé dans le Holzhof, près du Stadtmuseum. Ouvert du mardi au dimanche de 10 h à 12 h et de 13 h 30 à 16 h 30. Pour tout savoir sur la météorite de Nördlingen ! Également un intéressant *Eisenbahnmuseum (musée du Chemin de fer),* ouvert le dimanche de 10 h à 18 h d'avril à octobre seulement !

✖ *Les remparts :* admirez les jolies tours et les portes fortifiées. Les plus intéressantes se situent sur les murs nord et est de la cité.

➤ DANS LES ENVIRONS DE NÖRDLINGEN

🍴 Nördlingen est entourée de villes et de villages abritant les différentes résidences de la famille des princes d'Oettingen-Wallerstein : **Oettingen** (intéressante pour sa résidence et ses maisons baroques), **Wallerstein** (visite sans grand intérêt) et **Bopfingen** (son château, le *Schloß Baldern*, abrite une collection d'armes réputée).

🍴 En continuant la Route romantique en direction d'Augsbourg, on peut s'arrêter dans la petite ville de **Harburg**, baignée par la Wörnitz et dominée par son château. Ancienne résidence impériale des Hohenstaufen, il appartient aujourd'hui, devinez à qui ? Mais oui, à la famille des princes d'Oettingen-Wallerstein ! Il est ouvert d'avril à fin octobre, de 10 h à 17 h, sauf le lundi. Visite guidée de 50 mn : 4 €.

🏨 🍴 On peut se restaurer et même dormir à l'intérieur du château (prix corrects : 70 € pour deux), à l'hôtel *Fürstliche Burgschenke*.

🍴 Arrêt possible également à **Donauwörth**, où la Wörnitz se jette dans le Danube. Parmi les attraits principaux de cette ville chargée d'histoire, la *Reichstrasse* et les bâtiments qui la bordent *(Rathaus, Tanzhaus, Heilig-Kreuzkirche...)*.

AUGSBURG (AUGSBOURG)

IND. TÉL. : 0821

Troisième pôle économique de Bavière (après Munich et Nuremberg), mais aussi l'une des plus vieilles villes d'Allemagne, puisque sa fondation remonte aux Romains. À 1 h de route seulement de Munich, Augsbourg (pour l'écrire à la française, ce qui est plus pratique pour la compréhension) a réussi à garder ses habitants : la vie y est plaisante, les animations et centres d'intérêt sont nombreux et son université lui redonne des airs de jeunesse. Bref, une ville belle et riche, où l'on ne s'ennuie pas, si l'on fait un effort pour s'intégrer à la population.

UN PEU D'HISTOIRE

Créée au Ier siècle av. J.-C. par l'empereur Auguste, la ville est l'un des grands centres de commerce du nord de l'Empire romain. Siège épiscopal au VIIIe siècle, elle devient résidence des ducs souabes puis bavarois. Au XIIIe siècle, elle obtient le titre de ville libre. Mais ce sont les banquiers Fugger qui en feront l'une des grandes cités commerciales allemandes et, en tout cas, la capitale de la finance dès la fin du Moyen Âge.
Premiers capitalistes européens, les Fugger jouent pour Augsbourg le rôle des Médicis pour Florence. Leur influence dans le négoce en Europe s'avère considérable. À la fin du XIVe siècle, Hans Fugger ne possède qu'une petite entreprise de textile. Son fils lance des succursales à Venise et à Anvers ; puis Jakob, un neveu, obtient le monopole du cuivre, de l'argent et du plomb, grâce à sa banque. Surnommé « le Riche », il peut même se permettre de financer l'élection de l'empereur Charles Quint ! Cette victoire politique contribue encore à enrichir la dynastie des Fugger, qui se lancent ensuite dans le commerce international. Avant que ses descendants ne dilapident leur fortune, la famille avait étendu son empire jusqu'au Pérou !
Parallèlement à l'ascension des Fugger, la ville joue un grand rôle politique et religieux en Europe : Luther s'y rend par deux fois pour expliquer sa doctrine devant la Diète, Charles Quint y préside celle de 1530 ; François Ier y conclut une alliance avec les princes réformistes, puis la « ligue d'Augsbourg » y est créée, en 1686, pour lutter contre Louis XIV. Napoléon s'y rendra deux fois, dont une pour occuper la ville, avant de la céder à la Bavière. De nombreuses autres personnalités y séjourneront, du tsar Nicolas Ier à Jean-Paul II (en 1987). C'est également ici que fut inventé le moteur Diesel et que naquirent le père de Mozart, puis un certain Bertolt Brecht. La ville d'Augsbourg est jumelée avec Bourges, pour ceux que ça intéresse.

Adresses et infos utiles

ℹ️ Verkehrsverein Augsburg *(office du tourisme ; hors plan par A2) :* Bahnhofstrasse 7. ☎ 50-20-70. Ouvert de 9 h à 18 h du lundi au samedi. Compétent, mais peu de documentation en français, excepté un livre remarquablement traduit, mais payant. Réservation de chambres. Plan de la ville. Visite guidée de la ville, à pied, de mai à octobre, tous les jours à 14 h (seulement le samedi, hors saison).

ℹ️ Petit bureau d'infos touristiques *(plan A2) :* Maximilianstrasse 4, près de Rathausplatz. Ouvert de 9 h à 17 h en semaine, de 10 h à 16 h le samedi et jusqu'à 13 h le dimanche.

■ **Tip Jugendinformationszentrum** *(plan B3, 1) :* Schwibbogenplatz 1. ☎ 55-30-56. Ouvert de 10 h à 16 h en semaine. Lieu de rencontres pour jeunes. Café.

– **Carte des musées Augsburg-Erlebnis-Pass :** ce *pass* est intéressant si l'on a décidé de visiter pas mal de choses. Donne accès aux plus grands musées de la ville (Schaezler, synagogue, Brecht, Mozart...) et des tas d'autres avantages. Se renseigner auprès des offices du tourisme. Musées ouverts de 10 h à 16 h, du mercredi au dimanche.
– Aussi, pour être au bon endroit au bon moment, se procurer le **mensuel Neue Szene Augsburg**. Programme des concerts, spectacles, expositions... Pas toujours très bien organisé, mais exhaustif !

✉ **Poste** *(hors plan par A2) :* Viktoriastrasse 3, face à la gare. Ouvert de 8 h à 22 h en semaine (jusqu'à 20 h le week-end). *Autre bureau (plan A2)* à Grottenau 1. Ouvert de 8 h à 18 h (jusqu'à 12 h le samedi).

🚆 **Gare principale** *(Hauptbahnhof ; hors plan par A2) :* infos pour les trains *(Bundesbahn)* tous les jours de 7 h à 20 h. ☎ 01805-99-66-33.

■ **Location de vélos :** à la gare, guichet 6. ☎ 32-64-93. Tous les jours.

Où dormir ?

Camping

⛺ **Campingplatz Augusta :** à 7 km au nord de la ville, au bord du lac Autobahnsee. ☎ 70-75-75. En voiture, prendre la sortie d'autoroute « Augs-

---

■ **Adresses utiles**
  ℹ️ Petit bureau d'infos touristiques
  ✉ Poste
  🚆 Gare principale
  1 Tip Jugendinformationszentrum

🛏 **Où dormir ?**
  10 Jugendherberge
  11 Hôtel Garni Georgsrast
  12 Jakoberhof
  13 Hôtel Ost am Kö

🍽 **Où manger ?**
  19 Marché
  20 Dichtl
  21 Bauerntanz
  22 Welser Küche
  23 Bertele

🍷 **Où boire un verre ?**
  31 Café Zu den Barfüssen

🚶 **À voir**
  40 Rathaus
  41 Fuggerpalast
  42 Palais des Schaezler
  43 Die Fuggerei
  44 Sankt Mariadom
  45 Sankt Annakirche
  46 Synagogue et Musée juif
  47 Heilig-Kreuzkirche
  48 Sankt Ulrich und Afrakirche
  49 Bert-Brecht-Geburtshaus
  50 Mozarthaus
  51 Puppenkiste

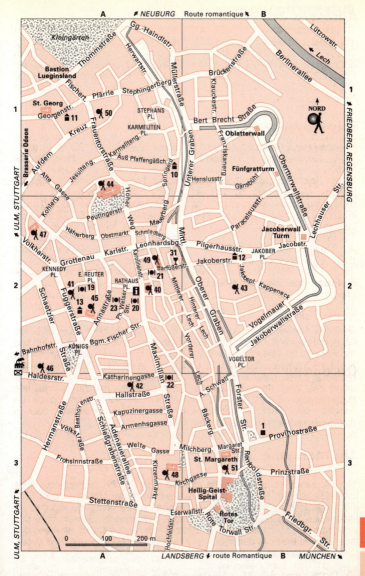

AUGSBOURG

burg-Ost », puis la direction Neuburg à droite. De la gare, bus n° 23 jusqu'à Hammerschmiede, puis marcher environ 20 mn. Ouvert toute l'année. Bien équipé : eau chaude, électricité, gaz, etc.

Auberge de jeunesse

■ *Jugendherberge* (AJ; plan A1, 10) : Beim Pfaffenkeller 3, 86152. ☎ 339-09. Fax : 15-11-49. ● jugendherberge@kvengsburg-stadt.brk.de ● Pour y aller, tram n° 2, direction Kriegshaber. Arrêt : Mozarthaus. Réception ouverte de 14 h à 16 h et de 20 h à 22 h. Fermé du 22 décembre au 21 janvier. Seuls les moins de 26 ans sont admis, comme toujours par ici. Nuit incluant le petit dej' autour de 17 €. Une grande AJ (154 lits) très bien située. Draps disponibles (payants).

Prix moyens

■ *Hôtel Garni Georgsrast* (plan A1, 11) : Georgenstrasse 31, 86152. ☎ 50-26-10. Bien situé, en face de l'église Saint-Georges, au nord-ouest du Dom. Si l'extérieur du bâtiment n'est pas particulièrement attirant, les chambres sont néanmoins propres et confortables, avec douche, w.-c. et TV. Petit dej'-buffet.

■ *Pension Bäyerischer Löwe* : Linke Brandstrasse 2, 86167. ☎ 70-28-70. Fax : 70-61-94. Au nord-est du centre (rue donnant sur Neuburgerstrasse). Bus n° 23 de la gare ; descendre à l'arrêt Linke Brandstrasse ; ou tram n° 1 depuis Königsplatz. La pension la moins chère en ville. Simple mais sympa.

■ *Jakoberhof* (plan B2, 12) : Jakoberstrasse 39, 86152. ☎ 51-00-30 ou 51-00-39. Très bien situé, à 50 m de la Fuggerei. Grand bâtiment à tourelle, à la façade toute verte, abritant un hôtel-pension tout ce qu'il y a de familial. Déco très allemande. Location de vélos.

Plus chic

■ *Hôtel Ost am Kö* (plan A2, 13) : Fuggerstrasse 4-6, 86150. ☎ 50-20-40. Fax : 50-20-444. ● ulrich@ostamkoe.de ● Chambres doubles à 70 €. Un hôtel cossu dans le style allemand des vingt dernières années, avec un accueil très agréable en français, des chambres tranquilles aux couleurs, mon Dieu, auxquelles on finit par s'habituer, avec de belles salles de bains. Très beau et bon buffet, dans une salle agréable à vivre, le matin. Idéalement situé. Quant au parking, allez vous garer sur celui du marché, en journée (cher !), et trouvez une place de l'autre côté du boulevard, pour la nuit.

Où manger ?

Si vous aimez les ambiances de **marché** (plan A2, 19), régalez-vous avec celui d'Augsbourg, ouvert toute la semaine, du lundi au samedi, jusqu'à 13 h. Faites un tour sur la place, où les marchandes de fleurs, de légumes se mêlent aux fermières venues des villages environnants. Sous la halle des bouchers, possibilité de s'offrir un *Brotzeit* matinal, les stands ne manquant pas. Pas de bière, évidemment, pour faire passer la *Bratwurst* ni le *Leberkäse*, mais vous vous rattraperez plus tard.

I●I *Dichtl* (plan A2, 20) : Maximilianstrasse 18. Ouvert tous les jours de 8 h (10 h le dimanche) à 18 h. Salon de thé-brasserie réputé à Augsbourg. Ne pas se tromper : la vitrine (magnifique) est celle d'une confiserie, mais la salle est au fond. Cadre assez chicos. Banquettes en cuir rouge, tables en marbre vert, plantes, verrière. Bon mélange de vieillards (un peu snobs) et d'étudiants branchés ! Bons petits dej' à tous les prix. À midi, soupes, salades, omelettes et quelques plats chauds. Pas si cher qu'on l'imagine. Terrasse en été.

Prix moyens

|●| Bauerntanz (plan A2, 21) : à l'angle de Bauerntanzgäßchen et de Vorderer Lech. Ouvert tous les jours de 11 h (17 h 30 le lundi) à 23 h 30 (commandes jusqu'à 22 h). Compter autour de 13 €. Assiette du chasseur à recommander. Cadre rustique. Connu pour ses bonnes spécialités souabes. Souvent complet.

|●| Bertele (plan A2, 23) : Philippine-Welser Strasse. Petit dej' bavarois (3 saucisses !) à 5 €, sinon, plats entre 9 et 16 €. Encore un classique. Allez saliver devant les vitrines de gâteaux, puis retournez vous mettre en terrasse, pour profiter de l'animation de la place.

Plus chic

|●| Welser Küche (plan A3, 22) : Maximilianstrasse 83. ☎ 20-20. Entrée au fond de la cour ; sonner à la porte. Dans une immense cave médiévale, décorée à l'ancienne. Accueil charmant par des hôtesses en costume d'époque. Une formule, bien sûr, archi touristique : on ne sert ici que des recettes souabes anciennes (XVe et XVIe siècles), remises au goût du jour. Le resto édite un petit calendrier indiquant le thème de chaque menu, selon les jours : cerf, oie au chou, cochon de lait, etc. Menus de 5 à 8 plats : le *Welsermahl* dure quand même 3 h et vaut 33 €, selon l'appétit et le portefeuille ! Assez cher, mais la cuisine, outre son originalité, est délicieuse...

Où boire un verre ?

🍷 Café Zu den Barfüssen (plan A2, 31) : Barfüßerstrasse 10. Ouvert en semaine de 12 h 30 à 17 h 30. Bien au calme, au bord du canal. Soutenu par la communauté de l'Église évangélique luthérienne ; vous ne serez donc étonné ni par l'ambiance quasi religieuse ni par les lectures spirituelles à disposition des clients. Le café a même sa petite chapelle ! Prix dérisoires et clientèle hétéroclite.

🍷 Pow Wow (plan A1) : Klinkertorstrasse 1. Au nord de l'agglomération, en descendant Auf dem Kreuz. Ouvert tous les jours de 7 h 30 à 1 h. Café alternatif intello. Petit dej' jusqu'à 18 h ! *Happy hours* de 19 h à 21 h. Quelques en-cas à grignoter jusqu'à 22 h.

🍷 Victor : Hartmannstrasse 1 ; à l'angle de Morellstrasse. Assez loin du centre, au sud. Après le Kongresshalle, prendre à gauche. Ouvert tous les jours de 19 h à 1 h. Repaire d'artistes et d'étudiants. Grande salle agréable. Excellente musique. Quelques plats chauds délicieux et vin au verre.

🍷 De nombreux autres **cafés** et **bars** sympas : **Underground** (jazz-club sur Kapuzinergasse ; *plan A3*), **Kathanhaus** (également sur Kapuzinergasse, avec de belles fresques sur la façade), **Liliom** (*Kino*-café près des remparts nord en retrait de Mittlerergraben), **Anna Pam** (dans une jolie cour de Bäckergasse ; *plan B3*), **Max** (sur Maximilianstrasse, repaire de jeunes yuppies ; *plan A2-3*), etc.

À voir

Augsbourg a eu la chance de voir ses principaux monuments épargnés par les bombardements de la dernière guerre. Cela dit, on ne remarque pas tout de suite ses splendeurs : les centres d'intérêt sont disséminés aux quatre coins de l'agglomération et les canaux de la ville basse se cachent dans un dédale de rues piétonnes. Quant aux remparts, ils délimitent le centre au nord, à l'est et au sud. Prévoir un peu de temps pour découvrir le tout...

Le centre

🚶 *Rathausplatz (plan A2)* : au cœur de la ville. Grande et belle place avec son étonnant hôtel de ville flanqué d'une tour *(Perlachturm)* haute de 70 m. On peut accéder au sommet (un drapeau jaune indique si la visibilité est bonne !) de mai à mi-octobre tous les jours de 10 h à 18 h.

🚶 *Rathaus (hôtel de ville ; plan A2, 40)* : ouvert tous les jours de 10 h à 18 h. Édifice Renaissance aux proportions harmonieuses. Amusant, le contraste entre l'aigle peint du frontispice et la pomme de pin (symbole de fertilité et surtout de la ville) qui couronne l'ensemble. Voir la fameuse *Goldenersaal* (salle Dorée), au 3e étage (payante : 2 €). Superbe salle restaurée à l'occasion des 2 000 ans d'Augsbourg (en 1985) : dorures partout (vous l'auriez deviné), plafond en stucs, fresques aux murs et sol en marbre. Impressionnant phénomène de résonance. Petite salle d'expo à côté.

🚶 *Maximilianstrasse (plan A2-3)* : large avenue menant du *Rathaus* à l'église Saint-Ulrich, construite sur l'ancienne voie romaine qui reliait l'Italie à l'Allemagne. Bordée de palais Renaissance, de boutiques luxueuses et de banques, dont celle des Fugger (encore en activité), ainsi que leur palais (**Fuggerpalast,** ou *Damenhof,* au n° 36 ; *plan A2, 41*), du début du XVIe siècle (magnifique cour à arcades, ornée de jolies fresques).

🚶🚶 Plus loin, au n° 46 (face à la fontaine d'Hercule), le **palais des Schaezler** *(plan A3, 42)*, une autre famille de banquiers. C'est la plus belle maison baroque de la ville. À l'intérieur, fameuse salle des banquets de style rococo. On y trouve aussi des galeries d'art et la **Stadtgalerie**, musée de peintures anciennes. Ouvert de 10 h à 17 h (16 h en hiver). Fermé le lundi. Entre autres : Dürer, Lucas Cranach l'Ancien et quelques maîtres vénitiens.

La ville basse

C'est la plus belle surprise d'Augsbourg : une ville dans la ville, invisible pour qui remonte la Maximilianstrasse sans prêter attention aux escaliers qui descendent on ne sait où ! Eh bien, en contrebas de la grande avenue de luxe se terre un quartier médiéval aux ruelles sombres, aux petits restos et cafés, parcouru en maints endroits de charmants canaux (où coule le Lech)...

🚶🚶 **Die Fuggerei** *(plan B2, 43)* : entrée Herrengstrasse (accès par Jakoberstrasse). Ouvert aux visiteurs tous les jours de 6 h à 22 h.
L'autre surprise de la ville basse ! Cette cité sociale, créée en 1516 par Jakob Fugger le Riche, est la première HLM du monde. Presque entièrement détruite pendant la guerre, elle fut reconstruite entre 1945 et 1970. Les héritiers Fugger en ont toujours la charge. Elle se présente sous la forme d'un petit village charmant, encore destiné à une population de milieu modeste. Les conditions d'admission à la Fuggerei sont assez délirantes : « être citoyen d'Augsbourg, catholique, jouir d'une bonne réputation (bien sûr) justifier d'une certaine indigence »... Les « logements de grâce » comprennent 3 pièces avec salle de bains et ne coûtent que... 1 € hors charges par an ! Mais en échange, chaque habitant s'engage à prier tous les jours pour la famille Fugger ! Les portes ferment à 22 h tapantes ; ceux qui rentrent trop tard doivent un an de loyer au gardien (ce qui ne fait après tout que 1 €) : on en rigole encore... Parmi les anciens locataires prestigieux, l'arrière-grand-père de Mozart, maçon de son état, qui sombra dans la misère après avoir accepté d'enterrer un bourreau (c'était strictement interdit à l'époque)...
Au n° 13 de Mittleregasse, on peut voir un petit *musée* qui restitue le cadre d'un logement au XVIIe siècle. Ouvert de mars à fin octobre.

Les églises

🍷 **Sankt Mariadom** (cathédrale ; plan A1, **44**) **:** grande basilique romane (Xe siècle), transformée en gothique au XIVe. Malheureusement, la restauration moderne s'avère catastrophique : sols neufs, murs en plâtre, grilles d'aération... Le mobilier ancien jure complètement dans ce décor sans âme. Reste un seul intérêt : les vitraux de 1130, qui sont les plus vieux d'Allemagne. Assez joli cloître gothique également.
Mais on a trouvé mieux : le *Hofgarten* (derrière la cathédrale, dans une cour intérieure), joli petit jardin avec fontaine, autour d'un bassin. Dans une allée, cinq statues de nains, caricatures de personnages médiévaux (pèlerin, clochard, notable...).

🍷 **Sankt Annakirche** (Lutherstiege ; plan A2, **45**) **:** entrée par Annastrasse. Ouvert du lundi au jeudi de 10 h à 13 h et de 14 h à 16 h ; le vendredi, de 10 h à 13 h.
C'est dans cette église (des XIVe et XVe siècles) que Luther trouva asile lors de sa venue à Augsbourg en 1518. L'église est ensuite devenue protestante. On y trouve de nombreux témoignages concernant les rapports de la ville avec Luther. Belles fresques du XVe siècle dans la Goldschmiedekapelle. Dans le chœur oriental de l'église, d'autres chefs-d'œuvre, parmi lesquels trois tableaux de Lucas Cranach l'Ancien, dont l'un représentant Luther (au-dessus de l'autel), et une superbe chaire sculptée. Mais le must de l'église est la *chapelle funéraire des Fugger*, enclave catholique dans une église protestante, et considérée comme le premier monument Renaissance sacré d'Allemagne. Leurs moyens leur permirent de s'offrir les services des plus grands artistes de l'époque ! Schöller en fut ainsi le sculpteur, sur des esquisses de Dürer en personne. Jakob Fugger (le Riche) y est représenté, une coupe à la main, sur le battant gauche de l'autel.

🍷 **La synagogue** (plan A2, **46**) **:** Halderstrasse 8. Visite de 10 h à 15 h (17 h le dimanche). Fermé les lundi, samedi et jours de fêtes religieuses juives. Érigée au début du XXe siècle, elle fut l'une des plus importantes à l'époque. Le style Art nouveau fut largement utilisé, d'où son originalité architecturale, même si le dôme s'inspire avant tout du style byzantin (étonnant mélange, d'ailleurs). À l'intérieur, belles mosaïques dorées, très modern style. La synagogue abrite aussi un intéressant petit **Musée juif.** Nombreux objets religieux.
D'autres églises à voir pour ceux qui ont le temps : la **Heilig-Kreuzkirche** (plan A2, **47**) et celle de **Sankt Ulrich und Afrakirche** (plan A3, **48**), surmontée d'une haute tour à bulbes, de style gothique flamboyant, sont les plus importantes.

Les remparts

Une agréable balade en perspective : portes médiévales, chemins de ronde, murs couverts de végétation, étangs, points de vue et lieux de rencontres...

🍷 *Au nord :* le bastion **Lueginsland,** le long de Thommstrasse (plan A1). Un coin charmant : ruines au milieu des arbres. Un peu plus bas, en redescendant Herwartstrasse, on accède au **Schwedenstiege,** long chemin de ronde que l'on peut emprunter. Remarquez cette étonnante statue blanche au nez noir, objet d'amusantes légendes... Dans le prolongement, **Unteren Graben** et ses bâtiments anciens.

🍷 *À l'est :* de Unteren Graben, prendre la Bert-Brechtstrasse jusqu'au **Oblatterwall** (plan B1), très jolie petite forteresse circulaire du XVIe siècle, dans laquelle on trouve une *Kneipe*. C'est aussi d'ici que partent les promenades en bateau (*Kahnfahrt*) dans les douves, entre le canal et le Lech (d'avril à octobre, de 12 h à 23 h tous les jours sauf le lundi).

LA ROUTE ROMANTIQUE

Ensuite, descendre vers le sud par Untere Jakobermauer. On admire au passage l'amusante « tour à cinq doigts », puis on arrive à la **Jakobertor** *(plan B2),* belle tour gothique (XIIIe-XVe siècles) qui servait de porte fortifiée. Plus bas, une autre petite forteresse, puis le *Vogelmauer,* qui conduit à la **Vogeltor,** porte gothique (milieu du XVe siècle).

🚶 Au sud : point final de la promenade, le superbe bastion **Roter Torwall** *(plan B3).* Entrer par la monumentale **Rotes Tor** (porte Rouge) du XVIIe siècle. Derrière, un parc charmant et un théâtre de plein air où ont lieu des concerts, notamment de rock ! Du haut d'une petite butte, belle vue sur les environs.

Et encore

🚶 **Bert-Brecht-Geburtshaus** *(maison natale de Brecht; plan A2, 49)* : Auf dem Rain 7. Ouvert du mercredi au dimanche de 10 h à 16 h. C'est au 1er étage que naquit le poète-dramaturge, en 1898. Son père travaillait pour l'usine de papier Haindl, juste à côté. Bertolt passa son enfance ici et y écrivit ses premières œuvres, dont le fameux *Baal.* Pas grand-chose à visiter : expos temporaires et quelques souvenirs.

🚶 **Mozarthaus** *(plan A1, 50)* : Frauentorstrasse 30. Ouvert de 10 h à 17 h. Fermé les lundi et mardi. Qu'on ne s'y trompe pas : Mozart y est bien né, mais pas Wolfgang Amadeus ! C'est en fait la maison natale de Léopold, père du génie. Quelques souvenirs sur le père et le fils... dont un beau piano du XVIIIe siècle, que Wolfgang adorait tapoter.

🚶 **Puppenkiste** *(plan B3, 51)* : Spitalgasse 15. ☎ 43-44-40. Théâtre de marionnettes à fils. Réservation par téléphone du mardi au dimanche de 10 h à 12 h. Représentations en principe les mercredi, vendredi, samedi et dimanche à 15 h et 19 h 30. Pièces classiques comme *Le Petit Prince, Faust* (depuis 1948), *Pierre et le loup,* ou spectacles plus modernes. Les marionnettes sont animées par 8 fils au minimum et jusqu'à 20 pour les plus compliquées.

LA ROUTE ALLEMANDE DES ALPES

La *Deutsche Alpenstrasse* s'étend sur environ 500 km, de Lindau (près du lac de Constance) à Berchtesgaden (à la frontière autrichienne). Les paysages (forêts, lacs, sommets enneigés et, bien sûr, alpages au vert éclatant), les fameux châteaux de Louis II de Bavière, mais aussi les maisons traditionnelles, couvertes de fleurs et souvent ornées de fresques superbes, en font un circuit incontournable pour tous ceux qui visitent la Bavière. Une région vraiment charmante, aux traditions très fortes, mais dont les sites célèbres s'avèrent vite étouffants en haute saison. Problèmes annexes : les habitants ne se montrent pas toujours accueillants (peut-être à cause du *Föhn,* ce fameux vent du sud, sec et chaud, qui, paraît-il, rend fou !) et l'hébergement, pas vraiment bon marché, arrive vite à saturation.

FÜSSEN   (87629)   16 500 hab.   IND. TÉL. : 08362

Cette petite ville à la situation privilégiée, entourée de nombreux lacs et blottie juste avant la frontière autrichienne, dissimule, dans sa zone piétonne, un quartier historique plein de charme. C'est la ville la plus proche de deux des châteaux de Louis II de Bavière, et donc une étape incontournable de la route allemande des Alpes.

Adresses utiles

ℹ *Füssen Tourismus* (office du tourisme) : Kaiser-Maximilian Platz 1 (dans le centre). ☎ 938-50. Fax : 938-520. ● www.fuessen.de ● Ouvert de 8 h 30 à 18 h (le samedi, de 9 h à 12 h 30). Fermé le dimanche. Énorme catalogue avec toutes les possibilités d'hébergement recensées. Même quand c'est fermé, on peut se procurer un plan et la liste des hébergements en ville au point info sur la place. Jetez un œil en passant sur la curieuse fontaine. En fonction du nombre de personnes intéressées, organisation de visites guidées de la ville en français. Également des randonnées accompagnées dans la montagne, renseignez-vous directement pour les jours et l'inscription.

■ *Location de vélos* : Jeti's Mountain-Bike-Shop, Abt-Hess-Strasse 11. ☎ 397-12. *Dadsport Zacherl*, Kemptener Strasse 119. ☎ 32-92.

Où dormir ?

Camping

⛺ *Campingplatz Hopfensee* : à Hopfen am See. ☎ 91-77-10. Fax : 91-77-20. ● www.camping-hopfen see.de ● À 5 km au nord de Füssen. Fermé de début novembre à mi-décembre. Idéalement situé au bord du lac, offrant une agréable possibilité de baignade, et à deux pas des châteaux de Louis II. Très bien aménagé et entretenu. Propose de nombreuses attractions comme sauna, hammam, solarium et piscine chauffée couverte. Location de vélos.

Auberge de jeunesse

🏠 *Jugendherberge* (AJ) : Mariahilfstrasse 5. ☎ 77-54. Fax : 27-70. ● jhfuessen@djh-bayern.fr ● À 800 m de la gare (longer la voie ferrée vers l'ouest). Ouvert de 7 h à 22 h (23 h en été). Inscriptions de 17 h à 19 h. Âge maxi : 26 ans. Carte des AJ et draps obligatoires. La nuitée autour de 14 €. Bâtiment sans charme mais bien tenu. Sert des repas. Jardin, ping-pong et volley-ball. Plein d'infos sur la région, les bus, les trains, etc. Débordée en été.

Prix moyens

La liste des hôtels, pensions et *B & B* est longue, et les réservations se faisant souvent des semaines, voire, à certaines périodes, des mois à l'avance, on vous conseille vivement de passer par l'office du tourisme pour connaître les disponibilités. Sachez qu'il est très agréable de loger dans les environs, comme à Hopfen am See (à 5 km de Füssen), surnommé la Riviera de l'Allgäu, ou encore à Schwangau (à 4 km de Füssen et à deux pas du château de Neuschwanstein ; voir plus loin « Où dormir près des châteaux ? »).

🏠 *Suzanne's Bed and Breakfast* : Venetianerwinkel 3. ☎ 384-85. Fax : 96-13-96. ● www.suzannes.org ● Propose 3 chambres doubles à 75 € avec grande salle de bains et balcon, au 1er étage d'une très jolie maison à 5 mn du centre. Grand jardin. Accueil chaleureux de Suzanne Vorbrugg, la propriétaire, qui parle bien le français et n'est jamais à court de bons conseils pour qui voudrait découvrir sa région.

🛏 **Hotel Garni Elisabeth :** Augustenstrasse 10. ☎ 62-75. Chambres agréables avec ou sans douche et w.-c. entre 64 et 94 €. Une maison que l'on repère vite, sur le catalogue distribué par l'office du tourisme, tant elle a du charme et du style. Certaines chambres possèdent un balcon donnant sur un charmant jardin fleuri. Présente en plus l'avantage de n'être qu'à 3 mn du centre. Français parlé. Parking.

🛏 **Pension Kössler :** Zalinger Strasse 1. ☎ 40-69 ou 73-04. Fax : 399-52. À l'angle avec la Kemptener Strasse, en face du *Eisstadion* (patinoire). Chambres doubles avec douche, w.-c., terrasse ou balcon, TV et téléphone à 66 €. Tarif dégressif à partir de le 3ᵉ nuit. Pension très bien tenue à l'ambiance familiale. Chambres réparties dans deux maisons modernes, mais respectant extérieurement le style traditionnel de la région. Chambres confortables, dont on ne peut douter une seconde de l'extrême propreté. Dommage que la route soit si proche.

🛏 **Pension Elise :** Alatseestrasse 30, dans le quartier de Bad Faulenbach. ☎ 93-89-0. Fax : 93-89-37. Sur la Kemptener Strasse (direction Wiesensee), au rond-point, suivre les panneaux Bad Faulenbach. Fermé en novembre. Cinq chambres doubles avec ou sans douche et w.-c. de 46 à 52 €. Deux petits appartements à 88 €. Toutes les chambres, au style assez simple, mais confortables, possèdent un balcon donnant sur un parc. Agréable jardin privé. Ambiance reposante à 10 mn à pied du centre. Si il n'y a plus de place, tournez-vous vers la **Pension-Café Zanghellini,** Fischhausweg 1. ☎ 63-80. Accueil un brin frisquet, mais qui se réchauffe progressivement.

Où manger ?

Là aussi, si le temps est agréable, on vous conseille vivement de vous échapper de Füssen et d'aller manger autour d'un des nombreux lacs, qui offrent de beaux points de vue sur les Alpes. Pour un pique-nique, achetez quelques produits locaux, *Wurst* ou *Käse* (fromage), chez **Vinzenz-Murr** (Reichenstrasse 35) ou bien dans la **Markthalle**, où l'on trouve différents stands d'alimentation appétissants installés sous la belle voûte de l'ancienne *Feuerhaus* (caserne des pompiers) à Schranenplatz.

🍴 **Brauerei-Gasthof Woaze :** Schranenplatz, en plein centre piéton juste à côté de l'ancienne *Feuerhaus* (caserne des pompiers). Plats chauds servis de 11 h à 13 h 45 et de 17 h à 20 h 30 ; en dehors de ces horaires, on y sert le *Brotzeit* (pain, charcutaille et fromage). Fermé le vendredi. Plats autour de 7 €. Grande salle voûtée assez sombre et petit *Biergarten* à l'arrière simple, mais calme. Cuisine régionale bavaroise et souabe copieuse, accueil sympa. Un bon rapport qualité-prix pour les petits budgets.

🍴 **Gasthof zum Schwanen :** Brotmarkt 4, à deux pas du musée de la Ville. ☎ 61-74. Cuisine chaude servie de 11 h 30 à 14 h et de 17 h 30 à 21 h. Plats de 8 à 16 €. Installé sur un charmante place. Restaurant à la déco traditionnelle sans chichis ni superflu ; poêle en faïence et grosses tables en bois. Propose une bonne cuisine de spécialités bavaroises : goûtez aux *Knödel*, *Braten* (rôtis), *Schweinshaxe* (jarret de porc). À la carte, aussi des spécialités souabes, comme les *Maultachen* (sorte de gros raviolis) ou les *Spätzle* (pâtes allemandes aux œufs). Une adresse authentique.

🍴 **Hotel Sonne :** Reichenstrasse 37. ☎ 90-80. Sert des plats chauds en continu de 11 h à minuit. Plats entre 7 et 13 €. Difficile de faire plus central. Un des rares endroits encore ouverts le soir, si vous avez une petite faim en sortant du spectacle. Difficile de caractériser son style un peu incongru : plats mexicains à la sauce bavaroise dans une ambiance *Alt Deutsch* de salon de thé... On vous aura prévenu !

Plus chic

IOI *Hotel-Restaurant Geiger :* Uferstrasse 18, à Hopfen am See. ☎ 70-74. À 5 km au nord de Füssen. Cuisine ouverte de 11 h à 14 h et de 18 h à 21 h. Plats de 8 € pour les pâtes et salades à 19 € pour les viandes et poissons. Bonne occasion d'évasion à la fois pour les yeux, grâce à son emplacement face au lac et au panorama sur les Alpes, mais aussi pour les papilles, grâce à sa carte de poissons gentiment cuisinés avec des produits de qualité, comme le sandre *(Zander)* ou la truite *(Forelle).* Cadre soigné, côté *Wintergarten* ou côté salle recouverte de bois, service professionnel et assiettes goûteuses, le tout dans une grande fourchette de prix.

À voir

Le centre historique reste invisible à qui se contente de traverser la ville en voiture... pourtant, le quartier piéton aux ruelles médiévales, aux maisons peintes et aux boutiques décorées de vieilles enseignes mérite une visite.

🕱 *Museum der Stadt Füssen (musée de la Ville) :* Lechhalde 3, dans l'ancienne abbaye bénédictine de Sankt Mang (Saint-Magnus), qui abrite également la mairie. ☎ 90-31-46. Ouvert du mardi au dimanche de 11 h à 17 h d'avril à octobre (de 13 h à 16 h de novembre à mars). Entrée : 2,50 € ; réductions.

D'une diversité et d'une richesse surprenantes pour une ville de cette taille. Le principal intérêt de la visite réside dans l'architecture des bâtiments : les moines voulaient affirmer la puissance de leur abbaye grâce à son architecture : pari réussi ! Fondée au IXe siècle, l'abbaye fut entièrement reconstruite dans le style baroque au début du XVIIIe siècle. La visite commence par le cloître, où les trois architectures successives sont encore visibles. Sur la droite, l'*Annakapelle,* célèbre pour sa fresque de la *Danse macabre (Totentanz,* du début du XVIIe siècle). Tonique en diable, une vraie bande dessinée, avec une héroïne à la faux qui a une pêche de Dieu !
Au 1er étage, on peut voir le *Colloquium,* la *salle du Chapitre* mais surtout la *Bibliothèque ovale,* ouverte sur le réfectoire en dessous (hiérarchisant ainsi plaisirs physiques et spirituels) avec ses petits anges, sur la balustrade, et la *salle des Fêtes.* Également intéressantes, l'histoire de l'abbaye et la lutherie (dont Füssen fut l'une des capitales aux XVIe et XVIIe siècles).

🕱 *Sankt Mangkirche (église Saint-Magnus) :* installée à l'endroit même de l'ermitage (précisément sous l'autel actuel) de saint Magnus, apôtre de l'Allgäu. Elle mérite une visite car elle a été remaniée dans le style baroque au XVIIIe siècle : particulièrement intéressant pour ceux qui ont visité l'église de Wies, car son célèbre architecte Zimmermann a également travaillé dans cette église et on peut s'amuser à retrouver des points communs.

🕱 *Hohes Schloss (château) :* prendre le chemin qui grimpe face à l'entrée de l'église. C'était la résidence d'été des princes-évêques d'Augsbourg. Cour assez étonnante, avec des trompe-l'œil sur toutes les façades. Abrite au 1er étage, une belle galerie de peintures anciennes (*Staatsgalerie,* ouvert d'avril à octobre de 11 h à 16 h, le reste de l'année seulement de 14 h à 16 h ; fermé le lundi ; entrée : 2,50 €, réductions).

🕱 *Les jardins :* en arrière de l'abbaye et du château. Parc très agréable avec vue sur le Lech qui coule en contrebas. En continuant, on arrive dans le quartier de cure de Bad Faulenbach, où se sont installés de nombreux hôtels mais où la tranquillité est remarquablement préservée. On peut poursuivre la balade dans les bois environnants et même aller faire un tour en Autriche (la frontière est toute proche). Une attraction incontournable : la cascade du Lech, devenu ici très étroit.

🎭🎭 ***Comédie musicale de Ludwig II, le « musical » :*** au *Musical Theater Neuschwanstein*, à la sortie de la ville. ☎ (01805) 58-39-44. ● www.ludwig musical.com ● Représentations à prix dit « normal », entre 45 et 120 € tous les jours sauf le lundi, à 19 h 30, et séance supplémentaire à 14 h 30 les samedi et dimanche. Prix majorés les vendredi soir, samedi et dimanche.
« L'événement du nouveau millénaire, en Bavière : Louis II, à la recherche du paradis »... Voilà ce que l'on a pu lire sur toutes les affiches qui ont accompagné le lancement de cette comédie musicale qui devrait rester à l'affiche plusieurs années, si le succès continue d'être au rendez-vous. Déjà 1 million de spectateurs. Pour abriter cette grande fresque plus fantaisiste qu'historique, sur les bords du Forggensee, il a même fallu construire un théâtre.
Cette « reconstitution », plus proche de l'opérette divertissante à grand spectacle que d'un opéra de Wagner, raconte en chansons, 3 h durant, la vie et surtout le règne du plus barge et romantique de tous les rois. Si vous venez de lire l'un des innombrables ouvrages qui ont essayé de comprendre ce qui a pu se passer dans cette royale caboche au cours de ses vingt-deux années de règne, vous risquez d'avoir un choc en découvrant les scènes d'amour entre Sissi et Louis II, bien que la sœur de Sissi soit la seule fiancée officielle qu'on lui connaisse. On nous présente un Louis II de légende, tel le jeune Tristan de ses rêves d'adolescent, un doux rêveur n'ayant rien à voir avec la réalité historique et bien différent, à tous égards, de l'homme bouffi sur son lit de mort.

LES CHÂTEAUX DE LOUIS II DE BAVIÈRE

Il y en a trois : Neuschwanstein, Linderhof et Herrenchiemsee. Mais on a coutume d'en ajouter un quatrième au circuit : Hohenschwangau, château situé au pied de Neuschwanstein où Louis II passa son enfance. Nous évoquerons plus loin le château Herrenchiemsee dans le chapitre consacré au Chiemsee et celui de Linderhof dans le chapitre d'Oberammergau.
La tradition veut que l'on effectue les visites dans l'ordre chronologique de la construction des châteaux, de manière à mieux suivre la biographie du plus connu des rois bavarois : Hohenschwangau (son enfance), Neuschwanstein (l'accession au pouvoir et la « première folie »), Linderhof (deuxième lubie : « faire comme les rois de France »), puis Herrenchiemsee (la chute après ce coûteux « petit Versailles »)!
Une précision pour répondre tout de suite à la brûlante question que tout le monde se pose : le château le plus connu, celui des cartes postales et des contes de fées, c'est celui de Neuschwanstein! Voilà, vous commencez à vous y retrouver. Un avertissement tout de même : l'ensemble des visites coûte assez cher et il faut s'attendre à faire la queue : les visites sont toujours guidées et vous n'êtes pas les seuls à venir admirer ces fameux châteaux, puisque ce sont les plus visités du pays...
Évitez le week-end, surtout si c'est un jour de fête et s'il fait beau ; ça va être l'horreur. On vous connaît, vous allez craquer : il vaut mieux en effet être un peu tranquille pour imaginer le temps où un homme seul, au milieu de quelques dizaines de serviteurs, profitait de ces sites incroyables.

LOUIS XIV BIS

Ce surnom cruel – tout tient dans le « bis » – désignait Louis II, né à Munich en 1845 et dernier souverain de Bavière, qui sacrifia son royaume pour copier Versailles. Le temps l'a réhabilité : en Bavière, désormais, pas de meilleur roi ! Certains contemporains l'ont senti, comme Bismarck qui l'admirait, ou *Le Figaro,* pourtant anti-germaniste : « Ce n'est point un méchant

LES CHÂTEAUX DE LOUIS II DE BAVIÈRE

prince, il n'a jamais accompagné ses soldats que sur le piano, la Bavière l'a empruntée à un conte de fées. » Ce « roi vierge au grand cœur pour l'homme seul battant » cher à Verlaine, puis à Visconti (qui tourna le film mythique, avec Helmut Berger et Romy Schneider, *Ludwig*), c'est le visage lumineux de la démesure germanique.

À 19 ans, sa beauté irradiait : il accédait au trône. Il mande Wagner, dont les opéras l'ont bouleversé, on le lui offre. Le Maître, voyant sa fortune faite, flatte ses sentiments. Lune de miel platonique, mais passionnée : « Je suis son Wotan, il est mon Siegfried. » Les jaloux vont s'insurger contre « Lolo », en qui ils revoient Lola Montès, l'égérie de son grand-père : Wagner chassé, pour un temps, Louis reste avec ses rêves. Il est le chevalier au cygne, beau et pur. Ou alors Louis XIV, « roy des roys ».

Autocrate mégalo, Ludwig est inoffensif : muré dans ses rêves, il se désintéresse du royaume. La Prusse avalera sans mal la Bavière pour réaliser le Reich. En juin 1886, les notables, las de ses dépenses et de ses extravagances (son frère, fou lui aussi, a été interné), montent à Neuschwanstein lui signifier sa déposition. 36 h après, Ludwig meurt mystérieusement, ainsi que son médecin. On considère généralement qu'il s'est noyé dans le lac de Starnberg, près de Munich (voir plus haut) où il a été retrouvé. Cependant, Louis II était réputé excellent nageur... Selon une lettre de l'archiduchesse Marie-Thérèse de Wurtemberg, parente du roi, celui-ci se serait étouffé avec sa langue après avoir étranglé son médecin dans une crise de démence. Le mystère demeure entier... heureusement, d'ailleurs, puisqu'il fait tout l'intérêt de ces visites guidées, qui drainent chaque année un nombre hallucinant d'hommes et de femmes venus de tous les pays du monde.

HOHENSCHWANGAU ET NEUSCHWANSTEIN

Attention : Hohenschwangau est le nom d'un des deux châteaux, mais c'est aussi le nom du village qui est à leur pied. On vous conseille d'ailleurs de venir vous balader ici la nuit, car s'il y a beaucoup de touristes pendant la journée, ils partent tous vers 17 h-18 h et on a ensuite les châteaux, superbement éclairés, presque à soi.

Comment y aller ?

➢ *En voiture :* de Füssen, prendre la route 17, direction Schongau, jusqu'à Schwangau (environ 4 km).

➢ *En bus :* de la gare ferroviaire de Füssen, avec la compagnie *RVA* (☎ 37-771). Une trentaine par jour en été, de 7 h 30 à 18 h 30 environ. À peine 10 mn de trajet.

Ces deux châteaux sont chacun au sommet d'une colline, en pleine forêt. À leur pied, un village touristique (Hohenschwangau) avec parkings payants (environ 4 € ; obligatoires !), restos (chers), boutiques et bureau d'infos. On y trouve une consigne pour sacs à dos, une poste, des cabines téléphoniques et des toilettes (payantes !). Peu d'infos, mais on y parle le français.

Où dormir ?

Les abords des châteaux ne sont pas propices aux bonnes adresses, on vous conseille de vous éloigner un peu et de rejoindre le charmant village de Schwangau, situé à 2 km et reflétant mieux le caractère authentique de la Bavière. Échappez-vous des sentiers battus...

Près des châteaux

▲ **Campingplatz Bannwaldsee :** Münchnerstrasse 151, 87645 Schwangau. ☎ 81-001. Fax : 82-30. Sur la route de Schwangau (B 17), à 5 km au nord des châteaux, au bord du Bannwaldsee. Ouvert toute l'année. Accueil de 8 h à 21 h. Cadre boisé agréable. Bien équipé, mais assez cher.

🏠 **Pension Weiher :** Hofwiesenweg 11, 87645 Hohenschwangau. ☎ et fax : 81-161. Fléché de la route. Pour une chambre double, compter 52 €. Maison basse de style années 1950, on ne peut mieux située : carrément au pied de Neuschwanstein ! Terrasse d'où les résidents passent leurs journées à admirer le plus fou des châteaux... Chambres calmes et propres, avec ou sans douche, à des prix très raisonnables pour l'endroit (réduction à partir de la 3e nuit). De plus, accueil charmant. Parking.

🏠 **Hotel-Gasthof am See :** Forggenseestrasse 81, à Schwangau-Waltenhofen. ☎ 930-30. Fax : 930-339. • www.hotelgasthofamsee.de À 5 mn en voiture de Neuschwanstein. Chambres doubles de 53 à 75 €, en fonction de la vue (sur le lac) et de la présence d'une terrasse. Ravissant hôtel-restaurant fleuri, situé au bord du Forggensee (lac de retenue) à côté d'une charmante église. Chambres confortables, pour certaines avec balcon et vue sur les eaux paisibles du lac. Dans le prix de la chambre sont compris : l'utilisation des barques, le sauna et le ping-pong. Un trois-étoiles à prix raisonnables offrant un bon rapport qualité-prix. C'est également une bonne table, où l'on peut déguster, dans une ambiance conviviale, des plats de 9 à 15 € (service de 11 h 30 à 14 h et de 18 h à 20 h 30 ; fermé le mardi).

Où manger ?

|●| **Hotel-restaurant Müller :** Alpseestrasse 16, à Hohenschwangau. ☎ 81-990. Cuisine ouverte jusqu'à 20 h 45. Plats le midi de 5 à 13 €. Le soir, compter de 10 à 24 € pour une viande ou un poisson. Réputé pour sa cuisine et son service courtois, sans être guindé. Ce resto offre une vue imprenable sur Neuschwanstein. À midi, les prix restent abordables, on trouve même à la carte des spaghetti bolognaise. Sinon, le soir, c'est assez cher, mais justifié. Pour se faire plaisir...

|●| **Gasthof Helmer :** Mitteldorf 10, à Schwangau. ☎ 980-0. À 2 km de Neuschwanstein. Cuisine ouverte de 11 h 30 à 13 h 30 et de 17 h 30 à 20 h 30. Les lundi et mardi, ouvert seulement à partir de 14 h, pas de service de plats chauds. Plats de 6 à 15 €. Menu (soupe, plat, dessert) à 11 €. Superbe maison traditionnelle, qui abrite, depuis au moins le XVIIe siècle, une auberge. On y sert avec le sourire une généreuse cuisine familiale de plats bavarois. Accueille avec la même gentillesse aussi bien les autochtones que les touristes de passage. Ne manquez pas à l'heure du *Kaffee-Kuchen* (tous les jours à partir de 14 h), le bon choix de gâteaux maison. Fait aussi hôtel, mais chambres un peu chères.

|●| **Pizzeria San Marco :** Füssener Strasse 6, à Schwangau. ☎ 813-39. Un peu en retrait de la rue, en face du resto *Weinbauer*. Ouvert de 11 h 30 à 14 h et de 17 h 30 à 23 h. Pâtes et pizzas de 5 à 8 €. Les jours où l'on frise l'overdose de *Knödel* et *Kartoffelsalat*, une virée pizza peut s'apparenter au bonheur !

La visite des châteaux

Châteaux ouverts tous les jours d'avril à fin septembre de 10 h à 18 h (fermeture des caisses à 17 h pour Neuschwanstein et 17 h 30 pour Hohenschwangau) ; d'octobre à fin mars, ouverts de 10 h à 16 h (fermeture des

LES CHÂTEAUX DE LOUIS II DE BAVIÈRE

caisses à 15 h pour Neuschwanstein et 15 h 30 pour Hohenschwangau). Fermés pour les fêtes de Noël, le Jour de l'An, le 1er novembre et Mardi gras. Les tickets pour les deux châteaux doivent être achetés au *Ticket-Center*, qui se trouve dans le village de Hohenschwangau, Alpseestrasse 12 (ouvert d'avril à fin septembre de 7 h 30 à 18 h ; le reste de l'année, de 8 h 30 à 16 h ; ☎ (08362) 89-90). Prix d'entrée pour chaque château : 8 € ; gratuit pour les jeunes de moins de 18 ans accompagnés. Visite guidée obligatoire en allemand ou en anglais (durée : environ 35 mn). Audioguide gratuit en français : signaler lors de l'achat des billets, que vous en voulez un (à retirer au château directement).

Vous pouvez prendre vos billets la veille, une fois votre heure de visite connue, vous pourrez organiser votre matinée ou votre fin d'après-midi plus à l'aise. L'idéal étant d'être là de bon matin, pour trouver une place sans problème au parking et monter à travers une forêt encore silencieuse... Mais attention, soyez à l'heure : pas question d'avoir 5 mn de retard sur l'horaire indiqué, vous ne pourriez pas pénétrer dans le château. Dernier conseil : sur vos billets est indiqué un numéro de visite, que vous retrouverez sur l'affichage à l'entrée du château et qui vous donne le signal pour avancer vers les barrières. Ouf, tout est dit, bonne visite !

🎭🎭 ***Hohenschwangau :*** accédez au château en calèche de l'hôtel *Müller* (3,50 € pour monter et 1,50 € pour descendre) ou alors à pied (10 mn du terre-plein central).

Le « haut pays du cygne » (c'est le nom du château) offre un surprenant mélange de forteresse médiévale, de manoir de style Tudor et de palais vaguement gothique. On dirait presque un édifice de carton-pâte ! Construit en 1832, à la demande du père de Louis II (Maximilien II), il fut pourtant décoré de fresques d'inspiration moyenâgeuse relatant les aventures mythologiques des héros germaniques. Ce détail a son importance puisque le cadre du château berça les rêves du petit Louis, né à Nymphenburg mais qui passa une partie de son enfance ici. Il retrouva ensuite tout naturellement les personnages légendaires de ces contes germaniques dans les opéras de Wagner...

On peut visiter une douzaine de *salles*, dont les plus intéressantes sont celles *des Héros* (justement), *du Chevalier au Cygne* et diverses *chambres* comme celle *de la Reine* (belle déco orientale) et celle *des Hohenstaufen*, où demeure l'un des pianos de Wagner. Les guides font aussi partie du décor, et, on vous prévient, on ne peut pas dire que les commentaires soient de toute première fraîcheur (à la millième représentation, ils ont droit, eux aussi, à l'overdose).

🎭🎭🎭 ***Neuschwanstein :*** accédez au château en calèche de l'hôtel *Müller* (5 € pour monter et moitié prix pour descendre), en bus (fréquents, mais pas donnés non plus : 1,80 € pour monter et 1 € pour descendre) ou, le mieux mais le plus long, à pied. Grimpette déconseillée évidemment aux personnes âgées ou ayant des difficultés pour se déplacer, d'où l'intérêt des bus. À pied comme en calèche ou en bus, compter de 20 à 30 mn.

Le voilà donc ce fameux château qui vous a tant fait rêver. Environnement fantastique, voire unique. Ce château digne de la Belle au Bois dormant (il inspira, dit-on, Walt Disney), sur son éperon rocheux, perdu au milieu des sapins, domine des lacs et une vallée superbes, avec en toile de fond les Alpes et leurs cimes enneigées... En choisissant ce site en 1868, après des mois de recherche passés à arpenter la région à pied, Louis II eut un éclair de génie... Un endroit pareil valait tous les délires ! Louis II ne s'en priva pas, quitte à dépenser l'argent qu'il n'avait pas (6 millions de marks-or), tout roi qu'il fût. Il fit venir 465 t de marbre, 1 550 t de pierres de taille, 400 000 briques et 600 t de ciment ! Ainsi, pendant près de 20 ans, la région entière vécut grâce aux travaux du château... mais il ne fut même pas achevé et Louis II n'y habita jamais ! À la mort de Louis II, seules la construction intérieure du château et la décoration des 3ᵉ et 4ᵉ étages étaient terminées. Neuschwanstein, le « Nouveau Rocher du Cygne », est très typique de l'« historicisme » néo-féodal que connut le XIXᵉ siècle, caractérisé par un goût prononcé pour la reconstruction de châteaux forts dans le style de ceux du Moyen Âge. C'est vrai que, de près, il n'est pas si beau, mais, de loin, avec ses nombreuses tours et tourelles enchevêtrées, il a quand même fière allure : ses façades devenues ternes et les matériaux modernes utilisés en font presque un décor de cinéma à l'abandon.

L'intérieur de l'édifice vaut surtout pour les nombreuses fresques illustrant les grands thèmes wagnériens (*Tannhäuser, Tristan et Yseult, Siegfried, Parsifal*, etc.).

Deux pièces méritent le coup d'œil : la somptueuse **salle du Trône,** de style byzantin, pour les animaux naïfs du sol et le lustre doré de 900 kg (mais le trône n'y a jamais été installé, Louis II étant mort trop tôt !) ; et l'immense **salle des Chanteurs** (au 4ᵉ étage), l'une des rares dont la décoration souhaitée par Louis II est achevée. Cette pièce superbe fut conçue pour que les œuvres de Wagner y soient jouées, mais Wagner ne mit jamais les pieds au château ! En revanche, on y donne désormais des concerts, en septembre. Renseignements : ☎ (08362) 81-980.

Pour avoir une belle vue d'ensemble sur Neuschwanstein, allez vous promener dans la forêt : un chemin mène (en 10 mn environ) au pont **Marienbrücke,** d'où le panorama vaut vraiment le coup. C'était même le lieu de prédilection du roi, lorsqu'il venait dans son traîneau, la nuit tombée, admirer son œuvre éclairée aux bougies. Au passage, le lac situé derrière les châteaux est bien agréable. On peut y louer des canoës. Quant à la vue que vous avez sur toutes les cartes postales, elle est prise d'hélicoptère ou d'une montagne assez éloignée, dont l'accès est long, cher (avec guide) et difficile. Vous pouvez avoir une autre vue intéressante en empruntant le *Tegelbergbahn*. Le départ de cette télécabine est situé à 1 km de Hohenschwangau, sur la route de Schongau. Fonctionne de 8 h 30 à 17 h en saison (sinon, de 8 h 45 à 16 h 30). Vue magnifique sur les châteaux pendant la montée. Une fois là-haut (à 1 720 m), nombreuses possibilités de randonnées.

LINDERHOF

À 12 km à l'ouest d'Oberammergau, perdu en pleine forêt, à la limite de la frontière autrichienne. Le moins grandiose mais le plus mignon des châteaux de Louis II de Bavière. Et, à notre avis, la visite la plus intéressante vu le nombre de surprises qu'elle réserve (voir plus loin « Dans les environs d'Oberammergau »).

De Füssen pour rejoindre ce château, situé à environ 44 km, on peut passer la frontière autrichienne, puis emprunter la route B 314 direction Innsbruck, puis prendre à gauche une adorable petite route (après Reutte) qui longe le ravissant Plansee, puis on rejoint Oberammergau en repassant côté allemand. Prenez votre temps, c'est vraiment magnifique.

SCHACHEN

Entre Neuschwanstein et Herrenchiemsee, Louis II s'est fait aménager un chalet de haute montagne (à 1 866 m d'altitude) en folie orientale (voir plus loin la rubrique « À faire » à Garmisch-Partenkirchen).

OBERAMMERGAU (82487)   5 400 hab.   IND. TÉL. : 08822

Certainement l'un des plus adorables villages bavarois. À 1 h de Munich, par l'autoroute, on est déjà dans les alpages, au milieu des forêts et au pied des

OBERAMMERGAU

Alpes. Son charme réside dans le grand nombre de façades peintes, qui ornent les fermes, les auberges et les maisons bourgeoises. Mais ce n'est pas sa seule particularité : Oberammergau, fière de ses traditions, a acquis une renommée internationale pour son artisanat sur bois (nombre des ses habitants continuent à en vivre), mais aussi pour ses représentations de la Passion du Christ. Depuis 1633, les villageois tiennent la parole donnée par leurs ancêtres, épargnés à l'époque par une épidémie de peste qui décima la région, de rejouer tous les 10 ans, 5 mois durant, la scène du mystère de la Passion... Inutile de chercher des chambres à louer tant que durent ces représentations, qui font figure ici d'événement et sont suivies avec beaucoup de ferveur.

Oberammergau attire, bien sûr beaucoup de touristes, mais constitue une base idéale pour visiter les environs : les châteaux de Louis II, l'abbaye d'Ettal et l'église de Wies sont tout près.

Adresses et infos utiles

Oberammergau Tourismus *(office du tourisme)* : Eugen-Papst-Strasse 9a. ☎ 92-31-0. Fax : 92-31-90. ● www.oberammergau.de ● Ouvert de 8 h 30 à 18 h en semaine et de 8 h 30 à 12 h le samedi. Fermé les dimanche et jours fériés. De mi-juin à mi-octobre, ouvert le samedi de 9 h à 17 h et les dimanche et jours fériés de 13 h à 17 h. Quelques brochures en français. Demandez la liste complète des pensions, qu'il serait ridicule de signaler ici, leur nombre allant croissant et leurs prestations étant similaires. Brochure des randonnées *(Wanderwege)* très intéressante.

Poste : en face de la gare.

Location de vélos : *Ammergauer Radladen*, Schnitzergasse 9. ☎ 14-28. *Sportzentrale Papistock*, Bahnhofstrasse 6a. ☎ 41-78. *Radsport Lang*, Rottenbucherstrasse 16. ☎ 10-04.

– Un moyen intéressant de visiter la région : le ***Ferienticket*** qui permet d'utiliser tout le réseau de la *RVA* pendant 5 jours.

Où dormir ?

Camping

Campingpark Oberammergau : Ettaler Strasse 56b. ☎ 94-105. Fax : 94-197. Situé à l'entrée sud du village. Réception dans le restaurant adjacent. Au bord de l'eau mais assez peu ombragé car les arbres sont encore jeunes. Très bien équipé et agréable mais cher. Accueil pas trop aimable. Location de vélos.

Auberge de jeunesse

Jugendherberge (AJ) : Malensteinweg 10. ☎ 41-14. Fax : 16-95. ● jhoberammergau@djh-bayer.de ● À 10 mn à pied de la gare : suivre la Bahnhofstrasse, puis à droite dans Eugen-Papststrasse jusqu'au pont König-Ludwig. Passer la rivière et prendre à gauche. Dans un grand bâtiment moderne. Réception ouverte de 17 h à 21 h. Fermé de mi-novembre à mi-décembre. Bon accueil (on y parle l'anglais). Nuitée autour de 13 €. Dortoirs de 8 lits ou plus. Carte des AJ exigée. Avoir moins de 26 ans, bien sûr. Repas à 8 h et à 18 h. Nuit incluant le petit déj'. *Attention,* c'est souvent complet.

Chambres d'hôtes

Nombreuses **chambres d'hôtes,** notamment dans la Ludwig-Langstrasse. Demander la liste remise à jour à l'office du tourisme, une quarantaine en tout. Elles sont toutes à peu près équivalentes et sont généralement toutes très proprettes.

▲ *Chez Peter Schuster :* Lüftlmalereck 3. ☎ 62-54. Sur une petite place cachée dans le centre, à côté du Reptilienmuseum. Doubles avec douche et w.-c. à l'étage à 19 €. Minuscule ferme, à l'intérieur très simple. Maîtresse de maison très sympathique et hébergement vraiment bon marché. *Attention,* 3 chambres seulement !

▲ *Haus Friedr. Zwink :* Daisenberger Strasse 10a. ☎ 61-84. Fax : 93-56-25. Double avec douche et w.-c. à 40 €. Deux chambres bien aménagées, comprenant TV, séchoir, machine à café, ainsi qu'un balcon. Parking.

Hôtels et pensions

▲ *Pension Sonia :* Schnitzlergasse 16. ☎ 92-35-97. Fax : 93-51-71. ● www.hotel-oberammergau.com/pension-sonia ● Face à la nef de l'église. Doubles avec douche et w.-c. à 35 €. Adorable maison à la façade peinte, aménagée dans le style bavarois et installée sur une place pittoresque. Petit dej' copieux servi dans une charmante salle à manger campagnarde avec son poêle en faïence. Sans compter l'ambiance décoiffante que mettent Sonia et Sepp, qui louent en plus des motos et rollers. Propose également des balades accompagnées vers l'Italie, l'Autriche et la France.

▲ *Gasthof Zur Rose :* Dedlerstrasse 9. ☎ 47-06. Fax : 67-53. ● www.hotel-oberammergau.de ● Chambres doubles à 56 €. Auberge chaleureuse à l'ambiance familiale depuis 3 générations. Véritable coup de cœur et coup de pouce pour Renate, son mari et leurs 5 enfants ! Chambres simples offrant tous le confort nécessaire. Jolis meubles anciens dans les couloirs. C'est aussi un resto au cadre rustique, réputé dans la région. Excellente cuisine bavaroise et bons petits vins locaux au verre. Service un peu long. Renate, qui parle le français, se fera un plaisir de vous commenter la cuisine de son mari ou de vous raconter leurs rôles dans la dernière Passion.

▲ *Hotel Alte Post :* Dorfstrasse 19. ☎ 910-0. Fax : 910-100. ● www.altepost-ogau.de ● Chambres avec douche et w.-c. de 70 à 80 € selon la taille. Petits appartements (2 pièces séparées, kitchenette, balcon) à 95 €. Hôtel 3 étoiles installé dans une demeure historique et couvert d'une superbe fresque en plein cœur du village. Deux styles de chambres : les unes dans le style *Alt Deutsch*, les autres ayant connu un petit coup de jeunesse. Mais toutes très confortables et bien tenues. Fait aussi restaurant, mais la qualité y est irrégulière.

Où manger ?

|●| *Müller-Hutten, zum Stefan :* Eugen-Papst-Strasse 3a. ☎ 94-55-22. Pas très loin de l'office du tourisme. Ouvert de 19 h à 1 h. Fermé le lundi. Charcutaille, fromage et soupe de 1 à 8 €. Petite adresse discrète, mais bien connue des jeunes autochtones, qui viennent ici se serrer les coudes autour d'une bière et d'un *Brotzeit*. Ambiance copain-copain, à consommer sans modération...

|●| *Gasthof Zur Rose :* voir « Où dormir ? ». Ouvert de 12 h à 14 h et de 17 h à 21 h. Plats de 9 à 13 €.

|●| *Restaurant Weinstube Zur Tini :* Dorfstrasse 7, en plein centre. ☎ 71-52. Ouvert de 11 h à 14 h 30 et de 17 h 30 à minuit (cuisine jusqu'à

22 h). Fermé le mercredi. En-cas (salades, saucisses, sandwichs) autour de 5 € et plats chauds un peu plus chers, comme le traditionnel *Schweinbraten* à 8 €. Chaleureuse taverne joliment décorée, typiquement bavaroise. Service en costume local. On vient avant tout ici pour boire des bières mais on peut aussi y manger. Grand choix de vins.

I●I ***Gasthof Zum Stern :*** Dorfstrasse 33. ☎ 867. Ouvert de 10 h à 23 h (cuisine seulement jusqu'à 21 h). Fermé le mercredi. Plats de 8 à 12 €. *Brotzeit* (après 14 h) de 4 à 8 €. Voilà une bonne surprise, qui ravira les gourmands. *Gasthof* aux couleurs locales, servant une bonne cuisine de terroir savoureuse préparée avec des produits très frais (les légumes sont particulièrement goûteux) et s'autorisant quelques fantaisies dans la présentation. Sympathique *Biergarten* à l'arrière. Prix contenus.

I●I ***Café Neu :*** Passionswiese 2. ☎ 877. Prendre une petite rue à gauche du théâtre de la Passion. Ouvert de 10 h à 18 h. Fermé les mardi et mercredi. Chez les Neu, on est aux anges (il y en a partout !). Service en costume local, en terrasse l'été, ou autour du grand poêle les jours de grisaille. On vient ici se régaler de gâteaux maison à l'heure du *Kaffee-Kuchen*. Dommage que l'accueil soit si peu souriant.

I●I ***Zauber Stub'n :*** Ettalerstrasse 58. ☎ 46-83. Ouvert de 10 h à 1 h. Fermé le mardi. Cette « échoppe du magicien » est tenue par Vlado, prestidigitateur à la retraite (dont les photos couvrent les murs). Bar sans chichis où l'on peut grignoter quelques plats. Avec un peu de chance, le patron vous régalera également de quelques tours à sa façon.

À voir. À faire

🎭🎭 ***Les maisons peintes :*** on en trouve partout, mais les plus belles sont dans la partie historique du village. La plus connue est la ***Pilatushaus*** (Ludwig-Thomas-Strasse), qui date du XVIIIe siècle, époque à laquelle se développa cette forme de décoration, appelée *Lüftlmalerei*. Les motifs, fréquemment exécutés en trompe l'œil et accompagnés de dictons ou citations, rappellent le rococo, mais les thèmes choisis sont avant tout populaires : scènes religieuses, représentations de métiers, scènes de chasse et de banquets ! Sans oublier les contes de Grimm (Ettaler Strasse 41)... Ici, on peut vraiment habiter la maison d'Hansel et Gretel, et aller porter une tarte chez Grand-Maman en se disant qu'on a toutes les chances de voir le grand méchant loup...

🎭🎭 ***Le théâtre de la Passion :*** Passionwiese 1. ☎ 94-58-833. Pas loin de la gare. De Dorfstrasse, prendre Devrientweg. En été, visite tous les jours de 9 h 30 à 17 h (en hiver, de 10 h à 16 h). Entrée : 2,50 € ; réductions.
Construit en 1930 pour accueillir près de 5 000 spectateurs tant les « mystères de la Passion du Christ » joués par le village étaient devenus célèbres. On vous conseille la visite de ce théâtre, afin de comprendre l'importance de ces représentations pour le village, qui vit des mois durant au rythme des préparatifs.
L'histoire raconte que, en 1632, la peste s'abattit sur le village et tua un tiers des habitants. La population fit alors le vœu de rejouer la Passion du Christ, si cette épidémie les épargnait... miraculeusement, leur vœu se réalisa. Depuis, la tradition se perpétue, tous les 10 ans seulement depuis 1680. Chaque spectacle, qui est rejoué tous les jours, pendant 5 mois, de mai à septembre, dure une journée entière (environ 6 h par jour), avec une interruption de 3 h pour aller se restaurer. Les hommes du village se laissent même pousser les cheveux et la barbe plusieurs mois à l'avance, pour mieux ressembler aux personnages bibliques ! Son organisation fait l'objet d'un vote populaire et est placée entièrement sous la responsabilité municipale, et non de l'église. Presque tous les habitants (qui reçoivent en contre-

partie un petit dédommagement financier) participent à ce qui reste avant tout une belle profession de foi de leur part.

Le spectacle, qui se joue à guichet fermé, est assez grandiose, sur fond de montagnes, avec plus de 1 000 figurants (et des animaux) sur scène... Le prochain se déroulera en 2010 et dès 2008 les réservations commenceront, c'est dire l'importance de cet événement.

🍴 *Heimatmuseum* (Musée local) : Dorfstrasse 8. ☎ 94-136. Ouvert de 14 h à 18 h, sauf le lundi, de mi-mai à mi-octobre et pendant les vacances scolaires. Sinon, seulement le samedi. Entrée : 2,50 € ; réductions. Intéressant pour sa gigantesque crèche de plus de 200 personnages. Mobilier, outils anciens et nombreuses sculptures sur bois réalisées par les artisans du village.

– Fierté du village depuis cinq siècles, devenu sa principale industrie, l'*artisanat local de sculpture sur bois* autant destiné à la vente directe qu'à l'exportation. En dehors des bondieuseries, il y a ici de quoi remplir toutes les crèches d'Allemagne ! Si vous aviez l'intention d'acheter un de ces objets, soyez vigilant : seuls ceux signés *Handgeschnitzt* sont entièrement taillés à la main, ceux portant l'inscription *Handgearbeitet* sont en partie fabriqués à l'aide d'une machine (ce qui leur donne évidemment moins de valeur). Sachez encore que ceux qui ont été fabriqués à Oberammergau portent le tampon du village. On vous conseille donc de faire un tour des artisans et de vous arrêter à la *Pilatushaus*, devenue maison de l'artisanat, avec expo et démonstrations, du lundi au vendredi, de 13 h à 18 h, en saison.

– Jetez un œil en passant à l'*église Sankt Peter und Paul*, de plus pur style rococo, tout en rose et stuc blanc, ce qui en fait une des plus attachantes de Bavière.

➤ *Téléphérique* (Bergbahn) : départ à l'est du village, à 15 mn à pied du centre. Ouvert de 9 h à 16 h 45. De 7 à 11 € l'aller-retour. Offre hiver comme été de beaux points de vue. De quoi vous donner des idées si vous revenez un jour pour skier dans la région.

|●| *Laber Haus* : am Laber 1. ☎ 42-80. Ouvert de 9 h à 17 h. Une adresse qu'il faut aller dénicher... à 1 684 m, en utilisant les cabines. Idéal pour un *Brotzeit* en terrasse autour de 8 €, la vue étant offerte.

➤ DANS LES ENVIRONS D'OBERAMMERGAU

🍴🍴🍴 *Le château de Linderhof* : château préféré de Louis II de Bavière, situé à 12 km d'Oberammergau. Suivre la direction Ettal ou Garmisch-Partenkirchen (B 23). Parking payant (2 € pour les voitures) obligatoire. Petite astuce : venez très tôt, vous pourrez même entrer gratis (si le gardien n'est pas arrivé), et vous promener tranquillos dans le parc. En bus, la compagnie *RVA* relie, tous les jours sauf le dimanche, Oberammergau à Linderhof. ☎ 920-30.

Caisses ouvertes tous les jours d'avril à fin septembre de 9 h à 17 h 30 (le jeudi jusqu'à 19 h 30) ; le reste de l'année, de 10 h à 16 h. Fermé pour les fêtes de Noël et le Jour de l'An, le 1er novembre et pour le Mardi gras. La grotte de Vénus, le kiosque mauresque et le refuge de Hundlng sont fermés en hiver. Entrée : 6 €. Gratuit pour les moins de 18 ans. Moins cher en hiver : 3,50 €. Les visites se succèdent à un rythme effréné, un groupe chasse l'autre.

En 1874, Louis II fit aménager ici, à la place du pavillon de chasse de son père Max II, un « petit refuge », de style XVIIIe, inspiré d'une de ses visites à Versailles... Il l'appellera *Meicost-Ettal*, un nom qui surprendra nombre de ses visiteurs avant de déchiffrer l'anagramme : « l'État, c'est moi ». Car tout, ici, célèbre la parfaite incarnation de son idéal terrestre : le Roi-Soleil. On retrouve d'ailleurs Louis XIV, à cheval, dans une attitude d'empereur romain, dans le hall d'entrée du pavillon. C'est le seul château élevé par lui-même, qu'il habita régulièrement : il y a séjourné 15 jours par mois pendant 8 ans. Toute la déco du palais est extrêmement chargée : laissez-vous glisser dans le passé et imaginez le romantisme se dégageant la nuit de ces pièces éclairées aux bougies... Dans le salon de musique, un piano que Louis II destinait à Wagner, mais le grand musicien ne vint jamais. Dans la chambre royale, immense lit à baldaquin et lustre d'une demi-tonne en cristal ! Dans la salle à manger, un détail amusant : la table est montée sur un ascenseur communiquant avec la cuisine, ce qui évitait tout contact avec les serviteurs... On voit d'ailleurs, dans certains ouvrages, des illustrations de Sa Majesté attendant, excédé, que monte son repas, préparé à l'étage du dessous. Les dernières années, il ne supportait personne à ses côtés, hormis les portraits des grandes dames de la cour... de Louis XIV, ou d'autres fantômes illustres, avec qui il faisait la causette en français.

La grotte de Vénus : à l'extrémité nord du parc. Visite guidée de 15 mn, en allemand uniquement : présenter son ticket (inclus avec la visite du château). La plus grande grotte artificielle d'Europe : plus de 100 m de long, entièrement toc ! Une idée complètement folle rendant hommage à l'opéra *Tannhaüser* de Wagner et témoignant de l'esprit théâtral (c'est le moins que l'on puisse dire) de Louis II : la grotte, qui servait pour les représentations, était chauffée en permanence à 20 °C et entièrement éclairée à l'électricité (rappelons qu'elle fut construite au XIXe siècle) : c'est d'ailleurs un certain monsieur Siemens qui l'installa. Lac souterrain (artificiel, bien sûr) avec cascade et guirlandes partout... Le fin du fin : la barque rococo, en forme de coquillage géant, surmontée d'un angelot. Imaginez la tête des chanteurs et des acteurs invités ici dans le but unique de distraire Loulou.

Le kiosque mauresque : un peu plus loin dans le parc. Encore une sacrée trouvaille : une espèce de mini-mosquée digne de Pierre Loti ! Louis II la découvrit lors de l'exposition universelle de Paris en 1867 et réussit à l'acheter après bien des péripéties. Imaginez ce qui se passait quand le Roi venait ici en costume de circonstance, pour jouer au souverain oriental... On a l'impression de comprendre un peu mieux dans quel imaginaire Louis II vivait : hors de la réalité de son temps, fou pour certains, éternel romantique pour les autres.

Le refuge de Hunding : bien plus loin dans le parc (immense). Cabane germanique archaïque inspirée par *La Walkyrie* de Wagner. Au milieu de la cahute en bois, un arbre énorme (avec ses branches) dans lequel est plantée une épée, celle de Nothung « au noble acier »... C'est le seul endroit où Louis II autorisait la bière, pour créer l'ambiance entre hommes... Détruite par un incendie en 1945, elle fut reconstruite en... 1990, ce qui explique son air tout neuf, tout propre.

Ettal et son abbaye : à 6 km au sud d'Oberammergau, sur la route B 23. Beau petit village au pied des collines, construit autour de son imposante abbaye bénédictine, dont le dôme de 65 m de haut prouve l'importance historique.

L'abbatiale se visite de 8 h à 18 h. Fondée au XIVe siècle, l'abbaye est devenue un lieu de pèlerinage important en Bavière. L'église fut embellie par l'adjonction du dôme au XVIIIe siècle. Une gigantesque fresque, superbe, décore la voûte intérieure. Beaux autels également. Pour ceux qui sont intéressés par d'autres découvertes, sachez que l'on peut, en semaine, assister à la fabrication des bières et des liqueurs qui font aussi beaucoup pour la réputation des moines dans la région.

L'église de Wies : à 26 km au nord-ouest d'Oberammergau. Emprunter la route 23 jusqu'au pont d'Echelsbacher : le franchir et rouler encore 6 km avant de prendre une petite route sur la gauche. Parking payant obligatoire. Sinon, un bus quotidien d'Oberammergau, Munich et Garmisch (c'est celui de la *Romantische Strasse*). Ouvert de 7 h 30 à 19 h 30.

Cette église est une des plus belles de haute Bavière. Préparez-vous à un choc : si l'extérieur surprend par son austérité, l'intérieur, en revanche, ruisselle de luxe ! La décoration, réalisée au milieu du XVIIIe siècle, est un véritable chef-d'œuvre de rococo bavarois : peintures fantastiques sous la coupole, stucs somptueux partout, chœur d'une grande luminosité, autels couverts d'or, etc. Les proportions sont parfaites, les détails amusants ne manquent pas et le plafond circulaire est une véritable élévation vers le ciel ! On a peut-être l'air de délirer, mais le travail de l'artiste (un certain Zimmermann) est une grande réussite.

GARMISCH-PARTENKIRCHEN
(82467)   26 500 hab.   IND. TÉL. : 08821

La plus connue des stations de ski allemandes, depuis les JO de 1936 et les championnats du monde de 1978. Les sportifs prendront leur pied : les installations olympiques sont ouvertes au public et les environs sont riches en randonnées. Richard Strauss, entre autres, adorait la région, et l'institut qui porte son nom est ouvert à tous ses admirateurs, qui peuvent ici en plus assister aux *Richard-Strauss-Tage,* en juin.

Grande attraction locale, le *Zugspitze,* point culminant d'Allemagne, mais dont la partie la plus élevée (d'un mètre !) se trouve sur le territoire autrichien... À part ça, GAP (surnom donné à la ville nouvelle) manque tout de même un peu de charme. Quoique... le cœur des deux villages à l'origine de la ville (Garmisch d'un côté, Partenkirchen de l'autre) a conservé quelques jolies maisons anciennes aux façades peintes. Garmisch reste au cœur de la ville nouvelle, mais les nostalgiques iront flâner côté Partenkirchen, tout au long de la Ludwigsstrasse, célèbre pour ses auberges à l'ancienne, ses artisans, ses confiseurs...

Adresses et infos utiles

Tourist-Information *(office du tourisme)* : Richard-Strauss-Platz 1a, au bout de Am Kurpark, à Garmisch. ☎ 18-07-00. Fax : 18-07-55. • www.garmisch-partenkirchen.de • Ouvert de 8 h à 18 h ; les dimanche et jours fériés, de 10 h à 12 h. Beaucoup d'infos, aussi en français.

Poste : juste en face de la gare.
Gare : entre les deux villages. Renseignements : ☎ 01805-99-66-33. Plus d'un train par heure pour ou de Munich.

Location de vélos : à la gare. Tous les jours de 8 h à 18 h.

Où dormir ?

Auberge de jeunesse

Jugendherberge : Jochstrasse 10, à Burgrain. ☎ 29-80. Fax : 585-36. • jhgarmisch@djh-bayern.de • Fermé au moins jusqu'en 2005 pour cause de travaux.

De prix moyens à plus chic

Beaucoup de possibilités : de la simple pension de famille à l'hôtel de charme en passant par les chambres d'hôte. On ne vous donne que quelques adresses, mais question prestations, confort et qualité de service, ici, on ne plaisante pas !

🛏 **Gästehaus Alpenkranz :** Angerstrasse 7, non loin de la gare. ☎ 42-17. Compter autour de 52 € la double avec ou sans douche. Très central, mais calme, l'ensemble est simple et propre, d'aspect un peu vieillot.

🛏 **Gästehaus Sissi :** Achenfeldstrasse 31. ☎ 33-63. Fax : 39-82. • www.haus-sissi.de • Chambres doubles (douche et w.-c.) avec ou sans balcon de 62 à 84 €. Pension de famille extrêmement bien tenue. Maison neuve, mais peinte sur le thème de Sissi impératrice. Chambres croquignolettes aménagées avec confort. Superbe vue sur l'Alpspitze de certaines chambres. Copieux petit dej' à prendre sur la terrasse ou sous la véranda.

🛏 **Gästehaus Reiter :** Burgstrasse 55. ☎ 22-33. Fax : 13-63. • www.reiter-gap.com • Chambres avec douche et w.-c. entre 44 et 64 €. Une maison récente, mais dans le style bavarois que vous commencez à bien connaître. Beau jardin, beau panorama sur la chaîne du Wetterstein, bon confort et bon accueil : que demander de plus ?

🛏 **Gästehaus Hohenzollern :** Alpspitzstrasse 6. ☎ 96-69-080. Fax : 96-69-08-26. • gh.hohenzollern.gap@web.de • Chambres avec douche et w.-c. de 62 à 68 €. Un bon gros chalet à quelques minutes du centre, près des remontées mécaniques. Chambres à l'atmosphère rurale. Très agréable.

Très chic

🛏 **Hotel Aschenbrenner :** Loisachstrasse 46. ☎ 95-970. Fax : 95-97-95. • www.hotel-aschenbrenner.de • Chambres avec douche et w.-c. de 82 à 118 €. Un amour d'hôtel, tenu par une pétulante patronne. Alexandra Kern a su transformer en *Garni*, comme on dit ici, avec beaucoup de goût une ancienne villa construite autour de 1880. Tranquillité et confort font qu'il est particulièrement recherché. Sans compter son charme quelque peu hors du temps, et notamment son adorable salle pour les petits dej', qui font ici office de vrais repas. Terrasse. Vue rêvée sur les montagnes environnantes. Parking côté jardin.

🛏 **Fraundorfer Gasthof :** Ludwigstrasse 24. ☎ 92-70. Fax : 927-99. • www.gasthof-fraundorfer.de • Chambres doubles avec douche et w.-c. de 74 à 90 €. Dans la plus belle rue de Partenkirchen. Chambres très bien tenues. Belle auberge bavaroise fondée en 1820. Grande fresque de banquet sur la façade. Intérieur chaleureux. Chambres de l'annexe *(Barbara Gästehaus)* personnalisées, comme celle dont le lit est en forme de voiture ! On vous conseille d'ailleurs plutôt cette partie, car la rue et les restaurants sont assez bruyants. Resto réputé (voir « Où manger ? »).

Où manger ?

🍽 **Restaurant Zur Loisach :** Fürstenstrasse 4. ☎ 591-51. Ouvert de 11 h 30 à 15 h et de 17 h 30 à 23 h, sauf le lundi (en août et septembre, ouvert le lundi). Plats de 8 à 13 €. Façade peu engageante, intérieur fonctionnel en bois clair. Bonnes spécialités régionales et grillades d'inspiration yougoslave. Copieux et à prix raisonnables. Service rapide et agréable.

🏠 **Fraundorfer Gasthof :** Ludwigstrasse 24. ☎ 92-70. Ouvert de 7 h à 1 h (le mercredi, à partir de 17 h). Fermé le mardi. Plats de 5 à 15 €. S'il est un endroit qui rassemble toutes les images d'Épinal que l'on peut avoir sur la Bavière, c'est bien ici : ambiance rustique, tableaux bien kitsch représentant les Alpes, serveuses en habit traditionnel... et, le fin du fin, tous les soirs depuis 35 ans, Fried vient jouer de l'accordéon ! Mais le plus extraordinaire, c'est que malgré le folklore de l'endroit, la gentillesse, la chaleur, les bons petits plats sont toujours de mise. Alors nous n'aurons qu'un mot : chapeau bas, m'sieur dame !

🍽️ **Bräustüberl :** Fürstenstrasse 23. ☎ 23-12. Plats de 10 à 15 €. Ouvert de 9 h 30 à minuit. On y joue à l'étage des pièces de théâtre, mais à oublier si on ne parle pas le bavarois ! Régalez-vous plutôt avec ce petit théâtre permanent qu'est la salle réservée aux habitués, où l'on se retrouve pour boire une bière et avaler l'assiette maison : *Bratwurst, Leberknödel*, rôti de porc, chou et autres merveilles pas toujours faciles à digérer. Vous craquerez pour la *Stüberl*, salle de bistrot pleine d'atmosphère, avec son poêle, ses vieilles peintures, ses chaises sculptées, ses superbes lampes et son serveur plein d'humour. *Biergarten*.

🍽️ **Zum Wildschütz :** Bankgasse 2. ☎ 32-90. Ouvert de 10 h à minuit (cuisine ouverte jusqu'à 21 h). À la carte, plats entre 5 et 17 €. Autre adresse célèbre, côté Garmisch. Auberge bavaroise typique à prix corrects pour tous les goûts. Spécialités de gibier.

Où boire un thé?

🍷 Dans les salons du superbe **Post Hotel** de Partenkirchen : Ludwigstrasse 49, face à l'église (ouvert de 11 h à 18 h). Cadre luxueux, poutres gigantesques au plafond, banquettes sculptées et coussins de soie ! Clientèle de petites vieilles gourmandes et un peu snobs, comme il se doit. Curieusement, prix modestes pour un endroit pareil. Profitez-en, l'*Apfelstrudel* est délicieux et le *cappuccino* fameux.

🍷 Si vous restez côté Garmisch, vous ne serez pas déçu en vous jetant sur les gâteaux du fameux **Café Krönner** (Achenfeldstrasse 1, ouvert de 8 h 30 à 18 h 30) au style un peu désuet.

À voir

Pas grand-chose à visiter dans la ville même, sinon les deux villages anciens, un peu paumés au milieu de la station moderne...

🗡️ Côté Garmisch, allez jeter un coup d'œil dans la Burgstrasse à la **Sankt Martin Alte Kirche,** belle église avec fresques gothiques, peintures anciennes, vitraux du XVe, ainsi qu'au **Kurpark,** petit parc agréable et bien fleuri où sont organisés des concerts plusieurs fois par jour de mai à septembre. Mais c'est surtout côté Partenkirchen, qu'il faut aller flâner dans les rues aux maisons peintes, particulièrement dans la *Ludwigstrasse*.

Pour mieux comprendre la structure de cette ville, sachez que pendant le haut Moyen Âge, Partenkirchen, qui revendique ses origines romaines, était un centre important pour le trafic commercial de grands marchands. Garmisch, village germain du début du VIe siècle, tirait, lui, ses ressources du flottage du bois. Les guerres ralentirent toute activité, depuis celle dite « de Trente Ans » jusqu'aux guerres napoléoniennes. L'achèvement de la liaison par chemin de fer avec Munich, en 1889, marqua le début de l'ère touristique. Chaque village continue aujourd'hui de revendiquer ses propres atouts, comme si l'union voulue par un certain Adolph H en 1935 n'était qu'une erreur.

À faire

– Évidemment, tous les **sports d'hiver** imaginables. Renseignements à l'office du tourisme. On peut acheter une **Happy Ski Card**, forfait permettant d'emprunter toutes les pistes bavaroises, mais aussi autrichiennes, pour 3 jours minimum (à partir de 80 €). Réduction pour les moins de 15 ans.

– Et bien sûr, en été, rafting, deltaplane, planche à voile, tours à VTT, escalade, rollers... sans oublier de superbes balades.

Olympia Eisstadion *(stade de glace)* **et Skistadion** *(stade de ski)* : côté Garmisch, célèbre stade de glace comprenant 3 patinoires d'une surface totale de 6 500 m². Côté Partenkirchen, le stade de ski, qui possède trois tremplins, accueille les épreuves de saut et de slalom.

Partnachklamm *(gorge de Partnach)* : balade sympa. Gorge profonde de plus de 100 m offrant un spectacle naturel grandiose. Départ du stade olympique de ski. De là part un sentier qui conduit aux gorges (25 mn de marche). Il est possible de monter jusqu'aux alpages de Graseck, avant de redescendre en téléphérique *(Graseckbahn)*, qu'il est conseillé d'utiliser tant le dénivelé est important. Prévoir un vêtement de pluie.

Le Wank : autre excursion réputée. Prendre le téléphérique à Partenkirchen pour atteindre le sommet du Wank, à 1 780 m d'altitude. Beau panorama sur la ville et les environs.

Le Pavillon royal sur le Schachen : pour continuer en beauté le circuit Louis II, excursion depuis Garmisch, en passant par la gorge de Partnach, jusqu'au pavillon de chasse qu'il fit ériger à 1 866 m, au milieu des montagnes enneigées, avec vue sur le Zugspitze. Chalet accessible en 4 h de marche d'Elmau (près de Mittenwald). Ouvert seulement de mai à septembre, si l'accès n'est pas enneigé. Renseignements au château de Linderhof ou à l'office du tourisme de Garmisch.

– **Spielbank** *(casino)* : Am Kurpark 10. ☎ 95-990. Ouvert à partir de 13 h. Comme toute ville thermale qui se respecte, GAP a aussi son casino. Roulette, black-jack, machines à sous... Faites vos jeux !

➤ DANS LES ENVIRONS DE GARMISCH-PARTENKIRCHEN

Le Zugspitze : le must de Garmisch-Partenkirchen et des Alpes bavaroises. Avec ses 2 964 m d'altitude côté allemand, il offre évidemment la plus belle vue de Bavière...
– Moyen le plus pratique, mais plutôt cher, pour s'y rendre : le train à crémaillère (départ à la *Bayerische Zugspitzbahn*, Olympiastrasse 27, à côté de l'*Eisstadion* vers la gare). ☎ 79-70. Départ toutes les heures de 8 h 35 (7 h 35 en été) à 14 h 35. Une fois arrivé à Zugspitzplatt, prendre le téléphérique du glacier pour les 350 derniers mètres de dénivelé. Dernier retour à 17 h. En été, compter 43 € par personne aller et retour ; 35 € en hiver ; réductions (gratuit pour les moins de 6 ans). En tout, environ 1 h 15 de trajet. Prévoir des vêtements chauds, bien sûr.
– Autre solution (plus rapide mais pas moins chère) : se rendre directement en voiture (10 km) au lac d'Eibsee (un des plus grands d'Europe), prendre le téléphérique Eibsee (10 mn de montée). Toutes les demi-heures, de 8 h 30 à 16 h 30. Attention, au lac, le parking est payant de 8 h à 17 h.

⚑ Quitte à faire des folies, offrez-vous un *Brotzeit* à la **Münchner Haus** (ouvert de mai à octobre de 9 h à 17 h), le *Biergarten* le plus haut du monde, à 2 964 m. Quelle vue, surtout si vous arrivez tôt, avant la ruée multicolore et bavarde qui gâche un peu le sentiment de bien-être.

🯅 Pour ceux qui ont moins de temps et/ou moins d'argent, un sommet moins prestigieux, mais d'où la vue n'est pas mal non plus : l'***Alpspitze*** (2 628 m). En fait, en téléphérique (mêmes horaires, même durée, mais deux fois moins cher que le précédent), s'arrêter avant, à la station Osterfelderkopf (2 050 m). Resto à l'arrivée et possibilité de treks dans la montagne. C'est d'ailleurs un très bon compromis, puisque de là, vous aurez une vue sur... le Zugspitze !

🯅🯅 ***Mittenwald*** : à 20 km à l'est de Garmisch, par la B 2 puis l'E 533, juste avant la frontière autrichienne. Ravissant village « au milieu des bois », comme son nom l'indique.
Prenez le temps de découvrir cette véritable petite ville montagnarde datant du Moyen Âge, qui possède de jolies maisons peintes, « un vivant livre d'images » d'après Goethe. Depuis le XVIIᵉ siècle, Mittenwald s'est taillé une grande renommée dans la lutherie, importée d'Italie par Mathias Klotz. Voir le ***Geigenbau und Heimatmuseum*** (musée de la Lutherie), situé sur une ravissante petite place, derrière l'église (Ballenhausgasse 3). Ouvert en semaine de 10 h à 11 h 45 et de 14 h à 16 h 45 (seulement le matin le week-end). Fermé en novembre. Entrée : 2,50 €.

LE CHIEMSEE

Toujours sur la route allemande des Alpes, mais cette fois-ci au sud-est de Munich, à l'écart de l'autoroute de Salzbourg. La petite ville de Prien est le principal port d'accès au Chiemsee, le plus grand lac d'Allemagne connu pour ses îles ravissantes. Sur l'une d'elles, la troisième et dernier château construit par Louis II de Bavière : le très versaillais *Herrenchiemsee*.
Les séjours à la « mer bavaroise » incluent aussi bien le plaisir d'une balade en bateau qu'un tour de lac à bicyclette ou encore un pique-nique au sommet du Kampenwand. Beaucoup d'adresses de charme, aussi bien en pleine campagne qu'au bord de l'eau ou même sur l'île des Dames, la *Fraueninsel*, notre petite préférée...

Adresses utiles

🛈 ***Chiemsee-Info-Center*** : Felden 10, à Bernau. ☎ (08051) 22-80. Fax : (08051) 61-097. • www.mychiemsee.de • À l'entrée du village, directement en sortant de l'autoroute. Ouvert de 9 h à 19 h (*call-center* ouvert jusqu'à 20 h) ; les samedi, dimanche et jours fériés, de 10 h à 16 h (*call-center* jusqu'à 15 h). En hiver, ouvert en semaine seulement jusqu'à 18 h (*call-center* jusqu'à 19 h) et le week-end jusqu'à 15 h. Très bonne documentation sur la région (existe en français). Idéal pour se renseigner sur la location de chambres dans les différents villages. Tous les villages sont au bord du lac, sauf Aschau, qui est un village de montagne. Attention, les indicatifs téléphoniques changent de l'un à l'autre. Nombreuses possibilités d'hébergement, notamment des chambres chez l'habitant et des appartements à louer. Renseignements sur la location de bateau et les piscines ouvertes.

🛈 ***Office du tourisme de Prien*** : Alte Rathausstrasse 11, dans le centre. ☎ (08051) 69-050. Fax : (8051) 69-05-40. • www.tourismus.prien.de • Ouvert de 8 h 30 à 18 h en semaine et le samedi de 9 h à 12 h. Fermé le dimanche.

Piscine Prien Avera : Seestrasse 120, à Prien. ☎ (08051) 60-957-0. Ouvert de 10 h à 21 h (les vendredi et samedi jusqu'à 22 h) ; les samedi et dimanche, à partir de 9 h. Dernière entrée 1 h 30 avant la fermeture. Superbes bassins intérieur et extérieur aménagés sous une coupole de verre avec vue sur le lac et les îles. Sauna et massage. Pas donné (pour 3 h, 7,50 €), mais vaut le coup.

Où dormir ? Où manger ?

À Bernau (ind. tél. : 08051)

Campingplatz Chiemsee Süd : Erlbergstrasse 32, près du lac. ☎ (08051) 75-40 ou 972-03. Ouvert de mi-avril à octobre.

Gästehaus Lechner : Aschauerstrasse 85. ☎ 73-73 ou (0171) 961-68-23. Fax : 96-75-83. ● www.gaestehaus-lechner.de ● À la sortie de Bernau (direction Aschau), tourner après 500 m à gauche direction Gattern. Chambres doubles avec douche et w.-c à 53 €. Situé un peu à l'écart dans un cadre agréable. Ancienne ferme rénovée avec goût. Chambres meublées dans le style bavarois à prix contenu. Petit dej' servi dans un charmant *Stube* possédant un joli poêle en céramique. Possibilité de faire une grillade dans le jardin. Location de deux apparts.

Hotel Jägerhof : Rottauerstrasse 15, derrière la station-service. ☎ 73-77. Fax : 897-48. ● www.jaegerhof-bernau.de ● Resto fermé les lundi et mardi, ainsi que 15 jours début novembre. D'accord, vu de la route, ça ne semble pas l'affaire du siècle. On craint pour le bruit, non sans raison, mais les chambres sont sympas et pas très chères : autour de 70 €. En fait, l'intérêt de ce petit hôtel, c'est son resto : un des plus fins de toute la région, Willi Mehlhart jouant intelligemment des produits de la terre comme des ressources du lac, pour composer une carte aussi inventive que savoureuse. Et à des prix tout à fait corrects : entre 12 et 23 €. En plus, l'accueil est sympathique, le sourire naturel, l'ambiance sereine. Réservez, c'est plus sûr !

Gasthof Alter Wirt : Kirchplatz 9. ☎ 890-11. Fax : 891-03. ● www.alter-wirt-bernau.de ● Ouvert en continu de 11 h à 23 h. Fermé le lundi (ou le jeudi si le lundi est un jour férié) et en novembre. Chambres doubles de 66 à 104 €. Plats de 3 à 14 €. La plus vieille auberge de la ville datant de 1477. Côté hôtel, deux styles de chambres (et donc de prix) selon que l'on dorme dans la *Gasthof* plus rustique, ou dans le château (situé juste à côté), forcément plus raffiné. Côté resto, plats bavarois de qualité, mais surtout, excellentes charcuteries préparées maison (non servies de 11 h à 14 h).

Badehaus : Rathausstrasse 11, à Felden. ☎ 97-03-00. À deux pas du Chiemsee-Info-Center. Ouvert tous les jours de 10 h à 1 h. Plats de 4 à 13 €. Situé au bord du lac, c'est là que se retrouvent les jeunes du coin pour grignoter des plats de bistrot. Déco réussie, qui n'oublie pas d'être originale, avec sa baignoire (parfois remplie de bière !) et sa douche installées en plein milieu du resto. Belle terrasse et véranda face au lac.

À Aschau im Chiemgau (ind. tél. : 08052)

Prillerhof : Höhenbergstrasse 1, 83229. ☎ 90-63-70. Fax : 906-37-57. ● prillerhof@t-online.de ● Situé à 100 m de la *Kinderklinik*. Compter de 52 à 60 € pour une double. Pour passer des vacances « comme à la maison », dans un délicieux hôtel garni, aménagé dans une ancienne ferme. Belles chambres, calme garanti et vue imprenable sur les montagnes et la campagne environnantes. Accueil adorable et en français (sauf si vous tombez sur les parents). On vient vous chercher si vous arrivez en train.

À Prien *(ind. tél. : 08051)*

- **Jugendherberge Prien** *(AJ)* : Carl-Braunstrasse 66. ☎ 68-770. Fax : 68-77-15. • jhprien@djh-bayern.de • À 1,5 km de la gare : descendre la Seestrasse vers le lac, puis tourner à gauche dans Birkenweg. C'est à l'angle (mal indiqué et caché dans les arbres !). Fermé en décembre et janvier. Avoir moins de 26 ans. Couvre-feu à 22 h. Nuit de base autour de 15 €. Cadre assez agréable. Dortoirs de 4 lits minimum. Repas servis 3 fois par jour. Activités sportives (volley, etc.). Souvent envahi de gamins.

- **Gästehaus Schwarz** : Am Roseneck 30. ☎ 44-24. Fax : 642-75. • info@gaestehaus-schwarz.de • Chambres doubles avec douche et w.-c. de 70 à 80 €. Une maison d'hôtes tranquille, avec vue apaisante sur les pâturages à vaches et les chemins de randonnée, et à 5 mn du lac, quel bonheur ! Accueil sans façon et petit dej' garanti naturel. Le propriétaire loue également des petits bateaux qui vont sur l'eau, cela dit pour qui aurait envie de mettre les voiles, une journée...

- **Hotel Westernacher** : Seestrasse 115. ☎ 47-22. Fax : 96-84-93. • www.hotel-westernacher.de • Chambres doubles avec douche et w.-c., TV de 65 à 85 €. Plats de 7 à 13 €. Petit hôtel de 10 chambres. Demander celles qui possèdent un balcon avec vue sur le lac. Adresse agréable pour séjourner. Au resto, bonne carte de poissons, mais aussi de plats régionaux. Quand le temps le permet, grillade de poisson sous les arbres du charmant *Biergarten*. Accueil jeune et décontracté.

- **Hotel Möve** : Seepromenade 111. ☎ 44-24. Fax : 642-75. • info@gaestehaus-schwarz.de • Dans une rue tranquille derrière l'hôtel *Luitpold am See* et le départ des bateaux. Doubles avec douche et w.-c. de 70 à 86 € selon la taille, la présence d'un balcon ou non et la durée du séjour. *Garni* pimpant et fleuri donnant sur le lac. Chambres très bien tenues d'un très bon rapport qualité-prix. Ambiance familiale. Agréable petit jardin. Accès payant au sauna et à la salle de fitness.

À Seebruck *(ind. tél. : 08667)*

- **Hotel Malerwinkel** : Lambach 23. ☎ 888-00. Fax : 88-80-44. Entre Seebruck et Gollenshausen. Ouvert de 7 h à minuit. Chambres doubles de 90 à 125 €. Compter de 14 à 18 € pour un plat. Idéalement situé au bord du lac, cet hôtel-restaurant possède une réputation sans faille. Chambres au confort 3 étoiles, la merveilleuse vue sur le lac en plus. C'est également une bonne table, où l'on déguste copieusement des poissons, certes pas donnés, mais le charme opère : sublime vue sur le lac et les Alpes, salle et terrasse très bien aménagées, service élégant sans jamais être guindé.

Sur l'île des Dames *(Fraueninsel ; ind. tél. : 08054)*

Agréable de déjeuner sur l'île dans un des petits restos en *Selbstbedienung* (libre-service) : on y déguste des truites, souvent fumées, mais bon, faut aimer...

- **Chambres d'hôtes** : pas de voiture, pas un bruit, le rêve. Voici quelques adresses de chambres d'hôtes : **Theresia Dinzl,** Haus n° 22 ; ☎ 72-03. **Annemarie Klampfleutner,** Haus n° 4 ; ☎ 617. **Michael Lanzinger,** Haus n° 9 ; ☎ 329.

- **Zur Linde** : derrière l'église. ☎ 90-366. Fax : 72-99. Chambres doubles avec douche et w.-c. à environ 115 €. Cuisine ouverte de 11 h 30 à 20 h 30. Plats de 7 à 18 €. La meilleure adresse de cette adorable petite île. Auberge du XIVe siècle qui doit son nom aux tilleuls bordant la terrasse. Accueil souriant. Quinze chambres entièrement rénovées. Cadre idéal, mais tout de même assez cher. Le resto est plus abordable et permet une halte très agréable : cuisine et service soignés. Ceux qui visitent l'île en vitesse peuvent se contenter d'y goûter la liqueur *Kloster*, fabriquée par les nonnes de l'abbaye !

À voir : les îles

Deux des îles du lac Chiemsee se visitent : **Herreninsel** et **Frauerinsel** (« île aux Messieurs » et « île aux Dames » !). Tout autour du lac, 6 ports d'embarquement proposent leurs services, mais celui de Prien est le plus proche, fonctionne toute l'année et offre le plus de possibilités.
L'embarcadère *Stock* est à 2 km de Prien. Parking : 4 €. On peut y aller en petit train (centenaire) de la gare de Prien. Bateaux pour les deux îles de 7 h 30 à 19 h 30, environ toutes les 20 mn en haute saison. Infos : ☎ (08051) 629-43. On peut combiner les deux îles (le mieux) ou n'en choisir qu'une. Billet aller-retour à un prix raisonnable : de 7 à 10 €. Prévoir plus de 1 h aller-retour, plus le temps de visite (au moins 3 h en tout). Attention à ne pas louper le dernier bateau !

🍴🍴 *Herreninsel* : la plus grande île du lac. Son beau site boisé avait charmé Louis II, qui y fit entreprendre en 1878 la construction de son dernier château, *Herrenchiemsee,* sorte de Versailles bavarois érigé en l'honneur de son idole, Louis le Quatorzième. Visites guidées uniquement, de 9 h à 18 h d'avril à septembre (dernière visite à 17 h 15) ; en octobre, de 9 h 30 à 17 h (dernière visite à 16 h 40) ; de novembre à mars, de 9 h 30 à 16 h (dernière visite à 15 h 40). Fermé pendant les fêtes de Noël et du Jour de l'An, le 1er novembre et le Mardi gras. Possibilité de visites en anglais (à partir de 11 h). Entrée : 6,50 €. Gratuit pour les moins de 18 ans. Architouristique, bien sûr. Mais si vous prenez les premiers bateaux, vous serez peu nombreux à gambader dans le parc pour photographier fontaines et statues.
Les travaux (trop chers !) du château Herrenchiemsee ne furent jamais achevés et Louis II n'y résida en tout et pour tout qu'une semaine. Érigé entre 1878 et 1886, ce château laisse une impression de malaise, à la différence des autres, tant, à la place du rêve ou de la passion qu'on devinait encore ailleurs, la folie ici semble installée pour de bon.
À l'entrée, un petit musée, remarquablement bien aménagé, retrace la vie de Louis II (on a du mal à croire que son règne s'acheva en 1886, tant il ne « cadre » pas avec son époque !). Au cours de la visite du château, le guide insistera évidemment sur toutes les ressemblances avec Versailles, notamment dans la *galerie des Glaces* (bien sûr), longue de près de 100 m, qui était éclairée, quand Louis II était là, par 1 900 bougies réparties sur 44 bougeoirs et 33 lustres de verre, se reflétant dans tous les miroirs ! De la chambre d'apparat, on passe des salons de représentation (emplis de portraits bourboniens, de tableaux versaillais, de bibelots et de meubles copiés sur ceux du Roi-Soleil) aux appartements privés. Louis II était en représentation 24 h/24, même si ses seuls invités étaient des fantômes conviés à sa table-ascenseur et ses seuls compagnons des serviteurs qui avaient pour interdiction de le regarder. Tout était agencé pour la parade. Fascinant, surtout quand, découvrant l'envers du décor, à la fin de la visite, on tente alors d'imaginer ce que Louis II aurait pu faire de toutes ces pièces, s'il n'était pas mort si mystérieusement.

🍴 *Frauerinsel* : l'île la plus mignonne car extrêmement bien préservée, avec son curieux clocher oriental, les beaux voiliers qui l'accostent et son paisible village de pêcheurs. Elle doit son nom au couvent qui y fut créé dès le VIIIe siècle. Les artistes allemands, peintres et autres, l'ont beaucoup fréquentée. On peut visiter l'*église,* austère mais originale (admirer les dalles de pierre sculptées) et son joli cimetière coloré. À voir encore : le *monastère,* la *Torhalle* (vestige carolingien) et le petit *musée* attenant. On quitte cette île avec regret tant elle a du charme.

> *DANS LES ENVIRONS DU CHIEMSEE*

Wasserburg : à 30 km au nord du Chiemsee. Ravissante cité méconnue. La vieille ville, entourée de remparts, est située dans une boucle de l'Inn. On y entre par un pont, comme autrefois ! Dans l'enceinte, ancien château fort, église gothique, très beau *Rathaus* du XVe siècle et beaucoup de maisons aux façades colorées. Nombreux *lacs* dans les environs, où il est très agréable d'aller piquer une tête quand le soleil tape un peu trop.

> *Le musée de l'Imaginaire :* sur un des côtés de la porte du pont. Ouvert du mardi au dimanche de 11 h (13 h hors saison) à 17 h. Présente la collection de Günter Dietz, qui est unique en son genre : plus de 400 copies « originales » d'œuvres célèbres du XIIe au XXe siècle. La technique employée est si parfaite que seul un examen aux rayons peut permettre de distinguer le vrai du faux ! Pour les amateurs, il est possible d'acheter.

> *Balades en bateau sur l'Inn :* embarcadère situé au bout du pont quand on vient de la ville. Seulement l'après-midi. Plusieurs circuits possibles. Durées : de 40 mn à 2 h.

BERCHTESGADEN (83471) 8 200 hab. IND. TÉL. : 08652

À environ 150 km au sud-est de Munich, à la frontière autrichienne. Dernière étape de la route allemande des Alpes, c'est aussi une excellente halte pour ceux qui se rendent ensuite à Salzbourg. Une petite ville de montagne aux allures de village et au centre piéton plein de charme. Bien agréable, malgré l'affluence en été. Les amateurs d'excursions et de randonnées ne s'ennuieront pas.
En réalité, la ville doit sa célébrité à deux « curiosités », l'une naturelle, l'autre beaucoup moins : le très beau lac *Königssee* et le prétentieux nid d'aigle d'Hitler...

Adresses utiles

fi *Berchtesgaden Tourismus* (office du tourisme) : Königsseer Strasse 2, face à la gare. ☎ 96-70. Fax : 96-74-02. • www.berchtesgadener-land.com • Ouvert de juin à mi-octobre de 8 h 30 à 18 h en semaine, le samedi de 10 h à 17 h et le dimanche de 10 h à 15 h. Le reste de l'année, ouvert de 8 h 30 à 17 h du lundi au vendredi et de 9 h à 12 h le samedi ; fermé les dimanche et jours fériés. Demander le guide des randonnées. Vous trouverez la plupart des brochures traduites en français, fait assez exceptionnel en Bavière pour être signalé. Le pays de Berchtesgaden est composé de 5 communes : dans chacune d'entre elles, un office du tourisme renseigne sur les possibilités de logements (*Zimmervermittlung*). S'il est fermé, listes et photos des hébergements (affichage et écran à l'extérieur) encore disponibles. Édite aussi une brochure détaillée.

■ *Activités sportives :* Treff-Aktiv, Jennerbahnstrasse 14, à Schönau am Königssee. ☎ 66-71-0. Michael et Franz, deux frères, proposent avec enthousiasme de nombreuses activités

comme le canyoning, le rafting, l'escalade, le *mountain bike,* des randos sur le Watzmann...
■ **Les thermes de Watzmann :** Bergwerkstrasse 54. ☎ 94-640. Entrée : de 8 à 15 € selon la durée. Réductions. Complexe aquatique très bien aménagé comprenant 5 bassins différents (intérieur et extérieur) recouvrant une surface de 900 m^2, sauna, *beach volley...*

Où dormir ?

Campings

⚑ Plusieurs terrains dans la région, mais voici le mieux situé : *Campingplatz Grafenlehen,* Fußweg 71, dans le village de Schönau am Königssee, pas loin du lac. ☎ 41-40. Fax : 69-07-68. ● www.camping-grafenlehen.de ● Et le plus sympa pour les jeunes est certainement le *Campingplatz Mühlleiten,* Königsseer Strasse 70, à Schönau am Königssee. ☎ 45-84. Fax : 691-94. ● www.camping-muehlleiten.de ● Propose de nombreuses activités.

Auberge de jeunesse

⌂ *Deutsche Jugendherberge :* Gebirgjägerstrasse 52, à Strub (lieu-dit), entre Berchtesgaden et Königssee. ☎ 94-370. Fax : 94-37-37. ● jhberchtesgaden@djh-bayern.de ● Fermé en novembre et jusqu'à fin décembre. L'AJ officielle du coin, donc réservée aux moins de 26 ans et carte obligatoire. Nuitée à 13 € environ. Souvent complète.

De prix moyens à plus chic

⌂ *Hotel Floriani :* Königsseerstrasse 37. ☎ (08652) 66-011. Fax : 63-453. ● www.hotel-floriani.de ● À quelques minutes de la gare et de l'office du tourisme. Chambres spacieuses de 63 à 83 €. Un lieu idéal pour un séjour au calme, avec des hôtes qui parlent remarquablement le français et vous font partager leur amour pour cette région qu'ils ont découverte après avoir passé de longues années... à Paris. Beaux petits dej'.

⌂ *Gästehaus Mitterweinfeld :* Weinfeldweg 6. ☎ (08652) 613-74. Fax : 94-85-78. ● www.mitterweinfeld.de ● Chambres doubles avec douche, w.-c., certaines avec balcon, de 44 à 52 €. Belle ferme traditionnelle à seulement quelques minutes à pied du centre. Chambres très confortables aménagées avec du bois clair.

⌂ *Pension Perlerlehen :* Rennweg 19. ☎ (08652) 15-90. Fax : 692-20. ● www.perlerlehen.de ● Chambres doubles de 47 à 50 €. Pension familiale qui bénéficie d'une vue remarquable et d'un calme absolu. Cuisine à disposition. Sauna, fitness, chevaux et poneys... Tout est là pour vous faire passer de bonnes vacances ! S'il ne restait plus de place, juste à côté se trouve la *Pension Rennlehen* au n° 21 (☎ 621-80 ; fax : 666-01 ; ● www.rennlehen.de ●), qui propose les mêmes prestations aux mêmes prix.

⌂ *Pension Martinsklause :* Im Tal 101, à Ramsau. ☎ (08657) 268. Fax : 91-99-94. ● www.martinsklause.de ● Chambres doubles de 48 à 54 €. À 300 m de l'église et pourtant déjà au pied des chemins de balade. La famille Rasp vous accueillera chaleureusement et ne sera pas avare de précieux conseils pour vous faire découvrir le coin. Accueil d'une grande disponibilité.

⌂ |●| *Alpengasthof Vorderbrand :* à 1 070 m au-dessus de Schönau am Konigsee. ☎ (08652) 20-59. Uniquement pour les routards motorisés : de la gare de Berchtesgaden, prendre la B 20 (direction Königsee). À la station de bus Wemholz, prendre à gauche la Vorderbrandstrasse, c'est au bout du chemin à 4 km (ça grimpe sec !).

Ouvert tous les jours de 12 h à 14 h et de 17 h 30 à 20 h. Chambre double avec douche et w.-c. à l'étage à 34 €. Appartement à 45 € par jour. Plats en dessous de 10 €. Auberge d'altitude pur jus, d'où la vue est à couper le souffle. Invitation à un casse-croûte rustique, qui prend ici toutes ses lettres de noblesse. Propose aussi quelques chambres, mais surtout un superbe appartement, dont même Heidi serait jalouse !

Où manger ?

I●I *Gasthaus Bier-Adam* : Marktplatz 22. ☎ (08652) 23-90. Ouvert tous les jours en continu de 8 h 30 à minuit. Plats autour de 10 € et poêlée de viandes autour de 15 €. Installé à l'emplacement de la plus ancienne auberge du village. Plats traditionnels bavarois servis dans une ambiance rustique.

I●I *Gasthof Auzinger* : Hirschbichlstrasse 8, à Ramsau. ☎ (08657) 230. De Ramsau, suivre la direction Hintersee, c'est à 500 m du lac. Ouvert en été de 10 h à 20 h et en hiver de 10 h à 18 h. Fermé le jeudi. Compter autour de 10 € pour un plat. Coup de cœur pour cette adresse authentique, qui vous permettra de mieux saisir la culture bavaroise. Taverne historique, qui attira au XIXe les plus célèbres peintres naturalistes de l'époque, certainement grâce à la personnalité de sa fameuse patronne Babete. *Stube* à la déco charmante, où vous pourrez goûter toute la palette de spécialités locales. Viandes provenant des élevages voisins et légumes du marché... autant vous dire un délice. Gardez une place pour le dessert, le *Käsekuchen,* est à se damner, sinon, revenez à l'heure du goûter. À ne manquer sous aucun prétexte !

À voir

¶¶ *La vieille ville* : la richesse du village est liée d'une part au fait que, au Moyen Âge, il fut le théâtre d'une lutte de pouvoir face aux trop entreprenants archevêques de Salzbourg, mais que d'autre part ses montagnes environnantes renferment de riches gisements de sel. Ceci explique le développement de Berchtesgaden et la présence de façades marquant l'opulence de ses habitants. Dans la Metzgerstrasse (derrière la Marktplatz), jetez un coup d'œil à la façade de l'ancienne auberge *Zum Hirschen,* bel exemple de *Lüftlmalerei* (peinture traditionnelle en trompe-l'œil du XVIIIe).

¶ *Le château royal* : au cœur du village. ☎ (08652) 94-79-80. Ouvert de 10 h à 13 h (dernière entrée à 12 h) et de 14 h à 17 h (dernière entrée à 16 h) ; d'octobre à Pâques, fermé les samedi, dimanche et jours fériés. Visite guidée (1 h). Entrée : 7 € ; réductions enfants et étudiants. Ancien prieuré roman dont le principal intérêt est le jardin suspendu avec sa vue sur les montagnes. C'est aujourd'hui une des résidences des Wittelsbach. Quelques belles salles anciennes, dont un dortoir gothique. Collections de la famille royale des Wittelsbach (tableaux surtout).

¶ *L'église Saint-Pierre-et-Saint-Jean-Baptiste* : grande église gothique avec un portail roman. Beau chœur du XIIIe siècle avec autel en marbre. Sur le côté, cloître du XIIe siècle aux chapiteaux finement sculptés.

¶ *Heimatmuseum* (*Musée régional*) : dans le château d'Adelsheim, Schroffenbergallee 6. ☎ (08652) 44-10. Visites guidées à 10 h et 16 h. Fermé le mardi et en novembre. Entrée : 2 €. Présentation des spécialités du Berchtesgadenerland : sculptures et peintures sur bois, jouets et objets divers. Une boutique vend les productions artisanales locales.

¶ *Salzbergwerk* (*mines de sel*) : Bergwerkstrasse. ☎ 600-20. Au nord du centre, le long de la rivière. Bus à partir de la gare. De mai à mi-octobre, ouvert tous les jours de 9 h à 17 h. Le reste de l'année, en semaine seulement, de 12 h 30 à 15 h 30. Fermé les jours fériés. Visite guidée de 1 h 30 à 2 h. Entrée : 12 €, demi-tarif pour les enfants ; mais c'est l'attraction la plus amusante de la ville... depuis plus de 150 ans !

Déguisé en mineur de fond et assis sur d'authentiques wagonnets, on descend dans les profondeurs de la mine (creusée dans la montagne jusqu'à plus de 600 m), de grottes en galeries. Parmi les surprises : lac salé et descente de toboggan en bois ! Une façon originale de remonter le temps : grâce aux droits d'exploitation du sel accordés au XIIe siècle aux chanoines augustins, fondateurs de la petite communauté alpine, l'or blanc était devenu très tôt la source principale des revenus des souverains ecclésiastiques. Tout comme à l'époque, on voit comment le sel est exploité au moyen de puits, de tunnels et de bassins de décantation de la saumure.

➤ DANS LES ENVIRONS DE BERCHTESGADEN

🍴 **Enzianbrennerei Grassl** *(distillerie)* **:** Salzburgerstrasse 105, à **Unterau**. À 4 km du centre-ville, direction Salzbourg. Ouvert en semaine de 8 h à 18 h (le samedi jusqu'à 15 h). Fermé le dimanche. De novembre à avril, ouvert jusqu'à 17 h en semaine et 12 h le samedi. Spécialisée dans la liqueur de gentiane, c'est la plus ancienne distillerie de ce genre en Allemagne. Visite des installations et, bien sûr... dégustation gratuite ! Possibilité d'acheter au magasin.

🍴 **Kehlstein** *(nid d'aigle)* **:** à 5 km à l'est du centre. Ouvert de mi-mai à fin octobre. Accès interdit aux voitures : il faut laisser son véhicule à Obersalzberg-Hintereck, parking payant (1,50 €). De là, des navettes (13 € ; réductions) conduisent au pied du « nid », toutes les 25 mn. Ouvert de 7 h 40 à 16 h 05 très précise ! Puis on prend un ascenseur (tout doré, avec liftier !) qui mène 124 m plus haut directement dans la *Kehlsteinhaus* à 1 834 m d'altitude. Possibilité de monter à pied du nid (environ 30 mn).

La *Kehlsteinhaus* fut offerte à Hitler par Martin Bormann, à l'occasion de ses 50 ans. Le dictateur en avait fait... un salon de thé, où il ne monta guère plus de 14 fois, car il avait la trouille, là-haut ! Le site général d'Obersalzberg avait été choisi pour devenir, selon les termes d'Hitler lui-même, « un sanctuaire du régime nazi ». Des bâtiments complètement mégalos y avaient été édifiés. Les Anglais détruisirent tout en 1945, mais ne parvinrent pas à atteindre le salon de thé. Aujourd'hui classé monument historique de l'État de Bavière, le « nid d'aigle » (mot que l'on doit à l'ambassadeur de France J.-F. Poncet !) attire des millions de touristes, principalement... américains et japonais ! Autre intérêt de la visite en dehors de son aspect historique : la vue sublime sur le Königssee, les Alpes et Salzbourg au loin. Un tour de 4 h, en minibus, a été mis au point (pour les anglophones, mais tout le monde peut participer, en fonction des places disponibles), incluant la visite des sites occupés jusqu'à ces dernières années par l'armée US, ainsi que la descente dans ce qui reste de visible du bunker, dernier refuge de Bormann, Hitler, Göring *and Co*. Compter 28 € par personne. Inscriptions à l'office du tourisme. ☎ 64-971. Le guide parlant aussi le français, entre deux commentaires, vous pouvez poser vos propres questions.

🍴 **Dokumentation Obersalzberg :** Salzbergstrasse 41. ☎ (08652) 94-79-60. Ouvert d'avril à octobre de 9 h à 17 h (dernière entrée : 16 h) ; fermé le lundi. Le reste de l'année, ouvert de 10 h à 15 h (dernière entrée : 14 h) ; fermé le lundi. Entrée : 2,50 € ; réductions. Exposition permanente présentant au travers du site d'Obersalzberg, l'horreur de la dictature nazie. Vrai travail de mémoire soutenu par une très intéressante présentation multimédia. Visite indispensable après ou avant celle de la *Kehlsteinhaus*.

LE KÖNIGSSEE

À 5 km au sud de Berchtesgaden. Accès direct en bus n° 9541 ou 9542, plusieurs fois par heure toute la journée. Un véritable fjord : 8 km de long, à peine 2 km de large et, de chaque côté, des falaises s'élevant jusqu'à 2 000 m ! Un paysage grandiose et sauvage, préservé par son statut de parc national. Les autorités ont également eu la bonne idée de munir les bateaux de moteurs électriques silencieux. Cela dit, on ne se sent pas vraiment seul au milieu des touristes, surtout quand ils découvrent les phénomènes d'échos (o-o-o)... Nombreuses possibilités de randonnées et de visites. Parkings payants et assez chers (3 € ; demi-tarifs après 16 h).

■ *Centre d'information sur le parc naturel :* situé dans l'ancienne gare, juste après les parkings. Ouvert de mi-mai à mi-octobre de 10 h à 12 h et de 13 h 30 à 17 h. Documentation en français sur le parc et les randonnées possibles.

– *Le plus beau panorama sur le lac :* à Königssee même, prendre la télécabine du *Jenner* (sur la gauche en arrivant), qui conduit à un resto d'altitude (1 800 m). De 9 h à 17 h de fin avril à fin octobre (en mai, fermeture à 16 h 30). Fermé hors saison. Chouette balade mais, là aussi, c'est très cher (environ 18 € l'aller-retour).

– *Point de vue gratuit :* se rendre à pied (des embarcadères) jusqu'au *Malerwinkel*, en 15 mn. Beau panorama sur les falaises.

➢ *Promenades en bateau :* toute l'année, sauf quand le lac est gelé ! ☎ 96-36-18. Départ toutes les 30 mn environ. Cher, mais ça vaut le coup : 14 € pour le circuit complet, 11 € pour l'aller-retour à *Saint-Barthélemy*. Balade de 75 mn ou de 2 h. *Attention !* de fin octobre à fin avril, terminus à Sankt Bartholomä. Impossible donc d'aller à Salet et à l'Obersee. Le seul moyen d'accéder à la fameuse **chapelle de Sankt-Bartholomä** (du XVIIe siècle), isolée sur une rive, au bord du lac et au pied des montagnes est de prendre le bâteau. Vraiment jolie, avec ses clochers rouges et ses trois globes étranges qui se reflètent dans l'eau. À côté, un ancien pavillon de chasse princier transformé en auberge (spécialité : le *Schwarzreiterl*, poisson du lac). Après le repas, petite promenade de santé dans la montagne : un sentier de randonnée (2 h) mène à une « chapelle de glace »... Une fois au bout du lac, on peut aussi se faire déposer à *Salet*. De là part un chemin (30 mn aller-retour) permettant de découvrir un autre lac (l'*Obersee*), encore plus sauvage, avec cascade de 400 m de haut ! Randonnées dans le coin. La balade en bateau de l'embarcadère au bout du lac (Salet) dure environ 1 h. À ne pas manquer : l'Obersee est tout simplement magnifique !

– Fin ici de la balade en Bavière. L'aventure continue, pour beaucoup, en Autriche. D'ici, c'est la porte à côté.

LA THURINGE

Il n'y a pas que l'air pur et la forêt qui poussent de plus en plus de touristes (venus de toute l'Allemagne mais aussi du reste du monde) à venir séjourner en Thuringe : dans ce Land qui a vu défiler les personnages les plus célèbres du panthéon allemand de la culture, ils viennent marcher sur les pas de Goethe et Schiller, Luther et Bach, Brahms et Wagner, Lucas Cranach et Otto Dix... Suivez avec nous une partie de la route des classiques, un itinéraire aussi logique qu'incontournable, qui s'étend en fait sur 300 km et permet de mieux comprendre l'Allemagne. Brochure en français remarquable disponible à l'Office national allemand du tourisme, à Paris.

JENA (IÉNA)   100 000 hab.   IND. TÉL. : 03641

Ville industrielle et estudiantine, fort agréable à vivre, en raison de son microclimat qui permettait il y a encore quelques années d'y faire pousser la vigne, Jena mérite elle aussi un détour, en particulier pour son musée d'Optique. La place du marché est un des rares endroits de la ville qui possèdent encore quelques maisons aux façades anciennes. Telle la *Göhre*, au n° 7, autrefois demeure d'un riche meunier, qui abrite aujourd'hui le musée de la Ville. Goethe, qui vécut à Jena et y rédigea une partie du *Faust*, participa activement au développement de la ville et de l'université, qu'il qualifia à la fois de « cher nid de fous » et d'« entrepôt de la science et du savoir ». Schiller vint pour y passer quelques jours et y resta dix ans... La rencontre entre ces deux grands hommes eut lieu ici, en juillet 1794, à l'issue d'une réunion de la « Société des chercheurs en sciences naturelles ».

Il serait dommage de s'arrêter à Jena sans en profiter pour visiter dans les environs l'ancienne maison forestière du village de Waldeck, près de Bürgel, où Goethe passa plusieurs nuits, la ville des fondeurs de cloches Apolda (et son musée) ou de partir à travers le vignoble en direction des châteaux de Dornburg où le même Goethe aimait séjourner. Pour les passionnés d'histoire, un autre « pèlerinage » s'impose, sur le site d'une célèbre bataille...

Adresses utiles

Office du tourisme : Johannisstrasse 23. ☎ 80-64-00. Fax : 80-64-09. • www.iena.de • Ouvert du lundi au vendredi de 9 h à 18 h, le samedi jusqu'à 14 h. Location de chambres chez l'habitant à des tarifs parfois plus avantageux que l'auberge de jeunesse.

Poste : Engelplatz. Ouvert du lundi au vendredi de 8 h à 18 h 30, le samedi de 9 h à 13 h.

Où dormir ?

Camping Unter dem Jenzig : Am Erlkönig 3. ☎ et fax : 666-668. De l'autre côté de la rivière Saale par rapport au centre-ville. Ouvert toute l'année. Dans la verdure tout en étant près de la piscine municipale et vraiment pas cher, donc mieux vaut réserver.

Jugendgästehaus im Hotel am Herrenberge : Am Herrenberge 3,

07745 Iéna. ☎ 68-72-30. Fax : 68-72-02. Fermé de mi-décembre à fin janvier. Compter de 16,50 à 19,50 € pour la nuitée.

▲ *Gasthaus Roter Hirsch :* Holzmarkt 10. ☎ 47-72-56. Chambres doubles avec salle de bains pour 45 €, petit dej' compris. Dans une très vieille et jolie maison du centre-ville, face à la *Dresdner Bank*. Les pièces, toutes de bois vêtues, sont très basses de plafond. Spécialités de Thuringe.

Où manger ?

|●| *Ratszeise :* Markt 1. ☎ 42-18-00. Ouvert du dimanche au jeudi de 11 h à 23 h, les vendredi et samedi jusqu'à 1 h. Entrées de 2,50 à 6 €, plats autour de 10 €. Maison datant de 1670. On se croirait dans une église : salles voûtées, superbes boiseries (plus récentes) et tuyaux d'orgue. Admirez en particulier la salle de la bibliothèque, le bar et la « salle des hommes ». Spécialités régionales, goulasch hongrois (délicieux !) et *Thüringer Knölle*...

|●| *Zum Loewen :* Johannisplatz 14. ☎ 55-81-13. Plats entre 8 et 13 €. Raviolis aux asperges et ricotta, feuilleté à la mangue accompagné d'une glace au thé vert... Pour vous changer de la gastronomie locale, à prix doux. Cadre dans les tons pastel, et cactus pour mettre du piquant.

À voir

✤ *Le musée d'Optique :* Carl-Zeissplatz 12. ☎ 44-31-65. Ouvert du mardi au vendredi de 10 h à 17 h, le samedi de 13 h à 16 h 30, le dimanche de 9 h 30 à 13 h. Fermé les lundi et jours fériés. Entrée : 4,50 €. Le musée présente une formidable collection d'appareils optiques en tous genres : des lunettes indiennes, avec des éléphants sculptés sur bois, aux microscopes, télescopes, appareils photo, lanternes magiques et appareils de diagnostic. L'atelier de Zeiss, le cofondateur de l'industrie optique à Jena, a été reconstitué tel qu'il était en 1866. Intéressant et très bien fait.

✤ *Le planétarium « Zeiss » :* Am Planetarium 5. ☎ 88-540. Ouvert du mardi au vendredi de 10 h à 17 h, le samedi de 13 h à 16 h 30 et le dimanche de 9 h 30 à 13 h. Entrée : 4,50 €. Programme détaillé affiché à l'entrée ou disponible à l'office du tourisme. Une des fiertés de la ville, le premier planétarium à projection est aujourd'hui doté d'un projecteur ultra-performant (pour les connaisseurs : *Modell VIII « Universarium »*), qui vous permettra d'observer le ciel à la loupe ! Séances de culture générale, spectacles laser, programmes pour enfants. Ceux qui ne maîtrisent pas la langue de Goethe se contenteront d'ouvrir grand les yeux.

➤ *DANS LES ENVIRONS DE JENA*

✤ *Le mémorial 1806 :* à *Cospeda*. Suivre la B 7 en direction de Weimar, puis tourner à droite après la sortie de la ville. C'est indiqué. Ouvert du mardi au dimanche de 10 h à 13 h et de 14 h à 17 h. À quelques mètres du site de la bataille de Jena, un tout petit musée rend hommage aux soldats prussiens et français. Construit sur le pavage qui se trouvait à l'époque devant l'église de Jena et sur lequel sont morts les blessés prussiens, ce « mémorial » a été fondé par un restaurateur local qui a retrouvé sur le champ de bataille les vestiges de la déroute prussienne : sabres, fusils, boutons... Se faire expliquer l'évolution de la bataille et la stratégie napoléonienne devant la maquette. Plusieurs pierres commémoratives sur le champ.

🔸 **Les châteaux de Dornburg :** ce village construit le long de la Saale vit à l'ombre d'un gros rocher. Là-haut, à une centaine de mètres, trois adorables châteaux dont l'un servait de résidence d'été à Goethe. Les trois *Dornburger Schlösser* sont reliés les uns aux autres par de ravissants jardins, de belles allées en tonnelles et de larges terrasses d'où contempler le fleuve. Parc ouvert tous les jours. Les châteaux sont fermés les lundi et mardi, ouverts de mi-mars à octobre de 9 h à 18 h ; le reste de l'année, de 10 h à 16 h. Visite guidée du château Renaissance et visite guidée du château rococo 15 mn avant et après les heures pleines. Fermeture des jardins à la tombée de la nuit. Cafétéria et buvette à l'entrée du parc.

– **Le château Renaissance :** le premier en entrant. Entrée : 2 €. Petit et sans fioritures, il date de la Renaissance. On visite l'étage où séjourna Goethe, invité du duc Charles-Auguste. Joli mobilier et marqueteries, tableaux et objets du poète. On comprend que l'endroit lui ait inspiré son *Iphigénie* et ses plus beaux poèmes.

– **Le château rococo :** à gauche du précédent. Entrée : 2 €. Construit au XVIIIe siècle puis restauré au XIXe, sur la demande de Goethe.

– **Le vieux château :** au fond de l'allée. Pas encore de visite. Styles roman et gothique du XIIIe siècle. Beaucoup de charme.

– **Les terrasses :** sous les châteaux. Vue splendide sur le village, le fleuve, la vallée et les vignobles.

WEIMAR

IND. TÉL. : 03643

Paradis selon Goethe, omniprésent ici, symbole de l'humanisme pour les historiens, « Athènes allemand » sous la plume de Madame de Staël, Weimar enchantera les férus de littérature germanique, de légendes et de héros teutons. Comme ils sont nombreux à partager cette passion, fuyez autant que possible la foule estivale. Réfugiez-vous dans le parc Goethe, havre de paix et repaire estudiantin. Sinon, pour mieux apprécier le joli centre piéton et historique, attendez le soir pour flâner dans les ruelles désertes. Nommée Ville européenne de la culture pour l'année 1999, Weimar a connu ces dernières années une vague de rénovation à tout va. Pour en savoir plus, faites un petit tour sur Internet : • www.weimar.de •

UN PEU D'HISTOIRE

« Mare sacrée » en vieil allemand, Weimar était déjà capitale du royaume de Thuringe au Ve siècle. Dominée par les margraves de Meißen au XIVe siècle, la ville devient au XVIe siècle la capitale du duché de Saxe-Weimar (elle le restera jusqu'en 1918). On dut alors chasser les cochons des rues de ce village paysan pour en faire une vraie ville de Cour ! Attirés par sa propreté autant que par ses mécènes, les artistes vont alors affluer, à commencer par le plus éminent des peintres allemands, Lucas Cranach, puis l'organiste Johann Sebastian Bach, qui joua dix ans durant pour la Cour. En 1775, un carrosse entre dans la principauté. À l'intérieur, Johann Wolfgang von Goethe, 26 ans et déjà glorieux grâce à son roman *Les Souffrances du jeune Werther*. Protégé du duc Charles-Auguste, l'écrivain devient l'homme le plus influent de la ville, soutenu par son jeune complice Schiller, auteur dramatique. Goethe résidera à Weimar jusqu'à la fin de ses jours, à l'exception de deux années passées en Italie. Conseiller du duc, il se verra confier plusieurs portefeuilles de ministre (Finances, Arts et Lettres, etc.). Weimar se convertit ensuite en centre européen de la musique avec l'arrivée de Franz Liszt en 1848. Les trois B (Berlioz, Borodine, Brahms) viennent lui rendre visite, ainsi que Rubinstein et Wagner... Nietzsche viendra se retirer et mourir à Weimar en 1900. C'est ensuite au compositeur Richard Strauss de donner le la à Weimar, puis Gropius, Kandinsky et Klee y créent l'école du Bauhaus. Après la Première Guerre mondiale, l'Assemblée nationale s'y réunit. Décidée à reconstruire « l'Allemagne des esprits, et non celle des guerriers », elle institue pour la première fois dans l'histoire allemande une république démocratique. La république de Weimar, trop faible, est piétinée dès 1930 par les bottes hitlériennes.

Adresses et infos utiles

Tourist-Information Weimar : Markt 10, 99421 Weimar. ☎ 240-00. Pour les manifestations culturelles : ☎ 240-03. Fax : 240-040. Ouvert d'avril à octobre de 10 h à 18 h 30 du lundi au vendredi, jusqu'à 15 h le week-end et les jours fériés ; de novembre à mars, ferme à 18 h en semaine, à 14 h les samedi et dimanche. Réservation de chambres chez l'habitant. Documentation et plan de la ville en français.

– **Weimar Card :** valable 3 jours. Bus gratuits, entrée libre dans la plupart des musées et à Buchenwald, réduction pour les visites guidées de la ville. En vente à l'office du tourisme, dans les musées et dans certains hôtels. Cartes à partir de 10 €.

Poste : Goetheplatz. Ouvert du lundi au vendredi de 8 h à 18 h, le samedi de 9 h à 12 h.
Gare ferroviaire : au nord, à 20 mn à pied du centre-ville. Renseignements : ☎ 01805-99-66-33. Bus fréquents. On y trouve consigne, cabines téléphoniques et plan mural de la ville. Informations touristiques tous les jours de 10 h à 20 h.

Comment se repérer ?

Weimar présente deux avantages pour les visiteurs : peu étendue, elle rassemble dans un périmètre bien défini musées et lieux historiques. Mais, surtout, son centre-ville (*Markt* et *Herderplatz*), aux coquettes maisons colorées, est piéton. À l'est, traversé par la belle rivière Ilm, le grand parc Goethe la borde.

Où dormir ?

Camping

Ferienpark Stausee Hohenfelden : 99448 Hohenfelden. ☎ (036450) 420-81. À 20 km. Plus proche d'Erfurt que de Weimar. Au bord d'un lac et de la forêt de Thuringe. Pas évident à trouver. Quitter l'autoroute en direction d'Erfurt-est et de Kranichfeld. Camping ouvert toute l'année.

Auberges de jeunesse et hôtel pour jeunes

Deux auberges de jeunesse et un hôtel pour les jeunes (carte des AJ obligatoire). Mêmes tarifs pour les deux premiers établissements : 16,50 € pour les juniors et 19,50 € pour les seniors, petit dej' compris.
Les trois auberges de jeunesse sont fermées aux alentours de Noël.

- **Am Poscheckschen Garten :** Humboldtstrasse 17, 99423. ☎ 85-07-92. Fax : 85-07-93. À côté du joli jardin Poscheckschen où il fait bon flâner.
- **Germania :** Carl-Ausgustallee 13. ☎ 85-04-90. Fax : 85-04-91. Près de la gare.
- **Jugendgästehaus Maxim Gorki :** Zum Wilden Graben 12. ☎ 85-07-50. Fax : 85-07-49. Au sud de la ville. Compter de 17,50 à 20,50 selon l'âge.

De prix moyens à plus chic

- **Hôtel & Gasthaus Zur Sonne :** Rollplatz 2. ☎ 80-04-10. Fax : 86-29-32. • hotelzursonne@web.de • Chambres doubles à 77 €. Un hôtel très *gemütlich* (cosy, quoi, si vous préférez) où l'on est accueilli sans façons et où l'on peut dîner sans problème, dans un décor de brasserie, de plats locaux qui ne font mal ni au porte-monnaie ni à l'estomac.
- **Hôtel Thüringen :** Brennerstrasse 42. ☎ 90-36-75. Fax : 90-36-76. Tout de suite à gauche en sortant de la gare. Chambres doubles avec petit dej' à 87 €. Relativement cher, mais pas excessif pour la ville. Pour l'été, conseillé de réserver par écrit. Resto jusqu'à 22 h.
- **Pension Faust :** Burgplatz 2. ☎ 51-88-43. Fax : 51-88-44. Chambres doubles avec douche et w.-c., TV et petit dej' entre 70 et 80 €. Assez cher, mais très central (à deux pas du Markt), bien tenu et agréablement décoré. Le bar-restaurant est installé dans une ancienne cour coiffée d'une verrière.

Où manger ?

Prix moyens

- |●| **Gastmahl des Meeres :** Obere Schlossgasse 1. ☎ 90-12-00. Ouvert de 11 h à 22 h du mardi au samedi et jusqu'à 15 h les dimanche et lundi. Entrées de 5 à 9,50 €. Plats de 6,50 à 14 €. Spécialités de poissons délicieuses. Maquereaux grillés, harengs marinés, assiettes de la Baltique.
- |●| **Zum Zwiebel :** Teichgasse 6. ☎ 50-23-75. Ouvert tous les jours de 12 h à 1 h. Compter autour de 20 €. Cadre rustique mais soigné, tout en bois. Carte aux petits oignons, bien évidemment, puisque c'est le nom de ce resto : soupe (à l'oignon, toujours), salades, plats pour petites faims.
- |●| **Am Frauentor :** Schillerstrasse 2. ☎ 51-13-22. Ouvert tous les jours à partir de 8 h 30 jusqu'à minuit. Plats de 7,50 à 16,50 €. Un des rares endroits de la ville où l'on peut manger tard. Bonne cuisine d'inspiration italienne. Buffet d'une vingtaine de sortes de gâteaux. Spécialités de cafés, comme le *Pharisäer* (café, rhum, cacao, sucre et crème Chantilly), carte de cigares. Ambiance chaleureuse, un peu artiste, autour des bougies.
- |●| **ACC Café-Restaurant :** Burgplatz 1. ☎ 85-11-61. Ouvert tous les jours de 11 h à 1 h du matin. Compter autour de 12,50 € environ. Cuisine allemande pour l'essentiel, mais aussi coq au vin, tagliatelles et plat du jour. Atmosphère très agréable. Un vrai lieu de rencontre, où l'on vient pour nourrir le corps mais aussi l'esprit. Terrasse sous les tilleuls en été.
- |●| **Residenz Café :** Grüner Markt 4. ☎ 594-08. Ouvert du lundi au vendredi de 8 h à 1 h du matin, le week-end à partir de 9 h. Petits dej' du monde entier de 2,50 à 6,50 €, entrées de 3,50 à 8,50 €, plats de 6,50 à 11,50 €... Le plus vieux café de la ville, une institution depuis plus de 160 ans.

Où boire un verre ?

Gasthaus Anno 1900 : Geleitstrasse 12a. ☎ 90-35-71. Ouvert tous les jours de 10 h à minuit. Carte en français. Cadre très agréable avec des plantes vertes et des chaises à fleurs qui donnent à ce café un air de jardin d'hiver. Terrasse un peu en retrait de l'animation de la rue. Idéal pour faire une pause autour d'un gâteau et d'un café.

À voir

Le parc Goethe : spacieux, bien conçu et bien entretenu. C'est un véritable plaisir de s'y promener. Aménagé à la fin du XVIIIe siècle sur les conseils de Goethe en personne, on y trouve d'ailleurs le pavillon où il passa ses premières années weimariennes.
La petite maison toute simple est transformée en *musée :* quelques meubles et des dessins de l'écrivain. Ouvert de 9 h à 18 h d'avril à octobre ; le reste de l'année, de 10 h à 16 h. Fermé le mardi. Entrée : 2,50 € (qu'on vous conseille d'économiser, si vous n'êtes pas un inconditionnel du grand homme, car il n'y a vraiment pas grand-chose à voir).
Poursuivez la promenade dans le parc jusqu'à la Maison romaine, l'ancienne résidence d'été du duc Charles-Auguste, ami de Goethe, qu'il fit construire de 1792 à 1797 dans le style des maisons de campagne de la Renaissance, tout en jetant un œil aux belles collines boisées et aux grappes d'étudiants qui « révisent », par beau temps, au bord de la tranquille rivière Ilm...

Goethes Wohnhaus et Goethe-National-Museum : Frauenplan 1, au bout de la Frauentorstrasse. ☎ 64-386. Près de la Marktplatz. Visite de 9 h à 18 h d'avril à octobre, de 9 h à 16 h en hiver. Fermé le lundi. Entrée : 6 €. Guide en français vendu à l'entrée : utile car il n'y a aucune explication, même en allemand.
Goethe habita dans cette grande maison baroque de 1782 à sa mort, en 1832. Le musée, sur le côté gauche de la maison, contient des lettres, des objets personnels, son travail de naturaliste et ses souvenirs d'Italie.
Pour visiter sa maison, autant être prévenu : vous ne serez pas seul au monde. Le poète était sûrement plus tranquille dans l'isolement propice à la création... Importante collection de sculptures antiques rapportées de ses voyages, vaisselle en céramique, belle bibliothèque de 6 500 ouvrages (que l'on n'admire qu'à travers un grillage), collection de minéraux (il en raffolait), cabinet de travail brillant par son ascétisme... Des couloirs roses conduisent ensuite à la chambre mortuaire : un lit misérable et un vieux fauteuil troué où Goethe rendit l'âme en s'écriant : « De la lumière ! De la lumière ! ». Dehors, joli jardin et, dans la cour, le carrosse de l'auteur de *Faust*... Café littéraire pour faire une pause sucrée-salée.

La maison de Liszt : à l'entrée du parc Goethe, à gauche en remontant la Marienstrasse jusqu'au n° 17. Visite de 9 h à 13 h et de 14 h à 18 h d'avril à octobre ; ferme à 16 h en hiver. Fermé le lundi. Entrée : 2,50 €. En fait, le musicien n'occupa, de 1869 à 1886, qu'un appartement d'été dans cette maison de jardinier. Né en 1811, le pianiste et compositeur hongrois fut directeur de l'opéra de Weimar, recevant dans la ville les plus grands musiciens de son temps. Son musée, qui baigne dans une douce atmosphère un peu hors du temps, présente des partitions, des lettres de Berlioz, Wagner, des meubles d'époque et un moulage de son masque mortuaire.

La maison Schiller : dans la Schillerstrasse, ça va de soi ! Ouvert d'avril à octobre, de 9 h à 18 h. Le reste de l'année, de 9 h à 16 h. Fermé le mardi. Entrée : 3,50 €. Schiller habita dans cette jolie et ancienne demeure (voisine de celle de Goethe) de 1802 jusqu'à sa mort, en 1805. Influencé par Shakespeare et par la tragédie classique, le jeune Friedrich écrivit des poésies lyriques mais surtout des drames historiques devenus fameux : *La Pucelle d'Orléans, Guillaume Tell* ou encore *Marie Stuart*. Il est connu en France pour avoir inspiré nos écrivains romantiques. L'habitation a été fidèlement reconstituée, jusque dans le choix des papiers peints qui s'harmonisent, à leur façon, avec le mobilier d'époque !

¶ *Historischer Friedhof* (Cimetière historique) : remonter l'Amalienstrasse depuis la Wielandplatz. Bus n° 5, arrêt Friedhof. Emprunter la seconde entrée, avant l'entrée principale en venant du centre. Entrée gratuite. C'est dans la crypte du mausolée central que reposent côte à côte les deux monuments de la littérature allemande : Goethe et Schiller, encore eux ! Crypte ouverte de 9 h à 18 h d'avril à octobre. Fermée le mardi. Cercueils très sobres sous une belle coupole. Derrière le mausolée, ravissante petite *église russe* au dôme doré. Belle déco intérieure, surchargée d'ors et de couleurs.

¶ *Das Stadtschloß* (château) : sur la Burgplatz, en bordure du parc Goethe. Médiéval, Renaissance, puis baroque italien, il brûla trois fois en l'espace de trois siècles ! Reconstruit sous la direction de Goethe dans un style classique qui ne nous a pas semblé renversant. C'est ici que résidèrent les souverains de Saxe-Weimar jusqu'en 1918. À l'intérieur, *musée* du château et une intéressante *galerie d'art*. Ouverte du mardi au dimanche de 10 h à 18 h d'avril à octobre et de 10 h à 16 h 30 de novembre à mars. Entrée : 4 €. Peintures allemandes du XVe au XIXe siècle, sculptures Renaissance. À noter : quelques tableaux de Dürer, Tiepolo, Le Tintoret, quelques belles salles, mais surtout une importante collection de Cranach (l'Ancien et le Jeune) dont le *Portrait de Luther*. Belle collection d'icônes russes.

¶ *Das Neue Museum :* Rathenauplatz. ☎ 546-131. Ouvert d'avril à octobre de 10 h à 18 h, de novembre à mars de 10 h à 16 h 30. Fermé le lundi. Entrée : 3 €. Installé dans un grand bâtiment néo-Renaissance du XIXe siècle, ce musée abrite les quelque 300 tableaux, sculptures et œuvres diverses de l'ancien galeriste de Cologne, Paul Maenz. Celle-ci comprend des pièces importantes des nouveaux fauves allemands, de l'art conceptuel, du minimalisme américain et de la trans-avant-garde italienne.

¶ *La bibliothèque de la Duchesse Anna Amalia :* en face du château. Riche de 850 000 ouvrages et du plus grand fonds sur Faust, la bibliothèque vaut le détour pour sa magnifique salle rococo, qui se visite normalement d'avril à octobre, de 11 h à 12 h 30, sauf les dimanche et jours fériés. Entrée : 2,50 €.

¶ *Herderkirche* (église Saint-Pierre-et-Saint-Paul) : Herderplatz. Visite du lundi au samedi de 10 h à 12 h et de 14 h à 16 h entre mai et septembre ; entre octobre et avril, visite tous les jours de 11 h à 12 h et de 14 h à 15 h. Entrée gratuite. Bel intérieur à trois nefs. Construite au XVe siècle, l'église a reçu des éléments de style baroque au XVIIIe siècle. Elle a été reconstruite après les bombardements américains. On peut y admirer, surplombant l'autel, un imposant triptyque de Lucas Cranach l'Ancien. C'est la dernière œuvre de ce grand peintre allemand du XVIe siècle (elle sera achevée par son fils).

¶ *Marktplatz :* on y a reconstruit toute une rangée de maisons rappelant l'architecture weimarienne. Outre l'hôtel *Elephant,* où descendaient les grands de ce monde venus rendre visite à Goethe, la curiosité principale de la place est la maison où mourut le peintre Cranach l'Ancien. Superbe façade aux couleurs pastel.

¶ *Le palais Wittum :* Theaterplatz. Visite de 9 h à 18 h d'avril à mi-octobre. Sinon, de 10 h à 16 h. Fermé le lundi. Entrée : 3,50 €. Bâtisse colorée du

XVIIIe siècle, d'un style presque campagnard, où la duchesse douairière Anna Amalia recevait toutes les personnalités de la ville. Autour de ses célèbres tables rondes : les inévitables Goethe et Schiller et les philosophes Herder et Wieland.

Le musée du Bauhaus : Kunsthalle Am Theaterplatz. ☎ 546-131. Ouvert toute l'année du mardi au dimanche : de 10 h à 18 h d'avril à octobre et de 10 h à 16 h 30 de novembre à mars. Fermé le lundi. Entrée : 3 €. Un nouveau musée dédié entièrement au Bauhaus, courant artistique révolutionnaire qui naquit à Weimar au début du XXe siècle et qui fut à l'origine de l'art moderne. Juste en face, statue de Goethe et Schiller.

Manifestations culturelles

– *Journées Bach :* pour les mélomanes, en mars, dans le cadre des semaines Bach de Thuringe.
– *Fête des Arts de Weimar :* en août, spectacles, concerts, expos... Pour en savoir plus : se renseigner au Weimar-Tourist-Information.

➤ *DANS LES ENVIRONS DE WEIMAR*

Schloß Belvedere : à 4 km au sud-est de Weimar, au bout de la Belvedereallee. Bus n° 12, arrêt Belvedere, direction Possendorf. Parc et château ouverts de 10 h à 18 h d'avril à octobre. Fermés le lundi. Entrée : 3 €. Très joli château rococo, parfait témoignage de l'esprit classique. Pièces d'ivoire et d'ambre. Collection de calèches.

BUCHENWALD
IND. TÉL. : 03643

À quelques kilomètres de la ville des Lumières et de la poésie, dans la belle forêt de l'Ettersberg, l'horreur du nazisme à son comble : barbelés, fours crématoires et « laboratoire d'expérimentation » !
Édifié en 1937, le camp de concentration vit défiler 238 000 déportés de 32 nationalités différentes. Environ 60 000 y furent exterminés. Parmi eux, des militaires britanniques et canadiens, 10 000 juifs détenus à l'écart du camp, 8 500 soldats soviétiques abattus en masse dans une écurie, des milliers de femmes et d'enfants (le plus jeune avait deux ans)... Fait important dans l'histoire des camps : les détenus parvinrent à se libérer eux-mêmes à l'approche des troupes américaines, le 11 avril 1945.
À voir impérativement, avec ou sans enfants, pour ne jamais oublier ce dont l'homme est capable et ne plus laisser les révisionnistes et autres lepénistes débiter des sornettes.

Informations utiles

➤ De Weimar, *Stadtbus* ligne n° 6 depuis la Goetheplatz ou la gare. Sinon, remonter en voiture la Karl Liebknechtstrasse et l'Ernst-Thälmannstrasse en direction de Sömmerda.
– Toutes les installations extérieures sont ouvertes à la visite tous les jours, jusqu'à la tombée de la nuit.
– *Visite du mémorial et des musées :* de 8 h 45 à 16 h 15 d'octobre à fin avril et de 9 h 45 à 17 h 15 de mai à fin septembre. Fermé le lundi. Entrée gratuite.

– **Présentation d'un film** (de 25 mn) : quatre fois par jour, de 10 h à 15 h. En allemand.

Centre d'informations : à l'entrée du camp. ☎ 430-200. Fermé entre 12 h et 13 h. Documentation en français, avec plan du camp.

À voir

La route du Sang : entre la Kommandantur et la section politique, au bout de l'allée après la réception. C'était la voie d'accès au camp, empruntée par les détenus sous le contrôle des chiens et les coups de matraque des SS.

La tour de bois : bâtiment d'entrée du camp. Sur la grille, une inscription particulièrement cynique : *Jedem das Seine* (« À chacun son dû »)!

Les baraques, ou blocks, ont été rasées après la libération du camp. Il ne reste plus qu'un vaste **champ de pierres noires** (très symboliques) à la place des 50 cellules en bois où s'entassaient 50 000 captifs.

Le four crématoire : sur la droite. Avant la petite cour d'accès, l'« infirmerie ». Histoire de rassurer les futures victimes, un diabolique scénario fut imaginé : pendant la visite médicale, on tirait une balle dans la nuque du condamné installé sous la toise. Les corps étaient ensuite entassés dans une charrette puis portés au four...

Le laboratoire d'expériences « médicales » : on peut encore voir, dans une vitrine, seringues, pinces et autres instruments ayant servi à mutiler les corps des prisonniers. Un « détail » parmi d'autres : Ilse Koch, femme d'un officier nazi (surnommée « la salope de Buchenwald »), y commandait ses lampadaires en peau humaine!

Le poteau et le tombereau : on suspendait certains détenus à cet « arbre de mort », mains liées, pendant plusieurs jours... La charrette, pleine de cailloux extraits de la carrière, était tirée par des prisonniers obligés de chanter. Leurs tortionnaires les appelaient « chevaux chantants ».

Les deux musées : dans les bâtiments du fond. L'un est consacré aux œuvres d'artistes « antifascistes », l'autre à l'histoire du camp. Bien présenté et particulièrement instructif, il retrace également la montée du nazisme, la création et l'évolution des camps de concentration, sans oublier un élément important : la résistance menée de l'intérieur par de valeureux prisonniers, conduits par le communiste Ernst Thälmann, qui fut exécuté et qui est devenu un héros de l'ex-RDA. Très bien conçues, les expositions et reconstitutions de scènes ont l'avantage d'éviter la facilité de la fascination de l'horreur. L'accent est mis sur l'organisation méthodique de la politique de destruction...

Le mémorial : à 2 km du camp, en bordure de route. Érigé à la fin des années 1950. Au pied du clocher de 50 m de haut, saisissantes statues de détenus. Plus bas, l'*allée des Nations* et ses 18 stèles, entourées des fosses communes où reposent 10 000 victimes du camp.

ERFURT

220 000 hab.   IND. TÉL. : 0361

À 21 km de Weimar, c'est la capitale de la Thuringe. Ne pas manquer de rendre visite à cette importante cité qu'un fait divers a ramené en l'an 2002 sur le devant de la scène. Pour son centre historique, ses 21 églises (dont une splendide cathédrale) et son curieux pont des Épiciers...

Adresses et infos utiles

ⓘ *Touristinformation* : Benediktsplatz 1. ☎ 664-00. • www.erfurt-tourist-info.de • Ouvert du lundi au vendredi de 10 h à 19 h (18 h hors saison) et les week-ends et jours fériés de 10 h à 16 h. Personnel très compétent et accueil très sympathique. Plan de la ville et circuit historique en français, très précis. Réservations de chambres chez l'habitant : ☎ 664-01-10.

🚆 🚌 *Gare (ferroviaire et routière)* : Willy-Brandtplatz. Pour rejoindre le centre, tramways nᵒˢ 3, 4 et 5.

✉ *Poste* : Anger 68-73. Ouvert du lundi au vendredi de 8 h à 18 h, le samedi de 8 h à 12 h.

– *Erfurt Card* : en vente à l'office du tourisme. 7 € par jour, 14 € pour 72 h. Musées et transports gratuits, réductions pour les théâtres et les concerts.

Où dormir ?

Auberge de jeunesse

🏠 *Jugendherberge* : Hochheimerstrasse 12, 99094. ☎ 562-67-05. Fax : 562-67-06. • jh-erfurt@djh.thueringede • Bus nᵒ 5, direction Steigerstrasse. Descendre au terminus, puis environ 500 m à pied. De 16,50 à 19,50 €, selon l'âge, petit dej' compris. Grande maison à colonnes romaines.

Bon marché

🏠 *Pension Schuster* : Rubensstrasse 11, 99099. ☎ 373-50-52 ou 017-23-60-77-38. Chambres doubles à 50 €. Mais aussi chambres simples et appartements. Douche, w.-c. et TV. Petit dej' compris. La patronne est un peu timide, mais une bonne dose de sourires devrait suffire à la mettre en confiance.

De prix moyens à plus chic

🏠 *Hôtel Gardenstadt* : Binderslebener Landstrasse 212. ☎ 210-45-12. Fax : 210-45-13. Pour y arriver : tramway depuis Anger, dans le centre-ville, qui vous dépose quasiment devant l'hôtel. Chambres doubles avec douche, w.-c. et petit dej' à 70 €. Une grande maison simple, bien tenue et sans prétention avec une terrasse devant, un parking pour les clients derrière, et des géraniums rouges aux fenêtres. Personnel très sympa. Un peu bruyant, par contre.

🏠 *Hôtel Nikolai* : Augustinerstrasse 30. ☎ 598-17-0. Fax : 598-17-120. • www.hotel-nikolai-erfurt.com • Chambres doubles de 84 à 90 €. Un véritable hôtel de charme, avec des chambres pleines d'atmosphère et de détails savoureux, et un restaurant mignonnet où il fait bon se poser, en fin de journée.

Où manger ? Où boire un verre ?

🍽 🍷 *Café « Finess »* : Predigerstrasse 16. ☎ 562-63-11. Ouvert de 8 h à 23 h du lundi au vendredi, à partir de 11 h le samedi, de 11 h à

18 h 30 le dimanche. Petits plats pour petites bourses. Cuisine internationale et spécialités bulgares. Petit café sans prétention qui a gardé le look années 1960.

|●| ***Zum Augustiner*** : Michaelisstrasse 32. ☎ 562-38-30. Ouvert de 17 h à 1 h. Compter entre 5,50 et 11,50 € pour un plat. Vieux moulins à café, boîtes métalliques, machines à écrire, on se croirait au marché aux puces. Deux arbres poussent au milieu de la brasserie. Aux branches, on trouve encore marionnettes, appareils photo, vieux jouets et instruments de musique. Carte variée et prix très raisonnables. En plus des spécialités régionales, salades, omelettes... Ambiance chaleureuse.

▼ ***Whisky Kneipe « Johnny Worker »*** : Michaelisstrasse 37. Du mardi au samedi, ouvert à partir de 18 h jusqu'à 2 h du mat', le dimanche à partir de 19 h. Choisir votre whisky vous prendra certainement un certain temps : au tableau, il y en a 250 sortes !

|●| ***Rathaus Arcade*** : Fischmarkt. ☎ 655-22-93 ou 95. Dans le *Rathaus*, sur la gauche. Vous aurez le ventre plein pour environ 12,50 €. *Schnitzel*, épaule de porc grillée aux petits oignons, *Thüringer Klösse*... Grande salle à colonnes aux allures de nef d'église et agréable terrasse sur la place.

À voir

✦ ***Domplatz*** : au centre de la ville, magnifique alignement de maisons à colombages. La place est dominée par la colline de la cathédrale. Venez de préférence un jour de marché, entre 7 h et 14 h, ou à la tombée de la nuit.

✦✦ ***Dom*** *(cathédrale catholique Sainte-Marie)* : ouvert du lundi au samedi de 9 h à 12 h 30 et de 13 h 30 à 17 h (de 14 h à 16 h les dimanche et jours fériés). Prendre l'escalier. À droite, l'*église Saint-Sever.* Ouvert du lundi au samedi de 9 h à 13 h 30 et de 14 h 30 à 17 h. En hiver, les deux églises sont ouvertes de 10 h à 16 h, du lundi au samedi.
La cathédrale actuelle résulte de plusieurs édifications successives entreprises du XIIe au XVe siècle. La nef est de style gothique flamboyant. Pour l'anecdote, sachez que les troupes de Napoléon la transformèrent en écurie lors de leur passage ! Ne pas manquer d'admirer les deux portails, véritables chefs-d'œuvre, et les mimiques des vierges, représentant les Sages et les Folles. L'intérieur est somptueux : fresque géante du XVIe siècle, autel rococo, splendide verrière du XIVe siècle et impressionnante collection de tableaux médiévaux (dont un Cranach). Étonnante statue porte-cierge en bronze d'un style épuré très actuel (elle date du XIIe siècle) et superbe triptyque de la Vierge à la licorne. C'est dans cette église que Luther fut ordonné prêtre.

✦ ***Fischmarkt*** : au bout de Marktstrasse en partant de Domplatz. Étonnantes façades, dont celles du vieux resto *Zum Breiten Herd* et du *Rathaus* néogothique (à l'intérieur, des fresques racontent l'histoire d'Erfurt). On peut s'asseoir sur les bancs de pierre encerclant la statue de Roland et contempler cette superbe place.

✦ ***Krämerbrücke*** *(pont des Épiciers)* : remonter la rue Fischmarkt. Certainement l'une des plus fabuleuses curiosités du pays. Bordé d'habitations des deux côtés, ce ponte Vecchio allemand existait déjà en 1110. En face de la maison la plus étroite de cette rue suspendue (au n° 21), prendre le petit passage et descendre l'escalier menant au quai. On aperçoit alors le paisible ruisseau longeant un lot de verdure et le dos des maisons à colombages en équilibre sur le vieux pont. On peut aller jusqu'à s'aventurer sous les voûtes du pont... S'il fait beau, on peut aussi accéder à la tour de l'*Agidierkirche*, au bout du port. La montée est assez épique (45 m) mais offre à l'arrivée une belle vue sur le port, le *Dom* et la ville.

Anger : du bâtiment de la poste (n° 69/75) à l'ancienne résidence du gouverneur (Regierungstrasse 73), aujourd'hui siège du ministre-président de Thuringe, cette rue piétonne et commerçante est une succession de magnifiques façades. Admirez entre autres, aux n°s 37/38, la maison Dacheröden et son superbe portail Renaissance, un des nombreux lieux de passage de Goethe et Schiller, et, à l'angle avec la Bahnhofstrasse, l'imposant édifice baroque (d'un jaune que vous ne pourrez rater!) qui abrite le *musée Anger* (ouvert du mardi au dimanche de 10 h à 18 h). Collections d'art médiéval, peintures du XVIIIe au XXe siècle, meubles, faïences, porcelaines...

Augustinerkloster : Augustinerstrasse 10. ☎ 576-60-10. Visites guidées uniquement (livres originaux de grande valeur dans les vitrines). D'avril à octobre, toutes les heures de 10 h à 12 h et de 14 h à 16 h ; les dimanche et jours fériés, à 10 h 45. Fermé le lundi. De novembre à mars, sur inscriptions. Entrée : 3,50 €. Feuille explicative en français. Le jeune Luther a passé plusieurs années dans une des cellules de ce cloître du XIIIe siècle. On peut y dormir au calme (chambres doubles à 35 €), mais c'est pour le moins monacal... Salon de thé avec de bonnes pâtisseries maison.

Andreas Viertel : au sud de la Domplatz, longer la rivière. Ravissantes maisons en bois et en ardoise dans un vieux quartier qui semble un peu endormi.

La citadelle de Petersberg : à côté de la Domplatz. Ouvert toute l'année de jour comme de nuit. Entrée gratuite. Mais la visite du musée d'Armes et des souterrains se fait avec un guide uniquement (se renseigner à l'office du tourisme). Bel exemple d'architecture militaire, restauré récemment.

EGA Cyriaksburg : Gothaerstrasse 38. Tram n° 2, arrêt EGA. Entrée : 3 €. L'*EGA (Erfurter Garten- und Ausstellungs)* est un immense parc de plus de 100 ha, fleuri chaque année de 150 000 tulipes, narcisses, jacinthes et autres fleurs multicolores, qui accueille de nombreuses expositions consacrées au jardinage et à l'horticulture, une des spécialités de la ville. Vous y trouverez aussi le château de Cyriak, des serres qui abritent plantes tropicales, cactus et orchidées, le jardin des roses, le jardin des iris... L'idéal est de le voir en juin quand il est tout fleuri, de préférence en fin d'après-midi, après le départ des touristes. Munissez-vous d'un plan, disponible à l'entrée (de 9 h à 18 h) ou à l'office du tourisme ; c'est gigantesque.

Festival

– **Festival Bach :** chaque année, de mars à avril, a lieu, dans toute la Thuringe et à Erfurt plus spécialement, un grand festival consacré au célèbre compositeur (concerts, spectacles, parades...). Pour tous renseignements concernant les manifestations qui le composent (dates, réservations, tarifs, etc.), se renseigner à l'office du tourisme.

➤ *DANS LES ENVIRONS D'ERFURT*

Arnstadt : une petite ville charmante, célèbre pour le séjour qu'y fit Jean-Sébastien Bach de 1703 à 1707, lorsqu'il fut organiste dans l'église qui porte aujourd'hui son nom. La plus ancienne cité de Thuringe (704) se prépare à fêter dignement son anniversaire en 2004. Beaucoup de rénovations en cours. Un éclairage nouveau sur la fascinante collection de poupées anciennes, exposée dans le musée du château, ne serait pas un luxe. Pour en savoir plus et organiser votre balade, l'office du tourisme se tient à votre disposition, près de la place du marché :

Arnstadt Information : Rankestrasse 11. ☎ (03628) 60-20-49. | Brochures en français et accueil chaleureux.

… RUDOLSTADT

RUDOLSTADT   30 000 hab.   IND. TÉL. : 03672

Petite ville fondée en l'an 600, l'ancienne résidence des ducs et des comtes de Schwarzburg se distingue par son fastueux château de Heidecksburg et sa tour de 40 m de haut. Pour monter au château, on peut emprunter un des six escaliers qui partent de la vieille ville.
Trains ou bus (toutes les heures) de Weimar. Prendre sinon l'autoroute A 4 jusqu'à Iéna-Lobeda, puis la nationale 88 jusqu'à Rudolstadt.

Adresses utiles

■ *Office du tourisme :* Markt-strasse 57. ☎ 42-45-43. ● www.rudolstadt.de ● Ouvert du lundi au vendredi de 9 h à 18 h (12 h le samedi). Fermé le dimanche. Hôtesse très serviable. Nombreuses brochures sur la ville et la région.

✉ *Poste :* Caspar-Schultestrasse. Ouvert du lundi au vendredi de 8 h à 18 h, le samedi de 9 h à 12 h.
■ *Freibad (piscine) :* Kleinerdamm. Sur l'autre rive de la Saale, près du Musée paysan de Thuringe. Ouvert seulement l'été car en plein air.

Où dormir ? Où manger ?

▲ IOI *Hôtel Adler :* Markt 17. ☎ 446-03. Fax : 44-03. Chambres doubles avec salle de bains et petit dej' de 75 à 90 €. Un hôtel récent sur la place principale, aux grandes chambres très agréables décorées avec beaucoup de goût (beaux tissus, gravures, couleurs harmonieuses). Accueil aimable. Et en plus, dans la même maison (mais indépendants), un restaurant et un café. Parking pour les clients.

À voir

🛉 *Marktplatz (place du Marché) :* dans le quartier piéton aux agréables rues commerçantes. Fontaine et belle façade verte à pignons de l'hôtel de ville.

🛉 *Freilichtmuseum Thüringer Bauernhäusern (Musée paysan de Thuringe) :* Große Wiese 2. Non loin de la gare. Ouvert de mars à octobre de 10 h à 12 h et de 13 h à 17 h du mercredi au dimanche. Fermé les lundi et mardi. Des maisons de paysans du XVIIe siècle notamment, de toute la Thuringe, ont été restaurées et reconstruites dans ce musée en plein air passionnant.

🛉🛉 *Le château de Heidecksburg :* ouvert toute l'année de 10 h à 18 h. Entrée : 4 €. Fermé le lundi. Édifié au XVIIIe siècle, c'est sans nul doute le plus luxueux témoignage du rococo en Thuringe. La vingtaine de salles n'est qu'amoncellement de lustres, plafonds peints, moulures, dorures et mobilier de style rocaille. La somptueuse salle des fêtes donne à elle seule le vertige, avec ses balconnets dorés, ses figurines murales et son invraisemblable plafond ! Une visite qui permet de retrouver le ton et l'ambiance de l'époque. Petite collection de luges magnifiques. Belle bibliothèque désormais ouverte au public. Théâtre dans la cour principale en été, pour rester dans la tradition d'une ville qui « a toujours exercé un attrait particulier sur les voyageurs en quête de repos ou de nourritures spirituelles », comme dit sa brochure.

➤ DANS LES ENVIRONS DE RUDOLSTADT

La vallée de la Schwarza : cette étroite région forestière, l'une des plus chantées d'Allemagne, est délaissée par beaucoup de touristes. On longe cette romantique rivière, la Schwarza, de Bad Blankenburg (dès la sortie de Rudolstadt) à Schwarzburg. À mi-chemin, un chalet suisse à flanc de rocher tient lieu d'auberge : *Schweizerhaus*. Belle terrasse où se reposer.
On s'arrêtera un instant à **Schwarzburg** pour le coup d'œil sur la vallée et pour l'ancien château qui domine le village. Hitler voulut en faire le lieu de résidence des hôtes du Reich en 1938. Un peu plus tard, en 1980, Honecker eut la même idée, mais renonça par manque de moyens financiers. De ce fait, le château est depuis de nombreuses années à l'abandon. Petite balade dans ce village « modèle » : ruelles calmes et proprettes, maisons coquettes et fleuries...
Après Schwarzburg, le village le plus touristique de la région est **Sitzendorf**. Possibilité d'y skier en hiver. Quelques hôtels. Après, la forêt se fait moins dense mais la route grimpe un peu plus. À partir des villages de Weißbach, Mellenbach et Cursdorf, de pittoresques maisons font leur apparition. Entièrement recouvertes d'ardoise blanche, grise ou noire.

La route de crête : de Katzhütte, on gagne Ilmenau, ancien repaire de Goethe. Malheureusement pour nous, cette ville a bien changé depuis. À Ilmenau, prendre la direction de Sühl et, après le village de Stüzerbach, suivre la route d'Oberhof. Cette ligne de crête, appelée *Rennsteig*, est la plus belle route de Thuringe. On est presque à 1 000 m d'altitude : la vue est vraiment splendide.

GOTHA

IND. TÉL. : 03621

Cette petite ville, que surplombe le château de Friedenstein, le plus grand château de Thuringe, est aussi connue pour ses spécialités, la cartographie et l'édition. C'est ici que fut publiée la première édition des œuvres complètes de Voltaire.

Adresse utile

Office du tourisme : Blumenbachstrasse 1-3, 99867 Gotha. ☎ 22-21-38. Fax : 22-21-34. ● www.gotha.de ● Ouvert du lundi au vendredi de 10 h à 17 h, le samedi jusqu'à 12 h. La liste des hôtels, pensions et chambres chez l'habitant est affichée sur la vitrine.

À voir

Le château de Friedenstein : ☎ 823-40. Ouvert tous les jours de 10 h à 17 h. Entrée : 4 €. Imposante demeure à trois ailes, construite au XVIIe siècle, dans le style du début de l'ère baroque. Abrite une merveille : l'ancienne salle de bal de la tour ouest, devenue le *théâtre Ekhof*, un des plus anciens théâtres baroques d'Europe, encore utilisé de nos jours. Il doit son nom à Conrad Ekhof, célébré de son vivant comme le « père de la dramaturgie allemande ». Petit musée des costumes de théâtre.
Dans le *musée du château*, somptueuses collections de tableaux allant du Moyen Âge au XIXe siècle, statues antiques et néoclassiques, objets d'art de toutes les époques, mobilier précieux, « curiosités » Renaissance, argenterie, porcelaine... Quelques pièces magnifiques à ne pas manquer, comme

les sculptures d'Houdon et bien sûr le célèbre *Gothaer Liebespaar,* la plus vieille représentation d'un couple sur une peinture (1484).
Si l'extérieur du bâtiment, plutôt froid et sans charme avec sa cour carrée totalement vide, tient plus de la caserne que du palais princier, l'*intérieur* en revanche est superbe : enfilade de pourpre, d'or, de stucs et de tapisseries germaniques dans l'aile baroque, élégance, sobriété et tons pastel dans l'aile néoclassique.

Hauptmarkt : du château, rejoindre à pied la place du Marché pour profiter des fontaines en terrasses qui jalonnent la descente. Au n° 17, la maison où vécut Lucas Cranach. Au milieu de la place, le *Rathaus* (1574), à la façade rougeoyante, et, tout autour, de belles maisons aux couleurs éclatantes, amoureusement restaurées.

Neuemark : l'autre place de la ville, à deux pas de la précédente. Jolie église gothique et quelques belles maisons.

EISENACH (099817) 45 000 hab. IND. TÉL. : 03691

Ville au passé prestigieux, au nord-ouest de la forêt de Thuringe, Eisenach redevient peu à peu une agréable cité, dominée par l'impressionnant château de la Wartburg, véritable image de conte de fées ! Un château fondé en l'an 1067, devenu mondialement célèbre au XIXe siècle, grâce à l'opéra *Tannhäuser* de Richard Wagner, inspiré par la vie des troubadours du château, dont il relata les joutes poétiques.
Les landgraves de Thuringe puis les souverains de Saxe-Weimar y élirent résidence. Martin Luther s'y réfugia en 1521 pour y traduire, dans un allemand plein de poésie, le Nouveau Testament, et Jean-Sébastien Bach y vit le jour en 1685. Goethe y séjourna, trouvant cette ville « suprêmement magnifique ». Autre événement important pour la ville : c'est ici que fut créé, en 1869, le premier véritable parti ouvrier (social-démocrate), appelé plus tard « notre parti » par Marx et Engels.
Devenue industrielle autant que touristique, Eisenach est depuis toujours le bastion de l'automobile en « ex-Allemagne de l'Est » : c'est ici que furent fabriquées en grand nombre les Wartburg, voitures « de luxe » du défunt régime.

Adresses utiles

Eisenach Informationzentrum : Markt. ☎ 79-23-0. Fax : 79-23-20. • www.eisenach-tourist.de • Ouvert le lundi de 10 h à 18 h, du mardi au vendredi à partir de 9 h, et le week-end de 10 h à 14 h. Personnel compétent. Petit dépliant avec plan, et nombreux ouvrages sur la ville et la région. Réservations de chambres chez l'habitant. Tour guidé de la ville entre avril et octobre : 3 €.

✉ **Poste :** Marktplatz 16 (derrière l'église). Ouvert du lundi au vendredi de 8 h à 18 h ; le samedi, de 8 h à 12 h.

Où dormir ?

Camping

Camping Altenbergersee : Neubau 24, 99819 Wilhelmsthal. ☎ 21-56-37. Fax : 21-56-07. À 12 km du centre. Ouvert du 1er avril au 30 octobre. Bien installé, au bord d'un lac.

Auberge de jeunesse

🏠 *Jugendherberge Arthur Becker :* Mariental 24. ☎ 74-32-59. Fax : 74-32-60. ● jh.eisenach@djh.thueringen.de ● À la sortie de la ville, à 1 km du centre, pas très loin de la Wartburg. Prendre le bus de la ligne n° 3 à la *Hauptbahnhof*. Grosse bâtisse jaune. Nuitée de 15 à 18 €. Mieux vaut écrire pour réserver !

De prix moyens à plus chic

🏠 *Pension Zum Burschen :* Am Ofenstein 12. ☎ 74-32-06. Fax : 74-32-07. Au sud-est du centre-ville. Chambres doubles avec douche, w.-c., TV et petit dej' pour 47 €. Pas trop cher pour cette agréable villa du début du XXe siècle, située dans un petit jardin calme. Pièces confortables et accueil aimable.

🏠 *Pension Villa Kesselring :* Hainweg 32. ☎ 73-20-49. Fax : 74-42-90. Sur les hauteurs de la ville, à mi-chemin entre le centre-ville et la Wartburg. Chambres doubles avec douche, w.-c., TV et petit dej' de 54 à 62 €. Grande et belle maison, calme et fleurie. Chambres confortables et accueil chaleureux, le tout pour un prix raisonnable. Bon point de départ pour des randonnées en forêt.

🏠 *Haus Hainstein :* am Hainstein 16. ☎ 24-20. Fax : 24-21-09. ● haushainstein@t-online.de ● Chambres doubles avec douche et w.-c. de 70 à 80 €. La route grimpe, grimpe et l'on arrive devant cette forteresse d'allure un peu sévère. Mais l'accueil est agréable, le calme règne et la place ne manque pas. Difficile de trouver plus confortable, plus calme, plus vert. Bon restaurant un poil classique et superbe buffet de petits déjeuners. Si vous ne cherchez pas un endroit pour faire la fête, et aimez votre confort, pensez à réserver.

Beaucoup plus chic

🏠 *Wartburghotel :* Auf der Wartburg. ☎ 79-70. Fax : 79-71-00. Comme son nom l'indique, au pied du château ! De 85 à 150 € par personne la chambre double avec un petit dej' digne des chevaliers teutoniques. Bel hôtel de charme. Dispose de 35 chambres de très grand confort.

Où manger ?

|●| *Brunnenkeller :* Markt 10, près de l'église. ☎ 71-429. Ouvert tous les jours de 11 h à 23 h. De novembre à mars, les mardi et mercredi de 17 h à 23 h, du jeudi au lundi de 11 h à 15 h et de 17 h à 23 h. De 5 à 12 € environ. Cuisine régionale avec une petite tendance moyenâgeuse. Possibilité d'y danser le week-end (on ne vous oblige pas !).

|●| *Alt-Eisenach :* Karlstrasse 51. ☎ 74-60-88. Ouvert tous les jours de 9 h (11 h le dimanche) à minuit. Compter 5 € pour une entrée et 10 € pour un plat. Accueil anodin, mais cuisine régionale pas chère et plutôt bonne.

Un peu plus chic

|●| *Landgrafenstube :* à la Wartburg (chemin de droite avant l'entrée du château). Réservations : ☎ 036-91. Ouvert tous les jours. Compter entre 13 et 20 €. Bois de cerfs et peaux de bêtes aux murs (les pauvres). Vue sur les collines et la forêt de Thuringe. Très rupestre, quoi. Excellente cuisine régionale. Réservation quasi obligatoire.

|●| Bonne cuisine dans les divers **restos du Kaiserhof**, à l'angle des Wartburgallee et Bahnhofstrasse. Essayez, si vous êtes amateur de vins, le *Turmschänke,* aussi réputé pour sa cuisine que pour sa situation : dans la plus vieille tour de la ville, la Nikolaitor, qui enjambe la rue ! Ouvert de 18 h à minuit sauf le dimanche. Entre 20 et 60 €.

Où boire un café ?

▼ *Café Moritz :* Bahnhofstrasse 7. ☎ 765-75. Face au *Kaiserhof.* Ouvert du lundi au vendredi de 8 h à 22 h, le week-end à partir de 10 h et en hiver jusqu'à 20 h pour les petits dej' et le buffet de gâteaux : café et pâtisseries à savourer sur de minuscules tables.

▼ *Café Brüheim :* Marienstrasse 1. ☎ 20-35-09. Ouvert du lundi au samedi de 9 h à 18 h, à partir de 13 h les dimanche et jours fériés. Petits dej', assiettes rapides le midi mais surtout un lieu de rendez-vous depuis des décennies pour la pause *Kaffee-Kuchen,* en début d'après-midi.

À voir

🦌 *La Marktplatz :* joli ensemble que forment la grande église baroque, l'ancien palais, lui aussi baroque et agréablement décrépi, des ducs de Saxe-Weimar-Eisenach, le petit *Rathaus* Renaissance rose bonbon (peut-être trop restauré, pour le coup...) et les belles maisons à colombages du XVIe siècle.

🦌 *La maison et le musée Bach :* Frauenplan 21. Du Markt, prendre Lutherstrasse. Ouvert de 9 h à 17 h 45 d'avril à septembre, le lundi à partir de 12 h. En hiver, fermé 1 h plus tôt; le lundi, ouvert de 13 h à 16 h 45. Entrée : 2,50 €. Le grand compositeur naquit ici, en 1685. On y visite une jolie collection d'instruments anciens, des portraits, des partitions et une reconstitution du mobilier d'époque. Régulièrement, petite conférence avec démonstration d'instruments de musique et écoute d'extraits d'œuvres.

🦌 *Le musée Luther :* Lutherplatz 8. Ouvert de 9 h à 17 h du lundi au vendredi, et le samedi à partir de 14 h (de 10 h à 17 h de novembre à mars). C'est dans cette belle maison que logea le jeune Martin à la fin du XVe siècle. Pas grand-chose à voir, pour qui ne fait pas un pèlerinage sur les pas de Luther.

🦌🦌🦌 *Le château de la Wartburg :* visite absolument indispensable ! Bus nos 10 et 13 directs toutes les heures de la gare centrale, d'avril à octobre. À partir du parking (payant), des ânes font la grimpette pour les plus flemmards. Visite guidée en allemand et en anglais en saison : d'avril à octobre, tous les jours de 8 h 30 à 16 h 30 ; le reste de l'année, de 9 h à 15 h 30. Entrée assez chère : 6 €. Dépliant en français. Visite sans guide pour le musée du château et la chambre de Luther. Arriver le plus tôt possible et prévoir d'y passer près de 2 h.
La Wartburg est une des plus belles réussites médiévales d'Allemagne et ce n'est pas pour rien qu'elle inspira Louis II de Bavière pour la décoration du château de Neuschwanstein. La vue splendide, la forêt verdoyante, le pont-levis et la longue cour pavée, le lierre errant sur les remparts... tout donne l'irrépressible envie de s'emparer de la place, épée et bouclier en main, d'en chasser les badauds venus de tous pays, d'y installer la princesse de ses rêves et de l'entourer d'un cortège de petits troubadours !
Bon, on plaisante. Mais on aimerait bien pouvoir admirer – sans guide obligatoire – la salle des fêtes et son plafond en bois, la salle des chevaliers, ses voûtes et sa colonne, la salle des troubadours où se déroulaient les joutes

poétiques, le vol plongeant des aigles de la salle des audiences, fresques et mosaïques, corridors et chapelle... Mais sachez quand même que de nombreux éléments de ce décor ne datent que de la fin du XIXe siècle, lorsque la forteresse fut restaurée. Splendide néanmoins...

⚐ *Automobilbaumuseum* *(musée de l'Automobile)* **:** Rennbahn 8. Ouvert du mardi au dimanche de 10 h à 17 h. Entrée : 2,10 €. Intéressant et amusant : les ancêtres des BMW et des fameuses Wartburg, fierté de l'industrie de la défunte RDA.

LA SAXE

Difficile de prétendre vouloir vous faire découvrir toute la Saxe, le plus peuplé et le plus jeune des nouveaux Länder, dans les quelques pages suivantes. Même avec l'arrivée de l'autoroute, qui aura raccourci les distances en transformant complètement l'approche du pays, en quelques années...
C'est un pays en pleine reconstruction que le visiteur découvre, à l'image même de ses villes principales, Dresde et Leipzig, qui renouent avec leur passé en s'en donnant les moyens.
Pour qui ne parle pas la langue de Goethe, mieux vaut préparer son circuit à l'avance (les indications routières sont toujours aussi redoutables à déchiffrer). Les offices du tourisme, généralement très compétents et attentifs, sont là pour réserver des chambres chez l'habitant, solution de dernière minute toujours intéressante financièrement, ou dans un de ces hôtels de la chaîne *Accor* qui ont poussé à proximité de tous les centres historiques.
Pour les amateurs de châteaux et de jardins, une brochure en français, comprenant cinq itinéraires, devrait compléter notre vision de la Saxe, région touristique très fréquentée depuis le XIXe siècle. De quoi vous inciter à pousser, hors des grandes et petites villes pleines de charme citées ici, jusqu'aux monts Métallifères (l'*Erzgebirge*), région d'une beauté austère, où sont fabriqués tous les jouets en bois de Noël, ou jusqu'en Haute-Lusace, au pays des Sorabes, minorité ethnique slave faisant preuve d'une belle vitalité.

DRESDEN (DRESDE)   450 000 hab.   IND. TÉL. : 0351

« C'est la Saxe qui nous accueille... dans cette ville de Dresde qui incarne les richesses, les souffrances et les espoirs de votre pays et de notre continent.... Dresde payant le tribut que l'on sait à la logique implacable de la guerre ; Dresde aujourd'hui renaissante, et qui offre à nouveau à notre regard l'un des plus beaux paysages d'Europe... » (extrait du discours de Jacques Chirac à Dresde, le 3 octobre 2000, à l'occasion du dixième anniversaire de la réunification).
La troisième ville de l'ex-RDA, après Berlin et Leipzig, « joyau de la culture européenne », pour reprendre, une fois n'est pas coutume, les mots du dernier président de la Cinquième République, fut longtemps surnommée « la Florence sur l'Elbe ». Lovée dans les méandres de l'Elbe et bordée par les collines de la « Suisse saxonne », elle devint, grâce à sa situation privilégiée, la résidence des ducs et des rois pendant 700 ans. Rasée à 90 % en 1945, du moins dans sa partie baroque (l'*Altstadt*), la capitale de la Saxe n'en reste pas moins la ville de province la plus visitée grâce à un centre historique reconstruit « pierre par pierre », un célébrissime opéra et des musées parmi les plus riches d'Europe. En revanche, les quartiers construits après 1870, qui l'entouraient telle une ceinture, furent épargnés par la guerre et la destruction. La *Neustadt* (nouvelle ville) est actuellement le plus grand chantier de reconstruction d'Allemagne et nous donne une belle leçon d'architecture du XIXe siècle articulée entre parcs et jardins. La grande crue de l'été 2002 a considérablement endommagé le centre historique : l'opéra Semper et le château Zwinger resteront certainement fermés pour quelque temps.
Quant au reste de la ville, il ne donne pas vraiment envie d'encenser l'urbanisme socialiste... Les environs sont néanmoins magnifiques !

LA SAXE

UN PEU D'HISTOIRE

Dresden vient du vieux slave *drezgajan,* « les gens de la forêt ». La première mention de la ville remonte à 1206. Il s'agit alors d'une simple forteresse qui, durant ce XIIIe siècle, reçoit un fragment de la Sainte Croix (la relique se trouverait aujourd'hui aux alentours de la *Kreuzkirche,* ou *église de la Sainte-Croix*). L'affluence des pèlerins est telle que Dresde a déjà des allures touristiques ! Lors du partage de la Saxe, au XVe siècle, la ville revient au duc Albert, dont la lignée régna sur Dresde jusqu'en 1918. Après l'introduction de la Réforme, en 1539, la cité affirme sa vocation artistique, en se dotant d'édifices de style Renaissance. Ensuite, au début du XVIIIe siècle, elle devient un grand centre du « baroque courtois » pour mieux séduire Auguste le Fort, duc de Saxe, roi de Pologne, et « chaud lapin » notoire : 354 héritiers dont le fameux maréchal de Saxe, Maurice pour les intimes (qui furent quelques-unes à pleurer sa mort, dans les environs du château de Chambord, où il demeurait) ! Quant à Marie-Josephe de Saxe (dont Auguste fut le grand-père), elle donna le jour à trois rois bien français : Charles X, Louis XVI et Louis XVIII.

Profitant d'une certaine stabilité, Dresde connaît rapidement un essor économique sans précédent, décuplé au XIXe siècle par le développement du transport fluvial. Ses manufactures de tabac, ses industries et sa banque (l'une des plus importantes au monde), constituent alors des fleurons incontestables. À cette époque, la ville éclatante s'affirme aussi comme un centre important de la lutte ouvrière, et marque les esprits par des inventions célèbres. Saviez-vous que le soutien-gorge (1895), le lait concentré (1896), le tube de dentifrice (1907), et le filtre à café (1908) ont été conçus ici ? Pas par le même inventeur, non, faut quand même pas exagérer...

Les temps changent. Quand le dernier roi de Saxe, Auguste, abdique en 1918, il prononce une phrase historique : « Démerdez-vous tout seuls ! » Puis vient la nuit du 13 au 14 février 1945, où 245 *Lancaster* lâchent leurs bombes incendiaires sur la ville. Quatre heures plus tard, 529 autres bombardiers surgissent. À 10 h, 450 forteresses volantes américaines et une

Adresses utiles

- **1** Office du tourisme principal
- **2** Office du tourisme
- ✉ Poste centrale
- **3** Gare ferroviaire centrale
- Gare ferroviaire de Neustadt
- Terminal des bus régionaux
- ✈ Aéroport
- **4** Institut français

Où dormir ?

- 10 Jugendgästehaus Dresden
- 11 Jungenhotel « Hostel Die Boofe »
- 12 Hostel Mondpalast
- 13 Hôtel Martha Hospiz
- 14 Gästehaus Metzcalero

Où manger ?

- 19 Café Planwirtschaft
- 20 Raskolnikoff
- 21 Ratskeller Dresden
- 22 Kesselhaus
- 23 Szeged
- 24 Dampfschiff Bierhaus
- 25 Zum Schießhaus
- 26 Dürüm Kebab House
- 27 Radeberger Spezialausschank

Où boire un verre ? Où sortir ?

- 12 Down Town
- 30 Frank's Bar
- 33 Mona Lisa
- 34 Blue Note
- 35 Studentenclub Bärenzwinger
- 36 Hebeda's

À voir

- 40 Zwinger
- 41 Albertinum
- 42 Theaterplatz
- 43 Semperoper
- 44 Brühlsche Terrasse
- 45 Residenzschloß
- 46 Katholische Hofkirche
- 47 Deutsches Hygienemuseum Dresden
- 48 Frauenkirche
- 49 Stadtmuseum
- 50 Fürstenzug
- 51 Pfunds Molkerei
- 52 Kunsthof

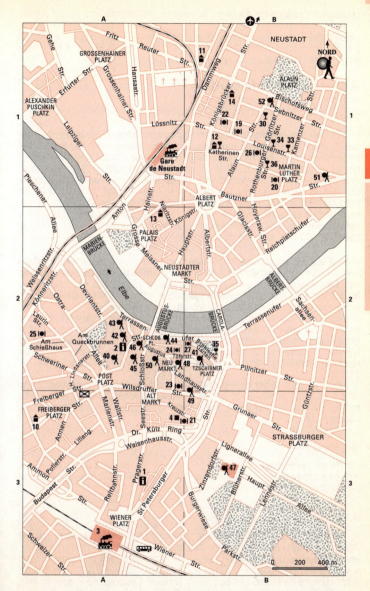

DRESDEN

centaine de chasseurs achèvent le carnage ! Hiroshima fera moins de victimes...

Actuellement en pleine restauration (et plutôt deux fois qu'une après les inondations d'août 2002), Dresde brillera à nouveau de tous ses feux pour les festivités grandioses de son 800e anniversaire, en 2006.

Adresses et infos utiles

Informations touristiques

🛈 *Tourist-Informationen :* deux implantations pour l'office du tourisme. Le premier bureau *(plan A3, 1)* est situé Pragerstrasse 10. ☎ 49-19-20. Fax : 49-19-21-16. • www.dresden tourist.de • Ouvert du lundi au vendredi de 10 h à 18 h, et jusqu'à 14 h seulement les samedi et dimanche. Autre petit bureau dans la *Schinkelwache (plan A2, 2)*, juste en face du *Semperoper*. Même numéro de téléphone, mêmes horaires. Petit guide en français ; catalogue des hôtels, pensions et auberges de jeunesse, très bien conçu ; plan gratuit de la ville. Réservation toujours pratique de chambres chez l'habitant (☎ 49-19-22-22), et billetterie pour l'opéra et divers spectacles.

– Facilitez vos déplacements et visites en achetant la **Dresdner City-Card** valable 48 h, pour 16 €. Ses avantages : gratuité des trams, bus et ferries sur l'Elbe *(Tarifzone Dresden)*, entrée libre dans 12 musées, réductions pour les autres, ainsi que pour certains spectacles et expositions ; visites guidées de la ville et circuits en bateau à vapeur, à prix réduits.
– Également intéressante, la **Dresdner Regio-Card,** valable 72 h, vous coûtera 25 €. Mêmes avantages que la *Dresdner City-Card,* en y ajoutant la gratuité des transports en train express régional *(S-Bahn)* dans les zones de Meissen, Radebeul, Dresde, Pirna, Königstein et Freital ; ainsi que des réductions dans les principaux musées de la région (infos *Cards* : ☎ 49-19-21-11).
– Procurez-vous aussi la revue *Sax,* pour débusquer les bons plans de la ville et de ses environs, et achetez le *Sächsische Zeitung,* le jeudi du moins, pour son supplément culturel de la semaine à venir (spectacles, concerts, films, expos...).

Services

✉ **Poste centrale** *(plan A3)* : Annenstrasse 10. Ouvert du lundi au vendredi de 8 h à 18 h, et le samedi matin. Un *autre bureau* de poste juste à côté de l'office du tourisme principal.

Transports

✈ **Aéroport** *(Flughafen Dresden ; hors plan par B1)* : par la Königsbrückerstrasse. ☎ 881-33-60 (infos vols). • www.dresden-airport.de • Situé à 8 km au nord de l'Elbe. Les bus *Airport-City-Liner* (infos : ☎ 21-21-20) assurent la navette entre l'aéroport et la gare principale *(Hauptbahnhof ; plan A3)* avec, en chemin, quelques arrêts dans le centre-ville. Prix du billet autour de 4 €. Compter 30 mn de trajet. Prenez plutôt, pour la moitié du prix, le RER local, qui passe par les deux gares.
🚆 **Gare ferroviaire principale** *(Hauptbahnhof ; plan A3, 3)* : Am Hauptbahnhof 4 (au bout de Pragerstrasse). ☎ 461-37-10. • www.bahn.de •
🚆 **Gare ferroviaire de Neustadt** *(Bahnhof Neustadt ; plan A1)* : Schlesischer Platz 1. ☎ 461-10-75-53. Trains réguliers et fréquents pour les principales villes allemandes et européennes. Dessertes régionales. À la

gare principale : panneau d'informations localisant quelques pensions et hôtels de la ville, avec leurs tarifs et disponibilités.

- **Terminal des bus régionaux** *(Regionalverkehr ; plan A3)* **:** situé à droite en sortant de la gare ferroviaire principale. ☎ 472-88-03. • www.rvd.de • Gare routière principale pour dessertes régionales uniquement.

- **Transports publics :** Dresdner Verkehrs Betriebe AG, ☎ 857-10-11. • www.dvbag.de • La ville est quadrillée par 18 lignes de tramway (qui circulent également la nuit). Pratique et rapide, le dispositif est renforcé par un vaste réseau de bus et de trains express régionaux *(S-bahn-DB)*. Circulation quotidienne dans tout le réseau de 5 h à minuit environ, sauf pour certaines lignes de bus ; se renseigner. Informations générales, plans et horaires détaillés, achat des tickets auprès du kiosque *DVBAG* situé dans le centre historique *(Altstadt)*, au milieu de Postplatz *(plan A2)*. Achat des billets possible dans les distributeurs automatiques, et points de vente indiqués. Compter à partir de 1,50 € pour un ticket individuel (4 zones de tarification). Vous serez peut-être intéressé par un billet à la journée *(Tageskarte)*, vite rentabilisé. À signaler enfin, les tarifs très avantageux pour les familles *(Familientageskarte)*.

- **Location de voitures :** pour la plupart, les agents sont représentés à l'aéroport et à la gare de Neustadt.

- **Covoiturage** *(Mitfahrzentrale)* **:** une pratique bon marché et très prisée par les étudiants pour voyager un peu partout en Allemagne. Compter 1 € pour 20 km. ☎ 194-40. Voir aussi sur Internet : • www.mitfahrgelegenheit.de •

Divers

- **Institut français** *(plan A3, 4)* **:** Kreuzstrasse 2. ☎ 495-14-78. Fax : 495-41-08. Ouvert le lundi de 13 h à 19 h 30, du mardi au jeudi de 11 h à 19 h 30, le vendredi de 11 h à 16 h, les 1er et 3e samedi du mois de 12 h à 16 h. Films français le mercredi soir, deux fois par mois. Programme culturel, bibliothèque, concerts-expos, festival du Film français chaque année.

Comment se repérer ?

La partie historique de Dresde, *Altstadt*, est située entre la gare principale *(Hauptbahnhof)* et le fleuve, rive gauche. De l'autre côté de l'Elbe se trouve la partie la plus récente de la vieille ville et sa gare, *Dresden-Neustadt*. C'est ici, aux alentours de *Louisenstrasse* et *Alaunstrasse*, que restos et bars ont la cote auprès des jeunes (et moins jeunes) de la ville. Également dans ce quartier, la *Königstrasse* propose boutiques élégantes ou insolites et cafés douillets.

Pour se rendre au centre-ville à pied de la *Hauptbahnhof*, emprunter Pragerstrasse, immense rue piétonne très animée.

Où dormir ?

Campings

- **Mockritz Campingplatz** *(hors plan par A3)* **:** Boderitzerstrasse 30. ☎ et fax : 471-52-50. À 6 km au sud du centre-ville. Bus n° 76 de la gare principale jusqu'à l'arrêt Münzteichweg. Emplacements de 2 à 7 €, et autour de 5 € la nuit par personne. Bien équipé et pas si loin du centre, ce camping propose des emplacements ombragés et sanitaires impeccables; autant d'atouts qui font oublier aux campeurs le bruit de fond permanent dû à la proximité de la route. Souvent complet, arriver tôt le matin pour avoir une place. Bungalows jusqu'à 4 personnes.

▲ **Bad Sonnenland** (hors plan par A1) : Dresdnerstrasse 115, 01468 Reichenberg. ☎ 830-54-95. Fax : 830-54-94. À 15 km au nord de Dresde, sur la route de Moritzburg. De l'autoroute A4-E40, sortie n° 80 : Dresden-Wilder Mann. En bus, départ derrière la gare, ligne n° 326 direction Radeburg, arrêt Bad Sonnenland. Ouvert d'avril à octobre. Réception de 7 h à 22 h. Compter 6 € la nuit par personne, et de 4 à 9 € pour l'emplacement. Un peu loin du centre, mais à proximité d'un lac et d'une forêt aux multiples essences (ombre). Particulièrement bien aménagé, ce camping de 200 places, propre et accueillant, propose également de petites maisons de vacances. Réserver.

Auberges de jeunesse

🏠 **Jungenhotel « Hostel Die Boofe »** (plan B1, 11) : Hechtstrasse 10. ☎ 801-33-61. Fax : 801-33-62. • www.boofe.de • De la gare, tram n° 7. Réception 24 h/24. Chambres à partir de 14,50 € par personne ; petit dej' en sus, autour de 5 €. Danilo Hommel, le patron, connaît les bons plans de derrière les fagots ! Son nouvel hôtel (comme l'ancien, il est situé à deux pas du quartier des noctambules) offre des chambres à 2, 3, 4 ou 5 lits. Toujours d'un bon rapport qualité-prix. Il y a même un sauna.

🏠 **Hostel Mondpalast** (plan B1, 12) : Louisenstrasse, 72. ☎ 56-34-050. Fax : 56-35-055. • www.mondpalast.de • De la gare, tram n° 7, arrêt : Louisenstrasse. Chambres de 4 à 10 lits à partir de 13,50 € par personne ; petit dej' pour 4,50 €. Situé dans un quartier en pleine effervescence dès que le soleil se couche, cet hôtel pour jeunes routards est installé dans une ancienne usine. Au total, une quarantaine de lits répartis en chambres pour 2, 4, 6 ou 10 personnes. La résa s'impose. Accès Internet à 3 € l'heure. Une folle boîte de nuit dans les sous-sols de « l'usine ».

🏠 **Jugendgästehaus Dresden** (plan A3, 10) : Maternistrasse 22. ☎ 49-26-2-0. Fax : 49-26-2-99. • jghdresden@djh-sachsen.de • Station de tramway : Ammon/Freiberger Strasse (lignes n°s 7, 10, 14 et 26). Chambres doubles avec lavabo autour de 20 € par personne ; avec douche et w.-c., 24 €, petit dej' inclus. Carte des AJ obligatoire : de 18,50 à 24,70 € la nuit selon l'âge. Idéalement situé, à deux pas du centre historique, l'établissement a des allures d'usine à gaz ! Sur 6 étages, on trouve 450 lits, répartis dans 170 chambres doubles ou triples (mobilier spartiate), bien tenues. Les sanitaires sur le palier sont impeccables. Possibilité de dîner sur place. Il est indispensable de réserver.

🏠 **Jugendherberge Rudi Arndt** (hors plan par A3) : Hübnerstrasse 11. ☎ 471-06-67. Fax : 472-89-59. • jghdresden.rudiarndt@djh-sachsen.de • De la gare, tram n° 3 ou 5, arrêt à Nürnberger Platz. Chambres de 3 à 12 lits. Carte des AJ obligatoire : de 15 à 17,50 € la nuit. À 10 mn au sud de la gare centrale, dans un quartier résidentiel, calme et verdoyant, cette belle maison propose environ 80 lits et une excellente ambiance distillée par des routards du monde entier. Propreté « à tous les étages » et terrasse agréable par beau temps. Réserver.

🏠 **Jugendherberge Oberloschwitz** (hors plan par B2) : Sierksstrasse 33. ☎ et fax : 266-36-72. La plus éloignée mais la plus sympa. Bus n° 93 ou 61 à partir de la Schillerplatz jusqu'à l'angle de la Tännichstrasse, puis bus n° 84 jusqu'à l'arrêt Malerstrasse. En voiture, le plus simple est de longer le Käthe-Kollwitzufer jusqu'au Loschwitzbrücke. Après, armez-vous d'un plan, c'est un vrai dédale de routes pavées. Ouvert de 16 h à 22 h. Nuitée : à partir de 13 € par personne ; petit dej' en sus, et carte des AJ obligatoire. Située dans un très beau quartier sur une verte colline qui domine la ville, l'auberge propose une cinquantaine de lits, et un confort tout à fait acceptable. Réserver.

Plus chic

- **Gästehaus Bellmann** (hors plan par B2) : Kretschmerstrasse 16. ☎ et fax : 310-81-50. À l'est de la ville, tout près de l'Elbe et du Loschwitzer Brücke. De la gare, tram n° 3, arrêt Pinaischer Platz ; puis tram n° 1 jusqu'à la station Schillerplatz. Chambres doubles entre 45 et 50 € ; petit dej' en sus. Très belle maison jaune entourée de verdure, dans un quartier résidentiel, tenue par un couple délicieux. Chambres impeccables, avec douches et w.-c. sur le palier. Petit parking.

- **Gästehaus Metzcalero** (plan B1, 14) : Königsbrücker Strasse 64. ☎ 810-77-0. Fax : 810-77-11. • www.mezcalero.de • Chambres doubles à partir de 50 € avec petit déjeuner. Chambres à plusieurs lits à partir de 60 €. À deux pas du quartier le plus animé de la ville, un amour d'hôtel calme, drôle, coloré, à l'image de ses propriétaires, qui se sont amusés à redécorer entièrement leur maison sur un thème très « ay, ay, ay » qui ici passe plutôt bien. Salle des petits dej' qui donne le sourire au réveil, ce qui est rare.

- **Pension Loschwitz** (hors plan par B2) : Grundstrasse 40. ☎ 268-77-85. Fax : 267-87-75. Station de tram : Schiller Platz (lignes n°s 1 et 4), puis traverser le pont à pied, la rue est juste en face ; ou prendre le bus n° 84, et descendre à l'arrêt Rißweg. Chambres doubles, au confort de base, avec douche et w.-c. à partir de 65 €, petit dej' un peu riquiqui compris. La pension se trouve dans une grande maison bourgeoise rénovée mais sans vrai charme, non loin du château de Pillnitz, et des bords de l'Elbe. Cartes de paiement refusées.

- **Hôtel Novalis** (hors plan par A1) : Bärnsdorfer Strasse 185. ☎ 821-31-50. Fax : 821-31-80. • novalis.hotel@t-online.de • Au nord de la ville, dans une rue parallèle à Hansa Strasse, et proche de la sortie d'autoroute (A4-E40) Dresden-Hellerau. Tram n° 3 de la gare centrale, arrêt Bahnhof Neustadt ; puis bus n° 328 jusqu'à la station Bärnsdorfer Strasse. À 10 mn en voiture du centre historique. Chambres doubles avec salle de bains de 75 à 100 €. À proximité d'une artère principale de Neustadt, cet hôtel moderne est isolé du bruit par de minuscules petits « jardins parisiens », cultivés avec amour par quelques passionnés. Les chambres, claires, spacieuses et confortables, présentent un excellent rapport qualité-prix. Accueil charmant.

- **Hôtel Martha Hospiz** (plan A2, 13) : Nieritzstrasse 11. ☎ 81-76-0. Fax : 817-62-22. • marthahospiz.dresden@t-online.de • Rive droite et proche du centre. Station de tram : Palaisplatz (lignes n°s 4 et 5). Chambres doubles de 100 à 120 €. Dans une rue perpendiculaire à la Königstrasse (bars, restos, et boutiques chic), cet hôtel centenaire propose des chambres hautes de plafond et décorées avec goût (quelques meubles anciens). Jolie salle de restaurant sur parquet. Excellent accueil.

Où manger ?

Bon marché

- **Raskolnikoff** (plan B1, 20) : Böhmische Strasse 34. Station de tram : Bautzner/Rothenburger Strasse (lignes n°s 6, 11, 13 et 51). Ouvert tous les jours de 10 h à 2 h. Compter de 7,50 à 12 €. Dans une vieille maison, un restaurant où les cuisines, comme les styles de clientèle, se mélangent. À l'intérieur, grandes tablées et vue directe sur la cuisine d'où sortent sur un rythme soutenu des quiches et des salades, mais aussi des spécialités locales (délicieuses, notamment les soupes). Également un bar sympa avec, aux murs, des gravures quasi rupestres (dinosaures communistes !?) et du sable, au sol, qui vous chatouille les pieds. Petite note de jazz et lumière tamisée de rigueur. Agréable cour avec jolie fontaine design pour dîner sur le pouce.

|●| *Café Planwirtschaft* (plan B1, 19) : Louisenstrasse 20. ☎ 801-31-87. Station de tram : Louisenstrasse (lignes n°s 7 et 8). Ouvert tous les jours de 9 h à 2 h. Plats autour de 20 €. À Neustadt, au fond d'une cour, un resto chaleureux, au cadre original : les pieds de tables proviennent de la récupération de vieilles machines-outils ! Cuisine simple et bonne. En été, terrasse au calme, donnant sur une usine désaffectée. Petit dej' le matin, et bar très fréquenté en soirée par une clientèle jeune et décontractée. Service sympa et musique parfois psychédélique.

|●| *Kesselhaus* (plan B1, 22) : Jordanstrasse 2. ☎ 801-14-80. Station de tram : Louisenstrasse (lignes n°s 7 et 8). Ouvert tous les jours de 17 h à 3 h. La panse pleine pour 10 €. Un resto brut de décoffrage qui fait un peu usine ! Si vous supportez l'ambiance et la vue des outils qui ornent ses murs, ainsi que les tuyaux, vannes, et... vieux manomètres, commandez une bière à la pression et de quoi passer le temps et votre fringale. Comme la cuisine est aussi sous pression, vous n'attendrez pas longtemps votre *Kesselsteack mit Setzei und Bratkartoffeln,* plat recommandé pour les gaillards en appétit.

|●| *Ratskeller Dresden* (plan A-B3, 21) : Dr.-Külzring 19, sous le *Rathaus* (hôtel de ville). Station de tram : Dr.-Külring (lignes n°s 1, 8, 9 et 11). Ouvert tous les jours de 11 h à minuit. Compter 10 €. Une vaste cave tout en perspective où l'on trouve toujours de la place. Bonnes spécialités régionales et service efficace. De curieuses phrases et citations gravées sur les piliers de voûte : « La confiance, c'est bien, le contrôle c'est mieux » ou encore « Le plaisir est aussi important que le travail ». Ironie ? À midi, clientèle des bureaux environnants. Aux dernières nouvelles, cette adresse pourrait avoir fermé.

|●| *Dürüm Kebab House* (plan B1, 26) : Rothenburger Strasse 41. En plein cœur de la Aussere Neustadt. Ouvert tous les jours de 10 h à 5 h du matin. Une institution ! Tous les noctambules y passent ; c'est rapide, bon et frais à la fois. Les serveurs sont sympas, et l'on repart après s'être rassasié de *dürüm* ou de *falafel,* pour changer ! Si vous n'êtes pas tenté, essayez le *Süppenbar,* le bar à soupes, tout à côté, au n° 37 (fermé le dimanche). Jouez la carte locale, cette fois, et testez la soupe aux pommes de terre et au saucisson...

Prix moyens

|●| *Zum Schießaus* (plan A2, 25) : Zum Schießhaus 19. ☎ 866-48-30. Station de tram : Postplatz (lignes n°s 1, 2, 4, 8, 9, 11, 14, 42 et 51). Ouvert tous les jours de 11 h à 1 h. L'addition tourne autour de 17,50 €. Jolie cible que cet ancien relais de chasse (XVIIIe siècle) atypique parmi les maisons du quartier. Dans une grande salle rustique (fresques de chasse, armes...) éclairée par des bougies, ou l'été en terrasse, vous apprécierez les spécialités de gibier à moins que vous ne vous contentiez des salades, très copieuses. Accueil sympathique.

|●| *Szeged* (plan A2, 23) : Wilsdrufferstrasse 4-6. ☎ 495-13-71. Tout proche du Stadtmuseum. Station de tram : Pirnaischer Platz (lignes n°s 1, 2, 3, 4, 5, 7, 8 et 42). Ouvert de 10 h à minuit. Compter entre 17 et 20 €. Musique et spécialités hongroises imposantes, dans une salle moderne. Bon poulet au poivron, porc à toutes les sauces, comme le *Joschkas Leibspeise,* au paprika. Vins de l'Est, dont le blanc de Meißen,

DRESDE / OÙ BOIRE UN VERRE ? 623

notamment (une curiosité assez rude !). Service agréable et rapide. Terrasse plaisante sur l'une des artères de la ville.

IOI *Dampfschiff Bierhaus* (plan A2, 24) : à l'angle de Müzgasse et de Terrassengasse. ☎ 484-17-49. Station de tram : Theaterplatz (lignes n°s 4 et 51). Ouvert tous les jours de 11 h à minuit. À partir de 15 €. Bien situé dans une ruelle piétonne, sous la terrasse de Brühl (cf. « À voir dans le centre ancien *(Altstadt)* »). Ceux qui ne pourront s'offrir une croisière sur l'Elbe rêveront à d'autres voyages dans ce « bateau à vapeur » au décor maritime (on entend les sirènes des navires au départ !). Ambiance chaleureuse et assez touristique. Parmi les recommandations du capitaine, la *Tharandter Fischpfanne*, et d'autres spécialités de poisson particulièrement opulentes.

IOI *Radeberger Spezialausschank* (plan B2, 27) : sur la terrasse de Brühl, Terrassenufer 1. ☎ 484-86-60. Ouvert tous les jours de 10 h à 1 h du matin. Un lieu fréquenté autant par les touristes que par les habitants de Dresde, qui viennent savourer en terrasse la vue sur l'Elbe en même temps que la bière régionale, la *Radeberger*, qui existe en plusieurs variantes, à essayer selon l'humeur. Prenez du rôti de porc avec des *Klösse*, ces boulettes de pomme de terre qui vous serviront de lest, si vous vous sentez partir...

Plus chic

IOI *Ars Vivendi* (hors plan par A1) : Bürgerstrasse 14. ☎ 840-09-69. Au nord-ouest immédiat de la gare de Neustadt. Station de tram : Bürgerstrasse (ligne n° 13). Ouvert tous les jours à partir de 17 h. Compter 30 € au minimum. Dans un quartier où les immeubles ont retrouvé de belles couleurs d'antan, ce resto a élu domicile dans une vieille cave au charme feutré. Une note de jazz vient effleurer les tympans, et quelques écorces odorantes sur la table achèvent de mettre en appétit. Le chef propose des menus à thème régulièrement renouvelés, et sa cuisine très fine ne vous fera pas « exploser » dès l'entrée ! Délicieux et stylé. Carte des vins bien fournie.

Où boire un verre ?

Y *Frank's Bar* (plan B1, 30) : Alaunstrasse 80. ☎ 802-67-27. Station de tram : Görlitzer Strasse (ligne n° 13). Ouvert tous les jours de 20 h à 3 h. Cocktails autour de 9 €. Dans une rue très fréquentée par les noctambules, ce petit bar au cadre résolument moderne ne propose pas moins de 200 cocktails. Avec ou sans alcool, voyage culturel garanti. Ambiance détendue sur fond de jazz.

Y *Mona Lisa* (plan B1, 33) : Louisenstrasse 40. ☎ 803-31-51. Station de tram : Görlitzer Strasse (ligne n° 13). Tous les jours à partir de 19 h. Le verre aux environs de 9 €. Un bar très design pris d'assaut par une clientèle jeune, branchée et lookée. Grande variété de bières, cocktails, *soft drinks* et musique techno toujours fort pour attiser les discussions. « Scotchez-vous » au comptoir !

Y *Salopp* (hors plan par B1) : Brockhausstrasse 1, rue donnant sur la Bautzner Strasse. Station de tram : Wilhelminenstrasse (lignes n°s 11 et 51). Ouvert l'été seulement, du mercredi au vendredi à partir de 17 h, et le week-end dès 12 h. Consos autour de 2,50 €. Vous avez bien lu, et le mot est correctement orthographié ! Il s'agit d'une buvette-boîte de nuit en plein air – tout à fait respectable –, sur les bords de l'Elbe. La clientèle jeune se retrouve ici « à la fraîche » pour discuter tout en sirotant. Précision : *salopp* signifie « à l'aise », dans la langue de Goethe.

Où sortir ?

🍸 **Blue Note** (plan B1, 34) : Görlitzer Strasse 2b. ☎ 801-42-75. Station de tram : Görlitzer Strasse (ligne n° 13). Tous les jours jusqu'à 3 h. Consos autour de 5 €. Derrière sa devanture quelconque, un petit bar chaleureux avec quelques photos des plus grands jazzmen ; tel est le cadre de cette humble salle de concert où se produisent périodiquement (le week-end en général) d'excellents orchestres de jazz. Demandez le programme !

🍸 **Studentenclub Bärenzwinger** (plan B2, 35) : Hasenberg. Station de tram : Rathenauplatz (lignes n°s 3, 5, 7 et 8). Généralement ouvert du mercredi au samedi, à partir de 22 h. Consos autour de 2,50 €. La boîte des étudiants de Dresde. Petite cour intérieure avec buvette centrale, et piste de danse sous une voûte !

🍸 **Dance Factory** (hors plan par B1) : Bautzner Strasse 118. ☎ 802-00-66. Pour s'y rendre, tram n° 11 ou 51. Ouvert du jeudi au samedi. Entrée autour de 5 €, et autant pour les consos ; gratuit pour les filles le vendredi ! Trois salles avec thèmes musicaux différents (dance, techno, rock), pour une vague humaine sans précédent (1 500 personnes). Archi plein vers 1 h.

🍸 **Down Town** (plan B1, 12) : Katharinen Strasse 118. ☎ 801-18-59. Au sous-sol de l'usine désaffectée qui abrite l'*Hostel Mondpalast*. Station de tram : Louisenstrasse (lignes n°s 7 et 8). Généralement ouvert les vendredi et samedi, et presque tous les soirs en été, de 10 h à 5 h. Entrée aux environs de 5 €, et consos entre 3 et 7 €. Dans la fureur des watts, la boîte accueille beaucoup d'étudiants sympas le vendredi soir ! Plus âgé le samedi.

🍸 **Hebeda's** (plan B1, 36) : à l'angle de la Rothenburger Strasse et de la Böhmische Strasse. De l'extérieur, on vous l'accorde, ça semble un peu glauque, mais à l'intérieur, ambiance garantie. Si vous ne craignez ni la fumée ni les contacts, vous trouverez ça génial. Sinon, poussez jusqu'au *Kathy's Garage*, à l'angle de la Louisenstrasse et de l'Alaun Strasse, autre adresse où vous ne risquez pas d'être seul au monde, surtout un vendredi ou un samedi soir.

À voir dans le centre ancien *(Altstadt)*

🎭 **Theaterplatz** (plan A2, 42) : le cœur de la vieille ville. Station de tram : Theaterplatz (lignes n°s 4 et 51). Très belle cour pavée, cernée des somptueux vestiges du passé : le *Semperoper*, le *Zwinger*, le *Residenzschloß*, la cathédrale *Katholische Hofkirche*, sans oublier l'Elbe – un monument à lui seul –, qui coule avec nonchalance sous le pont *Augustusbrücke*. D'ici, on se croirait presque à Florence, c'est vrai...

🎭🎭 **Semperoper** (plan A2, 43) : Theaterplatz 2. Station de tram : Theaterplatz (lignes n°s 4 et 51). Construit entre 1871 et 1878 dans le style Renaissance italienne, cet opéra fut le seul en Allemagne à porter le nom de son illustre architecte : Gottfried Semper. L'édifice fut entièrement détruit par les bombardements de 1945, puis reconstruit à l'identique, et inauguré, pour la seconde fois, en 1985. En 2002, il a beaucoup souffert de la crue de l'Elbe, mais il a rouvert ses portes en 2003 pour une programmation éblouissante. C'est ici qu'eurent lieu les premières représentations du *Vaisseau Fantôme* de Wagner et du *Chevalier à la Rose* de Richard Strauss. Les mélomanes feront l'impossible pour assister à une représentation. Programme complet et vente des billets en face du *Semperoper*, dans la **Schinkelwache** (plan A2, 2) du lundi au vendredi de 10 h à 18 h ; ou réservation : ☎ 491-17-05. Fax : 491-17-00. • bestellung@semperoper.de • Prix de la place : entre 6 et 60 €. Un des moments forts de la saison musicale est la *Dresdner*

Musikfestspiele, fin mai-début juin. Le bel édifice peut également s'apprécier de l'intérieur. Visite guidée (☎ 491-14-96) obligatoire : 5 € ; réductions.

✤ Residenzschloß *(château résidentiel ; plan A2, 45)* : Schloßplatz, Georgenbau. ☎ 491-46-19. Station de tram : Theaterplatz (lignes n°ˢ 4 et 51). Ouvert du mardi au dimanche de 10 h à 18 h, et visite de la *tour* d'avril à octobre seulement. Entrée : 4 € ; réductions. En ruine jusqu'en 1984, sa rénovation complète est prévue pour 2006 ; mais d'ores et déjà certaines parties sont ouvertes à la visite. Un porche monumental gardé par deux guerriers patibulaires donne accès à la cour du château (en chantier !) pour admirer les fresques en sgraffite d'inspiration italienne (XVIᵉ siècle). En grimpant dans la **tour Haussmann** *(Hausmannturm)*, qui offre une très belle vue sur la vieille ville (100 m de haut), visez donc le mécanisme qui « alimente » les horloges des façades. Expos temporaires.

✤ Fürstenzug *(procession des Ducs ; plan A2, 50)* : Auguststrasse. Station de tram : Theaterplatz (lignes n°ˢ 4 et 51). Impressionnante fresque murale de 102 m de long, scellée en 1907. Quelque 24 000 carreaux en porcelaine de Meissen racontent l'histoire des rois et des princes de Saxe de 1123 à 1904.

✤ Brühlsche Terrasse *(terrasse de Brühl ; plan A2, 44)* : face au fleuve, on y accède par les larges escaliers de Dimitroffplatz ou encore par la petite cour Georg-Treu, près de l'Albertinum. Station de tram : Theaterplatz (lignes n°ˢ 4 et 51). Achevé en 1738 sur les anciennes fortifications, le « Balcon de l'Europe » était le jardin privé du comte de Brühl, avant son ouverture au public en 1814. Un merveilleux petit parc surplombant l'Elbe, orné de statues curieuses. Allez prendre un « café Mozart » à la terrasse du café *Vis-à-Vis*. Vous paierez la vue, mais avec un peu de chance, quelques musiciens viendront accompagner ce paysage idyllique, délicieusement troublé par les sirènes des vapeurs qui appareillent avec leur cargaison de touristes.

✤✤ Katholische Hofkirche *(plan A2, 46)* : Schloßplatz. Station de tram : Theaterplatz (lignes n°ˢ 4 et 51). La plus grande église de Saxe (4 800 m²). Achevée en 1755 dans le style baroque italien, cette cathédrale catholique de la cour en terre protestante servit les intrigues d'Auguste le Fort – converti miraculeusement au catholicisme – pour obtenir le trône de Pologne. Elle fut reconstruite à l'identique après les bombardements de 1945, avant de devenir *Sanctissimæ Trinitatis* par décret du Vatican en 1980. Somptueux ornements intérieurs rénovés.

✤✤ Frauenkirche *(église Notre-Dame ; plan A-B2, 48)* : Neumarkt. ☎ 498-11-31 (infos visites). Station de tram : Theaterplatz (lignes n°ˢ 4 et 51). Visite intérieure gratuite, toutes les heures de 10 h à 16 h. Faire un don en sortant (soyez sympa !). Un chantier monumental et fascinant ! À l'origine (1743), cet édifice baroque (95 m de haut) était la plus grande église protestante d'Allemagne, et le symbole même de la ville. Elle ne résista pas aux bombardements de 1945, et ses ruines, laissées en l'état, font aujourd'hui l'objet d'un ambitieux programme de reconstruction à l'identique, assisté par ordinateur. L'opération, « échafaudée » par la *Dresdner Bank* et financée par des dons, sera achevée en 2006. Concerts périodiques dans l'église en chantier ; se renseigner.

À voir dans la ville nouvelle *(Neustadt)*

✤ Pfunds Molkerei *(plan B1, 51)* : Bautznerstrasse 79. ☎ 80-80-80. Rive droite, dans la Neustadt. Ouvert du lundi au vendredi de 9 h à 20 h, le week-end, de 10 h à 16 h. « La plus belle crémerie du monde » est une des curiosités de la ville. Fondé en 1880, ce magnifique magasin décoré de faïence ancienne aux ornements colorés est autant un lieu de vente et de dégusta-

tion (plus de 120 sortes de fromages français, italiens et allemands) qu'un but de visite pour les touristes.
IOI *Restauration* au 1er étage.

🍴 *Le Kunsthof* (plan B1, 52) : une arrière-cour à dénicher, entre la Görlitzer et l'Alaun Strasse, pleine de petits magasins de livres ou de déco, de boutiques de fleurs ou de fringues, de bars conviviaux et de maisons d'habitation décorées de façon plus qu'originale. Plusieurs cours, sur plusieurs thèmes (eau, terre, soleil, air) qu'il faut prendre le temps de parcourir, si l'on veut un peu mieux comprendre la vie de ce quartier attachant.

Les musées

🍴🍴🍴 *Zwinger* (plan A2, 40) : ☎ 491-46-19. Plusieurs entrées : par Theaterplatz, Sophienstrasse ou Ostra Allee. Station de tram : Theaterplatz (lignes nos 4 et 51). Chef-d'œuvre du baroque allemand, le palais d'Auguste II dit « le Fort » abrite **5 musées,** dont la fameuse galerie Semper *(Semperbau).* Après les inondations d'août 2002, il a rouvert ses portes. Les musées sont ouverts de 10 h à 18 h.

Construit sur les ruines d'une forteresse au XVIIIe siècle, ce qui ne devait être au départ qu'une orangerie devint une vaste construction flanquée de pavillons reliés entre eux par des galeries. La visite doit commencer par l'extérieur – la longue façade du palais, son étang, ses jardins du Roi – et se poursuivre par la somptueuse esplanade intérieure, avec bassins, statues, et jardinet. Écoutez en passant les cloches du carillon en porcelaine de Meissen... Le *Zwinger* est vraiment l'attraction principale de Dresde, et il faut donc prévoir d'y passer une bonne demi-journée.

🍴🍴🍴 *La galerie des Maîtres anciens* (Gemäldegalerie Alte Meister) : fermé le lundi. Entrée : 4 € ; réductions. Construite par Semper, la galerie présente l'une des plus remarquables collections de toiles de maîtres au monde, avec en vedette, la célébrissime *Madone de Saint-Sixte* de Raphaël. Toujours dans la Renaissance italienne, nombreuses peintures de Botticelli, Titien, Giorgione, Véronèse, le Tintoret. Parmi les autres grands peintres représentés : Rembrandt, Rubens, Van Eyck, Vermeer, Cranach l'Ancien (avec de magnifiques triptyques). Également quelques toiles françaises des XVIIe et XVIIIe siècles signées Poussin, Lorrain et Rigaud. À découvrir enfin, les silhouettes de Dresde et sa région dans les tableaux aussi sublimes qu'imposants de Bellotto, dit « Canaletto le Jeune », peintre italien à la cour du XVIIIe siècle.

IOI 🍷 Pour rester dans l'ambiance, *café-restaurant* très correct pour grignoter léger à partir de 10 h du matin.

🍴🍴 *Rüstkammer* : fermé le lundi. Entrée : 2 € ; réductions. Collection d'armes anciennes, qui mérite une petite visite. Nombreuses armures d'enfants, reconstitution d'une scène de tournoi, armes de représentation magnifiques... Une épée insolite faite avec l'éperon d'un poisson-scie !

🍴🍴 *Porzellansammlung :* fermé le jeudi. Entrée : 3 € ; réductions. Résultat de la faiblesse d'Auguste le Fort pour la porcelaine, cette splendide collection (la seconde au monde, paraît-il !) allie des pièces de la fabrique de Meißen aux inévitables merveilles chinoises. À voir notamment, les vases des dragons, ainsi nommés car ils furent acquis en échange de 600 dragons (pour 14 vases, cela fait très cher le vase !). D'autres vases Ming blanc et bleu d'une beauté pathétique. À cette époque, seuls les Chinois détenaient le secret de fabrication du fameux « bleu de Chine » ; un mystère que les céramistes de Meißen arrivèrent à percer au XVIIIe siècle, tout en imitant les motifs de l'Empire du Milieu.

DRESDE / LES MUSÉES

Le salon des Mathématiques et de la Physique : ouvert de 9 h 30 à 17 h. Fermé le jeudi. Entrée : 2 € ; réductions. D'étonnants instruments de mesure et de travail utilisés par les scientifiques dans les siècles passés : boussoles, longues vues, lunettes astronomiques, pendules et chronomètres de marine, mappemonde, releveur d'angle astral...

Staatliches Museum für Tierkunde : fermé le mardi. Entrée : 1,50 € ; réductions. Petit musée consacré aux animaux...

Albertinum (plan B2, 41) : Brühlsche Terrasse. ☎ 491-46-19. Station de tram : Rathenauplatz (lignes n°s 3, 5, 7 et 8). Ouvert de 10 h à 18 h. Fermé le jeudi. Entrée : 4,50 € ; réductions. Édifié vers la fin du XIX siècle, ce musée tient son nom du roi Albert qui régnait à cette époque. Lors des inondations, les collections ont été, *in extremis*, mises à l'abri.

La galerie des Maîtres nouveaux (Gemäldegalerie Neue Meister) : beaucoup plus classique pour nous, avec quelques toiles des maîtres impressionnistes et expressionnistes (Monet, Renoir, Courbet, Gauguin, Van Gogh, et des sculptures de Rodin). À noter, une ravissante statue habillée que l'on doit à Degas. Les autres pièces sont consacrées aux modernes allemands : Otto Dix s'avère le plus intéressant. Son triptyque, *La Guerre*, est assez saisissant. Séduisant voyage en Somalie évoqué par plusieurs toiles de Georg Kohe. Et aussi, Max Liebermann, Gustav Klimt, Paul Klee... Dans le style, « la voix de son maître », la visite s'achève par des peintures, un rien candides, de l'ex-RDA.

Grünes Gewölbe (voûte Verte) : collection des joyaux les plus précieux d'Allemagne. Des objets d'une valeur inestimable, allant de l'épée recouverte de diamants à une collection de statuettes en or, bois précieux, ivoire et cristaux divers ; en passant par la vaisselle d'apparat un rien lourde ! Il s'agit de l'ancien trésor des électeurs, ducs et rois de Saxe. Ne pas manquer la *Cour de Delhi :* 137 personnages d'or et d'émail, parés de 3 000 diamants, émeraudes, rubis et perles ! Ce chef-d'œuvre représente l'anniversaire du Grand Mogol et demanda sept ans de travail aux seize artistes qui le réalisèrent ! De fabuleux bijoux à voir absolument ! Soyez patients, vous ne serez pas les seuls à vouloir les approcher...

La collection d'art antique (Antikenhalle) : propose une belle série de vases et statues d'époques grecque et romaine. Et l'Égypte ancienne est représentée par quelques momies... Enfin, *le cabinet des Monnaies (Münzkabinett)*, qui complète les salles de l'Albertinum, n'est pas franchement passionnant...

Stadtmuseum (*Musée historique de Dresde ;* plan B2-3, 49) : Wilsdruffer Strasse 2. ☎ 49-86-60. Station de tram : Pirnaischerplatz (lignes n°s 1, 2, 3, 4, 5, 7, 8 et 9). Ouvert de 10 h à 18 h, jusqu'à 20 h le mercredi de mai à septembre. Fermé le vendredi. Entrée : 2,50 € ; réductions. Dans cet ancien bâtiment administratif (XVIII siècle), l'histoire de Dresde est rappelée par des documents et objets très insolites. Du Moyen Âge aux années communistes (affiches, peintures, déco et objets kitsch à souhait !), en passant par une saisissante expo sur les bombardements de 1945. Ne ratez pas la collection sur l'histoire des pompiers, avec son scaphandrier magistral.

Deutsches Hygienemuseum Dresden (plan B3, 47) : Lingnerplatz 1. ☎ 484-66-70. Station de tram : Hygienemuseum (lignes : n°s 10, 13 et 26). Ouvert de 9 h à 17 h, jusqu'à 20 h 30 le mercredi et à partir de 10 h le week-end et les jours fériés. Fermé le lundi. Entrée : 3 € ; réductions. Construit en 1912, ce musée était censé inculquer des règles d'hygiène corporelle et alimentaire à l'ensemble du peuple allemand *(Massenhygiene)*. Les premières salles (les plus intéressantes) relatent l'histoire de ce musée qui fut détourné de son but dans les années 1930 et alimenta les thèses nazies sur la « Rassenhygiene » (à vous faire froid dans le dos). Les salles suivantes sont consacrées au sida, à la digestion, à l'étude du corps humain... Expos temporaires.

Fêtes et manifestations à ne pas rater

Un visage inédit et attachant de Dresde s'offre à celui qui prend le temps de déambuler entre les étalages de ses marchés. De même, tout au long de l'année, la ville est le centre de manifestations culturelles très variées. Une aubaine qui pourrait bien enrichir votre voyage...

Marchés

– *Sachsenmarkt :* ce marché traditionnel – le plus important de la ville – ne réunit pas moins de 200 commerçants le long de *Lignerallee (plan B3)*. Baigné d'innombrables couleurs, parfums et saveurs, il demeure le point de rendez-vous d'un tissu social très varié. Un bon moyen d'approcher l'âme de la ville.
– *Elbemarkt :* chaque samedi de 8 h à 14 h. De la *Sachsenplatz (plan B2)*, rejoindre ce marché aux puces sur les bords de l'Elbe. On y débusque des porcelaines de Meissen abordables, livres, cartes postales, objets de vie courante, et décorations militaires (pour les nostalgiques...). Quelques enfants s'improvisent brocanteurs d'un jour en vendant leurs jouets. Belle effervescence.

Manifestations

– *Flottenparade der Sächsischen Dampfschiffahrt :* chaque année en mai, les antiques bateaux à vapeur de la célèbre compagnie de navigation se livrent à une jolie petite revue navale, « au large » de la *terrasse de Brühl (plan A2)*. Embarquez donc au son des cornes de brume ! Infos : ☎ 86-60-90.
– *Dixielandfestival Dresden :* véritable institution à Dresde, ce festival de jazz compte plus de 30 ans d'existence. Nombreux concerts d'artistes renommés et jeunes premiers, défilés à travers la ville et promenade en bateau lui donnent un petit côté « Nouvelle-Orléans ». Chaque année en mai, au *Kulturpalast (Schloss Strasse ; plan A3)*. Infos : ☎ 486-62-50.
– *Dresdner Stadtfest :* très populaire, la **fête de la Ville** a lieu chaque année en août. Grande bouffe, grande foule. Nombreuses manifestations (arts, musique, parade de navires...) dans l'*Altstadt* et la *Neustadt*. Pour l'édition de 2006 célébrant les 800 ans de la ville, des réjouissances grandioses sont déjà prévues. Infos : ☎ 488-20-06. ● www.dresden-2006.de ●
– *Filmnächte am Albufer :* tout Dresde se rencontre sur l'herbe en juillet-août, juste en face de la *terrasse de Brühl*, pour siroter une bière en regardant un film sur écran géant. Concert en fin de semaine, suivi d'une party. Voir programme dans *Sax* ou dans *Plusz*.
– *Dresdner Herbstmarkt :* chaque année en septembre, ce **marché de l'Automne** propose artisanat traditionnel et spécialités gastronomiques de Saxe. Sur *Altmarkt (plan A3)*. Infos : ☎ 488-16-95.
– *Dresdner Striezelmarkt :* inauguré en 1434, c'est le plus ancien *marché de Noël* en Allemagne. On y trouve bien sûr les fameux *Christstollen*, spécialité pâtissière du temps de l'Avent, les jouets typiques de l'Erzgebirge voisine (les monts dits « Métallifères »), la céramique de Lusace et les célèbres pains d'épice de Pulsnitz. Ne manquez pas de goûter au *Schmandfleck,* pain chaud servi avec du fromage ou du jambon, et de la crème fraîche, et bien sûr au *Glühwein*, l'incontournable vin chaud aux épices. Chaque année en décembre sur l'*Altmarkt (plan A3)*. Infos : ☎ 488-16-95.

➤ *DANS LES ENVIRONS DE DRESDEN*

Le château de Pillnitz *(hors plan par A1)* : ☎ 261-32-60. À la sortie est en longeant l'Elbe. Compter environ 10 km du centre-ville. Trams n° 1, arrêt Kleinzschachwitz. Le parc est ouvert de 5 h à 21 h d'avril à octobre et de 5 h à 18 h de novembre à mars. Les caisses ouvrent de 9 h 30 à 17 h 30, de mai à octobre. Pour la visite guidée d'environ 1 h 30 toutes les heures entre 11 h et 14 h, compter 4 € ; réductions. En dehors de cette tranche horaire, entrée libre. Conseil : acheter un plan du site en français.

Une belle promenade dans les faubourgs « bourgeois » qui mène à une résidence de rêve, bordée d'un côté par les coteaux de vignes. Elle fut construite au XVIIIe siècle par l'architecte du Zwinger de Dresde pour Auguste le Fort, et ouverte au public en 1924. La résidence royale comprend, outre un immense et magnifique parc, deux édifices jumeaux, le *palais de l'Eau* (fermé le mardi) et le *palais de la Montagne* (fermé le lundi), accolés à un troisième, le *Nouveau Palais,* qui ne se visite pas. Admirez les magnifiques frises sous les corniches et la construction, très orientalisantes. On peut voir, outre certaines salles de toute beauté, un *musée* consacré à l'artisanat du XVIIIe siècle et une galerie de tableaux italiens (*Kunstgewerbemuseum*; fermé le lundi). Concerts dans le parc en été. Le mieux est de venir le soir pour se promener en toute tranquillité au bord du fleuve et dans les beaux jardins à la française. De chaque côté, jolis petits palais décorés « à la chinoise ». Ne pas manquer non plus l'étonnante chaloupe-gondole cachée derrière les haies, ainsi que le camélia japonais de plus de deux siècles et sa maison en verre sur rail (en hiver, on la glisse au-dessus de lui pour le protéger du froid et lui assurer une humidité maximum), et l'escalier aux têtes de lions d'où vous verrez les bateaux à vapeur remonter les bords de l'Elbe.

Très belles excursions en bateau sur l'Elbe : Sächsische Dampfschiffahrt, Hertha-Lindnerstrasse 10. ☎ 86-60-90. • www.saechsischedampfschiffahrt.de • Autour de 16 € la croisière. Appareillages tous les jours de mai à septembre à destination de Meißen, Pirna, mais aussi Königstein, le Bastei et la frontière tchèque, sur d'anciens et très pittoresques navires à vapeur avec roues à aubes. Les routards-moussaillons iront à l'embarcadère de la *Sächsische Dampfschiffahrt* sur les quais de la vieille ville (face à la *terrasse de Brühl*). Certaines croisières avec orchestre de jazz.

➤ **Piste cyclable le long de l'Elbe** *(Elbaradweg) :* on peut désormais longer le fleuve à vélo de Hambourg à la frontière tchèque, en ne mettant pied à terre que le temps d'une visite culturelle ou d'un arrêt buffet dans une auberge à l'atmosphère familiale. Chemin bien balisé.

La route du Vin : la *Sächsische Weinstrasse* s'étend sur une cinquantaine de kilomètres de Pirna à Diesbar-Seußlitz en passant par Pillnitz, Dresde, Meißen... Elle vous conduira de caves en vignes, jusqu'au vignoble le plus au nord de l'Europe et aussi au plus petit d'Allemagne (320 ha), et vous proposera un choix de restaurants aux cartes des vins particulièrement fournies. Relativement bien fléché. Suivre les panneaux marron et blanc « Sächsische Weinstrasse ». Renseignements à l'office du tourisme.

MORITZBURG   3 000 hab.   IND. TÉL. : 035207

À 12 km de Dresde, charmant village au milieu des prairies et des bois. On s'y rend avant tout pour son beau château érigé sur un lac. Pour y aller, bus direct n° 326 de la gare centrale de Dresde. De Meißen, bus n° 403. De Radebeul et Radeburg, un petit train à vapeur, le *Lößnitztalbahn,* assure une liaison toutes les 2 h, avec escale à Moritzburg. Un charme fou !

LA SAXE

Adresses utiles

■ *Office du tourisme :* Schloßallee 3b. ☎ 854-0. Fax : 854-20. Dans la rue principale, menant au château. Ouvert de mai à octobre de 10 h à 17 h, le week-end, de 11 h à 15 h. De novembre à mars, seulement en semaine, de 11 h à 16 h. Accueil aimable, et renseignements précis sur les hôtels, restos et visites de la ville. Réservation des chambres chez l'habitant. Nombreuses brochures, en allemand exclusivement.

■ *Change :* banque située Schloßallee, un peu avant l'office du tourisme, avec un distributeur automatique *(Geldautomat)* à l'extérieur.

Où dormir ? Où manger ?

Camping : en venant de Dresde, entre Reichenberg et Moritzburg. Voir la rubrique « Où dormir ? » à Dresde.

■ *Pension « Alte Posthalterei » :* Bahnhofstrasse 1. ☎ 811-03. Fax : 811-05. Dans la rue menant à la gare, et à proximité de Schloßallee. Chambres doubles avec douche et w.-c. autour de 42 €, petit déjeuner inclus. Reconnaissant en vous le « routard pur-sang », la patronne de cet ancien relais de poste à l'architecture typique vous proposera de dormir dans les anciennes écuries ! Ne ruez pas : elles sont rénovées, parfaitement propres et spacieuses. Location de bicyclettes et dîner possibles.

■ |●| *Auberge Waldschänke :* Große Fasanenstrasse. ☎ 86-00. Fax : 860-93. Prendre la route de droite quand on arrive au château. C'est fléché. Chambres doubles entièrement équipées autour de 100 €, petit dej' compris. Au restaurant, compter entre 22 et 25 €. Coquette maison, isolée en pleine forêt, aux chambres agréables et confortables. Cuisine qu'il faut prendre le temps de savourer, dans une salle décorée avec goût, ou sur une terrasse paisible en été. Service stylé. À deux pas du phare *(Leuchtturm)* atypique marquant l'entrée d'un charmant petit port à barcasses (possibilités de promenades)...

|●| *Adamsgasthof :* Markt 9. ☎ 85-70. Chemin sur la droite en sortant du château. Ouvert tous les jours de 11 h à 23 h. Compter environ 15 €. Grande maison fondée en 1675, au fond d'une cour de ferme. Parquet et trophées de chasse. De délicieuses spécialités régionales : sanglier fumé ou goulasch « sauvage », salade concombre-ciboulette gracieusement servie. Quelques poissons. En été, très agréable terrasse sous les arbres, au bord d'un étang.

|●| *Räuberhütte :* Alte Dresdner Strasse. ☎ 812-92. Chemin de droite en entrant dans le village, 500 m après la gare. Ouvert du mercredi au vendredi de 18 h à minuit, et à partir de 12 h le week-end. Fermé les lundi et mardi. Tous les plats autour de 10 €. Un gros cabanon de planches en lisière de forêt, célèbre dans toute la région pour ses grillades au feu de bois et son « thé des brigands », à l'alcool. Musique *live* tous les jours.

À voir. À faire

Le château : ☎ 87-30. Ouvert tous les jours d'avril à octobre, de 9 h à 17 h 30. De novembre à mars, du mardi au dimanche de 10 h à 16 h, sauf en janvier : seulement le week-end. Entrée : 4 € ; réductions. Ancien rendez-vous de chasse du duc Maurice. Édifié au XVIe siècle sur une île artificielle cernée par les eaux d'un lac, ce château splendide fut transformé en palais baroque sous Auguste le Fort. À l'intérieur, déco en trompe l'œil, tentures murales, meubles laqués recouverts d'argent, porcelaines de Meißen et une des plus grandes collections de trophées de chasse au monde. Visible par un corridor vitré, très belle chapelle protestante (1672), consacrée catholique à Noël 1699. Charmant salon de thé au rez-de-chaussée, avec terrasse d'où l'on bénéficie d'une jolie vue sur le lac. Tout proche du château, rendez-vous à la *Faisanderie* pour admirer un phare adorable construit sur la jetée d'un petit port à barcasses.

La réserve de gibier (Wildgehege Game Park) : ☎ 814-88. Dans la forêt, sur la route de Radeburg. Prendre à droite devant le château. Ouvert au public tous les jours de mars à octobre de 10 h à 18 h, d'octobre à décembre de 9 h à 16 h ; le reste de l'année, le week-end seulement, de 9 h à 16 h. Entrée : 2,50 €. Idéale pour distraire les enfants, la réserve ne compte pas moins de 180 animaux de 30 espèces différentes : du sanglier au lynx, en passant par l'aigle, l'élan, la chouette, le cerf ; et sans oublier le loup, le renard et la belette.

– *Location de barques et baignades :* sur Mittelteich, l'étang situé derrière le château.

➢ *Promenades en calèche* à travers la forêt. Départ sur le parking devant le château. Environ 37 € l'heure de calèche pour 4 à 5 personnes.

Fêtes et événements à ne pas manquer

– *Kammermusik Festival :* tous les ans au mois d'août, ce festival de musique classique, réputé dans la région, se tient au château et dans les édifices pittoresques de la ville.
– *Hengstparaden* (show d'étalons) : chaque année, les trois premiers dimanches de septembre.
– *Fischzug* (procession des pêches) : fin octobre ou début novembre, autour des lacs de Moritzburg.

MEIßEN   32 000 hab.   IND. TÉL. : 03521

Célèbre pour ses porcelaines, omniprésentes dans tous les magasins, sur le clocher de la Frauenkirche et jusque dans la Nikolaikirche, qui abrite les plus grandes statues en porcelaines du monde, Meißen est aussi la plus jolie petite ville de Saxe (15 km au nord-ouest de Dresde), dont la naissance remonte à plus de 1 000 ans. Dominée par son château fort et les clochers effilés de sa cathédrale, joliment restaurée dans sa partie médiévale, elle offre aux visiteurs le cœur charmant d'une vieille ville tranquillement installée au bord de l'Elbe, et bordée de coteaux viticoles. Vous n'échapperez pas à la dégustation de son blanc, un vin sec adoré des gens du pays... Mais contentez-vous de regarder la *Meissner Fummel,* une pâtisserie feuilletée très légère dont l'histoire vous sera certainement contée ici ou là ! Et gardez vos euros pour déjeuner en terrasse, autour de l'Albrechtsburg, sur le promontoire rocheux qui domine la ville.

LA CAPITALE DE LA PORCELAINE

La manufacture de Meißen fut fondée en 1710 dans le château de la ville : l'alchimiste J. F. Böttger, cherchant en vain la pierre philosophale, venait de découvrir – une première en Europe – le secret de la porcelaine de Chine. Pour protéger cette invention, la peine de mort fut requise contre tout employé qui en révélerait le procédé, c'est-à-dire le choix de la matière première utilisée : le kaolin, encore exploité de nos jours au nord-ouest de la ville... Signées par deux épées bleues croisées, les porcelaines de Meißen, appelées « Vieux Saxe », ont longtemps été recherchées pour leurs étonnants décors fastueux.

Adresse utile

Office du tourisme : Markt 3. ☎ 45-44-70. Fax : 45-82-40. • www.touristinfo.meissen.de • Ouvert tous les jours de 10 h à 18 h en semaine et jusqu'à 15 h les week-ends et jours fériés. De novembre à mars, jusqu'à 17 h en semaine. Fermé le samedi en janvier. Il propose de bonnes chambres chez l'habitant, moins chères qu'à Dresde. Demander le petit plan en français, et se renseigner sur le parcours des *City-Bus*. Quelques belles balades à bicyclette sont proposées.

Où dormir ?

Prix moyens

Pension Eiscafé : Nossenerstrasse 26a. ☎ 45-40-67. À 10 mn à pied du centre, au-dessus de l'Albrechtsburg, après les virages à droite (ça grimpe un peu). Chambres doubles avec douche et w.-c. autour de 45 €, petit dej' compris. Chambres propres et très calmes, dans une maison avec jardin et terrasse agréables. Réservez.

Pension Meißner Arkaden : Burgstrasse 24. ☎ 45-86-11. Fax : 45-86-13. Dans la rue montant au *Dom*. Chambres doubles autour de 65 €. Petite pension de 3 chambres claires et impeccablement tenues. Au rez-de-chaussée, un resto-salon de thé donnant sur une cour intérieure bien fraîche. Réserver impérativement.

Pension Goldgrund 15 : Goldgrund 15. ☎ 40-12-03. Fax : 40-02-30. À 10 mn à pied au sud du centre historique, près du Stadtpark. Chambres doubles avec salle de bains autour de 55 €, petit dej' compris. Située à la lisière d'un bois, la pension séduira les adeptes du réveil au chant des oiseaux avec ses 5 chambres bien tenues et décorées chaleureusement. Une ligne de train passe devant, mais « ça ne dérange pas » (*dixit* les clients). Accueil attentionné et parking.

Plus chic

Mercure Grand Hôtel Meissen : Hafenstrasse 27-31. ☎ 722-50. Fax : 722-904. • www.mercure.de • Chambres doubles à partir de 86 €. Déjeuner-buffet à 13 €. Installé dans une ancienne villa Art nouveau dans un parc près de l'Elbe, un hôtel de chaîne différent des autres, très cosy, à défaut d'être tout à fait charmant.

Où manger ? Où boire un verre ?

|●| **Vincenz Richter :** An der Frauenkirche 12. ☎ 45-32-85. Derrière la *Frauenkirche*, sur Marktplatz. Ouvert du mardi au vendredi à partir de 16 h ; dès 12 h le samedi, et de 12 h à 18 h le dimanche. Fermé le lundi. Compter entre 20 et 30 €. Un véritable musée que ce resto historique (splendide façade) signalé dans tous les guides allemands. Armes et armures diverses ornent les murs. La petite cour, elle, est beaucoup plus romantique. Goûtez le sandre grillé sur lit d'épinards. Grand choix de vins allemands. Service agréable mais très lent.

|●| **Domkeller :** Domplatz 9. ☎ 45-76-76. Face à la cathédrale (*Dom*).

Ouvert tous les jours de 11 h à 22 h. L'addition tourne autour de 15 €. Situé sur les hauteurs de la vieille ville, essayez à tout prix de vous installer en terrasse. Le panorama est aussi copieux que le contenu des assiettes. Spécialités du cru qu'il convient d'accompagner avec les vins des coteaux environnants. Service rapide et énergique.

|●| *Ratskeller* : Marktplatz 1. ☎ 40-2-47. En plein cœur de la vieille ville. Ouvert tous les jours de 9 h à 23 h. Compter autour de 12,50 €. Cuisine régionale, conformément à la tradition des *Ratskeller*, avec cadre et service soignés. Également buffet froid, simple et sans bavure. Terrasse sur la place.

|●| *Fuchshöhl* : Hohlweg 7. ☎ 40-22-61. Plats entre 8 et 10 €. En montant vers le Burgberg, on passe forcément devant ce petit restaurant qui sent bon l'Italie, dans l'assiette, avec des plats comme une soupe au fenouil ou un agneau aux figues, apportés par des serveurs qui ne se laissent pas abattre. Et allez prendre le dessert en face, au café *Zieger*, qui propose, rassurez-vous, d'autres spécialités que la *Meissner Fummel*...

À voir

¶ *La vieille ville* : en grande partie piétonne. Très jolie place du marché *(Markt)* avec, autour, ses ruelles pavées, ses boutiques pittoresques et l'*église Notre-Dame (Frauenkirche)*, de style gothique flamboyant (XVe siècle), avec des boiseries qui n'ont pas connu d'incendie en 500 ans. Ne pas manquer l'étonnante musique du son carillon de porcelaine, notamment sur le coup de 17 h 30 : on dirait une berceuse. « Bonne nuit les petits ! » Entrée : 1,50 €. Demander la clé du clocher à la personne de permanence. Superbe vue sur les toits de la ville.

¶ *La cathédrale (Dom)* : Domplatz 7. ☎ 45-24-90. Prendre les escaliers des remparts, dans Burgstrasse, à gauche du *Rathaus* sur Markt. Montée assez raide, mais le coin est sensationnel. Ouvert de 9 h à 18 h (de 10 h à 16 h en hiver). Entrée : 2 € ; réductions. La première pierre de l'édifice, plusieurs fois agrandi, fut posée vers le milieu du XIIIe siècle (style gothique primitif). Quelques triptyques de Cranach, de splendides plaques tombales en bronze, des statues et un vitrail du XIIIe.

¶ *Albrechtsburg* : Domplatz 1. ☎ 47-07-10. Ouvert tous les jours de 10 h à 18 h ; dernière entrée à 17 h 30. De novembre à février, ouvert jusqu'à 17 h. Fermé en janvier. Entrée : 3,50 € ; réductions. De signature romane à l'origine, le château fort du margrave Albert fut reconstruit au XVe siècle dans un style gothique (comme la cathédrale). Il devint la résidence des princes de Saxe et de Thuringe, qui ne tardèrent pas à s'installer à Dresde. Entre 1710 et 1863, le bâtiment abritait la fameuse fabrique de porcelaine, à l'origine de la renommée de la ville. À voir : de nombreuses fresques relatant l'histoire de la région et la belle collection de sculptures en bois du XVe siècle. Le *City-Bus* E fait la liaison entre la vieille ville, le château et la manufacture.

¶ *La manufacture de porcelaine (Staatliche Porzellan-Manufaktur)* : Talstrasse 9. ☎ 46-87-00. • www.meissen.de • Au sud-ouest du centre-ville. Manufacture ouverte tous les jours de 9 h à 18 h (17 h de novembre à avril). Entrée aux salles d'exposition : 4,50 € ; réductions. Visite (écouteurs en français) des ateliers de démonstration, toutes les 10 mn. Tarif : 3 € ; réductions. L'histoire de la porcelaine de Meißen est ici évoquée au travers d'importantes collections (3 000 pièces exposées chaque année, sur quelque 20 000 pièces appartenant au musée) prouvant, s'il en était encore besoin, sa renommée internationale. À proximité, dans les ateliers de démonstration, les potiers, modeleurs et autres décorateurs issus du centre de formation de la manufacture vous livrent quelques-uns des grands secrets de sa fabrication. Une visite à suivre absolument pour découvrir, d'abord amusé puis réel-

lement émerveillé (que l'on aime ou non le résultat importe peu!), un savoir-faire transmis de génération en génération.
- 🍴 Également une *boutique* et un *café*.

Achats

- 🍴 **Porcelaine :** à la manufacture ou dans la seule véritable boutique du centre, dans Burgstrasse (n° 6), signalée par l'enseigne aux épées bleues. Ouvert du lundi au vendredi de 9 h à 18 h et le samedi de 9 h à 13 h.
- 🍴 **Ernst Schumann :** Elbstrasse 1; près du *Rathaus*. Très belle épicerie du XIXᵉ siècle. Conserves, tabac, saumon en boîte et vins du pays.

Fêtes et événements à ne pas manquer

- **Altstadtfest :** tous les ans en mai, lors de la très populaire *fête de la Vieille Ville*, musiques et spectacles font vibrer les antiques ruelles.
- **Weinfest :** chaque année en septembre. Succédant aux vendanges des coteaux environnants, la *fête du Vin* déploie ses saveurs dans le centre historique. Dégustations garanties.
- **Dom Musik :** tout au long de l'année, la *cathédrale (Dom)* se transforme en une remarquable salle de concert. Jazz, classique, ou musique d'avant-garde ; demandez le programme !

LEIPZIG

IND. TÉL. : 0341

Deuxième ville de l'ex-RDA, Leipzig offre moins de curiosités apparentes que sa rivale de toujours, Dresde. Mais plus de richesses intérieures, diront ses amoureux...

« Réservoir de la littérature allemande » grâce à son importante concentration d'éditeurs, ville de foires et foyer de révolution socialiste, Leipzig bénéficie à la fois d'un centre historique des plus plaisants et d'une vie intellectuelle qui n'a jamais vraiment cessé. C'est ici qu'il faut venir pour traquer les fantômes de Bach, Wagner, Lénine, Rosa Luxemburg ou Goethe, qui adorait cette ville !

Installés depuis 1545 à Leipzig, les premiers libraires allemands permirent par la suite que s'y développe le commerce du livre, chassé de Francfort au XVIᵉ siècle par une censure trop sévère. En 1845, des émeutes éclatèrent pendant la visite du prince Jean, frère du roi de Saxe. Elles furent si sévèrement réprimées qu'Engels jugea « abominable ce tour imaginé par le despotisme militaire ».

Depuis, Leipzig ne cessa d'être un foyer révolutionnaire : Bebel et Liebknecht y travaillèrent pendant vingt ans à la création du parti social-démocrate ouvrier, Rosa Luxemburg y resta deux ans pour diriger le *Leipziger Volkzeitung*, tandis que Lénine y publiait, en 1900, le premier numéro de son journal révolutionnaire, *L'Étincelle*. C'est également à Leipzig que se tint le procès de l'incendie du Reichstag, au cours duquel le communiste Dimitrov infligea une mémorable défaite au maréchal nazi Goering.

Plus près de nous, en septembre-octobre 1989, les plus grandes manifestations du pays depuis 1953 se produisirent à Leipzig ; 8 000 personnes défilèrent le 25 septembre pour réclamer des réformes. Un mois plus tard, ils étaient 300 000 dans les rues de la ville !

Depuis, la ville a littéralement explosé : on rénove les superbes immeubles de tous les styles (surtout dans le centre), on agrandit et modernise les musées. Bars, restaurants et cafés ont fait leur apparition partout, et le spectacle est dans la rue : musiciens, chanteurs, saltimbanques... Une atmosphère bariolée et chaleureuse aux accents presque méditerranéens. Quant à son importante université, elle fournit une bonne occasion de rencontrer des étudiants allemands ou étrangers.

Adresses et infos utiles

Leipzig Tourism (office du tourisme; plan C1) : Richard-Wagner-Strasse 1. ☎ 71-04-265. Fax : 71-04-271/276. • www.leipzig.de • Face à la gare. Ouvert du lundi au vendredi de 9 h à 19 h, jusqu'à 16 h le samedi, 14 h le dimanche. Chambres chez l'habitant, vente de souvenirs, places de théâtre ou de concert... Plan gratuit de la ville avec lignes de tramway. Brochure très complète en français. Visites guidées à thèmes, dont une sur le thème du café, cher aux habitants d'une ville où Bach lui-même y alla de sa cantate...

– **Leipzig Card :** plusieurs formules. Carte individuelle ou familiale, valable 1 ou 3 jours. Soit 6 ou 12 € pour une personne, ou 20 € par jour pour une famille. Transports gratuits, réductions dans les musées, les visites guidées de la ville et les principales salles de spectacle et de concerts. En vente à l'office du tourisme, aux guichets des services de transports en commun, à la gare et dans certains hôtels.
– Le réseau des **transports en commun** est remarquablement efficace et fonctionne de 4 h à minuit. Ensuite, il y a des bus de nuit. Plans et horaires au *LVB-Mobilitätszentrum,* sur la Kleiner Willy-Brandt-Platz, entre la gare et l'office du tourisme. ☎ 492-17-48.

Poste principale (plan D2) : Augustusplatz 3. Ouvert jusqu'à 18 h en semaine, de 9 h à 12 h le samedi. Fermé le dimanche. Cabines téléphoniques accessibles le week-end. *Autre poste* à la gare.
Internet Café Le Bit : Kohlgartenstrasse 8 (à l'ouest du centre-ville). ☎ 998-20-01. Ouvert du lundi au vendredi de 9 h à 3 h du matin, le week-end à partir de 10 h, le dimanche jusqu'à 1 h. Dans un décor très « avant-garde », petit dej', salades, sandwichs, etc. Pas cher et sympa.
– Il n'y a plus de consulat de France, seulement des **sessions consulaires** à l'Institut français, Lumumbastrasse 11-13, arrêt de tram Nordplatz. À visiter, ne serait ce que pour son architecture.
Gare ferroviaire principale (plan C1) : *consignes,* bien sûr, mais aussi *bureau de poste, distributeurs Visa, restaurants, boulangeries, charcuteries, magasins...* Un lieu incontournable, non seulement parce que c'est une des plus grandes têtes de ligne d'Europe, mais parce que l'immense centre commercial qu'il abrite reste ouvert jusqu'à 22 h du lundi au samedi. Liaison avec l'aéroport de la gare toutes les 30 mn depuis la Osthalle.

Où dormir ?

Camping

Camping Am Auensee : Gustav-Eschestrasse 5, 04159. ☎ 46-51-600. Fax : 46-51-617. À 5 km du centre. Tramways n°s 10, 11 de la

LEIPZIG ET SES ENVIRONS

Adresses utiles
- Leipzig Tourism
- Poste principale
- Gare ferroviaire principale

Où dormir ?
- 10 Hostel Sleepy Lion Leipzig

Où manger ? Où boire un café ? Où boire un verre ?
- 21 Varadero
- 22 Zill's Tunnel
- 23 Paulaner
- 24 Auerbachskeller
- 27 Mephisto
- 28 Zum Arabischen Coffee Baum

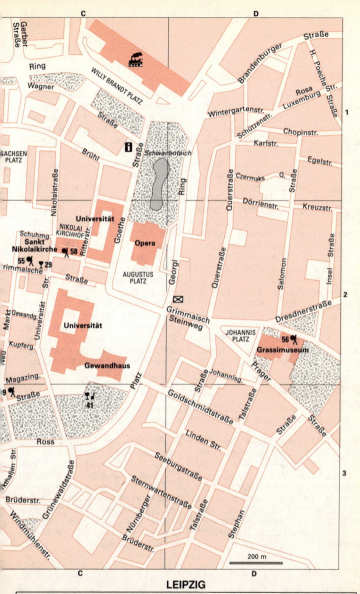

LEIPZIG

- 29 Eiscafé San Remo

Où sortir le soir ?
- 26 Kabarett Pfeffermühlenclub
- 41 Moritzbastei

À voir
- 51 Thomaskirche
- 52 Bachmuseum
- 53 Altes Rathaus
- 54 Neues Rathaus
- 55 Museum der Bildenden Künste
- 56 Grassimuseum
- 57 Stasimuseum
- 58 Sankt Nikolaikirche
- 59 Aegyptisches Museum

gare. Descendre à Wahren (banlieue ouest). Longer la Linkelstrasse, puis la Rittergutsstrasse vers le lac. Compter 4,50 € par jour et par personne, 70 € pour une caravane, 3 à 5 € pour une tente. Possibilité de louer des bungalows autour de 35 €. Bien situé, en plein bois, très calme.

Auberges de jeunesse

- *Jugendherberge Leipzig-Centrum* (hors plan par D1) : Volksgartenstrasse 24, 04347. ☎ 245-700. Fax : 245-70-12. • jhleipzig@djh-sachsen.de • Un peu loin du centre (3 km à l'est), mais bien desservi par les tramways. Ligne n° 1E au départ de la gare, direction Schönefeld, arrêt Löbauerstrasse. Ensuite, 5 mn à pied. Carte de l'AJ obligatoire. Pour une nuit avec le petit dej', compter 18,50 € jusqu'à 28 ans, 21,20 € au-dessus. Immeuble énorme, typique de l'architecture socialiste, mais bien aménagé. Chambres de 2 à 6 lits, douches et w.-c. à l'étage. Réservations possibles à l'office du tourisme.
- *Hostel Sleepy Lion Leipzig* (plan A1-2, **10**) : Käthe-Kollwitz-Strasse 3, 04109. ☎ 993-94-80. Fax : 993-94-82. • www.hostel-leipzig.de • La première *hostel* indépendante de Leipzig a ouvert ses portes en 2001, au cœur de la ville, proposant une cinquantaine de lits, disséminés dans des chambres *clean* au possible, qu'elles soient doubles (compter 18 €) ou fonctionnent en dortoir (compter alors autour de 14 €). Pas de limite d'âge, pas de carte de membre, service 24 h/24, tous les jours. S'il n'y a plus de place, deuxième établissement indépendant jouant la carte *backpacker-friendly*, derrière la gare (200 m à pied) : *Central Globetrotter* (hors plan par C1), Kurt-Schumacherstrasse 41. ☎ 498950. Même style, mêmes prix.
- *Ökumenisches Gästehaus* : Weissdornstrasse 102. ☎ 412-90. Dans un autre style, à 20 mn du centre-ville (lignes n°s 8, 13 et 15, arrêt Parkallee). Les prix varient selon votre situation sociale : cela va de 12 € pour les jeunes sans ressources à 16 € par nuit, avec le petit déjeuner. Personnel très serviable.

Prix moyens

En été, les hôtels font des réductions intéressantes par rapport aux pensions, qui restent assez chères. Se renseigner à l'office du tourisme.

- *Hôtel-Pension Prima* (hors plan par D2) : Dresdnerstrasse 82, 04317. ☎ 688-34-81. À 2 km du centre. Tramway n° 4 de la gare. Descendre à Köhler Strasse. Compter entre 36 et 40 € la double avec petit dej'. Chambres confortables, avec lavabo, TV, radio-réveil, mais douche et w.-c. situés à l'étage. Patron sympathique.
- *Pension am Nordplatz* (hors plan par B1) : Nordstrasse 58, 04105. ☎ 960-31-43. Fax : 56-49-871. À deux blocs du zoo, au départ du Tröndlinring, dans la rue menant à l'église Michaelis. Compter 55 € la nuit avec petit dej'. Mieux vaut téléphoner avant, car c'est souvent complet. Assez confortable et propriétaire accueillante.

Plus chic

- *Hôtel-Galerie Leipziger Hof* (hors plan par D1) : Hedwigstrasse 1-3, 04315. ☎ 697-40. Fax : 697-41-50. Au nord-ouest du centre-ville. Depuis Willy-Brandtplatz, devant la Hauptbahnhof, prendre Brandenburgerstrasse, puis Eisenbahnstrasse qui la prolonge. Hedwigstrasse est sur la gauche. Chambres doubles avec salle de bains et petit dej' de 85 à 165 €. Dans un élégant immeuble du début du XXe siècle, des chambres agréablement meublées et bien tenues, de grandes salles de bains modernes et impeccables, une petite terrasse sur jardin et, comme l'indique le nom de l'hôtel, une importante et originale collection de tableaux contemporains répartie dans tout l'hôtel. Accueil aimable, service prévenant et quartier tranquille.

Où manger ?

– Le moins cher, à Leipzig, comme partout, reste le **kebab**. On ne vous en recommandera qu'un, parce qu'il ne faut pas pousser quand même et qu'il est bon, celui d'*El Amir,* dans la Südvorstadt, sur la Karl-Liebknechtstrasse. Il se fera un plaisir de vous parler en français et de vous raconter sa passion pour la boxe.
– Sinon, il y a aussi les **Asia Imbiss,** dans les roulottes des parkings, pour avaler vite fait une portion de nouilles chinoises avec de la viande. Pour faire plus typique, il y a toutes les **charcuteries,** où vous pouvez avaler une tranche de pain avec une saucisse et de la moutarde.
– S'il fait beau, poussez jusqu'à la Bayerischer Platz pour profiter du **Biergarten de la Bayerischer Bahnhof.** On peut déguster sur place la bière spéciale de Leipzig, la *Gose*. C'est une bière dont on interrompt la fermentation et qui a un goût tout à fait particulier (petit arrière-goût citronné très agréable en été).

Prix moyens

|●| ***Varadero*** (plan B2, 21) : Barfußgäßchen 8. ☎ 960-09-26. Ouvert tous les jours de 11 h 30 à minuit. Un bon resto de spécialités cubaines. L'ambiance est très chaleureuse, peut-être est-ce dû à une forte consommation de cocktails ? Prix corrects.

|●| ***Zill's Tunnel*** (plan B2, 22) : Barfußgäßchen 9, dans la vieille ville. ☎ 960-20-78. Ouvert tous les jours de 11 h 30 à minuit. Entrées de 5 à 8 €, en-cas autour de 8,50 €, plats de 6,50 à 12,50 €. La rue doit son nom aux moines qui l'empruntaient pieds nus pour se rendre au marché ! L'auberge, quant à elle, date de 1841. Belle salle à manger avec des boxes en bois. Terrasse sur rue en été. On vient là pour goûter aux spécialités saxonnes : gigot d'agneau mariné, cerf rôti, soupe aigre-douce, salade aux filets de porc grillés... Un régal.

|●| ***Paulaner*** (plan B2, 23) : Klostergasse 3-5. ☎ 211-31-15. Ouvert tous les jours de 11 h à minuit. Buffet à volonté du lundi au samedi de 11 h à 14 h 30 pour 10 €. Sinon, spécialités bavaroises, autrichiennes et plats de la Thuringe voisine. Un restaurant, un café, un pub, une cour intérieure et une grande terrasse sur la place, le tout installé dans un ancien palais baroque rebaptisé *Paulaner Palais,* carrément.

Plus chic

|●| ***Auerbachskeller*** (plan B2, 24) : dans le passage Mädler, derrière la Marktplatz. ☎ 216-10-10. Deux restaurants face à face : le moderne, ouvert de 11 h jusqu'à point d'heure, et l'ancien, l'historique, ouvert à partir de 18 h seulement. Descendre l'escalier au niveau des statues de bronze. Entrées à partir de 7 € environ, plats à partir de 10 €. Auerbach fonda cette maison en 1525. Mais c'est en 1766 qu'elle allait entrer dans la légende en accueillant un étudiant du nom de Wolfgang Goethe, qui allait s'inspirer des lieux pour écrire la fameuse chevauchée du tonneau par un certain docteur Faust...

Où boire un café ?

« Saxons-buveurs de café », tel est le surnom longtemps donné aux habitants de cette ville de foires, où les cafés sont devenus des lieux de rencontre à la mode dès 1694. C'est à cette date que fut ouvert le plus vieux concurrent du *Procope* parisien, le *Zum Arabischen Coffee Baum* (voir ci-dessous), où se retrouvèrent, au cours des siècles suivants, aussi bien Hoffmann que Wagner, Bach que Goethe. Même les révolutionnaires y élurent leur second domicile. La visite du musée du Café, au troisième étage, s'impose...

▼ **Mephisto** *(plan B2, 27)* : Mädlerpassage, derrière le Markt. ☎ 216-10-22. Ouvert tous les jours de 11 h à 2 h du matin. Encore un endroit qui nous rappelle la présence de Goethe. Joli décor pour ce café aux canapés de cuir vert et fauteuils de cuir rouge. Demandez à un serveur de vous montrer le miroir de Mephisto...

▼ **Eiscafé San Remo** *(plan C2, 29)* : Nikolaistrasse 1. ☎ 211-17-72. Ouvert du lundi au samedi de 10 h à 22 h, le dimanche à partir de 12 h. À deux pas de la Nikolaikirche. Glaces gargantuesques, cocktails exotiques, tartes aux fruits, *cappuccini*...

▼ **Zum Arabischen Coffee Baum** *(plan B1, 28)* : Kleine Fleichergasse 4. ☎ 961-00-61. Ouvert tous les jours de 11 h à 18 h. Assiettes à partir de 10 €, cafés et pâtisseries à partir de 1,70 €. Au-dessus de la porte d'entrée, un Turc enturbanné, à l'air satisfait, offre une tasse de café à un angelot ravi. C'est le lieu de rendez-vous célèbre de Leipzig et le plus ancien café-restaurant d'Europe encore existant (on le mentionne pour la première fois en 1694). Y vinrent les compositeurs Schumann, Liszt, Wagner, et l'inévitable Goethe. Dans la même maison, intéressant petit musée du Café (entrée gratuite).

Où boire un verre ?

On ne peut pas connaître L.E. (terme branché pour parler avec tendresse de Leipzig) sans avoir fait une vraie tournée des bistrots (*Drallewatsch* dans le langage populaire). Pour boire un verre, il faut en fait connaître trois noms de rues, où se concentrent les cafés sympas.
– Allez d'abord dans le centre, dont la piétonisation a permis aux terrasses de se multiplier. Flânez autour de **Barfussgässchen**, ruelle où vous chercherez en vain une horloge : celui qui est heureux de vivre ne doit pas voir le temps passer ni chercher à connaître l'heure de fermeture des troquets et restos. Vous avez certes le choix, mais le week-end les places sont chères. Le *Freisitz*, autrement dit « chaise en plein air », est au Leipzigois ce que le banc du *Biergarten* est au Munichois, ce qui n'est pas peu dire. Particulièrement recommandés : le **Spizz**, avec ses soirées jazz le mercredi, l'**Hundertwasser**, au décor plutôt yuppie...
– Un peu excentrée, derrière la Thomaskirche, de l'autre côté du Ring *(plan A1-2)*, la **Gottschedstrasse** regroupe un maximum de cafés et boîtes de nuit. Difficile de tous les citer, mais vous devriez jeter un œil au **Maga Pon**, un café où l'on boit sa bière tout en faisant sa lessive (eh oui, il y a même des machines à laver). Ou au **Letter Man**, très branché.
– Troisième grand axe, la **Karl Liebknecht Strasse**, au sud, dans le prolongement du Petersteinweg *(hors plan par B2)*. De part et d'autre de cette grande artère se trouvent pas mal de *Kneipen* hautement recommandables, comme le **Flower Power**, Riemanstrasse 42, aux relents d'années 1968. Ou la **Nato**, Karl Liebknecht Strasse 46, cette ancienne maison de rassemblement pour la jeunesse communiste, transformée en café-salle de concert-ciné art et essai. Ou encore le **Puschkin**, plus bas dans la même rue...

– À côté de ces valeurs sûres, il y a des cafés plus retirés qui valent le détour. En particulier **Frau Krause**, resté intact depuis la DDR, dans la Simildenstrasse, à Connewitz, non loin de *Werk II* (voir ci-dessous). Juste en face, il y a d'ailleurs la *Similde*, gérée par des écolos pacifistes, où l'on mange bien et bio pour trois fois rien.
Pour boire de la *Gose*, cette fameuse bière locale, allez à la **Gosenschenke**, à deux pas de la maison de Schiller, Menckestrasse 5.
Enfin, pour sentir l'« ostalgie » qui règne ici, ce grand retour vers les produits, les odeurs, les saveurs du passé, une belle adresse : **Die Zwanzig**, Industriestrasse 20, dans le quartier de Schleussig. En fond de décor, tous les souvenirs de la DDR. Demandez au patron de vous sortir son jeu avec les clous et les marteaux...

Où sortir le soir ?

Moritzbastei *(plan C3, 41)* : Universitätsstrasse 9. ☎ 70-25-90. Situé dans les anciens remparts de la ville, près de la salle de concert *Gewandhaus*. Ouvert tous les jours jusque tard du lundi au vendredi à partir de 10 h, le samedi à partir de 12 h et le dimanche, 14 h. Le plus grand club étudiant d'Europe. Cafés souterrains, discothèque, salles de concert. Concerts certains soirs à partir de 21 h. Il y en a pour tous les goûts dans les nombreuses salles du *Café Barbakane* et du *Bierbar Schwalbennest*, où l'on peut se restaurer en buvant et en écoutant de la musique.

Kabarett Pfeffermühlenclub *(plan B2, 26)* : Thomaskirchhof 16. ☎ 960-24-99. Dans la cour du Bachmuseum, face à l'église Saint-Thomas. Cabaret de 20 h à 22 h tous les jours. Pour ceux qui entendent quelque chose à la langue de Goethe, d'intéressants spectacles politiques et satiriques (Leipzig est la capitale des cabarets !). Bar sinon très agréable dans la cour. Bonne ambiance dans un cadre chaud. Clientèle un peu artiste.

Kulturfabrik Werk II : au sud de la ville, à la Connewitzkreuz, au début de la Kochstrasse. Trams n°s 10 et 11, arrêt Connewitzkreuz. Ouvert du lundi au vendredi de 11 h à 3 h du matin, parfois plus, le samedi à partir de 18 h, et le dimanche à partir de 10 h. Ces anciens bâtiments d'usine ont été rachetés par la ville et transformés en centre culturel. Concerts, spectacles, disco et le café *Constanze*, ouvert de 12 h à minuit.

■ **Opéra** *(plan C2)* : Augustusplatz 12. ☎ 12-61-261. Moins prestigieux que celui de Dresde mais on n'a pas à réserver ses places trois semaines à l'avance ! Réservations du lundi au vendredi de 10 h à 20 h, le samedi jusqu'à 16 h. Spectacles généralement d'une grande qualité, pour des prix bien inférieurs à ceux pratiqués chez nous ! Fini le temps où l'on pouvait voir défiler les *Gretchen* endimanchées pour l'occasion : rangées les robes de mousseline rose ou à grosses fleurs, l'heure est au chic décontracté !

■ **Gewandhaus** *(plan C2)* : Augustusplatz 8. ☎ 127-02-80. Caisse ouverte de 10 h à 18 h, à partir de 13 h le lundi, jusqu'à 14 h le samedi, 1 h avant les concerts le dimanche et les jours fériés. Un orchestre de renommée mondiale et une salle dont le nom est cher à tous les amoureux du classique. Salle moderne (c'est en fait la troisième du nom, depuis sa fondation) mais à l'acoustique exceptionnelle. Remarquer la curieuse fresque à l'entrée. Les places sont là aussi à des prix très accessibles par rapport à ceux pratiqués en France.

À voir

Leipzig est une importante ville de foires (foires du Livre, de la Mode...). Se renseigner, il y a presque toujours quelque chose d'intéressant. Mais ce sont aussi des périodes de forte affluence. Pensez à réserver !

Dans la vieille ville

🍂 **Thomaskirche** (plan B2, 51) : ouvert tous les jours de 9 h à 17 h. Petit guide en français. Belle église à trois nefs et lieu de pèlerinage des mélomanes : une plaque de bronze posée au pied de l'autel rappelle que Bach fut enterré ici, après avoir été vingt-sept ans durant *Kantor*, c'est-à-dire maître de chapelle et directeur musical de ladite église. Il put ainsi composer en toute tranquillité des centaines de cantates et ses *Passion selon saint Jean* et *Passion selon saint Matthieu*. Mozart lui-même fréquenta cette ancienne abbatiale du XIVe siècle, y jouant en 1789. Sans oublier Schumann et Mendelssohn ainsi que Liszt, qui y dirigea sa *Messe de Gran* en 1859. La chorale de garçons de Thomaskirche (qui existe depuis huit siècles) y chante des motets tous les vendredis à 18 h et les samedis à 15 h. Concerts d'orgue donnés régulièrement. L'acoustique est parfaite et l'ambiance émouvante.

🍂 **Bachmuseum** (plan B2, 52) : en face de la Thomaskirche. Ouvert tous les jours de 10 h à 17 h. Entrée : 3 €. Réduction pour les étudiants. Contrairement à ce que l'on pourrait croire, le musée n'est pas installé dans l'ancienne maison du Maître mais dans celle d'un de ses amis, le commerçant Bose. Jean-Sébastien habitait en face, dans l'école jouxtant son lieu de travail. Un lieu idéal pour en savoir plus sur cet organiste né en 1685 à Eisenach, qui dirigea l'orchestre du prince Léopold d'Anhalt, à Cöthen, avant de venir s'installer à Leipzig en 1723. Il y restera jusqu'à sa mort en 1750, laissant derrière lui des œuvres d'une grande richesse d'inspiration : suites, sonates, concertos (dont les fameux *Brandebourgeois*), fugues, œuvres pour clavecin... Certains de ses fils (Carl Philipp Emanuel et Johann Christian, notamment) se révélèrent particulièrement brillants (son arbre généalogique nous apprend que sur les vingt enfants conçus par ses deux femmes, dix n'ont pas dépassé l'âge de trois ans !). En plus des instruments d'époque, manuscrits, portraits, meubles, costumes de travail de J.-S. Bach sont exposés dans cette jolie maison.

🍂 **Altes Rathaus** (plan B2, 53) : Markt 1. Ouvert le mardi de 14 h à 20 h, du mercredi au dimanche de 10 h à 18 h. Entrée : 2,50 €. Construit au milieu du XVIe siècle, l'ancien hôtel de ville est une belle réalisation de la Renaissance allemande. Délaissé en 1905 au profit d'un autre bâtiment, il abrite désormais le *musée d'Histoire de la ville*. Ouvert de 10 h à 18 h. Fermé le lundi. Quelques jolies salles historiques, tableaux, dessins, etc.

🍂 **Neues Rathaus** (plan B3, 54) : Burgplatz. Moins beau mais beaucoup plus impressionnant que l'ancien, avec sa tour verte de 115 m de haut, vestige d'un ancien château fort remplacé au début du XXe siècle par l'actuel hôtel de ville.

🍂 **Augustusplatz** : anciennement Karl-Marxplatz. La place est dominée par l'étonnante tour moderne (140 m de haut) de l'université, l'une des plus importantes de l'ex-RDA. Allez prendre un café ou manger un morceau au restaurant panoramique qui la coiffe (prix qui décoiffent, par contre).

🍂 **Sankt Nikolaikirche** (plan C2, 58) : Nikolaikirchhof 3. Mignonne église romane du XIIe siècle rénovée au XVIe en style gothique. C'est la plus ancienne de la ville. L'intérieur fut entièrement redécoré en style baroque (immenses chapiteaux en forme de palmiers vert pâle). Mais elle est surtout connue désormais pour avoir été le point de départ des grandes manifestations de l'automne 1989, qui ont amorcé le tournant pacifique vers l'unification de l'Allemagne. Lire le récit des événements dans le dépliant en français. Des concerts d'orgue y sont donnés le samedi à 17 h. Juste en face, la *Specks Hof*, joli passage commerçant du début du XXe siècle, entièrement rénové, à l'image de ses sœurs.

🍂 **Schwanenteich** (plan C1-2) : petit parc situé près de la gare. Au milieu de l'étang, une petite maison de bois abrite un couple de cygnes. Un endroit plein de charme. Idéal pour poser son sac à dos si l'on arrive par le train.

Au sud-est du centre-ville

🍴 **Völkerschlachtdenkmal** *(monument de la Bataille des Nations)* : Pragerstrasse. Tram n° 15 de la gare. Visite d'avril à octobre de 10 h à 18 h et de novembre à mars de 10 h à 16 h. Entrée : 3 €. Imposant et étrange, ce monument fut édifié à la fin du XIXe siècle ! C'est ici même qu'eut lieu, en 1813, la bataille de Leipzig qui libéra l'Allemagne des troupes napoléoniennes. On peut gravir les 500 marches pour admirer la vue sur Leipzig et ses environs du haut de ses 91 m.

🍴 **Deutsche Bücherei** *(Bibliothèque allemande)* : Deutscherplatz 1. Tram n° 2 ou 16, arrêt Deutsche Bücherei sur Philipp Rosenthalstrasse, après le parc Friedens (l'immeuble est à droite). Ouvert du lundi au samedi de 8 h à 16 h. Entrée gratuite. Dans un vieux bâtiment, plus de 5 millions de volumes en langue allemande ! À gauche de l'entrée principale, sur trois étages, intéressant *musée du Livre et de l'Écriture*. De très beaux manuscrits chinois, égyptiens, assyriens et arabes. Histoire des signes et de l'imprimerie également.

🍴 **L'église commémorative russe** : en face de la Deutsche Bücherei, de l'autre côté de la grande route. Entrée : 0,50 €. Elle date du début du XXe siècle. Splendide dôme doré.

Les musées

🍴 **Museum der Bildenden Künste** *(musée des Beaux-Arts ; plan C2 et B-C1, 55)* : Grimmaischestrasse 1-7. ☎ 216-99-0. Ouvert le mardi et du jeudi au dimanche de 10 h à 18 h, le mercredi de 13 h à 21 h 30. Fermé le lundi. Entrée : 3 €. Entrée libre le 2e dimanche du mois. Le musée des Beaux-Arts a dû quitter les bâtiments de l'ancienne Cour suprême pour laisser place au Tribunal administratif de Berlin, venu s'installer à Leipzig. En attendant la fin de la construction d'un nouveau et magnifique musée en forme de cube de verre sur la Sachsenplatz, le musée des Beaux-Arts est un peu à l'étroit dans ses locaux provisoires. À voir surtout, la peinture allemande des XVIIIe, XIXe et XXe siècles, ainsi que quelques beaux Cranach et une belle collection d'œuvres hollandaises du XVIIe. Expositions temporaires.

🍴 **Grassimuseum** *(plan D2, 56)* : Johannisplatz 5. • www.grassimuseum.de • Le bâtiment, construit en 1925, est en chantier jusqu'en 2005. Entre-temps, les trois musées qu'il comprend ont élu domicile dans le centre-ville. Commencez par le *musée d'Ethnologie (Museum für Völkerkünde)* dans le Mädlerpassage ; ouvert du mardi au vendredi de 10 h à 18 h, le week-end de 10 h à 17 h ; fermé le lundi ; entrée : 2,50 €. Le **musée des Arts décoratifs** *(Museum für Kunsthandwerk)* se trouve, lui, Neumarkt 20, et le **musée des Instruments de musique** a trouvé refuge, avec sa fabuleuse collection médiévale, Thomaskirchhof 20. Entrée : 3 €.

🍴 **Stasimuseum** *(Museum in der « Runden Ecke » ; plan B1-2, 57)* : Dittrichring 24. ☎ 961-24-43. Ouvert tous les jours de 10 h à 18 h. Entrée gratuite. Exposition permanente très bien faite sur la Stasi, dans les lieux mêmes où elle a exercé. Tous les derniers dimanches du mois, un blockhaus sous le bâtiment est ouvert au public. Effrayant.

🍴 **Aegyptisches Museum** *(plan C3, 59)* : Schillerstrasse 6. ☎ 973-70-10. Ouvert du mardi au samedi de 10 h à 17 h, le dimanche de 10 h à 13 h. Entrée : 2 €. Belle collection d'antiquités égyptiennes, comme on peut s'y attendre.

QUITTER LEIPZIG

En train

Comme pour Dresde, le meilleur moyen d'accès aux villes du pays est le train. Ça tombe bien, la gare de Leipzig *(plan C1)* a longtemps été la plus grande d'Europe, avec pas moins de vingt-sept quais !

➤ *Pour Berlin :* 1 train toutes les heures, direct toutes les deux heures, pour la Hauptbahnhof ou la gare de Zoo.
➤ *Pour Dresde :* 30 trains quotidiens avec un direct toutes les heures.
➤ *Pour Munich :* 1 train toutes les heures.
➤ *Pour Hambourg :* 1 train toutes les heures.
➤ *Pour Varsovie :* 10 trains par jour.
➤ *Pour Prague :* 9 trains quotidiens.
➤ *Pour Paris :* 1 train direct par jour. Sinon, de nombreux trains avec changements.

DESSAU

93 000 hab. IND. TÉL. : 0340

Petit détour en Saxe-Anhalt, le Land voisin pour découvrir la ville de Dessau, qui n'est pas d'un abord très gai : siège des usines de construction aéronautique Junkers, elle fut une cible de choix lors des bombardements de la Seconde Guerre mondiale. Comme c'est aussi la ville des jardins paysagers, de l'architecture néoclassique et surtout du Bauhaus, elle mérite bien ce détour.

Dessau fut, dès la fin du XVe siècle, la résidence des princes d'Anhalt-Dessau qui y développèrent une cour brillante. Au XVIIIe siècle, Léopold Ier inventa la baguette en fer pour charger les fusils par la bouche et imposa à ses soldats la marche au pas (une première dans l'histoire militaire). Quelques décennies plus tard, son petit-fils créa non loin de là, sur les bords de l'Elbe, les plus beaux et les plus grands jardins du monde pour l'époque. Toujours au XVIIIe siècle, l'architecte Friedrich-Wilhelm von Erdmannsdorf y lança l'architecture néoclassique : un immense succès dans toute l'Europe. Plus récemment, au début du XXe siècle, c'est là que naquit, en 1900, Kurt Weill, auteur de l'*Opéra de Quat'Sous,* peu de temps avant que l'ingénieur Hugo Junkers, inventeur du premier avion totalement en aluminium, n'y établisse ses usines de construction. Enfin, dans les années 1920, l'architecte Walter Gropius, créateur du très fameux mouvement du Bauhaus, y fonda son « École supérieure de Création ».

LE BAUHAUS

Si c'est à Weimar que l'architecte Walter Gropius fonda le Bauhaus (en 1919), c'est à Dessau que furent construits, pour la plupart, ses édifices. Le terme « Bauhaus » a deux sens : une école d'architecture et de design, ainsi que le bâtiment pour accueillir celle-ci. L'édifice fut inauguré à Dessau en 1926 ; Gropius y installa son « École supérieure de Création ». À deux pas, dans ce même style froid, anguleux, dépouillé et très fonctionnel qui caractérise l'esprit du mouvement, il fit construire les « Maisons des Maîtres », destinées à loger les professeurs qui venaient y enseigner. Sous la direction de Gropius, Kandinsky, Klee, Feiniger et plusieurs autres artistes importants de l'époque vinrent enseigner à Dessau, jusqu'à la fermeture de l'école par les nazis en 1933. Elle poursuivit néanmoins son œuvre en tant qu'institution privée à Berlin, dirigée par Mies van der Rohe, jusqu'à la Seconde Guerre mondiale. Restauré à partir de 1994, l'ensemble des bâtiments du Bauhaus est classé depuis 1996 patrimoine mondial de l'humanité par l'Unesco.

Adresses utiles

🛈 **Dessau-Tourist-Information** : Zerbsterstrasse 2c. ☎ 204-14-42 ou 194-33. Fax : 204-11-42. Ouvert du lundi au vendredi de 9 h à 19 h, le samedi jusqu'à 12 h. Brochures gratuites très bien faites sur la ville et sa région. Possibilité de dormir chez l'habitant ou dans des pensions : l'office du tourisme vous conseillera et se chargera des réservations.

✉ **Poste** : à l'angle de Kavaliers-trasse et d'Antoinettenstrasse, près du *Rathaus Center*. Ouvert du lundi au vendredi de 8 h à 18 h, le samedi jusqu'à 12 h.

Où dormir ?

🛏 **Foyer du Bauhaus** : Gropiusallee 38. ☎ 65-08-421. Chambres doubles à 27 €. Douche et toilettes à l'étage. Petit dej' non inclus, mais on peut le prendre au restaurant du Bauhaus. Une nuit dans ces murs historiques, pourquoi pas ? Mais on vous prévient, le confort y est à l'image du mouvement architectural : précaire, dépouillé, fonctionnel.

À voir

¶¶ **Bausgebäude** : Gropiusallee 38. ☎ 65-08-421. Ouvert du mardi au vendredi de 10 h à 18 h, le samedi jusqu'à 20 h. Entrée : 3 €. Visites guidées individuelles du lundi au vendredi à 11 h et 14 h (réservations à l'office du tourisme). Il s'agit du plus grand édifice du Bauhaus, créé par Walter Gropius pour y installer son « École supérieure de Création ». Formes carrées, lignes droites, béton, métal et verre, noir et blanc. Dépouillement total, aucun ornement, très fonctionnel. L'édifice fit grand bruit lors de son inauguration en 1926. À proximité, dans la verdure, les **Meisterhäuser** (« Maisons des Maîtres »), construites sur le même principe. Klee, Kandinsky, Feiniger et Gropius lui-même les habitèrent lorsqu'ils enseignèrent au Bauhaus.

¶ **Georgengarten** : Pushkinallee 100, au nord-est du centre-ville. Depuis la Hauptbahnhof, remonter Friedrich Engelssstrasse jusqu'à Pushkinallee. Ouvert toute l'année, jour et nuit. Entrée gratuite. À la fin du XVIIIe siècle, le frère du souverain d'alors ordonna la création d'un parc à l'anglaise qu'il sema de folies néoclassiques, de statues et de parterres de fleurs.

¶ **Schloss Georgium** : au milieu du Georgengarten. ☎ 64-38-74. Ouvert tous les jours de 10 h à 17 h. Entrée : 3 €. Cet élégant manoir néoclassique d'inspiration italienne fut édifié par Friedrich-Wilhelm von Erdmannsdorff, en même temps que les jardins. Il abrite la *Gemäldgalerie,* superbe collection de peintures allemandes (Dürer, Cranach...) mais aussi flamandes et hollandaises.

¶ **Museum für Stadtgeschichte** : Schlossplatz 3a. ☎ 220-96-12. Ouvert du mardi au dimanche de 10 h à 17 h. Entrée : 2,50 €. Du Johannbau, installé dans ce qui reste de l'ancien palais des princes d'Anhalt-Dessau, il ne subsiste aujourd'hui que l'aile Renaissance, les deux ailes baroques et les jardins ayant été détruits lors des bombardements. Ceux qui tiennent absolument à connaître l'histoire de la ville et de sa région pourront le visiter, les autres pourront se contenter de l'extérieur, bel exemple d'architecture du XVIe siècle.

Marienkirche : Zerbsterstrasse, derrière le *Rathaus*. Inutile d'y entrer : c'est devenu un centre de conférences ! À l'origine la plus ancienne église de Dessau. L'édifice du début du XIIIe siècle fut remplacé au XVIe siècle par un édifice plus grand, mêlant gothique tardif et style Renaissance. Théâtre des luttes entre luthériens et calvinistes, Martin Luther y pria. Bien évidemment bombardée lors de la Seconde Guerre mondiale, l'église fut reconstruite récemment.

➤ DANS LES ENVIRONS DE DESSAU

Schloß Mosigkau : Knobelsdorffallee 3. ☎ 52-11-39. À 5 km au sud-ouest du centre-ville, on s'y rend par la route 185. Ouvert de mai à septembre de 10 h à 18 h, en avril et octobre jusqu'à 17 h. Fermé le lundi. Visites guidées (se renseigner à l'office du tourisme). Entrée : 4 €. Beau petit château construit au milieu du XVIIIe siècle pour une princesse d'Anhalt. Si l'extérieur est baroque, l'intérieur est résolument rococo : avalanche de stucs pastel, volutes dorées et plafonds peints... Mais aussi superbe collection de tableaux allemands, flamands et hollandais des XVIIe-XVIIIe siècles (œuvres de Van Dyck, Rubens, Jordaens...), beau mobilier, porcelaines et objets d'art. Ne manquez pas de flâner dans le beau parc à la française, parsemé de roses superbes lorsque c'est la saison, et d'une belle variété d'arbres et arbustes. Petit coup d'œil enfin aux jolies orangeries de part et d'autre du portail d'entrée.

Le parc de Wörlitz : *Wörlitz-Information,* Neuer Wall 103, Wörlitz. ☎ et fax : (034905) 202-16. Situé à 18 km à l'est de Dessau. Pour y arriver : en voiture, prendre la sortie est de la ville, puis la route 185 jusqu'à Oranienbaum ; de là, prendre la route 107 sur la gauche, directe jusqu'à Wörlitz. En train : plusieurs départs par jour depuis la Wörlitzer Bahnhof, à côté de la Hauptbahnhof, la gare principale. En bus : plusieurs départs quotidiens depuis la gare routière (face à la Wörlitzer Bahnhof).
Si le parc est ouvert toute l'année jour et nuit, les nombreux édifices qui le parsèment ont tous des jours, des horaires d'ouverture et des prix d'entrée différents, aussi on vous conseille d'aller directement à Wörlitz-Information pour obtenir tous les renseignements.
Mais au fait, Wörlitz, c'est quoi, exactement ? Un des plus beaux jardins paysagers du monde, tout simplement. Il aura fallu 37 années (de 1764 à 1801) à Léopold III d'Anhalt-Dessau pour réaliser son rêve, qui s'étend sur plusieurs centaines d'hectares. On accourut de toute l'Europe, à l'époque, pour admirer ce parc modèle qui ne fit qu'ajouter à la notoriété déjà bien établie de cette petite cour d'Allemagne. Sur les bords de l'Elbe, c'est un festival de folies néoclassiques, temples gothiques, grottes, statues et cours d'eau dans un écrin de verdure et de parterres de fleurs qui jonchent le jardin à n'en plus finir.
– **Le château de Wörlitz :** ouvert toute l'année du mardi au dimanche de 10 h à 18 h, le lundi à partir de 13 h, d'avril à octobre jusqu'à 16 h 30. Entrée : 4 €. Grande villa néoclassique d'inspiration palladienne, construite à la fin du XVIIIe siècle par Friedrich Willhelm von Erdmannsdorff.

– **Le château de Luisium :** très éloigné du précédent monument, il n'est qu'à 4 km au nord-est de Dessau. Ouvert de janvier à avril et d'octobre à décembre, du mardi au dimanche de 11 h à 16 h 30, et de mai à septembre de 11 h à 18 h. Entrée : 3 €. Cette élégante demeure néoclassique est évidemment une œuvre de Friedrich Willhelm von Erdmannsdorff.

HALLE

260 000 hab.   IND. TÉL. : 0345

Située à 25 km au nord-est de Leipzig, sur les bords de la Saale (plusieurs trains par heure depuis la Hauptbahnhof, sinon autoroute A14, directe), Halle tira autrefois sa richesse de l'exploitation du sel. Très industrialisée au XIXe siècle, elle est d'aspect assez sévère, mais recèle quelques beaux monuments et possède un agréable centre-ville. Intéressant d'y passer une heure ou deux quand on séjourne à Leipzig, ne serait-ce que pour aller sur les pas de Haendel, qui y naquit en 1685.

Adresses utiles

Halle-Tourist-Information : Roter Turm, Marktplatz. ☎ 202-40-33 ou 202-83-71 pour les réservations de pensions ou de chambres chez l'habitant. Fax : 502-798. Ouvert du lundi au vendredi de 10 h à 18 h, les samedi et dimanche de 10 h à 14 h. Brochures.

Poste : Jolliot-Curieplatz. Ouvert du lundi au vendredi de 8 h à 18 h, le samedi de 9 h à 12 h.

Change : à la *Deutsche Bank*, Halle Ritterhaus-Leipzigerstrasse 87-92. ☎ 23-010. Ouvert les lundi, mardi et jeudi de 9 h à 18 h, les mercredi et vendredi jusqu'à 15 h. Distributeur *Visa*.

Où manger ?

Gildenhaus Sankt Nikolaus : Grosse Nikolaistrasse 9-11. ☎ 50-20-67. Compter entre 15 et 20 €. La taverne allemande dans toute sa splendeur : lambris sombres, poutres basses et vitraux. Agréable petite tonnelle sur la rue, avec des géraniums rouges et des plantes vertes partout. Atmosphère chaleureuse et service aimable. Une adresse sympa où l'on peut faire halte après avoir visité la maison de Haendel, juste à côté.

À voir

Marktkirche : Marktplatz. ☎ 517-08-94. Ouvert du lundi au samedi de 10 h à 12 h et de 15 h à 18 h (le mercredi de 15 h à 16 h), le dimanche de 11 h à 12 h. Entrée gratuite, mais les bonnes âmes peuvent faire un don. Superbe dans sa sombre sévérité gothique et comme drapée de noir, son absence d'ornements et ses hautes flèches carrées très élancées sont un parfait exemple d'édifice luthérien. Un tableau de Lucas Cranach à l'intérieur.

Dom : Domplatz. Du lundi au samedi de 14 h 30 à 16 h, le dimanche de 11 h 30 à 12 h 15. Entrée gratuite mais, là aussi, les âmes généreuses peuvent mettre la main au porte-monnaie. Étonnante église médiévale remaniée au XVIe siècle (pas de clocher, des murs blancs aux formes arrondies), emprisonnée au milieu de l'austère résidence des archevêques de Magdebourg.

Schloss Moritzburg : Friedemann-Bachplatz 5. ☎ 281-20-10. Ouvert tous les jours de 10 h à 18 h, le mardi jusqu'à 20 h 30. Entrée : 3,50 €. Gratuit le mardi. Château fort édifié à la fin du XVe siècle par les archevêques de Magdebourg. Bel édifice de style essentiellement gothique tardif, il abrite depuis 1897 un musée *(Staatliche Galerie)*, dont une importante collection de peintures expressionnistes.

🎵 *Händelhaus :* Grosse Nikolaistrasse 566. ☎ 500-900. Ouvert tous les jours de 9 h 30 à 17 h 30, le jeudi jusqu'à 19 h. Entrée : 3,50 €. Gratuit le jeudi. Grande maison à colombages du XVIIe siècle dans laquelle naquit le célèbre compositeur. Le musée possède un intérêt limité. Des concerts ont lieu régulièrement dans la cour. Pour tous renseignements, s'adresser à l'office du tourisme.

🎵 *Halloren und Salinenmuseum (musée des Salines) :* Mansfelder Strasse 52 (à l'ouest de la ville). De 1721 à 1964, c'est là que les *Halloren* (les sauniers de Halle) produisaient le précieux sel. Chaque mois a lieu une présentation publique de la technique de saunage. Se renseigner à l'office du tourisme.

LA SUISSE SAXONNE

La *Sächsische Schweiz,* verte région de la vallée de l'Elbe, s'étend à l'est de Dresde, de Pirna jusqu'à la frontière tchèque. Outre son fleuve romantique, ses fières forêts, ses basses montagnes hantées naguère par Wagner et ses châteaux médiévaux juchés sur leurs rochers, la « Suisse saxonne » offre à ses visiteurs une curiosité géologique unique au monde : d'impressionnants blocs de grès aux formes curieusement géométriques. Localisées dans la montagne d'Elbsandsteingebirge, ces « tables » sédimentaires se formèrent au tertiaire après le soulèvement du socle.

Premier arrêt à **Königstein,** petite ville préservée et entourée de collines et de forêts, sur la rive gauche de l'Elbe, à 30 km au sud-est de Dresde. La forteresse, attraction de l'endroit, est à 2,5 km de la ville (bus fréquents).

Plusieurs trains quotidiens ou bateau chaque matin depuis Dresde. Suivre sinon la route 172 en direction de Pirna, Bad-Schandau, puis Schmilka (frontière tchèque).

Second arrêt à **Hohnstein,** à 38 km au sud-est de Dresde. Un village comme on les aime : près de la nature, dans un coin très vallonné, avec château fort, maisons à colombages, rue pavée, petite église baroque peinte en jaune...

Pour s'y rendre de Dresde : train jusqu'à Pirna, puis bus en direction de Sebnitz (le dernier part vers 21 h). Quelques bus également de Bad-Schandau.

Adresses utiles

🛈 *Office du tourisme de la Suisse saxonne :* am Bahnhof 6, 01814 Bad-Schandau. ☎ (0170) 3208-781. Une agence pour le développement du pays, qui devrait pouvoir répondre à toutes vos demandes.

🛈 *Office du tourisme de Königstein :* Schreiberberg 2, 01824 Königstein. ☎ (035021) 682-61. Fax : 688-87. Situé juste à côté de l'église. Ouvert du lundi au vendredi et le samedi matin. Liste des pensions et chambres chez l'habitant. Également bureau de poste.

🛈 *Office du tourisme de Hohnstein :* Rathausstrasse 10. ☎ (035975) 868-13. Fax : 868-10. Situé dans l'hôtel de ville *(Rathaus).* Ouvert du lundi au vendredi de 9 h à 12 h et de 12 h 30 à 17 h; jusqu'à 18 h le mardi. Réservation des chambres chez l'habitant, plan du village et de ses environs, infos sur les randonnées dans le *National Park,* fêtes et manifestations imminentes.

Où dormir ? Où manger en Suisse saxonne ?

Camping Königstein : Schandauer Strasse 25e. ☎ (035022) 682-24. Au bord de l'Elbe, près de la route 172 et du chemin de fer (suivre les flèches). Ouvert de début avril à fin octobre. Autour de 7,50 € par jour et par personne. Un camping « les pieds dans l'eau » propre et bien ombragé, mais quelque peu bruyant (route et trains à proximité). Également plusieurs bungalows *(Campinghütten)*.

Königstein-Naturfreundehaus : Halbestadt 13. ☎ et fax : (035022) 424-32. Juste en face du terrain de camping, dans la grande maison jaune, de l'autre côté de l'Elbe. Pour s'y rendre, le plus facile est de traverser l'Elbe avec le bac (quai au niveau de la gare) et de marcher 5 mn sur la route de droite. Sinon, aller en voiture jusqu'à Bad-Schandau, traverser l'Elbe, suivre la direction Hohnstein et tourner à gauche, c'est fléché. Fermé en septembre. Compter 20 € avec petit dej'. Sur les berges verdoyantes du fleuve, cette « Maison des Amis de la Nature » porte magnifiquement son nom. Elle propose 40 chambres de 1 à 4 lits, au confort spartiate, mais bien tenues et avec douche et w.-c. Terrain de sport.

Jugendherberge Burg Hohnstein : Am Markt 1, Hohnstein. ☎ (035975) 812-02. Fax : 812-03. Sur la place du village. Autour de 18 € la nuit par personne, petit dej' inclus. Tenez-vous bien : le ravissant château médiéval du village est transformé en auberge de jeunesse ! Cette AJ historique, la première de l'ex-RDA, reçoit plus de 10 000 jeunes tous les ans. En tout, 260 lits répartis en chambres doubles, ou de 5 à 6 personnes. Le site est vraiment splendide et l'établissement bien tenu. Grillades et fondues le soir sous les belles voûtes du *Burgkeller*. La résa s'impose, notamment en été.

À voir

La forteresse de Königstein *(Festung Königstein) :* pour s'y rendre, sentier depuis le village (45 mn de marche) ; ou alors, un petit train part du premier parking jusqu'au pied de la forteresse (le second, en haut, est privé). Vous pourrez ensuite choisir entre la montée à pied (le paysage est magnifique) ou en ascenseur. Ouvert tous les jours d'avril à septembre de 9 h à 20 h ; dernière entrée à 19 h 30. En octobre, jusqu'à 18 h, et de novembre à mars, jusqu'à 17 h. Le tarif est le même quel que soit le moyen d'accès choisi : 4 € ; réductions.

Perché sur un plateau rocheux, le petit fortin d'origine (XIIIe siècle) est transformé, à partir de 1589, en une forteresse redoutable et sans cesse modernisée. En période de crise les rois de Saxe s'y réfugiaient avec leurs richesses. Elle fut donc ville de garnison, mais aussi prison d'État. Célèbre en France depuis l'évasion du général Giraud en 1942. On y a tourné de nombreux films historiques. Du haut des remparts imprenables, vue à couper le souffle. Petit musée militaire, puits de 152 m de profondeur, visite des cellules, magnifique pont-levis, un château, un palais, la salle du trésor, des caves, etc. Brochure explicative en français.

Petits *cafés* dans la cour centrale, où l'on peut très bien grignoter. Très bonne *boulangerie-pâtisserie* qui fabrique des gâteaux inoubliables aux cerises, à la rhubarbe, au fromage blanc, aux prunes (autour de 2,50 €).

Le château fort de Hohnstein : Am Markt. Ouvert de mars à octobre, de 9 h à 17 h. Entrée : 1,50 € ; réductions. Construit à flanc de colline en 1333, il a longtemps appartenu au royaume de Bohême. Le peintre-écrivain surréaliste Max Jacob y séjourna, paraît-il, en 1928. L'endroit fut par la suite destiné à des fins particulièrement tragiques : premier camp de concentration de Saxe dès 1933, il servit jusqu'en 1939 de centre d'entraînement pour les Jeunesses hitlériennes, puis de prison pour les officiers polonais, français ou russes. Après la guerre, les Soviétiques le transformèrent en foyer pour les familles sans toit, puis à nouveau en auberge de jeunesse comme cela avait été le cas en 1924. La boucle est bouclée, et on visite maintenant les cachots où femmes et enfants furent victimes du nazisme, ainsi qu'un petit musée très bien fait qui retrace l'histoire du Jugendburg. On peut également profiter de la vue magnifique qu'offre le château sur le village et la campagne alentour...

Le Bastion *(Bastei)* : célèbre ensemble de rochers dressés comme des colonnes à 200 m au-dessus de la rive droite de l'Elbe. Un pont immense et des passerelles métalliques relient entre elles ces phénoménales tours de grès, donnant à l'ensemble un air de forteresse d'albâtre. Panorama exceptionnel depuis le belvédère du sommet : le fleuve au cours sinueux, la vallée de l'Elbe et les montagnes voisines... Il est recommandé d'y aller tôt le matin ou tard dans l'après-midi (en aucun cas le week-end car il faut faire la queue pour avoir droit au panorama). De Pirna, bus n° 237 ou belle balade à pied pour ceux que le bateau de Dresde a déposés à Kurort Rathen. Si vous êtes motorisé, suivez le fléchage puis laissez votre voiture au parking. Sentiers balisés jusqu'aux villages voisins, avec des parcours allant de 30 mn (comme la *Felsenbühne Rathen*, théâtre de plein air dans les rochers) jusqu'à 3 h pour les hameaux de la vallée. Et 15 000 voies d'escalades magnifiques pour grimpeurs aguerris.

GÖRLITZ
66 000 hab.　　　　　　　　IND. TÉL. : 03581

Bienvenue en Haute-Lusace, où vit toujours une minorité de Sorabes, qui cultivent toujours leurs traditions propres, comme vous le verrez (et l'entendrez) très vite, si vous arrivez un jour de fête...
Située à une centaine de kilomètres à l'est de Dresde (plusieurs trains par jour, et autoroute A4-E40), Görlitz déploie ses charmes pittoresques au bord du fleuve Neiße, frontière naturelle avec la Pologne depuis 1945. La ville est signalée pour la première fois en 1071, mais c'est au XIIIe siècle qu'elle affirme sa réputation de cité marchande dominante dans la région. Rattachée au royaume de Bohême au XIVe siècle, elle connut ses heures de gloire aux XVe et XVIe siècles, avec la prospérité de ses commerçants, mais surtout de ses maîtres drapiers. Görlitz acquit alors un prestige culturel et philosophique, avant de connaître l'occupation des grognards de Napoléon. C'est sa fameuse manufacture de tissu qui a fait de la ville un pôle industriel florissant. De vieilles façades rénovées en pavés usés, on est émerveillé par la subtile harmonie des styles d'architectures : gothique, Renaissance, baroque, Art nouveau ; autant de signes extérieurs de richesse (3 500 maisons classées monuments historiques), épargnés des mains des Prussiens en 1815 et par les bombardements de la dernière guerre.

Adresses utiles

Office du tourisme : Obermarkt 29. ☎ 475-70. Fax : 47-57-27. ● www.goerlitz.de ● goerlitzinformation@t-online.de ● Ouvert du lundi

GÖRLITZ

au vendredi de 10 h à 18 h 30 (16 h le samedi, 13 h les dimanche et jours fériés) sauf en janvier et février. Dans une somptueuse demeure où Napoléon descendit en 1813. Aujourd'hui, l'accueil est loin d'être aussi prestigieux, mais les infos essentielles s'y trouvent : liste des chambres chez l'habitant, visite guidée, plan de la ville avec ses principaux monuments.

✉ **Poste :** sur la Postplatz, dans le centre.

Où dormir ?

Auberge de jeunesse

🛏 *Jungendherberge Görlitz :* Goethestrasse 17. ☎ 40-65-10. Fax : 66-17-75. Situé derrière la gare, d'où vous prendrez le tramway n° 1, arrêt Goethestrasse. C'est à quelques pas. Compter 15 € la nuit par personne (17 € pour les plus âgés), petit dej' inclus. Installée dans une vieille maison de charme (hall d'entrée pittoresque), cernée par la végétation, l'auberge abrite une centaine de lits répartis en chambre de 4 à 8 personnes. Également quelques doubles bien tenues, toutes avec douche et w.-c. Terrain de sport.

Prix moyens

🛏 *Hôtel Bon Apart :* Elisabethstrasse 41. ☎ 480-80. Fax : 48-08-11. • i-m@i-m.ecomp.de • De la gare, tramway n° 1 jusqu'à Demianiplatz. Hôtel à façade rouge. Toutes les chambres doubles avec salle de bains valent autour de 60 €. Le patron, François, est à moitié français, ce qui justifie le jeu de mot historique sur le nom de l'hôtel. Mais la facétie s'arrête là. Aménagées dans de grands appartements magnifiques, les 32 chambres, meublées design, ont une classe folle. Beaucoup de goût et excellent rapport qualité-prix.

🛏 *Pension Drehscheibe :* Landeskronstrasse 26. ☎ et fax : 31-41-49. Au sud-ouest du centre-ville. De la gare, prendre à gauche la Bahnhofstrasse jusqu'à la Brautwiesenplatz. La pension fait l'angle de la rue. Chambres doubles avec douche et w.-c. pour environ 45 €, petit dej' inclus. Inspiré par les façades aux mille teintes de ce quartier pittoresque, vous rêverez certainement en couleurs dans les chambres impeccables et lumineuses de cette pension. Excellent accueil !

🛏 *Pension « Haus Wiesbaden » :* Schulstrasse 7. ☎ 42-08-50. Fax : 420-85-55. Devant la gare, prendre la rue piétonne et commerçante Berliner Strasse, c'est la 1re à droite (5 mn de marche). Chambres doubles avec douche et w.-c. autour de 50 €, petit dej' compris. Dans un immeuble à la belle façade jaune et blanc, au fond de la cour. Des chambres calmes, propres et infiniment spacieuses. Mieux vaut réserver. Parking.

Où manger ?

🍴 *Kartoffelhaus :* Steinstrasse 10. ☎ 41-27-02. Tout proche de l'Obermarkt (rue adjacente). Ouvert tous les jours à partir de 11 h. Compter autour de 12,50 €. Le cadre fait dans le rustique chaleureux, comme la cuisine. Vous l'aviez deviné, la pomme de terre est servie ici en salade, purée, robe de chambre, avec une viande grillée (bœuf ou cochon)...

LA SUISSE SAXONNE

Plus chic

|●| Le Trou Normand : Untermarkt 13. ☎ 41-70-37. Sur la plus belle place de la ville. Addition autour de 20 €. Un petit coin de France, installé au rez-de-chaussée d'un immeuble somptueux, que les gens de la région fréquentent plus que les touristes.

Où boire un verre ?

🍷 Zur Schwarzen Kunst : Neißstrasse 22. Ouvert du mardi au dimanche de 12 h à minuit. Fermé le lundi. Le verre est autour de 5 €. Bienvenue dans cet atypique bar-musée de l'imprimerie, où les tables des clients côtoient, dans une succession de caves voûtées, des caractères typographiques, vieilles presses à bras, pierres lithographiques...

🍷 Vierradenmühle : Hotner Strasse. Juste en dessous de l'église Peterskirche, et au niveau de la cataracte sur la Neiße. Ouvert du lundi au samedi de 11 h à minuit, le dimanche jusqu'à 22 h seulement. Le seul bistrot de Görlitz situé en bordure du fleuve Neiße, avec, en terrasse, une vue directe sur la Pologne, rive droite. À l'intérieur, admirez la dynamo qui produit de l'électricité depuis 1920, au seul moyen du débit de la rivière.

À voir. À faire

Untermarkt : en arrivant par la Brüderstrasse, vous voici sur la plus fastueuse des anciennes places commerçantes de la ville, où les styles gothique, Renaissance et baroque se mélangent harmonieusement. Tout de suite sur la gauche, le *Rathaus* (hôtel de ville), bâtiment du XIVe siècle pourvu d'un bel escalier extérieur (1539) et d'une tour majestueuse, domine deux magnifiques maisons à arcades : le *Schönhof* (1526) – plus vieille demeure bourgeoise de la Renaissance allemande – suivie du *Lange Läuben* (halle aux tissus). À l'angle de Neißstraße (n° 30), remarquez la *maison baroque* (1726) qui abrite les collections d'art de la ville (visite du mardi au dimanche de 10 h à 17 h). Juste en face, la bâtisse gothique *Brauner Hirsch* fut le centre intellectuel de Görlitz au XVIIIe siècle. Sur la face nord de la place, vous escaladerez du regard l'ancienne *Ratsapotheke* (pharmacie) Renaissance et son double cadran solaire (1550), suivie au n° 22 du *Flüsterbogen* (arc chuchoteur), beau portail aux vertus acoustiques éprouvées par de nombreux touristes. Enfin, derrière vous, l'*Alte Börse* (ancienne bourse), magnifiquement décorée, est le plus vieux monument baroque de la ville (1706).

Obermarkt : une autre belle place marchande, fermée à l'ouest par l'ancienne porte (1376) surmontée de sa tour *(Reichenbacher Turm)*. Façades magnifiques. Au n° 29 *(office du tourisme)*, demeure superbe qui servit de pied-à-terre à Napoléon en 1813, et dont on prétend qu'il passa ses troupes en revue depuis le balcon central. Attardez-vous enfin devant l'église **Dreifältigkeitskirche** (XIVe-XVe siècles), réputée pour ses trésors d'art religieux.

Sankt Peterskirche : surplombant la Neiße, au nord-est de la ville. Ouvert du lundi au samedi de 10 h 30 à 17 h, et de 11 h 30 à 17 h les dimanche et jours fériés. Entrée libre.
Achevée en 1497, à l'emplacement d'une basilique romane du XIIIe siècle, cette église, la plus grande de la ville, est réputée pour son orgue (XVIIIe), et sa crypte Saint-Georg, magnifiquement voûtée. Juste sur le parvis, c'est dans le *Renthaus*, plus ancien bâtiment public de la ville (XIIe), que l'on entreposait les précieuses teintures bleues, tant prisées par l'industrie textile.

DANS LES ENVIRONS DE GÖRLITZ

Saint-Sépulcre *(Heiliges Grab)* : au nord-ouest du centre-ville, la réplique parfaite du Saint-Sépulcre de Jérusalem, érigée au XVe siècle par Georg Emmerich (fils du maire de l'époque). On prétend qu'il rapporta de son pèlerinage les plans du bâtiment sacré.

Karstadt : les Galeries Lafayette locales ! Dans cet édifice imposant, construit vers 1913 dans le style Art nouveau, admirez l'immense verrière surplombant la cour intérieure harmonieusement décorée, d'où un escalier somptueux donne accès à trois étages flanqués de colonnes élégantes. Il s'agit du dernier temple de la consommation de ce style encore en état. Puis, en descendant la Berlinerstrasse, jetez un œil à gauche dans le pittoresque *passage Strasbourg* qui recouvre, de sa superbe verrière, les boutiques chic de Görlitz. Beaucoup de charme.

Neißeviadukt : au sud-est de la ville, les 35 arches délicatement cambrées de ce viaduc (475 m de long pour 35 m de haut) accompagnèrent l'expansion économique de Görlitz vers l'est...

➤ **Passer en Pologne :** traverser le pont qui enjambe la Neiße, frontière liquide, a toujours quelque chose d'excitant. En face, la ville polonaise de *Zgorzelec* était la partie est de Görlitz avant que la ligne Oder/Neiße ne délimite les deux pays après la dernière guerre. Si les élégantes façades grisonnantes affichent un charme désuet qui plaira à certains (le contraste est saisissant), on y vient surtout pour acheter vodka et cigarettes à des prix défiant toute concurrence. N'oubliez pas votre passeport, et si vous êtes en voiture, permis de conduire et certificat d'assurance internationaux. Enfin, soyez sur vos gardes, car la proximité immédiate de l'Ouest – riche et pimpant – génère une petite délinquance locale...

➤ DANS LES ENVIRONS DE GÖRLITZ

Bautzen : située à 52 km à l'est de Dresde et 43 km à l'ouest de Görlite, sur le cours supérieur de la Spree, Bautzen présente un aspect médiéval et baroque assez authentique. On peut apercevoir depuis l'autoroute A 4 la silhouette de la vieille ville aux 17 tours et bastions, avec son enceinte presque intacte.
Centre bien vivant de la Haute-Lusace, Bautzen a fêté son 1 000e anniversaire en 2002. Malgré son grand âge, et grâce aux innombrables reconstructions et rénovations qui se sont poursuivies depuis la Chute du Mur, la ville est restée jeune et guillerette.
Si vous avez le courage de monter ses 500 marches, c'est du haut de la « tour penchée », édifiée en 1492, que vous pourrez découvrir le mieux le tissu urbain de Bautzen, avec ses quelque 1 300 monuments recensés, dont le *château d'Ortenburg* et la *cathédrale Saint-Pierre,* seule église historique simultanément protestante et catholique dans l'Est de l'Allemagne (les protestants utilisent le hall et les catholiques le chœur depuis 1524). Mais c'est autour de la *place du Marché* qu'il faudra vous balader pour sentir l'atmosphère de cette ville sorabe et saxonne à la fois, où le peuple slave, venu de l'Est au VIIe siècle, a gardé nombre de ses traditions : on enseigne le sorabe dans les écoles, les pièces de théâtre sont données dans les deux langues...
Bautzen et la Haute-Lusace ont fait tour à tour partie de la Hongrie, de la Pologne, de la Bohême, avant d'être rattachés à la Saxe en 1635, lors de la guerre de Trente Ans.
Si vous avez la chance de passer par là quelques semaines avant Pâques, vous allez craquer pour les œufs et les céramiques décorés à la main et vendus sur les marchés. Quant à la cuisine sorabe, ce n'est rien de dire qu'elle est à la fois simple et nourrissante.

Office du tourisme de Bautzen : Hauptmarkt 1, 02625. ☎ (03591) 42016. ● www.bautzen.de ●

LA SUISSE SAXONNE

NOTES PERSONNELLES

NOTES PERSONNELLES

NOTES PERSONNELLES

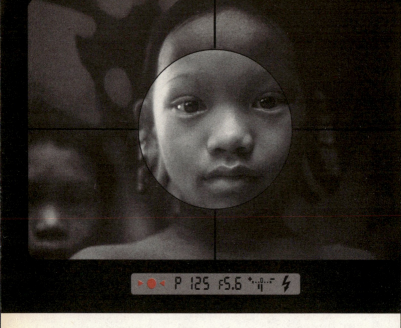

Les peuples indigènes peuvent résister aux militaires ou aux colons. Face aux touristes, ils sont désarmés.

Pollution, corruption, déculturation : pour les peuples indigènes, le tourisme peut être d'autant plus dévastateur qu'il paraît inoffensif. Aussi, lorsque vous partez à la découverte d'autres territoires, assurez-vous que vous y pénétrez avec le consentement libre et informé de leurs habitants. Ne photographiez pas sans autorisation, soyez vigilants et respectueux. Survival, mouvement mondial de soutien aux peuples indigènes s'attache à promouvoir un tourisme responsable et appelle les organisateurs de voyages et les touristes à bannir toute forme d'exploitation, de paternalisme et d'humiliation à leur encontre.

Survival
pour les peuples indigènes

Espace offert par le Guide du Routard

❏ envoyez-moi une documentation sur vos activités   ❏ j'effectue un don

NOM   PRÉNOM   ADRESSE

CODE POSTAL   VILLE

Merci d'adresser vos dons à Survival France. 45, rue du Faubourg du Temple, 75010 Paris.
Tél. 01 42 41 47 62. CCP 158-50J Paris. e-mail : info@survivalfrance.org

Les conseils *nature* du Routard

avec la collaboration du WWF

Vous avez choisi le Guide du Routard pour partir à la découverte et à la rencontre de pays, de régions et de populations parfois éloignés. Vous allez fréquenter des milieux peut être fragiles, des sites et des paysages uniques, où vivent des espèces animales et végétales menacées.
Nous avons souhaité vous suggérer quelques comportements simples permettant de ne pas remettre en cause l'intégrité du patrimoine naturel et culturel du pays que vous visiterez et d'assurer la pérennité d'une nature que nous souhaitons tous transmettre aux générations futures.

Pour mieux découvrir et respecter les milieux naturels et humains que vous visitez, apprenez à mieux les connaître.
Munissez vous de bons guides sur la faune, la flore et les pays traversés.

❶ **Respectez la faune, la flore et les milieux.**
Ne faites pas de feu dans les endroits sensibles - Rapportez vos déchets et utilisez les poubelles - Appréciez plantes et fleurs sans les cueillir - Ne cherchez pas à les collectionner... Laissez minéraux, fossiles, vestiges archéologiques, coquillages, insectes et reptiles dans la nature.

❷ **Ne perturbez d'aucune façon la vie animale.**
Vous risquez de mettre en péril leur reproduction, de les éloigner de leurs petits ou de leur territoire - Si vous faites des photos ou des films d'animaux, ne vous en approchez pas de trop près. Ne les effrayez pas, ne faîtes pas de bruit - Ne les nourrissez pas, vous les rendrez dépendants.

❸ **Appliquez la réglementation relative à la protection de la nature,** en particulier lorsque vous êtes dans les parcs ou réserves naturelles. Renseignez-vous avant votre départ.

❹ **Consommez l'eau avec modération,**
spécialement dans les pays où elle représente une denrée rare et précieuse.
Dans le sud tunisien, un bédouin consomme en un an l'équivalent de la consommation mensuelle d'un touriste européen !

Les conseils *nature* du Routard (suite)

❺ **Pensez à éteindre les lumières, à fermer le chauffage et la climatisation** quand vous quittez votre chambre.

❻ **Évitez les spécialités culinaires locales à base d'espèces menacées.** Refusez soupe de tortue, ailerons de requins, nids d'hirondelles…

❼ **Des souvenirs, oui, mais pas aux dépens de la faune et de la flore sauvages.** N'achetez pas d'animaux menacés vivants ou de produits issus d'espèces protégées (ivoire, bois tropicaux, coquillages, coraux, carapaces de tortues, écailles, plumes…), pour ne pas contribuer à leur surexploitation et à leur disparition. Sans compter le risque de vous trouver en situation illégale, car l'exportation et/ou l'importation de nombreuses espèces sont réglementées et parfois prohibées.

❽ **Entre deux moyens de transport équivalents, choisissez celui qui consomme le moins d'énergie !** Prenez le train, le bateau et les transports en commun plutôt que la voiture.

❾ **Ne participez pas aux activités dommageables pour l'environnement.** Évitez le VTT hors sentier, le 4x4 sur voies non autorisées, l'escalade sauvage dans les zones fragiles, le ski hors piste, les sports nautiques bruyants et dangereux, la chasse sous marine.

❿ **Informez vous sur les us et coutumes des pays visités,** et sur le mode de vie de leurs habitants.

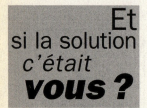

Avant votre départ ou à votre retour de vacances, poursuivez votre action en faveur de la protection de la nature en adhérant au WWF.

Le WWF est la plus grande association privée de protection de la nature dans le monde. C'est aussi la plus puissante :
- **5 millions de membres ;**
- **27 organisations nationales ;**
- **un réseau de plus de 3 000 permanents ;**
- **11 000 programmes de conservation menés à ce jour ;**
- **une présence effective dans 100 pays.**

Devenir membre du WWF, c'est être sûr d'agir, d'être entendu et reconnu. En France et dans le monde entier.

***Ensemble, avec le* WWF**

Pour tout renseignement et demande d'adhésion, adressez-vous au WWF France :
188, rue de la Roquette 75011 Paris ou sur www.panda.org.

© Copyright 1986 WWF International - ® Marque déposée par le WWF - Espace offert par le support.

Nos meilleurs hôtels et restos en France

- **Plus de 4 000 adresses**
- **Des coups de cœur, pas des coups de bambou!**

Adorables auberges de campagne, chefs redonnant un coup de jeune à nos recettes de grand-mère...

Avec en plus, le sens de l'hospitalité, et des centaines de réductions.

Hachette Tourisme

routard ASSISTANCE
L'ASSURANCE VOYAGE INTEGRALE A L'ETRANGER

VOTRE ASSISTANCE « MONDE ENTIER » LA PLUS ETENDUE

RAPATRIEMENT MEDICAL (au besoin par avion sanitaire)		**ILLIMITÉ**
VOS DEPENSES : MEDECINE, CHIRURGIE, HOPITAL, GARANTIES A 100% SANS FRANCHISE HOSPITALISE ! RIEN A PAYER… (ou entièrement remboursé)	(env. 1.960.000 FF)	**300.000 €**
BILLET GRATUIT DE RETOUR DANS VOTRE PAYS : En cas de décès (ou état de santé alarmant) d'un proche parent, père, mère, conjoint, enfant(s)		**BILLET GRATUIT (de retour)**
*BILLET DE VISITE POUR UNE PERSONNE DE VOTRE CHOIX si vous être hospitalisé plus de 5 jours		**BILLET GRATUIT (aller - retour)**
Rapatriement du corps – Frais réels		**Sans limitation**

avec CERTAINS SOUSCRIPTEURS DES LLOYDS DE LONDRES

RESPONSABILITE CIVILE «VIE PRIVEE» A L'ETRANGER

Dommages CORPORELS (garantie à 100%)	(env. 29.500.000 FF)	**4.500.000 €**
Dommages MATERIELS (garantie à 100%)	(env. 2.900.000 FF)	**450.000 €**
(dommages causés aux tiers)		(AUCUNE FRANCHISE)
EXCLUSION RESPONSABILITE CIVILE AUTO : ne sont pas assurés les dommages causés ou subis par votre véhicule à moteur : ils doivent être couverts par un contrat spécial : ASSURANCE AUTO OU MOTO.		
ASSISTANCE JURIDIQUE (Accident)	(env. 1.960.000 FF)	**300.000 €**
CAUTION PENALE	(env. 49.000 FF)	**7500 €**
AVANCE DE FONDS en cas de perte ou de vol d'argent	(env. 4.900 FF)	**750 €**

VOTRE ASSURANCE PERSONNELLE «ACCIDENTS» A L'ETRANGER

Infirmité totale et définitive	(env. 490.000 FF)	**75.000 €**
Infirmité partielle – (SANS FRANCHISE)	**de 150 €**	**à 74.000 €**
	(env. 900 FF à	485.000 FF)
Préjudice moral : dommage esthétique	(env. 98.000 FF)	**15.000 €**
Capital DECES	(env. 19.000 FF)	**3.000 €**

VOS BAGAGES ET BIENS PERSONNELS A L'ETRANGER

Vêtements, objets personnels pendant toute la durée de votre voyage à l'étranger : vols, perte, accidents, incendie,	(env. 6.500 FF)	**1.000 €**
Dont APPAREILS PHOTO et objets de valeurs	(env. 1.900 FF)	**300 €**

À PARTIR DE 4 PERSONNES
TARIFS
"Spécial Famille"
Nous consulter au 01 44 63 51 00

routard ASSISTANCE
L'ASSURANCE VOYAGE INTEGRALE A L'ETRANGER

BULLETIN D'INSCRIPTION

NOM : M. Mme Melle ⎣_|_|_|_|_|_|_|_|_|_⎦
PRENOM : ⎣_|_|_|_|_|_|_|_|_|_⎦
DATE DE NAISSANCE : ⎣_|_|_|_|_|_|_⎦
ADRESSE PERSONNELLE : ⎣_|_|_|_|_|_|_|_|_|_⎦
⎣_|_|_|_|_|_|_|_|_|_|_|_|_|_⎦
⎣_|_|_|_|_|_|_|_|_|_|_|_|_|_⎦
CODE POSTAL : ⎣_|_|_|_|_⎦   TEL. ⎣_|_|_|_|_|_|_|_|_|_⎦
VILLE : ⎣_|_|_|_|_|_|_|_|_|_⎦

DESTINATION PRINCIPALE ....
Calculer exactement votre tarif en SEMAINES selon la durée de votre voyage :
7 JOURS DU CALENDRIER = 1 SEMAINE
Pour un Long Voyage (2 mois…), demandez le **PLAN MARCO POLO**

COTISATION FORFAITAIRE 2003-2004

VOYAGE DU ⎣_|_|_|_|_⎦ AU ⎣_|_|_|_|_⎦ = ⎣_|_⎦ SEMAINES

Prix spécial « *JEUNES* » :   **20 € x** ⎣_|_⎦ = ⎣_|_|_⎦ €

De 41 à 60 ans (et – de 3 ans) : **30 € x** ⎣_|_⎦ = ⎣_|_|_⎦ €

De 61 à 65 ans :   **40 € x** ⎣_|_⎦ = ⎣_|_|_⎦ €

Tarif **"SPECIAL FAMILLES"** 4 personnes et plus : **Nous consulter au 01 44 63 51 00**

Chéque à l'ordre de ROUTARD ASSISTANCE – *A.V.I. International*
28, rue de Mogador – 75009 PARIS – FRANCE - Tél. 01 44 63 51 00
Métro : Trinité – Chaussée d'Antin / RER : Auber – Fax : 01 42 80 41 57

ou Carte bancaire : Visa ☐   Mastercard ☐   Amex ☐
N° de carte : ⎣_|_|_|_|_|_|_|_|_|_|_|_|_|_|_|_⎦
Date d'expiration : ⎣_|_|_⎦ ⎣_|_|_⎦   Signature

*Je déclare être en bonne santé, et savoir que les maladies
ou accidents antérieurs à mon inscription ne sont pas assurés.*

Signature :

Faites des copies de cette page pour assurer vos compagnons de voyage.

Information : www.routard.com
Souscription en ligne : www.avi-international.com

Nos meilleures chambres d'hôtes en France

Nous avons sillonné les petites routes de campagne pour vous dénicher les meilleures fermes auberges, gîtes d'étapes et surtout chambres d'hôtes.

Plus de 1600 adresses qui sentent bon le terroir !

et des centaines de réductions

Hachette Tourisme

INDEX GÉNÉRAL

- A -

AACHEN (AIX-LA-CHAPELLE)... 295
AHLBECK 202
ALPSITZE (l') 588
ALTENAHR 335
ALTES SCHLOß (château de l'Ermitage) 544
ARENSHOOP 197
ARNSTADT 608
AUGSBURG (Augsbourg)..... 563

- B -

BABELSBERG 174
BACHARACH 389
BAD DÜRKHEIM 413
BAD MÜNSTEREIFEL 336
BAD WIMPFEN 429
BADE-WURTEMBERG (le) ... 419
BADEN-BADEN 432
BALTIQUE (plages de la mer). 236
BAMBERG.................. 544
BASSE-SAXE (la) 250
BASTION (le) 650
BAUTZEN 653
BAVARIA FILMSTADT 514
BAVIÈRE (la) 473
BAVIÈRE ORIENTALE (la) ... 515
BAYERISCHER WALD (la) ... 530
BAYREUTH................. 541
BENRATH SCHLOß 288
BERCHTESGADEN.......... 592
BERLIN 80
BERNKASTEL-KUES 401
BERNRIED 515
BINGEN 387
BLAUBEUREN 472
BLAUTOPF (le).............. 472
BOCHUM................... 294
BONN...................... 326
BOPFINGEN................ 563
BOPPARD.................. 393
BOTTROP (WARNER BROS MOVIE WORLD) 288
BRANDENBOURG (le) 179
BRANDEBURG.............. 176
BRAUBACH................. 394
BRAUNSCHWEIG 270
BREMEN (BRÊME) 228
BRITZER GARTEN 166
BRÜHL (château de)......... 325
BUCHENWALD 604
BUCHHEIM MUSEUM 515
BUCKOW................... 167
BURG ELTZ (château de) 342
BURG MAUS 395
BURG REICHENSTEIN 388
BURG RHEINFELS.......... 393
BURG RHEINSTEIN 388
BURG TRIFELS 415
BURGHAUSEN.............. 517
BÜRRESHEIM (château de) .. 338

- C -

CELLE 268
CHIEMSEE (lac de).......... 588
CHORIN (abbaye de) 167
COBLENCE (KOBLENZ) 339
COBURG (COBOURG)....... 548
COCHEM................... 398

INDEX GÉNÉRAL

COLOGNE (KÖLN) 303
CONSTANCE (lac de) 446
CONSTANCE (KONSTANZ) .. 446
COSPEDA 598
CÔTE BALTIQUE (la) 181
CRÊTE (route de) 610

– D –

DACHAU 514
DANUBE (gorges du ; DO-NAUDURCHBRUCH) 529
DARß (la) 197
DEIDESHEIM 413
DESSAU 644
DETWANG 559
DEUTSCHE WEINSTRASSE (la ; ROUTE ALLEMANDE DES VINS) 412
DINKELSBÜHL 560
DOBERANER MÜNSTER 189
DOKUMENTATION OBER-SALZBERG 595
DONAUDURCHBRUCH (gorges du Danube) 529
DONAUESCHINGEN 445
DONAUWÖRTH 563
DORNBURG (châteaux de) ... 599
DRESDEN (DRESDE) 615
DUISBURG 291
DÜSSELDORF 279

– E –

EBERBACH (Kloster) 377
EHRENFELS (ruines d') 388
EISENACH 611
ELBE (excursions en bateau et piste cyclable le long de l') ... 629
EMIL NOLDE MUSEUM 238
ENZIANBRENNEREI GRASSL . 595
ERFURT 605
ERMITAGE (château de l' ; ALTES SCHLOß) 544
ESSEN 293
ESSLINGEN 464
ETTAL (et son abbaye) 583
EUROPA-PARK 445

– F –

FAVORITE (château de la) ... 435
FEUCHTWANGEN 560
FICHTELGEBIRGE 544
FLUGWERFT SCHLEISSHEIM . 515
FORCHHEIM 540
FORÊT-NOIRE (la) 432
FRANCONIE (la) 530
FRANKFURT AM MAIN (FRANC-FORT-SUR-LE-MAIN) 351
FRAUENINSEL 591
FREIBURG IM BREISGAU (FRIBOURG-EN-BRISGAU) . 440
FREISING 515
FRÈRES ENNEMIS (châteaux des) 395
FREUDENSTADT 437
FRISE DU NORD (îles de la) . 239
FRIEDRICHSHAFEN 454
FULDA 350
FÜSSEN 570

– G –

GARMISCH-PARTENKIRCHEN. 584
GEISELGASTEIG 514
GENGENBACH 436
GÖRLITZ 650
GOSLAR 273
GÖßWEINSTEIN 541
GOTHA 610
GROß-COMBURG 469
GRÜNEWALD 164

– H –

- HAGEN 295
- HAHNENKLEE 276
- HALLE 647
- HALS (quartier de) 521
- HAMBACHER SCHLOSS 414
- HAMBURG (HAMBOURG) 203
- HAMELN 262
- HAMMELSBERG (mine de) ... 275
- HANNOVER (HANOVRE) 250
- HARBURG 563
- HARZ (massif du) 275
- HAVEL (le long de la) 164
- HEIDELBERG 419
- HERINGSDORF 202
- HERRENCHIEMSEE 591
- HERRENINSEL 591
- HESSE (la) 344
- HIDDENSEE 201
- HILDESHEIM 265
- HOHENSCHWANGAU (château de) 575
- HOHNSTEIN (château fort d') . 650
- HOLSTEINISCHE SCHWEIZ (parc naturel de la) 236
- HOOGE 241
- HUSUM 237

– I-J-K –

- IÉNA (JENA) 597
- IMAGINAIRE (musée de l') ... 592
- INN (balades en bateau sur l') 592
- KAP ARKONA 202
- KARLSRUHE 431
- KEHLSTEIN (le) 595
- KINZIGTAL 439
- KLOSTER EBERBACH 377
- KOBLENZ (COBLENCE) 339
- KÖLN (COLOGNE) 303
- KÖNIGSSEE (le) 596
- KÖNIGSTEIN (forteresse de) . 649
- KONIGSTÜHLE 202
- KONSTANZ (CONSTANCE) .. 446
- KÖPENICK (château de) 167

– L –

- LANDAU 415
- LANDSHUT 516
- LANGANESS (Hallig) 240
- LEHDE 176
- LEHNIN 178
- LEIPZIG 634
- LIEBSTEIN (château de) 395
- LIMBURG AN DER LAHN (LIMBOURG) 344
- LINDAU AM BODENSEE 452
- LINDERHOF 578
- LINDERHOF (château de) 582
- LORELEI (la) 396
- LOUIS II DE BAVIÈRE (châteaux de) 574
- LÜBBENAU 175
- LÜBECK 233
- LUDWIGSBURG 464
- LUDWIGSHÖHE (Schloß-Villa) . 415
- LUDWIGSLUST (Schloß) 186
- LUISIUM (château de) 646
- LÜNEBURG (LUNEBOURG) .. 225

– M –

- MAINAU (île) 449
- MAINZ (MAYENCE) 379
- MANNHEIM 428
- MARBURG 346
- MARIA LAACH (abbaye de) .. 337
- MARIENBERG (église de) 518
- MARKSBURG 394
- MAULBRONN (abbaye de) ... 432
- MAYEN 337
- MECKLEMBOURG-POMÉRANIE-OCCIDENTALE (Land de) 181
- MEERSBURG 450

INDEX GÉNÉRAL

MEIßEN 631	TRIER (vallée de la) 398
MÉMORIAL 1806 (le) 598	MÜNCHEN (MUNICH) 473
MITTENWALD 588	MÜNSTER.................. 277
MONSCHAU................. 301	MUSEUMSDORF DÜPPEL ... 164
MORITZBURG 629	MUSEUM DER VERBOTE-
MOSELLE DE KOBLENZ À	NEN KUNST.............. 166

– N –

NECKAR (vallée du) 429	NEUSTADT AN DER WEIN-
NEUER GARTEN AM HEILI-	STRASSE 414
GER SEE................. 173	NIEDERFINOW 167
NEURUPPIN................ 180	NIEDERWALD 397
NEUSCHWANSTEIN (château de) 575	NÖRDLINGEN 562
NEUSS..................... 288	NÜRNBERG (NUREMBERG) . 530

– O –

OBERAMMERGAU 578	OBERWESEL............... 390
OBERHAUSEN.............. 292	OETTINGEN................ 563
OBERPFÄLZER WALD (l').... 530	OPPENHEIM................ 384
OBERSCHLEISSHEIM 515	

– P-Q –

PALATINAT (le ; PFALZ) 411	POMMERSFELDEN (château de) 549
PASSAU.................... 518	POTSDAM.................. 169
PFAHLBAUMUSEUM UNTE-	POTTENSTEIN.............. 541
RUHLDINGEN 451	QUATORZE-SAINTS (église
PFALZ (le ; PALATINAT) 411	des ; WALLFAHRTKIRCHE
PILLNITZ (château de) 629	VIERZEHNHEILIGEN)...... 549
POEL (île de) 189	

– R –

RABEN..................... 179	(vallée du) 384
RAITENHASLACH (église de). 518	ROSTOCK.................. 190
RAMMELSBERG (mine de)... 275	ROTHENBURG OB DER
RASTATT (château de) 435	TAUBER................... 555
REGENSBURG (RATISBONNE) . 523	ROUTE ALLEMANDE DES
REICHENAU (île de)......... 449	ALPES (la)................ 570
RHEINSBERG 179	ROUTE ALLEMANDE DES VINS
RHÉNANIE (la).............. 277	(la ; DEUTSCHE WEIN-
RHÉNANIE-PALATINAT (la) .. 379	STRASSE)................ 412
RHIN DE MAINZ À KOBLENZ	ROUTE DE CRÊTE (la) 610

INDEX GÉNÉRAL

ROUTE ROMANTIQUE (la)... 555
ROUTE DU VIN (la) 629
RÜDESHEIM................ 397
RUDOLSTADT 609
RÜGEN 201
RUHR (région de la) 290

– S –

SACHSENHAUSEN (mémorial de)...................... 167
SALEM (abbaye de) 451
SANKT-GOAR 391
SANKT-GOARSHAUSEN..... 396
SANS SOUCI (parc et châteaux de)...................... 172
SAXE (la).................... 615
SCHACHEN 578
SCHILLINGSFÜRST 559
SCHLEIßHEIM (château de) .. 515
SCHLOß BELVEDERE 604
SCHLOß-VILLA LUDWIGSHÖHE. 415
SCHLOß LUDWIGSLUST 186
SCHLOß MOSIGKAU 646
SCHWÄBISCH HALL 468
SCHWARZA (vallée de la).... 610
SCHWARZBURG............. 610
SCHWARZWALD-HOCH-STRASSE 439
SCHWARZWÄLDER FREI-LICHTMUSEUM VOGTS-BAUERNHOF 437
SCHWERIN................. 181
SCHWETZINGEN (château de). 429
SEEBRUCK.................. 590
SEEBÜLL.................... 238
SITZENDORF................ 610
SOLINGEN 289
SPANDAU................... 165
SPEYER (SPIRE)............. 416
SPREE (le long de la)........ 166
SPREEWALD (la)............. 174
STEIGERWALD 549
STERRENBERG (château de) 295
STRALSUND................. 197
STRAUBING 521
STREITBERG 541
STUBBENKAMMER (les)..... 202
STUTTGART................. 454
SUISSE FRANCONIENNE (la) 540
SUISSE SAXONNE (la) 648
SYLT....................... 243

– T –

TEGEL 165
TEUFELSBERG 164
THURINGE (la).............. 597
TITISEE (le)................. 445
TRABEN-TRARBACH 400
TRAVEMÜNDE............... 236
TREPTOWER PARK......... 166
TRIBERG.................... 439
TRIER (TRÈVES)............. 403
TROMPER WIEK (plage de) .. 202
TÜBINGEN 465

– U-V –

ULM 469
UNTERAU 595
UNTERUHLDINGEN (musée sur pilotis d') 451
USEDOM................... 202
VERBOTENEN KUNST (Museum der)................. 166
VIN (route du)............... 629
VINS (Route allemande des ; DEUTSCHE WEINSTRASSE) 412
VOGTSBAUERNHOF (musée en plein air de) 437

INDEX GÉNÉRAL

– W –

WALHALLA (le)	529
WALLERSTEIN	563
WALLFAHRTKIRCHE VIERZEHNHEILIGEN (ÉGLISE DES QUATORZE-SAINTS)	549
WANNSEE	164
WARNEMÜNDE	194
WARNER BROS MOVIE WORLD	288
WASSERBURG	592
WEIMAR	599
WELTENBURGKLOSTER	529
WIBLINGEN	472
WIES (église de)	584
WIESBADEN	373
WIESENBURG	178
WISMAR	186
WOLFENBÜTTEL	271
WÖRLITZ (parc et château de)	646
WORMS	411
WUPPERTAL	290
WÜRZBURG (WURTZBOURG)	549
WUSTROW	197

– Z –

ZEPPELIN MUSEUM (musée Zeppelin)	454
ZIPPENDORF	186
ZUGSPITZE (le)	587

OÙ TROUVER LES CARTES ET LES PLANS ?

- Allemagne – Les Länder (l') .. 9
- Augsbourg 565
- Bade-Wurtemberg et la Forêt-Noire (le) 420-421
- Bavière (la) 474-475
- Berlin – plan d'ensemble .. 86-87
- Berlin – Charlottenburg (plan I) 88-89
- Berlin – Tiergarten (plan II) 90-91
- Berlin – Kreuzberg (plan III) 92-93
- Berlin – Mitte (plan IV) 94-95
- Berlin – Prenzlauer Berg (plan V) 97
- Berlin (le métro de) 100-101
- Bonn 328-329
- Brême 230-231
- Cologne – ensemble (plan I) 306-307
- Cologne – centre (plan II) 308-309
- Dresden 617
- Düsseldorf 282-283
- Francfort-sur-le-Main – ensemble (plan I) 354-355
- Francfort-sur-le-Main – centre (plan II) 356-357
- Francfort-sur-le-Main (le métro de) 360-361
- Freiburg in Breisgau 443
- Hambourg – ensemble (plan I) 204-205
- Hambourg – centre (plan II) 206-207
- Hanovre 254-255
- Heidelberg 422-423
- Leipzig 636-637
- Munich – ensemble (plan I) 478-479
- Munich – centre (plan II) 480-481
- Munich (le métro de) .. 486-487
- Nord-Est de l'Allemagne (le) . 81
- Nord-Ouest de l'Allemagne (le) 251
- Nuremberg 532-533
- Regensburg 525
- Rhin (la vallée du) 385
- Rostock 191
- Stralsund 199
- Stuttgart 456-457
- Schwerin 181
- Würtzburg 550-551

les **Routards** *parlent aux* **Routards**

Faites-nous part de vos expériences, de vos découvertes, de vos tuyaux pour que d'autres routards ne tombent pas dans les mêmes erreurs. Indiquez-nous les renseignements périmés. Aidez-nous à remettre l'ouvrage à jour. Faites profiter les autres de vos adresses nouvelles, combines géniales... On adresse un exemplaire gratuit de la prochaine édition à ceux qui nous envoient les lettres les meilleures, pour la qualité et la pertinence des informations. Quelques conseils cependant :
– Envoyez-nous votre courrier le plus tôt possible afin que l'on puisse insérer vos tuyaux sur la prochaine édition.
– N'oubliez pas de préciser sur votre lettre l'ouvrage que vous désirez recevoir.
– Vérifiez que vos remarques concernent l'édition en cours et notez les pages du guide concernées par vos observations.
– Quand vous indiquez des hôtels ou des restaurants, pensez à signaler leur adresse précise et, pour les grandes villes, les moyens de transport pour y aller. Si vous le pouvez, joignez la carte de visite de l'hôtel ou du resto décrit.
– À la demande de nos lecteurs, nous indiquons désormais les prix. Merci de les rajouter.
– N'écrivez si possible que d'un côté de la lettre (et non recto verso).
– Bien sûr, on s'arrache moins les yeux sur les lettres dactylographiées ou correctement écrites !

Le Guide du routard : 5, rue de l'Arrivée, 92190 Meudon

E-mail : guide@routard.com
Internet : www.routard.com

Routard Assistance *2004*

Vous, les voyageurs indépendants, vous êtes déjà des milliers entièrement satisfaits de Routard Assistance, l'Assurance Voyage Intégrale sans franchise que nous avons négociée avec les meilleures compagnies, Assistance complète avec rapatriement médical illimité. Dépenses de santé, frais d'hôpital, pris en charge directement sans franchise jusqu'à 300 000 € (2 000 000 F) + caution + défense pénale + responsabilité civile + tous risques bagages et photos. Assurance personnelle accidents : 75 000 € (500 000 F). Très complet ! Le tarif à la semaine vous donne une grande souplesse. Chacun des *Guides du routard* pour l'étranger comprend, dans les dernières pages, un tableau des garanties et un bulletin d'inscription. Si votre départ est très proche, vous pouvez vous assurer par fax : 01-42-80-41-57, mais vous devez, dans ce cas, indiquer le numéro de votre carte bancaire. Pour en savoir plus :
☎ 01-44-63-51-00 ; ou, encore mieux, ● www.routard.com ●

Composé par Euronumérique
Imprimé en Italie par la « La Tipografica Varese S.p.A. »
Dépôt légal n° 41301-1/2004
Collection n° 13 - Édition n° 01
24/3992/5
I.S.B.N. 201243992-6